安康市人民政府 主办
安康市地方志办公室 编

安康年鉴 2018

ANKANG YEARBOOK

（总第二十一卷）

安康高新区一景

方志出版社
Publishing House of Local Records

图书在版编目（CIP）数据

安康年鉴. 2018/安康市地方志办公室编. -- 北京：方志出版社，2018.11

ISBN 978-7-5144-3443-9

Ⅰ. ①安… Ⅱ. ①安… Ⅲ. ①安康－2018－年鉴 Ⅳ. ①Z524.13

中国版本图书馆CIP数据核字（2018）第267023号

安康年鉴（2018）

编　　者：安康市地方志办公室
责任编辑：张　昊

出 版 人：冀祥德
出 版 者：方志出版社
地址　北京市朝阳区潘家园东里9号（国家方志馆4层）
邮编　100021
网址　http://www.fzph.org
发　　行：方志出版社发行中心
电话　（010）67110500
经　　销：各地新华书店
印　　刷：安康市汉滨区文化印务有限公司

开　　本：889×1194　1/16
印　　张：26
字　　数：1359千字
版　　次：2018年11月第1版　2018年11月第1次印刷
印　　数：001~1500册

ISBN 978-7-5144-3443-9　　　定价：298.00元

安康高新飞地公园

《安康年鉴》撰（供）稿人

安顺宏	张昭	余恒轩	胡呈娥	李启松	龚正顺	胡晓敏
潘芳	朱纪鹏	胡楷	李炳智	杨克山	李维维	胡鹏
刘晓钰	吴海燕	赵彬翔	安蔚	党珍珍	欧梦晗	李力
周强	欧立	潘杰	许正国	张艳萍	董梁	周杰
钱学宏	程及海	李涛	龚波	张丽丽	石广修	王翼鹏
汪子惠	胡海洋	刘玲	李运林	郭世平	屈锐	唐精兵
徐铮	朱前斌	卫书涛	金城	程家明	江涌	李成
姜德军	秦婷	许锐	张杰	孙义	吴平	沈悦
陈玉苗	徐福安	冉乐	杨学礼	陈丽	刘冲	李力
文代忠	李春晖	杨红	屈玉渊	胡明龙	罗纪旬	陈兴荣
胡阳	周元鸿	张国成	张健	王蕾	李杰龙	张传斌
陈凌	刘军	申曦	邓娟	王秋莉	高峰	明志顺
柯蓉	樊光星	黄明	刘世杰	王红波	刘献兵	阮鹏
王兴朝	李标	郭邦平	陈长明	吕清爽	纪大勇	伍萌
刘钧尧	刘洋	周传模	李振国	陈平军	陈康	江春龙
刘伍松	刘武祥	罗先宝	屈志明	李琰	张吉山	何祥光
王忠林	何云钧	方向	阮国良	王芳	杨双鹏	邱明虎

（以年鉴稿编排顺序为序）

数字安康

23529平方公里 国土面积

266.1万人 年末常住人口

974.66亿元 生产总值

104.62亿元 第一产业增加值

529.69亿元 第二产业增加值

340.34亿元 第三产业增加值

85亿元 财政总收入

30119万元 进出口总额

1149.32亿元 全社会固定资产投资

297.14亿元 社会消费品零售总额

1311.7亿元 存款余额

714.29亿元 贷款余额

28158元 城镇居民人均可支配收入

9394元 农村居民人均可支配收入

普通高等学校 2所

中等职业学校 12所

幼儿园 484所

小学 409所

初中 160所

高中 32所

文化馆 10个

图书馆 11个

博物馆 10个

国家综合档案馆 11个

全市专利授权 541件

全市医院病床 15254张

农村合作医疗参合农民 240.07万人

城镇医疗保险参保人数 42.10万人

新增城镇就业 20321人

全市敬老院 163所

旅游接待人数 3788万人·次

全市空气质量优良天数 316天

汉阴油菜花海

编 辑 说 明

一、《安康年鉴》是安康市人民政府主办、安康市地方志办公室主编的综合性地方年鉴。该鉴以马克思列宁主义、毛泽东思想、邓小平理论、“三个代表”重要思想、科学发展观、习近平新时代中国特色社会主义思想为指导，坚持辩证唯物主义和历史唯物主义的立场、观点和方法。全面、系统、真实地记载安康全市上年度经济社会发展的基本情况，为社会各界了解、研究安康提供了基本资料。本刊于1998年创刊，每年出版一卷，《安康年鉴》（2018卷）为第二十一卷。

二、《安康年鉴》（2018卷）为纲目体资料工具书，文字部分采用分类编辑法记述2017年全市经济社会发展主要情况。除特载、专文、大事记、附录外，主体内容均按类目、分目、条目分类编排，类目尽量按照事物的本质属性划分，同时兼顾行政管理归属关系，条目“◎”为记载资料的基本单位。

三、《安康年鉴》（2018卷）所用统计数据均以安康市统计局《统计公报》为准。统计资料未反映的，以主管单位数据为准。个别数据可能因统计时间、口径不同存在差异，在使用时请注意出处。

四、《安康年鉴》（2018卷）所列安康市委、市政府及其各部门负责人以2017年12月底在任为准。

五、《安康年鉴》彩版的时政部分内容以上年或当年重要活动和重大事件图片为基础进行编排。

六、《安康年鉴》（2018卷）所用稿件，由各部门、各县区和行业提供，并经由撰稿单位领导审定，在此表示诚挚谢意，并恳请广大读者对编纂工作中的失误和疏漏予以批评指正。

《安康年鉴》编辑部

二〇一八年十二月

美丽乡村

安康市被评为“2017年度目标责任考核优秀单位”和“2017年度脱贫攻坚工作成效考核优秀单位”。这已是安康市连续第三年获得目标责任考核优秀单位殊荣。图为在全省年度目标考核总结会上，省委书记胡和平（左一）为安康颁发荣誉奖牌。

党建工作

2017年11月16日，党的十九大精神省委宣讲团宣讲报告会在市委党校大礼堂举行。省委宣讲团成员、省委政研室副主任蒋录祥作宣讲报告，全市近500名党员干部聆听了报告。市委书记郭青主持报告会。

2017年11月11日，党的十九大代表、市委书记郭青到基层联系点汉滨区洪山镇石狮村，为部分党员群众、镇村干部、扶贫工作队员和市委办公室进村入户帮扶交友党员干部宣讲党的十九大精神。

2017年11月18日，市长赵俊民在市委党校为市政府系统、中青班和新任县级领导干部作《扎实贯彻党的十九大精神，苦干实干、善作善成，加快建设西北生态经济强市》专题报告。

2017年12月2日，市长赵俊民（右二）带领市政府班子成员、各县区长和市政府办有关负责同志到爱国主义教育基地紫阳芭蕉口中共安康地委机关旧址、巴山精神发源地巴山工务车间参观学习，就地召开市政府党组（扩大）学习务虚会。

2017年12月21日，市委常委、组织部部长高晶华（前排右一）深入汉滨区秦巴商贸有限责任公司调研非公党建工作。

2017年6月27日，市直机关举行庆“七一”表彰大会暨演讲比赛。

精准扶贫

2017年3月21日，市委书记郭青（中）深入汉滨区张滩镇调研推进新民风建设，检查指导脱贫攻坚工作。

2017年10月12日至13日，市长赵俊民（左二）赴平利、岚皋县查看灾情，指导灾后重建和脱贫攻坚工作。

2017年8月24日，市委常委、政法委书记陈明（中）深入岚皋县调研脱贫攻坚及政法工作。

2017年12月28日，市委常委、市纪委书记田沐臣（右）深入汉滨区晏坝镇竹园村调研指导脱贫攻坚工作。

2017年9月6日，全省脱贫攻坚扶贫扶志现场推进会在旬阳县召开。

2017年8月2日，市委常委、石泉县委书记李启全（右三）深入云雾山镇官田村检查指导脱贫攻坚工作。

旬阳县技物配套，助推魔芋产业发展，为贫困户拓宽增收渠道。

平利县为搬迁群众提供技能培训，提高搬迁群众就业能力。

李永兵是平利县兴隆镇汝河村贫困残疾人，苦学补鞋、配钥匙技能，成为远近闻名的脱贫路上的“小巨人”。

安康市2017年千村千员产业扶贫（富硒粮油蔬菜）培训班开班。

紫阳县修脚产业技能脱贫暨远元集团万店战略启动。

白河县搬迁群众在枣树服装厂就业。

苏陕协作毛绒玩具产业紫阳项目开业。

订单辣椒喜获丰收，贫困户喜上眉梢。

汉阴秦巴食用菌合作社带动贫困户务工增收。

安康市新型职业农民协会通过互联网平台推销贫困户富硒产品，帮助贫困户增收。

汉滨区流水镇碾坪村扶持养殖户养殖山羊，带动周边贫困户脱贫。

宁陕县筒车湾镇海棠园村贫困户养殖土鸡脱贫致富。

岚皋县大力发展林下魔芋种植，带动贫困户脱贫。

汉滨区大力发展现代农业，农业园区达到166个，2017年实现产值16.3亿元。图为汉滨区牛蹄镇京康农业园区。通过农业园区辐射带动作用解决群众增收难题。

岚皋县蔺河镇蒋家关村举行扶贫联名卡发放仪式。

电力职工为贫困养殖户上门安装电表。

宁陕县龙王镇中华村绿烟安置社区贫困户分房抽楼层。

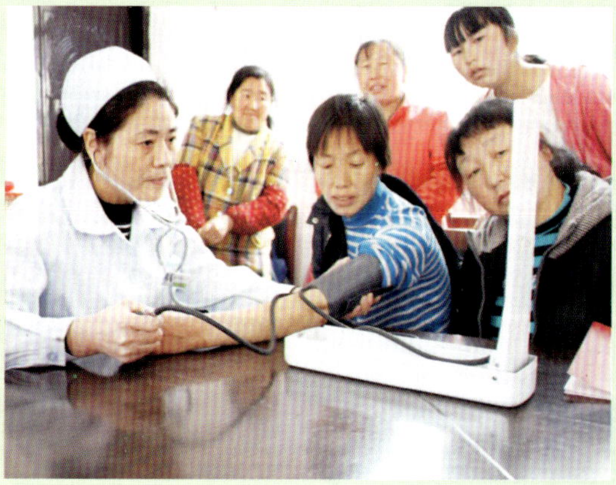

宁陕县医院义诊服务队在梳杆坝村为贫困户检查身体。

宁陕县海棠园农产品专业合作社，为社员兑付生态稻谷收购款。

已建成的平利县洛河镇莲花台社区。

搬迁与两院融合之旬阳县蜀河敬老院。

旬阳县草坪安置社区。

镇坪县钟宝盐道古镇新貌。

生 态 环 保

2017年11月24日，市长赵俊民（右二）深入瀛湖库区详细了解发展渔业与水质保护和产业脱贫有关情况，并召开现场办公会议，研究瀛湖库区网箱养殖清理整顿规范工作。

2017年12月22日，安康市举行中心城市水环境PPP项目协议暨合资协议

绿色屏障——生态家园。

安康市2017年"六·五"世界环境日系列活动在金州广场举行。

安康市召开河长制现场推进工作会议。

安康市环保局组织开展市级机关事业单位及学校食堂油烟污染防治专项执法，着力解决群众身边的环境问题。

白河县水利局工作人员介绍河长制监督管理云平台。

定期开展瀛湖漂浮物打捞。

2017年10月30日9时，石泉县污水处理厂改扩建及提标升级工程正式通水试运。通水后，县城污水处理厂日处理水量最大可以达到2万吨，出水标准由改造前的一级B标准提升至国标一级A。

2017年，安康市大力开展治污降霾保卫蓝天行动，中心城区环境空气质量优良天数316天，比2016年增加15天。

优化营商环境

2017年丝博会期间，市委书记郭青（右二）在安康展馆检查指导安康富硒产品布展情况。

市长赵俊民（右二）带领安康市党政代表团赴郑州市考察智能制造、食品生产加工、客车装备制造等产业。

2017年6月2日，市委常委、副市长尹清辽（右二）在西安曲江国际会展中心参观指导2017丝博会暨21届西洽会安康布展工作。

2017年10月22日，中国安康富硒产业高端论坛在安康高新区举行。

安康市汉滨区在2017年“陕西——香港经贸合作交流会”上成功签约资金8亿元。

2017年7月20日，安康市人民政府与中兴通讯股份有限公司就健康产业相关项目建设达成共识并签订了战略合作协议。

2017年8月30日，安康高新区管委会与恒大地产集团成功签约恒大集团安康总部及未来城项目。

安康市名优特色产品走进宝鸡暨重点合作项目推介会在宝鸡举行。

城市创建

市委书记郭青（右三）看望慰问环卫工人。

市长赵俊民（左三）检查指导城市创建工作。

召开全市创建工作会议。

2017年，全市志愿者持续开展“文明春风行动”主题志愿服务活动。

启动市容环境综合整治。

秋季义务植树。

取缔占道经营。

2017年11月2日，9–10月陕西好人榜发布仪式暨道德模范与身边好人现场交流活动在平利县举行，在全社会彰显好人风采，弘扬崇德向善、见贤思齐的社会风尚。

重点项目建设

陕南三市重点项目集中开工仪式。

安康市2017年一季度项目集中开工活动。

安康市工人文化宫项目开工。

苏陕扶贫协作重点项目镇坪飞地园区中药配方颗粒项目正式开工。

宁陕至石泉高速公路开工建设。

安康水力发电厂2号机组A修顺利开工。

建设中的安康富强机场。

平 安 建 设

2017年10月17日，市长赵俊民（左四）检查党的十九大安保维稳工作，看望慰问奋战在工作一线的公安干警和武警消防官兵。

2017年7月26日，市委常委、政法委书记陈明（右一）看望慰问高温酷暑下的一线执勤民警。

扎实推进“法治进校园”巡讲活动。

加强酒驾检查。

开展防恐演练。

社会民生

2017年5月31日，市委书记郭青（左五），市委常委、宣传部长罗雪剑（右三）深入汉滨区竹园幼儿园看望慰问少年儿童。

市长赵俊民（中）到安康高新区调研学校建设情况。

2017年8月30日，安康市"互联网+政务服务"平台暨公共资源交易平台正式上线，十县区子平台于当日同步上线。

2017年5月22日，安康学院附属医院揭牌仪式在安康市中心医院举行。

2017年11月24日，中国建设银行汉阴支行挂牌营业。

国家卫计委基层卫生司巡察专员聂春雷（右三）在汉滨区调研新农合混合支付方式改革。

2017年7月28日，安康农商银行挂牌开业。

2017年8月8日，市委常委、常务副市长赵璟（左四）在安康高新区调研民生项目建设。

市委常委、宣传部长罗雪剑（左二）深入市信访接待大厅调研信访工作。

市委常委、统战部长、高新区党工委书记黄勇（左四）检查市一小高新校区项目建设。

汉阴县退休职工李传文创办的传文书屋受到中省表彰。

2017年11月1日，安康首批50辆纯电动公交专线开通营运。

“秦巴明珠·生态安康”2017“阳晨集团杯”半程马拉松在高新区开赛。

文化旅游

鎏金铜蚕与安康开放发展论坛在安康举行。

全省地方志馆建设经验交流现场会在安康召开。

2017年12月29日，备受关注的移民搬迁博物馆正式向市民开放。

2017年文化下乡助推脱贫攻坚惠民演出活动，让老百姓足不出户享受文娱盛宴。

汉滨区创作的汉调二黄现代大戏《风雨赵家楼》参加省第八届艺术节展演，获“文华剧目奖”。

中国·安康汉江龙舟节上的合龙仪式。

秦岭峡谷乐园冰雪场。

宁陕筒车湾峡谷漂流。

岚皋县水上乐园建成投运。

汉滨区流水镇碾坪村

精准扶贫工作掠影

安康市地方志办公室帮扶汉滨区流水镇碾坪村脱贫攻坚，根据村情实际支持该村发展茶产业。图为市方志办主任柯晓明在村上调研茶园种植情况。

帮扶干部走访贫困户，为贫困户解决生产生活困难。

帮扶干部为贫困户送去茶园灌溉设施，帮助发展产业。

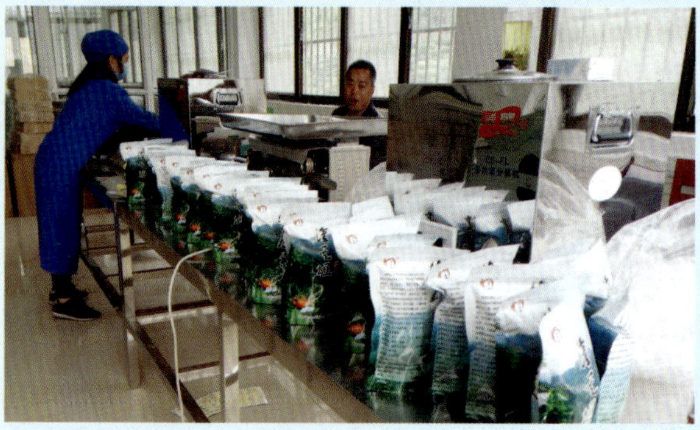

碾坪村汉天垭茶场包装车间生产场景。

汉滨区流水镇碾坪村汉天垭茶叶基地，春茶采收忙。

目　录
CONTENTS

安康概况
BRIEF INTRODUCTION OF ANKANG CITY

市情简介 …… 1
基本情况 …… 1
　政区沿革·地理位置·人口　面积·政区划分
自然条件 …… 2
　地形地貌·气候·环境·水系·水力资源·富硒资源·生物资源·林特产品·秦巴药材·矿产资源
人文形态 …… 4
　宗教·地方文化·方言·民俗·饮食
基础设施 …… 5
　交通运输·邮政电信·能源
经济发展 …… 5
　农业·工业·商业外贸·财政金融
社会发展 …… 6
　文化艺术·节庆活动·教育·科技·医疗卫生·创业就业·体育·旅游

特　载
SPECIAL ISSUES

在全市追赶超越工作会议上的讲话（2017年2月4日） …… 7
安康市2018年政府工作报告（2018年2月26日） …… 12

大　事　记
CHRONOLOGY OF KEY EVENTS

1月 …… 20
2月 …… 21
3月 …… 23
4月 …… 25
5月 …… 27
6月 …… 29
7月 …… 31
8月 …… 33
9月 …… 35
10月 …… 36
11月 …… 37
12月 …… 38

中国共产党安康市委员会
ANKANG MUNICIPAL COMMITTEE OF THE CPC

市委组成人员 …… 40
市委工作机构及领导成员名单 …… 40
市委2017年工作综述 …… 40
市委重要会议 …… 42
　市委四届三次全体会议·全市领导干部大会·市委四届四次全体会议·市委全委扩大会议
市委常委会议（1—34次） …… 42
市委中心组学习（1—9次） …… 44
推进“两学一做”学习教育常态化制度化 …… 45
市委办公室工作 …… 45
　参谋协调·政务运转·督查工作·信息工作·后勤保障·中心工作·自身建设
组织工作 …… 47
　学习贯彻党的十九大精神·“两学一做”学习教育·干部队伍建设·基层党建·人才工作·考核激励

宣传思想文化工作 …… 48
理论宣传教育·意识形态工作·舆论引导·对外宣传·践行社会主义核心价值观·文化事业发展·“新民风建设”·脱贫攻坚宣传·干部队伍建设
统　战 …… 51
统战工作·宣传工作·民主党派工作·民族工作·宗教工作·党外人士工作·非公经济领域统战工作·对台工作·其他工作
政策研究 …… 52
调查研究·深化改革·“三农”工作·重要文件起草·其他工作
机关党的工作 …… 54
政治思想建设·组织建设·作风建设·纪律建设·机关文体活动
老干部工作 …… 54
离退休干部党组织建设·老干部思想政治建设·待遇落实·发挥老干部作用·老干部学习活动阵地建设（活动中心和老年大学）
保密工作 …… 56
保密教育·保密管理·保密技术·业务培训
党校工作 …… 56
干部培训、轮训·对外培训·学术科研·理论宣讲·学历教育·教学管理·市县党校办学质量评估·党建工作·中心工作
机构编制 …… 57
行政审批制度改革·事业单位分类改革·体制机制调整·纪检监察机构改革·村财监管体制改革·机构编制管理·监督检查·2017年编制增减变更情况
党史征编 …… 59
党史基本著作编研·专题资料征集·资政工作·党史宣传教育·革命老区工作·其他工作

纪律检查　行政监察

DISCIPLINE INSPECTIOM & ADMINTSTRATIVE SUPERVISION

纪检监察工作 …… 60
落实“两个责任”和问责工作·国家监察体制改革试点工作·正风肃纪·执纪审查·整治群众身边腐败问题·巡察工作·深化制度创新·党风廉政宣传教育·学习贯彻党的十九大精神·自身建设
纪检监察重要会议 …… 61
党风廉政建设工作座谈会·中国共产党安康市第四届纪律检查委员会第二次全体会议·全市第五次廉政工作电话会·全市纪检监察系统落实“三个助力”工作·全市执纪审查工作推进会·全市镇办纪委直接监管村监委会业务工作改革暨重点工作现场推进会·全市纪检监察系统青年干部座谈会·全市2017年度县级党政主要领导干部向市纪委全委会述责述廉大会

安康市人民代表大会

ANKANG MUNICIPALPEOPLE'S CONGRESS

安康市第四届人民代表大会常务委员会 …… 63
工作部门及领导成员 …… 63
人大常委会工作 …… 63
综述·统筹谋划·立法工作·依法决定重大事项·监督工作·重要视察活动·选举和任免工作·代表工作·自身建设·四届人大一次会议·四届人大二次会议·四届人大常委会第一次会议·四届人大常委会第二次会议·四届人大常委会第三次会议·四届人大常委会第四次会议·四届人大常委会第五次会议·四届人大常委会第六次会议·四届人大常委会第七次会议·全市县区人大常委会主任座谈会·全市人大宣传工作会议
安康市出席省十二届人民代表大会代表 …… 66

安康市人民政府

ANKANG MUNICIPAL PEOPLE'S GOVERNMENT

安康市人民政府领导班子成员 …… 67
安康市人民政府2017年度工作综述 …… 67
经济发展·经济运行·追赶超越·脱贫攻坚·城乡建设·开放创新·民生保障
市政府常务会议纪要（共十三次） …… 68
市长办公会议纪要（共十九次） …… 70
专项问题办公会议（共七十三次） …… 71
市政府办公室 …… 77
公文信息工作·政务督查·金融改革·机关事务管理·自身建设
法制建设 …… 78
组织机构·依法行政·信息公开·行政复议和应诉·行政执法监督指导·规范性文件审核清理·行政审批制度改革·地方立法
政务服务 …… 79
组织机构·服务范围及概况·服务质量·监督管理·政务公开·政务服务中心建设·助力“放管服”·“互联网+政务服务”·规范交易·畅通为民服务渠道
发展和改革 …… 80
规划编制和经济运行·追赶超越季度考核点评·

项目资金争取·苏陕扶贫协作与经济合作·脱贫攻坚和民生保障·“飞地园区”建设·主体功能区建设试点示范·经济体制和生态文明体制改革
价格管理 …… 83
稳控价格指数·成本监审·推进价格改革·维护价格秩序·提升服务
政府信息化和发展研究工作 …… 84
办刊和调研工作·政府信息化工作
外事侨务（侨联）工作 …… 85
外事工作·侨务工作·侨联工作·友协工作·县区工作
信访工作 …… 86
概述·领导接访·积案化解·基层信访·重大和敏感时期信访工作·联合接访·网上信访·依法治访
环境保护 …… 87
环境质量·服务绿色发展·汉江水质保护·大气污染防治·农村环境保护·污染物总量减排·固废危废、核与辐射环境监管·中省环保督察反馈问题整改·环境监察执法·环境监测监控·环境风险防范·环境宣传
招商工作 …… 89
招商成果·重要招商活动·利用外资·投资环境建设
2017年落户安康的大型企业及项目 …… 90
2017年市直24个部门招商引资目标任务完成情况汇总表 …… 92

中国人民政治协商会议安康市委员会

ANKANG MUNICIPAL COMMITTEE OF THE CHINESE PEOPLE'S POLITICAL CONSULTATIVE CONFERENCE

政协第四届安康市委员会常务委员会组成人员 …… 93
工作机构及负责人 …… 93
驻安省政协委员 …… 93
政协工作 …… 93
全委会议·常委会议·主席会议·民主监督·参政议政·视察调研·提案工作·理论研究·其他工作

民主党派

DEMOCRATIC PARTY

中国民主建国会安康市汉滨区委员会 …… 96
组织建设·参政议政·服务社会
中国农工民主党安康市汉滨区委员会 …… 96
思想理论建设·参政议政·服务社会·组织建设
中国民主促进会安康市汉滨区委员会 …… 97
组织建设·参政议政·社会服务
中国民主同盟安康市委员会 …… 97
简况·思想政治建设·参政议政·服务社会·民主监督·组织建设
中国民主同盟安康市汉滨区委员会 …… 98
组织建设·参政议政·社会服务

社会团体

SOCIAL GROUP

安康市总工会 …… 99
组织宣传工作·服务职工工作·自身建设·获奖情况·五一劳动奖状获奖情况
共青团安康市委员会 …… 101
团建工作·少先队工作·青年就业创业·预防青少年违法犯罪·青少年思想教育·青少年维权·青年志愿服务·希望工程·新媒体信息平台建设·主题教育活动
安康市妇女联合会 …… 102
组织建设·妇女宣传教育·巾帼脱贫行动·家庭文明建设·维护妇女儿童合法权益
安康市科学技术协会 …… 103
科普宣传·学术交流·科普示范创建·科技教育·表彰·自身建设
安康市工商联（总商会） …… 104
思想政治工作·服务经济工作·组织建设·“万企帮万村”
安康市文学艺术界联合会 …… 105
文艺活动·文艺成果·文化交流·文艺队伍和阵地建设
安康市残疾人联合会 …… 107
康复服务·就业创业·教育培训·基层基础·文化宣传·脱贫攻坚·维权信访
安康市红十字会 …… 108
简述·赈灾救助及捐赠款物管理·应急救护培训·志愿服务·项目工作·宣传工作·其他工作

军　事

MILITARY

中国人民解放军安康军分区 …… 109
思想政治建设·战备训练·兵员征集·落实改革任务·党管武装和双拥共建·基层党的建设·安全稳定工作
中国人民武装警察部队安康支队 …… 110
思想政治建设·核心能力建设·正规化建设·基层建设·后勤建设·组织建设·临时勤务·重大任务·

双拥扶贫
中国人民武装警察部队安康市消防支队 …… 112
从严治警·消防安全环境优化·消防宣传·实战能力提升·后勤保障

法　治
RULE OF LAW

政法及综合治理 …… 113
综述·夯实责任·维护稳定·创新社会治理·深化司法改革·源头预防治理·打造过硬队伍
公　安 …… 115
惩治刑事犯罪·打击经济犯罪·惩治毒品犯罪·社会治安管理·社会治安防控体系建设·信息化建设·户籍管理·出入境管理·执法规范化·队伍建设·大型活动安保·信访维稳·脱贫攻坚
检　察 …… 117
惩治预防职务犯罪·惩治、预防刑事犯罪·侦查监督·公诉工作·民事行政检察·刑事执行检察·控告申诉检察·队伍建设·专项活动
法　院 …… 119
综述·刑事审判·民事审判·行政审判·审判监督·执行工作·调解工作·审判管理·队伍建设·司法改革·扶贫执行典型案例·其他工作
司法行政 …… 121
“七五”普法·平安创建·法律服务·法律援助·司法改革
陕西省安康监狱 …… 122
监管安全·刑罚执行·教育改造

综合经济
NATIONAL ECONOMY AND SOCIAL DEVELOPMENT

2017年安康市国民经济和社会发展统计公报 …… 123
安康市2017年国民经济和社会发展情况 …… 127
2017年重点项目建设情况 …… 128

财政　税收
FINANCE & TAXATION

财　政 …… 130
财政收入·财政支出·财源建设·脱贫攻坚投入·农业农村投入·城乡发展投入·社会事业投入·财政改革·财政管理·作风和队伍建设
公共资产管理 …… 133
综述·推进公共资源整合·规范公共资产管理·提升资产管理水平
农村综合改革 …… 133
财政征收管理 …… 133
综述·收入管理·土地收入监管·加强票证管理
生产资金管理 …… 134
政府采购管理 …… 134
国库支付管理 …… 134
财政监督检查 …… 134
财政投资评审和绩效评价 …… 135
税　收 …… 135
国家税收 …… 135
组织收入·依法治税·税收征管·纳税服务·党风党建·队伍建设·行政管理
地方税收 …… 137
安康市地方税务局 …… 137
组织收入·数据管税·依法治税·纳税服务·队伍建设·行政管理·脱贫攻坚
安康市地方税务局直属税务分局 …… 138
概述·数据管税·税收征管·纳税服务

金融　保险
BANKING & INSURANCE

金　融 …… 139
中国银行业监督管理委员会安康监管分局 …… 139
党建工作·支持经济发展·银行业改革·基层金融服务能力建设·银行业风险管控·内部管理
中国工商银行股份有限公司安康分行 …… 140
组织机构·股份制商业银行建设·经营业绩·信贷·存款·资产质量·中间业务·经营转型·内控管理·安全保卫·客户服务
中国农业发展银行安康市分行 …… 141
经营管理考核指标·服务三农·严控风险·业务发展·合规经营
中国农业银行股份有限公司安康分行 …… 142
经营业绩·网点建设·信贷管理·服务三农·运营管理·安全保卫·内部控制·精准扶贫·精神文明建设·党风廉政建设
中国银行安康分行 …… 143
组织机构·经营业绩·存款业务·贷款业务·渠道建设·风险防范·客户服务
中国建设银行股份有限公司安康分行 …… 144
概况·经营业绩·存款·贷款·资产质量·经营管理·社会责任
中国邮政储蓄银行股份有限公司安康市分行 …… 145
信贷业务·对公业务·风险防范和内控管理·队伍

建设·零售业务·社会责任

陕西省农村信用社联合社安康审计中心 ………… 146

机构·党的建设·机制改革·经营业绩·支农支实·风险防范·自身建设

长安银行安康分行 …………………………………… 147

概况·经营业绩·内部管理·风险防范·客户服务·企业文化

保　险 ………………………………………………… 147

中国人寿保险股份有限公司安康分公司 ………… 147

经营业绩·经营状况·市场发展·基层党建·风险防范·理赔服务·公益活动·年度目标责任

中国人民财产保险股份有限公司安康市分公司 ……………………………………………………… 149

经营业绩·市场主体·经营管理·保险服务·理赔工作·社会责任

农业　林业　水利

AGRICULTURE, FORESTRY & WATER CONSERVANCY

农　业 ………………………………………………… 150

农业基本指标数据·农业结构调整·农业科研·农业技术推广·农业机械化·农村能源环保·农业教育培训·农民负担监管·农资监管·农业产业化建设·农产品检验检测·农村土地承包和流转·农村信息服务站·富硒农产品研发·职业农民培育工作·生态循环农业·其他工作

现代农业园区建设 ………………………………… 152

综述·出台惠农政策·各县区农业园区建设、生产情况

种植业 ………………………………………………… 153

粮食·油料·蔬菜·魔芋·土肥管理·农药管理·农业标准化及农产品质量安全·植保工作

畜牧业 ………………………………………………… 154

综述·良种繁育体系·疫病防治·养殖基地建设·畜牧产业化·定点屠宰·技术推广

农业机械 ……………………………………………… 154

综述·农机推广·农机监管·农机置补·惠农服务·农机维修管理培训

农业科研 ……………………………………………… 155

科研队伍建设·科研成果·富硒食品研发和推广·其他工作

林　业 ………………………………………………… 157

造林绿化·林权制度改革·天然林保护·林业科技·林政资源管理·野生动植物保护·有害生物防治·森林资源保护·林业投入·林业经济·安康富硒茶产业·金蚕之乡建设·其他工作

水　利 ………………………………………………… 159

规划编制和年度投资·农田水利建设·城乡供水·水资源保护·水利工程管理·水电建设·水土保持·中小河流及病险水库治理·水政管理·水产养殖·水生野生动物保护·重点水利工程

防汛抗旱 ……………………………………………… 160

汛情灾情概况·防汛抗洪·抗旱减灾

水文水资源监管 …………………………………… 161

水资源管理及水文监测·水文情报预报·2017年水文特征·基础设施建设·其他工作

水库移民工作 ……………………………………… 162

概述·水库移民搬迁安置工作·移民后期扶持工作·移民重点工作·脱贫攻坚

工　业

INDUSTRY

工　业 ………………………………………………… 163

组织机构·基本数据·运行特点·支柱产业·运行监测·项目建设·招商推介·减税降费·产业规划·金蚕之乡建设·科技创新·金融服务·节能降耗·信息化建设·煤炭行业管理·园区建设·国资改革·国资监管

中小企业和非公经济 ……………………………… 164

概述·经济效益·产业发展·招商引资·管理与服务·企业人才培训·小微企业发展

工业集中区 …………………………………………… 165

汉滨区五里工业集中区·汉阴县月河工业集中区·石泉县池河工业集中区·旬阳县生态工业集中区·白河红石河工业集中区

工业企业 ……………………………………………… 166

安康水力发电厂 …………………………………… 166

生产经营·安全生产·设备检修·安全度汛·多种经营·经营管理·企业文化·党的建设

安康供电局 …………………………………………… 168

概述·安全生产·智能电网建设·项目建设·助力脱贫·推广电能替代·干部队伍建设·党建工作·法治企业建设

陕西省地方电力（集团）有限公司安康供电分公司 ……………………………………………………… 169

工作业绩·经营管理·电网建设·供电服务·安全生产·精神文明·社会责任

安康水电联合实业有限责任公司 ………………… 170

经营业绩·安全生产·内部管理·社会责任

【全市规模以上工业增加值及总产值分类表】 ……… 171

【全市规模以上工业企业效益情况表】…………………… 172
【支柱产业中规模以上工业产值完成情况】………… 173

交通运输
TRANSPORTATION

交通运输管理 ……………………………………………… 175
交通规划·交通建设·交通应急管理·交通运输行业管理·交通信息化建设·公路养护·工程质量管理·城市公共交通·脱贫攻坚
干线公路养建 ……………………………………………… 177
概况·公路养护·公路建设·路政管理·公路治超·公路抢险修复·安全生产·行业党建·扶贫攻坚·行业管理·文明建设
道路运输管理 ……………………………………………… 178
客运管理·城市客运管理·货运管理·治超行动·机动车维修市场管理·驾驶员培训市场管理·行业安全及维稳·行风及队伍建设·道路运输节能减排·其他工作
道路交通管理 ……………………………………………… 180
概述·道路交通事故预防工作及重大事故情况·交通执法·专项整治·交通安全宣传·勤务联动机制和亮点品牌创建·信息化建设·驾驶员与机动车管理·车管所工作
高速公路 ……………………………………………………… 181
陕西省交通建设集团公司安川分公司 ……………… 181
收费管理·公路养护·路政 治超·隧道管理·服务区管理·安全生产·党建及精神文明建设·党风廉政建设
陕西省高速公路建设集团公司白泉分公司 ……… 182
概述·收费管理·工程养护管理·路政治超管理·服务区经营管理·安全生产工作·创新管理·党建精神文明建设
航空运输 ……………………………………………………… 183
生产经营·市场营销·保障服务·机场迁建
航务管理 ……………………………………………………… 184
基础设施建设·水上安全监管·水路运输·船舶、船员管理·依法行政

城乡规划与建设
CITY AND COUNTRYSIDE CONSTRUCTION

城乡建设与规划管理 ……………………………………… 185
城乡规划编制·规划管理实施·规划监察·村镇规划及管理·广告规划·招商引资·建筑业概况·质量安全管理监督·脱贫攻坚·其他工作
住房和城乡建设 ……………………………………………… 186
概况·市政重点项目建设·市政设施维护·城市路灯管理·棚户区和城乡危房改造·天然气利用·城东大桥·园林绿化·重点绿化工程·道路绿化·绿化管理和街景布置·房地产管理·物业管理·保障性住房建设·墙改节能·城镇基础设施建设·两厂（场）建设
住房公积金管理 ……………………………………………… 188
公积金归集扩面·公积金使用管理·公积金贷款发放、回收

商贸流通
THE TRADE & BUSINESS CIRCULAT

商　　贸 ……………………………………………………… 189
2017年消费品市场·市场运行监测监管·市场体系建设·对外贸易·电子商务发展·贸易促进和地方产品宣传推介
粮食流通 ……………………………………………………… 190
规范储备粮油管理·推进“三项工程”·完善“四大体系”
供销经济 ……………………………………………………… 191
综述·供销社改革·经营管理·产业化经营·农村市场流通·专业合作社建设·富硒食品展销
食盐管理 ……………………………………………………… 192
综述·盐业体制改革·盐政管理与质检工作·科学用盐宣传·脱贫攻坚
烟草专卖管理 ……………………………………………… 193
综述·烟叶生产·卷烟销售·专卖管理·企业管理·党的建设·扶贫工作
石油销售 ……………………………………………………… 195
概述·主要生产经营指标·库站管理·非油品业务·安全环保·工程建设·企业党建

邮政　通信
POST AND TELECOM

安康市无线电管理处 ……………………………………… 196
无线电台站管理·监测保障·频谱评估工作
安康市邮政管理局 ………………………………………… 196
概述·引领发展·服务提升·市场监管·寄递渠道安全
中国邮政集团公司安康市分公司 ……………………… 197
综述·代理金融发展·包快业务·渠道建设·创新发展邮务类业务·财务管控·服务能力建设·邮运能力建设·企业文化建设
中国电信股份有限公司安康分公司 …………………… 198

经营业绩·服务能力·网络建设·企业管理·履行企业社会责任·企业文化建设

中国移动通信集团陕西有限公司安康分公司 ……… 200

概述·经营业绩·设施设备更新·网络建设·业务拓展·体制改革·服务质量·企业管理·社会责任

中国联合网络通信有限公司安康市分公司 ………… 201

主营业务·网络建设·营业服务·党建工作

经济管理与监督

ECONOMIC MANAGEMENT & SUPERVISION

国土资源管理 ……………………………………… 202

概述·土地利用和资源保障·耕地保护与土地整治·节约集约利用土地·矿产资源开发与管理·地质灾害防治·不动产统一登记·移民（脱贫）搬迁·国土资源执法监察·维护群众权益和安全·地籍规划管理与国土信息化·土地统征与储备·党的建设·中心工作

工商行政管理 ……………………………………… 204

商事制度改革·信用监管·打假治劣专项执法行动·实施商标战略·消费维权·扶贫攻坚·省级文明城市创建·党风廉政建设·法治工商建设

审　　计 ……………………………………………… 205

审计成果·国家重大政策措施落实情况跟踪审计·财政审计·经济责任审计·固定资产投资审计·民生资金（项目）审计·农业与资源环保审计·企业审计·专项资金审计·信息化建设·审计科研·相关工作·内部审计

统　　计 ……………………………………………… 206

监测预警·统计服务·发挥职能·第三次全国农业普查·“四上”企业申报纳统·统计改革·社情民意调查·脱贫攻坚·依法治理

安全生产监督管理 ………………………………… 208

安全生产监管监察·企业安全标准化建设·安全生产指标落实·道路交通综合整治·安全宣传教育·安全机制调研创新·安全隐患排查·安全事故调查处理·重大安全事故·机构和队伍建设

质量技术监督管理 ………………………………… 209

质量管理和品牌建设·标准化建设·计量及认证认可监管·特种设备安全监察·产品质量监管·法治科技建设

食品药品监督管理 ………………………………… 210

食品安全综合监督管理·食品监管体系建设·药品和食品安全专项整治·保健品监督管理·化妆品安全管理·药品、药械稽查·药品认证与监管·药品抽检和检验·药品“三统一”工作·特殊药品监管·重点医药企业

教育　科技

EDUCATION, SCIENCE & TECHNOLOGY

教　　育 ……………………………………………… 212

综合管理 ………………………………………… 212

概况·教育投入·教育资源整合·学校安全管理

教育督导 ………………………………………… 212

县区党政领导干部教育履职督导考核·学校素质教育督导评估·教育难点热点问题专项督导·督导队伍建设·教育公平·双高双普　教育强县中小学责任督学挂牌督导创新县创建·招生与考试·精神文明建设

基础教育 ………………………………………… 214

概况·幼儿教育·九年义务教育·高中教育·特殊教育·素质教育·民办教育

职业技术教育 …………………………………… 216

概况·基础能力建设·招生就业·职教师资·技能竞赛·社区教育·苏陕教育协作·人人技能工程

电化教育 ………………………………………… 217

教育信息化·实验教学·信息化培训

教师队伍建设 …………………………………… 218

教研教改·师德师风建设·教师培训·骨干体系建设·中小学教师资格考试认定·教师招募·教师轮岗·教育扶贫·营养改善计划

学校简介 ………………………………………… 219

安康学院 ……………………………………… 219

党建工作·教学工作·学科建设与科研·人才队伍建设·学生工作·合作交流·内部管理

安康职业技术学院 …………………………… 221

基础建设·学校管理·招生与就业·教学与改革·教研工作·新校区建设·其他工作

安康中学 ……………………………………… 222

教育扶贫·教学管理·教学质量·素质教育·队伍建设·校园建设·精神文明建设·安全管理

安康市第二中学 ……………………………… 223

概述·书香校园建设·实施陪伴教育·教育质量提升·教学改革

安康市初级中学 ……………………………… 224

党建工作·教学工作·德育工作·改善办学条件·精神文明建设

安康市第一小学 ……………………………… 224

概况·队伍建设·党建工作·德育工作·教科研工

作·体卫艺工作·教育信息化·安全工作
安康市第二小学 …… 225
安康市幼儿园 …… 225
保教结合·园本教研·校园文化建设·家园共育·安全管理·优化环境
安康市第二幼儿园 …… 226
概况·保教质量·常规管理·队伍建设·园本研修·家园共育·示范引领·工作成效
科　　技 …… 227
科技计划·科技项目管理·科技成果管理·民营科技企业管理·科技交流协作·科技宣传·科技成果转化·知识产权管理·农业科技产业示范园区建设·富硒食品产业发展
2017年度安康市科学技术成果获奖情况表 …… 229
2017年度安康市重点科技创新项目立项情况汇总表 …… 230

文化　旅游
CULTURE &TOURISM

文化艺术 …… 232
文化市场管理·文化活动·公共文化基础建设·文化交流和对外宣传·文学艺术创作及成果·振兴汉剧工程·省、市文化艺术获奖名单·文化产业统计调查和监测·文化体制改革·其他工作
安康市图书馆 …… 233
安康市群艺馆 …… 233
公共文化服务·文艺创作·主题文化活动·非遗保护传承
安康博物馆 …… 234
展览活动·发挥社会教育功能·推介宣传工作·文物安全管理
安康市文化产业发展中心 …… 234
精品剧目创作·惠民演出·经营效益
文　　博 …… 234
概述·文物保护规划·重点文物保护工程·考古勘探
新闻出版 …… 235
新闻宣传·重大新闻报道·典型宣传·融媒发展
广播电视 …… 236
安康电视台 …… 236
新闻宣传·经营创收·安全播出·中心工作
安康人民广播电台 …… 237
事业发展·新闻宣传·特色栏目·双创新闻宣传
档案工作 …… 238
发展环境·馆库建设·监督检查·资源建设·保护开发
方志工作 …… 239
安康方志馆建设·市县二轮修志·年鉴编辑·“讲好陕西故事”工作·地情信息开发利用
旅游管理 …… 240
国内旅游·国外旅游·假日旅游及“黄金周”旅游·旅游规划·旅游景区（点）建设·旅游推介活动·重大节庆活动·旅游宣传促销·旅游产品开发·旅游基础设施建设·旅游公共服务体系和信息化建设·旅游景区质量等级评定·市场管理·旅行社管理·星级酒店管理·导游管理·安全管理·乡村旅游·旅游教育培训
2017年安康旅行社一览表 …… 242
2017年安康辖区旅行社分社、分公司一览表 …… 243
2017年安康星级饭店一览表 …… 244

卫生　体育
HEALTH & SPORTS

卫　　计 …… 245
概况·医疗服务·公共卫生与疾病控制·妇幼保健服务与健康管理·卫生计生综合监督执法·新型农村合作医疗保障·全面两孩政策实施与计划生育工作·药物政策和基本药物制度·中医药发展状况·健康扶贫攻坚与疾病救助·城市公立医院综合改革·宣传教育与健康促进·重点项目和信息化建设·队伍建设·健康城市建设
安康市中心医院 …… 249
概况·主要工作
安康市中医医院 …… 250
概况·业务工作·行政管理·健康扶贫·医改工作
安康市人民医院 …… 252
概况·主要成绩·工作成效·科学管理
陕西省安康疗养院 …… 253
机构·社会防治·疫情监测·病人治疗管理·社区卫生工作
安康市妇幼保健院 …… 254
概况·公共卫生妇幼项目·中心工作·基础建设·业务工作·行政管理
安康市疾控中心 …… 256
免疫规划·重点疾病疫情控制·地方病及麻风病防治·慢性病及严重精神障碍病症防治·卫生监测·卫生检验·职业病防治·健康教育与信息管理
安康市中心血站 …… 258

内设机构·基础设施建设·无偿献血·采供血质量管理
安康市卫生监督所 …… 259
卫生监督体系建设·卫生监督
安康市宣技中心 …… 260
宣传教育·技术服务·干部培训
安康市药具管理站 …… 261
组织管理·药具管理·药械市场整治·药具文化宣传
水电三局职工医院 …… 261
各项指标任务完成情况·工作开展情况
体　育 …… 262
竞技体育·全民健身·体育基础设施建设·体育产业·体育运动服务管理中心·获得奖励·体育扶贫

社会事业
SOCIAL AFFAIRS

人力资源和社会保障 …… 263
安康市人力资源和社会保障局（公务员局） …… 263
就业创业·社会保险·人才队伍建设·劳动保障监察·劳动人事争议调解仲裁·就业脱贫·工资福利
安康市社会保险经办中心 …… 264
基金征缴·基金管理·稽核监管·信息化网络建设·经办窗口建设
安康市养老保险经办处 …… 265
概况·养老金发放·养老保险扩面·工作实绩
安康市机关事业社会保险基金办公室 …… 266
机关事业单位养老保险制度改革·事业单位失业保险
民政工作 …… 266
社会救助·减灾救灾·社会福利事业·双拥优抚安置·基层政权建设·社会事务管理
老龄工作 …… 267
概况·养老服务体系建设·老年协会规范化建设·老年宣传和调研工作
民族宗教 …… 268
民族工作·宗教工作
气　象 …… 269
安康市气象局 …… 269
气象现代化建设·气象服务·2017年气候评价·基本气候概况·主要天气气候事件·人工影响天气
安康市地震局 …… 271
震害防御·应急救援·科普宣传·安康中心地震台建设

脱贫攻坚
FIGHTING POVERTY

脱贫攻坚工作 …… 273
综述·组织领导·责任落实·问题整改·数据清洗·精准帮扶·八个一批·五项保障·五大工程·深度贫困攻坚·三大体系帮扶·东西部扶贫协作·社会扶贫·雨露计划·旅游扶贫·电商扶贫·残疾人扶贫·文化扶贫·督查考核奖惩
移民搬迁工作 …… 277
综述·搬迁工作成效

创建与城市管理
CREATION AND URBAN MANAGEMENT

双创工作 …… 278
宣传教育·文明交通整治·单位社区、背街小巷整治·市容环境整治·创建国家森林城市·国卫巩固提升·健康城市建设·督查督办
省级文明城市创建 …… 279
工作综述·宣传教育·志愿服务·环境建设·新民风建设
城市管理 …… 281
机构改革·市容环境综合整治·城市生活垃圾无害化处理·户外广告、门头牌匾监管·道路清扫保洁·环卫设施建设·城管队伍建设

精神文明建设
SPIRITUAL CIVILIXALITION CONSTRUCTION

综合情况 …… 282
“厚德陕西　弘德安康”建设·文明创建活动·“美丽乡村·文明家园”建设·未成年人思想道德建设·志愿服务制度化建设
安康市2017年获国家、陕西省表彰精神文明建设先进集体名单 …… 284
安康市2017年获国家、陕西省表彰精神文明建设先进个人名单 …… 285

县　区
INTRODUCTION TO DISTRICT OR COUNTIES IN ANKANG

汉滨区 Hanbin District …… 286
区情简介·经济概况·农业经济·工业经济·固定资产投资·重点项目·财政金融·招商引资·国企改革·主导产业建设·城镇建设·保障房建设和移

民搬迁·交通建设·脱贫攻坚·社会保障·水利建设·社会事业·廉政建设·综合治理·精神文明建设·生态环境保护·第十七届汉江龙舟节·文化产业建设·农业示范园建设·畜牧产业·特种养殖基地建设·汉江治理·三变改革

汉阴县 Hanyin County ······ 295

县情概况·农业经济·工业经济·固定资产投资及重点项目·财政金融·招商引资·三产发展·城镇建设·交通建设·社会保障·水利建设·社会事业·脱贫攻坚·生态环保·廉政建设·综合治理·精神文明建设·现代农业园区建设·油菜花旅游季·科技创新

石泉县 Shiquan County ······ 297

经济概况·固定资产投资及重点项目·工业经济·农业经济·畜牧产业·财政金融·招商引资·城镇建设·交通建设·劳务经济·社会保障·水利建设·教育体育事业·卫生和计划生育·综合治理·精神文明建设·脱贫攻坚·旅游产业·生态环保·市场监管·蚕桑产业

宁陕县 Ningshan County ······ 300

县情概况·经济概况·农业经济·工业经济·园区主体培育·固定资产投资·财税金融·重点项目·招商引资·主导产业建设·林下经济·食用菌产业·畜牧产业·三变改革·旅游产业·精准扶贫·城镇建设·交通建设·教育·卫生·人口计生·文化建设·文化文物保护·广播电视·图书阅览·生态环境建设·退耕还林·野生动物保护·水利建设·廉政建设·综合治理·精神文明建设

紫阳县 Ziyang County ······ 309

经济概况·农业·工业·固定资产投资·财政金融·招商引资·城镇建设·交通·电力·脱贫攻坚·移民工作·水利建设·社会保障·社会事业·旅游·文化·廉政建设·精神文明建设·综合治理·富硒茶产业·硒谷工业园区建设

岚皋县 Langao County ······ 316

县情简介·经济概况·工业经济·重点项目·城镇建设·交通建设·综合治理·脱贫攻坚·农业经济·山林经济·水利建设·生态旅游开发·社会事业·精神文明建设·招商引资·廉政建设·“9·25”秋淋强降雨自然灾害

平利县 Pingli County ······ 319

县区名片·经济概况·农业经济·工业经济·固定资产投资·重点项目·财政金融·招商引资·国企改革·主导产业建设·城镇建设·交通建设·退耕还林·扶贫攻坚·社会保障·水利建设·社会事业（教育、卫生、计生、广电）·廉政建设·综合治理·精神文明建设·新型材料·山林经济·茶饮产业（绿茶、绞股蓝）·畜牧产业·乡村旅游·其他工作

镇坪县 Zhenping County ······ 321

县区名片·经济概况·农业经济·工业经济·固定资产投资·重点项目·财政金融·招商引资·主导经济产业·城镇建设·交通建设·扶贫攻坚·退耕还林·社会保障·水利建设·社会事业·教育“双高双普”·廉政建设·综合治理·精神文明建设·保障性住房建设·县域重点项目简介·中药产业·畜牧产业·人畜饮水工程·旅游资源开发·林特产业·落实“飞地经济”

旬阳县 Xunyang County ······ 328

县区名片·主要经济指标·农业经济·工业经济·固定资产投资·重点项目·财政金融·招商引资·主导产业建设·城镇建设·保障性住房建设·交通建设·扶贫攻坚·退耕还林·社会保障·水利建设·社会事业·廉政建设·综合治理·精神文明建设·文化建设·县域重点项目简介·工业强县·林下经济·水电项目建设·现代农业园区·烤烟产业·矿业管理·生态环境保护·职业农民培育·其他工作

白河县 Baihe County ······ 334

县情简介·经济概况·财政金融·固定资产投资·重点项目·招商引资·农业经济·工业经济·第三产业·生态旅游·城乡建设·交通运输·国土资源·“4·17”突发山体崩塌灾害·水利建设·汉江综合整治·林业经济·生态环保·精准脱贫·社会保障·民政事业·教体事业·卫生计生·市场监管·文化广电·精神文明建设·保障性住房建设·汽车装配制造·“飞地”园区建设·桥儿沟省级文化旅游街区·“网络党支部”·白郧汉江大桥PPP项目·廉政建设·社会综合治理

安康国家高新技术产业开发区 ······ 341

经济发展·规划建设·社区管理·土地管理·基础建设·高新区建设管理·招商引资·项目建设·“飞地经济”园区建设·创客中心运营管理

安康市恒口示范区 ······ 342

经济运行平稳·创新管理体制·项目建设·产业布局·规划管理·城市建设·招商融资·脱贫攻坚·社会事业·主体责任落实

安康瀛湖生态旅游区管理委员会 ······ 343

综述·项目建设·规划编制·环境综合整治·景区宣传推介·脱贫攻坚·安全生产·旅游区提质增

效·基层党建·党风廉洁建设
【各县区生产总值（GDP）】 …… 345
【各县区非公经济增加值及占GDP比重】 …… 345
【各县区第三产业（服务业）增加值】 …… 346
【各县区主要人口数据】 …… 346
【各县区农林牧渔业总产值】 …… 347
【各县区农林牧渔业增加值】 …… 347
【各县区生猪出栏】 …… 348
【各县区肉类总产量】 …… 348
【各县区规模以上工业增加值】 …… 349
【各县区规模以上工业总产值】 …… 349
【各县区资质建筑业总产值】 …… 350
【各县区规模以上服务业营业收入】 …… 350
【各县区新增“四上”企业单位数】 …… 351
【各县区全社会固定资产投资】 …… 351
【各县区房地产投资】 …… 352
【各县区工业投资】 …… 352
【各县区社会消费品零售总额】 …… 353
【各县区限额以上消费品零售额】 …… 353
【各县区城镇常住居民人均可支配收入】 …… 354
【各县区农村常住居民人均可支配收入】 …… 354

人 物

OUTSTANDING PERSONS

五一劳动奖章获得者 …… 355
中国好税官 …… 355
第六届全国道德模范提名奖 …… 356
陕西省美德少年 …… 356
2017年全国媒体特别关注孝心少年 …… 356

附 录

APPENDIX

郭青同志在市委四届四次全会上的讲话
（2017年8月14日） …… 357
赵俊民同志在市委四届四次全会上的讲话
（2017年8月14日） …… 364
中共安康市委关于大力推进新民风建设的实施意见
安发〔2017〕1号 …… 369
中共安康市委 安康市人民政府关于加强和改进脱贫攻坚工作的意见
安发〔2017〕9号 …… 372
中共安康市委 安康市人民政府关于开展农村资源变资产、资金变股金、农民变股东改革的指导意见
安发〔2017〕18号 …… 375
中共安康市委 安康市人民政府关于创新体制机制加快推进富硒产业发展的实施意见
安发〔2017〕24号 …… 378
中共安康市委关于全面强化基层党组织建设的意见
安字〔2017〕19号 …… 379
中共安康市委 安康市人民政府关于印发安康市全面深化河长制实施方案的通知
安字〔2017〕30号 …… 383
中共安康市委 安康市人民政府关于表彰2016年度目标责任考核优秀单位和单项考核奖、重大改革创新奖、目标责任考核创优贡献奖单位的决定
安字〔2017〕47号 …… 386
中共安康市委关于表彰全市脱贫攻坚优秀镇党委书记、第一书记和工作队长的决定
安字〔2017〕62号 …… 387
2017年安康市十大新闻 …… 389

安 康 概 况

市情简介

安康市位于陕西省东南部，地处东经108°00′58″—110°12′05″，北纬31°42′24″—33°50′34″之间，南依巴山，北靠秦岭，与四川、重庆、湖北接壤。辖1区9县，国土面积2.35万平方公里，常住人口265万。长江最大支流——汉江自西向东流经全境，是一个资源富集、绿色生态、充满活力的宜业宜居宜游之地。

历史悠久的安康，早在石器时代即有先民在此繁衍生息。据史料载，自夏至晋，分属梁州、上庸、汉中郡，西晋时期在此设魏兴郡，隶属荆州。西晋太康元年（280），取“万年丰乐，安宁康泰”之意，命名“安康”。唐宋又先后设金州汉阴郡、金州和兴安州。清乾隆四十七年（1782）升州为兴安府。新中国成立后，先后设陕西省人民政府安康专员公署、安康地区行政公署，2000年12月撤地设市。

处在南北气候过渡带的安康，雨量充沛，四季分明，空气湿润温和，林木茂密，景色秀丽。动植物资源极为丰富，是秦巴生物多样性的核心区，还是林特资源的富集区，有天然生物基因库、天然氧吧、中国硒谷、中国茶乡等美誉，“灵蓄南国一派秀，势承秦巴二脉雄”是安康的真实写照。2014年李克强总理寄望安康为“秦巴明珠”。

安康人文荟萃，文化底蕴深厚。汉剧被称为京剧之母，从安康越秦岭、沿汉江入京城；秦陇、荆楚、巴蜀文化在这里交融，成秦头楚尾蜀风之说；佛教禅宗七祖怀让在此诞生；曾启蒙沈尹默、沈士远、沈兼士三位新文化运动巨匠。

安康区位优越，处在关天、成渝、江汉三大经济区的结合部，有航空、铁路、公路、水运与外界联通。襄(樊)渝、阳(平关)安(康)、西(安)康(安康)铁路在此交汇，包(头)茂(名)、十(堰)天(水)、(北)京昆(明)高速公路过境，G316、G210国道和S102、S207、S308省道纵横全境，迁建的安康机场和汉江高等级航道的建设，构成了通达便捷的交通网络。《安康铁路枢纽规划》（2016—2030年）获中国铁路总公司和陕西省人民政府批复：规划建设安康西站（枢纽高铁站），（2020年）建设西渝高铁。安康已成为连接西北、西南、华中地区的区域交通枢纽。

安康是国家主体功能区（秦巴生物多样性重要生态功能区）建设试点示范市，全国发展改革试点市，南水北调中线工程重要水源地，秦巴山区连片扶贫开发重点区域。近年来，市委、市政府依托安康自然资源和区位优势，坚持走“循环发展、富民强市”之路，大力发展循环产业、“三区两园”和“飞地经济”，不断加强新型城镇化、扶贫开发和生态文明建设等方面工作，锐意进取，干字当先，着力推进民生为本的循环发展之路，奋力开创美丽富裕新安康建设的新局面，全力推进建设西北经济强市目标。

基本情况

◎**政区沿革** 位于秦巴之间，汉水之畔的安康，气候温润，植被丰茂，是早期人类繁衍、生息之地。据已发掘的考古文物资料证明，早在石器时代，汉江两岸及秦巴腹地就有先民活动。

安康夏属梁州，商、周之际，为庸国封地。春秋时期，被秦、楚、巴三国分割。战国时期为秦、楚争夺之地。公元前312年，丹阳之战秦取楚地六百里，置汉中郡，安康属汉中郡。汉袭秦制，仍属汉中郡，治所西城县（今安康市汉滨区）。东汉建武元年（25）郡治移至南郑（今汉中市汉台区）。东汉建安二十一年（216）曹魏攻占汉中，分郡东为西城郡。三国时，先属魏，后归蜀，再属魏，魏文帝取“曹魏兴盛”之义，改西城郡为魏兴郡，治所西城县。晋初仍设魏兴郡，后又设晋昌郡、上庸郡，隶属荆州。晋太康元年（280），为安置巴山一带流民，取“万年丰乐，安宁康泰”之意，在今石泉、汉阴设安康县。“安康”从此得名。南北朝先属南朝，后属北朝，州、郡、县改易升降错杂。隋设西城郡，属梁州。唐代设金州汉阴郡，属山南西道，治所西城。五代十国时，为前、后蜀统辖。宋设金州安康郡，部分属均州。元代降金州为散州，属兴元路。明代前期设金州，明万历十一年（1583），洪水淹没州城，筑新城于城南赵台山下，改金州为兴安州。清初仍设兴安州，清乾隆四十七年（1782）升州为兴安府。

辛亥革命后，废府设汉中道，后撤道。1935年设陕西省第五行政区行政督察区。中华人民共和国成立后，设陕甘宁边区安康分区。1951年改为安康专区。1969年改为安康地区。2000年12月，撤地设市，安康市人民政府下辖汉滨区和汉阴县、石泉县、宁陕县、紫阳县、岚皋县、平利县、镇坪县、旬阳县、白河县。

◎**地理位置** 安康市地处祖国内陆腹地，陕西省东南部，居川、陕、鄂、渝交接部，位于北纬31°42′24″—33°50′34″，东经108°00′58″—110°12′05″之间，南依巴山北坡，北靠秦岭主脊，东与湖北省的郧县、郧西县接壤，东南与湖北省的竹溪县、竹山县毗邻，南接重庆市的巫溪县，西南与重庆市的城口县、四川省的万源市相接，西与汉中市的镇巴县、西乡县、城固县、洋县相连，西北与汉中市的佛坪县、西安市的周至县为邻，北与西安市的户县、长安区接壤，东北与商洛市的柞水县、镇安县毗连。市人民政府驻安康城区育才路113号，电话区号0915，邮政编码725000。距省会西安市160公里。

◎**人口 面积** 2017年末，全市常住人口266.1万人，较上年增加0.5万人。其中：城镇人口125.89万人，占47.3%；乡村人口140.21万人，占52.7%。全年人口出生率10.10‰，死亡率7.18‰，自然增长率2.92‰。2017年末全市户籍人口305.02万人，比上年末增加0.59万人。人口构成以汉族为主，有回族、满族、蒙古族、土家族、壮族、苗族、藏族、彝族、布依族、朝鲜族、侗族、白族、黎族、畲族、东乡族、纳西族、锡伯族、京族、普米族、俄罗斯族、土族、傈僳族等37个少数民族。安康市总面积23529平方公里，辖区东西最大距离250.1公里，南北最大距离236.2公里。

◎**政区划分** 2017年，安康市辖1区9县，即汉滨区、汉阴县、石泉县、宁陕县、紫阳县、岚皋县、平利县、镇坪县、旬阳县、白河县。全市有140个乡镇和街道办事处。

自然条件

◎**地形地貌** 安康市在大地构造位置上属于秦岭地槽褶皱系南部和扬子准地台北部汉南古陆的东北缘，分别由东西走向的秦岭地槽褶皱带和北西走向的大巴山弧形褶皱带复合交接组成。具南北衔接，东西过渡的特点。安康以汉江为界，分为两大地域，北为秦岭地区，南为大巴山地区，以汉水—池河—月河—汉水为秦岭和大巴山的分界，其地貌呈现南北高山夹峙，河谷盆地居中的特点。全市地貌可分为亚高山、中山、低山、宽谷盆地、岩溶地貌、山地古冰川地貌6种类型。在全市土地面积中，大巴山约占60%，秦岭约占40%，山地约占92.5%，丘陵约占5.7%，川道平坝占1.8%。海拔高程以白河县与湖北省交界的汉江右岸为最低（海拔170米），秦岭东梁为最高（海拔2964.6米）。秦岭主脊横亘于北，一般海拔2500米左右；大巴山主梁蜿蜒于南，一般海拔2400米左右；凤凰山自西向东延伸于汉江谷地和月河川道之间，形成“三山夹两川”地势轮廓，汉江谷地平均海拔370米左右。秦岭、大巴山主脊与汉江河谷的高差都在2000米以上。境内的主要山脉有秦岭的东梁、平河梁、南羊山和大巴山的化龙山、凤凰山、笔架山。

◎**气候** 安康市属亚热带大陆性季风气候，气候湿润温和，四季分明，雨量充沛，无霜期长。其特点是冬季寒冷少雨，夏季多雨多有伏旱，春暖干燥，秋凉湿润并多连阴雨。多年平均气温15℃—17℃，1月平均气温3℃—4℃，极端最低气温-16.4℃（1991年12月28日宁陕）；7月平均气温22℃—26℃，极端最高气温44.7℃（2017年7月27日旬阳县）。最低月均气温3.5℃（1977年1月），最高月均气温26.9℃（1967年8月）。全市平均气温年较差22℃—24.8℃，最大日较差36.8℃（1969年4月镇坪）。垂直地域性气候明显，气温的地理分布差异大。川道丘陵区一般为15℃—16℃，秦巴中高山区为12℃—13℃。生长期年平均290天，无霜期年平均253天，最长达280天，最短为210天。年平均日照时数为1610小时，年总辐射106千卡/平方厘米。0℃以上持续期320天（一般为2月10日至次年12月20日）。年平均降水量1050毫米，年平均降雨日数为94天，最多达145天（1974年），最少为68天（1972年）。极端年最大雨量1240毫米（2003年），极端年最少雨量450毫米（1966年）。降雨集中在每年6月至9月，7月最多。

2017年平均气温为15.2℃,较常年平均值偏高0.4℃,属正常略偏高,年最高气温为44.7℃,最低气温为-7.5℃;年平均降水量为1118.9毫米,较常年平均值偏多24%,属正常偏多。

◎**环境** 2017年安康中心城区环境空气优良316天，较上年增加15天，优良率86.6%；可吸入颗粒物（PM10）平均浓度63微克/立方米，同比下降10.0%；细颗粒物（PM2.5）平均浓度41微克/立方米，同比下降12.8%；空气质量综合指数4.17，同比下降8.6%，大气环境质量继续保持全省前列。水环境综合污染指数下降4.36%，全省排名第一；汉江出陕断面水质化学需氧量年均浓度11毫克/升，氨氮年均浓度0.12毫克/升，稳定保持国家Ⅱ类水质标准；全市地表水水质优良率100%，城市饮用水源水质达标率100%；14条主要支流水质保持稳定，汉江七里沟断面水质年均值达到Ⅰ类，旬河水质连续保持在Ⅱ类。土壤环境质量总体良好，达到国家《土壤环境质量标准》二级标准限值。全市没有发生重大环境污染事故和因环境引发的重大群体性事件。

◎**水系** 境内河流属长江流域汉江水系。长江流域二级河流汉江，也是长江的第一大支流由西向东横贯安康全境，它由石泉左溪河口3公里处入境，经石泉、汉阴、紫阳、岚皋、汉滨、旬阳、白河7县，于白河县白石河口以下10公里出境，境内流长340公里，落差290多米，流域面积5900平方公里。境内汉江的一级支流有子午河、池河、月河、任河、旬河、岚河、吉河、南江河、黄洋河、坝河、白石河、堵河等23条，总长1902.6公里；二级支流有汶水河、长安河、东沙河、权河、渚河、正阳河、滔河、洞河、傅家河、县河、吕河、冷水河等31条，总长1465.5公里；三级支流有东峪河、蒲河、沈坝河、紫荆河、小河、竹溪河、浪河、红水河等18条，总长649.4公里。河网密度为1.43公里/平方公里，年平均径流量106.55亿立方米。过境客水145.72亿立方米，共计水资源总量252.29亿立方米。人均径流量3964立方米。汉江因其水量大、水质好而成为国家南水北调中线工程水源涵养地。截至2017年底，全市已建成水库153座，总库容40.71亿立方米。已建成万亩以上灌区7处，有效灌溉面积12.84千公顷。当年解决农村饮水安全人口34.11万人。水利工程总供水量达到7.37亿立方米，其中向农业供水5.17亿立方米，工业供水0.73亿立方米，城乡居民生活供水1.18亿立方米，城镇公共供水0.20亿立方米，生态环境0.09亿立方米。

◎**水力资源** 境内水能理论蕴量469万千瓦，可开发313万千瓦，其中汉水干流203万千瓦，支流110万千瓦，境内汉江主干流已建成石泉、喜河、安康、蜀河4座电站，旬阳、白河电站正在建设中。2017年争取国家资金1620万元。石泉县胡家湾、筷子铺、鹅项颈，紫阳县灯芯桥、红椿、尚坝等6座水电站被水利部评为绿色小水电，占全省、全国首批绿色小水电的比例分别为66.6%、13.6%。镇坪县新曙河、隆鑫二级等农村水电站列入国家小水电扶贫项目。

◎**富硒资源** 安康市以紫阳县为中心有7个县区处在不同程度的富硒生态环境之中。土壤硒含量总体上呈现“南多北少”的分布特征，全市54.2%的土壤硒含量达到中硒（0.2mg/kg）以上水平，非常适合天然富硒农产品生产。全市水体硒含量丰富，泉水、溪水中硒含量变幅在0—0.141毫克/升，平均值达到0.0019毫克/升，最高值为0.141毫克/升（紫阳县斑桃镇端垭村），是有待开发的特色宝贵富硒矿泉水资源。

◎**生物资源** 处于南北气候过渡带的安康，林木茂密，全市森林覆盖率59.9%，森林面积2114万亩，活立木蓄积量6027万立方米，植物资源极为丰富，堪称南北荟萃之地，有“物种基因库”美誉。生物品种尤以亚热带植物见长。植物全市拥有生物资源种类在省内名列前茅，品种达3300余种，植物资源3000种，经济植物2000余种，素有“物种基因库”“药材宝库”之称。栽培作物60多种，粮食作物主要有水稻、小麦、玉米、薯类。有桦、珙桐、七叶树、鹅掌楸、红豆杉、银杏、水杉、三尖杉、樟、楠等我国稀有和独有树种。其中产于镇坪县的珙桐（又称鸽子树）被称为250万年前的活化石，为世界罕见的树种。动物种类之多居全省首位，境内已发现各类野生动物790种，其中鸟类395种，兽类98种，两栖爬行类36种，鱼类80多种。为国家保护的珍稀动物34种，其中被列为国家一类保护野生动物的有朱鹮、大熊猫、金丝猴和羚牛等4种，二类保护动物的有大鲵、红腹角雉、白冠长尾雉、猕猴和小熊猫等5种，三类保护动物有13种。2014年全市境内发现陕西物种新纪录7种，安康鸟类新纪录13种、种子植物3种。

◎**林特产品** 安康市不仅是秦巴生物多样性功能区的核心区，还是林特资源的富集区。有600多种林特和药材产品常年交易，蚕茧、茶叶、生漆、桐油、木耳、厚朴、杜仲、板栗、党参、黄姜、黄连、苎麻等传统大宗林特产品产量在陕西乃至全国名列前茅。蚕茧、茶叶、生漆等自明清迄今都是安康的主要农业经济项目。近年来，利用当地资源开发的安康丝绸、紫阳富硒茶、平利绞股蓝、白河木瓜酒、岚皋魔芋、镇坪腊肉、宁陕食用菌等特色产品已成为国家地理标志保护产品，并形成一定规模的产业集群。2017年，全市新建特色经济林44.31万亩，总面积达到813.88万亩，生产各类山林产品40.2万吨，实现林业综合产值182.24亿元。

◎**秦巴药材** 据中草药资源普查，安康中草药种类1299种，占全省53%。属2000年版《中国药典》规范的中药材290种，占《药典》中药总数的68.4%。全国列为名贵中药材34种，陕西有17种，安康市就有15种。黄连、当归、杜仲、黄柏、厚朴、麝香、蜈蚣、熊胆、玄参、独活、云木香、川牛膝、猪苓、绞股蓝、葛根、黄姜、魔芋（药食两用）等产量居全省首位。历史上传统出口的药材有杜仲、党参、川牛膝、银耳、桃仁、柴胡等，主销香港及东南亚。适生条件最好、品质含量最佳的绞股蓝、黄姜及葛根素在全省、全国都享有盛誉。据专家考证，野生黄姜以汉水流域石泉至湖北武当山一带皂素含量最高，安康处在黄姜最佳适生区中心地带。安康野生葛根面积约80万亩，葛根储量约30万吨，经权威机构检测，黄酮含量达30%，其中葛根素含量最高达7.78%，平均在6%以上，有效成分含量居全国各产区之首。苦味绞股蓝为全国独有品种，还有地道中药材“八仙党”“鸡爪连”、厚朴、杜仲、天麻等，在全国占有独特地位。

◎**矿产资源** 境内已探明各类金属、非金属矿产65种，其中查明资源储量的矿产32种，产地336处，汞、锑、锌、重晶石、毒重石、金、钒、铁、石灰岩、瓦板岩、富硒矿泉水、硫铁矿、石煤、脉石英等矿种在全省乃至全国位居前列。汉江、月河砂金查明资源储量25吨；月河北部至旬阳北部岩金查明资源储量40吨，预测资源量250吨；铅锌查明资源储量110万吨，预测资源量250万吨；汞查明资源储量1.5万吨，锑资源储量4.4万吨；钛磁铁矿查明资源储量4.72亿吨，预测资源量20亿吨，磁铁矿查明资源储量2.5亿吨，预测资源量4亿吨；钒查明资源储量170万吨，预测资源量200万吨；铜查明资源储量3.3万吨，预测资源量10万吨；重晶石查明资源储量2073万吨，居全省首位，预测资源量4000万吨；毒重石查明资源储量127.9万吨，预测资源量1000万吨，位居全国第二；瓦板岩资源极其丰富，紫阳、平利、镇坪、岚皋等县均有分布，资源蕴藏量66.2亿立方米，成材板石量990亿平方米，产量及出口量保持全国首位。石煤产于紫阳县、岚皋县、平利县、镇坪县、汉滨区境内，累计查明资源储量2074万吨，预测资源量3.2亿吨。

人文形态

◎**宗教**　安康在历史上是一个儒、佛、道三教俱崇的郡城，曾是梵宇相望、寺观毗连的佛道圣地，宗教活动源远流长，至清末已发展成一个五大宗教俱全，多种宗教文化交融俱兴的地方。唐代传入佛教，宋代盛行道教，元代传入伊斯兰教，清朝光绪年间传入天主教、基督教。佛教、道教、伊斯兰教、天主教、基督教5种宗教活动正常进行，信教群众近10万人，是全省宗教工作重点地区之一。

佛教　安康佛教文化在中国佛教发展史上占有重要的地位。始建于初唐的安康佛教四大寺：新罗寺、万春寺、天圣寺、双溪寺，在佛教历史上有着重要的地位，是陕南佛教禅宗著名的寺院。出生于安康的怀让大师是唐初期位居佛教禅宗六祖慧能之徒，开南岳一系，其学说远播日本、朝鲜。净土宗第十三代祖师印光大师出家前在双溪寺抄写经文并受具足戒，他一生建树卓著，《印光法师文钞》传播海内外，弟子数万人。

道教　于东汉顺帝年间，张陵在四川成都创立“五斗米道”后，其祖孙三代在陕南一带行道，将道教传入安康，受其影响，安康成为中国道教主要发祥地之一。道教另一宗，也与安康密切相关，北宋南派创始人紫阳真人张伯端在紫阳修行，他的丹道学说是中国道教史的一座里程碑。现存的主要道场有：擂鼓台的真武殿、安康城的东药王殿、西药王殿、香溪洞的玉皇殿等。

伊斯兰教　伊斯兰教在元朝初期与回族穆斯林迁居安康同步传入安康，在穆斯林群众聚居区有元、明、清建筑风格清真寺十多座，主要有安康城内清真寺、静宁南寺、清真北寺、清真东寺、清真西寺、清真中寺、清真兴文寺、旬阳蜀河清真寺等。

天主教　天主教于清光绪十六年（1890）传入安康，早期在石泉、汉阴、平利、岚皋、紫阳设有天主堂，安康城内较有名的教堂是安康金银巷的天主堂。

基督教　基督教于清光绪二十四年（1898）传入安康，先后在安康、汉阴、白河县设立教堂，目前主要有安康城区西关的福音堂。

◎**地方文化**　缘于安康特殊的区位，尤其是历史上的移民活动，使安康在与周围多元文化相交相切的过程中，交汇、融合、嬗变成一个独具特质的区域文化。安康曾是古代巴国之地，又是蜀国的属地，巴蜀文化奠定了安康文化最早的基因；汉水流域是荆楚文化的摇篮，也是荆楚文化的根基。荆楚文化对安康人文的漫长浸润，在安康的风俗民情、人文心理中注入了更多的务实创新；秦文化、中原文化，乃至羌氏文化，也为安康文化增色添彩。兼收并蓄，集万花于一束，熔众家为一炉，风气兼南北，语言杂秦楚，既有巴蜀之雄浑刚强，又有荆楚之柔媚清丽，也有三秦之古朴粗犷，还有中原文化的质朴通达。既诚实稳重又洒脱灵秀，既飘逸浪漫又憨厚野朴。刚而不烈，柔而不软，兼具四方气脉而又独具风韵和骨质。这些特色不仅表现在文学、书法、雕刻、古建筑、古文化遗址上，更表现在非物质文化遗产的各门类中，汉调二黄、紫阳民歌、平利弦子腔列入国家级“非遗”名录，小场子、八岔戏、安康道情、赛龙舟等已列入省级“非遗”代表作名录。绚丽多彩、鲜活质朴的安康文化魅力四射。

◎**方言**　处川、陕、鄂、渝三省一市交织地带的安康，由于地理位置、政权更迭、战乱频发、移民等原因，形成了“五方杂处，十里不同音”的人居环境。多样地域文化与诸种方言在这里交汇碰撞，加上安康山河大势，既有秦巴之阻隔，相对比较封闭，而又中通汉水，有舟楫之便利，故而这里的文化既保留了原生态的特点，又显现出交流接触后变异的痕迹。所以安康的方言呈现这样的主要特点：多种方言混合，主要有中原官话（安旬话）、西南官话（石紫话）、江淮官话（平利话）和混合方言，均以方言岛的形态存在。方言的声韵调存在融合和渗透，中原官话的全浊入声归阳平，江淮官话的入声消失等现象。安康方言词汇丰富、表意生动，有大量的重叠词、逆序词、分音词。

◎**民俗**　安康受自然条件、人口构成、经济特点、宗教信仰、文化状况等影响，民俗风情复杂多元。受中国传统文化熏陶，安康秦风楚韵，民风淳朴，注重礼仪，民俗独特，文化内涵十分丰富。在中国传统节日习俗方面，诸如春节贴春联、贴年画，除夕守岁，拜年，长辈给晚辈压岁钱；正月十五闹元宵、耍社火、猜灯谜；清明节扫墓，祭奠祖先；端午节门上悬艾蒿、吃粽子；中秋节家人团圆，吃月饼、赏月；重阳节登高、赏菊；腊八节吃腊八粥等，这些习俗与全国其他地区大同小异。进入21世纪后，也有人除了保持着一定的传统节令习俗外，开始过起了圣诞节、情人节、父亲节、母亲节等。受巴蜀和秦楚影响的安康人，民俗内容十分宽泛，几乎是无时不有，无处不在，在衣、食、住、行、娱乐等方面，形成了自己独特的生活方式，有人将这些生活方式和习俗概括为“安康八大怪”：家家户户泡酸菜，蒸面稠酒人人爱，尼龙袜子套草鞋，石板上房当瓦盖，背篓里面把娃带，虫虫能当下酒菜，杀猪不卖熏起来。这些生活方式和习俗充分表现出安康人的质朴、淳厚、粗犷和豪爽。安康的民俗风情，还体现在丰富多彩的民间艺术和传统体育活动中。从书法、绘画、剪纸、雕塑、戏剧和地方小戏到工艺品的编织和制造，从龙狮共舞的社火到端午节的龙舟竞渡，既有秦巴文化的风采，又有江南水乡的神韵。

◎**饮食** 地处中国南北地理分界线和东西部跨越交接地带的安康，雨量充沛，气候湿润，江河密布，物产丰腴。造就了安康人“尚滋味，好辛酸”的饮食习惯，形成了安康人饮食的三大偏爱：喜酸爱辣，食必兼肉，好客嗜酒。“湖广填陕西”的明清大移民，来自湖南、湖北、广东、福建、江西等省的先民在这里形成“五方杂居”的人居格局，对安康饮食文化产生重大影响。南北物料相聚，异地食俗相融，烹饪技艺交流，使安康饮食既有南方的鲜、嫩、甜，又有北方的浓、脆、咸，融合变革成了安康的酸、辣、酥、润、香、煎、兼、实的特征。并与陕南独特的烹艺，淳朴周到的礼仪，成就了安康独特的饮食文化。

基础设施

◎**交通运输** 已形成由铁路、公路、水路、航空等4种运输方式构成的交通运输网络。2017年公路货运量4208万吨（不含铁路、水运，下同），比上年增长10.3%；货物周转量17.30亿吨公里，增长10.8%。客运量3727万人，增长1.3%；旅客周转量22.48亿人公里，增长2.5%。

铁路 襄渝、阳安、西康3条电气化铁路过境安康，其中襄（樊）渝（重庆）铁路在境内长262公里，为双轨电气化铁路，设白河县、旬阳县、安康市、紫阳县站，与汉丹铁路、焦柳铁路两线衔接，与阳安、宝成铁路相通，成渝、川黔两线相连，是联结中国中原和西南地区的交通大动脉。

阳（平关）安（康）铁路境内长100公里，为单轨电气化铁路，设石泉、汉阴、安康车站，是横贯陕南，连接宝成、襄渝、西康铁路干线的联络线。其复线工程已于2014年开工，2017年贯通。

西（安）（安）康铁路境内268公里，为单轨电气化铁路，复线工程已于2009年开工，2013年贯通；境内设有小河镇、旬阳北站，是陇海、襄渝两大干线的一条联络线，也是华北、西北地区进渝入川和连接大西南的新通道。西康铁路是中国桥隧比例最高的铁路，其中著名的秦岭隧道全长18.5千米，位居中国第三。西康铁路运输现状为年货运量近3千万吨，日行旅客列车80多对、运行时速约70公里。

安康火车站位于安康市城区汉江北，是铁道部划定的路网区域性一等客运枢纽站，也是西安铁路分局重要的编组站，是陕南地区最大的客运火车站。以安康站为核心的安康铁路枢纽处在包（头）柳（州）通道与沪汉蓉大通道的交会处，衔接襄渝、西康、阳安三条铁路干线，是连接我国西北、华北、华中与西南地区的重要枢纽。日均有73趟客车停靠，其中特别列车T字头列车14趟，日客运量5000人次，年货运吞吐量6272万吨。

公路 包（头）茂（名）线、十（堰）天（水）线、（北）京昆（明）线高速公路过境，其中包茂高速公路境内长143.87公里（小康58.26公里、陕川85.61公里）公里，双向四车道，有小河、茨沟、潭坝、五里、流水、蒿坪、紫阳、毛坝等出口，向北通往西安、延安、榆林、鄂尔多斯、包头等地，向南通往万源、达州、重庆、桂林、梧州、茂名等地。十（堰）天（水）高速公路境内长221公里，双向四车道，有白河、茅坪、双河、神河、吕河、旬阳、安康、蒲溪、涧池、汉阴、池河、石泉等出口，向东通往十堰、武汉，向西通往天水、兰州。（北）京昆（明）高速公路过境，双向四车道，有皇冠、筒车湾、两河等出口，是一条连接华中、西南的交通要道。

国道G316、国道G210过境，其中G316国道（汉白公路）境内长286公里，双向两车道，是沟通西南、西北和中南在区的重要道路。G210国道（西万公路）在境内191公里，双向两车道，是一条穿越秦巴山区，连接陕川渝的要道。省道S310紫渔公路境内长77公里，是连接安康，出汉中镇巴的通道；省道S207安岚公路原长92公里，几经改线，现长83公里，是岚皋同县外联系的唯一公路；平镇公路原长123公里，经过改造现长108公里，是镇坪通往外界的重要通道；安白公路全长193公里。由安旬路（57.2公里）和旬白路（135.91公里）连接而成，是陕南通往湖北重要道路；旬（阳）镇（安）公路全长110公里，境内长73公里，是旬阳通往西安的捷径；两（河）佛（坪）公路全长54.4公里，境内长10.4公里，是石泉通往汉中佛坪的道路。安康全市公路总里程19448公里，100%乡镇通油路，100%建制村通公路，90%的建制村通水泥路。有10个二级客运站，30%以上的乡镇有等级客运站，10%的建制村有停靠点。

水运 境内原有内河航道9条，总长约680公里。2017年，全市完成水路运输客运量311万人次，客运周转量5819万人公里，货运量158万吨，货运周转量4607万吨公里。

航空 安康五里机场（老机场）位于汉滨区五里镇，是省内支线机场，2010年9月，因适航机型停飞、停航。2014年，新机场——安康富强机场试验段辅助工程开工建设。

◎**邮政电信** 2017年完成邮电业务总量30.37亿元，比上年增长23.6%。其中，邮政业务总量2.99亿元，增长20.0%；电信业务总量27.3亿元，增长22.0%。

◎**能源** 全市有大型发电企业2家，分别为中国大唐集团陕西发电有限公司、陕西电力公司，下辖石泉、喜河、安康、旬阳、蜀河5座大型水力发电站，总装机185.1万千瓦。另有地方小微型水电站724处，并网电站157座。全市有330千伏变电站2座，110千伏变电站33座，110千伏输电线路76条1595千米；35千伏变电站59座，35千伏输电线路90条1516千米。是国家电网西北电管局确定的重点电网之一，综合电压合格率98%，供电可靠率99%。

经济发展

◎**农业** 主要经济作物有油菜、茶叶、烤烟、蚕桑、蔬菜、水果、魔芋、油桐籽、中药材等。茶叶、烤烟、蚕茧、魔芋等农产品产量居全省前列，是国家重要的优质烟叶基地。2017年全市农林牧渔业总产值184.86亿元，较上年同期增长4.9%，增速较上年同期提高0.8个百分点；农林牧渔业增加值106.69亿元，较上年同期增长4.9%，增速较上年同期提高0.9个百分点。农村居民人均可支配收入达到9398元，同比增长9.4%，在全省增长率排名第一。全市粮食播种面积401.2万亩，粮食产量87.7万吨，与上年持平。油料总产15.5万吨，与上年同比增长1.3%。畜牧产业持续健康发展。2017年新建（扩）规模养殖场22个，培育林下生态养猪示范点23个，累计创建市级以上标准化示范场90个。全市生猪、牛、羊、家禽饲养量达到532.8万头、33.5万头、193.4万只、2197万羽，出栏量分别为309.4万头、8.4万头、99.4万只、1246万羽。肉类总产值27.6万吨，牧业增加值达到27亿元增长2%，出栏量继续稳居全省第二位。

◎**工业** 安康市是西北重要的水电能源基地，初步形成了以新型建材、汉江水电、富硒食品、生物医药、安康茧丝、金州矿产为主的工业体系。2017年全市全部工业实现增加值414.25亿元，比上年增长15.7%，其中规模以上工业增加值增长15.8%。全年规模以上工业总产值1385.46亿元，比上年增长22.6%。六大支柱工业完成总产值1156.15亿元，增长22.0%，其中：新型材料496.85亿元，增长19.7%；富硒食品396.72亿元，增长28.0%；装备制造135.08亿元，增长27.6%；生物医药62.70亿元，增长3.8%；清洁能源47.54亿元，增长16.8%；安康丝绸17.26亿元，增长11.7%。

◎**商业外贸** 全年完成社会消费品零售总额297.14亿元，同比增长14.4%，增速位居全省第一。全年外贸进出口总额30119万元，比上年增长48.8%。其中，出口28052万元，增长52.1%；进口2066万元，增长14.8%。

◎**财政金融** 2017年末全市金融机构人民币各项存款余额1311.7亿元,比年初增加139.69亿元,比上年增长11.9%;各项贷款余额714.29亿元,比年初增加79.81亿元,比上年增长13.9%。

年末全市境内有证券机构6家，期末证券开户数5.65万户，比上年末增加0.24万户。证券市场交易量319.04亿元，比上年下降8.3%。

年末全市29家保险机构实现保费收入30.05亿元，比上年增长25.0%。其中，寿险保费收入23.16亿元，增长29.2%。产险保费收入6.89亿元，增长12.9%。产险赔付3.31亿元。寿险公司给付3.94亿元（含满期给付），赔款支出1.34亿元，退保金支出4.02亿元。

社会发展

◎**文化艺术** 全市共有图书馆11个，群众艺术馆1个，文化馆10个，博物馆10个。年末全市共有广播电台1座，电视台1座，县级广播电视台9座。

全市拥有国家综合档案馆11个，馆藏1194个全宗，馆藏资料13.05万册、馆藏档案50.07万卷、66.24万件。其中，市档案馆馆藏资料1.44万册，馆藏档案8.86万卷、10.63万件。

◎**节庆活动** 举办的文化节有安康龙舟节、紫阳富硒茶文化节、汉阴油菜花节、平利茶文化节、岚皋旅游文化节、安康盆景展、旬阳农民文化节等。其中安康龙舟节被国际节庆协会评为中国十大魅力节庆。

◎**教育** 2017年末，全市有各级各类学校1100所，其中幼儿园484所、小学409所、初级中学160所、高中32所，特教学校3所，中等职业学校12所；在校学生438279人，其中幼儿园79675人，附设幼儿班8309人，小学185546人、初中86004人、高中60272人、中职18180人、特殊教育学校311人（不含随班就读），含随班就读1611人；教职工32734人，其中专任教师28702人。小升初升学率100%，九年义务教育覆盖率100%。全市校园总面积837.41万平方米，校舍总面积427.2万平方米，图书1416万册。

◎**科技** 2017年签订各类技术合同44项,合同成交总额1.04亿元。其中,技术开发合同6项,成交金额2654万元;技术服务合同38项,成交金额7746万元。

全年专利申请量787件，其中发明专利172件，实用新型专利342件，外观设计专利273件；专利授权量541件，其中授权发明专利8件，实用新型专利251件，外观设计专利282件。

◎**医疗卫生** 全市拥有医疗卫生机构2981个，其中医院48家（含民营医院），社区服务中心（站）16家，卫生院168家，村卫生室2364家。共有床位15254张，其中医院病床10358张，卫生院病床4388张。共有卫生人员22422人，其中卫生技术人员17575人，卫生技术人员中执业（助理）医师5023人，注册护士6886人。

全市实行新型农村合作医疗，参合农民240.07万人，参合率达99.6%。截至2017年末22所县级公立医院进行了综合改革。

◎**创业就业** 2017年，全市城镇新增就业2.03万人，城镇登记失业率控制在3.2%以下，低于控制性指标3.9%；全市累计组织开展免费职业培训7.08万人，创业培训6302人；当年新增发放创业担保贷款3522笔，发放金额4.56亿元；高校毕业生登记就业率达93.93%；全市农村劳动力转移就业64万人，创劳务收入96.6亿元。

◎**体育** 2017年共组织开展各级各类群体竞赛活动80次，培训社会体育指导员965名，落实6个乡镇农民健身工程，86个陕南移民搬迁安置点项目，1个全民健身活动中心项目，3个足球场项目，到位资金3758万元。启动江北体育公园项目和汉江全民健身长廊工程项目，到位资金2710万元。

◎**旅游** 至2017年末全市A级景区29家，其中AAAA级景区10家，AAA级景区14家，AA级景区5家。南宫山、瀛湖、香溪洞、燕翔洞、中坝峡谷等一批景区已成为安康生态旅游的名牌产品。全年接待境内外游客3788万人次，比上年增长15.5%；旅游总收入228.53亿元，增长33.5%。其中，接待入境旅游者3.4万人次，增长15.3%；旅游外汇收入758.8万美元，增长15.5%；接待国内游客3784.6万人次，增长15.5%；国内旅游收入228.03亿元，增长33.5%。

特　载

在全市追赶超越工作会议上的讲话

中共安康市委书记　郭　青

（2017年2月4日）

春节刚刚收假，市委、市政府决定召开全市追赶超越工作会议，以开局就是决战、起步就是冲刺的态度抓好全年工作。这次会议的主要任务是，深入落实习近平总书记视察陕西提出“追赶超越”定位和“五个扎实”要求，认真贯彻省委、省政府科学确定追赶超越目标任务新精神，安排部署我市在新的发展起点上追赶超越工作。刚才，永能同志传达了全省追赶超越季度点评视频会议精神。下面，我讲三点意见。

一、进一步增强追赶超越的使命意识

2017年是党的十九大和省第十三次党代会召开之年，是实施“十三五”规划的重要一年和推进供给侧结构性改革的深化之年，也是全面贯彻落实市第四次党代会精神的开局之年和市县镇班子同步换届后的第一年，自觉把追赶超越贯穿于经济社会发展的各方面和党建工作的全过程，具有十分重要而深远的意义。

第一，追赶超越是增强“四个意识”的政治任务。习近平总书记对我省工作提出“追赶超越”定位和“五个扎实”要求，充分体现了党中央对陕西的殷切期望，充分体现了习近平总书记对家乡人民的深厚感情，为新常态下把陕西建设得更加美好提供了基本遵循、指明了前进方向。中央办公厅二次回访调研报告，对贯彻落实总书记讲话精神提出了中肯明确的建议，为2017年陕西追赶超越明晰了目标、增添了动力。每一次重温习近平总书记视察陕西重要讲话，特别是总书记讲“家乡每一点发展变化都让我感到高兴，家乡每一次灾害事故也都让我牵肠挂肚”“陕西发展得怎么样，不仅关乎三秦大地父老乡亲福祉，而且对西部大开发战略、对‘一带一路’战略、对西北地区稳定都具有重要意义”“陕南水、林、生物、矿产资源丰富。要利用这些优势，搞好要素配置，让区域优势转化为以产业为支撑的市场和经济优势”“在生态环境保护上，一定要算大账、长远账、整体账、综合账，不能因小失大、寅吃卯粮、急功近利”等等，我们都能感受到温暖、感受到信心、感受到责任。作为总书记家乡的干部，切实增强政治意识、大局意识、核心意识、看齐意识，时刻在思想上政治上行动上同以习近平同志为核心的党中央保持高度一致，自觉运用总书记视察陕西重要讲话精神武装头脑、指导实践、推动工作是必修功课，我们要不断用讲话精神审视自己的认识、行为和做法，努力提高追赶超越的能力和水平，为奋力实现后发赶超注入新的活力。

第二，追赶超越是全省工作的中心和主题。年前召开的省委十二届十一次全会上，娄勤俭书记、胡和平省长要求全省上下“更加深刻地领会追赶超越的极端重要性和现实紧迫性，自觉把追赶超越作为全省工作的中心和主题”，并进一步明确了我省追赶超越的路径方法、目标任务、保障机制，集中体现了省委、省政府对追赶超越的系统思考、系统谋划、系统安排。毛万春副书记分别在全省进一步落实追赶超越要求视频会议和2017年全省追赶超越季度点评视频会议上作重要讲话，省委相继出台了《关于进一步落实追赶超越要求的通知》《全省追赶超越季度考核点评实施方案》

等文件，对于追赶超越的过程管理、目标管控越来越细化、越来越严格。当前全省追赶超越的号角已经吹响，兄弟地市争先进位、竞相发展的态势咄咄逼人，安康奋起直追的压力日益增大。面对新一轮白热化的区域竞争格局，我们不容懈怠、不容退缩、不容落后，必须把追赶超越标杆立起来，把加快发展实绩干出来，把绿色崛起形象树起来。

第三，追赶超越是建设西北生态经济强市的应有之义。近年来，我市经济社会发展和党的建设取得巨大成就，主要经济指标增速持续保持全省第一方阵，2015年生产总值、第二产业增加值、全社会固定资产投资、公路客货运周转量增速和非公经济占GDP比重5项经济指标位居全省第一，2016年生产总值、第二产业增加值、规上工业增加值、农村居民人均可支配收入、一般公共预算收入增速和非公经济占GDP比重6项指标位居全省第一，以2015年首次获得全省目标责任考核优秀格次为标志，9个县区先后荣获全省县域经济“争先进位”奖，安康跻身6项国家级、3项省级试点示范，共获得国家级表彰62个、省级表彰130余个，可以说，追赶超越我们一直在路上。“十二五”时期，市委把“振奋精神、振兴安康”作为加快发展和党建工作主题曲，提出建设“三个陕西”、安康奋力争先的号召，出台了力促我市在全省目标责任考核中争先进位的十条措施。习近平总书记视察陕西作重要讲话后，市委提出“追赶超越、绿色崛起”发展总纲，并列入了“十三五”发展的指导思想，这是第一时间把中央对我省的总体要求与安康发展定位对接起来。市第四次党代会提出了建设西北生态经济强市的奋斗目标，我们进一步把追赶超越放在西北地区大格局中来谋划，把生态经济作为绿色崛起的基本内涵来把握，找准了追赶超越与安康特色潜力的结合点、关键点、发力点。今后一个时期，我们要继续敢于采取超常措施，敢于争当全省一流，推动我市在持续健康发展的轨道上行稳致远，真正让崛起的新安康以崭新的形象呈现于世人。

二、进一步选准追赶超越的主攻方向

实现追赶超越，必须搞清楚“我是谁”“追赶谁”“超越谁”，才能弄明白在哪里追赶、从何处超越，确保追赶有参照、超越有目标，这也是省委向各地市提出的明确要求。

第一，搞清楚“我是谁”。就是要找准我们的优势有哪些、短板是什么，发挥优势上台阶、立足现状补短板。就优势而言，全市上下已经形成了共识，“山、水、人”是安康最丰裕的资源禀赋，生态是安康最大的优势，我市产业结构不断优化、发展内生力显著增强的生动实践，更加坚定我们以生态文明理念引领经济社会发展，实现生态建设和经济发展协同推进，绿水青山变成金山银山的信心和决心。当然，优越的区位、厚重的文化、勤劳的人民等方面更是我们的发展优势，这些优势还会逐渐放大开来，成为安康追赶超越的丰厚底蕴。这方面我过去多次讲过，这里想重点讲一下短板问题。

省委领导高度重视追赶超越中的短板问题，娄勤俭书记在省委十二届十一次全会上强调，陕西实现追赶超越必须着力破解“结构不优、发展不均衡、民营经济不强、百姓不富、生态不优、开放不够”六个方面的问题，毛万春副书记在全省追赶超越季度点评视频会议上指出，2017年陕西追赶超越亟待破解“科技创新支撑引领作用不够、军民深度融合发展不够、生态环境质量不优、农业不强农民不富、产业结构不优、区域发展不均衡、民营经济活力不强、对外开放不够”八大难题。安康作为全省发展较快的欠发达区域，这些问题和难题都不同程度存在，有的还是全省短板中的短板，需要我们聚焦薄弱环节，持之以恒补短板、解难题。我认为，从矛盾的普遍性和特殊性来讲，安康最需要补上的短板有六个方面：

*一是发展不足。*近年来，安康经济社会发生了巨大变化，尤其是经济增速一直高于全省全国，2015年分别高于全国、全省5.4个和4.3个百分点，2016年分别高于全国、全省4.6个和3.7个百分点，但这是在较低基数上的快速发展，我市2016年经济总量仅占全省的4.4%，仅大于商洛、铜川、杨凌，西安、榆林、咸阳、宝鸡、渭南、延安经济总量分别是我市的7.3倍、3.3倍、2.8倍、2.3倍、1.7倍、1.3倍，汉中比我们多304.6亿元。由于整体发展不足，相伴而生的贫困问题长期困扰我们，全市目前还有44.5万（2015年为58.17万人，2016年减少贫困人口13.67万人。）建档立卡的贫困人口，贫困发生率位居全省前列，脱贫攻坚和全面小康任务艰巨。所以说，狠抓发展第一要务，加快追赶超越步伐，是确保安康持续位于全省经济增速第一方阵地位的发展要求，是缩小与全省发展平均水平的差距的需要，更是与全国全省同步全面建成小康社会不拖腿、不掉队的需要。

*二是产业结构不优。*近年来，我市坚持把生态优势转化发展优势作为供给侧结构性改革主攻方向，三次产业结构从2010年的20.5：40：39.5调整到目前的11.8：54.8：33.4，尤其是生态友好产业支撑作用显著增强，富硒食品在规模以上工业中的占比从2010年到现在提高了14个百分点，达26.8%，但产业整体弱小、层次不高等问题依然存在。比如，2016年我市富硒食品

产值翻过了300亿元大关，但内蒙古伊利实业集团的营业收入超过了600亿元，是我们500多个食品加工企业总和的2倍。同时，除了魔芋产业之外，我们在产业链条分工中大多数仍然处在原料和初级加工等低端环节，生态经济的附加值并没有被充分挖掘出来。我们总结全市产业结构不断优化的成绩，是指产业结构优化的动态过程，准确地说是“趋优”，而不是“已优”，产业优化升级任务仍然艰辛而漫长。有的同志认为，产业结构优化的标志是三产超过二产，这是全国产业结构的现状，也是发达国家、发达地区的现状。从发达国家、发达地区的发展历史看，工业化阶段第二产业在经济总量中的比重总是按照抛物线轨迹变化的。国内经济发达省市第二产业占比在70%甚至以上才达到抛物线的顶点，然后由于第三产业的快速发展，第二产业占比开始下降。对于安康来讲，目前尚处在工业化中期的初级阶段，仍然大大滞后于全国的发展阶段，只有安康步入工业化的中后期，研发设计、第三方物流、融资租赁、信息技术服务等生产性服务业迎来大发展，才有可能出现第三产业质的飞跃，安康目前尚不具备服务业占比大幅提升的基本条件。我在市四届人大一次会议闭幕式上讲过，安康生态产业发展有四波浪潮：第一波浪潮来自富硒产业，第二波浪潮来自于涉水产业尤其是包装饮用水产业，第三波浪潮是大健康产业，第四波浪潮才是现代服务业。要让这四波浪潮接续出现，不断形成产业发展新高潮，我们有很多工作要做。要坚定不移地加快推进新型工业化进程，推动一、二、三产业融合发展；要坚持不懈地转变产业组织方式，围绕产业链统筹布局创新链、空间链，为追赶超越提供根本支撑，为建设西北生态经济强市培植核心竞争力。

*三是创新能力不强。*我市创新投入规模和强度、创新产出及企业创新能力方面，在全省各地市排名倒数甚至末尾，支撑我市经济高速增长仍然主要来自于投资拉动和相对较低的劳动力成本。如果说中办回访调研报告指出陕西科技创新支撑引领作用不够的问题，原因在于“企业创新主体作用不突出”“科技服务体系不完善”“鼓励创业创新的社会环境有待优化”，那么，我市创新不强的根源则在于人才匮乏，不仅高层次人才严重匮乏，各类科技创新人才总量也严重不足，包括战略研究人才、经营管理人才、医疗教育人才、农村实用人才等都难以满足安康发展现实需要，这既有安康处于高速发展阶段，致使人才供不应求的原因，更多地是我们在人才培养、引进、使用等方面的体制机制还不健全导致的，尤其是存在人才引进难、留住更难的突出问题，必须着力破除束缚我市人才发展的体制机制障碍,充分调动人才自身、用人主体和主管部门的积极性，扎实推进我市“百千万”重点人才工程，切实用好现有人才、稳定关键人才、引进紧缺人才、造就高端人才，不断夯实追赶超越的人才支持体系。

*四是县域经济水平不高。*近年来，虽然我市县域经济发展迅速，但目前全市还没有一个县进入全省县域经济监测考评前20位。汉滨区2015年在全省25个城区中排名倒数第4位，对全市的龙头引领和辐射带动作用有限。9个县中旬阳县在2015年全省县域经济监测考评中排名第29位，2016年GDP实现137.8亿元，占全市县域经济总量的23%，位居县域经济总量第一方阵，但还不足全省最强县神木县的七分之一，加之当前正面临矿产业转型升级压力，保持持续高速增长难度不小；位于县域经济第二方阵的有汉阴县、紫阳县、平利县、石泉县，GDP均在90亿元以下，存在主导产业不优不强的问题，有待厚积薄发；第三方阵的白河县、岚皋县、宁陕县、镇坪县GDP均在60亿元以下，经济总量最小的镇坪县仅占旬阳县的十分之一多，四县均缺乏立县之业，有待加快培育支柱产业。推动安康追赶超越的基础在县域，难点在县域，潜力也在县域。我们要加快出台覆盖全市的“一县一策”，充分发挥汉滨区龙头引领带动作用，继续支持旬阳县率先发展，推动其他各县做大做强特色优势产业，推动形成“一业为主、错位发展”的县域经济发展格局，促进各县区在全省县域经济监测考评中综合排名位次前移。

*五是民营经济发育不充分。*2016年，全市非公经济增加值占GDP比重55.5%，较2010年提高7.6个百分点，持续位居全省第一。非公经济已成为全市经济名副其实的半壁江山，但这只是相对数的领先，全市各类市场主体仅占全省6%；县均民营企业为全省平均水平的35%；规上工业增加值总量位列全省第8。全市最大民营企业营业收入刚刚迈过10亿元（安康市尧柏水泥有限公司），而全国最大的民营企业华为控股有限公司营业收入总额为3590亿元，全省最大的民营企业陕西东岭工贸集团股份有限公司营业收入总额为761亿元。我市没有入围全省百强企业，去年底省上表彰的民营企业，我市没有一户名列其中。我们很多民营企业依然是地缘式经济、家族式企业、作坊式经营，小富即安、诚信不足、管理粗放、要素短缺等原因制约着民营企业成长壮大。我们要坚持“非禁即入”，深化“放、管、服”改革，创造公平有序的市场环境；引导干部强化为企业服务的意识，构建“亲”“清”的新型政商关系；有计划、有步骤地对民营企业家进行系统化、高层次的培训，打造一支思想上自觉、行动上自律、发展上自信的高素质民营企业家队伍。让民营经济获得更多的发展机会，让追赶超越取得更大成就。

六是解放思想不够。安康长期处于贫困落后状况，原因是多方面的，但思想僵化保守、发展观念滞后、开放程度不够是重要原因，受民风民俗中一些陈旧落后文化的影响，一些人总是放不下守旧、狭隘的市情观，得过且过、小进则满的消极思想相当盛行，办事拖沓、欺生宰客、拦门堵路等破坏发展环境的现象饱受外地客商诟病，归根结底是封闭的“大山思维”作祟，缺乏与国际国内主流价值观对接，缺乏向发达地区学习、向发达地区看齐的观念。娄勤俭书记要求把解放思想作为推动追赶超越的有力武器，跳出“城墙思维”，站在“秦岭之巅”看陕西。我们也要继续弘扬“发展视野一定要跳出秦巴，北要高过秦岭，南要高过巴山”的开放理念，只有勇于学习借鉴并且敢于对标发达地区先进经验，接受新思想、新观念、新方法的冲击，我们才能打破僵化思想，在摒弃因循守旧中优化环境、扩大开放，努力使我们的工作赶上全省全国，不断彰显后发优势。

我刚才是站在全市的角度讲了一些共性问题，各县区、各部门可能还存在其他更突出、更典型的难题短板，要根据自身实际，把短板找出来，把优势亮出来，真正认清“我是谁”。

第二，搞清楚“追赶谁”“超越谁”。就是要科学确定追赶超越对象目标。我们在给省委的报告中，提出“学习汉中、加力追赶、缩小差距、有所超越”的基本思路。汉中近几年也一直处于全省经济增速第一方阵，是陕南发展的“领头羊”。在汉中市近期召开的第五次党代会上，他们又提出了“实现全面小康建设真美汉中”的口号，很多方面都值得我们学习。但同时我们要考虑到，虽然汉中和安康同处陕南，既有发展的同构性，但也有很大的差异性。比如，从上世纪“三线建设”开始，国家在汉中就布局了众多军工企业，现在汉中经济的主要支撑装备制造业、航空产业等都与此密切相关。这就是安康产业发展中先天不足，而且未来也难以去对标和赶超。因此，我们在追赶超越当中，要有所为有所不为。市第四次党代会上，我们确立了建设西北生态经济强市的阶段性奋斗目标，得到了上级的肯定和全市广大干部群众的广泛响应。从整个西北地区来说，安康以水、空气和森林资源为主的生态条件良好，基于生态资源发展壮大的生态友好型产业正在成为经济发展的新支撑和决定性因素，建设西北生态经济强市可望可期。但放眼整个西部地区乃至全国，安康的生态经济发展还排不上较好的位次。加快追赶超越、建设西北生态经济强市，我们不仅仅要在省内比、在西北地区比，还要敢于自我加压，用更加广阔视野来审视安康的发展，站在全国范围来确立追赶超越的对象标杆。据于此，春节前由市委党校牵头，市委政研室、市发改委、市统计局等部门共同参与，与国内地市中人口资源环境、经济发展阶段、产业发展状况等情况研究对比，提出我市在全国确立的对象有浙江省丽水市和福建省南平市，并通过对两市深入分析，得出的初步结论是：追赶福建省南平市。

主要出于三方面考虑：一是基本市情与我市相似。南平市位于福建省北部，地处福建、浙江、江西三省结合部，总面积2.63万平方公里，常住人口319万人。境内丘陵、山地为主要地貌特征，属于典型的“八山一水一分田”。森林覆盖率76.46%，主要流域水质功能达标率100%，空气质量优良天数比例99.8%，生态环境质量保持全国全省前列。由于是福建省重要的水源保护区，而且在本省内发展相对滞后，和安康一样面临着保护环境与加快发展的双重责任。二是发展目标和方向与我市高度契合。依托生态优势谋划绿色崛起，成为两市的发展共识。南平市提出了未来五年“加快建设全国绿色发展示范区”奋斗目标，我们提出了“加快建设西北生态经济强市”的阶段性目标。南平市提出着力打好“七大攻坚战”，努力建设机制活、产业优、百姓富、生态美的新南平，也与我们实现经济社会“五个显著提升”，努力构建“七个新格局”的思路和举措不谋而合。三是生态经济实力强于我市。南平市“十二五”期间年均增速10.6%，2016年全市生产总值1457.74亿元，三次产业比重为：22.1:42.1:35.8，绿色产业在GDP中占比达一半以上。其中，食品加工产业发展势头强劲，产值400亿元，比我们富硒食品多出了100亿元，而且在今后五年将不断延伸产业链条，提高产品附加值，这与我们聚力打造富硒首位产业的做法如出一辙。南平茶产业历史悠久，形成了武夷岩茶、建瓯水仙、政和白茶三大优势品牌，武夷岩茶品牌价值获评627.13亿元，“岩茶之王”大红袍品牌价值获评24.61亿元，值得我们的富硒茶产业认真借鉴。作为南平传统优势产业之一的纺织服装业，技术、人才、企业基础较为扎实，形成了比较完整的服装制造产业链。丝绸产业是我市传统支柱产业，同样具有悠久的发展历史，目前如何走出困境也需要向南平学习。在南平的绿色产业中，值得我们学习借鉴的还有竹产业，目前竹业产值突破200亿元，农民人均年竹业收入2500余元，成为山区农民脱贫致富的主要途径。今后五年，南平市将力争打造形成食品加工、机电制造、旅游养生三个千亿产业集群，新型轻纺、生物产业两个五百亿产业集群，竹产业全产业链产值突破千亿元；我们在培育富硒食品、包装饮用水等产值过千亿元产业集群时，应随时关注并汲取其发展方式和培育体系。另外，南平市完成了武夷集团、实业集团、绿发集团等9家国有企业的拆分重组，通过这些集团累计融资170亿元，有力缓解了南平发展当中的资金短缺问题；大力引进一批龙头企业和“补链”“扩链”“强链”的关键性项目，不断提升招商选资实效等创新性做法也给予我们很大启示。综合对比来看，无论是发展路径、发展实效，还是模式创新，南平市都值得我们作为追赶的标杆。

在“超越谁”上，我们还需要进一步调查研究和科学谋划，但只要我们善于运用挑战思维、开放视野，向发达地区看齐，向先进市县“叫板”，力争通过三至五年的努力，让西北生态经济强市实至名归，并为未来更长一段时期打造西部生态经济强市、中国生态经济强市奠定坚实基础。

三、进一步夯实追赶超越的保障措施

推动追赶超越，关键在各级干部。我们要强化责任落实，强化督查指导，强化激励鞭策，推动广大干部在追赶超越的大考场中勇于担当、善于攻坚、敢于作为。

第一，在落实第一责任中推进第一要务。追赶超越是一项系统工程，必须发挥党委统揽全局、协调各方的领导作用。各级各部门要自觉把思想和行动统一到省委市委决策部署上来，真正把“追赶超越”定位和“五个扎实”要求落实到发展总量的扩张、发展质量的提升、发展模式的创新上来。市委对全市的追赶超越负总责，常委班子成员和市级领导干部要把落实追赶超越要求作为履职尽责的着眼点，切实抓好分管领域方面的工作。各县区党委和市级各部门各单位党组对推动本区域本部门本单位追赶超越负全责，党委（党组）书记负第一责任，班子成员负直接责任。“抓发展是第一要务、抓党建是第一责任”，“抓党建就是抓发展，抓发展必须抓党建”，要在落实第一责任中推进第一要务，党委和政府要明确主责，各有侧重，配合协作，统筹推进。具体工作由市发改委牵头，相关部门参与，抓好全市追赶超越综合方案和季度点评方案的落实跟进、考核督办等工作。各级党委主要抓方向、抓干部、抓环境，通过严作风、严纪律、严问责，把各方面的智慧和力量凝聚到加快发展上来，努力形成追赶超越的强大合力。

第二，在真点实评中传导压力。按照省委要求，以后每季度都将召开全省追赶超越季度考核点评视频会议，省上将通报地市综合排名情况，通报县区综合排名前后各3位的县及各2位的区，点评坚持问题导向，问题部分不少于总篇幅的50%，并具体到每个单位、每项指标。所以，提前给大家打个招呼，我们每个人都有可能在全省点评中亮相，都有可能被点到痛处。经市委研究，每季度召开全市季度考核点评视频会议，在省上点评会议结束后2天内召开，由市委副书记讲话，并通报各县区综合排名情况；由市委常委、常务副市长主持会议，并点评经济社会发展情况；由市委常委、组织部长点评各县区全面从严治党及“三项机制”贯彻落实情况、市直部门社会评价情况；由市委常委、市委秘书长点评督查整改情况。运用好点评机制，要在稳、准、狠上下功夫，要敢于揭短亮丑，要有“辣味”，直面问题、一针见血，促其反思、促其整改、促其提升，激发奋起直追、一朝千里的后劲。要建立督查制度，对省、市两级考核点评会议通报的问题和督查发现的突出问题，限期整改到位，并在全市予以通报。切实通过季度考核点评层层传导压力、倒逼责任落实、实现争先创优。

第三，在落实三项机制中激发动力。追赶超越的本质就是干成事，要把“三项机制”作为干事创业的集结号、赏罚令，把能者上、庸者下、劣者汰融入追赶超越各领域、各方面、各战线，鼓励大家想干事、能干事，彻底改变多干多出事、少干少出事、不干不出事的逆向激励，让敢想、敢试、敢闯、敢干成为追赶超越的价值取向。要落实好鼓励激励机制，坚持政治激励、物质奖励、精神鼓励并举，让能干实干者扬眉吐气。要落实好容错纠错机制，在坚持底线的前提下降低干事创业风险，让敢闯敢干者不挫锐气。要落实好能上能下机制，进一步畅通“下”的途径和通道，让得过且过者羞愧服气。要加大宣传报道力度，全方位、多角度报道追赶超越的动态和成效，总结推广好经验好做法好典型，在全市迅速掀起追赶超越高潮，营造追赶超越的浓厚氛围。

追赶超越是欠发达地区永恒的主题，建设西北生态经济强市是我们迈出的坚实步伐。实现追赶超越需要我们落实在一个个项目中，细化到一项项举措中，挥洒在一滴滴汗水中。让我们在省委、省政府的坚强领导下，紧盯目标不走眼，撸起袖子加油干，奋力推动安康追赶超越、绿色崛起！

安康市2018年政府工作报告

——在安康市第四届人民代表大会第四次会议上

安康市人民政府市长　赵俊民

（2018年2月26日）

各位代表：

现在，我代表市人民政府向大会作工作报告，请予审议，并请市政协委员和列席人员提出意见。

一、2017年经济社会发展情况

过去一年，在市委的坚强领导下，我们深入贯彻新发展理念，依靠全市人民共同奋斗，较好完成了市人大四届一次会议确定的目标任务。实现生产总值974.7亿元，增长10.5%；财政总收入85亿元，增长8.6%，其中一般预算收入28亿元，同口径增长7.4%；城乡居民收入分别达到28158元和9394元，增长8.5%和9.4%；124个贫困村、7.35万贫困人口脱贫。

——经济运行持续向好。主要经济指标快速增长，生产总值、规模工业增加值、固定资产投资、农村居民收入增速和非公经济占比等指标稳居全省前茅。经济运行中有活力、有潜力的积极因素增多，三次产业融合加快，工业支撑能力增强，规模工业增加值完成420.5亿元，增长15.8%；富硒食品产销两旺，实现规模以上产值397亿元，增长28%，“安康富硒茶”地理标志商标成功注册；文化、旅游、健康、电子商务等产业蓬勃发展，社会消费品零售总额增长14.4%，旅游综合收入增长33.5%；非公经济占比58.1%。金融机构存贷款余额分别增长11.9%和13.9%，存贷比54.5%。公路客货运周转量增长10%，新增市场主体2.55万户。

——追赶超越步伐稳健。扭住发展不放松，统筹推进生态立市、开放兴市和产业强市，经济增速连续11个季度领跑全省。实施追赶超越季度考核点评和“项目建设年”活动，完成全社会固定资产投资1149.3亿元、增长24.1%。安康机场和安岚、平镇高速，国省干线改造、引汉济渭、洞河水库、钒氮合金二期、天贸物流城二期等重大项目加速推进，南水汽配HS精锻、奥邦智能工厂、普瑞达电梯技改等30个工业项目建成投产。园区成为最具活力的增长极，以安康高新区为引领，各类园区联动，新建标准化厂房42万平方米，新增省级成长梯队企业93户、市级以上农业产业化龙头企业72家、市级农业园区56个，瀛湖国家级旅游服务业标准化试点通过验收。成功创建为国家森林城市，入选中国养老城市排行榜50强，顺利通过国家公共文化服务体系示范区创建资格评审和国家卫生城市复审。

——脱贫攻坚有力有效。把脱贫攻坚作为最大政治任务和第一民生工程，坚持精准扶贫、精准脱贫，层层传导责任压力，推动“八个一批”措施落地生根，新社区工厂扶贫模式被全国推广，教育扶贫模式入编中组部干部培训教材。建立“八办两组”协同作战机制，调整充实脱贫攻坚一线“四支队伍”1153个1.3万人。中省市财政专项扶贫资金投入10.7亿元，整合涉农资金22.57亿元，到位各类扶贫贷款95.8亿元，建立金融扶贫风险补偿金2.45亿元，吸纳社会扶贫资金3.6亿元；与人保财险公司签订15亿元支农融资合作协议，首批6个项目落地资金8300万元。建成贫困村基础设施和公共服务项目698个、易地扶贫搬迁安置房6.33万套。

——城乡品质稳步提升。深入推进中心城市“湖城一体、疏解江南、重心北移”战略，安康大道、兴安西路、解放路、巴山路等路段改造完成，东坝汉江大桥、1100个公共停车泊位等市政工程建成投用，城东新区、市直机关北迁及泸康大道二期、高井路、长春路、西津公园、汉江大剧院等项目加快推进，香溪公园免费开放。实施棚户区改造1.53万户，货币化安置1.14万户。成立中心城市四办四镇“两违”管控队伍，依法拆除“两违”建筑7.41万平方米。统筹县城和重点镇建设，完成投资24亿元；岚皋、镇坪创建为国家卫生县城，宁陕创建为国家园林县城，平利美丽乡村建设规范上升为陕西省地方标准，长安镇入选中国特色小镇，旬阳县金寨镇荣获“全国文明村镇”称号。国家AAAA级景区增加到10个，镇坪飞渡峡获评国家水利风景区。治理水土流失852平方公里，绿化造林70万亩，退耕还林17.5万亩；生态红线划定工作全面启动，土壤环境质量达到国家二级标准；汉江水质保护、治污防霾、节能减排成效明显，河长制得到水利部肯定，全市地表水质优良率100%，汉江出陕断面水质稳定保持国家Ⅱ类标准，中心城市环境空气质量优良天数316天，单位生产总值能耗下降3.5%。

——开放创新激发活力。强力推进以招商引资为主体的开放合作，组织项目与产品推介、文化交流与体育赛事等活动100多场次。强化领导带头招商，聚焦重点区域，力促精准出击，在北京、上海、深圳、杭州、宁波、郑州、常州、佛山、南平、宝鸡等20多个城市开展产品推销和项目推介，与恒大、复星、华为、中兴、阿里巴巴、方圆药业等知名企业达成合作。“共建丝茶之路　同品安康富硒茶”西北省区系列招商推介、富硒食品进西安送健康“五进”活动、海内外侨商投资安康行、南水北调中线城市文化联盟、“鎏金铜蚕”与安康开放发展论坛等活动圆满成功。营商环境满意度位列全省各市（区）第一。津陕对口帮扶、常州-安康扶贫协作不断深化。全年落地招商引资项目280个，到位资金达600亿元，其中外资1563万美元；新增外贸出口企业33户，外贸进出口总额3亿元、增长48.8%。科技创新工作取得新突破，成功举办第二届中国（安康）创新挑战赛、“圆梦安康”创客大赛，新建国家星创天地1个、省级工程技术中心2个、省级星创天地3个、院士工作站3个、创新专家工作站7个，申请发明专利168件，技术交易合同总额超过1亿元，培育科技型企业200家、高新技术企业12家。深化重点领域改革创新，以“互联网+政务服务”为关键点的“放管服”改革取得阶段性成果，村级财务审计受到中省肯定，农村“三变”改革和科技、教育、卫生、文化等领域改革有序推进，盐业体制改革顺利完成。农村信用社全部改制为农商银行，金融聚集区建设进度加快，29家企业在区域性股权交易市场挂牌，华银科技等3户企业在“新三板”挂牌。

——民生建设力度加大。完成财政民生支出225亿元，占公共预算支出的82%，八大民生工程扎实推进。坚持以促进创业带动就业，成功创建为省级创业型城市，新增城镇就业2万人，农村劳动力转移就业63.6万人。实施教育优先发展，投入资金60.59亿元，汉滨初中高新校区、江南小学等235个教育项目建成投用；13年免费教育运行稳定，高考二本上线人数首次突破万人关口，岚皋、紫阳达标国家义务教育基本均衡县。积极推进健康安康建设，市妇幼保健院、精神专科医院建成投用，市级公立医院综合改革深入推进，药品采购“两票制”全面实施，汉滨、汉阴、平利、岚皋荣获全国基层中医药工作先进单位。文化建设取得新成果，举办第十七届汉江龙舟文化节，《汉水安康》入选全国优秀纪录片，《汉江船夫曲》荣获省群星奖，参加陕南民歌大赛和省第八届艺术节取得历史最好成绩，市级方志馆建设获全国表彰，新建基层综合文化服务中心505个，培育规上文化企业100家，文化产业增加值突破30亿元。全民健身运动蓬勃开展，举办第十六届全市运动会、半程马拉松、秦岭山地越野等10多项大型体育赛事，在第十三届全运会上实现奖牌零的突破。建成城市社区日间照料中心15个、农村互助幸福院100个，60岁以上老人家庭医生签约服务率60%以上。

特别值得一提的是，重大活动安保维稳、普法司法、安全生产、应急救援、市场监管、粮食安全、科学普及、残疾人服务、工人权益保障、妇女儿童、红十字会、慈善事业等其他各方面工作也取得了新的成绩，防汛抢险救灾工作受到省防总通报表彰，公众安全感指数连续六年稳居全省前列。

各位代表！过去一年，在宏观经济环境复杂多变的情况下，面对20年一遇的强秋淋严重灾害，我们紧紧依靠全市人民的智慧和力量，对标忠诚、干净、担当、责任、落实、奉献的工作标准，用敢想敢干、善作善成的责任担当，用苦干实干、拼抢一流的进取精神，赢得稳中快进、持续向好的经济社会发展势头。成绩来之不易，是全市上下共同努力的结果。在此，我代表市人民政府，向全市广大干部群众，向各位人大代表、政协委员、离退休老同志和社会各界人士，向驻安部队、武警消防官兵、政法干警和中省驻安单位，致以衷心的感谢和崇高的敬意！

总结2017年的工作和成绩，我们尤其要为基层干部职工点赞。在脱贫攻坚主阵地，镇村干部、第一书记、驻村工作队员等万余名干部职工全身心投入，他们用责任、奉献和夜以继日的工作，温暖着每一个贫困群众和村民的心；在抢险救灾最前线，数万名干部职工与灾区群众一起，并肩作战，共渡难关，谱写了以人民为中心的实践篇章；在信访维稳、“两违”管控、城镇管理、项目建设征地拆迁和环境保障一线，一大批干部职工默默无闻、攻坚克难，保障了良好的发展环境和重点项目建设进度。这些最美基层干部职工的感人事迹，凝聚了安康加快发展、追赶超越的正能量，激发了埋头苦干、砥砺前行的原动力。实践充分证明，基层干部职工是安康发展稳定的中坚力量，是一支敬业奉献、能打硬仗、可以信赖的队伍。在此，我向广大基层干部职工道一声：辛苦了，向你们致敬！

在总结成绩的同时，我们也要清醒认识到：我市经济总量小，综合实力弱，数年来较快的经济增速并未能改变欠发达的基本市情。部分行业和企业经营困难，大项目好项目储备不足，动能转换接续不足，经济持续快速增长的基础不牢。生产要素短缺，市场主体不强，产业链短而低端，集群化水平不高，开放发展的深度、广度有待拓展，脱贫攻坚到了最艰难的决战阶段，贫困基数大，脱贫任务重，攻坚难度大。环境保护、公共服务、城市管理、营商环境、诚信建设等方面还有很多短板。一些地方和干部缺乏敢想敢干的闯劲、久久为功的执着、改革创新的魄力，不想为、不会为、不敢为现象依然存在。面对这些困难和问题，我们必须积极作为，切实加以解决。

二、2018年政府工作的总体要求

党的十九大确立了新时代的指导思想和基本方略，描绘了我国未来发展的宏伟蓝图。新时代要有新气象，安康定要大作为。2018年政府工作的总体要求是：深入学习贯彻党的十九大精神，以习近平新时代中国特色社会主义思想为指导，按照中央经济工作会议以及省委十三届二次全会、市委四届五次全会的总体部署，聚焦追赶超越目标，落实“五新”战略任务，坚定“发展为要、生态立市、开放兴市、产业强市”实施路径，在紧扣高质量发展的前提下实现高速度增长，突出抓好扩大有效投资、提高供给质量、拓展开放空间、推进乡村振兴和提升脱贫质量、打造“秦巴明珠”、增进民生福祉六大重点工作，为全面建成小康社会、加快建设西北生态经济强市奠定坚实基础。

经济社会发展的主要预期目标是：生产总值增长9.5%，力争达到10%；全社会固定资产投资增长15%；规上工业增加值增长13.5%，力争达到14%；社会消费品零售总额增长13%；财政总收入和一般预算收入分别增长4%和6%；城乡居民可支配收入分别增长8.5%和9%；完成省定主要污染物减排和节能降耗任务，汉江出境断面水质稳定保持国家Ⅱ类标准；实现镇坪县脱贫摘帽和403个贫困村18万贫困人口脱贫退出。

做好今年政府工作，首要的是全力满足305万人民群众日益增长的美好生活需要，凝心聚力破解我市发展不充分不平衡的问题。工作中必须牢牢把握以下重点：

一要扎实践行新发展理念。发展是解决一切问题的基础和关键，加快发展、追赶超越在相当长时期内始终是安康的第一要务。政府工作一刻都不能忽视发展，一刻都不能放松发展。我们要以新发展理念为理论指导和行动指南，崇尚创新、注重协调、倡导绿色、厚植开放、推进共享，着力补短板、强基础、蓄势能，推动经济发展质量变革、效率变革、动力变革，改善发展条件，增强综合实力。

二要坚持以脱贫攻坚统揽全局。脱贫攻坚是最大的政治任务和发展机遇。我们必须进一步提高政治站位，强化系统思维，坚持精准方略，以产业和就业扶贫为主抓手，统筹“八个一批”脱贫举措，坚持扶贫与扶志扶智相结合，聚焦深度贫困打好“攻坚战”，着眼长远发展打好“持久战”，着力在加快发展中消除贫困、改善民生。

三要坚定追赶超越实施路径。牢记“四区”叠加和欠发达的基本市情，以时不我待的紧迫感、舍我其谁的责任感，扭住发展不放松，把生态作为立市之本，扩大思想、思路、区域、产业、市场、项目等全方位的开放，加快推进以绿色工业体系为主导的工业化进程，以领先全省的高速度增长保障高质量发展。

四要提升发展质量和效益。以实现高质量发展引领高速度增长，拉高追赶超越的质量和效益标杆，放大生态资源比较优势，加快构建绿色循环产业体系，实现既有总量上的快速增长、更有质量上的稳步提升。

五要推动招商引资实现新突破。坚定不移把招商引资作为开放发展第一抓手、追赶超越最强动力，打造一流的营商环境，下硬茬优化环境，下功夫拓展领域，下决心提升层次，开放吸引“外资”，积极争取“央资”，深入挖掘“内资”，充分激活“民资”，创新渠道“融资”，打造内陆开放发展新高地。

三、强化关键支撑，扩大有效投资

把抓项目作为稳增长的关键。实施210个市级重点项目，完成年度投资465亿元，着力补齐基础设施、产业发展、生态环保等领域的短板，促进经济持续快速发展。抓实基础设施项目，力促西渝高铁西安至安康段，石泉、汉阴、平利通用机场开工，加快安康机场和平镇、安岚、石宁高速、阳安铁路二线建设，扎实推进750千伏输变电工程、旬阳至桐木高速连接线、汉阴凤凰山隧道项目前期工作，实施月河、平利330千伏输变电工程，加强城乡宽带网络建设和业务发展。抓好重点产业项目，强力推进西北电子信息产业基地、智能终端电子信息产业园、硒谷动力产业园、西北纺织服装产业城、陕西建工新型建材工业园，北医大新药研发及生物医药工程、南水汽配二期和旬阳、白河电站等项目建设，大力促进恒大未来城、颐高新经济产业城、旬阳高新区富硒产业园等项目早开工。继续支持新社区工厂加快发展，扩大在移民搬迁社区的覆盖面，带动群众就地就业增收。抓紧生态环保项目，高标准实施中心城市水环境治理，深入推进大瀛湖生态环境保护治理，加强月河综合整治、蒿坪河流域污染防治与生态保护系统建设，在沿江沿河集镇、社区再建一批污水处理设施。精心谋划接续项目，坚持用创新思维审视现实条件和优势资源，牢牢把握政策走向和市场动向，突出基础设施、富硒产业、包装饮用水、能源环保、装备制造、特色小镇、现代物流、电子商务、公共服务等重点领域，创造性谋划一批高成长性项目，支撑和引领可持续发展。

以园区承载培育新增长极。把园区作为加快发展的平台和载体，以完善基础设施、提升综合承载能力、促进产业集聚为重点，打造追赶超越增长极。安康高新区要把“创新引领、产业支撑、产城融合”作为主攻方向，突出抓好泰远科技产业园、纳米材料产业园、医疗器械产业园等36个工业项目建设，力促工业产值突破200亿元；实施基础设施、公共服务、人居环境提升工程，建成市一小高新校区、青少年足球训练基地，加快建设天贸物流城二期、生态健康养老城和市民服务中心、鎏金蚕广场、安康中学高新校区、国际标准医养特色医院，建成运营瑞斯丽酒店和北城中央、红星美凯龙等商业综合体，促进人口人才和城市要素加速聚集。恒口试验区要把培育产业、打造副中心作为工作重心，从机制创新和招商引资入手，激发改革发展的动力和活力；强化基础设施配套，新建标准化厂房5万平方米；

推进香山小镇、凤栖花谷等田园综合体建设，加强明清古街保护开发；开工建设恒河水库、鸿志学校、仁济医院；建成垃圾处理场。瀛湖旅游区要坚持景区开发与环境保护相结合，加快“水画小镇”建设，启动玉兴岛综合改造，以服务标准化提升旅游接待数量和质量；加强景区资源综合管控与旅游市场整治，清理整顿规范网箱养殖，加快创建国家5A级旅游景区，打造瀛湖旅游新形象。县域工业集中区及飞地经济园区要围绕做大工业总量、提升运行质量，新建25万平方米标准化厂房和一批配套设施，打造10个左右产业集群，加快培育石泉等工业园升级为省级经开区，创建4至5个省级县域工业集中区示范区。现代农业园区要围绕做优产业、打造品牌、提升效益，以生态化、标准化、规模化、循环化为引领，以“千村千园”为抓手，实施产业融合与园区提升工程，新增市级以上现代农业园区60个，培育航母型现代农业园区20个，创建生态循环园区20个，打造三产融合园区10个。

大力支持创新创业。发挥政府资金撬动作用，激发社会资本活力，组建创业创新基金，以公益参股、贷款风险补偿、股权投资等多种方式，支持各类创业团队、小微企业和成长性企业发展。鼓励市属国有企业在风险可控、安全流动的前提下，参股萌芽期、初创期、成长期等“双创”型企业。以安康高新区为龙头，发挥园区、孵化器、工程技术中心、科技资源统筹中心等科技创新平台的协同效应，结合金融聚集区建设，集聚创业投资团队。加快以企业为主体的技术创新，持续抓好200家科技型企业培育。强化政策支持和环境保障，促进高校毕业生、外出返乡人士创新创业。积极对接各类创新创业活动，让“双创”在安康大地蔚然成风。构建亲清新型政商关系，创新政企互动模式，建立精准支持政策，完善正向激励机制，营造企业家健康成长环境，弘扬企业家精神，凝聚崇尚创新创业正能量。

四、加快产业融合，提高供给体系质量

力促工业增量提效。围绕构建绿色循环产业体系，进一步强化工业主导地位和支撑作用。坚持改造提升与引进培育相结合，持续抓好富硒食品、新型材料、装备制造、清洁能源、生物医药、纺织丝绸等绿色工业，延长产业链，提升价值链，保持定力，久久为功。发挥水资源质优量大优势，依托包装饮用水产业联盟，力促与全球全国行业领军企业合作，支持真硒水、天一泉、富硒宝、巴山雪等企业做强，培育茶饮、果酒和功能饮料等关联产业，打造“安康水　健康水　富硒水”品牌。围绕打造区域玩具生产基地的目标，聚力支持和全力吸引全国毛绒玩具等企业在安康落地聚集。加快推进镇坪中药配方颗粒、华秦全钒储能、华润风力发电等项目，强化旬阳烟厂、华银科技、奥邦锻造等40户重点工业企业运行保障，加大政企结对帮扶的力度。全面落实工业稳增长促投资政策措施，打好减税降费、简政放权、银企合作、环境保障“组合拳”，坚定支持民营经济、实体经济发展壮大，培育规上工业企业40户、产值过5亿元企业5户。

打造特色高效农业。以农业供给侧结构性改革为主线，持续聚焦生猪、魔芋、茶叶、核桃和生态渔业，推动建立产业融资平台，着力打造特色高效现代农业体系。一是育良种，建设陕茶一号、核桃和魔芋良种繁育示范园各20个，生态渔业滤食性品种繁育示范园10个。二是建基地，新建和改造茶园14万亩，实现茶产业综合产值80亿元；创建阳晨生猪产业联盟循环示范园30个，全市生猪出栏稳定在300万头以上；力促魔芋、核桃种植面积达到40万亩、180万亩；围绕渔业养殖与环境保护、旅游发展相辅相成、相得益彰的目标，清理整顿规范瀛湖主景区网箱养殖，发展滤食性鱼类，在秦巴山涧发展特色冷水鱼，水产品保持4万吨以上；严守耕地红线，稳定粮食生产和蔬菜种植，提升蚕桑、烤烟、林果等传统产业；创建省级山林经济示范县2个、示范镇20个。三是抓龙头，实施“十百千万”农业经营主体培育工程，坚持“企业+基地（合作社）+农户”发展模式，新培育茶产业省级龙头企业5家，SC认证企业150家；创建市级以上魔芋加工龙头企业6家。四是创品牌，加强富硒产业基础研究、产品研发、标准制定和品牌建设，通过地方立法严格规范和管控“安康市富硒食品产品专用标志”及“安康富硒”称谓的使用，呵护和提升“中国硒谷”和“安康富硒”的生命力和影响力；推进农业标准化和“三品一标”农产品认证，推进茶叶品牌整合，组建运营富硒茶业集团和秦汉古茶公司，健全“安康富硒茶”地理标志商标使用和保护机制，完成安康富硒猪肉国家行业标准发布，启动安康富硒魔芋、富硒鱼、富硒核桃国家行业标准立项工作，加快紫阳县地标产品省级示范县建设，积极申报石泉蚕桑、镇坪黄连、旬阳拐枣国家地理标志保护产品，推进岚皋魔芋、平利绞股蓝、镇坪中药材和宁陕天麻、猪苓等省级知名品牌示范区创建。

激活消费市场潜能。围绕建设“秦巴明珠”生态旅游城市，坚定全域旅游发展方向，扎实实施旅游产业发展三年行动计划，推动旅游与其他领域深度融合，深化旅游“厕所革命”。突出抓好游客服务中心建设、4A景区品质提升、瀛湖文旅产业基地、南宫山国家5A景区创建、旅游市场综合整治和生态旅游服务业标准化建设，提升安康旅游发展整体水平，支持石泉、岚皋、宁陕创建国家全域旅游示范县，启动全域旅游示范市创建工作；加强旅游区域协作，打造秦巴山区生态文化旅游区和大巴山风景道，培育健身休闲游、医疗康养游、山地森林游和低空飞行游等新的旅游业态。深入实施“互联网+”行动计划，推进三次产业深度融合、协同发展，

形成新的生产方式、产业形态、商业模式和经济增长点；培育电子商务、现代金融、大健康产业和分享经济、消费经济等新型业态，以高质量供给激活市场、扩大消费，力促国家电子商务示范县覆盖全部县区。叫响做靓推广“安康美食”品牌，推动商贸物流、住宿餐饮、文化演艺、交通运输等服务业转型提升。全年新增市场主体3万户以上、力争总量达到20万户。

五、拓展开放空间，以开放促发展、促改革、促创新

扩大安康影响。互联网时代，信息产生价值，影响力成为生产力。进一步扩大对外开放，加快发展开放型经济，是追赶超越的必由之路。一方面要厚植比较优势，打造开放合作的核心竞争力；一方面要创新思维和模式，把宣传推介安康贯穿政务、商务和各类节会活动的全过程，不断提升安康知名度、美誉度和吸引力。提升良好生态影响力，积极争创国家生态文明建设示范区，让好山、好水、好空气成为安康的“金字招牌”，让绿色、生态、富硒成为开放发展的核心优势。提升地域文化影响力，大力弘扬安康由来已久的开放包容、兼收并蓄的人文精神，深入挖掘移民文化、水运文化、汉水文化的深远影响和现实意义，打造独具特色、不可复制、国内外知名的“丝路源点　金蚕之乡”靓丽名片。提升营商环境影响力，实施“优化营商环境十大行动”，拿出最好的资源、最好的政策、最好的服务，用最大的诚意识商、招商、安商、亲商、富商，打造全国一流的营商环境，形成产业、投资、人才等资源要素引力场。

聚力“双招双引”。深入实施开放发展行动计划，聚力招商引资和招才引智，主动融入“一带一路”和长江经济带、汉江经济带建设，紧盯珠三角、长三角、京津冀和关天、成渝、江汉经济圈等热点区域，抓住东中部地区产业转移、东西部扶贫协作和天津、常州对口帮扶等历史机遇，突出产业集群和产业链招商，大力引进装备制造、新型材料、生物医药、富硒食品、纺织丝绸、电子信息、健康养老、生态旅游等产业项目。确定2018年为“营商环境提升年”和“招商引资突破年”，坚持内资与外资、国企与民企、本地企业与外地企业、大项目与中小项目一视同仁，由各级政府和部门“一把手”负总责，采取更大气魄、更新思路、更强力度、更实举措，加强招商政策落地和环境保障，遵循“热情接待、积极促进、支持到位、特事特议、制衡有效”原则，落实市县镇（办）政府主要领导“亲自招商、亲自接待、亲自洽谈、亲自协调”要求，推动一批好项目大项目落地，确保招商到位资金600亿元以上。坚持“招商引资+产品推介”有效模式，强化专业招商、以商招商、产业链招商、领导带队招商和小分队跟进招商，鼓励本地人就地创业和在外创业成功人士回乡投资兴业，建立重点领域委托招商、重点地区驻地招商、重点行业顾问招商机制，建设高水平专业化招商队伍。强化招商引资目标考核和奖惩激励，用好“三项机制”，宽容失误失利，创造放手招商、大胆作为的良好环境。统筹招商引资与招才引智，强化吸引人才人口政策措施，继续实施“百千万人才工程”，积极吸引人口聚集，为追赶超越提供人力资本与人力资源保障。发挥和扩大区位交通优势，着力培育枢纽经济、门户经济和流动经济，积极打造川陕鄂渝“融通枢纽”、陕西向南开放“第一门户”、丹江口库区及上游地区物流中心。建设安康口岸，通畅海关和进出口检验检疫业务。

深化改革创新。扎实推进全国发展改革试点市建设，突出抓好重点领域改革创新，让创造社会财富的源泉充分涌流。持续推进“放管服”改革，全面实施市场准入负面清单管理，认真落实减税降费措施，坚决斩断伸向企业和项目的一切“黑手”；深化相对集中行政许可权改革，下决心打破互为前置的审批怪圈，实施“减证便民”行动，让群众办事更方便；加快“双随机、一公开”监管全覆盖和综合执法体制改革，建立失信联合惩戒机制，让违法者付出代价。加快公用事业领域改革，鼓励社会资本进入，以竞争推动服务质量提升。深化财税体制改革，完善政银企合作平台，精准对接融资需求，鼓励和支持企业上市融资，对国内A股上市企业给予一次性500万元财政资金奖励。加快高新金融聚集区建设，提升金融再创新和自主创新能力，监督、管理和服务属地的全部金融活动，防范和化解金融风险。推进生态环保领域改革创新，打造“绿水青山就是金山银山”的“安康模式”。加快统计管理体制、公立医院、城市管理执法体制和文化市场综合执法等改革，力促科技、教育、司法、社会治理等重点领域改革取得实效。统筹抓好国家主体功能区建设试点示范、政策性金融扶贫实验示范、低碳城市试点、医养结合试点和全省山林经济示范市、生态养老试点市、镇级小城市综合改革试验区建设，积极探索，大胆实践，确保规定动作到位、自选动作出彩，力促改革出成效、创新出经验。

六、推进乡村振兴，提升脱贫攻坚质量水平

坚决打好脱贫攻坚的关键之战。实施乡村振兴、决胜全面小康，摆脱贫困是底线任务。必须坚持以脱贫攻坚统揽全局，层层夯实责任，强化精准施策，由注重外部帮扶向注重外部帮扶与激发内生动力并重转变，由基础设施建设为主向产业就业转变，由大规模搬迁建房为主向搬迁后社区配套和新社区建设转变，走出一条符合安康实际、具有安康特色的减贫之路，打好决胜深度贫困的关键之战。统筹近期脱贫与长远发展，把培育产业作为根本之策，全面推行“企业+基地（合作社）+贫困

户”模式，大力培育新型农业经营主体和技能型农民，带动贫困群众增收致富。强化保障性扶贫，用好政策机遇，着力补齐基础设施和公共服务短板。2018年全面完成后三年的扶贫搬迁任务，推广“社区+工厂”“社区+景区”“社区+园区”等就业模式，因户因人解决好搬迁群众就业问题。基础设施和公共服务建设“三年任务两年完成”，重点抓好当年计划脱贫退出的村，突出抓好深度贫困县和贫困村，确保道路、饮水、用电等基础设施和安全住房按期建成达标。扎实推进东西部扶贫协作、中省定点扶贫和科技扶贫，持续推进“五大工程”，深入实施“百企帮百村”“青年助力脱贫攻坚”等社会扶贫活动，凝聚决胜脱贫攻坚的有效合力。坚决纠正和防范检查多、填表多、会议多、政策多变等问题，力戒形式主义、官僚主义和急躁浮躁风。

充分激发农业农村发展活力。认真落实中央农村工作会议提出的乡村振兴任务书、路线图和时间表，按照产业兴旺、生态宜居、乡风文明、治理有效、生活富裕的总要求，制定乡村振兴发展规划，着力构建现代农业产业体系，加快建设美丽宜居乡村，逐步实现城乡一体、融合发展。积极稳妥推进农村土地制度和集体产权制度改革，深化“两权”抵押贷款改革试点，加快“资源变资产、资金变股金、农民变股东”，促进农户与经营主体“联产联业联利联心”，推动建立农民分享产业链收益的长效机制，多渠道增加农民收益。推行村级组织+涉农企业（合作社）+“三变”的基本方式，优化农村资源、资产、资金等要素配置，鼓励工商资本、民间资本进入，形成规模集聚效应，促进农业和农产品加工业发展，激活“三农”发展内生动力。落实粮食安全责任制和“菜篮子”市县（区）长负责制，保障区域粮食安全。依托企业和新型农业经营主体，加强职业农民和就业创业技能培训，推进农产品多元开发和精深加工，培育观光农业、美丽乡村、农村电商等新型业态。加强和创新农村基层社会治理，深入推进“诚孝俭勤和”新民风建设，健全自治、法治、德治相结合的治理体系。

全面加强农村基础设施建设。实施乡村振兴战略，基础建设必须先行。围绕推进城乡发展一体化，强化农村基础设施的公共产品定位，加大政策投入力度，创新投融资模式和运行方式，推动农村基础设施条件显著改善。以道路、水利、电力、环保、通讯、宽带网络为重点，加大扩面提等项目争取及资金投放力度，推进城乡基础设施互联互通、共建共享。按照“四好农村路”要求，实施农村交通攻坚行动，两年内新建和改造农村公路8000公里。加快水毁基础设施修复重建，抓好农村环境与中小河流治理工程，实施农村通组硬化路、安全饮水、自然村动力电“三提升”工程，大力推进“厕所革命”和农业面源污染、村容村貌治理。积极拓展农村宽带网络应用领域，提高相关业务性价比，为农村发展“互联网+”提供有力支撑。

七、突出龙头带动，打造休闲养生“秦巴明珠”

加快建设区域中心城市。在秦巴区域大格局中谋划中心城市建设，坚定“湖城一体、疏解江南、重心北移”战略不动摇。依法依规启动行政中心北迁工作，继续实施市级机关北迁和江南老城区“拆公还公”“减容建设”，强力推进九大片区棚户区改造，注重历史建筑保护与利用，留住安康人的“老城记忆”。坚持生态优先，突出规划引领，强化市区一体，统筹推进城东新区建设。高标准实施“中心城市一江两岸亮化美化工程”，完成泸康大道二期和巴山路、江北大道综合改造，加快长春路、北环线、机场干线、新时代大道建设进度，加快推进南环中路、育才东路、瀛湖路改造和南平路、董家沟路建设，规划启动江南城区老街道文化和功能提升工程，完善内畅外联的城市路网体系。规划建设安康高新区医养新城项目，建成汉江大剧院、工人文化宫。完成江南污水处理厂迁建。按照信息共享、以点带面的原则，从民生领域入手启动“智慧安康”建设试点。巩固国家卫生城市、国家森林城市创建成果，统筹推进环保模范城市、文明城市、综治优秀城市“五城联创”，强化城市管理协同联动和综合执法，持续抓好精品示范街区建设，提升安康文明开放新形象。

着力打造有活力的小城镇。坚持城乡一体化发展方向，按照县城有活力、小镇有特色、社区和而美的要求，强化规划引领和项目支撑，力促城乡建设与管理融合，推动基础设施向乡镇延伸、公共服务向农村覆盖。启动月河快速干道建设，实施月河区域联动和综合整治，带动省主体功能区规划中我市月河川道“重点开发区域”和城镇带发展。创新体制机制，加快恒口镇级市建设，探索城乡统筹一体化发展经验。支持9县城开展各层级的城市创建活动，以创促建提升城镇化水平。建成79个城镇新型智慧社区，改善居民生活环境。扎实推进平利长安、石泉池河、宁陕皇冠、旬阳蜀河等特色小（城）镇建设，继续抓好16个重点镇、3个省级文化旅游名镇（街区），推进农村新型社区建设，让城乡居民有更多获得感。

全面建设生态宜居美丽安康。深化国家主体功能区建设试点示范，以厚植生态优势、提升环境质量为目标，认真落实环境保护“党政同责、一岗双责”和政府属地管理责任、环保部门监管责任、企业主体责任，全面完成中省环保督察反馈问题整改，高质量完成第二次全国污染源普查。深入实施汉江水质保护“十大专项行动”，完善“河长+警长+督察长”管理责任体系，高标准实施沿江沿河城镇“两厂（场）”建设，加强瀛湖湖泊综合治理，推行重点监控源第三方管理运营。突出危化品运输、尾矿库、农业面源污染等重点，严格落实防控责任和应急措施，推行危化品道路运输“入境检查、重点护送、出境通报”工作机制，确保不发生重大环境污染事故。坚决打好“蓝天保卫战”，持之以恒开展秸秆焚烧、城市扬尘等专项整治，环境空气质量优良天数保持在310天以上。继续实施造林绿化和土壤污染治理、山水林田湖草生态修复。完成166个村农村环境综合整治任务。强化生态红线管制，加强秦岭生态环境保护和修复治理。支持企业实施清洁化生产、循环化改造，加强对固体废物与垃圾回收处理的监管，开工建设中心城市垃圾焚烧发电项目。全面开展国家低碳城市试点，倡导绿色环保生活方式，积极推广使用新能源，开展节约型机关、绿色单位创建等活动，引导全社会共建绿色家园，打造优美宜人的生态空间。

八、坚持为民惠民，在发展中增进民生福祉

完善公共服务。围绕教育优先发展，以提高教育质量为主攻目标，加快推进第三期学前教育行动计划、义务教育学校标准化建设、高中教育普及攻坚计划，实施中心城区教育提升工程，探索集团化办学模式与运行机制，集中力量支持汉滨区创建国家义务教育基本均衡县（区）；支持安康学院建设有特色、高品质的一流学院，以安康职业技术学院为龙头，深化产教融合与校企合作，着力培养技能型实用人才。深化医疗卫生综合改革，抓好医联体建设和远程诊疗，推动优质医疗资源下沉，加快形成分级诊疗格局；建成市公共卫生服务中心、市眼科医院和市人民医院门诊综合楼、市中心医院全科医生培训基地，提升县级医院服务能力，推进镇卫生院、村（社区）卫生室标准化改造；抓好市中医院国家中医传承创新能力建设项目，加快建设秦巴区域中医诊疗中心；推进市中心医院江北院区扩能提升和江南院区内涵式改造，完成汉滨区一院、三院建设，加快平利县医院二期、旬阳县中医院迁建和宁陕县中医院建设；扎实推进国家医养结合试点市建设，发挥市场主体作用，政府积极作为，推动医养结合与生态健康养老产业发展。务实推进国家公共文化服务体系示范区创建，启动安康美术馆、香溪书院和县区“三馆一院一中心”等一批公共文化设施项目，实施“十强百优”文化人才扶持培养计划，持续推进汉剧振兴工程，加强地域文化研究和文化遗产保护利用，大力培育文化演艺、广播影视、工艺美术、动漫游戏等文化产业。深入实施全民健身运动，以安康龙舟赛、半程马拉松、秦岭山地越野挑战赛等为重点，全年组织各类体育赛事50场次以上；扎实推进市体育运动中心前期工作，加快建设汉江全民健身长廊，高标准实施140个体育惠民工程，推动县城公共体育场全覆盖。实施社会保障扩面提标，建设市生态休闲养老服务中心和10个居家养老服务示范社区。完善城乡社会救助和社会福利体系，关爱农村留守群体和社会困难群体，让安康大地充满大爱与温暖。

加强和创新社会治理。按照中省部署，深入扎实开展扫黑除恶专项斗争；实施“雪亮工程”，强化“三个精准防范”，打造立体化、信息化的社会治安防控体系，推进“智慧警务”；坚持民生警务理念，深化“破小案、暖民心”活动，大力整治“盗抢骗”“黄赌毒”等违法犯罪，持续提高人民群众安全感。积极推进安全生产领域改革创新，常态化开展隐患大排查大整治，加快实施尾矿库治理工程，全面建立安全生产双重预防机制，确保安全生产形势稳定。全面推进“七五”普法，加快社会法治进程，推进社会公共法律服务平台建设，完善人民调解、行政调解、司法调解有机衔接、协调联动、高效便捷的矛盾纠纷化解机制，扎实推进“阳光信访”“责任信访”“法治信访”，依法规范信访秩序，预防和化解社会矛盾。全面加强市场监管，聚焦食品药品和产品质量安全，严格事中事后监管，切实管住、管好，支持争创省级质量强县、食品安全示范县和知名品牌示范区。完善社会信用系统，加强社会信用管理和应用，建设诚信社会。加强自然灾害、事故灾难、公共卫生事件和社会安全事件防范与应急处置，对重点企业、重点部位、重大危险源实时监控，切实维护人民群众生命和财产安全。

各位代表！顺应人民群众新期待和社会发展新要求，今年重点实施“为民惠民八项行动”：

一是创业就业行动。全面落实新一轮就业补贴和创业扶持政策，积极支持高校毕业生、在外务工返乡人员、本地人等各类群体在安康创业就业。大力发展新社区工厂，积极承接毛绒玩具等产业转移，力争新培育社区工厂100家，吸纳就业1万人。组织免费技能培训3万人次，发放创业担保贷款4亿元，城镇新增就业2万人，城镇登记失业率控制在3.9%以内。

二是教育提升行动。实施教育项目189个，完成投资5.3亿元，进一步提升城乡基础教育学校办学条件；组织中小学、幼儿园教师参加市级以上培训1万人次；推进中心城区教育提升工程，新增学位5000个，开展集团化办学试点，尽最大努力解决择校热、大班额问题。

三是便捷医疗行动。扩大“居民健康卡”覆盖面，促进医疗服务全程大提速；实施新生儿52种疾病免费筛查；全市三级以上医院全部开通电话或网上预约挂号，推行同级医疗机构检查、检验结果互认，有效降低患者就诊费用；深入推行分级诊疗和双向转诊，家庭医生签约服务覆盖30%以上的家庭。

四是安居保障行动。认真组织实施政府购买棚改服务，完成11153户保障性安居工程建设（城市棚户区改造），新增租赁补贴发放2885户，完成农村危改9791户；围绕促进房地产市场平稳健康发展，积极探索建立符合安康市情的多主体供应、多渠道保障、租购并举的住房制度，满足不同层次住房需求。

五是食品安全行动。按照“四个最严”的要求，以

"小餐饮、小作坊、小摊贩"为重点，开展餐饮行业专项整治，加强网络订餐和外卖食品监管，拒绝餐桌污染，确保食品安全，让老百姓吃得放心；新建和改造农贸市场2个、社区便民商业服务中心3个，评选一批市级食品安全示范单位。

六是公共文体行动。推动安康学院院地共建图书馆尽快向市民开放，中心城区新增24小时无人值守自助书屋20个，促进全民阅读，建设书香安康，提升城市品质；举办群众性公共文化活动50场次以上；实施10个县级公共体育场馆设施"三个一"改造，市县镇村四级学校体育运动设施全部面向社会免费开放。

七是交通治理行动。加强中心城市道路交通优化和早晚高峰交通疏导，有效消解南北通道、重点路段、校园周边等交通堵点；严厉打击车辆违法营运、乱停乱放行为，规范摩托车、电动车、代步车管理；新增和更新出租车270辆，新增公共停车泊位2000个。

八是政务便民行动。织密全市政务服务"一张网"，延伸12345便民服务"一条线"，完善公共资源交易"一个平台"，让信息"多跑路"、群众"少跑路"；推行马上办、网上办、一次办，推出更多"只跑一次"和"不见面"服务事项，办事时限再压缩20%，12345办理不超过5个工作日，降低企业参与公共资源交易成本。

九、不断提升政府施政能力和服务水平

新时代赋予新使命，新使命呼唤新作为。重任千钧惟担当，打铁必须自身硬。天道酬勤，幸福都是奋斗出来的。我们一定要以永远在路上的坚韧，锲而不舍地抓好政府自身建设，不断提升施政能力和服务水平，更好地为群众服务、让人民满意。

一要着力提升"四个定力"。始终把党的纪律和规矩挺在前面，深入开展"不忘初心、牢记使命"主题教育，自觉用习近平新时代中国特色社会主义思想武装头脑，对标政治坚定、纪律严明、本领高强的要求，不断增强"四个定力"，永葆为民务实清廉本色。增强政治定力，旗帜鲜明讲政治，树牢"四个意识"，坚决维护以习近平总书记为核心的党中央权威和集中统一领导，全面贯彻中、省和市委决策部署，做政治上的明白人。增强纪律定力，牢记纪在法前、纪严于法，严格落实中央八项规定实施细则精神和省委、市委贯彻意见，始终心存敬畏、手握戒尺，做到心中有戒、慎独慎微，严于自律，坚守底线，不逾红线。增强道德定力，自觉践行社会主义核心价值观，带头落实"诚孝俭勤和"新民风建设要求，发挥导向和引领作用，以道德力量赢得人民群众、赢得事业成就。增强抵腐定力，把廉洁自律作为关键防线，强化自我约束，防止权力滥用；认真履行廉政建设主体责任和"一岗双责"，更加注重从源头上防控廉政风险，除腐败、零容忍，拒腐蚀、永不沾。

二要着力提升依法履职能力。政府系统各级干部都要带头尊法学法守法用法，用心谋事、激情干事、善于成事，全面履行经济调节、市场监管、社会治理和公共服务等法定职责，自觉接受人大的工作监督、依法监督和政协的民主监督、媒体的舆论监督、群众的社会监督。完善依法行政体制机制，推进重大决策、政务公开、行政程序法治化，用严密的程序管好权力运行。认真办理人大代表建议和政协委员提案，深化政府信息公开，以公开为常态，不公开为例外，健全和完善政府权力清单、责任清单、负面清单制度，强化对缺位、越位、错位行政行为的监督制约与责任追究，让公共权力在阳光下运行。

三要着力提升改革创新能力。发挥政府推动改革创新的引领作用，向开放要潜力，向改革要动力，向创新要活力。围绕转变政府职能，扩大"互联网+政务服务""一站式服务"和公共资源"阳光交易"覆盖面，降低制度性交易成本，增强发展内生动力。推进体制机制创新，营造激励体制机制创新的政策环境和制度环境，充分激发全社会创新活力和创造潜能。紧扣基本公共服务和重大基础设施两大重点，深入推进政府和社会资本合作，多渠道提升共建能力和共享水平。深化事业单位改革，强化公益属性，推进政事分开、事企分开、管办分离，提高社会服务体系建设水平和供给效率。

四要着力提升执行力和公信力。突出实干为先、落实为要、诚信为本，勇于挑最重的担子、敢于啃最硬的骨头、善于破最坚的堡垒，强化"踏石留印、抓铁有痕"的韧劲，完善一级抓一级、层层抓落实的大督查格局，推行工作任务清单式管理，细化分解到项目、岗位和个人。坚持重点工作公开承诺、跟踪督办、问效问责制度，完善重点项目和重点企业领导包抓、部门帮扶等有效工作机制。围绕提高执行力，倡导雷厉风行、马上就办，说到做到、办就办好，困难不回避、矛盾不上交、工作不拖拉，有决策就有落实、有安排就有反馈、有部署就有结果，确保政令畅通、令行禁止。把诚信施政作为重要准则，以"徙木立信"的态度取信于民，以政府诚信带动市场诚信、企业诚信和个人诚信，营造诚信守法、公平竞争的市场环境，加快建设诚信安康，促进全社会诚信意识和诚信水平提高。

各位代表！中国特色社会主义进入新时代，安康"追赶超越、绿色崛起"迈向新征程，让我们紧密团结在以习近平同志为核心的党中央周围，在省委、省政府和市委的坚强领导下，不驰于空想，不骛于虚声，携手并肩，奋勇拼搏，共建"秦巴明珠"，共筑美好明天，为全面建成小康社会、加快建设西北生态经济强市不懈奋斗！

大事记

1月

5日

▲市长徐启方在安康高新区调研市属国有企业运营情况。徐启方先后到市发投集团、城投公司、财信小贷公司、扶贫开发投资公司等市属国有企业，看望企业职工并详细了解企业运营情况。

▲5日至6日，市长徐启方到石泉县、白河县调研检查工业经济等工作，市委常委、副市长尹清辽，市委常委、石泉县委书记李启全分别参加调研。

▲5日至6日，中国核建集团党组副书记、副总经理祖斌一行到安调研扶贫工作，并看望慰问中国核建集团在安扶贫干部。市委常委、副市长尹清辽陪同调研。

7日

▲7日至10日，市政协召开四届一次会议。7日上午，市政协四届一次会议在安康剧院开幕。大会主席团常务主席、市政协党组副书记陈勇主持大会。马晓旬代表政协第三届安康市委员会常务委员会作工作报告，吴平作提案工作情况的报告。9日上午，市政协四届一次会议举行第二次全体会议。三届市政协副主席马晓旬主持大会。政协委员们围绕“突出优化产业投资环境　加快打造安康产业聚集区”“加强安康市医养结合能力建设”“推动安康农业转型升级”等方面建言献策。10日，市政协四届一次会议在安康剧院举行第三次全体会议。市政协主席陈勇主持大会。会议选举陈勇为政协第四届安康市委员会主席，黄晓勇、吴大康、孟平、马晓旬、吴平为政协第四届安康市委员会副主席，李云建为政协第四届安康市委员会秘书长。审议通过了《政协第三届安康市委员会常务委员会工作报告的决议》《政协第三届安康市委员会常务委员会提案工作情况报告的决议》《四届一次会议提案审查情况的报告》《政协第四届安康市委员会第一次会议政治决议》。表彰了政协三届六次会议以来优秀提案、提案办理先进单位、先进工作者和2016年优秀社情民意信息以及2016年度政协宣传工作先进单位、优秀通讯员和好新闻。市政协四届一次会议完成各项议程胜利闭幕，市委书记郭青出席讲话。

8日

▲8日至11日，市人大召开四届一次会议。8日上午，市人大四届一次会议在汉滨初中新校区礼堂开幕。大会主席团常务主席、大会执行主席郭青主持大会。会议听取和审议了市长徐启方所作的《政府工作报告》、审查了安康市2016年国民经济和社会发展计划执行情况与2017年国民经济和社会发展计划草案的报告、安康市2016年财政预算执行情况和2017年财政预算草案的报告。表决通过了关于设立安康市第四届人民代表大会法制委员会和财政经济委员会的决定，安康市第四届人民代表大会第一次会议表决安康市第四届人民代表大会法制委员会和财政经济委员会组成人员办法，安康市第四届人民代表大会法制委员会主任委员、副主任委员、委员名单，安康市第四届人民代表大会财政经济委员会主任委员、副主任委员、委员名单。9日下午，安康市第四届人民代表大会第一次会议举行第二次全体会议。大会听取了市人大常委会党组书记、常务副主任崔光华所作的市人大常委会工作报告。分别听取了市中级人民法院代院长葛迪、市人民检察院检察长王万兴所作的市中级人民法院工作报告和市人民检察院工作报告。大会以举手表决的方式通过了市四届人大一次会议选举办法。11日下午，市四届人大一次会议举行第三次全体会议。主席团常务主席，本次大会执行主席郭青主持大会。经过出席本次大会的代表无记名投票，陈勇当选为安康市第四届人民代表大会常务委员会主任；马孝芳、袁子顺、邹俊杰、陈伦宝当选为安康市第四届人民代表大会常务委员会副主任；吴少华当选为安康市第四届人民代表大会常务委员会秘书长；丁礼康等31人当选为安康市第四届人民代表大会常务委员会委员。徐启方当选为安康市人民政府市长；赵俊民、鲁琦、孙矿玲、何邦军、杨尚伟当选为安康市人民政府副市长。葛迪当选为市中级人民法院院长。王万兴当选为市人民检察院检察长。安康市第四届人民代表大会第一次会议圆满完成各项议程胜利闭幕。11日下午。新当选的市四届人大常委会主任陈勇主持闭幕大会，会议以举手表决的方式，表决通过了关于安康市人民政府工作报告的决议，关于安康市2016年国民经济和社会发展计划执行情况与2017年国民经济和社会发展计划的决议，关于安康市2016年财政预算执行情况与2017年财政预算的决议，关于安康市人大常委会工作报告的决议，关于安康市中级人民法院工作报告的决议和关于安康市人民检察院工作报告的决议。市委书记

郭青在闭幕大会上作重要讲话。

10日

▲陕西省脱贫攻坚领导小组生态脱贫办公室《生态脱贫信息》刊发安康市“四轮驱动精准发力助推林业脱贫攻坚”经验，抄送国家林业局、省政府办公厅及各市，在全省交流推广。

11日

▲晚，安康市召开2017年脱贫攻坚指挥部第一次会议，深入学习中省领导关于脱贫攻坚工作的最新指示，贯彻落实全省脱贫攻坚专题会议和市第四次党代会、全市“两会”精神，全面安排部署2017年脱贫攻坚工作。市委书记、市脱贫攻坚指挥部第一总指挥郭青讲话，市长徐启方主持会议。

▲晚，安康市召开安全生产工作会议，学习习近平总书记、李克强总理等中央领导同志关于安全生产指示批示精神，传达贯彻全国安全生产电视电话会议精神。

12日

▲市委召开2016年度民主生活会，深入学习贯彻党的十八届六中全会、省委十二届十一次全会和市第四次党代会精神，围绕“两学一做”学习教育要求，重点对照《关于新形势下党内政治生活的若干准则》和《中国共产党党内监督条例》，结合思想和工作实际，进行党性分析，开展批评和自我批评，不断增强发现和解决自身问题的能力，凝聚“追赶超越、绿色崛起”和加快建设西北生态经济强市的智慧力量。省委第九督导组组长、省委人才办副主任巨小弟，省委第九督导组成员、省委人才办副主任任春林，省委第九督导组成员、省纪委正处级纪检监察员袁玉斌全程指导。市委书记郭青主持会议。

13日

▲市政府党组书记、市长徐启方主持召开市政府党组2016年度专题民主生活会，市政府党组成员参加会议，市政府副秘书长及政府办县级以上领导干部列席会议。

14日

▲安康市成功入围第三批国家低碳试点城市，属于陕西省唯一试点市。

15日

▲下午，省人大代表、省长胡和平参加安康市代表团对政府工作报告的审议。他强调，安康要牢固树立“绿水青山就是金山银山”的理念，大力发展生态经济，扎实做好脱贫攻坚、民生改善等工作，努力为全省追赶超越做出新的更大贡献。

16日

▲16日至17日，省委第二考核组对安康2016年度目标责任、市级党政领导班子和市级领导干部、党建及党风廉政建设进行集中考核。考核组组长刘少明作动员讲话，市长徐启方代表安康市作2016年度目标责任考核工作完成情况报告，市委副书记鲍永能主持会议。会上现场进行了民主考核测评，并观看了《推动绿色循环发展，加快追赶超越步伐》专题片。省委第二考核组成员，市委委员、市人大常委会、市政府、市政协领导班子成员；市纪委领导班子成员；市中级人民法院院长、市检察院检察长，安康职业技术学院主要领导，市委、市政府工作部门、直属机构和市人大常委会、市政协工作机构及市人民团体的主要负责人，各县区党政主要负责人，部分中省驻安单位主要负责人共170余人参加会议。

▲16日至17日，省委政法委副巡视员蔡朝元等一行五人，到安康市检查考核2016年度综治维稳平安建设工作。市委常委、政法委书记陈明出席并主持省对市综治维稳平安建设工作专题汇报会，市综治委成员单位相关负责同志参加会议。

22日

▲省委常委、省委组织部部长张广智到安康市汉滨区、平利县调研，强调要深入学习贯彻中央和省委有关打好脱贫攻坚战的部署要求，全面落实“三项机制”，充分激发党员干部脱贫攻坚的激情和动力，确保全省同步够格全面建成小康社会。

▲市长徐启方主持召开市政府2017年第一次常务会议，传达学习全省落实追赶超越要求有关会议精神，研究安康市追赶超越工作方案和《政府工作报告》任务分解等工作。

▲市长徐启方主持召开2017年城乡规划委员会第一次会议，研究审定中心城市建设项目规划设计方案或项目选址。

24日

▲市委书记郭青主持召开市委常委会议，传达学习全省宣传部长会议、党内法规工作会议精神和《省委防止干部“带病提拔”实施办法》，研究部署全市当前工作。

▲市委书记郭青在市信访局调研信访工作，慰问信访干部时强调，要重视信访工作、关心信访干部、优化信访机制，毫不松劲抓实抓好信访工作，为加快建设西北生态经济强市创造和谐稳定的社会环境。

▲近日，平利县入选“全国质量强市（县）示范城市（县）”，这是继西安市成功创建西北第一个“全国质量强市示范城市”后，全省实现的又一突破。

25日

▲上午，市委书记郭青到陕西高速集团白泉分公司、市公安局交警支队检查指导春节期间安全生产工作，看望慰问一线员工，为他们送去了春节的祝福。他强调，要强化责任落实，采取综合措施，始终把安全放在春运工作首位，确保广大干部群众度过一个安全、祥和、喜庆的春节。市委常委、市委秘书长、宣传部部长罗雪剑，副市长何邦军一同检查。

26日

▲春节来临之际，市委书记郭青、市长徐启方等市领导开展春节前走访慰问活动，送去新春祝福和节日问候。

2月

3日

▲2017年春节黄金周期间，全市共实现商品销售额9.73亿元，同比增长14.1%。其中，实现商品零售8.33亿元，同比增长14.1%；餐饮收入1.401亿元，同比增长13.9%。

4日

▲市委中心组召开专题学习会议，邀请中国纪检监察学院原副院长、制度反腐专家李永忠教授作题为《全面从严治党的里程碑——学习〈准则〉与〈条例〉》的辅导报告。市委书记郭青主持会议并讲话。

▲省农业厅发出《关于2016年省级新型职业农民实训基地认定结果的通报》，汉滨区甲升兴隆养殖农民专业合

作社、汉阴县民康农林科技开发有限公司、平利县田珍茶业有限责任公司、陕西嘉晟实业有限公司、旬阳县山农畜禽养殖农民专业合作社等5个实训基地位列其中。截至目前，安康市省级新型职业农民实训基地增至14家。

7日

▲市长徐启方调研安康职业技术学院附属医院医养中心和市体育运动公园选址时强调，要树立“大城区”“大江北”理念，统筹医疗、体育、文化等重大项目布局，推动安康高新区、月河生态城联动发展。副市长孙矿玲一同调研。

8日

▲市长徐启方在安康高新区调研时强调，要对标一流国家高新区，建设创新创业示范区、高新产业聚集区和现代城市新区，着力打造全市增长极。市委常委、常务副市长赵俊民，市委常委、统战部部长、高新区党工委书记、管委会主任黄勇，市政府秘书长陈伍文一同调研。

▲全市创建工作会议召开，安排部署2017年国家森林城市验收、国家卫生城市复查和健康城市创建的重点任务，扎实推进2017今年各项创建工作。

9日

▲国家林业局通报2016年全国标准化林业工作站建设情况，宁陕县筒车湾镇林业工作站、宁陕县梅子镇林业工作站、紫阳县红椿镇林业工作站和岚皋县佐龙镇林业工作站被授予“全国标准化林业工作站”称号。

▲9日至10日，农业部环境保护科研监测所副所长周其文带领中国农科院教授专家一行30余人，到安康市进行“丹江口水源涵养区绿色高效农业技术集成与示范”项目考察和实施方案研讨。周其文一行先后深入石泉县明星现代农业园区、安康市阳晨牧业有限公司、安康市南水北调环境应急指挥处置中心和中国富硒产业研究院考察，随后召开了丹江口水源涵养区绿色高效农业技术集成与示范项目考察暨技术交流会。

10日

▲市长徐启方调研汉滨区工作时强调，汉滨区在全市发展中地位重要，要切实增强使命意识和责任担当，用开放思维和全局视野，推进汉滨的发展，在全市舞好龙头。

▲在陕西省农业厅举办的“十佳职业农民·优秀职业农民和十佳农民专家”表彰颁奖活动上传来捷报，安康市共6人获奖，获奖人数在全省排名前列。其中，刘瑞红荣获陕西省“十佳职业农民”称号，田珍、万琴棋、唐甲升、袁慎稳等四人荣获陕西省“优秀职业农民”称号，王衍成荣获陕西省“十佳农民专家”称号。

13日

▲市政府与中国人寿陕西省分公司召开战略合作座谈会，签订保险助推脱贫攻坚战略合作协议。中国人寿陕西省分公司党委书记、总经理李春，市长徐启方，中国人寿陕西省分公司副总经理王凤，副市长蒋清海，市政府秘书长陈伍文参加签字仪式。

▲上午，市委书记郭青主持召开常委会议，传达贯彻全省市（区）委书记抓基层党建述职评议考核会议、省纪委十二届七次全会和全省农村工作会议精神，研究部署推进中国富硒产业研究院建设和恒口镇陕西省镇级小城市综合改革试验区管理体制等工作。

▲13日至14日，省委常委、省纪委书记郭永平到安康调研。他强调，要深入学习贯彻中央纪委和省纪委七次全会精神，推动全面从严治党主体责任和监督责任落实，以对党、对群众高度负责的精神，不断加强基层党风廉政建设。市委书记郭青，市委常委、市纪委书记陈俊哲陪同。

▲13日至15日，副省长庄长兴赴安康恒口示范区、紫阳、镇巴、西乡县等地调研移民（脱贫）搬迁与县城建设工作。他指出，要进一步强化“四个意识”，严格落实中省政策，确保搬迁群众真正受益；抓紧完善配套设施和公共服务，提高入住率，培育发展产业，让群众“稳得住、能致富”。

14日

▲市委副书记鲍永能主持召开专题会议，进一步讨论《安康市追赶超越季度考核点评实施方案》、夯实相关单位的任务责任。市委常委、常务副市长赵俊民，市委常委、市委秘书长、宣传部长罗雪剑，市人大常委会副主任、市委组织部常务副部长邹俊杰及相关部门负责人参加会议。

▲14日至15日，中国建设银行董事长王洪章一行到安康市调研脱贫攻坚工作。建设银行陕西省分行行长杨新丰，市长徐启方等领导参加座谈或一同调研。

15日

▲省农业厅公布了2016年省级现代农业园区名单，安康市平利县田珍现代农业园区、白河县歌风现代农业园区被认定为省级现代农业园区。

▲15日至16日，民政部副部长宫蒲光一行深入安康市开展社会救助专题调研活动。省民政厅厅长赵政才、副厅长曾明，市长徐启方、市委副书记鲍永能、副市长鲁琦分别陪同调研。

▲15日至16日，省委常委、常务副省长、省委宣传部部长梁桂在商洛、安康调研陕南县域经济和绿色循环发展工作。梁桂先后来到山阳、白河、安康高新区等实地察看，详细了解园区规划建设管理、企业研发生产经营、产业培育聚集发展等情况，并主持召开座谈会，听取陕南三市及有关县区、重点企业情况介绍，征求意见和建议。

▲15日至16日，全省移民（脱贫）搬迁工作陕南地区现场会在安康市召开。省国土资源厅党组书记、厅长王卫华，省国土资源厅副厅长、省移民办主任邹顺生，市政府副市长何邦军出席现场会。

16日

▲上午，陕西省暨安康市文化科技卫生“三下乡”集中示范活动在白河县高级中学隆重举行。省委常委、常务副省长、省委宣传部部长梁桂出席并宣布集中示范活动开始，市委书记郭青致辞，省委宣传部副部长李伟主持启动仪式。

▲16日至17日，商洛市委常委、常务副市长李豫琦带领相关部门负责人到安康市考察重点项目建设、服务业发展及高新技术开发区建设工作。副市长蒋清海一同考察。

17日

▲市委召开县（区）委书记抓基层党建述职评议考核会。市委书记郭青主持会议并讲话，市长徐启方，市委副书记鲍永能，市委常委周玉峰、赵俊民、陈明、罗雪剑、尹清辽、李启全、黄勇出席会议。省非公党建工委组建处副处级调研员帅荣前到会指导。

▲上午，市委书记郭青出席市第四届纪律检查委员会第二次全体会议并讲话。市委副书记、市长徐启方主持会议。市人大常委会主任陈勇、市政协主席陈勇、市委副书记鲍永能、市委常委赵俊民、陈明、罗雪剑、尹清辽、李启全、黄勇在主席台就座。市委常委、纪委书记陈俊哲代表市纪委常委会作工作报告，省纪委派员指导会议。

▲全市脱贫攻坚暨移民搬迁政策培训会召开，贯彻落实中、省关于脱贫攻坚和移民搬迁的新政策、新精神、新要求，并就2017年全市移民搬迁工作进行安排部署。

18日

▲上午，安康市一季度重点项目集中开工活动在10县区和安康高新区、恒口示范区同时举行。在高新区主会场，市长徐启方出席活动并宣布项目开工，市委副书记鲍永能讲话，市委常委、常务副市长赵俊民主持，市上领导尹清辽、黄勇、袁子顺、孙矿玲、何邦军、黄骁勇及市直有关部门主要负责人出席开工活动。

20日

▲上午，市委书记郭青主持召开市委常委会议，传达贯彻省委维护稳定工作专题会议、政法工作会议和全省控制进京非访总结表彰、全省脱贫攻坚、组织部长和档案工作会议精神，研究部署加快全市包装饮用水产业发展等工作。

▲市委召开全市党风廉政建设巡察工作会，总结2016年巡察工作，部署2017年市直部门巡察任务，安排2016年巡察整改工作。

▲市长徐启方主持召开市政府2017年第2次常务会议，专题研究旅游产业规划、富硒产业规划、环境保护规划、安全生产监管等工作。

22日

▲全市组织部长会议召开，贯彻落实全国、全省组织部长会议暨全省组织工作助推追赶超越专题研讨会和市四次党代会精神，回顾总结去年全市组织工作，安排部署2017年的主要任务。

▲由市文化文物广电局、市群众艺术馆和市非物质文化遗产保护中心策划，省人民美术出版社出版的《安康市非物质文化遗产名录图典》在市群众艺术馆正式面世。

▲由市委组织部、市委统战部、市委党校、市工信局、市工商联联合举办的全市民营企业家培训班在市委党校开班。市委副书记鲍永能出席开班仪式并讲话，副市长何邦军主持开班仪式。全市110多名民营企业家代表和10个县区经贸局分管领导参加培训。

23日

▲23日至26日，市委书记郭青率安康市党政代表团赴江苏省常州市学习考察，深入推进两市扶贫协作工作。24日上午，两市举行扶贫协作工作座谈会，签署《关于进一步加强扶贫协作和经济合作框架协议》。常州市委书记费高云陪同考察并出席会议，常州市委副书记、市政府市长丁纯主持会议。

24日

▲国家发改委公布了《西部大开发“十三五”规划》，明确西部地区将打造百座特色小城镇，陕西共有10座特色小镇入选。安康市恒口镇入选，将被打造为商贸物流型城镇。

27日

▲市长徐启方在调研检查中心城市项目时强调，围绕“湖城一体”，加快文化旅游、体育运动、亲水体验、休闲观光等项目建设，完善城市功能要素，建设生态宜居品质城市。市委常委、秘书长、宣传部长罗雪剑，市人大常委会副主任马孝芳，副市长孙矿玲，市政协副主席孟平，市政府秘书长陈伍文一同调研。

28日

▲由市纪委、岚皋县纪委拍摄制作完成的《陕西岚皋杜氏：正德树人防患未萌》家规专题在中纪委网站发布。

▲下午，全省2016年度目标责任考核工作总结部署会议召开，安康市再次荣获年度目标责任考核优秀等次，石泉、宁陕、镇坪、旬阳县获得2016年度贫困县扶贫绩效考核综合得分靠前的20个县区通报表彰。

3月

2日

▲2日至8日，市委常委、副市长尹清辽带领市政府办、市招商局、石泉县、高新区及有关企业负责人赴长春、四平、北京等地开展招商和项目对接活动。考察团一行先后到四平市高斯达纳米材料设备有限公司、长春一汽解放汽车有限公司、正大制药集团、北京国药等行业龙头企业进行实地考察并就项目合作、产业发展布局进行了洽谈。

3日

▲安康市2017年“文明春风行动”启动仪式暨2016年“四个最佳”志愿服务表彰大会在市中心广场举行。

6日

▲市长徐启方调研月河快速干道时强调，要全力推进“重心北移”控制性工程建设，加快建设区域交通枢纽和生态宜居品质城市。市委常委、常务副市长赵俊民，市委常委、统战部部长、高新区党工委书记、管委会主任黄勇一同调研。

▲下午，市长徐启方与原海军兵种指挥学院海军广州舰艇学院政委、少将张永刚座谈，对张永刚心系桑梓、关心家乡发展表示感谢。市委常委、常务副市长赵俊民参加座谈。

7日

▲中宣部命名了第三批50个全国学雷锋活动示范点和50名全国岗位学雷锋标兵，安康市公路管理局岚皋公路段柏杨道班被命名为全国学雷锋活动示范点，为全市唯一入选者。

▲全省春季动物防疫暨畜牧业发展工作会在安康市召开。省农业厅党组成员、省畜牧兽医局局长杨黎旭、副市长鲁琦出席会议并讲话。

▲下午，安康市举办“风清气正，从家出发”纪念第107个三八国际劳动妇女节主题活动。市委常委、组织部部长周玉峰出席活动，并亲切慰问全市最美护士、最美家庭、好媳妇等获奖代表。

▲下午，市委常委、常务副市长赵俊民，市政协副主席、市工商联主席黄骁勇出席由市侨联、市工商联、市台办联合举办的侨商、台商投资企业座谈会。

▲安康市举行津陕对口协作项目天津百米马集团与陕西文投安康文化旅游产业投资有限公司合作签约仪式。天津市合作交流办巡视员、副主任张庆恩及天津市政府研究室相关领导，安康市委副书记、瀛湖管委会党工委书记鲍永能，市委党委、常务副市长赵俊民，省、市发改委，安康市

南水北调办、瀛湖生态旅游区管委会相关领导参加会议。

8日

▲水利部下发《关于公布国家水土保持科技示范园的通知》（水保〔2017〕93号），安康市石泉县杨柳、平利县长安河2个水土保持示范园被水利部批准为“国家水土保持科技示范园区”，这是安康市水土保持示范园首获国家级称号。

▲市农业宣传信息培训中心在中国农科城（杨凌）与西北农林科技大学联合举办“全市养殖业中级职业农民专题培训班”，对全市从事畜牧产业发展的105名中级职业农民开展为期一周的培训。这是安康市首次组织职业农民“走出去”进入高校的提升培训，安康市也是全省首个将职业农民带入西北农林科技大学进行培训的地市。

9日

▲上午，国务院总理李克强到全国人大十二届五次会议陕西代表团，与代表共同审议报告。全国人大代表、安康市委书记郭青座谈汇报安康经济社会发展情况，并围绕加快推动秦巴贫困山区发展，提出进一步加大贫困群众中慢性病患者政策保障力度、支持贫困山区建设国家生态文明综合改革试验区、支持安康建设区域综合交通枢纽和物流中心、推动京津冀与水源区协作发展四条建议。

▲市长徐启方与工商银行陕西省分行行长高志新座谈，双方就进一步加强政银合作、促进互惠共赢进行了深入交流。副市长蒋清海参加座谈。

10日

▲安康市召开中心城市国卫巩固提升省级暗访反馈暨整改通报会，省爱卫办主任薛义正，市委常委、常务副市长、市双创办指挥部责任总指挥赵俊民出席会议并讲话。

▲国家发改委按照国务院领导同志有关易地扶贫搬迁工作批示精神，以政策指引的形式将安康市移民搬迁工作典型经验和成功做法印发全国各地，供参考学习借鉴。

▲10日至15日，市长徐启方带领有关部门负责同志到中办、国家发改委、中国农科院、国家林业局、农发行、中日友好医院，中国建筑设计院等部委和单位汇报衔接重点工作和项目，争取上级支持。省卫计委副主任马国林，副市长鲁琦、蒋清海分别参加有关汇报座谈。

11日

▲下午，市长徐启方在陕京交流座谈会上，代表安康市政府与北京二商集团党委书记、董事长孙杰签订了战略合作协议，双方将结成战略合作伙伴，本着平等互利、协同发展的原则，推动在生态富硒农产品生产基地与原料供应基地建设、农产品产销对接、富硒生态圈打造等领域开展深度合作。

13日

▲省质监局公布了2016年企业质量信用等级评价结果，安康市白河县逸酒酒业有限责任公司等12家企业达到质量守信A级标准。

▲13日至14日，市四届人大常委会召开第一次会议。会议通过了《安康市人大常委会关于开展第七个五年法治宣传教育的决议》，听取和审议了市政府关于脱贫攻坚、电子商务发展、创建国家森林城市和市检察院关于预防职务犯罪四项审议意见落实情况的报告，决定任命了新一届市政府组成人员，表决通过了市四届人大常委会代表资格审查委员会和7个工作委员会的组成人员，并举行宪法宣誓仪式。市人大常委会主任陈勇主持会议并讲话，副主任袁子顺、马孝芳、邹俊杰、陈伦宝，秘书长吴少华及委员共37人参加会议。

14日

▲在中国慈善联合会举办的“第四届中国城市公益慈善指数”编制发布活动中，安康名列其中，首次进入全国百强，成为西部13个城市之一，是陕西省唯一上榜城市。

17日

▲全市卫生计生综合监督执法“雷霆”（2017）专项行动正式启动。

▲安康北医大秦巴药谷有机中药材种植基地项目在平利县老县镇举行开工仪式。

▲市委书记郭青主持召开市委常委会议，传达贯彻十二届全国人大五次会议和全国政协十二届五次会议、省委常委会议及全省保密工作会议、统战部长和对台工作会议精神，研究部署新民风建设等工作。

20日

▲市政府召开全体（扩大）会议，贯彻党的十八届六中全会、全国“两会”、省委十二届十一次全会和市四次党代会精神，安排部署重点经济工作。

21日

▲下午，安康市在中心城区主会场和紫阳分会场同步举行全市交通重点项目集中开工活动。市委常委、常务副市长赵俊民下达开工令。

▲市委书记郭青深入汉滨区张滩镇调研推进新民风建设，督导脱贫攻坚工作。他强调，优良民风引领社会进步。客观面对和深入查摆全市民风中普遍存在的问题，以“党建+”系统思维推进新民风建设，是贯彻落实社会主义核心价值观的具体行动，是加快建设西北生态经济强市和全面建成小康社会的内在要求，是塑造安康新形象的必要举措。市委常委、秘书长、宣传部长罗雪剑一同调研。

22日

▲市长徐启方在检查调研城市创建工作时强调，大力开展城市环境综合整治，提高城市品位，增强城市吸引力和竞争力。市政府秘书长陈伍文一同调研。

▲上午，政协第四届安康市委员会第一次常委会议召开。会议传达学习了全国“两会”精神，审议通过了《政协安康市委员会2017年工作要点》，决定了政协第四届安康市委员会专门委员会设置及各专门委员会组成人员及有关人事事项。

23日

▲市委副书记鲍永能带领市档案馆（局）负责人专程到国家档案局汇报对接安康市档案工作。国家档案局局长李明华主持会议，专门听取了情况汇报。

24日

▲安康市工业品产销对接暨银企合作推介会在中国西北（安康）国际天贸城举行。会上共签订产销合同7个，金额1.1亿元；签订信贷意向协议20个，金额12.18亿元。省工信厅副厅长兰建文，市委常委、常务副市长赵俊民出席推介会并见证签约，副市长蒋清海主持推介会。

▲下午，安康市举办工业品产销

对接暨银企合作推介会。市委书记郭青，市委常委、统战部长、高新区党工委书记黄勇参观了推介会企业展区。

25日

▲由省新闻出版广电局组织，陕西西诺创意文化产业发展中心主创的全国第一部反映农家书屋以及社会主义新农村的偶像剧《我叫颜如玉》拍摄座谈会在安康召开。陕西省新闻出版广电局、文化厅有关领导，著名影视艺术家和谷、张阿利等专家出席座谈会。

26日

▲下午，市委书记郭青以普通党员身份参加市委办一支部组织生活会。市委副书记鲍永能，市委常委、秘书长、宣传部长罗雪剑一同参加组织生活会。

27日

▲2016年度第四批全国优秀纪录片评选结果揭晓。由市委宣传部策划、安康电视台出品的纪录片《汉水安康》被国家新闻出版广电总局作为优秀国产纪录片向全国推荐播映。

▲市长徐启方在汉滨、旬阳、平利县调研检查农村基础设施建设和产业扶贫工作。他强调，要突出抓基础设施改善与抓产业促增收两个关键，确保打赢脱贫攻坚硬仗。

▲27日至28日，省政府研究室主任杨三省带队到安康市调研绿色循环经济、县域经济和科技创新发展工作。市长徐启方、市委常委、安康高新区党工委书记黄勇和副市长蒋清海先后陪同调研。

28日

▲市委书记郭青检查城市管理、调研市区绿化工作。他强调，城市管理体现党委政府公信力，相关单位要正视问题，强化措施，落实责任，用立竿见影的整治成效检验作风担当，赢得群众认可。

▲市长徐启方带领各县区政府和市直有关部门主要负责同志到省发改委、国土厅、安监局汇报衔接重点工作和项目，争取支持。

29日

▲上午，安康市第25届“科技之春”宣传月活动在平利县长安镇启动。省科协党组书记、常务副主席呼燕宣布活动开幕，市委常委、组织部长周玉峰，市人大常委会副主任马孝芳，市政协副主席孟平，中国农科院茶叶研究所副所长鲁成银参加活动，市委常委、副市长尹清辽主持活动。

30日

▲省住建厅公布了陕西省第二批传统村落名录，安康市39个村落被列入其中。

▲市委书记郭青深入石泉县镇村就“两学一做”学习教育常态化制度化进行调研。他强调，要认真回顾总结，坚持问题导向，克服形式主义，更加注重实际效果，推动“两学一做”学习教育融入日常、抓在经常、久久为功。

▲安康市召开中心城市文明示范街创建工作动员会，启动安康大道、高新大道、滨江大道、金州路、兴安路、解放路、大桥路、育才路8条文明示范街创建工作。

4月

1日

▲下午，中国共产党安康市第四届委员会召开第三次全体会议。市委书记郭青主持会议。市委副书记鲍永能，市委常委周玉峰、陈俊哲、赵俊民、罗雪剑、李启全、黄勇在主席台就座。市委委员和市委候补委员出席会议。会议酝酿讨论并以举手表决的方式，审议通过安康市出席陕西省第十三次党代会代表候选人预备人选有关事项；表决通过召开安康市党代表会议的决议；通过代表会议《选举办法（草案）》。

▲建行安康分行为安康高新区投放了6.65亿元的政府购买服务贷款，该笔贷款是安康市首笔政府购买服务贷款，也是目前陕西境内建行投放金额最大的一笔政府购买服务贷款。

▲农业部农产品质量安全监管局局长广德福一行到安康市调研富硒特色产业和农产品质量安全监管工作。

2日

▲安康市移民博物馆项目正式开工建设。该馆位于汉滨区东坝东堤头，计划总投资2331万元，总面积4223.07平方米。

4日

▲市委书记郭青与中央办公厅驻宁陕扶贫干部座谈，了解当前脱贫攻坚中的新情况新问题，勉励他们珍惜锻炼机会，勤于学习思考，在脱贫攻坚战场上大显身手。他强调：全市各级要针对新问题，研究新办法，推广新经验，推动脱贫攻坚工作再上新台阶。

▲4日至6日，中国经济体制改革杂志社社长、地方改革创新研究中心主任潘治宏一行到安康市调研生态文明体制改革创新实践工作。市委书记郭青会见了课题组一行并接受专访。市委常委、副市长尹清辽，市人大常委会副主任马孝芳分别陪同调研。

▲4日至5日，省政府督查专员王西荣带领省政府督查室第六督查组赴安康市就“放管服”改革措施落实情况进行专项督查。5日下午召开专题汇报会，市委常委、常务副市长赵俊民出席会议。

5日

▲5日至6日，《人民日报》《中国日报》《香港商报》《香港经济日报》等20余家媒体到安康市开展“追赶超越看陕西——中外媒体安康行”集中采访活动。省外宣办主任常雅玲，市长徐启方，市委常委、秘书长、宣传部长罗雪剑出席活动。

6日

▲全市县处级以上领导干部学习贯彻十八届六中全会精神专题研讨班开班。市委书记郭青出席并讲话。他强调，要深入学习贯彻党的十八届六中全会精神，进一步深化对全面从严治党的认识，用“党建+”系统思维推动中心工作，营造风清气正的良好政治生态，为建设西北生态经济强市提供坚强政治保证。市委副书记、市长徐启方主持开班仪式。

▲6日至8日，省爱卫办组织专家对安康市巩固国家卫生城市工作情况进行复审和培训。省卫计委副巡视员张建平，省爱卫办专职副主任薛义正，市委常委、常务副市长赵俊民参加反馈会。

7日

▲农业部农科教发〔2017〕5号文件决定在全国启动农业基础性长期科技工作，安康市农科所被列入首批“国家农业科学实验站（试运行）名单”。

▲上午，省委第三环境保护督察巡查组督察安康市工作动员会召开。省委第三环境保护督察组组长张荣珠，副组长李敬喜就做好督察巡查工作讲话，副组长马小现及督察巡查组其他成员出席会议，市委书记郭青作动员讲话和表态发言，市长徐启方主持会议。

▲由中铁六局承建地处安康高新区的新长枪岭隧道顺利实现全隧贯通，标志着阳安二线重点控制性工程取得了重大突破。

9日

▲安康国家高新区·卓达控股集团战略合作签约仪式暨项目建设推进会召开，市委常委、常务副市长赵俊民出席会议并讲话，市委常委、统战部长、高新区党委委书记、管委会主任黄勇出席签约仪式。

10日

▲安康市召开第十七届中国安康汉江龙舟文化节暨富硒产品博览会筹备动员会。

11日

▲省委第三环保督察巡查组召开督察问询会，就安康市环境保护有关工作进行督察问询。省委第三环境保护督察巡查组组长张荣珠、副组长马小现及督察巡查组相关人员出席会议。会上，督察巡查组就安康市尾矿库治理、医疗废物处置及管理、水污染防治项目建设、大气污染防治、网箱养鱼、水质保护等有关工作向相关部门进行了问询了解，并就相关部门履行好环保职责提出了明确的建议意见。

▲11日至13日，省政协副主席李冬玉、省政协人口资源环境委员会主任周玉明带领调研组来安康市就“激活土地资源要素，提高农业规模化程度”进行专题调研。

12日

▲上午，市委书记郭青主持召开市委常委会议，传达贯彻4月11日省委常委会议精神，安排部署第十七届中国安康龙舟文化节暨富硒产品博览会和城东新区建设等工作；会议审定了《安康市脱贫攻坚工作成效考核量化计分暨等次认定办法》《2016年度全市脱贫攻坚先进镇（办）名单》及安康市2017年《陕西省劳动模范、先进工作者推荐人选名单》《陕西省先进集体推荐对象名单》。

▲由中国农业国际合作促进会茶产业委员会主办，中国农业科学院茶叶研究所、紫阳县人民政府承办的“紫阳富硒茶——硒香茶”新产品发布会举行。中国农业国际合作促进会茶产业委员会副主任吕明宜、李桂群、徐登科，秘书长魏有，副市长鲁琦以及《中国日报》《香港商报》、新华网、凤凰网、陕西电视台等媒体参加发布会。

▲12日至14日，全国人大常委、致公党中央副主席闫小培一行到安康市就“培育和发展特色小（城）镇、推进区域性整体贫困地区脱贫攻坚”进行考察调研。

13日

▲13日至15日，安康市举行“比学赶超”现场观摩推进会。市委书记郭青，市人大常委会主任陈勇，市政协主席陈勇等市领导和各县区党政主要负责人、市直有关部门主要负责人参加。15日下午在旬阳县召开了座谈会，郭青作重要讲话，市长徐启方主持会议。郭青强调，推动“比学赶超”常态化，正确理解“比学赶超”在追赶超越中的时代内涵，深入持久广泛开展新民风建设扎实做好脱贫攻坚整改工作。认真做好环保督察问题整改工作。

▲中心城区西关片区棚户区改造项目全面启动。该项目共涉及征收房屋612户，拆除各类房屋建筑面积约8万平方米，项目用地约98亩。

15日

▲晚，市长徐启方主持召开市政府党组扩大会议，集中学习习近平总书记近期关于脱贫攻坚工作系列重要讲话，传达中省有关会议和文件精神，专题研究部署全市脱贫攻坚工作。市政府党组成员参加会议，市政府有关部门、中省驻安有关单位主要负责同志列席会议。

16日

▲市委、市政府召开全市防汛防滑工作会议。市委书记郭青主持会议并讲话，市委副书记、市长徐启方安排部署2017年防汛防滑工作，副市长鲁琦代表市政府与各县区、各大型电站签订了责任书。

17日

▲中国共产党安康市代表会议召开，会议由市委常委会主持。市委书记郭青在会上讲话，徐启方、周玉峰、陈俊哲、赵俊民、陈明、罗雪剑、尹清辽、李启全、黄勇在主席台前排就座。全市327名党代表出席了大会。省纪委、省委组织部派员到会指导。经过充分酝酿讨论，会议通过了选举办法，通过了监票人、总监票人、副总监票人名单，以无记名投票方式，选举产生了安康市出席省第十三次党代会代表44名。

▲11时58分，白河县茅坪镇茅坪社区三组突发一起山体滑塌，致一栋居民楼垮塌。经排查核实7人被困。灾害发生后，省委书记娄勤俭、省长胡和平分别作出重要批示，省委常委、宣传部长、副省长庄长兴立即带领有关人员赶赴现场指导救援工作。安康市委书记郭青要求市政府分管领导立即赶赴现场全力开展救援工作。市长徐启方等市县领导、有关部门和专家第一时间赶赴现场，成立由副市长何邦军担任指挥的现场抢险救援指挥部，开展现场救援处置工作。17时30分左右，救援现场救出一名被困群众。省委书记娄勤俭就救援工作再次作出重要指示。23时20分，庄长兴同志再次主持救援处置会议，强化六项救援和处置措施。18日1点55分，现场援救发现三名受困群众，其中1名成年女性，2名女儿（1名男孩、1名女孩），已无生命特征。

19日

▲19日4时43分，白河县茅坪镇山体滑塌灾害现场发现最后2名被困人员，已无生命体征。现场搜救结束。指挥部立即召开会议，省政府副秘书长王晓驰、市长徐启方、副市长何邦军对善后安置及灾后重建工作提出明确要求。

▲市政府召开全市地质灾害防治工作视频会议，进一步落实中、省、市领导重要批示精神，强化部署当前地质灾害防治工作。

20日

▲第十二次陕南绿色循环发展工作座谈会在安康市召开。省长胡和平出席并讲话，他强调，坚定信心突出重点优化环境，全力推动陕南绿色循环发展。省委常委、常务副省长梁桂主持会议，副省长张道宏安排有关工作。会前，胡和平一行深入安康东坝汉江大桥、天一城市广场、北医大生物医药、富硒食品产业园、荣氏食品公司、江南汽车配件等项目现场进行调研，并出席了陕南三市119个重点项目集中开工动员会。省政府秘书长陈国强，省级有关部门和汉中市、安康市、商洛市及有关企业负责人分别参加调研和会议。

▲人力资源和社会保障部副部

长、国家公务员局局长傅兴国一行，到安调研公务员管理工作。省委组织部副部长、省人社厅厅长冯力军，省公务员局局长鲁锋，市委常委、组织部长周玉峰，副市长杨尚伟陪同。

21日

▲市委书记郭青主持召开市委常委会议，传达贯彻第十二次陕南绿色循环发展工作座谈会、全省加强扶贫环保等领域监督执纪问责落实“三个助力”电视电话会议和老干部工作会议精神，听取省委环保督察巡查反馈意见情况汇报，分析研判全市一季度经济运行情况，研究部署脱贫攻坚等工作。

▲第九届中国国际茶业及茶艺博览会在北京开幕。安康紫阳富硒茶2017年北京推介会在全国农业展览馆隆重举行。

▲安康市紫阳焕古庄园、秦巴山、闽秦、郁禧园4家茶企选送的茶样在第三届亚太茶茗大赛评选中获得金奖。

22日

▲安康生态富硒魔芋暨岚皋县明富魔芋专场推介会亮相第四届北京国际优质农产品展示交易。中国农业国际合作促进会会长翟虎渠、国家机关事务管理局服务司主任赵朝杰、陕西省农业厅副厅长王韬等相关领导以及北京二商集团、北京陕西商会等客商，中央电视台、新华社等中省市30余家新闻媒体记者，共300余人出席活动。

24日

▲23日至24日，市长徐启方先后到岚皋县四季镇、石门镇、官元镇和紫阳县洄水镇、界岭镇、双桥镇调研检查脱贫攻坚工作。他强调，要坚持“抓脱贫就是抓发展、抓脱贫就是抓民生”的理念，始终把脱贫攻坚作为“头等大事”和“第一民生工程”，吃透政策精神，坚持问题导向，扎实抓好整改，把从严从细从实要求贯穿全过程，推动脱贫攻坚工作不断取得新成效。

▲上午，“回家——三代挪威人百年安康情”故事会在安康剧院举行。市政府副市长孙矿玲出席并致辞，市直有关部门和大中专院校分管负责人、与尤约翰在安期间工作生活相关的干部群众、市直文广系统干部职工400余人参加了故事会。

▲市政府召开2017年丝博会暨第21届西洽会筹备工作会议，市委常委、副市长尹清辽出席会议并讲话。

▲安康市召开会议部署第三届中国安康富硒产品（包装饮用水）博览会暨第四届汉江流域（安康）农业博览会、第二届安康美食文化节筹备工作。市委常委、副市长尹清辽出席会议并讲话。

▲24日至25日，市四届人大常委会举行第二次会议，市人大常委会主任陈勇主持第一次全体会议并讲话，常务副主任袁子顺主持第二次全体会议。会议听取和审议了市政府关于汉江水质保护、中心城市棚户区改造审议意见和生态旅游工作评议意见落实情况的报告并进行了满意度测评，审议了《安康市烟花爆竹燃放管理条例（草案修改稿）》。会议决定授予尤约翰“安康市荣誉市民”称号。

25日

▲市委中心组召开集中学习会议，市委书记郭青主持会议并讲话，市委中心组成员参加学习讨论。会上，市委各常委围绕脱贫攻坚开展集中研讨。各常委对照习近平总书记在全国两会小组讨论和中央政治局第三十九次集体学习时的讲话以及省委、省政府主要领导在脱贫攻坚相关会议上的讲话精神，结合分管工作，就安康市脱贫攻坚存在的问题进行深刻剖析，并提出了有针对性的对策建议。

26日

▲上午，迎接省第十三次党代会奋力“追赶超越”主题系列新闻发布会安康专场发布会在西安举行。市委书记郭青出席发布会介绍安康追赶超越工作并回答记者提问。市委常委、常务副市长赵俊民，市发改委主任廖良成出席发布会。《人民日报》、新华社、中央电视台、中央人民广播电台、《陕西日报》、陕西广播电视台等40余家媒体参加新闻发布会。

▲市政府与省知识产权局共同举办“安康市富硒产业知识产权信息研究成果发布”暨“中国富硒产业创新发展与知识产权论坛”活动。省知识产权局局长巨拴科，市长徐启方，市委常委、组织部部长周玉峰，市委常委、副市长尹清辽，市人大常委会副主任陈伦宝，市政协副主席吴大康等参加活动。

27日

▲27日至28日，中国国民党前主席连战和夫人连方瑀女士一行到安康市参观访问。市委书记郭青，市委副书记、市长徐启方，市委常委、秘书长、宣传部部长罗雪剑，市委常委、统战部部长、安康国家高新区党工委书记、管委会主任黄勇陪同参观。

▲27日至28日，全省就业失业工作座谈会暨就业扶贫现场会在平利县召开。会议贯彻落实全国就业和失业保险工作座谈会精神，总结工作，分析形势，部署安排2017年就业扶贫、就业创业和失业保险工作，省人社厅副厅长李军主持会议，市委常委、常务副市长赵俊民致辞。

5月

2日

▲市政协主席陈勇主持召开政协第四届安康市委员会第三次主席会议。会议审定了《关于明确市政协各界召集人及市政协领导成员、市政协常委会组成人员和专门委会联系界别和委员的通知》；审定了《关于成立政协安康市第四届委员会委员活动小组的通知》；审议了《关于落实“三项机制”助力追赶超越的实施方案》；审定了《对中央扶贫工作成效考核反馈意见整改情况视察方案》。

▲市长徐启方主持召开2017年城乡规划委员会第二次会议，研究审定中心城市建设项目规划设计方案。市委常委、常务副市长赵俊民，市人大常委会副主任陈伦宝，市政协副主席孟平及规委会全体成员参加会议。会议审定了安康高新实验中学（安中高新校区）、安康高新实验小学（市一小高新校区）、安康职业技术学院附属小学和安康中学改扩建项目规划设计方案。

3日

▲全市2016年度目标责任考核总结表彰大会召开，市委书记郭青强调，要聚精会神、迎难而上、勇攀高峰，巩固考核工作良好态势，推动考核优秀常态化，为建设西北生态经济强市作出新的更大的贡献，以更加优异的成绩迎接党的十九大和省第十三次党代会胜利召开。

4日

▲省委副书记、省脱贫攻坚领导

小组副组长毛万春到安康市宁陕县调研。他强调，精准识别是精准脱贫的前提，对贫困户的识别一定要坚持公开公平公道，杜绝优亲厚友，确保群众公认，群众满意。

▲市脱贫攻坚指挥部召开第二次扩大会议，贯彻省脱贫攻坚指挥部第二次会议精神，听取各县区工作情况汇报，安排部署下一步工作。市长徐启方，市人大常委会主任陈勇，市委副书记鲍永能，副市长何邦军，市政协副主席马晓旬参加会议。

7日

▲省委书记娄勤俭同志出席参加省十三次党代会安康代表团讨论时强调，要认真践行新发展理念，积极适应引领新常态，呼应长江经济带战略，站在“秦岭之巅”谋发展，不断加快追赶超越步伐。要坚持生态环境保护、产业发展和新型城镇化同步推进，坚持“一县一业”，发展绿色生态、文化旅游等产业，加强高铁、高速公路等基础设施建设，努力建设“秦巴明珠”生态旅游城市。要以扶贫避灾生态移民搬迁为抓手，拿出绣花的功夫推进脱贫攻坚，夯实“五级书记”抓脱贫责任，加强各项政策衔接，统筹用好扶贫资金，切实解决“一方水土养不活一方人”问题，确保同步够格全面建成小康社会。

8日

▲安康北医大医疗器械有限公司与国药集团医疗器械研究院、国药集团联合医疗器械有限公司在北京成功签署战略合作协议。市委常委、副市长尹清辽出席签约仪式，并对成功签署战略合作协议表示祝贺。

9日

▲“大唐西市杯”2017陕西（第五届）旅游商品大赛在西安大唐西市博物馆落霞帷幕，安康市喜获一金一铜，创历史最佳。

11日

▲市政府召开第四届汉江流域（安康）农博会筹备工作任务督办会议。市委常委、副市长尹清辽出席会议并讲话。

12日

▲市委、市政府领导带领有关部门和县区负责同志到省交通厅、中铁第一勘察设计院衔接安康交通枢纽建设工作，市长徐启方，市委副书记鲍永能，市委常委、常务副市长赵俊民，市委常委、石泉县委书记李启全，市委常委、高新区党工委书记黄勇等领导参加。

15日

▲下午，市委书记郭青主持召开市委常委扩大会议，传达学习省第十三次党代会精神，研究部署全市重点镇示范体系建设等工作。

16日

▲市委书记郭青前往紫阳、汉阴调研精准扶贫脱贫、生态环境保护、党风廉政建设和一季度追赶超越季度考核工作。市委常委、常务副市长赵俊民，市委常委、秘书长、宣传部长罗雪剑参加调研。

▲市长徐启方在中心城区调研，他强调，要深入学习贯彻省第十三次党代会精神，提高站位，抢抓机遇，扎实推进十大文化旅游项目建设，全力打造“秦巴明珠”生态旅游城市。市人大常委会副主任袁子顺，副市长孙矿玲，市政协副主席马晓旬一同调研。

▲全省贫困村党组织书记和第一书记脱贫攻坚示范培训班在安康市开班。市委常委、组织部长周玉峰出席开班仪式并致辞，省委组织部组织一处处长杨孝武主持。

17日

▲上午，第十八届中国国际食品和饮料展在上海新国际会展中心开幕，来自全球30多个国家和地区的3200家展商参加此次展会。安康市12家企业组团参展，力图借助这一国际平台，加大安康富硒农产品的宣传推介力度，持续提升安康富硒品牌知名度和美誉度，扩大“中国硒谷生态安康”影响力。

18日

▲安康市召开选派县区扶贫挂职干部集体谈话暨工作座谈会，对选派到县区扶贫挂职的干部进行任前集体谈话，并就挂职扶贫有关工作经验进行交流。市委书记郭青出席会议并讲话，市委常委、组织部长周玉峰主持会议。

▲市长徐启方调研江北商圈项目建设时强调，围绕建设“秦巴明珠”生态旅游城市，不断完善基础配套，打造现代智慧商圈，加快现代服务业发展。市委常委、副市长尹清辽，市委常委、统战部长、高新区党工委书记、管委会主任黄勇一同调研。

▲全国人大常委会委员、全国人大法律委员会副主任苏泽林，全国人大常委会委员、全国人大法律委员会委员郎胜率调研组一行来到安康市调研人民陪审员制度改革试点工作。陕西省人大常委会党组副书记、副主任安东，陕西省高级法院党组成员、副院长谭晓峰，安康市人大常委会副主任、市委组织部常务副部长邹俊杰，安康市中级人民法院党组书记、院长葛迪等陪同调研并参加座谈会。

19日

▲市委书记郭青到富硒产品研发中心调研。他强调，要进一步提高思想认识，整合优势资源，着力推动富硒产品研发，加快富硒资源优势转化为产业优势发展优势，让首位产业名副其实。市委副书记鲍永能，市委常委、秘书长、宣传部长罗雪剑一同调研。

▲安康市召开“八办两组”和“五项保障”脱贫攻坚工作任务交办会,夯实“八办两组“和“五项保障”成员单位的工作责任。市长徐启方参加会议并讲话,副市长何邦军主持。

▲“安康富硒茶”招商推介洽谈会在杭州召开。副市长鲁琦及市林业局、招商局、紫阳县政府、安康相关茶企、浙江陕西商会、浙江二十余家企业等单位负责人参加会议。

▲21日至22日，拉美地区国家人道工作能力建设研修班学员一行31人到安康市对博爱家园等项目进行参观考察。副市长孙矿玲、中国红十字总会训练中心副主任刘维新出席活动。

22日

▲市长徐启方到市脱贫攻坚指挥部、安康人民广播电台调研。他强调，强化政策宣传，深化精准帮扶，确保贫困群众稳定增收脱贫。市委副书记鲍永能、副市长何邦军、秘书长陈伍文分别参加调研。

▲上午，安康学院附属医院揭牌仪式在安康市中心医院北院区举行，副市长孙矿玲和安康学院校长陈刚共同为安康学院附属医院揭牌。

▲市长徐启方在市规划局、住建局调研，他强调，全力推进十大文化旅游项目和十大重点市政工程，打造休闲养生的“秦巴明珠”和生态旅游城市。秘书长陈伍文一同调研。

23日

▲安康市召开富硒茶产业发展工作座谈会，学习习近平总书记对茶产业的重要指示，安排部署茶叶产业发展工作。市长徐启方强调，要抓住“一带一路”的重要机遇，围绕“双百”目标，全面提升茶产业发展水平。副市长鲁琦主持会议。

▲市委常委、常务副市长、市委依法治市工作领导小组组长赵俊民出席在安康学院举行的安康首届高校法治文化节启动仪式。

24日

▲市委书记郭青主持召开市委中心组学习（扩大）会议，省委宣讲团成员、省统计局局长张晓光作省十三次党代会精神宣讲辅导。

▲市长徐启方在全市产业扶贫暨现代农业园区建设现场推进会上强调，聚焦产业精准扶贫，提升园区带动能力，提升产业发展质量效益，促进贫困群众持续稳定增收。市委副书记鲍永能主持会议，副市长鲁琦安排部署工作。

25日

▲全省脱贫攻坚整改推进视频会议后，安康市立即召开会议贯彻落实毛万春副书记的重要讲话精神。市脱贫攻坚指挥部总指挥、市长徐启方，副总指挥、常务副市长赵俊民参加会议，副总指挥、副市长何邦军主持。

26日

▲安康市举行第十七届中国安康汉江龙舟节暨富硒产品博览会媒体见面会，来自人民日报、中央电视台、经济日报、中新社、新华网、凤凰网等40余家新闻媒体齐聚一堂，他们将发挥各自的平台优势，充分参与报道本届龙舟节的各项活动。

▲中铁第一勘察设计院副院长董勇一行到安康市调研西渝高铁安康站规划选址和健康养老产业发展情况。市委副书记鲍永能，市委常委、市委统战部部长、高新区党工委书记、管委会主任黄勇陪同调研。

27日

▲首届“南水北调”中线城市区域文化合作发展论坛在安康市举行。这也是安康市牵头举办“南水北调”中线城市区域文化联动系列活动之一。国务院南水北调工程建设委员会办公室副巡视员郭鹏、文化部公共文化司监督管理处副处长朱春雷、陕西省文化厅副巡视员陆相林、陕西省国民经济动员办公室副主任张刘俊、河北省石家庄市副市长孟详红、河北省保定市副市长葛庆敏，汉中市副市长何俊杰、商洛市委常委、副市长武文罡，安康市委副书记鲍永能、副市长孙矿玲出席活动。市委常委、秘书长、宣传部长罗雪剑主持论坛活动。

▲第三届中国安康富硒产品（包装饮用水）博览会暨第四届汉江流域（安康）农业博览会在安康国际天贸城开幕。中国农业国际合作促进会副会长周启疆，省农业厅厅长白宜勤，省贸促会会长薛华，省商务厅副厅长戴士芳出席开幕式并讲话；市委副书记、市长徐启方致辞，市委副书记鲍永能主持；市人大常委会主任陈勇，市政协主席陈勇，市委常委、副市长尹清辽，副市长鲁琦出席开幕式。

28日

▲“恒口古镇杯”第十七届中国安康汉江龙舟文化节在龙舟文化园举行开幕式。

▲安康市包装饮用水产业创新发展战略联盟揭牌仪式暨安康市包装饮用水产业创新发展论坛在高新区举行。市委常委、政法委书记陈明，省工业和信息化厅巡视员赵力捷共同为联盟揭牌。

6月

2日

▲市委常委、常务副市长赵俊民带领市区相关部门现场检查中心城区重点市政项目建设情况，研究解决项目推进中存在的困难和问题。

▲全市移民（脱贫）搬迁工作推进会在岚皋县召开，市委副书记鲍永能出席并讲话，副市长何邦军主持会议。

4日

▲副省长魏增军先后参观了2017丝博会暨21届西洽会安康形象馆和战略性新兴产业馆，详细了解了参展布展情况，认真听取了安康市特色展品介绍，询问了本届丝博会暨西洽会上安康招商引资项目情况，强调安康要充分用好独有的资源禀赋，准确把握好市场前景，利用盛会，充分展示安康特色、投资环境和良好形象，使更多的投资商到安康创业发展。市委常委、秘书长、宣传部长罗雪剑等陪同参观。

▲10时20分，市委常委、常务副市长赵俊民在市防汛抗旱指挥部了解当前雨水汛情形势，检查指导全市防汛工作时强调，各级防汛责任人要切实肩负起防汛各项责任，做到如履薄冰、未雨绸缪，统筹好雨前、雨中、雨后防汛各项工作，坚持防汛工作永远在路上，努力实现“人员零伤亡、经济少损失”的安全度汛目标。

▲3日至4日，常州市委常委、常务副市长曹佳中率领常州市党政代表团，到安康市考察扶贫协作和经济合作有关工作，并举行对口协作座谈会。市委常委、常务副市长赵俊民陪同考察，副市长何邦军主持座谈会。

5日

▲市委常委、常务副市长赵俊民到2017丝博会暨第21届西洽会安康市各展馆检查工作。

▲上午，2017年“6·5”世界环境日系列活动暨“绿色相约环保同行”环保公众开放日活动启动仪式在金州广场举行。市委常委、市委政法委书记陈明出席并宣布活动正式启动。

▲上午，安康市PPP项目新闻发布暨丝博会重点合作项目签约仪式在西安召开。

▲省供销总社副主任武静元、省商务厅纪检组长胡仁喜、省农业厅总经济师陈文，市委常委、常务副市长赵俊民，市委常委、副市长尹清辽出席在西安举行的安康生态富硒农产品进学校、进企业、进社区、进机关、进超市“五进”活动。

7日

▲上午，市委召开全市领导干部大会，宣布省委关于安康市政府主要领导同志的任免职决定：赵俊民同志任安康市委副书记，免去徐启方同志安康市委副书记、常委、委员职务。省委组织部常务副部长翟四虎出席会议并讲话。市委书记郭青主持会议，赵俊民、徐启方作表态发言。

▲市委书记郭青，市委副书记、市政府常务副市长赵俊民，市委常委、政法委书记陈明等接见安康市受表彰全国公安系统英模集体和个人。郭青代表市委、市政府和全市人民，向受到表彰的先进集体和个人表示祝

贺和敬意，向战斗在维护政治稳定、社会安定第一线的公安民警、武警官兵表示慰问。

9日

▲市委书记郭青主持召开市委常委会议，传达贯彻全省推进“两学一做”学习教育常态化制度化工作座谈会、创建文明城市推进会和意识形态工作会议精神，研究推进全市新民风建设等工作，审定了《关于推动非公有制经济追赶超越发展的意见》，研究了其他事项。

10日

▲省政府副秘书长薛建兴、市委副书记鲍永能出席安康市在第十一届西安国际茶业博览会上启动的“共建丝茶之路、同品安康富硒茶”为主题系列招商推介活动。鲍永能致辞，薛建兴宣布活动启动。

12日

▲上午，市人大常委会主任陈勇主持召开市四届人大常委会举行第三次会议，表决通过了关于接受徐启方辞去安康市市长职务的请求的决定，决定赵俊民为安康市代市长。

▲12日至14日，省人大常委会副主任姚引良率领省人大常委会农工委、研究室和省扶贫办有关负责人来安调研脱贫攻坚监督和立法工作，以及《关于健全人大讨论决定重大事项制度、各级政府重大决策出台前向本级人大报告的实施意见》贯彻落实情况。市委书记郭青，市人大常委会主任陈勇，市委副书记、代市长赵俊民，市委副书记鲍永能，市人大常委会党组副书记、常务副主任袁子顺等分别陪同调研或参加有关活动。

13日

▲市政府办印发《安康市水污染防治2017年度工作方案》（安政办发〔2017〕56号）。

▲市委书记郭青出席安康市推进追赶超越落实省考指标座谈会，对2016年度承担省考指标排名后位单位以及元至5月省考指标完成滞后单位进行预警提醒，就进一步抓好省考指标提出要求。他强调，各部门要把思想统一到市委、市政府的要求上来，把目标聚焦到省对市考核指标上来，把行动落实到追赶超越要求上来，强化时不待我的危机意识、争先进位的进取意识、锐意改革的创新意识、履职担当的责任意识，力争在全省目标责任考核中实现“三连优”。

▲市委副书记、代市长赵俊民，陕建集团有限公司总经理张义光出席安康市与陕建集团安康城区干道江北段建设工程PPP项目签约仪式。该项目是列入全省第二批PPP项目库的示范项目，是市委、市政府确定的市政交通骨干项目，也是安康市目前单体投资额最大的市政道路PPP项目。工程全长15.45公里，概算总投资27.5亿元，计划工期3年。

▲市委副书记、代市长赵俊民，市委常委、副市长尹清辽出席省国资委系统助力脱贫攻坚安康合力团到安康市对接脱贫攻坚工作座谈会。

▲13日至14日，省节能考核组组长、省发展改革委副巡视员刘亚汉带队到安考核检查安康市2016年度节能降耗目标任务完成情况。市政府副市长蒋清海陪同检查。

▲13日至16日，省教育厅厅长王建利一行到安康市调研指导义务教育均衡发展工作，市政府副市长孙矿玲，市教育局局长、安康职业技术学院院长马恒昌等陪同调研。

14日

▲14日至16日，省科协党组书记、常务副主席呼燕、省科协副主席王前进一行深入安康市镇坪县开展科普调研和精准扶贫脱贫工作。市委副书记、代市长赵俊民，市委副书记鲍永能会见了呼燕一行。

▲14日至17日，市委书记郭青、副市长蒋清海带队赴广东省惠州、广州两市学习考察包装饮用水产业并开展招商活动。

18日

▲代市长赵俊民主持召开市政府2017年第7次常务会议，讨论通过了《安康市2017“追赶超越·项目建设年”活动实施方案》《安康市重点项目工作考核办法》，听取了西康高铁项目推进情况汇报，通过了《安康市法治政府建设实施方案（2017—2020年）》，审定了《安康市危险化学品安全综合治理实施方案》《蒿坪河流域水污染防治与生态保护规划（2016—2030）》《关于加快农村电子商务发展的实施意见》，通过了《安康市文化建设工作表彰奖励办法》《关于支持安康职业技术学院追赶超越加快发展的意见》等文件。

▲市政府党组书记、代市长赵俊民主持召开市政府党组会议，集中学习汪洋副总理在全国部分省份易地扶贫搬迁工作推进会上的重要讲话精神，强调了近期重点工作和相关要求。

19日

▲下午，市委书记郭青主持召开常委扩大会议，传达贯彻全省脱贫攻坚市际交叉检查安康市情况反馈会精神，通报安康市脱贫攻坚近期督查发现的问题，研究部署整改工作。

20日

▲陕西日报2017年通联表彰交流会在平利县召开。省委宣传部副部长钟顺虎，市委书记郭青，市委常委、宣传部部长罗雪剑，陕西日报传媒集团副社长樊彦彬、副总编辑周维军、副社长黄怡等出席会议。

▲市委副书记、代市长赵俊民主持召开2017年城乡规划委员会第三次会议，研究审定中心城市建设项目规划设计方案或项目选址。会议原则通过了《安康市中心城市消防专项规划（2016—2030）》《恒大御景半岛项目修建性详细规划》，审定通过了330千伏月河输变电工程项目选址、汉滨区看守所地块设计条件调整、《安康学院教师公寓楼规划设计方案》《汉江大剧院建筑声学与室内精装修设计方案》等项目。

▲20日至24日，市委副书记鲍永能带队赴湖北省恩施州、重庆市江津区学习考察富硒产业。考察组一行先后考察了恩施州国家硒产品质量监督检验中心、硒产业联盟、中硒集团和江津区富硒农产品展示展销中心、现代粮油科技示范园等项目。

21日

▲市政府召开安康市暨高新区银企对接工作会，通过政府搭台，推进银企对接合作，共同探索解决企业投资经营资金不足的问题，促进安康市经济平稳较快发展。

▲21日至22日，副省长魏增军带领省发改委、省工信厅相关负责同志，到安康市调研上半年经济运行及重大项目建设进展情况，督导省第十三次党代会精神、今年重点工作、中

省重大决策部署和政策措施全面落实情况。市委书记郭青，市委副书记、代市长赵俊民，副市长孙矿玲分别陪同调研或参加座谈会。

▲21日至22日，省文化体制改革与文化产业发展领导小组办公室主任马宝收一行，来安康市检查指导文化体制改革工作并召开座谈会，听取安康市文化体制改革专项小组以及部分文化体制改革单位代表工作汇报。

22日

▲省政府召开全省县域经济发展和建设工作会议，对2016年度全省县域经济发展进行了表彰，安康市10县区在全省排名位次整体前移，3县区荣获“争先进位奖”。其中：汉滨区较2015年度前进3位，摘取全省城区2016年度“争先进位”第一名桂冠；石泉县前进17位，荣获全省县域2016年度“争先进位”第二名，镇坪县前进11位，荣获全省县域“争先进位”第六名。

23日

▲西渝高铁西安至安康段（西康高铁）预可研审查大会在西安召开，标志着安康人民期盼已久的西康高铁建设正式拉开序幕。市委副书记、代市长赵俊民带队参加。

▲市委书记郭青主持召开房地产开发与管理问题交办会时强调，要高度重视当前房地产开发与管理方面存在的问题，明确责任、抓好整改、依法规范，切实维护各方合法利益。副市长鲁埼、杨尚伟出席会议。

25日

▲25日至27日，省委人才办副主任巨小弟一行到安康市调研人才工作，市委常委、组织部部长周玉峰陪同调研。

26日

▲上午，市委副书记、代市长赵俊民到市脱贫攻坚指挥部调研时强调，全市上下要坚定信心，深入推进脱贫攻坚工作，确保安康市脱贫攻坚工作在七月份国家整改巡查中位于全省前列。副市长何邦军主持座谈会。

▲市委副书记、代市长赵俊民主持召开上半年经济形势分析会，围绕“双过半”目标，分析查找问题，夯实责任措施。

▲市政协主席陈勇主持召开政协第四届安康市委员会第二次常委会议，专题协商安康市新农村建设中的乡风民俗问题。

27日

▲市委副书记、代市长赵俊民到旬阳调研脱贫攻坚和园区建设工作时强调，要认真落实精准扶贫、精准脱贫举措，带着感情、责任和担当抓扶贫，坚决打赢脱贫攻坚这场硬仗，确保小康路上一个都不能掉队。他要求，市县相关部门要进一步解放思想、创新举措，创新体制机制，增强发展活力，向创新要动力，向改革要发展，推动旬阳高新区加快发展。

▲中国科学院技术科学部院士闫楚良，省委人才办副主任巨小弟，省科协副主席韩开兴，市委常委、组织部部长周玉峰出席安康市普瑞达电梯有限公司隆重举行的院士专家工作站揭牌仪式及产品推广会。

▲市委常委、组织部长周玉峰出席市直机关庆“七一”表彰大会暨“秦巴明珠党旗红，追赶超越当先锋”主题演讲决赛活动，并为先进基层党组织、优秀个人和演讲赛获奖选手颁奖。

▲27日至28日，市委书记郭青到宁陕、汉滨调研脱贫攻坚、县域经济发展、党风廉政建设、信访维稳等重点工作时强调，要弥补短板、综合发力、追赶超越。市委常委、政法委书记陈明，市委常委、秘书长、宣传部长罗雪剑，市人大常委会副主任陈伦宝，副市长何邦军，市政协副主席马晓旬参加调研。

28日

▲省委副书记毛万春深入平利县讲党课并调研脱贫攻坚工作。

▲市委书记郭青主持召开市委常委会议，传达学习习近平总书记在深度贫困地区脱贫攻坚座谈会上的重要讲话精神，贯彻落实省委关于抓好问题整改、全面提升脱贫攻坚整体水平的部署要求，研究推进政法综治维稳工作，审定了全市综治平安建设工作三个规范文件，研究了其他事项。

▲下午，市委书记、市委全面深化改革领导小组组长郭青主持召开市委全面深化改革领导小组第十九次会议。市委全面深化改革领导小组副组长赵俊民，领导小组成员陈明出席会议。

▲28日至30日，市工商联（总商会）召开第四次代表大会暨第三届安康市非公有制经济人士优秀中国特色社会主义事业建设者表彰大会。

29日

▲上午，市委书记郭青主持召开市委常委（扩大）会议，传达学习中办、国办《关于甘肃祁连山国家级自然保护区生态环境问题督查处理情况及其教训的通报》及中央第十一巡视组《关于对陕西省开展巡视“回头看”的反馈意见》和杨晓超、娄勤俭同志在反馈会议上讲话精神，研究推动全市追赶超越、项目建设等工作。

▲市政府与长江证券股份有限公司举行战略合作签约暨阳晨牧业IPO（首次公开募股）项目申报启动座谈会。市委副书记、代市长赵俊民，市政协主席陈勇，副市长蒋清海，长江证券股份有限公司监事长田丹出席座谈会。

30日

▲安康市召开纪念建党96周年暨全市脱贫攻坚优秀党员干部表彰大会，对奋战在脱贫攻坚一线的优秀镇党委书记、第一书记和工作队长进行表彰。市委书记郭青出席会议并讲话。

▲市委副书记、代市长赵俊民在石泉调研重点项目建设时强调，要把招商引资作为对外开放的第一抓手，作为安康实现追赶超越的最大动力，作为县域经济发展的头号工程。

7月

2日

▲市委书记郭青到汉滨区洪山镇石狮村调研脱贫攻坚工作并为老党员、村干部，以及扶贫工作队员和“第一书记”讲党课。他强调，要深入学习贯彻省第十三次党代会精神，夯实责任、综合施策、精准发力，帮助贫困群众早日脱贫致富。

▲市政府党组书记、代市长赵俊民主持召开市政府党组学习会，集中学习习近平总书记在深度贫困地区脱贫攻坚座谈会议上的重要讲话、对廖俊波同志先进事迹作出的重要指示，中央巡视组对陕西巡视“回头看”反馈意见和娄勤俭同志有关讲话，以及中省深化改革、生态环境保护、县域经济发展和城

镇建设有关会议和文件精神。

4日

▲省委常委、省委政法委书记、副省长、省公安厅厅长杜航伟到包抓贫困县汉阴县调研脱贫攻坚工作。

5日

▲市委书记郭青，市委副书记、代市长赵俊民，市委副书记鲍永能，副市长何邦军在安康分会场收听收看省脱贫攻坚指挥部召开的省市县三级视频会议。会议传达贯彻习近平总书记6月23日在深度贫困地区脱贫攻坚座谈会上的重要讲话精神。

▲全省重点项目安康对接会在安康高新区创业创新中心召开。省发改委，中建、中铁、中铁建、中交、中电、中冶、中能等17家央企，280家中省企业以及安康市县有关部门参会。省发改委党组成员、副主任王振海，市委副书记、代市长赵俊民出席会议并讲话。

▲5日至6日，第八届全球秦商大会在西安召开。市委常委、副市长尹清辽代表安康市在陕西省重点合作项目发布会上作PPP招商项目推介上推介。

8日

▲8日至9日，省人大常委会党组副书记、副主任安东在岚皋县调研脱贫攻坚工作。

9日

▲市委副书记、代市长赵俊民到党建联系点旬阳县段家河镇讲党课，并走访慰问困难党员和包联贫困户。

▲9日至11日，由中国农业国际合作促进会、安康市人民政府主办的“一带一路”（安康）国际茶叶经贸洽谈会召开。市委书记郭青，市委副书记、代市长赵俊民，中国农业国际合作促进会副会长吕明宜，市委常委、副市长尹清辽等以及来自意大利、法国、丹麦、美国、新西兰、马来西亚、澳大利亚等茶叶消费地区的嘉宾和采购商代表，来自肯尼亚、印度、斯里兰卡主要茶叶生产国的科研机构和管理机构代表出席会议。

10日

▲市委副书记、代市长赵俊民会见中国水环境集团董事长侯锋，双方就安康中心城区水环境PPP项目前期徘徊和项目设计等合作单身达成一致意见。

▲10日至11日，省委常委、省委组织部部长张广智到安康市调研，并主持召开全省第二季度基层党建工作点评会。市委书记郭青陪同调研并在点评会上致辞，市委副书记、代市长赵俊民出席点评会。

▲10日至11日，省人大常委会党组副书记、副主任姚引良到扶贫联系点白河县调研脱贫攻坚工作。

12日

▲市委副书记、代市长赵俊民会见省水务集团党委书记、董事长、总经理王瑜一行，双方就开展合作交流进行座谈。

13日

▲市委书记郭青看望慰问在高温下坚守岗位的环卫工人、公安交警和城管人员，代表市委、市政府和全市人民，向高温下坚守一线的广大工作者表示慰问和感谢。

▲13日至14日，中国核工业建设集团顾军总经理一行到安康市考察并与市政府签订战略合作框架协议。中国核工业建设集团公司总经理顾军，市委副书记、代市长赵俊民出席签约仪式。

17日

▲市委书记郭青主持召开市委常委会议，深入学习中省纪委扶贫领域监督执纪问责工作电视电话会议精神，传达贯彻全省落实中央巡视“回头看”意识形态领域反馈问题整改工作推进会、文化体制改革与文化产业发展领导小组扩大会议、哲学社会科学工作座谈会和推进巡视整改暨执纪审查工作电视电话会议精神，研究部署全市信访及富硒产业发展工作。

18日

▲18日至19日，市四届人大常委会举行第四次会议。会议听取和审议了市政府关于农村公路建设与管护、关于2016年脱贫攻坚工作成效考核中省反馈意见和自查问题整改落实情况等，表决通过《安康市烟花爆竹燃放管理条例》和有关从事任免案。

20日

▲市委副书记、代市长赵俊民会见中兴通讯股份有限公司副总裁宋文中一行，双方就中兴西北“互联网+健康”产业基地项目建设达成共识，并签订了战略合作协议。

▲市委副书记、代市长赵俊民会见在安考察的中国网库集团公司总裁李军保一行。

▲安康市召开汇报会，向以省委办公厅副巡视员史国安为组长的省委督查组汇报了中央18号文件和省委人大工作会议精神落实情况。市人大常委会主任陈勇主持会议，市委副书记鲍永能代表市委、市人大汇报工作。

▲20日至22日，国务院发展研究中心副主任张军扩一行到安调研指导欠发达地区经济转型与城镇化发展工作，并于21日上午在市政府召开安康经济转型和城镇化发展情况座谈会。省政府副秘书长夏晓中，市委副书记、代市长赵俊民参加座谈会。

21日

▲全市现代生猪产业转型升级与畜禽养殖废弃物资源化利用现场推进会在平利县召开。市委副书记鲍永能主持会议。

25日

▲中国社保基金理事会副理事长王忠民，市委副书记、代市长赵俊民，市委常委、副市长尹清辽出席在北京国际饭店举行的，由安康市人民政府，陕西省工信厅、商务厅联合主办的“陕西安康富硒食品暨包装饮用水产业北京招商推介会”。赵俊民致辞，尹清辽主持。

▲25日至27日，省商务厅、贸促会，安康市人民政府、汉中市人民政府、商洛市人民政府共同主办的第五届陕南绿色循环经济项目合作交流活动在北京举行。

26日

▲省旅游发展委员会、安康市人民政府、汉中市人民政府、商洛市人民政府共同主办的“一江清水送北京 饮水思源游陕南”——陕南三市（安康、汉中、商洛）生态旅游推介会在首都北京举办。

27日

▲市委副书记、代市长赵俊民，市委常委、副市长尹清辽在北京考察对接智慧城市、中医药产业、互联网+旅游、工业激光器等项目。

28日

▲下午，市委书记郭青到安康军分区、武警安康支队看望慰问部队官兵，代表市委、市政府向他们致以节日的祝贺和亲切的问候。

29日

▲下午，市四届人大二次会议主席团举行第一次会议。会议推选郭青、陈勇、赵俊民、鲍永能等为主席团常务主席。随后，会议由大会常务主席陈勇主持，会议通过了大会日程、执行主席分组名单和表决议案办法，决定了大会副秘书长，通过了大会选举办法草案，决定交各代表团审议。

30日

▲上午，安康市第四届人民代表大会第二次会议开幕。

31日

▲上午，安康市第四届人民代表大会第二次会议圆满完成各项议程胜利闭幕。

大会主席团常务主席、大会执行主席陈勇主持大会。

本次大会应出席代表347名，实到代表325人，符合法定人数。

根据市第四届人民代表大会二次会议通过的选举办法，本次选举以无记名投票的方式进行，选举安康市人民政府市长实行等额选举。经过出席本次大会的代表无记名投票，总监票人向大会宣读了计票结果。随后，陈勇庄重宣布：赵俊民当选为安康市人民政府市长。

▲市长赵俊民主持召开全市信访工作会议，市委书记郭青出席会议并作重要讲话。

▲下午，市委书记郭青主持召开市委常委会议，传达学习全省领导干部大会、就业扶贫推进工作电视电话会议、党委（党组）理论学习中心组学习经验交流和工作推进会精神，研究安康市贯彻落实意见。

8月

1日

▲市长赵俊民主持召开市政府党组会议，传达学习省委书记娄勤俭、省长胡和平7月24日在全省领导干部大会上的重要讲话精神。

▲市长赵俊民主持召开市政府2017年第8次常务会议，专题研究全市经济运行及脱贫攻坚就业扶贫、城市规划建设管控、企业创新能力提升等问题。

2日

▲市长赵俊民在汉阴、恒口示范区、汉滨、高新区调研工业经济时强调，要牢固树立发展为要、生态立市、开放兴市、产业强市的理念，把发展作为第一要务，抓好招商引资，做大做强产业，助推脱贫攻坚，建设西北生态经济强市。

3日

▲3日至4日，省档案局局长王建领到汉滨、岚皋、镇坪和紫阳县对档案工作进行实地调研。市委副书记鲍永能陪同查看了市档案馆馆库、馆藏及日常管理情况，到高新区实地察看了市档案馆新馆建设工地，听取了相关负责人对档案馆建设进展情况的汇报。

▲市长赵俊民调研中心城市项目建设情况。他强调，要集中力量破解难题，下硬茬、出实招，全力加快项目建设进度，深入推进“湖城一体、疏解江南、重心北移”城市发展战略，加快建设区域中心城市和生态宜居品质城市，将安康打造成名副其实的“秦巴明珠”。

▲市长赵俊民在旬阳调研工业经济和脱贫攻坚工作。

▲全市纪检监察系统重点工作现场推进会在紫阳县召开。省纪委派员指导会议，市委常委、市纪委书记田沐臣出席会议并讲话。

4日

▲3日至4日，省粮食局党组书记、局长刘维东一行到安康市调研粮食工作和产业扶贫情况。市委副书记鲍永能，市委常委、市政府党组副书记赵璟陪同调研。

▲市委副书记鲍永能会见省级优秀第一书记巡回报告团。

7日

▲市委副书记、中国富硒产业研究院院长鲍永能主持召开中国富硒产业研究院创新团队专家见面对接暨媒体吹风会。中国农业科学院副院长王汉中出席会议，副市长、中国富硒产业研究院副院长鲁琦介绍中国农科院与安康市院地合作情况。中国富硒产业研究院创新团队首席专家、执行专家参加了会议。

▲7日至8日，香港长江实业集团执行董事赵国雄、江苏省政协副主席范燕青、中国药科大学校长来茂德、常州方圆制药董事长葛啸虎等到安康市考察，并参加由市政府和中国药科大学举办的“中药配方颗粒标准化及产业化发展”高峰论坛暨中国药科大学、陕西安康普欣药业股份有限公司共建中药配方颗粒标准化工程技术研究中心签约仪式。市委书记郭青、市长赵俊民等会见了考察团一行。

8日

▲下午，省长胡和平在西安会见出席安康市中药配方颗粒标准化及产业化发展高峰论坛的香港长江实业集团执行董事赵国雄、江苏省政协副主席范燕青、中国药科大学校长来茂德、常州方圆制药董事长葛啸虎等嘉宾。市长赵俊民参加会见。

▲中国农业科学院、中国富硒产业研究院科研创新工作会在安康国家高新区召开。中国农业科学院副院长王汉中出席会议，市委书记郭青出席会议并致辞，市委副书记、中国富硒产业研究院院长鲍永能主持会议。

9日

▲9日至10日，市委召开常委（扩大）会议，传达学习习近平总书记在省部级主要领导干部专题研讨班开班式上的重要讲话和全省旅游发展暨全域旅游示范省创建大会精神，部署推进中央巡视“回头看”反馈意见整改落实工作，听取市人大常委会、市政府、市政协、市中级人民法院、市检察院党组半年工作汇报，研究召开市委四届四次全会

▲全省依法逐级走访推进会在旬阳县召开。省信访局副局长王琳主持会议。省政府副秘书长、省信联办主任、省信访局局长李保存，国家信访局来访接待司副司长刘希洪、省信访局副厅级督查专员李春峰出席。市委常委、政法委书记陈明，市委常委、市政府党组副书记赵璟陪同。副市长杨尚伟出席会议并致辞。

10日

▲下午，安康市召开2017年度政府励志奖颁奖座谈会。市长赵俊民出席并颁奖。市委常委、市政府党组副书记赵璟主持会议。

▲安康市市级“互联网+政务服务”平台正式上线。

14日

▲中国共产党安康市第四届委员会第四次全体会议召开。会议全面落实省第十三次党代会确定的“五新”

战略任务，总结上半年成绩，部署下半年工作，动员全市上下紧盯追赶超越目标，奋力实现“四个确保”。确保经济增速稳居全省第一方阵，确保脱贫攻坚任务圆满完成，确保年度目标责任考核保持全省前列，确保党建工作迈上新台阶。全会由市委常委会主持。市委书记郭青代表市委常委会报告2017年上半年工作，安排部署下半年任务。市委副书记、市长赵俊民总结安排经济工作。市委副书记鲍永能，市委常委周玉峰、陈明、赵璟、田沐臣、罗雪剑、尹清辽、李启全、黄勇出席会议。市人大常委会主任陈勇，市政协主席陈勇等参加会议。

15日

▲15日至17日，河北建工集团有限责任公司总经理张天平一行在安康市考察PPP投资建设项目。期间，副市长何邦军与考察团召开座谈会，就合作项目进行了洽谈对接。

▲下午18时，安康中心城区南环干道提升改造项目香溪洞路口地下通道工程建成并正式对市民开放通行。

16日

▲陕西省高级人民法院党组书记、院长阎庆文在安康市调研指导法院工作。

▲市长赵俊民看望慰问“双创”工作一线的交警、城管、环卫工作人员，要求市区一体，攻坚克难，再下绣花功夫，一以贯之地抓好各项创建工作，用实际行动迎接国卫复审，擦亮“秦巴明珠”。

17日

▲市长赵俊民在岚皋县调研时强调，要按照“发展为要、生态立市、开放兴市、产业强市”的实施路径，保持发展定力，实现县域经济社会发展新跨越。

20日

▲市委书记郭青赶赴西安市鄠邑区，检查指导“8·10”特大交通事故善后处置工作。副市长杨尚伟陪同检查。

21日

▲安康市召开2017年第二轮巡察工作动员会。

▲市委副书记、市长赵俊民带队走访考察华为、中兴、恒大、华侨城等知名企业，就深化合作交流，对接落实项目等进行座谈，邀请广大企业家到安康投资兴业、拓展合作、创新发展、实现共赢。市委常委、副市长尹清辽一同考察。

▲陕西省中小企业局（陕中企非公发〔2017〕125号），认定了一批2017年度陕西省民营经济转型升级示范企业，安康市14户企业榜上有名。

22日

▲22日至23日，市委副书记、市长赵俊民带领安康市党政代表团赴福建省南平市，学习考察南平经济社会发展经验，对接战略合作事宜。南平市政府市长许维泽，市委常委、常务副市长伍斌等出席座谈会。

24日

▲市委书记郭青到高新区调研产业扶贫和大健康产业。他强调，在产业扶贫中，要大力发展就业主导型产业，促进搬迁户、贫困户不断增收脱贫。要抢抓机遇，发挥优势，推动安康市大健康产业加快发展。市委常委、市政府党组副书记赵璟，市委常委、统战部长、高新区党工委书记、管委会主任黄勇一同调研。

▲市委副书记、市长赵俊民带队赴上海走访知名企业，并与上海陕西商会举行经济合作恳谈会。市委常委、副市长尹清辽一同考察。

▲24日至25日，市四届人大常委会举行第五次会议。市人大常委会主任陈勇主持第一次全体会议并讲话。会议听取和审议了市政府关于产业扶贫、2016年财政预算执行和其他财政收支审计、2017年上半年国民经济和社会发展计划以及财政预算执行情况的报告，批准了2016年财政决算和2017年政府债务限额及新增地方政府债券安排方案。会议决定任命了1名副市长，并举行了宪法宣誓仪式。

▲市委副书记鲍永能带队在新疆乌鲁木齐市考察商会与特色林果电子商务建设。

25日

▲市委副书记、市长赵俊民带队赴浙江考察阿里巴巴、颐高集团，对接有关合作项目，洽谈合作事宜，并到“两山理论”发源地安吉县余村考察。市委常委、副市长尹清辽一同考察。

▲市政府主办，平利县政府承办的“共建丝茶之路·同品安康硒茶”暨平利女娲茶（绞股蓝）推介活动在乌鲁木齐举行，新疆维吾尔自治区招商发展局副局长王文明、新疆维吾尔自治区商务厅厅长助理曹翔、乌鲁木齐市商务局副局长吐尔逊·艾莎、安康市委副书记鲍永能等领导出席推介活动。推介会现场签订了茶光（农光）互补光伏扶贫、生物科技产品综合开发等项目和女娲茶（绞股蓝）购销协议总计9.8亿元。

28日

▲省委第三环境保护督察组召开专题反馈会，对2017年4月6日至5月6日期间的环境保护督察情况向安康市委、市政府进行了反馈。省环保督察巡查工作领导小组副组长、副省长张道宏出席会议并讲话。督察组组长张荣珠通报督察意见，市委书记郭青表态发言，市长赵俊民主持会议。省政府副秘书长夏晓中，督察组副组长李敬喜、马小现，省督察办和督察组有关人员，市人大常委会主任陈勇、市政协主席陈勇等参加会议。

29日

▲市委书记郭青主持召开市委常委（扩大）会议，传达学习《中共陕西省委关于深刻汲取魏民洲案教训开展警示教育的通知》文件精神，研究部署省委第三环保督察组反馈意见整改落实工作。

▲全省“8·29”测绘法宣传日活动启动仪式在安康主会场（白天鹅广场）举行，省测绘局局长杨宏山出席，市政府副市长何邦军致辞，省测绘局副局长王占宏宣布活动启动。

30日

▲市委反腐败协调小组召开工作会议，总结和部署全市反腐败协调工作。市委书记郭青出席会议并讲话。市委常委、市纪委书记、市委反腐败协调小组组长田沐臣主持会议并讲话。

▲市委副书记、市长赵俊民在市脱贫攻坚指挥部调研时强调，脱贫攻坚是一项长期的复杂的系统工程，全市各级各有关部门要进一步解放思想，开拓创新，提升脱贫攻坚工作的针对性和有效性，确保全年脱贫目标任务圆满完成。

▲安康市“互联网+政务服务”平台暨公共资源交易平台上线启动仪式在市公共资源交易中心举行。十县（区）子平台也于当日同步上线。

▲国家开发银行陕西省分行党委书记、行长成永旭，副行长鞠品生一行到安康市调研脱贫攻坚、PPP项目、棚户区改造等工作。市长赵俊民，市委常委、市委统战部部长、安康高新区党工委书记、管委会主任黄勇，副市长蒋清海分别陪同调研或参加座谈会。

▲市委常委、副市长尹清辽赴贵阳参加贵州省政府和阿里巴巴集团联合举办的“2017全球电商减贫大会”。会后，尹清辽带队在贵阳及周边地区考察农村深化改革、大数据建设、电子商务、智慧旅游等工作。重点考察如何通过农村深化改革，积极培养电商人才，以人才带动产业发展等成功经验。

9月

4日

▲安康市名优特色产品走进宁波暨承接加工贸易产业转移推介会在宁波市举行。陕西省商务厅副厅长唐宇刚，安康市委常委、常务副市长赵璟出席会议并致辞，市委常委、副市长尹清辽主持会议。宁波市商务委副主任缪永法、宁波陕西商会会长杨汉诚应邀参加会议并致辞。

▲5日至6日，市委常委、副市长尹清辽带领招商小分队，在宁波市周边地区开展考察招商活动。

6日

▲全省脱贫攻坚扶贫扶志现场推进会在旬阳县召开。省委副书记、省脱贫攻坚领导小组副组长毛万春出席会议并讲话。他强调，要以习近平总书记扶贫开发重要战略思想为引领，准确把握全省脱贫攻坚工作阶段性特征和宏观要求，学好用活安康扶贫扶志经验做法，持续激发贫困群众内生动力，坚决打赢脱贫攻坚战。省委常委、省委宣传部部长庄长兴提出具体工作要求，市委书记郭青致辞。

7日

▲7日至10日，省委巡视办调研检查组组长杨已宁一行，对安康市巡察工作开展情况进行调研检查。

8日

▲市委副书记鲍永能，市委常委、常务副市长赵璟分别深入中心城区部分学校，看望慰问优秀教师代表，并通过他们向全市广大教育工作者致以节日的祝福和亲切的问候。

9日

▲国家发展改革委国际合作中心在北京举办“国际合作信息、信用系统建设研讨会”。受该中心邀请，市委常委、副市长尹清辽代表市政府参加会议并作交流发言，分享了安康市信息、信用系统建设的做法和经验。

12日

▲政协第四届安康市委员会召开第三次常委会议，专题协商推进西北生态经济强市建设工作。

13日

▲国务院扶贫办召开新闻发布会，公布了2017年全国脱贫攻坚奖获奖名单。由紫阳县推荐的陕西郑远元专业修脚保健服务集团有限公司董事长郑远元，获得了“2017年全国脱贫攻坚奖奉献奖”。

▲市委书记郭青在市人民来访接待中心接访，面对面倾听群众心声，现场解决群众反映的问题。

▲市委书记郭青在汉滨区主持召开深度贫困地区脱贫攻坚座谈会。他强调，要进一步强化责任担当，夯实各项措施，确保完成2017年脱贫攻坚任务。

19日

▲上午，安康市在高新区举行十九大安保誓师大会暨“2017·秦鹰利剑”反暴恐综合实战演练。市委书记郭青，省公安厅党委委员、副厅长杜清江作动员讲话，市领导陈明、邹俊杰、杨尚伟、吴大康出席活动。

20日

▲由中国陕西省安康市人民政府和瑞中经济文化促进会共同主办“秦巴明珠·美丽安康”摄影风光展在瑞士日内瓦联合国世界气象组织总部开展。世界气象组织助理秘书长张文建，中国驻联合国日内瓦大使傅聪，中国驻瑞士联邦参赞刘东生，瑞士联邦前议员昂泰海蒙先生，瑞中经济文化促进会会长孙双西，中共安康市委常委、秘书长、宣传部部长罗雪剑等共同为摄影展揭幕。摄影风光展开幕式由孙双西主持，罗雪剑和昂泰海蒙分别致辞，有中国驻联合国、瑞士官员、世界气象组织官员和瑞士、法国、德国、意大利、英国、芬兰、比利时、奥地利、美国、罗马尼亚、摩洛哥、科索沃等国的华人华侨和国际友人，以及《光明日报》《欧亚时报》、中央电视台等新闻媒体参加了开幕式。

21日

▲21日至22日，中国气象局党组成员、副局长于新文，中国气象局发展研究中心常务副主任张洪广一行到安康市调研指导气象工作，省气象局局长丁传群、副局长杜毓龙，副市长鲁琦陪同调研。

▲上午，由省委政法委组织的“全国法院优秀法官”刘改幸同志先进事迹巡回报告会在安康市举行。市委常委、政法委书记陈明出席报告会并讲话。市区政法部门领导班子成员、政法干警代表以及市综治委成员单位代表500余人现场聆听报告。

22日

▲22日下午和23日下午，市委召开常委会议，传达贯彻全省“9·11”“9·14”会议、省委统战工作领导小组2017年第二次全体（扩大）会议、省委推进群团改革助力脱贫攻坚座谈会、全省农村精神文明建设暨“美丽乡村·文明家园”建设经验交流会和进一步推进党的十九大宣传报道工作会议、城市基层党建工作经验交流座谈会精神，听取关于第十三届陕甘川毗邻市政法综治工作协作会议筹备情况汇报，研究部署全市脱贫攻坚、环保督察整改等工作。市委书记郭青主持会议。

▲市委理论学习中心组围绕“学习贯彻习近平总书记关于意识形态工作重要讲话精神　落实党管意识形态重要责任”主题进行集体学习研讨。市委书记郭青主持并讲话，省委理论讲师团团长程宁博等旁听指导。

▲市长赵俊民出席市第十六届运动会在安康体育场开幕式并宣布开幕。

▲安康市与德国佛罗伊登施塔特市签订友好交流合作意向书。市委常委、市委秘书长、宣传部部长罗雪剑，佛罗伊登施塔特首席市长奥斯瓦尔德先生出席签字仪式。

23日

▲23日至24日，美国密苏里州堪萨斯市副市长斯科特·瓦格纳一行到安康市进行友好访问，并签订合作备忘录。市委常委、常务副市长赵璟出席签约仪式并致辞。

25日

▲2017“圆梦安康”创客大赛启动仪式在安康高新区举行。市委常

委、政法委书记陈明，市委常委、常务副市长赵璟，市人大常委会副主任马孝芳出席启动仪式。

26日

▲安康市召开道路交通安全委员会全体扩大电视电话会议，深刻汲取“8·10”事故教训，分析当前面临的形势，进一步明确各县区、市交安委各成员单位的道路交通安全工作责任，对十九大及今后一个时期道路交通安全工作进行再部署、再落实。

▲由省旅发委、省林业厅、省农业厅、省供销社和安康市人民政府主办，白河县人民政府承办的第二届中国——蒙古国博览会 陕西推介会“共建丝茶之路·同品安康富硒茶”安康（白河）富硒茶招商推介活动在呼和浩特市2017中国-蒙古国博览会上隆重举行。

27日

▲市长赵俊民会见中广核新能源控股有限公司副总裁李靖一行，双方就加快汉江白河（夹河）水电站建设等问题进行座谈，并形成一致意见。

28日

▲市政府召开苏陕合作工作推进会，传达贯彻省政府苏陕合作工作推进电视电话会议精神，安排部署安康市与常州市对口协作合作工作。

▲安康市举办“安康金融·金融安康”主题论坛。市长赵俊民出席论坛并致辞，省金融办副巡视员张春明，市委常委、副市长尹清辽，市政协副主席黄骁勇出席论坛，副市长蒋清海主持论坛。

30日

▲上午，安康市在烈士陵园举行公祭活动。市委副书记、市长赵俊民，市委副书记鲍永能，市领导陈明、赵璟等与社会各界代表一起参加公祭活动。汉滨区委书记王孝成主持公祭活动。

10月

1日

▲上午，市长赵俊民、副市长鲁琦在市防汛指挥部对当前防汛防滑、抢险救灾等工作进行再部署。

3日

▲上午，市委书记郭青主持召开紧急会议，听取全市防汛救灾和脱贫攻坚工作汇报，对进一步做好当前防汛救灾和脱贫攻坚工作进行再强调、再部署。

5日

▲下午，市委书记郭青在紫阳县高滩镇、城关镇检查指导防汛救灾和地质灾害防治工作。他强调，要加强地质灾害隐患点监测排查，切实做好各项防范和应对工作，千方百计保障人民群众生命财产安全。

9日

▲市长赵俊民会见深圳市德州集团投资有限公司董事长吴卓洲一行，双方就进一步加强交流合作进行了座谈。

▲市长赵俊民主持召开会议，专题研究部署应对防范新一轮降雨、灾后恢复重建以及目标责任考核等工作。

10日

▲市长赵俊民实地察看北环线、市旅游服务接待中心项目建设情况，研究解决项目建设中存在的问题。

▲10日至11日，市四届人大常委会举行第六次会议。市人大常委会主任陈勇主持第一次全体会议并讲话，常务副主任袁子顺主持第二次会议，副主任马孝芳、邹俊杰，秘书长吴少华和委员共34人出席会议。

▲2017年森林城市建设座谈会在河北省承德市召开，安康市被正式命名为“国家森林城市”。

11日

▲院士专家工作站成立及揭牌活动在镇坪县举行。中科院院士桂建芳，市委常委、市纪委书记田沐臣出席活动并为院士工作站揭牌。

12日

▲12日至13日，市长赵俊民赴平利、岚皋县查看灾情，指导灾后重建和脱贫攻坚工作。

13日

▲13日至14日，常州市委常委、高新区党工委书记、新北区委书记周斌带领常州国家高新区（新北区）党政企代表团到安康市考察。市长赵俊民会见代表团一行。市委常委、常务副市长赵璟出席座谈会，市委常委、统战部部长、高新区党工委书记、管委会主任黄勇陪同考察并主持座谈会。

15日

▲15日至16日，市长赵俊民赴旬阳、白河县查看灾情，检查灾后重建和脱贫攻坚工作。

16日

▲汉江白河（夹河）水电站建设推进会在白河县召开，安康市市长赵俊民、副市长鲁琦，十堰市副市长刘运梅，中广核新能源控股有限公司总裁李亦伦出席会议。

17日

▲市长赵俊民检查党的十九大安保维稳工作，看望慰问奋战在安保维稳工作一线的公安干警和武警消防官兵。

18日

▲市长赵俊民会见中铁第一勘察设计院院长助理、旅游轨道发展研究中心执行主任谭新建一行，双方就进一步推进瀛湖旅游轻轨建设有关事宜进行了交流与洽谈。

▲18日至21日，国家安监总局总工程师、规划司司长吴鑫率国务院安委办第25检查组在安康市开展安全生产大检查“回头看”。省安监局副局长郑永刚、副市长杨尚伟陪同检查。

19日

▲全省电子商务精准扶贫经验交流会在安康市召开。副省长魏增军出席并讲话。省委副秘书长王勇，省政府副秘书长张小宁，省商务厅厅长赵润民，市长赵俊民，市委常委、副市长尹清辽出席会议。

20日

▲中华思源工程扶贫基金会·芭莎公益慈善基金2017年思源救护车中国行安康、汉中救护车发放仪式在安康市举行。省政协副主席、省民建主委李冬玉，市委副书记鲍永能，市委常委、统战部部长黄勇，市政府副市长杨森等出席发放仪式。

▲苏陕扶贫协作重点项目镇坪飞地园区中药配方颗粒项目正式开工。市长赵俊民出席活动并讲话。中国药科大学党委书记徐慧、香港赵谭惠冰女士、常州方圆制药董事长葛啸虎，市委常委、统战部部长、高新区党工委书记黄勇，市人大副主任袁子顺，市政协副主席吴大康等出席活动。

21日

▲第二届中国创新挑战赛（安康）在安康高新区秦巴众创空间举行。科技部创新发展司副巡视员吴向，省科技厅副厅长赵怀斌，市委常

委、副市长尹清辽，市人大常委会副主任袁子顺，市政协副主席吴大康出席活动，市委常委、统战部部长、高新区党工委书记黄勇主持开幕式。

22日

▲由国际硒研究学会、中国富硒产业研究院、安康市人民政府联合举办的“中国安康富硒产业高端论坛暨纪念硒发现200周年主题活动”在安康市举行。市委副书记、中国富硒产业研究院院长鲍永能，市人大常委会副主任袁子顺，市政协副主席吴大康，国际硒研究学会秘书长尹雪斌，中国农科院农产品加工研究所副所长王强出席论坛。市委常委、副市长尹清辽主持论坛。

23日

▲全市第四季度重点项目集中开工活动暨支持旬阳县率先发展推进会议在旬阳县举行。市长赵俊民出席活动并宣布项目开工。

27日

▲下午，市委召开全委扩大会议，传达学习党的十九大精神，部署安康市学习宣传贯彻落实工作。市委书记郭青主持会议并传达党的十九大精神。

30日

▲市长赵俊民主持召开市政府第十一次常务会议，传达学习党的十九大和十九届一中全会精神，部署贯彻落实有关工作。

11月

1日

▲1日至2日，省政府党组成员、省公安厅厅长胡明朗在安康市调研指导公安工作，看望慰问基层民警。省公安厅党委副书记、常务副厅长曾岚一同调研。市委书记郭青，市长赵俊民，市委常委、政法委书记陈明，副市长、市公安局局长杨尚伟分别参加调研。

▲市委书记郭青在岚皋县调研脱贫攻坚“三变”改革、“支部+X+贫困户”、新社区工厂、新民风建设和帮扶干部素质提升“五大工程”推进情况。

▲市长赵俊民检查安康机场迁建工程建设时强调，要以学习宣传和贯彻落实党的十九大精神为抓手，进一步凝聚加快追赶超越、绿色崛起的强劲动力，以只争朝夕、苦干实干的具体行动，推动安康机场建设取得新突破。

▲安康首批50辆纯电动公交专线开通仪式在安康江北公交总站举行。

5日

▲市政府主办的“中国好茶　陕茶一号”新品种新产品推介会在杨凌举行。省人大常委会党组副书记、副主任安东，杨凌示范区纪工委书记王宝平，副市长鲁琦等出席推介会。

7日

▲安康市人民政府、省供销合作总社主办的安康生态富硒农产品进西安送健康“五进”“进机关”专场推介会在西安举行。

▲全国中小企业股份转让系统集中挂牌仪式在北京举行，安康荣泰农业科技股份有限公司成功挂牌。

8日

▲8日至9日，召开共青团安康市第四次代表大会。

9日

▲9日至10日，市长赵俊民带队考察宝鸡市工业发展、项目建设和镇级小城市改革试点等情况。宝鸡市委副书记陈光明、市政府副市长李瑛陪同考察。

▲9日至10日，由省工信厅、省国资委、省商务厅和安康市政府联合主办的“安康市名优特色产品走进宝鸡暨重点合作项目推介会”在宝鸡举行。

11日

▲党的十九大代表、市委书记郭青到基层联系点汉滨区洪山镇石狮村，宣讲党的十九大精神。他强调，要深入学习领会十九大精神，大力实施乡村振兴战略，坚决打赢脱贫攻坚战，加快建设西北生态经济强市。

13日

▲市长赵俊民会见省农村信用社联合社主任张全明一行，双方就陕西信合支持地方经济发展、加快推进高新金融服务聚集区建设达成了共识。

▲13日至14日，全市农村“三变”改革工作现场推进会在岚皋县召开。市委副书记鲍永能出席会议并讲话，市政府副市长鲁琦主持会议。省农业厅“三变”改革示范工作安康指导组成员应邀出席会议。

▲上午，由国家卫计委主办，陕西省卫计委承办，市卫计局和旬阳县政府协办的“2017健康中国行·陕西宣传周”活动在旬阳县举行。国家卫计委宣教司副司长李浓发表讲话并向安康市授旗，省卫计委副主任陈昭就陕西宣传周活动做出安排，副市长何邦军出席启动仪式并致辞。

▲下午，全市2017年度县级党政主要领导干部向市纪委全委会述责述廉大会召开。市委常委、市纪委书记田沐臣出席会议并讲话，市委秘书长、市纪委副书记、市监察局局长王安中主持会议。

▲13日至19日，市委常委、副市长尹清辽带队参加第七届陕粤港澳经济合作活动周，并在香港、深圳开展小分队招商活动。

14日

▲第十三届陕甘川毗邻市政法综治工作协作会议在安康市召开。市委副书记、市长赵俊民致辞，省综治办专职副主任胡跃宏出席会议并讲话。市委常委、政法委书记陈明主持会议，副市长、市公安局党委书记、局长杨尚伟出席会议。

15日

▲市长赵俊民会见中国葛洲坝集团总经理助理、总法律顾问徐志国一行，双方就安康市PPP项目合作有关事宜进行座谈交流。

▲全市“学习贯彻十九大精神　传承优良家风　树立家国情怀”主题展览在市群艺馆开幕。

16日

▲市委书记郭青主持召开市委常委会议，学习习近平总书记在中央纪委《关于对河北省张家口市扶贫领域监督执纪问责工作开展明察暗访的情况报告》上的重要批示，传达贯彻全国推开国家监察体制改革试点动员部署电视电话会议、2017年第43次省委常委会议、全省县乡人大工作和建设经验交流会、全省推进“三项机制”贯彻落实工作座谈会议精神，听取全市“为政不为”和“三个助力”工作进展情况、市委党校和全市党史工作情况汇报，研究召开市四届人大三次会议。

▲党的十九大精神省委宣讲团宣讲报告会在市委党校大礼堂举行。省委宣讲团成员、省委政研室副主任蒋录祥作宣讲报告，全市近500名党员干部聆听了报告。市委书记郭青主持

报告会。

18日

▲安康市财信担保公司西安分公司揭牌仪式在西安市高新区举行，西安市高新区金融办向公司颁发了经营许可证。副市长蒋清海出席活动并为公司揭牌。

20日

▲20日至21日，市长赵俊民带队赴广东省佛山市考察陶瓷建材、纺织服装、机械装备、智能制造等产业并和相关企业就项目合作进行洽谈。安康市政府与佛山市企业家合作发展恳谈会在佛山市举行。安康市市长赵俊民，市委常委、副市长尹清辽，佛山市副市长乔羽出席恳谈会。佛山市市长朱伟会见了安康市代表团。

▲陕西华银科技股份有限公司院士专家工作站在安康高新区正式成立。中国工程院院士、燃料电池专家、中科院大连化物所研究员衣宝廉，副市长杨森出席揭牌仪式并讲话，陕西省科协副主席韩开兴在仪式上宣读了省科协《关于同意成立华银院士工作站的批复》。

21日

▲全省运用地理标志商标助推精准扶贫工作现场会在紫阳县召开。

▲21日至23日，由国家督学、中国政法大学商法所教授、海淀区政协副主席王玉梅带领的国家督导组一行5人，对安康市岚皋、紫阳两县创建国家义务教育发展基本均衡县进行评估认定。

23日

▲市委书记郭青主持召开市委常委会议，传达贯彻全省深化监察体制改革试点动员部署电视电话会议、十三届省委第一轮巡视工作动员部署会等会议精神，审定《安康市深化国家监察体制改革试点工作实施方案》《四届市委巡察工作规划》。

24日

▲市委书记郭青主持召开座谈会，邀请21名常州市在安挂职干部交流工作经验，听取对安康市经济社会发展和脱贫攻坚的意见建议。

▲市长赵俊民深入瀛湖库区详细了解网箱养殖规模、类别、发展渔业与水质保护和产业脱贫有关情况，并召开现场办公会议，研究瀛湖库区网箱养殖清理整顿规范工作。

▲中国建设银行汉阴支行挂牌营业，中国建设银行行长王祖继、建设银行陕西分行行长杨新丰、副市长蒋清海出席揭牌仪式。

26日

▲“秦巴明珠·生态安康”2017半程马拉松赛在安康高新区举行。来自全国17个地市8000多名马拉松及健身爱好者参加比赛。

27日

▲科技创新农产品深加工专家工作站成立及揭牌活动在平利县举行。陕西师范大学食品工程与营养科学学院副院长、教授张宝善，副市长鲁琦出席活动并讲话。

12月

1日

▲市委副书记、市长赵俊民深入汉滨区牛蹄和洪山等镇，现场察看石转社区基础设施建设、荣华和京康茶叶产业园区、农村“三变改革”、凤凰村脱贫攻坚产业路建设等情况，并召开专题办公会议，研究汉滨经济社会发展和脱贫攻坚等工作。

▲省艺术馆、市委宣传部、市文广局主办的“贯彻十九大精神，深入基层，扎根人民，墨韵安康·全国中国画学术邀请展暨采风活动”启动仪式在市群艺馆举行。副市长杨森出席并宣布活动正式启动。

3日

▲市长赵俊民出席安康高新区管委会与杭州亿脑创新工场有限公司签约仪式并讲话，市委常委、市委统战部部长、安康高新区党工委书记黄勇主持签约仪式。

4日

▲安康市举行“12·4”国家宪法日法治宣传活动启动仪式。启动仪式上，命名表彰了15名“第二届金牌人民调解员”和179个“全市民主法治示范村（社区）”，50名取得法律职业资格人员面向国旗进行了庄严宣誓，首届金牌人民调解员代表和人民监督员代表对任职以来工作情况作了述职报告。

5日

▲在北京召开的第四批国家公共文化服务体系示范区创建工作评审会议上，安康市以西部地区第一名的优异成绩，顺利通过评审，获得创建资格。市委书记郭青代表安康市作创建陈述。

8日

▲全市“关爱新生命”公益项目签约启动及项目培训会在安康市妇幼保健院举行。中国初级保健基金会副主任易智强、安康市人民政府副市长杨森分别致辞并为“关爱新生命儿童健康服务中心”揭牌。

10日

▲全省扶志扶智·技能培训　促进产业发展实现精准脱贫研讨会在紫阳县召开。省委宣传部常务副部长钟顺虎出席会议并讲话。市委常委、常务副市长赵璟在会上致辞。

▲10日至11日，中国人民电器集团董事长郑元豹一行在安康市考察富硒魔芋产业发展情况，双方就开展战略合作进行座谈。市委副书记、市长赵俊民出席座谈会并讲话。

11日

▲市政府召开市盐业体制改革工作领导小组会议，安排部署安康市盐业体制改革推进工作。

13日

▲省委常委、常务副省长梁桂在安康市督导调研经济运行工作。梁桂先后深入皇冠健康小镇规划建设和皂矾沟生态养殖基地等现场，详细了解项目建设和生产经营、市场开拓等情况，随后召开会议，听取了市委副书记、市长赵俊民代表市委、市政府所作的全市经济运行情况和目标任务完成情况的汇报。

▲全市教育脱贫攻坚现场推进会在白河召开，省教育脱贫办公室常务副主任刘宝平，市委副书记鲍永能出席会议并讲话，副市长杨森主持会议。

▲安康市科技创新蔬菜专家工作站在汉滨区天瑞源生态农业有限公司揭牌成立。副市长鲁琦为专家工作站授牌并讲话。中科院西安分院生物农业研究所所长陈志杰、市科协、市人社局负责同志参加活动。

▲以“陕西省青年书法家协会赴安康开展学习贯彻党的十九大精神，深入基层，扎根人民”为主题的第三届全陕青年书法篆刻展在安康市群艺馆展出。中国书法家协会理事、陕西

省书法家协会常务副主席、陕西省青年书法家协会主席张红春出席活动，副市长杨淼宣布展览开幕。

14日

▲市委书记郭青主持召开市委常委会议，传达贯彻习近平总书记近期关于作风建设的重要指示、苏陕扶贫协作工作座谈会、全省精神文明建设表彰大会精神，听取安康市深化国家监察体制改革试点工作进展情况、党的十九大精神宣讲情况和市县区科协换届筹备情况的汇报，审定《安康市总工会改革方案（送审稿）》，研究市监察委员会改革有关机构人事问题和市旅游局党组更名、市法学会成立党组，研究召开市四届人大三次会议和市政协四届二次会议。

▲安康市在郑州成功举办安康名优特色产品暨重点合作项目推介会。河南省工信委总工程师亢东宁，郑州市副市长万正峰；陕西省商务厅副巡视员井贵泉、工信厅副巡视员李昭利；市长赵俊民，市委常委、副市长尹清辽等出席活动。

▲全市今冬明春农田水利建设工程集中开工启动仪式在汉阴县月河综合整治工程现场举行。市委副书记鲍永能宣布项目开工，副市长鲁琦出席启动仪式并讲话。

▲14日至15日，市委副书记、市长赵俊民带领安康市党政代表团赴郑州市考察智能制造、食品生产加工、客车装备制造等产业。郑州市市长程志明会见了安康党政代表团，郑州市副市长万正峰陪同考察。

15日

▲“学习贯彻十九大精神、聚力发展生态经济高端论坛暨陕西省委党校安康生态经济研究基地揭牌仪式”在安康市举行。市委书记郭青致辞，省委党校常务副校长蔡钊利讲话，市委副书记鲍永能向与会嘉宾介绍安康市生态经济发展研究情况，市委常委、常务副市长赵璟主持会议。省委党校副校长宦洁、市人大常委会副主任陈伦宝、市政协副主席孟平出席会议。

▲全市2018年脱贫攻坚公共服务和基础设施建设工作推进会在镇坪召开。

▲公安部党委副书记、副部长黄明主持召开全国公安法制工作座谈会，就进一步加强执法规范化建设广泛听取意见建议。安康市公安局作为全国市级公安机关唯一代表参加了座谈会，副市长、市公安局局长杨尚伟在会上作了发言。

18日

▲安康市举办鎏金铜蚕与安康开放发展论坛，省文物局局长赵荣，省发改委副主任苏园林，省农业厅、省林业厅有关领导以及来自全省相关领域的专家学者、文化界、企业界、新闻界人士应邀出席论坛。市委副书记、市长赵俊民出席论坛。

21日

▲安康市召开中省环保督察巡查整改工作领导小组会议，通报中省环保督察反馈问题整改进展情况，安排部署下一阶段整改落实工作。市委副书记、市长赵俊民出席会议并讲话。

22日

▲12月22日，由市政府主办的安康富硒美食富硒产品生态旅游推介活动在西安城南客运站举行。省纪委原副书记陈有德，省人大常委会预算工委主任陈纯山，省人大常委会副秘书长邵向农，省直机关党委纪委书记杜凤军，市政府副市长寇全安出席活动。

▲安康市举行中心城市水环境PPP项目协议暨合资协议签约仪式。财政部政府和社会资本合作中心主任焦小平，财政部政府和社会资本合作中心项目推广部主任夏颖哲，省财政厅副巡视员吴全伟，省财政厅政府和社会资本合作中心主任刘永强，市委常委、常务副市长赵璟出席签约仪式。

26日

▲26日至27日，市四届人大常委会举行第七次会议。市人大常委会主任陈勇主持第一次全体会议并讲话，常务副主任袁子顺主持第二次会议，副主任马孝芳、邹俊杰、陈伦宝，秘书长吴少华和委员共33人出席会议。会议听取和审议了市政府关于旅游产业发展三年行动计划、全市环境状况和环境保护目标完成情况的报告，市四届人大一次会议代表建议、批评和意见办理结果的报告，市政府关于产业扶贫、2016年财政预算执行和其他财政收支审计、市中级人民法院关于减刑假释案件审理工作审议意见落实情况的报告，对审议意见落实情况报告进行了满意度测评，并对旅游产业发展三年行动计划开展了专题询问；听取和评议了5名市级国家机关工作人员履职情况的报告，通过了市监察委员会副主任、委员任免和宣誓办法的决定及有关人事任免议案；审查批准了2017年市级预算调整方案，审议通过了关于表彰市四届人大一次会议优秀代表建议的决定及个别代表的资格审查报告；决定了召开市四届人大三次会议的有关事项，讨论了市人大常委会工作报告稿。

▲安康市城乡居民健康卡（市民卡）首发式在白河县举行。副市长杨淼和省农村信用联社、市卫计局和白河县负责人出席活动。

▲安康市公务用车信息化平台上线试运行。

27日

▲西安外环高速公路（南段）、延长至黄龙高速公路、宁陕至石泉高速公路、旬邑至凤翔高速公路、韩城至黄龙高速公路5条高速路集中开工动员会在西安市长安区举行。省委书记、省长胡和平发布开工令。

▲27日至28日，巴基斯坦正义运动党俾路支省主席萨达尔·穆罕默德·林德带领巴基斯坦西部友好政党联合代表团到安康市进行友好访问。市委常委、常务副市长赵璟会见联合代表团一行。

28日

▲安康市工人文化宫开工动员会在安康高新区举行，省总工会主席白阿莹宣布项目开工，省总工会常务副主席张仲茜、副主席丁立虎，市委副书记、市长赵俊民，市委副书记鲍永能，市委常委、常务副市长赵璟，市委常委、统战部部长、高新区党工委书记黄勇出席动员会。

▲市政府与人保财险陕西分公司举行“保险扶贫”支农融资项目放款仪式。副市长何邦军，人保财险陕西省分公司总经理刘煜出席发放仪式。

29日

▲移民搬迁博物馆正式向市民开放。副市长何邦军出席活动并宣布开馆。

中国共产党安康市委员会

市委组成人员

书　　记　郭　青
副 书 记　徐启方(2017年6月离任)
　　　　　赵俊民(2017年6月到任)
　　　　　鲍永能
常　　委　郭　青
　　　　　徐启方(2017年6月离任)
　　　　　赵俊民
　　　　　鲍永能
　　　　　周玉峰(女)(2017年9月离任)
　　　　　陈俊哲(2017年7月离任)
　　　　　陈　明
　　　　　赵　璟(女)(2017年7月到任)
　　　　　高晶华(2017年11月到任)
　　　　　田沐臣(2017年7月到任)
　　　　　罗雪剑
　　　　　尹清辽
　　　　　李启全
　　　　　黄　勇
秘 书 长　罗雪剑(2017年9月离任)
　　　　　王安中(2017年9月到任)
副秘书长　赵敏书
　　　　　杨　军(2017年6月到任)
　　　　　陈文斌(2017年6月离任)
　　　　　刘义林

市委工作机构及领导成员名单

市委办公室及代管的县级机构领导成员
市委办公室
主　　任　赵敏书
副 主 任　欧阳小伟(2017年6月到任)
市委保密委办公室(市国家保密局)
主　　任(局　长)
　　郑光兰(女)(2017年9月到任)
副 主 任(副局长)
　　何昌平(2017年6月离任)
　　李支安(2017年6月到任)
市委接待处
处　　长　王晓强(2017年9月到任)
副 处 长　王众义(2017年9月离任)

市委2017年工作综述

2017年，在省委的坚强领导下，市委坚持以习近平新时代中国特色社会主义思想为指导，以学习宣传贯彻十九大精神为主线，围绕省第十三次党代会和市第四次党代会各项决策部署，着力抓好稳增长、促改革、调结构、惠民生、防风险、强党建各项工作，为安康迈入新时代、开启新征程奠定了坚实基础。

一、贯彻新发展理念，推动经济持续向好。牢牢把握稳中求进工作总基调，强化产业链、创新链、空间链对接，经济发展质量效益双提升。实现生产总值974.66亿元，增长10.5%，增速高于全省2.3个百分点；完成一般预算收入28.03亿元，同口径增长7.4%；规模以上工业增加值420.49亿元，增长15.8%；社会消费品零售总额297.14亿元，增长14.4%；全社会固定资产投资1149.32亿元，增长24.1%；城乡居民人均可支配收入28158元和9394元，分别增长8.5%和9.4%；非公经济增加值占GDP比重58.1%，高于全省4个百分点。生产总值、规模以上工业增加值、社会消费品零售总额、固定资产投资、农村居民人均可支配收入增速以及非公经济增加值占GDP比重6项指标位居全省第一。一是产业结构持续优化。以生态友好型产业为支撑的绿色循环产业体系基本形成。富硒食品、山林经济、包装饮用水产业产值分别增长28%、13%、40%。旅游综合收入增长33.5%。装备制造、新型材料、清洁能源等支柱产业提质增效，电子商务、现代物流、绿色金融、健康养老等新兴产业加速发展，岚皋、宁陕、旬阳、石泉新增为国家电子商务进农村综合示范县。二是重点项目加快推进。安康机场、安岚和平镇高速、天贸物流城二期等重大项目加快实施，石宁高速、中药配方颗粒等项目开工建设，西康高铁、瀛湖旅游轨道、空港新城等项目前期工作取得重大进展。三是“三区三园”协同发展。安康高新区在147个国家高新区中综合排名晋升至第73位，恒口示范区“三位一体市直管”体制改革加快推进，瀛湖生态旅游区通过国家级服务暨标准化试点终期评估验收。“飞地经济”园区完成基础设施投入7.9亿元、落户企业25户，新增市级现代农业园区56个，县域工业集中区新增投资千万元入园企业60户。县域经济占全市总量71%。

二、深化改革开放，发展活力有效释放。紧紧抓住改革开放这个“关键一招”，增创经济社会发展新优势。一是重点改革有力有序。完成9大类114项重点改革年度任务。深化“放管服”改革，部门权责清单制度建设实现全覆盖，市“互联网+政务服务”平台和公共资源交易平台在全省率先上线，公布两批“最多跑一次”事项75项。紫阳县被确定为全国基层政务公开标准化规范化试点县，商事制度改革受到国务院办公厅通报表彰。扎实推进国税地税征管体制改革，安康市被评为全国百佳国税地税合作市级示范区。宁陕县被财政部命名为财政管理绩效考核激励县。司法体制改革和监察体制改革进展顺利。二是特色改革纵深推进。川陕革命老区综合改革试验区建设启动实施，国家主体功能区建设试点示范成效明显。镇纪委直管村监委会业务工作全面推广。林地“三权分置”、公益林预收益质押贷款和林权抵押贷款进展良好，宁陕县被授予全国林业信息化示范县、集体林业综合改革试验示范工作通过国家林业局评估验收。平利县长安镇入选中国特色小镇，恒口镇入选西部大开发“十三五”商贸物流特色小镇。三是开放水平不断提升。成功举办“一带一路”国际茶业经贸洽谈会、“南水北调”中线城市文化联动活动、安康富硒产品博览会、海内外侨商投资安康行、安康生态经济研究高端论坛、“鎏金铜蚕”与安康开放发展论坛、“共建丝茶之路、同品安康富硒茶”等对外合作、经贸洽谈、招商推介活动，津陕对口帮扶、苏陕扶贫协作不断深化。

三、坚定正确政治方向，强化民主政治建设。坚持党的领导、人民当家作主、依法治国有机统一，不断汇聚建设西北生态经济强市的强大合力。一是支持人大依法履职。人大及其常委会依法行使职权、开展工作，编制《五年立法规划》及《立法工作规程》，制定首部实体性地方法规《安康市烟花爆竹燃放管理条例》，加强监督、审议重大事项和人事任免工作，听取审议“一府两院”专项工作报告15项，依法作出各项决议、决定和审议意见19项。二是发挥协商民主的重要渠道作用。协商民主广泛、多层、制度化，加强同各民主党派、工商联和无党派代表人士政治协商，市政协组织委员围绕建设西北生态经济强市、新民风建设、脱贫攻坚等开展视察和协商18次，委员提案、社情民意反映有效落实。三是充分调动各方积极性。支持工会、妇联、科协、残联等人民团体开展工作，指导共青团、工商联顺利完成换届。加强对台、侨务和外事、民族宗教等工作。强化国防动员和后备力量建设，支持驻安部队和武警部队建设，旬阳县红军纪念馆成为陕南首个国家国防教育示范基地。

四、坚持以人民为中心，全力增进群众福祉。抓住人民最关心最直接最现实的利益问题，一批惠民举措落地实施。一是脱贫攻坚精准实施。明确提出“四个凡是”要求，全面整合“四支队伍”，从市直部门选派优秀年轻干部充实县区脱贫攻坚力量，对全市“第一书记”进行综合研判。大力推进脱贫攻坚“五大工程”，建成安康扶贫空间，124个贫困村、7.35万贫困人口脱贫，在全省两次市际交叉检查中位居前列。推进“诚孝俭勤和”新民风建设、抓实党建力促脱贫做法，分别得到汪洋、赵乐际同志重要批示。二是社会事业加快发展。全面深化教育综合改革，实现13年免费教育、弱势少年教育关爱、贫困儿童困难资助、义务教育营养计划“四个全覆盖”，高考一二本上线人数首破万人大关，岚皋、紫阳通过国家义务教育基本均衡县评估。宁陕县被授予全国群众体育先进单位称号。深入推进医药卫生体制改革，市、县级公立医院全部取消药品加成，实现市县镇医疗联合体全覆盖。深化医养结合，养老服务工作受到国务院表彰。科技创新能力显著增强，新建中省科技创新平台8个、院士工作站3个，7项科技成果获得省政府奖励，申请发明专利168件，成功举办第二届中国创新挑战赛（安康）。三是社会保障及公共服务明显改善。实施积极创业就业政策，新增城镇就业2万人，农村劳动力转移就业63.6万人，“零就业”家庭动态清零，城镇登记失业率3.2%。创办安康创客学院，石泉县返乡创业、平利县小微创业成为国家试点。全面推行医疗保障“一站式”服务和省内异地就医实时结算，汉滨区被确定为新农合支付改革国家联系点。四是生态环保工作系统推进。实施重要生态系统保护工程，成功创建为国家森林城市，入选全国低碳试点城市，入选中国养老城市排行榜50强，通过国家卫生城市复审，国家卫生县城实现全覆盖。岚皋县被评为全国首批农村生活垃圾分类和资源化利用示范县。率先在全省实行“河长+警长”工作机制。全力推进中省环保督察反馈问题整改，汉江水质稳定保持国家Ⅱ类标准，空气质量继续保持全省领先。

五、完善社会治理体系，社会大局和谐稳定。运用法治思维和法治方式推动发展，营造安全有序的社会环境。一是加强社会治安防控体系建设。深入开展“2017秦鹰”“三打击一整治”专项行动，深化“破小案、暖民心”“三个精准防范”长效机制，公众安全感保持全省第一。岚皋县创建为全国平安建设先进县，紫阳县创建为全国平安铁路示范县。二是着力预防和化解矛盾纠纷。坚持依法双向规范信访秩序，加强重大决策社会稳定风险评估，完善市县镇村四级矛盾纠纷排查化解网络，健全完善人民调解、行政调解、司法调解“三调联动”机制，宁陕县被评为全国信访工作“三无”县。三是抓好安全生产和防汛减灾。严格落实安全生产责任制，不断完善风险分级和隐患排查治理双重预防机制，安全生产形势保持稳定。面对20年一遇的罕见强秋淋天气过程，全市各级党组织和广大党员干部始终顶在抗洪抢险一线，最大限度保障了人民群众生命财产安全。

六、推动全面从严治党，不断优化政治生态。以“党建+”系统思维推动中心工作，扎实推进“两学一做”学习教育常态化制度化，各级党组织的创造力、凝聚力、战斗力进一步增强。一是突出抓好政治建设。教育引导广大党员牢固树立“四个意识”、坚定“四个自信”，坚决维护习近平同志这个党中央的核心、全党的核心，坚决维护党中央集中统一领导。严肃党内政治生活，坚持和完善党内民主集中制，市委中心组围绕十九大报告等开展9次集体学习，不断提升把握方向、把握大势、把握全局能力，确保安康各项事业始终沿着正确的政治方向前进。二是加强宣传思想文化工作。形成意识形态工作“五制一体化”制度体系。举办党的十九大、十八届六中全会精神等培训班，开展各类宣讲活动。精心策划“中外媒体安康行”等主题宣传活动，及时妥善处置突发热点事件。深化群众性精神文明创建活动，11家单位被表彰为全国文明集体，10人荣登“中国好人榜”，安康义工联荣获全国最佳志愿服务组织称号。大力推动文化事业发展，安康市获得国家公共文化服务体系示范区创建资格，《汉水安康》入选全国优秀纪录片，《汉江船夫曲》荣获省群星奖。三是强化干部队伍建设。落实落细“三项机制”，鼓励激励重用干部499人，容错纠错免责干部88人，调整“下”的干部105人。健全人才工作政策体系，柔性引进“两院”院士、省“百人计划”专家，引进硕士以上高层次人才127人。四是不断夯实基层基础。深入实施基层党建“六大提升行动”，集中整顿村级后进班子，为村干部办理意外伤害保险；创新开展“拓展型”“特设型”党组织建设，非公企业和社会组织党组织覆盖率分别达91.9%和89.9%。五是保持正风反腐高压态势。扛牢压实“两个责任”，建立横向到部门、纵向到镇办的清单管理体系，出台巡察工作《实施办法》，巡察市直党群部门22个。巩固拓展落实中央八项规定精神成果，查处违反中央八项规定问题248件、党政纪处分256人，通报典型案例241件258人；扎实开展为政不为问题专项整治，市纪委交办督办突出问题69起，全市通报曝光典型案例168件225人次。加大执纪审查力度，全市立案1928件，党政纪处分2069人、移送司法机关30人，持续释放了执纪必严、违纪必究的强烈信号。

市委重要会议

◎**市委四届三次全体会议**　2017年4月1日，市委召开四届三次全体会议。会议酝酿讨论并以举手表决的方式，审议通过安康市出席陕西省第十三次党代会代表候选人预备人选有关事项；表决通过召开安康市党代表会议的决议；通过代表会议《选举办法（草案）》。

◎**全市领导干部大会**　2017年6月7日，市委召开全市领导干部大会，宣布省委关于安康市政府主要领导同志的任免职决定：赵俊民同志任安康市委副书记，免去徐启方同志安康市委副书记、常委、委员职务。省委组织部常务副部长翟四虎出席会议并讲话。市委书记郭青主持会议，赵俊民、徐启方作表态发言。

◎**市委四届四次全体会议**　2017年8月14日，市委召开四届四次全体会议，全面落实省第十三次党代会确定的“五新”战略任务，总结上半年成绩，部署下半年工作，动员全市上下紧盯追赶超越目标，奋力实现“四个确保”，即确保经济增速稳居全省第一方阵，确保脱贫攻坚任务圆满完成，确保年度目标责任考核保持全省前列，确保党建工作迈上新台阶。

◎**市委全委扩大会议**　2017年10月27日，市委召开全委扩大会议，传达学习党的十九大精神，部署安康市学习宣传贯彻落实工作。市委书记郭青主持会议并传达党的十九大精神。

市委常委会议

◎**市委常委第一次会议**　2017年1月3日，市委书记郭青主持召开第1次常委会议，传达学习新修订的《党委（党组）讨论决定干部任免事项守则》，研究安康市贯彻落实意见。

◎**市委常委第二次会议**　2017年1月10日，市委书记郭青主持召开第2次常委会议，传达学习省委有关文件精神，研究部署2016年度目标责任考核工作。

◎**市委常委第三次会议**　2017年1月24日，市委书记郭青主持召开第3次常委会议，传达贯彻全省宣传部长会议和党内法规工作会议精神，学习《省委防止干部“带病提拔”实施办法》，审定《安康市巡察工作实施办法（暂行）》，研究部署全市当前工作。

◎**市委常委第四次会议**　2017年2月13日，市委书记郭青主持召开第4次常委会议，学习《市委常委会议议事规则》，传达贯彻全省市（区）委书记抓基层党建述职评议考核会议、省纪委十二届七次全会和全省农村工作会议精神，研究部署推进中国富硒产业研究院建设和恒口镇陕西省镇级小城市综合改革试验区管理体制改革工作，审定安康市推荐陕西省出席党的十九大代表建议人选名单。

◎**市委常委第五次会议**　2017年2月20日，市委书记郭青主持召开第5次常委会议，传达贯彻省委维护稳定工作专题会议、政法工作会议、全省控制进京非访总结表彰会议及全省脱贫攻坚工作会议、全省组织部长会议暨全省组织工作助推追赶超越专题研讨会、全省档案工作会议精神，听取全市包装饮用水产业发展情况汇报，审定《关于深化供销合作社综合改革的实施意见》。

◎**市委常委第六次会议**　2017年3月2日，受市委书记郭青委托，市委副书记、市长徐启方主持召开第6次常委会议，研究召开市工商联（总商会）第四次代表大会，安排部署当前有关工作。

◎**市委常委第七次会议**　2017年3月19日，市委书记郭青主持召开第7次常委（扩大）会议，传达贯彻全国两会、省委常委会议及全省保密工作会议、全省统战部长和对台工作会议精神，审定《关于大力推进新民风建设的实施意见》和《安康市全面深化河长制实施方案》。

◎**市委常委第八次会议** 2017年3月23日，市委书记郭青主持召开第8次常委会议，传达学习习近平总书记在中央政治局第三十九次集体学习时的重要讲话和栗战书同志给宁陕县脱贫攻坚工作的复信及批示精神，审定安康市出席省第十三次党代会代表候选人初步人选考察对象名单。

◎**市委常委第九次会议** 2017年3月27日，市委书记郭青主持召开第9次常委会议，审定全市出席省第十三次党代会代表候选人初步人选名单。

◎**市委常委第十次会议** 2017年4月1日，市委书记郭青主持召开第10次常委会议，传达贯彻革命老区脱贫攻坚暨全省“三农”工作推进会精神，研究召开市委四届三次全会，审定《安康市落实“五个扎实”加快追赶超越实施方案》，学习领导干部个人有关事项报告新规定新要求。

◎**市委常委第十一次会议** 2017年4月12日，市委书记郭青主持召开第11次常委会议，传达学习省委常委会关于贯彻落实中央对我省脱贫攻坚工作成效考核情况反馈意见精神，审定第十七届中国安康汉江龙舟文化节暨富硒产品博览会总体方案、2016年度县区教育工作暨党政领导干部履行教育职责督导考核意见、安康市脱贫攻坚工作成效考核量化计分暨等次认定《办法》和2016年度全市脱贫攻坚先进镇办名单，听取安康城东新区建设和2017年陕西省劳动模范、先进工作者和先进集体推荐情况汇报，研究调整安康职业技术学院党委隶属关系。

◎**市委常委第十二次会议** 2017年4月21日，市委书记郭青主持召开第12次常委会议，传达贯彻第十二次陕南绿色循环发展工作座谈会、全省加强扶贫环保等领域监督执纪问责落实“三个助力”电视电话会议和全省老干部工作会议精神，听取省委环保督察巡查和全市一季度经济运行情况汇报，研究部署脱贫攻坚工作，审定《安康市促进科技成果转化实施办法（试行）》和2016年度全市计划生育工作目标责任制考核意见。

◎**市委常委第十三次会议** 2017年5月2日，市委书记郭青主持召开第13次常委会议，传达学习习近平总书记在中央深改小组第三十三次会议上的讲话和全省宣传部长座谈会精神，审定2016年度目标责任考核结果及2017年度考核指标设置框架。

◎**市委常委第十四次会议** 2017年5月15日，市委书记郭青主持召开第14次常委会议，传达贯彻省第十三次党代会精神，审定《关于加快推进全市重点镇示范体系建设的实施意见》、关于强化市级领导包抓脱贫攻坚工作责任和调整市脱贫攻坚指挥部组成人员的建议意见。

◎**市委常委第十五次会议** 2017年5月25日，市委书记郭青主持召开第15次常委会议，传达省委有关精神。

◎**市委常委第十六次会议** 2017年6月9日，市委书记郭青主持召开第16次常委会议，传达贯彻全省推进“两学一做”学习教育常态化制度化工作座谈会、创建文明城市工作推进会和意识形态工作会议精神，听取全市新民风建设情况汇报，审定《关于推动非公有制经济追赶超越发展的意见》。

◎**市委常委第十七次会议** 2017年6月28日，市委书记郭青主持召开第17次常委会议，传达学习习近平总书记关于脱贫攻坚重要讲话和关于反邪教工作重要指示精神，听取上半年维护稳定工作和关于加强市县（区）法学会建设情况汇报，审定综治平安建设工作三个规范文件。

◎**市委常委第十八次会议** 2017年6月29日，市委书记郭青主持召开第18次常委会议，传达学习中央和省委有关文件精神，听取第四届安康市工商联（总商会）换届筹备工作及有关人事情况汇报，研究召开市四届人大二次会议，审定《安康市2017“追赶超越·项目建设年”活动实施方案》《安康市重点项目工作考核办法》《安康市文化建设工作表彰奖励办法》、全市脱贫攻坚优秀党员干部表彰对象建议名单和2016年度县区县级干部考核结果。

◎**市委常委第十九次会议** 2017年7月14日，市委书记郭青主持召开第19次常委会议，传达省委有关精神。

◎**市委常委第二十次会议** 2017年7月17日，市委书记郭青主持召开第20次常委会议，传达贯彻中省纪委扶贫领域监督执纪问责工作电视电话会议、中央巡视“回头看”意识形态领域反馈问题整改工作推进会等三个会议和全省推进巡视整改暨执纪审查工作电视电话会议精神，听取全市上半年信访工作、《安康市第四届人大常委会立法规划》和赴湖北恩施重庆江津学习考察富硒产业情况汇报，审定《安康市法治政府建设实施方案（2017—2020年）》《健康安康2030年行动纲要》《关于加快全市卫生与健康事业改革发展推进健康安康建设的决定》和《关于支持安康职业技术学院追赶超越加快发展的意见》。

◎**市委常委第二十一次会议** 2017年7月31日，市委书记郭青主持召开第21次常委会议，传达学习全省领导干部大会、就业扶贫推进工作电视电话会、党委（党组）理论学习中心组学习经验交流和工作推进会精神。

◎**市委常委第二十二次会议** 2017年8月9日至10日，市委书记郭青主持召开第22次常委会议，传达学习习近平总书记在省部级主要领导干部专题研讨班开班式上的重要讲话和全省旅游发展暨全域旅游示范省创建大会精神，部署推进中央巡视“回头看”反馈意见整改落实工作，听取市人大常委会、市政府、市政协、市中级法院、市检察院党组半年工作汇报和市财政局关于2017年政府债务限额及新增地方政府债券安排方案的汇报，研究召开市委四届四次全会并审定会议有关文件，审定创建全国社会治安综合治理优秀市申报文件和《安康市水务集团组建方案》《市委市政府关于支持旬阳高新区加快发展的意见》。

◎**市委常委第二十三次会议** 2017年8月15日，市委书记郭青主持召开第

23次常委会议，传达省委有关精神。

◎**市委常委第二十四次会议** 2017年8月29日，市委书记郭青主持召开第24次常委会议，传达学习《中共陕西省委关于深刻汲取魏民洲案教训开展警示教育的通知》文件精神，研究部署省委第三环保督察组反馈意见整改落实工作，审定2016年度市直部门县级干部考核结果。

◎**市委常委第二十五次会议** 2017年9月11日，市委书记郭青主持召开第25次常委（扩大）会议，传达贯彻省委副书记毛万春在全省深度贫困地区脱贫攻坚推进座谈会上的讲话和全省脱贫攻坚扶贫扶志现场推进会精神，听取全市脱贫攻坚工作情况汇报，研究安康市贯彻落实意见，安排部署当前脱贫攻坚工作。

◎**市委常委第二十六次会议** 2017年9月22日，市委书记郭青主持召开第26次常委会议，传达贯彻全省“9·11”“9·14”会议精神，审定《市委市政府关于持续系统推进脱贫攻坚五大工程的实施意见》《安康市贯彻落实省委环保督察反馈意见整改方案》《安康市脱贫攻坚工作成效考核实施办法》和《安康市落实〈陕西省脱贫攻坚责任制实施细则〉实施方案》《安康市优秀年轻干部培养选拔工作实施方案》。

◎**市委常委第二十七次会议** 2017年9月23日，市委书记郭青主持召开第27次常委会议，传达贯彻全省农村精神文明建设暨“美丽乡村·文明家园”建设经验交流会和进一步推进党的十九大宣传报道工作会议、省委统战工作领导小组2017年第二次全体（扩大）会议、省委推进群团改革助力脱贫攻坚座谈会和全省城市基层党建工作经验交流座谈会精神，听取关于第十三届陕甘川毗邻市政法综治工作协作会议筹备情况汇报，审定《关于开展农村资源变资产、资金变股金、农民变股东改革的指导意见（送审稿）》及《安康市推进“资源变资产、资金变股金、农民变股东”改革试点方案（送审稿）》。

◎**市委常委第二十八次会议** 2017年10月27日，市委书记郭青主持召开第28次常委会议，学习传达党的十九大精神。

◎**市委常委第二十九次会议** 2017年10月31日，市委书记郭青主持召开第29次常委（扩大）会议，集体学习研讨党的十九大报告精神，安排部署安康市学习宣传贯彻工作；听取全省第三季度脱贫攻坚市际交叉考评情况汇报，研究部署当前脱贫攻坚工作。

◎**市委常委第三十次会议** 2017年11月3日，市委书记郭青主持召开第30次常委会议，听取关于省人大、政府、政协换届工作座谈会精神汇报，听取关于安康西北生态经济强市建设调研情况和全市“扫黄打非”工作汇报，研究共青团安康市第四次代表大会、安康市第三次归侨侨眷代表大会有关事项，审定成立民进、民建、农工党安康市委员会和补选市四届人大代表有关事项。

◎**市委常委第三十一次会议** 2017年11月16日，市委书记郭青主持召开第31次常委会议，学习习近平总书记在中央纪委《关于对河北省张家口市扶贫领域监督执纪问责工作开展明察暗访的情况报告》上的重要批示，传达贯彻全国推开国家监察体制改革试点动员部署电视电话会议、2017年第43次省委常委会议、全省县乡人大工作和建设经验交流会和全省推进“三项机制”贯彻落实工作座谈会议精神，听取全市“为政不为”和“三个助力”工作进展情况、市委党校和全市党史工作情况汇报，研究召开市四届人大三次会议，审定《安康市“敢担当、善作为”优秀干部评选表彰办法（试行）》《安康市干部谈心谈话制度（试行）》《安康市级公共资源交易管理办法（试行）》《安康市级公共资源交易目录（2017年版）》《关于规范市属国有企业负责人履职待遇、业务支出的意见（试行）》。

◎**市委常委第三十二次会议** 2017年11月23日，市委书记郭青主持召开第32次常委会议，传达贯彻全省深化监察体制改革试点动员部署电视电话会议、十三届省委第一轮巡视工作动员部署会、全省党委系统公文评比总结表彰大会和全省保密工作专题会议精神，审定《安康市深化国家监察体制改革试点工作实施方案》《四届市委巡察工作规划》。

◎**市委常委第三十三次会议** 2017年12月14日，市委书记郭青主持召开第33次常委会议，传达贯彻习近平总书记近期关于作风建设的重要指示、苏陕扶贫协作工作座谈会、全省精神文明建设表彰大会精神，听取安康市深化国家监察体制改革试点工作进展情况、党的十九大精神宣讲情况和市县区科协换届筹备情况的汇报，审定《安康市总工会改革方案（送审稿）》，研究市监察委员会改革有关机构人事问题和市旅游局党组更名、市法学会成立党组，研究召开市四届人大三次会议和市政协四届二次会议。

◎**市委常委第三十四次会议** 2017年12月27日，市委书记郭青主持召开第34次常委会议，传达贯彻习近平总书记关于寻乌扶贫调研报告重要指示、省委十三届二次全会精神，听取关于中省环保督察反馈意见整改情况的汇报，审定团市委、市妇联、市科协、市侨联改革方案及《安康市大力吸引人才人口若干政策（送审稿）》《安康市第四届人民代表大会第三次会议选举办法（草案）》《安康市出席陕西省第十三届人民代表大会代表候选人人选建议名单》，研究市监察委员会领导班子建设有关问题。

市委中心组学习

◎**第一次** 2017年2月4日，市委中心组在市委会议厅（高新区创新创业中心）召开中心组学习会议，邀请中国纪检监察学院原副院长、制度反腐专家李永忠教授作题为《全面从严治党的里程碑——学习〈准则〉与〈条例〉》的辅导报告。

◎**第二次** 2017年2月27日，市委中心组在市政府行政中心三楼视频会议室召开中心组学习会议，集中收听收看省委中心组学习会议实况。

◎**第三次** 2017年4月25日，市委中心组在市委常委会议室（高新区创新创业中心）召开中心组学习会议，专题学习研讨脱贫攻坚和追赶超越工作。

◎**第四次** 2017年5月15日，市委中心组在市委常委会议室（高新区创新创业中心）召开中心组学习会议，专题学习省第十三次党代会精神和省委书记娄勤俭、省委副书记毛万春参加安康市代表团讨论时的讲话精神。

◎**第五次** 2017年5月24日，市委中心组在市委会议厅（高新区创新创业中心）召开中心组学习（扩大）会议，专题学习省第十三次党代会精神，邀请省委宣讲团成员、省统计局局长张晓光作题为《建设“秦巴明珠”引领“追赶超越”》的专题辅导报告。

◎**第六次** 2017年6月29日，市委中心组在市委常委会议室（高新区创新创业中心）召开中心组学习会议，专题学习中办国办《关于甘肃祁连山国家级自然保护区生态环境问题督查处理情况及其教训的通报》、中央第十一巡视组《关于对陕西省开展巡视“回头看”的反馈意见》和杨晓超、娄勤俭同志在反馈会议上讲话精神。

◎**第七次** 2017年8月9日，市委中心组在市委常委会议室（高新区创新创业中心）召开中心组学习会议，专题学习习近平总书记在省部级主要领导干部专题研讨班开班式上的重要讲话精神。

◎**第八次** 2017年9月22日，市委中心组在市委常委会议室（高新区创新创业中心）召开中心组学习会议，围绕“学习贯彻习近平总书记关于意识形态工作重要讲话精神，落实党管意识形态重要责任”主题进行集体学习研讨。

◎**第九次** 2017年10月31日，市委中心组在市委常委会议室（高新区创新创业中心）召开中心组学习会议，专题学习党的十九大报告精神。

推进“两学一做”学习教育常态化制度化

市委将推进“两学一做”学习教育常态化制度化作为全面从严治党的基础性工程，着力在“学”“做”“常”上深化拓展，不断把学习教育引向深入。一是“关键少数”作表率。全面落实领导干部带头抓好经常性学习、带头做合格党员合格领导干部、带头抓好整改、带头严格党的组织生活制度和带头落实党建主体责任“五带头”工作要求，聚焦“关键少数”，指导推动“两学一做”学习教育常态化制度化。二是发挥作用固根本。围绕发挥党支部在学习教育中的主体作用，健全完善规范基层党组织建设的系列制度体系，筑牢“两学一做”学习教育常态化制度化的主阵地。三是学做结合强担当。把聚力脱贫作为“两学一做”的最大实践，带动党员干部积极投身急难险重任务，在决战贫困和服务群众中检验学习成效。四是真督实查抓长效。设立市“两学一做”学习教育协调小组和督导组，每季开展专项督导检查，反馈整改问题2943条，抓常抓细、确保实效。五是优化手段求创新。扩充微信平台设置，优化“手机+党支部”精准指导平台功能，将5665个党支部建在网上、14.7万名党员连在线上，“互联网+党建”成为“两学一做”学习教育的前沿阵地。一年来，全市800余名县处级以上干部按期参加支部活动，642个党委（党组）领导班子定期召开民主生活会，5665个基层支部严格落实“三会一课”制度，各级党委（党组）书记讲党课1183次，支部书记讲党课9518次，累计开展“主题党日”活动3.5万余次。

市委办公室工作

◎**参谋协调** 坚持着眼大局，紧扣中心，突出重点，切实发挥办公室参谋部、智囊团的作用。文稿起草精益求精。讲时效、重质量，严把起草关、审查关、修改关，不断强化各类文稿的思想性、针对性、指导性和操作性，确保起草的材料既符合中省要求，又契合安康实际，高质量完成市委四届四次、五次全会、全市领导大会、市“两会”、全省脱贫攻坚现场会等重要会议讲话、文件540多篇200余万字。综合调研扎实有效。把调查研究作为服务决策的重要措施，围绕全市工作大局，紧扣领导关心、社会关注、群众关切的热点难点问题，深入基层一线，潜心细致地开展调查研究，形成了《安康市结构调整和产业升级研究报告》《陕西安康贯彻“两山理论”的实践探索》《“绿水青山就是金山银山”的安康实践》《基层社会治理模式的创新实践——旬阳县推行“三治融合”的调研报告》等一批高质量理论调研文章。

◎**政务运转** 严格规范办文办会。规范高效办理各类文件2600余份、发送文件905份，校对各类文件1300余份，处理领导批示236件。清理中央涉密文件17406份，清理省委涉密文件5727份，清退地师级文件620份。向省委报备党内规范性文件91件，报备及时率、规范率达到100%；接收县区、部门报备文件387件，完成备案审查307件，前置审查文件152件（次），提出387条修改建议。突出会议秩序和会风两个重点，优质高效完成250余场次会议、活动的服务保障工作。加强机要密码工作。突出“快速、准确、安全”要求，开展专项检查3次，组织通信实践演练7次，下发电报签收情况《通报》12期，收发办理密码电报7688份，实现“零失误、零差错、零事故”。对491个单位国产密码应用情况进行调研。10个县区“提升工程”顺利通过初验，市委机要局被省委密码领导小组评为2017

年全省先进单位。强化保密监督检查。强化保密宣传教育，开展保密专项督查，发现和清除隐患38处，发放整改意见书29份。对全市478个机关门户网站、54个政务微博、66个微信公众号、158个政务邮箱、论坛、贴吧等数据实时监测，向28个单位发出木马攻击警报。创新保密工作点评机制，受到省保密局主要领导批示肯定。

◎**督查工作** 围绕全市中心工作落实，坚持问题导向，创新工作机制，狠抓督查问效，切实发挥督查工作服务中心、服务全局的重要作用。聚焦落实强化督促检查。围绕市委重要会议、全市中心工作和领导关注的问题开展专项督查，办理省市领导批示36件、省委办公厅交办事项16件，开展市委重大决策部署及重点工作专项督查30次，其中河长制落实情况、吉河流域养殖业污染问题整改、防汛救灾值班督查等得到市委领导批示肯定。牵头承办34件人大代表建议和58件政协提案督办工作。筹备召开2次“比学赶超”现场观摩推进会，对“追赶超越”季度点评排名靠后的3个县区和5个市直部门开展重点督查。聚焦提效能完善工作机制。建立督查通报制度和“白黄红”三色督办单机制，健全完善《关于进一步加强和改进抓落实的实施办法》《督查督办实施细则》《市委领导同志批示件办理工作实施细则》，下发督办单16份，形成《安康督查》16期，督查工作科学化、规范化、高效化水平不断提升。聚焦三服务抓好中心工作。围绕“三个助力”向市纪委报告情况9次，移交问题线索1件。承办省委环保督察组交办环境信访问题410件，得到省委督察组和市委、市政府主要领导充分肯定。

◎**信息工作** 切实发挥主渠道作用，当好“千里眼”和“顺风耳”，着力提升信息服务的针对性和有效性，为领导掌握情况、科学决策提供信息支持。抓好信息报送。坚持把及时高效报送重大紧急信息作为红线和底线，确保重要信息不停滞、不延误；坚持敏锐把握中省工作重点，充分发挥身在基层、贴近群众的优势，随时掌握基层工作动态；坚持把提高信息辅政能力作为根本要求，突出信息的价值点、闪光点。全年共编发《信息快报》101期，向省委办公厅报送《安康信息》471期。创新工作制度。制定全市党委信息报送工作《督办问责办法》，对常规信息、重大紧急信息、约稿信息的报送提出明确要求，不断提升信息工作制度化、规范化水平。建立“安康党办”政务微信公众平台，制定管理细则，加强平台建设和管理，发布信息72条。强化队伍建设。建立微信群对各县区各部门信息工作分管领导和信息员进行管理和培训，构建全市党委信息系统网络大格局。

◎**后勤保障** 规范完成156批2853人次接待任务，妥善处理群众上访332批1713人次。建立24小时安保巡防巡查机制，市委机关全年无事故。更换机关绿化带植被和路灯设施，完成机关部分区域墙面粉刷、廊灯更换、线槽维修、落水斗铺设、雨棚维修和公共卫生间部分区域防水铺设、一车道透水砖铺设及19间办公室改造，实施机关环境卫生专业化保洁。推进节约型机关建设，加强水电管理，机关家属院用水量下降24.8%，机关电费开支下降3.1%。加强机关院内车辆停放管理，重新划定停车位，安装使用车牌智能识别系统，实行单双号限入。严格遵守单位出车及派车单管理制度，建立定期检查、维护保养台账，加强驾驶员安全教育，全年累计安全行车50万公里，有效保障了公务用车需求。推行机关食堂菜单式管理，对机关健身房实施改造升级，着力打造干部职工温暖之家。

◎**中心工作** 脱贫攻坚成效显著。在汉滨区洪山镇石狮村启动交友帮扶“月代办”工作，帮扶工作社会满意度位居市直部门前列，“月代办”做法在全市推广。组织创办蔬菜种植农民专业合作社，带动贫困户96户201人。协调资金475万元支持基础设施建设。搬迁安置17户48人。组织开展义诊活动，为169户贫困户建立慢性病档案。深入推进新民风建设，对先进典型进行集中表彰。“双创”工作稳步提升。强化环境卫生管理和创建宣传教育，组织开展疾病防治知识宣传咨询和健康知识进社区活动，定期组织对机关、家属院和基建工地进行卫生清理。开办双创宣传栏11期，利用电子显示屏滚动播出创建宣传标语50多条，播出时长3000余小时。报送双创信息10条，被采用8条。认真履行牵头部门职责，扎实做好片区创森创园工作，健全完善双创巡查、季度考核和责任追究制度，创建任务顺利完成。综治创文工作扎实推进。深入开展平安机关创建，市委机关被陕西省综合治理委员会省公安厅评为“平安示范单位”，市委办被新城办事处评为“社会管理综合治理先进集体”。不断深化创文宣传教育，推荐好人线索360余条，积极组织志愿服务活动，受到各方面好评。现代茶园建设帮扶任务全面完成。持续抓好紫阳县高桥镇裴坝现代茶叶园区帮扶工作，主动对接相关部门，用足用活优惠政策，新建密植茶园300亩、改造500亩，新建苗圃50.5亩、管护1500亩，开展技术培训501人次，新增销售窗口2个、电商平台1个，协调落实项目资金135万元，新建生产道路1400米，美化园区道路200米，栽植樱花300株。

◎**自身建设** 实施精细化管理、精准化服务、精致化统筹，不断提高“三服务”水平。实行“两单两考两通报”制度，制定完善办公室《干部职工行为规范》等各类制度33项，制度创新得到省委领导和市委主要领导批示肯定。不断强化机关党建工作，严格落实“五规范”要求和“三会一课”制度，完成机关党委和7个党支部的换届工作，结合实际成立12个党小组，基层基础工作进一步夯实。开设“安康党办”大（小）讲堂，推行“六个一”学习制度，让党员干部在学、讲、评、议中锻炼提高。严格执行《干部选拔任用条例》，贯彻落实“三项机制”，坚持正确的选人用人导向，全年向市委推荐任用干部7人，内部调整、提拔科级干部27人。面向全市选调15名政务工作人员到办公室跟班学习，并建立长效跟班学习制度。坚持严管和厚爱结合、激励和约束并重，严格落实中央八项规定精神和中、省、市作风建设有关要求，进一步严格精减会议文件，规范公务接待和办公用品采购等工作，密切关注干部“八小时”外生活情况，坚决反对“四风”，把严的要求和铁的纪律传导给全体干部职工。同时，配齐配强机关工会班子，制定出台《干部职工关怀机制》，把组织的关怀体现在日常，有效激发干部职工干事创业的热情与动力。

（安顺宏）

组织工作

中共安康市委组织部

市委常委、组织部部长 高晶华

市人大常委会副主任、常务副部长 邹俊杰

副部长、市老干局局长 陈稳

市非公有制经济组织和社会组织党工委书记 许启福

市考核办常务副主任 柯昌斌

副部长 王黎

市考核办副主任 何在安

市远程办主任 仵红兵

市非公有制经济组织和社会组织党工委副书记 袁庆（女）

市委基层办副主任 贺富莉（女）

市干教办副主任 吴大鹏

◎**学习贯彻党的十九大精神** 及时下发组织系统认真学习贯彻党的十九大精神通知。市委常委、组织部长高晶华先后深入分管部门、十县区和高新区、瀛湖旅游示范区等20余个镇、60余个基层单位进行宣讲并开展调研；制定《市委组织部认真学习贯彻党的十九大精神实施方案》，认真组织开展“不忘初心、牢记使命”主题教育前期调研。制定全市党员干部学习贯彻十九大精神培训实施方案，组织开展全覆盖集中轮训。在报纸、电视台、党建网和微信公众号等开办学习专栏61个，手机短信和微信公众号推送十九大知识点67期300余条，分级分类举办19个专题的集中培训30余场、培训6000余人次，发放《辅导百问》等各类读本2万余册，全市各基层党支部开展学习党的十九大精神“主题党日”活动6000余场次。

◎**“两学一做”学习教育** 相继印发市委常委班子和党委（党组）带头推进“两学一做”学习教育常态化制度化2个《实施方案》，全面落实“五带头”工作要求，带动全市800余名县处级以上干部按期参加支部活动，642个党委（党组）领导班子定期召开民主生活会。每季度开展督导检查，现场反馈问题2943条、下发《整改建议书》405份。围绕发挥党支部在学习教育中的主体作用，出台了《严格规范落实“三会一课”制度的指导意见》《全面推行主题党日制度的指导意见》等12个制度性文件。全市5665个党支部全部建立“网络党支部”，累计开展“主题党日”活动3.5万余次，4114个党支部落实了党员积分制管理。出台《深化“两学一做”学习教育聚力脱贫攻坚的实施意见》，全市1691个市、县机关党组织深入帮建贫困村，14余万名党员公开服务承诺，2.4万名机关党员帮扶6.3万户贫困户，帮助修订1150个村规民约，组建1150个道德评议委员会，开展4260场次道德评议，教育有“等靠要”思想的群众4800多名。党建引领新民风建设的做法和成效得到政治局常委汪洋同志“值得总结推广”的重要批示。

◎**干部队伍建设** 围绕学习贯彻党的十九大精神和习近平新时代中国特色社会主义思想，举办各类专题培训班10期，培训4500余人次；围绕脱贫攻坚、民营企业等举办专题培训班4期，开办市级专题研修班次16期、中青班2期。与中直机关党校签署新一轮合作协议，先后选派169名干部赴中、省干部培训基地学习。建立7个市级干部党性教育基地，举办“安康讲坛”2期。将“三项机制”作为干部工作的重要遵循和导向，出台了《市管干部实绩档案管理制度》等8项配套制度。2017年全市运用“三项机制”提拔重用465人、容错纠错66人、调整“下”的干部71人，其中县级干部116人次。对22个市管领导班子进行了综合研判，部务会全年研究讨论干部228人次。制定《关于选派后备干部到脱贫攻坚一线锻炼的通知》，全市选派132名副县级后备干部、434名正科级后备干部、762名副科级后备干部加强脱贫攻坚一线工作力量。印发《优秀年轻干部培养选拔工作实施方案》，从知名高校定向招录19名选调生到安工作。强化干部选拔任用监督，严格执行干部选拔任用“凡提四必”。建立干部日常管理监督任务责任清单，健全干部监督信息库，建立综合运用干部监督信息成果从严管理干部办法；严格落实领导干部个人有关事项报告“两项法规”。持续从严从实抓好换届纪律。对103名干部进行函询，对22名干部进行诫勉，对49名干部进行批评教育；完成1026名省、市管干部个人有关事项的审核录入上报，对130名领导干部进行重点抽查核实，终止8名干部选拔任用程序；共受理和审核通过个人有关事项报告和任职备案42批次925人次，其中对22名科级干部任职不予备案。市级“12380”系统共办理举报51件次。

◎**基层党建** 全面落实市委关于脱贫攻坚“是最大的党建”工作要求，选派8名熟悉农村工作的副县级领导干部、抽调9名表现优秀的科级干部到县区挂职扶贫，新充实县区脱贫系统工作人员115人。建立中央省选派到安挂职干部关心关爱和服务保障机制。全面完成“四支队伍”整合工作，全市共组建1153个脱贫攻坚工作队，配备队员1.2万人；制定《关于进一步严明驻村工作队选派管理工作纪律的通知》。深化拓展“支部+X+贫困户”精准扶贫模式，着力推进“三变”改革。省委组织部在全省推广安康市“支部+X+贫困户”工作机制。抓党建促脱贫做法在全国深度贫困地区抓党建促脱贫会议上交流，赵乐际同志对此经验作出批示。全力实施基层党建“六大提升”行动。积极开展“千村示范、万村达标”活动，在全省率先开展第一书记研判，召回不胜任第一书记85名。集中整顿152个后进班子，试点村级后备干部“试岗锻炼”，在全省率先为每名村“两委”主要负责人办理意外伤害保险。召开

全市城市基层党建工作经验交流座谈会，推进建立四级纵向联动的领导体制和驻街（镇）社区单位横向共建的工作机制。扎实推进机关党建工作“五规范”，深入开展党员“八带头”。制定国有企业基层党组织规范化建设标准等9项规范性制度，完成市属国企党组织领导班子配备，全市96个国企全部完成公司章程修订工作。推出“1+6”扶贫工作方案，组织国有企业联手中省企业和江苏、天津帮扶企业合力助推扶贫脱贫攻坚。将6所院校整合并入安康职业技术学院，全面完成80个基层党组织换届工作。制定《加强全市中小学校党建工作的实施意见》。投入1000余万元建成7个县级非公经济、社会组织党群服务中心；开展“党建引领·助力脱贫”主题活动，提供就业岗位1.4万多个，带动1.2万户贫困户增收；创新建立“拓展型”“特设型”党组织98个，非公企业、社会组织覆盖率分别达91.75%和89.9%。印发《远程教育工作规范化建设实施意见》，组织举办党员电教片观摩评比。坚持问题导向，强化创新意识，在全省率先建立“三单管理”系统推进和“手机+党支部”精准指导落实机制；出台财政列支每个非公企业和社会组织党组织每年5000元活动经费和党员人均100元教育经费办法，得到省委组织部的充分肯定；出台关于加强行业系统党建工作意见，推进建立“系统抓、抓系统”和条块结合的党建工作机制，为全省首创。2017年，全市基层党建有6项工作受到中组部关注，3项工作得到中央领导批示，5项工作受到国家部委关注；4项工作受到省委关注，4项工作得到省委领导批示；在《人民日报》《中央新闻联播》等中央主流媒体报道基层党建工作经验32条次。全省第二季度基层组织建设现场观摩会在安康市召开。

◎**人才工作**　建立人才工作例会、报告、考核和联络员四项机制，市委人才工作领导小组运行机制不断健全。相继制定出台安康市《高层次人才编制管理办法》《进一步加强高技能人才队伍建设的实施意见》等制度，人才工作政策体系不断健全。设立市级人才发展专项资金1000万元，市委人才工作领导小组办公室和8个县区人才工作机构编制问题得到解决。大力实施以“百千万”工程为主体，教育卫生人才“十百千万”“职业农民”、文化人才“十优百强”扶持培养等行业人才项目为补充的重点人才工程。全年引进硕士以上高层次人才164人，鼓励支持各用人单位柔性引进各类高层次和急需紧缺人才288人，其中两院院士3人，博士80人，引才数量和质量较往年均有较大幅度提升。与20余家科研院所、高等院校签订战略合作协议，带动全市企业与省内外30多所高校、科研单位建立合作关系。新建院士专家工作站3个、省博士后创新基地2个、科技创新专家工作站7个、工程技术研究中心4个、创新科技合作联盟2个。积极申报中省人才项目，张京国、王少可、王占志等先后入选“三秦学者”岗位特聘专家、省第九批“百人计划”“西部之光”访问学者。探索创新和扎实推进“人才兴村”工作，全省人才助推脱贫攻坚现场推进会在安康市召开。

◎**考核激励**　全力迎接省对市考核，周密做好省委、省政府考核组到安考核的活动安排和接待工作，圆满完成了迎接省对安康市考核的各项工作任务。精心组织市对县区、市直部门和中省驻安单位共107个单位的集中考核工作，对2016年度省考安康市获得加分的8个部门直接确定为优秀等次，对56个综合考核优秀单位和11个单项考核奖、14个重大改革创新奖单位予以表彰奖励。继续深入实施差异化分类考核，进一步探索和完善分类更加合理、差异性更加突出的考核指标体系和导向更加鲜明的考核评价办法。制定《关于印发省上下达安康市2017年度目标责任考核指标任务分解一览表的通知》，提请市委印发《关于推动安康市在全省目标责任考核中“保优争先”的十条措施》，全力推动责任落实、定期研判、季度点评、跟踪督办、对上衔接等抓落实机制落到实处，全年开展专项督查3次，共发出预警提示单32份、督办单33份，确保了各项省考指标任务全面完成。一年来，组织部门深化“温暖之家”建设各项工作取得新成绩。扎实推进“两学一做”学习教育常态化制度化，深入开展“四讲四比”主题活动。认真搞好组织工作调查研究和内外宣传，全年在省级以上组工内刊上稿32篇（其中中央级内刊上稿2条），编辑《安康组工》29期、96篇。在中、省“大组工网”站上稿110余篇，“安康先锋网”全年上稿1337条、发表网评文章1100余篇，“安康先锋”微信公众号推送信息527条；全市拍摄的3部党员教育课件获评为A等，8部获评为B等，位于全省前列；在全省第三届党员电教片观摩交流中，安康市参选作品中1部获一等奖，2部获二等奖，2部获三等奖，其中镇坪县《布鞋的故事》被推荐参加中组部评选。切实抓好汉阴县马鞍桥村的脱贫攻坚工作，制定了“1+9+9+N”的精准帮扶规划，协调解决建设资金200万元，为贫困家庭解决实际困难330余件。老干部服务管理、干部统计、党内统计、茶园建设、防汛、“双创”、平安建设、文明创建等工作均取得良好成效。

宣传思想文化工作

中共安康市委宣传部

市委常委、宣传部长	罗雪剑
副部长（正县）	吕正勇
副部长、文明办主任	李大明
副部长、文联党组书记	李康林
市委讲师团团长	陈文斌
市文明办副主任	李雪艳(女)
市委讲师团副团长	赵富振
市委外宣办主任	赵　方
市网信办主任	姚　静(女)

◎**理论宣传教育**　一是推动中心组学习规范化。认真抓好各级党委（党组）中心组理论学习，发挥领导干部的示范引领作用。市委中心组围绕十九大精神、党风廉政、脱贫攻坚等内容开展集中学习9次，各县区委中心组累计开展专题学习130余次。加强对县区党委中心组学习的指导，开展县区旁听指导8次，对县级党委中心组学习秘书开展业务培训2次。石泉、白河县委中心组、安康学院党委

中心组荣获全省党委（党组）中心组学习先进集体。汉滨区委宣传部《理论教育“十个一”工程的“汉滨方案”》，荣获全省宣传思想文化工作创新奖二等奖。二是精心组织理论宣讲。切实抓好十九大精神的学习宣传贯彻，采取“理论宣讲+文艺下乡+百姓故事+现场互动”的宣讲方式进社区、进农村，全市累计开展各类宣讲3000余场次，受众40万余人次，使党的十九大精神深入基层、深入人心。三是创新理论宣讲模式。突出点题宣讲和精准宣讲，开展“菜单式点题宣讲”，深入基层宣讲200余场次，受众超过4万人次。深化网络学习平台的应用，打造“安康学习微平台”，围绕中省重大理论宣讲专题，推送理论学习资讯200余期700余条。

◎意识形态工作　一是层层夯实责任，建立意识形态责任清单制度。制定《市委常委班子意识形态工作责任清单》，明确常委班子、市委书记、宣传部长、班子成员四个层面28个方面的意识形态工作责任，以上率下带动全市各级党委（党组）领导班子及成员自觉主动履行意识形态责任。二是注重过程监督，建立意识形态记实手册制度。编印《党委（党组）书记履行意识形态工作责任制记实手册》，围绕意识形态重点领域、关键环节，督促党委（党组）书记定期研究、督导、检查分管领域意识形态工作，确保责任落实到位。三是突出能力建设，建立意识形态理论考试制度。制定印发《党委（党组）书记任前理论考试制度》，对拟任党委（党组）书记的人选进行政治理论测试，严把“第一责任人”入口关、能力关，提升政治敏锐性、政治鉴别力和意识形态工作能力。四是加强阵地管理，建立意识形态网络安全制度。紧紧围绕互联网作为意识形态斗争的主战场、主阵地这一关键点，制定《党委（党组）网络意识形态工作责任制实施方案》，切实加强互联网管理，维护网络意识形态安全。五是强化组织保障，建立意识形态联席会议制度。制定《党委（党组）意识形态工作联席会议制度》，形成党委统一领导、党政齐抓共管、宣传部门组织协调、有关部门分工负责的意识形态工作格局。牵头成立意识形态工作应急处置联动小组，深入开展意识形态领域形势综合分析研判，针对重大舆情、重要社情民意的苗头性倾向性问题，分类编制预案，及时响应、妥善处置。11月2日，省委宣传部《每日要情》第882期刊发安康“五制一体化”责任制度体系夯实意识形态工作责任的经验做法。市委宣传部《严把意识形态工作入口关　建立干部任前政治理论考试制度》荣获全省宣传思想文化工作创新奖二等奖，受到省委常委、宣传部部长庄长兴同志的批示肯定。

◎舆论引导　一是突出正面宣传。紧扣“建设西北生态经济强市”主题，围绕追赶超越、经济发展、深化改革、生态文明、脱贫攻坚、新民风建设等策划开展“追赶超越看安康”系列主题宣传活动，累计在中省主流媒体发稿8000余篇，形成了正面宣传强势。二是规范新闻管理。推进“走转改”、新闻战线“创佳评差”千人问卷调查活动规范化常态化。探索建立全市新闻媒体内部报送制度，第一时间掌握舆情动态。推动《安康市新闻采访接待和舆情处置办法》实施，规范媒体接待、舆情监测、研判处置和责任追究。三是狠抓互联网信息工作。开展“净化网上舆论环境专项整治”等互联网专项整治活动13场次，参与处置“3·4汉阴涧池火灾爆炸”“4·17白河茅坪山体滑塌”“8·10宁陕重大交通事故”等突发热点事件舆论引导和不良信息管控工作11起。加强网上正面宣传，组织开展“2017网络媒体下基层”“学思践悟·十九大”等重大网上主题宣传活动10余次。加强网评队伍建设，推动“1+10+X”网评应急指战综合体系建设，累计完成中省网评任务510余起。

◎对外宣传　一是策划主题外宣活动。组织开展“追赶超越看陕西——中外媒体安康行”“生态产业——媒体观茶”“脱贫攻坚看安康”“培育新民风　扶志助脱贫”等四次大型媒体集中采访活动，有效展示了安康脱贫攻坚及生态产业建设成效。二是扩大安康对外影响力。积极参与安康名优特色产品展示暨重点合作项目推介会、安康生态富硒农产品“五进”等重大文化经贸招商活动10余场次，为推介宣传安康，扩大对外开放，营造了良好的舆论氛围。三是持续推进“五大工程”宣传。围绕推进“支部+贫困户”“三变”改革、新民风建设、社区工厂和扶贫攻坚五大工程，加大重点主流媒体宣传力度，推出了一批立得住、可复制、叫得响、能推广的典型经验宣传稿件。“支部+X+贫困户”工作机制、新民风建设分别获得汪洋副总理的批示肯定。四是强化新闻发布和信息解读。策划组织“新民风建设”“脱贫攻坚”等例行新闻发布会和媒体见面会20余场次，开展“全面深化改革”“政府承诺制”专题新闻发布活动60余场次，搭建了政媒互动的良好平台和载体，有效传递了安康好声音。

◎践行社会主义核心价值观　一是思想道德建设持续加强。开展“弘德安康”道德建设，10人荣登“中国好人榜”，23人荣登“陕西好人榜”，1人荣获全国“2017年媒体特别关注孝心少年”称号，4人荣获陕西省“美德少年”称号。安康汉江志愿者救生队队长周云康荣获第六届全国道德模范提名奖。岚皋公路段柏杨道班被中宣部表彰为第三批全国学雷锋示范点。二是精神文明创建活动深入开展。在安康中心城市开展新一轮省级文明城市创建工作，汉阴县通过省级文明县城复查确认，宁陕县被省委省政府表彰为省级文明县城，石泉、岚皋、平利启动省级文明县城创建工作，形成了市县共创、多级联创的创建格局。11个单位被中央文明委表彰为全国文明单位、文明村镇、文明校园，29个单位和家庭被省委省政府表彰为省级文明单位、文明村镇、文明校园和文明家庭。安康市文明办被省文明办表彰为2017年度业务工作考核优秀单位。三是志愿服务制度化稳步推进。全市各级志愿服务团体达到1580个，注册志愿者达到9.2万人，累计志愿服务超过90万小时。安康义工联荣获中宣部、中央文明办志愿服务“四个100”最佳志愿服务组织荣誉称号。

◎**文化事业发展** 一是扎实推进公共文化服务体系建设。以西部第一、全国第三的成绩，获得第四批国家公共文化服务体系示范区创建资格。安康中心城市“文化大本营”工程开展各类文化服务1227场次，服务群众420余万人次。二是加快文化产业创新发展。采取“扩投资、育规上、推融合”等重点措施，积极培育“文化+”业态。全市文化产业投资达102.61亿元，规模以上文化企业突破100家，规上文化企业营业性收入达到30亿元，同比增长25.3%，超省考指标10个百分点。三是加强文艺精品生产创作。完成2016年全省重点文艺创作资助项目陕南民歌剧剧本《月出银龙湾》、纪实文学《汉调二黄口述史》创作任务。《汉水安康》入选全国优秀纪录片，《美丽的桑园坪》《秦巴汉水紫阳春》在央视播出。市委宣传部荣获“陕西省第十四届精神文明建设‘五个一工程’组织工作奖”，电影《红军乡》《美丽的桑园坪》荣获“陕西省第十四届精神文明建设‘五个一工程’优秀作品奖”。四是群众文化生活丰富多彩。推动落实政府购买公共文化服务资金250万元，购买文艺演出2200余场次，实现脱贫村“一村(社区)一年一场演出”全覆盖。承办2017年陕西省暨安康市文化科技卫生“三下乡”集中示范活动，共落实支农惠农项目资金3.2亿元。全市4个县区(单位)、23名个人分别被省委宣传部表彰为陕西省文化科技卫生“三下乡”先进集体、先进个人。

◎**“新民风建设”** 一是周密安排部署。3月20日，市委制定出台《关于大力推进新民风建设的实施意见》和7个配套实施方案。4月15日，全市“比学赶超”现场观摩推进会在旬阳县召开，市委书记郭青对新民风建设进行全面动员部署。7月18日，市委再次在旬阳县召开全市新民风建设工作现场会。全市各级各部门积极响应、迅速行动、同步跟进，以构筑“首善之地、民风高地”为目标，坚持问题导向、群众主体、典型引领、上下联动，结合各自实际，找准实践载体，推动全市新民风建设向纵深推进。二是强化教育引导。通过开展理论宣讲、新闻宣传、社会宣传、文艺宣传等方式，旗帜鲜明地倡导“诚孝俭勤和”和“五字新风”。全市共开展集中示范宣讲活动600余场次，受众30余万人次；市级新闻单位累计发稿1600余篇，中省重点新闻网站共刊发安康市新民风建设经验报道398篇，两微一端推送新民风建设稿件1498篇，人民日报、光明日报等中省媒体发稿286篇；总结推广“汉阴沈氏”“白河黄氏”“岚皋杜氏”等12部家训家规，大力开展家训家规“四进六上”活动；累计发放宣教资料20余万份，推送短信10万余条，开展各类宣传活动6000余场次；充分利用户外广告牌、LED显示屏、宣传栏等各种载体和媒介，开展新民风公益宣传；组织文艺工作者深入镇村、社区开展巡回展演等新民风主题文艺宣传活动2000余场，受众近20万人次。三是抓好活动载体。紧扣“一年初见效、两年大变样、三年成新风”总体目标，以“道德评议、移风易俗、文化传播、文明创建、诚信建设、依法治理”六大活动为载体，按照典型引领、整体推进、接续发力的工作节奏，全面推动“诚孝俭勤和”新民风建设。2017年，全市1200多个村(社区)修订了村规民约，共组建道德评议委员会1200个，已开展道德评议4260场次，树立正面典型6290例，教育后进2528例，帮教转化2100余例。四是助推脱贫攻坚。新民风建设开展以来，在脱贫攻坚扶贫扶志激发内生动力方面产生了良好效果，受到社会各界的广泛关注，先后得到汪洋副总理、国务院脱贫办领导和省上领导张广智、梁桂、庄长兴等多位领导的重要批示。9月6日，全省脱贫攻坚扶贫扶志现场推进会在旬阳县召开，原省委副书记、省脱贫攻坚领导小组副组长毛万春、省委常委、宣传部长庄长兴出席会议并讲话，强调要学好用活安康新民风建设经验，持续激发贫困群众脱贫致富的内生动力。11月7日，全市新民风建设扶贫扶志现场推进会在紫阳县召开，市委常委、宣传部长罗雪剑出席会议并讲话。12月20日，省委宣传部印发通知全省推广安康脱贫攻坚扶贫扶志经验。安康市委宣传部《新民风助推脱贫攻坚扶贫扶志的“安康经验”》荣获全省宣传思想文化工作创新奖一等奖。

◎**脱贫攻坚宣传** 制定《安康市脱贫攻坚宣传工作方案》和理论宣传、新闻宣传、网络宣传、社会宣传、文艺宣传等5个配套方案，对全市宣传战线助力脱贫攻坚工作进行周密安排部署。一是组建脱贫攻坚理论宣讲团，赴各县区开展集中示范宣讲活动，累计宣讲20余场次，受众1万余人次。二是市级新闻单位围绕“脱贫攻坚·奋力争先”主题，开设“脱贫攻坚·安康在行动”等专题专栏8个，发稿3200余篇。三是组织市级网络媒体开设“脱贫攻坚倒计时”等专题专栏，累计发稿1300余篇。四是开展“精准扶贫·文化同行”主题文艺宣传活动，深入村组及移民安置社区惠民演出2000余场，受众近20万人次。

◎**干部队伍建设** 一是突出阵地管理。深入贯彻落实中央和省、市委关于党管宣传、党管意识形态的有关要求，联合市委组织部制定下发《关于宣传文化系统干部管理有关问题的通知》，进一步加强宣传文化单位重要岗位和重要宣传舆论阵地的领导干部选拔配备，确保宣传思想阵地队伍可靠、导向正确、管理有序、不出问题。二是夯实基层基础。加强对基层宣传思想文化工作的指导，推动基层宣传思想文化工作创新，组织开展全市宣传思想文化工作创新奖评选，建立健全创新奖评选制度和推广应用机制，总结推广基层的新创造、新经验。旬阳县委宣传部等3个单位、白河县文化馆馆长等3名个人分别被省委宣传部表彰为2017年度全省宣传思想文化工作先进单位、先进个人。三是加强人才培养。深入实施“文化名人”工程和文化人才“十强百优”工程，大力培养文化领军人才。全面推进“四个一批”人才培养计划，积极向省委宣传部推荐省级宣传思想文化系统“四个一批”人才。制定《2017年干部教育培训工作计划》，围绕宣传思想文化重点工作，举办各类培训7期次，培训720余人次，全面提升干部教育培训质量。

统　战

中共安康市委统战部
市委常委、部长　黄　勇
副 部 长　梁博泉　陈有随　桂明德

◎**统战工作**　认真学习贯彻中、省、市有关重要会议精神，夯实共同思想政治基础。一是不断提高全市统战干部和统战成员的思想理论素质和业务政策水平。采取多种方式，组织引导统一战线各界人士学习党的十八大，十八届四中、五中、六中全会和习近平总书记系列重要讲话精神以及新时期统一战线理论、方针、政策、《统战工作条例》等，2017年9月份，在全国对台干部培训中心首次举办了为期一周的安康市统战系统专题培训班，来自各县区统战部长、工商联党组书记、各民主党派、统战系统及有关单位负责人共40余人参加了培训班。二是及时筹备召开了全市统战、对台工作会议，进一步统一思想，明确任务，强化措施，把中、省统战部长会议，对台工作会议和市委四次党代会精神落到实处。三是深入学习领会十九大精神。采取现场收听收看十九大实况，召开代表人士专题学习会、辅导讲座、培训会、开办统战专版专栏等多种形式，学习宣传十九大精神。四是围绕市委重要决策部署和重要人士安排等事项，筹备召开各界人士情况通报会、座谈会、协商会4次。五是积极落实省委统战部、省扶贫办《关于支持省级各民主党派开展脱贫攻坚民主监督工作实施方案》要求，及时召开座谈会，进行安排部署，印发了《关于做好省级民主党派开展脱贫攻坚民主监督联络服务工作的通知》，主动牵头组织市级相关民主党派和4个深度贫困县区与省民盟、民进、九三学社党组织进行对口实地对接，为省级民主党派组织对市县区开展脱贫攻坚民主监督进行了有效衔接。同时，精心安排和热情接待省级民主党派到安就脱贫攻坚、农民收入、产业发展、环境保护等方面开展调研活动，专题调研4次。六是积极引导各民主党派、无党派、民族宗教和非公经济人士开展“不忘合作初心，继续携手前进”“听党话、知党恩、跟党走”为主题的学习教育实践活动，坚持和发展中国特色社会主义的坚定性和自觉性，增强“四个意识”“四个自信”，不断夯实共同思想政治基础。

◎**宣传工作**　全年共主办学习园地12期，听专家讲座6次，领导干部讲党课5次，干部外出培训8人次，干部参加自主选学20多人次，召开专题学习会、辅导讲座、培训会等6次，撰写体会文章22篇。

◎**民主党派工作**　一是强化与省委统战部和有关民主党派省委会的联系协调，推动成立民进、民建、农工党安康市委会。二是按照市委常委会纪要〔2017〕25号要求，指导三个民主党派筹委会积极开展各项筹备工作，通过理顺市、区成员隶属关系、规范整合基层支部、建立规章制度等，不断加强组织建设。三是推荐和考察了民盟市委会秘书长人选，为三个党派选调工作人员3名，落实了5个市级民主党派机关办公地点，并配备日常办公用品。指导汉滨区统战部完成了民进、民建区委会换届工作，实现了新老交替和政治交接。

◎**民族工作**　一是认真贯彻落实党的民族政策，促进民族团结进步。继续深入开展民族团结进步创建活动，全市已建成9个民族团结进步创建进清真寺活动示范点，创建工作获得省上充分肯定。特别是7月18日，江口回族镇民族特色小镇规划正式启动，西汉高速宁陕县庙坪—双河公路江口连接线开工建设。二是2017年，全市17个少数民族聚居村累计实施项目40个，资金1.03亿元，其中8个贫困村实施项目22个，资金2220万元，485人少数民族贫困群众全部脱贫。三是联合执法单位开展清真食品泛化专项治理工作，专项检查2次，纠正违规行为20余处，规范清真食品管理，防止“清真”概念泛化，全面提升清真食品安全监管工作。

◎**宗教工作**　一是在全市宗教界开展以“规范”为重点的和谐寺观教堂创建活动，4处宗教活动场所分别荣获第三届全国创建和谐寺观教堂先进集体称号和第三届全省创建和谐寺观教堂先进集体称号，3名教职人员荣获第三届全省创建和谐寺观教堂先进个人称号。二是顺利平稳完成市天主教爱国会换届工作。三是全年组织召开了两次市委统战工作领导小组扩大会议，专题研究部署伊斯兰教工作。制定安康市《加强和改进新形势下宗教工作的实施意见》，完善民族宗教领域信访矛盾调研排查机制，落实属地管理责任，努力将矛盾纠纷化解在萌芽状态。同时，积极配合做好中国天主教爱国会和中国道教协会成立60周年纪念活动，全力维护民族宗教领域和谐稳定。四是有序开展对外宗教文化交流活动，在独立自主、平等友好、互相尊重的基础上参与不同文明、宗教和信仰间对话。分别接待了挪威友人尤约翰、台湾道教文化交流团30余人。

◎**党外人士工作**　一是通过重要岗位挂职锻炼、市县双向交流任职、党外干部后备库动态管理等措施，推进党外人士培养、选拔和配备工作，在2017年的市、县换届中，党外人士的政治安排、实职安排均符合有关政策要求。目前全市配备市级党外领导干部5人、市级部门17人，县区领导班子39人。二是按照“一职二备”要求，对市、县（区）正科级党外干部进行了排查，征求有关党组织的意见，调整充实县级党外后备干部120人。在市工商联（总商会）换届中，推荐30名优秀非公经济代表人士被安排到领导班子中任职。三是根据省上换届工作要求，组织推荐和考察省十二届政协委员人选17人，其中党外人士12人。向市委组织部推荐党外省人大代表人选8人，基层一线工人、农民后备代表人选7人。另外，在黄埔同学会工作方面，市委统战部和旬阳、白河县委统战部被省黄埔同学会评为服务黄埔同学先进集体。

◎**非公经济领域统战工作**　一是深入开展理想信念教育实践活动，进一步增强非公经济人士“四信”。先后开展了对全市民营企业2016年纳税大户、第三届安康市非公有制经济人士优秀中国特色社会主义事业建设者评选表彰、2017年度“平安企业”创建等主题活动，弘扬了优秀企业家精神。有2名非公经济人士走进了陕西新闻直播间接受采访，展示了安康市非公有制企业家的风采。二是指导市县（区）工商联圆满完成了换届工作，配齐配强了两级工商联党组书记。进一步强化了非公经济领域统战工作的政治基础、组织基础和工作基础。三是围绕构建“亲”“清”新型政商关系，提升服务质量。为推动全市非公经济追赶超越营造良好的政策环境、市场环境、法治环境和社会环境，先后参与了全市非公企业发展情况调研，参与撰写的调查报告被市委出台的《关于推动全市非公有制经济追赶超越的意见》采纳；筹备召开了全市金融机构服务支持非公经济发展、全市法治服务保障非公有制经济发展、学习贯彻中央办公厅、国务院办公厅〔2017〕25号文件三个座谈会；联合市委组织部、市工信局、市工商联于2017年3月份举办了为期3天的全市百名民营企业家专题培训，就宏观经济形势、政策信息和服务保障等进行了现场辅导和讲解。四是团结引导全市非公经济人士和非公企业开展“万企帮万村”精准扶贫行动，助力脱贫攻坚。据统计，全市251个会员企业、63个商会共结对帮扶261个贫困村，帮扶群众7787户23300余人。接待了中省媒体到安调研采访“万企帮万村”精准扶贫行动。安康市“万企帮万村”精准扶贫行动多次在全省进行经验交流，2017年10月份，被省政府表彰为先进单位。

◎**对台工作**　一是认真贯彻中央对台大政方针，以遏制台独为主线，全方位开展安台交流合作与经贸活动，全年共接待台商台胞及外商到安参访考察12批277人次。二是圆满完成中国国民党前主席连战、海基会前董事长江丙坤、中国国民党前副主席林丰正等台湾政要到安参访接待工作，受到中、省台办表扬。三是积极承办国台办重点交流项目“台湾高雄市基层菁英参访团陕西行”来安参访和省台办重点交流项目“台湾中南部村里长交流参访团公祭黄帝陵和来安考察”活动，台湾道教文化考察团到安进行道教文化交流活动；组织开展安康市富硒农业经贸团、平利农业经贸团卫生医疗参访团赴台考察交流，促成平利县高峰村与台湾桃米生态村结对联谊，市中心医院、市人民医院、市妇幼保健院三家医院与台湾高雄小港医院医院签订友好合作协议，进一步提升了安康的知名度和影响力。四是开展台情侨情调研，对全市海外及港澳台侨情资源进行综合摸底排查，整合海外联谊资源，加强与海外华侨及统战社团的联系。

◎**其他工作**　（一）“创建”工作。一是全面完成“双创”工作任务。我们充分发挥统战优势，组织各民主党派开展“送健康、送文化、送科技”进社区、进乡村系列活动，组织统战系统干部职工开展低碳出行·快乐生活”“相约春天、我健康、我快乐”等主题活动，举办“以德养心，传统文化与幸福人生”专题讲座报告会等深受好评，有力助推了“双创”工作。二是围绕创建全国综治优秀市和深化平安安康建设，切实履行统战部作为综合治理成员单位的职责，动员统战成员中的人大代表、政协委员积极参与省对市“两率两度”调查，提升安康对外的满意率和美誉度。三是积极开展省级文明城市创建工作。组织统战系统开展了创文知识培训4次，投入2万元活动经费，定期制作文明手册和宣传展板。（二）精准帮扶工作。全年共为该村协调各类资金120多万元，用于基础设施、通讯电商设施、产业发展、教育脱贫等。完成交钥匙工程9户，产业路7公里，新修人饮工程5处，修建安置点外挡墙305米；投入资金25万元为全村架设有线电视、宽带光缆15公里，修建基站1个；与安康高新产业发展投资（集团）有限公司建立了教育扶贫基金，全年发放教育扶贫基金23万元；建立农民专业合作社5个，种植核桃350亩、蚕桑340亩，魔芋种种苗基地200亩。新农民建设扎实推进，深入开展“树自强标兵、交农民朋友”和“诚、孝、俭、勤、和”先进典型评选表彰活动，有2名贫困户被镇党委、政府树立为自强标兵，18户先进典型受到表彰奖励。机关12名干部结对贫困户24户，制定了“常走访、多交心、办实事”制度，积极开展结对帮扶工作。除此之外，我们还从机关经费中抽出2万元对帮扶户进行了产业扶持、健康扶贫等，深受群众好评，提升了贫困户脱贫致富实效。（三）联校支教工作。一是完善学校基础设施。从部办公经费中拨付2万元，解决了教学楼漏水维修和校园网络建设。二是开展学校对口交流，邀请江北高中、培新小学、汉滨初中等校名师与该校开展教学研讨活动，提高老师业务水平。三是在“六一”前夕，为全校学生捐赠校服、运动鞋、学习用品价值7000余元。组织各民主党派人士走进校园开展健康教育知识讲座2次，完成了年度支教任务。（四）茶园帮扶。帮助汉滨区晏坝镇钰丰茶叶产业示范园区完成新建成、低改核心示范茶园和企业+农户等模式茶园2300亩，修建园区主路及生产道路6公里，建蓄水池6口、排灌水沟和防洪渠6.3公里。协助争取省、市供销社项目资金435万元，区水利局坡改梯项目200万元，截至2017年底，已到位260万元，用于茶叶加工厂建设，土地改造、防洪排水等设施建设。

政策研究

中共安康市委政策研究室
市委政研室主任、市农村工作领导小组办公室主任　周孝斌
市委政研室副主任　萧　诚
市农村工作领导小组办公室副主任
李登章

◎**调查研究**　一是对富硒产业发展、农村“三变”改革工作组织外出考察学习，分别形成了《关于赴湖北恩施、重庆江津考察富硒产业情况的汇报》、农村“三变”改革《指导意见》和《试点方案》，这三个报告和文件均由政研室在市委常委会议上作专题汇报，提出的主要建议和对策得到市委肯定和采纳。二是参与市委生态经济考察组赴福建南平、广东河源考察学习，起草了《对标南平加快安

康追赶超越》考察报告，为市委市政府实施追赶超越提供了重要依据。

◎**深化改革** 一是在全省创新建立改革系统新闻发布制度。以“增强人民群众获得感”为主题，组织与民生息息相关的改革部门发布改革成果，用社会监督、舆论监督手段推进改革落实。实行一个季度一场新闻发布会、一个月一次媒体发布的改革系统发布制度，让群众参与改革进程，提出改革建议，感受改革成果，推动改革落地，受到人民群众和社会各界好评。二是在全省创新建立重点改革市级领导领衔推进制度。选择了21项事关全市发展大局的改革事项，逐项明确工作重点、完成时限、牵头领导、责任单位和责任人，由市委、市人大、市政府、市政协四大班子“一把手”带头领衔推进，任务落实到21位市级领导，以上率下、传导压力，形成一级做给一级看、一级带着一级干的抓落实工作格局。三是在全国创新建立基层改革创新观察点制度。把发现、指导、总结基层探索创新作为重点，建立基层改革创新观察点制度，要求每个县区至少确定2个观察点，再从10县区选择2个改革观察点作为市委改革办直接指导的观察点一竿子插到底，市委改革办定期到点指导、培育协调、总结推广，了解掌握基层一线改革动态，从基层探索创新中发掘亮点、总结经验，把具有普遍意义的探索创新上升为制度推广。这项创新工作也得到中央深改督察组的高度肯定和关注。四是在全省创新建立全面深化改革电子督查平台。按照“三督三察”要求，把深化改革督察工作纳入市委、市政府督察范围一起安排，形成“三位一体”的大督查格局，目前基本建立起覆盖9个专项小组、各县区委、市直40个部门的全面深化改革督办电子政务系统，实行改革进度监管、督察、评价、问效一体化，通过移动终端即可对改革工作进行实时督查，推动各项改革任务如期完成。

◎**“三农”工作** 一是组织召开了全市农村工作会议，对2017年度以农民持续增收为主题、农业供给侧结构性改革为主线的“三农”追赶超越发展任务进行了安排部署。二是牵头组织对“三农”、改革工作进行了专项督查，督促各项任务落实落地。三是围绕贯彻中省一号文件精神，起草了《关于推进农业供给侧结构性改革促进“三农”追赶超越发展的实施意见》（安发〔2017〕12号），提出以脱贫攻坚为总揽、以推进农业供给侧结构性改革为主线、以加快“三农”追赶超越发展为主题，推动农业增效、农民增收、农村增绿，成为指导全市“三农”工作追赶超越的重要文件。四是紧盯“三农”发展和脱贫攻坚工作大局，起草了《关于开展农村资源变资产、资金变股金、农民变股东改革的指导意见》（安发〔2017〕18号）和《安康市推进“资源变资产、资金变股金、农民变股东”改革试点方案》（安农工发〔2017〕2号），大力推进农村“三变”改革，以改革理念推动农业强、农村美、农民富，成为指导全市农村改革的又一重要文件。

◎**重要文件起草** 一是根据市委主要领导指示，针对近年来农村存在的等靠要闹风、不良人情风、盲目攀比风、低俗恶搞风、打牌赌博风等突出问题，起草了《大力推进新民风建设的实施意见》（安发〔2017〕1号）和《关于开展新民风道德评议活动等七个配套实施方案》（安办发〔2017〕9号），提出新民风建设“诚、孝、俭、勤、和”五大核心思想内涵和“道德评议、移风易俗、文化传播、文明创建、诚信建设、依法治理”六大活动载体，用“党建+新民风”系统思维推进新民风建设与基层党建、精神文明建设、社会治理深度融合。二是根据中央、省委和市委部署，起草了《市委全面深化改革领导小组2017年工作要点》（安办字〔2017〕46号），明确9大类63条114项年度改革任务，建立台账，明确时限，成为推进全市改革的路线图、时间表、任务书。三是针对安康市非公有制经济规模偏小、培育不足、效益不高、环境不优等突出问题，起草了《关于推动非公有制经济追赶超越发展的意见》（安发〔2017〕13号），提出坚持五大发展理念，推动非公有制经济扩量提效、调整结构、转型升级，力促全市非公有制经济追赶超越发展。四是按照市委主要领导指示，起草了《关于持续系统推进脱贫攻坚五大工程的实施意见》（安发〔2017〕17号），提出用系统化思维谋划，以系统性措施推进，集中优势兵力打响深度贫困歼灭战，确保打赢脱贫攻坚战和全面建成小康社会。同时，还积极参与市委四届四次、五次全会主要领导讲话起草工作，参与制定了《关于稳步推进农村集体产权制度改革的实施意见》《关于贯彻落实中央完善农村土地所有权承包权经营权分置办法的实施意见》和《安康市新型智库建设实施方案》等文件，充分发挥了参谋助手作用。

◎**其他工作** 一是留言回复。2017年，完成人民网人民论坛网民给市委主要领导留言办理回复67条，回复率100%，网民满意率100%，满意率居全市和全省第一。二是联村扶贫。在帮扶汉滨区双龙镇谢坪村工作上，充实组建以1名副主任任队长、1名后备干部和4名队员为主的6人驻村工作队，狠抓“四个四”年度目标，2017年退出贫困户7户21人。全年完成全村农网改造、桃家湾至聂家院子3.7公里水泥路硬化、1.8公里沙石路、村活动室后河堤项目、2.5公里饮水管道等工程，开工建设关山集中安置点，新建魔芋基地450亩，建成1个茶叶加工厂，培育1个市级现代农业园区，评选2个脱贫攻坚自强标兵和3个新民风建设正面典型，同时政研室室驻村干部张浪平被评为全市“交友帮扶先进个人”。帮助双龙小学争取教育资金10万元、单位出资1万元建设多媒体电教室。三是创建工作。坚持创森、创卫、创健、综治联创联动，做到周有活动、月有重点、季有亮点、年有成果。建立迎国卫复审“门前四包”和环境卫生整治常态化机制，组织义务劳动50余次510余人。开展4次创森培训活动，策划宣传栏4期，更新信息50余条，被表彰为创森知识竞赛优秀组织单位。举办消防安全知识和“清廉家风润安康”家庭教育等专题讲座，投入经费2万元开展干部职工健康体检。

（张 昭）

机关党的工作

中共安康市直属机关工作委员会
书　　记　皇甫健
副 书 记　鲁延海　周　宏
中共安康市直属机关纪律检查工作委员会
书　　记　鲁延海

◎**政治思想建设**　突出党的十九大精神学习，组织机关党组织和党员干部集中收看十九大开幕盛况，及时下发《关于认真学习宣传贯彻党的十九大精神的通知》，邀请十九大代表陈分新同志宣讲十九大精神，购买、发放《党的十九大报告学习辅导百问》等学习资料1300套3900册。深入推进“两学一做”学习教育常态化制度化，全面开展党员教育“五个一”（读一本好书、讲一堂党课、办一期培训、树一个典型、建一套制度）活动，组织发放学习资料10400册，拨付培训经费17.1万元。组织开展了“优秀读书心得”“优秀党课教案”评选活动，评选表彰“优秀读书心得”“优秀党课教案”各60篇。组织举办了市直机关“千名党务干部”培训班，952名机关党组织书记、组织委员接受专题辅导。

◎**组织建设**　在市直机关深入推进机关党建“五规范”工作。健全和完善了基层组织设置、基层组织换届、“三会一课”等工作台账17种。指导市委党校等21个机关党组织调整组织设置，整建制划转市技工学校等15个党组织隶属关系；适时向机关党组织发换届提醒函，指导市国税局等30个机关党组织按期换届，工委直属机关基层党组织按期换届率100%；进一步严格“三会一课”、双重组织生活、组织生活会等组织生活的时间、内容、形式；建立了发展党员工作流程图，严格积极分子确定、培养、教育、审查及预备党员考察、接收、公示、转正等程序规定，组织培训入党积极分子213人，新发展党员124名，接转党员组织关系485人次，按规定对3名不合格党员予以除名；督促机关党组织严格规范党费收缴使用管理，落实专户缴存、专账管理、报告公示等制度。组织开展基层党组织创建工作，创建标准化党支部251个，示范党支部53个，“五型”机关党组织46个。

◎**作风建设**　在市直机关基层党组织中深入开展“党员八带头”活动，引领党员干部立足岗位创一流业绩、展先锋风采，培树了一批先进典型，在庆祝建党96周年之际，表彰了市直机关先进基层党组织28个，脱贫攻坚优秀共产党员97名，优秀党务工作者41名。动员市直机关党员干部全力助推脱贫攻坚，推行“机关党组织联村、党员联户”帮扶制度。2017年市直机关共有2658名党员干部结对帮扶贫困群众3365户。深入开展了“我为群众办一件好事”活动，2017年市直机关党员干部共为群众办好事1.53万件。扎实开展了机关党务干部队伍现状、党建助力脱贫攻坚等专项调查研究，形成调查报告5份，其中《抓实基层基础，提升机关党建》一文在《陕西机关党的工作》第8期刊发，《突出党建引领，助力脱贫攻坚》一文获全省机关党建理论研讨三等奖。

◎**纪律建设**　认真落实“两个责任”，制定并严格落实《工委党风廉政建设主体责任清单》《纪工委党风廉政建设监督责任清单》，建立了《机关基层党组织书记党风廉政建设主体责任清单》《机关纪委书记（纪检委员）党风廉政建设监督责任清单》以及《机关党支部日常监督责任清单》，明确了各级机关党组织的主体责任和监督责任。健全机关纪检组织体系，为纪工委配备了1名副科级纪检员，增强了办案力量。17个机关纪委选举产生了书记和班子成员，普遍配齐了机关党总支、党支部纪检委员。组织举办了第四期关键岗位科长（主任）党风廉政教育培训班，113名科长（主任）参加了全面从严治党和财经法规专题培训，并参观安康监狱接受职务犯罪服刑人员现身说法教育。强化监督执纪工作，有效运用“四种形态”，开展纠正“四风”、整治“为政不为”和执纪审查工作，2017年，初核违纪线索1件，立案1件，处分1人；审理市直部门科级及科级以下党员违纪案件6件，指导市直部门查处违反党纪的科级及以下党员干部7人。

◎**机关文体活动**　组织举办了“秦巴明珠党旗红、追赶超越当先锋”主题演讲比赛，67个机关基层党组织的76名选手参与比赛。与市体育局联合组织举办了市第十六届运动会（市直机关第五届体育运动会），市直机关61个基层党组织所在单位的1900余名党员干部参加了比赛。

老干部工作

中共安康市委老干部工作局
局　　长　陈　稳
副 局 长　刘小杰（女）

◎**离退休干部党组织建设**　认真落实中央《关于加强和改进离退休干部工作的意见》（中办发〔2016〕3号）和省委《关于加强和改进离退休干部工作的实施意见》（陕办发〔2016〕43号）文件精神，于2017年4月28日以市委、市政府两办名义制定下发了《关于进一步加强和改进离退休干部工作的实施意见》（安办发〔2017〕10号），对全面加强和改进全市离退休干部工作提出了指导性意见。2017年10月27日，联合市委组织部、市财政局、工信局下发了《关于进一步加强离退休干部党组织建设有关问题的通知》（安组字〔2017〕146号），按照离退休干部党员每人每年500元和老干支部书记每月补贴300元的标准预算离退休干部党支部工作经费。同时，将离退休干部党组织党费的返还下拨比例提高至80%用于支部建设。扎实开展“离退休干部党组织建设年”活动，进一步健全完善离退休干部党组织设置，汉滨、白河、紫阳、镇坪、平利5县区成立了离退休干部党委（工委），全市成立了离退休干部党支部255个，白河县落实了党建工作经费。各县区、各部门积极探索在离退休干部集中居住地、活动学习场所、兴趣爱好团体、社团组织中建立基层党组织或临时党组织，丰富离退休干部党组织活动形式和内容。市老干部活动中心（老年大学）党总支根据党员学员较多的实际情况，按照“组织随着党员走，支部建在班上”的工作思路，成立临时党支部10个，临时党小组43个，构建起党总支、支部和党小组一级抓一级的组织网络体系，让离退休干部党员就近过组织生活，形成了“关系在原单位，活动在学校，奉献在社会”的新型党员学员管理模式。

◎老干部思想政治建设 深入推进离退休干部“两学一做”学习教育常态化制度化，通过辅导报告、知识答题、座谈交流、送学上门等形式，组织老干部深入学习党的十九大精神和习近平新时代中国特色社会主义思想，引导广大离退休干部牢固树立“四个意识”，坚定“四个自信”，始终在思想上政治上行动上同以习近平同志为核心的党中央保持高度一致。2017年11月24日，组织召开了市直离退休干部十九大精神宣讲报告会，邀请市委党校江兴教授为市直180余名离退休干部作了十九大精神专场宣讲报告会，进一步引导离退休干部了解大局大势，深刻领会党和国家大政方针和习近平总书记系列重要讲话精神。市委书记、市长等市级领导带队分12个慰问组，在春节期间对43名离退休厅级老领导、老同志进行看望慰问，向他们通报经济社会发展情况，征求他们的意见建议。各级各部门也全面开展了慰问老干部活动。召开了形势通报会和老干部座谈会，市长赵俊民通报了全市经济社会发展情况，并听取了老干部对政府工作报告的意见建议。

◎待遇落实 全面落实老干部各项政策待遇，按照省委老干局的统一部署，于2017年6月份组成两个慰问工作组，赴江苏、浙江等地对易地安置的8名离休干部进行了集中看望慰问。12月，联合市委组织部、市人社局、财政局下发了《关于提高生活长期不能自理的离休干部护理费标准的通知》（安组字〔2017〕175号），将生活长期完全不能自理的离休干部护理费标准由每人每月1000元提高到每人每月2500元，审批提高生活不能自理离休干部护理费16人。下发了《关于调整去世离休人员无工作配偶生活困难补助标准的通知》（安组字〔2017〕197号），进一步关心关怀离休人员遗属。对离退休干部重大节日走访、生病住院看望、去世告别抚恤等制度进行了修改完善，市县全年走访慰问老干部1200余人次，看望住院老干部130余人次，协助办理老干部丧事、参加吊唁活动60余次。畅通信访渠道，热情耐心接待老干部来电来信来访，对老干部直接反映的问题和上级批转件做到了“件件有回音，事事有着落”。认真落实《特殊困难离退休干部帮扶机制实施意见》，2017年全市累计救助困难老干部350名、兑现帮扶资金140余万元，真正让广大离退休干部感受到了党和政府的温暖。重视关心特困企业离休干部及其遗属，继续将市直企业离休干部和企业离休干部无工作遗属生活待遇列入财政供养。加强对干休所工作的领导，指导完善了“三访一联系”制度，坚持“一对一”全覆盖精准服务，使驻所老干部获得感进一步增强。

◎发挥老干部作用 按照中省关于“畅谈十八大以来变化、展望十九大胜利召开”和“增添正能量助力追赶超越”主题活动的部署，印发了《关于进一步深入推进全市离退休干部增添正能量活动的通知》，召开了正能量活动推进座谈会，联合安康日报、安康新闻网继续开办了“我眼中的安康，讲自己的故事”老干部征文专栏，在市老干部工作网、《安康老年》、安康老年大学简讯等平台开设了“畅谈建言”专题版块，组织全市老干部扎实开展了“畅谈新变化、点赞新成就、聚力新安康”活动，市、县两级800余名老干部积极参与了“畅谈建言”活动，广大老干部结合自己的亲身感受，对经济社会发展取得的新成就给予了充分肯定和高度评价，围绕全市脱贫攻坚、从严治党、城市创建等重点工作提出建议280余条，收到老领导、老干部畅谈发展变化、讴歌美好时代、感悟生活变迁的各类正能量稿件300余篇，已刊发120余篇，有9篇在省老年大学开展的“畅谈三秦变化，助力追赶超越，争做风范长者，喜迎盛会召开”征文活动中获奖，从中精选98篇优秀文稿编印《我眼中的安康——讲自己的故事优秀征文选编》一书，印制5000册供全市广大老干部学习宣传，在全市老干部中引起热烈反响。各级各部门也纷纷开展了老干部助力脱贫攻坚、三下乡、义务志愿、网上正能量等大小活动150余场次，旬阳县老干局和岚皋县老干局分别在全省老干部正能量活动推进会、全省老干部公益志愿服务推进会上作了交流发言。培育和支持老年社团发展，市老科协、市老年学会、市老体协、市直老体协、市老促会、市老年书画学会、市老年基金会等社团在各自领域都发挥了不可替代的作用，受到社会各界好评。

◎老干部学习活动阵地建设（活动中心和老年大学） 加强衔接汇报，强化协调督促，扎实推进老干部活动阵地建设，旬阳县新增老干部活动场所面积320平方米、镇坪县新增老干部教学面积580平方米，紫阳县协调划转老干部教学活动场地1100平方米，正式挂牌成立老年大学。争取财政资金700余万元，完成了市老干部活动中心（安康老年大学）活动教学楼的装修，于2017年9月正式启用，使老干部学习、活动场地增加到5500平方米，硬件服务设施得到极大改善，学员积极性大大提高，老年大学现设有9个系48个教学班，学员人数创历史新高，每天有300余名老干部和5个老干部社团在此开展学习和活动，累计达到5000人次。老年大学先后组织开展了元宵节灯谜游艺会、安康老年大学第三届校园艺术节系列活动、“弘扬正能量、畅想主旋律”综合教学成果演出、“不忘初心跟党走，乐享夕阳正当红”市直离退休干部迎新年音乐会等活动15次，充分展示了老干部健康向上、康乐有为的精神风貌。11月30日，市委副书记、市长赵俊民同志带领组织、财政、公产等部门专题到市老干部活动中心（老年大学）进行调研，听取了老干部工作汇报，对全市老干部工作作了充分肯定，现场解决了市老干部活动中心（老年大学）基建遗留问题和运转经费问题，为进一步提升市老干部活动中心（老年大学）教学服务水平注入了强大动力。

（余恒轩　胡呈娥）

保密工作

中共安康市委保密委员会办公室
（安康市国家保密局）
主　任（局　长）　郑光兰（女）
副 主 任（副局长）　何昌平
李支安

◎**保密教育**　一是2017年12月1日，举办了全市保密系统十九大精神专题培训。二是依托“保密宣传月”和“12·4”宪法宣传日平台，在机关、学校、涉密企事业单位广泛开展了以学习贯彻《中华人民共和国保守国家秘密法》《中华人民共和国保守国家秘密法实施条例》为主题的保密宣传教育活动，印制发放《党政机关工作人员保密须知》《保密知识简明读本》等学习资料10000余册，发送保密常识短信微信12000余条，组织8000余人参加保密知识答题测试。三是以安康保密网站为主渠道，宣传党的保密工作方针政策、保密法规技能知识以及全市保密工作动态。

◎**保密管理**　一是2017年11月23日市委召开第32次常委会议，市委书记郭青就做好全市保密工作作出了重要指示；12月1日召开全市保密工作专题会议，对全市保密工作进行了全面安排。二是扎实开展保密专项督查，对10个县区、市直30个单位进行了保密专项督查，发现和清除隐患38处，发放整改意见书29份。开展对重要军事设施周边环境安全保密专项整治工作。三是会同教育部门开展了高考保密检查，对10个县区高考保密室进行了复审。四是抓好保密工作自查自评，设立16大项59小项自查标准，对县区、市直各部门自查自评工作开展情况进行督查，对不合格单位及时发出整改通知书。五是强化网络监管，出台了加强党政机关QQ（微信）工作群保密管理7条措施，运用“门户网站保密检查系统”对全市478个互联网门户网站进行24小时不间断监控和检查，运用“互联网接入口保密监测系统”对市直部门互联网办公上网情况，以及54个政务微博、66个微信公众号、158处政务邮箱、论坛、贴吧等数据实时监测，向28个单位发出了木马攻击警报。

◎**保密技术**　在全市保密系统强制配备计算机保密检查工具，市国家保密局新购置了计算机网络版检查工具并添置一批专用密码柜、涉密计算机。同时，在认真调研的基础上，制定了《安康市保密技术服务中心建设规划》并报省保密局备案。

◎**业务培训**　全年共举办培训班11期，3000多名保密干部参加了保密知识培训。部分县区和单位邀请市国家保密局领导对本系统全体干部职工进行全员培训，实现了保密工作的影响力和覆盖面三个延伸：即由主管部门向下属单位延伸、由党政机关向企事业单位延伸、由县区向乡镇延伸。

（李启松）

党校工作

中共安康市委党校　安康行政学院
党　校　校　长　鲍永能
党校常务副校长　屈晓红（女）
党　校　副　校　长　王西川　龚正顺
王彦青
行　政　学　院　院　长　赵俊民
行政学院常务副院长　屈晓红（女）
行　政　学　院　副　院　长　王西川　龚正顺
王彦青

◎**干部培训、轮训**　承办主体班次22期，培训人员达2987人次。包括以下班次：3期全市县处级领导干部学习贯彻十八届六中全会精神专题研讨班，1期政协第四届安康市委员会委员培训班，全市民营企业家培训班，全市大学生村干部培训班，全市依法处置信访活动中违法犯罪行为专题培训班，市直机关工委关键岗位科长（主任）党风廉政教育专题培训班等4期，全省贫困村党组织书记和第一书记脱贫攻坚示范培训班（陕南片区），2期优秀科级干部培训班，2期全市中青年干部培训班，2期全市新任县处级领导干部培训班暨延安精神再教育专题培训班，全市新任公务员初任培训班，全市党校系统教师研修班、进修班2期等。

◎**对外培训**　协议班次50场次，培训人数5000人次，包括市城管局培训班，中石油安康分公司管理人员培训班，榆林市委党校中青班到安培训，大荔县党校到安培训，高新区管委会村干部暨入党积极分子培训班、村党支部书记培训班等。

◎**学术科研**　全年完成102项科研成果，在市级以上报刊发表50篇理论文章，其中重要核心期刊2篇、一般核心期刊5篇、准省级26篇、市级17篇；申报承担省委党校招标课题3项，结项3项。向全省党校系统第31次理论研讨会提交理论文章24篇，获奖8篇，单位被评为优秀征文组织单位。1月成立生态经济研究中心，推出了24篇高质量科研论文成果，其中《比标南平——加快安康追赶超越》《安康追赶超越中文化建设的路径借鉴》《安康市结构调整和产业升级研究报告》等5篇得到市委、市政府主要领导批示肯定，并被采纳使用。12月成功举办安康生态经济高端论坛，省委党校安康生态经济研究基地挂牌成立，安康市干部教育培训“绿色生态安康”品牌已经叫响。校刊《安康干部教育研究》顺利复刊并出版第1期。

◎**理论宣讲**　组织教师围绕十九大精神等宣传重点深入机关单位、企业、农村和学校开展宣讲，全年累计开展宣讲213场次，受众面近3万人次，有力推动了党的理论创新成果宣传普及。教师精品专题不断涌现，宣讲效果受到社会各界好评。

◎**学历教育**　省委党校2014级研究生班59名学员毕业，省委党校2014年30名本科班学员毕业。2016级研究生66名在校学习。

◎**教学管理**　制定了《学术委员会工作规程》《教学专题开发工作方案》《教师工作量规定》《重点学科建设管

理办法》等制度，规范教学管理。利用全市7个党性教育教学基地开展现场教学，先后组织中青年班、新提拔县级班、师资班赴延安、成都、复旦大学进行异地合作教学。建立了68人结构合理、专兼结合的师资队伍，组织专职教师新开发教学专题56个。加强教师队伍“传帮带”，举办了全市党校系统教师讲课竞赛活动，支持教师“走出去”进修锻炼。协助市委组织部开展干部选学，15位教师承担9个板块27个专题讲授任务。

◎**市县党校办学质量评估** 根据省委组织部、省委党校关于《全省市县党校办学质量评估实施办法》，把市、县党校办学质量评估工作作为全年工作的重中之重，通过组织召开座谈会、现场观摩会、季度点评会，开展精品课评选、教学观摩活动等有效举措，促进了县区委党校办学质量、办学条件进一步规范、改善。7月全省市级党校工作处处长经验交流会在安康市召开，全年中、省党校到安调研督导检查4次。评估检查中党校被省委组织部、省委党校表彰为优秀等级，在全省市级党校中排名第一；平利、岚皋县委党校被评定为优秀县级党校，汉阴县委党校被评定为办学有特色的县级党校。

◎**党建工作** 坚持把全面从严治党要求和从严治校方针结合起来，认真贯彻新时代党的建设总要求，以“勤学、强能、实干、守纪”八字为要，不断加强机关党的建设。一是着力加强领导班子和干部队伍建设。全年召开校委会21次、中心组学习12次、全体教职工集中学习16次，组织专题学习研讨14次，领导班子和党员干部思想政治素质明显增强。建立完善各项管理制度37项，强化干部队伍管理，实行重要事项责任清单制度。用“三项机制”激发队伍活力，制定《追赶超越考核实施办法》《管理岗位和专业技术人员分类管理考核办法》，营造了竞相赶超、争先创优的良好氛围，党校也在全市第三季度“三项机制”考核中位居第一，在64个市直部门追赶超越考核中位居第二。二是持续深化党风廉政和作风建设。坚持把纪律规矩挺在前面，扛牢压实“两个责任”，认真落实党风廉政主体责任清单记实制度。以钉钉子精神整改落实巡察反馈意见，定期研判通报整改落实情况，巡察整改任务全面完成。扎实开展“为政不为”专项整治，从小事抓起，加强日常督查抽查力度，机关作风持续好转。全校坚持从严治党、推进从严治校的经验做法被中央党校《全国党校师资培训丛书》收录出版。三是大力夯实机关党组织建设。以“五个一”学习活动为载体，深入推进“两学一做”学习教育常态化制度化；以落实机关党建“五规范”工作为抓手，优化组织结构设置，严格规范“三会一课”制度，机关党建科学化、规范化水平不断提升；以“党员八带头”活动为平台，积极开展“提升机关党建、助力追赶超越”主题实践活动，7名党员荣获市直机关工委表彰奖励。

◎**中心工作** 脱贫攻坚工作有新亮点。选派两名党员干部长期驻村开展帮扶，53名党员与白河县冷水镇小双村困难群众交朋友，全年为小双村多渠道协调争取资金385万元，村容村貌发生可喜变化。双创工作有新成效。每周五定期开展“双创”大扫除活动，开展校园环境综合整治，积极创建“无烟单位”，深入社区开展“双创”志愿服务活动。全年组织健康教育讲座4次，开办双创知识宣传专栏4期。包抓富硒茶园建设有新突破。校领导亲自带领包抓人员4次调研指导汉阴县天宝山茶园建设，捐赠帮扶资金1.5万元，协调争取项目资金120余万元，所帮扶茶园成功创建市级示范茶园，有力促进了当地村民增收致富。综治平安创优工作有新抓手。校委会先后召开4次会议，研究落实创建工作目标清单任务，突出抓好“两率两度”“七五”普法知识进校园、进课堂、进学员头脑，开办综治平安宣传专栏4块。创建省级文明城市有新措施。研究制定了《2017年度落实创建省级文明城市实施方案》，每月定期推荐“中国好人”线索，印发创文宣传名片100余张，组织社会主义核心价值观宣讲10余场次。倡导健康向上机关文化，开展广播体操、太极拳、乒乓球、羽毛球等健身活动，积极参与省市集体活动比赛，参加市第十六届运动会获得“优秀组织奖”，参加市委机关“三人制”篮球赛和全省党校系统羽毛球比赛均荣获冠军。以上中心工作均获得优秀等次。

（龚正顺　胡晓敏）

机构编制

安康市机构编制委员会办公室
主　　任　陈伍文
督查专员（正县级）　邓型权
副 主 任　薛同新　何　斌
市事业单位登记管理局局长　欧阳前勇

◎**行政审批制度改革** 全面推进“双随机一公开”监管工作，对市级具有行政检查职权的25个部门86项随机抽查事项进行了合法性及合理性审查，制定并公布了《安康市市级部门双随机抽查事项清单（第一批）》。指导市级部门和县区建立了随机抽查对象名录库和执法人员名录库，制定行业抽查实施细则。深化权责清单动态调整和后续监管。根据中省取消、下放审批事项，动态调整权责清单事项6项，对市县区权责清单中事项不完整、不精确的通报整改244项，集中审核并导入了中省垂管部门权责事项清单，实现了部门权责清单制度建设全覆盖。同时，对有承接和取消下放审批事项的部门进行重点监督检查。实施了市、县区行政许可标准化建设。对2016版市、县两级政府部门行政许可事项进行全面审核清理，规范各部门行政许可项目名称、许可数量、办理程序，编制了《市县两级2017年行政许可通用目录》。推进相对集中行政许可权改革试点工作。全面启动汉阴县、紫阳县、旬阳县和安康高新区相对集中行政许可权改革试点工作，印发了《安康市开展相对集中行政许可权改革试点工作指导意见》。汉阴县、安康高新区、旬阳县、紫阳县行政审批服务局分别挂牌对外办公。协调推进“减证便民”落地生根。严格按照“六个一律”要求，清理取消了一批“奇葩”证明、循环证明、重复证明。设立市“12345”便民服务中心，进一步方便市民、企业办事。

◎事业单位分类改革 指导县区完成了2700多个事业单位分类工作，将部分县茶厂、建筑设计室、公路勘察设计室、律师事务所、招待所等经营类事业单位予以撤销或转制。提出了优化全市各类检验检测机构管理体制及职能配置的调整方案。事业单位履职评估考核步入常态，通过评估考核，规范了职责界限，优化了机构设置，精简收回了部分编制，组织、人社、财政、审计等部门按各自职责综合运用了评估考核结果。法人治理结构建设试点基本完成。指导市图书馆、安康博物馆、市藏一角博物馆实施事业单位法人治理结构建设工作，指导县区15个试点单位按照新的法人治理结构运行，全市事业单位法人治理结构建设试点工作基本完成，试点单位初步建立了以理事会、管理层为组织架构的治理结构。

◎体制机制调整 推进城市管理执法体制改革，提请市编委会审议通过了《安康市城市管理执法体制改革事权划分和职责调整意见》。完成恒口试验区管理体制改革工作，印发了《恒口镇（恒口试验区、恒口示范区）管理体制职能配置和机构编制设置意见》，明确了管理体制、授权赋能、机构设置、人员编制、部门分工等事项。推进文化体制改革相关任务，设立了市文化体制改革和文化产业发展办公室，调整划转了市委宣传部、市国资委、市文广局内设机构职能职责，明晰权责边界；加强和完善了网络安全和信息化工作机构，统一了县区网络安全和信息化监管机构，构建了全方位、多层次网络安全监管体系。深化安监管理体制改革，将石泉、宁陕、岚皋、平利、镇坪、白河6县安监局调整为行政执法机构。完成国有林场改革，改革后，全市15个国有林场均明确为公益一类事业单位，经费形式全部纳入财政全额预算，功能定位为保护培育森林资源、维护生态安全，较改革前精简机构1个、精简编制43名。提出了旬阳高新区管理体制、职能职责、机构设置和人员编制的建议意见，印发了《关于旬阳高新技术产业开发区管理体制职能配置和机构设置的通知》，理顺旬阳高新区管理体制。

◎纪检监察机构改革 撤销安康市监察局，与省编办撤销移交的安康市检察院反贪污贿赂局、反渎职侵权局、职务犯罪预防处、安康铁路运输检察院反贪污贿赂局、反渎职侵权局，整合组建安康市监察委员会（由市纪委按程序提请市人民代表大会依法设立）。中共安康市纪律检查委员会、安康市监察委员会合署办公，履行纪检、监察两项职责，实行一套工作机构、两个机关名称。

◎村财监管体制改革 印发了《关于进一步完善村财监管体制改革的通知》。全年查出非法获取财政资金219.27万元，查出侵占集体资金156.23万元、侵占农户利益88.77万元，清理账外资金1799.52万元，挤掉债务水分299.31万元，收缴违规资金332.05万元，促进民生资金兑现22.78万元，归还被侵占集体资金71.33万元，退还被侵占农户资金25.93万元，化解突出信访问题116个，移送各类案件线索100件，涉及人员103人，处理处分71人，取得了良好的经济、社会和政治效益。

◎机构编制管理 全力保障脱贫攻坚工作，全面完成市直、10个县区、138个镇办脱贫攻坚机构设置，增设科级脱贫攻坚机构12个，调剂编制195名，增设县级领导职数5名、科级领导职数204名；落实“河长制”要求，明确了安康市推行河长责任制管理体制、机构设置及人员编制；组建了市富硒产业发展办公室（市富硒产品研发中心）；落实了市县区人才工作机构和领导职数；规范完善了市委巡察工作机构编制事项；提出了汉滨区城东新区开发建设机构设置意见；理顺了市县地震机构管理体制；明确了香溪公园的管理体制及经费供给问题。调整了市委办、市政府办、市委组织部、市政法委、市公安局、市卫计局、市招商局、市残联等部门机构编制事项，加强了市方志管理、社会救助信息比对、交通质量监督、森林防火等领域机构编制力量，解决了县区人大、政协、政法、党建、督查等系统和部门机构编制调整诉求。优化了高新区的机构设置，印发了《关于完善安康高新技术产业开发区体制机制机构设置的通知》，赋予高新区更优惠的人事编制管理政策。加强了瀛湖生态旅游区财政、国有资产管理、审计、经济、发改、科技、招商等职责。提出了市直学校教育编制资源优化配置方案。调剂增加了安康中学、市第一小学、市阳光学校教职工编制，重新印发安康中学“九定”方案。设立了市精神病医院、市中医药研究所等医疗卫生机构，优化了县区民政救助、社区矫正、残疾人服务、创业就业等系统机构编制事项。

◎监督检查 印发了《市级党政群机关事业单位用编管理制度（试行）》《关于进一步简化用编审批手续的通知》和《安康市人才引进编制管理办法》。完成了公务员招录、免费师范生、转业干部安置、农村特岗教师招聘编制审核和市职业技术学院整合、市机场办、市扶贫（移民）搬迁办、市森林防火中心、市医改办、恒口示范区管委会等单位体制调整人员划转工作。全年审核用编385名，办理上编399名，下编398名，使用科级领导职数411名。全面推行实名制管理，探索“互联网+编制管理”工作，创新实施“线上线下”双联动管理。控编减编通过省级督查验收，全市人员编制实现了“双控双减”。建立机构编制审批联动机制，全市建立问题台账183条，整改销号49条；对瀛湖生态旅游区管委会环保职能划分、恒口体制调整等机构编制重点工作进行了专项督查，妥善处理2起“12310”信访举报，开展跟踪督查、电话督办30余次，纠正编制管理中细、小、微问题30余件。加强机构编制管理情况纳入领导干部经济责任审计工作，全年累计审计单位86个，涉及科级以上领导干部114名。市直中文域名注册续费215家，全市中文域名注册比例进一步提升，全市行政机关网站挂标实现全覆盖。

◎2017年编制增减变更情况 2017

年编制总数77192名，其中行政编制11366名，政法专项编制4959名，事业编制60831名，工勤编制36名。与上年相比，编制增加共计28名。其中行政编制无变化，政法专项编制增加28名，事业编制无变化，工勤编制无变化。

（潘　芳）

党史征编

中共安康市委党史研究室
主　　任　张宗富
副 主 任　李家政

◎党史基本著作编研　一是再次修改、印刷出版了《中国共产党安康历史》（1921—1950）。《中国共产党安康历史》（1921—1950）在2016年12月成书出版后，为进一步提高编研质量，达到真实、客观、全面、准确和对历史、对人民负责的精神，通过组织专家再次查阅了大量的资料以及广大党史爱好者反映的问题，又历时半年多再次进行修改和核校，于2017年10月再次印刷出版。二是《中国共产党安康历史（1950—1978）初稿撰写完成。《中国共产党安康历史（1950—1978）初稿撰写已基本完成，正在组织人员进行初稿的审核、修改、补充和完善工作。

◎专题资料征集　一是认真征编党史专题资料。按时按要求完成了《安康地区对个体手工业的社会主义改造》《安康整风和反右运动》《安康地区人民公社化》《安康知识青年上山下乡》《1972年整顿》和《1975年全面整顿》等6个专题资料的修改和精编上报。二是配合开展了《西北工合运动》专题资料征集。三是完成了《习仲恺》专题资料（安康部分）征编。四是开展了《改革开放以来安康》口述史资料征集。

◎资政工作　一是中国特色社会主义时间段历史研究有了新进展。完成了《安康党委工作纪事（2015年卷）》编研。按季度开展了《中共安康市委大事记（2017年）》的征编，发送各县区和市直各部门。代市委办公室草拟了《中国共产党陕西历史（第三卷）安康部分专题资料征编工作方案》，对安康承担全省三卷做出了安排部署。二是党史研究成果转化力度加快。编印出版了《中国共产党历次全国代表大会简介》《安康知识青年上山下乡》《安康1972年整顿》《安康1975年全面整顿》等一批研究成果。三是党史职能作用在中心工作中充分显现。2017年，配合脱贫攻坚工作在全市开展进村宣讲党史活动（每县区不少于2个村）。开展了《传承红色基因、助力脱贫攻坚》的专题资料征集，对全市新民风建设、基层党组织开展的“支部+X+贫困户”、扶贫扶智、帮扶干部先进事迹、自立自强先进典型汇编成书，已印刷出版。

◎党史宣传教育　强化了党史宣传的监管。2017年，分别对《中国共产党紫阳县历史（一卷）》、《中国共产党宁陕县历史（一、二卷）》等6个县编研提纲进行了审读，提出了修改意见。对安康日报社刊登的地方党史题材的文章进行了审核把关。对平利县拍摄的《廖乾五》专题片、石泉县党史纪念馆布展方案、牛蹄岭战斗遗址公园雕塑等一批涉及党史内容的影视作品、展陈方案和碑铭等进行了审核把关，切实履行了党史部门的职责，增强了党史宣传的科学性、严肃性、权威性。加强党史宣传力度。一是抓好地方党史宣传教育。先后派员对市直机关工委举办“入党积极分子培训班”、党务干部培训班、三局安康基地和安康地质队党组织进行了安康地方党史宣讲；对安康社保中心在安康牛蹄岭开展“缅怀革命先烈，重温入党誓词”进行了牛蹄岭战斗的宣讲。二是加快党史科研成果的转化，扩大宣传。编印出版了《中国共产党安康历史（1921—1950）》和《中国共产党历次全国代表大会简介》《安康知识青年上山下乡》《安康1972年整顿》《安康1975年全面整顿》等一批研究成果。率先在全省编印出版了《中国共产党历次全国代表大会简介》，于党的十九大前发放到全市副县级以上领导手中及全市6000多个基层党组织；充分利用2017年初“两会”的有利时机，向与会每一位代表、委员赠送了《中国共产党安康历史（第一卷）》党史基本著作；应全市中青年干部培训班的要求，向60多位学员及老师赠送了《中国共产党安康历史（1921—1950）》；进一步普及地方党史知识，受到了广泛赞誉。《安康知识青年上山下乡》《脱贫攻坚》《1972整顿和1975年全面整顿》等3个专题资料已在市上“两会”上进行了发放。

◎革命老区工作　开展产业扶贫调研，形成了两份调研报告。推进《中国老区建设》刊物的发行，全市共征订1593份。老区建设项目建设工作顺利推进。2017年石泉县老促会安排红色革命遗址纪念场馆建设项目315万元，旅游村建设项目250万元，中池镇老湾村大桥项目230万元，硬化村级道路项目9.29公里，资金214万元，便民桥5座，资金42万元。汉滨区老促会安排的茨沟镇王莽山革命纪念广场建设项目，余洞河、黄石滩、洞沟等村（社区）综合服务中心建设项目全面竣工。旬阳县老促会投资30万元修建30位红军墓，投资150万元修建了30座便民桥，投资20万元，修建了一条村组道路，为老区群众办了一批实实在在的好事。汉阴县老促会2017年投资169.5万元，为老区群众安排了16个建设项目，截至12月中旬，16个项目全部竣工，通过验收，已在老区脱贫攻坚、振兴发展中发挥重要作用。

◎其他工作　一是认真开展了革命遗址保护利用普查工作。按要求完成了《安康革命遗址资料汇编》《革命遗址名录》《三秦红色地标》安康部分、《无地面遗存长征遗址标识牌说明》《安康革命遗址、纪念场馆、烈士陵园（墓）、革命烈士题词及相关信函》5种资料的报送工作。二是完成了《关于加强党史工作的意见》的前期调研、征求意见和代拟稿的起草工作以及《关于加强革命历史类纪念设施、遗址和安康市爱国主义教育基地工作的实施意见》起草。三是着手谋划征集改革开放以来的专题资料，为改革开放40周年做准备。

（朱纪鹏）

纪律检查　行政监察

纪检监察工作

中共安康市纪律检查委员会
书　　记　田沐臣
副 书 记　王安中　苏利杰
　　　　　田　静（女）
常　　委　杨尧根　王显放　方贤超
　　　　　杨康波　陈义平
安康市监察局
局　　长　王安中
副 局 长　杨尧根　王显放
安康市委巡察办
主　　任　徐　杰

◎落实“两个责任”和问责工作　推行党风廉政建设季度考核点评、年度综合考核，落实责任制情况报告、述责述廉制度，对工作落实不力、成效不明显的，及时约谈、督促整改。对落实主体责任实施清单式管理，督促审核全市10个县区党委、3个党工委、66个市直部门党组（党委）及其467名领导干部制定主体责任清单，建立了横向到部门、纵向到镇办的清单管理体系，确保主体责任落实可操作、可监督、可考核、可问责。严把选人用人政治关、廉洁关，及时回复党风廉政意见150人次。加强会风会纪监督和干部考察风气监督，不断强化守纪律、讲规矩的氛围。用好问责利器，加大问责力度，全市共实施党内问责475件308人，行政问责915件728人。

◎国家监察体制改革试点工作　深入贯彻中省监察体制改革试点工作动员部署会议精神，市委牢牢扛起主体责任，市委书记郭青亲自担任“施工队长”，及时协调解决工作中的困难和问题。市级四大班子从机构设置、人员转隶、干部配备、办公场所等方面给予大力支持。市纪委切实负起专责，摸清工作底数，制定责任清单，围绕重点环节抓落实。县区党委和市级相关单位密切配合，全市一盘棋协同推进改革试点工作。市监委于2018年1月18日组建挂牌与市纪委合署办公，制定了机关日常工作流程，发布了纪检监察信访举报指南，执纪审查制度逐步规范完善。截至2月10日，10个县区监委如期组建成立。市检察院和安康铁路运输检察院划转编制35名，实际转隶22人；10个县区从检察系统共划转编制120名，实际转隶78人。市县纪委、监委内设机构方案已经报批，对转隶人员交叉编成、统筹使用。安康市监察体制改革试点工作“早实深严”做法，得到贺荣同志批示肯定。在2月1日召开的全省深化国家监察体制改革试点工作电视电话会议上，贺荣同志点名表扬了安康市的改革工作。

◎正风肃纪　以钉钉子精神坚持不懈纠正“四风”，对公款吃喝、违规发放津补贴、违规收送礼品礼金、违规操办婚丧喜庆事宜、接受管理服务对象宴请、公款旅游、出入私人会所、组织隐秘聚会等八个方面问题开展专项检查，坚持言出纪随、动辄则咎，全市查处违反中央八项规定精神问题248件，党政纪处分256人，通报曝光典型案例241件258人次。针对干部作风突出问题精准发力，在全市开展为期3个月的“为政不为”问题专项整治，制定了治懒强劲、治散强纪、治庸强能、治混强效的具体措施，市纪委领导带头明察暗访，交办督办69起“为政不为”突出问题，对18起典型案例在全市通报曝光，制作2期作风暗访专题片在市委全会上播放。

◎执纪审查　加大执纪审查工作力度，保持惩治腐败高压态势。市委书记郭青认真落实“四个亲自”，及时批阅、督办信访举报件，主持召开市委常委会议、反腐败协调小组会议，推动反腐败工作形成合力。建立与法院、检察院、公安、审计等机关协作配合机制，相互移送案件及线索556件696人。有效运用“四种形态”，科学把握“三个区分开来”，持续保持惩治腐败高压态势。全市各级纪检监察机关共处置问题线索4563件、增长53.1%，初核4202件、增长64.3%，立案1928件、增长31.8%，党政纪处分2069人、增长25.5%，移送司法机关30人、增长200%。运用第一种形态处理3626人次，占63.4%。对3个单位和96名被审查对象实施容错纠错。先后查处了市工商局违规减免罚款、市国土资源局违规审批用地手续、市扶贫局违规发放评审费、市盐务局和市体育运动中心违规发放津补贴、市中心医院违规购车等一批典型问题，重点领域和关键岗位反腐败工作取得明显成效。

◎整治群众身边腐败问题　认真贯彻省纪委“三个助力”专项部署要求，出台《落实“三个助力”加强监督执纪问责工作实施方案》，建立了有奖举报、查处报告、专项巡察、明察暗访、通报曝光、联席会议六项制度，层层加压抓落实。聚焦扶贫领域，以精准监督执纪促进精准扶贫脱贫，立案查处844件，党政纪处分927人；聚焦环保领域，集中力量从快办理中省环保督察组移交的问题线索，立案查处139件，党政纪处分153人；聚焦市场环境，严肃查办征地拆迁、项目建设中党员干部破坏发展环境的行为，立案查处249件，党政纪处分275人。坚持把查处侵害群众利益的不正之风和腐败问题作为重中之重，初核3544件，立案查处1235件，党政纪处分1360人；镇办平均初核15.57件，立案查结5.82件。

◎**巡察工作**　出台《安康市巡察工作实施办法》，进一步明确巡察机构设置和队伍建设、巡察对象和巡察任务、巡察程序、成果运用、纪律责任，推动巡察监督规范化、常态化、全覆盖。市级分两轮对22个党群部门实施巡察，共发现突出问题134个，涉及党员干部问题线索25件，其中涉及县处级干部15人；成立6个专项巡察组，对10个县区落实“三个助力”、52个市直部门帮扶贫困村开展专项巡察，发现突出问题256个、重点问题线索86件。各县区对214个县区直单位、101个镇办、918个村（社区）实施巡察，共发现突出问题3061个，涉及党员干部问题线索1072件。

◎**深化制度创新**　探索完善镇纪委直接监管村民监督委员会业务工作改革，市委印发《全面推进镇办纪委直接监管村民监督委员会业务工作的意见》，全市140个镇办1841个村，设监委会主任1836名、监委会委员4198名，监委会共提出监督意见8350条，收集报告问题线索491件，经核实后立案查处135件，处分138人，改革经验做法被新华社《国内动态清样》刊发。全面推广石泉县科级纪检干部“单考统管”改革经验，有效破解了基层纪检干部执纪顾虑，成为2017年度全国13项反腐倡廉创新成果之一，入选中国社会科学院《反腐倡廉蓝皮书》。对信访举报件归口受理、闭环管理，中央纪委信访室到安康市调研检查予以充分肯定。

◎**党风廉政宣传教育**　创新党风廉政宣传教育形式，完善市纪委官方网站、微博、微信、手机短信、廉政文化公共传播平台“五位一体”的廉政宣传教育新格局。精心组织实施13次主题宣传策划，在中省媒体发稿510篇，上稿量位居全省前列。“岚皋杜氏家规”被中纪委网站推广，15部廉政微视频被中省纪委网站展播，“传承优良家风、树立家国情怀”主题展览吸引数万名干部群众参观，营造了崇廉尚洁的浓厚氛围。组建市纪委信息中心，整合信息宣传工作力量，加强和改进纪检监察信息工作，有40条信息被中省纪委办公厅和省委办公厅采用，其中11条信息得到省纪委领导批示，信息工作考核位列全省第一方阵。

8月10日，市委常委、市纪委书记田沐臣（右二）深入白河县调研指导党风廉政建设工作

◎**学习贯彻党的十九大精神**　提高政治站位，把学习贯彻习近平新时代中国特色社会主义思想和党的十九大精神作为纪检监察机关首要政治任务，牢固树立“四个意识”，切实增强“四个自信”，坚决维护以习近平同志为核心的党中央权威和集中统一领导。市纪委及时对学习贯彻作出专题部署，提出明确要求。市纪委中心组和领导班子成员带头学习思考，开展6次集中学习研讨，围绕重点问题分赴10个县区调研督导，把党的十九大精神转化为谋划工作的思路、推动工作的举措，贯穿于全面从严治党、党风廉政建设和反腐败工作的全过程。各级纪检监察机关通过学习研讨、专题党课、理论宣讲、笔记展评等多种方式深化学习，引导纪检监察干部深入学思践悟，找准职责定位，忠实履行监督执纪问责职责。

◎**自身建设**　强化自身建设，打造忠诚干净担当队伍。加强机关党的建设，落实“三会一课”制度，推进“两学一做”学习教育常态化制度化，市纪委机关党委被评为先进基层党组织。举办全市首届执纪审查业务技能竞赛，实施跟班学习23人次，推动西北大学到安康主要针对纪检监察干部开展MPA硕士研究生教育，分两批选派130名纪检干部赴中国纪检监察学院、井冈山培训中心学习培训，不断提高业务水平。市纪委机关提拔使用县级干部5名，提拔调整科级干部16名，干部队伍结构进一步优化。坚持从严监督管理，创新建立机关党委日常监督、干部监督室专责监督、内部监督小组民主监督“三位一体”的内部监督体系。敢于刀刃向内，处置纪检监察干部问题线索53件，初核35件，立案13件，党政纪处分13人。

纪检监察重要会议

◎**党风廉政建设工作座谈会**　2017年2月13日至14日，省委常委、省纪委书记郭永平，省纪委常委高山，省纪委办公厅主任张小明，党风政风监督室主任李献峰，四室主任王琦，信访室主任门亚娟一行到安康市调研基层党风廉政建设工作并召开座谈会。市纪委领导班子成员及有关县区、部门纪委书记参加会议。在听取市县镇有关工作汇报后，郭永平强调，要把学习贯彻中央纪委和省纪委七次全会精神作为重要政治任务，强化措施、夯实责任，坚决落实中省纪委全会提出的各项任务。要用好问责这个利器，聚焦突出问题，抓住“关键少数”，推动全面从严治党主体责任和监督责任落实。要以对党、对群众高度负责的精神，把压力传导到基层，不断加大查处侵害群众利益的不正之风和腐败问题力度。

◎中国共产党安康市第四届纪律检查委员会第二次全体会议 2017年2月17日，中国共产党安康市第四届纪律检查委员会第二次全体会议召开。市委书记郭青出席全会并讲话，市委常委、市纪委书记陈俊哲主持会议。全会深入学习贯彻中省纪委七次全会和市四次党代会精神，回顾总结2016年工作，研究部署2017年党风廉政建设和反腐败工作任务。全会审议通过了市委常委、市纪委书记陈俊哲代表市纪委常委会所作的《坚定不移推进全面从严治党，奋力开创党风廉政建设和反腐败工作新局面》的工作报告。全会确定了2017年全市党风廉政建设和反腐败工作的七项重点任务：一是严肃党内政治生活，加强党内监督；二是坚持常抓不懈，防止“四风”反弹回潮；三是严格实施问责，倒逼管党治党责任落实；四是强化执纪审查，保持惩治腐败高压态势；五是深化巡察工作，强化巡察监督；六是推进改革创新，增强监督实效；七是坚持严管厚爱，打造监督执纪铁军。会议表彰了2016年度全市落实党风廉政建设主体责任先进集体暨优秀家规家训宣传推广突出贡献单位、全市纪检监察系统“创争出”工作先进集体、纪律审查及查处侵害群众利益不正之风和腐败问题工作先进单位。

◎全市第五次廉政工作电话会 2017年4月7日，全市第五次廉政工作电视电话会议召开，会议贯彻中央纪委第七次全会、国务院第五次廉政工作会议和省纪委第七次全会精神，回顾总结2016年政府系统党风廉政建设和反腐败工作，安排部署2017年重点任务。市长徐启方出席会议并讲话，市政府党组成员、监察局局长王安中总结、安排政府系统廉政建设工作。会议要求，全市各级监察部门要全面贯彻落实中省市纪委全会及国务院和省市政府廉政工作会议精神，聚力督导传压、效能监察、正风肃纪、监督问责，围绕助力精准扶贫脱贫、助力生态环境保护、助力规范市场环境，扛牢监督执纪问责的责任，为安康经济社会又好又快发展提供坚实保证。

◎全市纪检监察系统落实“三个助力”工作 2017年4月24日，全市纪检监察系统落实“三个助力”工作会议召开，对纪检监察系统服务安康追赶超越，聚焦助力精准扶贫脱贫、助力生态环境保护、助力规范市场秩序进行安排部署。市委常委、市纪委书记陈俊哲出席会议并提出要求。会议宣读了《建立“三个助力”联席会议制度的通知》《落实“三个助力”加强监督执纪问责工作实施方案》《“三个助力”问题线索有奖举报办法》等文件。会议要求，全市各级纪检监察机关要紧扣“三个助力”，强化监督执纪问责。聚焦重点任务，狠抓线索起底，实施跟踪督办，开展巡察检查，严肃查处问责，持续通报曝光，强化警示震慑。

◎全市执纪审查工作推进会 2017年6月23日，全市执纪审查工作推进会议召开，深入贯彻中省市纪委全会精神，分析研判形势，查找问题不足，全面部署下半年工作任务。市纪委副书记、监察局局长王安中讲话。会议强调，要紧紧围绕“确保全省中游，力争第一方阵”的全市执纪审查工作总目标，突出抓好线索起底排查，突出执纪审查重点，坚决落实“三个助力”，提升执纪审查质量，科学运用“四种形态”，确保执纪审查安全。

◎全市镇办纪委直接监管村监委会业务工作改革暨重点工作现场推进会 2017年8月3日，全市镇办纪委直接监管村监委会业务工作改革暨重点工作现场推进会在紫阳召开，市委常委、市纪委书记田沐臣出席会议并讲话，省纪委正处级纪检监察员葛玉梅到会指导。会议通报了上半年全市查处侵害群众利益不正之风和腐败问题工作、执纪审查工作和二季度各县区党风廉政建设追赶超越考核点评情况，对全面贯彻落实中省纪委有关工作会议精神、加快推进全市镇纪委直接监管村监委会业务工作和执纪审查等重点工作进行了安排部署。紫阳县纪委、白河县纪委等6个单位作了交流发言。会议要求，全市各级纪检监察机关要清醒看到差距，增强主责主业意识；突出重点领域，加大执纪审查力度；落实“三个助力”，严查群众身边腐败问题；用好“四种形态”，提高执纪审查质量；抓好家规家训馆建设，增强廉政教育影响力；强化保障措施，全面提升纪检监察工作整体水平。

◎全市纪检监察系统青年干部座谈会 2017年9月29日，全市纪检监察系统青年干部座谈会议召开，市委常委、市纪委书记田沐臣出席会议并讲话。41名纪检监察系统青年干部代表参加座谈会，畅谈体会感受。会议强调，青年干部是实现伟大中国梦的重要力量，要坚定理想信念，善于学习思考，强化责任担当，大胆实践探索，在学思践悟中砥砺成长。

◎全市2017年度县级党政主要领导干部向市纪委全委会述责述廉大会 2017年11月13日，全市2017年度县级党政主要领导干部向市纪委全委会述责述廉大会召开。旬阳县、紫阳县、平利县、市财政局、市商务局、市城管局6个单位主要负责同志进行大会述责述廉，市纪委委员进行问责问廉，并开展民主测评。市委常委、市纪委书记田沐臣出席会议并讲话。会议要求，各级党组织和领导干部要强化责任担当，推动全面从严治党向纵深发展。要把落实主体责任作为重要抓手，强化责任清单管理；把加强纪律建设作为治本之策，促使党员干部切实增强“四个意识”；把强化正风肃纪作为重要内容，坚决纠正“四风”，深入开展“为政不为”专项整治；把从严惩治腐败作为关键环节，大力整治侵害群众利益的不正之风和腐败问题，强化扶贫领域监督执纪问责；把忠诚干净担当作为价值追求，守住做人、处事、用权、交友的底线，自觉守纪律讲规矩。

（胡　楷）

安康市人民代表大会

安康市第四届人民代表大会常务委员会

安康市第四届人民代表大会常务委员会组成人员

主　　任　陈　勇

副 主 任　袁子顺

马孝芳（女，回族）

邹俊杰　陈伦宝

秘 书 长　吴少华

委　　员（按姓名笔画为序）

丁礼康　王长安　牛银祥

邓森田　艾明甫　左自文

刘　珺（女）　刘瑞红

汤　萍（女）　苏利杰

李　頔（女）　李大明

杨松杰　吴家仲　邱志华

邱祖凤（女）　张礼俊

陈　磊（女）　陈文乾

陈先林　　陈建国

郑光兰（女）

屈晓红（女）　赵明波

赵敏书　皇甫健　徐　平

郭达彦　梁博泉　程光耀

工作部门及领导成员

市人民代表大会法制委员会

主任委员　邹俊杰

副主任委员　汤　萍（女）

市人民代表大会财政经济委员会

主任委员　陈伦宝

副主任委员　陈建国

市人大常委会代表资格审查委员会

主　　任　陈伦宝

副 主 任　程光耀　郑光兰（女）

市人大常委会办公室

主　　任　左自文

副 主 任　袁明雕

市人大常委会研究室

主　　任　赵明波

副 主 任　杨　平

市人大常委会法制工作委员会

主　　任　汤　萍（女）

副 主 任　邹　刚

市人大常委会预算工作委员会

主　　任　陈建国

副 主 任　刘帮军

市人大常委会内务司法工作委员会

主　　任　艾明甫

副 主 任　陈　丽（女）

市人大常委会教育科学文化卫生（民族宗教侨务外事）工作委员会

主　　任　陈先林

副 主 任　刘学强

市人大常委会人事代表选举工作委员会

主　　任　程光耀

副 主 任　邹联华

市人大常委会农业和农村工作委员会

主　　任　徐启菊（女）

副 主 任　李　军

市人大常委会建设与环境资源保护工作委员会

主　　任　刘　珺（女）

副 主 任　朱荣军

人大常委会工作

◎综述　2017年，在市委的正确领导下，市人大常委会深入学习贯彻党的十八大、十九大精神和习近平新时代中国特色社会主义思想，积极适应人大工作的新形势新要求，坚持党的领导、人民当家作主、依法治国有机统一，紧紧围绕全市工作大局，切实履行各项法定职责，全年共召开2次市人代会、7次常委会会议、12次主任会议，组织开展视察、执法检查和专题调研12次，听取和审议市“一府两院”专项工作报告15项，依法作出决议、决定和审议意见19项，圆满完成了市四届人大一次会议确定的各项任务，实现了新一届人大工作的良好开局。

◎统筹谋划　一是着眼践行人大工作的时代要求，确立并践行“政治同向、法治同轨、发展同力、与民同心”的“四同”工作理念。政治同向就是始终自觉坚持党的领导，切实保证人大工作的正确政治方向；法治同轨就是始终坚持宪法和法律至上，严格依法办事，与“一府两院”共同推进法治安康建设；发展同力就是始终紧扣发展第一要务，依法讨论决定重大事项，坚持寓支持于监督之中，助推追赶超越；与民同心就是始终站在维护人民群众根本利益的高度行使职权，确保人大工作贴近民生、符合民意、温暖民心。二是着眼发挥地方立法的引领保障作用，制定五年立法规划并报请市委批转，把烟花爆竹燃放管理、化龙山国家级自然保护区管理等7件立法项目确定为本届立法规划项目。三是着眼助推解决事关发展的突出问题，明确本届任期内持续关注脱贫攻坚、基础教育、生态旅游三大监督重点，每年分别确定一项重点议题实施有效监督，着力推动解决事关安康发展的全局性、基础性和长远性问题。

◎**立法工作** 制定了立法工作规程，建立了基层立法联系点制度，重视发挥人大代表在立法中的作用，扩大公众对立法工作的有序参与，立法工作更加规范、更接地气。审议并通过了《安康市烟花爆竹燃放管理条例》，经陕西省第十二届人大常委会第三十七次会议审查批准，该条例自2018年2月1日起施行，标志着全市首部实体性地方法规正式诞生。对《安康化龙山国家自然保护区管理条例（草案）》进行了第二次审议。

◎**依法决定重大事项** 批准市本级一般公共预算调增支出3.65亿元，主要用于中省及市委、市政府已出台的稳增长、促改革、调结构、惠民生奖补资金需求。批准安康市2017年地方政府债务限额为208.2亿元，新增政府债券26亿元，优先用于脱贫攻坚、基础设施、棚户区改造、供给侧结构性改革重点项目及重大公益性项目。作出开展第七个五年法治宣传教育的决议，推动全社会遵法学法守法用法。作出决定，授予挪威友人尤约翰“安康荣誉市民”称号。

◎**监督工作** 一是着力推进经济增长。听取和审议了2017年上半年国民经济和社会发展计划、财政预算执行情况的报告，要求市政府及相关部门千方百计抓好固定资产投资，下大力气发展富民产业，全力以赴保障和改善民生，确保实现全年经济社会发展目标。听取和审议了2016年度市本级财政预算执行和其他财政收支情况的审计工作报告，要求市政府加大审计问责力度，抓好审计问题整改落实，并报告整改结果。在听取市政府专项工作报告的基础上，对旅游产业发展三年行动计划有关情况开展了专题询问。二是着力推进脱贫攻坚。听取和审议了市政府关于产业扶贫情况的报告，提出了选准选好扶贫产业项目、用足用活产业扶贫政策、推进农村“三变”改革、强化技术服务等意见建议。听取和审议了2016年脱贫攻坚工作成效考核中省反馈意见和自查问题整改落实情况的报告，要求市政府及相关部门坚持问题导向，精准研判施策，确保整改措施得到有效落实。常委会还召开专题会议，对全市各级人大监督脱贫攻坚工作进行安排部署，形成人大监督支持脱贫攻坚的合力。三是着力推进民生改善。听取和审议了市政府关于中心城区基础教育规划实施情况的报告，要求市政府着力完善中小学校布点规划、制定学前教育专项规划和加快教育基础项目建设。听取和审议了农村公路建设与管护工作的报告，要求市政府把修建农村公路与移民搬迁安置、改善当前条件与着眼长远发展、农村公路建设与日常养护管理结合起来，扎实推动农村公路建、管、养同步发展。依法听取了全市环境状况和环境保护目标完成情况的报告。四是着力推进法治建设。对7个规范性文件进行备案审查，维护了法制统一。对食品安全法、《陕西省食品小作坊小餐饮及摊贩管理条例》开展了执法检查，听取和审议了执法检查报告，提出了进一步夯实食品安全监管责任、提高食品安全监管能力等审议意见。听取和审议了市中级人民法院关于减刑假释案件审理工作情况的报告，要求市中级人民法院严格按照“五个一律”做好减刑、假释案件审理工作，努力让人民群众从每一个司法案件中感受到公平正义。积极配合省人大常委会完成了12项执法检查和立法调研工作。五是着力推进意见落实。把对常委会审议意见跟踪问效作为增强监督实效、实现发展同力的重要抓手，听取和审议了市政府关于汉江水质保护、生态旅游评议、中心城区棚户区改造、产业扶贫等11项审议意见落实情况的报告，并进行了满意度测评。六是着力推进依法治访。落实责任，规范程序，强化协作，加强督办，全年共受理人民群众来信来访574件次，积极维护社会稳定。

10月11日至12日，全市县区人大常委会主任座谈会在汉阴召开，市人大常委会党组书记、主任陈勇出席会议并作重要讲话。

◎**重要视察活动** 把助推脱贫攻坚作为一项重大政治任务，常委会主任、副主任分别带领视察组，深入4个县区集中视察，组织部分代表深入6县、20多个镇实地调研，督促落实产业扶贫政策和帮扶措施。针对群众普遍反映的中心城区中小学校“择校热”“大班额”等突出问题，常委会4名领导带领26名常委会委员和部分代表，先后深入到市直、汉滨区、高新区等59所中小学校及幼儿园开展视察和调研，发放调查问卷1500余份，全面了解中心城区基础教育发展情况。

◎**选举和任免工作** 组织召开市四届人大二次会议，补选了市长，常委会第一次会议顺利通过了新一届市政府组成人员和其他有关人员的任命。认真落实对拟任命人员任职资格审查、任前法律知识考试、任前表态发言、与常委会组成人员见面和宪法宣誓等制度，全年共任免国家机关工作人员148人次。组织对1名副市长、2名局长、1名市中级人民法院副院长、1名市人民检察院副检察长开展了履职评议，并将评议意见和测评结果报送市委，同时反馈评议对象及市“一府两院”主要领导，增强人大选举和任命干部“由人大产生、对人大负责、受人大监督”意识。

◎**代表工作** 通过市上办班、派出学习等方式对市四届人大代表进行了集中培训，安排代表列席市人大常委会会议、市政府常务会议和参加视察调研、执法检查活动200余人次。认真落实“两个联系”制度，36名组成人员联系115名基层市人大代表，314名市人大代表联系群众4000余名。组织代表在对中心城市管理工作视察的基础上，依法约见有关国家机关工作人员，主任会议专题听取整改落实情况汇报，促使解决了群众反映突出的热点问题，较好地回应了市民关切。及时交办督办市四届人大一次会议和闭会期间代表提出的309件建议、批评和意见，筛选其中16件由市人大、市政府领导牵头督办或领办，对代表不满意的7件建议退回有关单位重新办理，评选表彰优秀代表建议34件、办理工作先进单位14个。倡导代表在推进新民风建设中作表率，制定代表“履职十佳典型”评选办法，安排27名连任代表回原选举单位述职并接受评议。

12月12日，市四届人大代表平利代表小组专题视察平利县脱贫攻坚工作，市人大常委会主任陈勇参加并指导视察活动。

◎**自身建设** 一是加强思想政治建设。把政治建设摆在首位，增强“四个意识”，坚定“四个自信”。及时贯彻落实中央、省委和市委的重要文件精神，积极配合做好国家监察体制改革试点工作。坚持重要工作和重大事项及时主动向市委请示报告。自觉接受市委对常委会机关的专项巡察，严肃认真抓好问题整改。二是加强履职能力建设。持续深入推进“两学一做”学习教育常态化制度化。多措并举强化常委会组成人员履职能力培训。健全完善常委会组成人员出席会议、“一府两院”负责人列席会议情况通报制度，摘要编发常委会会议简报，提高常委会审议质量。三是加强工作制度建设。修订完善了任免国家机关工作人员办法和任前法律知识考试办法，制定出台了基层立法联系点工作规定，作出了《关于市监察委员会副主任、委员任免和宣誓办法的决定》，报请市委批转了《关于改进审计查出问题整改情况向市人大常委会报告机制的意见》，坚持和完善常委会机关工作例会制度。四是加强宣传信息建设。加强对常委会重大活动、特色亮点工作和基层人大工作的宣传报道。召开全市人大宣传工作会议，表彰人大宣传工作先进单位、优秀通讯员和安康人大新闻奖。改版升级安康人大网，开通安康人大微信公众号，在《安康日报》开设“人大履职进行时”“代表风采”宣传专栏，组织参评“陕西人大新闻奖”的获奖等次和数量位居全省市级人大第一名，围绕中心城市居民小区物业管理等工作开展专题调研形成了一批调研成果。五是加强指导县镇人大建设。召开县区人大常委会主任会议，交流市、县区人大工作。组织县区人大常委会主任赴江浙考察人大工作先进经验，采取多种方式对78名县区人大干部进行业务培训。邀请县区人大常委会领导同志列席常委会会议，通过上下联动开展重点工作视察、调研等密切与县区人大的联系。出台《关于推进镇人大工作和建设规范化的指导意见》，建立常委会领导对镇人大工作和建设的联系点制度。六是加强常委会机关建设。深入推进党风廉政建设，严格执行中央八项规定及其实施细则。把脱贫攻坚帮扶作为锤炼干部作风、联系服务群众的主阵地，常委会领导联县联镇联村真情帮扶，常委会机关认真履行市直部门到县帮扶工作团牵头单位职责，30名科级以上干部与贫困群众结对交友帮扶。扎实抓好城区周边绿化、各项创建、综合治理、联校支教等工作。

◎**四届人大一次会议** 2017年1月8日在安康召开，会期4天。会议议程：（一）听取和审议安康市人民政府工作报告；（二）审查和批准安康市2016年国民经济和社会发展计划执行情况与2017年国民经济和社会发展计划草案的报告，批准安康市2017年国民经济和社会发展计划；（三）审查和批准安康市2016年财政预算执行情况和2017年财政预算草案的报告，批准安康市2017年市级财政预算；（四）听取和审议安康市人民代表大会常务委员会工作报告；（五）听取和审议安康市中级人民法院工作报告；（六）听取和审议安康市人民检察院工作报告；（七）选举安康市第四届人民代表大会常务委员会主任、副主任、秘书长、委员；（八）选举安康市人民政府市长、副市长；（九）选举安康市中级人民法院院长；（十）选举安康市人民检察院检察长；（十一）决定安康市第四届人民代表大会专门委员会的设立及其组成人员。会议选举陈勇为安康市第四届人大常委会主任，袁子顺、马孝芳、邹俊杰、陈伦宝为安康市第四届人大常委会副主任，吴少华为安康市第四届人大常委会秘书长，丁礼康等31人为安康市第四届人大常委会委员。选举徐启方为安康市人民政府市长、赵俊民、鲁琦、孙矿玲、何邦军、杨尚伟为安康市人民政府副市长。选举葛迪为市中级人民法院院长。选举王万兴为市人民检察院检察长。

◎**四届人大二次会议** 2017年7月30日在安康召开，会期1天半。会议议程：选举安康市人民政府市长。会议选举赵俊民当选为安康市人民政府市长。

◎**四届人大常委会第一次会议** 3月13日召开，会期2天。通过了《安康市人大常委会关于开展第七个五年法治宣传教育的决议》，听取和审议了市政府关于脱贫攻坚、电子商务发展、创建国家森林城市和市检察院关于预防职务犯罪四项审议意见落实情况的报告。决定任命了新一届市政府组成人员，表决通过了市四届人大常委会代表资格审查委员会和7个工作委员会的组成人员，并举行宪法宣誓仪式。

◎四届人大常委会第二次会议 4月24日召开，会期2天。听取和审议了市政府关于汉江水质保护、中心城市棚户区改造审议意见和生态旅游工作评议意见落实情况的报告并进行了满意度测评，审议了《安康市烟花爆竹燃放管理条例（草案修改稿）》。根据《中共中央办公厅印发〈关于健全人大讨论决定重大事项、各级政府重大决策出台前向本级人大报告的实施意见〉的通知》和地方组织法第四十四条的规定，会议决定授予尤约翰“安康市荣誉市民”称号。

◎四届人大常委会第三次会议 6月12日召开，会期半天。表决通过了关于接受徐启方辞去安康市市长职务的请求的决定，决定赵俊民为安康市代市长。

◎四届人大常委会第四次会议 7月19日召开，会期2天。听取和审议了市政府关于农村公路建设与管护、2016年脱贫攻坚工作成效考核中省反馈意见和自查问题整改落实情况，以及市人大常委会执法检查组关于检查《中华人民共和国食品安全法》和《食品小作坊小餐饮及摊贩管理条例》实施情况的报告，表决通过了《安康市烟花爆竹燃放管理条例》和有关人事任免案。会议决定7月30日召开市四届人大二次会议，会议讨论并原则通过了拟提交市四届人大二次会议的有关文件。

◎四届人大常委会第五次会议 8月24日召开，会期2天。听取和审议了市政府关于产业扶贫、2016年财政预算执行和其他财政收支审计、2017年上半年国民经济和社会发展计划以及财政预算执行情况的报告，批准了2016年财政决算和2017年政府债务限额及新增地方政府债券安排方案。会议还决定任命了1名副市长，并举行了宪法宣誓仪式。

◎四届人大常委会第六次会议 10月10日召开，会期2天。听取和审议了市政府关于中心城区基础教育规划实施、市中级人民法院关于减刑假释案件审理情况的报告，市政府关于对农村公路建设与管护审议意见落实情况的报告，并对审议意见落实情况报告进行了满意度测评，第二次审议了《安康市化龙山国家级自然保护区管理条例（草案修改稿）》，审议通过了关于修改市人大常委会任免国家机关工作人员、对提请任命的国家机关工作人员进行任命前法律知识考试办法的决定，表决通过了有关人事任免事项，并举行了宪法宣誓仪式。

◎四届人大常委会第七次会议 12月26日召开，会期2天。听取和审议了市政府关于旅游产业发展三年行动计划并开展了专题询问、全市环境状况和环境保护目标完成情况的报告，市政府、市人大常委会人代工委、市中级人民法院关于市四届人大一次会议代表建议、批评和意见办理结果的报告，市政府关于产业扶贫、2016年财政预算执行和其他财政收支审计、市中级人民法院关于减刑假释案件审理工作审议意见落实情况的报告，并对审议意见落实情况报告进行了满意度测评；听取和评议了5名市级国家机关工作人员履职情况的报告，通过了市监察委员会副主任、委员任免和宣誓办法的决定及有关人事任免议案；审查批准了2017年市级预算调整方案，审议通过了关于表彰市四届人大一次会议优秀代表建议的决定及个别代表的资格审查报告；决定了召开市四届人大三次会议的有关事项，讨论了市人大常委会工作报告稿。

◎全市县区人大常委会主任座谈会 10月11日至12日在汉阴县召开，会议交流了市县区人大工作，研讨了镇人大工作规范化建设问题，着力推动全市人大工作整体联动、创新发展。市人大常委会党组书记、主任陈勇出席会议并讲话，常务副主任袁子顺主持会议，副主任马孝芳、秘书长吴少华出席会议。会议期间，还组织参观考察了陕西中昌科技有限公司、富硒现代产业园、涧池镇洞河村“三线两化一平台”暨代表工作室、平梁镇人大工作规范化建设等基层人大工作和企业发展情况。

◎全市人大宣传工作会议 8月29日在宁陕县召开，安排部署加强和改进新形势下的人大宣传工作。市人大常委会党组副书记、常务副主任袁子顺出席会议并讲话。会议通报表彰了2016年度全市人大宣传工作先进单位、县区人大网站建设先进单位、人大新闻宣传优秀通讯员和安康人大新闻奖获奖作者，汉阴、紫阳、石泉、平利、白河5个县人大常委会就做好人大新闻宣传工作进行交流发言。

（李炳智）

安康市出席省十二届人民代表大会代表

（共43名，按姓氏笔画为序）

王三翠（女）	王小丽（女）
王孝成	方玮峰
龙云庭	仝智强
冯力军（女）	刘建明
刘勤社	李　颉（女）
李兴卫	李启全
李晓艳（女）	杨　忠
杨永茂	杨运早
吴大康	何邦军
张　辉	张书香（女）
张益民	陈　晖
陈纯山	周永鑫
周康成	周耀宜
郑小东	郑青海
孟　平（女）	胡和平
禹　康（回族）	徐　平
徐启方	奚耕思（女）
郭　青	唐新成
黄　玮（女）	梁　涛
梁汝明	董宪民
韩永安	程　芳（女）
缪晓红（女）	

安康市人民政府

安康市人民政府
领导班子成员

（截至2017年12月31日）

市　　长　赵俊民
副 市 长　赵　璟（女）　尹清辽　鲁　琦　寇全安　何邦军　杨尚伟　蒋清海　杨　森（女）
秘 书 长　陈伍文
党组成员　王安中　郭德林
副秘书长　赵德成　马　霞（女）　刘福全　王志洲　戴胡爽　谢　奎

安康市人民政府
2017年度工作综述

◎经济发展　实现生产总值974.7亿元，增长10.5%；财政总收入85亿元，增长8.6%，其中一般预算收入28亿元，同口径增长7.4%；城乡居民收入分别达到28158元和9394元，增长8.5%和9.4%；124个贫困村、7.35万贫困人口脱贫。

◎经济运行　主要经济指标快速增长，生产总值、规模工业增加值、固定资产投资、农村居民收入增速和非公经济占比等指标稳居全省前茅。经济运行中有活力、有潜力的积极因素增多，三次产业融合加快，工业支撑能力增强，规模工业增加值完成420.5亿元，增长15.8%；富硒食品产销两旺，实现规模以上产值397亿元，增长28%，“安康富硒茶”地理标志商标成功注册；文化、旅游、健康、电子商务等产业蓬勃发展，社会消费品零售总额增长14.4%，旅游综合收入增长33.5%；非公经济占比58.1%。金融机构存贷款余额分别增长11.9%和13.9%，存贷比54.5%。公路客货运周转量增长10%，新增市场主体2.55万户。

◎追赶超越　扭住发展不放松，统筹推进生态立市、开放兴市和产业强市，经济增速连续11个季度领跑全省。实施追赶超越季度考核点评和“项目建设年”活动，完成全社会固定资产投资1149.3亿元、增长24.1%。安康机场和安岚、平镇高速，国省干线改造、引汉济渭、洞河水库、钒氮合金二期、天贸物流城二期等重大项目加速推进，南水汽配HS精锻、奥邦智能工厂、普瑞达电梯技改等30个工业项目建成投产。园区成为最具活力的增长极，以安康高新区为引领，各类园区联动，新建标准化厂房42万平方米，新增省级成长梯队企业93户、市级以上农业产业化龙头企业72家、市级农业园区56个，瀛湖国家级旅游服务业标准化试点通过验收。成功创建为国家森林城市，入选中国养老城市排行榜50强，顺利通过国家公共文化服务体系示范区创建资格评审和国家卫生城市复审。

◎脱贫攻坚　把脱贫攻坚作为最大政治任务和第一民生工程，坚持精准扶贫、精准脱贫，层层传导责任压力，推动“八个一批”措施落地生根，新社区工厂扶贫模式被全国推广，教育扶贫模式入编中组部干部培训教材。建立“八办两组”协同作战机制，调整充实脱贫攻坚一线“四支队伍”1153个1.3万人。中省市财政专项扶贫资金投入10.7亿元，整合涉农资金22.57亿元，到位各类扶贫贷款95.8亿元，建立金融扶贫风险补偿金2.45亿元，吸纳社会扶贫资金3.6亿元；与人保财险公司签订15亿元支农融资合作协议，首批6个项目落地资金8300万元。建成贫困村基础设施和公共服务项目698个、易地扶贫搬迁安置房6.33万套。

◎城乡建设　深入推进中心城市“湖城一体、疏解江南、重心北移”战略，安康大道、兴安西路、解放路、巴山路等路段改造完成，东坝汉江大桥、1100个公共停车泊位等市政工程建成投用，城东新区、市直机关北迁及泸康大道二期、高井路、长春路、西津公园、汉江大剧院等项目加快推进，香溪公园免费开放。实施棚户区改造1.53万户，货币化安置1.14万户。成立中心城市四办四镇“两违”管控队伍，依法拆除“两违”建筑7.41万平方米。统筹县城和重点镇建设，完成投资24亿元；岚皋、镇坪创建为国家卫生县城，宁陕创建为国家园林县城，平利美丽乡村建设规范上升为陕西省地方标准，长安镇入选中国特色小镇，旬阳县金寨镇荣获“全国文明村镇”称号。国家AAAA级景区增加到10个，镇坪飞渡峡获评国家水利风景区。治理水土流失852平方公里，绿化造林70万亩，退耕还林17.5万亩；生态红线划定工作全面启动，土壤环境质量达到国家二级标准；汉江水质保护、治污防霾、节能减排成效明显，河长制得到水利部肯定，全市地表水质优良率100%，汉江出陕断面水质稳定保持国家Ⅱ类标准，中心城市环境空气质量优良天数316天，单位生产总值能耗下降3.5%。

◎**开放创新** 强力推进以招商引资为主体的开放合作，组织项目与产品推介、文化交流与体育赛事等活动100多场次。强化领导带头招商，聚焦重点区域，力促精准出击，在北京、上海、深圳、杭州、宁波、郑州、常州、佛山、南平、宝鸡等20多个城市开展产品推销和项目推介，与恒大、复星、华为、中兴、阿里巴巴、方圆药业等知名企业达成合作。“共建丝茶之路·同品安康富硒茶”西北省区系列招商推介、富硒食品进西安送健康“五进”活动、海内外侨商投资安康行、南水北调中线城市文化联盟、“鎏金铜蚕”与安康开放发展论坛等活动圆满成功。营商环境满意度位列全省各市（区）第一。津陕对口帮扶、常州—安康扶贫协作不断深化。全年落地招商引资项目280个，到位资金达600亿元，其中外资1563万美元；新增外贸出口企业33户，外贸进出口总额3亿元、增长48.8%。科技创新工作取得新突破，成功举办第二届中国（安康）创新挑战赛、“圆梦安康”创客大赛，新建国家星创天地1个、省级工程技术中心2个、省级星创天地3个、院士工作站3个、创新专家工作站7个，申请发明专利168件，技术交易合同总额超过1亿元，培育科技型企业200家、高新技术企业12家。深化重点领域改革创新，以“互联网+政务服务”为关键点的“放管服”改革取得阶段性成果，村级财务审计受到中省肯定，农村“三变”改革和科技、教育、卫生、文化等领域改革有序推进，盐业体制改革顺利完成。农村信用社全部改制为农商银行，金融聚集区建设进度加快，29家企业在区域性股权交易市场挂牌，华银科技等3户企业在“新三板”挂牌。

◎**民生保障** 完成财政民生支出225亿元，占公共预算支出的82%，八大民生工程扎实推进。坚持以促进创业带动就业，成功创建为省级创业型城市，新增城镇就业2万人，农村劳动力转移就业63.6万人。实施教育优先发展，投入资金60.59亿元，汉滨初中高新校区、江南小学等235个教育项目建成投用；13年免费教育运行稳定，高考二本上线人数首次突破万人关口，岚皋、紫阳达标国家义务教育基本均衡县。积极推进健康安康建设，市妇幼保健院、精神专科医院建成投用，市级公立医院综合改革深入推进，药品采购“两票制”全面实施，汉滨、汉阴、平利、岚皋荣获全国基层中医药工作先进单位。文化建设取得新成果，举办第十七届汉江龙舟文化节，《汉水安康》入选全国优秀纪录片，《汉江船夫曲》荣获省群星奖，参加陕南民歌大赛和省第八届艺术节取得历史最好成绩，市级方志馆建设获全国表彰，新建基层综合文化服务中心505个，培育规上文化企业100家，文化产业增加值突破30亿元。全民健身运动蓬勃开展，举办第十六届全市运动会、半程马拉松、秦岭山地越野等10多项大型体育赛事，在第十三届全运会上实现奖牌零的突破。建成城市社区日间照料中心15个、农村互助幸福院100个，60岁以上老人家庭医生签约服务率60%以上。

市政府常务会议纪要

（共十三次）

◎**第一次** 1月22日，市长徐启方主持召开市政府第1次常务会议，研究确定事项：一、研究全省追赶超越工作会议精神贯彻意见，审定《政府工作报告重点任务分解方案》，讨论《追赶超越季度考核点评实施方案》；二、听取行政效能监察工作情况汇报，审定《行政效能监察工作暂行办法》；三、听取全市环境保护工作和环保督查整改落实情况汇报，研究审定《安康市丹江口及上游水污染防治“十三五”规划》；四、听取“双随机一公开”监管工作情况汇报，审定《市级部门“双随机一公开”随机抽查事项清单》；五、研究审定《安康市“十三五”网络安全和信息化发展规划》《安康市大数据与云计算产业发展实施方案》和《安康市生物医药产业发展规划》；六、听取全市安全生产工作情况汇报。

◎**第二次** 2月20日，市长徐启方主持召开市政府第2次常务会议，研究确定事项：一、研究全省安全生产工作会议精神贯彻落实意见；二、研究审定《安康市旅游产业“十三五”发展规划》；三、研究审定《安康市富硒产业发展总体规划（2016—2025）》和《安康市富硒产业发展行动计划（2017—2020）》；四、研究审定《安康市“十三五”环境保护规划》；五、审定全市2016年度质量工作考核和特色品牌产品评定结果；六、研究审定《关于进一步加强基层食品药品监管工作的意见》；七、研究审定《安康市文化人才“十强百优”扶持培养计划实施方案》；八、审定2016年度市级卫生镇（村）和卫生先进单位评选结果。

◎**第三次** 3月17日，市长徐启方主持召开市政府第3次常务会议，研究确定事项：一、研究部署全市脱贫攻坚工作；二、研究审定《安康市国家低碳城市试点工作实施方案（2016—2020年）》和《安康市建设陕西省一级物流节点城市规划（2016—2020年）》；三、研究全省治霾工作会议精神贯彻意见；四、讨论审议《安康市全面深化河长制实施方案》；五、讨论审议《关于支持旬阳高新区加快发展的意见》《安康市促进科技成果转化实施办法（试行）》和2016年度市级科学技术成果表彰意见；六、研究安康市第十六届运动会筹备工作；七、研究部署全市招商引资工作；八、讨论审议全市2016年度计划生育工作目标责任制考核结果；九、研究2017年度市级部门及专项资金预算。

◎**第四次** 3月31日，市长徐启方主持召开市政府第4次常务会议，研究确定事项：一、研究《安康市落实“五个扎实”加快追赶超越实施方案》；二、听取城东新区建设有关情况汇报；三、研究《第十七届中国（安康）汉江龙舟文化节暨富硒产品博览会总体方案》；四、听取全市消防工作情况汇报；五、研究2017年陕西省劳动模范、先进工作者和先进集体评选推荐名单；六、听取全市金融工作情况汇报；七、研究《市级行政事业单位北迁方案》；八、审定2017年度审计项目计划；九、研究全市2016年度教育工作考核；十、审定《安康市人民政府重点工作公开承诺制度》。

◎**第五次** 4月16日晚，市长徐启方主持召开市政府第5次常务会议，研究确定事项：一、专题研究全市脱贫攻坚工作；二、专题研究环保督察巡查反馈问题整改工作；三、传达贯彻省政府常务会议、全省促投资稳增长会议精神，分析一季度经济运行情况；四、研究全市依法治访与安全生产工作；五、研究旬阳县申报撤县设市有关问题。

◎**第六次** 5月3日，市长徐启方主持召开市政府第6次常务会议，研究确定事项：一、研究第十二次陕南绿色循环发展工作座谈会精神贯彻意见；二、研究审定《安康市涉水产业发展行动计划（2017—2020）》；三、听取全市地质灾害隐患排查治理和2017年土地例行督察有关情况汇报；四、听取瀛湖湖泊生态环境保护工作情况汇报；五、研究汉江流域“河长制”工作座谈会精神贯彻意见；六、研究全省尾矿库安全风险防控工作推进会议精神贯彻意见；七、研究《关于加快推进全市重点镇示范体系建设的实施意见》。

◎**第七次** 6月18日，代市长赵俊民主持召开市政府第7次常务会议，研究确定事项：一、研究讨论《安康市2017“追赶超越·项目建设年”活动实施方案》《安康市重点项目工作考核办法》；二、听取西康高铁项目推进情况汇报；三、听取全市政府与社会资本合作（PPP）工作推进情况汇报；四、研究2017年度城建项目资金计划和2016年度保障性安居工程建设先进表彰；五、研究全省卫生与健康大会精神贯彻意见和市中心医院申请购置医疗设备问题；六、听取全市禁毒工作情况汇报；七、研究讨论《安康市法治政府建设实施方案（2017—2020年）》；八、研究审定《安康市危险化学品安全综合治理实施方案》；九、研究审定《关于加快农村电子商务发展的实施意见》等系列文件；十、研究贯彻《中华人民共和国公共文化服务保障法》意见；十一、研究审定《关于支持安康职业技术学院追赶超越加快发展的意见》；十二、研究全省个体经济发展座谈会精神贯彻意见；十三、研究审定《蒿坪河流域水污染防治与生态保护规划（2016—2030）》；十四、研究2017年度第一批就业资金分配方案。

◎**第八次** 8月1日，市长赵俊民主持召开2017年市政府第8次常务会议，研究确定事项：一、研究分析全市经济运行情况；二、研究中心城市江南城区规划管控问题；三、传达贯彻全省就业扶贫推进工作电视电话会议精神；四、审定《安康市科技型企业创新能力提升三年行动计划（2017—2020年）（讨论稿）》；五、研究组建安康水务（集团）有限公司相关问题；六、研究调整退休人员基本养老金及相关群体待遇；七、审定《2017年政府债务限额及新增地方政府债券安排方案》。

◎**第九次** 8月29日，市长赵俊民主持召开2017年市政府第9次常务会议，研究确定事项：一、听取2017年公开承诺事项及重点工作进展情况汇报；二、研究全省追赶超越第二季度点评会议精神贯彻意见；三、审定《2017年深化“放管服”改革重点任务分解落实方案》；四、听取中省环保督查反馈及整改工作情况汇报；五、审定《安康市涉农资金整合项目管理暂行办法》；六、研究全省旅游产业发展暨全域旅游示范省创建大会精神贯彻意见；七、审定《安康市“十三五”综合交通运输发展规划》；八、听取全市义务教育均衡发展工作情况汇报；九、听取全市医改工作情况汇报；十、听取《安康市土地利用总体规划（2006—2020年）》调整完善情况汇报；十一、审定《安康市人民政府规章制定程序规定》；十二、研究安康文化投资发展有限公司股权变更问题。

◎**第十次** 9月28日，市长赵俊民主持召开2017年市政府第10次常务会议，研究确定事项：一、听取全市经济运行情况汇报，部署第四季度经济工作；二、学习《陕西省脱贫攻坚2017年第三季度考评工作方案》，听取全市脱贫攻坚工作情况汇报；研究全省产业扶贫精准脱贫现场会会议精神贯彻意见；三、审定《安康市川陕革命老区振兴发展规划实施方案》；四、研究《安康市贯彻落实省委环境保护督察反馈意见整改方案》；五、研究中省财政工作会议精神贯彻意见，审定《安康市财政发展“十三五”规划》；六、传达学习《中共中央国务院关于开展质量提升行动的指导意见》和第二届中国质量大会精神，听取全市质量工作情况汇报；七、听取全市防汛救灾工作情况汇报；八、听取全市现代农业园区建设工作情况汇报；九、听取创建省级经济技术开发区工作情况汇报；十、听取市政府驻西安办事处参加西安市莲湖区草阳小区棚户区改造有关情况汇报。

◎**第十一次** 10月30日，市长赵俊民主持召开2017年市政府第11次常务会议，研究确定事项：一、学习党的十九大和十九届一中全会精神，安排政府系统贯彻落实工作；二、听取第三季度脱贫攻坚交叉考评情况汇报；三、听取中心城市市政道路建设及一江两岸景观提升PPP项目工作情况汇报，研究2017年度全省县城建设先进县推荐意见；四、审定《安康市人民政府关于发展装配式建筑的实施意见》，研究部分建筑业企业表彰奖励问题；五、听取全市计划生育工作情况汇报；六、研究《关于规范市属国有企业负责人履职待遇、业务支出的意见（试行）》；七、听取安康口岸建设情况汇报；八、研究城镇土地使用税区域土地等级及单位税额标准；九、研究组建安康秦汉古茶发展股份有限公司有关问题；十、研究安康中心城市建设投资开发有限公司设立市本级担保平台有关问题。

◎**第十二次** 11月28日，市长赵俊民主持召开市政府第12次常务会议，研究确定事项：一、审定《安康市公安机关警务辅助人员管理实施办法》及六个配套细则；二、审定《安康市旅游产业发展三年行动计划（2017—2019）》；三、听取全省水污染防治等工作会议精神传达贯彻情况汇报；四、审定《安康市“12345”便民服务平台建设实施方案》；五、审定《安康市“十三五”深化医药卫生体制改革实施方案》；六、审定《安康市吸引人才人口若干政策》；七、审定《安康市行政事业单位国有资产处置管理办法》《安康市事业单位公有房屋出租管理办法》；八、审定《安康市2017年第二批就业补助资金分配方案》；九、听取苏陕扶贫协作与经济合作工作情况汇报。

◎**第十三次** 12月29日，市长赵俊民主持召开市政府第13次常务会议，研究确定事项：一、传达学习省委全委会议、省政府全体会议精神，审定拟提交市四届人大三次会议审议的市政府工作报告（讨论稿）和计划、财政工作报告（草案）；二、传达学习习近平总书记关于因公出国管理工作的重要批示精神，听取全市外事侨务和对台工作汇报；三、传达学习全国住房城乡建设工作会议精神，研究讨论《关于推进新一轮城市创建工作的实施意见》《关于表彰创森工作先进集体和先进个人的决定》；四、听取2017年全市脱贫攻坚目标任务完成情况及2018年工作计划的汇报；五、审定《安康市生态保护红线划定初步方案》，研究全省第二次全国污染源普查领导小组第一次全体（扩大）会议精神贯彻意见；六、审定《“智慧安康”顶层设计》；七、审定《关于进一步规范征地补偿工作的指导意见》《安康市中心城市规划区征收集体土地房屋补偿安置办法》；八、审定《关于全面加强招商引资的若干政策措施》；九、研究全省建设法治政府推进工作电视电话会议精神贯彻意见；十、听取全市森林防火工作情况汇报；十一、研究强秋淋灾害救灾补助资金分配问题；十二、审定《贯彻落实鼓励激励机制加强和改进市直部门公务员平时考核奖励工作实施办法》《市直机关事业单位加班值班补助有关问题的通知》。

市长办公会议纪要

（共十九次）

◎**第一次** 2017年1月4日，市长徐启方主持召开会议，专题研究陕西镇坪县桂花水能有限公司上市有关工作。市委常委、常务副市长赵俊民，副市长蒋清海出席会议，市政府有关部门、镇坪县政府、陕西镇坪县桂花水能有限公司负责人参加会议。会议听取了镇坪县政府和陕西镇坪县桂花水能有限公司关于桂花水能有限公司上市工作情况汇报，与会人员就公司上市工作发表了意见建议，会议确定了有关事项。

◎**第二次** 2017年2月8日，市长徐启方在安康高新区召开办公会议，专题研究有关问题。市委常委、常务副市长赵俊民，市委常委、统战部部长、高新区党工委书记、管委会主任黄勇，市政府秘书长陈伍文及市直有关部门负责同志，高新区管委会班子成员参加会议。会议确定：

一、关于机构编制问题

原则同意高新区增设部分内设机构，人员编制由高新区管委会内部调剂。由市编委办负责，会同高新区管委会认真调研，提出具体意见，提交市编委会审定。

二、关于安康大道提升改造问题

安康大道是联接高新区和江南城区的重要城市道路。随着城市快速发展，车辆大幅增加，作为城市过境线通行压力很大，大量车辆滞留在西津汉江大桥，存在较大安全隐患。加之安康学院、安康职业技术学院两所高校北迁，道路南北缺少人行通道，交通事故多发，提升改造十分迫切。

安康大道改造由高新区管委会负责组织实施，同意按PPP模式吸引社会资本参与，要加强施工组织，倒排时间进度，确保6月底前建成投用。建设资金主要由安康高新区负责筹措，市上给予一定补助，具体由高新区管委会商市住建局、市财政局提出意见。

三、同意将安康大道和花园大道东北角、阳安襄渝铁路连接线西南角的上游村部分区域划由高新区实施棚户区改造。由赵俊民、何邦军同志召开专题办公会议研究，妥善处理纠纷，加快片区规划建设。

四、高新区管委会负责，加快老机场片区和付家河区域棚户区改造项目包装申报，市住建局予以配合，及时纳入年度计划申报支持。

五、由市发改委牵头，会同市住建局、市公产局，汉滨区政府，对中心城区供水问题进行一次全面调研，形成具体整合意见，提交市政府常务会议审定。

◎**第三次** 2017年2月9日，市长徐启方在市科技局调研，并召开办公会议专题研究科技创新问题。会议听取了市科技局有关情况汇报，研究确定了有关事项。

◎**第四次** 2017年2月10日，市长徐启方主持召开办公会议，专题研究支持汉滨区加快发展有关问题。市委常委、常务副市长赵俊民，市人大常委会副主任袁子顺，副市长孙矿玲、何邦军，市政协副主席马晓旬，市委、市政府有关部门负责同志，汉滨区委、区人大、区政府、区政协领导及有关部门、部分镇办负责同志参加会议。

◎**第五次** 2017年2月22日，受市长徐启方委托，副市长何邦军在安康高新区主持召开办公会议，专题研究高新区上游村阳安襄渝铁路连接线西南角地块管理开发问题。会议听取了高新区管委会、市国土局等关于上述土地管理开发有关情况的汇报，围绕地界划分、账务清算、矛盾化解和管理开发问题进行了深入研究讨论，确定了有关事项。

◎**第六次** 2017年2月27日，市长徐启方专题调研中心城市“一江两岸”项目建设，并现场办公研究解决有关问题。市委常委、秘书长、宣传部长罗雪剑，市人大常委会副主任马孝芳，副市长孙矿玲，市政协副主席孟平，市委、市政府有关部门负责同志，汉滨区政府有关负责同志参加调研。

◎**第七次** 2017年3月3日，市长徐启方在宁陕县调研脱贫攻坚工作，并召开专题会议就有关问题进行研究。

◎**第八次** 2017年4月19日，受市政府市长徐启方委托，副市长何邦军在白河县茅坪镇主持召开现场办公会议，专题研究白河县4.17山体崩塌灾害善后处置和恢复重建问题。会议听取了白河县政府、市国土局、市财政局、市民政局、市住建局、市安监局等单位关于上述工作有关情况的汇报，围绕善后处置、恢复重建和工作推进问题进行了深入研究讨论，确定了有关事项。

◎**第九次** 2017年4月25日，受徐启方市长委托，副市长鲁琦主持召开专题会议，研究安康富硒茶业股份有限公司组建工作。会议听取了市林业局就有关情况的工作汇报，与会人员进行了深入讨论，确定了有关事项。

◎**第十次** 2017年8月4日，市长赵俊民主持召开办公会议，专题研究市级政务服务平台、公共资源交易平台及12345便民服务热线建设等工作。市政府秘书长陈伍文及有关部门负责同志参加会议。

◎**第十一次**（涉密不公开）

◎**第十二次** 2017年9月29日，市长赵俊民调研安康学院建设发展和校地合作情况，并现场召开会议研究有关问题。副市级领导杨森，安康学院党委书记王国良，副书记、纪委书记闵小平，副书记胡波，副校长杨行玉、向纪明，市政府有关部门和汉滨区政府、高新区管委会负责同志参加会议。

◎**第十三次** 2017年10月10日，市长赵俊民实地踏勘安康城区环城干道江北段（以下简称“北环线”）项目涉及的违法用地和违法建设（简称“两违”）管控、征地拆迁及工程进展情况后，主持召开办公会议，专题研究北环线项目推进有关工作。10月23日，市长赵俊民再次召开会议，研究北环线项目建设有关问题，市委常委、常务副市长赵璟出席会议。会议听取了市规划局（北环线项目建设指挥部办公室，以下简称“项目指挥部”）等关于北环线项目建设有关情况的汇报。

◎**第十四次** 2017年11月1日，市长赵俊民主持召开办公会议，专题研究黄沟片区棚户区改造项目推进有关问题。市委常委、常务副市长赵璟，市政府有关部门主要负责人，汉滨区政府及有关部门、部分镇办负责人，部分市属企业参加会议。会议听取了市住建局关于黄沟片区棚户区改造有关问题的汇报，与会人员进行了认真的讨论。

◎**第十五次** 2017年11月17日，市长赵俊民主持召开办公会议，专题研究安康至瀛湖旅游轨道项目推进有关问题。市委常委、常务副市长赵璟，市发改委、财政局、交通局、国土局、规划局、住建局、旅发委，汉滨区政府、高新区管委会、瀛湖生态旅游区管委会，安康水力发电厂及中铁第一勘察设计院等单位负责同志参加会议。会议听取了中铁第一勘察设计院关于安康至瀛湖旅游轨道项目有关问题的汇报，与会人员进行了认真的研究讨论。

◎**第十六次** 2017年11月30日，市长赵俊民现场察看市老干部活动中心建设和日常工作运转等情况后，主持召开办公会议，专题研究市老干部活动中心基建工程遗留问题。市委组织部、市委老干局，市政府办、审计局、财政局、国土局、规划局、公产局、消防支队，市老干部活动中心（老年大学）、市干休所负责同志参加会议。

◎**第十七次** 2017年12月1日，市长赵俊民在汉滨区洪山、牛蹄等镇调研，现场察看社区基础设施建设、产业脱贫、农村“三变改革”和农村道路建设等情况后，主持召开办公会议，研究支持汉滨引领发展有关工作。

◎**第十八次** 2017年11月24日，市长赵俊民在瀛湖库区调研网箱养殖有关情况后，现场召开办公会议，专题研究瀛湖库区网箱养殖清理整顿规范工作，副市长鲁琦、寇全安出席会议。会议听取了市区有关部门关于瀛湖库区网箱养殖情况的汇报，与会人员进行了认真讨论。

◎**第十九次** 2017年12月25日，市长赵俊民主持召开办公会议，专题研究中心城市水环境PPP项目建设有关问题，市发改委、财政局、住建局、规划局、环保局、汉滨区政府和市水务集团、PPP项目社会资本方——中国水环境集团负责人参加了会议。会议听取了中国水环境集团相关工作汇报，双方深入探讨了安康中心城市水环境PPP项目总体实施方案和合作前景，并围绕安康中心城市江南再生水厂规划和建设等相关事项进行了认真讨论。

专项问题办公会议

（共七十三次）

◎**第一次** 为进一步落实市政府2016年第12次常务会议精神，2016年12月27日，市委常委、常务副市长、市盐业体制改革工作领导小组组长赵俊民主持召开办公会议，专题研究盐业体制改革有关工作。副市长、市盐业体制改革工作领导小组副组长蒋清海出席会议并发表重要意见，市盐业体制改革工作领导小组有关成员单位负责人参加了会议。

◎**第二次** 2017年1月6日，市委常委、常务副市长赵俊民主持召开办公会议，专题研究安康中心城市北环线和汉江大剧院建设有关问题。会议听取了市规划局、市住建局、汉滨区政府、安康高新区管委会等有关方面的情况汇报，与会人员围绕北环线PPP

项目签约、项目公司组建等问题进行了认真研究。

◎**第三次** 2017年1月12日下午2时，汉滨区黄石滩管理局在建民办东山村一组东干渠进行维修加固施工时，渠道内侧发生垮塌，4名施工人员被掩埋，1人当场死亡，2人经抢救无效死亡，1人轻伤。接报后，市政府副市长何邦军立即带领市、区有关部门，在汉滨区建民办召开会议，就相关工作进行安排部署。

◎**第四次** 2017年1月18日，市委常委、常务副市长赵俊民主持召开办公会议，专题研究安康中心城市"两违"管控工作。会议听取了市规划局、市国土局、汉滨区政府等有关方面的情况汇报，围绕如何加强中短期特别是春节期间中心城市"两违"管控工作进行了认真研究。

◎**第五次** 2017年1月22日，副市长何邦军主持召开办公会议，专题研究恒口凤凰社区基础配套有关问题。会议听取了恒口示范区管委会、汉滨区政府等有关方面关于恒口凤凰社区基础配套有关情况的汇报，围绕政策落实、工作衔接和矛盾化解进行了深入讨论。

◎**第六次** 2017年1月17日，副市长孙矿玲到位于恒口大东山顶的安康电视转播台调研慰问，并主持召开现场办公会议，专题研究转播台供电线路改造及相关设施建设问题。会议听取了安康电视转播台及市直相关单位的情况介绍，就相关问题进行了讨论，研究确定了有关事项。

◎**第七次** 2017年2月6日，市委常委、常务副市长赵俊民主持召开市政府专题办公会议，研究旬阳水电站汉滨区库段黄洋河垫地防护工程建设问题，副市长鲁琦参加会议。会议听取了汉滨区政府、市规划局、市国土局、市移民局等有关部门的情况汇报，就有关问题进行深入讨论，确定了有关事项。

◎**第八次** 2017年2月21日，市委常委、常务副市长赵俊民主持召开办公会议，专题研究安康大道综合通行能力整体提升工程推进工作，市委常委、市委统战部长、高新区党工委书记、管委会主任黄勇出席会议并发表重要意见。市政府办、规划局、住建局、交通局、交警支队、安康供电局、安康学院、安康职业技术学院、市政府新闻办、汉滨区政府、汉滨区建民办、自来水公司、逸华天然气公司等相关单位负责人参加了会议。会议听取了高新区关于安康大道综合通行能力整体提升工程实施方案的汇报，与会单位进行了认真讨论，研究确定了有关事项。

◎**第九次** 2017年2月20日，市委常委、常务副市长赵俊民主持召开办公会议，专题研究2017年度全市对外开放和招商引资工作，市委常委、副市长尹清辽参加会议并发表意见。会议分别听取了市发改、商务、招商、工信、农业、外侨办、台办、外宣办以及高新区管委会关于2017年度对外开放和招商引资工作初步意见的汇报。确定了相关事项。

◎**第十次** 2017年2月8日，市委常委、常务副市长赵俊民与西安铁路局副局长胡晓波联合召开办公会议，专题研究安康东站滑坡治理纠纷及重点铁路项目建设推进问题。市政府副市长何邦军及相关单位负责同志参加了会议。会议进行讨论。

◎**第十一次** 2017年2月23日，市政府副市长何邦军在旬阳县主持召开办公会，专题研究旬阳、白河两县以脱贫攻坚统筹农村创新发展试点有关问题。与会人员实地踏勘了旬阳县李家台村胡家垭牡丹园区、泗塘沟林果园区、王家山村容整治以及白河县陈庄村移民搬迁安置社区、药树茶叶有限公司和茶叶基地建设情况，听取了旬阳、白河两县政府关于以脱贫攻坚统筹农村创新发展试点有关情况的汇报。

◎**第十二次** 2017年2月24日，市政府副市长何邦军在汉阴县平梁镇主持召开办公会，专题研究汉阴县以脱贫攻坚统筹农村发展创新试点有关问题。与会人员实地踏勘了平梁镇棉丰安置社区、棉丰玫瑰庄园、太康富硒粮油基地建设情况，听取了汉阴县政府关于以脱贫攻坚统筹农村发展创新试点有关情况的汇报，研究确定了有关事项。

◎**第十三次** 2017年2月27日，副市长何邦军主持召开办公会议，专题研究安康铁路职工家属区"三供一业"分离移交工作。市国资委、财政局、发改委、审计局、住建局，西安铁路局安康建筑段、市城投公司、逸华天然气公司的等单位负责人参加了会议，会议听取了市国资委有关安康铁路职工家属区"三供一业"调研情况的汇报，与会人员进行讨论，确定了相关事项。

◎**第十四次** 2017年2月23日，市委常委、常务副市长赵俊民主持召开办公会议，专题研究陕西阳晨牧业股份有限公司（简称阳晨牧业）IPO（首次公开发行股票）项目推进有关工作。副市长蒋清海出席会议，市国土局、财政局、水利局、农业局、规划局、环保局，市政府法制办、金融办、督查室，高新区管委会、汉滨区政府及区住建局、国土局、环保局，阳晨牧业等单位负责人参加了会议。会议听取了有关部门和单位关于2016年第七十三次市长专项办公会议确定的阳晨牧业IPO项目工作开展情况的汇报，研究议定了有关事项。

◎**第十五次** 2017年2月22日，市委常委、常务副市长赵俊民带领汉滨区政府及市、区有关单位负责同志现场调研中心城市重点项目建设情况后召开会议，专题研究加快建设有关问题。市发改委、财政局、国土局、规划局、住建局、水利局、人社局、农业局、民政局、交通局、公安局、科技局、公产局、质监局、安康学院、安康日报社、市中心医院、市中级人民法院、市城投公司，高新区管委会、汉滨区政府及区拆收办、住建局、公安分局，汉滨区新城办、老城办、关庙镇、张滩镇负责同志参加了会议。会议分别听取了市住建局、汉滨区政府关于当前中心城区重点项目建设情况及存在问题的汇报，研究了原中级人民法院办公区房产拍卖移交等遗留问题。

◎**第十六次** 2017年2月22日，副市长孙矿玲主持召开办公会议，专题研究香溪书院项目建设有关问题。

◎**第十七次** 2017年3月16日，市委常委、常务副市长赵俊民主持召开市规委会专题会议，专题研究安康中心城市部分城建项目规划设计方案和项目选址问题。

◎**第十八次** 2017年3月21日，市委常委、常务副市长赵俊民主持召开办公会议，专题研究全市网络协同办公系统建设有关问题，市政府办、监察局、审计局、财政局、机关事务管理局、市电子政务办公室等单位负责人参加会议。会议听取了市电子政务办公室有关情况汇报，与会人员进行了认真讨论，确定了相关事项。

◎**第十九次** 2017年3月16日，市委常委、常务副市长赵俊民带领市政府办、市住建局、财政局、规划局、国土局、工信局，汉滨区政府及区直相关部门等负责人，调研五里工业集中区产业发展情况，现场察看长春路和黄沟片区棚户区改造项目（以下简称棚改项目）推进情况后，主持召开办公会议，专题研究长春路、黄沟片区棚改项目和五里工业集中区有关问题，会议听取了市区相关部门有关情况的汇报。

◎**第二十次** 2017年3月23日，市委常委、常务副市长赵俊民主持召开办公会议，专题研究安康市公共资产投资经营有限公司（以下简称市公产公司）有关问题。市政府办、市财政局、国资委、住建局、国土局、公产局、高新区管委会、公产公司负责人参加了会议。会议听取了市公产公司有关情况的汇报。

◎**第二十一次** 2017年3月17日，市委常委、常务副市长赵俊民主持召开办公会议，专题研究市国土资源信息大厦建设使用有关问题。市国土局等单位汇报了项目建设情况，相关单位参加会议。经过讨论，会议达成一致意见。

◎**第二十二次** 2017年3月31日，副市长孙矿玲召开专项办公会议研究2017年全国第十三届运动会陕西省龙舟代表队组队、训练、保障等有关问题。会上，市体育局汇报了安康市组队代表陕西省参加第十三届全国运动会龙舟比赛实施方案，与会人员进行了认真讨论，形成了一致意见，确定了相关事项。

◎**第二十三次** 2017年3月30日，市委常委、常务副市长赵俊民主持召开市公务用车制度改革领导小组会议，专题研究深化公务用车制度改革工作。会议听取了市车改办关于公务用车制度改革推进情况的汇报，与会人员对车改中存在的困难和问题进行了认真讨论，确定了有关事项。

◎**第二十四次** 2017年4月11日，市委常委、常务副市长赵俊民，带领市住建局、规划局、国土局、监察局、财政局、审计局、城投公司、汉滨区政府和区直相关部门、镇办负责同志，现场督导高井、瀛湖路片区棚改工作，并主持召开办公会议，专题研究高井、瀛湖路片区棚改工作。

◎**第二十五次** 2017年4月6日，市委常委、常务副市长赵俊民主持召开办公会议，专题研究中心城市水环境项目PPP包装和垃圾焚烧项目“BOT”（或PPP）包装事宜。市发改委（物价局）、财政局、规划局、住建局、国土局、环保局、水利局、城管局、气象局、高新区管委会、汉滨区政府、安康水电厂负责同志参加会议，与会人员进行了认真讨论，确定了相关事项。

◎**第二十六次** 2017年4月17日，副市长何邦军主持召开市脱贫攻坚指挥部办公室会议，专题传达贯彻4月10日省委常委会议、4月11日市委常委（扩大）会议、4月13日省委副书记毛万春到安座谈会议、4月14日市脱贫攻坚指挥部扩大会议（平利）、4月15日市政府党组会议和4月16日第五次市政府常务会议精神，安排部署全市脱贫攻坚重点工作。会议听取了市脱贫攻坚指挥部办公室有关情况的工作汇报，与会人员进行充分讨论。

◎**第二十七次** 2017年4月16日，副市长何邦军主持召开办公会议，专题研究传达贯彻落实省委副书记毛万春到安座谈会、市脱贫攻坚指挥部扩大会和市政府党组会议精神的贯彻落实问题。会议听取了市扶贫局、十县区政府关于上述会议精神贯彻落实有关情况的汇报，围绕存在问题、整改落实和工作推进问题进行了深入研究讨论，确定了有关事项。

◎**第二十八次** 2017年4月21日，市政府副市长何邦军主持召开办公会，专题研究平镇、安岚两条高速公路建设用地有关问题。会议听取了市国土局、市交通局、市协调办及平利、镇坪、汉滨、岚皋四个县区关于高速公路建设推进情况的汇报，围绕用地手续报批和解决相关问题进行了深入讨论，确定了有关事项。

◎**第二十九次** 2017年4月24日，市委常委、常务副市长赵俊民主持召开办公会议，专题研究国家卫生城市巩固和国家森林城市创建有关问题。市创建办（市城管局）、市林业局、市财政局、市规划局、市住建局、市国土局、市水利局、市人社局、市药监局、市工商局、汉滨区政府、高新区管委会、汉滨区双创办、汉滨区城管局负责同志参加会议，会议听取了国家卫生城市省级复审反馈问题和创建国家森林城市省级评定有关情况的汇报，与会人员进行了认真讨论，确定了有关事项。

◎**第三十次** 2017年4月28日，市委常委、常务副市长赵俊民主持召开办公会议，专题研究中心城市部分棚户区改造有关问题。市住建局、市财政局、市规划局、市国土局、市棚改办、市城投公司、汉滨区政府和区直相关部门、镇办负责同志参加会议。

◎**第三十一次** 2017年5月3日晚上，市委常委、常务副市长赵俊民召开办公会议，专题研究安康职业技术学院（以下简称学院）新校区、附属小学及安康市示范性综合实践基地建设项目投资等问题。副市长孙矿玲、学院党委书记唐军参加会议，并发表了重要意见。学院汇报了新校区、附属小学和安康市示范性综合实践基地建设，以及教育扶贫贷款申报情况，与会人员进行了认真讨论，确定了相关事项。

◎**第三十二次** 2017年3月31日，市委常委、常务副市长赵俊民主持召开办公会议，专题研究安康循环产业科技创新投资基金组建有关问题。市委常委、副市长尹清辽出席会议并发表了意见。会议听取了市科技局关于安康循环产业科技创新投资基金组建有关情况的汇报，与会人员围绕有关问题进行了认真讨论，确定了相关事项。

◎**第三十三次** 2017年5月16日，副市长何邦军带领相关部门负责人在汉滨区、恒口示范区、汉阴县实地检查阳安二线工程建设情况，并召开现场办公会。阳安二线项目负责人和汉滨区、恒口示范区、汉阴县负责人分别汇报了工作进展，西安铁路局阳安二线指挥部、市阳安二线协调办，市国土局、公安局、监察局，市政府督查室负责人参加了会议。会议确定了相关事项。

◎**第三十四次** 2017年5月18日，市委常委、常务副市长赵俊民主持召开办公会议，专题研究安康文化投资发展有限公司股权变更与管理架构调整有关问题。副市长孙矿玲参加会议，并发表重要意见。会议听取了安文投股权变更与管理架构调整方案汇报，与会人员进行了认真讨论，确定了相关事项。

◎**第三十五次** 2017年6月10日，副市长何邦军带领市国土局、民政局，汉滨区政府、江北办等单位负责同志，在汉滨区江北办实地查看临江社区（广景花园小区南侧斜坡）滑坡险情，并现场召开办公会议，专题研究应急处置工作。会议听取了汉滨区政府、市国土局汉滨分局、江北办、地质一队有关应急处置情况的汇报，确定了有关事项。

◎**第三十六次** 2017年6月6日，市委常委、常务副市长赵俊民主持召开办公会议，专题研究安康正大制药有限公司（以下简称“安康正大”）职工信访有关问题，市政府办、市工信局（国资委）、市食药监局、市信访局、市人社局、市工商局、市金融办、市政府法制办负责人参加了会议。会议听取了市工信局（国资委）关于安康正大职工信访有关问题的汇报，与会人员进行了认真讨论。

◎**第三十七次** 2017年6月12日，副市长孙矿玲召开现场办公会议，专题研究安康市机动车驾驶人考试中心建设有关情况，安康职业技术学院党委书记唐军参加会议。会上，安康职业技术学院对有关情况进行了汇报，与会人员进行了认真讨论，达成了一致意见。

◎**第三十八次** 2017年6月28日，市委副书记、代市长赵俊民主持召开办公会议，专题研究中级人民法院原办公区房地产拍卖移交遗留问题，市规划局、市住建局、市国土局、市公产局、市中级人民法院、市城投公司、汉滨区政府及区直相关部门和镇办负责同志参加会议。会议听取了市公产局、市城投公司关于中级人民法院原办公区房地产拍卖移交相关情况的汇报，与会人员进行了认真讨论。确定了相关问题。

◎**第三十九次** 2017年6月26日，副市长何邦军主持召开办公会议，专题研究供销商贸汽车站关停有关问题。会议听取了市交通局、市供销社、供销商贸汽车站、安运集团运输有限公司、顺康高速客运站站务运营有限公司等关于供销商贸汽车站关停有关情况的汇报，围绕车辆分流、人员安置和矛盾化解等进行了深入讨论，确定了有关事项。

◎**第四十次** 2017年6月28日，市委副书记、代市长赵俊民带领汉滨区政府及市、区有关单位负责同志现场实地踏勘后，召开办公会议，专题研究江南污水处理厂和垃圾焚烧厂规划选址有关问题。市发改委、规划局、住建局、国土局、环保局、水利局、气象局、机场办、汉滨区政府及区直相关部门、镇办负责同志参加会议。会议分别听取了汉滨区政府及市区相关部门关于这两个项目的包装设计、规划选址等前期工作进展情况的汇报，与会人员进行了认真讨论。

◎**第四十一次** 2017年7月3日，市委副书记、代市长赵俊民主持召开办公会议，专题研究市委党校二期建设工程有关问题，市委党校、市发改委、市财政局、市审计局、高新区管委会负责同志参加会议。会议听取了市委党校关于二期建设工程情况的汇报，与会人员进行了认真讨论。

◎**第四十二次** 2017年7月3日，市委副书记、代市长赵俊民主持召开办公会议，专题研究城东新区建设有关问题，市编委办、市发改委、市国土局、市规划局、市住建局、汉滨区政府及区直有关部门负责同志参加会议。会议听取了汉滨区政府关于城东新区规划建设情况的汇报，与会人员进行了认真讨论。

◎**第四十三次** 2017年7月22日，市委常委、副市长尹清辽主持召开办公会议，专题研究石泉县申报创建省级经济技术开发区问题。会议听取了市商务局和石泉县政府有关情况的汇报，与会部门围绕申报资料收集、相关工作衔接等问题进行了认真讨论。

◎**第四十四次** 2017年8月2日，市政府副市长何邦军与人保财险工作组联合召开办公会，专题研究人保财险支农融资推进问题。人保财险、市脱贫办、市扶贫开发公司等单位负责人参加了会议，会议听取了市扶贫开发公司和人保财险安康分公司有关推进情况的汇报，与会人员进行了认真讨论。

◎**第四十五次** 2017年8月21日，市政府副市长何邦军主持召开办公会议，专题研究安康城区巴山路综合改造有关问题。会议听取了市住建局、市发改委、市财政局、市国土局、市规划局、市环保局、安康供电局、交警支队、汉滨区政府、中建公司、自来水公司等有关方面关于安康城区巴山路综合改造有关情况的汇报，与会人员围绕征地拆迁、项目推进和矛盾化解进行了认真讨论。

◎**第四十六次**　2017年9月5日，副市长何邦军主持召开办公会议，专题研究国土资源管理有关问题。会议听取了市国土、财政、人社、编办、林业、水利、安监、环保、法制办、城投公司等有关方面关于当前国土资源管理有关情况的汇报。围绕解决遗留问题和项目工作推进进行了深入研究讨论。

◎**第四十七次**　2017年9月25日，副市长何邦军带领市规划局、国土局、住建局、民政局，市政府应急办，汉滨区政府等单位负责同志，在汉滨区建民办实地查看金城美墅小区滑塌险情，并现场召开办公会议，专题研究应急处置工作。会议听取了汉滨区政府、市地灾办、建民办、宏达房产公司有关应急处置情况的汇报。

◎**第四十八次**　2017年8月28日，副市长何邦军带领市扶贫局、商务局，紫阳县政府、高新区管委会等单位负责人在高新区调研脱贫攻坚工作，并召开现场办公会专题研究安康扶贫市场（安康贫困户产业就业服务中心）建设工作，市委常委，高新区党工委书记、管委会主任黄勇出席并指导会议。会议听取了高新区管委会有关情况的汇报。

◎**第四十九次**　2017年9月15日，副市长何邦军带领市规划局、住建局、国土局、统征中心，汉滨区政府、高新区管委会等单位负责同志，实地踏勘安康城区环城干道江北段建设工程进展情况，并召开专题会议研究项目推进工作。会议听取了市规划局、项目指挥部、施工单位有关工程进展的汇报。

◎**第五十次**　2017年9月18日，市政府副市长何邦军主持召开办公会议，专题研究汪锡银等43人信访反映兴安公园内噪音和异味扰民问题。会议听取了汉滨区政府、市区环保局、市区信访局和兴安公园等关于汪锡银等43人信访反映兴安公园内噪音和异味扰民信访有关情况的汇报，围绕信访个案矛盾化解和全市面上工作规范进行了深入研究。

◎**第五十一次**　2017年8月31日，市政府副市长何邦军主持召开办公会议，专题研究部分城建项目推进有关问题。会议听取了市住建局关于项目进展情况及存在问题的汇报，市发改委、市财政局、市规划局、市国土局、汉滨区政府等与会部门进行了充分讨论，围绕中省环保督察反馈问题整改和棚户区改造项目推进问题进行了深入研究。

◎**第五十二次**　2017年10月17日，副市长何邦军实地踏勘大同镇阳安二线通行立交建设选址并主持召开现场办公会议，专题研究阳安二线征地拆迁、环境保障及恒口示范区涉铁路具体项目推进问题。会议听取了市阳安二线协调办，市公安局、汉滨区、汉阴县、高新区、恒口示范区和西安铁路局第三工程指挥部有关情况的工作汇报。

◎**第五十三次**　2017年10月12日，市委常委、常务副市长赵璟主持召开办公会议，专题研究中心城市垃圾焚烧PPP项目推进工作。市发改委、财政局、规划局、住建局、国土局、交通局、信访局、环保局、城管局、供电局、高新区管委会、瀛湖旅游示范区管委会、恒口示范区管委会、汉滨区政府负责人参加会议，与会人员进行了认真讨论。

◎**第五十四次**　2017年11月1日，市政府副市长何邦军带领有关部门实地调研踏勘安康扶贫市场（安康贫困户产业就业服务中心，以下简称扶贫市场）建设情况，并召开现场办公会，专题研究安康扶贫市场建设推进问题。会议听取了高新区管委会、市发改委、市人社局、市财政局、市脱贫办、市商务局、市农业局和项目业主关于安康扶贫市场建设推进情况的汇报。围绕功能定位、项目推进和政策支持等进行了深入研究讨论。

◎**第五十五次**　2017年11月7日，副市长寇全安主持召开会议，专题研究瀛湖库区漂浮物打捞工作。确定了相关问题。

◎**第五十六次**　2017年11月10日，副市长何邦军主持召开办公会议，专题研究汉滨区关庙镇东站村艾礼庆等7户房屋受损信访事项。市国土局、市规划局、市信访局、汉滨区政府、汉滨区信访局、关庙镇等单位负责人参加会议。会议听取了市规划局、市国土局、市信访局有关情况汇报，与会人员进行了深入讨论，确定了有关事项。

◎**第五十七次**　2017年11月6日，市委常委、常务副市长赵璟主持召开办公会议，落实2017年4月21日市委常委会议精神，专题研究市脱贫攻坚指挥部办公室（以下简称“市脱贫办”）内设机构、人员编制、领导职数问题和市移民（脱贫）搬迁办公室机构、人员问题，副市长、市脱贫攻坚指挥部责任副总指挥何邦军参加会议。会议听取了市脱贫办、市搬迁办有关情况的汇报，与会人员进行讨论，确定了相关问题。

◎**第五十八次**　2017年11月13日，市委常委、常务副市长赵璟主持召开办公会议，专题研究解决安康市农村社会养老保险（简称“老农保”）遗留问题处置工作。市政府有关组成部门负责人，岚皋县政府及有关组成部门负责人参加会议。会议听取市人社局、民政局关于解决安康市“老农保”遗留问题工作情况的汇报，与会人员进行了认真的讨论。

◎**第五十九次**　2017年11月10日，副市长何邦军带领市规划局、汉滨区政府、高新区管委会等单位负责同志，实地踏勘安康城区环城干道江北段建设工程（以下简称：北环线）

“两违”管控、征地拆迁工作进展情况，并召开专题会议研究项目推进工作。会议听取了市规划局、市住建局、市国土局、汉滨区政府、高新区管委会、项目公司有关情况的汇报，与会人员进行了认真讨论。

◎**第六十次** 2017年10月31日，市委常委、常务副市长赵璟主持召开办公会议，专题研究中心城市长春片区棚改项目推进有关问题。市财政局、国土局、住建局、市城投公司主要负责人参加会议。会议听取了市住建局关于长春片区棚改项目进展情况的汇报，与会人员进行了认真的讨论。

◎**第六十一次** 2017年11月20日，市委常委、市政府常务副市长赵璟主持召开办公会议，专题研究新强怡景苑限价商品房小区业主联名信访问题。市住建局、市政府督查室、市房管局、市搬迁办、汉滨区政府及区直有关部门负责人参加会议，与会人员进行了认真讨论。

◎**第六十二次** 2017年11月27日，副市长寇全安主持召开办公会议，专题研究了香溪洞风景区（香溪公园）建设管理工作。会议听取了瀛湖生态旅游区、市住建局、市旅发委和香溪公园管理所工作汇报，研究议定了有关事项。

◎**第六十三次** 2017年11月10日，市委常委、常务副市长赵璟主持召开办公会议，专题研究市城投公司参股省信用融资担保集团有关问题。副市长蒋清海，市政府有关组成部门负责人，部分市属企业负责人参加会议。会议听取市城投公司就参股省信用融资担保集团工作有关情况的汇报，与会人员进行了认真的讨论。确定了相关事项。

◎**第六十四次** 2017年11月27日，市委常委、常务副市长赵璟主持召开剥离国有企业办社会职能和解决历史遗留问题工作推进办公会议，听取市剥离办工作进展情况汇报，研究确定冲刺年度目标任务的具体措施。与会人员进行了认真的讨论。

◎**第六十五次** 2017年12月4日，市委常委、常务副市长赵璟主持召开办公会议，专题研究世界银行贷款陕西省特色小镇与乡村旅游发展项目推进有关问题。市发改委、市财政局、市国土局、市规划局、市住建局、市水利局、市环保局负责人参加了会议。会议听取了市发改委、市住建局关于世界银行贷款项目进展情况有关问题的汇报，与会人员进行了认真的讨论。

◎**第六十六次** 2017年12月4日，市委常委、常务副市长赵璟主持召开办公会议，专题研究全市苏陕扶贫协作国家交叉考核和省级年度考核工作。市政府有关部门主要负责人，部分市属国有企业负责同志参加会议。会议听取市发改委关于苏陕扶贫协作和经济合作工作情况、市脱贫办就贯彻落实全省苏陕扶贫协作推进会议精神及考核相关要求和市教育局、市人社局、市卫计局、市农业局就2017年以来推进苏陕扶贫协作情况及全省苏陕扶贫协作会议精神落实有关情况的汇报，与会人员进行了认真的讨论。确定了相关事项。

◎**第六十七次** 2017年11月8日、12月5日，市委常委、常务副市长赵璟主持召开办公会议，分别专题研究中心城市市政道路建设及一江两岸景观提升PPP项目问题，研究棚改等城建工作推进问题。市住建局等有关市政府组成部门和单位负责人参加了会议。会议分别听取市住建局关于中心城市市政道路建设及一江两岸景观提升PPP项目工作有关情况的汇报、关于全市棚户区改造工作的汇报，审定汉滨区政府关于黄沟片区、长春片区、东坝片区棚改项目征收补偿安置的方案，审定安康市民营企业实施市本级棚户区改造开行贷款项目风险控制管理细则和安康市棚户区改造项目国开行贷款还款资金管理办法。与会人员就有关问题进行了认真讨论。确定了相关事项。

◎**第六十八次** 2017年12月12日，副市长何邦军主持召开办公会议，专题研究北环线土地征收、《关于进一步规范征地补偿工作的指导意见》和《安康中心城市规划区征收集体土地房屋补偿安置办法》两个文件修订问题。会议听取了市国土局的专题汇报，相关单位进行了深入讨论，形成了一致意见。确定了有关事项。

◎**第六十九次** 2017年12月11日，市委常委、常务副市长赵璟主持召开会议，专题研究盐业体制改革工作，副市长寇全安出席会议。会议分别听取了市发改委、市盐务局关于盐业体制改革实施方案和需要协调解决有关事项的汇报，与会人员进行了充分讨论。确定了有关事项。

◎**第七十次** 2017年12月22日，市委常委、副市长尹清辽主持召开会议，专题研究了安康电商人才培训事宜。会议听取了市人社局、市商务局、市财政局、市扶贫局、高新区管委会和安康扶贫空间项目业主情况汇报，与会人员围绕“淘宝大学安康市培训中心”落地、实施电商人才培训、提升电商创业孵化能力等问题进行了认真研究。确定了有关事项。

◎**第七十一次** 2017年12月27日，副市长何邦军实地调研安康扶贫空间（安康贫困户产业就业服务中心，以下简称安康扶贫空间）建设情况，并召开现场办公会议，专题研究安康扶贫空间县区馆建设有关问题。会议听取了高新区、市脱贫办、项目业主关于县区馆装修有关情况的汇报。确定了有关事项。

◎**第七十二次** 2017年12月12日，副市长杨森主持召开办公会议，专题研究市人大常委会对中心城区基础教育规划实施情况审议意见的落实问题。会议听取了市教育局有关工作情况汇报，围绕全面落实市人大常委会审议意见进行了充分讨论。

◎**第七十三次** 2017年12月12日，市委常委、常务副市长赵璟主持召开办公会议，专题研究恒口示范区体制改革具体落实有关问题。副市长、恒口示范区（试验区）党工委书记何邦军参加了会议。会议听取了恒口示范区关于体制改革推进落实情况的汇报，市政协办、市编委办、市发改委、市财政局、市人社局、市国土局、市规划局、市法制办和汉滨区政府等与会单位围绕完善体制、工作衔接和改革推进等进行了深入研究讨论，确定了有关事项。

市政府办公室

市政府秘书长、办公室党组书记 陈伍文
市政府副秘书长、市政府办公室（法制办公室）主任、办公室党组副书记 赵德成
市政府副秘书长、信访局局长 马　霞(女)
市政府副秘书长、政务服务中心主任 刘福全
市政府副秘书长(正县) 王志洲
市政府督查室主任 阮家军
市政府副秘书长(挂职) 戴胡爽
市政府副秘书长 谢　奎
市侨联党组书记、外事侨务办公室主任 杨　柳
市政府办公室（法制办公室）副主任 杨克山
市政府办公室（法制办公室）副主任 张爱萍(女)
市金融工作办公室主任 张　涛
市机关事务管理局副局长 谭学锋
市政务服务中心副主任 马劲柏
市政府督查室副县级督查专员 毛良韶
市发展研究中心副主任 王　涛
市机关事务管理局副局长 何慧红(女)
市政府驻西安办事处主任 王众义
市政府驻西安办事处副主任 张军喜

◎**公文信息工作**　组织起草2017年度政府工作报告及领导讲话320余份、汇报材料280余件；规范公文办理程序，全年接收办理电子公文6180件，退回不符合规定文件160件。发出电子公文5520件，其中转办领导批示3020件。全年印发各类公文1170件，内容准确、格式规范、版面整洁，公文出错率控制在1‰以内。持续推进无纸化办公，所有阅知类文件实现在OA系统运转。加强保密工作，组织参加保密培训，顺利通过省保密专项检查，受到省保密局高度肯定，无泄密事件发生；全年编辑《政务信息专报》248期，编辑《安康市政府大事记》12期，采用各类信息6000余条，上报省政府办公厅各类信息500余条，办理回复西部网、华商网等媒体网络舆情20余件。

◎**政务督查**　联合相关部门先后对大气污染防治及中省环保督察整改情况，农业五大主导产业及民政“五个十”情况，工业经济发展、脱贫攻坚、年度目标责任考核任务完成情况，追赶超越季度排名整改情况，电商扶贫、县级污水处理厂提标改造、创国卫复审存在问题整改、农村环境综合整治情况，以及两厂（场）、机场迁建、长春路、北环线、泸康大道二期及十字立交、黄沟片区棚改、西津公园、汉江大剧院等重点项目建设情况开展专项督查17次。联合市监察局、安康电视台对推进缓慢的汉滨区五里污水处理厂、羊皮沟垃圾填埋场进行了行政效能督查，督查结果报市政府主要领导；制定出台《安康市政府重点工作公开承诺制度》，按照“月督查、月通报”要求，对83个部门公开承诺的1605件重点工作进行了专项督查，开展专项督查6次，并在媒体公开结果。按照“现场核查、跟踪督办”方式办理领导批示件67件。办理国务院第四次大督查群众热线电话反映问题85件，并按时上报办理结果。先后对10次常务会议、17次市长办公会议确定的350件重点工作进行了跟踪督办。全年编发《督办通报》35期、《督查结果报告单》17期；按期办结市政府系统承办的市四届人大一次会议代表建议288件、市政协四届一次会议委员提案316件，代表委员满意率进一步提高。

◎**金融改革**　全年全市银行业金融机构各项贷款余额756亿元，较年初增加129亿元（含国开行当年新增42亿元棚改贷款和扶贫项目贷款），同比增长20.6%（剔除国开行新增贷款部分，增速为14%）。涉农贷款余额437亿元，较年初增加59.7亿元，同比增长15.8%，高于全部贷款增速1.8个百分点；小微企业贷款余额203亿元，较年初增加32.5亿元，增长19.07%，高于同期贷款平均增速5.15个百分点；小微企业贷款户数9339户，比上年同期增加1605户；小微企业申贷获得率为97.82%，高于上年同期1.94个百分点。组织召开政银企对接会8次，签订贷款意向协议53份，金额60.6亿元；组织召开后备企业融资辅导培训对接会议3次，全年新增新三板挂牌企业2家，四板市场挂牌企业15家；高新金融服务聚集区建设顺利，17家金融机构完成北迁或设立分支机构，财富大厦、金融大厦等项目稳步推进；深入县区、部门对打击和处置非法集资及互联网金融风险排查工作进行检查，全市小贷公司和担保公司发展态势总体良好，全市未发生区域性、系统性金融风险。

◎**机关事务管理**　联合市公产局制定《市级行政事业单位“疏解江南、重心北移”资源整合利用方案》，市直10个部门33个单位北迁工作积极推进；大力开展节约型公共机构示范单位创建、公共机构节能绿色行动、节能宣传、检查考核等工作，全市公共机构节能工作在全省考核中获得优秀，实现人均综合能耗、单位建筑面积能耗和人均水耗同比2016年分别下降2.5%、2%和3%的目标；印发《安康市机关事务工作“十三五”时期规划》以及《关于做好县区机关事务工作“十三五”规划编制工作的通知》，指导县区做好规划编制工作；制定《中心城区160平方公里内（外）公务用车服务保障办法》，积极建设公车信息化平台，创新保障模式，实现公务出行社会化。严格公车管理，杜绝

各种违规行为；加快制定党政机关办公用房管理办法、党政机关办公用房使用审批表，规范办公用房管理。完成西二楼多功能会议厅装修改造，通过餐饮服务外包方式，引进社会餐饮企业承接市政府机关食堂服务工作，得到干部职工好评。

◎**自身建设** 一、深入推进“两学一做”学习教育常态化制度化。以建设市政府“坚强前哨、巩固后院”和实现“五个一流”为目标，坚持融入日常、抓在经常。以理论学习中心组学习、民主生活会等制度为主要抓手，定期开展集体学习；以“两学一做”为基本内容，以“三会一课”为基本制度，以解决问题、发挥作用为基本目标，建立完善规章制度。坚持以上率下，严格和规范双重组织生活制度，充分发挥党组班子、领导干部、支部班子带头示范作用；坚持选树先进典型，宣传优秀党员先进事迹，树立时代楷模，引导党员、干部见贤思齐；坚持常抓不懈，推动“两学一做”学习教育与中心工作、重点任务深度融合，做到两手抓、两不误、两促进。各支部结合岗位工作实际，围绕“学习市四次党代会精神，聚力建设西北生态经济强市”“贯彻中、省、市脱贫攻坚最新要求，集中打好脱贫攻坚战”“落实党章和准则要求，带头做全面从严治党的表率”“学习党的十九大精神，在新征程上继续前进”四个专题开展集中学习研讨活动，及时整理学习资料、党课教案、发言材料等学习档案，全年报送“两学一做”优秀征文5篇、党课教案3篇、党建调研文章3篇，向安康党建网站投稿30篇，学习教育稳步推进、规范开展，收到良好效果。二、领导班子和干部队伍建设。召开办公室党组会、民主生活会、办公室全体会，认真学习贯彻党的十九大精神和省委、市委全会精神及习近平总书记系列讲话精神，积极参加市委中心组学习和各类学习培训活动，撰写学习笔记和心得体会文章。全面落实“八项规定”，驰而不息纠正“四风”，营造风清气正、勤政廉政的工作氛围。完善领导班子议事决策、请示报告、理论学习、AB角协作、民主生活会等制度，严格执行民主集中制和重大事项请示报告制，形成分工明确、相互支持、团结共事的工作格局。高度重视年轻干部的选拔和培养，向组织部门推荐提拔使用县级干部6名，交流1人；充分运用“三项机制”，严格干部选拔任用程序，提拔使用科级及以下干部12人。为充实办公室干部队伍，缓解人员不足问题，选调2名优秀年轻干部充实到办公室综合科室。为进一步密切办公室与基层单位联系，经县区和部门推荐，全年选调53名同志参与交流学习锻炼。积极落实干部工资福利待遇，办理工资、保险手续300余人次，组织干部职工进行带薪年休假83人。组织年轻干部参加各类培训600余人次，干部队伍素质显著提高、结构不断优化、活力明显增强。三、落实党风廉政建设责任制。紧紧牵住廉政建设的“牛鼻子”。年初制定工作安排，下发主体责任清单，将责任分解到人头、落实到具体工作。通过听取汇报、个别指导、工作检查等方式，层层传导压力，不断夯实领导班子的集体责任、党组书记的第一责任、班子成员的“一岗双责”。围绕政治纪律、权力运行、干部作风、群众身边腐败等四个方面重点，紧盯关键环节、重要岗位、时间节点和敏感问题，强化监督检查和纪律审查。全力配合，推动巡察整改到位。根据市委巡察工作统一部署，市委第一巡察组于2017年8月26日至11月10日对我办开展了两个多月的巡察，11月30日进行了反馈。办公室党组高度重视、全力配合，对巡察反馈的5方面13个问题，按照“一个问题、一个整改方案、一名责任领导、一套工作班子、一抓到底”要求，建立台账，逐一销号，深入分析、深挖病根、动真碰硬，把巡察组提出的意见建议转化为改进作风、推动工作、加快发展的实际行动，将各项整改任务落实到位。积极运用“四种形态”，加强干部教育和管理，注重抓小抓早，及时咬耳扯袖，监督关口前移，全年初步核实4件，诫勉谈话1件，对10余名涉及婚丧喜庆、子女上大学的干部职工，及时提醒戒勉，防患于未然。四、机关党的建设。紧紧围绕“两学一做”学习教育常态化制度化，按照全面从严治党要求，以落实管党治党责任为引领，以“服务中心、建设队伍”为中心，以巩固“五型”机关党组织创建成果为抓手，以党员教育“五个一”活动为载体，主动对标“五个一流”，坚持“虚功实做”，严格落实“三会一课”“主题党日”、民主生活会等各项党内组织生活制度，不断规范机关党内政治生活。深入学习贯彻党的十九大精神，坚持在学懂、弄通、做实上下功夫，制定学习方案，明确目标任务，确保学习内容、时间、人员和效果“四落实”。建立学习台账，完善健全机制，打造全天候、菜单式、开放化的学习平台，做到学习有计划、有内容、有笔记、有体会、有档案，贯彻落实有行动、有力度、有成效，确保学在实处、走在前列。借助“学本领、强素质”、网络学习、外出考察等多种平台，建立了“你读书、我买单”制度，开展了“书香机关·全民阅读”活动，采取“走出去、请进来”等方式，实现党员培训全覆盖。党建各项重点工作全面完成，机关党建工作科学化、规范化、标准化水平不断提高，党组织的凝聚力、向心力、战斗力不断增强，党组织战斗堡垒作用和党员先锋模范作用得到充分发挥，为建设“坚强前哨、巩固后院”和提升“三个服务”水平提供了坚强的思想保障、组织保障和作风保障。

法制建设

安康市人民政府法制办公室
主　　任　赵德成
副 主 任　杨克山

◎**组织机构** 市政府法制办公室划入市政府办公室编制，内设法制综合科、复议应诉科。

◎**依法行政** 将依法治理纳入年度目标责任考核，从组织领导、依法决策、依法办事、行政监督、政务公开五个方面，对各县区和市直部门法治政府建设进行全面考核。按照中、省法治政府建设要求，结合安康市实际，制订了《安康市法治政府建设实施方案（2017—2020年）》，从8个方面确定34项任务和措施，分别明确了牵头和责任部门。印发《安康市2017年法治政府建设工作要点》，确定16项年度重点工作任务。确保法治政府建设长期有方案，年度有重点，工作有亮点。

◎**信息公开** 2017年，全市建成1个市级、11个县级政务服务中心、139个镇级便民服务中心、3109个村级便民服务代办点，共接待办事群众21万余人次，办理服务事项15.6万余件，按期办结率99.9%，群众满意率99.6%。加大信息公开力度，全年全市各级共发布政务信息11600余条，编发政务微信1664条，政务微博462条，通过网站受理依申请公开80件，处理市政府受理的依申请公开政府信息14件。定期举办新闻发布会，及时发布重要政务信息，全年市政府召开新闻发布会60余场，媒体见面会20余场。

◎**行政复议和应诉** 全年全市各级行政机关办理行政复议案件171件，行政诉讼案件153件；市政府办结行政复议案件24件，参与行政诉讼案件20件。同时，与省高院、西铁中院建立了良好的联络机制，共同推进行政机关负责人出庭应诉，组织执法人员旁听案件审理，以案释法、以案学法，起到了很好社会效果。

◎**行政执法监督指导** 严格落实行政执法责任制和行政裁量基准制度，推行“双随机一公开”监管方式，公布25个市级部门双随机目录，10县区141个部门完成了“一单两库一规则”建设并正式运行。大力开展“文明执法、规范执法”公开承诺活动，通过媒体公开承诺或签订承诺书，切实提高执法水平。出台《关于进一步规范行政裁量权的意见》，量化行政裁量5886个类别。结合乡镇机构改革实际，探索执法重心下移实践，着力解决乡镇执法权责不明、监管不力、执法缺位等问题，认真落实《关于委托乡镇政府行使行政执法权的指导意见》，进一步明确委托乡镇执法范围、主体、权限、程序。狠抓行政执法案卷评查，2017年全市共评查案卷11236卷，针对评查中发现的问题，逐件复函反馈各单位主要负责人，以求引起重视，抓好整改落实到位。

◎**规范性文件审核清理** 全年共办理省政府法制办法规规章征求意见函21件，审查规范性文件24件，重大行政决策及涉法文件42件，审查县区和市直部门报备规范性文件80件，从源头上杜绝违法违规文件的出台。严格落实规范性文件“统一登记、统一编号、统一公布”制度，全年市、县两级政府共84件文件纳入“三统一”管理。集中开展规范性文件清理工作，经清理决定保留规范性文件49件，修订10件，失效和废止34件，切实加强文件管理，确保政令法治统一。

◎**行政审批制度改革** 深入推进“放管服”改革，37个部门440项审批服务事项入驻政务服务中心，24个部门253项事项实现网上办理。全市政务服务“一张网”全面铺开，市级“互联网+政务服务”平台正式上线，“网上办事大厅”及移动政务手机APP、“政务微平台”同步上线。创新行政审批服务方式，建立投资项目并联审批机制，依托全省投资项目在线审批监管平台实现市级投资项目线上登记、线下办理、全程监管。全面深化商事制度改革，加强电子营业执照在全国电子政务和电子商务领域的应用，持续深化“多证合一”信息化系统建设。

◎**地方立法** 安康市第一部实体性地方法规《安康市烟花爆竹燃放管理条例》正式通过，自2018年2月1日起施行。《化龙山国家级自然保护区管理条例》已通过市人大二审，预计2018年对外公布。安康市第一部政府规章《安康市人民政府规章制定程序规定》已经市政府第9次常务会议审议通过，以市长令形式正式对外公布，自2018年1月1日起施行。

（杨克山　李维维）

政务服务

安康市政务服务中心（公共资源交易中心　“12345”便民服务中心）
主　　任 刘福全

◎**组织机构** 2017年经市编委办批准市政务服务中心加挂安康市“12345”便民服务中心牌子（安编发〔2017〕51号），与市政务中心使用一套机构，事业编制18名，县级领导职数1正2副，主任由市政府副秘书长兼任，内设综合科、业务管理科、信息技术科、监督投诉科、“12345”便民服务管理科，科级领导职数6名。

◎**服务范围及概况** 安康市政务服务中心（公共资源交易中心、“12345”便民服务中心）进驻37个单位、设置76个办事窗口、办理426项行政审批及公共服务事项，政府采购、建设工程、国有土地使用权转让出让等公共资源项目进场交易，承担市政府政务公开领导小组日常工作及“12345”便民服务热线管理工作。

◎**服务质量** 截至2017年12月底，中心进驻37个工作部门，设置76个办事窗口，共纳入426项行政审批及公共服务事项，以及政府采购、建设工程、国有土地使用权转让出让三大类公共资源交易事项。2017年共接待办事群众21万余人次，办理服务事项15.6万余件，按期办结率99.9%，群众满意率99.6%，得到了社会各界的广泛好评。

◎**监督管理** 一是积极对接，市委、市政府将各部门窗口运行情况纳入年度目标责任考核内容，明确各进驻部门A岗工作人员由政务中心考核。自2017年起省对市、市对县区年度目标责任考核将政务公开工作纳入考核体系，明确分值2分。二是制定了进驻单位绩效考核办法、窗口工作人员绩效考核办法、A岗工作人员年度考核细则，以及首问负责、一次性告知、限时办结、工作人员服务规范等规章制度，制作了各窗口审批事项服务指南。三是建立了“电子监察、每日巡查、实时公布、投诉受理”的全过程、立体式监管机制，尽量减少人为因素，做到步步留痕、责任可查。四是设立了党支部、工会等党群组织，建设了图书阅览室和运动健身场所，定期组织开展“红旗窗口”“服务明星”评比，营造了比、学、赶、超的浓厚氛围。

◎**政务公开**　围绕全市工作大局和群众关注关切，全面推进决策、执行、管理、服务、结果公开，加强解读回应，扩大公众参与，努力增强公开实效，圆满完成省考政务公开指标。按照省政府办公厅要求，制定印发《安康市2017年政务公开工作实施方案》，并在市政府网站公开。对照权责清单和公共服务事项清单，将市级44个部门的行政许可、行政确认、行政征收、行政给付、其他审批权力等五大类、665项事项的服务指南在市政府网站和网上办事大厅公布，确保做到办事指南要素信息的准确、清晰、无空项。做好紫阳、汉阴、高新等县区基层政务公开标准化规范化试点工作的指导协调。

◎**政务服务中心建设**　推行政务服务标准化工作，规范提升政务中心建设和管理水平。按照中省政务服务体系建设要求，着力推进各级实体政务中心建设，实现了市、县、镇级全覆盖。截至2017年，全市建成市级政务中心、11个县（区）级政务中心（九县一区及高新区）、139个镇级便民服务中心、3109个村级便民服务代办点。

◎**助力“放管服”**　一是主动承接简政放权成果，将各部门行政审批事项纳入中心集中办理，为企业和群众提供“一站式”服务，搭建政府联系群众的桥梁，扩大“放管服”改革的影响力。二是依托政务服务平台，创新审批方式，简化办事流程，压缩办理时限，426项审批服务事项的总办件时限较法定时限共压缩772个工作日。其中，工商、气象、公安、林业、商务、盐务、不动产等7个部门的9项审批事项从承诺件优化为即办件。三是联合国、地税部门探索开展“便民办税、同城通办”改革，自2017年6月1日起，市、区国地税所有业务全部进驻市政务中心，真正让企业和群众“进一扇门、办两种税”。四是组织全体干部和窗口人员开展“我为群众代办一件事”活动，通过亲身体验，查找办事过程中的堵点难点问题，逐一整改落实，提升服务水平。五是召开《践行“两学一做”、深化“放管服”改革》主题党课，把改革任务传导至每个进驻部门和窗口人员，营造积极向上的工作氛围。六是与安康电视台合作建立市政务中心推进“放管服”改革系列专栏，作为年初各进驻部门公开承诺的“姊妹篇”，展示改革成果，扩大“放管服”改革的影响力。

◎**“互联网+政务服务”**　一是按照国务院、省政府关于加快推进“互联网+政务服务”有关要求，制定了《安康市政务服务云平台建设工作方案》，统筹建设全市政务服务“一张网”。2017年8月30日，市县镇村四级联动的互联网政务服务平台正式上线运行，各县区政务服务中心全部替换使用市级统建的平台系统和网上办事大厅，全市“一网通办”的“互联网+政务服务”体系基本建成。二是依托于信息网络的完善升级，市政务中心同步推进“最多跑一次”改革。2017年3月22日，率先在全省公布“最多跑一次”事项清单48项。三是运用移动互联网创新政务服务，于2017年12月14日，正式开展网上预约服务，24个部门253项审批服务事项实现网上预约，进一步提升了政务服务工作质量，方便了企业和群众办事创业。

◎**规范交易**　一是根据中省关于公共资源交易平台整合的要求，按照“一次规划、分类施策、分步到位”的原则，牵头制定《安康市公共资源交易管理办法》和《安康市公共资源交易目录（2017版）》。二是完成市公共资源交易中心室内装修、网络工程、硬件建设等工作。三是推动市政府采购中心、市建设工程发包承包交易中心、市土地矿权交易中心业务进场交易，并于8月30日发出了第一批网上交易项目公告，成为全省首个上线运行的试点市，为全省推广使用公共资源交易平台探索了路径，受到了省交易办和交易中心的高度肯定。截至目前已累计进场交易项目146余个，成交金额约4.3亿元，节约和增值资金近一千万元。

◎**畅通为民服务渠道**　按照省政府办公厅《关于进一步规范非警务报警与公共服务平台分流对接的通知》（陕政办函〔2017〕29号）有关要求和市政府主要领导批示精神，牵头制定了《安康市12345便民服务平台筹建工作方案》，2017年11月28日，经市政府常务会议审议通过后正式启动筹建工作。2017年12月15日，开通了12345热线电话。

发展和改革

安康市发展和改革委员会(市物价局)
党组书记，主　任、局　长　廖良成
党组成员，副主任、副局长　曾朝阳
党组成员，副主任、副局长　邓　军
党组成员，市重点建设项目办公室（市南水北调办公室）主任　常忙利
党组成员，纪检组长　方　磊
党组成员，总工程师　王少锋
党组成员，副主任、副局长　曾孔瑞
副 主 任　万　冲（挂职）
市国民经济动员办公室副主任　江　华（女）
总经济师　王小平
市节能监测检查服务中心主任　李仰伦
市南水北调办公室副主任　姚青臻
市重点建设项目办公室副主任　邢　健

◎**规划编制和经济运行**　紧紧围绕“追赶超越、绿色崛起”的发展总纲，以及“一个统揽、两个领先、三个追赶、四个超越”的总体目标，牵

头组织全市经济社会发展“十三五”规划的实施，各项规划目标任务有序推进。组织编制了安康市富硒产业发展总体规划暨行动计划、建设一级物流节点城市、汉江航运和水陆联运、国家低碳城市试点、湖城一体、汉江生态经济带、秦岭生态环境保护、瀛湖生态保护、天然气长输管线、旅游轨道交通等专项规划，以及富硒产业、涉水产业、健康养老产业等行动计划。为了推动规划和年度计划的落实，在科学分析、上下衔接和统筹平衡的基础上，制定了2018年度国民经济和社会发展计划，通过市四届人大三次会议审议由市发展改革委牵头，每季度组织各县区和市统计、工信、财政、商务、金融办、人民银行等市直相关部门召开经济运行分析座谈会，分析经济运行情况，发现存在的突出问题，提出有针对性的措施建议，供市委、市政府决策参考。

◎**追赶超越季度考核点评**　一是制定出台实施方案。由市发展改革委牵头，制定了《安康市落实“五个扎实”加快追赶超越实施方案》《安康市追赶超越季度考核点评方案》《落实“五新”战略任务工作方案》和年度计划。二是明确追赶超越目标。市委、市政府在认真分析市情、综合研判追赶超越目标要求的基础上，明确了追赶超越对象、主要经济指标和重大支撑项目，确定了“学习南平、追赶汉中、加力追赶、有所超越”的总体目标。三是组织季度考核点评。高频次加强与省发展改革委的汇报衔接，争取安康市在全省季度考核中取得了好成绩。细化分解了各县区和市级责任部门季度考核指标和评分办法，起草形成全市三个季度《追赶超越季度经济社会发展点评通报》。同时，及时梳理欠账较大的指标任务，以“点对点”形式印发预警督办函，督促县区部门进行整改落实，确保全市经济社会发展“保优争先”。四是牵头完成审计整改。牵头完成省审计组对安康市追赶超越和国家重大政策措施落实情况的审计问题整改。配合完成八大难题整改、“三项机制”检查、季度督查等工作。及时梳理省、市点评通报问题，协调县区和市级相关部门落实整改。在全省2017年追赶超越季度考核点评中，一、三季度居全省各市区第二位。在2017年在全省目标责任考核中，由市发展改革部门负责的扩大有效投资以及公共服务和基础设施建设单项考核居全省各市区第一，继2015年、2016年之后，连续第三年获得“优秀”。

◎**项目资金争取**　紧盯国家政策导向，积极争取中省资金。以编报各类中省预算内投资计划为契机，认真研判中省投资政策和方向，研究吃透上级政策，依托国家重大建设项目库加强项目储备，编制三年滚动计划，推进项目前期工作，精准筛选上报项目，先后完成了保障性安居工程配套基础设施、易地扶贫搬迁、卫生教育、退耕还林项目等中央预算内投资项目计划编报工作。同时，积极赴省进京汇报衔接，主动跟踪落实上报项目，力争更多的项目挤进中省计划盘子。全市发展改革部门全年共争取中、省各类项目资金25.25亿元，其中：“三农”资金2.34亿元，以工代赈和易地扶贫搬迁资金9.39亿元，教育、卫生等社会事业资金2.24亿元，保障房配套基础设施和棚户区改造资金4.08亿元，陕南循环发展资金2亿元，津陕协作和重点流域水污染防治资金1.05亿元，苏陕协作资金1.42亿元，有力保障了全市投资平稳快速增长。

◎**苏陕扶贫协作与经济合作**　2017年安康市抢抓新一轮苏陕扶贫协作机遇，不断深化安康和常州全方位、多领域、多层次的扶贫协作与经济合作。一是完善合作推进机制。市委、市政府成立了由主要领导任组长的工作领导小组，出台了深化安康与常州扶贫协作与经济合作《实施意见》，印发了《分工方案》，编印了《合作规划》，制定了《考核办法》。在县区结对全覆盖的基础上，将结对关系延伸到镇、村，深入开展“携手奔小康”行动。10个县区在基础设施建设、产业合作、劳务协作等领域开展全方位合作。截至2017年底，两地共签订市、县、镇、园区、村结对帮扶协作协议54个，在全省率先构建了以市级、县区、乡镇、工业园区、村级等五级，发改、人社、农业、卫计、教育等五个重点行业条线为主体的条块结合、层级覆盖的“双五”立体帮扶体系。二是开展互访挂职交流。采取干部挂职、跟岗培训、人才选派等方式，以人员交流学习促进干部思想观念转变和能力作风提升。在两地互访交流方面，2017年2月23—26日，市委书记郭青、市长赵俊民率团赴常州考察对接，两地签署了《关于进一步加强扶贫协作和经济合作框架协议》，建立了市际联席会议制度。6月3—4日，常州市政府常务副市长曹佳中率团到安考察，安康10个县区与常州6个市区以及两市农业、教育、卫计、人社4个部门签订了战略合作协议。截至2017年底，两市组织党政机关、企事业单位进行了77批667人次交流学习，其中：常州市到安共46批次429人，安康市赴常州共31批次238人，其中：市级领导11人次，县处级领导105人次。在干部挂职交流方面，常州市先后2批选派了23名优秀干部（县级干部11人、科级干部12人）到安康挂职帮扶，安康市选派了27名优秀干部和业务骨干赴常州跟岗学习。以人员往来和技术交流为重点，不断深化教育、卫计、农业等领域的合作，提升专业技术素质，常州选派了17名、安康选派了18名科技、教育、卫生等领域专业技术人互相交流学习。三是加强资金绩效管理。制定出台了《安康市苏陕扶贫协作项目资金管理办法（试行）》，按照“项目精准、管理精细、绩效精确”的要求，严格项目筛选申报，聚焦脱贫攻坚，重点向深度贫困县、贫困村、贫困户和带动贫困户脱贫效益明显的产业倾斜。2017年，安康市争取获援苏陕扶贫协作资金1.42亿元，共安排扶贫协作项目74个，涵盖产业合作、助医助学和其他类型三大类，总投资26.2亿元，项目建设期和建成后预计覆盖建档立卡贫困人口6.2万人。坚持扶贫协作资金分配重点向深度贫困县、贫困村倾斜，汉滨、紫阳、岚皋、白河4个深度贫困县区共获得扶贫协作项目资金占总资金规模的60%。四是创新资金使用模式。积极探索、在全省率先试点创新苏陕扶贫协作资金使用方式，按照不超过协作资金总数量10%的要求，将1420万元扶贫协作资金注入市财信融资担保公司，成立了市扶贫协作融资担保基金。同时，汉滨、汉阴、平利等县区将苏陕扶贫协作资金与农村“三变”改革对接，注入产业引导资金、补贴贫困户入股资本金、偿还贷款贴息等多种创新模式，让扶贫资金与当地产业发展以及贫困户的利益更好联结，有效发挥了扶贫协作资金的最大效益。这一创新举措得到了省市领导的充分肯定和大力支持。2017年12月23日，由梁桂常务副省长审定签发的陕西省脱贫领导小组给国务院扶贫办报送的《2017年苏陕扶贫协作工作情况》介绍了安康的这一创新举措。五是深化产业合作。把产业发展作为扶贫协作重点，强化产业转移领域合作，积极主动对接，鼓励引导常州乃至江苏优势产业和重点企业合理有序向安康转移。市委、市政府出台了《支持苏陕扶贫协作和经济合作的十八条措施》，从优化要素配置、落实税费减免、强化项目支持、保障优质环境等四个方面提出了明确要求，大力支持常州乃至江苏省各方面力量到安康参与产业扶贫。截至2017年底，两市推进各类合作项目29个，其中产业类合作项目9个，总投资17亿元，已完成投资2.3亿元。常州方圆药业在高新镇坪“飞地经济”园区投资建设的年产15亿袋中药颗粒项目等一批产业项目纷纷签约、落地或加快建设。同时，不断拓展交流领域，在双方的共同努力尤其是在常州驻安工作组牵线搭桥和强力推动下，双方不断创新交流方式，拓展合作领域，让安康特色优质农产借机走出大山、走进常州、走向“长三角”。“订单进山、产品出山”社会扶贫模式成为安康市精准扶贫的一种有效尝试。六是推动劳务协作。以强化人才交流、推进创业合作、建立长效机制为重点，与常州劳务协作主管部门进一步建立深层次的合作关系。建立“贫困地区劳务输出基地”，积极引导常州用人单位在安康市特别是深度贫困县、贫困村招收劳务人员。

◎**脱贫攻坚和民生保障** 全力推进民生工程建设，累计争取教育、卫生、民政、体育、就业、文化旅游等社会事业领域基础设施建设项目39个，争取中省投资2.2亿元，占全省总规模的21%。认真组织开展开发性金融支持返乡创业促进脱贫攻坚试点活动，安康经验全国推广。国家发展改革委给安康市政府的感谢信中提到：安康做法给全国提供安康经验、贡献了安康智慧。认真履行脱贫攻坚公共服务和基础设施建设统筹协调职能，成立专门机构，先后召开联席会议15次、深入县区和部门调研指导20多次。建立健全联席会议、信息通报、督察督办、抓点示范、考核评价、重大事项报告等六项工作机制。编制完成了《深度贫困地区脱贫攻坚公共服务和基础设施建设项目规划》《公共服务和基础设施建设项目三年行动计划》和《2018年度实施方案》。扎实做好川陕革命老区振兴发展工作，谋划上报重点项目150个、总投资3458亿元。选择8镇15村开展脱贫攻坚公共服务和基础设施建设示范创建活动。投入200万元重点支持包联的紫阳县麻柳村产业扶贫和公共服务项目建设。全年争取以工代赈和易地扶贫搬迁中省资金9.4亿元，增长38%，位居全省第一，全部用于贫困村基础设施和公共服务设施建设。积极争取省级灾后重建项目资金5000万元。2017年省定122个计划脱贫村公共服务和基础设施建设任务提前完成，累计实施公共服务和基础设施建设项目698个，完成投资5.66亿元，完工率100%。

◎**“飞地园区”建设** 不断创新工作机制，牵头组织、协调推进“飞地园区”建设，全年5个“飞地园区”完成基础设施建设投资7.9亿元，其中高新区完成园区基础设施建设投资4.03亿元，飞地园区核心区广场和海绵城市试验段全面竣工，创新路、高新十二路、飞地路3条主干道路建成投用，高新十三路部分路段建成通车，高新十一路正在实施路面浇筑。恒口示范区配合紫阳、宁陕两县完成园区基础设施建设投资1.38亿元，宁陕大道全线贯通。全年开工建设标准化厂房5.5万平方米，已建成4.2万平方米。各飞地县区把招商引资作为推动飞地经济发展的最有效途径，包装策划了一批科技含量高、成长性强、附加值高的项目，全年完成招商签约项目37个，落地开工项目25个，竣工投产或运营14个。

◎**主体功能区建设试点示范** 推进安康为国家主体功能区建设试点示范市建设，坚持“点上开发、面上保护”，综合调控各类空间开发需求。坚定不移做大做强绿色循环产业，围绕打造“中国硒谷”地域品牌，统筹推进基地、企业、标准和品牌建设，富硒食品产值连年保持30%左右高速增长。以智能制造和两化融合为主攻方向，推动装备制造、清洁能源、新型材料、生物医药等绿色工业在转型升级中逐步迈向中高端。深入开展汉江水质保护“十大专项行动”，率先实施“河长（湖长）+警长+X”和护河员制度，大规模高质量实施国土空间绿化，坚持山水林田湖一体化治理，加强工业点源、农村面源污染治理，突出抓好旬阳、白河、紫阳等重金属污染防治工作。实行能源消费总量控制政策，坚持以总量定项目、定产能，抓好重点领域和重点单位节能降耗。贯彻执行国家产业结构调整指导目录，对“三高两低”企业，按规定不予项目核准或备案。建立健全产业准入负面清单，环境影响评价和“三同时”执行率100%。扎实推进陕南移民搬迁，2017年完成333个集中安置社区、6.33万户搬迁安置房建设任务，从源头上解决生态脆弱地区环境保护难题。同时加快低碳试点城市建设。全面启动生态红线划定工作，土壤环境质量达到国家Ⅱ级标准，汉江出陕断面水质稳定保持国家Ⅱ类标准，中心城市环境空气质量综合指数居全省第一。

◎**经济体制和生态文明体制改革** 以供给侧结构性改革为主线，抓好投融资、特色小镇、恒口镇级小城市、国有林场、盐业体制等重点领域改革。认真履行全市经济体制和生态文明体制改革专项小组办公室职能，制定了专项小组年度工作要点及责任分工，督促协调17家小组成员单位加快改革任务落地实施，22项重点改革任务基本落实到位。恒口镇级小城市综合改革试验区建设稳步推进，恒口示范区（试验区）“三位一体市直管”运行体制和管理机制逐步理顺。开展24个特色小镇评估审核，确定培育市级特色小镇10个，长安镇、恒口镇分别入选第二批全国特色小镇和西部大开发“十三五”特色小镇。金融聚集区加快建设，29家企业在股权交易市场挂牌，3户企业在新三板上市，农村信用社改制全面完成，安康农商银行挂牌成立。加快社会信用体系建设，制定加快推进社会诚信建设实施意见、政府部门涉企信息统一归集公示工作实施方案等规范性文件。协调推进“放管服”改革，进一步优化行政审批事项，将市级项目核准权限由过去的14项减少为10项。拟定了《安康市政府核准的投资项目目录（2017年本）》《安康市企业投资项目核准和备案管理办法》，全面推进投资项目在线审批平台运用，全年累计通过在线平台办结项目2438个，总投资2084亿元。将价格监管等事项纳入“双随机一公开”监管体系。推进信用体系建设，建立了守信联合激励和失信联合惩戒机制，全市375个部门接入省公共信用信息平台，全年信息推送总量达189万余条，跃居全省第一方阵。积极开展新民风诚信建设活动，确定汉滨区关庙镇等10个镇作为市县发展改革部门共建新民风诚信建设示范镇。

价格管理

◎**稳控价格指数** 充分发挥价格监管职能，加强价格调控，全年居民消费价格指数累计涨幅预计控制在3%以内。全年报送周报208表次、月报60次、季报8次，涉及粮油副食、燃料、小农产品、蔬菜、农资、建材、药品、机动车检测等多个领域，监测品种达300余种。

◎**成本监审** 一是全面完成市级农本专项调查任务，对市本级承担的农民种植意向、存售粮、购买农资三项农本专项调查工作，通过翔实的数据、系统的分析、合理的建议为陕西省大农业布局、农民增收、政府决策提供了参考建议。二是联合市交通、住建部门出台了《安康市机动车停放服务收费管理办法》，并针对不同停车服务场所，制定了《关于安康城区公立医院机动车停放服务收费的通知》《关于医院机动车停放服务收费减免规定的通知》《关于安康火车站停车场机动车停放服务价格有关问题的通知》等规定，对医疗机构、交通场站等重要场所停车服务收费政策进行了进一步细化和明确，通过一系列政策的完善，规范了安康市停车服务市场运营秩序，群众反映良好。

◎**推进价格改革** 一是明确了2017—2019年监管周期内输配电电价标准，通过“两取两降（取消随电价征收的城市公用事业附加费和工业企业结构调整专项资金，降低重大水利工程建设资金和大中型水库移民后期扶持基金标准）”和电价结构调整，降低了一般工商业用电、大工业用电、农业生产用电价格和电网趸售价格，每千瓦时分别平均降低4.3分、1.99分、0.1分、0.2分，通过电价改革政策的精心组织和有效落实，将为全市企业每年减轻负担7228万元。按照中省《关于取消电气化铁路配套供电工程还贷电价的通知》要求，从2017年6月1日起，取消了安康境内阳安线、西康线、襄渝线（含复线）每千瓦时分别加收的0.071元、0.154元、0.149元还贷电价，年减轻铁路运输负担5878万元，有力促进了铁路运输事业的发展。二是针对县级城市供水价格改革不力的现状，印发了《关于进一步推进安康市城市水价改革工作的通知》，提出了明确的指导意见和具体工作要求。三是印发了《关于理顺非居民用天然气价格的通知》，做出了理顺非居民用天然气价格结构，长输管道供气的非居民用天然气暂不作调整决定。按照省物价局要求，从2017年11月25日至2018年3月31日全市长输管道供气非居民用气销售价格每立方米上调0.05元，非居民用气销售价格由2.48元调整到2.53元，车用天然气由3.24元调整到3.29元，有效疏导了冬季用气价格矛盾。四是完成了城市公立医院医疗服务价格改革工作。联合卫计、财政、人社部门出台了《安康市城市公立医院医疗服务价格改革方案》（安价发〔2017〕10号）。建立了月度监测制度，为进一步深化改革，解决老百姓看病难、看病贵问题夯实基础、做好准备。

◎**维护价格秩序** 认真落实价格执法检查“双随机一公开”工作，建立完善监管对象主体名录库、执法检查人员名录库，印发了《安康市价格监管“双随机”抽查工作制度》，确保“双随机”落实到位。安康市人民政府印发了《关于在市场体系建设中建立公平竞争审查制度的通知》，形成了公平竞争审查审理联系会议制度，走在了全省前列。依法开展价格监督检查工作，严肃查处价格违法行为，全年共受理价格举报投诉咨询462件，办结率98%。按照程序依法查处办结妇幼保健院、逸华天然气公司、安康供电局、宝业物业公司等各类价格违法案件14件，经济制裁总金额1015万元，其中退还用户1014万元。严肃纠正相关单位价格违法行为，有力地维护了广大群众的合法权益。

◎**提升服务** 制定了《安康市价格争议调解实施方案》《价格争议调解流程图》，召开了全市认定工作会议暨业务培训会。建立完善了《价格认定工作制度》《价格争议调解受理制度》《价格争议调解人员工作制度》《价格纠纷争议调解回访制度》等规章制度，规范了市本级调处工作行为，杜绝了各类违规行为的发生。全年办理各类价格认定业务53起，涉案金额451.6万元；受理价格争议调处17起，涉调金额300余万元。完成涉纪、涉税价格认定案件和涉刑、涉诉价格认定案件，办结率均达到100%。

政府信息化和发展研究工作

安康市发展研究中心
副主任 王涛

◎**办刊和调研工作** （一）调查研究和政务服务工作。围绕市委、市政府重大决策，加强了重点课题调研。印发了政府系统2017年重点调研课题计划。已完成11篇，调动了各部门、县区重视调研、完成调研的积极性。参与了国务院发展研究中心"关于工业转型和新型城镇化"专题调研，省政府研究室"关于五新战略实施情况"的调研。参与市政府工作报告、主要领导讲话文稿起草等工作，参与上级安排的有关政务服务工作。（二）《安康发展》办刊工作。编印《安康发展》7期，其中正刊6期，农林科技专刊1期（林业专刊、魔芋专刊），刊用文章250余篇62万余字。围绕市委市政府重点工作，先后策划了追赶超越、脱贫攻坚、两会聚焦等专栏，向有关部门、县区和专家定向约稿20余篇。充实调整编委会力量，强化办刊指导。优化编辑流程，用图、用稿科学性、实用性和刊物影响力不断提升。《安康发展》微信平台坚持每天更新，全年发布信息2100余条，获得各方肯定。

◎**政府信息化工作** （一）全市政府网站建设管理工作。围绕安全运行和功能完善，相继完成了网上办事大厅的数据整合、数据云备份。为县区和部门网站提供技术支持，修改网站功能和栏目210余次，网站整体改版8个。协助整改安康市不合格政府网站50次，整改"我为政府网站找错"平台纠错信息46次，按要求关停并转政府网站8个，累计关停并转316家政府网站，现全市正常运行政府网站60个。下发了2期针对政府网站整改不到位和假冒政府网站整改的专项督查通知单，约谈了4家网站整改不到位网站主管单位负责人，修订了《安康市政府门户网站信息审核发布管理制度》，组织全市政府网站、政务新媒体进行自查，核查更新全国政府网站普查信息报送系统基础信息，梳理全市政府网站登载使用地图情况。协助处置岚皋县、恒口示范区管委会、市政务服务中心等网站安全漏洞。加强政务新闻宣传引导。统筹市县部门及各媒体力量，全面宣传报道市委、市政府重大活动，掌控网络舆论阵型地，正确引导舆论方向；共外派记者采访530余人次，发布各类政务信息6399条，日更新网站信息30余条；制作了2017年安康两会、2017年重点工作任务公开承诺、精准扶贫、环保督查整改等10余个实时性宣传专题栏目，优化整合专题栏目29个；积极向省政府网站报送信息，全年通过省政府网站刊发信息216条。深化政民互动服务能力。充分发挥政府门户网站舆情引导、以正视听、释疑解惑的作用，进一步提升市长信箱、咨询投诉、在线访谈、政务微博和问卷调查等互动栏目的管理和服务能力，畅通群众依法评议和监督政府工作的渠道，助推经济社会问题的解决；市长信箱共受理群众来信4216件，已办结3642件；在线访谈栏目制作播出节目10期；开展问卷调查和意见征集活动21次；截至12月底，"安康发布"政务微博全年发布各类政务或民生信息426条；政务微信共编发微信365期，信息1664条，有效提升了政民互动服务能力。继续邀请第三方机构对各县区、市政府各部门网站及新媒体进行绩效评估。（二）政府信息公开工作。创新政府信息公开形式，新建了"重点领域""五公开"等政府信息公开专栏，进一步推进重点领域、政决策公开、执行公开、管理公开、服务公开和结果公开。起草发布了市政府信息公开年度报告，督促指导全市政府网站完成政府信息公开年报的公开发布工作。按中省对政府信息公开的考核指标要求，对市政府信息公开目录按要求进行了整改。指导部门和县区应对6起信息公开行政诉讼案件。全年通过市政府网站信息公开栏目发布政府信息达10000条，其中政府文件378件；通过网站受理依申请公开80件，处理市政府受理的依申请公开政府信息14件。（三）全市信用体系建设实现突破性进展。完成了全市公共信用信息平台以功能需求、技术参数为主要内容的建设方案，申请省市两级信用信息共享交换系统接口。对全市376个共享单位的公共信用信息共享目录重新进行了梳理，准备了系统部署的软硬件环境，全市公共信用信息平台已按建设方案搭建完成。为县区和部门提供技术指导，信用信息共享数量有了大幅度的提升，信用信息共享单位实现了市县区全覆盖。指导县区在门户网站建立了"双公示"专栏，实现了信息公示"全覆盖、无遗漏"。截至目前，全市共计376个市县级部门接入了陕西省公共信用信息平台，共计上报共享信用信息达168万条。（四）做好全市电子政务业务应用保障。加快全市网络协同办公系统建设和推广。举办全市网络协同办公系统管理员培训班，先后到各相关单位组织应用培训10余场次。全市电子公文交换系统已与网络协同办公系统全面整合，实现了公文从"起草、印发、签收、流转"全流程无纸化。一是做好应用系统的技术保障。电子公文交换系统为各使用单位制作修改印章500枚，更换EKEY140个，为各县区及市直部门年检数字证书1700余个，通过各种方式解决用户使用中的问题。按照市政府信息平台建设联席会议议事规则，先后组织对市审计局、林业局、公安局、考核办等6个单位申报的7个总投资1492万元的信息化建设项目进行审核，共审减资金

142万元，促进了信息化建设资金集约利用和信息平台资源优化配置。切实加强机房维护工作。严格执行全天候值班制度，坚持每天两次重点巡查，及时处理网络和计算机突发故障，对省到市的三条纵向专网（国家电子政务外网、省电子政务外网、省电子政务内网）进行有力保障。完成了国家电子政务外网市、县骨干线的路升级改造。加强电子政务公共平台资源整合利用，将安康监狱、安康职业技术学院、民政局、民宗局、市公安局、市科技局等20个部门接入市电子政务城域网。协助公共资源交易中心做好电子政务网络环境搭建和设备托管。协助市应急办完成应急综合管理平台建设。协助后勤中心做好市政府大院视频监控系统网络调测。

外事侨务（侨联）工作

安康市人民政府外事侨务办公室
主　　任　*杨　柳*
副 主 任　*吴亚东*
安康市归国华侨联合会
党组书记　*杨　柳*

◎外事工作　2017年因公出国（境）管理工作，进一步完善了领导干部因公出国（境）计划控制、量化管理和任务审批机制，实行双跨团组事前审批，出访任务审批和政审备案同步进行，经费先行审核，统一预算管理。未出现年度出访人数超计划、人员滞留、擅自更改行程、延长境外停留时间或向下属企事业单位摊派费用等违规违纪现象。2017年度全市因公出国（境）共23批52人，其中党政干部35人，含厅级干部6人。同时加强在安康外籍人员的管理和服务工作，对在安康市办理居留手续的38名外籍人员建立了联系制度，召开了外籍专家、教师和其他从业人员共30余人参加的座谈会，听取意见、建议和诉求，促进了交流，增进了友谊。2017年9月在瑞士日内瓦联合国世界气象组织总部大楼举办了为期14天的“秦巴明珠·美丽安康”摄影展。世界气象组织、中国驻联合国日内瓦大使等官员及12个国家的华人华侨、外籍嘉宾80多人参加了开幕式，中央电视台现场进行了采访，《光明日报》等20多家媒体及网站进行了转载，对提升安康的知名度和美誉度起到了积极作用。2017年邀请了泰国、德国、日本、美国、巴基斯坦等20多个国家的130名党、政、企及科技人员走进安康开展相关外事活动。2017年为安康京康现代农业开发有限公司、陕西中弘实业集团、安康市镇坪县欣陕农业科技有限公司3家企业负责人办理了APEC商务旅行卡，为本土企业走出国门提供了便捷通道。2017年协助紫阳县接待了来自意大利、法国、丹麦、美国、新西兰、马来西亚、澳大利亚等茶叶消费地区的嘉宾和采购商代表，以及肯尼亚、印度、斯里兰卡等主要茶叶生产国的科研机构和管理机构代表一行20余人在紫阳参观考察富硒茶产业发展情况；协助宁陕举办了中国·大秦岭（宁陕）第四届山地越野挑战赛，来自英国、西班牙、伊拉克、赞比亚、埃塞俄比亚等10个国家，北京、天津等19个省市共计200人参赛。2017年始终坚持“外侨工作无小事”的工作理念，完满地完成了各项外事活动，有力地配合了国家总体外交，很好地宣传了安康，对安康开放兴市起到了很好的推动作用，被陕西省人民政府外事办公室评为2017因公出国（境）管理工作年度考核优秀单位，受到省级表彰。

◎侨务工作　2017年通过科学涵养侨务资源，核实与完善侨界资料库等工作，在微信公众号、“安康侨胞之家微信群”和“安康侨园”QQ群等平台推送安康经济社会发展、外事侨务政策消息，方便海外华侨华人及归侨侨眷及时获取信息，互动交流。通过重点慰问、帮扶、特别关爱等方式开展“爱侨暖侨”活动。开展侨法宣传，为归侨侨眷提供法律咨询、援助，切实维护了归侨侨眷的合法利益。积极推荐并发挥政协侨界委员的作用，为安康经济和社会发展建言24条。2017年3月，举办了有80多人参加的安康市侨商、台商投资企业座谈会；邀请安康市侨商联合会海外名誉会长、泰国陕西商会副会长姚立森率泰国10家知名企业到安考察，双方在投资、贸易、建立友好城市等方面达成一致意见；2017年6月，来自16个国家和地区的200多名海内外侨商参与的“海内外侨商投资县（区）行活动”首次走进安康，安康市、汉阴县两级招商部门成功举行了招商推介活动，有力地宣传和推介了安康；2017年10月，组织归侨侨眷侨商骨干企业60多人在西安举办交流合作培训会。本次培训班在邀请知名专家学者授课的同时，还组织学员在西安国际港务区、安康入驻西安的侨商企业等进行观摩学习，通过“同课异构”的培训形式，彰显多维角度、迥异不同的培训模式，收到了预期的效果。2017年先后在安康和旬阳举办了两场“澳洲侨胞亲情安康行”招商交流会。澳洲“光明之行”在旬阳进行了百例白内障手术，医疗队专家与旬阳眼科专家医生开展了医疗技术交流；开展了系列慈善捐赠活动，为汉滨区四合学校210名学生进行验光配镜，探访慰问贫困学生家庭32户，设立30万元“世明基金”援助少年儿童，活动善款106万元。联系香港慈恩基金援建学校、捐赠图书、开展贫困生助学等项目，捐赠爱心善款近500万元。联系中国华侨公益基金为旬阳、平利、镇坪县县医院捐赠价值240万的医疗器械。

◎侨联工作　2017年市侨联将侨联改革工作作为重点业务工作进行安排部署。通过赴县区走访调研广泛征求意见，形成《安康市归国华侨联合会改革方案（审议稿）》并提交市委深改办审查，汲取审查意见后，又与相关部门沟通会商完善提交市委常委会研究，经审定同意印发了《安康市归国华侨联合会改革方案》。2017年共组织11家农产品企业参加美国大西北总商会陕西农产品采购洽谈会，安康市的木瓜酒、拐枣饮料、拐枣醋、黄花菜等6种产品进入采购系列，确定了安康市侨商会与陕西省农产品进出口贸易协会、陕西国励集团建立长期友好合作关系；2017年9月，侨联组织安康特色产品在陕西省农产品走进俄罗斯展会中展出；2017年，结合全市脱贫清洗登记工作对全市贫困归侨侨眷进行调查摸底，制订了《安康市贫困归侨侨眷脱贫攻坚实施方案》。争取设立了困难归侨侨眷生产生活补助专项资金35万元，扶持归侨侨眷和华人华侨创业团队发展经济。争取陕西省侨联拨付2万元扶持白河县茅坪镇侨眷杨前胜发展畜牧养殖。

◎**友协工作** 2017年在友城工作方面，在巩固与美国派克威尔市、澳大利亚班尤市友好关系的基础上，积极拓展新的领域。同日本静冈县牧之原市多次互访交流后，安康市委书记郭青于2017年9月带团访问日本，与日本牧之原市签订了《发展友好城市关系意向书》，确定两市进一步加强茶叶、魔芋等产业的技术交流合作，建立国际友好城市关系事项。友好城市关系已按程序向上级主管部门申请报批。与德国弗罗伊登施塔特市进行多次洽谈，双方达成一致意见，2017年9月安康市委宣传部长罗雪剑率团访问了德国弗罗伊登施塔特市，与弗罗伊登施塔特市签订了《友好交流合作意向书》。议定2018年开展共同推介旅游产品、组织青少年文艺团体互访、宁陕县悠然山与德国黑森林地区相互促进开发等活动，并在此基础上为发展国际友好城市关系创造条件。同时，与泰国芭提雅市、韩国全罗北道扶安郡、巴基斯坦等国建立了友好交流关系。2017年友协工作积极开展“走出去，请进来”活动，服务安康对外开放。外派22名干部、教师和医务工作者分赴德国、日本、新加坡、澳大利亚、美国、阿根廷中国使馆工作、培训，增进了安康市国际的人才交流。2017年同文广、招商、商务、体育等有关部门开展地区性和专业性国际交流活动11场次。即：《回家——三代挪威人百年安康情》故事会系列活动；《追赶超越中的陕西风采》系列中《追赶超越、秀丽安康》主题活动；玻利维亚、巴拿马等国家31名学员组成的拉美地区国家人道工作能力建设研修班在安考察活动；“一带一路”（安康）国际茶叶经贸洽谈会；香港长江实业集团到安考察；陕西“丝绸之路”中安（安哥拉）国际男篮挑战赛；美国堪萨斯州的友好访问活动；巴基斯坦西部友好政党代表团访问安康；全球首届“IP6&肌醇在健康和其他领域的应用研讨会”及参加了“陕港澳合作周”系列活动。2017年安康对外交流做出了地市级的特色，得到外交部外管司肯定，被称为“安康模式”。

◎**县区工作** 旬阳县：2017年4月，澳大利亚“光明之行”眼科慈善复明义诊活动在旬阳县开展，海内外专家共同完成116例白内障复明手术。澳洲华人华侨一行还看望了7户贫困户家庭，120名孤寡老人，活动善款近百万。镇坪县：2017年成功引进香港中域投资有限公司在镇坪飞地园区投资10亿元“中药配方颗粒”项目，完成了安康市外资引进年度任务的2/3，促成了“中药配方颗粒标准化及产业化发展”高峰论坛在安康成功举办。石泉县：2017年将涉外礼节礼仪相关知识纳入公务员学习体系和考核试题内容；成功接待了拉美地区国际友人及国际城市管理协会中国中心主任美籍华人罗丽军一行。平利县：2017年邀请了来自突尼斯、德国、俄罗斯等国的6名国际友人开展“我是家乡代言人”网络直播活动，包括采新茶、唱茶歌、品茶宴、观茶艺等内容，网上参与人数达到60余万。白河高级中学聘用2名外教任教。协助白河县索越户外用品公司系列产品销往印度、尼泊尔、伊朗等国，销售额达1500万元。汉阴县：2017年承办了中国侨联、陕西省政府主办的“海内外侨商投资县（区）行”活动，以此为平台，主动融入“一带一路”和长江经济带，努力建设汉江生态经济带。积极协助安康世茂生物科技有限公司于10月30日在西安成功举办了首届“IP6&肌醇在健康和其他领域的应用研讨会”。汉滨区2017年着力强化为侨服务，开展医疗义诊、贫困帮扶和节日慰问，帮助归侨侨眷解决生产生活方面实际问题。紫阳县：2017年接待了来自意大利、法国、丹麦、美国、新西兰、马来西亚、澳大利亚等茶叶消费地区的嘉宾和采购商代表，以及肯尼亚、印度、斯里兰卡等主要茶叶生产国的科研机构和管理机构代表一行20余人在紫阳参观考察富硒茶产业发展情况；县长陈莲随安康市访问团赴日本牧之原市，就茶产业进行深度合作达成意向。宁陕县：2017年5月举办了中国·大秦岭（宁陕）第四届山地越野挑战赛，来自英国、西班牙、伊拉克、赞比亚、埃塞俄比亚等10个国家，北京、天津等19个省市共计200人参赛。岚皋县：2017年为吉尔吉斯斯坦到岚皋参加西部水宇从事演艺活动的演员提供各类服务咨询20余次，赢得了高度赞誉。

（胡　鹏）

信访工作

安康市信访局
局　　长 马　霞（女）
督查专员（正县级） 鲁延贵
副 局 长 陈先玉（女）
程维国
胡世杰（兼汉滨区信访局长）
督察专员（副县级） 李群山
市人民来访接待中心主任 白隆元

◎**概述** 2017年，市县（区）信访机构接待群众上访5844件15133人次，件次、人次同比下降6%。群众到市上访2810件9341人次，件次、人次同比上升18%、16%。办理中、省、市要结果案件113件，按期报结113件，按期办结率100%。2017年全市信访工作考核位居全省第三，被省信联办、省信访局表彰为全省信访工作优秀单位，连续第五年获得全省优秀。

◎**领导接访** 认真落实接访下访包案制度，28位市级领导包抓28件重点信访问题，化解15件；市县区领导接访626人次，接谈信访事项715件，化解317件。

◎**积案化解** 办理中省交办积案8件，息诉罢访6件，息诉率75%。完成听证评议57件，息诉罢访或不再上访的40件，化解率70%。排查积案48件，办结48件，办结率100%，排全省第一。

◎**基层信访** 集中组织开展信访大排查大接访大化解百日整治活动，交办重点群体138个，重点人员368名，化解重点群体24案、重点个案94件；排查矛盾纠纷苗头隐患7462件，调解成功率93%。全面实行信访工作目标管理制度，市县镇层层签订信访工作责任书。探索形成了石泉县县镇党委书记民情“三本账”、旬阳县“三治融合”、紫阳县联系服务群众“五个一”工作法、岚皋县干部群众“多见面常联系”等基层信访工作新机制。市信访局听证评议六步工作法，先后被新华网、国家信访局网站、《陕西日报》等报道。

◎**重大和敏感时期信访工作** 以中、省、市重大活动和敏感时期为重点，及时制定工作预案，圆满完成了中省“两会”、省十三次党代会、“一带一路”高峰会谈、纪念抗日战争70周年、党的十八届七中全会和十九大等15次重大活动期间的信访维稳工作，无信访突发事件发生。

◎**联合接访** 坚持实行市县区信访接访大厅“一站式接待、一条龙办理、一揽子解决”的联合接访工作模式，对涉及驻厅单位的信访事项现场分流交办、协调处理。认真落实涉法涉诉类信访问题不予受理告知制度，在市、县（区）信访接待大厅设立涉法涉诉信访接待窗口，实行法院、公安人员轮流值班，及时甄别接访，分流引导，提高了初信初访化解率。全年市县（区）信访机构接待群众上访15133人次，有效预防了矛盾激化和越级访发生。

◎**网上信访** 深化“阳光信访”建设，全市共842个单位纳入信访信息系统（62个市级部门、12个县区、138个镇办和630个县区职能部门），实现了信访信息系统网络全覆盖。积极推行网上投诉代办员制度，提升网上投诉率。全市网上信访信息系统登记受理办理信访事项6680件次，各级各部门累计在网上系统受理办理各类信访事项共10149件。建成运行市县区信访视频系统，在全省率先建立了领导信访信箱链接。

◎**依法治访** 坚持依法分类处理信访诉求，市县区信访部门分流剥离涉法涉诉信访问题318件；建立完善律师参与化解信访案件制度，成立了全市律师参与信访工作领导小组和律师团。认真落实依法逐级走访，推动问题在基层解决，全市初信初访办结率100%，全市逐级走访万人占比连续三年全省最低，全省依法逐级走访现场会在安康市旬阳县召开，市信访局、旬阳县和旬阳县金寨镇分别在现场会上作了交流发言，依法逐级走访工作的经验做法在全省信访系统被宣传推广，得到了国家信访局调研组的充分肯定。

环境保护

安康市环境保护局
局　　长　陈　彪
副 局 长　阮英斗
纪检组长　余顺清（女）
总工程师　刘　波（女）

◎**环境质量** 2017年，全市环境保护工作坚持以改善环境质量为目标，以污染治理和风险防范为重点，认真落实环境保护“党政同责”“一岗双责”，切实做好汉江水质保护、大气污染防治、农村环境保护、污染减排、监察执法、风险防范、中省环保督察反馈问题整改、环保宣传等各项工作，全面完成了年度工作任务，全市生态环境总体向好，环境质量持续改善。中心城区环境空气优良316天，较上年增加15天，优良率86.6%；可吸入颗粒物（PM_{10}）平均浓度63微克/立方米，同比下降10.0%；细颗粒物（$PM_{2.5}$）平均浓度41微克/立方米，同比下降12.8%；空气质量综合指数4.17，同比下降8.6%，大气环境质量继续保持全省前列。水环境综合污染指数下降4.36%，全省排名第一；汉江出陕断面水质化学需氧量年均浓度11毫克/升，氨氮年均浓度0.12毫克/升，稳定保持国家Ⅱ类水质标准；全市地表水水质优良率100%，城市饮用水源水质达标率100%；14条主要支流水质保持稳定，汉江七里沟断面水质年均值达到Ⅰ类，旬河水质连续保持在Ⅱ类。土壤环境质量总体良好，达到国家《土壤环境质量标准》二级标准限值。全市没有发生重大环境污染事故和因环境引发的重大群体性事件。

◎**服务绿色发展** 印发了《安康市“十三五”环境保护规划》，明确了“十三五”全市环境保护目标任务和工作重点。严格落实建设项目“三同时”制度，大力支持脱贫攻坚、“三区三园”、“飞地经济”和新型城镇化建设。全市共受理审批建设项目148个，完成建设项目环境影响登记备案1804个，项目总投资220亿元，其中环保投资2.1亿元，接待环保咨询2690人次，市政务服务中心环保窗口被表彰为“政务服务红旗窗口”。

◎**汉江水质保护** 做好汉江水质保护工作，与各县区、各相关部门签订了《“十三五”汉江水质保护工作目标责任书》，制定了《安康市水污染防治工作方案》及考核办法；全面深化实施河长制和网格化监管，共落实市县镇村四级“河长”2993名，划分环境监管网格2206个，落实网格管理员2206名，层层压实护水责任；持续开展汉江水质保护“十项”专项行动，加强“两厂（场）”、重金属、尾矿库等重点污染源监管，编制了《蒿坪河流域水污染防治和生态环境保护规划》《瀛湖湖泊生态环境保护中长期规划》，完成10座县城污水处理厂提标改造，对全市40座尾矿库进行了环境风险评估，对14座“头顶库”进行重点整治；加快瀛湖生态保护项目建设，累计完成投资2.73亿元；安康高新区、恒口示范区等19个工业聚集区污水处理设施建成投运。

◎大气污染防治　成立了治霾工作领导小组，制定了《安康市“铁腕治霾·保卫蓝天”2017年工作方案》及10个专项行动方案，打好“减煤、控车、抑尘、治源、禁燃、增绿”组合拳，全力打好蓝天保卫战；深入开展铁腕治霾管控扬尘专项行动，对砖厂“冒黑烟”、扬尘污染进行重点整治，全市88家粘土砖厂拆除77家，关停11家；85家页岩砖厂，除8家长期停产外，其他77家全部按照“四有一达标”（有污染防治设施、有在线监测设施、有视频监控设施、有排污许可证，污染物排放稳定达标）的要求安装了污染防治、在线监测和视频监控设施并与市南水北调应急处置中心联网；制定出台了《安康市烟花爆竹燃放管理条例》，自2018年2月起实施。做好燃煤锅炉拆改和黄标车淘汰工作，拆改燃煤锅炉117台181蒸吨，淘汰黄标车547辆，中心城区公交车和出租车全部使用了燃气或电力能源，主干道机扫率达到100%。

◎农村环境保护　切实做好土壤污染防治工作，制定了《安康市土壤污染防治工作方案》及2017年实施方案，开展了土壤污染状况详查。深入推进农村环境综合整治，完成了10县区67个镇247个村环境综合整治任务，完成投资1.42亿元。加强秦岭生态保护，开展了“绿盾2017”自然保护区专项督查和秦岭生态环境执法检查，加强对开矿、采石等的执法监管，确保秦岭生态环境安全。启动了全市生态保护红线划定工作，完成了初设方案。深化生态创建，创建市级生态村57个，市政府命名表彰。

◎污染物总量减排　制定印发了《安康市2017年主要污染物总量减排实施方案》，抓好水、大气、土壤、重金属、挥发性有机物等污染防治，切实改善环境质量。全市共落实总量减排项目178个，化学需氧量、氨氮、二氧化硫、氮氧化物排放量分别削减1062吨、86吨、732吨、724吨，较上年同比分别下降1.5%、1.5%、1.8%、1.01%，挥发性有机物排放量零增长，完成年度减排任务。

◎固废危废、核与辐射环境监管　严格落实危险废物申报登记、转移联单、经营许可证制度，加强对废酸废碱、废矿物油、废铅酸蓄电池、废轮胎、废塑料、废电子拆解物以及医疗废物的监管，制定印发了《关于规范废旧铅酸蓄电池回收利用环境管理实施意见》等文件，在全市开展了打击涉危险废物环境违法犯罪专项执法行动，对全市3家危险废物经营单位、90家危险废物产生单位开展执法检查，签订环境安全承诺书。安康危废监管工作被省环保厅评为A级，在全省考核排名前列。组织对全市72家核技术应用单位开展执法检查，重点核技术应用单位年检查率100%，废弃放射源收贮率100%。

◎中省环保督察反馈问题整改　市上成立了市长任组长、4名副市长任副组长的中省环保督察巡查反馈问题整改工作领导小组，下设综合协调、整改督办、责任追究和舆论宣传4个工作组和整改办公室，统筹开展整改工作。制定了整改方案及责任清单，明确了工作责任、整改目标和时限要求。每季度研究部署一次整改工作，每月调度研判一次进度，对整改缓慢的及时督办预警。共下发督办单67份、通报8期，开展专项督查7次，对2个整改不力的单位进行了约谈，层层传导压力，推动问题整改。瀛湖网箱养殖清理、尾矿库整治、污水处理厂提标改造、扬尘污染等一批突出环境问题得到扎实整改。截至12月底，中、省环保督察反馈的72项问题，完成整改37项。同时，市委、市政府制定印发了《安康市各级党委、政府及有关部门环境保护工作职责（试行）》，将环境保护纳入“三大攻坚战”“三个助力”“三项机制”和追赶超越目标责任考评，建立健全长效机制。

◎环境监察执法　专题召开了全市环境监察监测执法工作会议，安排了环境执法工作，提出了全市环境执法办案数不低于全省平均办案数、各县区办案数不低于全市平均办案数和上年度办案数“两个不低于”的目标。市环保局、市中院、市检察院、市公安局联合下发了《关于建立环境保护部门与司法机关打击环境违法犯罪行为联动机制的通知》，健全完善了环境行政执法与司法衔接机制。在全市开展了环境执法大练兵交叉检查、“绿盾2017”自然保护区专项督查和秦岭生态环境执法检查。全市共出动执法人员3750人次，检查企业1980家次，办理行政处罚案件240件，罚款505.56万元，按日计罚9件，限产停产114家，查封扣押72家，移送公安9件，行政拘留9人，对环境违法形成有力震慑。高度重视、及时查办群众环境信访问题。全年共办理群众信访投诉3752件，较上年增加105%，其中查处12369环境投诉3399件，微博、微信投诉203件。各级纪检监察、检察部门围绕打好污染防治攻坚战，积极助力环境保护，共查办生态环保案件139件，问责457人，其中党政纪处分153人次，通报曝光典型案例48件78人。

◎环境监测监控　建成汉滨区、旬阳县、紫阳县环境监测站和7个汉江水质自动监测站，旬阳县、岚皋县污水处理厂在线监测设施实行第三方运营管理。对全市25个水质监测断面“月监测、季通报、半年检查”，监测结果在主流媒体进行公开。建成了安康市空气自动监测质控实验室认真做好水、大气、土壤、噪声、县域生态环境质量、农村环境质量监测及应急监测工作，为环境决策和执法、应急提供依据，全年共出具环境监测报告239份，报送监测数据20.7万条。

◎环境风险防范　认真落实“四个

清楚”（对辖区环境现状和发展趋势清楚，污染源在什么地方清楚，环境风险是什么清楚，污染防治和风险防范的政策对策清楚），强化责任落实，加强对全市93家重点污染源和93家环境风险源的监管。加强南水北调环境应急处置中心运行管理，提升实际应用水平。共接入视频监控点位394个、在线监测点位108个，发现、转办监测监控异常情况263起，实现了及时预警、快速调度和科学处置，切实发挥了“环保110”作用。按照“五个一”（第一时间报告信息，第一时间赶赴现场，第一时间开展监测，第一时间组织调查原因，第一时间发布信息）的要求，认真做好环境应急工作，10县区落实了环境应急物资储备库和应急物资。建立了危化品道路运输“入境检查、重点护送、出境通报”工作机制，加强危化品道路交通运输风险防范，得到张道宏副省长充分肯定。

◎**环境宣传**　坚持开展环境宣传“六进”（进机关、进单位、进学校、进社区、进农村、进家庭）活动，大力宣传普及环保法规、环保政策、环保知识，弘扬生态文明理念，倡导绿色、低碳生活。联合市直机关工委等部门开展了“6·5”世界环境日系列宣传；在西部网开办了环保专栏，在安康广播电台开办了“绿水蓝天映安康”环保专题，开展了“行走汉江”媒体宣传活动。开通了安康环保微博、微信公众号。全年各类媒体刊发环保信息630余件，收到了很好的宣传效果。加强“开放环保”、“信息环保”建设，对“两厂（场）”、重金属、化工等重点污染源环境信息及环境违法案件处罚、环保督察整改情况，及时通过市政府网、市环保局网站等媒体向社会公开，接受社会监督。在全市环保系统深入开展了抓意识、抓清单、抓检查、抓问责、比成效“四抓一比”活动，强化责任，促进工作落实。

（刘晓钰）

招商工作

安康市招商局
局　　长　亢岁润
副 局 长　曹朝阳　丁进君（女）
纪检组长　赵甲龙

◎**招商成果**　2017年，全市引进招商引资合同项目334个，总投资1009.51亿元，已开工项目334个，项目履约率100%；续建合同项目139个，总投资564.68亿元，引进资金564.68亿元。新建和续建项目到位资金合计629.81亿元，其中：省际项目到位资金合计608.64亿元，完成全年任务的118.18%，同比增长37.2%。全年实际利用外资1563万美元，完成全年任务的104.2%。

◎**重要招商活动**　在2017年，全市组织举办和参加了各种招商活动：（一）精心组织领导赴外招商。2017年，市招商局围绕重点线索和在谈项目，精心策划协调市级领导参与招商活动，并全力做好后续跟进落实。市长赵俊民、常务副市长赵璟、副市长尹清辽等市级领导充分发挥人脉资源，亲力亲为参与招商，先后带队赴常州、北京、深圳、上海、杭州等30多个城市，开展小分队“叩门”招商和项目对接活动21次，考察拜访了华为、中兴、恒大、吉利、华侨城、富士康、阿里巴巴、颐高科技、方圆制药等百余家知名企业，切实提高了项目对接力度，形成了一大批签约落地项目和考察合作意向，并促成了方圆制药中药配方颗粒项目、中兴石泉大数据云计算创新产业园、颐高紫阳硒茶小镇、泰远科技产业园、高斯达纳米材料研发生产等项目签约落地，充分发挥了领导招商的引领助推作用。（二）强化推介展销招商。继续巩固提升“招商引资+产品推销”的成功模式，精心策划组织，以活动为载体持续推进项目、产品对外交流合作。先后在常州、宁波、宝鸡、郑州举办了安康特色产品展示暨招商项目推介活动；2017丝博会期间成功举办安康市包装饮用水产业发展恳谈会、安康市ppp项目新闻发布暨重点合作项目签约仪式等系列投资促进活动；7月在北京成功主办了第五届陕南绿色循环经济项目合作交流活动；配合相关县区、部门以富硒茶、安康魔芋、文化旅游产品推介为核心沿丝绸之路经济带在西宁、银川、乌鲁木齐、兰州、呼和浩特等城市举办了专题推介会；并先后筹备参加了中俄博览会、青洽会、全球秦商大会等全国性、区域性重点经贸活动。（三）扎实推进驻地招商和小分队招商。瞄准重点项目线索主动出击，走遍了长三角、珠三角、环渤海各大城市以及各省会和重点产业城市，结合市上重大活动安排，有重点的在常州、北京、郑州3个城市开展了驻地招商，并积极争取了省团名额赴台开展经贸交流和招商活动。先后考察拜访了北京国药、沈阳机械制造、方圆制药、江南园林、天逸金融集团、台湾亿光电子等知名企业，上门宣传推介安康资源、环境、项目，争取合作意向、寻找项目线索，并与北京陕西商会、上海安康商会、成都西安商会、河南陕西商会签订了合作招商协议，进一步拓宽了招商网络。同时以山西、上海、深圳、新疆等安康籍创业人士集中的区域为重点，协调市县招商部门有针对性地上门对接，利用西洽会、龙舟节等重大活动做好互动，有力地促进了安康籍客商回乡考察投资，返乡创业项目占到当年新建项目的60%以上。

◎**利用外资**　贯彻落实国务院《关于扩大对外开放积极利用外资若干措施的通知》精神，以及陕西省人民政府《关于扩大对外开放积极利用外资的实施意见》、《陕西省促进外资增长工作实施方案》，按照“放管服”的具体要求，优化、简化办事程序，宣传、落实外商投资在土地、税收减免等方面的优惠政策，执行外商注册、备案的新规定，增强外商投资的吸引力，培育外资市场主体。全年实际利用外资1563万

市委书记郭青（左二）带领招商部门相关负责人参观惠州市景田食品饮料有限公司。

美元，完成全年任务的104.2%。一是挖掘全市存量外资项目，实现再投资。白河香城房地产公司实现再投资，进资359万美元。二是搜集整理境外线索客商，加大跟踪服务力度，促进新项目落地。2017年新落户外资企业5户，办理工商注册、商务备案等手续的4户。当年落户汉滨区的安康市众利农业发展有限公司完成进资119万美元。三是利用省政府组织的境外招商活动，积极赴外招商。安康市组团参加省政府组织的第七届陕粤港澳经济合作活动周，汉滨区政府与常熟新锦江印染（香港）有限公司在香港成功签约，合同资金8亿元人民币。四是以苏陕交流、院地合作为契机，成功引进香港方圆药业投资有限公司、中域投资有限公司落户镇坪县，投资中药配方颗粒项目，是“院、地、企”三方合作的示范项目，该项目一期总投资6.8亿元人民币，其中引进外资964万美元，项目于10月20日开工建设。

◎**投资环境建设** 始终把招商引资作为“一把手”工程来抓。将招商引资工作纳入重要议事日程。落实专班、专人、专项经费，不拘形式、不拘行业、不拘规模，锲而不舍推进招商引资工作。高度重视落地项目建设。把项目开工建设作为检验招商成败的硬指标。主要领导亲自落实、亲自协调、亲自督办项目建设。为使引进项目加快落地建设，坚持跟踪服务、全程服务、优质服务，确保抓出成效。对重点项目实行“一个项目一个领导挂帅，一个工作班子、一套考核办法、一抓到底”的工作制度，提高了办事效率，增强了客商投资信心。市政府研究通过了重大招商引资项目工作联席会议制度，成立以常务副市长和3名分管副市长为召集人，14个相关部门主要负责同志为成员的联席会议，定期研究解决重大招商引资项目落地问题，推进项目签约、建设、投产，确保项目建设顺利进行。高度重视软硬环境改善。充分发挥政府的主导作用，重点提升工业园区的水、电、路、通信等基础设施建设配套水平，为产业招商打造良好发展平台。注重从制度上规范招商、护商、安商行为，成立优化投资环境办公室，对破坏发展环境的行为绝不手软。定期跟踪督办抓落实。市招商局着力优化投资服务，建立重点招商引资落地项目跟踪服务和备案机制，通过科室包联、日常回访、建立服务台账、召开座谈会等方式，及时收集企业问题诉求。针对招商项目推进中存在的难题，均通过《送阅件》和专题报告呈交市政府及相关职能部门研究，并积极从中协调，推进问题解决。市委市政府出台关于建立和完善重大项目推进机制的决定，确保项目顺利落地开工。同时，市招商局通过“月通报、半年督查、年终考核奖惩”等考核抓手，定期汇总通报招商引资数据，动态跟踪监管重大项目进展，实地督查项目形象进度，年终认定年度目标完成情况，确保了全市招商引资任务的全面完成。2017年，市政府重新调整明确了《安康市招商引资项目工作联席会议制度》，出台了《安康市政府全面加强招商引资工作若干政策措施》，切实加强招商引资项目落地协调和政策保障，努力打造一流营商环境。

（吴海燕）

2017年落户安康的大型企业及项目

中药配方颗粒项目：由香港方圆药业投资有限公司、中域投资有限公司投资的中药配方颗粒项目，位于安康高新区镇坪飞地园区，占地176亩，项目总投资10亿元，一期总投资6.8亿元。项目按照国家新版GMP要求，新建现代化颗粒剂生产车间、中药生产车间、研发大楼、高架仓库、动力车间、危险品库、三废处理中心及现代化检测中心等生产及辅助设施；收购安康汉阴华晔植物药业有限公司提取生产线和安康振兴实业集团中药饮片有限公司，整合安康中药材种植基地，建成辐射西北五省的中药配方颗粒、中药饮片和中药材种植加工的生产企业。项目建成后，将形成年产500余味中药配方颗粒15亿袋，中药饮片3000余吨的生产能力，年实现工业总产值达12亿元。

常州方圆制药有限公司：国家重点高新技术企业，常州市生物医药行业骨干企业，市场营销网络已覆盖全国。方圆制药秉承“让好药服务民众，用创新成就方圆”的经营宗旨，坚持科技创新，积极与国内外高校、科研院所合作，每年拨出3%以上的销售收入作为专项资金，用于新品研发。至今，公司承担实施了国家发改委高新技术产业化示范工程、国家科技攻关计划项目、国家工信部重点产业振兴和技术改造专项、科技部中小企业创新基金、国家火炬计划等国家级科技及技改项目13项，江苏省科技成果转化专项资金等省级科技及技改项目21项；申请专利50项，授权发明专利19项，获得4项新药证书，参与制定国家质量标准3项。近年来，企业被评为国家重点高新技术企业、全国工商联科技创新企业、江苏省医药行业诚信企业、常州市2010年科技进步企业、2013年三星工业企业、2014年明星企业、2015年明星企业，高新区2013年工业投入十强企业。

纳米材料产业园项目：在高新区投资建设西北纳米材料产业园，总投资20亿元，规划面积700亩。一期入驻高新区标准化厂房，引进国内先进纳米粉体制取设备，实施金属及合金纳米粉、高纯度非金属纳米粉和高性能碳、氮陶瓷复合纳米粉研发生产；二期依托北京怀柔纳米产业园优势科技资源，围绕纳米科技在电子、生物医药、环境、能源等领域的应用，积极承接京津冀和东部沿海地区纳米科技企业转移，打造集研发、生产、销售于一体的具有行业领先水平的西北纳米高新技术产业基地。项目建成后5年内可聚集30–50家纳米技术应用企业入驻，实现年产值60亿元，上缴税收3亿元，解决就业1000人。

四平市高斯达纳米材料设备有限公司：位于四平市重工业中心铁东区，现有员工200余人，固定资产9000多万元，占地面积6.8万平方米，建筑面积1.9万平方米，通用机械加工设备195台，纳米材料及应用产品专用设备40台（套）。公司是国家级高新技术企业、省级技术中心、国内最大的金属纳米粉体生产基地、中国纳米技术产业协会理事长单位、全国热喷涂协会会员单位、东北农业大学农业工程博士后科研流动站创业园。具有多年金属、非金属、金属化合物纳米粉体的生产和纳米粉体制取设备的设计制造以及纳米技术应用的开发经验，拥有30余项自主专利。先后承担了国家火炬项目、国家技术创新项目、国家“863”引导项目、国家发改委“振兴东北老工业基地高技术产业化示范工程”项目等一系列重大科研项目、产业项目。

秦岭·皇冠健康小镇项目：位于宁陕县皇冠镇境内，由云南城投置业股份有限公司与西安海荣房地产集团有限公司联合投资，项目总投资104亿元。项目总体规划结构为“一心、三轴、八板块”以此形成小镇完整的功能体系，由多个不同特色健康板块组成的一个区域性“大”健康小镇。“一心”，为皇冠镇区，是整个健康小镇综合服务中心。“三轴”，分别为朝阳沟、皂矾沟和双河沟，是小镇的空间发展轴线，将建设小镇主要的配套休闲养生健康项目。“八板块”，即位于三条轴线上，重点打造的各具特色的温泉板块、瀑布板块、彩色板块、滑雪板块、帐篷板块、鱼文化板块、国际自行车小镇和农耕文化板块项目以皇冠镇老镇区朝阳沟为基础，建设以健康养生为主题的特色小镇。

云南城投置业股份有限公司：是经云南省城市建设投资有限公司收购重组云南红河光明股份有限公司，于2007年11月30日在上海证券交易所复牌上市的国有上市股份有限公司（股票简称：云南城投，股票代码600239）。主营业务为房地产开发与经营、商品房销售等。公司麾下拥有云南红河房地产开发有限公司、云南城投置地有限公司、云南城投大理置地有限公司、云南城投铜都置地有限公司、云南云岭天籁投资有限公司、云南南亚汽车商城有限公司、云南城投物业服务有限公司等多个子公司。

西安海荣房地产集团有限公司：成立于1999年，是以房地产开发为主业，以商业投资、酒店餐饮、生态旅游开发、物业管理、建筑辅材等为辅业的多元化企业集团，是经陕西省建设厅、建设部批准的国家一级开发资质的企业。已开发项目有海荣小区、云天大厦、海荣豪佳花园、雅庭花园、第五国际中心、今北豪庭、福宝园小区、海荣名城、海璟国际、海璟蓝寓、海璟时代、海璟新天地、海璟印象城、海璟台北湾、海璟暖暖的宅、西北国金中心、创业大厦。

石泉大数据产业园项目：位于石泉县古堰工业园区，项目总投资50000万元。由中兴通讯股份有限公司投资。项目分两期建设：一期占地约1400平方米，分为云计算大数据机房及其配套设施、操作维护中心、员工办公、云计算大数据展示、大数据技术培训、双创空间等内容。其中云计算大数据机房采用业界领先的模块化数据中心技术，初期规划2个模块共32个机柜，后期可无缝扩容升级。二期规划占地30亩，规划面积2万平方米，包括园区综合服务楼、云计算数据中心、大数据指挥运营中心、大数据产业研发中心、大数据产业孵化中心、配套功能区构成。

中兴通讯股份有限公司：中兴通讯是全球领先的综合通信解决方案提供商。公司成立于1985年，是在香港和深圳两地上市的大型通讯设备公司。目前，中兴通讯已全面服务于全球主流运营商及企业网客户，智能终端发货量位居美国前四。公司在美国、加拿大、瑞典、中国等地设立全球研发机构，3万余名国内外研发人员专注于行业技术创新。中兴通讯PCT国际专利申请三度居全球首位，位居“全球创新企业70强”与“全球ICT企业50强”。目前中兴通讯拥有6.8万余件全球专利申请、已授权专利超过2.8万件，连续7年稳居PCT国际专利申请全球前三。公司依托分布于全球的107个分支机构，凭借不断增强的创新能力、突出的灵活定制能力、日趋完善的交付能力赢得全球客户的信任与合作。中兴通讯是中国重点高新技术企业、技术创新试点企业和国家863高技术成果转化基地，承担了近30项国家“863”重大课题，是通信设备领域承担国家863课题最多的企业之一，公司每年投入的科研经费占销售收入的10%左右，并在美国、加拿大、瑞典及中国等地设立了19个研究中心。

2017年市直24个部门招商引资目标任务完成情况汇总表

序号	单位名称	引资任务	完成任务	占任务
1	市发改委	招商引资到位资金10000万元	10000万元	100%
2	市工信局	招商引资到位资金10000万元	10000万元	100%
3	市财政局	招商引资到位资金2000万元	12000万元	600%
4	市国土局	招商引资到位资金6000万元	8000万元	133%
5	市规划局	招商引资到位资金6000万元	11176万元	186%
6	市住建局	招商引资到位资金6000万元	7000万元	117%
7	市科技局	招商引资到位资金2000万元	2000万元	100%
8	市水利局	招商引资到位资金2000万元	16000万元	800%
9	市农业局	招商引资到位资金6000万元	7500万元	125%
10	市林业局	招商引资到位资金4000万元	4800万元	120%
11	市商务局	招商引资到位资金6000万元	6000万元	100%
12	市旅游局	招商引资到位资金10000万元	13933万元	139%
13	市质监局	招商引资到位资金2000万元	2197万元	110%
14	市人社局	招商引资到位资金2000万元	2000万元	100%
15	市工商局	招商引资到位资金2000万元	2200万元	110%
16	市文广局	招商引资到位资金8000万元	8100万元	101%
17	市卫计局	招商引资到位资金4000万元	4300万元	108%
18	市民政局	招商引资到位资金2000万元	2000万元	100%
19	市体育局	招商引资到位资金2000万元	4520万元	226%
20	市交通局	招商引资到位资金2000万元	38900万元	1945%
21	市移民局	招商引资到位资金2000万元	5000万元	250%
22	市供销社	招商引资到位资金2000万元	2000万元	100%
23	市教育局	招商引资到位资金2000万元	2630万元	132%
24	市招商局	引进项目2个，到位资金20000万元	引进项目3个，新建到位资金88000万元	440%

中国人民政治协商会议安康市委员会

政协第四届安康市委员会常务委员会组成人员

主　　席　陈　勇
副 主 席　马晓甸　黄骁勇
　　　　　吴大康　孟　平（女）
　　　　　吴　平
秘 书 长　李云健
市政协常委（以姓氏笔画为序）
马明年　王小群
王化信　王志洲
王国库　尹继红（女）
田正飞　冯永林
乔永信　刘　伟
刘　涛　刘诚穹（女）
刘连德　刘济兵
江　炜　李　黎（女）
杨　柳　杨　高
杨尧根　杨首艳（女）
吴双有　吴咏梅（女）
汪学军　张龙宝
张德林　陈元安
陈有随　范化冬
周瑞林　赵章汉
荆成宝　茹甫毅
唐　纹（女）
唐明东　黄庆雪（女）
章　涛　梁胜新
蒋　平　程　云（女）
潘晓红（女）

工作机构及负责人

副秘书长、办公室主任　唐培安
办公室副主任　吴咏梅（女）
研究室主任　王化信
研究室副主任　孙　黎（女）

提案委员会
主　　任　周瑞林
副 主 任　王龙军　杨　军
　　　　　黄庆雪（女）
办公室主任　周瑞林
办公室副主任　米　筠（女）

经济科技委员会
主　　任　王国库
副 主 任　邓　军　吴大林
　　　　　汪学军
办公室主任　王国库

社会法制与资源环境委员会
主　　任　范化冬
副 主 任　张小平　唐　纹（女）
办公室主任　张小平

教育文化卫生体育委员会
主　　任　张德林
副 主 任　陈元安　武大明
　　　　　茹甫毅
办公室主任　张德林

文史学习委员会
主　　任　王志洲
副 主 任　屈善社　蔡晓林（女）
办公室主任　屈善社

民族宗教和港澳台侨委员会
主　　任　陈有随
副 主 任　沈兰琼（女）
　　　　　杨　柳
办公室主任　沈兰琼（女）

机关事务管理处
主　　任　朱松林

驻安省政协委员

邹　明　黄骁勇
尤成平　黄秀玲（女）
刘　珺（女）　马　霞（女）
周裕厚　乔永信
吴双有　范化冬
周增堂　陈春来

政协工作

◎**全委会议**　2017年1月7日至10日，政协第四届安康市委员会第一次会议在安康剧院召开。会议听取并审议通过了马晓旬副主席代表市政协常务委员会所作的工作报告和吴平副主席代表市政协常务委员会所作的三届六次会议以来提案工作情况的报告；审议通过了政协第四届安康市委员会第一次会议政治决议、常务委员会工作报告的决议、提案工作报告的决议以及提案审查委员会关于提案审查情况的报告；列席了市人大四届一次会议；选举陈勇为政协第四届安康市委员会主席，马晓旬、黄骁勇、吴大康、孟平、吴平为副主席，李云健为秘书长；市上领导郭青、徐启方、刘建明、崔光华、陈勇、鲍永能、周玉峰、陈俊哲、赵俊民、陈明、罗雪剑、尹清辽、李启全、黄勇、马孝芳、胡凯庆、袁子顺、赵良亭、邹俊杰、鲁琦、孙矿玲、何邦军、蒋清海、杨尚伟，安康军分区、安康学院、安康职业技术学院、法院、检察院及享受副厅级待遇的领导同志出席会议，一届、二届、三届市政协老领导、驻安省十一届政协委员应邀出席会议。来自全市27个界别的295名委员以小组讨论、提案、大会发言等形式，围绕政府工作报告、政协常委会工作报告、提案工作报告、法检两院报告，以及其他报告进行了讨论，为加快建设西北生态经济强市建言献策。其中，政协委员、党派团体、县区政协共提交大会发言材料48篇，内容涉及经济、政治、文化、社会和生态文明建设的各个方面，集中体现了政协履职成果。

◎**常委会议** 2017年市政协共召开常委会议4次。3月22日，第一次常委会议，主要审议通过了四届市政协各专门委员会设置及组成人员名单、市政协副秘书长名单、《市政协2017年工作要点》等。6月26日，第二次常委会议，围绕新农村建设中的乡风民俗问题进行专题协商，组织了大会发言和分组讨论，就推进新民风建设、促进社会风气持续好转提出了意见建议。9月27日，第三次常委会议围绕推进西北生态经济强市建设问题进行了专题协商，组织了大会发言和分组讨论，提出了强理念、强思路、强政策、强机制的意见建议。12月26日，第四次常委会议，主要审议通过了关于召开市政协四届二次全体会议有关事项及人事事项。

◎**主席会议** 2017年市政协共计召开主席会议6次。2月7日，第一次主席会议，主要讨论并审议了2017年市政协工作要点和协商工作计划、月度协商计划，研究决定了政协第四届安康市委员会领导班子分工、专委会组成等事项。3月20日，第二次主席会议，研究决定了关于召开四届市政协第一次常委会议的有关事项，审议通过了政协第四届安康市委员会机构设置及组成人员名单。5月2日，第三次主席会议，审定了《关于明确市政协各界别召集人以及市政协领导成员、市政协常委会组成人员和专门委员会联系界别和委员的通知》和《关于成立政协第四届安康市委员会委员活动小组的通知》、审议通过了《政协安康市委员会关于落实“三项机制”助力追赶超越的实施方案》、审定了《对中央扶贫工作成效考核反馈意见整改情况视察方案》。6月19日，第四次主席会议，审议通过了关于召开政协第四届安康市委员会第二次常委会议有关事项以及《新农村建设中的乡风民俗问题调研报告》。9月1日，第五次主席会议，审议通过了关于召开政协第四届安康市委员会第三次常委会议有关事项以及《安康西北生态经济强市建设调研报告》，研究决定了关于“安康政协云平台”系统建设有关事项。12月19日，第六次主席会议，审议通过了关于召开政协第四届安康市委员会第四次常委会议有关事项，研究政协第四届安康市委员会第二次会议有关事项及人事事项。

◎**民主监督** 视察和委派监督员是政协民主监督的重要方式。组织开展多行业、多领域的民主监督：委派委员担任法院民主监督员，旁听减刑案件开庭，视察跨区域立案试点工作和执行难问题；组织委员对事业单位公开招聘、公务员招录及行业开放日等实施监督；选派44名委员担任双创义务监督员，就公共卫生治理、基础设施建设、交通拥堵等进行明察暗访；组织11次22名委员列席市政府常务会议，畅通委员知情明政渠道。

◎**参政议政** 各民主党派、人民团

9月12日，政协第四届安康市委员会召开第三次常委会议

体、无党派人士以及广大政协委员聚焦市委市政府决策部署、改革发展稳定大局以及人民群众普遍关心的热点难点问题广泛参政议政，积极建言献策。围绕生态经济强市建设，组织动员全市各界别委员和专家进行协商议政，从发展理念、发展方向、发展重点、配套措施等方面提出了推进生态产业建设的意见建议。紧扣新民风建设主题，组织委员深入协商讨论，为更好地贯彻落实市委《关于大力推进新民风建设的实施意见》精神献计出力。广泛关注和参与全市脱贫攻坚、中心城市管理、生态健康养老、义务教育均衡发展、全民健身运动等方方面面的重点工作和关键领域，为推动工作落实贡献智慧和力量。把反映社情民意作为重要的参政议政渠道，2017年从全市各级政协组织、市政协各参加单位和政协委员中选聘了40名信息员，建立了新的覆盖全市的信息网络，坚持季度发布重点选题和通报制度，全年共收到信息166条，编报《社情民意》157期，其中向省政协报送16期，向市委市政府报送141期。政协反映社情民意工作赢得了市委市政府高度重视，大部分有批示、有办理、有回复。

市政协主席陈勇到镇坪调研脱贫攻坚工作

◎**视察调研**　视察调研是人民政协履行职能、发挥作用的重要方式，也是政治协商、民主监督、参政议政的基础性工作。2017年，围绕西北生态经济强市建设、新民风建设、脱贫攻坚、中心城市管理、义务教育均衡发展、全民健身运动、民族特色经济发展、民族特色小镇建设等课题，组织开展专题调研视察20余次，推动工作改进和落实。其中，多篇调研报告受到市委领导高度评价，《建设西北生态经济强市》调研报告在市委常委会议上专题汇报，同时被全文印发市委各位常委及有关部门；《把低俗陋习刹下去，让文明乡风树起来》调研报告，提出了“狠刹攀比风，减少人情债；修订完善村规民约，强化基层自治基础；加强道德评议，刹住歪风邪气”等对策建议，得到了市委主要领导的高度评价，被评为全省政协系统优秀调研报告；针对安康中心城市管理问题，组织开展调研考察，就执法事权划分、职责调整等提出了具体建议，得到有关部门采纳，有力地促进了中心城市管理体制和执法体制改革。

◎**提案工作**　市政协四届一次会议以来，共收到提案355件，立案335件，提案办复率100%、满意率97%。这些提案内容涉及促进经济提质增效、全面深化改革大局和广大群众普遍关心的热点难点问题等各方面，提案分别交由市委、市政府有关部门、市政协、市级人民团体、中省驻安单位共67个承办单位办理。提案工作坚持“围绕中心、服务大局、提高质量、讲求实效”方针，从加强提案选题引导、注重征集集体提案、从严审查立案、加大评优表彰力度等方面入手，夯实了办理基础；强化协商理念，做好提案交办协商、专委会对口协商督办、全程办理协商；丰富督办形式，进一步完善了以市级领导领衔督办重点提案制度，专委会协同督办提案制度、与市委市政府督查室联合督办制度；开展了8次提案办理协商，办理过程中，注意倾听委员意见建议，加强与提办双方沟通协调，规范了协商程序，提高了办理实效和提案的社会影响力。其中，全域旅游发展、提高环卫工人待遇、建立提案办理评议制度等6件重点提案，发挥了重点提案督办的典型示范作用。

◎**理论研究**　在实地调查的基础上，认真研究委员管理中存在的问题，制定了《委员履职评价办法（试行）》，对委员履职情况实施量化考核。针对提案办理工作中存在的问题，研究制定了《民主评议提案办理工作实施办法（试行）》，将依据此办法对承办单位办理提案工作进行民主评议。

◎**其他工作**　参加了汉江流域三省十五市政协联系协作会第七次、第八次会议，发出了在汉江流域“实施两大战略、发展三型交通、形成三项机制”和“重视文化传承、壮大文化产业、普惠公共文化”的倡议，相关建议被采纳，并以联系协作会名义提请全国政协及有关省市重视。配合省政协及外省市政协，就农业供给侧结构性改革、绿色转型、茶产业发展、县域经济及城镇化建设、铁水两路运煤通道建设等课题开展调研和座谈交流，开阔了思路视野，助推了相关工作。通过召开会议、联动调研、开展政协知识辅导等形式，进一步加强了对县区政协工作的联系和指导。建立了覆盖全体委员的信息库和44名委员组成的专家库，聘请专业团队，在考察学习的基础上，建立并试运行了“安康政协云平台”，推动委员实时参与协商、监督，提高了工作效率。

（赵彬翔）

民主党派

中国民主建国会安康市汉滨区委员会

主　　委　黄秀玲（女）
副 主 委　王小军　丁礼康

◎**组织建设**　按照民建陕西省委和中共安康市委统战部市级党派筹备工作要求，结合自身组织建设实际，为民建安康市委员会的成立和民建汉滨区委员会的换届，2017年全市民建会员进行了市、区会员划分，制定了《市、区会员划分原则》。划分后市级会员100名，区级会员65名。民建汉滨区委会重新组建了4个支部，选举了支部负责人，推动了支部活动的正常开展。

◎**参政议政**　先后组织会员积极开展了城镇规划与养殖产业发展和农业产业发展等调研，形成了《安康生态旅游产业发展》《关于城镇规划与养殖产业发展的建议》《关于解决现代农业园区发展融资难的问题及建议》等3个专题报告；参与了民建省委农业供给侧改革调研；参与脱贫攻坚视察活动等。在两会上共提交大会发言材料3份，人大建议案10件，政协提案31份，全部立案办理，多数建议意见被采纳。其中会员麻清雅《关于在脱贫攻坚战中更好发挥妇女作用的建议》助力汉滨区脱贫攻坚、李辉忠《关于在中心城市禁放烟花爆竹的议案》被市人大常委会确定为重点督办议案，并启动了首部市级实体法，2018年2月1日《安康市烟花爆竹燃放管理条例》已正式实施。会员李天平《关于把涉水产业打造成生态经济新增长的建议》、辜显青《关于大力推动汉滨区电子商务发展的建议》等获得优秀提案。反映社情民意8件，本会会员反映的《加强汉江两岸公厕建设和开放，解决群众之所急的建议》《加强汉江两岸公共健身器材的维护管理的建议》分别获得市、区级优秀社情民意，会员中的15名人大代表、政协委员担任市级执法部门政风行风监督员，积极参与党风廉政建设的监督及行风政风评议。

◎**服务社会**　民建汉滨区委员会积极发挥自身特色和优势，做好社会服务工作，推动社会和谐发展。充分发挥本会有关技术、管理、法律、非公经济等方面专业人员的力量。积极助力脱贫攻坚，开展扶贫、帮困、助学等活动400余人次，捐资捐物资金达120余万元，一是持续开展春节慰问“爱在暖冬”活动，看望慰问关庙镇周台社区10名孤残人员；二是2017年向早阳镇包河小学、建民办届岭小学捐赠校服、课桌及文体用品等；三是助力脱贫攻坚，为洪山镇乾隆村贫困户捐资、为洪山镇滞销藕农销售莲藕2000斤；四是帮助困难群众，为关庙镇吴台村尿毒症患者捐资；五是开展圆梦大学活动，资助8名贫困大学生学费等；六是积极向民建中央争取“思源救护中国行”救护车16辆（累计27辆），为群众的生命急救增添了坚实的救护能力。

中国农工民主党安康市汉滨区委员会

主　　委　乔永信
副 主 委　荆成宝　安　蔚
委　　员　郭全忠　郭新春　邓银田　邢　敏（女）

◎**思想理论建设**　农工民主党汉滨区委始终坚持把思想理论建设放在首位，以多层次、多渠道、多样化形式开展思想政治教育工作，提高全体党员干部、青年骨干的政治素质和统战理论水平。参加农工省委组织的各项培训活动，全年累计参加人次14人，其中参加北京培训2人。提高基层骨干的政治把握能力、参政议政能力、组织协调能力和合作共事能力。市、区十九大报告培训100余人，深入学习、领会其报告内涵，贯彻精神。区委会重视宣传工作，被农工中央评为《前进论坛》发行工作先进单位。7名党员分别被农工党陕西省委会评为优秀党员，优秀党务工作者等称号。

◎**参政议政**　围绕医疗卫生，社会民生等建言献策，书写政协提案28篇，集体提案12篇，调研报告4篇。其中2篇在大会上交流。参加市政协组织的双创工作视察18次，人大视察15次。题为《加快汉滨区医联体建设进程，切实推进分级诊疗，助力脱贫攻坚》作为区政协大会发言，并作为重点提案进行督办。其中4名委员被聘为双创义务监督员，为安康双创工作谏言献策，发挥了政协委员、人大代表的参政议政作用，提升了农工党的影响力。

◎**服务社会** 农工党汉滨区委会给建民办青春村争取产业扶持资金2万元，用于魔芋产业发展，并提供全程技术辅导。在社会服务工作上，进行项目的对接与落实，专门组织医疗专家到各乡镇卫生院、敬老院开展大型义诊服务活动，发放300多本健康科普知识册子。开展扶贫帮助、医疗下乡等社会实践活动，利用医疗卫生的优势，开展“践行群众路线，服务百姓健康”活动，组织党员前往县河财梁、田坝和张岭送医送药、免费义诊、健康查体及咨询活动。送药7600元，免费测血糖200份，测血压300人，发放健康科普传单500份，指导卫生院留观会诊10人。5名党员为社区，机关等地进行健康讲座8次。进行走访慰问，根据孤寡老人的实际情况，为老人“量身定做”送温暖服务的内容。做好“屈明油”帮扶工作，扶持她完成学业。2017年多次参加《市慈善协会》开展的慈善帮扶及义诊活动。在汉滨区总支领导班子带领下到早阳镇乡镇卫生院进行免费送医药及义诊活动，共查体老弱病残患者85人次、送医药品6000余元，并帮扶多家贫困居民，给予捐钱、捐粮。

◎**组织建设** 以培养高素质，有活力、年轻化为标准，有重点的培养10余名党员积极分子，有8名被汉滨区委批准为新党员。

（安　蔚）

中国民主促进会
安康市汉滨区委员会

主　　委 周裕厚
副 主 委 李　杰　　邓　佳（女）
委　　员 聂　琼（女）　温荣贵
陈杉杉（女）
王正荣（女）

◎**组织建设** 民进安康市筹备委员会采取“以会代学”“以会代训”和自学相结合的方法，组织筹委会委员、区委会委员、各支部主委认真学习了中共十九大精神。根据民进陕西省委会的安排部署，扎实开展“三学一做”（学习《会章》、学习会史、学习习近平同志重要讲话精神，做合格民进会员）等主题教育活动，积极参加了由民进省委会举办的征文比赛及书画展等活动。共有会员201人，市区共10个支部，（市级支部5个，区级支部5个）会员都集中在安康市区，筹委会班子成员6人。区委会班子成员7人。民进汉滨区委员会顺利完成民进汉滨区的换届工作。2017年度民进汉滨区委会在坚持和发展中国特色社会主义学习实践活动中被民进中央授予先进集体号。

◎**参政议政** 认真参加了中共安康市委、市政府组织召开的情况通报会、座谈会，参加了重大人事问题的协商会议，《政府工作报告》的修改等；加强了与市、区部门的对口联系，拓宽了民主监督的渠道，会员中有16人受聘担任各类特约监督员；会员积极参政议政，18名委员代表先后参加了各类调研视察近50人次，由民促会会员主持或执笔撰写的调研报告8篇.省市区人大代表政协委员共提交集体提案8份，个人提案及意见建议32份。

◎**社会服务** 江北高中支部对口帮扶汉滨区流水中学，安康市一小支部对口帮扶吉河九年制学校；汉滨高中支部与学校一起开展对瀛湖中学、四合中学、洪山九年制学校这些学校的对口帮扶。汉滨高中支部、江北高中支部、安康市初中支部、汉滨初中支部、安康市一小支部、培新小学支部积极开展送教下乡活动。汉滨初中支部、江北高中支部开展关爱留守儿童、关怀孤寡老人活动。文化支部联合市群艺馆举行了“关爱留守儿童、助力脱贫攻坚、点燃梦想、放飞心灵”诗歌诵读会，开展送公益培训进基层活动，整合各类文化资源形成合力，推动群众文化活动的开展，开设各类培训课程，充分满足人民群众的文化需求。科技支部在汉滨区的双溪镇、大竹园镇积极开展科技三下乡活动。

（党珍珍）

中国民主同盟
安康市委员会

主　　委 吴大康
副 主 委 权大学　雷升录　刘　涛
秘 书 长 汪信娥（女）

◎**简况** 2017年8月8日，原旬阳县接待办主任汪信娥经民盟安康市委全委会选举，同意增补汪信娥为民盟安康市第一届委员会委员。根据《中国民主同盟章程》有关规定，任命汪信娥为民盟安康市第一届委员会秘书长。

◎**思想政治建设** 组织盟员认真学习贯彻中共十九大和民盟十二大等重要会议精神，通过学习进一步增强对新时代中国特色社会主义的政治认同、理论认同、文化认同和情感认同。盟市委先后向盟省委宣传部和安康市政协、市委统战部投稿27余篇，盟中央网站刊登7篇，《陕西盟讯》刊登5篇，盟省委网站刊登6篇，市政协网站刊登19篇，市委统战部网站刊登14篇，县区级政府网站刊登8篇，通过不断宣传，增强了安康民盟的社会影响力。

◎**参政议政** 2017年全市人大代表和政协委员盟员在市县区人代会上提交建议意见7件，市县区政协会上提交建议提案25件，民盟安康市委集体提案4件，大会发言1篇，民盟汉滨区委集体提案1件。其中《关于加快瀛湖文化产业基地建设的建议》被市政协评为2017年优秀提案，《关于改进中小学教师继续教育的建议》被汉滨区政协评为2017年优秀提案。全年共向盟省委上报社情民意信息45件，向安康市政协提交社情民意信息16件，其中6件被盟省委采用，3件被市政协评选优秀社情民意信息，民盟安康市委被市政协评为2017年度社情民意信息工作先进单位，办公室副主任夏天被评为2017年度反映社情民意信息工作先进工作者。

◎**服务社会** 2017年，盟市委及各基层组织多次开展帮教助学活动，为山区学校送去教育教学设备，区综合支部为早阳镇丁河九年制学校开展儿童灾害管理培训暨防灾减灾体验式游戏活动，市委机关支部为汉阴县铁佛寺镇中心小学捐赠价值4000元小学生“阳光阅读”系列图书。医生盟员组建医疗小分队到安康市儿童福利院、旬阳县仁河镇段家沟村为孤儿和孤寡老人开展医疗保健活动，并送去必备生活用品；书画界盟员为安康市政府机关、汉滨区果园社区、汉滨区早阳镇店子沟村、汉滨区建民镇青春村百姓义写春联和书画作品共计1000余幅。盟市委邀请专家学者为安康监狱服刑人员陆续开展心理咨询、心理健康讲座和国学文化讲座等活动，并为151名“三无人员”（无通讯、无会见、无汇款）送温暖献爱心，捐赠生活用品。

◎**民主监督** 为认真贯彻省委统战部关于支持省级民主党派开展脱贫攻坚民主监督工作，民盟安康市委多次与汉滨区、紫阳县联系，走访了解收集两县脱贫攻坚工作情况，并将两县工作情况及时汇报盟省委，为盟省委制定监督方案提供基础依据。12月14日，由民盟安康市委带队，组织汉滨区、紫阳县相关人员在盟省委参加脱贫攻坚民主监督工作对接会；12月27日，盟省委副主委车建营一行，1月3日盟中央副主席张道宏一行，分别到安康市汉滨区、紫阳县开展脱贫攻坚调研工作，并对盟市委在脱贫攻坚民主监督工作中的主动衔接和积极协调工作给予高度评价，为盟省委开展好安康市两县脱贫攻坚民主监督相关工作奠定了坚实基础。

◎**组织建设** 截至2017年12月31日，全市共有盟员323人，盟员年龄结构、学历层次和界别构成均得到进一步优化。加强盟员培训力度，选派年轻骨干盟员参加盟省委和市委统战部组织的培训，以提高盟员的履职能力；组织新盟员培训班（座谈会）和参政议政培训班，大力提高盟员整体素质。建立和完善了议事会议制度、思想建设制度、组织建设制度，努力做到“制定制度科学化，执行制度严肃化，落实制度效能化”，促进盟务工作制度化规范化常态化发展，努力适应新时代民盟工作的要求。

中国民主同盟
安康市汉滨区委员会

主　　委　刘自文
副 主 委　易　玮（女）
　　　　　　陈彦卿（女）
委　　员　王　斌　　欧梦晗（女）
　　　　　　胡　婧（女）
　　　　　　康艳霞（女）

◎**组织建设** 截至2017年10月，全区盟员总数为107人。2016年—2017年度盟区委共发展新盟员28人，年发展率占总人数的26%。其中：教育1支部12人、教育2支部6人、综合支部10人。

◎**参政议政** 盟区委在2016—2017年度中共向市区政协、市区人大等各级部门提交提案26件，社情民意信息10件。2016年10月盟区委推举教育一支部盟员邱祖玲为区政协委员，同时向民盟安康市委参政议政委员会推荐了张玉春、陈婕、邱祖玲、李勇四名为参政议政委员。通过半年时间的调查、论证、修改，圆满完成省级研修课题《小城市棚户区改造的问题调查》，并上报盟省委。通过调研提交了《关于加强对电动车管理的建议》《安康西大街建成文化旅游街》《安康东西大街改造中植树防护墩拆除建议》《关于开通安康城区至吉河镇公交车的建议》《城市治堵应整治公交车和出租车》《关于妥善解决东坝汉江大桥北头交通拥堵问题的建议》《关于城区开往恒口公交车的议案》《让急救知识走入校园》等提案建议。

◎**社会服务** 教育一支部在2016年11月19日组织二十多位盟员前往张滩镇余家湾敬老院看望孤寡老人。12月17日，共有十五位爱心盟员参加了“益路童行”捐步活动，捐款一千多元用于帮助失学儿童。2017年3月，组织部分盟员前往五里富强中学参加爱心助教活动。2017年岁末，举办快乐健步走活动。教育二支部在3月植树节前夕，组织号召支部盟员及家属近40余人参加了《植一棵树，绿一片天》的活动；3月17日，盟员韩莉峰参加了民盟汉滨区教育一支部举办的在五里镇富强学校的送教下乡活动；在九九重阳节前夕，组织部分盟员及有意愿加入民盟组织的人员，开展了《久久大概揽胜及书法笔会》活动。支部主委周宏龙通过网络义务讲授家庭教育讲座16场次，受到广泛好评。区综合支部坚持在每年的春节前夕及重阳佳节期间，看望慰问支部老盟员。2017年3月下旬，支部联系安康儿童促进会在早阳镇丁河九年制学校，对该校师生进行“儿童灾害管理培训”，使儿童们了解了什么是自然灾害，如何降低在灾害中的伤害，得到学校的好评。5月下旬，支部盟员叶明斌在流水镇新坝村举办“心系母校，助力教育脱贫”活动，得到了当地政府和学校的高度赞扬。6月中旬，安康儿促会和汉唐书会举办了“书山有路、聚爱汉唐”关爱山区儿童捐赠图书项目启动会，综合支部积极参与，现场捐赠书籍几十余册，为关心山区乡村贫困儿童教育工作传递正能量。12月末，为培育和践行中共十九大精神，推进校园文化建设，支部组织15位盟员走进早阳镇九年制中学开展“送艺术文化进校园”活动，支部特邀以赵承矩老师为首的安康市著名书画家，挥毫墨宝、爱心助学，为老师和同学们带去了一场丰富的文化艺术大餐，得到了当地政府、学校师生和当地百姓的好评。

（欧梦晗）

社 会 团 体

安康市总工会

主　　席　胡凯庆
副 主 席　郭达彦（正县级）
　　　　　　尹继红（女）
经审会主任　朱晓梅（女）
女工委主任　祝小春（女）

◎**组织宣传工作**　一是学习宣传贯彻中共十九大精神。制定全市工会认真学习宣传贯彻党的十九大精神方案，组织市县总工会集体收看中共十九大开幕式，市总工会邀请全国劳模陈分新做中共十九大精神宣讲报告，邀请专家辅导学习中共十八届六中全会及省十三次党代会精神，通过多种形式深入学习广泛宣传党的十九大和和中央确立的宏伟蓝图、目标任务，引导广大职工群众牢固树立新时代中国特色社会主义共同理想。全市职工群众、各级工会深刻学习领会党的十九大对工人阶级、工会工作提出的新要求，进一步坚定信心、积极投身新时代中国特色社会主义新征程。二是劳模培树评选宣传成效明显，劳模示范引领作用发挥突出。认真开展2017年陕西省劳动模范、先进工作者和先进集体评选，田珍等17人成功当选省劳动模范先进工作者，市财政担保公司等2家单位被评为省先进集体。哈海霞、单林述荣获全国五一劳动奖章，安康阳晨集团有限公司荣获全国五一奖状。广泛宣传劳模先进事迹，联合安康日报社、安康新网开办“最美劳动者——劳模风采展示”专栏，宣传劳模先进事迹60余篇。市总工会、汉滨、汉阴、平利召开庆“五一”劳模座谈会。做好劳模管理与慰问，各级组织上报核实认定省部级劳模11人，筹集资金88万元看望各级劳模499人，组织10名劳模到临潼体检，组织2名全国劳模参加劳模疗养。发挥劳模助力脱贫攻坚示范引领作用，通过产业帮扶、技术帮扶、思想帮扶，组织各级劳模297名参与助力脱贫攻坚，结对帮扶贫困户5190户，投入资金1.3亿元，扶持项目53个，开展培训177场次12745人，解决贫困户就业7583人，贫困户平均增收4169元，助力贫困户脱贫2155户。三是宣传工作成绩突出，职工文体活动彰显工会新形象。深化拓展“中国梦·劳动美”主题教育，承办“三秦最美护士”“最美乡村教师”先进事迹巡回演讲报告会，评选表彰“一封家书”优秀作品。积极参与省职工艺术节，获奖30余项，市总工会荣获优秀组织奖。制定市总机关信息宣传工作考核实施办法，邀请陕工报记者深入基层宣传工会工作成效，2017年在中省市媒体和网站累计发稿904篇。打造工会文体活动品牌，联合相关单位举办庆三八徒步定向、迎“城市供水杯”职工健步走、三人制趣味篮球赛、市第十六届运动会、2017“阳晨集团杯”半程马拉松赛、庆元旦市委机关干部健步走等活动，汉滨区“展风采，聚人心，助脱贫，促发展”职工才艺展、紫阳县“乡约紫阳·茶乡飞歌”民歌大家唱、旬阳县第五届机关职工运动会、镇坪县“中国梦、劳动美”职工象棋、围棋比赛等文体活动丰富精彩，激发了全市广大干部职工的正能量，增强了工会组织的吸引力凝聚力。四是各级工人文化阵地建设硕果累累。深入县区实地检查工人文化宫清理整改，汉滨区工人文化宫改造完成并推动纳入政府公共服务体系，岚皋县推动工人俱乐部参与文化产业园建设，搭建创业就业平台。镇坪、石泉、宁陕、汉阴积极收回工人文化宫资产并推进规范化建设。市工人文化宫建设取得突破性进展，12月28日，安康市工人文化宫开工动员会在安康高新区举行，省总工会主席白阿莹宣布项目开工。项目总投资1亿元，占地15亩，内设职工培训室、文化活动室、体育活动室以及相应的附属设施，改写了安康市无市级工人文化宫的历史。五是工会组建和职工之家建设稳步推进。探索和研究园区工会建设新途径，推进农民工集中入会，指导市直部门工会组建和按期换届。全年新建工会组织238家，新发展会员14740人，其中农民工会员10168人。深入推进职工民主管理工作，全面落实会员的知情权、参与权、表达权和监督权。建立厂务公开制度企业3206家，非公有企业建制率达93.7%；建立职代会制度3200家，非公有企业建制率达93.4%，命名表彰“厂务公开职代会四星级单位”14家。切实提升组织建设规范化水平，下拨组织建设专项工作经费230余万元，召开全市职工之家建设工作推进会，2017年创建市级“先进职工之家”17家、“先进职工小家”6家、“六好镇”工会3个；创建全国职工书屋1家，省级职工书屋3家；汉滨区大河镇工会工作委员会等10个镇工会被表彰为陕西省标准化示范乡镇（街道）工会；高新区工会联合会被表彰为全省园区工会先进单位。安康育英中等职业学校被授予全国职工教育培训示范点，镇坪县总工会被评为全国“职工书屋”示范点。

◎服务职工工作　一是围绕建功“十三五”劳动竞赛高潮迭起。聚焦“追赶超越　绿色崛起”目标，围绕项目建设、科技创新、节能减排、技能提升、优质服务、安全生产六个主题在“七大行业”开展劳动竞赛。市总工会联合市委宣传部、市林业局等部门举办安康富硒茶首届手工制茶技术能手大赛，全市8县区60余名选手参赛，评选技术能手6名、优秀能手17名、纪念奖34名。安康汉江大剧院“百日劳动竞赛”、市国税系统“便民办税·优质服务”、市农业生产资料总公司“撸起袖子加油干，为企业发展做贡献”、市蚕种场“削茧和鉴蛹”等主题竞赛相继举办。汉滨区农机技能大赛、泸康酒厂技术比武、紫阳县平利县制茶竞赛、镇坪县职工素质提升竞赛等服务区域经济发展劳动竞赛蓬勃开展。全市开展劳动竞赛的企事业单位1341个，参加劳动竞赛的职工99355人，开展岗位练兵活动的企事业单位1609个，开展重点工程劳动竞赛78项。二是困难帮扶品牌工作进一步加强。深入开展四送活动，组织春季就业援助月招聘会22场次，提供免费就业18497人，跨地区有组织劳务输出4500人。筹集“双节”送温暖资金313.13万元，救助困难职工3307人次；筹集“夏送清凉”资金259.359万元，走访33450名一线职工；筹集“金秋助学”资金133.55万元，资助困难职工及困难农民工子女444人；积极推广职工互助保障计划，为患病职工减压。全面启动出险职工理赔款转入个人银行账户，开展《会员手册》填写和登记发放。全市参保84765人次，理赔3887人次，理赔金额456.3万元。三是职工维权维稳工作进一步夯实。抓好工资集体协商工作，签订工资集体协商合同3200份，覆盖企业6495家、职工190670人，签订率达88.3%，集体合同签订率达96.44%。维护职工健康权益，162家单位开展“安康杯”竞赛，走访企业和工地433家，开展督促检查225次，排查事故隐患和职业危害326起；1585个工会组织建立劳动保护监督检查委员会，2120个基层工会执行女职工禁忌从事劳动的有关规定。切实维护职工队伍稳定，建立职工帮扶维权三级网络体系，下发《安康市总工会处置侵犯劳动者合法权益事件应急工作预案》，开展党的十九大期间信访大排查百日治理活动和全市职工队伍状况专题调研，处理职工来信、来访123人次，接待热线电话243人次，结案率100%。积极参与汉滨区农民工与河北闽益矿业工资拖欠纠纷、康宝建材依法关停、市正大制药厂停产事件处理，有效化解矛盾纠纷和隐患。认真履行社会责任，扎实做好西坝棚户区改造搬迁安置工作。关爱女职工身心健康，开展2017年女职工维权行动月、“共助成长，共享阳光”六一特别活动，筹集22.3万元慰问困难女职工、单亲困难女职工子女、困难女农民工及留守儿童1685名。

◎自身建设　一是工会改革工作全面启动。成立市总工会改革工作领导小组，广泛征求意见，深入开展调查研究，积极与有关部门协商沟通，市总工会改革方案已通过市委常委会审议并印发。牵头制定本市贯彻落实《新时期产业工人队伍建设改革实施方案》的工作方案，并联合相关部门和单位，深入开展调查研究、切实查找问题短板，提出对策措施。二是各项中心工作取得扎实成效。提高政治站位全力做好脱贫攻坚工作，坚持一把手负总责、班子成员全员参与、干部轮流驻村的工作机制，市总机关把80%的干部80%精力投入联村帮扶，班子成员每周带科室轮流驻村。开展“弘扬劳模精神助力脱贫攻坚”和助推深度贫困地区脱贫攻坚“工会精准扶贫行动”。集中资源抓好驻村帮扶工作，筹集协调资金30余万元，通过顺利省级和国家级考核检查。动员广大职工参与国卫巩固提升复审迎验、国家森林城市创建迎验、健康城市、文明城市、综治优秀市等创建活动，全面完成任务并取得积极成效。三是全面从严治党责任得到落实。全面落实党建、党风廉政、意识形态管理主体责任，修订建立制度台账51项，定期分析研判工作开展和责任落实情况，积极配合上级巡视，按要求全面完成整改任务。积极运用“三项机制”，优先提拔正科级领导1人，副科级领导1人，推荐评优4人次，干部选拔任用规范有序。加强考核督查，完善对县区工会考核办法，全面了解工作任务落实及特色创新工作。严格经费审查和财务管理，开展经审工作规范化建设考评，探索聘用社会专业审计力量，协办“全省工会2017年度经审工作规范化建设考评会议暨经审干部培训班”。严格遵守工会财会制度，全面完成上解省总工会经费任务，开展工会经费使用管理情况专项督查，高效优质完成财务报表编制报送。

◎获奖情况　2017年市总工会被中华全国总工会表彰市级工会财务先进单位，全国职工互助保障工作先进集体，全省工会新闻宣传先进单位，全省职工帮扶工作先进单位。

◎五一劳动奖状获奖情况　安康市阳晨现代农业集团有限公司荣获2017年全国五一劳动奖状。安康阳晨现代农业集团有限公司创建于2007年，位于安康市汉滨区，是以养猪为主的民营企业，拥有15家子公司，3000头原种猪、2.2万头二元种猪的生猪扩繁体系。是国家级产业化重点龙头企业、国家扶贫龙头企业，截至2016年底，公司产值9.2亿元，实现利润7700万元。逐步形成了生猪繁育、饲料研发生产、粪污质能源开发、生态农业示范、肉制品屠宰加工、终端产品销售的全产业链。在生猪科技研发中获得省级奖项6项，自主知识产权专利4项。集团自成立工会以来，利用内刊报纸、网站，图书阅读等形式，对《工会法》《集体合同》《公司法》等相关内容进行大力宣传，让工会概念普及到员工身边。同时从企业经营目标、重要决策事项、重大人事变动、职工招聘、财务、经济责任制及考核结果、职工工资福利资金使用等方面对员工公开，增强了管理透明度，为职工知情参政创造了条件，推进了企业民主管理，密切了干群关系。为了充分发挥工会作用，我们依据《劳动法》，从用工聘用、工资福利、休息休假、劳动安全等方面进行了认真讨论，以维护职工根本利益为着重点，对全员实施“带薪休年假”机制、“工龄、职称”薪酬机制、“文化活动年度预算”和“月度小活动季度大活动”等机制。为员工免费提供三餐和住宿条件，夏季为员工发放防暑降温物资。在三八国际劳动妇女节、五一国际劳动节、端午节、中秋节、春节等重大节日，公司都拿出10万余元为员工准备礼品。每年拿出400多万元为员工购买“五险一金”。以工会主席为组长的慰问小组定期深入一线，了解处理员工困难。公司在猪场内建设篮球、乒乓球、健身器材等文化活动场地，并组织开展“职工篮球赛”、“职工运动会”“阳晨主题演讲赛”等活动。公司成立了“阳晨基金”，用作帮助困难职工。积极参加社会公益事业，累计在汶川地震、玉树泥石流等自然灾害中捐款17万元；向汉滨区箭牌希望小学等7所学校捐款10万元和价值5万元的图书；公司累计向汉滨区建民镇、牛蹄镇、晏坝镇等乡镇捐款370万元，帮助他们贯通了自来水，修通了村级公路。阳晨集团作为国家龙头企业，在建设和完善自身产业体系的同时，将继续努力，一如既往地为陕西生猪产业的健康、持续、快速发展做出贡献。

（李　力）

共青团安康市委员会

书　　记　陈　磊（女）
副 书 记　刘　伟　李锦旻（女）
少先队总辅导员　罗晓梅（女）

◎**团建工作**　聚焦共青团改革重点，全面改革攻坚取得重大突破，成立深化改革工作机构，明确分工和专人负责，稳步推进共青团改革。召开全市团干部专题培训班，组织120名团干部学习了中央、省委、市委党的群团工作会议精神和团中央、团省委《改革方案》，学习学校共青团改革方案、少先队改革视频会和省少代会精神。市委印发了《安康市共青团改革方案》，为团市委配备了2名兼职副书记。召开市第四次团代会，选举产生新一届领导班子。全市7个县级团委完成换届工作，选齐配强了基层团组织“专兼挂”干部队伍。启动推行学校班级团支部班委会一体化运行和规范“推优入党”试点工作，指导岚皋持续开展“青春岚皋行动”改革试点，不断培育发展新动能。新建非公企业团组织88个。全市调控发展团员1.1万人。推动在全市团组织中开展“一学一做”教育实践。

◎**少先队工作**　持续抓好省委7号、市委10号文件的贯彻落实，356名少先队大队辅导员落实副校级待遇，594所学校将少先队课程纳入课表，市县两级培训辅导员732人。全面推进“少先队进社区”“蹲校驻点”活动，举办了全市千名少先队规范化入队仪式，举办2017年全市少先队辅导员骨干培训班120人。全市各县区推选的15名少先队辅导员老师参加了说课风采大赛，被评为市级教学能手，5名少先队辅导员参加省级说课大赛，并被评为省级教学能手。

◎**青年就业创业**　深入推进农村青年创业致富“领头雁”培养计划，开展农村青年“领头雁”培训8460人次。实施青年电商人才培养计划和青年电商扶贫工程，成立了北京汉森商学院“安康分院”，每年培训500人次的农村电商青年；承办了团省委等6部门主办的“电商引领经济发展　青春助力脱贫攻坚”陕西（安康）青年电商发展峰会暨富硒产品博览会，顺利开展全市共青团助力脱贫攻坚表彰分享会，联合市委组织部等6部门开展“团聚益起　温暖安康”安康共青团助力脱贫攻坚行动项目展暨青年扶贫季主题活动，组织召开全市共青团助力脱贫攻坚现场会，举办“创青春”第五届安康市青年创新创业大赛暨共青团助力脱贫攻坚青年创业项目分享活动，挖掘选树了“团青一亩茶”“青春洋芋”“富硒黄菊”等扶贫助农项目48个。

◎**预防青少年违法犯罪**　履行好“预青”组长单位职责，深入开展“青少年维权岗”创建、“共青团与人大代表、政协委员面对面”和青少年法治、自护、禁毒等宣传教育活动200余场次，开展了12355进校园活动20场次，累计为6000余名学生开展了心理辅导和法律咨询服务。全面完成中央综治委预防青少年违法犯罪专项组检查督导，全市预防青少年违法犯罪工作得到中央综治委“预青”专项督查组充分肯定和高度评价。

◎**青少年思想教育**　广泛开展“砥砺奋进的五年”“不忘初心跟党走　青春建功新时代”等学习宣传中共十九大系列话题活动50次，推送微信、微博100余条，青年参与互动10万人次。制作了《青春在扶贫路上》全市共青团助力脱贫攻坚视频、安康共青团助力脱贫攻坚项目指引手绘地图，创作了歌曲《红色的梦》《诚孝俭勤和》新民风童谣，挖掘了《米西的安康》等一批青少年喜爱的网络文化产品。

◎**青少年维权**　全年新建青春驿站39家，全市共建成青春驿站78家，凝聚青年社会组织83个，培训青少年事务社工人才70人。举办了第二届全市青年社会公益项目大赛，“共护三秦水”“我在镇坪有块田”等4个公益项目分获全省青少年社会组织公益项目大赛银、铜奖。通过“互联网+”和众筹的方式，募集公益项目资金225万元，其中团市委实施的“梦想五厘米”关爱农村留守儿童计划筹集资金15万元，与市民政局资助“青少年心理健康评估及干预、关爱留守儿童、关爱残障儿童”等15个项目40万元，指导汉滨区团组织承接政府购买服务20万元，实施关爱困境儿童项目。

◎**青年志愿服务**　大兴青年志愿服务，推动团员注册成为青年志愿者4万人，围绕双创、创文工作，以提升青年文明素养为重点，开展“关爱农民工子女”、阳光助残、汉江水质保护行动、“保护母亲河　争当‘河小青’”“防雾降霾　青年先行”“节能低碳”、服务龙舟节、大型赛事和参与中心城市创建活动500多场次，引导青年志愿者参与文明安康建设中引领社会新风尚。先后组织开展双创义务清扫、市容协管、双创宣传等志愿服务活动5000余人次，开展“文明交通”温馨提示、交通违规劝导等志愿服务活动1000多人次，联合市双创办、市创文办、内环路双创片区指挥部开展了安康市青年志愿者“创森迎验、国卫复审”誓师大会暨“践行雷锋精神，建设生态安康”2017年双创志愿服务活动启动仪式，表彰了10个双创青年志愿服务先进集体和20名先进个人。“爱绿护绿”绿地认养志愿服务活动3000余人次，加强双创社会宣传，发放宣传册2000余份。开展青年素质提升培训20余场次覆盖青少年8000人次。

◎**希望工程**　突出希望工程、圆梦微心愿、青年志愿者等工作品牌，深化“共青团关爱农民工子女”“阳光助残”“希望工程爱心助学”活动，一年来，全市已竣工希望小学4所，投资130万元；争取设备、物资85万元；资助238名贫困中学生、大学新生66.7万元；帮助近万名留守儿童实现微心愿。

◎**新媒体信息平台建设**　推动市县两级团组织运行“网上共青团”4.0门户网站和3.0互动交流平台，网站浏览点击量达1453万人次，打捞青年声音12.38万多条，回复解决青年诉求7.45万条，交流互动14.3万人次。强化互联网舆论引导，安康共青团微博、微信分别吸引粉丝35695人、45520人，发布微博3233条、微信430期。注重网络引领，构建新媒体网络矩阵，组建了2300人的网宣员、网评员队伍，开展了“网络文明　青年担当”“青年兴安康兴大讨论”“为最美第一书记点赞”“跟团团学《团章》”等网宣活动300余次。

◎**主题教育活动**　牢牢把握青少年思想引领工作主线，围绕学习宣传贯彻党的十九大精神、“我的中国梦”主题教育、社会主义核心价值观培育、践行新民风等内容，紧扣重要时间节点，组织开展“青春喜迎十九大，不忘初心跟党走”、“青春喜迎十九大——我向习爷爷说句心里话”、千名少先队规范化入队仪式、青年代表走进市政府、大型时尚草坪集体婚礼、“向上向善好青年”青春分享会等主题党日、主题团日活动100多场次，吸引5万名团员、青年参与。大力推行“诚、孝、俭、勤、和”新民风建设，在全市少先队中推广传唱《诚孝俭勤和》新民风童谣，举办了浪漫婚纱秀、“最美新娘”评选、时尚集体婚礼、农村青年文化节等活动。

（周　强）

安康市妇女联合会

主　　席　刘　珺（女）
（2017年10月离任）
邱祖凤（女）
（2017年10月到任）
副 主 席　郑其巧（女）
唐　锦（女）
市妇儿工委办主任　王晓红（女）

◎**组织建设**　起草了《市妇联改革方案》，已由市委办印发；11县区（含高新区）全部印发了《改革方案》。联合市委组织部就基层妇联改革专文安排，全面完成3项重点任务，1832个村（社区）妇联执委达27886人，140个镇（办）妇联执委达4340人，市、县（区）、镇（办）、村（社区）妇联配备兼职副主席2233人。举办基层妇联干部能力建设培训班，带动全市开展妇干培训21期。选送30余名妇干到市外参加上级妇联调训学习。在平利培树省级“妇女儿童之家”示范点8个，圆满完成省十三次妇代会代表、执委推荐工作和参会任务。

◎**妇女宣传教育**　通过举办中共十九大知识竞赛、邀请专家专题辅导、发放中共十九大宣传资料、组织优秀女干部专题座谈、汇编优秀女干部学习体会、征集“喜迎十九大”感言、开展“十九大宣讲下基层”等活动，推动党的十九大精神在妇女群众中落地生根。举办“三八”妇女节纪念表彰大会，开展“身边最美女性”图片征集、市直单位女职工定向徒步和“秦巴明珠　生态安康”女子5公里迷你马拉等活动，激励广大妇女提振精神、向上向善。围绕“双创”“创文”“创优”等中心工作，深入开展巾帼志愿服务活动。市妇联“两微一网”发布信息668条，市、县（区）“网上妇联”共吸引粉丝52万余人，460个微信网宣群、2.3万名群员成为妇联“大宣传”格局的有力支撑。安康女性微信30次进入全国地市妇联微信50强，9个县区微信进入全省妇联县区微信30强。张敏等5个巾帼好网民故事被省妇联肯定并宣传。

◎**巾帼脱贫行动**　开展“巾帼扶志百村行”活动，共组织宣传活动236场次，发放脱贫政策资料85870份。组织3000余名妇女参加家政服务、手工制作、电子商务等技能培训。帮助1124名贫困妇女获得妇女小额信贷4556万元。通过承办全省巾帼家政经理人培训暨现场会、组队参加“秦嫂杯”巾帼家政大赛和农高会妇女手工艺品展等措施，促进巾帼家政和妇女手工艺产业发展壮大。指导岚皋建成“社区工厂”妇女创业孵化基地和妇女就业创业园。发动市女企协、市女大学生创业协会、市家协、“康嫂”家政等社会力量筹资399.13万元，帮扶贫困妇女6987名。妇女创业就业、妇女维权救助、农村贫困“两癌”妇女救助、女性宫颈癌健康促进等项目惠及数万妇女群众。在岚皋召开全市巾帼脱贫行动现场推进会，市县联动培树了一批巾帼脱贫示范点和先进典型，中国妇女报、省妇联来安采访总结“4+1”巾帼脱贫模式，并在中国妇女报头版头条刊发。开展“巾帼建新功　助推新民风”主题活动，培树了一批巾帼建功先进典型。联合市扶贫局培树巾帼创业就业示范基地16个，康嫂家政、紫阳青春洋芋、岚皋三彩阁农家乐喜获全国家政转移、巾帼农业、农家乐示范基地称号。支持市女企协、女大学生创业协会开展扶贫帮困、能力培训等活动，促其不断发展壮大。同时，认真做好驻村扶贫工作。

◎**家庭文明建设** 以“培育好家风、建设新民风”“清廉家风润安康”为载体，联合市纪委、市委宣传部等单位命名表彰最美家庭、五美庭院示范村（社区）、核心价值观进家庭示范单位、廉政文化进家庭示范点等先进典型335个，并推荐了一批全国、全省先进家庭典型。出版、发放《优秀传统家训注释》和《最美家庭事迹选编》2书，“汉阴沈氏”“白河黄氏”家风馆基本完成布展，“风清气正，从家出发”主题活动、“家庭文明”宣传长廊、“培树好家风、建设新民风”专栏、王玉秀家庭先进事迹巡讲等活动进一步弘扬了文明新风。“最美家庭”网上公示吸引284.4万余人浏览、26.1万余人参与投票。联合安康学院成立市家庭教育指导服务中心，开展业务指导和社会服务14场次。依托幸福家教、卓越父母等社会力量，开展家庭教育讲座20场次，培训近4000名教师、家长。

◎**维护妇女儿童合法权益** 细化分解“两个规划”年度重点任务，推动有关单位为妇女儿童办好“十件实事”。开展“妇女健康关爱月”“乳腺疾病预防健康关爱月”活动，发放宣传资料7000余份，举办妇女健康知识讲座12场次，并为100名环卫女工进行宫颈癌筛查。各县区积极主动，为妇女儿童办了大量实事好事。制发“七五”法治宣传教育工作方案，开展“法治安康巾帼在行动”法制宣传活动。邀请省妇联维权讲师团到安康开展培训10场次，连线安康广播电台专题宣传反家庭暴力法，联合市公安局举办打拐工作图片展和“宝贝回家”现场认亲暨新闻发布活动。联合市综治办培树20个全市平安家庭创建示范镇(办)。联合市司法局成立妇女儿童维权中心，并指导石泉建好妇女儿童维权中心；联合市公安局110报警中心成立市家庭暴力报警中心，推动落实反家庭暴力法“告诫制度”；成立市、县婚姻家庭调解委员会，制发婚调委创建标准和考核细则；市、县（区）妇联全年接待来信来访479件次，554人次。

（欧 立）

安康市科学技术协会

主　　席 赵　昆
副 主 席 杨　高

◎**科普宣传** 深入开展第二十五届“科技之春”宣传月活动。全市共开展重点科普活动153项，组织科技下乡18次，开展各类培训1200场，发放资料21万份，受益群众25万人。市科协被省科协评为活动优秀组织单位。“全国科普日”活动成效显著。紧扣“创新驱动发展、科学破除愚昧”主题，积极组织各县区各相关单位开展科普宣传活动。9月20日，在安康中心城区金州广场举行了启动仪式暨主场活动，省科协党组成员、副主席王前进，省科协党组成员、陕西科技馆馆长王晓东，市委常委、市纪委书记田沐臣，市人大常委会副主任马孝芳，市政府副市长鲁琦，市政协副主席吴大康等领导出席活动。科普日期间，全市共组织科技下乡活动12场次，开展技术培训3万余人次，发放科技资料8万余册。市科协被省科协评为全省科普日活动优秀组织单位，同时被中国科协评为全国科普日活动优秀组织单位。“安康科技大讲堂”广受赞誉。围绕服务建设西北生态经济生态强市目标，联合组织、宣传、科技等部门，在全省科协系统率先启动“科技大讲堂”活动。先后邀请浙江大学中国农村发展研究院院长黄祖辉、中国农科院茶业研究所副所长鲁成银、中国科协创新战略研究院副院长陈锐等知名专家到安康，就“绿水青山就是金山银山”“安康茶产业转型发展”“科技助力创新驱动发展”等问题作专题报告，进一步提高了广大干部群众的科技意识和创新思维，坚定了大家走绿色循环发展之路建设西北生态经济生态强市的信心。全年举办“科技大讲堂”7期，受到社会各界广泛好评。

◎**学术交流** 成功举办“一带一路”（安康）国际茶叶经贸洽谈会，推动国际科技交流与合作。7月10日，“一带一路”（安康）国际茶叶经贸洽谈会在安康成功召开。市委书记郭青、市长赵俊民、中国农业国际合作促进会副会长吕明宜等领导和11个国家的官员代表、茶叶协会主席、贸易代表出席会议，现场签订战略合作协议5项，为扩大安康对外影响力、推动安康茶叶进入国际市场搭建了新平台，受到市委、市政府领导充分肯定。联合岚皋县政府、市魔芋产业发展协会组织举办了“全国魔芋产业发展学术研讨会”，联合安康学院组织举办了“首届汉水论坛”“陕南生态资源保护与区域协调发展学术研讨会”，邀请市内外专家学者就魔芋产业发展和汉江水资源保护开发利用问题展开深入探讨，为市委、市政府制定相关产业发展规划、加快西北生态经济强市建设献计出力。

◎**科普示范创建** 2017年安康市共计争取省级科普项目10个，其中科普示范基地2个、示范农技协7个、科普示范社区1个；争取国家级科普项目12个，其中科普示范基地3个、示范农技协7个、科普示范社区1个、科普带头人1名。获得中省奖补资金300余万元，争取项目数量和资金再创历史新高，为促进地方主导产业建设发挥了重要作用。

◎**科技教育** 联合市教育局组队参加了陕西省第32届青少年科技创新大赛、第17届青少年机器人、科幻绘画作品大赛，获得省级奖项81项。组织举办了全市首届科幻绘画作品评选活动，215名学生作品获奖。组织安康中学、旬阳中学等学校30名高中学生参加了在华东师范大学、西北农林科技大学举办的高校科学营活动。联合陕西省航空学会开展了“追梦起航”航空文化季活动，先后邀请空军工程大学周忠良上校、西北工业大学杨旭东教授和中国人民解放军试飞大队大队长、“八一勋章”获得者李中华大校来安康市部分学校开展航空科普讲座。指导汉阴、汉滨成功举办“中国流动科技馆”巡展活动，5万余名中小学生、机关干部和市民参观展览。宁陕、石泉、旬阳三县组织举办了县级科技创新大赛，镇坪、白河两县获得省科协援建少年科普馆项目，为广大青少年接受科技教育开辟了新渠道。

◎**表彰** 向省科协推荐“全国创新争先奖”1人、“企业创新争先青年人才托举计划项目”3个，受表彰2个。联合组织、人社、科技等部门组织开展了首届安康“十大杰出科技人才”评选活动，刘新运、陈正余等人荣获“十大杰出科技人才”称号，进一步激发调动了广大科技工作者干事创业的积极性。精心举办首个“全国科技工作者日”活动，以市委、市政府名义向全市科技工作者发去慰问信，对做出重大贡献的专家上门走访慰问，对荣获首届安康“创新争先奖”的30名优秀科技工作者进行了隆重表彰。组织《安康日报》等媒体对本市优秀科技工作者代表朱平凤同志的先进事迹进行了大范围宣传，大力弘扬朱平凤同志扎根基层、爱岗敬业、埋头科研、无私奉献的高尚品质，向全社会传播了安康科技正能量。

◎**自身建设** 一是健全组织网络。巩固镇村科协建设成果，大力培育发展农技协和企业科协，不断扩大科协组织的覆盖面。全年新成立农技协45个、企业科协30家。加强市级学会清理整顿，对5家“僵尸”学会及时提请民政部门注销，新成立市级学会1家。二是推进科协改革。积极稳步推进全市科协系统深化改革，在深入调查研究、广泛征求意见、虚心借鉴外市经验基础上，精心制定《安康市科协系统深化改革实施方案》，已经市委常委会同意并批转印发。积极开展市县区科协换届，市科协换届方案和市县区科协换届意见已经市委同意印发实施，平利县科协在县区科协中率先完成换届。三是加强对外宣传。与《陕西科技报》、《安康日报》、安康人民广播电台、安康电视台等媒体加强合作，及时刊播群众关心的科普知识，宣传报道市科协举办的重大活动和工作成果。全年刊发科协工作报道100余篇，机关1名同志受到省科协表彰，科协的社会影响力进一步扩大。

安康市工商联（总商会）

主　　席（会　长） 孟　平（女）
党组书记 陈有随
副 主 席（副会长） 陈有随
刘晓涛（女）
田正飞
副 主 席（兼） 孔春生　王本周
王玉才　王兴康
江　炜　张　涛
张　辉　张元卿
张龙宝　杨　忠
姜中古　胡庆伟
熊绍祥
秘 书 长（兼） 田正飞
副 会 长（兼） 付　波　左迪海
田　珍（女）
刘　建　孙　齐
杨运早　沈代青
陈友志　陈旭楠
易　燕（女）
林忠才　罗　超
罗来卫
胡义珍（女）
赵海实　徐　波
熊红梅（女）

◎**思想政治工作** 一是扎实的宣传教育凝聚了共识。以党的十九大、中央25号文件、市委四届四次全委会和省工商联十二次代表大会精神等为宣传、学习、贯彻的主要内容，通过工商联网站、公众号、微信群转载原文及有关信息，召开各类报告会、培训会、研讨会，组织参加中、省、市举办的培训班等形式，引导广大非公有制经济人士深刻理解中国共产党治国理政的新理念新思想新战略，深刻理解“五位一体”总体布局、“四个全面”战略布局和坚持新发展理念内涵，深刻理解“优秀企业家精神”内涵和如何弘扬“优秀企业家精神”。二是多元化的活动载体激发了责任担当。坚持以“四信”教育为主要内容，以具体活动为载体支撑，推动非公有制经济人士理想信念教育活动常态化开展。通过“万企帮万村”精准扶贫、“非公有制经济人士综合评价”、“平安企业”创建、“企业文化及党建”、“红色革命基地观摩教育”、“烈士陵园公祭”、“四城同创”等主题活动，使教育活动向各商会组织和会员企业不断延伸覆盖。三是先进典型引领健康成长。坚持培育先进、弘扬先进，用先进典型引领非公有制经济人士健康成长。持续加强非公有制经济人士的培养、选拔和使用，结合省工商联换届、部分县工商联换届和高新区工商联成立，将非公有制经济领域中优秀代表人士培养、选拔出来，进入各级工商联的领导班子和常委会、执委会。加大评优选模表彰力度，开展“万企帮万村”先进企业评选表彰等活动树立模范标杆。

◎**服务经济工作** 一是“走、进、听、办”活动密切联系会员。坚持把“走基层、进企业、听呼声、办实事”活动作为服务基层、服务商会、服务会员的重要载体，去年下半年，累计开展活动12次，走访18家商会、167户企业，深入了解企业发展情况，传达中、省、市支持服务非公经济的政策和信息，梳理归纳企业共性问题及困难，协调化解企业的一些具体问题，帮助部分商会和企业举办推介会、产品发布会、项目开工仪式等活动。二是企业家副主席、副会长轮值扩大服务层面。推出企业家副主席、副会长月度轮值，每月安排2名企业家副主席或副会长轮值，轮值期间参与市工商联日常工作，组织相关企业开展一次以上主题活动，每期活动突出一个内容、提炼一个主题。去年下半年，8名企业家副主席、副会长完成轮值，组织开展了5次主题活动，分别涉及项目合作、小微企业创意作品及文化展演、企业精英团队研讨、中央25号文件精神学习研讨、金融支持服务实体经济发展等内容，参与企业累计达750余户次。三是经济服务激发市场活力。切实开展经济政策和信息服务，组织非公经济人士参与省、市举办的经济座谈会8次，主办经济论坛3期，在网站、公众号、微信群转载各类经济政策和信息文章500篇以上；倾情开展融资服务，不断加强与金融管理部门、信贷机构和担保机构的对接，召开金融座谈会2次，组织培训辅导4次，进一步增强了政企、银企之间的沟通交流，推进银企合作机制的有效落实；大力开展经贸交流，与政府有关部门联合承办“名优特色产品暨重点项目招商推介”活动，先后到宝鸡、福建南平、广东佛山、河南郑州开展活动4次；组织企业抢抓“一带一路”战略机遇，积极参与敦煌贸洽会、汉江流域城市工商联经贸交流会、苏陕协作对接等活动，为企业宣传产品、拓展市场、引进技术和人才搭建平台。四是调查研究紧扣非公经济发展。以非公有制经济发展中的问题为导向，大力开展调查研究，组织重点课题调研1次，配合省工商联、市政协及市直有关部门调研4次。其中，受市委委托开展的“法治服务保障非公有制经济发展”调研活动，精心设计了“问卷内容”，扎实组织了问卷调查，走访座谈了代表性企业，形成了情况清晰、问题精准、对策建议可行的《问卷调查报告》，受到市委高度重视和肯定，并组织全市政法系统、政府行政执法部门和非公企业代表人士召开了专题会议，迅速推动了全市法治服务保障非公有制经济的工作落实，政法系统各单位纷纷主动与工商联、商会和企业对接联系。

◎**组织建设** 一是“五好”县级工商联建设不断巩固提升。县区工商联换届后，市工商联加强业务指导，通过深入县区调研督导、选派新任主席参加省联的培训、组织县区主席列席市工商联主席会议、召集县区工商联负责人带队参与市联的各种活动等形式，引导县区工商联不断提升领导班子的政治素质、工作能力和服务水平。县区工商联通过自身努力，工作各具特色、亮点纷呈，形成相互追赶超越的良好格局。紫阳、镇坪、旬阳、石泉、汉滨5县区被省工商联评为2017年“会务工作先进单位”，汉阴、镇坪、石泉3县被全国工商联确认为全国“五好”县级工商联，全市获得国家级“五好”县级工商联荣誉称号累计达8个县，省级“五好”实现县域全覆盖。二是商会组织和会员队伍不断壮大。启动了“四好商会”建设，指导商会按照“四好”标准开展工作、发挥作用。组建成立了安康紫阳商会，正在筹建市汽车行业商会，支持安康在辽宁锦州的非公有制经济人士组建了锦州陕西商会，吸纳了一批以非公企业及非公人士为主体的商协会组织。发展了一批团体会员和企业会员，使会员队伍不断壮大，进一步加强了队伍管理，完善数据库，推动组织网体系纵深发展。止2017年底，全市工商联系统已发展各类商会组织181个，会员总数达9068个。

◎**“万企帮万村”** “万企帮万村”精准扶贫被纳入全市脱贫攻坚整体规划，市县工商联、商会组织、会员企业“四位一体”，通过深入发动、精心组织、精准对接、扎实推进，引导广大非公企业因企制宜、因村制宜、因户施法，走出了一条“以产业扶贫、就业扶贫为重点突破，以助学扶贫、健康扶贫等其他形式为补充”的精准扶贫之路，使行动成为全市社会扶贫领域行动最快、做法最实、参与最广、影响最大的品牌。截至2017年底，全市共有536家民营企业参与行动，帮扶贫困村531个、贫困人口72771人，实施帮扶项目1234个，产业帮扶投入资金1.9亿元，公益帮扶投入资金2808余万元，就业帮扶近1.16万人，智力帮扶1.43万人，企业参与数量和帮扶质量位列全省前列。全市有2个县实现了“万企帮万村”全覆盖，市工商联和汉阴、岚皋县工商联、镇坪义工协会等6户企业获得全省“万企帮万村精准扶贫行动先进单位”荣誉奖项，郑远元获得全国脱贫攻坚奉献奖。

（潘　杰）

安康市文学艺术界联合会

安康市文联第二届主席团成员

党组书记　李康林
主　　席　李启良（兼）
常务副主席　李康林
党组成员、驻会副主席兼秘书长　喻　斌
兼职副主席　张　虹（女）　李剑平　刘秉平　任黎华　章　涛　李小洛（女）

安康市作家协会

主　　席　张　虹（兼）
副 主 席　李小洛（兼）　周长圆　钟长江　章　涛　杨常军　王　涛　阮　郁　罗先余　李焕龙　李爱龙　胡树勇　傅世存　方晓蕾　陈志越　蒋典军　孙　鸿（女）
秘 书 长　蒋典军（兼）

安康市书法家协会

主　　席　王晓琪
副 主 席　程　安　张国梁　杜勤印　罗　军　沈　勇　曾晓勤　陈俊波
秘 书 长　陈汉林
副秘书长　周　墙　刘　敏　何　涛

安康市美术家协会

主　　席　李剑平
常务副主席　章长青
副 主 席　王　辉　王占凌　冯鸿钊　樊光矢　魏宝丽　申小荣（2017年11月领导干部兼职清理辞职）
秘 书 长　华建平

安康市音乐家协会

主　　席　刘秉平
副 主 席　杨晓红　张步新

鲍　利（女）　吴传芝
赵晓康　田　川
刘景才（2017年11月领导干部兼职清理辞职）
权春国（2017年11月领导干部兼职清理辞职）

秘 书 长　蔡　斌

安康市舞蹈家协会

主　　席　王爱萍（女）
副 主 席　崔兆康　李增志
　　　　　李玉娇（女）
　　　　　张　艳（女）
秘 书 长　王　琳
副秘书长　胡海波　李悦艺
　　　　　刘　鸣

安康市戏剧家协会

主　　席　向建刚（已故）
副 主 席　程贤芬（女）
　　　　　张随民　袁朝玲（女）
秘 书 长　鲁敬奎

安康市摄影家协会

主　　席　任黎华
副 主 席　魏海安　孔繁宏
　　　　　李成宝
副秘书长　晁　起　彭永辉
　　　　　林　江

安康市民间文艺家协会

主　　席　章　涛
副 主 席　季　侠　林忠才
　　　　　曾德强（2017年11月领导干部兼职清理辞职）
秘 书 长　刘　勇

安康市评论家协会

主　　席　戴承元
副 主 席　雷升录　孙　鸿（女）
　　　　　李焕龙　叶松铖
秘 书 长　朱　云

安康市诗词学会

会　　长　刘继鹏（2017年11月领导干部兼职清理年满70岁辞职）
副 会 长　李　波　赵天平
　　　　　吴强民（2017年11月领导干部兼职清理辞职）
秘 书 长　李　波（兼）

安康市杂文学会

会　　长　李大斌
副 会 长　李焕龙　梁真鹏
　　　　　冯宝林　王义清
秘 书 长　梁真鹏（兼）
副秘书长　范江洲　杨汉民

安康市楹联学会

会　　长　林　果
常务副会长　程时银
副 会 长　贯学国　赵天平
　　　　　刘少波　赖　杰
　　　　　张利保

安康市赏石协会

会　　长　周云康
副 会 长　刘全福　王功德
　　　　　吴康林　王铁石
　　　　　王怀民　孙启长
　　　　　马明权　王　博
　　　　　郭建安
　　　　　钟　鸣（2017年11月领导干部兼职清理辞职）
秘 书 长　王铁石（兼）

◎**文艺活动**　文艺惠民活动。一是开展书画惠民活动。组织市书协、美协、诗词学会、楹联学会义写春联和向群众赠送书法、美术作品6000余付（件）。二是举办“送欢乐下基层”活动。组织市舞协、诗词学会赴儿童福利院、社区、乡镇等地举办“推进新民风建设”“助推脱贫攻坚”等文艺惠民演出20余场。三是开展“精准扶贫　文化同行”主题文艺活动。组织文艺工作者极投身精准扶贫第一线，全市文艺界共组织开展脱贫攻坚惠民文艺演出450余场次，充分发挥文艺助力脱贫攻坚的积极作用。文艺展览活动。主办首届陕南画院大型美术书法作品展，展出高水平美术作品100余件。与安康学院联合举办“向经典致敬——中国画临摹展”。按照市纪委安排，承办“学习贯彻十九大精神　传承优良家风　树立家国情怀”主题展览，展出主题鲜明的优秀书画作品80余幅，2万余干部群众参观展览。组织举办第八届女子书画手工艺术作品展。文艺演出活动。与市委宣传部联合主办安康市“精准扶贫　文化同行”惠民演出系列活动。主办“创新超越、文化同行”经典合唱重唱音乐会、安康市“学习贯彻十九大精神”新年音乐会、全市首届“百姓健康舞”展演等演出活动，充分展示安康特色。文艺比赛活动推介人才。成功举办安康市第二届音乐奖声乐器乐大赛，选拔优秀选手参加省音乐奖比赛并取得可喜成绩。举办“文艺助力脱贫攻坚征文”大赛，评选出的优秀作品在《安康日报》和《汉江文艺》发表。文艺采风活动注重实效。组织市作协部分会员深入岚皋、镇坪、汉滨等地开展“走基层文学助力脱贫攻坚”采风活动，撰写脱贫攻坚纪实作品30余篇；组织市诗词学会部分会员到恒口古镇、大东山采风，编印了诗词专刊，并有部分作品在《安康日报》发表。围绕中心工作开展的系列采风活动，为助推脱贫攻坚等重点工作营造良好氛围。

◎**文艺成果**　市作协会员出版了诗集《孤独书》《肖像与脸谱》，小说戏剧集《绿野之城》，散文集《心灵之约》《诗意流年》，小说集《去那有光的地方》《火光》等优秀文学专著10余部，张虹、李小洛、杨常军、蒋典军、王晓云等一批优秀作家的作品在《中国作家》《延河》《陕西文学界》等媒体发表并荣获各类文学奖项。市评协出版《瞬时玄灵——李茂询散文小卷》，并在《安康日报》《安康文化》等媒体发表多篇评论文章。市民协会员出版了《性灵的歌唱——紫阳民歌述论》《安康人文拾遗》等专著，并有会员撰写的多篇民俗研究文章在媒体发表。市音协、诗词学会等围绕“双创”、创文等中心工作，创作主题突出的歌曲、诗词作品250余篇（件）。

◎**文化交流**　1月13日，组织市杂文学会召开胡元龙杂文集《世象杂说》研讨会，20余位文艺家参与研讨。3月17日，组织市作协成功召开崔光华散文集《夜读汉江》研讨会，40余位与会人员围绕作品开展了认真研讨。6月24日，组织市评协召开《汉调二黄口述史》首发式暨作品研讨会，立足作品，围绕研究、传承、振兴汉调二黄展开研讨。3月21日至23日，举办了全市第四届青年作家培训班，邀请知名作家、学者为全市100余名青年作家进行了专题培训。

◎**文艺队伍和阵地建设**　（一）文艺队伍建设。市直各文艺家协会和县区文联各协会发展新会员100余名，培训各类文艺人才达500余人次，为壮大文艺队伍、促进文艺人才成长夯实基础。（二）阵地建设。以《汉江文艺》期刊和安康文艺网为主阵地，大力宣传报导协会组织建设、文艺工作动态等信息，刊发本土优秀文艺作品。全年在安康文艺网刊发各类稿件200余件，出版《汉江文艺》6期。

安康市残疾人联合会

理　事　长　王太芳（女）
副理事长　马金菊（女，回族）
鲁保国

◎**康复服务**　加快市级残疾人康复中心项目建设，综合楼主体封顶。争取扶持项目资金150万元，推进平利、石泉、紫阳三个县级示范康复中心建设。依靠政府购买服务实施残疾人托养服务1170人，集中托养100人。抓好残疾儿童抢救性康复，组织120名残疾儿童和孤独症儿童前往省级定点康复机构进行康复训练，争取省上残疾儿童救助项目资金293.9万元，依托本市康复机构对226名有需求的残疾儿童实施康复救助。推进基本型辅具适配，为2566名残疾人配发各类辅具4340件，完成假肢取型适配113例，实施“人工耳蜗”救助12人，对43名贫困听障儿童实施免费救助，为贫困成年人听障患者免费适配助听器122台。落实好残疾人康复救助，积极协调将29项康复服务纳入医保报销，0—6岁脑瘫、智力和孤独症儿童康复训练项目和白内障患者复明手术实现了医保全部报销，为735名精神障碍患者实施服药、住院特别救助。制定出台了《安康市精准康复服务行动实施方案》，启动旬阳全国残疾预防实验区试点县建设，抓点推动全市残疾人基本康复服务，有32482名残疾人得到了康复服务，康复服务率达到64.38%，省民生工程康复项目任务完成率100%，位居全省前列。推进残疾人家庭无障碍改造，实施贫困残疾人家庭无障碍改造示范户200户。

◎**就业创业**　组织残疾人专场招聘会22次，帮助69名残疾人实现再就业；积极推进按比例吸纳残疾人就业30人，帮助226名残疾人享受专项扶持，扶持自主创业残疾人230名，公益性岗位就业残疾人120人。建立省级农村残疾人扶贫示范基地4个，市级7个，辐射和带动450名农村贫困残疾人就业增收，扶持盲人按摩示范机构59家，新增盲人就业100余人，累计新增残疾人就业679人。加大残疾人就业保障金征缴力度，全市共征缴残保金2000余万元，创历史新高。

◎**教育培训**　依托各级各类培训机构，培训贫困残疾人及残疾人家属7300余人次，对202名残疾儿童少年实施了入学救助，对100名贫困残疾大学生及残疾人子女大学生给予一次性资助，对市阳光学校40名学前教育在校学生进行了资助，累计资助资金115万元。

◎**基层基础**　积极指导县（区）、镇办残联开展换届工作，全面抓好村（社区）残疾人专职委员选聘工作，将专职委员待遇由过去每月100元调整到200元，并全部购买了意外伤害保险。围绕残疾人脱贫攻坚政策业务，精心举办了全市残联分管业务领导、业务干部和镇办残联专干培训班，县区、镇办残疾人工作者培训达到全覆盖。

◎**文化宣传**　积极组队参加第九届全省残疾人艺术汇演，参赛舞蹈《让阳光做你的翅膀》荣获全省二等奖；大力实施残疾人文化进社区进家庭，精心指导旬阳县阳光学校成功创建为2017年残疾人文化示范基地，辐射带动城区及周边农村残疾人500余名。广泛宣传，传播正能量，激发内动力，弘扬扶残助残精神，累计在省残联网站发稿42篇，市政府网站26篇，在《陕西日报》《安康日报》《陕西残疾人》宣传23篇，在安康电视台播放专题节目3期，在安康广播电台播放残疾人法规政策及连线节目7期，制作残疾人脱贫攻坚专题片3部，全市树立和评选残疾人模范标兵30余人，并制作了自强模范专题片。

◎**脱贫攻坚**　组织制定了《安康市“十三五”加快残疾人小康进程规划纲要》《安康市残疾人脱贫攻坚行动计划（2016—2020年）》，精心筹备召开了全省残疾人脱贫攻坚现场推进会，全面落实残疾人脱贫攻坚行动，得到了省政府领导和省级部门的一致肯定，安康市被列为全省唯一一个残疾人脱贫攻坚示范市进行重点创建、重点支持，《示范市建设实施方案》得到了省残联的肯定，在全省转发。深入推进石泉县省级示范县、汉阴县市级示范县建设，积极推进残疾人脱贫攻坚示范县、示范镇、示范村、示范户、自强模范创建宣传，示范创建氛围浓厚。在全省创新推进市县残联“双联双百”工程（即县级领导干部联片，科室联县，百名残疾人工作者联系百名重度残疾人），市县残联分别包抓一个残疾人脱贫攻坚贫困村，全方位助力脱贫攻坚，得到了省残联肯定。全面落实残疾人脱贫攻坚“1+N”系列文件，协调财政专项扶贫资金868万元，帮扶农村建档立卡贫困残疾人1736户；协调171家园区、涉农企业和合作社，安排4380人有劳动能力的农村贫困残疾人和1173人贫困残疾人家庭成员就业从业；协调9家供销企业安置有劳动能力的农村贫困残疾人就业从业246人，累计扶助建档立卡贫困残疾人53785人。制定了残疾人年度减贫计划，加强残疾人脱贫攻坚月督查、季点评，强化考核，推进残疾人脱贫攻坚政策落实，完成贫困残疾人减贫2635户3144人。

◎**维权信访** 加强二代残疾人证管理核发，共审核发放第二代残疾人证7746本。全面抓好残疾人维权维稳工作，着力解决残疾人普遍性、群体性的利益诉求，维护了大局稳定。办理来电来信来访4590人次，网上信件7件，接待处置外来流浪残疾人15余人，认真做好12385”残疾人服务热线服务工作，做到事事有着落，件件有回音，没有越级上访、缠访和集体上访现象发生。

（许正国）

安康市红十字会

常务副会长 鲁 琍（女）

◎**简述** 2017年度，共向中省红十字会争取项目及物资合计293.66万元，多种渠道自筹善款及物资117.67万元，合计411.33万元。荣获2017年度中国红十字会总会报刊宣传先进集体、陕西省红十字会宣传工作先进集体、《中华人民共和国红十字会法》暨全国红十字应急救护知识竞赛最佳组织奖。

◎**赈灾救助及捐赠款物管理** 一是争取到总会、省会的物资及救助金共计76.7万元，县区红十字会自筹资金和物资10余万元，全部用于开展2017年“红十字博爱送万家”活动，惠及安康山区困难群众4155户16620人。二是2017年9月，安康遭受了严重的强降雨天气引发泥石流、滑坡等次生灾害。省红十字会紧急调拨价值31.5万元的1500床棉被、1500件棉大衣，重点发送平利、汉滨等受灾县区，发放到最需要的群众手中。三是自筹爱心善款78.02万元，帮助群众解决生产生活中遇到的各种困难。四是争取社会爱心力量支持在汉滨区组织开展贫困先心病患儿免费筛查救助行动。市红十字会争取社会爱心捐赠15万元，汉滨区红十字会自筹资金15万元。免费对汉滨区0—14周岁儿童共14万人进行了筛查，经过初筛复筛确诊需要进行手术医治患儿为156名。6月28日，中国红十字基金会“天使之旅-走进秦岭”贫困先心病患儿免费筛查救助行动走进汉滨区和紫阳县，深入紫阳县回访了3户2016年经筛查及手术并得到天使阳光基金资助的贫困儿童的恢复情况。2017年，全市执行中国红十字基金会红十字天使计划，共救助患儿41名，其中，白血病患儿共5人获得小天使基金15万元资助款，先心病患儿共36人获得天使阳光基金76万元资助款。

◎**应急救护培训** 2017年全市红十字会共开展应急救护培训40余场次，防灾避险应急演练10场次，近15000人次参与了活动。市红十字会在“世界急救日”期间组织安康市人民医院、安康职业技术学院的红十字志愿者，为50余名机场工作人员开展了一场红十字运动及应急救护知识讲座。选派15余名同志参加省会急救师资培训班，获得急救师资证书，充实了师资队伍。

◎**志愿服务** 争取到省红十字会“博爱三秦”志愿服务项目，项目分别在石泉、紫阳、市人民医院实施。分别开展了面向留守儿童、社区老人以及艾滋病患者的富有特色的志愿服务活动。通过开展爱老敬老、防灾避险、应急救护培训、心理健康辅导以及走访慰问等各类活动40余场次，惠及群众2万余人次，发放红十字知识、艾滋病防治知识、遗体和人体器官捐献、造血干细胞捐献等宣传资料3万余份。

◎**项目工作** 2017年，市红十字会争取和正在实施的项目有：总会第四批博爱家园项目、中国红十字基金会博爱家园项目、香港红十字会社区为本减灾项目及生计发展元素项目，项目资金合计280余万元。项目覆盖宁陕、石泉、紫阳、汉滨等县区，共建小型工程饮水工程1处、逃生桥4座、村卫生站3个、防洪堤坝257米等。发放生计基金70余万元，各项目县因地制宜，开展符合本县实际的生计基金使用模式。紫阳县以“合作社+贫困户”的模式支持15户贫困户发展魔芋产业，石泉县在池河镇合一村和后柳镇柏桥村发展天麻种植、山羊养殖项目，汉滨区支持种植茶叶、渔业养殖等。

◎**宣传工作** 2017年全市红十字系统共发放红十字知识、防灾减灾、健康教育、新修订红会法及“三献”知识宣传单（册）2万余份，展出宣传展板、应急救护挂图100余块，义诊200余人次。培训应急演练23场次，组织青少年开展竞赛8000余人次，受益群众10万余人次。

◎**其他工作** 10月26日，市红十字会与市卫计局共同组织召开了2017年安康市人体器官捐献工作会议，交大一附院就人体器官捐献相关政策法规、流程以及等内容进行了培训。争取到中国人体器官捐献管理中心“遗体和人体器官捐献志愿服务项目”在汉滨区实施。据统计，2012年以来，安康市共成功捐献器官30例，挽救121名器官衰竭患者及家庭。旬阳、宁陕等县红十字会工作人员分别荣获2017年国家卫计委、中国红十字会总会无偿献血志愿服务一星级奖、二星级奖；岚皋、旬阳县红十字会荣获市级无偿献血工作促进奖先进集体。

（张艳萍）

军　事

中国人民解放军
安康军分区

司　令　员　高兴平
政　　　委　金全斌
副 司 令 员　王巨礁
战备建设处处长　高劲松
政治工作处主任　刘　凯
动 员 处 处 长　马福学
保 障 处 处 长　唐　鑫

◎**思想政治建设**　一是坚持理论武装，围绕喜迎党的十九大召开，扎实开展了“赞颂新成就，喜迎十九大”系列活动，投入3万余元制作了军分区机关营区宣传灯箱，营造了浓厚的政治氛围。深入开展了学习宣传贯彻党的十九大精神活动，制定了《实施方案》，编印了《要点摘编》，制作了宣传展板，开展了“集中学习周”活动，组织原文抄写、开展宣讲辅导、集中网上考核、重温入党誓词、举行体会交流，掀起了学习贯彻热潮，铸牢了官兵维护核心、听从指挥的政治信念。二是抓好两项教育，深入开展了“维护核心、听从指挥”主题教育，推进“两学一做”学习教育常态化制度化。采取人武部主官轮流授课方式，组织汉阴、旬阳、白河人武部主官面向全区授课辅导，围绕“干干净净阳光心态对待改革利益调整大考”和有效履行“三新”使命开展讨论交流。利用“三会一课”载体，抓规范、抓督导、抓经常，优化党内生活、提高学习质量、稳固思想基础。三是创新特色亮点，紧盯官兵“活思想”抓实党史军史、形势政策和“四反”警示教育，举办军地“赓续血脉、筑梦强军”庆祝建军90周年图片宣传展，开展“强军风采”群众性文化活动，组织牛蹄岭“特殊党日”活动，旬阳人武部开展军人荣誉体系建设，夯实了官兵绝对忠诚、绝对纯洁、绝对可靠的思想根基。

◎**战备训练**　一是抓建骨干队伍。按照“编为用，建为战”的原则，科学编组基干民兵。以新大纲试训工作为牵引，依托平利县人武部组织了专武干部“军事教学法、民兵工作业务”培训。采取视频授课、上下同步方式，聘请院校专家教授，开展了全区动员业务技能培训，夯实了战斗力人才生成基础。2名同志被省军区表彰为“军事训练先进个人”。二是抓实军事训练。深入开展了指挥预案实案化、动员实力常态化、物资器材标准化、遂行任务能力实战化准备。结合省军区推广榆林新大纲试训经验，整理汇编首长机关、民兵分队训练教案，编印《民兵军事训练规范》、民兵军事训练“四表一册”，受到省军区军事训练考核组充分肯定。严密组织民兵军事训练、现役干部年度军事训练考核，汉阴县人武部组织民兵军事专业技能集训，受到省军区首长高度肯定，汉滨区人武部被省军区表彰为“军事训练先进单位”，推动了战斗力建设质量提升。三是抓强基础阵地。完善了各级各类战备物资，开展了战备检查和防汛“三到户”活动，组织白河县民兵应急救援分队圆满完成了“4·17”茅坪社区滑塌抢险任务，积极协调地方主管部门和施工单位，完成了市民兵训练基地主体工程封顶建设，组织军地人员赴南京民兵训练基地进行了参观见学，研究起草了相关文件，推动训练基地建设取得实质性进展。

◎**兵员征集**　一是坚持五率导向。协调军地建立健全了“五率”考评机制，完善了日提醒、周通报、月讲评、分片包抓、专人督导制度，组织了“五率”政策解读和业务培训，强化了“五率”贯彻执行。二是深入宣传动员。组织开展了“征兵宣传进高校”活动，邀请边防学院教授在市重点高校巡回国防知识讲座，利用短信群发功能，推送征兵工作微信公众平台，全市出动宣传车40余台次，设立咨询站89个，发放宣传手册12余万份，悬挂横幅800余条，有效激发了广大适龄青年参军入伍热情。三是严把质量端口。严把身体、政考、学历、定兵4个端口，逐级签订廉洁征兵责任书，落实了廉洁征兵“零报告”和监督员制度，执行“四个公开”，圆满完成了年度兵员征集任务，大学生征集比率相比往年大幅提升。岚皋、平利县征兵办被省征兵办表彰为征兵工作先进单位。

◎**落实改革任务**　认真落实军委关于深化国防动员改革的战略部署，稳妥推进调整改革各项任务。一是跟进健全组织，依据上级党委有关党组织设置有关问题的通知，第一时间健全各级党委、纪委和支部，重新划分党小组，调整完善了安全委员会、保密委员会、密码工作领导小组、征兵领导小组、各级政法委，突出抓了省军区第十三次党代会代表和军人代表大会代表推选，确保了各级各类组织健全。二是落编定位干部，在考准考实和充分酝酿的基础上，遴选配备了各职各类干部，部队普遍满意，官兵充分认可。三是规范运行秩序。大力加强对新编制新体制工作运行研究探索，制定了《机关工作暂行规范》，修订了《干部管理规定》《经费管理使用规定》等规章制度，完善了常委会、办公会议事规则。各县区人武部普遍修改完善了有关规章制度，抓好建章立制、理顺关系、正规秩序工作，确保了部队起步就严格、开局就规范、运行就良好。

◎**党管武装和双拥共建** 充分发挥党管武装、双拥共建特殊优势，助推生产力与战斗力同频共振。一是强化党管武装。严格落实党管武装根本制度，结合部队调整改革，组织了县（区）委书记、人武部党委第一书记任前谈话，颁发了第一书记“委任状”，推动落实了双向兼职、现场办公制度，大力推进了民兵训练基地建设，加强了后备力量和专武干部队伍建设，推动了人武部主官参加同级地方党委常委，军地间互走动、常来往，关系顺畅，联系紧密，工作环境更加优化。二是创新国防教育。以庆祝建军90周年活动为契机，深入推进国防教育“进班子、进机关、进校园、进企业、进镇村”活动，成功举办全市纪念建军90周年暨旬阳县红军纪念馆国家国防教育示范基地揭牌命名仪式。配合上级举办白河县构扒中学“军营文化下乡”活动，军地反响强烈。三是拓展双拥共建。大力组织开展了“强军优属办好九件实事”和“三百工作”，广泛进行了模范军属评选表彰、寄送喜报和走访慰问活动，协调加大了拥军优属优抚政策落实力度，利用《安康日报》整版宣传“安康籍现役三等功官兵先进事迹”，深受部队和官兵家属欢迎。组织驻安部队召开了参与打赢脱贫攻坚任务部署会，全区部队官兵和广大民兵进村入户、结对帮扶，挂联帮建11个贫困村，239户、610人，助力脱贫攻坚取得实效，累计投入帮扶资金50余万元，协调争取地方资金项目百万余元，深化了双拥共建成果。

◎**基层党的建设** 认真贯彻新时代党的建设总要求，着力抓好基层党的建设。一是严肃党内生活。扎实抓了《准则》和《条例》学习贯彻，以“三对照三查纠”为主题，逐级召开了民主生活会、组织生活会，红脸出汗强化党性修养。以贯彻落实军委《关于全面深入贯彻军委主席负责制的意见》为抓手，召开专题组织生活会，强化了“三个维护”行动自觉。紧紧扭住“关键少数”，规范学习秩序、落实双重组织生活，上党课、交党费，保证组织生活严肃正规。二是深化帮带活动。深入开展了“帮建支部、帮带干部、帮抓骨干”活动，军分区党委常委挂钩帮建人武部党委、人武部党委委员挂钩帮建基层党组织，提高了各级党组织凝聚力战斗力。三是全面正风肃纪。认真传达学习了上级有关严重违纪违法案件通报精神，深入开展了“12个重大是非问题”讨论辨析，对违规信息进行拉网式排查、归零式清理。逐级建立基层风气监察联系点，狠抓违规喝酒、基层“微腐败”和“四风”隐形变异问题纠治，用好监督执纪“四种形态”，推进有偿服务清理，查处信访举报问题线索，层层传导压力，纯正基层风气。

◎**安全稳定工作** 一是深化法规学习。深入开展了军委国防动员部6部管理规范性文件学习，开展了“学条令、训队列、整秩序”和“学法规、用法规、守法规”整训活动，编撰下发了安全常识系列读本，组织开展了士官队伍“八清八抓”教育整顿，强化了各级安全法规意识。二是压实安全责任。紧盯“17个关键要素”，认真落实“重大安全隐患排查报告制度”、“安全风险评估报告制度”和“安全形势分析制度”。围绕认真贯彻落实省军区安全稳定工作电视电话会议精神，军分区党委召开了专题安全形势分析会。深入开展了“9个查一遍”活动，严抓了私家车管理、库室隐患排查、文电收发管理、网络舆情清理、季节性事故预防、重要敏感部门警戒，落实安全责任，降低安全风险。三是注重活动牵引。认真落实上级安全大检查工作部署，严密组织“百日安全”活动，对安全管理、士官队伍建设、改革期间思想稳定等情况进行全面检查和“回头看”，组织政治考核，督导各级逐条逐项抓好问题整改，开展安全隐患大排查，发现纠治隐患问题72个，填报各类安全承诺书135份，确保了部队安全稳定。两名同志被省军区表彰为“安全稳定工作先进个人”。

（董　梁　周　杰）

中国人民武装警察部队安康支队

支　队　长　杨　智
第一政治委员　杨尚伟
政 治 委 员　陈　凯
副 支 队 长　张林林
　　韩　萌（5月离任）
副政治委员　赵　峰（5月离任）
　　康晓波（5月任）
参　谋　长　魏　明
政治处主任　高小刚
后勤处处长　李全辉（5月离任）
　　王　杨（6月任）

◎**思想政治建设** 按照“学懂弄通做实”和“努力走在前列”要求，持续掀起学习贯彻十九大精神热潮。编印下发口袋书，开展歌咏比赛和知识竞赛，推动十九大精神走心入脑、进入工作。借鉴“问题切入式”学习方法，扎实推进“两项重大教育”，开办“红色经典名著赏析”“安康红色文化”“家风家训”知识讲座，因地制宜探索创新“八个起来”育人方法，部队“四个意识”“三个维护”更加坚定自觉。“四会”政治教员比武全总队第一，6项活动做法被武警网头版刊发，11篇经验材料被武警总队转发，官兵创作的7幅书法、摄影作品在总队获奖，5个单位和21名个人受到总队以上表彰，154名官兵立功受奖。

◎**核心能力建设**　牢记习主席“全力干好维稳这件大事”政治嘱托，突出抓好固定目标执勤，端牢执勤“饭碗”。支队连续15年实现执勤安全无事故。党委“议中心”做法被总队转发。以比武竞赛、“魔鬼周”集训、“卫士”系列演习等活动为抓手，从难从严抓训练，部队实战能力显著提升。参加总队参谋业务比武荣获团体第三名，2人被总部、总队评为优秀“四会”教练员。全力打好“三场维稳战役”，全年出动兵力×××余人次，圆满完成“龙舟节”安保、白河“4·17”抢险救援、旬阳“9·26”武装抓捕等临时性勤务×××余起。白河抢险救援行动受到武警总队首长批示表扬。

◎**正规化建设**　紧盯“六个不出”和“两个确保”目标，狠抓经常性法规制度和条令条例学习，官兵法治思维和法治理念不断增强。深化安全工作“八个规范”培训成果，扎实开展“学法规、用法规、守法规”和“暑期百日安全竞赛”活动，部队内部秩序更加正规。狠抓部队安全管理，汇编支队事故案件《警示录》，印发安全卡片，制作禁酒警示牌，培训百名安全督导员，层层签订《安全工作责任状》《保密责任书》，专题开展内部关系、治酒、车辆、枪弹、预防自杀安全隐患排查治理，常态落实安全巡查制度，部队安全底线更加牢固。支队连续12年实现“三无”，创安活动做法在《人民武警报》刊发。

◎**基层建设**　结合“《纲要》学习月”，严密组织岗位练兵和“大练基本功”，常态落实“过三日”和“季度考评”制度，各级按纲抓建意识明显增强。严格考帮建工作机制和“三帮一带”规定，4次派出工作组下基层蹲点帮带。安康武警支队被武警总队表彰为“基层建设先进支队”，宁陕武警中队被武警总队表彰为“基层建设标兵中队”，旬阳、汉滨、平利、紫阳武警中队被武警总队表彰为“基层建设先进中队”，部队总体保持安全稳定。

◎**后勤建设**　着眼“三个服务”目标，大力加强“一组五队”建设，深化军民融合保障机制，深入开展“岗位大练兵、专业大比武”，严把经费预算、审批、大宗物资采购等关口，强力整改纠治专项巡视和军委生活费专项审计反馈问题。完成一中队搬迁和4个单位营房大修，为紫阳、石泉、直属分队安装直饮水机，为所有中队更换空调、配备炊事用具，稳妥推进白河、镇坪、紫阳、汉滨中队新建改建和机关工程收尾工作，协调推动汉阴、白河等4个中队官兵就医实现“一卡通”，组织了官兵及家属健康体检。

◎**组织建设**　积极适应全面从严管党治党新要求，注重抓好《民主集中制读本》《党委工作条例》《党委会的工作方法》“三条例两准则”等法规制度学习，突出加强政治能力训练。认真落实党委主体责任，严肃党内政治生活，严密组织召开党委民主生活会，6次召开专题组织生活会，党委常委带头落实上党课、过双重组织生活等制度。及时修订完善《党委议事规则》，严格办事规矩、程序，没有发生违规违纪问题。总队年终考核中，支队党委班子民主测评满意度达到100%。

◎**临时勤务**　全年，支队共出动兵力×××人次，圆满完成龙舟节安保、联勤武装巡逻、武装押解等任务×××余起，均实现了万无一失。瞄准打赢“三场维稳战役”以及全国“两会”“3·14”“6·4”“7·5”、建军90周年阅兵、“一带一路”高峰论坛、“十九大”等敏感期反恐维稳主动仗，3次组织首长机关带驻城区部队×××名兵力进行战备演练，配合公安干警担负安康主城区重点部位武装联勤巡逻勤务。

◎**重大任务**　4月17日，因连日强降雨，白河县茅坪镇茅坪社区三组突发山体滑坡，导致一栋7层12户居民楼整体塌陷，7人被掩埋。接到市委、市政府派兵命令后，支队第一时间启动预案，白河县中队×××名兵力迅速前出处置，机动中队×××名兵力在支队长杨智带领下赶赴一线，迅速展开救援，参战官兵发扬不怕牺牲精神，连续奋战41小时，7名被困人员全部找到，其中1人生还，6人遇难。任务完成圆满，支队参与抢险救援受到市委、市政府和广大人民群众高度评价及武警总队首长批示表扬，执行抢险救援任务情况在《解放军报》《人民武警报》刊载，3名同志立功受奖。9月26日，旬阳县发生特大杀人案，接到市委、市政府命令后，支队第一时间启动预案，旬阳县中队×××名兵力迅速出击处置，机动中队×××名兵力在支队长杨智带领下赶赴一线，迅速展开搜捕任务，参战官兵面对复杂环境，协同公安机关成功抓获1名持刀犯罪嫌疑人，任务圆满完成。

◎**双拥扶贫**　支队设立专项扶贫资金20万元，成立14支扶贫工作小组，选派12名干部参加总队扶贫工作培训，提高服务指导能力。主动与镇坪县发龙村、12户贫困户结成帮扶对子。政委陈凯2次到镇平县发龙村调研，向贫困户发放慰问金3万元，赠送《新农村建设》《农业科技知识》等书籍杂志600余册，卫生队3次到扶贫点义务巡诊，发放各类药品价值2万元，协调解决村公所办公文体设施落后、公路到户等问题。9个县区中队官兵从工资中拿出6万元帮扶慰问贫困户25户。各中队踊跃参加创建卫生文明城市活动，上街清垃圾死角，义务植树400余棵，数百名官兵上街义务献血。大力开展捐资助学活动，支队与驻地6所学校建立共建关系，支队8名常委自发与石泉县武警春蕾小学10名贫困儿童结成帮扶对子，汉阴县中队司务长王鹏飞等4名战士长期资助贫困学生，先后捐款3.5万余元，帮助3名贫困高中生解决学费。

（钱学宏）

中国人民武装警察部队安康市消防支队

支　队　长　朱风畅
政治委员　臧锋贤
副支队长　魏传斌
副支队长　王争阳
纪委书记　赵雪枫
司令部参谋长　李小柱
政治处主任　赵明博
后勤处处长　王晓波
防火处处长　阮永刚

◎**从严治警**　始终将班子自身建设摆在首位，示范引领官兵看齐追随、凝聚事业发展合力，切实发挥了党委班子领导核心作用。以勤学习为助推器，党委决策水平不断增强。坚持用党的创新理论武装班子，严格执行党委中心组学习规定，健全领导班子和班子成员讲学、评学制度，确保班子成员政治上清醒坚定，提升了破解热点难点问题的能力水平。以讲规矩为落脚点，党委执行力不断增强。严格落实民主集中制与首长分工负责制两大铁规，狠抓《党委工作条例》落实，坚持重大问题集体研究、民主决策，党委成员在政治上同德、事业上同心、工作上同力。以转作风为关键点，党委免疫力不断增强。支队党委始终坚持把党风廉政建设作为主责主业，深入贯彻落实党的十八届六中全会、十八届中纪委七次全会议精神，以“两个对得起”为目标，全面从严治警，强化执纪问责，严格落实党风廉政建设主体责任，班子成员带头履行一岗双责、带头进行廉政承诺、带头申报个人重大事项，廉洁自律意识不断提升。

◎**消防安全环境优化**　始终坚持“一手抓隐患治理、一手抓基础防控”，组织开展火灾风险评估，准确掌握全市消防安全突出问题和火灾高风险区域，持续开展消防安全社区创建活动，向全市推广脱贫村微型消防站建设，实行派出所消防助理常态化，推进派出所消防监督体制增速，火灾防控基础不断夯实。结合治理行动，建立“消防经理人”“消防楼长”和清单整治机制，对全市620幢建成高层进行彻底排查，督促整改1000余家居住群租房共8200处火灾隐患。2017年，全市公安消防部门共检查社会单位3.1万家，督促整改火灾隐患4.5万处，临时查封1875家，责令“三停”1006家，罚款344.25万元，拘留133人。通过隐患曝光、政府挂牌督办、上门指导等方式强力推动17家重大火灾隐患单位整改销案。

◎**消防宣传**　建立常态化培训机制，与安康日报、安康广播电台、安康电视台签订协议，开设隐患曝光栏、《与法同行》消防专栏、隐患跟踪报道专题等固定栏目板块，制作电气火灾防控等消防宣传片2部，开展消防宣传进学校60余次，组织社会单位应急疏散演练300余场，制作发放安全提示牌8000余块，投放“全民消防我代言”宣传海报2000余张，举办各类单位责任人、管理人培训班21期，开展副科级以上领导干部培训13次，消防宣传工作的覆盖面和影响力不断提升。

◎**实战能力提升**　紧紧围绕“能打仗、打胜仗”的指导思想，开展“全过程、全要素”实战演练1068次，六熟悉1140家次，修订完善灭火救援预案660份；组织开展了基层指挥员、攻坚组队员和专业士官培训，完善巩固了高层建筑、山岳水域、隧道事故救援专业队建设，切实提升部队特殊灾害事故处置能力；按照“1+3+5+x”模式，全面推进专职队、卫星站、微型站建设，通过配置4G单兵图传、统一纳入指挥中心调度，进一步强化信息化手段在灭火救援工作中的支撑作用。全年，全市消防部队共出动1368次，出动人员11421人次，出动车辆2947台次，抢救被困群众750余人，保护直接财产价值9000余万元，其中，因火灾事故出动606次，抢险救援出动306次，公务执勤和社会救助出动456次。成功处置了白河县“4·17”山体垮塌、岚皋县“9·2”六口村山体滑坡、平利县“9·25”山体塌方、旬阳县“9·30”山体塌方、岚皋县“10·1”相子坝垮塌、汉阴县“10·11”山体滑坡、汉滨区“10·13”报废车厂火灾、十天高速“10·16”货车火灾、岚皋县“10·18”山体滑坡、汉阴县“10·23”在建工地塌方等急难险重任务，全面确保了人民群众的生命财产安全，受到社会各界的广泛好评。特别是9月23日至10月下旬，安康市普降暴雨，部分地区发生内涝、河流水位突涨和滑坡、泥石流等次生地质灾害。全市部队成立11支抗洪抢险救援突击队，时刻处于临战状态，第一时间疏散转移被困群众，营救被困人员，协助市政施工人员排洪排涝，清理学校积水和街道淤泥，排除滑坡泥石流险情，为守护一方平安做出了应有的贡献，副市长、公安局长杨尚伟签署《战时奖励6号令》，对全市提官在圆满完成抗洪抢险救援任务中的突出表现进行通令嘉奖，并有1名官兵获得总队二等功，3名官兵获得总队三等功，极大的鼓舞全体官兵士气。

◎**后勤保障**　支队党委积极协调地方政府破解“空白点”队站建设难题，争取军事用地用于培训基地和战勤保障大队项目建设；高新大队营房建设项目已完工，现已入住使用；汉阴大队营房扩建主体完工，支队公寓房二期项目已完成地基验收工作，正在进行主体建设。支队党委先后提请安康市委、市政府3次召开常务会议，明确将提振计划作为推动全市“十三五”期间消防工作的重要抓手，将提振计划任务落实作为政府目标责任考核范畴。截至2017年底，全市中心城区、县域城区、全国重点镇消防规划已全部编制完成，450名政府专职消防员、59名消防文员招聘任务已全部完成，培训基地专项建设经费1千万元、全市消防能力建设提振计划年度经费2924.3万元得到批复。

法　　治

政法及综合治理

中共安康市委政法委员会
书　　记　陈　明
副 书 记　吴家仲　郭迪富　程　辉

◎**综述**　2017年，全市政法系统认真贯彻落实中央、省市委的决策部署，围绕落实“追赶超越”主线，按照“五个扎实”要求，突出“追赶超越、绿色崛起”主题，聚焦“保先争优”目标，坚持在落实第一责任、维护社会稳定、夯实基层基础、深化司法改革、创新社会治理、建设过硬队伍上集中发力，为党的十九大的胜利召开、建设西北生态经济强市创造了和谐稳定的社会环境。

◎**夯实责任**　市委、市政府把政法综治维稳平安建设工作纳入全市经济社会发展大局，进一步强化社会治安综合治理组织领导，调整充实工作领导力量，书记、市长年初与10个县区、98个部门签订综治平安建设工作目标责任书，多次深入基层调研指导，多次召开常委会、常务会专题研究部署，协调解决重大问题，足额保障经费和人员。印发政法综治维稳平安建设工作要点、出台《安康市健全落实社会治安综合治理领导责任制实施细则》，助推了综治平安建设领导责任落地落实。特别是将综治平安建设与单位评先评优、领导晋职晋级和干部立功受奖等有挂钩，夯实了综治维稳工作第一责任，调动了各级各部门积极参与综治维稳平安建设的积极性。

◎**维护稳定**　一是加大社会面管控力度。把“2017秦鹰”严打整治作为工作主线，扎实开展“三打击一整治”专项行动。制定《关于加强命案防控工作的实施方案》，扎实开展防止“民转刑”工作，全年命案发案率同比下降20.6%。重点治理社会混乱地区，摸排治安重点区域1843个，整治治安混乱地区31个，整治突出问题93个，整改安全隐患428处，全市抢劫、盗窃案件同比分别下降64.8%、10.7%。二是服务保障经济发展。围绕全市经济社会发展大局，市委政法委制定《全市政法系统落实“三个助力”服务保障经济社会发展的工作意见》。全市公安机关深入开展“打五霸”优化发展环境专项行动，共查处涉霸案件91起，抓获涉霸违法犯罪嫌疑人157名，打掉涉恶犯罪团伙24个160人。全市法院受理各类案件25873件，审执结24842件，同比分别上升22.2%、22.4%。深入推进执行攻坚，组织“百日执行会战”“执行攻坚行动”“春季集中执行大会战”等专项行动。全市检察机关受理各类移送审查批捕案件657件956人，受理各类移送审查起诉案件1301件1707人，经审查提起公诉1121件1474人，办理破坏市场经济秩序犯罪案件35件57人，促进了经济社会的良好发展。三是全力确保十九大期间社会大局安全稳定。全市政法系统各级全面启动战时机制，加强重点场所、重点部位、重要目标动态管理、巡逻防范、安全警卫、分类稳控工作，对排查出的影响社会稳定的矛盾问题，圆满完成了党的十九大维稳安保任务。

◎**创新社会治理**　一是搭建综治维稳平台体系。认真贯彻落实《关于进一步加强全市综治维稳中心的建设意见》，市委、市政府制定出台《关于加强综治维稳中心建设的实施意见》，突出涉稳信息收集、治安形势研判、矛盾化解督导、应急处置调度、实有人口和特殊人群服务管理等实战功能，建立组织协调、信息研判、督查督办、应急联动、便民服务、考核评价等工作机制，协调推动综治中心入驻市政务中心，县、镇、村综治中心试点工作有序启动。二是筑牢社区网格化管理体系。将城乡社区网格化管理服务纳入工作规划和年度目标考核，采取“试点先行、以点带面、逐步推广”的方式，大力推进全市城乡社区网格化建设。截至目前，完成网格化管理建设城市社区79个、城镇社区124个、农村社区62个，实现了城镇、农村社区网格化管理全覆盖。三是健全综治信息化网络体系。围绕全市“公共安全云”大数据平台建设，抢抓中央扶持重点城市实施“雪亮工程”的契机，加快推进公共视频联网建设，成立组织机构，制定全市公共视频联网建设实施方案，10个县区视联网建设有序推进，全市信息化二期建设任务基本完成，政法综治专业数据、政府部门管理数据、公共服务机构业务数据和互联网数据逐步对接，初步实现各项数据共建共享共用。四是升级立体化治安防控体系。狠抓全市社会治安防控体系建设三年规划实施，加快“六张网”和“五个机制”建设，全市共新增视频监控16000余个，设立街面警务站24个、巡特警处突屯警点38个、网格化社会治安巡逻责任区170个，规范单位内部保卫机构1033个4000余人。五是完善多元化纠纷解决体系。出台《关于健全完善多元化矛盾纠纷预防解决工作机制的实施意见》《关于在全市县区设立婚姻家庭纠纷人民调解委员会的实施意见》《关于进一步加强校园安全纠纷人民调解工作的指导意见》《关于建立物业纠纷人民调解委员会的实施意见》，制定《行业性专业性调解组织建设标准》及《行业性专业性调解工作考评办法》，建立市、县区人民调解协会11个，县区人民调解委员会10个，实现人民调解“双建”市县级全覆盖。六是推广社会治理创新成果。坚持以问题为导向，积极探索微服务、微治理、微创新，激活社会治理创新机制，坚持融合联动，深入推进社会治理创新，形成的“三线两化一平台”“党建引领三治融合”“民情三本账”“特殊人群一人四管”“五个一工作法”等创新做法受到中省推介。

◎**深化司法改革**　一是深化司法体制改革。司法体制机制改革整体推进，法官、检察官员额遴选工作落地见效，员额制法官、检察官全部配置到办案一线。全市法院改革审判委员会，建立专业法官会议制度、取消院庭长对其未参加审理案件裁判文书的审批签发权，制定《证人、鉴定人、警察出庭作证实施办法》，推进以审判为中心的刑事诉讼制度改革，实现刑事案件律师辩护全覆盖，全面推开跨域立案诉讼服务试点工作，积极推进一审案件人民陪审制度化，家事审判方式和工作机制改革成效明显，司改工作受到中、省调研组充分肯定，被省委政法委推荐为全国司法责任制改革示范典型。全市检察机关进一步深化检务公开，深入开展提起公益诉讼工作，积极配合做好国家监察体制改革工作，推动建立检察机关与监察委员会协调衔接机制。市司法局率先在全省完成公证改革工作，建立法律援助律师参与申诉案件代理机制，与市人民检察院建立工作协作机制，共同保障人民监督员依法参加案件评议，履行监督职责。全市公安机关确定28项重点改革任务，进一步深化“放管服”、警务机制、执法权力运行机制和接警、受立案以及刑事案件法制部门“统一审核、统一出口”等相关机制改革，出台14项便民利民新措施，举办安康公安改革创新大赛，加快改革进度，树立了安康公安改革品牌，多项改革举措受到中省政法委的推介。二是创新方法强化内外监督。将党委政法委执法监督工作与政法部门内部监督和人民群众监督相结合，组建执法监督员队伍，制定监督员提请监督事项申报流程。加强案件评查督办。制定案件评查方案，坚持常态化案件质量评查、季度评选创佳评差案件和典型案件重点剖析相结合。

◎**源头预防治理**　一是拓展系列平安创建。印发《关于进一步深化行业系统系列平安创建活动的意见》，确定30多项基层系列平安创建任务，覆盖政治、经济、社会、文化、生态文明等各个领域。二是加强重点人群监管。扎实开展“一标三实”工作，推行流动人口“二维码”服务管理措施，为30余万名流动人员提供服务。扎实开展落实社区矫正、刑满释放、困难救助、关爱帮扶、教育监管措施，实现无缝对接。加强严重精神障碍患者监护管理，实现了肇事肇祸精神病人暴力命案“零发案”。强力推进严重精神障碍患者和病残吸毒人员强制医疗中心建设，发挥心理服务人员、医疗技术人员、社区志愿者的作用，帮助204名吸毒人员摆脱毒品依赖。三是规范稳评工作程序。认真开展重大决策事项社会稳定风险评估工作，将重大敏感司法案件、重大信访案件、重大矛盾纠纷纳入评估范围。出台《安康市重大决策事项社会稳定风险评估督促提醒工作机制》，建立决策前风险评估、实施中风险管控和决策过错责任追究等程序，引进第三方介入，对全市185个重大事项、重点项目实施稳评，稳评率达100%。四是推进民风依法治理。扎实开展民风依法治理，印发《关于开展民风依法治理活动的实施方案》和《关于做好全市民风依法治理抓点示范工作的通知》，组织召开推进会、现场会部署推进社会治理十项重点工作，重拳打击“五霸”和宗族恶势力犯罪，教育引导群众学法懂法遵法守法，传承发扬优良家风，依法规范权利利益，不断提升基层治理能力水平。五是全力助推脱贫攻坚。全市政法系统充分发挥职能作用，成立助力脱贫攻坚六个工作专班，印发《关于进一步做好综治平安建设助力脱贫攻坚的通知》《关于在脱贫攻坚中进一步加强维护稳定工作的通知》，深入开展“五个重点治理”“四个不良风气整治”专项活动，开展“扶贫执行”专项行动，执结涉贫案件149件，救助贫困当事人68人92万元。查办扶贫领域职务犯罪案件52件104人，为全面打赢脱贫攻坚战营造良好社会环境。防邪系统积极开展脱邪脱贫示范点工作，计划脱贫62人，制定双脱“六个一”工作法、督查考评、验收评估和追责问责办法，被省防邪办发刊予以推广。

◎**打造过硬队伍**　一是深化政法公共关系建设。持续深化政法公共关系建设，充分运用法制电视专栏加强政法综治工作宣传，制作播发《法治之声》《平安法治安康》《法治安康》等普法节目713期（次），刊发播放新闻稿件800余条、新闻报道373条，播出公益广告1632频次。积极利用新兴媒体拓展宣传互动渠道，全市政法系统利用网站、微博、微信、今日头条等新兴媒体广泛宣传政法工作，涌现了微博警花张敏等一批运用新媒体宣传政法工作、服务群众的先进典型，更好地赢得了公众对政法工作的理解认同与支持，彰显了政法队伍新形象。二是始终突出思想政治建设。把思想政治建设摆在首位，采取集中宣讲辅导、集中轮训、安康政法大讲堂等灵活多样的方式，在全市政法系统迅速兴起学习贯彻十九大精神热潮。全市政法机关始终坚持抓党建促队建，深入开展社会主义核心价值观、社会主义法治理念、意识形态教育，促使干警拧紧“人生总开关”，在市级政法各部门全面组织开展机关党员进社区活动，由市委政法委和市级政法部门36个机关党支部包联城区36个社区，开展互联共建活动，把“学”和“做”有机结合起来，使政法机关党员干部得到了全方位地锻炼，有力地推动了“两学一做”学习教育制度化常态化，进一步展示了政法干警的良好精神风貌。三是深入推进纪律作风建设。全市政法机关认真制定落实党风廉政建设主体责任清单，市委政法委定期开展廉政警示教育，对政法系统新提拔县级领导干部开展集中廉政谈话，给政法系统干部讲廉政党课，教育引导政法干警特别是政法领导干部养成纪律自觉。扎实组织开展“为政不为”专项整治，有效整治“庸懒散浮”问题。制定《党委政法委纪律作风督查巡查工作方案》，不断加大全市政法系统纪律作风督查巡查力度。对16起违纪违法典型案件进行集中通报，开展警示教育，营造了从严治警浓厚氛围，推进了政法机关纪律作风持续好转。

公　安

安康市公安局

局　　长　杨尚伟

常务副局长　邱祖满

纪委书记　蔡逢滨

副局长　周　丰　雷绍明　崔锐利

刑警支队长　李友良

政治部主任　杨文浩

◎**惩治刑事犯罪**　2017年全市共立各类刑事案件4450起，同比下降2.2%；共破获各类刑事案件4629起（破现发案件2914起，破年前协外案件1715起），同比上升28.7%；抓获各类犯罪嫌疑人2208人，打掉犯罪团伙94个380人，抓获网上在逃人员359人，共查处行政治安案件8181起，行政拘留7019人，保持了“立案下降、破案上升、命案全破”良好势头，全市社会治安大局持续稳定。一是重拳打击“盗抢骗”犯罪。成功侦破旬阳“6·2”特大系列跨区域流窜技术开锁入室盗窃案、紫阳“11·27”系列跨省扒窃案等侵财案件，共破获盗抢骗案件1446起，起诉五类侵财犯罪354人，判决211人，向受害群众返还涉案财物2000余万元。二是重拳打击严重暴力犯罪。全市共发生命案27起，破案率达100%。先后破获了高新“1·16”、汉滨“2·18”、旬阳“9·26”等一批重特大杀人案。三是严厉打击“环食药”犯罪。成立环境与食品药品犯罪侦查大队，深入开展“利剑行动”，全面落实“河长+河道警长”机制，在岚皋召开了全市“河长制”现场推进会，成功破获安康城区“老西关火锅店”制售有毒有害食品等一批案件，共破获“环食药”案件78起，抓获违法犯罪嫌疑人97人。四是严厉打击拐卖妇女儿童犯罪。充分发挥“安康回家网”信息资源优势，汉阴成功解救了31年前被拐儿童徐某，共立拐卖儿童妇女案件4起，100%侦破，抓获犯罪嫌疑人5名，解救被拐卖儿童、妇女4人，找回失踪人员40余人。

◎**打击经济犯罪**　健全了涉众型经济犯罪查处、违法资金查控平台与银行对接、经济违法犯罪行为监测预警等工作机制，建成了经侦合成作战研判中心，与市工商、税务等部门建立了相互派驻制度，与市法院、检察院、金融办等部门建立了联席会议制度，开展了打击金融违法犯罪、传销违法犯罪等专项行动，强化“国宏金桥”“善心汇”“AIG”等涉众案件专案打击，成功破获宁陕涉案1.85亿元虚开增值税专用发票案，共受理经济犯罪案件123起，立案92起，破案60起，抓获犯罪嫌疑人79人，刑事拘留69人，移送起诉30人，挽回经济损失977.2余万元。

◎**惩治毒品犯罪**　重拳打击毒品违法犯罪。共破获各类毒品案件194起，抓获涉毒犯罪嫌疑人195人，起诉犯罪嫌疑人48名，缴获各类毒品4490.4克，铲除毒品原植物罂粟23733株；共查处吸毒人员467人次，强制隔离戒毒204人，新发现登记吸毒人员247人。

◎**社会治安管理**　一是突出涉黑涉恶涉霸违法犯罪打击，查处涉黑、涉恶犯罪团伙24个，抓获犯罪嫌疑人160人，判决124人；深入开展了“打五霸”优化发展环境专项行动，共查处涉霸案件91起，抓获涉霸违法犯罪嫌疑人157名，全力护航重点工程建设。二是突出涉枪涉爆违法犯罪打击，共破获涉枪案件73起，成功破获了旬阳徐家现网络贩枪案、平利“7·13”网络枪弹案、紫阳“8·27”网络贩枪案，抓获涉枪犯罪嫌疑人137人，收缴各类枪支121支、铅弹12万余发，查获涉枪网站、网店40余家。深入开展易制爆危险化学品和寄递物流专项整治行动，共排查涉爆涉危单位324家、寄递物流网点481家，督促整改安全隐患216处，责令停业整顿13家，查处违法案件38起。三是突出“黄赌”违法犯罪打击，共查处涉黄涉赌案件386起，刑事拘留69人，治安处罚2477人，成功破获镇坪“3·24”聚众赌博、汉阴“5·03”系列赌博等一批涉赌案件。四是突出行业场所秩序整治，加强旅店、典当、印章和寄递物流行业治安管理，共清查娱乐场所5000余家，抓获违法犯罪嫌疑人217人，刑事拘留18人，治安拘留199人。五是突出校园秩序整治，深入开展“护校安园”行动，共开展法制教育386场次，化解涉校纠纷79起，整改校园安全隐患68处，排查管控重点人26人，查处涉校案件18起。

◎**社会治安防控体系建设**　一是不断做亮“五级巡防体系”。共设立街面警务站24个、巡特警处突屯警点38个、网格化巡逻责任区170个，构建了“群防管区、派出所管片、巡警管面、检查站管点、交警管线”的新型网格化五级巡防体系。全市巡特警部门出动警力176398人次，现场处理案（事）件2472起，救助群众3440人次，抓获犯罪嫌疑人409人，查获被盗车辆58辆。二是不断做强“五级联控平台”。大力实施“雪亮工程”，加强省、市、县、派出所、社区警务室视频监控“五级联控平台”建设应用，推进监控探头清晰化、网络化、智能化建设，加快重要部位、复杂场所和农村薄弱地区公共区域视频监控建设。全市共新增视频监控16000余个，其中高清视频870余个，累计建成视频监控14万余个，利用视频监控破获各类案件260余起。三是不断做实“环安防控圈”。召开了全市公安检查站升级改造建设工作推进会，投入2100余万元，完成了全市20个公安检查站升级改造任务，推动重点公安检查站查控勤务一站式、智能化。在全市主城区、主干道、高速公路出入口设置“无人值守高清智能卡口”，配备城际系统、电子围栏等科技装备，严格中共十九大安保维稳勤务查控，构建了更加严密的“环中心城区、环县区、环市际”三道“环安防控圈”。全市公安检查站共检查车辆20万余辆，查获案件137起，抓获犯罪嫌疑人241人。四是不断优化“三个精准防范”，大力实施“精准治安”工程，持续深化共安装GPS行车卫士19870套，安装科技防盗锁9784套，安装联网入侵系统1843套。把“精准防范”理念向其他治安管理领域拓展，健全了矛盾纠纷化解、侵财案件防范、肇事肇祸精神病人管控责任倒查机制，召开了全市推进社会治理创新服务脱贫攻坚工作现场会，进一步提升了治安防范的针对性、实效性。1至12月，全市命案同比下降20.6%，故意伤害案件同比下降26.8%，抢劫、盗窃案件同比分别下降64.8%、10.7%，肇事肇祸精神病人命案连续24个月“零发案”。

◎**信息化建设** 以“三秦警务云”建设为契机，加大基础建设、资源整合、系统应用，不断提升公安机关现代化水平。推进无线通信数字集群系统进建设，完成了全市PDT控制中心和四载频基站安装调试，完成模拟系统数字化升级改造。积极争取“全国公共视频监控建设联网应用工作重点支持市”，投入8000余万元推进视频监控建设联网应用；按期完成警综平台联调工作，配置5台高性能服务器为平台建设提供硬件支撑，提前完成平台搭建及调试，成功实现与省厅平台的对接；积极开展信息资源数据整合工作，加大本地业务系统与信息资源管理平台数据对接，加强与省厅业务部门联系，为平台争取到省厅掌握的六类数据资源，市局信息资源管理服务平台共整合公安内外部数据117类，共计28.5亿余条。

◎**户籍管理** 进一步深化“放管服”改革，创新公安行政管理服务，推出居民身份证照片“满意拍”、高速公路应急救援、“安康回家网”24小时服务等14项便民利民新举措，进一步惠及百姓、服务发展。认真落实居民身份证异地受理、挂失申报、丢失招领受理“三项制度”，共摸排登记无户口人员3236人，受理异地居民身份证11464张，受理挂失申报证件12494张。

◎**出入境管理** 扎实开展“三非”外国人清理整治，建立外国人管理服务站3个，共核查登记涉外单位和外国人居留场所48家，建立常住外国人档案85册，登记境外人员临时住宿登记信息440条，查处“三非”外国人案件10起11人。扎实开展违规办理和持有因私出国（境）证件专项整治，阻止双重户口等骗领证件86起，阻止未按规定履行报批手续办证44人次。扎实推进出入境便民利民服务，市局建成24小时自助服务大厅，10个县级出入境接待窗口同步开通港澳台二次签注业务，共受理审批签发各类出入境证件148154本次，同比增长20.3%。

◎**执法规范化** 一是全面推进执法权力运行机制改革。全面推进法制部门“两队一中心”（执法监督中队、执法管理中队、案件管理中心）建设，12个县分局完成了人员配备；持续深化受立案制度改革，共建成案管室165个，配备专职案管员197名，发布受立案巡查通报900余期，发布个案监督和整改意见151案；持续深化刑事案件“两统一”，全面实行《安康市公安机关刑事案件法制部门统一审核、统一出口工作规定》，建立公检法联席会议制度，共审核刑事立案3658起，审核刑事拘留936人，提请逮捕609案729人，移送起诉937案1069人，刑事案件批捕率、移送起诉率均达到98%以上。二是全面实施“智慧法制”工程。建立了执法音视频管理中心，智能化同步录音录像资料保管查询系统，配备了防辐射光碟保管柜。创新推行电子手环应用，汉滨建成了集“嫌疑人看管、案件审查、综合保障、拘留送押”于一体的综合型执法办案中心。大力推进物证管理信息化，汉滨成立了物证管理机构，建成了标准化物证管理中心，创新推行物证芯片管理模式，处于全国领先水平。创新推行执法办案“双向积分”管理，实现了一网式自动考核，有效提升了公安执法质量。三是全面强化网上执法办案。深化执法办案系统监督管理，共录入接处警57788起、行政案件12905起、刑事案件4184起。全市公开行政处罚决定书2845份、警情57418起、案件13746起。

◎**队伍建设** 一是政治建警筑警魂。深入学习习近平总书记“5·19”“9·19”重要讲话精神，扎实开展“迎接十九大、忠诚保平安”主题教育实践活动，共开展党委中心组学习260余次，支部集中学习1.1万余次，讲党课300余次。市局机关党建工作成为全市、全省典型。二是从严治警树形象。共开展干部廉政谈话298人次，任前谈话159人次，任前廉政考试139人次。开展现场督察、专项督察2336次，发现、查纠各类问题及安全隐患2743个；查处侵犯民警执法尊严案（事）件25起、处理侵犯民警执法尊严人员39人、保护执法权益被侵害民警37人。全市共完成审计项目43个，审计资金10014.8万元，下达审计意见书88条。市委常委、纪委书记田沐臣对市局党风廉政建设工作给予充分肯定。三是从优待警添动力。认真贯彻公安部《关于进一步加强和改进关爱民警工作的意见》，完成科级领导干部选拔配备工作，共提拔调整科级领导干部202名。成立了英烈基金安康分会和市局机关工会，健全了职业保障机制，认真落实民警抚恤待遇政策，扎实做好民警年体检、年休假、民警慰问、抚恤优待工作。推动市政府出台了《安康公安机关警务辅助人员管理办法》及6个配套实施细则。启动了中共十九大战时表彰奖励机制，市局下发战时嘉奖令14期，记集体三等功6个、集体嘉奖4个，记个人三等功23个、通令3次；各县分局发布嘉奖令24个，奖励集体31个、个人219人。

◎**大型活动安保** 完善了大型活动审核机制，严格大型活动和群众自发聚集活动安全监管，实行风险评估与分级管理，群众性娱乐活动监管全面加强。坚持领导带头、全警参战、全力以赴，圆满完成了党的十九大、全国“两会”、“一带一路”高峰论坛、省党代会、海内外侨商安康行、陕南绿色循环发展工作座谈会、连战来安参访、龙舟节、国庆等重大安保警卫任务，共完成等级以上警卫任务26次，完成保卫任务和领导交办任务20余次，赢得了省市领导好评。

◎**信访维稳** 2017年共接待处理群众来信来访1084件，涉及公安诉求967

起，查结率100%；全省信访系统共交办信访事项118件，省厅交办信访事项25起，市政府网站共交办信访事项115件，市长信箱交办信访事项56件，按期办结及回复率达100%。严格落实信访案件领导“五包”责任制和“八必须”要求，全面夯实“三个一批”措施，共接访下访群众551次，化解各类信访问题500余件，初信初访案件办结率达100%、息诉率达95%以上；依法打击处理信访违法犯罪行为为200人，其中警告11人，罚款26人，行政拘留161人，刑事拘留2人，批捕1人。市局连续3年被评为全省控制进京非正常上访先进单位。

◎**脱贫攻坚**　一是创新推进贫困村社会治安综合治理和民风依法治理工作，召开了全市推进社会治理创新服务脱贫攻坚工作现场会，深入开展“五个重点治理、五个基础建设、三个精准防范、四个不良风气整治”专项活动，全市贫困村社会治安秩序安全稳定。二是创新推进平利县兴隆镇马鞍桥村脱贫攻坚工作，成立了市公安局驻村工作队，选派了第一书记，组建10个帮扶工作组，创新“党建+6大产业合作社+贫困户”帮扶工作机制，落实局党委成员与6大产业合作社法人及贫困户的帮扶责任，推动贫困户持续增收，“两不愁、三保障”工作目标全面实现，178户630人实现脱贫，整村贫困发生率降到1.8%。市局脱贫帮扶“三五”工作法被市脱贫攻坚指挥部在全市推广。

检　察

安康市人民检察院

检　察　长　王万兴
副检察长　宋之友
陈　军（兼反贪污贿赂局局长）
李孝友
纪检组长　汪　苛
政治部主任　钟琳瑛（女）
反渎职侵权局局长　李　强

◎**惩治预防职务犯罪**　2017年，安康市检察机关以全面从严治党的政治态度，继续保持惩治腐败的高压态势。共查办职务犯罪案件89件170人，其中贪污贿赂犯罪案件61件116人，渎职侵权犯罪案件28件54人，重特大案件12件32人，通过办案为国家挽回经济损失1500余万元，依法办理了市中医医院工资核算会计黄某某涉嫌贪污案、“8·10”特大交通事故有关监管单位人员涉嫌玩忽职守案等一批社会反映强烈的案件。反渎立案数与去年同比大幅上升，取得历史最好成绩；反贪办案进度、办案规模同比增幅位居全省前列，省检察院领导亲自送来贺信对安康市自侦办案工作给予充分肯定。同时，按照省检察院统一部署，按照“清底数、明情况、列清单、出结果”的要求，切实强化对积压线索的研判，全市两级院“清积”工作在规定的时间内全部完成。结合执法办案，加强职务犯罪预防分析，全市检察机关共有11份惩治和预防职务犯罪年度报告得到各级领导批示肯定。推进行贿犯罪档案查询从项目招投标、工程建设领域向人事管理、信贷、资质审查等领域拓展，受理社会查询26936次。依托警示教育基地、乡镇检察室等平台，结合扶贫攻坚和村委换届选举等工作开展预防宣讲和警示教育活动157场次。开展职务犯罪典型案例分析30件，开展预防调查10件，发出检察建议23件，被采纳16件。依法对“安康汉江大剧院项目”进行重点项目预防，与邮政部门组织开展了“预防职务犯罪邮路”活动，将预防职务犯罪工作和邮政资源有效结合，积极应用新媒体开展预防宣传。

◎**惩治、预防刑事犯罪**　始终把维护社会稳定作为首要任务，积极参与平安安康、法治安康建设。持续加大对严重暴力犯罪、多发性侵财犯罪、黄赌毒犯罪以及电信网络诈骗犯罪的打击力度，共批捕此类犯罪嫌疑人417人、起诉643人。贯彻宽严相济刑事政策，妥善化解社会矛盾纠纷，减少社会对抗，对涉嫌犯罪但无社会危险性的依法不批捕82人，对犯罪情节轻微、依法不需要判处刑罚的依法不起诉105人，对不需要继续羁押的84名犯罪嫌疑人依法建议释放或者变更强制措施。深化涉法涉诉信访改革，完善检察长接待日等制度，真诚解决群众反映的问题，全年无涉检赴省进京访。围绕全市政法综治基层基础建设年工作，认真落实检察环节社会治理各项措施，积极参与对校园周边等治安重点地区和突出治安问题专项整治，共同打造共治共享的社会治理格局。关心维护未成年人的健康成长，与教育部门联合举办了“法制进校园”大型巡讲活动，组织开展了以“防治校园欺凌、护航未成年人成长”为主题的检察开放日活动，与团市委联合印发了《关于未成年人刑事检察和司法保护工作的意见》，邀请安康电视台联合拍摄了《护航青春、助力成长》未成年人检察宣传片，帮助未成年人增强自我保护能力和法律意识。

◎**侦查监督**　全市检察机关侦监部门共受理审查逮捕案件657件956人，批准或决定逮捕535件739人，不批准或不予逮捕100件181人，纠正漏捕64人，无捕后撤案、捕后绝对不诉、捕后判无罪案件。要求侦查机关说明不立案理由39件，侦查机关主动立案23件，通知侦查机关立案1件；受理侦查机关不应当立案而立案案件42件，要求说明立案理由35件，侦查机关主动撤案26件，通知侦查机关撤案7件，对侦查活动违法情况提出纠正意见117件次。

◎**公诉工作**　全市检察机关公诉部门共受理移送起诉案件1301件1707人，审查后提起公诉1121件1474人，不起诉92件128人，法院已作有罪判决1001件1332人，有罪判决率达100%。对侦查活动中的违法情况，发出书面纠正违法200件次，已纠正184件次；对审判活动中的违法情况提出书面纠正违法通知66件次，已纠正61件次；纠正漏罪89人，追诉漏犯95人，提出抗诉20件，已审结的12件得到审判机关支持。

◎**民事行政检察**　以全省检察机关开展的“基层民事行政检察工作推进年”专项活动为推手，深入推进民事行政检察工作。全年共受理民事行政申请监督案件173件，提出再审检察建议4件，提出抗诉2件，提请抗诉4

件，作出不支持监督申请决定63件。对民事行政审判活动中的违法行为提出检察建议17件，已采纳15件；对民事行政执行活动中的违法行为提出检察建议21件，已采纳14件。积极推进公益诉讼工作，共摸排公益诉讼线索72件，进入诉前程序76件，收到行政机关回复70件，行政机关已整改到位48件，整改进行中18件，提起行政公益诉讼3件，其中2件已宣判，人民法院支持了检察机关的全部诉讼请求。紫阳县人民检察院牵头起草的《紫阳县行政执法检察监督实施办法（试行）》，提请紫阳县人大常委会审议通过后试行，这在全省尚属首例。

◎**刑事执行检察** 全市检察机关开展安全大检查154次，清除违禁物品28件，消除安全隐患27起，对在押人员谈话教育2005次，开展法制宣传活动14次。受理罪犯及其法定代理人申诉、控告及检举11件。妥善处理罪犯因病死亡事件2起。办理罪犯又犯罪案件1件。办理刑事执行活动中的职务犯罪案件6件8人，居全省首位。集中清理判处实刑罪犯未执行刑罚罪犯3名。审查监狱提请减刑假释案件559人，检察机关提出书面纠正意见12人，已纠正12人。对各类刑事执行活动违法情况提出书面纠正意见132件，已纠正125件。对各类监外执行不当提出书面纠正意见154件，已纠正152件。纠正虚管62人，对违反社区矫正管理规定的5名罪犯建议法院予以收监执行，有效防止了不安定事件的发生。开展羁押必要性审查89人，提出释放或变更强制措施建议84人，建议被采纳69人。继续开展财产性执行案件检察，发现审判部门移送立案不当4件，执行活动中上缴国库不当2件，对发现的问题发出检察建议2件，全部予以纠正。

◎**控告申诉检察** 全市控告申诉检察部门共受理人民群众来信来访1194件次，其中来信218件，来访976次；举报贪污贿赂、渎职侵权案件线索175件，控告申诉案件21件，受理民行监督案件153件，受理来信来访全部依照法律规定处理完毕。办理刑事申诉案件22件，办理国家赔偿案件10件。办理举报初核案件44件，不立案线索审查13件，奖励举报人18人次。开展法制宣传42次，接受法律咨询5000余人次。认真做好全国“两会”、省第十三次党代会、“一带一路”峰会论坛、党的十九大等重大活动期间的信访维稳工作，确保重大敏感时期社会和谐稳定。全面开展检察环节司法救助工作，共向90名刑事被害人发放国家司法救助资金42万元，开展被害人心理抚慰15次，解决被害人其他实际困难19件次，被害人实际困难得到妥善解决。

◎**队伍建设** 加强思想政治建设。抓好“两学一做”学习教育常态化制度化，深入学习中共十九大、党章党规和习近平总书记系列重要讲话，引导广大干警严守政治纪律和政治规矩。高度重视意识形态工作，保证全体检察干警政治可信可靠、对党忠心忠诚。坚持文化育检，组织开展了创建全国文明单位、新民风建设、道德讲堂等活动，通过教育熏陶、实践养成，凝聚共同价值追求。坚持从严治党从严治检。认真学习贯彻《关于新形势下党的政治生活的若干准则》、党内监督条例以及廉洁自律准则、纪律处分条例，规范党内生活，加强党内监督。认真落实党风廉政建设主体责任和监督责任，加强对干警的教育、管理和监督，共开展不同类型的检查督察和检务督察活动213次，其中市院26次。准确运用监督执纪“四种形态”，对8名检察人员违纪问题进行了严肃查处。深化政治巡视巡察，配合省检察院对市检察院党组开展巡视，制订整改措施19条，均已落实到位。市检察院对宁陕、平利2个县检察院进行了巡察。扎实开展“为政不为”专项整治工作，对发现的12个苗头问题，通过提醒、教育、监督，已全部整改到位。认真做好司法体制改革工作。按照中政委〔2017〕9号文件精神，全市两批共192名员额检察官全部配置到办案一线，业务部门相继成立了120多个办案组，市县两级院领导干部主动适应改革要求，回归检察官角色和办案一线，新的检察权运行机制基本形成，内设机构改革和人员分类管理改革等工作也已经全面完成，目前已按照新的机构设置和人员分类规范开展各项工作。在全面深化司法改革的同时，全市检察机关坚决贯彻中央、省、市委部署，坚决拥护、坚决支持国家监察体制改革，机构、编制和人员转隶工作已经全部完成。加强执法能力建设。组织开展了“做好五件事，检验五种能力”学习实践活动，邀请党校教授、院领导、业务骨干等对全体干警进行教育培训，推动业务练兵向检察监督实战能力转化，全面提升检察干警的履职能力和司法监督水平。加大教育培训力度，共组织380名干警参加市级以上单位组织的岗位培训和晋职培训，70余名干警参加了市委组织部举办的市级专题研修班。一年来全市检察机关共有16个集体、60名个人获得市级以上表彰。在2017年“两率两度”测评中，安康市检察机关位居全省检察系统第一名，为历史最好成绩。加强基层基础建设。以抓班子带队伍、完成自侦案件任务、打造“生态检察”品牌、提高人民满意度、强化党风廉政建设等五项工作作为“五个一把手工作”，压实基层院领导班子建设，切实提升基层院领导班子凝聚力、战斗力和创新力。建立人财物向基层倾斜的保障体系，做好全市驻所监控联网改造、驻所同步录音录像、驻所分级保护系统建设等工作。强化大数据思维，积极探索以智能语音为主的“智慧检务”应用工作，成效初步显现。

◎**专项活动** 查办职务犯罪“清风行动”专项工作。为继续保持打击职务犯罪高压态势，2017年3月至11月，市检察院组织开展了全市检察机关查办职务犯罪“清风行动”专项工作，重点打击移民搬迁、脱贫攻坚、民政优抚、交通城建公共基础设施建设、环境污染防治等领域的职务犯罪，以执法办案保护全市人民的合法权益和生态环境的美好和谐。惩治“村霸”和宗族恶势力犯罪专项工作。为落实市委和省检察院部署，维护安康农村和谐稳定，确保安康市社会主义新农村建设和脱贫攻坚深入推进，市检察院组织开展了依法惩治“村霸”和宗族恶势力犯罪专项工作，依法严厉打击“村霸”和宗族恶势力性质的刑事犯罪，严厉打击为“村霸”和宗族恶势力充当“保护伞”的职务犯罪。打造“生态检察”品牌专项工作。为了充分发挥检察机关职能作用，服务西北经济强市建设，市检察院决定自2017年开始，集中3年时间在全市检察机关开展打造“生态检察”品牌专项工作，探索建立“专业化法律监督+恢复性司法实践+社会化综合治理+警示性预防教育”生态检察模式，用法律守护安康的绿水青山蓝天。打造“生态检察”品牌做法被最高人民检察院、检察日报、西部法制报等中省市多家媒体广泛报道。“预防职务犯罪邮路”活动。2017年8月23日，市检察院、中国邮政集团安康分公司联合举行“预防职务犯罪邮路”启动仪式。将预防职务犯罪社会宣传与邮政服务有机融合，利用广大邮政投递员走千家、进万户的工作优势，开展形式多样的预防宣传，传播党的廉政理念，形成覆盖城乡的预防职务犯罪网络。“法治进校园”大型巡讲活动。2017年3月21日，市检察院、市教育局、汉滨区检察院、汉滨区教育局在安康育英中等职业学校联合举办“法制进校园”大型巡讲活动。本次活动以“弘扬法治理念，共建平安校园”为主题，旨在增强学生的学法、守法、用法意识，教育他们如何识别违法犯罪行为，进一步养成良好习惯，从源头上减少和预防校园暴力和违法犯罪案件的发生。“做好五件事、检验五种能力”学习实践活动。主要包括写一份法律文书，办一件疑难案件，讲一堂法治教育课，做一次警示教育，比一次技能竞赛，以此提振全市检察干警的精气神，确保全市检察工作再上一个新台阶。

法　院

安康市中级人民法院

院　　长　葛　迪
副 院 长　安永强　冯　康
　　　　　　范化冬　刘来刚
执行局局长　佘明胜
纪 检 组 长　李永新
政治部主任　钟军高

◎**综述**　2017年，全市法院在市委坚强领导、市人大及其常委会有力监督下，认真学习贯彻党的十八大、十九大精神和习近平新时代中国特色社会主义思想，全面落实市四届人大一次会议决议，牢牢把握司法为民、公正司法工作主线，坚持抓班子带队伍促审判保公正总体思路，忠实履行宪法法律赋予的职责，各项工作取得了新进展。安康两级法院全年共受理各类案件25873件，审执结24842件，同比分别上升22.2%和22.4%。其中，市中院受理2195件，结案2110件。

◎**刑事审判**　全市法院贯彻宽严相济刑事政策，审结各类刑事案件1455件，判处罪犯1511人。推进平安安康建设，审结杀人、抢劫、绑架等严重暴力犯罪案件409件，程龙志、成国林等犯罪分子被依法惩处。严厉打击“黄赌毒”犯罪，审结制毒贩毒、聚众赌博、组织卖淫等案件75件，保障人民身心健康。依法惩治职务犯罪，审结贪污贿赂、渎职案件78件94人，强化反腐败斗争压倒性态势。积极助力“三场攻坚战”，审结扶贫领域犯罪案件47件，破坏生态环境刑事案件20件，制假售假、传销、非法集资等案件46件，促进精准扶贫脱贫、生态环境保护和市场秩序规范。依法从轻判处未成年被告人52人，裁定减刑假释187人，对10名被告人依法宣告无罪，彰显社会主义司法文明。

◎**民事审判**　全市法院认真贯彻新发展理念，积极服务经济社会发展，审结民商事案件15292件。审结民间借贷、保险、承包、建设工程施工等合同纠纷1943件，平等保护各类市场主体，促进良好营商环境建设。审结婚姻、继承、“三养”等家事案件537件，发出人身保护令14份，促进家庭关系修复和新民风建设。审结损害赔偿、劳动争议等涉民生案件910件，促进社会和谐。受理全省首例“执转破”案件，推进川惠公司等6家企业依法破产强制清算，促进供给侧结构性改革。审结知识产权案件55件，促进创新发展。

◎**行政审判**　积极配合全省法院行政审判集中管辖改革，将行政诉讼移交铁路运输法院系统审判管辖。同时做好部分坚持在安康两级法院起诉的行政案件的审理执行，全市法院审结行政诉讼案件36件、非诉行政执行案件157件，开展“一案一司法建议”活动，提出司法建议58件，助力法治政府建设。

◎**审判监督**　充分发挥审判监督职能，安康两级法院履行依法纠错职责，办理申诉、申请再审案件234件，提起再审38件；强化审级监督功能，审结二审案件1229件，改判、发回重审271件，维护公平正义。办理国家赔偿案件10件，决定赔偿2案3万元，维护申请人合法权益。强化问题导向，制定《走私、贩卖、运输毒品犯罪案件证据收集审查认定工作指引》等文件，促进刑事案件证据标准统一规范。出台《减刑假释案件立案审查操作规程》，与市检察院、安康监狱等建立联席会议制度，进一步规范减刑假释案件审理程序。

◎**执行工作**　全面打响基本解决执行难攻坚战，深入开展“百日执行会战”“雷霆行动”等专项活动，受理各类执行案件7685件，执结7409件，同比分别增长56.9%和54.0%，执结标的额16.9亿元。两次召开工作推进会，党委领导、人大监督、政府支持、各部门联动，合力解决执行难工作格局基本形成。执行团队化警务化、网络查控财产、“执转破”“一案一帐户”等工作机制建立健全，取得明显效果。探索推广悬赏举报、律师调查令、手机彩铃强制提示等措施，公布失信被执行人1018人，依法拘留被执行人和协助执行义务人179人次，罚款13人298.1万元，追究刑事责任3人，强力推进诚信社会建设。岚皋法院对拒不协助执行的腾讯财付通公司予以处罚，产生广泛社会影响。市中院发挥审判职能，与市脱贫攻坚指挥部联合部署开展为期三年的“扶贫执行”专项行动，对涉贫案件优先立案、执行和兑付，全年执结涉贫案件129件558万元，发放执行救助金92万余元，在全省法院执行工作会议上介绍了经验，最高法院主要领导专程到安康调研并批示要求在全国推广。

◎**调解工作** 市中院与市保险行业协会等共建诉调对接机制，深入推进“三调联动”，构建多元化纠纷解决机制。全市委托调解238案，诉前调解2848案，诉讼调解8325案，一审民商事案件调撤结案率达到60.3%，实现案结事了。

◎**审判管理** 面对案件大幅增长的严峻形势，市中院强化审判运行分析调度，先后4次召开办案推进会，周通报、月研判、季点评，推动全市法院有效整合审判资源，激发内生动力，牢牢掌握办案工作主动权。2017年，全市法院员额法官人均结案数达到121.2件，案件质效稳居全省前列。严格控制案件审限，推进民商事案件繁简分流，扩大简易程序、督促程序、小额诉讼程序适用比例，快捷高效化解纠纷。完善案件质效评估体系，落实发改案件剖析反馈机制，开展案件、文书、庭审“三评查”和三个“十佳”评选活动，建立完善员额法官绩效考核和奖惩机制，不断提高案件质量。市中院获评全省法院审判管理先进单位。

◎**队伍建设** 始终把政治建设摆在首位，深入推进“两学一做”学习教育常态化制度化，积极开展“院长讲党课”“党员进社区”“结对助脱贫”等活动，提升抓党建促审判工作水平。认真落实“三项机制”，坚持正确选人用人导向，推荐选拔干部22人。举办全市法院篮球联赛、文艺会演等系列文体活动，提振精气神，激发战斗力。大力推进创先争优，171人次、59个集体受到市级以上表彰奖励，石泉法院执行局、紫阳法院伍贤畅分别被评为全国法院先进集体和先进个人。开展“审判业务大培训”活动，培训法官干警9批1180人次。创新教育培训方式，委托国家法官学院对全市刑事法官进行集中培训。组织优秀庭审观摩、审判学术研讨和实务交流活动，25篇法学论文、调研报告在省级以上刊物发表和获奖。市中院与西北政法大学、安康学院等高校建立院校双向交流机制，促进高素质法律人才培养。颁布“禁酒令”，严格考勤考核，扎实开展纪律作风集中教育整顿活动，严肃整治“慵、懒、散、奢、骄、虚、乱、枉”八种不良风气，持续改进司法作风。认真落实全面从严治党“两个责任”，明确责任清单和追责办法。常态化加强廉洁司法教育，注重用身边事警示身边人。落实“一案双查”制度，全市法院党政纪处分4人、警示训诫8人、通报批评30人。加强协作配合，就审判执行工作中发现的党员、国家工作人员违法犯罪行为和违纪违规线索的通报移送工作，与纪检监察机关建立监督执纪问责协作机制，共筑反腐倡廉防线。坚持把信息化建设作为提升司法水平的重要支撑，全市法院新建科技法庭18个，完成数字化审委会系统和减刑假释协同办案平台建设，正式启动诉讼档案数字化工作，实现网上办案、网上办公的硬件设备和软件系统全面升级。市中院被评为全省法院信息化建设先进单位。

◎**司法改革** 按照中央及省委部署，推动司法体制改革精准落地、取得实效，市中院被省委政法委推荐为全国司法责任制改革示范典型。顺利完成两批员额法官遴选和等级确定任务，全市法院员额法官达到262人，其中市中院员额法官38人。坚持以员额法官为核心组建110个审判团队，构建了新型审判权运行机制。改革审判委员会，建立为员额法官提供咨询意见的专业法官会议制度，取消院庭长对其未参加审理案件裁判文书的审批签发权。建立司法责任制规范体系，落实“让审理者裁判，由裁判者负责”。两级法院院长带头审理重大案件，院庭长办案实现常态化。2017年，全市法院院庭长办案11068件，占全年结案数的44.6%。市中院作为全国跨域立案诉讼服务试点法院，及时建立健全相关制度，积极完善网络信息平台，广泛开展工作宣传，实现了当事人可以在全市范围内就近或自愿选择任一法院或人民法庭，跨行政区划办理一审案件立案事务。试点工作启动以来，全市法院累计跨域立案1001件，占同期一审立案数的11.1%，有效减轻了群众诉累。主动延伸试点工作范围，与西安铁路中院系统实现跨域立案协作，解决了行政、环境资源案件由其集中管辖后安康市群众的异地立案难、诉讼难问题，受到最高法院高度评价。积极建设网上立案服务平台，全市法院实现网上立案和网上保全担保，人民群众足不出户就可以通过网络完成登记立案，实现了跨域立案工作提档升级。市中院牵头制定《证人、鉴定人、警察出庭作证实施办法》等4个文件，推进以审判为中心的刑事诉讼制度改革。作为全国试点市，强力推进刑事案件律师辩护全覆盖工作，切实加强人权法治保障。积极推进中级法院一审案件人民陪审常态化，人民陪审员参审市中院案件39件，受到全国人大调研组充分肯定。加强与妇联、共青团等部门联动协作，引入柔性司法、离婚证明等制度，形成具有安康特色的未成年人保护及家事案件审判机制，市中院少年家事审判庭被省综治委等18个部门命名为陕西省“青少年维权岗”。

◎**扶贫执行典型案例** 张正发申请执行案。2009年，被害人张大生被执行人殴打重伤致死，刑事附带民事赔偿一直没有可供执行的财产。申请执行人张正发等人系被害人张大生的近亲属，家中有身患重病的，也有需要抚养的未成年人，生活十分困难。2017年，执行局在“扶贫执行”行动中，与申请人村组、安康市高新区管委会协商，将申请人罗尚珍、张光桦纳入兜底保障之精准扶贫对象，使这一家人基本生活有了保障。

◎**其他工作** 推进诉访分离、网上信访、远程视频接访、院领导接访等工作，构建信访预警机制，严格执行信访终结制度。落实信访工作责任，坚持“四定一包”，33件中省交办重点案件全部得到有效化解。依法规范涉诉信访秩序，运用法治手段打击非访违法犯罪行为，任文芝等4人被判处刑罚。开展“涉诉信访案件大排查大化解百日治理”活动，化解信访案件393件，全市法院涉诉信访量同比下降15.4%，受到省法院通报表扬。市中院设立环境资源案件专业合议庭，服务绿色循环发展。指导汉滨、镇坪、石泉等法院设立安康机场、平镇高速巡回法庭和旅游法庭，保障重大项目建设和重点产业发展。深入开展

“规范化示范法庭”创建活动，带动全市55个基层法庭全面加强软硬件建设，建强公正司法的前沿阵地。升级诉讼服务中心、12368诉讼服务热线、诉讼服务网三位一体诉讼服务体系，形成线上线下、形式多样、方便快捷的立体化诉讼服务平台。在诉讼服务大厅设立案件信息查询机，并提供POS机、支付宝、微信二维码缴纳诉讼费等“一站式”服务。落实送法下乡、以案释法等措施，全市法院巡回审判就地办案3482件，构建多样化司法为民格局。加大司法救助力度，救助各类当事人253人322.4万元，对确有困难的当事人依法减缓免诉讼费306.2万元，彰显司法人文关怀。不断完善司法公开机制，促进审判执行全要素公开，网络直播庭审517件次，网上公布裁判文书23639份，公开审判流程信息23282件、执行案件信息7870件。市中院荣获新浪网“庭审直播最有影响力奖”。积极推进网上司法拍卖，不断增强拍卖工作的公开透明度，成交95件6250万元。开展“院长讲办案故事网络视频大赛”和“我身边的好法官”评选活动，有效宣传法治建设成果，提升司法公信力。两级法院两次同步开展“公众开放日”活动，邀请人大代表、政协委员、民主党派和社会各界群众等28批540余人走进法院，零距离感受阳光司法。深入学校、社区、企业等举办法制讲座和模拟法庭395场次，促进全民尊法学法守法用法。两级法院综合运用“两微一端”新媒体和报刊、广播、电视，发表法治宣传信息5821篇，受到最高法院通报表彰。市中院在2017年全省政法系统476家官方微信传播力榜单中排名第四位，并被评为全省法院宣传舆论工作先进集体。

（程及海　李　涛）

司法行政

安康市司法局
局　　长　张延平
副 局 长　梁胜新　黄元琴（女）
纪检组长　周振峰
副 局 长　杨弋荣
市委依法治市办专职副主任　马云峰

◎**“七五”普法**　巩固法治文化品牌，大力推广文艺演出普法方式，全市共开展形式各样的法治文艺演出200余场次，受众人数达30余万人。倾力打造“七五”普法大型民歌剧《村官巧断家务事》，完成在本市各县区巡回演出，并在西安成功举行汇报演出。举办了以“弘扬法治舞动青春”为主题的安康首届高校法治文化节、安康首届“与法同行”新媒体快乐普法大赛、市直领导干部专题法治讲座等大型普法活动，有效提升了“七五”普法工作的影响力。积极推进“互联网+法治宣传”，依托“快乐普法”新媒体普法平台开发安康市专属模块与题库，在全省首家搭建了“安康赛区”专栏。隆重举行“12·4”国家宪法日法治宣传活动启动仪式，组织法律职业资格人员宣誓、人民监督员和人民调解员述职等系列活动。推进多层次依法治理，联合市民政局开展民主法治示范村创建活动，命名表彰市级“民主法治示范村（社区）”179个。

◎**平安创建**　制定出台婚姻家庭、校园安全、物业纠纷等领域调解组织建设的实施意见，为全市专业性、行业性调解组织建设提供了有力的指导，全市累计建立专业性行业性人民调解组织达67个。联合市委组织部举办人民调解员骨干和基层法律服务工作者培训班两期，组织开展了第二届“金牌人民调解员”评选活动，提升人民调解社会影响力和公信力。组织开展“矛盾纠纷大化解　喜迎党的十九大”等多次专项活动，指导各级人民调解组织调解矛盾纠纷17865件，调解成功17436件，调解成功率97%，调解案件数超额完成计划任务的16%。深化社区矫正“五化一保障”体系建设，汉滨、汉阴、石泉三个县区被省司法厅表彰命名为社区矫正中心建设示范县。建立全省首个社区矫正警示教育基地，分批组织社区服刑人员走进监狱，促进社区服刑人员珍惜自由，自觉接受社区矫正。严格刑法执行，正确使用强制措施，累计警告109人、撤销缓刑、假释28人，对暂予监外执行罪犯收监执行23人，累计开展审前调查评估3106人。截至2017年年底，全市累计接收社区服刑人员4664人，累计解除矫正3574人，在册服刑人员1090人。社区服刑人员再犯罪率控制在0.2%以内的较低水平，取得了良好的法律效果和社会效果。落实刑满释放人员无缝衔接机制，坚持重点对象必接必送。依托企业建成21个安置帮教基地，累计过渡性安置403人。

◎**法律服务**　围绕建设西北生态经济强市的目标，整合法律服务资源，成立安康市生态环境保护法律服务团，以专业团队为建设西北生态经济强市提供优质服务，为20余个省级重点项目建设提供法律咨询、合同审查、纠纷调解等法律服务事项736件次；为移民搬迁、强制拆迁、安置房分配、棚户区改造、公车拍卖、企业股权转让、国有资产拍卖等办理公证服务122件；成功办理了第二届中国创新挑战赛（安康赛区）、陕南民歌大赛（安康赛区）、中国安康龙舟节系列文化活动等在全省乃至全国具有较大影响的现场活动公证，确保重大活动依法顺利进行。深入推进律师担任人大代表和政协委员法律顾问工作，为人大代表和政协委员撰写议案、提案提供法律咨询538件次，担任党政机关、企事业单位法律顾问457家。积极为安康市青创协会和安康市律师协会牵线搭桥，促成“两个协会”合作，拓宽非公经济获取法律服务的新途径，为非公经济发展提供精准法律服务和有效法治保障。

◎**法律援助**　进一步降低法律援助门槛，不断扩大受援范围，办案重点向困难群体倾斜，免费为建档立卡的贫困群众提供司法鉴定、公证、诉讼代理等法律服务事项。全年办理各类法律援助案件3007件，超额完成计划任务的20%，办案数量位居全省前列。其中，民事法律援助案件2609件，刑事法律援助381件，行政法律援助17件，接待咨询群众12300余人次，为受援群众挽回经济损失1.4亿余元。加强案件质量监督，建立法援案件旁听制度，组织法律援助管理人员对案件审理现场进行旁听。安康中级法院、10个县区法院和看守所全部设立法律援助工作站，覆盖面达100%。

规范“12348”法律援助专线值班工作，推进“互联网+公共法律服务”平台建设，建立“安康e法通”手机APP，举行安康市公共法律服务平台启用仪式，打通法律服务群众的最后一公里。

◎**司法改革** 扎实推进公证体制改革工作，成为全省首个全面完成改革任务的地市，受到省司法厅通报表彰。扎实推进刑事案件律师辩护全覆盖试点工作，与安康中院联合召开新闻发布会，通报全市刑事案件律师辩护全覆盖试点工作情况，扩大司法改革政策社会知晓率。创新开展律师参与信访工作，联合市信访局印发了《关于深入开展律师参与信访工作的意见》，推进律师参与化解信访案件有序开展。制定出台《依法保障律师执业权利实施细则》，为律师依法执业创造良好环境。认真贯彻落实最高法、司法部《关于开展公证参与人民法院司法辅助事务试点工作的通知》精神，指导公证机构积极参与司法辅助事务，协助市区两级法院办理保全与执行事务21件。不断壮大法律服务队伍，新设立律师事务所1家，司法鉴定机构2家，新增法律服务执业人员37名。严格执行司法部“五不准”等有关办证规定，认真开展公证质量评查，严防错证假证发生。推行“阳光司法鉴定”，采取鉴定人员签订诚信执业承诺书、鉴定中心聘请法律顾问等措施，切实提升司法鉴定公信力。

（龚　波）

陕西省安康监狱

监 狱 长 杨继伟
政　　委 李献民
秦康化工厂厂长 王正华
政治处主任 方卫辉
纪委书记 戴增秋
副监狱长 付荆頫　唐　军
秦康化工厂副厂长 张志胜　徐军化

◎**监管安全** 监狱管理再造成效明显，实现了监管能力、改造质量、执法水平、企业经济、队伍素质、指挥体系、信息技术、行政综合“八个再提升”，指挥中心实战化运行投入试运行。突出抓好安全管理，不断强化安全隐患专项整治、狱情分析研判、监管安全风险评估、顽危犯管控及夜间督察，各项安全指标顺利实现。严格执行安全稳定工作制度和四级巡查管控模式，严格八个环节直接管理。定期开展安防警戒设施安全检查，提升安防工作水平。与安康市公安局刑侦支队联合开展缉毒犬进监搜毒活动，涉黑涉毒犯、危重犯管控到位，顽危犯转化率达80%以上，未出现严重违纪事件。创新建立隐患排查治理五项机制，任务清单双向勾选、七查联动全员排查、日收日解即时治理、管理影像曝光自警、红黄白单跟踪督导，全方位、多视角、分层级查找问题，做到隐患排查清仓见底，确保了整改实效。常态化开展“无违禁品监狱”创建活动，实行重大节假日和重要活动集中腾空式清监，实现了重大违禁物品“零流入”。深入推进安全生产三级达标，强化各类应急管理，组织开展消防疏散演练。严格会见管理，实行每月集中定时会见制度，适时公布狱政管理、刑罚执行业务咨询电话及会见时间安排，传递服务宗旨。提高生活卫生管理水平，严格执行服刑人员生活费标准，推进伙食精细化、生活物资采购程序化和食品加工制作标准化，提高服刑人员伙食质量；推进医疗防疫专业化、社会化，新农合医疗体系、合疗报销网上申报工作开展顺利，监狱食品、医疗安全“零事故、零疫情”。加强“三共”活动，与驻监武警二中队构建“八联”机制，定期开展联合应急演练，提高双警应急处突和联动协防能力；组织警察开展警体技能、“四知”、业务培训、生产技能培训、防爆处突、消防应急演练等训练及岗位技能比武，提升警察的核心技能和应急处突能力。2017年实现了“七无”目标。

◎**刑罚执行** 依法严格执行刑罚，高效办理收押释放、减刑假释和暂予监外执行，认真开展老病残犯认定和暂予监外执行考察工作，落实执法办案终身负责制。多层面宣讲中政委五号文件和最高人民法院法释23号文件精神，制定暂予监外执行网上办案程序，与省市法检两院召开专题联席会议，就财产性判项考量形成一致意见，筑牢了依法行刑的基石。2017年收押513人、释放443人、提请减刑181件、认定老病残31人、交接刑释人员22名。大力推进狱务公开，拓展狱务公开纵深，组织开展了“走出高墙电网，打造阳光监狱”系列狱务公开活动；定期开展监狱长接待日，共接待服刑人员亲属94人次，服刑人员79人次。服刑人员基础数据信息库、微官网、自助查询系统、执法平台正常运行，微官网关注达1134人。建立“警察执法工作评价系统”，已投入使用，提升了监狱管理水平和执法公信力。

◎**教育改造** 聚焦“治本安全观”，围绕“知善行善　从心开始”主题活动，深入开展“一监区一特色”，探索创新教育改造方式，打造适合服刑人员改造的“国学引航”教育模式，全面完成了教育改造指标，教育改造质量实现新提高。加强服刑人员三课教育、思想政治教育和法制教育，严格落实教育改造日，政治文化考试及格率95%以上。突出抓好“知善行善、从心开始”主题教育活动，开展主题读书月、主题故事会、“诵读经典”比赛、“监狱开放日暨亲情帮教”系列活动。“一监区一特色”成效显著，开辟法制领航、国学引航、亲情续航等航系列教育改造工程，编写了《善行启蒙指南》和《国学引航教育系列读本》，累计开展主题教育活动24场次，帮教大会21场次，专题教育10场次，签订帮教协议300余份。推进服刑人员心理矫治，成立了以警察个人名字命名的心理咨询工作室，心理矫治建档率100%。将职业技能培训纳入市政府培训体系，开设厨师、服装、种养殖等培训项目，培训服刑人员169名，获证率100%。承办安康首届高校法治文化节之“走进法治教育基地”活动，120余名大学生接受普法教育，对500余人进行警示教育。

（张丽丽）

综 合 经 济

2017年安康市国民经济和社会发展统计公报

2017年，全市上下在市委、市政府的正确领导下，深入学习贯彻党的十九大精神，以习近平新时代中国特色社会主义思想为指导，认真贯彻落实省第十三次党代会、市第四次党代会做出的各项决策部署，对标“五新”发展战略，加快追赶超越步伐，全市经济运行稳中有进、稳中向好，经济社会保持平稳健康发展。

一、综合

初步核算，全年地区生产总值（GDP）974.66亿元，比上年增长10.5%。其中：第一产业增加值104.62亿元，增长5.0%；第二产业增加值529.69亿元，增长13.5%；第三产业增加值340.34亿元，增长7.7%。一、二、三产业增加值占GDP的比重为10.7∶54.3∶34.9。人均生产总值36662元，比上年增长10.3%。

全年非公有制经济增加值566.40亿元，占GDP的比重达58.1%，比上年提高2.6个百分点。

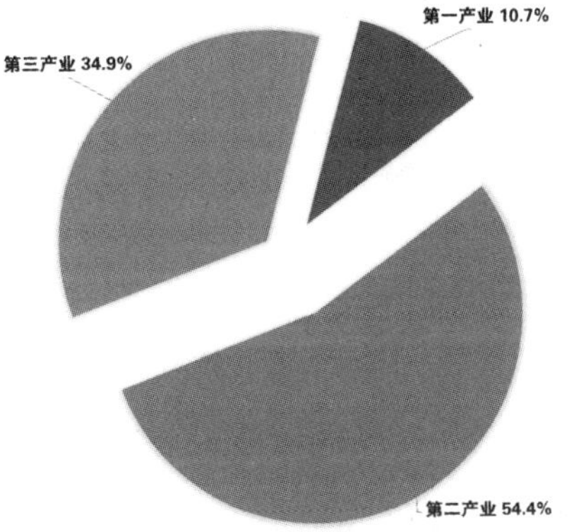

图2　2017年安康市生产总值三次产业构成图

年末，全市常住人口266.1万人，较上年增加0.5万人。其中：城镇人口125.89万人，占47.3%；乡村人口140.21万人，占52.7%。全年人口出生率10.10‰，死亡率7.18‰，自然增长率2.92‰。

年末，全市户籍人口305.02万人，比上年末增加0.59万人，男性163.00万人，女性142.02万人。

二、农业

全年粮食播种面积26.75万公顷，比上年下降0.5%。其中：夏粮11.80万公顷，增长0.4%；秋粮14.95万公顷，下降1.1%。油料面积7.43万公顷，与上年持平。蔬菜面积7.81万公顷，增长2.8%。

全年粮食产量87.63万吨，与上年基本持平。其中：夏粮31.82万吨，增长2.2%；秋粮55.81万吨，下降1.2%。全年谷物产量58.15万吨，下降0.7%。其中，稻谷产量20.30万吨，下降1.6%；小麦产量12.63万吨，增长1.5%；玉米产量25.11万吨，下降1.0%。

表1　2017年全市主要农产品产量表

指　标	计量单位	产量	比上年增　长（%）
粮食	万吨	87.63	持平
油料	万吨	15.54	2.6
其中:油菜籽	万吨	12.13	2.1
烤烟	万吨	2.06	-20.0
蔬菜	万吨	160.8	4.1
园林水果	万吨	23.92	4.7
茶叶	万吨	2.36	17.5

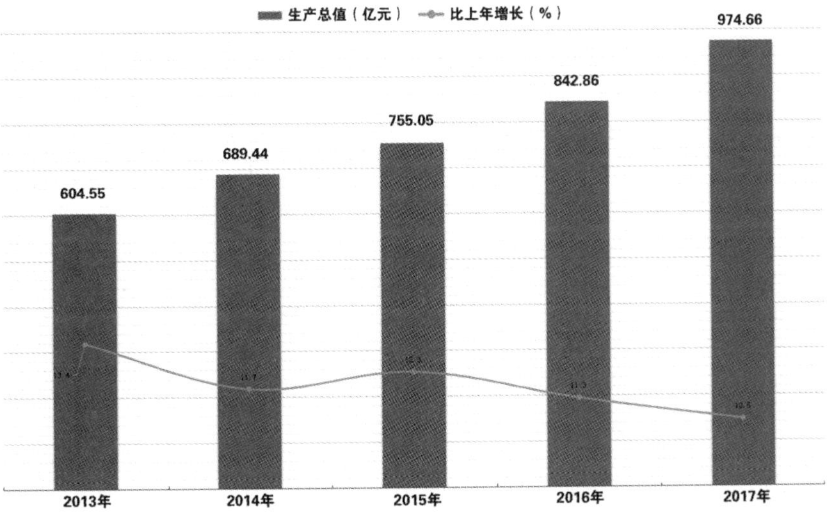

图1　2013—2017年安康市生产总值及其增速图

全年生猪出栏309.44万头，下降0.3%；牛出栏8.43万头，增长2.6%；羊出栏99.45万头，下降0.7%；家禽出栏1245.83万只，增长1.5%。肉类总产量27.47万吨，下降0.6%。禽蛋产量4.01万吨，增长2.1%。

表2　2017年全市畜牧业生产情况表

指　标	计量单位	产量	比上年增　长（%）
肉类总产量	万吨	27.47	–0.6
其中：猪肉	万吨	22.42	–0.7
牛肉	万吨	1.21	1.4
羊肉	万吨	1.63	–2.8
禽蛋产量	万吨	4.01	2.1
牛年末存栏	万头	25.16	0.3
羊年末存栏	万只	94.34	–2.2
猪年末存栏	万只	223.37	–0.9
家禽年末存栏	万头	951.53	0.2

全年水产品产量45130吨，下降2.1%。其中：养殖水产品产量40869吨，下降0.9%；捕捞水产品产量4261吨，下降12.5%。

全市森林覆盖率65%。全年造林绿化面积70.06万亩，比上年增长3.5%。森林蓄积量累计6500万立方米，林地保有量2878万亩，湿地总面积43.27万亩。林业自然保护区3个，面积90.41万亩，占国土面积2.6%。

三、工业和建筑业

全年全部工业实现增加值414.25亿元，比上年增长15.7%，其中规模以上工业增加值增长15.8%。

全年规模以上工业总产值1385.46亿元，比上年增长22.6%。六大支柱工业完成总产值1156.15亿元，增长22.0%，其中：新型材料496.85亿元，增长19.7%；富硒食品396.72亿元，增长28.0%；装备制造135.08亿元，增长27.6%；生物医药62.70亿元，增长3.8%；清洁能源47.54亿元，增长16.8%；安康丝绸17.26亿元，增长11.7%。

表3　2017年全市规模以上工业主要产品产量表

产品名称	计量单位	产量	比上年增长（%）
蚕丝	吨	3673	6.6
精制茶	吨	14173	3.7
鲜、冷藏肉	吨	52034	–10.3
卷烟	万支	888000	–4.0
白酒（折65度，商品量）	千升	8732	9.2
软饮料	吨	1240590	30.5
食用植物油	吨	123555	24.2
中成药	吨	13411	341.7
化学药品原药	吨	3176	–9.5
原煤	万吨	45	12.1
水力发电量	亿千瓦小时	55.76	31.7
水泥	万吨	884	9.4

全年规模以上独立核算工业企业实现主营业务收入1256.66亿元，比上年增长23.8%；实现利润125.9亿元，增长12.5%；亏损企业亏损额0.03亿元，下降97.5%。

在统计的82种主要工业产品中，有69种产品产量比上年增长，其中13种产品产量增速超过50%，36种产品增速超过20%。

全年全社会建筑业增加值115.44亿元，比上年增长13.4%。136家资质以上总承包和专业承包建筑企业完成建筑业总产值149.23亿元，增长24.7%，其中国有及国有控股企业27.52亿元，增长55.6%。全年签订合同额328.12亿元，增长31.6%。房屋建筑施工面积1220.91万平方米，增长7.9%。

四、固定资产投资

全年全社会固定资产投资1149.32亿元，比上年增长24.1%。其中，固定资产投资（不含农户）1072.03亿元，增长23.5%。

固定资产投资中，第一产业投资133.86亿元，比上年增长42.5%；第二产业投资219.14亿元，增长22.0%，其中工业投资217.94亿元，增长21.4%；第三产业投资719.02亿元，增长21.0%。

全年民间投资514.15亿元，比上年增长23.8%。基础设施投资326.78亿元，增长34.8%；战略性新兴产业投资93.04亿元，增长28.8%；文化产业投资102.61亿元，增长56.9%。

全年房地产开发投资93.87亿元，比上年下降1.3%；房地产开发企业房屋施工面积921.82万平方米，增长7.0%；商品房销售面积144.56万平方米，增长6.3%；商品房待售面积35.79万平方米，增长13.1%。

五、交通和邮电

全年公路货运量4208万吨（不含铁路、水运，下同），比上年增长10.3%；货物周转量17.30亿吨公里，增长10.8%。客运量3727万人，增长1.3%；旅客周转量22.48亿人公里，增长2.5%。

全年完成邮电业务总量30.37亿元，比上年增长23.6%。其中，邮政业务总量2.99亿元，增长20.0%；电

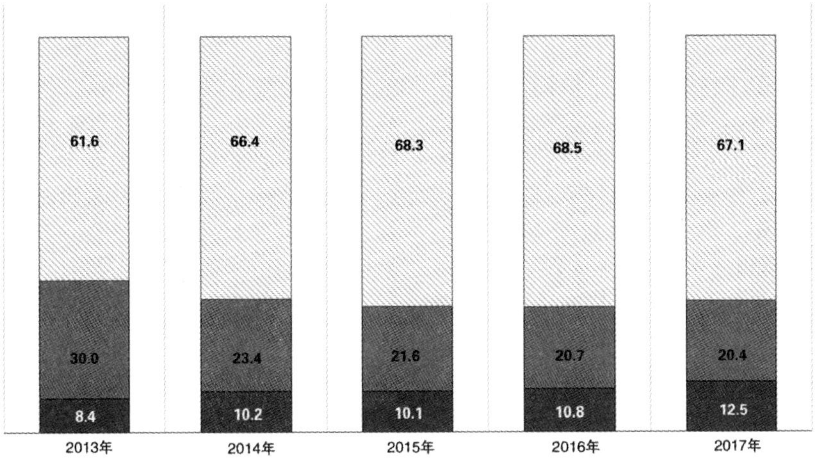

图3　2013—2017年三次产业投资占固定资产投资（不含农户）比重图

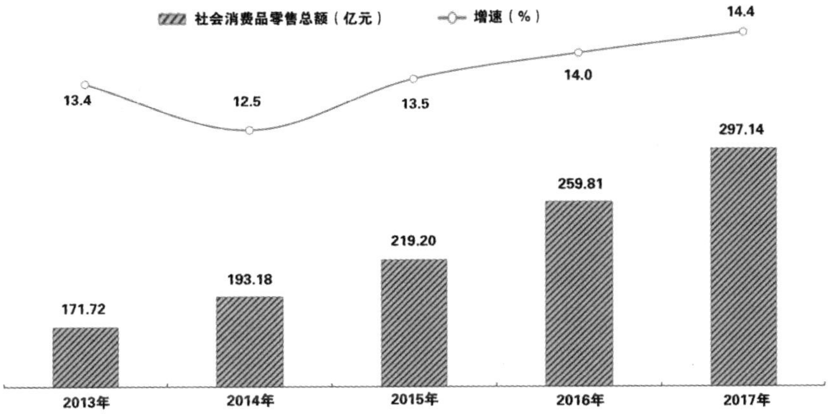

图4　2013—2017年社会消费品零售总额图

表4　2017年安康城区居民消费价格指数表

指　　标	上年同期=100
居民消费价格总指数	102.4
一、食品烟酒	99.3
粮食	100.5
鲜菜	92.5
畜肉	94.5
水产品	103.7
蛋	92.5
鲜果	116.3
二、衣着	99.2
三、居住	104.8
四、生活用品及服务	102.6
五、交通和通信	101.9
六、教育文化和娱乐	102.5
七、医疗保健	110.8
八、其他用品和服务	101.7

信业务总量27.3亿元，增长22.0%。

六、国内贸易和市场价格

全年社会消费品零售总额297.14亿元，比上年增长14.4%。其中：限额以上企业（单位）实现零售额189.37亿元，增长15.9%。

按经营地分，城镇市场实现零售额252.04亿元，增长15.9%；乡村市场45.10亿元，增长6.6%。按消费形态分，实现商品零售246.95亿元，增长14.6%；实现餐饮收入50.19亿元，增长13.1%。全年限额以上商贸企业实现网上零售1.93亿元，比上年增长12.7%。

2017年，安康城区居民消费价格比上年上涨2.4%，其中商品零售价格比上年上涨1.6%。

七、国内国际旅游

全年接待境内外游客3788万人次，比上年增长15.5%；旅游总收入228.53亿元，增长33.5%。其中，接待入境旅游者3.4万人次，增长15.3%；旅游外汇收入758.8万美元，增长15.5%；接待国内游客3784.6万人次，增长15.5%；国内旅游收入228.03亿元，增长33.5%。

八、对外经济

全年外贸进出口总额30119万元，比上年增长48.8%。其中，出口28052万元，增长52.1%；进口2066万元，增长14.8%。

九、金融、证券和保险业

年末，全市金融机构人民币各项存款余额1311.7亿元，比年初增加139.69亿元，比上年增长11.9%；各项贷款余额714.29亿元，比年初增加79.81亿元，比上年增长13.9%。

年末，全市境内有证券机构6家，期末证券开户数5.65万户，比上年末增加0.24万户。证券市场交易量319.04亿元，比上年下降8.3%。

年末，全市29家保险机构实现保费收入30.05亿元，比上年增长25.0%。其中，寿险保费收入23.16亿元，增长29.2%。产险保费收入6.89亿元，增长12.9%。产险赔付3.31亿元。寿险公司给付3.94亿元（含满期给付），赔款支出1.34亿元，退保金支出4.02亿元。

十、教育和科学技术

全市共有普通高等学校2所，全

年招收普通本专科学生6753人，其中本科3196人。年末在校学生22491人，其中本科10828人。

全市共有小学409所，在校生18.55万人。普通中学192所（其中初中160所、高中32所），在校生14.63万人（其中初中86004人、高中60272人）。小学学龄儿童净入学率99.9%，初中学龄人口净入学率99.95%。

全市共有中等职业学校12所，招生7533人，年末在校学生1.82万人。

全市共有幼儿园484所，在园幼儿（包括附设学前班）8.8万人。特殊教育学校3所，在校残疾儿童311人。

全年签订各类技术合同44项，合同成交总额1.04亿元。其中，技术开发合同6项，成交金额2654万元；技术服务合同38项，成交金额7746万元。

全年专利申请量787件，其中发明专利172件，实用新型专利342件，外观设计专利273件；专利授权量541件，其中授权发明专利8件，实用新型专利251件，外观设计专利282件。

全市共有法定计量检定机构10个，各类产品质量监督检验机构25个，特种设备检验机构1个，纤维检验机构1个；县级质量技术检测检验机构9个。

全年完成强制检验计量器具85588台件，完成定量包装40检验批次，完成食品、化工、建材等四大类产品质量检验1223批次，检测纤维制品258批次，检验特种设备4230台(件)、压力管道5.9千米。

全年共有11个产品获得陕西省名牌产品称号，9个产品获得“安康市特色品牌产品”称号。3家企业通过国家质检总局核准获得“紫阳富硒茶”地理标志保护产品专用标志使用权。

十一、文化、卫生和体育

全市共有图书馆11个，群众艺术馆1个，文化馆10个，博物馆10个。

年末全市共有广播电台1座，电视台1座，县级广播电视台9座。

全市拥有国家综合档案馆11个，馆藏1194个全宗，馆藏资料13.05万册、馆藏档案50.07万卷、66.24万件。其中，市档案馆馆藏资料1.44万册，馆藏档案8.86万卷、10.63万件。

全市拥有医疗卫生机构2981个，其中医院48家（含民营医院），社区服务中心（站）16家，卫生院168家，村卫生室2364家。共有床位15254张，其中医院病床10358张，卫生院病床4388张。共有卫生人员22422人，其中卫生技术人员17575人，卫生技术人员中执业（助理）医师5023人，注册护士6886人。

全市实行新型农村合作医疗，参合农民240.07万人，参合率达99.6%。截至年末，22所县级公立医院进行综合改革。

全年共组织开展各级各类群体竞赛活动80次，培训社会体育指导员965名，落实6个乡镇农民健身工程，86个陕南移民搬迁安置点项目，1个全民健身活动中心项目，3个足球场项目，到位资金3758万元。启动江北体育公园项目和汉江全民健身长廊工程项目，到位资金2710万元。

年末，全市体育彩票销售网点达283个，全年销售3.49亿元，比上年增长14.8%。

十二、水利

全年完成水利建设投资18.86亿元，较上年增长18.9%。全年全市有效（农田）灌溉面积达45.40公顷，节水灌溉面积达到37770公顷，旱涝保收面积达到35290公顷，水土流失治理面积达到73.23万公顷，堤防长度达到996.74公里。全市已建成水库153座，总库容40.71亿立方米。已建成万亩以上灌区7处，有效灌溉面积12840公顷。当年解决农村饮水安全人口34.11万人。水利工程总供水量达到7.37亿立方米，其中向农业供水5.17亿立方米，工业供水0.73亿立方米，城乡居民生活供水1.18亿立方米，城镇公共供水0.20亿立方米，生态环境0.09亿立方米。

十三、环境保护和安全生产

全年全市中心城区空气质量达到和好于二级以上天数316天，空气中细颗粒物（$PM_{2.5}$）年均浓度41微克/立方米；全市城市集中式饮用水源地水质状况安全良好，水质达标率100%，汉江出陕断面水质保持在国家地表水环境质量Ⅱ类标准。

全年化学需氧量排放量比上年下降1.5%；氨氮排放量下降1.5%；二氧化硫排放量下降1.4%；氮氧化物排放量下降1%；挥发性有机物（VOCs）排放量与上年持平。

全市发生各类生产安全事故26起，比上年下降44.7%；死亡62人，上升55.0%；受伤27人，下降38.6%；直接经济损失3857.91万元。其中，发生1起道路交通特别重大事故，死亡36人，受伤13人，直接经济损失3533.28万元。

十四、人民生活和社会保障

据城乡一体化住户调查，全年全市居民人均可支配收入16702元，比上年增长9.7%。其中：城镇常住居民人均可支配收入28158元，增长8.5%；农村常住居民人均可支配收入9394元，增长9.4%。

全年新增城镇就业20321人，登记失业人数8940人，失业人员实现再就业7372人，就业困难人员实现就业3320人，城镇登记失业率控制在3.2%。

全年参加失业保险职工人数8.68万人，参加城乡居民社会养老保险人数158.18万人；参加城镇企业职工基本养老保险人数18.85万人，其中在职职工12.92万人，离退休人员5.92万人，扩面新增参保1.11万人。参加城镇基本医疗保险人数42.10万人，其中参加城镇职工医疗保险人数19.71万人，参加城镇居民医疗保险人数22.39万人。工伤保险参保人数15.13万人，生育保险参保人数11.34万人。

全市常年需民政救助保障的弱势群体近18.13万人，享受高龄津贴老人21.8万人。截至年底，城市低保对象1.44万户，2.83万人，农村低保对象5.13万户，11.29万人，农村五保对象3.83万人。

全市现有敬老院163所，床位1.34万张，集中供养五保对象1.19万人；全市有孤儿970名，城市“三无”人员878名；全年临时救助4.02万人次，医疗救助24.8万人次，流浪乞讨救助0.67万人次；福利彩票完成销售3.55亿元。

（安康市统计局　国家统计局安康调查队）

注释：

1. 本公报部分指标为初步统计数；

2. 部分数据因四舍五入的原因，存在总计与分项合计不等的情况；

3. 生产总值、各产业增加值绝对数按现价计算，增长速度按不变价计算；

4. 根据国家统计局规定，从2011年开始，纳入规模以上工业统计范围的工业企业起点标准从年主营业务收入500万元提高到2000万元；

5. 根据国家统计局规定，从2011年开始，固定资产投资统计的起点标准从计划总投资50万元提高到500万元。全社会固定资产投资统计范围包括固定资产投资和农户投资。固定资产投资统计范围包括城镇项目投资、非农户项目投资和房地产开发投资；

6. 限额以上企业（单位）是指年主营业务收入2000万元及以上的批发业企业（单位）、500万元及以上的零售业企业（单位）、200万元及以上的住宿和餐饮业企业（单位）；

7. 邮电业务总量按2015年不变价格计算。其中，电信数据的核算口径发生变化，并用同一口径对2016年数据进行了重新核算。

资料来源：

本公报中邮电数据来自市邮政局、市移动公司、市电信公司和市联通公司；旅游数据来自市旅游局；对外经济数据来自市商务局；金融数据来自市人行；证券业数据来自证券营业部；保险业数据来自市保险行业协会；林业数字来自林业局；教育数据来自高等学校和市教育局；科技成果、技术合同、专利等数据来自市科技局；产品质量监督检验数据来自市质量技术监督局，图书馆、文化馆、广播、电视数据来自市文化文物广电局；档案数据来自市档案局；卫生数据来自市卫计局；体育数据来自市体育局；水利数据来自市水利局；环保数据来自市环保局；安全生产数据来自市安监局；城镇就业、失业、社会保障数据来自市人力资源和社会保障局；社会福利数据来自市民政局；户籍人口数据来自市公安局。

安康市2017年国民经济和社会发展情况

2017年国民经济和社会发展的主要任务是：地区生产总值增长10.5%，规模工业增加值增长14.5%，全社会固定资产投资增长16.5%，社会消费品零售总额增长13.5%，城乡居民人均可支配收入分别增长9%和10%，财政总收入和一般预算收入分别增长3%和6%，城镇登记失业率控制在3.9%以内，万元GDP能耗下降3%，CPI涨幅控制在2%以内。

一、追赶超越步伐稳健

全市实现地区生产总值974.7亿元，完成年度计划的102.6%，增长10.5%，其中一、二、三产业分别增长5%、13.5%和7.7%；全社会固定资产投资1149.3亿元，占年度计划的106.4%，增长24.1%；规上工业增加值420.5亿元，占年度计划102.6%，增长15.8%；财政一般预算收入28.03亿元，占调整预算的100.1%，同口径增长7.4%；社会消费品零售总额297.1亿元，占年度计划的104.6%，增长14.4%；城乡居民收入分别达到28158元、9394元，分别占年度计划的99.5%和99.4%，分别增长8.5%和9.4%。主要经济指标增速继续领跑全省，生产总值、规上工业增加值、社会消费品零售总额、固定资产投资、农村居民人均可支配收入增速以及非公经济增加值占GDP比重等六项指标位居全省第一。

二、特色农业活力显现

坚持产业支撑、园区承载、龙头引领、品牌提效，特色高效生态农业健康发展。粮食总产87.63万吨，肉类总产27.47万吨，出栏生猪309.44万头。水产品、茶叶、魔芋、食用菌、蔬菜等产量稳定增长。农业园区提档升级，新增市级现代农业园区56个，20个航母型园区龙头引领作用显现，620个现代农业园区功能拓展，174家农业产业化龙头企业、1860个农民专业合作社、1142个家庭农场、21个休闲生态农庄等农业经营主体活力彰显。务实推进院地合作，着力打造富硒品牌，《天然富硒产品有机硒检测方法》获陕西省地方标准立项。

三、工业经济稳定增长

实现规模工业总产值1385.5亿元、增长22.6%。六大支柱产业支撑作用增强，实现产值1156.2亿元、增长22%。富硒食品工业产值增长28%，包装饮用水产业产值增长43%。奥邦智能工厂、普瑞达电梯技改等30个工业项目建成投产。新增92户规模工业企业。县域工业集中区完成基础设施投资9亿元，新建标准化厂房33万平方米，新增投资千万元以上入园企业60户。“飞地经济”园区落地开工项目21个，竣工投产项目10个。

四、投资支撑作用明显

全年累计争取中省预算内投资22.3亿元。全社会固定资产投资突破千亿，达到1149.3亿元，增长24.1%。工业投资增长21.4%，民间投资增长23.8%。天一城市广场、旬阳烟厂技改、钒氮合金等220个市级重点项目完成投资400亿元，占年度计划的114.3%。安康机场和安岚、平镇高速，国省干线改造、引汉济渭、洞河水库、钒氮合金二期、天贸物流城二期等重大项目加速推进，南水汽配HS精锻、奥邦智能工厂、普瑞达电梯技改等30个工业项目建成投产。园区成为最具活力的增长极，以安康高新区为引领，各类园区联动，新建标准化厂房42万平方米，新增省级成长梯队企业93户、市级以上农业产业化龙头企业72家、市级农业园区56个。中心城市53个城建项目完成投资28.9亿元。全年完成水利建设投资18.5亿元。100个市级重点前期项目开工建设18个，完成投资11.5亿元，超额完成年度目标任务。新开工PPP项目20个，完成投资9亿元。全年争取中省各类补助资金208亿元，新增债券26.5亿元，统筹安排重点项目建设资金近50亿元。扩大有效投资年度单项考核位列全省第一方阵。

五、市场活力不断增强

城乡市场消费呈现农村消费向好、实体零售趋暖、网购消费平稳的结构性特征。净增规上服务业企业63户。电子商务、邮政快递等新兴消费业态发展迅猛。生态旅游持续向好，全年旅游接待人数3788万人次，增长15.5%，实现旅游综合收入228.5亿元，增长33.5%。镇坪飞渡峡被命名为国家水利风景区，汉江石泉古城景区成功创建国家AAAA景区。新增各类市场主体增长20.5%，非公经济增加值占GDP比重58.1%，市场活力进一步增强。

六、脱贫攻坚精准发力

坚持精准方略，下足绣花功夫，推动“八个一批”落地，核实贫困对象18.04万户51.35万人。编制了安康市川陕革命老区振兴发展规划和灾后恢复重建实施方案。持续加大扶贫投入，建成贫困村基础设施和公共服务项目698个，完成投资5.66亿元。整合涉农资金22.57亿元，争取扶贫贷款37.56亿元，建立金融扶贫风险补偿金2.45亿元。落实1.42亿元苏陕扶贫协作资金支持74个项目建设，深度贫困县和贫困村占比超过80%。狠抓产业精准扶贫,新组建经营主体539个，带动贫困群众1.5万户4.8万人。当年脱贫退出124个贫困村、7.35万贫困人口。易地扶贫搬迁17.6万人，保障性安居工程新开工1.53万套。2017年省定122个计划脱贫村公共服务和基础设施建设任务全面完成，累计实施公共服务和基础设施建设项目698个，完工率100%，完成投资5.66亿元。

七、民生保障持续改善

扎实办好各项民生实事，一大批惠民举措落地实施，完成民生支出225亿元，占一般公共预算支出的82%。新增城镇就业2.03万人，城镇登记失业率3.2%。一批教育、卫生、文化、体育等项目加快实施，建成教育项目235个，改造校舍25.5万平方米，江北中学教学实验楼开工建设，市妇幼保健院、市公共卫生服务中心建成投用。新建镇村文化服务中心470个。建成城市社区日间照料中心15个、农村互助幸福院100个。建设农村饮水工程484处，解决15.5万贫困人口饮水难题。实施体育健身工程104个。基本医疗保险制度实现全覆盖。开发性金融支持返乡创业促进脱贫攻坚的做法，得到国家发改委充分肯定和大力支持，安康经验在全国推广。

八、生态建设全面加强

突出主体功能定位，优化空间开发格局，国家主体功能区建设试点示范扎实推进。编制完成了富硒产业发展、一级物流节点城市、涉水产业、丹江口库区及上游水污染防治、汉江航运和水陆联运规划。启动了国家低碳城市试点、湖城一体、汉江生态经济带、秦岭生态环境保护、瀛湖生态保护、旅游轨道交通等专项规划编制和涉水及健康养老产业行动计划。着力护水增绿保蓝天，持续开展汉江水质保护十项专项行动，全面实行“河长+警长”制度，落实各级“河长”3200余名、警长965名，实现了江河溪沟精细化管控。启动江南污水厂迁建项目，推进35个重点镇“两场（厂）”建设，完成10县区污水处理厂提标改造，汉江出境断面水质稳定保持国家Ⅱ类标准。全年绿化造林70万亩，退耕还林17.5万亩，治理水土流失852平方公里。成功创建国家森林城市。完成中省环保督查转办案件485件。单位生产总值能耗下降3.1%，单位生产总值二氧化碳排放下降4.5%，环境空气质量综合指数全省领先。入选第三批全国低碳试点城市。

九、改革创新稳步拓展

经济体制和生态文明体制改革4大领域22项重点任务全面完成。供给侧结构性改革、“放管服”改革、农村“三变”改革、投融资体制改革、商事制度改革和水电气价格改革深入推进，“双随机一公开”加快实施。恒口“三位一体市直管”运行体制和管理机制逐步理顺，镇级小城市综合改革试验区加快建设。确定培育市级特色小镇10个，长安镇、恒口镇分别入选第二批全国特色小镇和西部大开发“十三五”特色小镇。金融聚集区加快建设，29家企业在股权交易市场挂牌，3户企业在新三板上市，农村信用社改制全面完成。加快社会信用体系建设。制定加快推进社会诚信建设实施意见、政府部门涉企信息统一归集公示工作实施方案等规范性文件。推动信用平台建设。全市共有376个部门接入省公共信用信息平台，信息总量36万条跃居全省第一。

2017年重点项目建设情况

2017年，在市委、市政府的坚强领导下，全市上下聚焦追赶超越目标，突出项目建设核心，坚持把抓发展落实到具体项目上，全力实施220个重点建设项目、100个前期工作项目，扎实推进“千亿投资”工程，全市重点项目建设有力地带动了固定资产投资平稳快速增长，为推动全市经济社会发展、保持经济增速在全省第一方阵发挥了至关重要作用。

220个市级重点建设项目完成投资400亿元，占年度计划114%。其中，104个续建项目完成投资295亿元，占年度计划115%。116个新开工项目，开工108个，完成投资105亿元，占年度计划111%。列入省级考核的天一城市广场、钒氮合金二期、旬阳烟厂技改三个项目完成投资7.4亿元，超额完成年度投资任务。G210宁陕至两河公路、紫阳年产150万平方米轻质环保建材生产线、汉阴富硒莲藕系列饮品开发、石泉县智能制造示范工厂、天一城市广场、高新初级中学等46个项目建成投产（投用）。

100个市级重点前期项目全面完成年度工作任务，其中，18个项目开工建设，累计完成投资11.5亿元；14个项目完成了初步设计、施工图设计，正开展工程招投标、征地拆迁工作；25个项目完成了可研报告编制并通过审查，正进行初步设计、PPP实施方案编制工作；22个项目完成规划选址、立项（或备案），正开展可研报告编制工作；21个项目完成前期论证和规划设计，正积极洽淡招商，确定项目投资主体。备受各方关注的西康高铁项目完成可研审查，安康750千伏输变电工程、汉江7座公路大桥、中心城市水环境治理、垃圾焚烧发电、瀛湖旅游轨道等一批项目前期工作取得突破性进展。

重点项目建设为全市经济社会发展、加快追赶超越发挥了强有力的支撑作用。

一、抓管理建制度，完善项目推进机制

市委、市政府一直高度重视项目建设工作，市委常委会、市政府常务会、市长办公会多次研究部署项目工作，先后出台了《“追赶超越·项目建设”行动方案》《安康市重点项目工作考核办法》和《关于市级领导包抓重点建设项目分工的通知》等文件。按照市委、市政府的统一部署，市发展改革委注重从健全机制上促进落实。一是抓开工。把项目集中开工作为推动项目建设的重要举措，坚持抓开工与促落实、抓建设与解难题同步推进。2017年组织集中开工4次，有259个、总投资737亿元的市县重点项目集中开工，为强化项目支撑、增强发展后劲起到重要作用。同时，注重抓好“关键少数”，确定25个重大项目由25名市级领导包抓，“一对一”全程帮扶，“点对点”跟踪服务，督促推动项目建设。二是抓督办。具体工作中，实行了“月统计、季通报、年考核”制度，并根据项目建设情况，适时对市级重点项目进行调整。扎实开展“晒承诺”活动，将重点项目建设任务作为各县区、各部门公开承诺事项，在媒体上公开承诺年度建设任务，全市共有83个单位承诺了211个重点任务。

二、破瓶颈促前期，强化项目前期谋划

围绕“五新”战略任务、省市“十三五”规划，分解落实了市级重大项目策划包装工作任务，印发了《关于加强全市重大项目策划包装工作的通知》，全年策划包装西北服装产业城、中农联·安康市农产品电商物流产业园、高新区汉能移动能源产业园等200个重点项目。成功举办了陕西省发展改革委重点项目安康对接会，邀请中省有关专家举办了项目策划包装培训会13场次，受训700余人次。积极推广政府和社会资本合作（PPP）模式，印发了《关于加快推进2017年PPP项目工作的通知》，公开推介PPP项目86个，估算总投资1000亿元。全年72个PPP重点项目稳步推进，中心城市市政道路建设及一江两岸景观提升、中心城市环城干道江北段、恒河综合治理项目等26个项目已开工。

三、严考核实督查，确保任务有效落实

继续把重点项目建设纳入各县区、各部门年度目标责任考核，调整了重点项目工作考核办法，采用百分制量化评分方式，将县区和市直部门分类进行单项考核，实行差别化考核。结合追赶超越季度点评，每季度对重点项目建设情况进行点评通报。市委、市政府督查室对重点项目推进情况和有关事项的落实办理情况进行全程跟踪督办，实行“一月一督查一通报”，联合新闻媒体、市监察局开展重点项目现场督查8次，发《督办通报》8期。组织召开了全市重点项目建设推进会，全市重点项目巡查活动，召开了巡查总结反馈会，对项目建设起到了很好的推动作用。

四、补短板强弱项，狠抓招商引资工作

紧盯发展短板，突出开放创新，把招商引资作为第一抓手，推动全方位开放合作，力促大项目落地建设。精心开展领导扣门招商、推介展销招商、驻地和小分队招商，开展市级领导带队的小分队招商活动18次；各县区、各部门组织的招商推介、项目对接活动过百场次，先后在北京、上海、深圳、常州、宁波、佛山等20多个城市，举办了安康特色产品展示暨招商项目推介活动。不断完善全市重大招商引资项目工作联席会议制度，切实加强项目协调推进，全年招商引资项目334个，总投资1009.51亿元。实际利用外资1563万美元，完成全年任务的104.2%。深化苏陕扶贫协作、津陕对口合作，争取苏陕扶贫协作资金1.42亿元，成为全省获得援助资金最多的市，安排苏陕扶贫项目74个。争取津陕对口合作资金1亿元，安排津陕合作项目16个。

五、优服务强保障，着力营造良好环境

在优化政务环境方面，以转变干部作风、优化发展环境为着力点，以治散强纪、治懒强劲、治庸强能、治混强效的“四治四强”为重点内容，持续开展“为政不为”专项整治，全市已问责追究65人，通报曝光典型案例35件45人。深化“放管服”改革，编制了《市县两级2017年行政许可通用目录》，全面梳理市政务中心333项审批服务事项，公布两批75项“最多跑一次”事项清单。推进投资项目在线审批平台运用，加快项目审批效率，促进项目尽快落地，全年通过投资项目在线审批监管平台办结项目2681个，总投资2503亿元。在环境保障方面，严肃查处占地圈地违法行为，全市清理清查各类项目用地116宗、8095.77亩，有效管控“两违”763户，查处违法用地559户18.11万平方米，拆除117户4.01万平方米，恢复耕地3.66万平方米。公安机关在全市重点企业、重点项目建设工地设立警务室，对重大项目建设实行挂牌保护，组织开展了一系列专项行动。目前，全市设立项目工地警务室32个、流动警务室78个，查处“五霸”案件70起，其中刑事案件28起，刑事拘留42人，逮捕20人；行政案件63起，行政拘留115人，查处涉霸团伙19个。在资金保障方面，围绕基础设施、产业发展、生态环保、民生工程等领域，发改系统全年累计争取中省预算资金25.25亿元，中省资金成为经济增长的“动力源”和项目建设的“加速器”。同时，积极开展银企对接活动，先后三次召开银企对接工作会议，签订贷款意向协议58份，贷款金额60.58亿元。在宣传引导上，市发改委联合市委宣传部开展“喜迎十九大　追赶超越·项目建设行动”主题摄影展、好新闻评选、征文评选等系列宣传活动，加强对重点项目建设全过程的舆论宣传引导，营造了全局抓项目的良好氛围。

财政　税收

财　　政

安康市财政局
局　　长　马　勇（女）
副 局 长　周庆意　周仕成　李晓年
纪检组长　马劲松
总会计师　王建华

◎**财政收入**　2017年，全市财政总收入完成85.04亿元，增长8.56%，其中国税部门完成38.51亿元，增长41.86%；地税部门完成16.51亿元，同口径增长16.4%；财政部门完成30.02亿元，与上年基本持平。全市一般公共预算收入完成28.02亿元，同口径增长7.38%。全年税收收入占一般公共预算收入比例为66.7%。

◎**财政支出**　2017年，全市财政总支出突破300亿元，完成300.15亿元；全市一般公共预算支出274.4亿元，比上年增加26.65亿元，增长10.75%。全年全市民生支出累计实现225.05亿元，民生支出占财政总支出的比重达到82%。

◎**财源建设**　2017年，财政部门共争取中省各类转移支付和项目补助资金220亿元左右，其中：一般性转移支付补助118亿元，专项转移支付补助97亿元，返还性补助5亿元。争取新增地方政府债券26.7亿元，比上年增加7.6亿元，增长39.7%。同时积极争取置换债券，化解存量债务，全年完成27.98亿元的债券置换，比上年增加10.23亿元，并顺利将24.6亿元或有债务转换为政府债务，缓解了地方偿债压力，降低了还债成本。发挥财政资金引导作用，根据《安康市产业基金管理办法》和《安康市产业基金管理实施细则》，以拨改股、拨改投方式发挥财政资金引导撬动作用，市级财政安排科技创新、科技成果转化等基金和专项基金近2.5亿元。坚持把推动招商引资作为财政促发展的重要抓手，认真落实市政府出台的一系列招商引资、支持民营企业发展、支持工业稳增长的优惠政策，努力为招商引资营造良好的财税环境。安排了1200万元专项资金，用于招商引资的推广、宣传和奖补，有力地促进了招商引资工作。2017年，全市招商引资项目达233个，总投资1009亿元，落地到位资金608.4亿元。

◎**脱贫攻坚投入**　全年争取中省财政专项扶贫资金8.05亿元，较上年增加3.2亿元，增长70%。持续加大市县本级投入，足额落实财政专项扶贫资金2.66亿元，增长39.4%，超年初任务19个百分点。其中，市本级落实6000万元，增长20%；各县区共落实2.06亿元，增长46.3%。搭建市、县融资平台，争取国开行用于基础设施建设贷款额度39.6亿元，移民搬迁贷款76.27亿元，人保支农融资15亿元。全面推进涉农资金整合，印发了《关于加快推进贫困县涉农资金整合工作的指导意见》，明确了9项市级涉农资金整合项目，中省市县各级共安排整合范围内资金22.48亿元，已完成整合22.48亿元，整合率100%。财政专项扶贫资金绩效评价成效显著，市本级和十个县区全部被评为A级。

◎**农业农村投入**　2017年，财政支农投入26.15亿元，较上年增长11.7%。“十镇百村”美丽乡村建设成效显著，获得财政部和省财政厅好评。投入1.8亿元（省9000万元，市级5000万元，县级4000万元）用于兑付村干部报酬及村级组织办公经费（村干部报酬1.4亿元，办公经费4000万元）。筹集资金7332万元用于农村公路、安全饮水等基础设施建设，一些偏远农村地区生产生活条件得到了极大改善，为脱贫攻坚奠定了坚实基础。

◎**城乡发展投入**　紧紧围绕“疏解江南”“重心北移”的总体布局，全力推进中心城市建设，财政当年投入中心城市建设资金达到31.24亿元，其中市本级财政投入10.5亿元，实施了一大批重大基础设施建设项目，城市品位得到进一步提升。投入19.59亿元，用于支持县城和小集镇垃圾和污水处理，以及配套管网、道路及景观绿化等基础设施建设，有力地推动了小城镇和重点镇建设。支持县域经济发展，通过预算安排、整合专款、调整支出结构，设立了1亿元县域经济和财源建设发展专项资金，支持“兴县强县”战略，打造县域主导和特色产业体系，推进“美丽县城、品质县城、生态县城”建设，培育新的财源增长点。

◎**社会事业投入**　保障教育文化事业均衡发展，落实资金60.59亿元，用于实施中心城区教育资源整合、农村义务教育薄弱学校改造、县城以上城区中小学建设、特岗计划、中小学教师国培计划、营养改善计划、乡村教师生活补贴等，全力推进义务教育均衡发展。提高最低生活保障标准，全市城市居民最低生活保障标准提高到505元/人月；全市农村最低生活保障标准提高到3470元/人年。支持卫生事业健康发展。2018年城乡居民医保筹资标准从现行的人均630元提高到人均690元，其中：各级财政对城乡居民医保人均筹资水平从每年每人470元提高到每人每年500元；全面推行新型农村合作医疗大病保险，政府全额资助建档立卡农村贫困人口参加新农合，实施“全民参保计划”。完善就业和社会保障体系，落实就业补助资金，筹集就业创业基金500万元，人才发展资金1000万元，大力推动创业就业工作。同时，市本级财政投入3.95亿元，用于安康大剧院、香溪书院、城区教育资源、公共卫生服务中心、人民医院门诊综合楼等一批重大民生项目建设。

◎**财政改革** 一是深化税费改革。深化国税、地税征管体制改革，推进与国税、地税深度合作，通过委托代征、互设征收窗口直征等方式，协同对9299户纳税人开展定期定额核定，发挥了合作带来的要素叠加和共生效应，实现合作共赢。安康市被国家税务总局表彰为国地税合作示范市。全面推开环境保护费改税工作，有效推行水资源税改革试点工作，积极修订城镇土地使用税单位税额，制定了《安康市城镇土地使用税区域土地等级及单位税额》执行标准，确保了房产税和城镇土地使用税应收尽收和及时足额入库。认真落实中省减税降费政策，全年累计减免税收11.07亿元，减费降费2.93亿元。全年行政事业性收费收入减少1.33亿元，下降46.1%。二是财政体制改革加快推进。完成了恒口镇（恒口示范区、恒口试验区）财政体制改革，新的体制已于2018年1月1日正式运行；专项安排400万元资金保障香溪洞风景区理顺财务体制，规范了财务管理及保障体制。三是预算国库管理改革。继续推进预决算公开，进一步完善全口径预算管理，加大政府性基金预算、国有资本经营预算、社保基金预算与一般公共预算统筹力度；政府预决算和部门预决算、“三公”经费预决算公开更加完整、详细，预算编制、执行更加规范、透明。继续推进国库集中支付改革，完善预算执行动态监控体系，进一步规范财政专户管理，督促县区对国库集中支付资金全面实施动态监控，继续推进公务卡改革。

2017年全市财政收入情况表

收入项目	2017年（万元）	同比增长（±%）
财政总收入	850383	8.6
一般公共预算收入	280342	7.4
税收收入	186978	7.8
#增值税	79579	84.0
营业税	1096	-97.3
企业所得税	11423	3.1
个人所得税	7176	29.1
资源税	1335	97.7
城市维护建设税	17624	9.9
房产税	5719	15.5
契税	15656	10.7
非税收入	93364	-26.8
政府性基金预算收入合计	235463	12.8

2017年全市财政支出情况表

收入项目	2017年（万元）	同比增长（±%）
一般公共预算支出合计	2744456	10.8
一般公共服务支出	287275	14.8
教育支出	605864	7.2
科学技术支出	12861	3.5
文化体育与传媒支出	47067	9.5
社会保障和就业支出	370699	25.4
医疗卫生与计划生育支出	305555	5.8
节能环保支出	122625	-3.6
城乡社区支出	128863	15.2
农林水支出	439782	25.4
交通运输支出	53580	37.9
政府性基金预算支出合计	255888	10.9

◎**财政管理** 一是公共资产监管全面加强。全市完成国有资产收益任务3.25亿元，占全年任务的108%，其中市本级完成5876万元，占全年任务的118%，超额完成目标任务。完成了原市人力资源市场等国有房地产处置工作，加大对中心城区公共停车位、空间广告发布权等公共资源的调研，形成了《关于中心城区公共停车位建设管理建议意见的报告》和《关于加强中心城区户外广告设置管理建议意见的报告》，为市委、市政府决策提供了科学依据。完成了江南片区市级行政事业单位调查摸底，积极落实市级行政事业单位北迁，制定了《“疏解江南、重心北迁”市级行政事业单位资源整合利用方案》，首批10个部门33个单位陆续完成搬迁；出台《安康市市本级行政事业单位国有资产处置管理暂行办法》和《安康市市本级行政事业单位国有房屋出租管理暂行办法》，建成了集单位资产信息采集、汇总、查询、图示、监管等资产管理功能于一体的中心城区行政事业单位国有资产信息管理系统。二是政府性债务管理逐步规范。对全市地方政府性债务进一步清理甄别，对政府融资平台进行了清理登记，厘清了政府债务底子，将全市存量债务纳入预算管理，制定了债务应急管理办法。拟定了《安康市融资担保及政府购买服务清理整改方案》，对涉及政府融资担保行为、PPP项目、政府投资基金、政府购买服务等对照相关文件逐笔核查，积极督促和指导县区严格落实政府债务限额管理和预算管理，控制政府债务规模，防范和控制风险。三是积极推进PPP工作。创新基础设施投融资机制。全市共向社会公开推介ppp项目86个，估算总投资达1000亿元。纳入财政部综合信息管理平台PPP项目74个，总投资604.20亿元。入库项目中已确定咨询机构PPP项目39个，项目总投资306.8亿元，今年已签约落地PPP项目15个，其中市本级项目2个，总投资78.39亿元。加快项目推进和实施，制定了安康市推广政府与社会资本合作奖补政策，在中、省奖补的基础上，市财政拿出2000万元，对列入中央及省、市级的示范项目再予以前期费补助和落地奖励，促进项目的落地和实施。

◎**作风和队伍建设** 始终把班子建设作为首要任务来抓，抓班子、带队伍、聚合力，严肃党内生活，切实加强党员日常管理，组建了会计事务所联合支部，将原有的12个支部整合为6个支部，将全体党员划分为17个党小组。认真落实中心组学习制度，建立了“两学一做”学习教育常态化机制。认真落实党风廉政建设主体责任，扎实开展“拉托卖好收受好处”

“从事营利活动”和“为政不为”专项整治。深入贯彻中央八项规定和省市纪律要求，持续纠正“四风”，规范干部操办婚丧事宜。严格落实请销假制度，严明工作纪律，干部作风持续好转。严格履行干部选拔任用工作程序，切实把好选人用人关，积极营造健康向上的用人环境。全年共有26名干部得到提拔任用，其中，提拔4名科级干部到国有企业任职；5名科级领导干部被提拔为副调研员；提拔科级干部17人，财政干部队伍建设得到持续健康发展。规范财政工作流程，制定出台了《重大行政决策听取意见和集体决定制度》《法律顾问工作制度》，为科学决策、民主决策、依法决策提供制度保障。

公共资产管理

安康市公共资产管理局
局　　长　尹正涛
副 局 长　陈绪明

◎**综述**　2017年，全市完成公共资产收益任务3.25亿元，占全年任务的108%，其中市本级完成5876万元，占全年任务的118%，超额完成目标任务。

◎**推进公共资源整合**　积极落实市级行政事业单位北迁工作，对市级党委口、政府口所有行政事业单位人员及房地产情况进行全面调查摸底。结合现有北迁房源实际，经过精心测算，拟定了《“疏解江南、重心北迁”市级行政事业单位资源整合利用方案》，首批10个部门33个单位完成北迁。按时完成监察体制改革中落实公产部门的市纪委、监委合署办公的用房保障工作。妥善化解资产处置中的遗留问题，维护政府诚信和社会稳定。

◎**规范公共资产管理**　严格资产配置标准，修订印发了《市级行政事业单位通用办公设备配置标准》，严把资产购进关和出口关。对办公用房的调剂、装修、资产的购置严格把关审批，保证配置不超标、不浪费。全年共完成购建项目审核审批450余批次，驳回不符合拟超标配备的购建项目15余批次。规范资产公开处置，严格要求公房出租单位通过公开竞价招租，公车通过网络竞价拍卖模式，进一步规范了公有房屋出租及公车处置行为。

◎**提升资产管理水平**　积极推进资产购建预算制度管理，拟定了《关于进一步加强公共资产购建预算管理的意见》。强化资产信息管理，累计完成市本级221家独立核算机构和10个县区，资产数据的收集审核、逐级汇总上报工作。依托现代网络信息技术，搭建了市区一体的资产信息平台，使资产管理可视可查，方便资产管理，提高了工作效率。出台了《安康市行政事业单位国有资产处置管理办法》和《安康市行政事业单位国有房屋出租管理办法》等规范性文件，通过制定完善这些制度，初步建立了新型的资产监管制度体系，使资产监管工作突出重点，有章可循，杜绝了随意性，为加强国有资产监管提供了有力的保障。

农村综合改革

安康市农村综合改革办公室
主　　任　马　勇（女）
副 主 任　李　婷（女）

◎**综述**　以“农业强、农民富、农村美”为目标，紧扣“一事一议”村级公益事业、美丽乡村建设、扶持壮大村级集体经济、强化村级组织待遇保障、强化镇办财政审计所管理等，很好地促进了全市农村经济社会发展。一是全面推进“一事一议”项目建设，联合交通局、慈善协会等部门持续推进“千座便民桥”建设，投资1097万元，其中，中省投入350万元，整合其他资金747万元，建成便民桥209座，切实解决群众出行难“最后一公里”问题。将中省财政“一事一议”奖补资金积极向脱贫攻坚村倾斜，改善村容村貌和基础设施建设，全年仅“一事一议”财政奖补项目支持脱贫攻坚161个，倾斜支持资金3190万元。做好古村落保护工作，积极与住建、文保等部门对接，在石泉、紫阳、旬阳三县实施传统村落的挖掘、保护、建设，体现历史文化积淀的农村文化景象。全年共实施古村落保护点5个，总投资630万元，投入中省财政奖补资金375万元，整合其他资金255万元，惠及人口1.48万人。二是深入推进美丽乡村建设，在积极向上申报项目，争取资金的同时，充分整合美丽乡村建设专项资金、“一事一议”财政奖补资金、捆绑涉农资金、群众筹资筹劳、社会捐赠资金等，并结合“脱贫攻坚”、“追赶超越”等工作，共同促进美丽乡村建设。三是创新发展，壮大村集体经济，通过积极探索实践，创出了“镇村经济组织+X”的“强强联合”的双赢型、“多元融合”的杠杆型、“全员入股”的内动型三种运行模式。四是精准发力，助力脱贫攻坚，主动配合支持“脱贫攻坚统筹农村发展创新试点”工作，倾斜安排了10个配合“脱贫攻坚创新”的美丽乡村及扶持壮大村集体经济试点，落实资金1795万元。将扶持壮大村集体经济试点和脱贫攻坚有机结合，巧借发展平台，引领贫困户脱贫致富。五是力促基层机构高效运转，全面落实村级运转经费和村干部待遇，强化财政审计所的指导与管理。

财政征收管理

安康市财政征收管理局
局　　长　周庆意

◎**综述**　紧紧围绕全市财政中心工作，把财政“增收”和规范非税管理作为第一要务，加强票据源头管理，强化收入稽查作用，较好地完成了各项工作任务。2017年全市非税收入累计完成32.88亿元，超年度目标任务10个百分点，较上年减少0.76亿元；市本级非税收入完成9.98亿元，较上年增收0.37亿元，增长4%。

◎**收入管理**　建立收入分析协调机制，定期召开国地税和土管部门收入协调会等“两会一分析”制度，较好地推动了税收和非税收入同步、土地收入清欠、国地税联合办税等工作。强化了收入质量的管理，开展全市财政收入质量专项督查。以票管收、以查促收，确保非税收入应收尽收。简化非税一般缴款书票据管理手续，首次实现市级库和本级库系统剥离，实现票据领购、缴验、核销的系统化、网络化、数据化管理。依托“陕西省政府非税收入收缴管理系统”对全市非税收入进行监管，清理未及时缴款2.5亿元（含错票），其中市本级2000余万元。

◎**土地收入监管**　全市土地收入完成21.54亿元，其中市本级完成6.23亿元，分别超额完成全年目标任务。实施土地收入信息化管理，将土地价款纳入非税收缴系统，实现网络打票、自动入库。积极开展土地储备。积极推进市级重点项目建设。配合长春片区棚改PPP项目进度，累计拨付征地资金2亿元。配合市住建、城投公司、安康中交投资公司，进一步理顺了长春片区PPP项目的投资主体和出资人。

◎**加强票证管理**　全年发放医疗票据1400万份，其他财政票据4万本。并按照简政放权、方便基层的要求，将医疗和社保票据直接发放到县区。全面推行财政票据电子化信息管理。采取票据网络申请和纸质申请相结合，全面录入每宗票据发放信息，动态掌握票据结存、领购、发放情况。对历年发放的罚没登记证进行清理的基础上，将罚没登记证办理纳入了非税收入收缴系统管理，对全市到期的、手工办理的、需要变更的三类证书统一进行了换发。并将信息数据上传至非税收缴系统管理并进行证照打印，实现了“罚照合一”。

生产资金管理

安康市生产资金管理局

◎**综述**　认真清理核实债权债务，积极清收财政周转金借款，对近30年的省、市财政各类周转金借款项目进行全面调查核实。建立安康市财政周转金借款台账，对各项借款逐笔清理核对，重点核查项目借款合同编号、借款单位、借款项目用途、借款金额、借款期限、资金使用费率、欠缴本金及资金使用费等内容，全面掌握了解财政周转金清还及使用情况，为领导决策提供翔实的基础性材料。针对财政周转金借款时间跨度长、借款单位情况复杂，借款人偿还本金及使用费意识差等困难，安排专人采取电话联系、主动上门沟通等方式，与相关借款人进行有效衔接，同时对不讲诚信的借款人，将采取法律途径等措施，切实维护单位合法债权。

政府采购管理

安康市政府采购管理中心
主　　任　雷启平

◎**综述**　2017年，市政府采购管理中心全面落实市财政局工作部署，严格执行《政府采购法》《政府采购法实施条例》有关规定，以采购质量和效率为核心，在内部制度建设，廉政制度建设，工作流程科学设置，依法高效完成集中采购目录内法定采购事项等方面均取得了显著进展，较好地完成了工作任务。市本级完成政府采购项目54项，预算金额136.08498亿元，实际采购金额136.064249亿元。其中：完成项目数为51个，比上年同期增长221.7%，节约资金207万元，人均节支30万元，逐步发挥了政府采购主力军作用。全力保障重大项目、民生项目的顺利开展。完成了市扶贫局贫困村改善农村人居环境项目、市工信局“智慧安康”顶层设计编制项目、市住房和城乡建设局2017年棚户区改造项目（一期），高井片区棚户区改造项目、市财政局2018—2019年度党政机关会议定点项目以及市机关事务管理局、市中级法院、市检察院、安康中学等单位项目的采购，预算金额近136亿元。加强采购信息公开，积极主动配合公共资源交易改革。

国库支付管理

安康市国库支付管理局
局　　长　杨政成

◎**综述**　全面推行国库集中支付改革，严格执行政策法规，不断优化工作流程，提高服务水平。2017年，市本级国库集中支付金额33.7亿元，支付34670笔，较上年同期27.67亿元增长21.8%，按支付方式分：直接支付27.6亿元，占集中支付总额的81.8%，较上年16.9亿元增长63%；授权支付6.1亿元，占集中支付总额的18.2%，较上年10.8亿元下降43.4%；直接支付按资金性质分：预算内资金支付11.4亿元，占直接支付的41.3%；预算外资金支付0.3亿元，占直接支付的1.1%；往来资金支付15.9亿元，占支付总额的57.6%。集中代发工资，共代发110个单位，3706名工作人员，其中：行政单位3473名，事业单位195名，离休38名。

财政监督检查

安康市财政监督检查局
局　　长　孙秦川

◎**综述**　紧紧围绕全市财政改革和财政管理中心工作，认真履职尽责，不断创新方式方法，积极开展各项财政监督检查。加强扶贫资金筹措监管，是2017年安康市财政监督检查工作的主线，市财政监督检查局制定了《脱贫攻坚资金监管督查工作方案》，拟定下发了市级扶贫资金管理监督检查办法，明确了资金监管的范围及督察的7个重点，为各县区加强资金监管发挥了指导作用。扎实开展会计质量信息检查，抽调17名干部组成了三个检查组，对市本级10家企事业单位开展了检查工作。积极开展专项检查，参与了市考核办对全市2016年度目标责任年终考核及市委巡查办对县区的专项巡查。联合市财政投资评审中心开展财政资金绩效评价，大力开展预决算开检查。进一步完善内控制度建设，细化内部控制目标任务与管控措施，对已经制定的1项基本制度、9项风险防控办法和27项操作规程做了进一步的修订完善，深入排查梳理财政工作运行中的风险点6000多项，并分别制定了风险防控措施，重点从定岗定责、流程控制、细化风险、控制节点、加强监督、强化问责六个方面，推进制度实施。

财政投资评审和绩效评价

安康市财政投资评审中心
主　　任 张　铁

◎**综述** 按照服务财政管理、提高财政资金使用效率这一目标，进一步强化财政投资评审及财政支出绩效评价职能，拓宽财政投资评审领域，规范投资评审程序，努力提升财政资金使用效益，促进财政投资评审工作及财政支出绩效评价工作的持续、健康发展。投资评审从单纯的预算内投资项目拓宽到预算外资金、政府性基金、政府融资等所有财政性资金，从新建项目拓展到扩建、维修、装修等所有建设项目。全市共审查1218个项目工程预算，其中：县级1152个，市本级66个。送审金额53亿元，审定金额48.27亿元，审减投资4.7亿元，审减率8.95%。其中：市本级送审额9.37亿元，审定金额8.67亿元，审减投资7039万元，审减率7.51%。抓好财政专项资金支出绩效评价，选取了各领域各类型的多个项目开展绩效评价工作，通过对项目实施的社会效益和经济效益进行点评，确保市级财政重点项目资金支出的合理性、合规性和效益性。通过评价分析影响支出效果的主要因素，发现财政资金使用过程中存在的问题，提出意见和建议，让有限的财政资金发挥最大效益。组织了2017年财政专项扶贫资金绩效评价工作，制定安康市财政扶贫专项资金绩效评价办法，积极组织开展对县区绩效评价考评工作，认真编制市本级2017年度财政扶贫资金绩效评价工作资料汇编。实施预算绩效管理，及时制定安康市绩效目标申报及评审参考指标体系，建立专项资金预算事前评审制度。

（石广修）

税　　收

国家税收

安康市国家税务局
局　　长 张大峰
副 局 长 成　刚　袁康杰　汪　卫　任旬安
纪检组长 金振国
总会计师 汪显凤
总经济师 罗长冬

◎**组织收入** 2017年，全市共组织国税税收收入385387万元，比上年增长41.97%，增收113924万元，完成市政府计划33亿元的132.89%。其中，中央级收入247946万元，省级收入50785万元，市本级收入29666万元，区县级收入56990万元；增值税完成245059万元，消费税完成74111万元，企业所得税完成37529万元，车辆购置税完成28687万元。同时，不折不扣落实税收优惠政策，全年累计减免退税5.98亿元，小微企业优惠政策受惠面继续保持100%，充分发挥了税收对转方式、调结构、惠民生的促进作用。

◎**依法治税** 将落实“三项制度”作为全年法治税务建设重点工作来抓，积极承接“重大税收执法决定法制审核制度”试点工作，成立市县两级领导小组，实行党组、部门、干部“一级三层”宣传学习机制，制定《重大税收执法决定法制审核办法（试行）》《推行“三项制度”实施方案》，营造全局上下宣传、学习、落实“三项制度”的良好氛围。连续开展3轮“学法守法用法”宣传教育活动，认真落实“放管服”要求和“双公示”目录清单，持续推进“三项制度”和“五证合一　两证整合”商事制度改革，成功创建3家市级和2家省级法治税务示范基地。规范重大税务案件审理，开展税收执法案卷评查，建立税警协作常态化机制，切实加大对涉税违法行为的打击力度，查处各类涉税违法案件88起，全年通过稽查、审计等手段查补收入1.7亿元。

◎**税收征管** 抓实征管体制改革，推进《征管规范》落地，按照“优化前台、做实后台、强化前后台衔接”的思路，全面推行税源一体化管理，在全市推行“扁平化团队管理模式”和“分事项专业化管理模式”，逐步取消483名管理员和纳税人“一对一”属地固定管户方式，实现征管力量由机关向基层、管理对象由管户向管事、管理方式由无差别管理向风险管理的转变。抓牢税务稽查体制改革和大企业税务服务管理改革，继续巩固营改增改革，积极落实简并税率政策，开展定向辅导及上门辅导1535户次，全年实现营改增税款12.82亿元。探索“实名制办税+信用积分+分级分类+风险管理”模式，扎实做好电子发票、小规模纳税人自开专票、畅易开票和涉税资料流转平台的推广应用，对缫丝行业及茶叶、香菇、木耳等产品实行增值税定额扣除管理。制定风险管理战略规划和管理规程，组建市县两级风险分析及应对部门，强化企业所得税重点税源和高风险事项团队管理，加强增值税专用发票代开等重点环节的管控，做好纳税人分级分类管理和出口退税分类管理，锁好事前、事中、事后“三道保险”。同时，以成功创建全国百佳国地税合作市级示范区为契机，联合地税局成立市级纳税服务指挥中心，委托中国电信代开临时经营发票和代征税款，对国地税办税服务厅人员实施共管共用，建成国地税一体化24小时自助办税区和全省首家税银一体化便民服务厅，10个县局实现联合办税，1个县局实现互驻办税，全面构建了“厅联建、税联办、法联宣、户联管、案联查”的国地税合作安康“示范区”。

◎**纳税服务** 坚持把“放管服”改革作为激发市场活力、提高纳税人满意度的重要举措，全市国税系统保留许可事项目录5项，取消纳税人报送资料140项、涉税事项3项，194项业务实现前台办理，精简办税资料10项82小类，简化办税事项12

项，纳税人业务办理时间平均缩短5—10分钟。同时，联合地税局制定新一轮“便民办税春风行动”方案，再推5类20项41条便民服务措施，7类115项业务流程实现同城通办，纳税人报送资料、办税时间等平均减少40%。并扎实开展纳税服务大走访、大辅导、大征集、大宣传、大问需、大改进活动。加强自助办税、网上办税、窗口办税互联互通，推进电子税务局系统优化升级，纳税人报送资料和办税时间等平均减少30%。充分运用“互联网+”思路，推行“二维码”一次性告知和掌上APP，推广网上税务局，开通集申报办税、信息查询等功能为一体的微信办税平台，与安康市特有的12部“12366或2366”结尾的“办税特服号”互为补充，构建了“台上、网上、掌上”相结合的“品”字形服务格局。在全省纳税人满意度调查中，安康市国税局连续五年蝉联全省各市局第一名。

◎**党风党建** 深入学习贯彻党的十九大精神，制定《关于构建安康国税全面从严治党新格局的实施意见》和《关于建立健全党组抓基层党建工作责任制的实施意见》，建立局领导党建联系点制度，细化市局抓县区局、延伸带分局（所）和各级党组织负责人的工作责任，实行下一级党组向上一级党组、机关党委向市县局党组、基层党支部向机关党委述职的“三级联动”述职评议考核体系。下发《推进“两学一做”学习教育常态化制度化实施方案》，推出以亮身份、亮责任、晒业绩为内容的“两亮一晒”活动等20余项专题活动，推行“手机+党支部”和支部微信群，“把支部建在网上，把党员连在线上”。持续深化“秦巴山区党旗红”主题活动和“双建双促”，全系统共建税企党建联系点60个，纳税人党校16所，帮助非公纳税户建立党支部2个。同时，坚持反对“四风”力度不减，对关键岗位定期轮岗轮换，开展“清风正气护航”主题行动和“廉课讲纪、文化释纪、微廉推纪、集中考纪、常态守纪”教育实践活动，制定《关于深化国地税纪检监察合作实施意见》，成立巡查办、机关纪委，分类图解“两个责任”，细化各类责任清单133项，压实压牢主要领导、班子成员、部门负责人、机关干部“四级”责任。

◎**队伍建设** 坚持老中青相结合梯次配备国税系统各级领导班子，出台《领导干部交流工作实施办法（试行）》《挂职锻炼暂行办法》，先后提拔了29名科级领导干部，为机关选调16名优秀年轻干部，并适当增加考核先进单位提拔任用指标，树立了“用好人、提能人”的干部任用导向。率先在全省国税系统落实职务职级并行制度，让广大基层干部有所想、有所盼、有所为。深入推进“人才倍增”工程和“岗位大练兵、业务大比武”活动，实施初级会计（审计）资格达标活动，出台《年轻干部培养意见》和《导师代训制实施办法》，对新入职大学生实施“导师代训制”，成立行知路上青年干部读书会，实现个人和集体的同成长、共进步。截至目前，全系统26人考取“三师”资格，221人考取会计（审计）资格证书（占应达标人数的60.4%），25人考取省局标兵，60人考取市局能手，形成梯级式人才队伍格局。同时，通过选树“最美国税人”、寻找“最美女税官”等载体，弘扬主旋律、传播正能量，涌现了中国好税官、全国道德模范提名奖、全国五一劳动奖章获得者崔义胜和“感动陕西国税人物”王祖琴等一批先进典型，全国文明单位高新区局、紫阳县局、旬阳县局，全国五四红旗团支部岚皋县局团支部，全国巾帼建功先进集体白河县局办税服务厅等一批先进集体，集聚了向上向善向前的国税正能量。

◎**行政管理** 以“基础建设年”为主线，下发《进一步加强基础工作的意见》，编印《基础工作规范》，围绕抓基础、怎么抓等问题，从基层党建、税收法治、税收征管、纳税服务、队伍建设、行政管理、财务管理、党风廉政8个方面，列出16类81项清单，各科室细化180余项具体任务，着力补短板、促提升。围绕“队伍专业化、管理规范化、硬件标准化”的建设目标，积极推进资金统筹使用，并在兑现津补贴、政策性奖励等方面做到先基层后机关，各级领导常态化深入基层“察税情、解难题、促工作”。近3年争取中财资金1621万元，完成12个基层分局的维修改造，43个单位实现基层建设达标，占基层单位总数量的60%。构建前排奖励、后排问责的绩效管理格局，制定了符合国税实际的制度体系，特别是将绩效结果与物质奖励、干部考评与选拔等挂钩，真考真用，激发了干部队伍活力。同时，扎实抓好扶贫帮困工作，31名领导干部与帮扶村贫困户结成对子，一户一策，精准帮扶，全年自筹协调投入扶贫资金67.5万元，减少建档立卡贫困人口数量16户64人。并在此基础上，认真做好综合治理、“双创”、防

国地税联合开展“便民春风行动”进企业座谈会

汛抗灾等工作，积极服务振兴实体经济和重点建设项目，得到市委、市政府高度评价，连续10年荣获“全市目标责任考核优秀单位”。

（王翼鹏）

地方税收

安康市地方税务局

局　　长　黄治伦

副 局 长　杨光平　李新武　王恒丁

政治部主任　马顺利

总会计师　蔡　军

总经济师　安升利

◎**组织收入**　2017年，在全面推开“营改增”等结构性减税规模不断扩大等复杂形势下，市地税局始终把组织收入作为第一要务，强化收入目标管理，深化税收分析研判，坚持税费同征共管，聚力强化税收共治，实现了税费收入质、量“双升”。全年共组织各项税费收入25亿元，其中：税收收入15.9亿元，完成省局任务的119.5%，剔除“营改增”政策性因素，同口径增长17.1%；完成市县级一般预算收入10.9亿元，完成市政府目标任务的103.5%；组织养老保险费收入7.5亿元，失业保险费收入0.2亿元，分别完成目标任务的126.1%和122.4%。其他各项基金收入1.4亿元，完成目标任务的132.4%。

◎**数据管税**　围绕《深化国税、地税征管体制改革方案》要求，坚持以数据管税为核心，积极构建现代高效的征管体系。成立数据和税收风险管理委员会，统筹管理全市数据管税工作；推行“1+1+x+y”和扁平化模式的征管改革，构建“以大数据资源库为基础，以风险管理为导向，以数据管税平台为支撑”的现代化征管体系。强化第三方数据共享，搭建财税信息共享平台，制定了包含90类表单、1629个数据项的《第三方涉税数据资源目录　1.0版》，实现了市县两级337个政府部门涉税数据共享“全覆盖”。严把数据质量，自主建立135个审计指标，全年开展10批次数据质量治理，修正数据2.9万余条。加强数据比对分析和风险识别，统筹实施高风险推送稽查、税务审计，中风险纳税评估，低风险纳税人自查等分类应对，全年通过风险应对评估入库税款1.7亿元，纳税评估贡献率达10.3%。

◎**依法治税**　健全完善事中事后管理体系，公布7项事中事后监管机制，全面清理税收规范性文件，梳理、编制和公开安康地税行政许可和行政处罚事项目录，公示处罚信息317条。开展执法全过程记录工作，投入151部执法记录仪到征管一线，对税务稽查、查封扣押、注销登记核查等执法活动全程记录。建立健全法律顾问工作机制，全市4个单位聘任了法律顾问；与市国税局、市司法局联合开展法治税务基地创建，石泉县局被授予“全省地税系统法治基地”称号。联合国税部门推行重大案件协同审理、税收违法“黑名单”制度和联合惩戒措施，公开曝光2户企业，向市政府信用平台推送问题企业108户。落实环境保护税与水资源税新政策，全面完成资料交接和217户环保税纳税人、345户水资源税纳税人识别认定，水资源税顺利开征。认真贯彻落实国务院6项减税政策，全市2017年享受各类税收优惠政策511户，减免地方税收5669万元。联合国税部门对3455户纳税人开展纳税信用等级评定，评定A级信用纳税人131户，根据评定结果实施差别化管理，作为银行授信的重要依据，发放贷款2340万元。

◎**纳税服务**　深化“放管服”改革，全年取消49项、下放2项税务行政审批事项。通过“陕西省权责清单统一平台”发布7项市级权力事项、3项公共服务事项和74项属地管理事项；全面落实“五证合一”“两证整合”登记改革。深化“便民办税春风行动”，推出5类18项37条便民办税措施，实现5大类42个事项同城通办。推行涉税信息一次性采集和“免填单”服务，取消3个涉税事项和894项资料报送。持续简化税务登记注销程序，全年累计办理注销5135户。大力推广“一人一机双系统单POS”办税、24小时自助办税ARM机、电子税务局等多元便捷的办税方式，让纳税人“多跑网路、少跑马路”。深化国地税合作，市县两级召开联席会议30余次，国地税合作规范要求的市县层级的34个基础事项和8个创新合作事项全面落实，12个征收单位实现联合办税“全覆盖”，同步实施房地产税收一体化管理，协同开展联合调查、联合稽查、联合培训、挂职交流，加强信息共享共用，实现“以国税发票，控地方税收”，达到服务深度融合、执法全面协同，成功创建“全国百佳国地税合作市级示范区”。

◎**队伍建设**　积极探索省委“三项机制”相应配套制度，改进干部思想政治工作，增强干部干事创业活力。选优配强基层领导班子，11名县区局领导班子成员与国税互派挂职，选拔补充2名县区领导班子成员；落实职务职级并行制度，24名干部按程序获得职级晋升。以“岗位大练兵、业务大比武”为重点，加强干部教育培训，全年举办各类培训班18期，培训1000余人次。纳税服务业务比武3人进入全省前30名，1人入围总局比武决赛；稽查业务竞赛名列全省第二名，10人入选全省百名稽查人才库，2人取得律师资格A证，队伍综合素质明显提升。深入开展精神文明创建和地税文化建设，围绕汉阴沈氏、白河黄氏、岚皋杜氏等好家风好家训举办3期道德讲堂，充分发挥最美地税人以及先进模范的引领带头作用，积极组织开展志愿服务和健康有益的文化体育活动，培养高尚的道德情操，凝聚健康向上的动能。宁陕县局成功创建全国文明单位，汉滨区局、岚皋县局成功创建省级文明单位，1个国家级文明单位、6个省级文明标兵单位、2个省级文明单位顺利接受复验。

◎**行政管理**　深入推进绩效管理，构建5.0版绩效管理制度办法9个，搭建起覆盖“全员、全岗、全程、全面”的组织绩效和个人绩效管理指标体系，实现系统考核、机关考核和个人考核相互融合、环环相扣、层层负责。围绕省、市追赶超越要求和省委“五新战略”，精心编制《全市地税系统追赶超越方案》和《安康市地方税务局落实“五新”战略任务实施方案》，对组织收入、数据管税、“放管服”改革、国地税合作、基层党建等7项重点开展实地督查。深入贯彻落实新《预算法》，科学编制年度预算，严格执行“先预算后支出”，增强预算刚性约束。全面落实“八规范一流程”，推行统一规范的“表证单书”，加强内控机制建设，推广应用督察内审“督审宝”系统，全面完成固定资产电子条码化管理。

◎**脱贫攻坚** 落实机关干部与贫困户“交友结对帮扶”活动，组织8个支部120名党员干部深入贫困村送政策，落实帮扶措施。市局机关及两个直属单位投入帮扶资金40余万元，建成了规范化的村卫生室、村综合服务中心，重点扶持全村烤烟等主导产业，拓宽增收渠道。投入16.3万元帮助前进九年制学校建成了信息化网络教室，提前两年完成了农村支教帮扶任务。从8个方面制定24项措施倾力帮扶重点工业企业和科技企业。

（龙大军）

安康市地方税务局直属税务分局

◎**概述** 2017年，市直分局累计组织税收收入及教育费附加31425万元，地方教育费附加975万元，合计32400万元，完成市局目标任务38200万元的85%，短任务15个百分点，短收5800万元。同比减少19.5%，减收7617万元。若剔除营业税8827万元的减收因素，则增收1210万元。完成市级收入10600万元，区级收入7575万元，合计18175万元，占总收入32400万元的比重56%。累计组织社保、基金收入12102万元。其中养老保险收入10376万元，完成年任务112%，增长12%，增收1161万元。

◎**数据管税** 一是征管改革稳步推进。通过调整内设机构，合理布局征管资源，采用“1111”的扁平化征管改革模式。在保留机构编制不变的情况下，建立一个全职能办税服务大厅，成立一个数据风险管理中心，保留一个税源基础管理科，组建一个税收风险应对科。二是齐心协力，形成共管合力。成立数据管税风险管理委员会，调整领导分工、配齐工作人员，夯实岗位职能，各科室各司其职，各尽其责，加强配合，严明纪律，征管体制运行流畅，各项工作有条不紊，扎实稳步推进，为稳步实施数据管税奠定坚实基础。三是强化数据运用，提高数据管税水平。按照市局统一部署，全面推广应用数据管税综合应用平台，开展风险应对工作。通过开展案头分析、约谈询问、实地核查等形式，每季度召开风险管理委员会联席会议，对突出疑点问题进行集中专题研究，累计应对风险疑点245条，风险应对入库税款1279.32万元，较好地完成了风险管理应对工作任务。四是数据管税示范单位创建任务全面完成。按照省市局要求，及时制定创建方案，成立领导小组，制定任务进度表，细化责任清单，将省、市局创建考核的8大类20项52个具体指标内容，逐项逐条落实到科室、到人头，实行“挂单销号”管理。形成“主要领导亲自抓、分管领导督促抓、责任科室具体抓”的良好局面。

◎**税收征管** 一是企业所得税汇算清缴网上申报任务全面完成。通过采取工作早安排、培训早开展、服务早落实“三早”措施，全面完成了17户企业所得税汇算清缴工作任务，汇算面达到100%。二是个人所得税全员全额明细申报实现全覆盖。通过梳理摸排、逐户了解、逐户宣传、逐户安装、逐户服务，取得纳税人理解和支持，实现个人所得税软件全安装、全员明细申报率达到100%。三是按时完成房、土两税税源核查任务。制定核查方案，组织对所有管户的经营性房产和土地信息开展收集、比对和实地测量核查，2017年房土两税申报率已达100%。四是大力推广电子税务局，积极推行网上办税。通过税企交互平台、QQ交流群、微信等方式，广泛宣传推广使用电子税务局网上办税。同时，积极组织纳税人参加电子税务局操作培训，采取远程指导、上门服务等方式，及时帮助纳税人解决安装及申报中遇到的各类问题，保证税款及时足额入库，开通率、申报率、入库率实现三个100%。五是税收优惠政策得到全面落实。严格落实国务院“六项”减免税政策，组织税收专家“做客新闻897”就有关减免政策进行现场解读，认真履行减免税备案手续。2017年，共已办理西关拆迁户，城市庄园、水景湾小区等契税减免退294户，其中：办理退税92户，退税78.85万元，办理减免税202户，减免税额253.76万元。

◎**纳税服务** 一是全面落实“放管服”改革要求。进一步理顺各部门职能职责，所有涉税审批事项实现“前台受理、后台流转、窗口出件”的一体化办理流程。将7大类60项涉税事项前移，办税提速40%以上；将8大类90项涉税办理事项纳入“全市通办”，缩短50%的办税时间；进一步简化办税手续，精简报送资料，压缩办税时间，最大限度减轻纳税人办税成本，力争实现让纳税人“最多跑一次“的目标。二是积极推进办税便利化改革。全面推行电子“二维码”一次性告知、无纸化办税、免填单等服务，开启“同城通办、国地税业务通办”模式，办税窗口实现“一窗一人一机双系统单POS”运行方式，基本解决纳税人“多头跑”和重复报送纳税数据信息问题。三是借助税收宣传“十进”活动，提升服务质效。以税收宣传一体化“十进”活动和“弘扬法治精神，建设法治安康”主题法治宣传月活动为契机，联合财政、房管、国土、人社局等部门，组建资深专家团队共同开展“进街道、进广场、进社区、进企业、进营区”等宣传活动，现场共接受过往群众咨询200余人次，解答热点税收问题30余个，发放税收宣传材料1000余份。

（汪子惠）

金融　保险

金　　融

中国银行业监督管理委员会安康监管分局

局　　长　党宏明
副 局 长　敖金红
纪委书记　马建平

◎**党建工作**　时刻牢记党建责任，狠抓党建工作落实，加强政治建设、思想建设、组织建设、作风建设、纪律建设和制度建设，充分发挥干部职工在谋事、干事和成事中的关键作用。组织全体职工观看中共十九大开幕式，第一时间召开动员部署会议，邀请中共十九大代表陈分新讲党课等，迅速掀起学习宣传贯彻党的十九大精神热潮；通过党委中心组学习、党支部集中学习、党员个人自学等强化理论武装，切实加强思想政治和意识形态工作；努力打造“廉洁、正气、有为、和谐”的监管文化，起到凝聚人、引导人、激励人和塑造人的作用；坚持全覆盖、常态化、重创新、求实效，推动学习教育与中心工作深度融合，扎实推进“两学一做”学习教育常态化制度化；评选表彰分局先进基层党支部、优秀共产党员和优秀党务工作者，发挥身边榜样的示范带头作用；组织分局全体党员赴延安开展“追寻红色记忆，坚定政治信念”主题党日活动。严格按照程序规定，完成分局机关党总支换届选举、支部换届和设置调整；组织党务干部再培训，提高党务干部履职和服务能力；组织开展基层党建述职评议考核工作和支部建设达标活动。健全并落实干部监督机制和暗访检查工作机制；层层夯实党风廉政建设主体责任；扎实推进“做表率守党规严党纪”专题教育；持续打造分局“六廉”文化建设品牌，依托安康市被中纪委推出的一系列优秀家规文化，开展家风文化活动；选聘23名廉政监督员，进一步筑牢廉政监督框架；修订分局贯彻落实改进工作作风密切联系群众八项规定的具体实施措施，持之以恒推进中央八项规定贯彻落实。

◎**支持经济发展**　截至2017年末，全市银行业机构各项贷款余额714.29亿元，较年初增加87.28亿元，增长13.92%；各项存款余额1276.60亿元，较年初增加144.01亿元，增长12.72%；存贷比55.95%，较年初上升0.59个百分点。一是小微企业贷款实现了“三个不低于”。强化监管引领、政策支持和表彰鼓励，实行项目推进、按季通报进度、推广“银税互动”服务模式、禁止质价不符和无服务的乱收费以降低融资成本，组织好小微企业金融服务“质效提升年”活动，提升了辖内小微企业金融服务综合质效。截至12月末，全辖小微企业贷款余额203.01亿元，较年初增加32.51亿元；小微企业贷款增速19.07%，高于同期各项贷款平均增速5.15个百分点；小微企业贷款户数9339户，比上年同期增加1605户；小微企业申贷获得率为97.82%，高于上年同期1.94个百分点。二是支农金融服务进一步加强。制定印发了《关于推进金融支持农业供给侧结构性改革有关工作的通知》，推进涉农银行业金融机构加快完善三农服务机制建设，明确市场定位，改善服务方式与手段，发挥支农合力，形成特色鲜明、相互补充、良性竞争的农村金融供给模式，积极发挥金融助力改革职责。深入开展“双基”联动，提高村级双基联动工作站覆盖面。至2017年末，全市1840个行政村（含社区），建立“双基联动”工作站1839个，双基联动工作站建站面达到99.95%。三是支持重点项目建设。向银行业金融机构提供重点建设项目供需台帐，促进信贷资源准确、及时、有效投放。截至2017年，共有14家银行机构为全市重点项目提供贷款支持，贷款余额总计37.05亿元。其中：支持2017年新开工重点项目13个，支持续建项目36个。四是持续推动金融扶贫工作。制定印发了《关于安康银行业全力助推脱贫攻坚的实施方案》，落实金融扶贫具体要求。按季跟踪监测全市银行业金融精准扶贫基本情况、贫困户个人贷款情况、扶贫开发项目贷款情况、财政风险补偿金情况，对数据异常变化的及时采取电话询问、现场督察、非现场约谈等监管手段。成立3个现场检查工作组，对农行安康分行、邮行安康分行、农合机构开展了扶贫小额信贷专项现场检查，针对检查发现的问题下发现场检查意见书要求整改。

组织政府相关部门和相关银行业机构进行四次专题座谈和扶贫小额信贷通报推进座谈会，扶贫小额信贷推进不力约谈有关银行机构高管人员。按季开展扶贫小额信贷“分片包干”责任落实督查工作。截至2017年末，全市扶贫小额信贷余额达到26亿元，当年净增12亿元，位居全省第三名。

◎**银行业改革** 安康农商银行挂牌开业，辖内农村信用社产权制度改革全面完成。完成改革后，督促10家农商行完成了章程的修订，把党的领导和党建工作作为专门章节放在首位。按照绩效薪酬延期支付和追索扣回的监管规定，指导各农商行制定完善了相关办法并严格考核，建立以风险为导向的科学合理的考核激励约束机制。

◎**基层金融服务能力建设** 科学谋划新设机构布局，网点和服务向基层延伸，2017年，新设长安银行石泉县支行和香溪路支行、建行汉阴县支行，农发行筹建宁陕县支行，县域银行业组织架构进一步丰富。

◎**银行业风险管控** 推动敢查、敢处、敢罚的监管导向，落实“敢于亮剑”监管要求。2017年，分局共计对6家机构实施了行政处罚罚款175万元，对1名高管人员给予警告。制定下发了《安康辖内银行业金融机构日常监管配合情况考核办法》，落实约谈、定期通报等措施。组织监管人员深入一线，掌握突出问题，审慎分析、“一行一策”紧盯重点风险化解。针对不良贷款增幅较大的严峻形势，深入不良贷款份额较大的机构了解具体情况，督促加大不良贷款化解进度。督促各机构切实履行案件防控第一责任人责任，做好案件风险防控工作，全辖银行业实现“零案件”。全面组织完成了各类现场检查、排查、督查等工作，加强非现场监管、现场检查等协调联动，积极配合地方政府认真开展互联网金融风险整治、非法集资案件查处等工作，形成工作合力。组织辖内银行业金融机构严肃开展“三三四十”专项整治和综合治理，开展“合规建设提升年”活动，推动辖内银行业强化合规经营和风险防控，回归服务实体经济本源，取得明显成效。

◎**内部管理** 按照全面从严治党的要求，严格管理干部。健全并落实干部监督机制和暗访检查工作机制，不断推进党风廉政建设和反腐败工作。选拔任用5名正科级干部，3名正科级干部转任正科级非领导职务，对8名干部进行轮岗交流。

（胡海洋）

中国工商银行股份有限公司安康分行

行　　长 杨永生
副 行 长 陈　中
纪委书记兼工委主任 熊　伟
副 行 长 李　飞　皇甫翀

◎**组织机构** 2017年，工行安康分行辖属分支机构18个，其中：在安康市城区及石泉、汉阴、旬阳、岚皋、紫阳设一级支行8个（城区3个，郊县5个），二级支行10个（城区9个，郊县1个）。分行本部内设机构十五个部室、两个中心。

◎**股份制商业银行建设** 2017年，工行安康分行认真贯彻总省行各项工作部署，按照年初确定的发展目标和发展策略，积极进取，奋力拼搏，全面完成了省行下达的各项经营目标任务。继夺得全省2016年旺季营销竞赛第一后，在2017年工行陕西省分行旺季营销竞赛中，安康分行再次夺得全省系统第一；在2017年四个季度的全省二级分行绩效考评中，安康分行再次包揽全年所有第一，实现“大满贯”；在2017年度全国工行系统293家二级分行经营绩效考评中，安康分行排名56位，再次创造历史最好成绩，较上年提升7位；分行还被总行授予信贷管理先进集体、大零售突出贡献先进集体、信访工作先进集体荣誉称号。

◎**经营业绩** 2017年，实现拨备前利润2.82亿元，较上年增加2429万元，完成省行计划任务的100.15%；实现净利润2.04亿元，完成省行计划任务的100.34%，人均净利润42.9万元，高出全省平均水平12万元。

◎**信贷** 2017年，全行各项贷款余额为927397万元，同比增加57981万元；其中：公司贷款余额661323万元，同比增加113771万元；个人贷款余额250994万元，同比增加17359万元；票据贴现余额14038万元，同比下降72513万元；中小企业采购卡普通分期付款余额1041万元，同比下降636万元。从总体上看，全行信贷业务呈现稳步发展的态势。流动资金银团贷款、项目贷款增长较快，小微企业贷款、个人贷款增势明显回落；票据贴现、中小企业分期付款大幅下降。从信贷投向来看，贷款主要投向公路、电力、铁路行业和小企业、个人住房贷款等领域，新增贷款投向符合国家产业政策、工商银行信贷政策的要求。

◎**存款** 2017年，工行安康分行准确把握经济形势，不断细化营销措施，在紧抓大客户的同时，加大对中小客户的营销和培育，优化存款结构，拓宽存款来源。至年末全行各项存款余额61.45亿，较年初净增18.93亿。储蓄存款是全省工行系统唯一一家时点余额、时点净增额同业（四大行）占比双领先的二级分行。

◎**资产质量** 2017年，全行不良贷款余额1621万元，较省行控制目标少31万元，不良率为0.17%，较年初下降0.01个百分点资产质量保持全省系统最优。

◎**中间业务** 2017年，全年实现中间业务收入8377万元，任务完成率、同比增量、当年增幅均在全省系统内排名第一，全行人均中间业务收入17.6万元，高于全省系统平均水平26个百分点，排名全省系统第一。

◎**经营转型** 工行安康分行2017年智能银行已实现对全辖18个网点的全覆

盖；融e行移动端客户、融e行移动端月均动户数、融e行他行客户数、工银e支付动户数、一键支付客户数、融e联净增客户数等六项互联网金融指标任务完成率全部排名全省第一；信用卡新增客户18810户，新增有效客户数14260户，任务完成率均排名全省第一；信用卡发卡总量为14.64万张，当年新发卡6.23万张，实现同业“双第一”；信用卡专业连续8个月获得全省考评第一。

◎**内控管理**　工行安康分行认真落实“从严治行”要求，紧紧围绕“不发生重大风险事件和案件”这一核心目标，持续强化全行风险防控，全年未发生一起重大风险事件和案件；出台了《安康分行行领导及高级经理案防工作联系点制度》和《安康分行部室（中心）挂包支行案防工作办法》，强化了案防管理，提高了全员案防意识，建立了网格式案防管理体系，这两个制度受到省行充分肯定。在省行和监管机构的历次检查中，都取得很高的评价，体现了抓严、抓细、抓持久所取得的成效；在2017年度二级分行内控评价中获得全省第一。

◎**安全保卫**　2017年安康分行安全保卫工作，按照总、省行《2017年保卫工作要点》要求，紧紧围绕“两个平台”建设，突出风险预警管理导向，在确保不发生重大外部侵害事件的前提下，抓住关键、把握要害、措施到位、强化考核、严格问责、确保平安的指导思想来开展安全保卫各项工作，为努力实现“三防三保”工作目标和全行业务经营可持续发展提供有效地安全服务保障，实现了全年事故、无案件的既定目标。

◎**客户服务**　一是将服务纳入网点绩效考核。对网点服务面貌进行持续督导，规范员工主动服务行为，建立网点环境面貌标准化、常态化的管理机制。进一步巩固服务专项整治季活动中提出的“一个指标、两项工程、两张清单”的改进成果，对外形成优质服务形象与口碑，将服务的价值作用落到实处；二是根据总省行的要求成立了服务督导小组，明确职责，做好全行的服务督导工作。通过远程监控不定期对各支行、各岗位进行抽查考核。对负责人不履职、大堂不在岗、分流不及时、员工服务不规范等日常服务行为酌情扣分，并在季度服务考核总分中进行扣除。督促全行员工形成服务工作中良好的行为习惯；三是坚持季度服务明星和年度服务标兵的评选和表彰工作，并将评选范围扩大到分行部室，提升分行二线为一线服务支持能力，服务水平和效率，充分调动二线为一线服务的积极性。全年共产生80名季度服务明星，通过服务明星的评选，极大地调动了全行员工争当先进、争创明星的积极性，较好的发挥了先进员工在各岗位的示范引领作用；四是推进星级网点的创建工作，发挥示范作用。以中银协五星级网点创建活动为契机，将星级网点创建作为展示工商银行服务形象、促进经营业绩增长、打造区域内口碑一流的银行一项重要工作来抓。根据中银协2017年度星级网点创建的活动要求，结合各网点实际情况，从服务硬件设施、服务标准、经营业绩等方面，在全辖范围内甄选重点网点，及时申报并部署实施方案，确保创建成功。分行积极配合创星网点汉滨支行的创建工作，认真部署，严格按《中国银行业营业网点文明规范服务考核评价体系（CBSS1000 3.0）》的要求，逐条进行落实，顺利通过市银协星级网点检查组的验收工作，并得到市银协领导的高度评价。2017年汉滨支行被中国银行业协会评为“中国银行业文明规范服务四星级营业网点”。

（周国文）

中国农业发展银行安康市分行

行　　长　陈茂鹏
副 行 长　许泽胜　梁　昊

◎**经营管理考核指标**　截止12月末，全行各项贷款余额440582万元，完成政府债务置换35000万元；各项贷款旬均余额398390万元。中长期贷款净增75266万元；全年累计投放各类贷款152003万元，其中：中长期贷款128900万元。各项存款余额393511万元；日均存款497286万元；实现账面利润19105万元；全年实收地方财补挂账利息3434万元；全年实现基金投资收益1451万元；不良贷款余额18000万元。

◎**服务三农**　做好粮油信贷资金供应和管理工作。全年累放粮油类贷款4503万元。强化开展对中省市县四级粮油储备的收储、转换、管理工作。成立了储备企业粮油库存检查工作领导小组，对辖区内储备企业粮油贷款对应的库存数量、品质进行了全面核查。结合安康实际，认真贯彻落实中省市脱贫攻坚战略，创新扶贫方式手段，深化政银合作，助力脱贫攻坚。一是主动提升站位，适应政策，逆境求变，创新开办政策性金融扶贫新产品。2017年6月，白河县支行成功发放了全省首笔1.2亿元旅游扶贫贷款，对缓解就业、维护社会稳定、实现贫困人口精准脱贫具有重要的意义和作用，为政策性金融支持地方旅游发展进行了有益探索。针对白河县和岚皋县因暴雨造成的泥石流灾害，市县行积极参与地方救灾，向白河县和岚皋县先后发放救灾应急贷款共计2.6亿元。同时，以扶贫过桥方式积极支持贫困村提升工程以及教育扶贫基础设施项目建设。成功投放全省首笔1.2亿元贫困村提升工程扶贫过桥贷款，支持汉滨区贫困村提升工程（一期）项目建设，并将汉滨区教育扶贫基础设施建设项目（一期）贷款1.8亿元已上报省行审查。二是加快资金使用，规范资金支付。易地扶贫搬迁贷款截至12月贷款余额162586万元，5个易地扶贫项目支付率达到80.86%，服务搬迁总人口107538人，其中建档立卡贫困人口54584人。除安康市分行支持的易地扶贫搬迁贷款外，由陕西省分行营业部投放的易地扶贫搬迁贷款、易地扶贫搬迁项目重点建设基金和省级财政易地扶贫搬迁资金共到位709102.93万元，截至12月已累计支付558345.54万元，资金支付率达78.74%。大力支持农业农村基础设施建设，有效支持棚改、水利等重点领域和薄弱环节。全年投放棚改贷款5.99亿元，其中：紫阳支行投放棚户区改造贷款1.99亿元；石泉支行和汉阴支行分别投放2亿元。旬阳支行成功投放1.9亿元水利建设中长期贷款。截至12月，正在评估新营销的棚户区改造项目5个，申请贷款金额为16.65亿元。积极做好存量客户续贷维护工作，促进业务健康有效发展。全年共受理续贷项目6户11笔贷款，涉及贷款余额18600万元。认真做好重点建设基金项目投放及投后管理工作。截至12月，投资专项建设基金项目27个，金额11.27亿元，累计支付86949万元，实现基金收益1451.23万元。零支付基金项目5笔，金额18200万元。

◎**严控风险** 一是全力加强新增不良贷款清收处置。为切实加强清收力度，市分行成立了不良贷款清收领导小组，直面问题、一事一议、一企一策，研究制定清收方案和措施，积极向地方党政进行汇报，通过支持当地项目建设，争取地方党政对安康市分行清收不良贷款的支持。全年累计收回不良贷款1800万元。二是全力清收高风险贷款。以紧盯销售回笼款，约谈企业法人代表摆明利害，协调当地政府帮助企业渡过难关“组合拳”的方法，久久为功，成功全额收回3户企业共5285万元逾期贷款，并稳妥退出，有效扼制了风险加剧蔓延、贷款持续劣变的势头，减轻了管控压力。三是切实加强贷款风险分类管理，细化风险监测预警，着力防控贷款与案件风险，杜绝产生新增不良贷款。

◎**业务发展** 一是抢抓易地扶贫搬迁、基金投资等重大项目落地的机遇，依托新业务拓展存款源头，切实加大企事业单位存款组织与管理力度。二是密切关注上年度9县1区移民搬迁工作办公室在辖内各机构开立的易地扶贫搬迁资金共管账户的资金去向，做好金融服务，抓好下游客户，稳定存量存款。三是强化全员全方位组织存款。四是加强与各金融机构的合作，择机组织同业存款。截至12月末，各项存款余额393511万元，日均存款497286万元。积极发展投资业务、国际业务和中间业务，拓展收入空间。严格落实银监会和总行相关文件规定的收费范围和收费比例，在监管部门和总行许可的范围内开展收费业务，对于原有的业务，按照规定该取消的取消，该减免的减免，确保许可收费服务项目合理合法，同时抓好贷款客户的代理保险工作，确保有国际结算业务的贷款客户在安康市分行办理国际业务。截至12月末，国际业务结算收入人民币共17万元。实现中间业务收入52.25万元，其中：代理财险手续费收入12.18万元；代理寿险手续费收入0.2万元。人民币结算手续费收入6.84万元；手续费服务收入6.78万元；其他中间业务收入33.02万元。

◎**合规经营** 坚持业务发展与管理并重，确保全行业务经营可持续发展。通过开展会计辅导检查、突击接管检查、会计坐班主任易地交流等方式，不断夯实财会管理基础。坚持问题导向，扎实开展“贷后管理年”活动，全面促进员工学制度守规矩，合规经营。深入推进贷款全流程标准化管理，信贷基础管理机制更加完善，制度执行力提高。推进“两加强、两遏制”专项检查和内控评价，针对重点领域和关键环节组织专项审计，认真开展风险排查和合规检查。强化内控综合管理，加强财会基础管理，严格按照中央八项规定，厉行节约，规范财务管理。与此同时，深化企业文化建设，加强信息科技、安全保卫和后勤管理，认真落实办文办会办事各项制度，推动各项基础工作稳步改进。

（桂　斌）

中国农业银行股份有限公司安康分行

行　　长 王青锋（赴宁夏银川挂职）
副 行 长 马文豪（主持工作）
李逸文　吕　浩
郭小虎（白河县挂职）
纪委书记 王欣刚

◎**经营业绩** 各项存款余额150.9亿元，较年初净增8.1亿元。各项贷款余额80.9亿元，较年初净增6亿元。不良贷款余额较年初下降13880万元，到期贷款综合收回率100%，实现自营贷款法人、个人贷款零不良。现金清收不良贷款本金完成年度计划的735.68%。处置不良信贷资产完成年度计划的275.3%，居全省第一位。委托资产现金清收完成年度计划的325.86%。中间业务收入完成年计划的102.6%。净利润完成省行年计划的136.9%，全省排名第一。全行在省行对分行的责任目标考核、三农业务考核排名第三名，综合绩效考核全省排名第三名，党建工作责任制考核全省排名第三名，党风廉政建设责任制考核全省第二名，平利支行、分行营业部进入全省中间业务收入十大支行、平利支行、岚皋支行进入净利润十大支行，镇坪支行进入贷款增量十大支行，兴安路、江北支行喜获“信贷双基管理示范行”荣誉称号。

◎**网点建设** 完成了石泉县支行向阳路分理处装修工作完成；旬阳县支行菜湾分理处、江北支行高新分理处的购置项目；完成了育才路支行果园分理处、营业部西大街自助银行装修项目设计、招标及开工工作；完成汉滨支行银亭招标采购工作，完成平利县支行月城巷、汉滨支行银亭立项工作。持续深化“服务品质提升年”活动，规范“晨会、巡检、神秘人”三大管理工具，建立服务体验机制，切实提高网点服务品质，在《华商报》组织的“2017安康市民最满意银行”评选活动中，喜获“2017安康市民最满意银行”。

◎**信贷管理** 全行牢固树立“信贷质量立行”经营理念，认真开展“信用风险治理年”活动，成功化解4户1.4亿元的不良贷款。成功营销政府购买服务项目，投放贷款1亿元；成功营销安康准备上市企业桂花能源项目贷款5.5亿元。

◎**服务三农** 围绕“服务‘三农’、做强县域”的战略定位，突出做好“大新特”领域金融服务，切实贯彻落实金融精准扶贫工作的十项政策、十项要求和十条措施，形成了“政府+银行+贫困户+帮扶主体”扶贫工作新思路和新机制，全面完成全年精准扶贫贷款3.09亿元、带动建档立卡贫困人口10456人的目标任务。全行三农贷款净增完成年度计划的102.92%。全行农户贷款净增4858万元，完成省行年度计划的161.95%。辖内十家县区支行政府增信项目全部落地，扶贫小额贷款共投放680笔3266万元，完成省行年度计划的102.1%。

◎**运营管理**　深入开展“三化三铁”创建工作，强化运营基础管理，申报“三铁”营业机构8个、“良好”营业机构21个；申报“运营基础管理先进单位”单位1个，“运营基础管理良好单位”2个，运营考核居全省农行第一位。

◎**安全保卫**　以平安银行创建为目标，全面落实安全生产责任，扎实开展监督检查，持续抓好消防安全专项治理工作，完成全辖14个一级支行、10现金业务库、29个营业网点、视频监控中心安全检查验收考核。全辖金库“三化三达标”优秀率达100%，网点优秀率达96.6%。全年全行干部员工无严重违纪和犯罪案件，无刑事和重大治安案件及造成恶劣影响的治安灾害事故；无影响恶劣的“黄赌毒”等犯罪行为，无重大信访事件。

◎**内部控制**　扎实开展“双基管理建设年”和“合规建设提升年”活动，把“内控优先”的理念渗透到各项业务过程和各个操作环节，将规范管理和安全保卫责任分解到各部门、网点和每个员工。完成总行、省行、监管部门对我行的风险审计配合工作，完成“重点信用风险排查”、“两个加强、两个遏制”整改问责回头看、“一排二查三治理”等专项排查工作。全行各项内外部检查发现问题系统整改率均保持100%。巡视整改完成率95.35%。

◎**精准扶贫**　全面贯彻落实全市脱贫攻坚工作会议精神，按照市委、市政府的统一部署，实施扶贫对象、驻村帮扶、扶贫措施、扶贫成效“四个精准”，派出十个工作队，通过艰苦细致的工作，完成贫困户入户信息采集工作，举办文化帮扶活动4次，活动节目与村民同台表演，接地气，受到村民的欢迎。建立互助帮扶基金，采取“以奖代补”的办法支持贫困户发展产业，向团员村捐赠产业帮扶资金19.6万元。真金白银的真帮、真扶，受到县、镇、村、贫困户的欢迎。

◎**精神文明建设**　大力推动精神文明创建工作，积极践行社会主义核心价值观，开展形式多样的创建活动，文明创建工作步入常态化，江北支行全国文明单位通过中央文明委复检，平利、石泉被总行授予第八届全国农行精神文明建设工作先进单位，黄海妮同志被省委省政府授予“陕西省劳动模范”荣誉称号。在全行树立了正能量，振奋了员工精神，增强凝聚力和向心力。

◎**党风廉政建设**　以“四个责任”清单为抓手，推动党风廉政建设各环节的工作落实到位，形成了“层层抓案防、季季有重点、月月有台账、人人有职责”的案防工作格局。扎实推进“三线一网格”管理模式深植落地，完成辖内14个一级支行、718名员工的系统网格搭建，构筑全方位、全天候、全过程的责任共担的员工行为管理体系。创新“三线一网格+X”管理模式，创新做法被《中国城乡金融报》、省行简报、经管网、微博微信公众号、安康日报等媒体的宣传和肯定。

（魏泽强）

中国银行安康分行

行　　长　丁晓明
副 行 长　牟雁亮　王　军　薛继武
纪委书记　张新军

◎**组织机构**　内设七部一室：行长办公室、财管与运营部、监察部、风险管理部、内控合规部、公司金融部、个人金融部、营业部；下辖七个经营性分支机构：火车站支行、城西支行、城东支行、张岭支行、兴安西路支行、旬阳县支行、汉阴县支行。2017年，全行在岗员工149人，其中35岁以下青年员工85人，占比56.7%，在岗员工平均年龄35岁，大专及以上学历147人，占比为98%。

◎**经营业绩**　负债业务平稳发展。截至2017年末，人民币一般性存款余额49.38亿元，较2016年末增长2.75亿元，当地四大行市场占比10.65%，较年初下降0.26个百分点，市场表现优于农行、建行，低于工行。外币一般性存款日均新增148万美元，市场占比由年初53.35%提高到56%，当地市场优势地位进一步稳固。资产业务逐步转型。截至2017年末，各项贷款余额32.86亿元，时点新增0.43亿元，同比增长1.74亿元。当地四大行市场份额12.04%，较上年下降1.29个百分点，市场表现优于工行，落后于建行、农行。中间业务收入份额提升。2017年，实现中间业务净收入1758万元，同比增长267.13万元，增幅17.92%，在全省九地市行领先；市场占比为8.25%，较上年提高0.24个百分点，当地市场表现优于工行，低于农行、建行。资产质量控制良好。2017年，不良贷款余额1407.78万元，不良率0.43%。其中：对公贷款不良余额1196.52万元，较年初增加1196.52万元；零售贷款不良余额30.12万元，较年初增加30.09万元；银行卡不良余额181.14万元，较年初增加68.61万元。绩效考核成绩突出。2017年，在中国银行陕西省分行绩效考核中，排名全省第七，被省行授予“中银卓越集体”称号。

◎**存款业务**　2017年，该行已陆续完成市本级800余家单位合计近4万张社保卡的发放工作，并成功营销他行市本级优质社保卡客户资源2万余户转至我行，基本涵盖了全市所有优质行业，是安康市最具潜力的个人客户群体，为该行个人业务发展奠定了坚实的基础。

◎**贷款业务**　突出资产业务带动作用，注重效益提升，实现资产业务健康发展。以财政、社保、公积金、交通、土储、机场办等行政事业账户等重点建设项目为主，努力拓展公司授信业务。以卡分期和住房按揭贷款为抓手，努力做好零售贷款业务，突出个人贷款的重要带动作用。围绕“医、食、住、行”，大力拓展汽车、装修卡分期，积极发展新楼盘，做好住房按揭贷款的投放，扩大个贷市场份额，不仅实现了个人贷款多年来少有的飞速增长，也以此带动了个人基础客户的增长。

◎渠道建设 围绕创新转型发展，不断加强渠道建设，服务能力得到提升。2017年，已完成了全辖8个网点智能柜台投产工作，不断满足客户高效、便捷、优质金融服务需求。

◎风险防范 强化内控，细化管理，认真落实从严治行方针。一是突出资产质量防控，提前化解不良贷款。经过持续催收化解，成功收三户逾期贷款，公司贷款继续保持零不良，确保了资产质量安全。二是内控管理扎实有效，案防工作平稳推进，确保了无重大业务差错和各类案件的发生。

◎客户服务 加强检查，严于要求，切实提高窗口服务水平。完善了中国银行安康分行文明优质服务检查实施细则，每月定期进行检查，检查结果纳入部门绩效考核；加强业务技能和服务技能培训，开展业务技能强化训练活动；开展服务礼仪、服务规范培训，提高服务接待能力。

（刘 玲）

中国建设银行股份有限公司安康分行

行　　长　李致国
副 行 长　崔洪亮　胡信平　丁礼兵
纪委书记　王　欢

◎概况 中国建设银行股份有限公司安康分行（以下简称建行安康分行），辖13个支行；分行内设部门8个，2017年底全行在岗员工302人。

◎经营业绩 2017年，建行安康分行实现账面利润20210万元，同比增长14.21%。

◎存款 截至2017年底，建行安康分行一般性存款余额101.15亿元，其中：对公存款余额44.55亿元，个人存款余额56.60亿元。存款余额较年初增加7.69亿元。

◎贷款 截至2017年底，各项贷款余额66.37亿元，较年初增长17.29亿元，新增贷款同业四行第一。

◎资产质量 2017年，不良贷款2192万元，不良贷款率0.33%，较上年末下降0.16%。

◎经营管理 一是全渠道同步发力，助推负债业务稳步增长。2017年，建行安康分行严格执行存款日均考核要求，夯实各层级经营责任。对公存款克服财政资金清理，多个集团客户资金归集大幅下降的影响，以客户、账户新增为重点，“搭平台、建网络”为抓手，持续营销五大账户、坚持发展四个平台。实现安康市公共资源交易平台上线试运营，创新与安康市中医医院开拓银医合作模式，夺得汉滨区社会保障卡制发卡主办行资格。个人业务狠抓“三大资金源头”，坚持传统领域和“互联网+”获客渠道双管齐下，持续提升“建圈搭台”批量化获客、活客能力，多渠道抢占市场。住房金融业务积极发挥自身优势，抓好二手房交易资金存款、住房公积金存款、住房维修资金“三项存款”的归集。各个条线、各个机构共同努力，确保了全年存款的稳步增长。二是抢抓地方建设机遇，审慎实现资产扩张。2017年，分行审时度势，创新资产业务发展模式，组建资产业务任务型团队，抢抓安康高新区升格为国家级热点，以贷款新产品和内引外联银团模式为抓手，实现资产业务跨越式增长，全年对公贷款新增10.31亿元，超过前三年新增8.49亿元总量，个人类贷款新增3.08亿元。全年坚持大、中、小项目齐头并进，实现公司贷款、个人贷款、信用卡分期等多点开花，在信贷规模、价格双提升的同时，强力推进尽责调查和贷后管理，严控信贷风险反弹，实现了不良“双降”目标。三是坚持战略转型，实现各项业务跨越式发展。分行以“综合性、多功能、集约化、创新银行、智慧银行”转型方向为指引，结合安康区域经济特点，坚持以客户为中心，以市场为导向，会聚全员智慧，全面提升综合竞争力，认真落实省行要求，全面启动二次转型。强化综合经营计划的战略导向作用，建立以“双对标”（对标同业市场占比，对标系统内位次）为核心的考核机制，坚持财务资源、绩效资源“向一线倾斜、向客户经理倾斜”，为一线员工拓展市场、维护客户提供坚强的后盾；坚持目标管理，划清部门、网点、团队等不同责任主体的经营职责，强化团队之间、团队与部门之间、团队与网点之间的利益共享和责任共担；突出转型重心，优化资源配置导向，提高分期、快贷、投行、国际业务等重点转型产品买单价格，优先支持转型发展的战略新兴业务；落实客户分层维护机制，持续推进网点经营向轻型化、综合化模式调整，推动客户办理业务向电子渠道、向智慧自助渠道迁移。四是普惠金融快速发展，渠道建设进展顺利，新系统平稳上线。成立安康分行普惠金融事业部，积极推进“蓝海工程”，与安康市住房和城乡建设局签订了《安康市住房租赁市场发展战略合作协议》；高新区支行、汉阴县县支行顺利开业，岚皋县支行、紫阳县支行筹建稳步推进，自助银行建设同步跟进，金融服务能力不断提升；新一代系统、电子验印系统成功上线、印章电子化管理进一步规范，实现了分行中心金库对全行城区79台自助设备集中管理。五是提升风险管控能力，实现安全运营。进一步加强风险预警监测，认真落贷款“三查”制度，增强风险敏感性和预见性，主动做好信贷风险防控，及时防范潜在风险；持续做好不良贷款回收压逾，严防资产质量恶化；以开展“合规建设提升年”活动契机，推进风险防控“三道防线”责任机制的落实；认真做好消费者权益保护，理顺工作机制，组建近40人的消费者权益保护工作队伍，开展多种形式的公众消费者权益保护宣传教育活动；深入推进综治平安建设，整治风险隐患，落实综治维稳。六是推进人才强行战略，加强干部人才队伍建设。全行组织人事工作紧紧围绕转型发展大局。以“双百工程”和“八九工程”为重点，突出“班子负责”“导师帮带”“交流实践”三项措施，加快干部人才培养选拔。全年提拔科级干部7人，股级干部10人，80、90后干部占比60%；通过全年持续调整，截至2017年末，安康分行科级干部平均年龄45.2岁，较上年末（46.9岁）下降1.7岁，干部队伍结构失衡问题得到有效缓解；在一线网点建立了职务与职等并行制度，7人晋升为八职等，42人晋升为九职等。通过四项政策优化，打破了员工职业发展的“天花板”，进一步拓展了员工职业发展空间，为推动全行转型发展提供了政策保障；按照“因岗选人、量才适用”原则，逐步安排大龄员工与其相匹配合适岗位，最大程度发挥人力资源效能，在省分行组织的“‘大’有所为 焕发光彩”大龄员工风采展示评选活动”和“建言十九大”活动中，先后有3人荣获省分行表彰。七是“两个责任”不断夯实，党建工作进一步加强。分行持续深化作风建设，班子成员认真执行中央“八项规定”和省行党委有关要求，坚持按月参加中心组学习，定期召开专题会议研究部署党建及党风廉政建设工作；着力构建抓早抓小教育机制，制定了《建行安康分行实践和运用第一种形态、构建抓早抓小教育机制实施方案》，累计进行提醒谈话13人次；强化监督执纪问责，推进落实纪检监察工作下沉，在各机构各部门任命了21位兼职纪检监察员；党委成员实现党建联系点全覆盖，在分管范围内将从严治党融入到分管的业务发展和经营管理中，落实四个同步即“同部署、同落实、同检查、同考核”；全面加强基层党组织建设，全辖13个网点实现了党员全覆盖，正式党员超过3人的网点和部门全部单设党支部；坚持机构建设与“党员之家”建设同步推进，规范基层党支部“三会一课”等党内制度，开展“创先争优”评选表彰，为推动转型发展凝心聚力；精心部署“两学一做”学习教育常态化制度化，通过实行每月“固定党日+”活动来推动主题党日活动和党员教育工作常态化制度化；深入推动中共十九大精神学习宣传和贯彻落实，制定了涵盖6个方面、50条工作事项的实施细则，通过设立网站专栏、建工作微信群、制作宣传展板、办工作简报等形式宣传中共十九大精神，营造学习氛围。

◎**社会责任**　一是全力配合总、省行做好定点扶贫工作。协助总行2016年捐赠的800万资金中的300余万落实到项目，协助总行2017年底成功捐赠200万帮扶资金；成立建行安康分行驻村帮扶工作领导小组，选派了一名年轻业务骨干担任驻村工作队员；进一步夯实了33名党员干部“一对一”精准帮扶130户困难户的工作职责，帮扶干部按照要求每月走访贫困户一次或一次以上；牵头组织召开了3次省直机关单位在汉滨区扶贫工作“两联一包”会议；二是创新金融扶贫模式，打造项目扶贫，解决实际问题，目前，已推进总行扶贫县区重大项目5个，总投资合计16.91亿元，申请贷款合计12.62亿元，其中，已落地投放项目1个，总投资9.98亿元，贷款6.65亿元；正处申报流程项目4个，总投资6.93亿元，申报贷款4.88亿元；三是完成营业场所绿化、美化、亮化等双创、创文、创建全国综治优秀市等工作。

（李运林）

中国邮政储蓄银行股份有限公司安康市分行

行　　长　史战胜
副 行 长　吕岳新　路　伟　李旭峰

◎**信贷业务**　立足地方经济，以服务地方，支持“中小企业”、“服务三农”为出发点，重点加大对精准扶贫、创业及再就业、新型农业主体、民生领域的支持力度，依托平台客户资源、信息资源、政策资源等优势，以平台增信为核心，加大对市场的调查分析，主动开展个性化产品创新及要素调整，探索小微企业信用类贷款模式，有效促进金融服务小微企业再上新台阶。2017年创新开办了“政银担”新型农业主体贷款、再就业扶贫小额贷款、医保POS流水贷、再就业小额贷款要素调整，重点开展了公立医院、民营医院、信易融等信用类贷款拓展，小企业强抵押向信用类业务模式转变实现较大突破。2017年，全行新增各类贷款12.51亿元，结余规模达到33.78亿元。自营存贷比为54.94%，较2016年底提高了16.24个百分点，全行不良贷款率0.29%，较上年下降0.01%。不良贷款率远低于3%控制目标。

◎**对公业务**　持续实施“十三五”规划确定的重大交通项目，围绕建设区域交通枢纽和重点产业发展，强力推进平镇高速、石泉至宁陕高速、国道541建设、农村公路硬化、生态旅游经济带建设工程、中心城市建设、西渝高铁，月河快速干线、汉江高等级航道等重大基础项目资金结算及公司贷款业务。抓好生态、农业、电力、水务、社保、医疗、棚户区改造等项目，加大瀛湖生态环境保护及旅游投资、富硒产品研发中心、引汉济渭和现代农业产业园等市重点建设项目。截至2017年末，全行公司存款规模累计达到31.76亿元，公司贷款余额达15亿元。

◎**风险防范和内控管理**　在全面风险管理工作方面，利用风险与内控委员会这个平台，整合全行内控管理力量，有效的管理和缓释了各类风险因素。在合规管理工作方面，通过加强合规制度建设、夯实合规管理基础、落实合规问责、推进合规文化建设四项举措大力提升合规管理水平。2017年全市邮政金融资金安全无事故，未发生资金案件或重大舆情及风险事件。

◎**队伍建设**　截至2017年底，全分行在岗员工266人。专科以上学历达到99.62%，其中本科学历56.40%，具有各类专业技术资格人员占比达到39%。

◎**零售业务**　充分发挥网络优势，网点建设覆盖辖内市、县和主要乡镇，全市共有106处网点，布放ATM机

191台、ITM机6台，POS机613台，成功搭建柜面服务与自助渠道相结合的金融服务体系。同时牢固树立以客户为中心的服务理念，全年服务客户数量170万户，客户满意率达100%，被邮政集团公司评为全国邮政用户满意企业，全年服务养老金客户6.01万户，公交IC卡客户17万户，切实履行了普惠金融的社会责任，得到政府、监管机构及广大客户的认可。

◎**社会责任** 配合地方政府开展“送文化下乡”“送金融知识下乡”等活动。积极开展贫困村大竹园镇二联村对口帮扶工作，完成了年度各项帮扶任务。认真落实“双创”工作。成立了志愿者服务队伍，开展邮爱公益及敬老院公益献爱心活动。全面完成政府下达绿化任务。积极发挥省级文明单位标兵的文明示范作用。

（邮政储蓄银行安康市分行）

陕西省农村信用社联合社安康审计中心

主　　任　刘志文
副 主 任　鄢城安

◎**机构** 陕西省农村信用社联合社安康审计中心属省联社派出机构，内设审计一科、二科、三科、四科，具体承担对全市农村商业银行的“审计、监督、评价、指导”等职责。全市共有10家农村商业银行，营业网点279个，员工2532人，金融服务覆盖全市所有镇办、村组。

◎**党的建设** 一是健全党建工作机制，全面提升党委履职能力。审计中心认真贯彻落实省联社党委各项决策部署，指导各农商银行将党建工作总体要求写入《章程》，推动规范党委议事规则、党务公开等一系列工作在各农商银行落地见效，确保了党委核心作用在改革发展和经营管理各个环节有效发挥。二是加强支部阵地建设，实现线上线下互动互融。全市83个党支部全面完成了1182名党员信息的采集、审核和系统录入工作，按照“有场所、有设施、有标识、有党旗、有制度、有园地”（“六有”标准）推进活动室建设。依托“手机+党支部”精准平台和“网络党支部”微信群，推动了“基层党建六大提升”“学亮比、争创出”等实践活动扎实开展。三是规范党内组织生活，推动党员教育管理常态化全覆盖。审计中心制定了《关于推进“两学一做”学习教育制度化常态化实施方案》，严格落实每周集体学习、党支部学习和“三会一课”制度，推进全市农商银行“两学一做”学习教育常态化。四是抓牢抓实“两个责任”，持续推进党风廉政建设工作。层层落实党风廉政建设责任制，盯紧节日重要节点，多维度强化全员廉政教育。查处和纠正损害群众利益问题84件。

◎**机制改革** 2017年，按照省联社深化改革工作总体部署，按照省联社产权制度改革规划，原汉滨联社成功改制为安康农商银行于7月28日挂牌开业，安康成为全省第二个实现农信社改制农商银行全覆盖的地市。各农商银行积极推进标杆银行建设，进一步修订完善了管理制度、操作流程和各委员会议事规则，规范了授权与转授权工作，法人治理机制不断完善。

◎**经营业绩** 存款业务。2017年全市农商银行各项存款余额达521.12亿元，较年初净增81.1亿元，增长18.43%。贷款业务。各项贷款余额为324.26亿元，当年净投放29.27亿元，增长9.92%，存、贷款市场份额分别达39%和45%，均居全市同业之首。不良贷款。不良贷款余额8.06亿元，不良贷款占比2.49%。经营利润。实现财务总收入36.32亿元，其中，中间业务收入0.31亿元；实现账面盈余10.84亿元；上缴各项税金3.74亿元。

◎**支农支实** 一是全面强化“回归本源、专注主业”的经营理念。按照“六统一”要求推进“双基联动工作站”建设，挂牌建立“双基联动工作站”1839个，建站面达99.9%；为符合建档要求的57.43万户农户建立了信用信息档案，评级授信户数51.75万户379.79亿元，建档面和评级授信面分别达96.09%和90.11%。扎实开展网格化精准营销行动，支持“纳税百强”大户117户市级以上重点项目20个，农业产业化龙头企业29家新型农业经营主体、职业农民发放贷款543户。全面推广企业金融顾问制度。选聘了121名金融顾问，与187家企业开展结对子、固定式、常态化的帮扶服务。二是创新金融扶贫工作机制。认真贯彻落实省、市脱贫攻坚总体部署，印发了《关于进一步加强扶贫小额信贷工作的通知》，严格做到“六个到位”：即各级包片兜底责任落实到位，各项金融扶贫政策运用到位，各类扶贫贷款投放到位、利率执行到位、风险防控到位、贴息资金划拨到位。截至2017年末，净投放扶贫贷款15.3亿元，余额达30.98亿元，其中，净投放“5321”扶贫小额贷款11.5亿元，余额达25.55亿元；扶贫产业贷款3.8亿元，余额达5.43亿元。三是深化普惠金融建设。稳步推进居民健康卡代理发行工作。审计中心联合市卫计局在白河县举办了安康市居民健康卡首发式暨健康.金融扶贫现场观摩会，全面做好贫困户发卡工作，并同步启动全市居民制卡发卡工作，为全省推进智慧医疗体系建设和健康扶贫工作提供了经验范本。

◎**风险防范** 一是强化信贷风险管控。采取定对象、定人员、定时间、定奖惩，班子成员包机构、抓大户、攻难点，一户一策，提单清收，集中攻坚，累计清收盘活不良贷款6.3亿元。二是全面打造合规文化。深入开展“合规建设提升年”活动、“七五”普法宣传和各项重大风险防控整治工作。全市农商银行审计系统成功上线运营，内审质效全面提升。全年共组织实施审计项目148个，开展实时稽核641次、序时稽核290次、常规稽核786次、后续稽核351次，有效发挥了监督检查的精准性、有效性和震慑性。三是提升安保“三防”水平。全年投入安全设施建设资金3800万元。全面完成了县级视频监控联网升级改造。开展安全检查3348行次，实现了全年安全经营无事故。

◎**自身建设** 一是基础设施建设稳步推进。按照市政府关于安康高新金融服务聚集区建设总体规划安排，安康农商银行金融大厦建设加快推进。汉阴农商银行办公大楼新建工程已上报省联社审批。石泉农商银行办公大楼装修工程全面启动。二是文体活动丰富多彩。审计中心在全辖全员推广普及每天做第九套广播体操，常态化开展精品服务网点和服务明星“双百创建”工作，成功举办了全市农商银行第五届职工运动会，组队参加安康市“银协杯”第三届羽毛球赛包揽团体、男单、女单全部项目冠军。体育竞技、文艺会演、演讲比赛等活动在各农商银行开展有声有色，创先争优和“快乐工作、健康生活”的企业文化氛围浓郁。三是文明创建再添新枝。平利农商银行被中国银行业协会授予“全国支农支小服务示范单位”称号；安康农商银行获得“全国敬老文明号”和“安康市民最满意银行”殊荣；旬阳、岚皋农商银行顺利通过“全国文明单位”复审验收；白河农商银行成功创建“省级文明单位”，营业部被中国银行业协会授予“文明规范服务三星级营业网点”。

（郭世平　屈　锐）

长安银行安康分行

行　　长　左和平
副 行 长　马　刚　焦红升
纪委书记　王远康
行长助理　禄　波

◎**概况**　长安银行安康分行成立于2011年4月14日，现有员工162人，目前下辖13家分支机构：汉滨区支行、旬阳县支行、紫阳县支行、平利县支行、石泉县支行、汉阴县小微支行、岚皋县小微支行、白河县小微支行、宁陕县小微支行、恒口示范区小微支行、安康巴山西路支行、安康南环路支行，实现了在辖区除镇坪县之外网点全覆盖。分行机关设立纪检监察室、综合管理部、会计结算部、安防与合规检查监督部、风险管理部、公司（机构）业务部、小微企业金融服务部、个人金融业务部。

◎**经营业绩**　长安银行安康分行坚定不移地推动存款业务转型升级，真正让存款发挥“压舱石”作用，2017年存款营销工作成效突出，创安康分行开业以来最好水平，各项存款余额44.78亿元，较年初增加11.18亿元；强化对经济及金融形势的研判，采取“大中小并举，中小为主，个人业务为先”的策略，不断调整客户结构，拓展客户群体，2017年全行贷款余额27.46亿元，较年初增加1.72亿元。

◎**内部管理**　风控合规体系建设匹配发展新要求，全年以“合规建设提升年”活动为主题，先后组织开展“三违反”“三套利”“四不当”“整治市场乱象”专项自查工作，配合安康银监分局完成城商行专项检查工作，及时建立问题整改台账，落实责任到人，确立有计划分步骤落实整改方案。专业化内控合规管理机制逐步形成，采用集中培训、“以岗代训”、“送教上门”等方式，全年先后赴辖区机构开展检查53次，检查覆盖率达100%。积极开展合规知识考试及“我眼中的风险隐患”征文、网点安全、消防培训，加大审计、合规、安防管控力度，各条线不断优化完善各类运营管理支撑系统，制定、修订文件制度，职能架构得到优化，实现了案防技能与机制建设、科学化精细化管理水平全面提升。先后开展客户经理拓展及考试等教育培训20余次，相继出台《长安银行安康分行2017年度分支机构综合考评办法》等制度办法15个，完善激励考核。继续深化业务条线营销工作周例会及经营分析月度例会制度，推行部室及支行周例会制度，建立客户经理月度工作报告制度等，强化各级岗位处理事务前瞻性和条理性，确保各项工作的高效推进。不断增强会计运营管理水平，强化成本管理，精打细算，财务管理水平进一步提升。

◎**风险防范**　2017年，安康分行加快存量风险贷款的消化及稀释，强化贷后管理力度，强化新增资产质量把控，对全行信贷资产进行摸底排查。对于潜在风险贷款，提前着手制定化解方案，防止出现风险贷款的“前清后溢”被动局面，截至年末，分行关注类贷款余额1878.24万元，不良贷款余额664.97万元，关注及不良贷款余额控制在总行目标控制额之内。

◎**客户服务**　坚持以市场为导向，以客户为根本，按照统筹兼顾、协调发展的原则，致力于为客户提供高品质、专属化的金融服务。稳步推进银企对账系统、无纸化系统、电子档案系统、指纹登录系统、人脸识别系统等系统的上线工作，有效缓解了柜面压力，提升了业务处理效率和客户满意度。

◎**企业文化**　2017年，通过从团队建设、完善机制、强化会计运营及财务管理、企业文化建设、践行社会责任、多措并举、多方发力，管理效能全面提升。对内，着力抓好人才梯队建设，强化党委班子建设，中层管理干部队伍建设，以及客户经理队伍建设三支队伍建设。进一步充实调整中层管理干部，2017年提拔中层管理人员9人次，调整14人次。对外，社会公众认可度逐步提升，在由华商报主办、华商报社安康记者站承办的“2017年安康市民最满意银行”评选活动中荣获“突出贡献奖”。宁陕县小微支行喜获“省级平安单位”荣誉称号。精准实策，切实做好包抓村扶贫工作。2017年辖内机构扶贫包抓共计6个村，涉及94户贫困户，我行通过派驻工作队员脱产驻村帮扶、组织员工捐款及节约办公经费筹集扶贫费用资金共计30余万元，在贫困户务工、农产品销售、农业技术指导等帮助农民拓宽增收渠道。通过组织文化下乡活动、党员干部交朋友、扶贫大走访活动，助力全市脱贫攻坚。

保　　险

中国人寿保险股份有限公司安康分公司

总 经 理　陈振兵
副总经理　李增光
副总经理　杲晓明
纪委书记、副总经理、工委主任
王　庆

◎经营业绩　一是核心业务高速增长。公司全年实现总保费8.62亿元，同比增长32.55%，创历史新高。个险十年期以上首年期交、个险短期险、银保标保、银保首年保费、银保期交、大短险等核心业务分别同比增长59.01%、32.61%、62.49%、61.25%、29.37%和6.83%。续期保费4.80亿元，同比增长28.43%，续期保费对业务总规模的推动作用进一步增强。二是年度预算超额达成。个险首年期交完成122.97%、个险十年期及以上期交完成120.48%、个险短险完成143.26%；银保首年保费完成100.78%，银保期交完成107.19%；团险短险保费完成110.42%。

◎经营状况　截至2017年12月31日，全市系统资产规模达28亿元，2017年分类分级考核结果为“AAA”级。公司在全市9县1区拥有15个经营单位、55个农村营销服务部、167个银邮代理网点，吸收各行业下岗职工和农村富余劳动力5000余人，经过培训教育训练，成为销售员工，为缓解社会就业压力做出了贡献，履行了企业应尽的社会责任和义务。累计承担全市约270万人次、1.6万亿元的风险保险保障，在缓解社会就业压力，促进安康市经济社会发展和稳定人民生活方面发挥了“稳定器”和“助推器”作用。

◎市场发展　一是个险渠道快速发展。个险以十年期及以上保障型期交产品为主打提前完成年度目标的基础上，坚持全面均衡发展，个险渠道首年期交、十年期及以上期交和短险分别以实现年度计划125%、122.61%和143%，成为全省第二家提前超额完成“三项”核心指标的市级分公司。二是银保渠道转型发展。银保坚持“业务、队伍同步发展”策略，实现大营销、大个险，立足渠道维护、立足客户资源，实施客户二次开发，在以结构优化为重点的基础上，提前实现银保期交超额达成年度目标107.80%的战略转型发展，牢牢占据市场份额第一的主导地位。三是团险渠道扩张发展。借助省公司与安康市人民政府签署的保险战略合作协议，继续做好学平险传统口子业务，巩固农小、计生等传统政保业务优势，实现扶贫、老龄等政保业务的突破发展，全年实现大短险6729万元，业务规模跻身全省前四。

◎基层党建　一是当好党建工作“第一责任人”。各党支部切实履行职责，高度重视发挥各级党组织的核心领导作用，加强基层服务型党组织建设，真正做到了党建工作与业务工作“同部署、一起抓”，为公司持续健康发展提供坚强的组织保障。二是加强领导班子建设。强化各级班子“功成不必在我、建功必须有我”的责任担当，打造一支有理想有激情、有追求有担当、有能力有作为的“六有”班子队伍。三是加强干部队伍作风建设。各级领导班子围绕2017年工作的总体要求，坚持矢志奋斗，认真落实“两学一做”规定动作，涌现出以旬阳、五里为代表荣获中省市多项荣誉的一批基层单位。平利支公司驻守八仙冯家梁村的龙甫林同志被市委组织部评为优秀第一书记，受到全市通报表彰。四是发挥党组织的引领作用。全市16个党支部全部建立了标准活动室，党委中心组和各支部按照各阶段的专题内容，做到集中学习和个人学习相结合，确保了“两学一做”常态化。

◎风险防范　一是完善了风险防范体系。与17个基层单位负责人分别签订《党风廉政建设责任书》《案件风险防范责任书》《合规经营承诺书》《年度目标责任书》，落实党委对党风廉政和风险管控的主体责任，将风险防范指标列入县公司班子和责任人员职能考核。着力强化风险管控“四道防线”责任的细化落地，以岗位责任书的方式，分解落实全员风控责任，强调岗位自律，推进关口前伸，构建“横向到边，纵向到底”的立体式防范体系。二是突出了风险管控体系。加强了对县公司经营规范性的动态检查，及时出具风险提示书，充分发挥警示作用，进一步加强反洗钱工作，做到了监控到位、排查到位、梳理到位、评估到位、动作到位。三是强化了风险治理体系。维护制度执行的严肃性，抓早抓实抓出成效，不断强化风险治理服务意识、风险意识和执行意识，切实减少风险隐患，为公司和谐、稳健发展提供坚实保障。

◎理赔服务　一是全年共处理各类赔案17889件（其中长险1500件），较去年同期上升20%。短险赔款金额2488万元；二是契约、保全、理赔作业质量不断提升，客户信息关键信息完整率和准确率均达成100%，理赔业务管理质量平均考核得分96.72分，位居全省第一名；三是客户投诉案件较去年同期下降40%，全部投诉案件均已妥善处理，客户投诉管理考核全省第一名。随着理赔满意度逐步提升，发挥了保险的保障作用，扩大了保险的影响力，为保证社会稳定、造福安康人民群众、提高安康人民生活质量和健康水平发挥了重要作用。

◎公益活动　一是通过独家冠名支持安康首届中学生诗词大会、全市老年健身大赛、积极参与安康市马拉松赛事保险合作，组队参加中国安康汉江龙舟赛并获得企业组第二名，公司品牌形象有效提升；二是通过建立中国人寿助推安康教育扶贫基金项目，自2017年起，每年为贫困家庭应届高考生提供大学费用资助，四年共计200万元。2017年已对全市100名贫困大学生发放资助金50万元；公司被安康市委、市政府授予年度目标责任考核和金融工作先进单位。分公司党委被集团公司授予2017年度个险业务发展奖。

◎年度目标责任　目标责任工作总体良好。组建100个镇办农村小额保险服务站，完成年度计划100个的100%；实现“三农”服务专员人数440人，完成年度计划150人的293%。支持高新金融聚集区建设，全力推进分公司机关北迁，项目已上报总公司。城乡居民大病保险、农村小额扶贫保险全方位服务于全市人民，其中大病保险覆盖城镇及农村人口270万元，城镇居民和新农合大病累计支付补偿金1.3亿元，患者医疗费报销平均提高了13%，享受政策补偿群众超过2.5万人次。农村小额保险作为“支农惠农”重点项目，累计有40万人次参保，累计赔款支出600万元。积极参与扶贫攻坚，主动作为，聚力助推扶贫。成立以市公司党委书记为组长的脱贫攻坚领导小组，统一制定规划和实施方案，指导全辖各县区公司实施精准扶贫举措。全市系统成立11个脱贫攻坚工作组，并选派十余名中层领导和骨干员工到扶贫村担任第一书记。践行社会责任，全力投入扶贫。健全服务网络，积极服务“三农”。全市系统5000余名职工和销售人员，为全市农民群众及低收入人群提供大病保险及各种“三农”保险服务，满足广大低收入农民保险保障需求。发挥保险职能，帮扶特定群体。积极与卫计部门合作，为全市计划生育家庭提供了人身意外保障，并为1.5万户计生特殊家庭及贫困户办理住院护理保险，解决实际困难；始终秉承微利的普惠模式，为全市外出务工人员提供优惠的交通意外保险保障；积极开办小额信贷保险，为全市小微企业主和个人创业贷款及贫困家庭信贷提供保险保障超过76亿元，为创业脱贫融资“保驾护航”。经获市委市政府目标责任考核办组织综合考评，安康分公司荣获2017年度目标责任考核良好单位。

（唐精兵）

中国人民财产保险股份有限公司安康市分公司

总 经 理　张龙清
副总经理　张　彬　任晋兵　谢新宇　孙伟军

◎**经营业绩**　2017年，人保财险安康分公司实现保费收入2.7亿元；应收率0.4%，排名全省系统第一；百元保费现金净流量16元，排名全省系统第二；综合成本率90.5%，综合费用率34.1%；综合赔付率56.4%，支付赔款2.4亿元，承担风险保障1828亿元，缴纳税收2202万元；财务管理指标年度考评位居全省系统第一；理赔案件处理率一直保持100%以上，理赔综合指标排名全省系统首位。

◎**市场主体**　2017年，在安康经营财产险类业务的保险公司有14家，保费总收入6.9亿元；人保财险安康分公司累计市场份额39.2%，市场份额和各险种收入均位列行业第一；下辖的十四家经营机构全部实现盈利，其中有十家支公司完成了年度发展和利润双指标。

◎**经营管理**　2017年，人保财险安康分公司深入贯彻党的十九大精神，全面落实人保财险总、省公司全年工作会议部署要求，始终坚持发展以人民为中心的保险事业总基调，着眼国家战略和安康大局，紧紧抓住“高质量有效益的对标发展”这一关键点，抓机遇、补短板、提服务、促升级，结合实际制定下发了一系列财务、业务、理赔、综合管理等制度，重视风险防范，严守合规底线，同时与经侦部门继续开展联合打假，加大保险反欺诈工作力度。

◎**保险服务**　在市委、市政府和人保财险总公司、省、市三级公司的共同努力下，安康市被国务院扶贫办确定为全国人保财险精准扶贫试验区并首批支农融资15亿元作为“茶、水、硒、游”四大产业扶贫资金，优先从贫困人口最多、各类基础较为薄弱的县区率先推动，此举开创了安康保险业支农融资之先河，仅首批放款6500万元就使2860户贫困户受益。2017年，人保财险安康分公司还率先在全省开创“政府扶贫保险”宁陕模式，在全市开创政保扶贫合作“三保一补”保险镇坪模式，成功统保全市的“政府救助综合责任保险”普及率位列全省前列，积极创新七种农业保险产品，全年新建成三农保险服务办公室36个，还多次对建档立卡贫困户农业种植项目自担的保费予以减免。此外，还开办了医疗、雇主、监护人、家庭成员、诉讼财产保全、机动车延保等责任险和学幼险、民生类意外险及房贷险、账户资金安全险、手机碎屏维修服务保险等保险产品。

◎**理赔工作**　2017年，人保财险安康分公司深入推进“以客户需求为导向”的服务转型。继续推行全国范围内7×24小时全天候查勘和理赔咨询服务；全国万家协作维修单位修车无烦恼；异地出险就地理赔；简便理赔“免填单证、免事故证明”双免服务；万元以下1小时通知赔付；微信理赔迅速结案；理赔周期同比提速15%，全省第三。真正做到了理赔业务流程优化，先进IT工具广泛应用，服务举措充分落地和客户认知体验程度提升，切实让广大客户感受到高质量和“多、快、好、省”的贴心理赔服务。针对安康20年一遇的强秋淋灾害、春秋季玉米旱灾和白河茅坪“4·17”、秦岭隧道“8·10”、岚皋“9·2”和平利、岚皋“9·25”等重大突发事件，公司均做到了第一时间反应处置，服务机制畅通高效。推出人保金汇通航直升机救援、微信理赔等创新服务，服务社会能力增强。

◎**社会责任**　2017年，人保财险安康分公司对建民办青春村进行定点扶贫，积极引进外部客商进行南瓜规模化种植，实施农家乐创业和果树栽培扶持项目，并对贫困户开办乡村旅游进行资金扶持，还累计申请专项资金12万元做好白河县五峰茶园帮扶工作，对对口支援学校青春小学及时购置多媒体设备和文体用品，解决学生食堂改造和师生饮水等问题。此外，还专门安排各县区支公司派驻10个驻村工作队，累计投入人力30余人、资金100多万元对9县1区173户贫困户、856名贫困人口进行结对帮扶，为所有贫困户量身定做了人身意外伤害保险和贫困户住房保险。在参与公益慈善和志愿者服务活动方面，2017年系统上下举办了“关注留守儿童”“PICC慈善捐款”“援建贫困山区校园厨房”等各类活动35场次，累计捐款捐物13万元。2017年，人保财险安康分公司荣获全市金融工作先进单位、人民银行年度综合评价A级、全市金融扶贫文艺会演二等奖、人保集团助推脱贫攻坚团队奋进奖、人保财险省公司综合经营管理三等奖；党委书记、总经理被省人民政府评为全省助力脱贫攻坚先进个人。

（徐　铮）

农业　林业　水利

农　业

安康市农业局
局　　长　崔用慧
副局长　高武军　鲁廷柱

◎**农业基本指标数据**　2017年全市农林牧渔业总产值184.86亿元，较上年同期增长4.9%，增速较上年同期提高0.8个百分点；农林牧渔业增加值106.69亿元，较上年同期增长4.9%，增速较上年同期提高0.9个百分点。农村居民人均可支配收入达到9398元，同比增长9.4%，在全省增长率排名第一。全市上下携手克服强秋淋不利影响，粮油实现稳定增产。全市粮食播种面积401.2万亩，粮食产量87.7万吨，与上年持平。油料总产15.5万吨，与上年同比增长1.3%。畜牧产业持续健康发展。2017年新建（扩）规模养殖场22个，培育林下生态养猪示范点23个，累计创建市级以上标准化示范场90个。全市生猪、牛、羊、家禽饲养量达到532.8万头、33.5万头、193.4万只、2197万羽，出栏量分别为309.4万头、8.4万头、99.4万只、1246万羽。肉类总产量27.6万吨，牧业增加值达到27亿元增长2%，出栏量继续稳居全省第二位。魔芋产业快发展。全市已建设魔芋产业示范园87个，其中省、市级魔芋现代农业园区23个。启动建设“一镇一业一园”魔芋重点镇12个、“一村一品一园”魔芋重点村50个，全市魔芋面积已发展到35.6万亩，带动农户6.4万户。土地确权登记颁证工作全面完成。2017年全市完成土地确权面积434.07万亩，占应确权面积100%，颁发农村土地承包经营权证书61.73万份，占应颁证农户98.2%，农民满意度达到97%以上，土地确权登记颁证工作全面完成，获省政府表彰。

◎**农业结构调整**　全市按照“产业支撑、园区承载、龙头引领、品牌提效、改革驱动”思路，着力培育新动能、打造新业态、扶持新主体、拓宽新渠道，不断推进农业供给侧结构性改革，大力发展生态循环现代农业。畜牧产业牢固树立畜牧业绿色发展理念，以转型升级为主线，以标准化创建为载体，大力推广“猪沼园”循环模式、林下生态养殖模式和绿色养殖为主的健康养殖，不断推进畜牧产业规模化、标准化、生态化养殖。粮油生产按照“扩薯增油”“稳稻增玉”的思路，不断调整优化粮油种植结构，提升粮油作物单产水平。同时，充分利用自然资源优势大力发展魔芋、蔬菜、茶叶等特色产业。

◎**农业科研**　围绕全市特色主导产业和新兴产业，不断强化科研转型，加速人才队伍培养，加强科研能力提升，加速科技成果转化，推动科技助力产业扶贫精准脱贫。研究的水稻新品种川香145，广8优5号及玉米新品种安科106通过省农作物新品种审定；马铃薯新品种秦芋33号完成了国家区域试验，等待审定；早熟马铃薯新品种0302-4、香菇新品种09-2通过了田间鉴定，已申报新品种认定；杂交魔芋育种再获新进展，完成了11个组合的杂交和3个优良株系的扩繁，“魔芋产业化‘安康模式’配套技术研究与示范推广”和“魔芋软腐病生物防控技术集成研究与示范”2017年1月获安康市科学技术一等奖和二等奖。参与的“林下魔芋健康生长的微生态机制及连作障碍放线菌修复技术”获陕西省科学技术二等奖。“魔芋产业化‘安康模式’配套技术研究与示范推广”获陕西省2017年科学技术二等奖，受到省政府表彰奖励。

◎**农业技术推广**　全市农技推广工作以稳粮增收、提质增效为主线，以建设现代生态循环农业为目标，大力推广综合配套技术，促进粮油菜及特色产业增产增效。一是推广“两个模式”105万亩，有效减少灾年损失。二是大力推进机械化、轻简化栽培技术应用。推广机插秧2.61万亩，水稻直播524亩。三是示范水稻、油菜绿色高产高效栽培技术3万亩和1.97万亩；机械化和高产创建有机结合，辐射带动水稻14.5万亩、油菜5万亩，分别增产5.1%和19.5%。四是引进各类蔬果新品种75个；推广多膜覆盖、穴盘基质育苗、水肥一体化、病虫害绿色防控、生物有机肥、秸秆生物反应堆、黄瓜套袋等152.2万亩次。

◎**农业机械化**　紧紧围绕提升全市农机化水平助推现代农业发展这条主线，着力推进“一社一区”安康模式建设，积极开展农机新技术推广。2017年引进稻油、设施蔬菜、畜牧养殖、茶叶等主要粮油作物和特色产业新机具828台（套），推广各类农业新机具3万余台，全市农机总动力达到

192万千瓦，农作物耕种收综合机械化水平达到28.4%，分别比2016年底增长了2.4%和24.56%。

◎**农村能源环保** 围绕发展现代生态循环农业、打好农业面源污染治理攻坚战，坚持巩固农村能源建设成果，突出规范建设养殖小区沼气工程和治理畜禽养殖污染，着力推进农业面源污染综合防控。2017年完成7处养殖小区沼气和21个重点规模畜禽养殖场污染减排项目建设。

◎**农业教育培训** 农业教育培训以产业发展为立足点，以生产技能和经营管理能力提升为主线，围绕全产业链和农时季节分段分时培训。采取走出去进高校（科研院所），到田间进基地的培训方式，围绕五大主导产业和区域特色产业组建60个班次，对2000名培育对象分类施策，通过理论授课、网络教学、专家答疑、基地实训、帮扶指导，进行精准化培育。全市开展农技员培训6期654人，分别举办了全市千村千员产业扶贫魔芋、畜牧、粮油蔬菜、特色产业共4期培训班，培训产业扶贫技术干部524人；举办了一二三产融合研修班、生态富硒农业两个异地培训班，培训技术骨干130人。

◎**农民负担监管** 2017年全市组织市级以明查暗访检查2次，抽查5个县区，10个乡镇，20个村，10个农村中小学校，5个土管所，5个民政所，走访农户400余户。县区以全面检查的方式对全市139个乡镇涉农收费部门进行了排查和重点抽查，各地都能严格程序，严格标准，确保政策落实到位。县乡接待办理农民负担信访件29件次，将各种农民负担引发的社会矛盾化解在基层，消化在萌芽状态，圆满完成了全市农民负担综合治理工作任务。

◎**农资监管** 全市围绕“放心农资下乡 保障农产品安全”这一主题，扎实开展农资监管活动。2017年全市共出动执法人员3328人次，检查生产经营企业2239家次，查处问题22起，责令整改53起。查获各类假劣农资818公斤，其中种子112公斤，农药52公斤，肥料266公斤，兽药饲料388公斤，有效保障了农业生产安全。同时，全市主要农产品基地全面推行了质量安全追溯制，建立了“生产有记录、信息可查询、流向可跟踪、责任可追溯”的农产品全程质量追溯体系，实现农产品质量安全可追溯管理。据统计，建立农产品质量安全可追溯终端达到112家，可追溯产品210个，基本涵盖了安康主要农产品。

◎**农业产业化建设** 围绕畜牧、茶叶、魔芋、生态渔业、蔬菜、核桃、中药材等主导产业，大力培育农业产业化龙头企业、家庭农场、农民专业合作社等经营主体，鼓励新型经营主体探索融合模式，创新商业模式。全市累计培育市级以上农业产业化龙头企业174家，合作社1860个、家庭农场1142家。

◎**农产品检验检测** 以确保全市农产品质量安全为统揽，以增加优质安全农产品有效供给为目标，通过采取政府主导、部门推动、政策引导、市场拉动、企业参与等措施，扎实开展农产品质量安全检验监测工作。2017年全市共计开展农残定量监测样品612个，其中蔬菜481个、水果51个、食用菌32个、茶叶54个，市级监测120个，县级监测492个，超额300%完成下达的定量监测任务。经双认证机构检测，检测样品合格率100%。全市农产品共有各类品牌商标481件，其中工商部门注册商标313件。无公害农产品212件，绿色食品2件，有机食品认证71个，农业部农产品地理标志产品10件，质检部门地标产品3件。中国驰名商标2件，陕西省著名商标7件，陕西省名牌产品10件。

◎**农村土地承包和流转** 农村土地承包经营权确权登记颁证工作成绩突出，圆满完成中省提出的“确实权、颁铁证”的目标，受到省政府通报表彰，安康市人民政府、旬阳县农林科技局、白河县城关镇人民政府被命名为先进单位，安康市农业局鲁延柱等七人获得先进个人表彰。2017年全市累计流转土地面积132万亩，占全市农村土地承包面积的33%。从流转方式看，其中转包61万亩，出租50.8万亩，互换10.6万亩，转让0.7万亩，入股3.0万亩，其他形式流转5.9万亩。从土地流转的产业分布看，粮油28.8万亩，蚕桑6.1万亩，茶叶19.7万亩，魔芋10.9万亩，烤烟13.8万亩，蔬菜12.3万亩，林果14.9万亩，养殖11.2万亩，中药材6.8万亩，其他7.5万亩。

◎**农村信息服务站** 全市市县乡村四级农业农村信息网络体系初步形成，市、县共建成开通农业信息网站11个；建成村级信息服务站2479个，实现了全市所有行政村信息服务全覆盖，切实提高了信息服务“三农”的水平，解决了制约农民获取农业信息的瓶颈问题。

◎**富硒农产品研发** 以院地务实合作为主线，以国家级富硒科研平台建设为抓手，以富硒品牌建设为重点，全力推进全市富硒产业加快发展。中国农科院协同创新项目“丹江口水源涵养区绿色高效农业技术创新集成与示范”项目落户安康，项目实施进展顺利，并得到中国农科院等领导和专家的肯定。在中国农科院专家指导下，积极推进《富硒茶》行业标准，待农业部尽快发布；《富硒猪肉》国家行业标准已完成试验验证、初稿编制，正策划专家初审、征求意见；《天然富硒产品有机硒检测方法》获陕西省地方标准立项。牵头起草制订了《富硒核桃》地方标准，待评审发布。转化利用富硒科研成果3项，研发富硒产品5个，制定申报富硒茶、富硒魔芋、富硒猪肉国家标准，以及研究制定富硒产品企业标准、团体标准等10余项，富硒产品标准体系不断完善。

◎**职业农民培育工作** 围绕主导产业和特色产业，依托农业园区、龙头企业、合作社和家庭农场，建立了100个职业农民实训基地。全市培育认定职业农民5940人，高级122，中级278人，初级5540人。其中2017年新认定职业农民1630人。新认定国家级职业农民培育示范基地1个、省级实训基地5个、市级10个，83人被省农业厅认定为第四批高级职业农民，认定人数居全省各地市首位。中省媒体竞相对全市职业农民培育工作成效和典型人物进行专题报道，《农民日报》头版头条登载文章《职业农民兴安康》，陕西新闻联播栏目播出《安康职业农民的春天》，央视《农广天地》栏目组在安康开展"新型农民"系列专题片拍摄，全市职业农民培育工作得到中省主管部门高度肯定。

◎**生态循环农业** 2017年围绕现代生态（富硒）循环农业"4镇20园"创建工作，大力推广应用有机肥和测土配方施肥技术、猪沼园循环养殖等技术，指导农业园区、种植大户通过农牧对接、种养平衡，全力打造"源头减量控害、过程清洁生产、终端循环利用"的现代农业园区。全市推广测土配方施肥技术面积350万亩，应用配方肥面积220万亩，推广统防统治320万亩、绿色防控56.6万亩。

◎**其他工作** 产业扶贫和招商引资工作成效斐然。全市122个脱贫村共组织新型农业经营主体带动贫困户7582户21731人，其中农业园区带动3305户8900人；龙头企业带动925户2858人；专业合作社带动3352户9973人，解决园区企业务工3458人，873户贫困户通过土地入股实现分红，流转贫困户土地3.83万亩。新建农业园区41个，新建合作社103个，产业扶贫资金覆盖率达到85.8%；贫困户"一户一策"产业覆盖率达到98.2%。2017年，市农业局扎实开展招商引资工作，取得了较好的工作成效，全年共完成新建、续建招商引资投资8586余万元，圆满地完成了全年招商引资工作任务，被评为"2017年度全市招商引资工作先进单位"，受到市政府表彰奖励。

现代农业园区建设

◎**综述** 2017年，全市现代农业园区建设工作紧紧围绕市委、市政府提出全市现代农业园区建设目标任务，以做强生猪、魔芋、茶叶、核桃、渔业五大优势产业为核心，以创新培育航母型园区为抓手，扩规模、强产业，抓特色、提科技，延链条、创品牌，大力实施园区引领现代农业发展战略。全年新发展县级园区193个，认定市级园区56个，园区总数达到620个，其中市级园区267个。全市农业园区总规划面积198万亩，建成面积115万亩，累计完成投资173亿元，其中今年新增建设面积17万亩，新增投资39亿元，年实现产值102.8亿元，利润18.5亿元。19个省级提质增效园区新增流转土地面积13334亩，新增投资5.1亿元，产值15.8亿元，利润2.7亿元。20个航母型园区新流转土地面积16843亩，新增投资6.6亿元，产值16.5亿元，利润3.01亿元。培育亿元以上产值园区13个，5千万元—1亿元产值园区29个，2千万元—5千万元产值园区61个，一二三产融合园区12个。

汉滨区忠诚现代农业示范园区

◎**出台惠农政策** 以机制体制创新为动力，以产业提档升级、园区提质增效、农民持续增收为目标，在充分调研的基础上制定印发了《2017年度包抓航母型园区工作考核办法的通知》，夯实市直部门主要领导、分管领导和驻园干部包抓园区工作任务，加大对航母园区的扶持力度，共落实14个航母园区财政奖补资金630万元。制定出台了《安康市现代农业园区建设考核办法》，对考核优秀的园区予以表彰奖励。重点发展了一批新建园区，提升了一批省市园区，培育了一批航母园区，打造了一批全产业链园区，加快推进了以产供销、贸工农、种养加为一体化的现代农业园区建设。

◎**各县区农业园区建设、生产情况** **汉滨区**：2017年共建设园区115个，其中省级10个，市级55个。建成产值2千万元以上园区28个，其中2千万元—5千万元园区14个，5千万—1亿元园区8个，产值1亿元以上园区6个。培育航母型园区4个，一二三融合园区1个。**汉阴县**：2017年共建设园区60个，其中省级现代农业园区5个，市级26个。建成产值2千万元以上园区15个，其中2千万元—5千万元产值园区6个，5千万元—1亿元产值园区7个，亿元产值以上园区2个。培育航母型园区1个，一二三融合园区1个。**石泉县**：2017年共建设园区56个，其中省级2个，市级17个。建成产值2千万元以上园区9个，其中产值2千万元—5千万元园区6个，5千万元—1亿元园区2个，产值1亿元以上园区1个。培育航母型园区2个，一二三融合园区1个。**宁陕县**：2017年全县共建设现代农业园区28个，其中，省级园区1个，市级园区15个。建成产值2千万元以上园区5个，其中产值2千万元—5千万元园区3个，5千万元—1亿园区2个。培育一二三产融合园区1个。**紫阳县**：2017年共建设园区54个，其中省级3个，市级33个。建成产值2千万元以上园区10个，其中产值2千万元—5千万元园区5个，5千万元—1亿元园区3个，产值1亿元以上园区2个。培育航母型园区3个，一二三融合园区1个。**岚皋县：**2017年共建设园区40个，其中省级1个，市级17个。建成产值2千万元以上园区4个，其中产值2千万元—5千万元园区3个，5千万元—1亿元园区1个。培育航母型园区1个，一二三融合园区2个。**平利县：**2017年共建设园区41个，其中省级5个，市级28个。建成产值2千万元以上园区14个，其中产值2千万元—5千万元园区10个，5千万元—1亿元园区3个，产值1亿元以上园区1个。培育航母型园区4个，一二三融合园区2个。**镇坪县：**2017年共建设园区21个，其中省级1个，市级20个。建成产值2千万元以上园区4个，其中产值2千万元—5千万元园区3个，5千万元—1亿元园区1个。培育航母型园区1个，一二三融合园区1个。**旬阳县：**2017年全县共建设现代农业园区83个，其中省级园区4个，市级园区25个。建成产值2千万元以上园区10个，建成产值2千万元—5千万元园区5个，5千万元—1亿元园区2个，产值1亿元以上园区3个。培育航母型园区1个，一二三融合园区1个。**白河县：**2017年共建设园区75个，其中省级4个，市级23个。建成产值2千万元以上园区7个，建成产值2千万元—5千万园区5个，5千万元—1亿元园区1个。培育航母型园区1个，一二三融合园区1个。

种植业

◎**粮食** 全市按照“优结构、稳面积、转方式、保安全”的工作思路，以加快建设平坝川道水稻油菜一体化产业带和中高山玉米马铃薯间套一体化产业带为重点，立足抗灾夺丰收，着力提升粮食综合生产能力。同时组织专家及时指导农民因时、因地、因墒、因苗落实好田管措施，强化良种良法配套、农机农艺结合，全面落实藏粮于地、藏粮于技战略。粮油生产在遭受伏旱、强秋淋天气双重不利因素影响下，粮油总产仍保持稳定，实现了大灾之年不减收。全市粮食播种面积401.2万亩，全年粮食总产87.7万吨。

◎**油料** 全年油料播种面积111.4万亩，总产15.5万吨，其中，油菜播种面积89.7万亩，总产12.1万吨，芝麻播种面积10万亩，总产1.2万吨；花生播种面积10.9万亩，总产2.1万吨。

◎**蔬菜** 全市以巩固、提高为主线按照做精设施蔬菜、做优露地菜的思路，积极推动猪沼菜循环发展，有力促进了蔬菜产业发展。全市蔬菜种植面积达117.1万亩，总产量达到160.8万吨。

◎**魔芋** 按照抓点示范、典型引导的发展思路，以示范园、专业村、重点户为突破口，加快基地规模扩张。全市建设魔芋产业示范园87个，其中省、市级魔芋现代农业园区23个，建设面积5.2万亩，全市魔芋面积发展到35.6万亩，带动农户6.4万户，已建成精深加工企业19家，其中省级以上龙头企业5家，产值过亿元企业3家，魔芋精深加工企业实现了县区全覆盖，形成了完整的魔芋产业链，“全国魔芋之乡”“魔芋产业第一市”名副其实。

◎**土肥管理** 一是在宁陕县皇冠镇、广货街镇，汉滨区双龙镇，岚皋县南宫山镇4个示范镇推进现代生态（富硒）循环农业建设，推广有机肥和测土配方施肥等减肥控药新技术。二是全市采集土样549个、化验土样508个，检测项目2212项次，完善配方施肥基础数据；建设玉米、马铃薯、水稻、小麦、油菜配方肥千亩示范方10个，配方肥应用面积达333.67万亩。三是完善土壤墒情和耕地质量监测。耕地质量变更调查采集土样310个，上报土壤墒情60期，督促指导36个国家和省级耕地质量监测点完成土样采集工作。

◎**农药管理** 集中执法力量，采取明查与暗访相结合、市场检查与接受举报相结合等方式，对城区农资批发市场和重点乡镇农资集散地进行了专项执法行动，重拳出击，严厉惩处不法经营商户。2017年，按程序办理了汉滨、紫阳的种子标签案，旬阳、平利县的不合格农药案等，严厉打击了制假售假等违法行为，维护了农民群众的合法权益，实现“打假护农、执法兴农”的目的。全市共出动执法人员3328人次，检查生产经营企业2239家次，查获各类假劣农资818公斤，其中种子112公斤，农药52公斤，肥料266公斤，兽药饲料388公斤，有效保障了农业生产安全。

◎**农业标准化及农产品质量安全** 按照国家“双安双创”精神要求和“四级联创”工作部署，开展“文明行业示范单位”和“标准化农资经营示范店”创建活动，培育了一批管理制度健全、商业信誉好、示范作用强的“诚信农资经营示范店”。全年评选表彰命名80个“诚信农资经营示范店，与市委综治办联合表彰“平安农资市场（门店）”45个。完成了县区追溯分平台和追溯终端项目建设并投入运行。全市主要农产品基地全面推行了质量安全追溯制，建立了“生产有记录、信息可查询、流向可跟踪、责任可追溯”的农产品全程质量追溯体系，实现农产品质量安全可追溯管理。2017年，全市农产品质量安全可追溯终端达到112家，可追溯产品210个，基本涵盖了安康主要农产品。

◎**植保工作** 一是准确监测预警病虫害，发布病虫情报119期，长、中、短期预报准确率分别达到85%、95%和100%，未发生重大植物疫情。二是做好小麦条锈病、水稻迁飞性病虫害应急防控。召开全市防治现场会3次，全省小麦条锈病应急防治现场会1次；开展飞防试点2000亩，新建专业化飞防组织1个。全年防治814.49万亩次，其中，统防统治171.8万亩次，占总防治面积的21.1%，同比增加4.18%；绿色防控56.56万亩次，占防治面积的6.94%。三是积极开展茶叶绿色防控示范。在紫阳和汉滨包抓茶园全程绿色防控示范点3个，面积1700亩。推广物理、信息素诱杀为主，药剂为辅防治技术，示范区农药使用总量减少30%以上，病虫害损失率控制在5%以下，茶叶品质明显提升。

畜 牧 业

◎**综述** 2017年是畜牧产业发展极不平凡的一年，面对畜禽产品市场价格下行，环境保护压力加大和H7N9流感疫情的严峻形势，全市坚持规范提升、稳中求进的工作思路，促进了现代畜牧业健康持续发展。全市生猪、牛、羊、家禽饲养量达到532.8万头、33.5万头、193.4万只、2197万羽，出栏量分别为309.4万头、8.4万头、99.4万只、1246万羽。肉类总产之27.6万吨，牧业增加值达到27亿元增长2%，出栏量继续稳居全省第二位。

◎**良种繁育体系** 一是生猪主要依托阳晨生猪国家核心良种繁育场，石泉县种猪繁育场、旬阳县种猪繁育场和镇坪县种猪繁育场四个种猪场组建四个种公猪站，饲养的长白、杜洛克、约克三个品种的种公猪开展人工授精技术，提供精液，每个乡镇确定1—2家生猪人工授精点，每年提供优质精液25万余份，实现网格化管理，镇村全覆盖，满足每个养猪场户的配种需求，保保障了全市生猪良繁体系有序开展。二是陕南白山羊保种，12个保种场，经过几年提纯复壮选育，现在陕南白山羊优质种群达3000余只，为陕南白山羊养殖和品种保存提供充足的种源。三是镇坪乌鸡，2017年获得国家优质地方品种地理标志认证，在腾展公司大力发展下，种群迅速发展，镇坪乌鸡养殖以洪阳乌鸡基地为中心，结合产业扶贫带动全县贫困户养殖，为贫困户增收做出了重大贡献。

◎**疫病防治** 全市畜禽动物防疫工作全面完成，应免动物免疫密度及挂标率均达到100%；完成市级实验室仪器设备和防疫应急物资采购项目的实施，认真做好了动物流行病学调查和动物疫病风险评估工作，先后完成省市下达的动物疫病及畜产品药残采样305批，检测各项动物疫病样品36100份，有效保障了全年未发生重大动物疫病流行。

◎**养殖基地建设** 全市大力推广“猪沼园”循环模式、林下生态养殖模式和绿色富硒养殖为主的健康养殖模式。全年新建规模养殖场22个，新建林下生态养猪示范点23个，养羊示范点21个，养鸡示范点31个，推广绿色富硒养殖场63个。同时，坚持以提高经济效益和生产水平为目标，积极推动产业联盟方式的创新，在规范提升50个联盟户的同时，结合精准扶贫任务，进一步细化阳晨产业联盟操作规程和运营流程，着力延伸联盟产业链及运营模式，今年新发展产业联盟代养模式154家。

◎**畜牧产业化** 据统计，截至2017年底，全市畜禽规模场达629个，其中生猪养殖场318个，肉牛养殖场52个，山羊养殖场156个，鸡场95个，鹅场1个，兔场2个，特禽场5个。全市畜禽规模养殖标准化示范场达91家，其中部级示范场8家，省级示范场47家，市级示范场36家。在册生猪屠宰企业14家。

◎**定点屠宰** 全市依托畜禽屠宰管理监控平台，实现屠宰企业屠宰环节的全程监控，严格实行官方兽医驻场检疫制度，积极推进生猪屠宰企业规范化管理示范创建活动深入开展，及时收集上报无害化处理和屠宰监管信息，2017年全市共屠宰生猪15.9万头，屠宰环节“瘦肉精”监督抽检的5000头份均未查出阳性，随机采集送检的生鲜肉样品295批次全部合格，检出并无害化处理病害猪424头，全年开展屠宰管理专项监督检查和“扫雷行动”130余次，取缔生猪私屠滥宰窝点22处，没收销毁私宰及不合格肉品4000余公斤，有效遏制了私屠滥宰现象，全市无畜产品质量安全事件发生。

◎**技术推广** 2017年起草制定了《生态猪养殖技术规范》《生态肉羊养殖技术规范》《富硒猪肉》农业部行业标准草案。由安康学院、安康阳晨现代农业集团有限公司完成的“生猪产业综合配套技术研究与推广”项目获省政府科学技术二等奖；由安康市畜牧兽医中心完成的“陕南肉山羊标准化生产关键技术研究与推广”项目达到国内领先水平，获省政府科学技术三等奖。在国内科技期刊发表论文30余篇，举办畜牧技术培训班120余期，培训人员1.2万人次。

农业机械

◎**综述** 2017年，全市农机化工作紧紧围绕提升农机化水平助推现代农业发展这条主线，以促进农民增产增收为目的，创新型地发展丘陵山区农业机械化，取得了良好的社会和经济效益，使得全市农机化工作再上新台阶。全市农机总动力达到192万千瓦，农作物耕种收综合机械化水平达到28.4%，分别比上年增长2.4%和24.56%。

◎**农机推广** 一是围绕稻油、设施蔬菜、畜牧养殖、茶叶等主要粮油作物和特色产业引进新机具828台(套)，推广各类农业新机具3万余台。二是新建陕南农业新机具试验示范基地1处，新引进植保旋翼机、油菜联合收获机械、油菜分段式机收收割机、稻麦联合收割机等新型实用机械14台，并组织基地开展了农机化生产。其中，水稻机械覆膜直播技术为首次引进技术，填补了全市空白。三是市县组织召开“春耕”“三夏”“三秋”机械化农业生产现场会和演示会，及时做好技术指导、技术咨询，在“春耕”“三夏”“三秋”等关键农时阶段召开各类现场演示及培训会共计35场次。四是成功举办了安康市首届“谷丰”杯农机技能竞赛，全市共14支代表队60多人参加了竞赛，竞赛共设三个项目：拖拉机移库、拖拉机挂接农具、联合收割机定点捡拾，促进农机手们农机农技交流。

◎**农机监管** 一是全年累计注册登记拖拉机、联合收割机10220台，登记率为99%；核发农机驾驶证7500本，持证率为99%；检验合格拖拉机、联合机收割机7380台，检验率为90%。二是市、县两级部门共签订

《农机安全生产目标责任书》20份，农机监理部门与机主和农机手签订农机安全生产责任书7518份，签订率为100%。三是在春节、“春耕”、“三夏”、“三秋”等重要农时节，深入田间场院农业生产第一线，开展安全检查、巡查工作。四是开展农机质量投诉监督工作，全年受理农机质量投诉案件12起。五是打好农机年检审验总体战，集中开展安全检查活动。六是开展“平安农机”示范创建活动及“农机安全专项整治”活动。2017年全市未发生较大以上农机安全事故。

◎**农机置补** 2017年年初及时向各县区下发了《关于做好2017年度农机购置补贴政策实施管理工作的通知》，按照规定在网站公示了补贴政策咨询电话、补贴额度一览表、购机明白纸、购补投诉、信息公开、责任追究等制度，适时开展购补工作督查。2017年下达安康市农机购置补贴资金500万元，据统计，截至2017年底，全市共实施农机购置补贴资金541.16万元，完成计划任务的108.2%。与此同时，结合本地实际情况，针对近两年的农机购置补贴工作的问题，展开调研，完成调研报告《安康市农机购置补贴工作断崖式下滑原因调研分析》。

◎**惠农服务** 一是强化“一社一区”建设。依托农机专业合作社，全市共建成了22个全程机械化示范区，其中茶叶、油菜、设施蔬菜、薯类、烟草全程机械化示范区各一个，水稻全程机械化示范区17个，核心示范面积1万余亩，辐射带动3万亩。全程机械化示范区新增大中型农机具87台（套），示范区内机械化水平达到80%。开展调查研究，完成调研报告《安康丘陵山区农业机械化“一社一区”模式探索与实践》。“一社一区”安康丘陵山区农机化发展模式得到农业部充分的肯定。二是强化农机专业合作社项目建设。以全程机械化示范区建设为引导，带动农机专业合作社提质增效。其中，汉阴县兴汉农机专业合作社、汉滨区谷丰农机专业合作社按照省级现代农机专业合作社建设标准建设到位，已被省农机局命名。

◎**农机维修管理培训** 一是开展农机技能鉴定工作。通过理论考试和实际操作相结合的方式，全年共鉴定农机修理工261人。二是开展培训工作。各地结合实际，大多采取了以短训为主，长训互补，农机培训和农机推广结合，农机培训与农机化科技推广项目相结合的培训机制，对从事农田作业的农机户通过举办培训班、田间地头现场演示、以会代训等形式开展了实用技术和新技术的培训，全年共培训各类农机操作人员12000余人次。

农业科研

安康市农业科学研究所

所　　长 *张百忍*

副 所 长 *胡先岳　徐家彦*

◎**科研队伍建设** 全所现有研究员2人、高级农艺师12人、农艺师20人，助理农艺师及以下7人，硕士研究生13名，国家及省、市级突贡专家3名，外聘专家5人。有11名职工被聘任为省现代农业产业技术体系9个体系的岗位专家，省科技厅首席农艺师1名，省农作物审定委员会委员1名，三区人才4名。扭住人才队伍建设不松劲，科研、管理、服务水平大幅度提高。鼓励职工申报自选研究课题，给予发挥才干、展示才能的平台。继续加大硕士研究生等高层次人才的引进力度，2017年又引进硕士研究生3人，待编3人，研究方向涉及植物病理、食品工程、药物化学，初步配齐相关专业，优化了人才结构。继续面向全社会聘请人才，按照科研项目需求进行短期聘任。共聘任植物营养、食用菌、茶叶、魔芋食品、化验分析等方面专家5人到所开展工作。加大科技人员的派出研修学习力度，全年共派出20余次40余人参加了国内多种学术会议和培训班。架起了开放合作搞科研的桥梁，尤其是与陕西省微生物研究所、陕西师范大学、西北农大的合作研究，极好的锻炼和提高了科研人员的专业知识水平。

◎**科研成果** 建所以来，累计取得各项科技成果143项，科技新产品9项，农业应用专利2项，获省部级奖26项，地（厅）级奖68项，发表学术论文600余篇。获省级以上奖项有：安康地区推广杂交水稻几项技术问题的分析获1980年省政府农技推广三等奖；安康地区伏秋旱与洪涝发生规律及相应措施的研究获1985年省政府科技进步三等奖；陕西省种植业区划（安康部分）获1986年农业部全国农牧渔业丰收计划一等奖；马铃薯新品种790056号选育获1991年省政府科技进步二等奖；烤烟营养块（袋）两段育苗技术的改进与推广奖二等奖；陕西省地市级种植资源的调查与区划（安康部分）获1991年全国农业区划委员会农业部优秀成果奖三等奖；陕山区粮食生产发展规划获1991年省农业区划委员会优秀成果二等奖；安康地区综合农业区划获1991年国家农牧渔业部二等奖；陕南秦巴山区经济植物综合发展及其种植区划的研究获1994年省政府科技进步三等奖；秦巴山区水稻三项高产栽培技术示范推广获1995年省政府农技推广二等奖；安康川道稻麦吨粮田开发研究获1997年省政府科技进步三等奖；安康地区“吨粮田”开发获1999年省政府农技推广三等奖；薯类良种及配套增产技术获2000年农业部全国农牧渔业丰收计划一等奖；马铃薯安薯58号选育获2003年省政府科技进步三等奖；秦巴山区马铃薯优质高产技术推广获2003年省政府农技推广三等奖；水稻粳稻新品种武育粳12号试验示范获2005年省政府科技进步三等奖；食用菌生产综合配套技术研究推广获2006年省政府农技推广三等奖；优质稻米新品种选育引种推广获2008年省政府科技进步二等奖；马铃薯新品种“秦芋31号”选育获2011年省政府农技推广奖三等奖；陕南秦巴山区马铃薯新品种及配套栽培技术集成与推广获2012年省政府农技推广一等奖；陕西主栽食用菌良种选育与标准化栽培技术集成推广获2013

年全国农业部全国农牧渔丰收奖农业部全国农牧渔业丰收奖二等奖。安康水果型玉米引进示范与推广获2013—2014陕西省农业技术推广成果三等奖；安康市“鄂马铃薯5号”引进示范与推广获2013—2014陕西省农业技术推广成果三等奖；秦巴山区魔芋新品种引进繁育及标准化生产技术研究应用获2013—2014陕西省农业技术推广成果二等奖；近年来，获地市级奖项有：安康富硒土壤中部分农作物聚硒规律试验研究获2015年安康市科学技术二等奖；富硒蛹虫草生产关键技术研究及应用获2015年安康市科学技术二等奖。平利名优茶生产关键技术集成与推广获2016年安康市科学技术一等奖；马铃薯全粉加工关键技术研究获2016年安康市科学技术二等奖；魔芋快繁技术研究与集成获2016年安康市科学技术二等奖；水稻新品种“中优145”“泸香145”2016年被陕西省农作物品种审定委员会审定；2017年又有两个水稻新品种“川香145”“广8优5号”和一个玉米新品种“安科106”被陕西省农作物品种审定委员会审定；一种高产、高硒蛹虫草的生产方法2017年被国家知识产权局登记；葛根渣栽培富硒猴头菇关键技术研究与示范2017年被安康市评为科技成果二等奖；王朝阳、张文慧等8个技术团队在第二届中国（安康）创新挑战赛闭门比拼赛中获参与奖，有6个团队与企业成功签约。

◎**富硒食品研发和推广**　全方位地开展富硒食品的研制和推广工作：开展有机硒检测方法的探索研究，优化有机硒检测方法；开展利用硒矿粉为硒源进行大田试验，研究油菜、芥菜、甘蓝、萝卜等对硒矿粉的吸收利用率，为研制富硒肥和筛选高硒植物提供依据；继续做好高硒遏蓝菜的培育工作，为高硒培养及硒蛋白提取试验奠定基础；开展的酶法制备低聚葡甘聚糖项目预实验成功，加入酶液之后，魔芋胶黏度明显下降。积极开展魔芋产品的研发工作，研制并加工了彩色果蔬魔芋豆腐、魔芋燕麦面包等9种产品，其中为陕西垚森富硒食品有限公司研制研制加工一款魔芋五谷杂粮营养早餐，集营养均衡、食用方便等优点于一身，得到了企业的认可。与岚山宝生态农业有限公司签订协议，为其解决神仙豆腐生产制作过程中的保鲜、加工及种苗繁育等加工关键性问题。为有效地组织广大科技工作者服务于地方经济建设，深化产学研合作，构建区域创新体系，已建立安康市科技创新平利县农产品深加工专家工作站。

◎**其他工作**　一是围绕安康市魔芋产业发展目标，聚焦关键技术环节开展科技研发和推广。杂交魔芋育种再获新进展，完成了11个组合的杂交和3个优良株系的扩繁。一年制魔芋栽培技术示范在300米的低海拔地区取得成功，发病率控制在了30%以内。发明了定植篮栽培法，解决了魔芋组培苗成活率低的问题，成功获得了微型种芋5000余颗，加快了新品种的扩繁速度。魔芋抗病栽培不断突破，抗病高产栽培技术示范15000余亩，有效地缓解了魔芋“两病”高发的问题，初步统计发病率下降14%。发现了一个魔芋新害虫，并研究了其发生与魔芋软腐病的关系。掌握了魔芋对硒的吸收规律。二是在安康富硒茶产业研究上做大文章。进行了茶树无性系的选育和有性繁殖工作，扩繁优良单株20000余株，有性繁殖紫阳群体种茶树种子，有望选育出较好的单株。掌握了不同采摘标准、不同叶位、茶园土壤、茶叶硒含量变化规律。开展了富硒绿茶、黄茶、红茶、栀子花茶、桂花茶等新产品的开发与研究。共同筹建的安康市茶叶专家工作站，紫阳站和平利站已挂牌成立。三是紧抓安康特色优势产业科研项目不放松。水稻轻简化直播技术研究取得重大突破，筛选出了适宜于空茬、回茬的直播水稻品种；提出了播期与播量指标；探索出了直播稻田控草技术，在安康、汉中、四川稻区示范5000余亩，经专家现场测产，平均亩产达到598公斤，实现了水稻轻简化栽培技术的重大革新，亩降低成本200—300元，深受种植户欢迎，有效解决了我省水稻面积下滑的局面。苦荞示范推广取得进展，筛选出适宜的苦荞品种，提出了种植技术，指导莲花餐饮公司发展苦荞基地2000亩。自育的中早熟新品系0302-4通过了田间鉴定，扩繁“秦芋32号”脱毒原原种7万粒，生产脱毒原种70万粒，培育“秦芋32号”脱毒苗0.8万株，以扦插、雾培法春、秋两季生产脱毒原原种30万粒以上。以此加快了全市脱毒马铃薯新品种秦芋32号的应用推广力度。选育的香菇新菌株“09-2”通过了田间鉴定，丰富了安康及周边区域食用菌栽培品种，2017年累计生产示范栽培220万袋，新增产值1760万元，经济、社会效益显著。高硒虫草菌的含硒量稳定达到250mg/kg，为产品开发打下了基础。收集获得多种野生珍稀菌样本材料，研究获得珊瑚菌菌丝生长最佳配方，采用仿生栽培开展朱红硫磺菌人工栽培，羊肚菌品种引进和人工栽培驯化获得成功，最高试验小区理论产量达420公斤/亩。猕猴桃育种共收取美味、中华、软枣等各类型的野生单株60余份，建设品种资源圃5亩，嫁接扩繁7000余株，建成了宁陕软枣猕猴桃试验站。新增了示范基地7个，示范面积达到5000亩。研究选择出了适宜山地猕猴桃栽培的栽培品种、栽植方法、栽植规格、架型等。四是强化所企合作引领科研，着力提高科技成果转化成效。所企合作进一步升级，以粮食、魔芋、食用菌、茶叶、魔芋、魔芋食品等为重点的所企合作更加注重效果，培育、孵化23余家企业。完成了3款魔芋减肥食品配方及工艺的研究，申报发明专利2个。高硒虫草开发进入企业化阶段，中试产品已经完成设计和实验室生产，与紫阳开源、汉阴华晔达成了合作开发协议。研制的兰花香绿茶，香高、味浓、汤亮，受到多位专家的好评。以富硒食品开发为重点的农产品加工研究逐步展开。利用酶法进行魔芋葡甘聚糖降解研究进展顺利，已筛选出葡甘聚糖酶及降解工艺等，将魔芋精粉的黏度从1400mpa.s降解到了258mpa.s，解决了魔芋添加食品的技术难题。水稻新品种川香145，广8优5号及玉米新品种安科106三个农作物新品种通过省农作物新品种审定，分别被广西、四川及汉中等种业公司以购买了区域繁育权。

林　业

安康市林业局
局　　长　陈扬斌
副 局 长　陈晓虎
副 局 长、陕西化龙山国家级自然保护区管理局局长　陈　庆
林业总工程师　刘　斌
副 局 长　邢新满

◎**造林绿化**　2017年10月10日，安康市被正式命名为“国家森林城市”，石泉县成功创建为省级森林县城。全年完成造林绿化70.06万亩，其中人工造林47.71万亩、飞播造林11.5万亩、封山育林8.2万亩、退化林修复2.2万亩、人工更新0.45万亩。全年完成重点区域绿化5.24万亩，义务植树770.82万株。完成低质低效林改造23.08万亩、中央财政造林补贴试点15.55万亩，在6个县共15个村实施“三化一片林”绿色家园建设。落实39个市直和中省驻安单位包抓中心城区周边绿化，其中20个单位完成张滩镇兰沟村1323亩特色林果建园任务，19个单位完成了瀛湖干道296亩造林地管护任务。

◎**林权制度改革**　2017年流转林地10.22万亩，累计流转297.82万亩。新增林权抵押贷款850万元，贷款规模达到1.29亿元，兑付2017年度生态效益补偿资金1.46亿元，兑付率达99%。当年森林保险投保面积1460.65万亩，新增核桃种植保险试点1万亩，实施茶叶气象指数保险3.03万亩。发展各类新型林业经营主体3500余个，其中林业专业合作社700个，加入农户约5.29万户，合作经营林地156.06万亩，新增全国农民林业专业合作社示范社1家，累计达到4家，新增省级林业专业合作社示范社10家，累计达到17家。宁陕县集体林业综合改革试验示范区试点改革稳步推进，顺利通过国家林业局评估验收。国家级林下经济示范基地达到3个，当年新增省级林下经济示范基地6个，累计达到12个，全市发展林下种植面积127.37万亩，林下养殖1431.77万头（只），新增林下魔芋7.6万亩、总面积达到32.33万亩，新增林下食用菌1052万袋，总规模达到4969万袋。

◎**天然林保护**　2017年完成天然林保护工程公益林建设17.3万亩、退耕还林18万亩、长江防护林3.7万亩、森林抚育23.3万亩。制定印发《安康市国有林场改革实施方案》《县级政府国有林场改革任务清单》《国有林场改革资料汇编》《国有林场中长期发展规划》，各县区《国有林场改革实施方案》印发实施，国有林场清产核资审计工作基本完成，组织机构、人员编制已审批到位，国有林场改革工作稳步推进。

◎**林业科技**　核桃良种选育及丰产栽培技术示范推广项目获得2017年陕西省林业科学技术进步奖特等奖。与山东农业大学开展技术合作，成立“陕西安康人工饲料养蚕示范基地”。省果业局、西北农林科技大学分别在岚皋县宏大村挂牌成立了陕南猕猴桃实验站。市林学会被认定为全市首批安康创新创业教育基地。当年建立科技示范县1个（白河核桃示范县）、科技示范点22个，示范推广11.3万亩。编印《安康市林业生态脱贫实用技术培训系列技术手册》8万余册，召开全省、全市大规模技术培训会2场次，各级林业部门开展各类林业技术培训979场次、培训林农101469人次。

◎**林政资源管理**　中央环保督查反馈问题整改任务和秦岭生态保护年度目标任务全面完成。2017年，全市受理申报占用征用林地项目64起、涉及林地面积772公顷，积极做好引汉济渭、汉阴观音河水库、平镇高速、安岚高速、西康高铁等重点项目建设征占用林地审核报批工作。部署开展“打击破坏野生动物资源违法犯罪专项行动”、“利剑行动”和“打击非法占用林地等涉林违法犯罪专项行动”，各级林业执法部门共查办各类涉林行政案件165起，查处率100%，侦破刑事案件21起，处理举报投诉破坏森林资源案件11起。

◎**野生动植物保护**　当年救助和放生野生动物50余只，朱鹮种群数量已达116只，较2016年增加了37只。完成5个国家湿地公园（试点）详规编制，实施湿地保护恢复面积4.213万亩；深入开展自然保护区2017“绿盾行动”，《化龙山国家级自然保护区条例》通过市人大一审、二审，化龙山境内发现植物新物种1种、陕西新记录物种1种、化龙山新记录物种6种；完成了大熊猫国家公园皇冠保护区摸底调查工作；全市普查古树单株1316株，古

核桃管护培训

树群28个586株，累计达到1902株，组织编印了《安康市古树名木图册》（第二册）。

◎**有害生物防治** 全年共发生各类病虫鼠害面积62.15万亩，成灾7万亩，完成无公害防治作业面积33.5万亩，即测报准确率96.4%、成灾率3.1‰、无公害防治率95.62%、苗木产地检疫率100%。开展松材线虫病防控专项督察5次，下发督察通报2期，春秋两季普查发现枯死松树15.2344万株，已清理销毁10.3628万株。开展飞机防治松褐天牛8万亩，布设诱捕器5700套，诱捕松褐天牛29.28万只。

◎**森林资源保护** 全年发生一般性森林火灾2起，过火面积3.23公顷，其中受害森林面积0.3公顷，森林火灾受害率低于0.2‰的省控指标，启动实施“陕西安康秦巴火险区综合治理二期工程建设项目”，秦巴南麓森林火灾高风险区综合治理项目成功获批，成立安康市森林防火应急中心。

◎**林业投入** 全年完成林业投资20.72亿元，其中中、省林业投资7.57亿元，社会及其他方面投资13.15亿元。

◎**林业经济** 全市新建特色经济林44.31万亩，总面积达到813.88万亩，生产各类山林产品40.2万吨，实现林业综合产值182.24亿元。新启动建设林业产业示范园区52个、累计达到294个，其中当年命名市级林业产业园区20个，市级以上累计达到120个。新增规模以上林产品加工法人企业23户。继续抓好了陕西山林经济示范市建设工作，当年创建山林经济发展示范县3个、示范镇10个、示范村22个，累计达到5个、22个、42个，启动建设千村千处山林经济市级扶贫示范点121个，命名表彰扶贫先进示范点40个。当年启动建设核桃园区17个，累计达到77个，其中培育市级以上园区27个，成立安康市核桃产业发展协会，启动组建安康市核桃产业联盟，当年新建核桃产业15.69万亩、低产改造13.46万亩，总面积达到171.09万亩，核桃年产量2.66万吨、产值6.48亿元。出台《关于加快现代特色苗木花卉产业发展的意见》，全市苗木花卉育苗面积达到4.44万亩，花卉种植面积达到10.52万亩，汉阴县被省苗木花卉产业发展联席会议办公室命名为苗木花卉产业省级示范县，2个苗木花卉园被命名为省级示范园。陕西省红石河森林公园成功获批，全市国家森林公园达到5个、省级森林公园达到7个，森林公园全年接待游客240万人次，旅游综合收入3.8亿元。

◎**安康富硒茶产业** 当年启动建设茶叶园区22个，累计达到120个，其中省级园区10个、市级园区79个。新建茶园7.68万亩、低改6.26万亩，茶园总面积达到84.16万亩，年产茶3.01万吨、茶产业产值50.03亿元。抓好60个市直部门帮扶茶叶园区工作，当年完成茶叶建园7367亩、低改13916亩，新建园区道路279.3公里，部门争取项目投资7058.04万元，园区实现综合收入16.27亿元。完成安康富硒茶品牌整合相关工作，修订完善“安康富硒茶”地理标志证明商标使用管理规则，注册“安康富硒茶”公用品牌，拟制《陕西安康富硒茶业股份有限公司组建方案》，协助成立安康市秦汉古茶发展股份有限公司并正式运营。组织参加2017中国（杭州）国际茶博会，指导汉滨、紫阳、岚皋、平利、白河分别在甘肃兰州、宁夏银川、新疆乌鲁木齐、青海西宁、内蒙呼和浩特等陆上丝绸之路重要节点城市举办“‘共建丝茶之路、同饮安康富硒茶’系列招商宣传推介活动”，首次举办全国和省市茶艺大赛、手工制茶能手大赛，组织茶企参加第九届中国（北京）国际茶业及茶艺博览会、“一带一路”（安康）国际茶叶经贸洽谈会、第三届中国安康富硒产品博览会暨第四届汉江流域农业博览会。

◎**金蚕之乡建设** 2017年全市新栽桑树1000万余株，新建标准化桑园1万亩、低改桑园4万亩，发种养蚕18万张、产茧7200吨，外销蚕种21万张（其中出口10.2万张），新建科技示范点20个，培育年养蚕20张以上的大户200余户，生产桑枝食用菌2100万袋，全市养蚕收入4.6亿元，副产品收入6亿元，丝绸工业产值20亿元，蚕业总产值30多亿元。金康牌蚕丝品成为陕西著名商标。组织参加西安丝绸之路博览会、陕西茶博会丝茶之路、西洽会及中国（杭州）丝绸博览会等宣传推介活动，配举办了“鎏金铜蚕与安康发展论坛”，承办了中国蚕学会蚕种分会全国首届生产经验及学术研讨会。

◎**其他工作** 完成国家卫生城市巩固提升和健康城市建设年度目标任务，精神文明建设和综治维稳成果得到巩固。做好新城办西坝村防汛“三到户”和安康市汉水韵茶业有限公司重点科技型企业包联工作，当年举办中国好茶·陕茶1号专场宣传推介3次、参加茶展会展13次；当年出圃“陕茶1号”成品种苗1900万株，扦插育苗5000万株，扦插育苗实用新型技术荣获技术专利，“陕茶1号”名优绿茶、红茶、黑茶和抹茶试制研究取得成功，《陕茶1号茶树品种标准》省级地方标准正式颁布，协助做好有关项目申报和实施工作等。完成汉滨区双龙现代茶叶示范园区帮扶工作，协调争取项目资金190万元实施茶叶建园和管护工作，配合园区企业打造“龙泉小镇”；同时，利用中央电视台财经频道《创业英雄汇》栏目录制了“茶树新品种产业”专题节目，并与北京洞见资本基金管理有限公司达成融资800万元的股份出让协议，大幅度提高了“陕茶1号”全国影响力。成功引进国林投资控股（北京）有限公司落户旬阳，项目总投资5.5亿元，其中2017年完成投资4800万元。指导金岚木业实施品牌创建，组织开展用材林基地抚育管护，针对企业因秋淋天气受灾，筹措资金10万元，支持企业开展灾后恢复生产。在机场周边3个镇5个村实施长防、退耕还林工程造林5446.4亩，栽植苗木18.1万株，累计投入资金777万元。

水 利

安康市水利局
局　　长 吴　平
副 局 长、防汛办主任 曾忠文
副 局 长 唐大明　闵进位　江道贵
纪委书记 燕卫东
总工程师 李本成

◎**规划编制和年度投资**　重点项目前期工作积极推进。月河流域综合整治规划编制完成。月河补水重点工程恒河水库可研完成编制并通过审查。其它规划编制稳步推进。全年完成水利投资18亿元。

◎**农田水利建设**　全市农田水利设施不断健全。累计完成小型农田水利建设投资1.05亿元，新增高效节水灌溉面积2.51万亩，新修和改造基本农田5万亩，泵站10座，新打机井20眼，新增蓄水能力50万立方米。

◎**城乡供水**　城乡供水保障有效提升。建设农村饮水工程484处，完成投资4亿元，解决32.8万人的饮水问题，其中贫困人口15.5万人。超额完成年度水利扶贫任务。印发了《水利脱贫攻坚三年行动方案》《“千村千处水利扶贫工程”实施方案》《安康市水利扶贫工作考核暂行办法》《2017年度水利扶贫工作考核实施方案》等文件，并抓好落实。《陕西日报》《安康日报》、水利部简报、省水利厅网站对安康饮水安全工程建后管理“4+1”做法、“量化赋权”进行报道。安康水利扶贫工作在省厅第二、第三季度考核位居全省前2名。

◎**水资源保护**　严格水资源管理“三条红线”制度。全市用水总量控制在7.55亿立方米以内。汉江出陕断面白河水体质量符合Ⅱ类标准。石泉、紫阳、岚皋、平利、旬阳5个县的污水处理厂污水处理率达90%以上。完成马坡岭水资源地安全保障达标建设评估。持续深入推进河长制工作，全市明确各级河长3244名、警长965名，开发护河员公益专岗3000名。积极开展涉河违法专项整治、示范河流创建工作、河长制“八进”等活动，在全社会营造关心、支持、参与、监督河湖管理保护浓厚氛围。水利部简报（第87期）以《安康河长制工作有力有序有效》推广安康河长制做法经验。岚皋县建立“河长+警长+督察长”治河机制成功入选水利部评选的基层治水十大经验。

◎**水利工程管理**　严格遵循项目四项管理制度，继续推进示范工程创建活动，充分发挥水利示范工程的引领、带动和辐射作用。白河县蔓营水利综合示范工程等10处工程为全市第四批水利示范工程。石泉县杨柳、平利县长安河2个水土保持示范园正式被水利部批准为“国家水土保持科技示范园区”，是安康市水土保持示范园首获国家级称号。成功创建国家水利风景区1个，省级水利风景区3个。目前，全市已创建国家级水利风景区4处，省级水利风景10处。

◎**水电建设**　组织完成了汉滨区红土岭、叶坪、汉阴县观音峡等增效扩容水电站现场踏勘和总体验收，新增装机约21865万千瓦。2017年争取国家资金1620万元。石泉县胡家湾、筷子铺、鹅项颈，紫阳县灯芯桥、红椿、尚坝等6座水电站被水利部评为绿色小水电，占全省、全国首批绿色小水电的比例分别为66.6%、13.6%。镇坪县新曙河、隆鑫二级等农村水电站挤入国家小水电扶贫项目。

◎**水土保持**　2017年治理水土流失面积852平方公里，占省级下达计划任务100.2%，其中：四田34.1平方公里，水保林240.4平方公里，经济林160.6平方公里，封禁治理416.9平方公里。全年下达总投资1900万元，治理面源污染面积23.76平方公里。审批水土保持方案64个，其中审批城市建设项目水土保持方案21个。

◎**中小河流及病险水库治理**　中小河流治理收官“十二五”，启动“十三五”。完成镇坪县南江河原瓦子坪乡及移民安置点段、紫阳任河高滩集镇段、旬阳吕河神河镇和赤岩镇段、石泉富水河熨斗镇段、恒口示范区月河恒河杨家营重点段等5处防洪工程初设工作。

◎**水政管理**　印发了《安康市整治河湖倒垃圾排污水采砂石专项行动实施方案》，围绕群众反映集中的非法采砂、乱倒垃圾、乱排污水、乱占乱建、非法捕捞等问题，市县水利部门联合发力开展涉河违法行为专项整治行动。组织执法检查669次，排查问题隐患298起，现场整改落实239起，查处涉河违法案件228起，刑事拘留12人，行政处置23人，规范了河湖管理秩序。开展渔政执法行动480余次，出动执法人员1993人次，沿江发放通告1400余份，没收电鱼设备、抬网及其他违法网具852件，处理非法捕捞嫌疑人41人，移交公安机关处理8人。开展水土保持监督执法检查368次，检查项目165个，查处违法案件6起。涉水涉河等违法行为得到明显遏制。

◎**水产养殖**　贯彻中省“提质增效，稳量增收”总要求，大力推进生态渔业转型。全年实现水产品产量4.5万吨，渔业产值20亿元。在第21届西洽会期间，成功举办了以“饮瀛湖富硒水，品安康富硒鱼”为主题的鱼宴推介会。瀛湖汉滨区范围内的网箱取缔工作全面展开。

◎**水生野生动物保护**　在汉江安康段、镇坪南江河、岚皋岚河等水域开展春夏鱼苗增殖放流活动，共放流100万尾，其中鲢鱼45万尾（10厘米）、鳙鱼30万尾（10厘米）、草鱼10万尾（10厘米）、黄颡鱼10万尾（5厘米）、多鳞铲颌鱼5万尾（5厘米）。宁陕县东河市级大鲵国家级自然保护区增殖放流大鲵4200余尾，大大提高了水生生物资源的管护力度。

◎**重点水利工程**　重点项目前期工作积极推进。月河流域综合整治规划已编制完成。月河补水重点工程恒河水库可研完成编制并通过审查。汉江综合整治加快推进。全年新修堤防和护岸10.24公里，累计完成投资3.67亿元。争取西坝、南山排洪和张滩集镇防洪工程建设资金3570万元。黄洋河护岸工程完成投资1500万元，基础工程出水面。

防汛抗旱

◎**汛情灾情概况** 汛期汛情特点是：降水次数多、秋淋强度大、高温时间长、灾害损失重。暴雨过程多，秋淋强度大。4月15日白河县局地出现短时暴雨，较往年偏早15天，全市提前入汛。汛期出现22次明显降水过程，其中暴雨过程9次，平均降水量为918毫米，较常年平均值偏多28.3%，其中5月、7月、8月较常年分别偏少13%、35%、9%，6月较常年分别偏多5%、9月份降雨量为319毫米、偏多138%、10月上旬降水量82～163毫米，偏多3倍。与历史同期比较，平均降水量宁陕县基本持平，汉滨、石泉、汉阴、岚皋、紫阳、镇坪6县区偏多1—2成，平利县偏多3成，旬阳、白河2县偏多5成。8月28日开始，安康遭遇了1961年以来第四大强秋淋天气，先后出现5轮强降水过程，期间有6个暴雨日，为20年一遇雨洪过程。河流超警多，洪峰流量大。汉江干支流13条主要江河14处水文站共出现洪峰178站次，其中超警戒洪峰10站次，超保证洪峰1站次。9月25日21时20坝河桂花园站出现1090立方米/秒超保证流量洪峰（保证流量1000立方米/秒）、月河出现超警戒洪峰3次、坝河出现超警戒洪峰4次、黄洋河出现超警戒洪峰2次、恒河出现超警戒洪峰1次。汉江干流安康城区段最大洪峰流量出现在10月12日01时8320立方米/秒，白河县城最大洪峰流量出现在10月12日7时13100立方米/秒。最大安康水库最大入库流量出现在9月27日20时9240立方米/秒，最大出库出现在10月11日19时8780立方米/秒。高温时间长，影响范围广。6月2日出现35℃高温，夏季共出现55个高温（≥35℃）日，其中7月份以来高温时间长、强度大、范围广，35℃以上的高温312站次，37℃以上高温159站次，40℃以上高温43站次，均为1961年以来同期高温站次最多。特别是7月19—28日，全市连续10天出现区域高温日，旬阳连续8天日最高气温≥40℃，7月27日旬阳县日最高气温44.7℃，突破全市日最高气温历史极值，同时也突破了全省日最高气温极值。同期受高温少雨影响，汉江干支流径流量较多年平均值偏枯5—7成，中小水库较历史同期偏少2—4成，汉滨大部、旬阳西部出现重度干旱，白河、紫阳、汉阴、平利等县出现中度干旱。洪涝灾害重，局部旱情显。强降雨引发多起中小河流洪水、山洪泥石流和滑坡等次生灾害，造成交通、电力、水利、通信等基础设施严重损毁，房屋倒塌致危、农作物受灾和人员伤亡，直接经济损失21.41亿元，灾害造成的损失是近5年灾害之和，其中平利、岚皋、旬阳等县区受灾严重。全市水毁堤防护岸388处103.85公里，白河、紫阳、平利、旬阳县城供水严重受损，冲毁镇村供水工程1100余处、供水管道450余公里、造成7.51万人饮水困难，损坏灌溉设施1332处、水闸19座、塘坝23座，水利基础设施直接经济损失为3.71亿元。全市农作物受旱面积45.48万亩，其中轻旱21.25万亩，重旱17.52万庙，绝收6.71万亩；紫阳县城及汉滨、旬阳部分镇村共7.1万人出现临时饮水困难，0.385万人出现饮水困难。

◎**防汛抗洪** 面对重大汛情和局地暴雨山洪灾害，认真贯彻落实省防总和市委、市政府部署要求，高度警惕、超前安排，沉着应对、科学处置，最大限度避免人员伤亡和降低灾害损失。尤其是在应对9月份20年一遇雨洪过程中，各级各有关部门思想到位、措施到位、行动到位、协同到位，重点明确、科学应对、指挥有力，最大程度地减轻了灾害损失。一是思想高度重视。国家防总、省防总、省水利厅领导先后6次来安康检查备汛工作。在迎战9月份雨洪过程中，市委书记郭青对防汛救灾工作做出明确指示，召开专题会议听取防汛抢险救灾工作汇报，并先后深入汉滨、紫阳等重灾区检查指导。市长赵俊民先后三次到市防指检查指导工作，并主持召开会商会和紧急视频会，对防汛抢险救灾工作进行全面安排部署。各级党委、政府领导深入一线，靠前指挥，各级防汛责任人坚守岗位、认真履职，为防汛救灾工作提供了坚强有力的组织保障。二是科学会商研判。市防指先后4次召开视频会议，18次召开汛情会商会，13次下发防汛电令，6次下发紧急通知，启动4级应急响应1次，提早做好应对防范工作。特别是9月份强降雨时段，先后组织召开15次汛情会商会，分析研判汛情形势，安排部署防汛防滑和汉江洪水调度。经过有效决策、科学调度，在应对9月23—27日雨洪中，安康水库提前预泄腾库25小时、滞洪6小时、削峰32.4%，使安康汉江干流全段洪水始终处于警戒流量以下，最大程度减轻了下游防洪压力，确保了安康城区和下游城镇及在建工程安全度汛。三是狠抓关键措施。突出汉江干支流、山洪灾害、病险库塘、城镇内涝四大防范重点，落实预警到户、提前转移和院户联防等关键措施。市防汛办先后向强降雨落区点对点发出35份书面预警，市县利用山洪灾害监测预警平台，累计发布预警39.89万次，紧急转移群众7.81万人，山洪地质灾害损失同比2010年“7·18”特大洪灾，但因灾伤亡人数仅占2010年“7·18”灾害伤亡人数的4.9%，最大限度减少了人员伤亡。通过上下游信息及时沟通、联防联控，市防指成功协调处置9月27日晚任河上游跨省电站水库突发泄洪事件，半小时内提前撤离紫阳县沿河4镇906户3879人。为此省防总第66期《防汛简报》进行通报表扬。四是全力抢险救灾。坚持一手抓防汛抢险，一手抓生产救灾，及早启动抢险救灾应急预案，主动抢险、积极救灾，科学决策、科学施救。在9月份抗洪抢险救灾中，8个工作组各司其职、各负其责，按照通信、电力先行，交通、水利跟进，全面开展基础设施抢修、灾民安置、舆论引导和生产自救等工作。“双节”期间，全市10县区中的7县区全部取消休假，其他3县安排干部轮流值守，全市防汛救灾系统全部取消休假，全市各级近5万余名干部“双节”期间坚守一线，全力打好防汛救灾硬仗。

◎**抗旱减灾** 在做好防汛抗洪抢险救灾工作的同时，统筹抓好抗旱减灾工作。市防指先后3次发出通知，提前对抗旱工作做出安排部署，提出加强组织领导、确保人饮安全、全力抗旱保苗、落实保障措施四点明确要求。各地把保障人饮安全放在首位，紫阳、汉阴、旬阳、岚皋等县采取延伸供水管网的办法扩大周边居民供水保证率，紫阳、汉滨部分集镇采取从江河抽水缓解群众的吃水困难，旬阳县及时启用乡镇抗旱水源工程保障群众用水需求，县级抗旱服务队组织车辆为边远分散群众拉水送水，千方百计解决群众吃水困难。各中小灌区开足马力，全力抗旱保苗。市人影办抓住有利时机，实施了2次大面积人工增雨作业，缓解了局地旱情。全市共投入抗旱资金600万元，抗旱人数12.74万人次，启动泵站182处，抗旱设备1374台（套），解决了7.1万人的临时饮水困难，抗旱减灾取得明显成效。

水文水资源监管

安康水文水资源局

局　　长 毛成本
书　　记 沈桂环
副 局 长 卢修富　邹建华
总工程师 朱前斌
工会主席 吴兆林
局长助理 徐应林

◎**水资源管理及水文监测** 水环境监测。完成了陕西省国家重点水功能区监测任务中石泉、老君关、鄂坪等12个省级重要江河湖泊水功能区、5个典型入河排污口及马坡岭水源地的监测任务；完成了第三次水资源调查评价安康境内20个水功能区代表断面的水质监测评价工作；完成了2017年水质资料整编及水资源公报资料的收集报送工作；完成了安康市境内各县区主要水功能区、主要支流、县城饮用水水源地以及地下水的水质监测及评价工作；完成了安康市用水总量计量统计监测任务中1—4季度季报统计资料复核，并完成了《安康市2017年用水总量计量监测统计汇总报告》，完成全市4个用水户调查对象的取用水量方式及设施安装运行情况调查。重要水功能区水质监测中，依据《地水表环境质量标准》（GB 3838—2002），汉江干流、任河、旬河、南江河等水功能区代表断面水质为Ⅱ-Ⅲ类；重要水源地水质监测中，马坡岭集中式饮用水供水水源地水质为Ⅱ类，硫酸盐、氯化物、硝酸盐氮、铁、锰5项检测结果符合集中式生活饮用水地表水源地补充项目标准限值；重点入河排污口监督性监测中，黄沟、关庙集镇排污口pH值、氨氮符合一级排放标准，化学需氧量符合二级排放标准，恒口集镇排污口化学需氧量超过综合排放二级标准（2017年6月）；喇叭洞（江南污水处理厂）排污口符合一级A排放标准，江北污水处理厂排污口氨氮、总磷、总氮超过一级A排放标准（2017年6月）。水文监测。15个水文（位）站共出现水位峰120个、流量峰106个、泥沙峰24个，实测流量947次，单沙1101次，输沙25次，单颗154次。完成了辖区水文巡测方案、安康市城市水文站网规划方案的编制工作。95%以上的站测验质量达甲等，95%以上的站资料整编质量达甲等，完成2017年土壤墒情监测及2016年度墒情资料整编工作。

◎**水文情报预报** 全年共接收、转发水位、流量、雨量、墒情等各类水情信息48万条；常年站无缺报，20分钟时效率98.2%，30分钟时效率99.3%，网络传输率100%，总差错率0.694%。4月9日，制作发布安康市主要江河长期水情展望，汛期编制发布洪水预报3次，水情预警信号和洪水预警预报29期，洪水预报优秀1次。

◎**2017年水文特征** 2017年汛期（5月1日—10月31日）安康市平均降水量941毫米，与历年同期相比偏多2成，点最大降水量为紫阳县松树站1329毫米，点最小降水量为宁陕县城关站638毫米。汉江等13条主要江河13处水文控制站，共出现洪峰199站次，其中超警戒洪峰12站次，超保证洪峰1站次。坝河桂花园站出现超保证流量洪峰1090立方米/秒（保证流量1000立方米/秒），岚河六口水文站出现建站以来实测最大洪水。（一）降水：5—10月，各县区降水量761—1093毫米，其中宁陕、石泉、汉滨、汉阴4县区降水量761—875毫米，旬阳、白河、镇坪3县降水量966～994毫米，岚皋、紫阳、平利3县降水量1028—1093毫米。与历史同期比较，其中宁陕县基本持平，汉滨、石泉、汉阴、岚皋、紫阳、镇坪6县区偏多1～2成，平利县偏多3成，旬阳、白河2县偏多5成。（二）径流：汛期径流量与各控制水文站多年年径流量均值相比，汉江石泉段、子午河、池河、恒河、黄洋河偏枯1—4成，任河、岚河接近常年，汉江安康段、月河、蜀河、白石河偏丰1—4成，坝河偏丰7成。主要江河控制水文站年径流如下：汉江安康水文站191.9亿立方米，石泉水文站89.4亿立方米，任河高滩水文站32.6亿立方米，子午河两河口水文站9.6亿立方米，月河长枪铺水文站12.1亿立方米，池河马池水文站3.3亿立方米，岚河六口水文站13.9亿立方米，坝河桂花园水文站9.1亿立方米，黄洋河县河口水文站4.6亿立方米。（三）各主要江河水文站年最大洪峰流量分别是：汉江石泉水文站6700立方米/秒（10月11日），安康水文站7750立方米/秒（10月12日），任河高滩站3410立方米/秒（9月27日），子午河两河口水文站688立方米/秒（10月12日），渚河红椿水文站1450立方米/秒（9月26日），岚河六口水文站2470立方米/秒（9月25日），月河长枪铺水文站1820立方米/秒（9月26日），恒河恒口水文站457立方米/秒（9月26日），池河马池水文站305立方米/秒（10月12日），黄洋河县河口水文站655立方米/秒（9月27日），坝河桂花园水文站1050立方米/秒（9月25日），蜀河蜀河水文站377立方米/秒（9月26日），白石河白岩水文站420立方米/秒（9月10日）。

◎**基础设施建设** 安康水资源和水环境监测中心项目（高新区）完成

前期准备工作并进入招投程序，安康水文站受汉江旬阳水电站回水影响复改项目中设备购置项目和测验河段基础设施有序开展；恒口水文站受阳安线复线建设影响水文基础设施改建项目已完成测验河段基础设施工作。

◎**其他工作** 2017年3月，向市“河长”办提供了安康市境内大于50平方公里河流的目录及主要河流的流域水系图、历史洪水资料等。10月12日，安康市防汛抗旱指挥部发出“关于表彰安康水文水资源局的决定”。12月5日，获汉滨区防汛抗旱指挥部“防汛抗洪抢险先进集体”荣誉称号。2018年1月19日，在全市2017年度防汛抗旱表彰大会上我局荣获“防汛抗旱先进单位”称号。

（朱前斌）

水库移民工作

安康市移民开发局
局　　长 卢峙兵
副 局 长 秦开俊　金晓林
纪检组长 陈厚道

◎**概述** 2017年市移民局完成旬阳水电站、白河水电站、引汉济渭工程宁陕县三河口水库移民搬迁安置358户1467人，实施水库移民后期扶持项目455个、总投资10163.78万元，兑付移民直补资金2235.42万元，落实水库移民脱贫攻坚项目76个、投资1560万元，建成移民重点镇2个、重点村10个，新建市级移民现代农业园区5个。截至年底，全市水库移民人均纯收入达到9287元，43个贫困移民村1483人实现脱贫，移民群众的生产生活条件得到较大改善，贫困移民群体的民生问题得以解决，库区和移民安置区经济社会发展进一步加快。该年度，全省水库移民工作现场现场会在安康召开，安康市库区美丽乡村建设和移民产业建设经验在全省交流推广。

◎**水库移民搬迁安置工作** （一）引汉济渭工程。完成宁陕县三河口水库移民搬迁安置50户202人，库区电力、交通、通信等专项设施恢复基本完成，重点配套建设项目“筒大公路”全线贯通，豹子墩桥、生凤跨库大桥、黑虎垭防护等专项工程顺利实施，实现了移民安置“五年任务三年完成”的预期目标，“宁陕模式”得到水利部国家移民局的充分肯定。（二）旬阳水电站。完成枢纽工程区移民搬迁258户1060人（其中：旬阳县219户、汉滨区39户），征收土地4850亩，拆除房屋5.5万平方米，完成316国道左坝肩改线、“吕力”公路抬高复建以及电信、广电网络迁改等工程。（三）白河水电站。电站建设10月正式复工，完成库区移民搬迁50户205人，建设征地573亩，拆除房屋1.1万平方米。（四）其他水电站移民工作。旬河赵湾水电站完成移民安置验收，汉江孤山水电站移民安置前期准备工作就绪。

◎**移民后期扶持工作** 后扶项目建设。实施7类水库移民后期扶持项目455个，总投资10163.78万元。累计硬化生产道路208条197公里，联户路17条26公里，新建便民桥5座、小型农田水利工程6处、人畜饮水工程42处，新建及改造标准化茶园3115亩。直补资金发放。兑付移民直补资金2235.42万元，认真落实水库移民后期扶持人口动态管理政策，全年新增白土岭水电站移民“双核”人口472人，年度核减667人，全市核定在册水库移民100282人。项目资金管理。出台了加强移民后扶项目建设质量管理、项目前期工作管理和移民后扶政策实施监督检查工作的3个《通知》，健全移民后扶项目资金季度监督检查和专项稽察工作机制，组织项目、资金管理培训会2期，管理水平进一步提高。

◎**移民重点工作** 移民重点镇村建设。落实重点镇村建设项目12个、资金782万元，按照“基础完善、环境优美、生活富裕”的要求，完成2个移民重点镇和10个重点村建设任务，涌现出了汉滨区流水镇、石泉县后柳镇和汉滨区清泉村、紫阳县贾坪村、岚皋县金珠店村等一大批库区明星镇村。4月，全省水库移民现场会在安康召开，会议现场观摩了安康美丽乡村建设，并对安康市龙头村、清泉村等10个“省级移民美丽乡村”进行了命名。水库移民避险解困工作。结合陕南移民搬迁政策，通过新建安置点，完成避险解困建房安置移民102户，其中：岚皋县62户、汉阴县40户。市级移民现代农业园区建设。落实园区建设项目14个、资金532万元，扶持建成市级园区5个、县级园区5个，巩固提升市级园区5个，新建茶园3200亩，园区道路10公里，管护茶园6500亩，茶叶加工厂2个、厂房1000平方米，引进茶叶生产线2条。招商引资工作。争取中广核集团在白河水电站投资5000万元。

◎**脱贫攻坚** 水库移民脱贫攻坚初战告捷。认真开展数据清洗工作，确认全市155个水库移民贫困村、1837户5223人的底数。制定了贫困移民避险解困和危房补助、贷款贴息、农业保险、产业风险保障、技能培训、大学生扶助、医疗救助、项目资金“三优”机制等政策措施。落实水库移民脱贫攻坚项目76个、资金1560万元，在抓产业促增收的同时，大力开展以大学生扶助、见证补助及种养殖培训为重点的“智力扶贫”，扶助贫困移民大学生127人，实用技能见证补助161人，种养殖培训3000余人次。通过扶持，43个贫困移民村1483人全部脱贫。包抓帮扶村脱贫攻坚扎实有力。为旬阳县关口镇蒿塔村落实帮扶资金136万元，通过硬化通组道路1.8公里，实施“一建三改”61户，新建拐枣园500亩、油牡丹300亩，发展养羊58只、养猪400头，“一对一”结对帮扶14户，慰问贫困户115户，表彰致富标兵10人，实施绿化亮化工程2处、安置点饮水工程1处。

工　业

工　业

安康市工业和信息化局
局　　长（主　任）　许启政
副 局 长（副主任）　向德刚
副 局 长　张祥国　卢　浩
纪委书记　周开升
总工程师　汪学军

◎**组织机构**　2009年市政府撤并原市经济委员会、市国资委、市中小企业促进局、市非公有制经济发展局，设立安康市工业和信息化局，加挂市国资委、市中小企业促进局牌子，这些原部门职责整合划入市工业和信息化局，为市政府工作部门。主要承担全市工业经济运行、非公经济发展、中小企业监测、工业集中区建设、国有资产监管、国有企业改革、工业化和信息化融合、煤炭行业管理和工业行业管理的职能职责。2015年机构改革确定，市工信局与市国资委实行“一套机构、一个党委、一个纪委、两块牌子、两种职能”管理模式。市工信局（国资委）党委领导直属机关、直属单位、市属国有企业等基层党组织。设置16个内设机构，人员编制61名，部门县级领导职数9名（1正2副1国资委专职副主任1纪检1总工3监事会主席），内设机构科级领导职数24名（20正4副）。现已配齐内设机构16个，人员53人，其中县级干部12人（正县1名，副县级7名，调研员2名，副调研员2名），科级干部24名（14正科4副科3主任科员3副主任科员），科员12名，工勤人员4名。

◎**基本数据**　全年实现规模工业总产值1385亿元，增长22.6%；实现规模工业增加值420.49亿元，增长15.8%，增速连续两年排名全省第一，占全市生产总值的43.14%，对生产总值增量贡献率达到48.86，工业主导地位进一步显现。被省工信厅评为“全省工业稳增长工作优秀单位”。

◎**运行特点**　全年工业运行稳健，1—2月份受原料短缺等因素影响，增速为12%，3月份增速回升到15%，直至年底增速一直保持在15%—15.8%之间。规模工业中，重工业增长21.1%，轻工业增长24.5%，重工业对增长贡献率56.3%，仍占据主导地位。产销衔接良好，规模工业企业产销率达97.28%。工业企业收入和利润稳步增长，主营业务收入同比增长23.8%，利润总额同比增长12.5%。

◎**支柱产业**　六大特色产业完成工业总产值1156.15亿元，同比增长22.0%。其中：富硒食品396.73亿元，增长28.0%；装备制造135.08亿元，增长27.6%；新型材料496.85亿元，增长19.7%；清洁能源47.54亿元，增长16.8%；纺织丝绸17.26亿元，增长11.7%；生物医药62.7亿元，增长3.8%。

◎**运行监测**　以建立完善特色产业链报表和重点企业台账为抓手，加强运行监测、预警研判，全面及时掌握工业运行情况，有针对性的采取措施，全力稳增长、促投资。密切关注市场变化，紧盯工业企业产销存、用电量、原材料、商品价格等变动情况，引导帮助企业积极应对，保障生产要素供给，促进企业开足马力满负荷生产。

◎**项目建设**　项目建设动力强劲，完成工业固定资产投资217.9亿元，增长21.4%，超任务57.9亿元，其中技改投资22亿元。北医大新药研发及生物医药工程、奥邦i5智能工厂二期等40个投资千万元以上项目开工建设，旬阳烟厂技改、白河水电站、旬阳领盛纳米新材料等重点项目加快实施，旬阳天一泉、南水汽配一期、超美特智能电子等25个项目建成投产。

◎**招商推介**　组织安康名优特色产品走进北京、乌鲁木齐、杭州、郑州、佛山、宝鸡等9场系列大型推介招商活动，签订特色产品购销合同总金额5亿元，签订合作项目总金额130亿元。安康“走出去”推介地方特色产品成功经验在全省推广。招商引资到位资金1亿元，被市政府评为全市招商引资工作先进单位。

◎**减税降费**　深入推进放管服和商事制度改革，广泛开展政策宣传，落实新版《中小企业促进法》，全免推进减税降费，治理涉企乱收费，强化联合督促检查，减收税费9860余万元，企业负担进一步减轻。

◎**产业规划**　规划引领成效初显，《〈中国制造2025〉安康市实施方案》《安康市消费品三品行动实施方案》已经市政府印发，《安康市促进生物医药产业健康快速发展的实施方案》待市政府审定。

◎**金蚕之乡建设** 积极参与市政府举办的“鎏金铜蚕”与安康开放发展高峰论坛，进一步提升了安康知名度。挖掘丝绸文化渊源，建好原料基地，实施技改提升，延伸产业链，提升附加值，抓好丝绸产品销售，推动本地蚕种场走出国门，缫丝行业增速“扭负为正”。

◎**科技创新** 深入实施企业创新工程，培育省级“专精特新”企业33户，南水汽配等3户企业被认定为省级企业技术中心，宏达船舶等8户企业被认定为市级创新研发中心。华银科技、普瑞达电梯、镇坪饮源生态等“院士专家工作站”成立。

◎**金融服务** 加强投融资对接破解融资难题，探索建立市级层面“转贷”应急机制，开展政银企对接活动10余次，鼓励引导企业上市融资，中科纳米、华银科技、荣泰农业3户企业在新三板挂牌，34户企业在新四板挂牌，阳晨牧业、桂花水能主板上市有序推进。

◎**节能降耗** 全市工业万元增加值能耗下降5%，配合拆除取缔了12家“地条钢”企业（窝点）和1家“10+3”污染企业，清洁生产成效显著。

◎**信息化建设** 全年新增光缆总长2.02万公里，新增光纤到户端口42.94万个，新增固定宽带用户15.13万户，固定宽带网络平均速率居全省前列。新建4G基站2062个，全市城区、重点区域及公共场所4G网络深度覆盖率达到95%以上，4G信号在行政村覆盖率达到97%以上。第二批电信普遍服务试点703个行政村宽带网络建设全面竣工验收，成功申报第三批电信普遍服务试点项目并启动实施。信息扶贫积极推进，468个建档立卡贫困村光纤入村，303个计划脱贫村宽带网络全覆盖，无线网络覆盖达99%；124个退出脱贫村实现光纤网络和无线4G网络全覆盖；《“智慧安康”顶层设计》编制完成，多项智慧应用在政府管理、民生服务等领域落地建设。市政府“互联网+政务服务”平台基本建成，网络协同办公系统建设运营，多项便民信息化应用系统上线运行。建立电子商务服务中心和站点426个。两化融合呈现新气象，智能制造应用实现突破，i5智能机床落户奥邦锻造、通用机械等企业，普瑞达电梯采用业内领先的ABB高端机器人实现智能改造升级。

◎**煤炭行业管理** 严格落实“党政同责、一岗双责、齐抓共管、失职追责”的安全生产责任制，对全市所有石煤矿企业开展拉网式排查，对发现的安全隐患，逐一督促整改到位，全年依法关闭石煤矿2处，完成6万吨煤炭去产能任务，实现零事故、零死亡的“双零”目标。

◎**园区建设** 全市19个工业集中区完成基础设施投资15亿元，实现工业总产值957亿元，占全市规模工业总产值的71%，增长20%。新建标准化厂房42万平方米，累计已建成标准化工业厂房176.53万平方米，是安康发展史上新建标准化工业厂房最多的一年，有力地促进了小微企业的发展。新入园投资千万元以上企业60户，累计入驻企业1575户，吸纳就业7.4万人。汉滨、汉阴、石泉、平利、旬阳五个百亿元工业集中区完成了当年目标。申报了8个省级标准化示范县域工业集中区及3家省级小型微型企业创业创新示范基地；申报6个工业集中区基础设施建设项目进入川陕革命老区振兴发展重点项目库。

◎**国资改革** 组织实施“一企一策”改革，促进企业聚焦主业，开拓市场，扩大规模，强化管理，提升质量和效益。积极培育市场主体，新组建水务集团、市汽车服务公司、市交通工程试验检测公司、市公共交通一卡通公司等4户国有企业。市属国有企业实现净利润1.72亿元，资产总量达到291.38亿元，同比增长10.3%，完成1100万元国有资产收益上缴的年度任务。国有企业改革稳妥推进，指导11户国有企业完成公司章程修订工作；“三供一业”和企业办社会职能分离移交按时完成任务。

◎**国资监管** 国资监管不断规范，制定出台市属国有企业“三项机制”，规范市属国有企业负责人履职待遇和业务支出，监管制度体系进一步完善。首次对市属企业实行目标责任、领导班子及领导干部、党风廉政建设“三位一体”考核，向8户市属企业派驻监事会，并积极推动形成外派监事会、财务审计、纪检监察等监督力量有机结合的监督管理机制。

（卫书涛）

中小企业和非公经济

◎**概述** 2017年，全市中小企业以加快建设西北生态经济强市为目标，紧扣“追赶超越、绿色崛起”总要求，坚持“发展为要、生态立市、开放兴市、产业强市”实施路径，苦干实干，精准发力，呈现出总量持续增加、质量日趋向好、效益稳步提升的发展态势，有力支撑了全市经济社会持续健康发展。2017年全市非公经济完成增加值566.40亿元，占GDP比重达58.1%，超全省平均水平4个百分点，占比排名连续四年居全省各市区首位。2011年以来，全市非公经济占GDP的比重净增9.3个百分点，为全市国民经济和社会发展做出了积极贡献。

◎**经济效益** 全市中小企业产销衔接良好，效益稳步提升。在规上中小工业经济运行方面，全市规模以上中小工业产销率达97.3%，较上年提高0.1个百分点；主营业务收入1256.66亿元，增长23.8%，较上年提高5.5个百分点；利润总额125.9亿元，增长12.5%，较上年提高8.1个百分点。在重点监测中小企业经济运行方面，纳入部级监测的356户中小企业实现营业收入748亿元，同比增长19.59%；纳入省级监测的1248户中小企业实现营业收入1199亿元，同比增长32.12%，其中，重点监测的297户省级成长梯队企业实现营业收入418.51亿元，同比增长31.63%。

◎**产业发展** 截至2017年底，全市各类市场主体达到15万户，吸纳就业48万余人。第一产业增加值104.62亿元，增长5.0%，其中，富硒茶产量2.36万吨，增长21.8%，占全省总量的31.8%；魔芋产量38万吨，较上年同期增长8.6%，继续位居全省第一；核桃产量1.46万吨，增长26.9%。第二产业增加值529.69亿元，增长13.5%，第三产业增加值340.34亿元，增长7.7%。第二产业增加值529.69亿元，增长13.5%，其中工业实现增加值420.49亿元，增长15.8%，高于全省平均水平7.6个百分点，增速继续稳居全省第一。第三产业增加值340.34亿元，增长7.7%。

◎**招商引资** 扎实推进重点项目建设，实行市级领导包抓重点建设项目制度，建立“六个一”工作推进机制，开展“追赶超越·项目建设年”活动，先后组织4批次259个总投资737亿元重点项目集中开工活动，集中力量推进127个产业项目建设，其中，与中兴通讯、香港中宇、方圆药业等一批知名企业达成合作，钒氮合金二期、天贸物流城二期等重大产业项目加速推进，南水汽配HS精锻、奥邦智能工厂、中兴大数据产业园、普瑞达电梯智能制造等30个工业项目建成投产；深层次开展招商引资，坚持立足本地资源优势、产业基础和发展潜力，开展项目推介接洽和招商引资宣传工作，市工信局招商引资落地到位工业项目资金1亿元。

◎**管理与服务** 是强化政策引导，在深入贯彻落实省政府工业稳增长促投资21条、促进民营经济加快发展等政策措施的基础之上，市委、市政府相继出台《关于推动非公有制经济追赶超越发展的意见》《关于促进民营经济加快发展的实施意见》、工业稳增长促投资十七条措施及“放管服”改革等政策措施，制定《破解民营经济活力不强工作方案》，切实促进中小企业和非公经济健康发展；二是强化考核推动，将工业增长、非公经济占比、工业投资等纳入对县区政府的考核，将中小企业发展纳入对县局经贸部门的单项考核，结合追赶超越季度点评，坚持责任导向，点评成绩亮点，发现问题症结，极大地促进了各级各部门在促进中小企业发展中责任到位、措施到位、落实到位；三是强化舆论宣传，市委、市政府先后召开在外创业成功人士座谈会等恳谈对接会议，全面梳理促进非公经济和中小企业发展政策措施，整理成册免费发放给中小企业，尤其是强化新修订《中小企业促进法》、《关于营造企业家健康成长环境弘扬优秀企业家精神更好发挥企业家作用的意见》等政策措施的宣传贯彻，确保措施落地落实。

◎**企业人才培训** 全市认真贯彻落实省委省政府《陕西省中长期人才发展规划》和《关于加强非公有制经济组织人才队伍的意见》，不断强化中小企业培训力度，建立健全人才培训机制。一是狠抓培训育人才。全年分别举办首届全市民营企业家培训班、旬阳县企业总裁培训班试点培训等个性化、订单式的素质培训，并围绕电子商务、智慧城市、企业技术改造、新三板暨管理创新咨询等业务进行深入培训，全年培训13000余人次。二是注重引进聚人才。大力实施百名硕博进安康工程和人才引进计划，制定奖补政策鼓励各用人单位柔性引进高层次创新创业人才，全年累计招聘硕士及以上高层次人才99人，柔性引进院士8人、百人计划专家1人。三是搭建载体用人才。鼓励企业自建和校企、院企共建创新实践基地、院士工作站和博士工作站，建成7个“国家级”创新平台，组建中国安康富硒产业研究院等6个产业研究机构和9个市级众创空间。

◎**小微企业发展** 一是市场主体数量持续扩大。随着商事制度改革的不断深化和工商注册便利化程度的持续提升，全市市场主体得到快速增长，数量得到持续扩大。截至2017年底，全市市场主体总数达到15万户，其中登记注册企业2.45万户。全年新增各类市场主体2.55万户，增长20.5%，其中，新增注册企业5408户，增长14.1%。二是“五上”企业培育成效显著。始终坚持完善协作机制、强化工作措施，提前谋划，跟踪培育，全力保障应统尽统，力促经济持续发展。截至2017年底，全市“五上”企业单位数已达1935户，排名全省各市区第4位。当年新增“五上”企业371户，新增数量仅少于西安市，排名全省第2位，有力推动了全市经济持续较快增长。三是成长梯队企业快速发展。坚持大力推动中小企业成长梯队建设，重点培育一批市场前景好、创新能力强、发展速度快、综合效益高、核心竞争力强的企业。截至2017年底，全市有省级成长梯队企业309户，总户数位居全省第二，其中，2017年新增93户。

（金 城）

工业集中区

◎**汉滨区五里工业集中区** 累计入驻企业140户，当年新增千万元入园企业15户，新培育规上企业7户，集中区规上企业累计达36户，实现工业总产值158亿元。完成固定投资23亿元，园区“三纵四横四桥一环”的交通骨干网络建设加快推进，供电、供水、燃气、通信等基础设施不断完善，建成标准化厂房5.5万平米，280套职工用房和孵化园东区3000平方米的餐饮服务中心投入使用。累计融资1.9亿元。坚持创新扩大产业孵化，加快优化产业集群发展。创建“支部+工业企业+基地+社区工厂+农户”新模式，解决贫困户务工1300余人。

◎**汉阴县月河工业集中区** 累计入驻企业136户，从业人员达到9485人；实现规模工业总产值102.8亿元，完成工业固定资产12.77亿元，新建标准化厂房3.2万平方米，建成两处污水处理厂并投入使用，新建265套公租房投入使用。紧扣重点促招商，引进东辉珠宝、康安木业、众盛千亩百合种植及加工等多个项目落户，新增投资1000万元以上入园企业10户。共同组建中小企业股权质押增信基金，完成贷款500万元；落实《汉阴县企业还贷周转金管理暂行办法》，全年为企业倒贷17笔总金额1.56亿元，节省倒贷费用近2000万元。

◎**石泉县池河工业集中区** 新增1000万元入园企业12户，规模工业企业总数达到48个。新建标准化厂房3.48万平方米，完成工业总产值135亿元，营业收入134亿元，实缴税金4.2亿元。完成固定资产投资5.92亿元。重点项目推进顺利，中兴VDC云数据中心已建成，四大智慧应用体系正在部署，三个云应用完成试点搭建。完成招商引资落地项目10个，与中兴通讯等7家单位达成基础设施、产业投资战略性合作。经开区创建稳步推进。

◎旬阳县生态工业集中区 实现工业总产值191.58亿元，实现工业销售产值187.2亿元，实现营收225.62亿元，实缴税金15.08亿元，吸收就业1.32万人，累计入驻企业248户，规模工业企业总数达到28户，当年完成固定资产投资11.24亿元，旬阳烟厂技改项目顺利推进。

◎白河红石河工业集中区 完成工业总产值66.76亿元，工业增加值20.03亿元，营业收入61.14亿元，新建标准化厂房5000平方米，新增投资千万元以上入园企业3户；新培育规模以上工业企业3户，规模工业企业达28户，从业人数3456人。完成集中区固定资产投资6.28亿元，隆勋魔芋、盛世嘉禾食用油等项目建成投产。

（程家明）

工业企业

安康水力发电厂

厂　　长　左园忠
党委书记　廖大勇
副 厂 长　雷中俊　邱　瑜　康振国
纪委书记　赵国光
工会主席　曾齐林
副 厂 长　刘　辉　吴文海

◎生产经营 2017年完成发电量24.96亿千瓦时，同比增长44.6%，超额完成年计划的24.8%；度电耗水率5.59立方米每千瓦时，同比减少8.21%，创历史最低；主设备一类率100%；继电保护及自动装置正确动作率100%；电网设备运检效率100%；年水量利用率100%；科技创新任务完成率100%。年末库水位329.86米，实现水库满蓄；实现连续安全生产6691天。全年缴纳国税9385.65万元、地税1935.19万元、水资源费1634万元。2017年，安康水力发电厂主要综合计划指标完成良好。顺利完成3号机组首次A修工作，按期开展2号机组A修工作。坚持“四零一优”总体目标，3号机组A修及水轮机改造顺利完工，运行效率同比提升7.5%，主要性能指标明显提升。5号联变技改项目竣工投运，变电增容33.3%，对减少机组窝出力、促进陕南小水电送出、支撑陕西电网安全具有重要意义。卓洪树董事长以“安康水电厂打了一个漂亮仗”高度评价2项工作。2017年业绩考核位居公司系统第5名、综合单位第1名，跨入A级行列；企业荣获省公司2017年度先进单位，继续保持全国文明单位荣誉称号，连续4年荣获“全国大型水电厂（站）劳动竞赛先进单位”。

◎安全生产 以“六严、两强化”安全管理为抓手，压紧压实“四好”本质安全主体责任。制定规范相关方管理实施意见，全面防范外委外包项目安全风险。深入开展安全生产大检查，严格问题挂牌督办和销号治理，完成整改98项。高质量完成11项安全生产问题清单“一上”报送工作。持续深化反违章专项行动，创新运用骨干专家、微信平台线上线下“双融合”安全监察机制，“四不两直”检查现场1803处，查处违章行为7起，表彰无违章现场80个。领导班子成员“安全日”带头讲安全26场，“一把手讲安全”讲稿获国网公司企业级优秀课件。高分通过省公司应急能力建设评估，考评结果位居公司前列。省公司2次《安规》调考实现“双连冠”，国网《安规》调考成绩名列省公司系统第一。累计安全行车86.4万公里。交通、信息、安保、集体企业等领域安全保持良好态势。

◎设备检修 积极开展安全大检查和设备隐患排查治理工作，确保设备健康运行。严格落实现场“十条禁令”和现场作业“五不开工”要求，扎实开展标准化检修和综合检修，强化作业风险管控，坚持日协调会机制，各项检修工作按照工期进度顺利完成。主设备检修方面，完成了1台机组A修、3台机组C修、330千伏安喜线及电抗器春检、6回110千伏出线设备春检预试、母线保护全检等工作任务。厂用及辅助设备检修方面，完成了厂用设备春检预试、保坝线巡线清障、防汛设备汛前检查整改等工作任务，提高了设备健康运行水平。认真开展大修技改、成本项目的实施管理，完成了5B更换、3号机组励磁系统改造、电抗器刀闸更换、陕南稳控双重化改造、开关站加装220伏直流系统、厂高变25B更换、厂高变28B安装、7台厂低变更换、上下游电缆夹层电缆综合整治等14项大修技改项目的现场实施管理。积极推进各类检查问题整改和成本项目的实施，完成了排水泵房集水井第二套水位仪安装、蜗壳及尾水管进人门加装工业电视摄像系统、厂房消防系统维修、尾水平台照明更换、机组导叶失电自动关闭回路完善等工作任务。正确开停机1212台次；办理各种工作票1659份，执行操作票2082份；发现处理缺陷830项，其中发现了5B中压侧套管升高座连接螺栓过热、2B色谱数据超标等重大设备缺陷，快速反应，科学决策，及时处理，保持了设备健康水平。实现机组“零非停”，支撑电网调频调峰，圆满完成迎峰度夏任务。强化设备特巡特护和状态监测，以机组持续满发65天的新战果，刷新了电站连续运行时长的新纪录。

◎安全度汛 开展上游流域水库水情摸底调研，建立“汛前巡视、汛中检查、汛后消缺”常态化工作机制，治理重大隐患缺陷12项，筑牢安全度汛根基。开展防止水淹厂房反事故补充措施专项排查，迎接上级防汛检查9次，落实问题整改23项。深化与市气象局、梯级电站汛情会商和资源共享，创立基于面雨量预报的来水量级测算体系，洪峰测算精准率大幅提升至95%以上。创新开展可视化防汛综合演练，应急处置能力进一步提升。积极开展防汛宣传，创建联防联调良好氛围。参加“安康市深化河长制宣传活动”印发《保护河流　节约用水》防汛手册，举办第九届“电站开放日”活动，宣传防汛减灾知识，电站有限防汛能力获得认同。汛限水位动态控制和梯级电站联调实践，获国家防总、国网公司防汛检查组高度肯定。科学调度、安全度过20年一遇强秋淋过程，有效减轻了安康城区及下游城镇防汛压力，为安康市全面打赢防汛减灾“攻坚战”提供了强有力支撑，得到长江委感谢、省防指表扬、市政府表彰。

◎**多种经营**　坚持做优做强集体企业，突出核心业务，强化资源整合和市场开拓，外部市场合同金额首破两千万元大关，“四自”运营能力持续提升。承运的毛坝关电站发电量首破1亿元大关。实施镇安抽蓄电站物资仓储服务项目，签订35千伏变电站及线路运维服务合同，实现在变电站运维项目的“零突破”。成功签订了蔺河口电站3号机组A修、春检预试、联营电站厂房照明改造、电缆整治等合同，在保证互利共赢的基础上争取到了汉江公司毛坝关电站新一轮承运合同价款的调增，树立了安电检修铁军形象。加强与安文旅公司的合作交流，拓展合作项目，积极与西咸公司对接，为开拓电网侧市场做好准备。深化“产游融合”，完成旧转轮工业雕塑景观设置，开工电站左岸边坡治理和绿化提升工程，推进水电科技园建设。积极履行企业社会责任，打捞瀛湖库区漂浮物约4万立方米。

◎**经营管理**　经营管理提质增效。深耕水库“大经营”模式，全力践行“三个必争”，实施月度发电量目标管控，取得了“三高两最”（节水增发电量3.1亿千瓦时，同比增长159%；水能利用提高率13.1%，同比增长5.89倍；年发电量24.96亿千瓦时，创6年来新高；10月发电量首破6亿大关，创历史单月最高；度电耗水率5.59立方米每千瓦时，创历史最低）的运营效益。建立内模市场考核评价机制，顺利通过省公司验收，3项亮点获得高度肯定。高质量完成四阶段问题清单梳理及整改决议上报工作。按季开展综合计划执行情况督导检查，148项重点工作任务圆满收官。深化绩效管理“两册”宣贯，完善绩效考核办法，促进组织与员工绩效“双提升”。挂网处置废旧物资3批次189项。完成11批次物资及工程服务类集招。全年省公司公文质量考评“零差错”，是保持该项纪录的唯一一家基层单位。4项QC成果分获陕西省2017年度全面质量管理一、二等奖，获奖数量位列参评单位第6。3个班组被授予“陕西省质量信得过班组”荣誉称号。

◎**企业文化**　企业文化建设健康持续发展。6月8日，新华社客户端及新华网图片频道在世界环境日系列报道：《美丽汉江　我可爱的家乡》及《陕西汉江流域生态保护初见成效》中展示了安康水电厂大坝和库区的风光，展示了企业良好形象，对推动品牌社会化，建立与社会公众的联系发挥较好作用。10月20日，《安康水电厂成功应对秋汛》被新华社《陕西领导专供》整版报道，实现责任央企品牌形象在中央权威媒体展示的新突破。编辑出版企业文化丛书《奋进2016》并发放每位职工手中，制作完成《奋进2016》《坚守使命保安澜》《超越》专题片3部。专题片《在创新中超越》荣获全国电力行业优秀影视作品三等奖。建成生活区职工之家、青年领航工作室和毛坝关电站职工之家，建设办公区职工书屋和省公司职工文学创作基地，做到“职工之家”覆盖职工办公、生产、驻外电站所到区域，改善驻外艰苦边远电站班组的“小环境”，为职工提供了相互交流、学习、开展活动的平台，切实发挥“职工之家”实体化“练身体、练本领、练素质、彰活力、创成效”作用，职工书屋荣获“国家电网公司职工书屋示范点”荣誉称号、创新培育基地5项成果国家专利局已受理。QC创新成果孵化室2项QC成果获陕西省第七届“质量杯”一等奖，3个班组被授予陕西省质量信得过班组荣誉称号。以“强基固本、提质增效”为主题，以“五型”班组创建活动为载体，全面开展班组对标，“查隐患、比消缺、保安全”、创建“五型”和“无违章”班组等劳动竞赛，持续开展“找差距、求突破、树品牌、争一流”创建卓越班组活动，竞赛覆盖所有班组，有效激发职工工作热情和创造力，首批荣获公司命名的3个“五型”班组、开发推广运行手机应用APP，43个班组建立“微信群”，方便交流学习，提高了沟通协作效率。班组创新4项成果获陕西省职工科技成果奖，其中《水轮机导叶拐壁液压拆卸装置的研制》首获陕西省职工优秀科技创新成果银奖。积极参加陕西省职工文化艺术节，我厂职工杜文娟长篇小说《红雪莲》荣获“陕西省五一文艺奖”、《羌塘暖阳》获报告文学一等奖，李娟《恰好》获散文二等奖，周红英《老房子》获散文二等奖、《生日礼物》获影视剧桑等奖，全面展示电力企业形象。组织职工参加省公司工会组织羽毛球、乒乓球比赛、歌手大赛及安康市第十六届运动会羽毛球比赛，取得公司瑜伽三等奖、乒乓球赛第六名、羽毛球混合团体第三名和安康市运动会羽毛球赛银牌的优异成绩。承办安康市第十六届运动会羽毛球比赛，获得“大会贡献奖”和“体育道德风尚奖”。组织职工篮球赛、羽毛球、钓鱼比赛、毛坝关职工家属联谊等全厂文体活动，丰富了职工文化活动。指导分工会开展形式多样文体活动，指导厂内各类文体兴趣小组开展活动，组织参加省、市业余文体活动，培养企业文体人才，取得优异成绩。荣获“陕西省群众体育先进单位”称号。

◎**党的建设**　完成“旗帜领航·三年登高”基础建设年任务，开展“党旗红·国企兴”党建提升工程，深化“两学一做”学习教育常态化制度化。建立党建工作联系点、党群月度例会机制，规范党建机构设置，配齐配强党建队伍，全面构建“六位一体”大党建格局。深化“电网先锋党支部”创建，开展“党建+”项目25项。2人分获国家电网公司优秀共产党员和党务工作者。全面落实“两个责任”，完成廉政约谈“全覆盖”，严防“四风”反弹。立查立改国网公司巡视发现问题2项，全面提升规范化管理水平。举办中层干部、后备人才等各类培训班36期，组织内外部交流培养和挂职锻炼11人，2人获“中央企业技术能手”称号。推进扶贫工作，完成扶贫村文化阵地建设和联校支教帮扶工作。开展职工“连心桥”活动，答复办理提案建议109件，采纳合理化建议142项。职工书屋被命名为“国家电网公司职工书屋示范点”。建成省公司文学创作基地等“职工之家”实体5个。5个班组获省公司“五型”班组称号，命名比例位居公司第1。

（安康水电厂厂志办）

安康供电局

局　　长　刘安灵
党委书记　焦勇军
纪委书记　李　真
副 局 长　王晓阳
工会主席　贺长宏
副 局 长　沈延峰　宁大鹏

◎**概述**　安康供电局现下设10个职能部室、6个业务支撑和实施机构、2个县供电公司（旬阳县、白河县），所属集体企业汉水集团公司。电网以330千伏金州变、香溪变和安康电厂为依托，以110千伏网络为骨干网架，通过330千伏金柞Ⅰ、Ⅱ回、香鹤线及安—喜—洋线与陕西主网联络。主要担负安康市一区九县以及襄渝、阳安、西康三条电气化铁路供电和水电消纳、外送任务，并向湖北十堰、四川达州转供电力。直供直管35千伏及以上输电线路119条，总长2250千米；35—110千伏变电站62座，其中110千伏变电站39座，35千伏变电站23座；10千伏配网线路155条，总长5746千米。2017年，安康供电局围绕“追赶超越、绿色崛起”发展总纲，践行央企政治责任、经济责任和社会责任，全力服务西北生态经济强市建设，保持“全国文明单位”荣誉，被省公安厅评为“平安示范单位”，荣获西北能监局“百日零投诉”劳动竞赛优胜单位，禹康劳模工作室被授予省示范性劳模创新工作室。

◎**安全生产**　坚持“党政同责、一岗双责、齐抓共管、失职追责”和“管行业必须管安全”，落实企业安全生产主体责任，确保人身、电网和设备安全。贯彻“8·13”全市安全生产会议精神，扎实开展安全大检查，重大安全风险隐患全面整改到位，安康电网经受住冬夏负荷屡创新高等严峻考验。全力应对“4·15”洪灾和强秋淋灾害，紧急处置12基铁塔基础滑坡，修复227基倒杆、23.8千米断线，及时恢复1006个台区供电，为全市抗洪抢险和灾后重建提供了坚强的电力保障。圆满完成43项保电任务，荣获国网陕西省电力公司十九大保电支援先进集体和安全管理标杆单位。

◎**智能电网建设**　加快安康坚强智能电网建设步伐，如期投运酒湖特高压和330千伏西成客专供电工程，建成投运35千伏大河变改扩建工程，110千伏岚皋变电站第二电源工程按里程碑计划顺利推进。落实安康市与国网陕西省电力公司战略合作协议，紧密衔接地方发展规划，滚动修编“十三五”电网发展规划，推动项目投资及时落地。完成安康750千伏输变电工程选址选线，取得旬阳水电站330千伏送出工程规划选址意见书以及330千伏月河等5项输变电工程核准批复，在有关部门的支持配合下，争取330千伏平利等9项35千伏及以上输变电工程总投资7.11亿元。

◎**项目建设**　跟踪服务45个重点项目用电需求，全力支持机场建设，完成110千伏五里变至恒口变、五里变至恒口牵引变线路迁改，根据进度要求完成10千伏勇敢、红旗支线和110千伏金州变至恒口变、金州变至平梁变线路迁改阶段性任务，旬阳烟厂技改增容、汉江大剧院施工用电等工程按期投运，安岚高速供电工程设计通过评审。投运凤凰社区等22项居民小区供电工程，为1.4万余户居民提供优质供电服务。为包联重点工业企业陕西亨通铸造有限公司办理直购电结算，用电均价同比降低14.35元/千千瓦时，节约电费14.9万元。建立市县两级帮扶机制，为包联重点科技型企业旬阳太极缘生物科技有限公司减少用电成本支出3.36万元。落实国资国企改革要求，签订13户“三供一业”供电设施分离移交协议，接收水电三局、安铁供电段等居民用户1.44万户。配合市政改造，顺利完成安康大道、兴安西路、大桥南路、解放路、巴山中路等11项强电入地工程，赢得社会各界广泛赞誉。

◎**助力脱贫**　召开扶贫工作领导小组专题会议5次，研究部署脱贫攻坚，在精准摸排的基础上，对直供区的211个贫困村实施农网改造升级。按期投运29眼机井通电工程，完成75项小城镇（中心村）电网改造升级和195项“村村通动力电”工程。落实“电力入户”和“抄表到户”要求，严格执行电价政策，切实为农户和涉农企业减负，提高贫困村电力保障能力，全面实现两个“百分百”目标。结合陕南移民优惠政策，实施避灾扶贫搬迁东坝社区、县河财梁社区等5项安置点电力配套工程。为光伏扶贫提供“绿色通道”，并网接入83个光伏发电项目。助力脱贫攻坚的经验事迹被央视和工人日报等主流媒体多次报道。

◎**推广电能替代**　推进“电化安康”，投运安康大道充电站，建设京昆高速服务区安康境内4座充电站，建成全省首家水上充电站，推动瀛湖旅游船只“油改电”。与教育主管部门配合，争取省上配套资金787万元，完成53个中小学营养餐“煤改电”配套电网建设。联合电器厂商开展“电网连万家，共享电气化”活动，宣传电采暖电价和居民峰谷分时电价政策，倡导绿色用能新风尚。推行“互联网+”优质服务，实施“多表合一”智能采集示范项目，推广“网格化小红帽”便民服务，拓展网上报装接电、移动交费新渠道，试点汉水e电综合能源服务，共建共享“智慧安康”。

◎**干部队伍建设**　落实鼓励激励、容错纠错、能上能下“三项机制”要求，制定干部交流工作实施方案和干部人事档案管理工作暂行规定。举办副科级干部、优秀管理人员和班组长培训班，选派优秀青年干部交流锻炼。干部选拔任用注重“忠诚干净担当”，集体研究决定，规范履行程序，群众反映良好。坚持“人才强企”，101人通过技能鉴定，21人取得技师资格，57人获评中高级职称，6名员工受到国家电网公司表彰，8项质量管理成果荣获省级一等奖。

◎**党建工作**　深入推进“两学一做”

学习教育常态化制度化，创新“六点一线”党员教育培训新模式，依托6类党员教育基地，多维度、立体化搭建党员教育平台，教育引导党员坚定理想信念。专题学习廖俊波、黄大年同志先进事迹，建立“党员责任区”76个、“党员示范岗”82个，组织“一先两优”事迹巡讲，示范带动广大党员在践行为民宗旨中争先锋、作表率。全面加强基层党组织建设和党员队伍建设，完成6个党总支改党委工作，23个党支部同步换届。实施“七个过硬”工程，创新实施“党建+”项目24个，推进党建工作与企业中心工作深度融合。

◎法治企业建设　坚持法规制度“每周一讲”，法律顾问参与重大决策合法性审查。紧密配合公安机关查处外破隐患，制止各类危害电力设施安全的行为。查处窃电及违约用电301起，为国家挽回了经济损失143.83万元。高质量办结人大代表建议和政协委员提案11件。加强内控体系建设，整改审计发现问题，落实法治企业建设行为指引，保障企业持续健康发展。

陕西省地方电力（集团）有限公司安康供电分公司

总 经 理、党委副书记　曹光锋
党委书记　李文生
总会计师、总法律顾问　张弟君（女）
副总经理　李光林
纪委书记、工会主席　陈天中
总工程师　毕宏伟
副总经理　胡正奎

◎工作业绩　2017年公司主动适应经济发展新常态，积极推动供给侧结构性改革，以建设坚强智能电网，助推生态经济强市为工作主线，全面提升供电保障能力和供电服务水平，各项工作取得较好成绩。电网基建投资完成1.87亿元，全网最大用电负荷和日最大供电量分别突破38万千瓦和650万千瓦时，同比增长28.84%和40.29%，双创历史新高；售电量完成15.17亿千瓦时，同比增长9.09%，营业收入完成8.82亿元，同比增长4.93%，创历史最好水平。

◎经营管理　坚持“经营电网”理念，着力提升电网运行水平。积极开展“三率”业务管理、检修计划管控，组建汉阴县分公司带电作业班并多次实现配网带电作业检修，开创公司带电作业工作先河。全年综合电压合格率完成98.32%，较计划指标98.23%提高0.09个百分点；供电可靠率完成99.85%，同比提高0.01个百分点，较年计划99.84%提高0.01个百分点；综合线损率完成6.67%，同比下降0.61个百分点，较年计划7.29%下降0.62个百分点。围绕电网安全、稳定、经济运行，调控一体化，配网精细化管理三大目标，科学编制并适时调整电网运行方式，积极发挥区域联网优势，输送电量4760万千瓦时，同比增长36%；强化小水电就地转化，吸纳小水电电量4.52亿千瓦时，同比增长21%，直接产生经济效益5300余万元，电网经济调度成效显著。完善内控制度体系建设，优化管理流程，加强在建工程转固管理，固定资产原值增加2.05亿元；积极开展电费、往来账务、工程资金和无人值班变电站资产清理，实现7县公司库存材料统一调拨，完成去库存3560万元。清仓利库、经营业绩追赶超越等专项工作成效显著。

◎电网建设　规划引领优化电网构架，完成“十三五”电网发展滚动规划、县域配电网滚动规划和充电桩规划。110千伏江口变配套出线江关线、佐龙变二期等工程竣工投运，新增供电能力11.3兆伏安。紫阳县2015年农网升级改造工程顺利通过省发改委整体验收，2016年10千伏及以下农网升级工程、2017年机井通电工程全部完工。石泉、岚皋县公司办公楼投入使用，办公、学习环境进一步改善，职工精神面貌焕然一新。7县公司43座变电站实现无人值班，配网自动化和GIS系统全面建成。

◎供电服务　盯紧政府招商引资和重点项目建设动态，为引汉济渭、阳安铁路复线、安岚和平镇高速等一批重点项目提供优质供电服务。加大电力监管和第三方供电服务评价问题整改力度，130项专项监管问题得到有效整改，荣获西北能监局“百日零投诉”竞赛活动“优胜单位”。认真开展大客户走访活动，及时解决企业恢复生产用电等问题，先后促成平利金龙水泥、紫阳锆钢玉、岚皋六口结晶硅等企业恢复生产。优化服务流程，缩短报装接电时间。全年新增用电客户3087户/5.56万千瓦，新增电量750万千瓦时。接入光伏电站1座255千瓦，批复入网在建光伏电站3座2600千瓦，完成电力直接交易客户1户，直接交易签约电量3990万千瓦时。积极开展春秋季营业普查、营销业务综合大检查和电力价格专项检查，堵塞管理过程中的跑冒滴漏。加快推进户表改造和计量自动化项目实施，完成电能表检定11.4万只，安装智能电能表16.92万只，公变采集终端投运4919台，户表采集21.29万户，宁陕县公司实现了集抄全覆盖，系统集抄上线和采集率稳步提升。

◎安全生产　认真落实安全生产“党政同责、一岗双责、失职追责”工作要求，强化安全风险管控，连续安全生产运行1461天，安全生产持续保持稳定态势。扎实开展电网安全性评价查评和整改提升工作，落实整改责任，加强日常工作考核，顺利通过省地电集团公司安全性评价专家组查评验收，成为地电系统唯一的安全生产标准化二级达标企业。完善安全生产管理制度，落实安全生产责任制。建立微型消防站7个，分解下达安措费用348.52万元，配置更新了安全工器具和相关安全生产设备，安全管理基础进一步夯实。成立安全飞行检查大队，结合“安全生产月”、春秋安全大检查等重大活动和工作安排，认真开展隐患排查治理、防汛、交通、消防等安全检查，问题整改率100%。积极开展电力设施保护宣传，查处涉电案件13起，追回经济损失10.76万元，营造安全生产工作氛围。扎实推进安全文化落地宣贯，《电力企业安全文化建设创新与实践》获省电力行业企业管理创新成果一等奖。年度安全生产目标全面实现。

◎精神文明　紧紧围绕企业中心工作和目标任务，不断加强思想道德建设和作风建设，坚持培育和践行社会主义核心价值观，全面推动企业文化落地生根。组织开展“道德讲堂”“我们的节日”、志愿服务等活动，推荐上报“中国好人”线索近千条。积极开展“冬送温暖，夏送清凉，大病救助”帮扶活动，慰问职工548人次，困难职工家庭72户，发放慰问款物共计65万余元，对5位患病职工发放救助金16.49万元；深入开展劳动竞赛、技术比武、安全知识竞赛、QC小组活动等20余项劳动竞赛活动，文体活动丰富多彩，为企业发展注入活力。汉阴县公司荣获“全国文明单位”殊荣，平利县公司牛王供电所被授予“中国最美供电所”，企业自身建设再创佳绩。

◎**社会责任** 积极履行社会责任，服务地方经济社会发展。在“9·25”强秋淋天气中，公司上下靠前指挥，齐心协力，积极开展灾后重建，在短时间内恢复了5.04万用电户供电，抗洪救灾工作受到了各级党委政府和灾区群众的高度肯定和一致好评。站在讲政治的高度，狠抓脱贫攻坚重点工作。派驻扶贫工作队7个、第一书记5人，包抓扶贫村7个，组织812人次进行重点施策，结对帮扶贫困户357户，投资电力基础设施建设373.67万元，引进其他帮扶项目投资178.42万元。结合农网改造和基建投资计划，积极组织实施电力行业扶贫项目，68个脱贫村全部实现电力入户和“抄表到户”目标。积极开展支教助学和电力志愿服务活动。投资8万余元为镇坪县钟宝镇同维小学购置灶具，金秋助学资助困难员工子女16名，筹措发放助学金6.1万元。以唐铭为代表的电力志愿服务队，分别在紫阳红椿镇、高滩镇和平利城关镇等地开展志愿服务活动10余次，发放爱心物资10余万元，帮扶贫困学生268人，发放爱心助学款15余万元。认真落实市政府现代茶园包抓帮扶工作，积极争取和协调市交通局落实专项资金32万元，完成金龙茶叶公司龙安茶园生产道路建设，协调岚皋县相关部门为龙安茶园栽植树木花卉，对园区进行绿化美化。扎实开展包联重点工业企业工作，走访调研陕西省奥邦锻造有限公司10余次，解决实际问题20余项；优化用电报装工作流程，完成企业一期500千伏安和二期750千伏安的供电任务，免费提供7万余元的断路器和计量设备，投资近70万元建设10千伏专用线路3.1公里；结合“安全生产月”，协助企业开展安全生产隐患排查治理专项检查，消除设备安全隐患5处，促进企业早日达产达效。

安康水电联合实业有限责任公司

董 事 长 刘玉建
总 经 理 唐安庵
副总经理 蔺建军
工会主席 江 涌（女）

◎**经营业绩** 2017年度，公司共上网销售电量2.02亿千瓦时，是继2011年以来再次突破2亿千瓦时；实现营业收入5975万元，利润总额5267万元，上缴税费2653万元；年末总资产30815万元，资产保值增值率107%。

◎**安全生产** 加强管理，完成检修。为确保安全高效生产，公司进一步完善计划管理考核工作，实行年计划统筹管理，月计划考核管理。全年完成设备春、秋检工作26项，机组C级检修2次，项修1次。消除了主变低压侧B相软连接处温度偏高、水导摆度传感器误差，解决了推力瓦温偏高、拦污栅锈蚀淤积等较大隐患及缺陷10余项，完成了厂房照明及应急照明改造、调度数据网建设、监控AGC、AVC功能实施及联调实验等年计划项目，整改了一批涉网设备不能满足考核要求的项目，对一次调频参数进行优化，对二次设备进行了安全评估及备案，提高了机组运行可靠性。加强巡检，及时消缺。公司加强设备日常巡检，及时消缺完善。全年共发现设备缺陷204项，全部处理，保证了机组安全稳定运行；机组全年利用小时3953小时，运行4271小时，检修小时411小时，开停机586次；特别是枯水期作为生态流量出力，做到了随调随开，满足了下游生态流量要求。检查落实，常抓不懈。公司扎实开展春检预试、汛前设备大检查及秋检工作，面对前方检修多、厂家多、人员多的现状，公司强化作业现场安全管控，将严把现场安全关作为安全管理重要环节，坚决克服“以包代管”的弊端，严格履行安全责任，明确岗位职责，坚决落实安全协议内容和安全措施，实施全过程的安全监护和监督检查，对违章作业现象及时纠正并落实整改，使各项工程安全有序顺利完成；定期对后方机关大楼电梯、消防、水电管路、玻璃幕墙等设备设施进行专项检查，对租房户用水用电、安全情况等不定期抽查，发现问题和隐患，及时督促，限期整改，确保安全。2017年，公司实现全年无人身、财产责任事故，累计安全生产6806天。

◎**内部管理** 一是强化职责，严格考核。年初下达《全年工作目标任务》，每月初下达《月重点工作计划》，年终对中层干部进行考核，依据工作业绩，按照德能绩效廉进行民主测评，选聘部门负责人。全年下达目标任务24项，基本完成，月重点工作270项，全部完成。二是加强财务管理，创收节支。电费结算上，主动工作，尽早划转；资金管理上，应收尽收，合理调配；支出管理上，严格程序，严控支出；成本管理上，定期分析，严格控制；创收增效上，盘活资金，合理理财。三是加强合同管理，严格工作程序，部门分工负责，全程跟踪监督。全年共签订合同40份，金额529万元，当年合同履约率100%。四是倡导爱岗敬业、勤奋工作，弘扬正气，创先争优。通过部门推荐、党政工会议联评，评选出了先进工作部门1个、优秀党员2名、优秀员工5名、安全生产标兵2名。

◎**社会责任** 积极参加社会活动，认真履行公共义务，开展了“脱贫攻坚”和“支教”工作，资助对口帮扶村资金105000元，购买了8200余元书籍和体育器材赠送给村小学；完成了市、区、办事处、社区等各级组织开展的“双创”、综合治理等各项工作；通过了年度目标任务考核。

（江 涌）

全市规模以上工业增加值及总产值分类表

	2017年（万元）	同比增长（±%）
1、工业增加值	4204932	15.8
2、工业总产值	13854555	22.6
按轻重工业分		
轻工业	6114515	24.5
重工业	7740040	21.1
按经济类型分		
国有经济	464938	4.9
集体经济	13026	28.8
股份合作制经济	8357	38.8
股份制经济	12983250	23.8
外商、港澳台投资	145252	17.5
其他经济	239732	4.1
按隶属关系分		
中央属	276219	18.7
省属	500341	8.8
市属	304504	23.7
县区及以下属	12773491	23.2
3、在总计中：大中型企业	829458	4.9
4、工业销售产值	13477394	22.7
5、产品销售率（%）	97.28	0.07个点
轻工业	97.02	0.04个点
重工业	97.48	0.10个点

注：1. 工业增加值总量按现价计算，速度按可比价计算；
2. 工业总产值总量和速度均按现价计算

全市规模以上工业企业效益情况表

	2017年（万元）	去年同期（万元）
企业单位数（个）	618	–
其中：亏损企业数（个）	5	9
应收账款	501229	464559
产成品	309654	286267
主营业务收入	12566638	10149366
主营业务成本	10287442	8161570
销售费用	384190	324104
财务费用	99563	90859
利润总额	1259019	1119509
亏损企业亏损额	348	14079

注：此表不含安康供电局、安康水力发电厂、旬阳烟厂和7个县农电局

支柱产业中规模上工业产值完成情况表

行 业 名 称	2017年（万元）	同比增长（±%）
小计	11561540	22.0
清洁能源	475387	16.8
电力生产	231496	33.2
电力供应	243891	4.5
富硒食品	3967283	28.0
谷物磨制	205211	26.8
植物油加工	266805	25.1
屠宰及肉类加工	393361	31.6
蔬菜、水果和坚果加工	815254	29.5
其他农副食品加工	313384	39.9
焙烤食品制造	48975	16.4
方便食品制造	175101	51.4
酿酒制造	238187	32.9
饮料制造	415115	48.3
精制茶加工	963457	17.1
卷烟制造	132434	0.0
安康丝绸	172620	11.7
丝绢纺织及精加工	172620	11.7
装备制造	1350754	27.6
金属制品业	318743	25.5
通用设备制造业	93310	44.2
专用设备制造业	197597	67.1
汽车制造业	475486	30.3
铁路、船舶和其他运输设备制造业	23153	–30.0
电气机械和器材制造业	212522	1.2
计算机、通信和其他电子设备制造业	29943	117.7

续表

行业名称	2017年（万元）	同比增长（±%）
新型材料	4968491	19.7
烟煤和无烟煤的开采洗选	28966	49.3
其他煤炭采选	119219	4.7
铁矿采选	200617	-3.2
常用有色金属矿采选	380931	26.2
贵金属矿采选	20545	13.6
稀有稀土金属矿采选	93981	13.1
土砂石开采	461612	19.0
化学矿采选	478281	23.6
石棉及其他非金属矿采选	115296	13.7
水泥、石灰和石膏的制造	372222	7.6
石膏、水泥制品及类似制品制造	962952	25.3
砖瓦、石材等建筑材料制造	1054332	26.5
耐火材料制品制造	105587	13.6
石墨及其他非金属矿物制品制造	93307	11.1
常用有色金属冶炼	168827	24.2
贵金属冶炼	157779	17.6
有色金属合金制造	154039	13.6
生物医药	627005	3.8
基础化学原料制造	164485	30.5
化学药品原药制造	251308	-14.6
中药饮片加工	115370	16.1
中成药制造	62958	57.3
生物、生化制品制造	32883	-25.8

交 通 运 输

交通运输管理

安康市交通运输局
局　　长　江家安
副 局 长、公路局局长　唐新成
副 局 长　王广华
总工程师　杨宗斌
市交战办副主任　杨泊轩

◎交通规划　截至2017年底，G211旬阳县城过境隧道群及汉江大桥工程前期工作全部完成，完成施工及施工监理招标并启动施工前期准备工作；G345新建至宁陕二级公路工可、初步设计、施工图设计取得省发改委、省交通厅、省公路局批复；石泉喜河经熨斗至后柳二级公路工可、初设和施工图设计全面完成；平旬路旬阳段项目工可已完成并报送省交通厅审查，进入审核阶段。10座汉江大桥蓝图绘制完成，白河白郎汉江大桥、紫阳汉王汉江大桥、旬阳蜀河过境汉江大桥开工建设；旬阳蜀河（危桥）汉江大桥开展前期工作；紫阳焕古、旬阳力加（段家河）、棕溪汉江大桥完成工可编制，并报送市发改委审查，通过市规划局项目选址评审，正在开展环评、土地预审等报审资料的编制；安康马坡岭汉江大桥委托设计单位完成工可编制；紫阳洞河大桥完成工可方案编制；岚皋大道河汉江大桥拟纳入沿江公路项目实施，正在征求相关方面意见。

◎交通建设　2017年累计完成交通建设投资74.63亿元，占年度任务的187%，其中高速公路完成46.7亿元，国省干线完成14.9亿元，农村公路完成12亿元，运输站场和港航码头完成1.1亿元。投资总额创近10年新高。一是高速公路建设。平镇高速公路全线开工，累计完成投资38.64亿元；安岚高速公路试验段累计完成投资13.01亿元；宁陕至石泉高速公路举行集中开工仪式。二是国省干线公路建设。G316白河至麒麟沟、麒麟沟至旬阳公路改建工程路面基本贯通；G316旬阳至安康公路改建工程完成路基土石方97%；G211（S102）旬阳至小河公路改建工程完成路基土石方96%；G541石泉至紫阳汉王段改建工程路基桥涵、路面基层全部完成，面层除水毁路段外已全面完成；G541紫阳洞河至岚皋花里段改建工程已建成通车；G210宁陕至两河公路改建工程路面已贯通；G541紫阳汉王至洞河公路于2月份开工建设，完成土石方192.8万方，占73%；宁陕庙坪至西汉高速连接线和旬阳蜀河过境项目分别于7月、9月开工建设。三是农村公路建设。完成县乡公路路基367.2公里、基层276.3公里、面层249.7公里；桥涵配套工程全部开工建设，已完工3个；通村及联网工程完成630公里，危桥改造6座；农村公路完善工程累计完成364.4公里，安全生命防护工程累计完成1027.8公里。瀛湖流水码头、紫阳港江南客运码头、汉王镇码头建成投用，漩涡码头、汉阳坪码头顺利实施。

◎交通应急管理　一是完成平时应急工作任务。组织市公交公司于8月27日举行了防火防爆应急救援培训和实战演练活动，通过应急演练，增加了司乘人员对基本医疗、消防器材的使用实战技能，增强了司乘人员应对突发事件的处置能力；9月上旬，组织30名运管执法人员，积极参与《2017秦鹰利剑反暴恐综合实战演练》活动，进一步提升了交通运政管理队伍的应急处突能力。二是服务地方重大活动。参加“第十七届中国安康汉江龙舟节”活动，组织完成了水上安全应急、公路安全应急保畅和运力应急保障工作。龙舟节期间水上活动历时12天，共调度船舶18艘，抽调海事、抢险队员和船员66人次，市海事、公路部门应急保障队伍人员履职尽责，全力保障，未发生人员伤亡事故。

◎交通运输行业管理　一是坚持依法行政。组织形式多样的法制宣传教育主题活动，营造依法行政良好氛围。印发了安康市交通运输局“七五”普法教育培训规划，开展了系统规范性文件合法性审查，聘请法律顾问一名，组织开展了交通运输行政执法评议考核工作，建立健全行政执法行为规范制度，推进交通行政执法规范化、法制化。全年办理人大代表建议30件、政协委员提案27件，办结率和满意率均达100%。二是狠抓安全维稳。加强行业安全生产大检查，推进全国综治优秀市创建工作，对行业内不稳定因素进行了排查化解，全年受理来信来访38件次、办结率达100%，承办人大代表建议和政协委员提案57件、办结率和满意率均达100%，办理群众群众信访和市长信箱转办件140件、办结率100%。三是深化文明创建。市直交通系统开展了“展示交通新风貌、提振干部精气神”主题实践活动，举办“展青春风采、树交通品牌”体育竞赛、“书香交通、阅读人生”征文、清洗公交站亭志愿服务等活动，实现干部精神面貌、身体素质、工作干劲“三个提升”。创建厅级干线和县乡文明路2条，广泛开展公交服务竞赛活动，5条线路参与“平安公交”创建，安康市金康出租汽车客运有限公司荣获安康市“人民满意窗口”称号，安康市交通运输局被交通运输部、公安部、国家安全监管总局授予“道路运输平安年活动成绩突出单位”荣誉称号。

◎**交通信息化建设**　深入推进“互联网+政务服务工作”，开通出租车投诉举报电话，实现24小时交通服务热线全畅通。把“12328”交通服务热线纳入“12345”市长热线服务平台统一管理，及时受理交通运输方面的群众诉求。扎实推进电子政务建设，建立完善了财务管理、党员信息系统、公务员信息管理、机构编制信息管理等平台，提高了工作效率。创建“安康交通”微信公众号，设置了“公交线路”“路况查询”“通知公告”“办事指南”等菜单，累计向社会发布各类图文信息75期402条，进一步加强了交通部门与民众的信息沟通和交流，推动交通运输部门进入网络问政“微”时代。

◎**公路养护**　一是干线公路落实全面质量管理体系和养护工程施工“两化”指南，养护水平和路况质量稳中有升。干线公路年均优良路率达到92.26%、养护综合指数（MQI）为90.22。机械化养护水平提高，瀛湖机械化养护中心已建成投运，平利徐家坝机械化养护中心施工图设计已完成；集中开展路面病害专项治理，完成路面大中修及预防性养护工程149.5公里；打造美丽干线公路，创建完成国道316线恒口至石泉、省道308线老县至平利县城100余公里美丽干线公路。二是围绕“四好农村路”建养目标，推进农村公路“干线化”养护。市县“两个纳入”落实到位，市政府确定配套农村公路养管经费1000万元，县区配套日常养护费3618万元，到位率119%；开展“安康好路杯”竞赛活动创建活动，对成绩突出的3个县进行表彰奖励，分别奖补30万元、20万元、10万元。三是全力抢险保畅。2017年，安康遭受20年一遇强秋淋灾害，强降雨导致全市3条国道、5条省道、16条县道、33条乡道交通中断，村组道路和在建的高速公路、干线公路遭受严重损毁，全市交通战线累计投入机械596台次、人员6381人次、抢险费用1590余万元，快速抢通较大水毁80余次，第一时间抢通了群众出行生命线，确保了救灾物资的安全运输，把灾害损失降到最低，被市委、市政府的授予“防汛救灾先进集体”称号。

◎**工程质量管理**　2017年直接监督工程项目30个906公里，监督覆盖率100%。其中：干线及路网工程项目18个758公里，农村公路项目12个148公里（含独立大桥4座）。实施监督检查98次，发监督检查通报36期，发监督抽查意见通知书12份，监督抽查质量数据9590余个，单点合格率92.9%，关键指标合格率93.5%。一是按季度综合监督检查、月度巡查和专项检查，监督检查参建单位质量管理制度、措施和质量责任登记机制落实情况，督促建设项目开展质量安全隐患大排查大整治和交通产品质量专项排查整治工作；加大对参建单位履约能力和进场主要人员、设备的监督检查力度，督促企业认真履约；以隧道、大桥、高边坡和路面工程为重点，抓质量薄弱环节；加强对“三背”回填、钢筋保护层厚度等质量薄弱环节的督查，强化质量通病质量；开展施工原材料质量抽检，委托试验检测单位抽检施工原材料230余组，合格率98.8%，发材料抽检通报1期；对工程存在的质量问题，指导项目参建单位采取工程措施进行处理；对县区质量监督工作进行指导检查，发指导检查通报1期。二是强化施工安全监督。先后印发了《交通建设工程消防安全专项治理方案》《关于切实加强交通建设工程度汛安全生产管理工作的紧急通知》《关于切实加强交通建设工程冬季施工质量安全管理工作的通知》等文件，督促建设项目加强相关工作。三是加强质量鉴定检测工作。完成干线公路大中修工程和1座桥梁工程项目的质量鉴定，质量合格率100%。组织完成了干线公路水毁修复、灾害治理和大中修工程、S225平利至镇坪二级公路改建工程、S207安岚二级公路岚皋县城过境项目及4个农村公路项目的质量鉴定检测工作。及时组织完成G316白麒、麒旬、旬安，G541石汉段、洞花段，G210宁陕至两河等项目的路基转段交验31次156余公里，保障了重点项目建设顺利实施。组织农村县乡公路分层检测8次，严把建设过程质量关口。四是加大建设市场管理力度，规范监理和工地试验行为。2017年备案工地试验室23个，对30个驻地监理机构进行了检查；责令清退不符合要求的试验人员2名，取消1个施工单位工地试验室备案资格、责令限期整改，对2个总监办试验室进行通报批评、责令更换试验室主任；责令清退驻地监理人员1名。

◎**城市公共交通**　坚持公交优先发展战略，着力提升公共交通保障水平，全市新增公交车115辆，新增公交企业1户，新开和优化公交线路13条，推动公交向具备通行条件的小区和背街小巷延伸，提高了公交覆盖面和群众公交出行分担率。中心城市智能“易公交”APP终端广泛使用。5条线路参与“平安公交”创建，积极开展服务竞赛活动，公交营运服务质量明显提高。江南公交总站项目进展顺利，站务楼主体结构已封顶，地下车库全部完成，累计完成投资5800万元。出租车行业改革稳步推进，已拟订《安康市深化改革推进出租汽车行业健康发展实施方案》上报市政府。持续开展城市客运市场整治工作，巡游出租车管理继续坚持依法严管，对拒载、载客、拼客、不按规定使用计价器等违法经营常态化进行依法整治。中心城市全年共检查出租车2218辆次，查处出租车违规经营行为256起，查扣涉嫌非法营运“黑出租”136辆，及时处理公交、出租经营服务质量投诉等491余件次。进一步加大了驾驶员培训和考评力度，深入开展各类服务竞赛和文明创建活动，交通运输文明服务水平明显提升。

◎**脱贫攻坚** 建成通村通组路1820公里，桥梁497延长米。及时完成水毁修复，省定122个脱贫村178个项目538公里通组路交通保障任务全面完成，惠及项目沿线4.5万户、14万贫困人口。探索“交通脱贫+产业+X”发展模式，镇坪县试行的农村公路“养护公司＋精准脱贫”养护模式，得到了省交通厅领导充分肯定，并作为典型经验在全省宣传推广。在省交通厅的检查评比中，安康市交通脱贫攻坚工作名列第一。

（李 成）

干线公路养建

安康公路管理局
局　　长 唐新成
纪委书记 孔忠录
副 局 长 崔世富　周云举
总工程师 柯小平
副 局 长 王永祥

◎**概况** 安康公路管理局养管安康境内6条国道、5条省道、1条县道共计1146.769公里干线公路，其中210、211、316、345、346、541六条国道851.669公里，102、207、308、310四条省道和355一条临时省道共计186.7公里，206县道108.4公里。全市干线公路中二级公路344.848公里、三级公路769.521公里、四级公路32.4公里。共管养桥梁650座41841.92延长米，其中特大桥1座5496延长米、大桥140座19365.5延长米、中桥204座10635.58延长米、小桥305座6344.84延长米，隧道22座4896延长米。安康公路管理局机关内设15个科室，下属10个县区公路管理段，4个直属事业单位，4个超限运输检测站（场）。全局人员编制1685名，在职人员1460人、离退休人员1258人。

◎**公路养护** 强化养护主业，落实常态精养，强化考核巡查，引导基层单位把工作重心放在养护、主要精力聚焦养护。组织开展防汛应急、除雪防滑演练、养护技能比武、柔性防护网落石清理培训等活动，提高精细化、专业化养护能力。年均优良路率达到92.26%、养护综合指数（MQI）为90.22，养护水平和路况质量稳中有升。把加快建设机械化养护应急中心作为构建现代养护体系的核心能力来抓，瀛湖机械化养护中心建成并投入生产运行，平利徐家坝机械化养护中心完成施工图设计。落实常态精养，全年处治路面病害2.22万余平方米，防治路面裂缝7500余米，修复水沟、路缘石、涵洞等公路构造物640余立方米；投资1.6亿元完成149.5公里路面大中修及预防性养护工程；创建完成国道316线恒口至石泉、省道308线老县至平利县城100余公里美丽干线公路。强化巡查考核，实行养护管理、质量安全、路政管理、督查督办“四位一体”巡查，固定人员编组、突出专业巡查、体现机动精准、实现全路覆盖，从巡查反馈到通报整改形成环环相扣、贯通闭合的责任链条，确保问题紧盯不放、整改迅速到位、路况持续向好，养护水平和路况质量稳中有升。

◎**公路建设** 努力化解公路改建项目面临的配套资金、外部环境协调等制约因素，攻克拆迁难点、贯通路基断点、化解资金焦点，强力推进路网改建工程。国道541洞河至花里段改建工程累计完成投资4.75亿元，攻克紫阳境内12公里路基工程，实现建成通车目标；国道210宁陕至两河段改建工程完成主体工程，除改线部分“两桥一隧”外已建成通车；省道225平利至镇坪段改建工程完成交工验收。同时，按照市政府要求，不讲条件，克服困难，借资建设平利广佛过境线工程，经过大干三个月，顺利实现路基贯通目标；国道210石泉至桦柳树梁改建项目、流水至紫阳沿湖公路改建项目完成可行性研究报告。

◎**路政管理** 坚持以提升执法能力和水平为目标，以“三基三化”建设为重点，以建立路政交警联勤联动“123”管控机制为抓手，扎实推进依法治路，全力维护路产路权。“三基三化”顺利通过省局检查验收并被评为优秀格次。全市干线公路建立并全面推行“123”管控机制。全年发现路政事案272起，结案272起，查处率、结案率均为100%，收赔偿费64.6万元；办理路政许可33件，收回补偿费44.5万元，有效维护了路产路权；扎实开展清理整治利用桥下空间堆放物品、搭建临时构筑物，有效维护了桥梁安全和通行环境。

◎**公路治超** 强化路面治超力度，严格执行治超新规，全年检测车辆25.6万余辆，查处违法超限运输车辆1154辆，卸（分）载车辆980辆，卸（分）载货物8167吨；向交警部门移交超限违法信息1154条，超限率控制在0.4%；办理超限运输通行证118件，监护大件运输通行74次，有效服务了重要物资运输，有力确保了桥梁通行安全，路面治超态势得到持续巩固。

◎**公路抢险修复** 2017年8—10月，受20年一遇的强降雨和洪水袭击，致使7条线路条条受灾、直接经济损失高达7440余万元。面对重大灾情，安康公路管理局第一时间启动预案、投入抢险。采取市局统筹指挥、领导分片负责、县段组织实施、直属单位紧密配合的应战模式，全局动员、全路联动、全员参与，不畏艰险、冒雨抢修、挑灯夜战，累计投入机械596台次、人员6381人次、抢险费用1590余万元，快速抢通较大水毁80余次。特别是受灾严重的汉滨段、岚皋段、镇坪段、平利段等单位，干部职工放弃休假、风餐露宿、连续作战，以灾情为号角，打响了排除瀛湖干道重大险情、鏖战湘子坝重大滑塌、抢修平镇路重大水毁等一个个战斗，及时恢复了一条条群众出行生命线，赢得了各级政府和广大群众的高度赞誉，安康公路管理局被市委、市政府表彰为“2017年防汛救灾工作先进集体”，岚皋公路管理段被岚皋县政府表彰为“2017年度抗洪抢险先进集体”，再次充分展示了安康公路人特别能吃苦、特别能战斗、特别能奉献的良好形象。全年完成两批192处、总投资超过6000万元的水毁修复工程，实现了当年水毁、当年修复目标，并达到或超过灾前路况水平。

◎**安全生产** 始终把道路安全作为重中之重来抓，坚持把实施危桥加固、灾害治理、安防工程、设施完善等工程措施作为消除公路安全隐患的治本之策、长久之计。2017年加固危桥16座、完成投资3391万元，治理隐患路段117公里、完成投资1700余万元，有效提高了干线公路安全保障水平。深入开展安全生产大排查大整治，全年整治各类安全隐患593处，其中市安委会交办13处，特别是2017年8—10月大排查大整治期间，排查整治影响道路通行一般隐患271处，在建项目施工质量安全隐患131处，整改率为100%，有力确保了道路通行安全，持续巩固了稳中向好的质量安全总体态势。

◎**行业党建** 以行业党建为引领，以廉政建设为护航，以文明创建为抓手，持续深化行业自身建设。深入贯彻落实中共十八届六中全会精神和新民风教育，认真组织学习党的十九大精神，着重强化“四个意识”，夯实全面从严治党责任，扎实推进“两学一做”常态化制度化，切实规范党内政治生活。制定“三项机制”细化落实具体办法，激发干部职工内生动力。高度重视党风廉政风险防控，强化“干净做人”理念，全面建立廉政建设主体责任清单，实行“记实台账”式管理，深入推进全省公路行业廉政文化示范点动态管理和标兵单位创建活动，推荐全省公路行业廉政文化示范点创建标兵单位1个。深化干部作风建设，开展“为政不为”专项整治，加大监督执纪力度，实行每周暗访常态化。坚持有线索必核、有问题必查，用好监督执纪“四种形态”，坚决贯彻“八项规定”，防止“四风”反弹回潮。通过形式多样的廉政学习教育，增强了干部职工的廉洁意识，形成了敬畏规矩、遵规守纪的良好风向。

◎**扶贫攻坚** 不断强化政治意识和大局意识，更加积极主动地把公路养管、建设与脱贫攻坚对接、融合，主动承担社会责任，积极参与交通脱贫，争当脱贫攻坚先行官，抓项目促脱贫。国道541、210路网改建工程的建成通车，有力助推了石紫岚汉江经济开发建设和深度贫困地区脱贫进程，省道225建成通车，为平镇高速建设创造了交通条件，为助推脱贫提供了人畅其行、物畅其流保障。积极创建美丽干线公路、着力提升精细化养护水平，为实施全域旅游示范建设和乡村振兴战略作出了积极贡献。全力做好包抓白河县川共村扶贫攻坚工作，充分发挥公路行业专长，计划投资20余万元为帮扶村新建中型扶贫桥梁1座。选派驻村工作队常驻帮扶，组织40名干部联户包扶，投资40余万元支持改善产业发展基础设施，协调引进帮扶资金120万元。以抓好6项扶贫产业为核心，同步推进5项基础设施、8项村容村貌和扶贫搬迁安置点建设，全面完成帮扶任务。

◎**行业管理** 始终坚持按制度管人、按程序办事，全面加强两级机关管理，突出规矩规范主线，增强制度执行力，强化程序约束力，扩大规范影响力，着力提升行业整体管理水平。成立依法行政工作领导小组，下设依法行政办公室，聘请常年法律顾问，抽调法律专业职工协助办公，形成行业自身力量与购买法律服务相补充、专职与兼职相结合的工作力量，切实为局属各单位增强依法行政能力、规范管理行为提供法制宣传教育、法律咨询、依法决策和维权服务。坚持集体研究，会议决定，落实重大决策社会稳定风险评估和合法性审查机制，充分发挥法律顾问和依法行政办公室的事前防范、参谋助手作用，参与民事行为的前期谈判，建立重要文稿、规范性文件和所有民商事合同合法性审查机制，未经审查或审查不合格，不得作出决策、不得对外签订，法制办全年审查合同120余份、规范性文件5份、重要文稿5份，从源头上确保了决策合法合规，有效提升了行业依法管理水平。

◎**文明建设** 高度重视行业精神文明建设，按照文明单位动态管理网络考核工作要求，坚持以做好文明单位、文明道班、文明执法窗口等创建巩固工作为载体，积极开展文明创建和评先树模活动，岚皋公路管理段柏杨道班被中宣部表彰为“全国学雷锋活动示范点”，这是继宁陕公路管理段新路道班被评为全国“百佳道班”、安康公路管理局被交通运输部评为“全国交通系统精神文明先进单位”之后，全局又一个“国字号”先进典型。汉滨公路管理段被安康市委、市政府表彰为“创森工作先进单位”。

（姜德军　秦　婷）

道路运输管理

安康市道路运输管理局
局　　长　王启仲
副 局 长　阮英波　刘永宏

◎**客运管理** 一是完成了22个建制村通客车任务，超省局下达年度通村任务100%，全市建制村客车通达率达到97.35%。二是继续开展“情满旅途”活动，巩固了安康至西安市际精品客运线路，汉阴、平利、安康高客站三家汽车客运站分别获得省级二、三、四星级客运汽车站命名。三是推行旅客实名制购票和联网售票，全市所有省际、市际客运班线实行实名制售票和查验，联网售票建设工作有序推进，按进度完成全省联网售票联调。四是完成公路客运量和旅客周转量分别为3429万人、220528万人公里，与上年同比分别增长1.71%、3.24%；公路货运量和货物周转量完成4072万吨、169720万吨公里，与上年同比分别增长11.32%、11.93%，客货运输综合周转量增长10.85%。

◎**城市客运管理** 一是稳步推进城乡客运一体化工作，发挥城乡道路客运一体化试点项目的带动作用，中心城区及汉阴、石泉、平利县达到4A级标准，其他6县区达到3A级标准。二是城市公交优先发展，新能源公交车应用加快。许可新增中心城市公交企业1户，全市新增公交车115辆（其中纯电动车95辆，新增新能源公交车比重达到82.6%）。中心城市新开、优化公交线路13条，并启动了“易公交”APP终端智能调度系统。三是持续开展城市客运市场整治，2017年中心城市共检查出租车2218辆次，查处违规经营行为256起，查扣涉嫌非法营运“黑出租”136辆，及时处理公交、出租经营服务质量投诉491件次。

◎**货运管理**　一是对从事道路危险品运输的车辆技术状况、驾驶员、押运员等情况进行了集中审查。二是全市危运企业危险货物道路运输电子运单管理系统(企业应用子系统)以及随车APP操作系统全面使用，已成功派发电子运单11583单。三是货运站场、货物运输企业货物受理环节开箱验货、实名登记、验视率达到100%。

◎**治超行动**　一是持续推进科技治超工作，汉滨区尧柏江华水泥厂、旬阳县尧柏水泥厂两处共三个监控点的远程源头治超监控系统完成升级改造。二是运政治超系统全面启用，严格落实“一超四罚”“黑名单”列管制度和严重违法失信联合惩戒机制。

◎**机动车维修市场管理**　一是全市机动车综合性能检验检测机构全部通过升级验收，新增综检机构3家。二是进一步强化对机动车综合性能检测机构的监督管理，落实检验检测机构主体责任，确保检验检测质量，为安康市道路运输车辆提供更加方便、周到、快捷的服务。三是贯彻落实《营运客车安全技术条件》标准和营运车辆燃油消耗量达标准入制度，严把道路运输客货车辆准入关。四是通过开展全市维修行业集中整治和挥发性有机物专项治理工作，宣传贯彻汽车维护、检测、诊断技术规范，进一步提高安康市维修行业整体服务水平。五是落实I/M站点设置，辖区M站站点布设初见成效。

◎**驾驶员培训市场管理**　一是全市27所驾培机构全部使用并升级了计时培训管理系统，810辆驾驶培训车辆全部安装并升级了车载计时刷卡设备。二是辖区道路运管机构全部安装了驾驶培训监管服务平台，计时培训和管理监管系统与省运管局监管服务平台实现了联网对接，实现了动态数据信息传输、储存、监管、服务一体化。“计时培训、按学时收费、先培训后付费模式”的覆盖面到达80%，新增了提供夜间培训、周末培训以及预约培训等多渠道特色培训模式。三是完成了客货运驾驶员从业资格培训考试题库的更新，编写并启用了巡游出租汽车区域科目培训教材、大纲和题库，按照交通运输部的统一要求完成了出租客运驾驶员从业资格考试系统的更新。

◎**行业安全及维稳**　一是在春运、暑运、黄金周、十九大等各重点时段，开展了行业专项安全隐患排查治理工作，建立了企业自查、属地检查、市级督查的行业安全检查监督体系。二是全市所有“两客一危”车辆都按要求安装使用了符合部颁标准的卫星定位设备，并接入陕西省道路运输车辆公共服务平台，上线率达到98%以上。三是认真落实长途客运夜间休息和接驳运输制度，每月对所有接驳运输车辆进行一次随机抽查，全力消除安全隐患。四是制定了《安全生产监督管理工作责任规定》，厘清了各科室安全生产管理职责，修定完善了行业应急预案，完成1051辆客车2436个安全锤的更换。五是深刻汲取“8·10”事故教训，对“两客一危”企业进行了安全约谈，开展了翻新轮胎专项排查，集中进行了三次安全生产专项大检查，并按“四个一律”“五个一批”要求进行了处理。六是全面做好行业维稳工作，全年受理投诉734起（其中人大政协提案18件、投诉电话510件、群众来访10起、市长信箱170件、媒体转办4件、12328服务热线9起、阳光信访系统13件），结案率达100%，满意率达到98%以上。全年未发生堵路、罢运、群访等涉稳事件，有效地维护了社会稳定大局。

◎**行风及队伍建设**　一是举办了全市道路运输行政执法培训班，开展了运政执法案卷评查，先后组织开展了危险货物运输市场综合整治、货运物流安全专项整治、货车非法改装专项整治、客运市场非法经营专项整治等多项整治活动。进一步提高了全市道路运输行业综合管理能力，全年无重大行政、执法违纪问题发生。二是深入推进“两学一做”学习教育常态化、制度化，利用手机+党支部、QQ群等平台，积极组织党员干部参加专题民主生活会和各类学习。三是组织开展了爱心送考、志愿服务岗、党员进社区、文明交通服务引导、读书分享、科级干部讲课等多项活动。

◎**道路运输节能减排**　一是低碳宣传日在广场、客货运汽车站、汽车检测站等集散场地设置宣传服务台，宣传国家有关节能减排的方针、政策和法律法规。二是利用运输从业人员教育培训等多种途径，大力宣传推广节油经验，提高驾驶员的节能意识和节能操作技能。三是利用行政许可优化车辆运力结构，督促企业积极淘汰老旧且油耗高的运输车辆，引导经营者选用节能型车辆、专用车和厢式车，提高货运车辆实载率，多利用安排回程运力，降低空驶率，减少消耗。四是推广清洁能源车辆的使用，全年新增公交车115辆，其中纯电动车95辆，新增新能源公交车比重达到82.6%。

◎**其他工作**　一是深化道路运输管理体制改革，按照事权、人权、财权相统一的原则，市政府下发了《全市道路运输管理机构经费保障体制调整方案》，将原县区运管机构自收自支统一明确为全额预算管理的事业单位，市县两级运管机构经费纳入同级财政保障，总体运行平稳，为行业长远稳定奠定了一定基础，同时也为下一步改革奠定了一定基础。二是大力推进道路运输站场建设，江北一级货运站竣工，岚皋二级客运站已建成投运，高新区长途汽车站、石泉二级客运站主体完工，恒口二级客运站主体大楼封顶，平利、白河、汉阴3个二级站完成维修改造，平利二级货运站完成“三通一平”并开工建设仓储楼，站场建设全年累计完成11258万元。三是积极组织参加了全省道路运输安全知识竞赛和“秦汉杯”汽车驾驶教练员职业技能竞赛，均取得优秀组织奖荣誉。

道路交通管理

安康市公安局交警支队
支 队 长 王　鹏
政　　委 孙廉钰
副支队长 蔡晓玲（女）
副 政 委 廖坤茂
副支队长 沙建荣
副支队长兼高速交警大队大队长
吴旬安

◎**概述** 2017年，全市公安交通管理工作在市委、市政府及市公安局党委和省交警总队的坚强领导和指导下，全市各级公安交警部门认真学习贯彻党的十九大、十九届一中全会精神和中省市政法、公安及公安交通管理工作会议精神，紧紧围绕“防事故、保安全、保畅通”和市局党委提出的争创“全国先进”、争当“陕西一流”总目标，以深化公安交管改革为引领，以事故预防为主线，聚焦道路交通安全风险打防管控，坚持改革创新发展，着力打造高速公路“122”、农村道路“125”、中心城市“113”、国省干线“123”“四位一体”联勤联动综合长效机制建设和亮点品牌，围绕“三个不发生”创建活动和“四大攻坚战”，扎实开展道路交通秩序整治，从源头消除各类道路、车辆及驾驶人安全隐患，全力以赴预防减少各类道路交通事故发生，圆满完成了党的十九大交通安保工作任务，取得了较好工作成效。交警支队在全省公安交警目标责任考核中位居第二，被省交警总队表彰为全省公安交警系统“创佳争优”竞赛活动车辆管理先进单位、交通安全宣传先进单位。

◎**道路交通事故预防工作及重大事故情况** 2017年，全市共发生各类道路交通事故1947起，比上年同期下降3.4%，死亡233人，与去年同期相比上升8.4%，受伤2154人，与去年同期相比下降5.7%，经济损失1893.2万元，与去年同期相比24.7%，全部事故四项指数两升两降。全年共发生交通肇事逃逸案件213起，侦破207起，侦破率97.2%。全年共排查道路交通安全隐患272处，其中重点隐患26处（市级督办3处，县级督办23处）全部治理到位。

◎**交通执法** 在全市公安交警系统扎实开展了执法检查暨民警业务培训，从各大队抽调部分法制骨干组成工作组，进行执法检查和案卷评查。举办规范执法业务培训班13场次，受训的基层民警600余人。积极与市公安局协调沟通，市公安局司法鉴定中心于2017年3月1日起在全市开展血液酒精含量检验鉴定工作，进一步规范了安康市醉酒驾驶刑事案件的办理，解决了基层办案单位办理醉驾刑案中“送检难”问题。不断完善管理使用制度，严格执行公安部“四个一律”规定，加强对执法办案过程的动态监督，确保民警依法办案。各大队“四区六室”的设置比较规范，设备配备趋向合理，各项管理制度逐步落实。2017年，一般程序案件总数为9159起，各大队上报使用情况6297起，整体使用率为69%。严格落实《严格办理交通肇事罪吊销机动车驾驶证》《醉酒驾驶机动车吊销机动车驾驶证》通知规定，2017年审核吊销机动车驾驶证共311案。其中醉酒219案，交通肇事92案。全市公安交警系统执勤执法记录仪配备率100%，月使用率达到95%以上，基本做到了“上岗必佩戴、佩戴必开机、开机必摄录”的要求。

◎**专项整治** 按照部交管局、省交警总队统一部署，全市各级公安交警部门紧紧围绕党的十九大安保、“春运”、中省市“两会”“一带一路”高峰论坛及各大节假日、重要活动安保等重点工作，围绕“三个不发生”路面防控攻坚战安排部署，先后组织开展“守护生命严打酒驾毒驾”违法行为专项整治、工程车及三轮摩托车违法行为专项整治、校园周边交通秩序整治、校车、接送学生车辆专项整治、危险化学品运输车辆管理专项整治等一系列整治行动，对重点车辆、驾驶人、重点交通违法形成严查严处高压态势，取得了明显成效。全市各级公安交管部门共纠违交通违法896921起，查处超速行驶95285起、客运车超员131起、货车超载203起、无证驾驶5580起、酒后驾驶3710起（饮酒驾驶3024起、醉酒驾驶165起），警告教育343941人次，暂扣驾驶证2332本，吊销驾驶证228本，拘留337人，违法记分较去年有明显上升。通过扎实开展各项交通秩序整治，道路交通环境得到了有效净化。

◎**交通安全宣传** 全年在央级媒体发布稿件13篇，在省、市级媒体发表稿件800余篇。全市各级公安交管部门集体入驻“今日头条”客户端。充分利用社会关注度较高的手机直播软件进行交通安全微直播，进一步提高公安交管工作的社会关注度。发布交通安全提示短信2210条/次，微博7900余条，微信6000余条，发布新闻稿件102篇，民警参与制作电视节目16期，走进直播间5次，制作、悬挂交通安全宣传横幅300条，开展教育培训1100次，播报实时路况信息2万条，发放宣传提示单6万余份。大力开展了以“尊法守规明礼、安全文明出行”为主题的122“全国交通安全日”主题活动，与安康交通广播联合召开全市缓堵保畅工作警民联谊会，组织开展了“交警三八节进校园　保护儿童送平安”活动；会同安康交通广播在金州广场举行了“2017爱心送考”大型公益活动启动仪式；制作了一批春运主题海报、《一切为了百姓出行》画册，拍摄了安康交警拜年视频及明星交通安全宣传公益广告，在各大中心广场和客运场站循环播放；依托农村道路“125”交通安全劝导站，组织乡镇交通安全宣传员、劝导员开展农村道路交通安全大劝导活动；联合959安康交通广播、中石油公司在全市范围内大力开展“百日无违章大赛”系列竞赛活动，营造出了浓厚的交通安全宣传氛围。

◎**勤务联动机制和亮点品牌创建** 高速公路“122”机制，高交大队坚持科技应用创新，加强各中队分控指挥中心建设，建成了22路高清监控视频和42处缉查布控卡口，强化高速公路省际执法站建设，积极构建高速公路交通安全防控体系，实现对市境内高速公路的全方位管控。农村道路“125”机制，各县区交警大队认真贯彻落实市政府《关于进一步加强农村道路交通安全工作意见》《全市农村道路交通安全“125”联合管理模式规范化建设指导意见》，全市1794个农村交通安全劝导站全部启用，2989名交通协管员全部投入到农村道路交通安全巡查检查和专项整治工作中，特别是入冬以来经历了两场暴雪天气，“两站两员”作用得到充分发挥，确保了农村山区道路交通安全形势平稳。城市道路“113”机制，由市政府组织公安、规划、住建、城管部门，投入城市道路基础建设资金达2亿余元，对中心城区“四纵五横”道路进行升级改建。市区公安交警部门制订了《安康中心城区智能交通系统建设方案》，推进中心城区智能交通系统建设，联合市双创、住建、规划、城管、运管、工商等部门，在中心城区开展为期5个月治乱疏堵专项整治行动，工作成效显著。国省干线公路“123”机制，市、县（区）全部成立组织领导机构，在超限检测站、公路管理道班设立公安交警联合执勤室（站、点）19个，各县交警大队、公路部门开展联合执法，国省干线公路交通秩序明显好转，交通事故平稳下降。

◎**信息化建设** 深化集成指挥平台管理应用，2017年全市共成功拦截15188辆，查获嫌疑车13046辆，现场处罚12046辆。其中假套牌逾期未报废、黄标车、事故逃逸、刑事案件等重点违法车辆154辆；全市备案执法站16个，共检查登记24065辆，其中“两客一危”检查登记22876辆。搭建了全市交警智能综合管控平台，汇聚接入全市卡口、电子警察，视频监控设备300余处，其中接入集成指挥平台的视频监控184处，数据整合效率进一步提升。完成了全市交警系统独立的视频会议系统建设任务，保证部省市视频会议可以开到大队、中队及省际执法站，并随时能调阅道路视频监控数据资源，实现了全市公安交管系统视频联通，有力提升了全市公安交警指挥效率和警务实战能力。

◎**驾驶员与机动车管理** 截至2017年底，全市共有各类机动车49.2万辆，其中汽车14.9万辆，比去年同比增长19598辆，年增长率15.2%，全年共办理机动车业务32.3万笔；截至2017年底，全市各类机动车驾驶人达到了53.5万人，年办理驾驶人业务12.3万笔。扎实开展“三个不发生”隐患歼灭战，共清理665名重点驾驶人隐患，806辆重点车辆隐患。每月对全市大中型客货车及驾驶人检验审验情况进行动态排查和通报，落实重点车辆信息抄告制度，七类重点车辆注销率和检验率全部达到100%。强力推进黄标车淘汰工作，完成省上2017年下达的安康市466辆黄标车淘汰任务，各项工作指标居全省前列，取得了显著的工作成效。

◎**车管所工作** 认真落实驾考制度改革措施，制定《关于落实省交警总队驾考改革工作意见的实施方案》和全市小型汽车驾驶人全科目考场规划，确定了汉滨区、平利县、旬阳县、石泉县为全市小型汽车全科目考点。启用号牌管理信息系统，实现了全市小型汽车号牌在市车管所统一现场制作，群众立等可取，减少了号牌邮寄费用，极大方便了办事群众。强力推进业务权限下放工作。加快小型汽车科目一考试业务下放，督促指导汉阴、紫阳、镇坪、平利、紫阳小型汽车各科目考场建设。加强互联网交通安全服务管理平台应用，引导群众在互联网综合服务平台进行注册，截至2017年底，全市互联网个人用户注册量已达到18.5万个，单位用户注册138个，全市已累计办理6400余笔互联网选号业务，考试预约20.9万余人次。自2017年11月8日起，安康机动车号牌系统全面升级，小型非营运汽车随机选号由“20选1”调整为“50选1”，这种随机、限时的选号方式，提高了车辆选号程序的效率，受到了全市广大车主和驾驶人的欢迎。

高速公路

陕西省交通建设集团公司安川分公司

经　　理　任高利
党委书记　韩斌斌
纪委书记　王孝生
副 经 理　周宪群　马　涛
工会主席　周宪群

◎**收费管理** 全年征收通行费7.34亿元，占年度任务6.65亿元的110%。政策性免费1.65亿元。查处偷逃漏费车辆1864车次，堵漏增收27.5万元，逃费车辆较往年明显减少。扎实开展春训、文明服务月等专项活动，服务质量和管理水平明显提升。妥善处理服务投诉10起，接到报警电话358起，有效处理和回复率100%，突发事件应急响应率100%。收费系统维护及时，无系统紊乱及重大网络安全事故发生。

◎**公路养护** 公路设施始终处于良好运营状态，各分项指标均保持在85%以上，桥梁技术状况经常保持在2类以上等级，隧道土建结构安全稳定，绿化成活率及保存率均保持在95%以上。公路保畅和养护及时性满足行业管理要求，实现全路段全天候畅通。按期完成养护专项工程，工程质量合格率100%，单点合格率91%以上，关键指标合格率93%以上。利用GPS位移传感器、裂缝传感器对郑家湾2号桥、巴山收费站8级边坡等重点路段和部位实施24小时动态监测，桥隧管理更加科学规范。

◎**路政·治超** 查处路政案件293起，结案率100%；收回路产赔付237万元，路产收赔率100%。治超检测车辆120.7万辆，超限1219辆，超限率稳定控制在0.5%以内。安检货车72.2万辆，劝返危险品车辆1036辆，劝返率100%。深入开展路域环境综合整治活动，召开路地协调会议1次，开展执法宣传14次，发放宣传材料7400份，受教育群众3700余人次。积极参加交通集团“阳光执法　文明服务”路政岗位练兵技能大比武活动，路政队伍整体形象得到明显提升。

◎**隧道管理** 隧道机电设备平均完好率98.4%，隧道消防设备平均完好率99.5%。应急救援队参与灭火救援6次，事故救援8次，解救被困人员13名，参与道路保畅17次。中共十九大期间，加大隧道监控，增设执勤点，安排应急救援队全体备战，24小时值班待命。校企联合分批派送22名机电消防管理人员赴安康职业技术学院脱产学习低压电工操作。派送6名隧道消防管理人员和隧道监控人员参加建筑构造物消防员培训，并通过陕西消防总队组织的业务考试。

◎**服务区管理** 服务区经营收入387万元，完成集团下达任务309万元的125%；利润20.38万元，完成集团任务11万元的185%。接待司乘368.5万人次、车辆276.3万车次。安康南服务区创建为“全国优秀服务区”，紫阳南服务区创建为“全国达标服务区”，安康北停车区创建为“全国达标停车区”。

◎**安全生产** 及时调整安全生产委员会和安全保畅应急领导小组成员，层层签订安全生产目标责任书。制定《安全隐患排查治理督办制度》等6项制度。扎实开展平安交通、打非治违等11项安全生产专项活动。党的十九大召开前夕，积极参加安康市“2017·秦膺利剑”反暴恐综合实战演练。深刻吸取京昆高速秦岭一号隧道“8·10”特别重大道路安全事故教训，积极开展交通安全设施、隧道机电设施等基础设施隐患排查，全年共通报安全隐患173起，整改率100%，及时处置水毁21处。全年未发生重大安全生产责任事故。

◎**党建及精神文明建设** 召开党员代表大会，完成党委换届选举；规范基层组织建设，设立党小组9个，实现基层组织全覆盖。针对人员调整，及时完成各支部委员增补选举工作，核查调入党员基本信息，党员组织关系更加明晰。制定下发2017年党组织中心组理论学习计划，规定学习内容，确保党员学习教育全覆盖。扎实开展“提升党建水平、助力‘追赶超越’”主题活动。发挥党员模范带头作用，及时组建以党员为楷模的“应急保畅服务小分队”“志愿服务小分队”。权河收费站创作的微电影获得交通集团“交通人记录身边事”职工微电影展播优秀组织奖。扎实开展精神文明建设工作，顺利通过省文明办“省级文明单位标兵”复审。成功承办交通集团“春之声”职工小合唱比赛关中陕南片区预赛。积极做好信息宣传工作，共向《陕西交通报》报送信息26篇；向省厅网站报送信息38篇；在交通集团网站发表信息160篇；分公司网站发表信息340篇，编印《秦巴路韵》14期。

◎**党风廉政建设** 制定党风廉政建设工作要点和主体责任清单，层层签订《党风廉政建设目标责任书》和《廉洁从业承诺书》。联合集团服务区管理中心党支部、检测公司党支部、安平和安川分公司党委共4个党组织65名党员干部开展“永葆党员本色、争当岗位先锋”主题党日教育活动。组织开展“喜迎十九大、清廉创佳绩”党风廉政建设知识答题活动，201人参加考核，及格率100%。坚持领导干部报告个人有关事项制度，共组织任前廉政考试3次，任前廉政谈话4人，23名副科级以上党员干部建立了廉洁档案。从严落实中央八项规定，严格执行交通集团《接待工作管理办法》和《差旅费管理办法》等规章制度，重要节假日前利用各种形式重申纪律要求。强化“三公”经费管理，严禁公车私用，公务接待、车辆使用等费用较往年均有大幅下降。

（许　锐）

陕西省高速公路建设集团公司白泉分公司

经　　理 王小川
党委书记 张民忠
副 经 理 高国防
纪委书记 崔朝辉
工会主席 毕宏彦

◎**概述** 2017年，全年通行费征收额较上年同比增长8.06%；公路养护质量指数保持在93以上，各分项指标均保持在93以上；路产案件结案率和赔偿率均达到97%以上；货车超限超载率控制在0.5%以内；服务区服务功能更加完善。三公经费和其他各项费用严格控制在集团公司下达的预算范围之内，安全生产形势稳定无责任事故。全年获得集团以上集体荣誉39项，白河所建成全国交通运输文化建设优秀单位，旬阳所建成省级文明单位标兵和省级青年文明号，石泉所建成省级文明单位，分公司被评为全省高速公路养护管理工作先进单位，分公司工会被省交通运输厅评为工会工作先进集体，石泉管理所生命权纠纷案获得全省档案利用优秀案例一等奖。

◎**收费管理** 以完成收费任务为中心，全年组织稽查882次，查获违规车辆564车次，增收12.59万元。联合湖北汉十管理处、交建安川分公司等单位实施跨省市、跨线路联网收费稽查，开通了收费稽查微信群，安装了车道逃费车辆语音播报和ETC车道跟车逃费抓拍系统，重点治理“大车小标”、假绿通车逃费。引进“快快绿通车”APP，提高绿通车辆查验效率，通过录像回放查纠文明服务不足，及时发布路况、通行信息，优化整合2项监控记录，工作重点由填写资料向监控实时路况转移。利用“春训”网络课堂提升全员业务知识和特情处理能力，组建“蔷薇”内训师团队，打造白河站“秦楚深处百合香”、旬阳站“太极印象”、安康站“从安康出发”、汉阴站“三沈汉阴”等一站一品，收费技能更趋专业化，文明服务更趋标准化、常态化。

◎**工程养护管理** 以打造靓美高速、智慧高速为契机，加强日常养护，坑槽修补、钢板维修等全部落实一流服务时限标准，创建12公里（K150+000至K162+000）“靓美路段”和1座“安美隧道”老屋场隧道。优质高效完成了桥梁桩基防护等13项中修工程，以及桥梁伸缩缝综合治理等26项小型工程，工程验收全部合格，工程质量单点合格率93%以上，关键指标抽查合格率96%以上。机电设施维护更换沿线隧道灯具3965盏，检修照明回路78处，维修横洞门124个。及时有效处治边坡滑塌等水毁抢险43处，金岭子梁隧道前后共计35公里路段昼夜除雪始终畅通。利用无人机巡查路况解决了高墩大跨桥梁和高边坡巡查难题，石泉汉江大桥和牛头山隧道维护分别名列全省桥隧巡检第一，公路养管工作在全省“好路杯”检查中获得好评。

◎**路政治超管理** 狠抓文明执法，维护路产路权。“三基三化”建设走在全省前列，白河路政中队建成全省文明执法示范窗口。“122”路警联勤开展“合法装载运输，保护桥隧安全”主题宣传教育，快速处置突发事件5起，排查安全隐患80余次。查处路产逃逸案件11起，追回损失10.68万元。完成了安康东段（K186+950至K187+035）路基沉降治理工程施工保畅任务。治理连接线违规施工4起。严格执行治超新标准，14个超限检测站治超稳步推进。路政管理宣传教育进学校、进村组、进企业、进服务区30多次，设立咨询台18个，制作宣传展板29块，发放宣传单1万余份，公路沿线群众爱路护路意识明显增强。

◎**服务区经营管理** 全力打造一区一品牌，为服务区安装了广播系统，栽种花木2776平方米。推行餐饮外包，提供全天候“自助餐+点餐”服务。超市设置了自动售货机，应用了微信、支付宝、刷卡等快捷支付方式，安康东服务区超市增加了土特产和“同城同价”专柜。投入专项资金改造白河服务区卫生间，增建厕位32个，解决了重大节假日司乘如厕排队问题。增设宝宝座椅、残疾人推车等设施。汉阴服务区承接各类会务培训活动18次，开通了旬阳停车区加油、加水、如厕等服务功能。3个服务区被评为全国达标服务区。

◎**安全生产工作** 安全生产建立了收费、路政、养护、监控“四方联动”机制，实现了道路信息共享和快速调度。吸取“8·10”事故教训，进一步加大了安全隐患排查和安全生产工作力度。开展“平安交通”等安全专项检查7次，排查隐患186处全部整改到位。联合交警、运维、长安大学设计院等单位排查了道路交安设施、隧道洞口等重点部位，努力推进综合整治。增设防撞桶910个，对霍家梁隧道增设了反光环。消除了陕西白河站车道静态秤防滑板、防尘罩等安全隐患，升级完善了票证室监控防盗系统，为各站区配备了安防设备。开展安全应急演练7次，培训员工1390余人次。

◎**创新管理** 以提升效能、降低成本、保障安全为目的，开展14项QC课题研究获得24项荣誉，其中“提高伸缩缝维修后使用寿命”等5项QC课题获全国交通行业2017年度优秀质量管理小组成果奖，“提高公路路域环境治理效率”课题的研究运用将83处问题降低到了3处，“提升微笑服务合格率”课题通过手机APP解决了文明服务监督力度不够问题。“桥梁钢纤维混凝土泄水孔篦子”和“混凝土隔离墩搬运车”2项QC发明获得国家专利。经理王小川被评为全国交通行业质量管理小组活动卓越领导者，应邀参加了全国现场管理星级评价暨全国质量信得过班组经验交流大会。

◎**党建精神文明建设** 认真学习贯彻中共十九大和习近平总书记系列重要讲话精神，“两学一做”学习教育基本形成常态化制度化。固化了周三党团活动日制度。完善了党委委员联系党支部、机关科室协助抓党建工作落实机制。巩固、争创五星级党支部各1个，三星级升四星级2个，机关、服务区2个党支部跨入三星级党支部行列。党员积分制管理做到全覆盖、规范化，平均分数80分以上。开展了反腐倡廉学习宣传月等活动，分批组织党员干部160余人次到安康市警示教育基地进行警示教育，70余名党员及骨干分别到照金、延安等地接受革命传统教育。组织开展了“从家出发、与路同行”朗诵比赛、道德讲堂，完成团组织换届选举，开通了“青春白泉”公众号，白河所通过省级青年文明号验收。分公司被安康市妇联评为“巾帼文明岗”。

航空运输

西部机场集团安康机场有限公司
副总经理（主持工作） 姬盈辉
副总经理 张少冰

◎**生产经营** 2017年，公司共保障各类通用航空飞行19485架次，共实现营业收入459.98万元。

◎**市场营销** 一是积极开展市场营销，成功引进波罗通航、兰德通航在本场开展航摄、训练等短期性通航保障任务，年度增加通航收入13万元；二是在上半年通航保障指标完成不理想的情况下，下半年及时调整思路，紧盯目标，高度关注航校训练任务量，在条件允许的情况下，加班加点保障训练飞行，提前一个月超额完成生产指标，全年通航飞行架次比上年度大幅增加，遏止了生产业务下滑的势头。同时积极与凤凰飞院进行联系，经过多轮接触与洽谈，最终达成了合作协议，开创了通航发展的新局面。

◎**保障服务** 一是精心安排，提早谋划，全力做好重大活动期间安保工作；二是加强体系建设，全面推行安全绩效管理，不断完善《员工岗位指引》，达到用制度约束人、用制度管理人、用制度激励人的目的；三是开展了形式多样的安全宣传培训，营造了良好的安全文化氛围；四是建立风险管控长效机制，重点推进风险源逐级管控，初步形成了安全隐患报告、危险识别的全员化和日常化；五是强化了应急预案完善和实战演练，开展了应急预案成果展示，加强与驻场单位的应急联动机制，不断健全完善通航保障应急救援体系；六是加强了跑道西端净空安全及导航台周边的电磁环境保护，防止机场迁建前净空环境不断恶化的趋势；七是加强了驻场航空器的看护，通过全体值班人员的辛勤努力，坚守岗位并加强巡视检查，确保了所有航空器的停放安全；八是抓好重点区域消防管控，加强了地面交通安全教育与管理，定期下发安全提示，及时通报信息，确保了各种非航安全；九是制定下发了2017年服务提升工作计划，开展了2期“服务大讲堂”活动，着重宣讲了服务礼仪、沟通技巧、企业文化等服务理念和知识；不断提升通航保障服务质量，认真执行行业规章标准，协同驻场单位建立三级沟通机制；坚持天气会商，优化流程、缩短业务申办时间，特别是在飞行计划申请、特殊情况机位审批及机坪危害状况处理等方面，加大与驻场单位的沟通，关注对方的飞行计划，加班加点、最大限度地为驻场单位通航飞行提供了优质的服务和保障，实现了通航业务与服务质量的同步提升。

◎**机场迁建** 2017年，安康新机场建设任务主要包括：打赢“两场战役”（征地拆迁和工程建设）、主攻“六大战场”（场内试验段土方、航站区工程、叶家沟涵洞、俭沟涵洞、场外电力迁改和快速干线）以及落实“两项保障”（环境保障和三通保障）。安康机场公司始终坚持“勤沟通、勤协调、勤参与”的原则，主动加强与地方政府及相关部门的协调沟通和汇报。4月份，西部机场集团总经理卢程祥考察调研安康机场新机场建设期间，提出了“尊重科学、留足空间，明确标准、提前谋划，协同作战、强力推进”等建设指导意见，并提出了安康机场今后要“以民用为主导，以通用为产业，以飞行培训为支撑”的发展思路，对于加快推进安康新机场建设和促进今后发展具有很强的指导意义。截至2017年底，新机场征地拆迁已基本完成，土方工程全面施工并且进展顺利，航站楼主体工程12月28日已奠基，其余各项工程均按照时间节点有序推进。

航务管理

安康市海事局（安康市航务管理局）
局　　长　许伯昌
副 局 长　李　鑫　杨居寿
总工程师　史晓利

◎**基础设施建设** 全力参与市发改委主持的汉江航运和水陆联运规划编制工作，积极配合省局开展了《陕西省港口布局》的编制工作，根据安康航运海事发展需求，科学编制了2018年至2020年航运建设建议计划。大力配合省厅航运管理局做好汉江洋县至安康航运建设项目建设环境协调工作，现瀛湖流水码头、紫阳港江南客运码头、汉王镇码头已建成投入使用，漩涡码头、汉阳坪码头、白果滩疏浚以及后柳、漩涡海事管理站房等施工顺利。

◎**水上安全监管** 2017年，全市水路交通安全监管力度进一步加大，共组织各类安全检查505次，检查船舶9797艘次，纠正违章103次，为客渡运船舶免费发放救生衣5300件，组织开展安全生产宣传教育78次，受教育船员6750人次，发放安全宣传单11918多份。全市水上交通事故四项指标为零，安全形势持续稳定。严格航道执法，规范汉江采砂活动、网箱养殖和跨拦临河建筑物管理，石泉、旬阳、瀛湖等海事部门加强与公安、水利、渔政等部门协作，开展综合执法，严厉打击碍航违法行为，规范水上水下作业，保障良好的通航环境。

◎**水路运输** 2017年，全市完成水路运输客运量311万人次，客运周转量5819万人公里，货运量158万吨，货运周转量4607万吨公里。

◎**船舶、船员管理** 严把船舶船员关口。严格执行船检规范，确保检验质量，年度共检验发证船舶及漂流艇1052艘，办理船舶登记116艘，营运船舶检验率100%，通过了部海事局船舶检验机构换证审核。船员的日常安全教育常态化，完成了全市船员信息采集和证书核对、通航数据采集工作，积极推进船员培训机构的资质认可工作，现宏达船员培训机构已通过专家小组现场审核报部待批中。严格船舶防污设施检验，严把防污源头关，积极开展船舶防污宣传，严查船舶违法排污行为，全市水运行业防污意识显著增强，市、县海事部门按要求修订了船舶污染事故应急预案，配合省厅航运管理局开展《陕西省港口和船舶污染物接收转运及处置设施建设方案》的编制工作，石泉、白河率先在主要港口建立了污水池、污油池，有效防治了船舶污染水域环境，全年未发生船舶污染事故。应急保障不断强化。修订完善了各类应急预案，组织开展水上安全应急救援演练3次，为提高海事应急响应能力起到了积极的促进作用，其中在汉江白河段与十堰市海事局联合举行的两市四县水上应急救援演习，为界河管理和应急救援合作积累了宝贵经验。在今年汉江洪灾中，海事部门有效处置了多起船舶流失事件，实现大灾面前水上“零伤亡”。圆满完成了第十七届龙舟节水上安保任务，被评为先进集体。积极配合省厅安康水路交通安全畅通与应急处置系统建设，现已进入外场建设实施阶段。

◎**依法行政** 扎实推进许可审批“放管服”，不断完善依法行政规章制度和审批工作流程，认真开展行政执法评议考核和执法案卷评查工作，坚持依法行政，文明服务，全市共办理水路交通行政许可1678件，行政处罚98件，没有发生错案，未出现行政复议、行政诉讼、行政赔偿案件。深化行政审批制度改革，清理审核进一步完善了99项海事航运权责清单。审批事项全部进驻市政务服务中心，实行一个窗口对外，“一站式”服务，审批事项、办事流程、收费标准依据、办理期限等权责清单项目由政务中心统一公开公示，并进入电子监察系统全程监控，实现“阳光海事”，为依法行政提供了保障，受到了服务对象的普遍好评。进一步加强执法队伍建设，严格标准，完成了全市119名海事执法人员海事执法证年度审验初审及新增人员海事执法证申报工作，共选派20人次参加部、省业务培训，编印了《水路交通行政执法实用手册》，举办了全市海事行政执法业务培训班。同时在省、市局支持重视下，新建基层海事执勤站点2处，新入列监督艇6艘。

（张　杰）

城乡规划与建设

城乡建设与规划管理

安康市城乡建设规划局（市人民防空办公室）

局　　长　石昌林

副 局 长　朱纪森　张世松　王　波　晏筱波

纪检组长　赵万里

总规划师　田曙安

◎**城乡规划编制**　2017年12月15日，《安康城市总体规划（2017—2035）纲要》已通过省住建厅组织的专家评审；2017年12月11日《安康市中心城市人民防空专项规划》编制，通过专家评审。中心城市已完成5个城市设计；月河川道300平方公里1:2000航空测图工作已完成。2017年4月5日向市政府专文报告城东新区范围，9月19日《安康城东新区规划区范围的通告》上报市政府。积极指导汉滨区政府做好五里园区规划，五里园区总规、控规已编制完成。

◎**规划管理实施**　主动转变行政管理理念，大力实施简政放权，扎实推进全局政务公开，积极做好依法治理工作。对12项行政许可、3项行政征收、1项行政确认、1项行政拨付、15项其他权力共计32项审批事项进行了整理和规范，对17项审批事项纳入安康市政务服务中心集中受理。对涉及272项权力清单和71项责任清单，主动向社会公开，自觉接受监督。开展“减证便民”工作，对办事环节和办理时限进行了精简和压缩，大幅度缩短了办理时间，进一步提高了办事效率，得到了群众的一致好评。全年共组织集体学法3次，邀请城市规划管理领域专家、学者专题辅导4次，切实提高了依法行政能力。规范行政执法行为，对系统执法人员进行了集中辅导和培训，开展了行政执法证件清理工作，报送1卷行政执法案卷接受市法制办评查；建立法律顾问制度，聘请常年法律顾问指导依法行政工作，全年无行政复议案件和行政诉讼案件；高质量办理人大代表议案和政协委员提案工作，共承办22件，办理结果获得人大代表和政协委员好评，被评为办理工作先进单位。

◎**规划监察**　拟定的《安康中心城市江南城区规划管控暂行办法》，经2017年第八次市政府常务会议审查通过，2017年11月15日以市政府文件印发实施（安政发〔2017〕38号）。认真履职，密切配合，以千克难，强势推进违法建设治理工作，违建蔓延势头得到有效遏制，形成了上下联动、齐抓共管的规划管控新局面。今年以来，安康城市建成区（含县城）累计化解存量违法建筑13.6万平方米，完成当年任务量的170%。

◎**村镇规划及管理**　省级重点示范镇、省级文化旅游名镇（街区）完成投资6.81亿元，完成目标任务的122.87%；县区（域）副中心镇完成投资19.59亿元，完成年度目标任务150%。同时，平利县长安镇创建成中国特色小镇，石泉城关街区成功创建国家AAAA级旅游景区，旬阳县蜀河镇、白河城关街区、平利县长安镇创建为国家AAA级旅游景区。

◎**广告规划**　拨出专项资金30万元，与安康日报、安康电视台、安康广播电台联合开办宣传专栏，累计刊登规划（人防）信息600余条。建立健全网络管理员队伍。研究制定了《关于做好舆论引导工作的方案》，在系统内选拔15名政治过硬、业务精湛的人员组成网评队伍，对网络谣言、负面信息等及时引导和澄清。积极配合市网信办加大网络舆论引导和网络生态治理力度，牢牢把握舆论的主动权，建立规划新天地QQ群和规划新视野工作交流微信群，重点发挥QQ、微信公众平台在政策解疑、宣传推介工作、引导舆论等方面的积极作用。

◎**招商引资**　2017年招商引资深汇置业项目到位资金11176万元，占全年到位资金计划数的186%，超额完成年度目标任务。

◎**建筑业概况**　2017年，建筑业总产值达到149.23亿元，增长24.7%。帮扶企业资质升级和资质增项21户（任务为8户）；新增资质以上建筑企业法人单位19户（任务为10户）；培育规上工程技术法人单位3户（任务为2户）；2017年8月14日完成了北环线PPP项目公司组建，10月1日北环线项目正式开工建设。

◎**质量安全管理监督**　已创建省级文明工地10个，市级文明工地32个，保障房市级文明工地创建率100%，通过“全国钢结构金奖”验收工程1个，创建“长安杯奖”（省优质工程）1个，创建省优秀结构工程1个，创建省级绿色施工示范工程1个。强力推进“铁腕治霾.保卫蓝天”行动，持续抓好建筑工地扬尘整治工作，全市累计开展扬尘治理检查238次，累计检查在建工程项目1865个，建筑工地六个100%全部得到落实。

◎**脱贫攻坚** 选派4人组成帮扶工作队，选派1名后备干部担任汉滨区关家社区第一书记，强化了对帮扶工作的组织领导；深入开展了贫困户走访调查活动，摸清了底子，逐户制定了帮扶措施，落实了党员干部“一对一”帮扶责任，开展了帮扶政策培训辅导，印发了帮扶联系手册；2017年自筹资金110万元、协调资金160余万元帮助关家社区改善基础设施、解决贫困户生产生活问题，在市区先后组织的考核评估中，均取得优异成绩。

◎**其他工作** 全年共受理信访件106件，接待群众来访1870人次，信访事项按期办结率保持在100%；全面完成市政务中心行政审批和公共服务事项办理工作，全年共计受理793件，按期办结率、群众满意率均为100%；建筑行业安全生产形势平稳。今年以来，先后开展了4次建筑工程质量安全检查，共检查企业231家，项目118个，处理27家企业、37名责任人员；促成全市多家企业与包联的陕西金龙水泥有限公司签订水泥产品购买意向协议，推动了水泥销量大幅增长，金龙水泥生产总额达到3.3亿元，实现利税3000余万元，金龙水泥公司向送了感谢锦旗；积极做好陕西原生富硒功夫茶业有限公司的帮扶工作，帮助企业完成了新厂区的规划设计（现已按设计方案实施建设），为企业厂区建设协调解决10万元水泥，拿出15万元支持企业产品研发及技术人才培训。提请市委、市政府印发了《关于加快推进全市重点镇示范体系的实施意见》，市规划局继续做好全市重点镇建设的牵头工作，并将重点镇规划建设纳入市政府对县区政府年度考核，重点镇规划和年度投资任务均超额完成。

◎**人防工程建设** 2017年，新批建人防工程10.64万平方米；新增人防竣工验收面积20096平方米，新增地下停车位542个，均超额完成任务。建成了三处人防多媒体预警报知系统，实施了20个人防工程教育示范学校和示范社区创建工作。

住房和城乡建设

安康市住房和城乡建设局
局　长 陶柏林
副局长 张兆明　段平安　何向发
总工程师 王贤良

◎**概况** 全年共分配公租房47645套，新增发放租赁补贴4039户，新建棚户区改造15265套，基本建成12747套，货币化安置11456户。中心城市策划包装投资5000万元以上重大项目3个，招商引资到位资金3.9亿元，完成任务6.5倍。全年实施市政基础设施、园林绿化、配套设施建设、棚户区改造、保障房建设等53个项目，完成投资28.9亿元，其中：东坝汉江大桥顺利通车，兴安西路、南山路、南环干道地下人行通道、大桥路及金州南路人行道提升改造、滨江大道三期景观绿化、堤顶路等15个项目建成投用。通过政府投资和社会融资相结合，在中心城市新建停车泊位1039个，新增公共自行车站点50个，投放自行车1000辆。完成5条背街小巷和便民路灯工程。商品房开发完成投资91.9亿元，新建商品房销售面积191.7万平方米。大力推广绿色建筑和可再生能源发展应用，全市新型墙材产量所占比重和推广应用比例分别达到100%、95%；市直新建建筑节能强制性标准执行率100%，各县区98.6%。

◎**市政重点项目建设** 按照中心城市“湖城一体、疏解江南、重心北移”的发展战略，通过建立分管领导、项目组长、现场代表三级责任体系，推行常效督察、专项督察、重点督查机制，发扬精益求精的工匠精神，打造了一批精品市政工程。其中，南山路、兴安路二期、解放路、巴山中路（马坎至文昌路段）、枣园路积水点改造、金州北路、香溪路口地下通道、大桥路人行道提升、金州南路人行道提升、堤顶路景观提升、一江两岸景观亮化提升一期等项目按期建成投用。泸康大道二期、高井路南段完成阶段性目标，江北大道、高井路北段开工建设。瀛湖路、江北商业步行街东出口人行步道、南平路一期、南环中路、育才东路完成前期设计等技术储备工作。

◎**市政设施维护** 以“双创”为抓手，以大力推广应用“四新”技术为突破，精细化管护，市政设施安全高效运行。投入近200万元购置沥青铣刨机、排水疏通车、淤泥运输车、电缆故障检测仪等维护装备；增装监控终端53个，公交港湾监控与交警部门资源共享。借助桥梁检测车、管道机械人等先进设备为桥梁、隧道、护坡、排水等重大设施“体检”；将“新型材料”应用于三桥伸缩缝维护，作业周期由过去的一周缩短至5小时，极大地提高了维护工作效率。全年修补车行道、人行道1.3万平方米；清淤检查井2万余座次；更换照明零部件4400余只。不断完善交通设施，推进校园及周边治安综合治理，累计改（扩）建造道路标牌97套，红绿灯20组，标线（非机动车彩砂）6万余平方米，增加交通护栏1.02万米，路障石568个。应对强秋淋天气及“9·26”强降雨，内涝积水及时排除，5处道路山体滑塌处置措施得当，得到了城区防汛指挥部通报表彰。建立与公安、城建监察、城市管理等执法部门联动机制，及时处置“城建12319热线”及市民投诉问题，全年接办城建12319热线788件，利用无线监控系统监控城市照明故障1814件，处理办结率100%。

◎**城市路灯管理** 按照一街一景的原则，重点提升大桥路、金州南路、堤顶路亮化设施，新（改）建巴山路、解放路、金州北路、南山路、公安小区配套市政道路、背街小巷等亮化设施，与道路工程同步建设到位。新增景观灯506基，路灯36盏，更换路灯

30盏。推进一江两岸景观亮化项目，一期工程2018年春节前完成，累计安装LED灯带4000米。不断完善城市照明监控系统，新（改）建照明设施全部纳入监控范围，全年利用无线监控系统监控城市照明故障1814件，下发派工单449张，检修更换照明零部件4400余只，电缆500余米，处理办结率100%，城市主次干道亮灯率达98.3%。大力推广应用节能灯具，科学控制开关灯时间，全年节约路灯电量43.6万度，节约电费39.3万元。

◎**棚户区和城乡危房改造** 全市新开工各类保障性安居工程15265套棚改全部开工，基本建成12747套，完成任务的211%；货币化安置11456户，货币化安置率75%，完成任务的150%；新增租赁补贴发放4039户，分配入住47645套，完成目标任务的109%，城镇低保户实现了应保尽保，超额完成年度目标任务。切实加强脱贫攻坚危房改造工作，成立农村危房改造办公室，完成了全市建档立卡贫困户等4类人员农村危房改造数据核查，制定了《2017年脱贫行动方案》和《农村危房改造脱贫攻坚行动方案》。全市危房改造开工建设14062户、开工率101.3%，竣工13361户，竣工率96.3%，全市2017年122个脱贫村3812户建档立卡脱贫户危房改造已全部竣工。

◎**天然气利用** 2017年“气化安康”工程稳步推进，基础设施建设取得较大突破。截至2017年底，全市已建成天然气供气场站12座，骨干供气管网近300公里，累计发展用户近10万户，累计完成投资近9.5亿元，中心城市气化率达到90%以上，各县区气化率平均达到65%以上，初步建成了覆盖全市的天然气供气体系。2017年天然气用气量达到4718万立方米，同比增长105.2%，液化石油气用气量达到1.5万吨，同比增长50%，“气化安康”工程初见成效。

◎**城东大桥** 安康市东坝汉江大桥（建设期名称：城东汉江大桥），工程南接高井路，北与滨江大道、316国道平交，上跨巴山东路、城东防洪堤及汉江主河槽，桥梁总长1907.21米，其中主桥810米，引桥1097.21米，桥梁宽度33.5至35.5米，双向六车道，机非分离，防洪标准百年一遇，桥梁设计标高266.22米，四级通航标准，地震设防烈度七度，配建照明、市政管网、绿化景观等设施。工程经安康市发展和改革委员会批准立项，长安大学工程设计研究院有限公司承担勘察设计，安康市住房和城乡建设局负责建设，安康市城东汉江大桥指挥部实施建设管理职能，安康市质量监督中心站负责监督。该项目经公开招标，监理单位为陕西公路交通工程监理咨询有限公司，第三方检测、监控单位为陕西高速公路试验检测有限公司，主桥标段施工单位为中铁五局（集团）有限公司，引桥标段施工单位为广东省基础工程（集团）有限公司。工程于2013年3月25日开工，2017年5月28日建成通车。完成工程建设投资5.8亿元。2017年12月18日—20日，安康市住房和城乡建设局局长、大桥指挥长陶柏林组织对工程项目进行了初步验收，特邀专家、市发改、财政、审计、国土、规划、交通、水利、环保等部门，以及设计、监理、监测、施工单位负责人参加了验收。验收委员会经过综合评议，同意第三方质量检测评定报告，主桥合同段评定得分96.9分，引桥合同段评定得分97.2分，工程项目评分97.0分。初验合格，验收通过，交付使用。大桥指挥部将按规定程序申报竣工验收。

◎**园林绿化** 全年完成绿化景观项目9个，新建、改造绿化面积20.25万平方米，累计完成投资约11677万元。

◎**重点绿化工程** 滨江大道三期景观绿化工程已全部完成，新增绿化面积约9.5万平方米，完成投资4400余万元。西郊公园建设项目五个标段全面开工。完成汉江三桥北桥头裸露山体过渡性绿化工程、一江两岸芦苇补植补栽工程、汉江公园河滩河道综合整治延续工程（自行车道）剩余400米铺设工程及步道维护保养任务、奠安塔续租地绿化观景平台及园路修缮工程、市人大院内绿化、东内环绿化改造提升工程、香溪路绿化改造工程、安康西津汉江大桥、七里沟大桥中央隔离带绿化美化工程等全部建设内容，共计完成绿化面积约90151平方米，完成投资约332万元。

◎**道路绿化** 完成兴安路、解放路、大桥南路、巴山中路等道路综合改造的绿化迁移任务，并对改造路段的行道树统一进行了定形修剪，对金州南路绿化带进行了补充栽植，进一步提升了道路绿化景观效果，迁移乔木463株，球体200株，绿篱1000平方米。

◎**绿化管理和街景布置** 紧抓春秋两季绿化时节，全面开展绿化苗木补植补栽工作，对城区主次干道行道树、绿化带等重点区域内的苗木进行补植补栽，清除死树死苗，消除缺株断垄现象，全年共补植补栽各种灌木70000余株，乔木2000余株，地被约15000斤，全力消除绿化带缺株少苗和黄土裸露等现象，确保城区整体绿化景观效果。为有效应对夏季高温天气，相关科室调整工作时间，提高水车出勤率，每天抗旱浇水32车，约380余吨，投入浇水抗旱人力120余人次；入冬后，又充分利用多晴少雨的有利天气，抓紧时间对城区主干道的行道树进行了修剪、刷白工作，共修剪行道树14000株，刷白行道树31000株，提高了树木防虫抗冻能力，同时，适时开展了绿地苗木拔草、施肥、修剪、病虫害防治等养护作业，有效地巩固了园林绿化建设成果。在五一、安康龙舟节、十一黄金周等重大节庆日期间，在公园广场、城区重要节点摆放、栽植郁金香、报春等花卉98万盆，美化了城市环境，营造了喜庆祥和的节日氛围。

◎**房地产管理** 2017年全市房地产开发企业共有216家，其中资质一级2家，二级15家，三级20级，四级及暂定资质179家；房地产估价机构5家，房地产中介机构16家。加强对房地产市场的监管和引导，商品房开发完成投资91.9亿元，新建商品房销售面积191.7万平方米，同比增长22%；待售面积从2016年底的168.4万平方米，减少到111万平方米，下降34.1%，周期缩短半年。培育新增规上企业2户。规范房地产市场秩序和房地产企业经营行为，根据市房地产领域信访突出问题专项治理工作会议精神，细化了任务清单，明确了工作职责，对存在问题的开发企业发出《整改通知单》54份，对111件房地产领域信访问题进行了分类整理，落实了整改措施；组织指导了第二届房产协会换届工作，开展了房地产市场信访问题专项整治活动，建立了房地产企业及从业人员信用信息管理平台，制定了《安康市房地产开发企业信用考评暂行办法》《关于进一步加强房地产市场监管的通知》《加强预售商品房和二手房资金监管办法》等规范性文件，促使开发企业规范经营。

◎**物业管理**　加强物业管理。修改完善了《安康市物业管理实施办法》《安康市住宅专项维修资金管理办法》《安康市前期物业管理招标投标管理办法》，并报请市人大立法。深入开展"平安小区"和物业管理示范小区创建活动，指导小区成立业主委员会，提升小区自治和管理水平。提请市政府印发《安康市物业管理投诉受理处理办法》，组建了物业服务纠纷人民调解委员会，指导成立了市物业管理协会，启动"易房通"信息平台建设工作，推行失信惩戒与诚信褒奖相结合的措施，建立分级管理、分工负责、司法调解、齐抓共管的责任管理体系。

◎**保障性住房建设**　全市新开工各类保障性安居工程15265套棚改全部开工，基本建成12747套，完成任务的211%；货币化安置11456户，货币化安置率75%，完成任务的150%；新增租赁补贴发放4039户，分配入住47645套，完成目标任务的109%，城镇低保户实现了应保尽保，超额完成年度目标任务。狠抓公租房分配入住。坚持"竣工抓配套、入住抓分配"的思路，积极争取中省政策支持，集中解决保障性住房小区供水、供电、道路等室外设施配套问题，全面提高入住率。同时，积极开展"和谐社区"创建，强化后续管理，27个参与创建的小区已全部通过市级验收，其中11个申报了省级示范小区创建。

◎**墙改节能**　大力推广绿色建筑和可再生能源发展应用，全市新型墙材产量所占比重和推广应用比例分别达到100%、95%；市直新建建筑节能强制性标准执行率100%，各县区98.6%，能耗下降4%；绿色建筑占新建建筑面积的比例达31%以上，均超额完成年度任务。

◎**城镇基础设施建设**　指导各县抢抓新型城镇化发展机遇，以重点项目为抓手，开展全省县城建设先进县创建活动，全力推进县城基础设施和各类公共服务设施建设，各县区累计完成基础设施投资34.3亿元；积极向省住建厅争取省级城镇基础设施建设专项资金，申报重点项目10个，补助资金5000万元。白河县和平利县报经市政府同意后被推荐为全省县城建设先进县。村镇建设成效明显。围绕提升农村生态环境质量、改善农村环境面貌，努力实现"清洁水源、清洁家园、清洁田园、清洁能源"目标，结合移民（脱贫）搬迁、农村危房改造、重点镇和文化旅游名镇等项目建设，对村庄进行科学分类、准确定位、抓点示范，扎实推进改善农村人居环境工作。2017年全市改善农村人居环境工作确定了示范村建设试点128个，其中：市级村试点51个，县级示范村试点77个。目前，全市已启动了45个村的垃圾处理收集设施建设工作，实施卫生改厕7000户，新建、改建进村道路225公里，新修排污管道27公里，新建镇村级污水处理厂（设施）15座，累计完成投资22.4亿元，申报并获得省级农村人居环境示范村及美丽宜居示范村15个，平利县城关镇三里垭村进入国家级示范村落名录，岚皋县被住建部评为全国第一批农村生活垃圾分类和资源化利用示范县。加大传统村落申报力度，今年申报的7个村进入第四批国家级传统村落名录。

◎**两厂（场）建设**　10座县级污水处理厂均完成提标改造任务，建成镇级污水垃圾处理场20个，在建32个，完成投资2.86亿元。中心城市水环境PPP项目正式签约，江南污水处理厂和备用水源地开工建设。中心城市和县城污水处理率、生活垃圾处理率均达到省定指标，中心城市达到Ⅱ级节水要求。

住房公积金管理

安康市住房公积金管理中心
主　　任　孙廉军
副 主 任　方　巍

◎**公积金归集扩面**　2017年，全市缴存住房公积金单位达2866个1.75万人；当年归集住房公积金10.46亿元，完成年计划117.5%；累计归集65.14亿元，同比增长18.8%；归集余额为36.06亿元，同比增长24.8%。

◎**公积金使用管理**　全市提取住房公积金23385人，金额9.86亿元，同比增长179%；累计提取人数13.17万人　29.22亿元，同比增长50.9%。全市全年完成增值收益6295万元，完成计划任务101%。大力支持保障性住房建设，当年累计提供廉租房建设资金3761万元。

◎**公积金贷款发放、回收**　全市当年发放个人住房公积金贷款3470笔9.2亿元，完成年计划的115%；贷款余额为30.87亿元，同比增长12.9%，完成年计划的103%，个贷逾期率控制在0.11‰。个贷率达到85.59%，比去年净增7个百分点，比全省平均水平高出11个百分点，业务考核硬指标稳居全省第一。

（孙　义）

商贸流通

商　　贸

安康市商务局
局　　长　刘家骐
副 局 长　陈　勇　陈　涛　罗先武
纪委书记　邱兴杰

◎**2017年消费品市场**　扎实推进消费促进工作，力促消费品市场平稳增长。一是积极开展促销活动，不断拓展消费市场。抓住节日商机，通过举办2017新春年货购物节暨安康商品博览会、第三届富硒产品博览会等形式多样的促销活动，提升居民消费意愿，扩大市场消费需求。全年完成社会消费品零售总额297.14亿元，同比增长14.4%，增速位居全省第一。二是狠抓限上企业培育。健全完善限额以上商贸流通企业数据库，强化指导服务，对限上企业做好跟踪服务，帮助协调解决企业实际困难，在政策、项目、资金上向在库企业倾斜，充分发挥限额以上企业的龙头拉动作用。全年净增77户限额以上商贸企业，超额完成45户目标任务。三是积极争取并组织实施了2017年限上企业培育项目。争取项目资金59万元用于县区限上企业培育工作，有力调动了县区商务部门培育限上企业的积极性。

◎**市场运行监测监管**　加强市场运行监测监管，确保市场平稳运行。全市新增监测企业9家，全市样本监测企业总数达到83家。样本监测企业数据报送率在全省名列前茅。狠抓节日市场保供工作。完成2016—2017年度为期两个月的2200吨冬春应急蔬菜储备工作，组织天瑞塬、谷雨科技两家蔬菜承储企业于春节前向市场投放1750吨储备菜，有效保障了市场供应。组织安康市民荣集团食品公司和平利县盛丰源食品公司完成100吨市级猪肉储备任务，确保市场应急供应。全面加强汽车流通和成品油行业管理。全年共回收拆解报废汽车1217辆，申报黄标车补贴223辆，审核发放黄标车补贴94.8万元，全面完成黄标车和老旧汽车淘汰任务。新增二手车交易市场备案3个。强力推进油气回收治理工作，全年完成48家加油站二次油气回收治理任务，超额完成7家油气回收治理目标任务；全市加油站油罐双层改造或防渗池建设任务基本完成。

◎**市场体系建设**　强化市场体系建设，着力提升流通现代化水平。一是扎实推进各类商务惠民工程实施。组织实施农产品流通网络建设项目5个，农村商品流通网络建设项目7个，全部实施完成并通过验收，为进一步完善农村市场商品流通体系建设、改善农村消费环境奠定了坚实基础。社区蔬菜流通网络建设项目稳步推进，安康天瑞源生态农业公司组织实施的新建3个生鲜超市项目建设顺利完成，争取奖补资金60万元。二是积极开展诚信消费创建活动。联合市创文办、食药监局在全市开展了“诚信经营放心消费”先进单位创建活动，评选出喜盈门商贸公司、禹金州餐饮管理公司等13家诚信经商示范点并进行了表彰，通过商务领域诚信体系建设，营造良好的市场环境。三是积极推进生活性服务业发展。组织实施了安康康嫂家政、安康东方家政、旬阳爱君家政三个家政服务体系建设项目，有力促进了全市家政行业的发展。

◎**对外贸易**　积极培育外贸主体，努力推进外向型经济水平提升。针对外贸进出口国际需求不振，产品结构单一等不利因素，在政策引导、跟踪服务、培植潜力、壮大规模上狠下功夫，着力推动外向型经济稳步发展。一是强化政策宣传。主动上门宣传外贸进出口政策，鼓励有出口潜力企业开展外贸业务，并积极协助企业办理海关、出入境检疫检验等相关手续。邀请省口岸办专家对安康市54家外贸企业开展单一窗口推广应用培训，通过培训增强外贸专业人才对进出口法律、法规、政策、业务的掌握能力，提高从业人员素质。全年新增外贸进出口经营权企业33户，新备案外商投资企业4户，变更外商投资企业备案3户，实际利用外资1563万美元。二是密切部门协作。针对企业反映的农产品出口退税难的问题，加强与税务、外汇等部门协作，与市发改委、外汇管理局、国税局、地税局联合签订了《关于推进信息共享实施联合服务与监管合作备忘录》，进一步营造宽松的外贸环境，安康市农产品出口退税工作得到了加强。全年完成外贸进出口总值30473万元，同比增长49.96%，超额完成

第五届陕南绿色循环经济合作项目推介暨签约仪式

省对市21000万元考核任务。三是启动二类口岸建设工作。提请市政府常务会专题研究安康市口岸建设工作，完成了安康市口岸发展规划的编制工作并上报省口岸办，编制了安康口岸建设可行性研究报告。四是积极推进省级经开区创建工作。精心指导石泉县经开区的创建工作，完成各项规划和各类文本资料的报送工作，预计2018年将正式批复。五是对外劳务合作取得新突破。积极指导陕西精诚国际劳务公司取得外派劳务资质，除西安市外，安康市成为全省唯一一个拥有外派劳务资质企业的地级市。已向吉布提、文莱、中非等3个国家派遣劳务人员45人。

◎**电子商务发展** 强力推进电子商务发展，助推商贸服务业转型升级。积极推动县区加强县级电子商务中心、县域电子商务培训体系、县域电子商务物流体系、县域电子商务供应链管理体系等建设，搭建县域电子商务公共服务保障体系，全市电商发展意识不断增强，氛围日趋浓厚，助力脱贫攻坚成效明显。一是争创电子商务综合示范县取得新突破。推荐岚皋、石泉、旬阳、宁陕四县成功申报“国家级2017年电子商务进综合示范县”，每县获得电子商务发展支持资金1500万元，安康市成为全省同批次争创国家电子商务进农村综合示范县数量最多的市。二是推进完善顶层设计。提请市政府印发了《关于成立安康市电子商务发展协调工作领导小组的通知》《关于加快农村电子商务发展的实施意见》《安康市电子商务示范县区（镇、村）创建工作方案》《安康市电子商务示范企业创建工作方案》等系列文件，为安康市电子商务快速发展提供政策支撑。三是积极推进电商扶贫工作。争取省级电商扶贫项目2个，分别在安康市汉阴、宁陕两县组织实施，各取得项目支持资金300万元。在全市211个镇村新建电子商务服务站点，为电商扶贫工作创造条件；采取企业与群众链接帮扶、企业与基地链接帮扶、产品与市场链接帮扶等形式，先后探索出了“互联网+农业园区+贫困户”“电商企业+专业合作社+贫困户”的电商扶贫模式，全市电商产业带动21000余户贫困户节支增收，电商扶贫效益日益凸显。10月18日，全省电商扶贫经验交流现场会在安康市成功举办。四是着力营造电商发展舆论氛围。平利县“网上蹚出脱贫致富路”在光明日报报道，紫阳县政府县长陈莲参加中央电视台财经频道（CCTV-2）直播节目“2017年中国电商年度发展报告·聚焦双十一网购狂欢节”推介紫阳富硒茶，汉阴县“红色党建引领电商扶贫攻坚”在人民网、中国共产党新闻网报道，全民参与电子商务特别是电商扶贫工作的良好氛围初步形成。

◎**贸易促进和地方产品宣传推介** 先后牵头举办了第三届中国安康富硒产品博览会暨第四届汉江流域农业博览会、百名采购商走进安康——富硒产品采购及项目对接洽谈会、富硒电商榜评选颁奖、第二届安康美食文化节、“一带一路”（安康）国际茶叶经贸洽谈会、安康名优特产品走进宁波暨承接加工贸易专业推介会等大型展会活动，取得良好反响和丰硕成果。组织参与安康名优特产品走进宝鸡、走进郑州、走进新疆等系列活动及陕西名优特色商品展在北京、上海、深圳举办的展销活动，有力提升了安康名优特产品的知名度和美誉度。加强安康市“全国优质茧丝基地”建设和品牌推介，组织安康市茧丝绸企业分别参加杭州国际丝绸博览会、广东东莞海上丝绸之路博览会、鎏金铜蚕与安康开放发展论坛等活动，通过展示安康近年来蚕桑茧丝绸发展成果，有力提升了安康丝绸知名度。

（吴 平）

粮食流通

◎**规范储备粮油管理** 认真贯彻落实粮食安全省长责任制，全市新增应急成品粮储备148.5万公斤，应急成品油储备41万公斤。全市共落实地方粮油储备2997万公斤。其中原粮储备2395万公斤，应急成品粮储备502万公斤，食用油储备100万公斤，完成省定计划的120%。市、县区财政拨付保管利息费用682.5万元。岚皋、平利、紫阳和汉滨区按期轮换了800万斤县级储备小麦。加强储粮熏蒸药剂使用和粮食进出仓作业管理，逐级签订了安全生产和消防安全工作目标责任书，全年未出现储粮安全责任事故。

◎**推进“三项工程”** 一是“优质粮食工程”启动建设。加强富硒粮油产品研发，将市富硒产品研发中心“富硒粮油标准化种植技术研究项目”列入2017年“优质粮食工程”项目计划，获得资金支持200万元。加大县区质检机构建设，石泉县粮油质监站纳入国家第一批县级质检机构建设项目。二是“粮安工程”加快实施。市粮库军供门市部及3000吨油罐、围墙及挡土墙建设项目建设完工，镇坪县中心粮库建设完成主体工程，汉阴县中心粮库完成滑坡体治理主体工程，汉滨区中心粮库重新选址建设，石泉县、旬阳县中心粮库建设项目通过市级验收。三是“主食产业化工程”积极推进。建立了全市粮食流通基础设施和产业集群发展项目储备库，筛选上报市粮油批发市场等粮食产业集群发展项目和学生营养餐配送等主食产业化项目26个。

◎**完善“四大体系”** 一是粮食购销体系。落实国家新修订的《粮食收购资格管理办法》，开展了新版粮食收购许可证审核、换证和备案管理工作，对各县区粮油收购网点信息进行了核实，布设并在官方网站公布收购网点63个。加强军粮供应管理，军粮统筹采购和配送供应试点工作顺利开展。认真做好粮食流通购销数据统计，指导全市107户企业建立了统计台帐并通过网络直报，全社会粮食年度购销总量6亿公斤，完成纯收购0.755亿公斤、粮食纯销售1.3亿公斤。二是应急保供体系。全市共建立应急成品粮油储备602万公斤，其中大米281.3万公斤、面粉220.7万公斤、食用油100万公斤，地方财政落实应急资金投入197万元。按照“每个镇办、街道（社区）至少1个粮食应急供应网点，城区人口集中区域每3万人至少1个供应网点”的要求，认定粮食应急供应网点169个，应急配送企业15个，应急加工企业12个。与应急加工、配送、供应企业签订应急供应协议，实行挂牌管理。加强粮食价格监测预警，全市布设价格监测点89个，编发粮油价格信息周报48期，完成了全市粮食、油料供需平衡调查。三是市场流通监管体系。严格依法管粮，强化粮食质量监管，推进粮油诚信体系建设，完成了全市粮食库存、流通统计、夏秋粮收购等专项检查。开展了全市政策性粮食安全隐患大排查、快整治、严执法集中行动。加强“放心粮油”经营网点动态管理，严格进退出机制，对经营转项、管理不达标的店（点）进行了摘牌，对符合条件的粮油经营户进行了替补，其中摘牌3户，增补1户。四是粮食质量检测体系。完成了省粮食局对市粮食质检中心实验室“十二五”质检能力建设项目验收工作。通过了国家认监委全国检验检测机构网络直报统计工作审核。组织申报了产粮大县粮食质量检验检测体系建设项目3个，完成了5000万斤市、县级储备小麦库存质量检测。开展了汉滨、紫阳、旬阳三县区收获粮食质量安全“玉米”品质测报工作。

供销经济

安康市供销合作社

主　　任　蒋　平

党委书记　党　蓉（女）

副 主 任　陈汰江　王进孝

纪委书记　云正军

◎**综述** 2017年安康市供销系统完成商品购进24.35亿元，商品销售26.88亿元，实现利润1496万元，比上年同比分别增长12.97%、12.85%、53.75%，分别超任务完成3.81%、3.36%、333.62%。

◎**供销社改革** 中共安康市委、安康市人民政府成立了深化供销合作社综合改革领导小组，2017年4月7日出台了《关于深化供销合作社综合改革的实施意见》文件。汉滨区、平利县、宁陕县、旬阳县、紫阳县、岚皋县、白河县7个县（区）出台了深化供销社综合改革方案。2017年11月16日—17日在汉阴县召开了安康市深化供销社综合改革暨“两个示范市”建设现场会。

◎**经营管理** 安康市供销合作社完善了《市直社有资产管理暂行办法》《社有企业审计管理办法》《市直供销企业绩效考核办法》《市直供销职工内部管理暂行办法》等系列制度，实行了财务总监委派制，进一步夯实了资产监管责任，规范了社有企业管理。稳步推进社有资产开发，满意供销大厦拆迁安置全面完成，汉江宾馆开发对长期不能履行合同的安康市贤安商贸有限公司提起诉讼，获汉滨区人民法院一审判决终止合同并清偿欠款，旅游商业广场、巴山农贸市场联合开发建设进展顺利。2017年实现资产收益929.91万元。

◎**产业化经营** 建成了安康供销天贸电子商务公司及五大特色农产业电商平台和“唯农e家”农资电商城，指导安康市10个县区建成了县供销电子商务中心和105个镇办园区电商平台，带动成立供销电商公司30家，100多个专业社和基层社实现“互联网+”，形成了联通全国大市场及各级供销社、社有企业、农产业园区、综合服务网点和广大农户（贫困户）的供销电商网络体系。落实安康市12家产业精准扶贫企业获省供销总社和县区政府注资2亿多元，带动4000户1万多贫困人口脱贫。产业精准扶贫企业通过投资分红、工资发放、订单农业等方式带动3661户贫困户13370人增收2159.45万元，户均增收5898.53元。围绕主导产业大力开展土地托管服务，采取“半托管”“全托管”方式托管土地10万多亩。

◎**农村市场流通** 深入推进“有机农资进百园、百园产品进超市社区”，有机复合肥已进入7县区12个农业产业园区，系列生态富硒优质产品已进入西安华润万家、永辉连锁超市、西安绿健商贸、安康喜盈门、安康万友、安康生态富硒农产品营销中心等商场超市。全系统获中、省农业综合开发和“新网工程”项目财政扶持资金1700万元，销售有机专用肥料、农药、农地膜、中小农具等2.13亿元，其中化肥10万吨、农药138吨、农地膜185吨。

◎**专业合作社建设** 围绕安康市委、安康市人民政府确定的五大特色农产业，组建农民专业合作社联合社10个，恢复重建基层社10个，对原有41个镇办基层社进行了改造升级。指导安康市果品副食公司领办了7个富硒核桃专业社，建成了富硒核桃产业联合社，推动成立了市富硒核桃产业发展协会。积极培育农民专业合作社示范社和基层社标杆社，平利县供销社被人社部、全国供销总社联合授予“全国供销合作社系统先进集体”荣誉称号、紫阳县魔芋专业社被评为2016年度全国供销社系统农民专业示范社，旬阳县城关镇供销社、汉阴县平梁供销社分别被评为2016年度全国供销社系统基层社标杆社、全国供销社系统基层社标杆社，汉阴县平梁供销社、白河县仓上供销社被评为2017年度省级基层社标杆社。

◎**富硒食品展销** 举办“安康供销——一县一品”生态富硒农产品展示展销活动17场次，在省内外建成生态富硒产品直营店、体验店20个，在省农林卫视等媒体宣传安康生态富硒农产品11场次。安康市供销合作社牵头主办了安康生态富硒农产品“五进”（进机关、进超市、进企业、进学校、进社区）进西安送健康活动。组织各县区供销社积极参与西宁、兰州、乌鲁木齐、银川、呼和浩特等城市举办的“共建丝绸之路·同品安康富硒茶”系列招商推介活动。市供销社加强对包联的紫阳和平茶厂进行品牌培育、宣传推介、转型升级，完善内部管理等方面的指导，促进企业综合效益不断提升，在西安新增1家销售门店，并荣获“2017年度陕西省民营经济转型升级示范企业”称号。

食盐管理

安康市盐务管理局

局　　长　夏锡宝
副 局 长　金华荣（女）
　　　　　　吴　虹（女）
纪委书记　卢崇琦

◎**综述** 2017年坚持以习近平新时代中国特色社会主义思想为指导，筑牢“四种意识”，增强“四个自信”，紧盯“五新”战略任务，践行“五个扎实”要求，坚定不移贯彻落实中省盐改精神，以积极稳妥推进安康市盐业体制改革为抓手，以保障食盐质量安全和市场稳定供应为核心，以干克难，勇于担当，忠实履行盐务管理职能，积极主动应对改革中的风险和挑战，保障了全市盐业市场稳定、队伍稳定，确保了人民群众餐桌食盐安全，较好地履行了盐务管理职责。工作成绩得到了市委、市政府和省盐务局的充分肯定。2017年度，市盐务局被省盐务局表彰为年度目标责任综合考核“优秀单位”。

市场食盐检查

◎**盐业体制改革** 一是领导高度重视，深入调研摸实情。国务院《盐业体制改革方案》和省政府《盐业体制改革实施方案》相继公布后，安康市委市政府高度重视，于2016年8月启动了盐业体制改革工作，第一时间成立了盐业体制改革领导小组，明确了成员单位职责，工作推进中各职能部门都能主动作为，协调配合，工作进展顺利。工作突出问题导向，广泛征求县区、部门关于盐改的意见建议，针对问题多方协调，解决处理。局党委主动向市委市政府汇报盐业体制改革工作进展情况，市政府分管领导多次就盐业体制改革中出现的新情况、新问题开展基层调研，研究制定对策并做出重要指示。就盐改工作专题召开市政府常务会议4次，多次召开专题会议，以《政府纪要》落实责任，确保了各项工作在时限范围高质量完成。二是多方协调配合，扎实推进显成效。2017年12月11日，常务副市长主持召开第69次专题会议，盐改工作以《会议纪要》形式明确了全市盐改各项重点工作，经过多方协调沟通，全市盐改顺利推进，全面完成了市级盐改任务。按照省、市政府工作部署的时间节点印发了《安康市盐业体制改革实施方案》。为理顺县区盐业管理体制，强化食盐质量安全监管，市政府及时召开了全市县区盐业体制改革工作会议，安排部署了各县区盐业体制改革工作。全面完成市级盐改任务，改革期间平稳过渡，实现了政企分开，保持了食盐市场安全有序，盐业队伍稳定和谐。改革中解决了三个遗留问题：一是将盐业大厦3至8楼划给盐业公司，办理了资产过户手续，市盐务局搬离盐业大厦，搬进市政府大院办公；二是为盐业公司争取政策减免历史遗留税款；三是撤销县区盐务局，职能人员合并到县区市场监管局，理顺了县区食盐安全监管职能。争取到四方面政策扶持：一是每年增加市级食盐质量检测经费30万元；二是委托市盐业公司完成市级1000吨储备盐，财政每年补贴60万元；三是制定边远山区碘盐供应保障计划；四是盐业公司免缴资产变更过户相关税费。盐改指明了全市盐业公司一个发展方向：分步组建全市盐业集团公司，逐步做大做强。

◎**盐政管理与质检工作** 2017年度市本级开展日常执法检查56次，出动执法人员180余人次，检查走访食盐生产厂家委托代理商、商超、食盐零售户、食品加工厂家（户）、饭店、集中用餐单位、农贸市场等273户；会同市公安局、市食药局、市工商局、汉滨区市场监管局、汉滨区盐务局联合执法5次。结合落实盐改跨区域经营政策专项行动，开展了食盐质量安全专项检查，共出动车辆362车次，人员1313人次，检查商超、摊点等4113户。针对“异味盐”进行全市范围的全面排查，并积极应对“异味盐”的舆情应对及相关法律法规的果断处理，在接到省盐务局关于在全省范围内下架有关食盐品种的紧急通知后，立即开展全市范围“异味盐”的专项排查，共出动车辆362车次，人员1313人次，检查商超、摊点等4113户。全市封存“异味盐”150吨，下架召回136.34吨。由于反应迅速，应对及时，措施得力，短期内有效平息了安康市“异味盐”舆情，维护了全市食盐市场秩序稳定，维护了社会稳定。全年全市共查处涉盐违法案件21起，结案21起，查获违法盐产品5.69吨。全年全市无食盐安全事故发生。出动盐政执法人员930余人次，检查走访食盐生产厂家委托代理商、商超、食盐零售户、食盐加工厂家（户）、饭店、机关学校食堂、农贸市场等3600余户。坚持“有调必检、检测必严”的原则，严把食盐购进、入库、储存、销售4个关键环节质量检测，重视对消费层碘盐的质量跟踪，按月、按季上报食盐质量信息并对食盐质量状况进行质量分析。按照省盐行业质量检测要求，实施市县两级食盐质量抽检，检测食盐64批次，其中市级质检站检测48份，县级化验室检测16批次。市质检站委托检测28批次，碘盐批质量合格率100%。市级对消费层食用盐抽取盐样60余份，经半定量监测，全市未发现非碘盐。对委托送检的盐样进行了及时检测，出具委托检测报告27份，送第三方检测机构检测盐样14份，检测结果均合格，并在有效的时间内及时提供了有效的检测报告数据和相关信息。对全市、县区的储备盐进行了抽样检测，完成对储备食用盐轮储前内部质量检测工作。碘盐合格率98.73%，碘盐覆盖率100%，合格碘盐食用率98.73%，碘盐“三率”保持在较高水平，为全市地方病防治并达到国家消除碘缺乏病标准起到了积极作用。

◎**科学用盐宣传** 大力开展盐业法规、碘防知识和“科学用盐 促进健康”宣传活动，把媒体宣传、节日宣传、日常宣传和走访宣传相结合，形成立体多维角度宣传模式，为食盐市场监管营造了良好的舆论氛围。在“3·15”消费者权益保护日、“5·15”防治碘缺乏病日、“6·13”食品安全周宣传、结合“七一”主题党日、综治宣传周、双创、“12·4”法制宣传等节点，开展系列宣传活动。进行“科学用盐，少吃盐、吃好盐、巧用盐”的科普知识宣传，现场演示“帮你辨别真假盐”，讲解法规政策，发放宣传资料，宣传品等，提高市民对科学用盐的认知。开展多种形式的盐政执法500余次，发放盐业法律法规、盐业知识等宣传资料4000余份，出动盐政执法人员930余人次，检查走访食盐生产厂家委托代理商、商超、食盐零售户、食盐加工厂家（户）、饭店、机关学校食堂、农贸市场等3600余户。

◎**脱贫攻坚** 为加大政策宣传和责任落实，由局领导带队，局全体党员干部参与开展“一对一”帮扶工作，分组包片入户走访566户，收集群众反映强烈的意见和建议，需协调解决的问题线索43条，处理办结43条，及时化解矛盾3起。本局15名党员干部积极开展“树千名自强标兵 交万民农民朋友”活动，做到“五必访”，即交友的贫困户患病住院必访、红白喜事必访、邻里纠纷必访、重大灾情必访、重大节日必访，培养自强标兵4户。联系市人民医院眼科医生到村开展眼科义诊活动，为300多村民进行白内障、青光眼筛查，为60多人确诊患有白内障、倒睫、瘿肉的村民联系免费手术治疗，并为敬老院行动不变的孤寡老人做了检查和诊断治疗。全局共计投入帮扶资金13500元，物资支持6000余元，用于教育扶贫、赈灾、宣传等总计投入31万元。

烟草专卖管理

安康市烟草专卖局（公司）
局　长（经　理）　雷学锋
副局长（副经理）　洪翰炉　湛　平　吴志宏
纪检组长　冯卫平

◎**综述** 2017年，安康市烟草专卖局（公司）全年实现税利88280万元，其中实现税收48670万元。

◎**烟叶生产** 2017年，在遭受严重旱灾和强秋淋天气的情况下，全市收购烟叶17.6万担，完成计划24.2万担的72.8%，收购值17051万元，基本达到了烟农、政府、工业企业“三满意”。烟叶生产围绕供给侧结构性改革要求，加快推进生产布局、组织方式、生产技术、烟叶市场“四个转型”。全市将9个种烟县区整合为东部、中部、南部三个烟叶生产片区，50个站点整合为42个，实现生产片区内生产组织管理集中统一。扎实推进技术员队伍“瘦身”和“两转一退”，夯实了生产管理和专业化服务“两个主体”职责。围绕“生态、优质、环保、安全”要求，突出重点技术的推广应用，建立秦巴生态优质烟叶品牌核心示范区，开展74.5亩水肥一体化和5000亩绿色防控试点，烟叶安全性与可用性得到有效保障。积极落实防灾减灾措施，确保把灾害损失降到最低。完善烟农合作社建设，拓展烟农增收渠道，全市首家“秦叶情”合作社电商平台投入运营。创新实施“入户初分”与“到站提纯”相结合的专业化分级散烟收购方式，并对灾年烟农所产烟叶做到了“应收尽收”，切实维护了烟农利益。

◎**卷烟销售** 2017年，销售卷烟

开展烟草专卖法宣传活动

78040箱，卷烟单箱结构28555元，同比增长7%；实现卷烟销售收入222846万元，同比增长3.9%。把稳销量、严规范、去库存、调状态、强基础作为营销工作的重点，突出强化目标引领和任务考核、强化科学调控、强化营销基础、强化品牌培育。围绕全年卷烟销量、单箱结构、销售收入"三项任务指标"，先后制定了4个专项考核办法，强化目标考核。加大市场调控力度，一方面注重货源投放调控，努力调整好市场状态；另一方面通过调整访销周期，力促零售价格回升，提振零售客户信心，恢复市场活力。加大优质货源组织，满足市场供应，千方百计增销量。强化营销基础，启动了客户经理职能转型暨营销课题研讨活动，探索开展信息采集量价分离工作，提升信息采集数据质量；稳步推进现代卷烟零售终端建设，全市建设现代零售终端1759户，占比13%。强化品牌培育，按照"稳一类、提二类、增三类"的布局规划，全力稳定和恢复一类烟销量占比，扩大二类烟销量，促进三类烟销量回升，稳定四五类烟销量，注重"新奇特"品牌和细支烟的引进和培育，推动结构梯次化上移。一类烟同比增长10.3%、二类烟同比增长35.64%、高价位烟同比增长20.79%、细支烟同比增长174.6%。

◎**专卖管理** 2017年，全市查处涉烟案件1580起，破获3起国标网络案件和2起省标案件。尤其是平利"12·25"互联网售假案件涉案人数众多、涉案金额巨大、案情特别重大。全年共刑拘36人，逮捕23人，判刑10人，最高判刑17年。坚持守土有责、守土负责、守土尽责，切实履行依法行政、规范管理的主体责任。一方面，突出打假破网和市场监管两个重点，着力"三个聚焦"。聚焦守好陕西"南大门"，开展联合检查；聚焦物流寄递渠道涉烟违法犯罪行为，开展了打击寄递涉烟专项行动，基本遏制了寄递渠道涉烟违法行为的快速增长势头；聚焦真烟非法流通，严查严管辖区市场。突出守好市场，全面开展了许可证清查工作，构建多部门齐抓共管的市场整顿规范机制。另一方面，不断夯实专卖基础。加强专卖力量配备，全市一线专卖稽查人员增加到108人。开展了稽查中队及专卖人员星级达标创建活动，促进专卖管理转型升级。全面推进专卖信息化建设，有效提升了监管水平。加快"放管服"改革，全面推行"511"行政许可及入网限时办结制，制定了零售户审批年限差异制和零售户实地核查工作规范。积极推进法治烟草建设，依法行政、依法管理、依法组织生产经营水平不断提高。

◎**企业管理** 2017年，坚持不懈强基础、严规范、保稳定、促和谐。以预算管理为基础，以对标管理为引领，以精益管理为抓手，深入开展"提质降本增效年"活动，细化三级目标体系，加强重点费用管控，全面完成省局下达的节支降本任务。深入推进精益物流，多项物流对标指标位于全省平均水平之上。积极开展QC、征集合理化建议、精益改善和科技创新活动，"秦叶情"精益改善团队获"锋芒杯"全国烟草行业优秀年度精益改善团队，科技项目获省政府科技进步三等奖1项、市政府科技进步一等奖1项、省局优秀奖1项。认真执行"三项工作"规章制度和"应招尽招、真招实招"工作要求，全年实施采购项目37项，公开招标比例达到97.43%。严格遵守国家局、省局规范经营各项要求，严守规范经营底线。建立了重点工作包抓机制，实行班子成员、机关科室联片包县责任制，层层传导压力，促进工作落实。严格遵守安全维稳信访舆情制度规定，落实各级各类人员责任，深入开展隐患排查整改，及时化解潜在性苗头问题，确保了全市系统安全稳定。

◎**党的建设** 2017年，全市烟草系统聚焦从严治党带队伍，认真落实全面从严治党要求，坚持把党建工作摆在全局工作的突出位置，旗帜鲜明抓党建。成立了党建工作领导小组，健全了机构，落实各级人员的党建责任。制定和完善了相关制度，将党建工作纳入公司章程。制定印发了《推进"两学一做"学习教育常态化制度化实施方案》，将党建工作与生产经营同部署、同安排、同检查、同考核，确保主体责任、"一岗双责"落实到位。在全市系统坚持开展"五起来"党建示范活动，因地制宜拓展"党建+"模式，党建工作呈现出市局有载体、县局有抓手的新格局。重视加强领导班子建设和科级干部队伍建设，新一届党组对市县两级局领导班子提出了"六带头、六提高"的工作要求，对科级干部提出了提高"七种能力”的要求，发挥好以上率下的示范作用。

◎**扶贫工作** 2017年，围绕党和国家扶贫工作大局，按照烟草行业“一个依托、四个带动”扶贫工作要求，以烟草产业为引领，助力脱贫攻坚。抓好产业扶贫。始终把发展烤烟产业作为助力扶贫的有力抓手。“十二五”期间，全市烟农累计种烟总收入21.61亿元，户均年收入4.58万元，财政增收4.15亿元。2017年全市种烟农户4325户，其中797户贫困户烟农通过种烟增加了收入。抓好对口帮扶。全市系统共帮扶贫困村11个，下派“第一书记”或扶贫工作队人员13名，帮扶贫困户1523户，全年共投入对口扶贫资金139万元。市局对口帮扶旬阳县甘溪镇唐坡村，从2014年到2017年，在基础设施建设、产业发展、贫困户帮扶、扶贫支教方面共计投入188.3万元。2017年市局机关42名科级干部与唐坡村86户贫困户结对子，开展结对帮扶。

石油销售

中国石油天然气股份有限公司陕西安康销售分公司

◎**概述** 中国石油陕西安康销售公司（以下简称公司）是中国石油天然气股份有限公司所属地区公司，截至2017年底，公司本部机关设有四部三中心，下辖9个片区经营部，运营加油站59座、油库1座。分公司内部设立党的组织，中国共产党中国石油天然气股份有限公司陕西安康销售分公司委员会，下设1个党总支、14个党支部，截至2017年底，党员237人。

◎**主要生产经营指标** 2017年，实现成品油销售30万吨。销售额18.65亿元；全年油库、加油站实现安全、质量、环保无等级事故；未出现规模性进省访、进京访事件。确保了企业健康持续发展。

◎**库站管理** 开展现场检查、视频扫站、夜查和不定期抽查，强化对库站的督促指导，并落实责任人，及时跟踪反馈，确保发现问题得到有效整改。深化加油站的全流程诊断，通过合理人枪、人机、枪机匹配，灵活安排高峰期作业人员，均衡员工的作业强度，提高了服务效率。以加油站定置化管理为抓手、加油站维修技改和小微改造为契机，制定方案、明确计划，通过组织加油站经理现场观摩和机关管理人员现场帮扶持续推进加油站标准化创建，基础管理得到进一步巩固。举办站经理讲堂PK和专题演讲比赛等活动，组织加油站各操作岗位人员的服务达人挑战赛，以赛促训，提升了加油站的服务技能和服务技巧。

◎**非油品业务** 做好加油站便利店培育和销售工作。以打造高端站、标准示范站、万吨站为契机，以开口营销、全流程诊断优化、店面提升优化为手段，促进油卡非润业务的整体提升。开展了形式多样的促销活动。通过优化提升，打造强大卖场，营造浓厚销售氛围，提升了便利店整体运营水平。

◎**安全环保** 一是完善责任落实。认真梳理修订发布“一岗双责”，开展了危险源、环境因素、危害因素辨识工作。落实加油站员工签订《严控散装汽油销售承诺书》《反恐防控责任书》，确保散装汽油销售严控管理。二是完善预案的修订。开展安全应急救援演练2次。组织员工参加了安全生产日和油罐冒油及火灾事故应急救援演练，切实提高了员工处理突发事件的能力。三是持续提高管理水平。突出抓好隐患排查整治。细化管理职责，把好油品数质量关。严格油品出入库、站制度，确保油品抽检合格率达到100%。

◎**工程建设** 完成了3座加油站的立项任务，投运任务2座。完成了9座加油站储罐防渗一体化改造工作。对28座加油站完成了三次油气回收改造工作。完成了五里油库1#罐区隐患治理项目，在保证油库正常生产运营的情况下，做到了安全可控、保质保量地完成了工程建设任务，现已全部完工。并通过了公司和地方政府相关部门的验收工作，已投入运行。

◎**企业党建** 一是建立党员学习教育基地。公司党委与市委党校合作，建立了党员学习教育培训基地，开展党建专题培训，举办了党的十九大报告辅导，新党章解读和预防职务犯罪讲座。二是强化思想教育，严格执纪问责，组织各层级管理人员开展实地警示教育1次，组织专题观看警示片1次，讲授警示教育课程1次，接受教育共计300余人次。三是积极开展主题党日活动。按照主题党日制度，明确组织主体、参与人员，开展时间、内容，规范相关标准。各党支部按照制度组织开展了党日主题活动，取得明显效果。四是认真履行好社会责任，提升企业良好形象。对帮扶联点开展了义务植树，向扶贫村捐赠帮扶资金6.25万元用于村党员活动室建设和小学教学设备的配备，组织党员结对子对帮扶村5户特困户进行了走访慰问，不断提升企业形象。五是举办“主流媒体”走进中国石油活动。邀请安康市委宣传部、安康市技术监督局以及十余家当地主流新闻媒体的20余名记者，亲身感受了中国石油员工的精神和严格的数质量管理，以媒体视角展现了企业的发展成果和良好企业形象。六是关心关爱员工，做好稳定工作。坚持开展“送温暖、送清凉”、困难员工帮扶、住院看望、金秋助学等工作。不断丰富员工文化生活，充分体现工会组织对广大员工的关爱。

邮政　通信

安康市无线电管理处
处　　长　蒋　波
副 处 长　冯亚妮（女）

◎**无线电台站管理**　一是做好无线电台站数据库管理。二是保障森林防火无线电通信安全。三是频率占用费收缴工作持续推进。全年共计收费39.37万元。

◎**监测保障**　全年完成监测月报12次，季度报两次，监测档案12份，累计监测时间3977小时。全年排查用频干扰9次，排除干扰2次。全年查处伪基站案件4起，收缴"黑广播"设备2套。全年开展考试保障工作22次，加班32天，总计投入人力200人次、车辆90余次，现可疑信号17次，在全省社区工作者笔试考试中明确作弊信号4个，并配合公安部门实施定位查处。

◎**频谱评估工作**　安康市无线电管理处根据《国家无线电办公室关于开展全国无线电频谱使用评估专项活动的通知》，按照省无委的统一部署，开展无线电频谱使用评估专项活动，安康市无线电管理处利用移动站对九县二区（汉滨区、恒口镇）进行频谱监测，监测行驶1532公里，共计238小时。固定站3天，共72小时，总计88小时，提交数据70GB，如期完成了该项工作。

安康市邮政管理局
局　　长　康忠军
副 局 长　毛　翀

◎**概述**　2017年，全市邮政业业务总量达到3.63亿元、同比增长16.74%，业务收入达到4.05亿元，同比增长14.1%。其中快递业务总量达到3834.77万件（进口件3217.35万件、同比增长30%，出口件617.42万件、同比增长30.78%），最高日处理量达到了20.93万件；业务收入达到1.1亿元，同比增长15.17%。剔除统计口径调整因素影响，基本实现了年度预期发展目标。邮政企业实施"一体两翼"发展战略初见成效，包快、电商业务板块增速明显；快递业务量增速位居全省第二、异地业务量增速较上年提高了近39个百分点，表明农村电子商务发展为行业增添了新动能，百世、韵达、顺丰量收指标增速位居第一方阵。

◎**引领发展**　一是强化规划引领。认真完成了规划编制工作，并协调市发改委、市交通局联合发布了《安康市"十三五"邮政业发展规划》，明确了"十三五"期间邮政业发展目标、工作任务、保障措施等，并逐年细化分解，为全面实现规划目标任务打下了良好的基础。二是快递园区项目建设取得了新突破。市级邮政快递物流园区项目已纳入2017年度市上重点启动前期工作项目，已初步落实项目建设招商、选址、征地等前期工作。同时，积极引导紫阳、旬阳县快递企业入驻物流园区。三是着力解决了快递车辆通行保障问题。主动协调公安交警部门联合下发了《规范全市快递专用电动三轮车通行管理的实施意见》，对于保障城区快递车辆便利通行、维护道路交通和运输秩序发挥了积极作用。同时，积极汇报争取将快递运输车辆纳入特种行业，保障了西安雾霾天气限行期间干线邮路便捷通行。四是加快推进快递下乡进村工程。民营快递服务网点实现了乡镇全覆盖，其中194个村的群众能够享受到便捷的快递服务。五是加快推进城区末端服务体系建设。着力解决了两个高校快件派送"摆地摊"问题，智能快件箱进小区取得了实质性突破，快递超市、快递驿站开创了快递服务新模式。六是积极鼓励支持企业实施创新驱动发展战略。支持申通、圆通、中通和韵达四大品牌快递公司联合组建了第三方配送公司，围绕提质增效、降低成本，在城区快件集中派送、末端网点资源共享等领域展开合作；积极引导快递企业不断创新服务，在服务茶叶、大枇杷、皱皮柑等特色农产品年销售额过亿元，顺丰服务文化产业年累计产生快件5.8万件、实现业务收入168万元、产值达1235万元；积极引导邮政企业大力发展邮政农村电商业务，促进小农户对接大市场，2017年累计配送特色农产品量84.1吨，交易额达860.4万元。

◎**服务提升**　2017年以来，我们认真履行邮政普遍服务监管工作职责，以推动落实新颁布的《邮政普遍服务标准》为抓手，强化定期沟通协调工作落实机制，严守两条红线，综合采取明察暗访、通报整改、约谈等措施，扎实推进新标准的宣贯工作，共开展普遍服务监督检查160余人次，检查邮政普遍服务网点45个，下发责令改正通知10份，开展约谈2次，推动了邮政普遍服务水平的稳步提升。一是层层开展新标宣贯培训工作。会同市邮政分公司对支局长以上人员进行了专题培训，邮政公司也采取了多种有效形式对所属员工开展了业务培训，进一步明确了新标的主要服务要求和落实时间节点。二是强力推进行政村直接通邮工作。坚持目标和问题导向，认真摸清了底子，并针对行政村直接通邮工作中的难点问题，分类指导、全程跟进、逐点突破，督导邮政企业优化投递线路，并通过服务外包形式新增投递人员85人，建立了投递线路信息跟踪查询系统，组织开展了全面核查工作，确保行政村直接通邮率达到100%，助推打赢脱贫攻坚战。三是党报党刊当日见报率全面提升。积极引导邮政企业不断优化线路和服务流程，全面提升了《人民日报》投递时效，全市除宁陕、镇坪县外8个县区如期实现了党政机关党报党刊当日见报。四是加大补建空白乡镇网点规范运营监管工作力度。围绕补建空白乡镇网点规范运营达标，我们积极督导邮政企业加大投入，完成了50个网点的服务外包，保证了营业时间和四项法定业务的开办。五是切实履行邮票发行监督职责。建立了邮票销售检查台账，规范邮票检查程序，全年共检查纪特邮票销售网点50余人次，保障了纪特邮票的正常发行。六是认真开展机要通信“回头看”专项检查。对两个硬件设施未达标的县机要室监督整改到位，对日常检查发现制度落实不到位的及时下发整改通知，在省局组织的机要通信检查中获得了好评。七是西部地区和农村邮政普遍服务基础设施项目建设取得了新进展。2016年度前未完工的4个网点改造项目，其中2个项目市邮政公司已按程序报批进行了变更，其他2个项目已进入施工阶段，2017年新上的3个项目已完成项目设计、招标等前期工作。

◎**市场监管**　一是持续深化“放管服”改革，进一步优化许可工作流程，缩短审批时限，坚持“宽进”、“严管”相结合，督促15家独立法人快递企业完成年度报告工作，全面落实证照年检各项要求。不断增强事中事后监管的针对性和有效性，严格按照行政许可要求，协助省局办理法人许可事项3件，受理分支机构变更申请58件，行政许可事项按时办结率100%。严格按照审批制度公示许可、备案办理流程图，完成2项邮政普遍服务网点迁址和1项场所信息变更备案工作。认真开展2017年邮政用品用具年检工作，顺利完成辖内两家监制企业的证照年检工作。二是积极探索推进“双随机一公开”制度，不断提高被检查对象、检查人员的公平性和检查结果的透明度。全年开展快递市场执法检查196次，出检人数467人次，下达责令整改通知21件，行政处罚5件，罚款金额2.9万元。三是扎实推进诚信体系建设。对接地方政府诚信体系建设平台，根据企业档案进行信息查漏补缺，完善行政许可、行政处罚、荣誉类信息。全年完成122家快递企业、9条行政处罚以及10条自然人奖励报送，并达到100%公示。

◎**寄递渠道安全**　一是认真监督“三项制度”的落实。深入开展寄递安全明察暗访，督促企业严格落实“收寄验视+实名收寄+过机安检”三项制度，对制度执行不力或不到位的给予相应的行政处罚并及时予以通报。鼓励企业推广应用电子运单及使用带有实名验证功能的手持终端设备，确保收寄物品时如实填写快递运单或者寄递详情单。完善安全生产设备配置，目前全市邮政行业已配备安装了17台X光安检机，其中紫阳、岚皋、旬阳3县已配置安装了X光安检机，实现了市级规模以上分拨中心全覆盖，确保出境快件100%过机安检。二是加快推进邮件快件实名收寄信息系统推广工作。加大宣传工作力度，多次开展实名寄递专项检查，全力推进实名率提升，到去年底全市当日邮件快件实名收寄信息化率实际持续保持在90%以上，圆满完成了省局年度考核目标。三是深入推进企业主体责任的落实。年初与企业签订行业安全责任书，建立了安全生产管理台账、过机安检日志，组织开展了150多人快递从业人员安全法规培训和安检机操作技能专项培训。四是重大活动期间寄递渠道安全保障有力。全力做好重要节点安保维稳并加大行政执法检查工作力度，在全国两会、省市党代会、“一带一路”峰会、金砖会晤、中共十九大等重大活动期间，层层夯实目标责任，全力确保重要时点行业平稳、安全运行。五是认真组织开展了寄递渠道禁毒、反恐、扫黄打非、打击侵权假冒等专项整治活动。认真贯彻落实《禁止寄递物品管理规定》，联合市公安局切实加强枪支弹药、危险化学品和易燃易爆物品寄递管控和整治，禁毒工作年度考核获得好评；联合烟草专卖局，大力开展非法寄递烟草制品专项整治工作，查处寄递渠道涉烟违法活动1433起，多个单位和个人将受到省、市表彰。进一步完善应急管理机制，主动与市应急办衔接，积极争取将邮政业应急预案纳入市级应急管理体系。寄递渠道的安全畅通，为平安安康、综治优秀市创建作出了积极贡献。

（沈　悦）

中国邮政集团公司安康市分公司

总 经 理　赵守林

副总经理　张晓勇

副总经理、工会主席、纪委书记　陈勇军

副总经理　崔云平　赵中玉

◎**综述**　2017年以来，全市邮政深入贯彻集团公司“一体两翼”战略部署，认真落实省公司“促改革，抓重点，保当前，谋长远”的发展要求，奋力追赶超越、对标前行、扎实工作、积极创新，推动各项业务协调发展，强化管理提升运营质量，加强能力建设增强竞争能力，提升服务塑造良好口碑，聚焦党建和企业文化建设凝聚员工发展动力，企业各项工作均取得一定成绩。全市完成收入2.93亿元，同比增长11.37%，完成计划102%，增幅排名全省第六，进度排名全省第四。全年完成利润总额3436万元，实现超额利润362万元，利润总额较上年提升208万元，职工待遇同步提升，人均收入增长5%。

◎**代理金融发展**　金融业务以余额规模发展为基础，双轮驱动，中间业务实现突破发展，转变考核方式，加快项目资金揽收，组建内训师队伍，巩固网点转型成果，有力支撑经营大

局，实现收入2.43亿元，同比增长8%，完成计划102%。全市余额池累计新增16.8亿，完成进度全省第一；开放式理财累计新增过8亿，完成进度全省第一；代理保费4亿元，折算标保23亿元，规模保费增幅全省第一；网点网销出单率达100%全省第一；网销占比全省第一；保险收益率全省第一。

◎**包快业务** 包裹快递业务坚持正向激励，加大支撑力度，加快揽投体系建设，拓展寄递渠道，量收规模不断扩大。

◎**渠道建设** 电商分销业务以渠道建设为重点，以电商框架协议的签订为保障，以地方特色农产品、时点快消品销售为主要项目，积极融合批销业务，加快发展车险业务，带动整体业务发展。建设邮乐购站点860个，完成计划107%。

◎**创新发展邮务类业务** 函件通过项目带动封片卡、户外广告、商演重点业务发展，报刊主抓第三方订阅、校园、重点高效报刊发行市场，集邮围绕重点题材邮票发行，结合地域文化开发个性化邮票，持续推进集邮文化进校园、进企业、进社区活动，不断丰富集邮文化内涵。全力做好发展代收国电费、代理车险等便民服务，不断完善服务内容，机要通信继续保持优质服务，确保安全畅通和万无一失，做好义务兵免费信函免费邮寄，做好党报党刊发行，确保政令畅通。

◎**财务管控** 修订完善《领导人员通信费》《私车公用交通补贴》《低值易耗品》《工程建设》《委代办运输费》等制度，严格管理；进一步规范支出行为、工程建设、采购招投标程序；开展用户欠费及往来账专项清理，减少用户欠费及业务资金欠款，年度累计资金回收率100%；组织零星采购供应商招标，实现集中采购与零星采购相结合，支撑经营与合规管理相统一。

◎**服务能力建设** 完成全市主要营业网点标准化改造，全市普服网点便民汇兑业务上线，覆盖率达100%，完成空白乡镇网点标准化改造，基本达标；完善售后服务管理机制，明确市、县两级投诉受理责任人，畅通投诉受理渠道，加强沟通协调、压缩中间环节、强化时限、质量考核，全年用户有理由投诉率控制在指标内，服务投诉工单24小时办结率保持100%，全市用户综合满意度92分。

◎**邮运能力建设** 优化内部作业处理流程，重新规划生产现场，各县邮件装卸传输设备配备到位，严格落实“三合一”规范操作；及时调整区内作业组织，增开二频次邮车，全市县城基本实现党报党刊当日见报;采取投递外包、委托代办、调整段道等多种方式相结合确保行政村通邮率达标；全面完成新寄递平台上线，增配投递终端和投递三轮车，极大提升投递能力。

◎**企业文化建设** 组织开展年度各类评先活动、文体活动等，营造良好氛围。坚持不懈地抓好“建家”工作，继续开展职工小家建设和星等示范小家建设，改善生产生活条件。组织员工体检，关心员工生活冷暖，坚持做好“冬送温暖，夏送凉爽”及各类扶贫帮困活动。认真履行社会职责，扎实推进联校支教、绿化等工作，被评为年度联校支教工作优秀单位；充分发挥邮政优势，继续助力精准扶贫工作，获得政府、社会好评。旬阳县分公司被授予“全省邮政和全国邮政系统企业文化建设示范单位”称号。

中国电信股份有限公司安康分公司
总　经　理　夏文辉
纪委书记、工会主席、副总经理　王宏斌
副总经理　杨文辉　王敏辉
总经理助理　汪乾安

◎**经营业绩** 截至2017年末，中国电信安康分公司当年实现电信业务总量比上年增加42.13%，主营收入完成4.18亿元，全市固定及移动电话用户总数达26.53万户，移动电话用户累计到达50.27万户，互联网宽带接入用户累计到达25.03万户。

◎**服务能力** 坚持落实服务规范，用户感知持续提升。一是做好宣传、从业人员培训及客户体验各环节，统一营销及服务口径，业务办理及时、缴费发票易懂，同步做好业务稽核减少差错。二是响应国家“提速降费”号召，通过“全家通信消费算账营销”“推广全网通终端”“推广流量不限量套餐”“取消长途漫游费”等具体行动落实“提速降费”信息惠民工程。三是充分发挥信息化建设主力军作用，依托本地最大的固网通信网络，为各行业信息化推进提供有力支撑，促进创新发展，积极承办市政府“互联网+”学习观摩培训活动，建成党教学习“互联网+”平台，互联网+综治已有近5万名使用者实现“平安联防”，紫阳综治9+X系统项目被树立为全省标杆，搭建安康市脱贫攻坚大数据平台，完成市级全民健康信息平台签约，推出标准化云产品。四是夯实“营维合一”，落实“先装后付”和“当日装、当日修、慢必赔”。五是网络建设与优化同步开展，网络能力与质量明显提高，全市FTTH端口总数达到53.6万个，城市宽带用户光网覆盖率达到99.5%，农村宽带用户光网覆盖率96%；无线网城区和县城覆盖率99%，实现了市—县—乡—村一体化移动宽带网络覆盖，荣获中国电信集团公司“4G网络质量领先奖”，移动网络速率行业第一。2017年全市各项服务指标全面达标，无服务事件发生，行业客户满意度达到81.3分。

◎**网络建设** 贯彻落实“宽带中国·光网城市”和网络强国战略，响应国家“提速降费”号召，扎实推进“精准扶贫”和“电信普遍服务”工作，当年网络建设投资2.07亿元，持续升级4G、光宽两张精品网络，全面实施光纤到户工程，缩小城市和农村数字鸿沟，为“互联网+”和脱贫攻坚提供保障，实现信息惠民，全年新增FTTH端口8.4万个，全年累计新建基站1066个，对承接的2016年第二批电信普遍服务项目精心组织、统一思想、统一指挥、统一行动，集中一切可以集中的人力、财力和物力，全力以赴按期保质完成了旬阳、紫

阳、白河、平利、岚皋和镇坪6县312个行政村主体项目及全部光纤入村建设任务，切实服务于当地政府和人民群众。

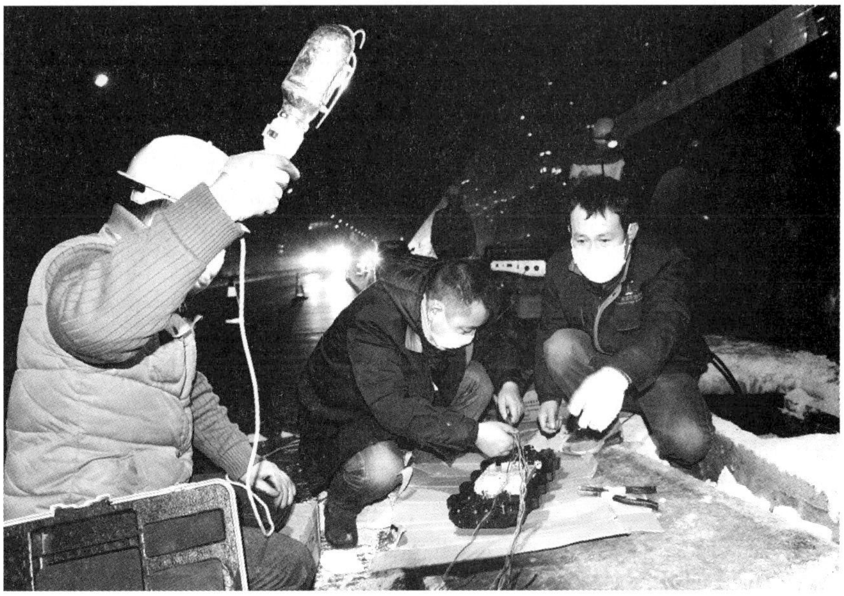

秦岭2号隧道通信抢修

◎**企业管理**　中国电信安康分公司坚持企业党建及党风廉政建设与生产经营“四同步”，全面从严治党纵深推进、企业政治生态风清气正，有力促进了企业健康发展。一是强化责任担当，年初印发方案、召开专题会议部署党建及纪检监察年度重点工作任务，同步签订年度经营、党建和党风廉政建设目标责任书23份、廉洁承诺书229份，通过约谈、提醒抓早抓小，坚持年度述职同步述党建，开展党员、员工评议党组织。二是强化组织建设，坚持“三个同时”建立健全党组织，举办党务培训2期、培训党务人员100余人次，配备党建辅导联系员89名，公司党委成员联系基层党组织覆盖面100%，发展党员6名，以管控手机+党支部内容更新及2次现场检查为手段督促基层落实党建工作。三是狠抓思想建设和意识形态工作，落实学习教育实施方案、按期编写阶段性学习重点资料，党委中心组集中学习12次、专题讨论4次，按季度组织反腐倡廉专题学习、开展廉洁教育宣讲5次、专题警示教育1次、开展庆祝建党96周年暨先进表彰活动，全年组织参与“1+X+党支部”帮扶一线、“青年志愿者”服务等活动2千余人次，党委班子成员带头讲党课，发放学习资料500余册；通过OA办公平台、易信群等互联网工具开展宣传学习，全年发送提醒短信、微（易）信超过1万条，发送提醒邮件超过3千封；各支部认真落实“三会一课”，积极开展实地教育活动，3名同志政研成果获集团嘉奖；利用鹰眼舆情管理平台等互联网工具持续提升网络舆情管理工作水平。四是建立长效机制，围绕企业中心工作强化监督执纪问责，扎实落实集团及省公司政治巡察整改，修定完善各类制度流程67个，常态化制度化推进党建及党风廉政建设，强化干部队伍及作风建设，坚持执行民主集中制，坚持干部选拔原则和规定程序，持之以恒落实中央八项规定及反四风要求。同时，安康分公司纵深推进全面深化改革，深化划小承包、强化倒三角服务支撑，持续增强企业活力。推进依法治企，特邀专家向100余人培训合同法，聘请内、外部法律顾问，内部风险防范及审核制度健全，实行电子+手工流程双重审批，严格执行企务公开。强化内部治安及安全生产管理，全年未发生安全生产事故、群体性事件及刑事治安案件。

◎**履行企业社会责任**　中国电信安康分公司以服务社会、改善民生、助力发展为己任，高度重视通信保障、双创、精准扶贫、创文等工作，加强组织领导、精心安排部署、健全工作机制、保障资源人力，一是扎实开展预检预修，全力以赴完成抗洪抢险保通信及全国两会、党的十九大等通信保障政治任务，支持地方重大活动、提供应急通信保障；全力支持安康机场迁建工程，投入资金132.8万元迁改通信线路13处、31.6公里，机场及机场道路建设范围内的电信线路全部迁改完成。二是将脱贫任务提高到政治任务高度，在村组会议上集中政策宣传、商谈脱贫措施，逐户上门宣讲、解答、引导；实行分户包抓和驻村帮扶机制，认真做好信息采集、数据清洗和信息录入，多方筹措资金，协调公路部门支持二郎村建设乡村便道约4公里，协调水利、环保等部门争取小水库综合治理项目；“送爱心、送温暖”为20户贫困户送去慰问金和油米慰问品，为贫困户邹家成建房捐款3千元，为村党员活动建设捐赠2万元。三是双创工作中，多形式营造宣传氛围，义务植树侧柏100株，投入340余万元改善70余处支局、农村机房、营业厅等基层环境，投资100多万元聘用物业公司管理安全和环境卫生、院内绿化，家属院绿化提升近百平方米、绿植60多盆，机关办公室及公共区域花卉盆景达300多盆；整治市区电信通信线路工作成效显著，市政管理处专程送来感谢信；完成茶园帮扶工作，协助进行除草、茶业采摘、便道修建，捐赠价值5000元化肥，引导帮助其建立互联网营销思维，协助开展实体与网络结合营销；继续落实“门前四包”责任制、周五义务大扫除活动、病媒生物防治等工作。四是全面完成综治维稳反邪教宣传、员工法制教育、矛盾纠纷排查、“两率两度”公众安全感调查宣传，扎实开展平安文化“八进”活动，健全信访维稳排查及处置机制，严格执行社会稳定风险评估制度，严格落实实名制等网络信息安全各项要求，开展防范打击通信信息诈骗、扫黄打非工作。五是深入开展文明机关和文明窗口创建、健康城市建设、全民健身发展，获得全国文明单位荣誉称号。

◎**企业文化建设**　中国电信安康分公司不断充实“管理、干事、学习、团队、效率”等五大文化理念。一是强化人才队伍建设，规范专业人才、技能人才的选拔、任用和管理，专业人才33人、技能人才58人。二是深化思想政治工作、加强文化建设，积极践行社会主义核心价值观，坚持秉承中国电信企业文化，开展文化进部门、进班组、进岗位，组织签订《践行移风易俗反对大操大办承诺书》994份，；强化氛围营造、舆论引导，组织开展“翼家人”文化建设、“最美电信人”评选、“PK赛”“道德大讲堂”“先进巡讲”等活动，镇坪小曙河CEO刘定兴被评为“陕西电信首届最美电信人”。三是坚持做好员工关爱，提升员工伙食补贴和补充医保门诊补助，安排专项资金73万元组织全市离退及在职员工健康体检，落实年休假制度，落实“五必访、五必贺”累计慰问900余人次、慰问资金17万元；开展“冬送温暖、夏送清凉”活动慰问资金29余万元，覆盖全市所有班组基层一线；帮助困难员工31人、帮扶资金19.2万元；累计投入390余万元改善基层生产生活条件；举办文体活动50余次，员工参与达1500余人次。

（陈玉苗）

中国移动通信集团陕西有限公司安康分公司

总 经 理 江 华
副总经理 汪德安 雷 健
总经理助理 刘 涛
纪委书记、工会主席 白敬勋

◎**概述** 中国移动通信集团陕西有限公司安康分公司含9个职能部门，5个一级生产中心，10个二级生产中心，10个县区分公司；公司逐步形成“大市场、大政企、大网络、大支撑”的专业型内部组织架构，员工总数800人，平均年龄32岁。

◎**经营业绩** 2017年，安康移动公司坚持以党的十八大、十八届历次全会以及中共十九大精神为指引，坚持稳中求进，聚焦追赶超越，根据“四个全面”战略布局，落实“五大发展”理念，以“追赶超越、富民兴安”为核心，公司上下攻坚克难，着力深化改革，推动发展转型，全面加强基础设施建设，推进信息化进程，为建设西北生态经济强市和实现全面建成小康社会的伟大目标贡献了力量。截至2017年底，安康移动客户规模达到147万，市场份额到达70%，其中4G客户超过100万，客户上网普及率达到83%；通信服务收入增幅10.8%，全省第一；依法合规纳税6153万元；4G终端销售达到32万部；客户标准满意度达81.2%；发展宽带6.8万条；发展专线810条；2017年综合绩效得分排名全省第一。

◎**设施设备更新** 一是无线支撑持续加强，4G基站累计达4000个，LTE综合覆盖率99%，LTE下载速率达43Mbps以上；完成城区2G设备换型，物联网一期建设共90个站点。二是传输里程快速提升，全年新增传输光缆5000皮长公里，市政管道150管孔公里，二平面OTN扩容4*100G，容量提升2倍。三是全业务储备满足需求，OLT乡镇覆盖率96%，城域网出口带宽达到200G，信息点累计达103万个。四是网络运维扎实推进，小区退服率1.4%，有线业务故障率1.17%，网络健康度92.6，网络满意度领先度7.1，宽带修障满意度82.3，均在全省前列；全面深化与铁塔、铁通合作，宽带装机及时率达到99.5%。五是网络资源有效管理，综合资源健康度92%，网络投诉健康度97%，电费报账资源准确率96%，均提升至全省前列。

◎**网络建设** 2017年投入资金约3.1亿元用于网络建设，4G网络行政村覆盖率达到98%，保持同行业领先水平。认真贯彻落实“宽带中国”战略，2017年新建信息点29万个，新建传输光缆4800皮长公里，传输光缆累计达到4.2万皮长公里，家庭客户覆盖率达到70%；全面加快承建的公共区域免费Wi-Fi覆盖任务，累计建设WLAN热点670个，覆盖全市主要大型商场、学校、酒店及部分农村地区。

◎**业务拓展** 一是移动市场持续领先。聚焦重点产品，开展重点区域主题营销，4G发展狠抓入网即4G、2/3G迁转、沉默客户激活三大举措，流量运营按照“精管理、细运营”的思路，成立跨部门的流量运营项目组，客户新增份额、净增份额均列全省第一。二是家庭市场再创新高。宽带强化城市市场攻坚，开展“点亮工程”，实施“摘牌行动”，科学规划信息点，打造差异化支撑服务体系，建立零流量客户滚动预警机制，宽带完成两年联动进度全省第四。三是政企市场捷报频传。集客市场重看管，聚类市场深运营，行业市场强牵引，聚焦专线、物联网、信息化三类产品提贡献，运用清单化、体验式、融合化三种营销提能力，签约了“瀛湖智慧景区”“12345便民热线”等一系列大项目。四是数字服务市场有效拓展。成熟业务协同推进一次营销和存量营销，互联网业务以“业务促销+热点内容+定向流量”精确推荐，战略型业务积极推动和包支付与双秦平台等业务发展，数字化服务收入增幅全省第一。

◎**体制改革** 一是组织与流程方面。优化组织架构，成立存量运营中心，管理职能由中高端运营转变为全量客户运营；成立市场营销中心，将管理职能与生产职能分离，提升渠道专业化运营能力；优化网络条线架构，探索“大建大维，统一集中”的网络运维模式；把县公司打造成营销型组织，试点县公司（平利、岚皋）压缩管理层级。二是考核与评价方面。建立以价值贡献为核心的多元化薪酬激励体系，量酬人员实施星级薪酬+共荣式激励；非量酬人员实行动态职级薪酬+职位宽级化管理；全体员工开展项目制激励、劳动竞赛奖励，为全省的薪酬激励变革开创了先河。三是IT与交付方面。不断优化“营销助手”，通过二期开发完善，有效支撑了一线人员；推动手机经分优化，加强掌上BOSS使用，提高了业务办理效率。积极推进专线变革项目，在专线优化一阶段的基础上，加快模块化报价和项目快速审批核心环节的优化，不断优化专线建设交付流程。四是营销与渠道方面。持续推动营销与渠道变革，开展渠道专业化运营，线上线下协同增强渠道营销能力。

◎**服务质量**　落实“客户为根，服务为本”的服务理念，让服务也成为生产力。一是加强基础服务管控，规范32项服务标准动作，落实横纵向双周服务督办，全年标满领先度8.97。二是聚焦重点投诉治理，整改TOP高频投诉渠道，横向联合剖析热点网络、宽带投诉区域，实行次月追责制，强化假日营销突发投诉四级监控，客户万名投诉全省第二低。三是推动渠道品质再造，制定综合评优季度方案，汇编应知应会业务题库，梳理明察暗访要点，以“强互助、树标杆”贯穿渠道形象工程，渠道暗访成绩全省第三。四是深入流程痛点优化，落实市县两级闭环流程，组织家宽、专线、魔百和等重点产品穿越活动，剖析痛点业务问题，“智慧众筹”牵引过程质量改进，流程积分排名全省第三。

◎**企业管理**　一是强化大党建，深入学习贯彻党的十九大精神，严格落实全面从严治党的要求，加强领导班子建设和基层组织建设，逐级压实各级党组织的主体责任，扎实推进党建“双千百十”活动，有效改善党建经营两张皮和层层衰减的问题。积极开展精神文明创建，安康移动公司被继续认定为“全国文明单位”荣誉称号。二是落实大监督，加强思想教育，强化过程管控，科学运用“四种形态”，严肃执纪问责，全年开展思想教育1300余人次，各类专项监督检查9次，“不能腐”的机制初步形成。三是开展大关爱，扎实开展评先树优工作，开展“幸福1+1”活动，健全企业帮扶相关制度，投入暖心工程费用200万元完善各县区职工小家建设，安康移动公司被选作“陕甘宁”暖心工程经验交流单位。四是促进大文化，围绕各阶段重点工作开展劳动竞赛，有效促进了重点工作推进和短板指标改善；践行“奋斗”文化理念，组织全市巡讲活动，员工对奋斗文化体系的知晓率达到90%以上。

◎**社会责任**　一是精准扶贫方面，持续加强紫阳双桥精准扶贫工作，强化派驻该村的“第一书记”责任，同时加强公司领导干部扶贫包抓制度，全力帮扶186户贫困家庭开展创业致富；持续加大对贫困地区移动互联网基础设施支持力度，加快推进贫困村网络信息覆盖，已完成当年脱贫目标10个定点贫困村的宽带网络覆盖。二是爱心助学方面，2017年联合安康市团委连续第12年开展“爱心100”助学活动，受助的安康籍贫困大学生累计达600名，累计捐款200万元。三是“双创”方面，全力配合省公安厅、市委市政府、市中心医院等单位完成谨防诈骗、汛期避险、民优特色商品进安康、爱心献血等相关双创知识宣传，发送各类免费公益短信500万余条。

（徐福安）

中国联合网络通信有限公司安康市分公司

总 经 理　温长山

纪检组长　李　斌

副总经理　王寄宁　郝延荣

◎**主营业务**　2017年公司主营收入达到1.99亿元,收入完成进度和增长幅度均位居全省前列。一是聚焦移动业务，用户发展、流量增长创历史新高。全年累计发展移动用户23.8万户，同比增长19.1%;流量收入9772.5万元，占主营收入的69%，全网流量规模达到1246.7T，绝对值同比增长937.7T，提升303.5%，流量已成为移网收入的主要来源。二是坚持场景化地推，2I实现规模发展。线上引流下单、线下生产,基本形成线上线下一体化生产组织体系，全年2I发展9.2万户，净增6.4万户，完成率全省第四、异网率全省第二,订单转化率较年初提升3个位次；12月地推发展占比达到70%，全省第二，当月收入占移网比达到21%。三是对外合作取得突破，发展空间更加广阔。先后与人保、农行、工行、邮政开展合作，复用彼此的用户、渠道、营销成本等资源，在用户端引爆价值最大化。全年跨界合作发展用户9423户，复用渠道51家，其中仅工行E卡发展5622户，绝对值全省第一。四是存量经营继续保持全省靠前。坚定不移做好2升4，存量用户ARPU值户均提升7元，拉动收入331万元，存量收入保有率全省第四、用户保有率全省第五。五是创新业务取得进展。精准扶贫、政协云、医疗云PACS、钉钉+等都有突破。

◎**网络建设**　聚焦重点市场、重点区域新建4G基站63个，基站总数达到2000座，行政村以上网络实现全覆盖，县城以上、乡镇周边5公里范围内网络实现领先。新增专线289条，新建端口8228线，宽带端口到达21万线，传输线路超过1.3万皮长公里，出口带宽80G，除汉滨和白河外，其它县分均实现汇聚局房本地化，基本满足市区家庭客户大视频、大连接和智慧到家服务；能够为党政企事单位提供云计算、大数据、物联网等一揽子专业化解决方案。

◎**营业服务**　紧贴安康人民日益增长的美好生活需要，优化产品体系，面向青年市场推出腾讯王卡、面向精英商务人士推出冰激凌“流量不限量、宽带免费用”套餐，面向集团客户推出钉钉业务。实施提速降费，推进光纤到户，宽带接入速率提升40%以上。聚焦客户感知，NPS持续提升，全年申诉和解率达到99%。

◎**党建工作**　深入学习党的十九大精神，严格落实管党治党的主体责任。扎实推进“两学一做”学习教育常态化、制度化，各级党组织的创造力、凝聚力、战斗力进一步增强；带头践行“一个党员一面旗、聚焦发展做先锋”活动，持续开展“三亮三比三评”活动，先后涌现出80名先锋党员、17个先锋支部和163名“好员工”。深入推进约谈机制，党委书记、纪委书记分别对在岗中层干部、关键岗位人员和合作供应商进行点对点约谈。各级干部员工言行举止进一步规范、工作责任心和担当意识进一步增强。积极履行央企社会责任，圆满完成十九大通信保障、抢险救灾、脱贫攻坚等工作。

经济管理与监督

国土资源管理

安康市国土资源局
局　　长　廖坤波
副 局 长　罗武侠　薛玉发　王福祥
　　　　　马吉安　黄自新
纪检组长　李青云

◎**概述**　2017年，在市委、市政府和省厅的坚强领导下，认真学习贯彻十九大精神，深入践行“12666”国土行动计划，在打造国土铁军、服务安康发展大局中履行国土资源管理“五大职能”，各项工作在艰难中有序推进，多项工作在全国有影响、全省创一流。先后有40余项工作被中、省、市评为优秀或先进，其中部委级6项、省级14项、市级20余项。

◎**土地利用和资源保障**　积极主动组织用地批报件，全力以赴组织北环线、富强机场、旬阳水电站、平镇高速、安岚高速等重点项目的用地报批资料，从前期指导、资料报审、先行用地等方面超前服务。累计上报建设用地报件72批次，申报建设用地1.27万亩，报件合格率为100%，其中陕南避灾扶贫搬迁37个批次、3930.53亩。取得国务院及省政府用地批文93个批次、获批建设用地1.75万亩，陕南避灾扶贫搬迁用地获批15个批次、1490.92亩。累计腾退复垦旧宅基地1.02万亩，预审市本级土地1452亩。实现国有土地总收入6.16亿元。

◎**耕地保护与土地整治**　认真贯彻落实中、省、市关于保护国土资源的要求，年初市局与各县局、分局签订耕地保护责任书、层层传导压力，完成了508.5万亩耕地保有量和373万亩基本农田保护任务；按照充分体现保护优先、依据发展合理预留、划定范围实事求是的原则，经多次论证和修改完善，牵头完成了全市10县区373.3万亩永久基本农田划定和数据库建立工作，并通过省国土资源厅和国土资源部质检、核查。竣工验收补充耕地项目39个，实际新增耕地面积5719.1亩，已通过省厅实地核实21个，新增耕地3383.5亩，申请省级核实项目12个，新增耕地1765.1亩。2017年新立项实施补充耕地项目47个，预计新增耕地面积11147.6亩。实施高标准农田建设面积15.778万亩，超额完成了年初省厅下达的12.3万亩高标准农田建设任务。

◎**节约集约利用土地**　结合土地利用总体规划调整完善，以中心城市规划区为重点，开展了“划三线、合两规”的试点工作，真正实现了土地利用规划与“十三五”国民经济发展规划、城镇建设规划、产业发展规划紧密衔接，发挥了土地利用总体规划的基础性、约束性作用。严格建设用地监管，将建设用地供应全部纳入动态监管系统管理，实施建设用地“批、供、用、补、查”全程跟踪督查，有效避免土地闲置和低效利用。采取“一宗一册、一案一卷、台账销号制”的办法，依法开展闲置土地清理处置工作。单位GDP建设用地使用面积下降率为9.4%，位居全省第一。

◎**矿产资源开发与管理**　认真落实矿山“四覆盖”安全监管责任，结合职责组织认真开展“三保三治”、秦岭南麓乱开滥建、粘土砖厂专项整治和环保督查反馈问题整改。认真履行矿产资源开发利用监管责任，配合省厅开展专项检查2次，开展了矿业权人信息公示工作，全市应公示采矿权561个，完成公示511个，公示率91.09%。完成市级采矿审批33宗，变更审批7宗，延续审批24宗，完成矿产资源储量备案24宗。关闭采石类矿山10个，并注销了采矿许可证。4个整装勘查区勘查项目投入资金2869.54万元，新增金矿金属量18.89吨、铜矿金属量8万吨。

◎**地质灾害防治**　地灾防治方案编制完成并发布实施，充分发挥“平战结合”技术力量，对全市3387处地质灾害隐患点进行了多次拉网式排查。成功预报地质灾害20起，避免人员伤亡1227人，避免直接经济损失1.2054亿元，居全省第一，是历年之最；开展应急演练1446场4.95万人，居全省第一；开展宣传培训882场17.46万人，居全省第二。开展市、县、镇、村四级地灾隐患巡查排查11696次，发布四级地质灾害监测预警预报1882次。积极应对“4·17”白河、“6·13”紫阳突发地质灾害灾情，成功处置了汉滨区江北办广景花园小区护坡地质灾害险情，撤离群众355余人，保障了人民群众生命财产安全。汉滨、宁陕、镇坪、平利、白河5个地质灾害高标准“十有县”通过省厅验收。杨忠武厅长、赵市长、何市长先后作出重要批示，对工作提出了表扬。10月

17日，《陕西领导专供》第22期对安康紫阳、岚皋、汉滨等县区成功预报地质灾害进行了大篇幅的介绍。2017年底，省厅积极协调国土部给了陕西下拨了3000万元的地质灾害防治专项资金，省厅全部给了安康。2月1日在全省工作会上，安康市在会上做了地质灾害防治工作经验交流发言。

◎**不动产统一登记** 认真贯彻落实中、省、市有关精神，全力推进不动产登记工作，不动产登记信息互联互通示范点纵向已完成与中、省、市、县四级的不动产登记信息互联互通，成功接入国家级和省级平台，横向市本级已与房管部门进行端口对接，发挥了信息平台和数据整合的工作效益和社会效益。《中国不动产》印发了安康不动产登记工作做法。安康不动产单元设定与代码编制试点工作通过国土资源部验收，经验将在更大范围推广。存量数据整合汇交质量和速度领跑全省，市本级逻辑关联率和拓扑关系正确率全省最高。“安康市基础控制D级GPS控制网项目”被评为“2017年中国地理产业优秀工程”，喜获铜奖，是西北地区国土系统唯一。在全省测绘地理信息行业职业技能大赛中荣获团体三等奖，是全省国土系统唯一一家。2017年全市累计受理不动产登记业务56648件，办结不动产登记业务55157件（颁发证书29354本，证明25803份），有力地支持了经济发展。

◎**移民（脱贫）搬迁** 结合脱贫攻坚，重点做好安置规划、扶持标准、保障措施等方面的统筹协调，深入细致开展“三精”回头望，努力在提速度、上水平上着力，“三精”管理模式在全省推广。333个集中安置社区、63298户搬迁安置房建设任务，主体竣工5.8万户，在建5275户。完成了国家、省上对安康移民搬迁工作的检查考核、专项稽查。2月20日，国家发改委以政策指引的形式将安康市移民搬迁工作典型经验和成功做法印发全国各地学习借鉴。2月份，全省移民（脱贫）搬迁工作陕南地区现场会在安康市召开。5月25日，国家发改委以《政策指引》的形式将平利县易地扶贫搬迁后续脱贫工作典型经验印发全国各地学习借鉴。平利药妇沟搬迁社区被认定为国家级充分就业社区，是陕西唯一一家被认定的移民搬迁社区。动议多年的移民搬迁博物馆建设，市政府于2016年10月交给我局负责实施，在缺乏经验、缺少资金的情况下，我们主动承接使命、强化责任担当、加快建设进度，2017年12月29日已正式开馆试运行。

◎**国土资源执法监察** 结合“6·25”土地日、“12·4”宪法日和执法巡查万里行活动，发放国土法规政策知识宣传资料2万余份，接受群众咨询4000余人次，积极营造关心、支持、参与国土资源管理的良好氛围。行政复议和应诉工作获国土资源部表彰。从严从实查处国土资源违法违规案件，立案查处违法案件124宗，全市违法占用耕地面积的比例为5.26%。有效管控“两违”763户，其中制止违建户204户3.2万平方米。查处违法用地559户18.11万平方米，拆除117户4.01万平方米。恢复耕地3.66万平方米。

◎**维护群众权益和安全** 实行局领导班子每天带班、科室轮流值班、值班人员坐班制度，强化措施从源头上化解矛盾纠纷，注重重要时间节点的信访维稳。特别是对十九大、中省市“两会”等重要活动期间的信访维稳工作，局主要领导及班子成员先后多次进行专题部署，对信访问题列出清单、明确稳控化解措施、包抓领导、责任科室、责任人，落实近20万元经费，依法依规有效化解了以汉滨区涨滩镇金氏家族为重点的一批信访积案。2017年以来累计受理各类信访件300余件，其中上级转办16件、信访系统受理44件，受理各类咨询200余件，信访案件办结率达95%以上，群众来信来电来访200余件，一批涉地涉矿矛盾纠纷得到有效化解。

◎**地籍规划管理与国土信息化** 抓住土地利用总体规划调整的历史机遇，市级土地利用总体规划、10个县（区）级规划调整完善获得省政府批复，139个镇办级规划于9月底获得市政府批复。市级矿产资源规划通过省厅审查，现正加紧上图、数据库建设和备案，年底能够完成市、省两级报批。安康政务信息及宣传工作再创历史新高，中、省、市各类载体及门户网站采用政务信息300余条，居全省第一。5篇政务信息被国土部《部内要情》采用，安康市易地扶贫搬迁有关经验做法、安康345思路推进不动产登记信息平台建设、安康国土资源测绘项目获国家级奖项等30余条政务信息被《陕西国土资源信息》采用，安康国土资源管理工作的影响力和知名度不断提升。

◎**土地统征与储备** 以保重点项目推进为突破口，实行重点突破，把任务分解落实到人，充分发挥和调动各方面力量，尤其是调动汉滨区政府和各镇办征地工作积极性，奋力推进建设项目征地工作。全年共签订征地协议面积1983.79093亩，其中：江南签订征地协议面积501.0124亩，江北签订征地协议面积1943.52843亩；克服工作人员少、资金未落实、项目不明确、村组材料难取得等诸多困难，采取超常措施，全力做好建设用地报批工作，当年对省用地报批8个批次，申报用地面积11.7263公顷，为依法征收土地和出让土地奠定了坚实基础；会同镇办村组和市、区人力资源和社会保障部门、财政部门，扎实推进被征地农民养老保险和生活补助费发放工作，完成了3个办事处（新城办、江北办、建民办）、2个镇（吉河镇、关庙镇）、21个村、112个村民小组共3300余人的失地农民生活补助费审查、审核和资金兑现工作，共发放生活补助费400余万元，有效缓解了原征地农民的失地后的生活保障问题；突出重点，落实了信访责任人和领导包案制度，解决热点、难点问题，及时化解矛盾，认真做好征地信访维稳工作，全年共处理各类信访案件20余起，接待上访群众400余人次，力求做到早发现、早化解、早控制、早处理，有效地维护了社会稳定。

◎**党的建设** 始终坚持把党的建设放在更加突出的位置，始终坚持党要管党、从严治党，始终坚持把“两学一做”学习教育贯彻于抓班子、带队伍、干工作的全过程，始终坚持把党建工作与业务工作同安排、同部署、同检查、同考核，突出加强市局领导班子自身建设、领导班子和干部队伍建设、廉洁教育和制度建设，基层党组织的战斗堡垒作用和党员干部的先锋模范作用得到有效发挥。坚持以上率下，示范引领，一级做给一级看、一级带着一级干的工作方法，强化坚持原则、依法依规按程序办事的行为规范，领导班子成员内增和谐、外树形象，班子整体合力逐步增强，凝心聚力谋发展的格局正在形成。以国土铁军建设为统揽，以“两学一做”学习教育为主线，以十九大精神、习总书记系列重要讲话等为重点，常态化学习培训，全面加强干部队伍建设，干部队伍能力水平稳步提升。累计调整选拔任用科级领导干部90名，其中新提拔24名、调整20名、交流轮岗位13名，免职16名。深入落实“三项机制”，鼓励激励7人，对16名干部采取了“能下”措施，积极、稳妥、慎重地对旬阳局领导班子进行了调整，树立了正确的选人用人导向。实行局领导班子联系县局（分局）工作制度，市局领导班子成员每人联系1—2个县局（分局），市局党组进一步加强对县局（分局）一切工作的领导。与安康学院签订了产学研合作协议，双方挂牌了“安康学院产教研融合基地、安康市数字测绘人才培训基地”，校地合作进入了实质阶段。制定了《党风廉政建设工作实施意见》《落实党风廉政建设责任制约谈办法》和《责任分工方案》，对党风廉政建设重点工作做到了安排部署、任务分解、责任落实“三到位”。认真落实全面从严治党主体责任，突出重点、强化措施落实廉政任务，严格执纪问责，全年立案5件，函询3件，5名干部受到政纪处分，营造了风清气正的工作环境。

◎**中心工作**　坚持把业务工作与中心工作同安排、同推进、同检查、同考评，实现了“两手抓、两不误、两促进”。在突出抓好移民搬迁工作的同时，精准扶贫坚持1名领导包抓、第一书记驻村、党员干部结对帮扶贫困户，指导其发展生产、脱贫致富；包抓帮扶的现代茶园建设、科技型企业、工业企业、联村支教等分别完成了年度任务；防汛“三到户”落实到位，做到了情况掌握到户、信息预警到户、责任落实到户，确保群众安全度汛；招商引资9200万元，超额完成任务；卫生城市、园林城市、优秀综治市、森林城市、省级文明城市等创建工作均完成了年度任务，双创考核评为优秀；代表提案、委员议案全部办结，市局被评为提案办理工作先进单位。

工商行政管理

安康市工商行政管理局
局　　长　王传杰
副 局 长　王治宏　赵国利
纪检组长　吴高顺
副 局 长　申林斌
市场监管执法支队长　胡高黎

◎**商事制度改革**　一是全面推进“多证合一”改革。在巩固“五证合一”的基础上从2016年10月起将54个涉企证照事项整合到营业执照上，实现54证合一。二是全面推进全程电子化登记改革。简化办事流程，提升服务效能，实行网上、微信和银行网点办照。自2016年8月以来，全市微信办照1363户。三是全面落实“先照后证”登记制度。认真履行“双告知”工作职责，对确定的252项后置许可项目进行提醒和告知。2017年全市新登记市场主体25530户，同比增长20.46%。紫阳县因推动工商注册制度便利化工作突出受到国务院表彰。

◎**信用监管**　一是认真做好“双随机　一公开”抽查工作。对随机抽取的4563户市场主体逐户全面检查。全年列入经营异常名录企业5405户，275户企业在办理招投标、信贷等业务时受限，1575户企业申请移出经营异常名录。会同司法部门联合惩戒失信企业，开展相关业务54件。二是加强企业信息公示。向全国信用信息公示系统推送15万余户市场主体登记信息，完成总局年报试点工作，年报企业16230户，公示率83.98%，行政处罚案件信息公示率100%。三是认真开展广告市场专项整治。全年处置21件广告投诉举报，立案查处9件虚假违法广告案，罚没款4万余元。四是开展网络市场专项整治。建立网络市场监管联席会议制度，排查线索20起，关闭网站6个。五是开展无照经营查处取缔工作。查处各类型无证照经营户325户，查封违法经营场所4处，查封扣押工具、设备79件，罚款9万余元。

◎**打假治劣专项执法行动**　一是加大工程建设领域打假治劣。积极探索建立“五制同步”工作机制和新闻媒体提供专业化投诉举报线索的合作机制，突出建筑材料、装饰材料、型材产品、电器设备四个重点，检查商场、市场39个，经营户498户，在安康日报曝光6件典型案件。二是加大公共服务行业整治。持续整治供水、供电、供气等公共服务行业的不正当竞争行为，查处了8件不正当竞争案。2017年全市工商和市场监管部门查办各类违法案件152件，罚没款250余万元。三是认真开展打传规直工作。以创建“无传销城市”为主线，组织开展了“秦风行动”，配合公安等部门捣毁传销窝点9个，教育遣返220人。12月28日，安康成功创建“无传销城市”。

◎**实施商标战略**　一是加大商标助推扶贫工作。赵俊民市长、寇全安副市长多次赴工商总局、省工商局专题汇报“安康富硒茶”地标注册工作，助推茶产业扶贫；640名干部对口帮扶868户企业开展商标品牌精准扶贫；“紫阳富硒茶”地理标志证明商标入选商标富农和运用地理标志商标精准扶贫全国十大典型案例之首。省局在紫阳县召开现场会，推广了“紫阳富硒茶”助推扶贫的工作经验。二是积极推进商标注册便利化改革。争取商标局在紫阳县设立全省第一个县级商标受理窗口，大力实施商标品牌战略，全年新增注册商标1529件，地理标志证明商标2件。

◎**消费维权**　一是广泛开展消费维权

宣传。“3·15”期间，发放宣传资料2万余份，接受咨询投诉100余人次，在《安康日报》发布了消费警示，公布了2016年度商品抽检结果，展示了2016年消费维权亮点，解读了“放心消费工程”。二是加大流通领域商品质量监管。抽检建筑装饰材料、电气设备、成品油、服装皮鞋等商品共237批次，销毁92万余元的假冒伪劣商品。三是加强维权组织建设。完成141个镇办投诉站，209个“五进”消费维权服务站建设任务，基层维权机构基本建立。全市受理消费投诉948件，办结901件，办结率95.04%。四是扎实开展放心消费创建工作。建立了联席会议制度，明确了成员单位职责，制定创建方案，扎实推进创建活动，目前各县区已上报放心消费单位42个，放心消费街区（市场）12个。

◎**扶贫攻坚** 夯实工作基础，组建7人驻村工作队，落实2万元工作队专项经费，抽调45名党员干部结对帮扶49户贫困户；开展企业帮扶活动，325户个体私营企业与16870户贫困户结成精准扶贫对子；突出产业扶贫，出资11万元组建旬阳县康泰生态农业农民专业合作社，资助30户贫困户纳入该社进行山羊养殖；采取技能培训、捐赠图书、文化扶贫演出、表彰自强标兵等形式，不断提升智力帮扶；出资6.5万元为遭受特大暴雨袭击大东沟村修缮水毁道路，开展生产自救。2017年全局累计投入资金45万元，争取资金190万元，帮扶大东沟村17户61人实现了脱贫。

◎**省级文明城市创建** 围绕学习贯彻党的十九大精神，把精神文明建设工作作为“一把手工程”来抓，全员行动，齐抓共管，联合市创文办进一步落实广告经营者公益广告刊播责任，深入宣传社会主义核心价值观和创文知识。组建安康红盾为民志愿服务队，开展保卫母亲河等系列志愿服务活动；组织参观主题展览，推进新民风建设，带动机关好风气。参加市第十六届运动会、全省工商和市场监管部门乒乓球友谊赛，开展争创先进科室、评选身边好人、向先进模范学习等系列活动，涌现出大批先进集体和个人。

◎**党风廉政建设** 始终把主体责任与工商工作深度融合，通过绘制“两单”、签订“两书”、开列“五单”、明确“要点”，结合追赶超越季度点评，倒逼责任落实，确保履职到位。深入贯彻中央八项规定，落实巡察整改任务和要求，坚持作风建设常抓不懈，认真开展“为政不为”“四对照、四查找”作风纪律专项整治。累计查摆“为政不为”问题五个方面11条，“提醒谈话”40人次。暗访督察11个县区局机关、13个窗口单位、38个基层所。对42个作风纪律问题通报批评。市局机关追责2人，通报1人。出台《三个助力工作责任清单》，扎实推进全市市场秩序整顿和规范工作。

◎**法治工商建设** 坚持党组对法治工商和依法行政工作的领导，先后开展新《中华人民共和国消费者权益保护法》《广告发布登记管理规定》等法律法规培训和简易注销登记、全程电子化改革、多证合一、网上登记等专项业务培训，切实提高执法人员监管市场和窗口人员落实商事制度改革政策，促进大众创业、万众创新的能力。制定了重大行政处罚案件集体研究制度，进一步规范了局机关行政执法有关问题，集中点评全市22件行政执法案卷，完善了自由裁量权、涉案财物管理等重点环节的监督。全面推进政务公开，切实保障人民群众的知情权。全年办理人大建议3件，政协提案4件，办结率100%。

（冉　乐）

审　　计

安康市审计局
局　　长　陈国进
副 局 长　刘昕玫　郭　峰
总审计师　杨　宁
纪检组长　兰天安
省属企事业审计处副处长　张本财
经济责任审计处处长　刘际和

◎**审计成果** 2017年，安康市审计机关完成审计单位468个，其中审计项目468个，专项审计调查项目18个。查出主要问题金额468571.80万元，其中违规金额68318.08万元、管理不规范金额400253.72万元；损益（收支）不实金额9234.93万元；出具审计报告和专项审计调查报告725篇，被批示、采用43篇。审计处理处罚金额248320.37万元，其中应上缴财政6815.48万元、应减少财政拨款或补贴2975.68万元、应归还原渠道资金70960.84万元、应缴纳其他资金6787.14万元、应调账处理金额154465.33万元；移送司法机关、纪检监察机关和有关部门处理事项172件，移送处理人员28人，移送处理金额53226万元。审计促进整改落实有关问题金额170345万元；审计促进拨付资金到位33713万元；审计后挽回（避免）损失11788万元；核减投资额70174万元；移送处理落实事项79件。审计提出建议2357条，被采纳1955条；推动被审计单位制定整改措施87项；促进被审计单位制定、完善规章制度57项；提交审计信息119篇，被批示、采用92篇。向社会公告审计结果280篇。2017年度，全市8个审计项目及综合报告获得陕西省审计厅优秀审计项目表彰。

◎**国家重大政策措施落实情况跟踪审计** 按照省审计厅统一安排部署，交叉完成商洛市重大政策措施落实情况暨季度追赶超越目标完成情况跟踪审计，重点关注全市财政资金管理、精准扶贫脱贫、生态环境保护、规范市场秩序、“三去一降一补”及重大项目推进情况。

◎**财政审计** 完成2016年度市本级财政预算执行情况及其他财政收支审计，查出问题23类，促进收回财政补助资金26.8万元。开展了财政“同级审”，对汉滨区财政实施“上审下”。起草了《2016年财政预算执行审计工作报告》《2016年审计整改报告》两个报告。

◎**经济责任审计** 按照市委组织部的委托，市审计局对汉滨区委书记王孝成、汉滨区区长范传斌、市安监局局长汪小卫等12名同志进行领导干部任期经济责任审计，共查出违纪违规问题金额35862.92万元，其中领导负主管责任金额12143.01万元，领导负领导责任金额23719.91万元，移交违纪违规线索13条，发出审计决定2条。

◎**固定资产投资审计** 市本级完成重点工程审计项目52个，审计资金总额25.68亿元，核减工程造价8056万元，追回被挪用资金2980.4万元，挽回损失1128万元，移送案件线索11起。

◎**民生资金（项目）审计** 市本级完成全市保障性安居工程项目跟踪审计、2016年城镇企业职工基本养老保险基金审计、精准扶贫专项审计等项目，查出问题76大类，查出违纪违规问题及线索52个，移送纪检监察机关及有关部门给予党纪、政纪处分21人；给予诫勉谈话3人次、提醒谈话3人次，批评教育97人次。

◎**农业与资源环保审计** 市审计局对安康市环境保护局及汉滨区自然资源利用和保护情况进行了审计，审计查出问题67个；对2012—2016年市本级及汉滨区矿产资源开发和利用情况进行了审计，审计查出问题31个，移送问题线索3个。

◎**企业审计** 市审计局对市公共交通有限责任公司、市粮食储备库、市金盾保安服务总公司等3个国有（或国有控股）企业近年的资产、负债、损益及财务收支情况进行了审计。审计查出32类问题，移送事项9个，审计建议1份。

◎**专项资金审计** 对全市公务用车制度改革情况及全市正版软件等项目进行了专项审计，移送案件线索19条。

◎**信息化建设** 市县OA（审计管理系统）和AO（现场审计实施系统）全面推广应用。安康市审计局OA实现全程无纸化，区县局达80%，全市累计入库文档57563篇；AO应用市局100%，区县局达85%。4月25日，市政府批准建设大数据审计分析平台项目，预算投资300万元，年底完成招标。

◎**审计科研** 为深入推进村级财务审计工作，市审计局编撰出版了《安康市村级财务审计工作实务》《村级财务审计全覆盖推广模式研究》，对安康市村级财务审计工作的组织形式、制度经验和创新做法进行了总结，摸索出村级财务审计全覆盖的推广模式，具有很强的可推广性和可复制性。

◎**相关工作** 人民日报记者张洋撰写的《让“村账”变成“明白账”——对陕西安康“村级财政审计”实践的调查》在《人民日报》刊发，新华社记者张晨俊、薛天撰写的《陕西以村级财务审计体系监管农村集体资产》在《内部参考》上刊载，市审计局在各级媒体发稿361篇，成功创建为第五届“全国文明单位”。

◎**内部审计** 2017年，对市属198个单位实行预算执行及财务收支内部审计及全面自查工作。结合自查和大数据分析，按自查单位的20%转为审计项目进行了审计。

（杨学礼　陈　丽　刘　冲）

统　计

安康市统计局
局　　长　张晓明
副 局 长　张　艳（女）　田志强
总统计师、调查中心主任　陶勇俊
普查中心主任　许春光
纪检组长　邵向东

◎**监测预警** 一是紧盯追赶超越目标地市及毗邻地市发展动态，密切关注各县区经济发展指标，针对具体问题和薄弱环节，坚持每月、每季分析研判，按期上报统计专报、统计分析，有喜报喜，有忧报忧，为全市追赶超越提供参谋服务。2017年，共报送安康统计33期、统计专报3期、《安康经济运行监测》4期，统计信息420余篇，其中《安康1—4月固定资产投资增速稳中有降》《1—8月全市经济运行总体平稳，部分主要指标增速有所下滑》等3篇分析得到市政府主要领导批示。二是多形式及时发布全市经济运行情况。采取定期或不定期在安康日报、市政府网、市电视台等主流媒体发布全市经济运行新闻通稿，与市考核办联合通报各县区发展指标完成情况，召开新闻发布会等形式全面反映全市经济发展运行情况，实现了对经济动向的跟踪监测和快速反应。三是跟踪监测重点企业生产经营情况，监测规上工业30户、商贸企业30户、规上服务业10户、资质建筑业30户，密切跟进他们的生产经营情况，定期提供重点企业经济运行分析和监测预警报告，为全市追赶超越提供决策建议。

◎**统计服务** 一是成立服务追赶超越领导小组，制定配套实施办法，印发了《全市追赶超越季度考核数据及社会评价审核报送办法》《市直部门季度考核社会评价调查实施办法》，夯实责任和措施，全力服务全市追赶超越。二是精心组织，顺利完成前三季度7项主要点评指标统计报送工作。为积极做好季度点评工作，局领导和各专业人员每季度加班加点、密切配合，克服时间紧、任务重、人员力量严重不足等实际困难，全力以赴对全市、10县区、高新区追赶超越指标进行月对比、季点评和重点指标深度分析研判，按季度与市级相关部门共同搜集对标城市发展数据，加工整理，提供对比分析，为全市追赶超越发展提供数据支撑和精准服务。三是以千克难、扎实开展市直部门社会评价电话调查。克服人力、物力严重不足等困难，采取政府购买服务的方式聘请调查管理员，按样本量计件付酬的方式聘请安康学院在校大学生为调查访问员。调查中，按照调查方案，不断优化完善和规范调查方法和流程，力求准确客观、科学公正，每季度按时组织开展电话调查，按时向市考核办及相关部门报送社会评价调查报告。圆满完成追赶超越季度考核点评和社会评价调查任务。

◎**发挥职能** 一是强化GDP核算评估与专业数据、部门数据评估联动，加强与交通、财政、金融、税务、电力、电信等相关部门的联系，规范统计核算基础数据，提升数据的协调性、匹配性和支撑性。二是扎实开展各专业专项统计调查，精心组织农业、“四上”企业、科技创新、能源等常规统计工作，努力做到应统尽统，用客观准确的统计数据，全面反映全市追赶超越发展实绩，为全市经济社会发展保持全省第一方阵提供了坚强有力的统计保障。2017年全省追赶超越季度和年度考核中，安康市主要经济指标增速持续保持全省第一方阵，其中GDP、固定资产投资、社会消费品零售总额、规模以上工业增加值、农民人均可支配收入增速及非公经济增加值占GDP比重等指标稳居全省第一，为安康市在全省年度目标责任考核中“保优争先”奠定了良好的基础。

◎**第三次全国农业普查**　一是顺利完成全市农业普查入户登记工作（其中农户639721户，规模经营户3614户，农业生产经营单位4234家）。二是完成全市农业普查登记快速汇总工作。三是完成全市农业普查数据（农户、规模经营户、农业生产经营单位）审核、验收工作。四是开展和完成了市级分赴各县区进行普查登记督导工作。五是扎实开展了普查数据事后质量抽查工作。六是积极筹备做好农业普查结果汇总、成果发布、数据解读及开发应用等工作。确保安康市第三次全国农业普查工作圆满收官。

◎**“四上”企业申报纳统**　坚持把“四上”企业培育和申报纳统作为支撑经济发展的重要抓手，积极做好“四上”企业申报纳统的组织协调、审核、上报工作，严格执行“预报制度”和“逢进必查”的管理制度。制定印发《全市2017年度“四上”企业培育单项考核奖评选办法》，强化业务指导、审核把关和实地抽查，严格做到纳统企业规模达标、资料齐全完备，确保达标企业及时纳入统计。2017年，全市新增“四上”企业371户，超任务241户。新增户数居全省各市第二，为全市主要经济指标增速保持全省第一方阵提供了有力支撑。

◎**统计改革**　一是继续加强与发改、工信、住建、交通等部门的沟通协调，建立了紧密快捷的联系渠道，及时了解掌握项目信息。二是规范基础工作。进一步规范5000万元以上项目申报流程，严格实施入库审批制度，抓好源头数据质量；进一步强化投资核查，深入石泉、高新开展建筑领域统计数据检查，通过检查提高基层依法统计意识，进一步规范全市基层投资统计数据。与此同时，进一步完善基层投资统计台账和基础资料。三是加大培训。针对当前国家对建设领域统计改革新要求，利用发改等部门会议，对市直部门及各县区项目主管部门进行培训，加大对建设领域统计新要求的宣传讲解；6月19日至23日分三期对全市房地产、建筑业，以及新进和2017年预进的5000万元以上项目业主和统计人员进行业务培训。四是加大对投资统计数据的分析、监测、预警力度，为市委、市政府科学决策提供参考依据。

◎**社情民意调查**　完成市委、委政府委托的各项调查任务，及时报送调查报告，客观反映社情民意，为各级党委、政府科学决策提供参考和服务。完成了五项七次社情民意调查。即上半年、下半年居民和过往旅客对市容环境满意度调查；上半年、下半年市民对创建国家森林城市知晓率和支持率调查；一季度、二季度、三季度市直部门社会评价调查。

◎**脱贫攻坚**　包抓紫阳县洄水镇团堡村，是市政府确定的2017年退出村。一是协助镇村完成贫困户精准识别、数据清洗及建档立卡工作。二是千方百计引进和组建3个产业发展合作社1个股份合作社，以合作社为平台推进“三变”改革试点。引进了乡源合作社，组建了生态渔业合作社和宝康茶叶合作社。3个合作社分别于年初和上半年完成各项基础建设，投入生产和运营，发展态势良好，产业不断壮大。与贫困户签订了合作生产经营及产品收购协议。成立团堡村股份合作社，扎实推进“三变”改革，先后为80户贫困户兑现“三变”改革入股分红资金8.24万元。三是在市委包抓领导市委常委黄勇的高度重视和大力支持下，为团堡村产业发展、基础建设、危房改造、教育和健康扶贫、贫困户“三变”改革等筹措资金近300余万元。四是持续加大投入力度，从局经费中共筹措下拨70万元用于乡源、生态渔业、宝康茶叶三个合作社发展产业，20户贫困户危房改造和解决洄水镇中心小学学生沐浴设备。五是与高新集团联合，在该村推行健康扶贫和教育扶贫计划，2017年为所有建档立卡贫困户按120元/人·年购买了大病补充商业保险；兑现在校大、中、小学生学费奖补和生活补贴8万余元。六是全面完成各项基础建设工程。完成村文化广场、村卫生室建设、3.8公里水泥路硬化、2处饮水工程和20户危房改造工程。七是顺利实现整村高质量退出贫困村目标。

◎**依法治理**　一是法制宣传全面深入。认真开展以提高统计数据质量为中心，以宣传《中华人民共和国宪法》《中华人民共和国统计法》《统计法实施条例》和《统计上严重失信企业信息公示暂行办法》及新颁布的统计规章。采取多种形式，组织开展了市、县（区）及“四上”企业统计人员法律法规知识培训和诚信教育培训，共计组织各类统计普法培训43次4000余人次，印制发放《统计法律法规》《统计信用知识宣传册》《中华人民共和国统计法》《统计法实施条例》《统计违纪违法行为处分规定》宣传册等普法教材资料10000余份。二是协助配合国家和省统计局开展统计执法检查证资格培训考试。全市100余名统计执法检查骨干人员统一参加了培训与考试。三是执法检查进一步规范。2017年全市共检查310个单位（实施双随机抽查检查近50个单位），发现违法行为20件，立案查处15件。四是执法水平稳步提升。统计执法程序不断规范，行政处罚案件办理公正合法，执法案卷质量和依法行政水平稳步提升。

安全生产监督管理

安康市安全生产监督管理局
局　　长　凌寿斌
市安委办专职副主任、副局长　李德政
副 局 长　丁瑞北
纪检组长　余庆琳
总工程师　王继国

◎**安全生产监管监察**　针对全市道路交通事故易发多发问题，健全完善遏制预防重特大事故机制。在试点的基础上，以市政府名义下发了《危险化学品道路运输安全监管工作意见》，联合公安交警部门总结推广了高速公路“122”路警联动和农村道路“125”联勤联动两个模式，全市农村道路交通事故起数下降12.7%，死亡人数下降15.3%。认真落实习总书记关于安全生产“党政同责、一岗双责、失职追责”要求，探索安全综合监管规范化思路，提请市委、市政府在全省率先出台了安全生产《党政同责、一岗双责暂行规定》，下发了加强安全生产综合监管的《通知》和安全生产综合监管《十项制度》，被媒体称为安康市安全生产“十条铁律”，实现了市县镇村和企业安全生产“党政同责、一岗双责、失职追责”责任体系“五级五覆盖”，安全生产综合监管工作进入常态化、规范化轨道。

◎**企业安全标准化建设**　继续在非煤矿山、烟花爆竹、危险化学品三大高危行业推进了企业安全标准化建设，在工贸行业积极开展了企业安全达标推进工作，实行了企业安全生产巡查评估制度。通过政府购买服务方式，完成对全市14户烟花爆竹经营企业和4户危险化学品生产企业的安全生产巡查评估，排查了安全生产隐患。截至年底，158家非煤矿山开工企业、161家危险化学品企业、21家烟花爆竹批发经营企业、8家烟花爆竹生产企业全部达到三级标准化；工贸行业规模以上企业6户、10户民爆物品企业完成二级企业安全标准化申报工作，有效推动了企业主体责任落实。

◎**安全生产指标落实**　2017年，全市共发生生产安全事故13起，同比下降68.29%；死亡12人，同比下降65.71%；受伤11人，同比下降71.79%；直接经济损失152.95万元，同比下降53.98%。未发生较大以上生产经营性事故。（不含京昆高速“8·10”道路交通特别重大事故1起，死亡36人，受伤13人，直接经济损失3533.28万元。）全市安全生产形势总体保持稳定。

◎**道路交通综合整治**　与相关部门签订了目标责任考核书，协调督促市公安、交通、交警支队深化农村道路交通安全“125”联合管理模式。科学合理规划建设农村道路“125”劝导站，完善软硬件设施，健全规章制度，规范勤务制度。加强农村道路综合监管队伍建设，建立联合检查机制，规范勤务制度，组织开展常态化农村道路交通安全巡查检查和专项整治。将农村道路视频监控、卡口建设、交通管理指挥系统和信息系统建设提上议事日程，按照轻重缓急、先易后难的原则，分类建设，分步实施，对农村道路重点路段、主要路口的实行可视化管理，逐步实现全覆盖。从2017年7月开始，在全市开展了为期1个月的道路交通专项集中整治工作。成立了6个专项检查督导组，出动警力1.8万人次，排查危化品运输车辆198辆，客运车1228辆，纠正查处各类交通违法行为2855起。

◎**安全宣传教育**　立足构建立体式宣传体系，联合安康电视台、安康日报社建立了安全生产新闻宣传机制，开办了隐患曝光台、安全小常识等系列安全宣传栏目；创办“安康安监”微信平台、网站，扩大安全生产公众关注面；开展推送安全生产宣传信息活动，共发送短信16万条，积极参加全省举办的“最美安监人”评选、安全生产演讲比赛等活动，市区联动，开展了安全咨询日、职业病防治法宣传周、安全应急演练等系列活动，共发放宣传资料10万份，宣传品8万份。组织举办各类安全培训班25期，培训人员1.3万人次。

◎**安全机制调研创新**　一是继续落实检查暗访机制。坚持每月常态化地开展一次安全生产突击检查，每周五在新闻媒体集中曝光一次安全隐患。2017年已开展了12次突击暗访检查，在安康电视台和安康日报公开曝光安全隐患45期。二是以现场会方式推进重点工作有效落实。8月份，市安委会在汉阴县召开了企业落实主体责任执法年活动现场会，对企业落实主体责任执法年工作进行了再动员再部署，以抓点示范、以点带面，推动工作顺利开展；11月中旬，在石泉县召开全市双防机制推进工作现场会；11月底，召开由市委、市政府主要和主管领导参加的全市尾矿库治理现场观摩会。三是完成尾矿库治理任务。2017年以来，严格执行了非煤矿山整顿关闭工作，不再审批5万吨以下地下非煤矿山、10万吨以下露天采石场安全生产许可。指导14座“头顶库”编制了治理方案，并通过尾矿库技术专家论证。到2017年底，10座尾矿库“头顶库”已完成治理任务，正准备竣工验收；其他“头顶库”治理工作正在有序进行。四是建立安全生产隐患排查整治长效制度。全局与相关部门签订了目标责任考核书，协调督促市公安、交通、交警支队深化农村道路交通安全“125”联合管理模式。开展专家查隐患行动，强化安全生产综合监管十项制度的执行力，坚持突击暗访与通报、曝光相结合，推进隐患整改落实。共开展安全生产突击暗访6次，通报隐患问题180处，在市级媒体曝光38期，督办整改161处，整改率100%。五是扎实推进安全生产追赶超越考核工作。市安委办印发了《关于2017年度全省安全生产追赶超越季度考核点评内容责任分解的通知》，修订了安全生产工作考核制度和《安全生产目标责任考核细则》，建立了重点工作考核和控制指标考核相结合，季度督查检查结果和年终考核评估结果相结合的安全生产考核体系，层层传导责任与压力。市安监局在全市追赶超越季度考评排名中不断争先进位，已从一季度的43位跃升至三季度的24位。六是积极开展应急演练。为强化全社会事故防范能力和意识，加强安全防控，及时修订了《安康市生产安全事故灾难应急预案》《安康市烟花爆竹生产安全事故应急预案》《安康市非煤矿山生产安全事故应急预案》《安康市危险化学品生产安全事故应急预案》等安全预案，以学校、生产经营单位、人员聚集场所为单位，组织开展了安全应急演练75场次。

◎**安全隐患排查** 2017年以来，由市安监局牵头，建立了专家参与的常态化安全检查机制，市安委办组织由副县级领导带队，公安、交通、民政、广电、交警、消防等部门参加，组成突击暗访组，在全市范围内开展了10次以道路交通、烟花爆竹、企业复产复工、非煤矿山、旅游安全、煤气中毒、人员密集场所消防安全为重点的安全生产突击明查暗访活动，对市县区安全检查实现了全覆盖。据统计，活动开展以来，全市成立17个综合督查组，160个专项检查组，大排查大整治期间，共检查各类生产经营单位10239家次，排查隐患11553处，现已整改消除隐患9971处，整改率86%。下达整改指令2112份，临时查封企业303家，立案侦查47起，行政拘留73人，刑事判决2人，查办各类案件18起，行政处罚91.3万元。

◎**安全事故调查处理** 受市政府委托，安监联合公安、纪委和工会等部门，依法组成事故调查组，对汉阴“3·04”火灾爆炸事故的一般事故实施了“下案上查”，对2个单位3名责任人落实处理措施，并公开调查情况。

◎**重大安全事故** 全市没有发生死亡3人以上的较大生产安全事故和死亡10人以上的重大安全生产责任事故。(不含京昆高速“8·10”道路交通特别重大事故1起，死亡36人，受伤13人，直接经济损失3533.28万元。)

◎**机构和队伍建设** 2017年，局党组认真履行全面从严治党主体职责，始终坚持把政治思想教育作为首要任务，坚持用党章党规规范行为，用习近平总书记系列重要讲话精神武装头脑、指导实践、推动工作。以党的十九大会议精神和习近平新时代中国特色社会主义思想为重点，组织集体学习42次，专题研讨活动4次，邀请专家和领导开展十九大精神辅导、全面从严治党专题讲座等活动4次，进一步提高了科学民主决策水平，促进了班子的团结和谐，强化了“四个意识”，坚定了对党忠诚、向中央基准看齐的信心和决心。坚持正确用人导向，认真贯彻执行《干部选拔任用条例》和四项监督制度。截至2017年底，严格按照干部选拔任用程序，选拔任用副科级以上领导干部7名。

（李　力　文代忠）

质量技术监督管理

安康市质量技术监督局
局　　长　谢　康
副 局 长　杨晓伟
总工程师　韩五胜
总检验师　郝江山
纪检组长　张仁斌
副 局 长　沈惠兰（女）

◎**质量管理和品牌建设** 切实贯彻落实中共中央国务院《关于开展质量提升行动的指导意见》，坚持“循环发展、绿色崛起”总基调，以提高发展质量和效益为中心，以服务供给侧结构性改革为主线，大力实施质量强市战略、积极开展质量提升行动、全面加强质量监管。市政府市长和常务副市长带领市质监局和县区政府主要负责同志到省质监局对接质量工作，市政府常务会议先后3次研究质量工作，首次将质量工作纳入市对县区目标责任考核内容。安康市在省政府组织的质量工作考核中，位居全省第二，市质监局被省质监局表彰为“全省质监系统2017年度工作优秀单位”。各县区质量管理水平不断提升，创建“紫阳富硒茶国家知名品牌创建示范区”，获批筹建“陕西省平利绞股蓝产业知名品牌创建示范区”“陕西省岚皋魔芋综合产业知名品牌创建示范区”“陕西省镇坪中药材产业知名品牌创建示范区”，数量占到全省年度创建40%；紫阳富硒茶、汉江燕翔洞景区参与区域品牌价值评定，价值达19.6亿元、10亿元；平利获批国家质检总局“全国质量强县示范县”创建；深挖“鎏金铜蚕”文化内涵，申报石泉蚕丝地理标志保护产品，“紫阳富硒茶”列入省级中国地理标志产品示范点建设。质量兴企理念显著增强，注重企业文化内涵建设，积极投身品牌创建，11个产品被认定为陕西省名牌产品，9个产品被认定为安康市特色品牌产品。创新推动质量发展有新亮点，12月12日，省质监局联合省工信厅、省住建厅在安康国家高新区成功召开全省电梯智能制造与信息化监管工作现场会，为安康装备制造新型工业化进程带来新机遇，有力推动了电梯装备制造及二、三产业融合发展，初步形成了信息化、责任化、标准化与社区管理有机结合的科学监管模式，被省质监局通报表扬。省质监局与安康市政府签订《开展质量提升　助力精准扶贫战略合作协议》助推精准脱贫。

◎**标准化建设** 围绕特色产业，紧抓标准引领产业发展。高标准完成了瀛湖旅游景区国家服务业标准化试点创建任务。新增1个国家级、2个省级农业标准化示范区项目、1个省级美丽乡村标准化示范村项目，新增7个省地方标准制修订项目和11个市级技术规范制订项目，新增2个、完成1个3A级和1个2A级标准化良好行为创建企业。申报2个国家级、4个省级服务业标准化试点项目，工业企业产品标准自我声明和公开率达到83%，市质监局组织召开的“纪念世界标准日暨瀛湖景区国家级服务业标准化试点现场会”，获得省质监局通报肯定。

◎**计量及认证认可监管** 积极推进放心消费工程，创建诚信计量示范单位50家，对158家乡镇医疗机构的1338台（件）医用计量器具进行免费检定；计量监管力度进一步加大，在重大节庆期间组织开展计量与认证产品执法检查，对燃油加油机、定量包装、民用三表等重点计量专项监督检查6次，累计出动执法人员1500余人次，检查计量器具4200余台件，市场计量违法行为得到有效遏制；组织开展了检验检测机构专项整治工作，对59家检验检测机构开展了全覆盖监督检查和管理档案更新；对8家强制性认证获证企业进行了摸底建档和日常巡查，对2家质量管理体系获证企业进行了省级双随机检查。

◎**特种设备安全监察** 深入贯彻落实市政府办《关于加强特种设备安全工作的实施意见》，扎实推进企业安全生产主体责任执法年活动，实行维保质量安全公开承诺制度，促进了以企业为主体的各方安全责任落实；强化安全隐患排查治理，围绕重要节点组织开展了4次特种设备安全大检查，组织开展了电梯维保使用环节、气瓶安全、旅游景区特种设备专项检查及专项督查，全市检查各类特种设备3197台（套），发现隐患375处，下达安全监察指令书214份，整改消除隐患率100%；扎实推进气瓶信息化工作，组织开展了气瓶信息化工作会议及业务培训，共完成气瓶信息化建档29032份；强化特种设备应急管理，指导企业开展应急演练54次，96333处理电梯故障和突发事件180起；强化宣传教育，广泛宣传特种设备法律法规和使用安全常识，为全市特种设备安全形势持续稳定向好奠定了基础。全年未发生特种设备安全事故，持续保持了全市特种设备安全运行，被市政府表彰为“安全生产先进单位”。

◎**产品质量监管** 围绕日用消费品市场、去产能和铁腕治霾、建设工程领域，先后组织开展了煤炭产品质量和严厉打击取缔地条钢专项整治行动，建材产品、电线电缆专项整治。围绕工业产品监管，组织开展了工业产品生产企业摸底调查，建立了《全市工业产品生产企业名录库》，为实施分类监管和“双随机、一公开”奠定基础。全市共组织开展了14个方面的专项检查，办理行政案件117起；认真组织开展产品质量监督抽查风险监测，制定了产品监督抽查计划和重点产品监督目录，共组织开展了25类30种产品681批次的监督抽查，配合国家、省级开展8种产品38批次监督抽查；组织开展了生产许可证工作专项检查，建立完善了28家生产许可证获证企业监管档案，完成了3家企业的生产许可证审批发证工作，组织对11个县区局产品质量安全监管工作进行了专项督查；对富硒专用标志产品硒含量进行了监督抽查，共抽检30家企业的40个批次产品，合格率为77.5%，新培育5家企业6个产品获准使用富硒专用标志，有力维护了市场秩序。

◎**法治科技建设** 按照“权责法定、简政放权、便民高效、公开透明”原则，全面梳理质监系统权力清单317项，责任清单45项；稳步推进“双随机、一公开”工作，深化放管服，推进工作重心从事前审批向事中事后监管转变；检测检验能力进一步提升，市质检中心计量检定授权9大类40项、共计150余种检定和校准项目，产品质量检验范围涉及236个产品、共计1361参数，特种设备检验7大类25项检验项目；纤维及其制品检验授权21个检验项目，为产品质量监督工作提供了有力的技术支撑；科研工作稳步推进，市质检中心《富硒魔芋食品系列团体标准研究与制定》申报2017年度科技成果奖，《红茶中γ-氨基丁酸与硒含量的相关性研究》科研项目接近尾声，省富硒中心承担的《富硒产品与其相关硒含量标准》列入2017年省地方标准修订项目。

（李春晖）

食品药品监督管理

安康市食品药品监督管理局

局　　长　唐　纹（女）
党组书记　李　波
副 局 长　金统和　任红艳（女）
纪检组长　周礼军
总工程师　李玉琼（女）

◎**食品安全综合监督管理** 在“春节”“端午”“中秋”“中高考”等重大时间节点期间，不间断组织市场巡查，提醒群众安全消费，加强与卫计部门沟通，建立食品药品安全信息互通机制，确保食品安全事故早预防、早发现、早处理。积极开展食品安全信息化全过程追溯体系建设工作，在白酒、食用油、包装饮用水、肉制品、茶叶等重点生产企业中率先建立全过程追溯体系，2017年底市级以上园区、农业产业化龙头企业、农民合作社示范社和示范家庭农场30%实现安全可追溯。选取镇坪县、高新区作为食品安全追溯体系建设试点县区，10月底在高新区、镇坪县召开全市食品安全示范创建暨追溯体系建设现场推进会，对全市示范创建起到了很好的推动作用。强化重点品种食品抽检，食用农产品、食品生产加工、流通、餐饮等环节重点品种抽检覆盖率达到了60%以上。联合市教育局下发了《安康市校园食品安全电子监管工作实施方案》。按照“分级负责、分类实施、分步推进”的原则，市、县（区）、镇（办）分级负责管辖校园的食品安全电子监管工作，2017年完成市、县（区）直属学校的电子监管。借力创国卫复审，市、区、办、社区四级联动，在中心城区大力开展“小餐饮百日整治”活动，实施小餐饮提升改造工程。目前中心城区小餐饮持证率和量化分级率均达96%以上，三防设施到位率100%，明厨亮灶率已达65%。强化学校食堂监管，严格落实每月各镇办所全覆盖检查辖区学校食堂、县区市场监管局抽查本行政区域内10所学生食堂，市局督查3所学校食堂的制度，切实保障学校食品安全。加强“龙舟节”“油菜花节”等美食文化活动食品安全监管，完成中、省、市在安康市召开的重要会议，中央、部委、省级领导到安调研等80余次食品安全监督保障工作，做到重大活动食品安全零事故。

◎**食品监管体系建设** 市县出台食品安全委员会工作规则、食安委各成员单位工作职责、食安委成员单位联席会议制度，制定了年度目标责任考核办法，绩效考核相关制度。下发了《安康市人民政府关于进一步加强基层食品药品监管工作的意见》，要求各级政府严格落实食品安全“党政同责”和属地管理责任，充实加强综合协调机构，健全完善基层监管网络，经费足额保障，全面落实村级协管员报酬，切实强化基层基础。

◎**药品和食品安全专项整治**　联合公安、工商等多部门，以“打非治滥利剑行动”为主线，围绕食品药品安全潜在风险，开展了“三小”、学校及周边食品安全、调味品、中心城区畜禽水产品、农兽药残留等重点领域、重点品种20余次专项整治，严厉打击食品安全违法犯罪。全市共计查处食品药品违法案件504件，涉案货值189.9857万元，罚没款187.8834万元，移送司法机关案件13起。案件公示330件，公示率65.48%。

◎**保健品监督管理**　积极回应社会关切，严厉打击以会议、讲座、免费体验等方式虚假宣传、非法销售保健食品的行为，联合市食品药品稽查支队、汉滨区市场监管局，分两组在安康城区南门市场、静宁路、培新街、张岭等区域对涉嫌会销门店进行突击检查、集中整治。重点对门店的经营资质、产品索证索票、购进验收、销售记录、产品标签标识、广告宣传等情况进行检查。共查处涉嫌保健品非法促销及虚假宣传单位10家，现场扣押问题产品185件、广告传单及报纸1000余份，立案8件，有力地震慑了违法犯罪分子。加强对食品、保健食品生产经营单位履行主体责任的监管，严厉打击利用会议营销、健康讲座违法宣传、销售食品、保健食品的行为，根据《国务院食品安全办等9部门关于印发食品、保健食品欺诈和虚假宣传整治方案的通知》和陕西省食安办等11部门《关于开展食品、保健食品欺诈和虚假宣传专项整治的通知》精神，市局抓紧时间制定并下发了《安康市开展食品、保健食品欺诈和宣传专项整治行动实施方案》和《关于进一步做好食品、保健食品欺诈和虚假宣传整治实施工作有关事项的通知》，联合市公安局、市工商局、市商务局、市文广局等部门在全市集中开展专项整治。全市共出动执法人员1660人次，检查食品、保健食品经营单位1943家，检查电视购物会议营销、网络营销食品或保健食品单位17家，检测食品、保健食品广告40条，抽验食品、保健食品数量322批次，开展宣传活动21次，发放宣传材料7400余册，查扣违法食品、保健食品34件，收缴违法宣传资料2000份，没收违法产品货值0.55万元，罚没金额2.25万元。

◎**化妆品安全管理**　印发《安康市化妆品不良反应检测体系建设实施方案》，启动并遴选了11家市级化妆品不良反应监测哨点；与卫生和计生部门联合发文，进一步加强医疗机构药品不良反应监测工作；此外，在日常监督检查中，将企业开展不良反应监测和报告的情况作为检查的重要内容，推动和督促企业做好上市后药品监测和评价工作。据省中心前期通报情况，安康市药品不良反应网报1850例，化妆品不良反应网报45例。

◎**药品、药械稽查**　制定《安康市开展城乡接合部和农村地区药店诊所药品质量安全集中整治工作方案》，组织开展了城乡接合部和农村地区药店、诊所药品质量安全集中整治工作。对全市执业药师在岗情况进行了专项检查。制定下发关于开展化妆品流通领域专项检查的通知、关于加强中药材、中药饮片流通环节监督管理工作的通知等相关文件。

◎**药品认证与监管**　市局受理、审查药品零售企业认证申报资料103份，组织GSP认证现场检查96家，对90家认证公示期满的药品零售企业发放了GSP证书，办理企业名称变更10家。组织市、县14名认证员分两批参加了省局药品GSP认证检查员年度继续教育培训，选派4人次参加了省局GSP认证飞行检查和专项检查。配合国家总局、省局先后对安康市两家药品批发企业的飞行检查，被飞检的两家药品批发企业因存在严重缺陷项目，被省局当面约谈企业负责人，撤销了药品GSP认证证书并公告，两家企业均被责令停业整改，对其涉嫌存在的违法行为被移交当地药品监管部门查处。

◎**药品抽检和检验**　全市完成药品监督性抽验764批次，检验发现不合格药品4批次，不合格率0.52%；接受药品委托检验18份；因快检车报废未开展快检车快速检验工作。其中，市本级完成监督性抽验63批次，全部合格；市本级利用分光光度计实施中药饮片SO_2残留量筛查206份，阳性0份，不合格药品全部进行了查处上报。

◎**药品“三统一”工作**　先后参加全国医改视频会、市政府城市公立医院综合改革效果评价省级考核汇报会和迎接国务院医改办到安督查2017年上半年医改工作座谈会。对市医改办《关于征求安康市“十三五”医改规划》（征求意见稿）、市卫计局“十三五”卫生与健康发展规划、推进健康安康建设的决定等四个征求意见稿进行了学习，提出了修改意见并复函。

◎**特殊药品监管**　加强特殊药品生产监管，防止流弊事件发生。建立了毒性中药饮片生产企业定期巡查制度，监督企业落实各项安全管理措施。严查企业生产过程中的物料平衡，以及有直接利益关系的管理人员是否处在同一审批管理程序里，严防企业“自盗”行为，严防药品从药用渠道流失。2017年，辖区毒性饮片生产环节管理规范，特药监管实现了合理、安全、规范的目标。

◎**重点医药企业**　认真做好丝博会暨二十一届西洽会生物医药参展工作。指导安康北医大等龙头企业积极参加高新区的参展布展活动，以具有特色的中药资源和产品、中药材基地建设、中药生产和研发成果为主，充分展示了安康生物医药特色产业优势。加快推进辖区中药配方颗粒研发生产，市政府召开了中药配方颗粒研发生产高峰论坛，全局积极衔接协调省食药监局力争将安康列为陕西省中药配方颗粒生产布点地区，如布点成功，基于安康得天独厚的中药材资源及地理优势，将极大提高秦巴山区中药材产品附加值，加快安康经济转型升级，增加社会就业岗位，助推广大农民脱贫致富。

教育　科技

教　　育

安康市教育局
局　　长　邹成燕（女）
副 局 长　杜宗辉　刘先钧
纪委书记　胡开田
副 局 长　李　黎（女）
安康市人民政府教育督导室
主　　任　武大明
副 主 任　胡登明

综合管理

◎**概况**　全市现有各级各类学校1100所，其中幼儿园484所、小学409所、初中学160所、高中32所，特教学校3所，中等职业学校12所；在校学生438279人，其中幼儿园79675人，附设幼儿班8309人，小学185546人、初中86004人、高中60272人、中职18180人、特殊教育学校311人（不含随班就读），含随班就读1611人；教职工32734人，其中专任教师28702人。小升初升学率100%，九年义务教育覆盖率100%。全市校园总面积837.41万平方米，校舍总面积427.2万平方米，图书1416万册。2017年全市教育工作取得了新的成绩和亮点。教育质量稳步提高，高考二本以上上线人数首破万人大关。高中教育、中小学党建、职业教育技能培训、校园文化建设、学校场馆对外开放及落实乡村教师生活补助等多项工作在中、省专题会议上作经验交流，一批典型经验享誉省内外。教育扶贫经验案例入选中组部干部教育局会同国务院扶贫办组织编写的国家干部学习培训教材。特岗教师工作经验、城乡师资均衡配置等工作分别在《教育部简报》《国家教育体制改革简报》刊发推广。普惠性幼儿园占比达66.12%。岚皋、紫阳县高分通过“国家义务教育发展基本均衡县”评估认定。共有35项教育重点及综合工作受到中、省、市以上表彰。全市学校教育工作群众满意度，在省统计局社情民意调查中位列政府工作7个方面前列。

◎**教育投入**　继续加大基础教育项目建设，不断改善中小学幼儿园办学条件，全市共争取中省财政和发改项目316个，落实到位项目资金62944万元，批复实施校舍建设29.54万平米，改造体育场地25.49万平方米，批复购置设备61.3万台件套。分别是：实施学前教育建设项目24个，落实投资7220万元；争取义务教育薄弱学校改造计划、县城以上城区、校舍维修改造长效机制和中央预算内义务教育学校建设项目214个，落实和下达投资44791万元；争取普通高中建设项目10个，落实和下达投资4018万元；争取现代职业教育质量提升计划和职业教育产教融合工程建设项目14个，落实到位资金3560万元，下达税费改革义务教育转移支付项目资金2355万元，落实市本级义务教育学校设备购置资金1000万元。

◎**教育资源整合**　截至2017年底，列入2016、2017年的44个项目中已完工18个，在建17个，实际完成征地553亩，完成校舍建筑面积11.23万平方米、改造场地9.59万平米，实际完成投资5.03亿元；完成采购实验仪器台凳、体音美器材、课桌凳、多媒体等3万余套，图书28万余册，完成投资8823万元。汉滨初中高新校区、汉滨江南小学改造、市一小教学综合楼等项目秋季开学投入使用，使城区教育资源快速扩大，办学条件明显改善。

◎**学校安全管理**　狠抓校园安全管理，加强“三防”基础建设，全市各学校配置保安、门卫1844人，选聘法制副校长701人，安排宿管人员804人、炊管人员2198人，设置校园警务室828个，安装监控摄像头12772个，重点部位覆盖面达80%，安装一键报警装置277套，防入侵报警系统206套；投资30万元建成“安康市青少年毒品预防教育基地”并投用；全年共开展各类应急演练活动1932场次，参演师生86万人次。坚持问题导向，强化综合治理，着力净化校园周边环境，依法维护师生及家长的合法权益。全年没有发生安全稳定事故，市教育局荣获全省2016年以来维护稳定工作先进集体，被市委、市政府授予综治平安建设创优工作先进部门和安全生产、消防安全、食品安全先进单位。

教育督导

◎**县区党政领导干部教育履职督导考核**　修订完善了督导考核办法。根据省委组织部、省教育厅、省政府教育督导团《关于加强市县党政领导履行教育工作主体责任督导考核的意见》

（陕政督团〔2017〕2号），起草印发了《安康市关于加强县区党政领导履行教育工作主体责任督导考核实施意见》，修订完善了《2017年县区暨党政领导干部履行教育工作职责督导考核办法》及《考核指标》，并予以执行。组织完成了2017年度县区教育工作暨党政领导干部履行教育工作职责督导考核，对11县区和26名县区党政领导干部履行教育工作职责督导确定了考核格次并予以通报，推荐市委、市政府表彰了重视教育工作的5个先进县区。

◎**学校素质教育督导评估** 指导县区督导机构全面完成第二轮学校素质教育督导评估扫尾工作，全面做好总结表彰工作。根据省督导团的部署，启动实施第三轮学校督导评估工作，制定了评估工作方案，计划用三年时间，对全市所有中小学校开展一轮以提高教育质量为主题的督导评估，计划安排市督导室评估46所学校，县区督导机构评估1012所学校，2018年全面启动实施。

◎**教育难点热点问题专项督导** 开展了教育经费投入和“全面改薄”工作专项督导。印发了《关于开展教育经费投入和全面改薄工作实施情况专项督导检查的通知》（安政教督发〔2017〕7号）。按照县区自查、市级督查的步骤，组织开展了一次全面的专项督导，督促指导全市各县区落实教育政策投入和农村薄弱学校办学条件20条底线政策。组织开展了全市中小学生春秋季开学工作专项督导，突出控辍保学、校园安全等专项督导检查，确保教育扶贫年度目标任务和校园安全有序。组织开展了对2017年度教育重点项目建设、县城以上中小学校建设实施情况开展了专项督导，有力推动了教育重点项目实施进度。

◎**督导队伍建设** 指导县区督导队伍建设。加强全市各县区专兼职督学的选聘、配备、培训和管理，聘任专兼职督学487名，配备责任督学340名，实现了市、县、片区、校、园责任督学全覆盖；加强督学队伍培训，完成国家和省级培训的组织选派任务，完成市级培训100余人次，通过开展业务培训和专题培训，市县督导人员的综合能力和业务素质得到进一步提高。积极开展国家中小学责任督学挂牌督导创新县创建工作，及时总结探索汉阴县责任督学体制机制建设，石泉县责任督学校园安全专项巡视做法，推进责任督学工作常态化、制度化，汉阴县通过申报国家创新县省级评估验收，实现了全市中小学责任督学挂牌督导创新工作新的突破。

◎**教育公平** 保障进城务工随迁子女平等就学。认真贯彻落实《关于进城落户农村居民子女教育实施办法》，进一步完善进城务工和进城落户农村居民随迁子女教育政策措施。坚持“以流入地政府为主、以全日制公办中小学为主”的原则，按“相对就近”原则，依据户口（居住证）所在学区，合理分配，有序入学，混合编班，7449名进城务工子女全部入学，平等接受教育权利。重视做好农村留守儿童管护工作。配合市民政局开展农村留守儿童“合理监护 相伴成长”关爱保护专项行动；充分发挥学校主阵地作用，建立家校联系、结对帮扶制度，使每位留守儿童都有结对帮扶教师，完善留守儿童关爱保护机制，全市农村义务段5.7万名留守儿童得到有效管护。

◎**双高双普·教育强县·中小学责任督学挂牌督导创新县创建** 岚皋县、紫阳县创建“国家义务教育发展基本均衡县”高分通过国家评估认定，汉滨区、高新区创建“国家义务教育发展基本均衡区”接受省级过程督导，全市正式通过“国家义务教育发展基本均衡县”评估认定的县达9个；岚皋县“双高双普”工作正式通过省政府验收；汉阴县创建国家中小学责任督学挂牌督导创新县通过省级验收命名，成为安康首个国家中小学责任督学挂牌督导创新县通过省级评估认定县。

◎**招生与考试** 2017年全市共组织考试9类16次，涉考考生11.8万余人，向各普通高校、职业学院、普通中专学校输送新生2.09万余人。普通高校招生考试：考生21854人，其中：文史类7147人，占32.7%；理工类考生11313人，占51.8%；艺术（文）类1867人，占8.5%；艺术（理）类381人，占1.7%；体育类1146人，占5.2%。体育艺术类合计3394人，占15.5%。报考人数较2016年减少3人，下降（增长）0.014%。2017年文史、理工一本上线人数4608人（文史1018人，理工3590人），较上年增加135人；二本及以上上线人数8505人（文史2568人，理工5937人），较上年增加383人。各类高校共录取安康市新生19911人，录取率91.1%。按录取批次统计：提前批次本科录取1887人、专科录取172人；一批本科录取4128人；二批本科录取3629人；三批本科录取2315人；高职（专科）录取7780人（含高职分类考试招生提前录取2116人）。高职单独招生考试：考生481人，比2016年增加207人，增长75.5%。成人高校招生考试：考生1903人（含免试专升本6人）。其中：专升本1504人，高起本52人，高起专341人。录取人数1309人，录取率87%。普通高等教育专升本考试：考生141人。其中：文史类31人，理工类13人，医学类97人。初中毕业学业考试：考生23759人。中专录取新生1216人，其中：五年制高职统招录取1073人，三年制普通中专统招录取47人，注册入学96人。普通高中学业水平考试：共20177人（134272科次）参加文化科目考试；共19960人（59880科次）参加理化生实验考试；共17201人参加信息技术考试。2次高等教育自学考试：考生395人（1074科次），其中：春季191人（505科次），秋季204人（569科次）；本科286人（752科次），专科109（322科次）。申请办理毕业证24人，其中：上半年13人，下半年11人。2次全国计算机等级考试：报考总人数5717人，其中：上半年3696人参加考试，下半年2021人参加考试。中小学教师资格考试：3月份和11月份共组织4936人考生参加笔试。其中：报考幼儿园教师资格考试743人，报考小学教师资格考试2142人，报考初中教师资格考试1325

人，报考高中教师资格考试705人，报考中职文化课教师资格9人，报考中职专业课教师资格考试11人，报考中职实习指导教师资格考试1人。组织1897人参加面试，其中：上半年611人参加考试，下半年1286人参加考试。全年各项考试工作全面实现了“平安考试”目标。

◎**精神文明建设** 2017年，安康市教育局牢牢把握舆论导向，紧紧围绕全市教育中心工作，服务全市教育教学改革发展大局，强基固本，创新创优，凝聚人心，汇聚合力，成风化人。安康教育网全年发稿2986条。安康市教育局荣获“全省教育信息工作先进单位”，《安康市“七长”联动切实落实义务教育控辍保学工作》被省高教工委、省教育厅评选为“陕西省教育厅门户网站教育好新闻”。《教师报》《陕西教育》采访团深入市县、学校，聚焦全市教育脱贫攻坚。《在秦巴山间谱写最美诗篇——陕西省安康市教育系统扶贫工作纪实》在《教师报》整版刊发，《教育扶贫安康的力量——安康教育扶贫工作纪实》在《陕西教育》大篇幅报道。与《安康日报》联合开办“办好教育促脱贫”专栏，深入宣传全市教育脱贫攻坚工作。与《中国报道》杂志合作，全面介绍全市教育工作的各项成效。《陕西日报》《中国教育报》《陕西省政府网》《西部网》等一批有影响力的媒体多次报道安康市教育改革发展和经验做法。2017年3月安康市教育扶贫工作经验案例《给孩子插上腾飞的翅膀：陕西安康市教育扶贫斩“穷根”》被入选中组部干部教育局组织编写的国家干部学习培训教材《脱贫攻坚》。《陕西汉阴为山区教育“架桥搭梯”》在教育部国家教育体制改革领导小组办公室《教育体制改革简报》刊登、《汉阴县“四个精准全覆盖”助力教育脱》被国务院扶贫开发领导小组办公室《扶贫发开》刊登推广；《“筑好巢”才能引来“金凤凰”——汉滨区实施特岗计划工作纪实》入选教育部优秀工作案例。2017年，安康教育网持续做好“安康教育好人榜”“安康教育脱贫攻坚”专栏，开辟“安康职教明星榜”“创森演讲”栏目，专题策划宣传“全市职业教育宣传活动周”“全市高中教育工作会”，上下联动，持续深入开展主题宣传活动，受到全市上下的高度关注。在省高教工委、省教育厅组织的2017年度“身边好典型”评选活动中，安康市推出“身边好典型”经过网友点赞、专家点评，有1人被评选表彰为“我身边的好校长”，1人当选“我身边的好学生”。2017年，安康市教育局继续在全市各中小学校深入开展美丽新校园、教育信息化示范学校、示范幼儿园等创建工作。各县区教体局、各学校根据相关方案要求，科学规划，统筹推进，加大投入，积极创建，涌现了一批高水平、有特色、富内涵的典范学校。市教育局对安康市第二幼儿园等48所“五星级安康市美丽新校园”、安康市初级中学等18所教育信息化示范学校、汉滨区东关民族幼儿园等16所市级示范幼儿园、汉滨区铁路九年制学校等10所艺术教育示范校、汉阴县平梁初级中学等15所语言文字规范化示范校进行命名，并授牌表彰。

基础教育

◎**概况** 2017年，市、县（区）教育行政部门和中小学、幼儿园在全省二十一项工作（竞赛）中获得奖励487个（次），安康市教育局在第五届陕西省幼儿园教师专业技能大赛中荣获“精神风尚奖”，在2017年“学宪法讲宪法”演讲比赛和陕西省青少年校外教育成果展示活动中被评为“优秀组织单位”，在陕西省第三届高中理化生教师实验操作技能竞赛中荣获“优秀组织奖”，陕西省第三届小学学科学教师实验操作技能竞赛获奖中荣获“优秀组织奖”，237所学校（单位、幼儿园）、186名教师、71名学生分别获得奖励。

◎**幼儿教育** 2017年，投资6070万元，完成20所公办幼儿园建设项目，新建园舍4.3万平方米，购置设备1.5万件套。全市现有公办幼儿园484所，全年认定普惠性民办幼儿园28所，全市普惠性民办园达到320所，普惠性幼儿园占比达66.12%。抓好市县区幼儿园帮扶结对活动，遴选出5所省级示范幼儿园开展跨地市结对帮扶活动，安康市10所幼儿园得到西工大幼儿园等省级示范幼儿园的帮扶支持。举办学前教育管理人员培训，组织61名县区主管局长、学前教育股长和幼儿园园长赴西安开展管理干部培训。组织开展第五届全市幼儿教师技能大赛，通过以赛代训的方式加强对幼儿园教师的专业技能的提升，同时选拔17名幼儿教师组建安康市代表团，参加全省第五届幼儿技能大赛，在全省大赛中获得13个综合技能奖，18人次获得单项奖，安康市教育局获道德风尚奖，获奖率76.5%。组织学前教育宣传活动月活动，各幼儿园充分利用微信群、QQ群加大对学前教育政策和各项活动的宣传。大力开展园本研修、学前教育课题研究，全市有2个课题在“2017年度陕西省学前教育研究课题”中立项。白河县幼儿园、岚皋县第二幼儿园顺利通过省级示范园复验，白河县城关镇中心幼儿园、石泉县幼儿园顺利通过省级示范园创建初验。统筹做好2所市级示范园复验和21所市级示范园创建工作。制定下发《关于加强和规范市级示范幼儿园创建（复验）工作的通知》，按照放管服改革的要求，将一类幼儿园创建评估工作下放各县区教体局。修订《安康市示范幼儿园评估标准》，对已命名的市级示范幼儿园实行动态管理，规范市级示范幼儿园评估程序，严格评估标准，确保市级示范幼儿园创建工作质量。

◎**九年义务教育** 全市有义务教育学校569所，在校学生27.2万人。其中：小学409所，在校生185546人，专任教师10709万人，小学适龄儿童入学率100%；初中160所，在校生86004人，专任教师4825人。全市义务教育学龄人口入学率99%，小学阶段无辍学，初中辍学率为0.31%。制定印发《2017年基础教育重点工作安排》，下达各类等创建任务120余个。严格落实义务教育学校招生入学政策，下发《关于做好2017年义务教育免试就近入学工作的通知》《安康市2017年中小学招生入学政策问答》，规范义务教育招生入学制度，巩固义务教育招生改革成果。重点抓好安康中心城区义务教育阶段招生工作，市区教育局采取摸底调研、实地查看、召开校长座谈会、专题办公会、市区联席会议等方式，分析研判形势及问题，共同研究部署，按照市区一体，实施“四统一”，2017年秋季安康城区义务教育阶段起始年级平均班额控制在56人，城区班大、人多、择校热的矛盾有所缓解。制定下发了《关于进一步加强义务教育控辍保学工作的通知》《关于做好报送义务教育控辍保学有关情况的通知》《关于切实落实义务教育控辍保学责任的通知》等规范文件，夯实控辍保学十项制度，建立控辍保学“双线”“七长”责任制，实行月报季评制度，建立市县教育行政部门控辍保学工作网络机构。根据月报统计，全市辍学的267名学生已成功劝返267人，劝返复学比例达到100%，其中48名建档立卡贫困户子女、8名2017年计划退出脱贫村义务教育阶段辍学学生全部成功劝返。编制《安康市实施消除义务教育大班额计划工作方案》，确定了全市消除大班额时间表和路线图。2017年消除大班额年度目标任务已全面完成，其中，全市66人以上超大班额比例控制在6%，56人及以上大班额比例为12.7%，比2016年降低2.2个百分点。制定《义务教育道德与法治、语文、历史学科国家统编教材教师培训工作方案》，采取以市为主、市县（区）两级合并进行培训的方式，按学科共举办7个班次对全市2017年义务教育阶段起始年级三科1800余名教师进行了集中培训。

◎**高中教育** 2017年，汉滨高中、汉阴中学成功创建为省级示范高中，全市省级示范高中达到5所；安康长兴学校、安康高新中学成功创建为省标准化高中初验，全市省级标准化高中达到23所，占高中学校的70%。在校学生146276万人，专任教师11350人。普通高中招生19782人。全市高中阶段学校招生27047人，初中应届毕业生升入高中阶段的比例达到98.16%，2017年高考，全市各类考生达省二本线人数10224人，全市高考二本上线人数首次突破万人大关，其中，文理科8505人，体艺类录取1719人，二本上线率达46.8%，比2016年提高3个百分点，文理科一、二本上线率继续保持全省前列。

◎**特殊教育** 做好残疾儿童少年义务教育招生入学工作。联合市残联下发《关于做好全市2017年残疾儿童少年义务教育招生入学工作的通知》，统筹安排部署残疾儿童少年招生入学工作，要求将所有入学适龄残疾儿童纳入学籍管理，积极开展送教上门服务，确保每一名残疾儿童少年接受义务教育权利。2017年，在校残疾儿童少年1812人，其中2017年招生入学392人，入学适龄残疾儿童实现全覆盖，全市义务教育三类残疾儿童少年入学率93%以上。加强特殊教育资源（指导）中心建设。对照建设标准，开展市特殊教育指导中心和各县特殊教育资源中心自查工作，开展指导（资源）中心标准化建设。调整充实市特教指导中心的组成人员，配备了专职副主任，办公室增设了管理科研部、资源中心工作指导部、资源教室工作指导部等3个工作部，进一步细化了指导中心工作职能。两所县特教资源中心成立了相应的组织机构，充实管理人员，积极开展随班就读和特教资源教室的服务指导。统筹规划特殊教育提升计划项目。按照“保证基本、节俭实用、够用适用”的原则，经县区申报、市教育审核，规划到2020年，全市新建特殊教育学校（含特殊幼儿园、附设学前班、附设高中部）项目3个、特殊教育资源中心项目8个、资源教室项目50个、改善特教学校办学条件项目8个，为制定第二期特殊教育提升计划打下前期基础。

◎**素质教育** 义务教育立德树人“四新四大”活动。以“新要求·大实践”为核心，以“新常态·大视导”为载体，以“新标准·大规范”为基准，以“新体系·大构建”为引领，广泛开展德育实践活动活动，将社会主义核心价值观纳入中小学教育全过程，推动中小学课堂教学改革和学校文化建设，规范学校办学行为，建设现代学校制度，强化实践育人、课程育人、管理育人和文化育人的效果，保证立德树人根本任务的有效落实。新民风建设活动。结合新民风建设和教育系统实际，制定印发《关于在教育系统扎实开展新民风建设活动的实施方案》，扎实开展新民风移风易俗、新民风文化传播、新民风文明创建、新民风诚信建设、新民风依法治理五大活动，大力推进尚“诚”、重“孝”、倡“俭”、践“勤”、崇“和”的新民风建设，不断提升师生思想道德修养和文明素质。中小学生法治教育。大力推进依法治教、依法治校进程，加强教育系统治理体系和治理能力建设，制定印发教育系统“七五”普法规划，广泛深入开展多形式法治宣传教育活动。联合市检察院在安康市育英中等职业技术学校举办全市“法治进校园”巡讲活动启动仪式。组织开展全市教育系统“学宪法讲宪法”活动，选送7名优秀学生参加陕西省宪法演讲比赛复赛，坚持开展好“12·4”国家宪法日暨全国法制宣传日活动，结合教育系统普法重点内容，制作普法展板，印制普法宣传彩页和教育法律法规资料，设立法制宣传咨询台，发放法律知识资料，开展法律咨询服务，解答群众关心的入学政策等宣传活动。规范开展依法治校示范校创建活动，命名安康市“依法治校示范校”14所。德育教育实践活动。组织开展“少年传承中华美德”“暑期圆梦蒲公英”“寻找最美孝心少年”“德育工作案例”征集、爱国主义影评、评优树模、志愿服务等系列主题活动。2017年度评选省、市级三好学生、优秀学生干部356名；成功推荐3名学生为陕西省“2017寻找最美孝心少年”大型公益活动候选人；联合团市委、市少工委评选表彰2017年度安康市优秀少先队员12名、安康市优秀少先队辅导员12名、安康市优秀少先队集体11个、支持少先队工作好校长10名。联合市旅发委、市文广局评选推荐6个单位为陕西省首批中小学生研学实践教育基地。五校外教育。扎实做好全市青少年校外活动场所调研和青少年校外活动中心进展情况双月报工作。全市校外教师累计参加国省5个类别科目培训，参训教师达67人，组织遴选9支队伍，120名师生参加全省青少年校外活动中心暑期夏令营活动。各校外活动中心共设立校外活动中心辅导站126个，开办各类培训班30余期，开设专业287个，培训人数达3万余人次，参与活动学生达20万人次，不断丰富了青少年学生的校外生活。组织开展了“蒲公英伴我快乐成长”为主题的校外教育成果展示评选活动，评选21个艺术表演节目和391件实物作品分获一、二、三等奖，并择优推选3个优秀节目和70件优秀实物作品，在陕西省校外教育成果展示活动中进行现场集中展演和展示。充分发挥已建成10个校外活动中心的校外育人功能，各活动中心常年坚持开展多种形式的免费、公益性、参与式实践活动，开办各类绘画、舞蹈、文学、书法、科技等兴趣小组；举办科技、艺术、体育、综合实践等门类齐全的特长培训班，培养青少年的兴趣，发展他们的特长；充分利用“六一”“国庆”“元旦”等重大节日，举办各类主题教育活动，并结合地域特色，开展非物质文化遗产传承教育活动，不断丰富了青少年学生的校外生活。关爱特殊群体。重视做好农村留守儿童管护工作。充分发挥教育主渠道、学校主阵地作用，重视做好农村留守儿童教育管护工作，扎实开展农村留守儿童“合理监护 相伴成长”关爱保护专项行动，着力改善办学条件、实施控辍保学、狠抓教育关爱、建立家校共育、开展结对帮扶，全市农村义务段5.25万名留守儿童得到有效管护。保障进城务工随迁子女平等就学。进一步完善进城务工和进城落户农村居民随迁子女教育政策措施，坚持“以流入地政府为主、以全日制公办中小学为主”的原则，合理分配，有序入学，混合编班，7442名进城务工子女全部入学，平等接受教育权利。体育艺术教育。严格执行省教育厅《关于印发〈陕西省初中毕业生升学体育考试工作方案〉的通知》，规范组织实施2017年初中毕业升学体育考试工作，体育考试成绩计入初中毕业生学业考试总分。安康市体育场地对外开放工作在全省推广，市教育局代表陕西省在教育部举办的全国学校体育场馆向社会开放工作集中调研会会上做了大会经验交流。选拔124名运动员参加安康市第十六届运动会，市直学校代表团获得团体总分第六名和体育道德风尚奖，创历届参赛最佳成绩。遴选旬阳县和安康中学参加了2017年陕西省青少年校园足球初、高中决赛，其中高中组获得了全省第六名，初中女子组获得第七名，初中男子组获得道德风尚奖。遴选征集第十三届全国学生运动会科学论文13篇，平利中学王铮老师的论文《中学生足球技能标准实施效果分析》在杭州参加了第十三届全国学生运动会科学论文报告会墙报交流。推荐遴选创建全国国防教育特色校3所、国防教育示范校2所。依托安康市一小“王斌名师工作室”，组织足球名师团队赴8个县区开展“足球名师大篷车”送教培训活动。在2017年校园足球特色学校遴选申报工作中共有18所学校被评为全国青少年校园足球特色学校。举办了2017年安康市校园足球特色学校教练员培训班，共有60名体育足球教师参加了培训。深化学校美育工作改革，组织开展了市级“新华美育”管理平台管理员培训，完成了2017年石泉县省级中小学生艺术素质测评试验县和5所省级艺术教育示范校的学生艺术素质测评工作；遴选推荐宁陕小学、石泉县城关一小、旬阳县城关二小等三所学校为省级艺术教育示范校，创建市级艺术教育示范校9所；遴选推荐市一小、市二小、宁陕中学创建为中华优秀文化艺术传承学校。语言文字工作。组织开展了全市书法教师情况摸底调研工作。成功承办2017年陕西省农村中小学骨干教师语言能力提升培训班，遴选7名骨干教师参加国省语言文字专题培训班。组织选拔小学、初中、高中三支代表队，参加陕西省大中小学规范汉字书写大赛活动，汉阴县教育局获得优秀组织单位奖。申报创建省级语言文字规范化示范校10所，创建市级语言文字规范化示范校10所。大力推进开展学校语言文字规范化建设工作。

◎**民办教育**　民办中等职业学校2所，教职工159人，在校学生2082人；市属民办普通中小学5所（完全中学1所，十二年一贯制2所，九年制1所，小学1所），教职工656人，在校学生8539人；非学历高等教育机构1所，教职工28人，在校生3184人。安康高新中学、安康长兴学校创建省级标准化高中通过省厅专家组验收，汉滨区鸿志中学整体搬迁开始实施。对“1+1+2”（一法《中华人民共和国民办教育促进法》、一意见：《国务院关于鼓励社会力量兴办教育促进民办教育健康发展的若干意见》、两细则：《民办学校分类登记实施细则》《盈利性民办学校监督管理实施细则》）组织学习宣传，配合省教育厅对民办教育分类管理进行调研。配合市综治办继续开展民办非学历文化教育机构及校外托管机构的专项清理整顿活动，对汉滨区城区校外托管机构和非学历文化教育机构进行集中清理专项整顿规范，共清查校外托管机构和非学历文化教育机构50家，已办理营业执照和办学许可证44家，6家已关停，基本做到了依法管理。同时对暑期媒体关注的陕西爱心支教联盟违规举办收费培训班事宜进行排查清理，全市共排查取缔8家。

职业技术教育

◎**概况**　全市共有中等职业学校10所，其中公办学校8所，民办学校2所，现有教职工691人，在校学生18180人。

◎**基础能力建设**　认真实施职业教育能力提升计划，职业教育产教融合发展项目、职教中心基础能力三大项目建设，全年项目建设总投资5000万元，职业教育基础能力建设得到加强。加快中高职衔接，推动安康职业技术学院与县区中职学校扩大合作办学，2017年安康职院与石泉、汉滨、汉阴三县签订中高职合作办学。汉阴县创建第四批国家级农村职业教育和成人教育示范县已被教育部确认入围，石泉县创建第五批国家级农村职业教育和成人教育示范县通过市级评估；汉阴县成功创建为第十一批省级社区教育试验区。

◎**招生就业**　2017年，全市中等职业学校招生7533人，招生完成比例在全省排名第一；毕业5669人，就业5522人，就业率97.4%。在2017年陕西省普通高等学校职业教育单独招生考试中，全市中等职业教育毕业生参加单招考试116人，58人达本科线，本科上线率50%，较上年增加34人，增长141.7%；参加单招考试学生均达到专科线，专科以上上线率100%（其中石泉县职教中心45人参加考试，36人达本科线，本科上线率80%）。在普通高等职业教育分类考试综合评价招生中，全市参加分类考试202人，录取197人，录取率97.5%。

◎**职教师资** 全市中等职业教育专任教师614人，本科及以上学历584人，学历合格率95.1%。专业教师304人，占专任教师52.1%，双师型教师176人，占专任教师30.1%。加强教师队伍建设，先后选派28名管理人员和专业教师参加省级培训；积极组织教师参加国、省的各类教学比赛，汉阴县职教中心赖珍明教师团队作为陕西省唯一一队选手参加2017年全国职业院校信息化教学大赛并获得二等奖；在全国中等职业学校创新杯教师信息化教学设计和说课大赛中，安康市获得二等奖2个，三等奖2个；在2017年全省中等职业学校信息化教学大赛中，安康市5人获得一等奖，8人获得二等奖，14人获得三等奖。全市2名教师被授予“陕西省百姓学习之星”称号。

◎**技能竞赛** 在2017年全省中等职业学校技能大赛中，安康市获得个人赛一等奖3个，二等奖14个，三等奖23个。在第十三届全省中等职业学校“文明风采”竞赛中，安康高新中等职业学校、汉阴县职业教育中心荣获“优秀组织奖”；11件参赛作品获得一等奖、74件参赛作品获得二等奖、120件参赛作品获得三等奖、131件参赛作品获得优秀奖；46名教师获得“优秀指导教师”。成功举办了“2017年安康市中等职业学校技能大赛”，全市10所中等职业学校251名学生参加了动画片制作等12个项目的竞赛；旬阳县职教中心获得团体总分一等奖，石泉县职教中心、汉阴县职教中心获得团体总分二等奖，岚皋县职教中心、安康育英中等职业学校、汉滨区新建中等职业学校、白河县职教中心获得团体总分三等奖；熊孝波等17名教师获得“优秀指导教师”，龙万波等152名学生获得个人一、二、三等奖。在2016—2017年陕西省社区教育课程资源征集中，安康市教育局获得“优秀组织奖”，2件参赛作品获得一等奖，3件参赛作品获得二等奖，2件参赛作品获得三等奖。

◎**社区教育** 切实加强社区教育工作。联合九部门制定印发了《安康市教育局等九部门关于进一步推进社区教育发展的意见》，对全市未来几年社区教育的总体目标进行科学规划，对社区教育的主要任务进行具体部署。加强社区教育课程、教材和资源建设情况。组织开展全市社区教育特色课程评比、全市社区教育微课大赛评比、中心自制微课等方式推动安康市社区教育课程资源建设。评选出市级社区教育优秀课程资源14件并推荐申报省级课程资源，其中7件作品入围。开展社区教育理论研究，对汉阴县职教中心等10个单位申报了实验项目初评，并推荐汉阴县职教中心《依托沈氏家训开展公民道德素质教育的实践》等6个申报省级实验项目，经省教育厅评审领导小组的评审，汉阴县职教中心《依托沈氏家训开展公民道德素质教育的实践》、岚皋县城关镇号房湾社区《社区教育志愿者队伍建设实验》立项为陕西省社区教育实验项目。

◎**苏陕教育协作** 积极做好与常州市职业教育交流与合作，组织对常州职业教育进行考察，形成考察报告接待常州职业教育回访，并签订安康—常州教育交流合作协议，并以职业教育为突破口，通过学习引进职业教育发展先进理念、帮助构建现代职业教育体系、建立紧凑型校际合作关系、帮扶精品特色专业建设、互派职业教育干部教师、加强职业教育创新发展等六个方面来进行职业教育深层次合作与交流。

◎**人人技能工程** 2017年，安康市认真贯彻国、省关于加快发展现代职业教育的部署和要求，着力发挥县级职教中心的培训基地功能，对贫困人口接受职业教育培训进行精准分类，积极开展贫困地区农村实用技术和农村劳动力转移培训，实现“输出一人，脱贫一户”的要求，满足贫困地区技术技能型人才需求，累计举办培训班1383期，受训人107030人次，其中教育精准扶贫培训440期，受训人24195人次，未升学初高中毕业生“一个不少”的参加免费技能培训，共培训2510人，培训覆盖率100%，为更好的服务教育精准扶贫，服务县域经济和社会发展做出积极贡献。

电化教育

◎**教育信息化** 持续推进教育信息化管理机构标准化建设。在2017年完成6县机构标准化建设工作的基础上，加强对岚皋、汉阴、镇坪、汉滨四县区机构标准化建设工作的指导，岚皋、汉阴、镇坪3县增设机构、增添人员，加大资金投入、加快创建步伐，工作取得实质进展，顺利通过市上评估验收。制定印发了《推进中小学信息化教学应用工作的意见》。强化对石泉县教育信息化综合试点工作指导，石泉县国家级区域教育信息化综合试点工作取得丰硕成绩。形成了“县政府抓统筹保障、县教体局抓组织实施、县师训教研中心抓教学应用、县电教中心抓服务保障、学校抓具体落实、县教育督导部门抓评估考核”的教育信息化协同推进工作机制，综合试点工作被教育部评定为优秀等次。石泉县《教育信息化撬动城乡教育均衡发展》和旬阳第一幼儿园《“智慧校园”APP，家园互动助推器》两个应用案例被省电教馆推荐参加教育部评选。修订完善了《安康市教育信息化示范学校创建办法》和《安康市教育信息化示范学校创建标准》，对创建程序、创建标准、创建结果应用进行了完善。经过各县区初评，推荐26所学校申请市级验收。评估验收组通过现场查看、交流座谈，认定18所学校为安康市2017年教育信息化示范学校。

◎**实验教学** 2017年先后组织教师参加省教育厅举办的中小学实验教学说课大赛、小学科学教师实验操作技能竞赛、高中理化生实验操作技能竞赛活动和中小学、幼儿教师玩教具制作评选活动。取得一等奖6项、二等奖10项、三等奖12项、两个优秀组织奖的好成绩。通过实验操作技能竞赛活动，锻炼了队伍、展示了风采、提高了全市实验教学水平。

◎**信息化培训** 通过“中国教育电视台培训管理系统”，组织3500名中小学教师完成信息技术应用能力提升远程培训；“名师大篷车——信息技术应用基层行”先后在岚皋、汉滨、白河、汉阴、石泉、市二中等县区、学校开展信息技术融合培训7场，组织公开示范观摩课60余节，累计培训中小学、幼儿园教师1200余人；在镇坪、宁陕、紫阳、旬阳等县区先后举办“英特尔未来教育”项目培训班7期，完成中小学幼儿园骨干教师培训任务近400人。举办机器人创客教育师资培训会，邀请国家教育信息化产业技术创新战略联盟、全国青少年机器人技术等级考试管理机构领导专家对安康市中小学教师开展创客教育培训。就“教育机器人与创客教育”“JVC软件学习和WER普及赛项目规则”“全国青少年机器人等级考试标准”“机器人技术等级考试一二级内容”等相关知识进行培训讲解，通过技术讲解，现场演示，实践操作等方式，提高参训教师的技术应用能力。

教师队伍建设

◎**教研教改** 聚焦质量核心强化常规管理。坚持“长线安排、注重常规、动态管理”的工作思路，统筹抓好基础教育各学段学校教育教学质量的监测和指导。对全市高三年级教学工作进行视导，召开了2017年全市高三年级教学工作分析会，印发《安康市2017—2018学年度高三年级复习备考工作安排》。初步完成网上评卷系统的软硬件设置工作，认真筹备全市义务教育段全科抽考工作。继续加强常规管理典型校、课堂教学改革示范校的指导培育工作，不断激发典型校的区域示范引导作用。2017年，培育了汉阴实验小学等5所常规管理典型校和宁陕小学等7所课改示范校。聚焦内涵发展强化教育改革。稳步推进高考制度改革，先后组织县区教研室主任、骨干教研员、部分高中校长赴浙沪培训考察高中教育教学改革。启动第二批改革试点工作，初步建立了分层走班教学的管理体制和运行、评价机制，探索形成了“双班走班”“单元分层走班”“走班单元管理”等多种走班教学管理模式，编印了《试点工作资料汇编》。全市“三区一体化”改革步伐加快，2017年确立“营造公平均等研修环境”的新理念，在宁陕县召开全市教研协作区改革工作展示推进会，表彰了宁陕县筒车湾小学教研协作区等25个教研协作区为先进教研协作区。聚焦育人根本强化素质教育。聚焦育人本真，以德美共育为抓手，不断强化德育美育工作专业化、规范化、实效化，多项工作实现零突破。组织开展道德与法治、体育与艺术教育教学专项调研，先后分别举办小学和中学“安康市义务教育音乐课程标准研读暨乐器进课堂培训活动”，举办“安康市小学德育教育经验交流会”等素质教育研讨培训会8场，高规格高质量分别举办了安康市2017年体育优质课展评暨校园足球联赛活动和安康市2017年美术学科优质课展评活动。聚焦课程建设强化教研服务。组织开展义务教育段道德与法治、语文、历史国家统编教材市县级培训，举办了中学物理实验教学改革研讨会、技术学科研讨会、思想品德中考备考研讨会、初中生物课堂教学改革研讨会、历史教学年会、小学课外阅读推进会、小学一年级道德与法治国家统编教材教学研讨会、小学数学主题式校本研修课例观摩暨成果展评活动、第十一届小学语文阅读教学暨语文教师素养大赛、首届小学英语教师素养大赛，第五届幼儿园园长论坛暨联谊会、第五届幼儿园教师专业技能大赛和幼儿教师专业技能专项培训，组织参加国省两级中职学校信息化教学大赛、第十四届全省中职学校“文明风采”竞赛活动、德育暨首届班主任基本功选拔赛。先后在城区和各县镇开展“名师大篷车”活动8次，培训教师2000余名。不断深化校本研修管理工作，搭建全市校本研修管理平台，强化课题研究工作的管理与指导，2017年全市共审核立项“十三五”规划课题152项、结题72项，立项第四批市级学科带头人27项课题，省级“十三五”规划课题批准立项18项。推报陕西省第十届基础教育教学成果49项，其中一等奖1项、二等奖6项、三等奖15项，全年编辑发行《安康教育》6期、《教研通讯》7期、《教研简讯》5期，教研网站全年总访问量244306次，创设“安康教研‘微党课’”栏目并制作16期，为及时传播教研信息、教改动向起到了积极地宣传作用。《聚焦实践研究引领教师成长——安康市“十二五”基础教育优秀课题成果集萃》正式出版。

◎**师德师风建设** 将政治理论学习和理想信念教育纳入教师日常学习培训，广大教职工对中国特色社会主义的理论认同、政治认同、情感认同进一步增强。落实《师德考核办法》，实行师德考核一票否决，持续进行师德师风专项整治，组织400余名教师参加安康市2017年美丽乡村教师师德巡回报告会；大力营造教育系统浓厚的学习风气，全市教育系统开展“读好书、强素质、树形象”活动500余场次，市直教育系统党员干部每人每年阅读理论和业务书籍3本以上，记读书笔记1万字以上，写心得体会2篇。2017年市直教育系统有70余名教职工受到市级以上表彰，1名教师被评为全省“教书育人楷模”，推荐陕西省“特支计划”教学名师6名，10名教师获得正高级教师资格。

◎**教师培训** 全市中小学教师参加各类培训35245人次。其中集中培训17075人次（国培计划培训1034人、省培项目培训637人次、骨干教师域外培训培训981人、岗位培训14423人次），远程培训11700人次，送教下乡培训6470人次，校本研修活动全覆盖。

◎**骨干体系建设** 命名中小学幼儿园市级教学能手165人，推荐63名教师参加省级教学能手评选活动，58名教师获得省级教学能手称号，其中6名教师获得优秀教学能手称号。第三批省级学带培养对象15名被省教育厅、省人社厅命名为陕西省中小学学科带头人。完成第四批省、市级学科带头人培养对象遴选评审工作，15名教师被确定为陕西省第四批学科带头人培养对象，36名教师被确定为安康市第四批中小学幼儿园学科带头人培养对象。经过三年培养全市7名教师被正式命名陕西省教学名师称号。

◎**中小学教师资格考试认定** 完成了安康学院、安康职业技术学院师范专业应届毕业生1720人的教师资格认定工作并及时发放了证书。受理了959名社会人员认定教师资格申请材料，经过评审为895人认定了相应的教师资格。

◎**教师招募** 招聘特岗教师755名，事业单位公开招聘教师236名，安置免费师范生86名，接转263名服务期满特岗教师，为市直有关教育单位公开选调教师32名，优化了教师队伍结构。《汉滨区多措并举 确保特岗教师进得来留得住》入选全国特岗教师优秀工作案例，在教育部简报刊发。

◎**教师轮岗** 下发了《关于2017年义务教育学校教师校长交流轮岗工作安排的通知》，全市义务教育学校教师校长参与交流轮岗共1606人，占符合交流轮岗教师校长总数的17.09%，超年度任务46%。创新搭建了市直与县区交互选派教师平台，各县区共选派31名优秀教师到市一小跟岗学习。

◎**教育扶贫** 严格落实控辍保学“双线”“七长”责任制等10项制度，义务教育阶段建档立卡家庭学生全部入学，无辍学。全面落实学前教育到高等教育的资助政策，资助贫困学生15.48万人，发放资助资金2.5亿元。实现学前一年到高中十三年免费教育全覆盖，落实资金5.03亿元，受益学生36.45万人。建全特殊群体关爱体系，5.3万名留守儿童、4992名进城务工子、1611名残疾儿童平等接受义务教育。把教育扶贫作为头等大事、第一任务，坚持以教育扶贫统领教育事业发展全局，完善了教育脱贫工作领导小组，成立了教育脱贫办公室，制定了《2017年教育扶贫攻坚工作指导意见》，扎实开展问题整改，精心组织百日会战、冬季行动，高质量完成了教育脱贫各项任务。全市教育扶贫工作经验入选中组部，国务院扶贫办编写的《新发展理念案例选——脱贫攻坚》（党建读物出版社）、《教育扶贫安康的力量——安康市教育扶贫工作纪实》在《陕西教育》专题报道，《在秦巴山间谱写最美诗篇——陕西省安康市教育系统扶贫工作纪实》在《教师报》整版报道。汉阴县均衡城乡师资“为山区教育架桥搭梯”典型做法编入国家教育体制改革领导小组办公室《教育体制改革简报》，汉滨区构建的“345”教育精准扶贫模式、农村义务教育特岗教师管理经验受到教育部的肯定并向全国的推广，白河县职教中心学生被评为国家中职教育受助学生百名典型在《人民日报》报道，紫阳县职教中心的技能培训在“全省职业教育精准扶贫工作推进会”向全省推广。

◎**营养改善计划** 2017年，全市学生营养改善计划工作以加快推进学校食堂供餐为核心，按照每生每天4元、每学年200天的标准为学生提供营养膳食补助；截至年底共有886所学校、22.82万学生受益，继续保持农村义务教育学生全覆盖目标。全力推进学校食堂建设，配齐人员和设备，新建和改造学校食堂26所，面积8840平方米。全市共有799所学校19.4万学生由学校食堂供餐，占学校总数的90.2%；旬阳、白河、石泉、宁陕、岚皋、平利6个县达到食堂供餐全覆盖；共有87所学校3.42万学生由学校提供蛋奶、面包等早餐或课间餐，占学校总数9.8%。宁陕、石泉两县共有26所学校（其中石泉16所、宁陕10所）继续实施“阳光校餐”试点工作。

学校简介

安康学院

党委书记 王国良
党委副书记、纪委书记 闵小平
党委副书记 胡 波
副校长 杨行玉 向纪明
钟生海 张东红

◎**党建工作** 党建引领作用突出，为学校发展提供了坚强保障。学校党委中心组被省委宣传部评为全省“党委（党组）理论学习中心组学习先进集体”，党委书记在全省高校思想政治工作座谈会上作《唱响主旋律筑牢主渠道守好主阵地》交流发言。学校制定了《“三项机制”实施细则》《二级单位及处级干部考核办法》《后备干部选拔培养及管理办法》等多个制度，组织全体正处级干部赴延安集中学习。深入开展了两学一做、规范化党支部建设，党员带头作用得到了充分发挥。学校以巡视整改和“四个专项治理”为契机，通过弘扬学院精神、完善制度机制、加强执纪问责深化作风建设。

◎**教学工作** 不断优化专业结构，新增物联网工程、电子商务、护理学、网络与新媒体4个本科专业，申报了康复治疗学、商务英语2个专业。10个师范类专业顺利通过省教育厅组织的引导性评估，启动了计算机科学与技术等3个工程教育专业认证试点工作。出台了《安康学院推进“一流专业”建设的实施意见》，加大园林等12个“专业综合改革试点”项目建设力度，农学、园林、财务管理、汉语言文学4个专业获批省级“一流专业”建设项目。不断深化人才培养模式改革，获教育部产学合作协同育人项目6项，秦巴生物资源开发利用产教融合实践平台、现代电子信息技术产教融合应用创新基地获国家发改委立项，计划投资1.32亿元。各二级学院分别与西安云间科技、达内科技、阳晨牧业等12家企业签订产教融合、校企合作协议。新建产教融合实践教学基地32个、实验室16个，落实合作共建实验室项目7个。全面推进课程改革，制定了《安康学院加强课程建设与改革的实施意见》，组织了第三次“优秀教改示范课程奖”评选和第七届“青年教师教学基本功大赛”，开展课改活动50余次，遴选建设混改课程39门、教改示范课程46门，获批陕西省教学改革项目4项、新工科研究与实验项目1项，3门课程获陕西高校教师教育类在线开放课程建设立项，2门课程被推选参评国家级精品在线开放课程。改革课程考核评价体系，启动了142门次考试改革课程。

◎**学科建设与科研** 加强硕士点培育学科建设，召开了第三届学科建设大会，出台了《安康学院关于加强硕士点申请条件建设的意见》，制定了《安康学院新增专业硕士学位授予单位中长期建设规划（2017—2026年)》。获批2个研究生联合培养示范工作站，14名教师被西北农林科技大学、延安大学等高校聘为联合培养研究生导师。科研平台建设取得新成绩，与3家企业联合申报的“四主体一联合”科研平台——“陕西省富硒循环农业发展研究院”获得省科技厅批准。全校省级科研平台已达9个。获批“安康市家庭教育指导服务中心”“秦巴国土资源利用与环境保护协同创新中心”等市级科研平台3个。与西南大学家蚕基因国家重点实验室签署联合共建协议，积极筹建蚕桑重点实验室创新联盟。科研项目立项与奖励取得新突破，获批立项125项，合同经费1103.4万元，到账经费613.4万元，其中国家社科基金1项，省部级重大项目2项，横向项目55项，1个项目成功入选陕西高校产学研合作优秀成果案例。发表核心及以上论文94篇，新增授权专利9项，出版专著19部，省、市科学技术成果奖励13项，陕西省科协优秀论文二等奖1项，安康市第十三届自然科学优秀学术论文奖35项，两位教师获得第二届安康市青年科技奖。学报获“中国科技论文在线优秀期刊”二等奖。

◎**人才队伍建设** 出台了《关于进一步加强人才工作的决定》，召开了人才工作暨第四届教学工作会议，制定了《关于进一步加强博士引进培养工作的决定》《中青年教师海外研修实施办法》等文件，创立了校企共引共用博士的新模式。启动了教师岗位退出机制，8名教师转岗。2017年共引进博士14人、硕士17人。5名教师获得教授任职资格、13名教师获得副教授任职资格。从中国人民大学、云南大学等高校聘任学科首席专家5名，其中2人入选中国哲学社会科学最有影响力学者排行榜。1名教师荣获陕西省“劳动模范”称号，1名教师入选陕西高校首批“青年杰出人才”，1名教师被评为“安康市十大杰出科技人才”，2名青年教师荣获“安康市第二届青年科技奖”。35名青年教师赴行业企业进行为期2个月挂职锻炼，选派19名中青年骨干教师赴国内知名大学进行转型课程及能力提升培训。74名专任教师被学校认定为第一批“双师型”教师，“双师型”教师比例和质量稳步提升。

◎**学生工作** 2017年学校招生计划达到3393人，文、理科最低录取分数线均超过省控线11分，第一志愿报考率为98.4%。2017届毕业生就业率91.3%。统筹推进“课内外一体化”，大创立项120项，其中国家级22项，省级32项，申报率同比增长65%；“互联网+”大学生创新创业大赛，实现了竞赛赛道全覆盖，3个项目获得省赛铜奖，7个项目在微视频征集活动中获得全国优秀奖。大学生创新创业孵化园先后被安康市科技局、陕西省科技厅、科技部认定为“安康市众创空间”“陕西省众创空间”和“国家级众创空间”。学校被评为“陕西省示范性高等学校毕业生就业创业指导服务机构”。学校制定了《关于加强思政理论课程建设实施方案》，落实领导干部听思政课制度。推行学业导师制，完善辅导员工作考核评价机制，组织辅导员开展业务研讨和交流，编印《辅导员思政工作方法与探索》，设立思政专项研究课题。申报省级思政研究课题2项，2名辅导员获得省高校辅导员职业能力大赛三等奖，6名辅导员论文获省级表彰。扎实做好了学生日常教育管理、文明养成教育、心理健康教育等工作，学风建设效果显著。为761名建档立卡家庭经济困难学生发放资助金458万元，为558人提供勤工助学岗位400个，帮助1100余名学生办理了生源地信用助学贷款。617名困难新生顺利通过“绿色通道”入学，118名2017届建档立卡毕业生实现全部就业。获得全省高校校园文化建设优秀成果一等奖1项、陕西省第六届校园艺术节奖励5项、陕西省第五届大学生艺术展演奖励12项，1个项目被评为“陕西高校最佳志愿服务项目”，1个社团获“全国最具影响力环保社团奖”，学校被省委宣传部、省委高教工委、团省委等评为“三下乡示范学校”和暑期脱贫攻坚专项活动“社会实践先进集体”。

◎**合作交流** 学校向市政府提交了《关于加强校地合作、支持安康学院加快发展的意见》，积极推动省教育厅、安康市政府续签协议共建安康学院；与高新区达成战略合作意向，大学科技园项目获市发改委批复；与安康市中心医院建立合作关系，共建医学类专业。图书馆建设获得市政府1000万专项资金支持。围绕地方主导产业发展及社会需求，组建科技创新团队6个，建立产学研基地12个。与安康市科技局联合举办了第二届中国创新挑战赛（安康）。多方争取中省、社会培训项目，总计培训4500人。选派优秀干部组成扶贫工作队，扎实开展“两联一包”结对帮扶和“双百工程”助力脱贫，学校扶贫工作得到了中、省主流媒体的广泛关注和上级的高度肯定。选派10名教师、15名学生赴海（境）外研修学习，招收13名来自韩国、日本、喀麦隆等国留学生到安康学院校学习。新增与美国、新西兰、波兰、加拿大、泰国等国8所大学教育合作项目，与马来西亚城市大学联合开展MBA联合培养。1名外籍教师获得省政府嘉奖，4名台湾嘉南药理大学教师来校讲学。

◎**内部管理** 重新修订了《党委领导下的校长负责制实施细则》，规范议事规则，提高决策的规范性和科学性。出台了《安康学院规章制度制定管理办法》，启动了“废改立”工作。完成了全校“三定”工作。修订了经费预算、社会性服务收费和差旅费报销等管理办法，进一步规范了财经行为。积极争取上级部门和地方政府各类专项资金3450万元，到账2800万。归还教职工集资款647万元，银行贷款本金325万元，支付新校区工程尾款3571万元。新增、修订国有资产管理、招标采购规章制度21项，实施政府采购项目102项。加大监审力度，审减项目经费1632万元。认真落实教代会制度，充分发挥了教代会、工会在“三重一大”决策、干部考察、工作考核、绩效分配等事关学校发展重大事项、教职工切身利益工作中的重要作用，民主管理与民主监督渠道畅通，参与面广，民主治校氛围进一步浓厚。服务和保障方面，一是加快了信息化建设步伐，启动了OA自动化办公系统建设，完成了数据中心、江南校区弱电管网和无线网建设。二是加强数字图书资源建设，开展优质服务，共接待读者近12万人次，信息档案工作再获上级表彰。三是投资1000余万元对江南校区管网、食堂内部环境、江北校区1、2号教学楼地面等进行改造，江北校区围墙克服重重困难顺利合拢，图书馆主体工程通过初验，基础设施条件得到较大改善。公共卫生、生产安全和食品安全零事故，推行物业管理管评分离，水电供应等保障工作有力，圆满完成创卫复验、创森验收。四是加强校园稳定安全工作，认真落实稳定安全责任制，及时开展稳定安全风险评估、矛盾化解和隐患排查，完善了江南校区视频监控系统，两个校区运行平稳有序，校园稳定和谐。五是民生工作持续得到加强。江北校区196套教师公寓建设项目已获立项并完成规划设计，积极争取省财政养老金、职业年金专项补贴1548万并按政策及时发放给教职工，解决了32名青年教工子女跨学区入学问题，2017年绩效工资总量较上年提高10%，教职工收入持续提高。做实做细离退休管理服务工作。

（杨 红 屈玉渊）

安康职业技术学院

党委书记 唐 军
院 长 马恒昌
副 院 长 马晓华 谢开云
党委副书记 张慧丽（女）
副 院 长 瞿德明 赵德安 黄绪山

◎**基础建设** 学院于2010年启动新校区建设，累计投资8亿元。2017年，完成学术报告厅、运动场、体育馆建设和二期绿化，新校区建设全面完成。启动附属小学建设。校园占地面积550亩，校舍建筑总面积21.5万平方米，馆藏图书50余万册。有田径场2个，体育馆1个，球类场地70多个。固定资产1.6亿余元，其中：教学仪器设备总值7000余万元；教学用计算机1300余台，校内实验实训室94个、校外实训基地110个。

◎**学校管理** 学院实行党委领导下的院长负责制，实行院系（二级学院）两级管理。学院内设党政办公室、纪检监察审计处、组织人事处、宣传统战部、教务科研处、学生工作部、招生处、就业创业处、财务处、后勤管理处、保卫处、基建办公室等12个管理机构；设1个群团工作部；设技师学院、继续教育与培训学院、医学院、护理学院、师范学院、工程学院等6个二级学院；设基础教学部、图书馆、信息技术中心等3个教辅机构。召开了安康职业技术学院建院以来第一届教职工代表大会、第一次团员代表大会和第二次学生代表大会，三个“代表大会”促进了民主管理，为加快追赶超越凝聚了师生智慧和力量。

◎**招生与就业** 学院立足陕西省安康市，拓展辐射周边，扩大招生和办学规模，2017年全日制招生3557人，全日制高职在校生达到11663人。学院大力加强毕业生就业指导与服务，加大校企合作，全方位、多渠道搭建就业交流平台，不断提高毕业生就业率和就业质量。深化与世界500强企业纬创资通有限公司等企业合作，开办订单班。与陕西工运学院签订《联合培养高端养老护理人才（海外）就业合作协议》，首批选派63名优秀学生在陕西工运学院强化训练后将赴日本研修就业，标志着学院实现走出去战略，办学走出国门的关键一步，对于拓宽护理专业学生就业渠道、提升就业质量和学院社会声誉、推动学院开放办学及服务安康市养老事业，打造国家级医养结合示范市具有重要意义。成功申报市级养老护理人才培训基地，培训1362人。落实就业创业扶持政策，对建档立卡贫困户实施精准帮扶，确保100%就业。全日制高职毕业生4530人，就业3907人，就业率达到86.25%。

◎**教学与改革** 启动内部质量保证体系诊断与改进工作动员大会，全面推进高职院校内部质量保证体系诊断与改进，落实学院教育质量主体责任，加快建立自主保证人才培养质量制度，强化内涵发展制度的保障，奋力建设省级优秀高职院校。加大专业建设改革力度，精心组织实施护理等3个省级专业综合改革试点项目和高职改革创新行动计划支持专业建设项目，护理专业为省级一流专业建设专业，临床医学、学前教育专业为省级一流培育专业。加快优化专业结构，提高专业设置与区域发展的契合度，申报新增卫生信息管理、电梯工程技术等两个新专业。完成师范专业引导性评估自查自评。投资近400万元，新建人体解剖尸体库、生命科学馆、外科手术室。加快推进会计专业、汽车检测与维修专业实训室建设，接受运通驾校捐赠的10台教学用车。依托第三方调研平台对以往三届部分专业毕业生的就业情况展开调研，为专业建设和改革提供数据支持。完成了护理专业精品课程资源库建设，认真实施临床医学专业精品课资源库项目，推动院企共建精品课，以精品课程建设带动其他主干课程建设。坚持“理念引领、试点先行、能力导向、强化应用”原则，构建对接岗位的课程体系，持续推进课程教学范式综合改革，实现“知识传递—综合应用—拓展创造”的梯次课程教学目标。拍摄微课、慕课和实训视频，建设优质教学资源，整体提升校企专兼职教师课程建设水平。深化教学模式改革，建立完善“产教研相结合、教学做一体化”的应用型创新人才培养范式，实现校企、校校合作的全程对接。积极推行双证制，提高毕业生获取资格证比例。建成全媒体移动课堂和手机APP终端，实现线上线下混合式教学和翻转课堂学习。开展蓝墨云班课培训活动，提升专业教学和信息化能力，实现对学生学习的过程性评价和综合性评价。逐步引入行业评价，完善学校评价和社会评价相结合的评价体系，提高教育质量。2017年，学院教育教学和学生管理水平不断提升，学生综合素质稳步提高，获得多项表彰。舞蹈、建筑两个项目获全省职业院校技能大赛一等奖，并代表陕西省参加全国职业院校技能大赛，建筑专业获全国大赛三等奖1个；在全省高职院校技能大赛中，获二等奖1项、三等奖2项；在第二届“福思特杯”大学生会计应用技能竞赛中，获得高职团体特等奖。在陕西省第39届大运会中获男、女团体第二、总分第三的优异成绩。成功举办北迁整合后首届运动会、全市武术进校园启动仪式、职教活动周等一系列大型活动，展示学生综合素质。学院选送的舞蹈《青莲》、诗歌朗诵《相信未来》入选全国第五届大学生艺术节陕西赛区参演节目。

◎**教研工作** 学院现有教职工611人，其中副高以上职称155人，硕士96人，“双师型”教师185人；有国家、省技能大师、省级教学名师各1名，院级教学名师2名。2017年，学院设立教师发展中心，加强教师专业发展规划计划和制度建设，支持鼓励教师学历进修和专业发展，提高教学能力。创新“双岗轮换”的“双师型”教师队伍建设机制，促进医教深度融合。举办“骨干专业建设和职业教育形势”系列学术讲座，培训教师近1000人次。安排20批78人次外出学习，分6批选派21人参加双师型教师队伍培训。开展教学竞赛和青年教师听评课活动。建成国、省级技能大师、教学名师工作室4个。组织申报省级科研课题2项：《〈国家基本公共卫生服务规范〉实施背景下基层卫生人才培养模式研究与实践》获陕西省2017年高等教育教学成果奖二等奖，《基于“校企合作，工学结合”的高职院校临床医学专业、人才培养模、改革创新与实践研究》已申报省教育厅立项。出版发行校企合作院本教材1部，获陕西省技工教育教学工作指导委员会2017年优秀教研成果二等奖。教师发表论文30余篇。烹饪、茶艺、美容美发等专业3名教师在国、省、市有关竞赛中获得4个奖项。8名教师分别在建筑工程识图、测绘、会计、汽车营销方面获中、省技能竞赛二等奖、三等奖和优秀指导教师奖。1名教师获陕西省辅导员职业能力大赛二等奖。1名教师获陕西高校第二届心理健康教育优秀微课评选活动三等奖。

◎**新校区建设** 2017年，学院积极争取项目资金，完成了体育场、体育馆、学术报告厅、校园景观二期绿化工程。校园信息化建设完成中心机房、光纤铺设等硬件基础建设和无线网络全覆盖、一卡通，启动软件应用系统建设。安康市示范性综合实践基地完成15个室内场馆和2个户外项目建设。环境优雅、设施配套、功能完善的新校园基本建成。附属小学已于2017年8月份开工，确保2018年秋季招生。安康市综合培训中心项目积极推进。

◎**其他工作** 2017年，市委、市政府出台《关于支持安康职业技术学院追赶超越加快发展的意见》，提出要举全市之力办好职院，促进职业教育做大、做强、做优，支持加快建设安康市创新创业人才高地，对学院未来一个时期发展提出了明确的要求和支持政策。学院按照市委、市政府要求，制定了《追赶超越创建省级优秀高职院校实施方案》，全面启动省级优秀高职院校创建工作，加快提升办学水平和服务区域发展能力。统筹优化教育资源、整合优化办学功能，完成了整合后资产清查、人员清理、档案移交等工作，形成了全日制教学与非全日制教学兼顾，学历教育与短期培训并举，技能培训鉴定与社会服务资源共享、优势互补的办学格局，综合功能的优势不断凸显。学院充分发挥资源聚集的综合功能和多元办学优势，有效服务区域经济社会发展。主动承担社会责任，服务脱贫攻坚，按照“企业+合作社+贫困户”的模式，助推贫困村合作社发展和贫困户增收，巩固提高脱贫成果。与石泉、汉阴、岚皋三个县区签署《脱贫攻坚战略合作协议》，围绕精准帮扶，开展紧缺技能人才培养等十二个方面的务实合作。积极探索“金融（贷款）+职业农民培训+就业创业”的扶贫路子，建立院地长期合作关系，服务县区精准脱贫。发挥安康“安康和汤：绿茶冲泡新技能”专利技术和师资优势，与石泉县联合开展产学研示范基地和实体项目建设，助推县区茶叶产业及相关产业发展，服务精准扶贫。积极拓展社会培训，全年各类技能培训8562人次，职业鉴定12800余人，专业技术人员继续教育8050名。

（胡明龙）

安康中学

◎**教育扶贫** 2017年全校教职工积极响应校党委“扶贫济困资医助学”的倡议，共捐款21250元，校长、党委书记张礼俊带队利用暑假，走访贫困学生家庭6户，送上党和政府的关怀，送上全体教职工的爱心。在学校的统一要求下210名教师帮扶了390名建档立卡贫困学生，切实做好扶志扶智工作，并力所能及地给予贫困学生经济上的帮助。学校还采购了20台电脑、20个书柜，师生捐书10000余册，赠送给高新区部分中小学校，帮助他们实现义务教育均衡达标的目标。

◎**教学管理** 在教学方面认真贯彻省颁教学常规管理工作条例，严格执行省颁课程计划，对学校的授课计划、备课、教学、批改、辅导、复习、检测、素质评定等项教学规章制度做到严格要求，严格管理；在德育工作方面落实《安康中学中学生日常行为规范》，大力整顿学生的仪容仪表，规范学生穿着，严格考勤制度，发现问题及时纠正，促进优良校风的进一步形成；在教师管理上2017年修改完善《安康中学职称晋升晋级量化考核实施方案（试行）》，建立完善以质量为导向的学校发展、教学管理、检测评价、考核奖惩机制，使职称评审、评优选摸工作更加全面客观公正，充分调动广大教职工工作的积极性。

◎**教学质量** 经过全体教工的努力，特别是2017届年级组的顽强拼搏，高考一本上线1190人，比2016年净增23人，其中600分以上101人，二本以上1898人，比2016年净增90人，卢文涵同学获市政府励志奖，继续荣获安康市高中教育质量突出贡献奖和安康市高中教育质量卓越奖。

◎**素质教育** 坚持立德树人根本宗旨，为学生的全面发展搭建平台。努力做到每一堂课不仅传播知识而且传授美德，每一次活动不仅健康身心而且陶冶情操。2017年11月，由学校投资30万元，历时4个月建成的安康青少年毒品预防教育基地揭牌投用；11月学校入选“2017年全国中小学国防教育示范学校”；12月学校被教育部授予“国家青少年校园足球特色学校”。这些荣誉的获得展示了学校近年来的素质教育成果，也体现了党和政府对青少年全面发展健康成长的重视。

◎**队伍建设** 根据学校师资队伍建设发展需要，2017年度，学校新招聘免费师范生10名。11月，经市教育局研究决定，按期正式任命曾显志等5名中层管理干部。全面完成市教育单位2017—2018学年度支教任务。遵循“专家引领，同伴互助，自我反思，专业成长”的校本研修思路，以青年教师培养和骨干队伍建设为抓手，以教育教学的课题研究为突破口，充分运用学校学带工作坊、优秀教学能手工作站，以及各类网络教育资源，为教师专业发展搭建平台，拓宽教师专业化成长的渠道。通过开展“师徒结对”、各学科教学基本功竞赛、骨干教师展示课、青年教师研讨课、组织外出培训学习，请进专家校本培训等形式和途径，促进教师专业成长。开展了“巾帼十佳”“青年岗位能手”“最美教师”“优秀班主任”等评优活动。有7名同志被市教育局党委授予“先进党务工作者”“优秀党员”称号。

◎**校园建设** 继续巩固“五星级美丽新校园”建设成果，给师生创造一个舒适的工作生活环境。在扩建工程不断受外因干扰的情况下，完成了宿舍楼、大门改造，家属区停车场通道、食堂操作间修建等工程。高新校区于2017年12月6日破土动工，预计2019年秋季投入使用。

◎**精神文明建设** 切实抓好“三爱”（爱祖国、爱学习、爱劳动）“三讲”（讲文明、讲诚信、讲法治）“三护”（护安全、护健康、护家园）教育。积极开展“携手育人·大家访”活动，全面掌握学生的思想动态，密切配合，形成教育合力。狠抓学生行为规范教育，养成教育，让《中学生守则》落地生根。制定了《安康中学教师师德师风考核办法》，使教师的德育工作考评制度日趋完善。扎实开展各项主题教育活动。坚持以社会主义核心价值观为引领，紧扣“我的中国梦”主题教育，充分利用清明、五四、七一、十一等重要时间节点，通过传统节日，重大纪念日在青年学生中开展“书法进校园”“学习雷锋好榜样”“品味经典·对话青春”读书分享会、“社团文化节暨校园开放日”“德润安中，大美校园”中华经典诗文诵读大赛等等系列主题教育活动。举办了高一新生军训、暑期香港游学夏令营、运动会、元旦晚会等大型活动。成功举办2017年全国高校招生暨出国留学安康现场会。

◎**安全管理** 深入学习贯彻《安康中学安全管理办法》。一是完善安全工作制度，加强监督检查，狠抓工作落实，形成了全员参与、群防群治、齐抓共管的学校安全工作格局。二是抓好校园安全常态化管理。实行每周各部门综合考核巡视，每月一次安全隐患大排查，并及时通报整改。三是利用国旗下讲话，定期开展防传染病、防火灾、防溺水、防自然灾害等知识宣传，提高师生的安全防范和自救能力。2017年全年学校无重大安全责任事故发生，被汉滨区新城办评为“平安校园”。

安康市第二中学

◎**概述** 安康市第二中学是陕西省标准化高中、省艺术教育示范学校、全国足球特色学校。学校占地面积74亩，建筑面积2.3万平方米，有教学楼、学生公寓楼各2栋，办公楼1栋，食堂1栋，建成400米标准化塑胶运动场。有学生3203人，54个教学班，其中高中43个教学班，学生2565人；初中11个教学班，学生638人。有教师181人，其中高级教师56人，中级教师76人，教师学历达标率和岗位合格率均为100%。近年来，学校严格教学过程管理，加强课后辅导，强化教师考核，加强校本研修，努力打造高效课堂，教育质量逐年提升，2016年高考二本上线人数48人，2017年高考二本上线人数77人。学校在办好普通高中的前提下，狠抓艺术体育特长生培养，艺体高考二本上线人数占到上线总人数的60%（2017年体艺上线49人），总计为全国各大艺术体育高等院校输送了数千名优秀毕业生。

◎**书香校园建设** 把建设书香校园与改善办学条件，加强校园文化建设结合起来，与改变育人方法，提高教育教学质量结合起来，努力创设学习化、人文化，书卷气的校园读书氛围，让书香飘满校园，让读书成为教师的工作方式和学生的自觉需求，培养学生爱读书、勤读书的兴趣和习惯。

◎**实施陪伴教育** 根据生源状况，家长的期盼，学生的愿望，让陪读成为二中教师的特质，一种状态，一种信念，让陪伴成为彰显师德、师风、师能及仁爱之心教育形式。通过陪伴让学生爱戴老师，让家长认可老师，视老师为良师益友，从陪伴走向自主、自律。

◎**教育质量提升** 树立全面的教育质量观，实施素质教育，培养学核心素养。我们提出学生健康就是教育质量，学生阳光就是教育质量，学生发展就是教育质量，学生合作就是教育质量，学生安全就是教育质量，不断改进教学策略、方法和手段，提高“教”的质量和“学”的质量，指导学生养成好的学习方法和学习习惯，提高学生学习成效。

◎**教学改革** 以考试招生制度改革为契机，从学校的招生规模、班级设置、部室配置、教师结构、信息化水平等方面摸清底子，准确掌握情况，制订实施方案，明确目标任务，细化责任分工，逐项对照落实，为2019年秋季实施考试招生制度改革打好基础。以建立现代学校制度为目标，逐步建立完善一套干事创业、争先创优的鼓励激励工作机制，让想干事的人有机会，能干事的人有平台，干成事的人有地位，营造比、学、赶、超的工作氛围，切实增强广大教职工教书育人的积极性。

安康市初级中学

◎**党建工作** 通过多种形式学习贯彻党的十九大精神，推进“两学一做”学习教育常态化制度化；丰富党员教育形式，开展了多次主题党日活动；每名党员教师帮扶1—2名困难学生，助力脱贫攻坚工作；落实师德全员考核，教职工全员签订“反对大操大办承诺书”。党总支书记述职考核获得优秀等次，党总支“庆七一”党日活动”被局党委评为“优秀主题党日活动”。

◎**教学工作** 以加强教风建设为抓手，推进教学改革，提高教学质量，中考上线人数创历史新高，达安中录取线321人，达汉滨高中录取线532人，达江北高中录取线752人。培养省级学科带头人1人，省级教学能手1人，市级教学能手3人，选派44名优秀骨干教师参加域外培训机构培训，选派48名教师参加市级培训，组织150名教师参加远程网络培训。

◎**德育工作** 开展序列化的德育主题教育活动，习惯养成教育成效明显，评选表彰了优秀团员、十佳少年和校园之星等身边典型，利用升旗仪式和重大节日开展爱国爱党宣传教育活动。安全教育形式多样，全年无重大安全事故发生。组织开展了班主任基本功大赛，检阅了班主任队伍的素质和水平，落实班主任量化考核，分年级召开家长会，形成了家校携手共进的合力。

◎**改善办学条件** 以迎接义务教育“均衡发展”验收为契机，制定了学校“均衡发展”工作实施方案，落实硬件和软件建设，市教育局下拨资金1000万元，部室和信息化建设建设工作有序推进。完成了操场改造和地下车库建设工程，完成校园文化建设一期工程，新建录播室，改造升级考试监控系统，改善了办学条件。

◎**精神文明建设** 举行感恩教育、书信文化教育、生态文明教育、理想信念教育等主题教育活动，巩固省级文明校园创建成果，成功创建市级五星级“美丽新校园”，牛炯老师被评为“安康市好媳妇”，作为典型表彰宣传。校园宣传富有成效，完成《校志》编纂工作，在《安康日报》、安康教育网站刊登简讯20条以上，推送校园微信60余条，与安康人民广播电台897栏目合作，策划制作访谈节目，推介宣传学校的办学成果，扩大了社会影响力。

安康市第一小学

◎**概况** 安康市第一小学，是安康市教育局直属全日制公办小学，陕西省示范小学。创建于1932年，校园占地面积17400平方米，现有69个教学班，学生4960人，教职工151人，其中正高级教师1人，高级教师7人，一级教师96人，省级特级教师1人，国省市骨干教师、优秀教师、师德先进个人、课改、教科研先进个人137人，省级名师1人、学科带头人5人、教学能手27人，市级学科带头人5人、教学能手23人，各类骨干、名优教师占教师总数93%。学校内设30个活动部室，4个录播教室，校藏图书146040余册，各类报刊100余种；建有200米塑胶田径场，灯光球场，体育活动设施齐全；全校拥有700余台计算机，所有教学班均配备了“液晶触摸一体机”教学设备。

◎**队伍建设** 以王斌名师工作室为引领，加大培训培养力度，2017年1人获省级名师，1人获陕西省先进工作者（劳动模范），2人获省级学科带头人，1人获省级学科带头人培养对象，1人获省级优秀教学能手，建立工作站，3人获市级教学能手。提拔2名教师走入中层管理岗位，3名教师先后赴市教育局学习锻炼，5名优秀教师走上教研组、学科组管理岗位，8名教师参加全市赛教荣获一等奖。22名教师先后赴上海、青海、常州等地培训学习。创新开展“合作伙伴”，40名青年教师与骨干教师结为伙伴。通过赛课、经验交流、手把手帮扶等形式，加速教师成长，提高教育教学水平。

◎**党建工作** 认真贯彻党的十九大精神，常态化制度化推进“两学一做”，严格落实“三会一课”制度，持续推进新民风建设。领导班子带头参加支部活动，各支部召开组织生活会及民主评议党员。2017年召开党建工作会议18次，开展专题研讨5次，党总支书记、支部书记上党课共6节，举行廉政讲座3次，领导班子成员开展谈心谈话140人次。积极开展党日活动，组织党员外出党日活动3次，主题党日活动8次。每位党员下载安装安康先锋、陕西先锋微信公众号，手机+党支部工作规范，发布消息786条，评论1332条。开展党建助力脱贫攻坚工作，与49名扶贫对象建立一对一结对帮扶机制。

◎**德育工作** 开展“缅怀革命先烈·弘扬民族精神”“感恩教育”“珍惜每一滴水”等主题教育活动16次。利用队会、节庆日，开展开学典礼、毕业礼、新生开笔礼、学雷锋纪念日等主题活动25次。开展携手育人大家访活动，组织家长进课堂活动，家庭教育讲座等活动12次。开展《中华人民共和国国歌法》宣讲、气象局研学、“迎接党的十九大 做好学生引路人”、建队68周年、立冬等主题活动。校长荣获“陕西省支持少先队工作好校长”，四二中队荣获“陕西省优秀少先队集体”。

◎**教科研工作** 严格落实集体备课、综合学科大教研、候课制度，组织开展青年教师研讨课、骨干教师示范课等62节，开展推门听课23节，评议课活动18次，组织开展班主任、年级组长、教研组长、一年级教师培训6次。积极开展课题研究，5个省级、1个市级课题已结结题，8个省市级课题在研。人人参与小、微课题研究，汇集课题集1个，评出优秀课题103个。语文组荣获全市校本研修优秀团队。参与大学区活动4次，组织教学教研交流活动4次。创新开展“专业时光”研学活动，坚持每周二至周四每天1个小时理论学习、实践研讨，提高薄弱学科专业素养。承办“国培计划”乡村教师访名校双向“浸入式”培训活动，省内20个项目县50名学员来校培训，3次到国培项目县回访送教。开展汉字书写大赛、听写大赛、经典诵读、谚语小达人、课本剧表演、我爱七巧板、魔方我等会玩、巧算24点、英语演讲等竞赛活动。

◎**体卫艺工作**　以全国校园足球特色校为动力，发挥阿根廷外教的示范作用，开展足球名师大篷车活动6次，校园足球班级联赛120余场，足球社团队员达到280余人，荣获中国足协五人制校园足球培训与推广中心。举行第54届田径运动会、学生篮球联赛、跳绳比赛、广播操队列队形、啦啦操比赛，代表市直小学参加安康市中小学运动会，获小学组田径第三名、跆拳道第一名、足球团体第四名。组织学生学习陶笛，组建了学生管乐团。落实“新华美育”微课程公益项目，实行知识与实践测评相结合的双评价机制，开展在线学习活动。举办学生专题画展5场。《汉剧走进艺术课堂的有效性研究》荣获陕西省第十届基础教育教学成果评选二等奖。

◎**教育信息化**　全员参与“优课”评选活动，荣获市级优课18节、省级优课8节、部级优课2节。举办第二届微课大赛，评选出优质微课131节，10节在全市获奖，6节被推送省级参赛。参加陕西省“爱挑战”活动，成功挑战18项，保持省级记录4个，市级记录14个，被评为陕西省“爱挑战”优秀基地学校。新建3D打印、机器人创客教室，选送优秀教师外出培训4次。教育信息化工作经验在全市交流。学校被授予“安康市信息化建设示范校”。

◎**安全工作**　常态化抓好稳定安全工作，安全教育月月有重点、周周有主题。完善制度，夯实责任，强化落实，制定了《法治教育宣传五年发展规划》《“党政同责、一岗双责”暂行办法》，全员使用《中小学岗位安全工作指导手册》，扎实推进“六项五个一”项目建设，与教师签订安全责任书，召开12次稳定安全会议，开展应急演练5次，参与平安综治宣传4次，开展隐患排查8次，组织消防知识培训2次，更换130个消防器材，处理安全纠纷10余起，开展安全综合治理12次。积极开展综治平安建设，师生“两率两度”知晓率90%以上。

安康市第二小学

◎**概述**　一是学校服务区域不断得到扩大，现辐射原铁路辖区、中渡社区、关庙镇等区域，生源增至1778人。二是办学环境不断改善，新建2901平方米的综合楼投入使用，校园建筑面积达13403平方米；投资132万元更换86寸交互式一体机25个改善教学条件；投资2.7万元对食堂进行了改造，改善师生生活条件；投资10余万元新建红领巾广播站1个，标准党支部2个，少队部1个，大队活动室1个；投资10万元教师更换办公桌椅58套；投资70余万元进行舞台改造并安装了显示屏等。三是教师队伍结构趋于合理，6名优秀教师交流学习，1名教师（韩静）被陕西省教育厅命名为第三批“陕西省学科带头人”，其语文工作坊获得安康市“校本研修优秀团队”称号；1名教师（周国兰）获得“陕西省教学能手”称号；1名教师（王明福）获得“安康市教学能手”称号；10余位教师教学论文、课例等获奖，张莉老师的作品《小学科学实验教学改进策略》在全国基础教育优秀科研成果评选活动中获一等奖；王晓琴报送的课例《三角形的面积》被评为“一师一优课，一课一名师”省级优课；陈业花执教的公开课《妈妈睡了》在安康市第十一届小学语文阅读教学及语文素养大赛中获一等奖。四是学生得到全面发展，在安康市第六届中小学电脑制作活动中被评为“优秀组织奖”，学生电脑绘画《蓝眼睛》《和谐社会中国梦》等分获安康市第六届中小学电脑制作活动一、二等奖。五是学校教学质量得到提升，尤其是六年级毕业会考中，双科人均成绩综合位居江北片区第二，城区200人以上毕业生学校第二。六是学校办学质量有了新突破，获得“全国中小学足球师范学校”、“全国中小学中华优秀文化艺术传承学校”、“陕西省体育艺术2+1先进学校”、“安康市中小学课堂教学改革示范校”、安康市“校园足球”联赛第二名。

安康市幼儿园

◎**保教结合**　优化管理环节，制订学期、月、周计划，科学安排一日活动，坚持每天2小时户外活动，开展节日活动13次，安全活动10次，健康活动9次，制作保教简报61期；关注特殊幼儿教育，为105名困难幼儿发放生活补助40875元。坚持每月评选“明星宝宝”17人、“明星教师”3人，全年8次共160人。春秋季分别为幼儿测查身体，及时公布测查结果并指导家长科学育儿；创新菜谱，合理搭配，全年进行膳食营养分析4次，全年无传染病和食品安全发生。

◎**园本教研**　一是教研活动常态化。坚持每周教研，制定《园本研修手册》，全员参与，自我研修，学分认定达标率为100%。二是教研模式多样化。采用“菜单式教科研”模式，发挥本园教师技能优势，全面提高专业素质。三是骨干引领示范化。通过“一室四坊”工作引领带动，提升专业水准，使教师向研究型发展。四是课题研究战略化。实施“小课题大研修”战略，顺利结题省级课题1个和市级小课题3个，收集课题成果5册，研修资料80余篇；收集幼儿绘画作品200余幅，亲子手抄报10余册。

◎**校园文化建设**　一是创新文化主题。对校园文化重新设计，以“金州小浪花”为主题，分区域布置大环境。二是传承安康文化。分环创凸显一班一特色，将汉调二黄融入园所环境、融入课程。9月被省文化厅、教育厅授予第二批陕西省中小学优秀传统文化教育实践基地园。

◎**家园共育** 一是全年召开家长会4次，家长代表座谈会2次。二是开展亲子绘画、民间游戏、运动会、播播乐、节日等特色活动20余次，得到家长好评。三是利用“家园桥”、班级网站等教育平台，推进了教育资源共享。四是做好家访工作，填写家访手记200余份，发放调查问卷600余份。五是为家长开展育儿知识培训3次，1000余人受益。六是邀请家长助教21次，收集游戏载体80余个。

◎**安全管理** 一是安全工作重中之重，层层签订安全责任书，发放《致家长的一封信》600余份。二是做好三防，及时排除隐患。三是增设了高清摄像头11个，组建安全工作领导小组和校园救护队，开展演练活动8次，接待安全检查6次，全年无安全事故。

◎**优化环境** 投入资金220万元完成北一楼改造装修，新增录播室、园史馆、工会活动室，装修了保健室和监控室等；投资39万元添置北一楼新增教室的配套设备；投资45万元购置了教学投影仪、教学楼梯PVC地垫、壁挂式音箱、监控摄像头等。

安康市第二幼儿园

◎**概况** 安康市第二幼儿园主要为3—6岁儿童提供保育和教育服务。多年来该园坚持依法办园，民主办园，努力实践科学发展观，加强园务管理，优化幼儿在园一日活动，使保教质量稳步提高。2017年新建教学楼投入使用，上半年开设12个班，在园幼儿432人，保教收入358303元；下半年开设14个班，在园幼儿485人，保教费收入409345元，全年事业收入76.7万元。

◎**保教质量** 一是完善机构，夯实责任。二是专家引领，指明方向。共邀请7名专家来园进行专题培训，实地指导。三是主题活动，整合渗透。2017年大、中、小年级组共开展30个主题活动。四是骨干示范，聚焦领域。充分发挥省、市教学能手的骨干示范作用，聚焦五大领域，由罗万琴、韩亚莉、李梅、何秉横、王越五位省、市教学能手结合自己的教学实践和领悟进行了五大领域的微讲座和集体教学示范观摩活动，提升了老师们对五大领域核心要素的理解和各领域有效教学的方法策略。五是家园携手，协同教育。组织开展了“亲子合作　创意无限”“亲子美食制作活动”“巧手绘　齐分享　亲子读　齐声唱”“庆重阳　诵经典”“我运动　我健康　我快乐——亲子运动会”“亲亲自然　快乐成长——亲子踏青活动”“优秀童谣传唱活动”“共享游戏快乐　点亮快乐童年——亲子角色游戏表演活动”“与经典相伴　与书香同行——亲子读书月活动”等12次形式多样的亲子活动，使家长参与、认可和支持幼儿园的工作，调动家长参与幼儿园活动的积极性和主动性。

◎**常规管理** 一是完善保教常规管理制度。我们修订《安康市第二幼儿园一日活动保教常规》《集中备课制度》《电教设备使用管理制度》，通过日检查、周检查、月检查、学期检查等形式加大各项制度的落实力度，加强对教师日常保教工作的管理、指导。二是抓好班级常规管理。根据各班幼儿的年龄特点和发展情况，制订了28份班务工作计划和28份班级常规计划，完成了28份班务工作总结和28份班级常规总结，做到有计划，有步骤地开展各项活动，把培养幼儿良好的行为习惯和一日管理作为教师常规性工作，耐心细致，常抓不懈。三是抓好教学常规管理。我们加强对计划制定、集体教学活动、户外活动、区域活动、备课、听课评课、工作总结等关键程序的管理，规范教师保教行为，做好保教常规管理。2017年保教处、年级组长共审阅年级组教研计划6份、班级学期教育教学计划28份、班级月教育教学计划140份、周计划560份、活动设计2800余份、主题教育教学效果检查30次、集体听评课30余节。

◎**队伍建设** 一是加强师德师风建设。通过师德师风公开宣誓承诺、撰写师德师读书笔记、师德专题讲座、家长评议教师、争先创优评选活动等形式，形成“讲师德、讲奉献、讲实绩”的园所氛围，2017年共评出年度“优秀教师”5名、“优秀骨干教师”5名、“优秀党员”3名、“身边好园长、好班主任、好老师”4名。二是做好骨干教师及年轻教师的培养工作。2017年1名教师荣获省级教学能手，1名教师荣获市级学科带头人称号，1名教师被确定为省级学科带头人培养对象，1名教师荣获市幼儿教师基本技能大赛一等奖、省幼儿教师基本技能大赛三等奖，2名教师荣获市微课大赛幼儿园数字故事二等奖，3名教师在市级刊物上发表论文，8名教师在省学前教育研究会论文评比中荣获二、三等奖。三是为教师提供外出学习培训的机会。2017年共有53人次教师参加各级各类培训，其中国培14人、域外学带高级研修班3人、暑期骨干教师域外培训20人、国家体操培训1人、陕西省体操培训2人、暑期继续教育培训13人；坚持“一人培训，全园受益”的原则，要求每位外出培训的老师返园后进行专题讲座（或示范课），2017年共有19位教师返园后进行了再培训。四是开展专业技能提升活动。聘请高校教师为我园教师进行钢琴弹唱、儿童行为观察与分析、半日活动设计等专业技能提升专题辅导；开展“集体教学活动观摩”“教学能手评选活动”“教师专业技能大赛”“青年教师专业技能考核活动”“班级环境创设”等专业技能提升活动；通过每周一画、每周一曲、每周一舞等活动苦练基本功，提升教师的专业技能水平。五是积极开展骨干教师“工作坊”工作。陕西省第三批学科带头人培养对象罗万琴老师工作坊、安康市第三批学科带头人培养对象李梅老师工作坊按计划积极开展工作。两位教师带领坊员积极开展理论学习、专题研讨、观课议课、一课多磨、网络研讨、案例分析等形式多样研修活动，和骨干坊员先后10余次送教送培到镇坪、石泉、宁陕等县、镇幼儿园。

◎**园本研修** 一是年级组主题式研修。以“《指南》指导下主题活动课程实践研究”为园本研修主题，大、中、小班年级组每两周组织一次年级组主题研修活动，全年共开展60余次年级组园本研修活动。二是同伴互助类研修。充分利用园人力资源，聘请7名省级教学能手、学科带头人和专业技能突出的教师担任教学导师和技能导师，与42名教师签订了结对帮扶责任书、制定帮扶计划、完成帮扶任务，通过以老带新，以强带弱，共同成长。三是区域合作类研修。与片区内果园小学共同探索幼小衔接的内容及实施策略；开展园际交流研讨活动，与城区姊妹园开展跨园一室四坊教研联动活动，实现优资资源共享，优势互补；与安康学院建立合作育人基地，9名骨干教师被聘为安康学院学前教育系35名大学生校外实践基地实践指导老师，负责指导学生认真领会指南精神，完成教学实践任务。四是课题类研修。认真做好省、市立项课题的研究工作，李垂文主持的2016年度省学前教育研究课题《幼儿生态道德教育园本课程开发与应用研究》、张树静主持的市教育科学“十三五”规划2016年度规划课题《幼儿生态道德教育实践与应用研究》、朱娟主持的市“十三五”教育教学规划课题《幼小衔接中家园校三位一体合作教育的实践研究》、省学科带头人培养对象罗万琴专项课题《保护汉江水资源》有序推进，李梅老师的市学带专项规划课题《利用家庭资源实现家园共育的方法》已顺利结题。

◎**家园共育** 一是认真做好家长学校工作。加强家委会工作职能，充分发挥家长代表的带头作用，协助和监督幼儿园开展各项工作。二是积极开展“携手育人大家访活动”。各班教师通过上门家访、网络家访、电话家访等形式对900余名幼儿进行家访，实行全园幼儿全覆盖，了解幼儿的家庭情况、成长环境，有针对性地采取有效措施因材施教，携手育人，促进每个幼儿健康成长。三是积极搭建多种沟通渠道。通过家长会、家长开放日、家校通、班级QQ群、微信群、《幼儿成长档案》等形式及时交流、反馈孩子的发展情况和点滴进步，为家长提供有效的指导策略。四是组织形式多样的亲子活动。全学年共组织开展“亲子合作 创意无限”“优秀童谣传唱活动”“共享游戏快乐 点亮快乐童年——亲子角色游戏表演活动”等12次形式多样的亲子活动。

◎**示范引领** 一是搭建南北幼儿园的交流平台。我们认真落实省教育厅《关于开展陕西省第二轮省示范幼儿园结对帮扶活动的通知》精神，与榆林市定边县白湾子镇中心幼儿园建立结对帮扶关系，通过送教下乡、专题讲座、座谈研讨、实地指导等行之有效的措施积极开展帮扶活动，从硬件设施、环境创设、保教工作、卫生保健、档案资料等诸项工作进行实地查看，现场指导，取得实效。二是加大城乡幼儿园的互动力度。我们和汉阴县双乳镇梦之源幼儿园开展结对帮扶活动，通过发放调查问卷、签订帮扶协议、召开帮扶座谈会、集体游戏活动示范观摩、现场查看指导等形式进行有针对性的帮扶活动，使该园在园务管理、保教质量等方面得到提高。

◎**工作成效** 2015年3月被陕西省教育厅确定为陕西省《3—6岁儿童学习与发展指南》实验园、幼儿快乐体操多次荣获全国、陕西省幼儿快乐体操团体、个人一、二、三等奖，并成为安康市首家国家级快乐体操试点单位；陕西省幼儿园“我运动 我健康 我快乐”韵律操展示评比活动城区二等奖；陕西省户外游戏活动评比二等奖；安康市平安校园；安康市校本研修优秀团队；2017年成功承办了安康市幼儿教师基本技能大赛、安康市“名师大篷车”专项技能培训、国培计划（2017）陕西省乡村幼儿园转岗教师浸入式培训，受到了各级领导、同行的高度赞誉。近年来，该园6名教师荣获陕西省教学能手称号，3名市级学科带头人；1名省级学科带头人培养对象；4名教师分别在省幼儿教师技能大赛中荣获三等奖、7名教师在安康市技能大赛中分获一、二、三等奖；10名教师6个作品荣获市微课大赛幼儿园数字故事一、二、三等奖，3件教玩具作品获省、市二三等奖；14名教师论文在市级刊物上发表，30余篇教师论文在省学前教育研究会评比中荣获二、三等奖，7项省、市级课题均顺利结题。

科　技

安康市科技局

局　　长　刘昌兰（女）
副 局 长　孙伟庆
纪检组长　马　瑛（女）
副 局 长　谢　勇
总工程师　刘安琴（女）

◎**科技计划** 全市共承担中省计划项目59项，争取项目资金2225万元。其中：陕西省重大科技创新专项资金计划项目5项，项目资金205万元；陕西省科技研究发展计划项目41项，项目资金1219万元；陕西省中小企业发展专项资金计划项目3项，项目资金240万元；中央引导地方科技发展专项资金计划项目2项，项目资金180万元。

◎**科技项目管理** 2017年，安康市财政局、安康市科技局共同下达《安康市二〇一七年科学技术研究发展引导计划》，共安排重点项目59项，下达市本级科技研究发展专项经费200万元。其中：工业科技项目9项，项目经费35万元；现代农业科技项目20项，项目经费74万元；社会发展科技项目8项，项目经费11万元；科技创新能力提升及科技成果转化10项，项目经费66万元；软科学研究项目12项，项目经费14万元。

◎**科技成果管理** 2017年，市政府表彰奖励2016年市级科技成果奖。全市有4项科技成果获得陕西省科学技术奖励，其中：二等奖1项，三等奖3项。根据国务院办公厅《关于深化科技奖励制度改革的方案》（国办函〔2017〕55号）的有关要求，安康市人民政府废止了《安康市科学技术成果奖励办法》（安政办发〔2017〕60号）。

◎**民营科技企业管理** 2017年，在全市范围内重点扶持10户科技创新示范企业，培育40户科技型“小巨人企业”，发展200户科技型小微企业，并组织50个市直部门开展重点科技型企业对口包联，实行“一企一策”和定制化包联帮扶。累计为重点科技型企业筹措各类资金15776万元，以企业为主体，组建省级工程技术研究中心和校企联合新型研发平台2个、市级工程技术研究中心5个，开发新技术20项，研制新产品15个，转化科技成果24项，授权专利92项，取得科技成果10项，与中科院大连化物所等30余所高校开展了产学研合作。2017年，全市高新技术企业培育认定工作成效显著，共组织15家民营科技企业开展了认定申报，陕西中科纳米材料股份有限公司等12家企业被认定为2017年度高新技术企业，增幅达91.67%，位居全省第一。截至2017年底，全市高新技术企业总数达21家。

◎**科技交流协作**　由科技部火炬中心、陕西省科技厅、安康市政府联合主办的第二届中国创新挑战赛赛事活动成功举办。大赛围绕新型材料、装备制造、生物医药和富硒产业发展共公开发布了68项技术需求，其中57项技术需求收到157个团队投标报名参赛。通过现场比拼和需求对接两种方式决出优胜奖6名，奖金各10万元；优秀奖6名，奖金各1万元，有46项技术需求达成意向，并签订合作协议62份，协议金额达4020万元。安康国家高新区排名位列73名，进入全国中游；旬阳高新区建设加快推进，市委市政府印发实施了《关于支持旬阳高新区加快发展的意见》。安康学院与安康阳晨现代农业集团有限公司、安康市汉水韵茶业有限公司、镇安县雪樱花魔芋制品有限公司联合组建“四主体一联合”校企共建新型研发平台——陕西富硒循环农业发展研究院。陕西省钒新材料和先进储能工程技术研究中心获省科技厅批准组建。新建安康市锌基纳米材料工程技术研究中心、安康市环卫产品工程技术研究中心、安康市中药配方颗粒工程技术研究中心、安康市铁/铝基新材料工程技术研究中心、安康市心血管疾病研究中心5个市级工程技术中心。推荐申报的“安康学院大学生创业孵化园”获国家级众创空间备案。“汉阴硒菊农科星创天地、镇坪县农科星创天地、平利绞股蓝产业星创天地、岚皋魔芋产业开发星创天地”4个星创天地获省级星创天地命名，其中“陕西镇坪农科星创天地”被科技部备案为国家级星创天地；新建汉阴县“互联网+田园综合体”农旅星创天地、秦巴绿色.旬阳智慧农业星创天地、白河天宝硒谷农业星创天地3个市级星创天地。新组建陕西省魔芋产业技术创新战略联盟1个。6月15日，全省星创天地建设工作现场会在安康召开。11月17日，组织参加陕西（深圳）科技创新发展交流会。11月24日，组织参加2017陕西一带一路科技创新创业博览会。

◎**科技宣传**　参与了在白河县举办的“科技、文化、卫生三下乡”活动及由安康市科协牵头的“科技之春”宣传月活动；牵头组织了2017年科技活动周系列宣传活动，向各县区印发了活动方案，共计组织市本级及各县区通过资料发放、科普咨询、技术培训、政策宣传等方式开展各类宣传活动14场次，安康金州播报公众微信平台宣传5次，省市网站、《安康日报》等媒体报道3次。科技局被省科技厅评为陕西省科技活动周先进单位，孙小斌、张永平被省科技厅表彰为陕西省科技活动周先进个人。

◎**科技成果转化**　2017年6月26日，中共安康市委、安康市人民政府印发实施《安康市促进科技成果转化实施办法（试行）》（安发〔2017〕14号），通过明确制定激励政策，强化措施保障，为加快促进科技成果转化提供了政策保障。组织实施了省科技厅成果转化项目“黄姜加工废水工业化综合利用”等24项。

◎**知识产权管理**　2017年，全市申请专利787件，其中发明专利172件。2项发明专利获得2017年陕西省专利奖，其中二等奖一项、三等奖一项，获奖数量和等次在全省地市排名中名列前茅。开展了“知识产权强企行动”，实施了“安康富硒食品产业知识产权密集型产业培育发展计划项目”。于2017年4月26日举办了“安康市富硒产业知识产权信息研究成果发布”暨“中国富硒产业创新发展与知识产权论坛”，并正式启用“中国富硒产业专利数据库”。联合安康市委组织部、宣传部、市科协于11月15日举办“安康市党政干部知识产权报告会”，培训党政领导干部240人；2017年全市共举办各类知识产权培训18场次，培训1350人次。实施“知识产权密集型产业培育发展计划”项目。指导平利、汉阴创建“富硒知识产权密集型产业重点县”，培育和验收富硒产业知识产权重点企业5家；指导全市4家企业开展知识产权贯标工作。

◎**农业科技产业示范园区建设**　“汉阴县农业科技园区”被正式认定为陕西省农业科技园区。组织建设提升了“汉滨区周林茶叶”“汉阴县中药材杭白菊规范化种植”等10个农业科技示范基地。建立科技扶贫示范点10个。

◎**富硒食品产业发展**　将101家从事富硒产业的科技型企业纳入全市企业创新工程，其中6家企业作为科技创新示范企业进行培育，21家企业作为科技型小巨人企业进行培育，74家企业作为科技小微企业进行培育，对经认定的市级科技创新示范企业、科技型“小巨人企业”、科技型小微企业分别给予不超过20万元、10万元、3万元科研资金补助。47家富硒产业类企业被评定为市级科技型企业，其中科技创新示范企业4家、科技型“小巨人企业”13家、科技小微企业30家。委托西北大学经管学院开展了中国硒谷品牌研究，委托陕西师范大学商学院开展科技资源匮乏地区创新驱动发展路径研究，为安康市富硒品牌打造和科技创新路径选择提供了参考依据。成功举办“安康市富硒产业知识产权信息研究成果发”暨“中国富硒产业创新发展与知识产权论坛”，正式启用“中国富硒产业专利数据库”。建成陕南首家校企深度融合新型研发平台——陕西富硒循环农业发展研究院。以第二届中国创新挑战赛（安康）为载体，在大赛68项技术需求中，筛选确定45项富硒产业技术需求，面向全国公开招标，广泛征集解决方案。

2017年度安康市科学技术成果获奖情况表

级别	等次	获奖成果名称	主要完成单位	主要完成人
陕西省科学技术奖	二等奖	魔芋产业化“安康模式”配套技术研究与示范推广	安康市农业技术推广中心、安康学院、陕西省紫阳县富硒食品有限公司、安康市龙飞魔芋食品有限公司、岚皋县明富魔芋生物科技开发有限公司	崔　鸣、李建国、李　斌、李增义、王志荣、周益斌、冯永华、王大龙、鲍洪明
	三等奖	原发性肝癌致病机制研究及应用	安康市中心医院	江自成、赵英仁、唐先梅、黄辉红、张　瑜、李　冰、柳　俊
	三等奖	轻简高效蚕桑生产技术集成与示范	西北农林科技大学、安康市蚕桑产业发展中心、石泉县蚕桑发展服务中心	苏　超、孙自余、薛忠民、陈正余、肖乃康、陈　旗、杨学忠
	三等奖	汉江安康段渔业生态养殖技术研究与示范	西北农林科技大学、安康市鱼种场、安康市渔业局	刘　超、李寒松、成定北、李志安、吉　红、王　斌、刘晓婷

2017年度安康市重点科技创新项目立项情况汇总表

项目类别	项目名称	项目负责单位
陕西省科学技术研究发展计划	陕南白山羊品种改良及高产肉力高繁殖力生态健康养殖技术开发	安康市康荣农业科技有限公司
	生猪生态健康养殖综合配套技术研究与推广	安康市汉滨区全晨农业科技有限公司
	秦巴土鸡提纯复壮关键技术研究与应用	岚皋县南宫山镇西河村土鸡养殖农民专业合作社
	林下生态养鸡关键技术研究与推广	安康康泰牧业有限责任公司
	秦巴山区多鳞铲颌鱼繁育技术研究与应用	镇坪天源生态养殖有限公司
	水稻的高产栽培技术研究	平利县桦楠农业科技有限公司
	魔芋新产品开发技术研究	安康市农业科学研究所
	脑电图睡眠周期分析结合褪黑素分泌节律预测昏迷病人觉醒的临床研究	安康市中心医院
	紫阳金钱橘产业科技扶贫示范基地建设	紫阳县城关镇双坪柑橘专业合作社
	“大荔模式”发展岚皋富硒土鸡产业建设	岚皋县辉宏农业发展有限公司
	紫阳县茶产业技术服务“大荔模式”建设	陕西省紫阳县龙腾富硒茶业有限公司
	安康市农科所科技扶贫培训	安康市农业科学研究所
	镇坪乌鸡产业发展示范基地建设	安康滕展农业有限公司
	旬阳县魔芋产业科技扶贫基地建设	安康飞跃魔芋食品有限公司
	有机大米、有机杂粮、有机养殖科技扶贫示范基地建设	宁陕县绿宝生态农业专业合作社
	凤堰古梯田千亩富硒有机水稻栽培技术集成与开发	陕西秦沪农业科技有限公司
	平利茶叶标准化技术集成与示范	平利县田珍茶业有限责任公司
	“德香鸢尾”规范化生产关键技术集成与示范	紫阳县春华茶树种苗有限公司
	女娲红茶种植加工技术研究与标准化示范	平利县福鑫茶业有限公司
	白河光皮木瓜食心虫综合防控技术研究及示范推广	白河县林业技术服务中心
	汉阴县特色茶全产业链集成与示范	汉阴县嘉木田园生态农业科技有限公司
	秦巴山区特色花卉繁育技术集成示范及其产业化开发研究	紫阳县秦巴富硒饮品有限责任公司

续表

项目类别	项目名称	项目负责单位
陕西省科学技术研究发展计划	植物提取废渣与桑枝新型材料栽培猴头菇、姬松茸技术研发与示范	安康市农业科学研究所
	硒矿资源调查及富硒土壤营养强化剂开发	紫阳中地大硒科技有限公司
	硒化魔芋低聚糖制备及功能食品开发	安康龙飞魔芋食品有限公司
	黄姜加工废水工业化综合利用	白河县永宏化工有限责任公司
	微创技术在秦巴山区患者复杂牙拔除中的临床应用研究	安康市中心医院
	紫阳县轻质穴盘茶苗繁育和移栽技术集成与示范	紫阳县科学技术局
	岚皋富硒茶标准化示范基地建设	岚皋县农林科技局
	安康市科技创新公共服务平台建设	安康市科技局
	岚皋县农村实用技术普及与推广	岚皋县农林科技局
	陕西省先进储能与钒新材料工程技术研究中心	陕西华银科技股份有限公司
	安康市农业科学研究所科研设施设备改造提升项目	安康市农业科学研究所
	安康富硒产业星创天地	紫阳县硒资源开发有限公司
陕西省重大科技创新专项资金项目	重型汽车前轴智能一次成型技术项目	陕西奥邦锻造有限公司
	拼货通网络服务交易平台	陕西安康德隆网络科技有限公司
	绞股蓝系列产品技术应用与产业化开发	陕西女蜗神草农业科技有限公司
	陕南富硒猕猴桃新优品种示范推广项目	岚皋县秦巴生大农业有限公司
	彪吻鲟规模化繁育技术、生态养殖技术创新与应用	安康市汗水兄弟水产有限责任公司
陕西省中小企业发展专项资金项目	基于互联网+皮护通平台	安康市智仁电子科技有限公司
	杜仲胶个性化假肢接受腔	安康华晔现代杜仲产业有限公司
	紫阳县富硒黑蒜饮料开发	紫阳县绿安现代农业发展有限公司
	富硒茶叶资源综合利用技术应用与产业化开发	平利县飞燕茶业有限公司

文化 旅游

文化艺术

安康市文化文物广电局
局　　长　杨海波
副 局 长　王应珍（女）　王　军

◎**文化市场管理**　以"扫黄打非"为统揽，召开了全市"扫黄打非"工作会议，下发总方案和五大行动方案。提请市委常委会研究扫黄打非工作，由市委办牵头组织了专项督查。全市139个镇和1626个行政村建立了"扫黄打非"办（工作站），汉滨区老城办进基层示范点申报为全国扫黄打非进基层示范点。按照"双随机"要求，组织全市执法人员不定期检查各类文化市场。出动检查人员8613人次，检查各类文化经营场所3453家次，责令整改51家，停业整顿14家，立案调查62家，办结案件61件，收缴非法出版物6.29万件。举办文化市场经营业主培训13次，组织文化市场法律法规宣传活动26次、发放宣传资料2万份，并开通了安康文化执法微信公众号。2017年6月，文化局报送的一件案卷被文化部评为"全国文化市场综合执法优秀案卷"。

◎**文化活动**　安康中心城市"文化大本营"工程开展各类文化服务1227场次，服务群众420余万人次，广播电视媒体开办文化服务栏目7个、播出331期。"一村（社区）一年一场演出"工程，举行演出2200余场次。"我要上龙舟节"县区特色文艺节目展演活动服务群众30余万人次，形成了好戏连台、观众如潮的景象。

◎**公共文化基础建设**　汉江大剧院等重点设施建设加快推进，2个县文化综合体完成项目前期工作，实施了6个县区图书馆改扩建工程。以西部第一、全国第三的成绩，获得第四批国家公共文化服务体系示范区创建资格。平利创建省级文化先进县通过初评，汉滨等7个文化先进县通过复查验收，达标巩固率保持全省前列。新建基层综合性文化服务中心505个，万人拥有基本公共文化设施面积增长至478.72平方米。

◎**文化交流和对外宣传**　安康龙舟文化节实现了回归传统、回归群众的重大转型，突出独特性、融合性、创新性和参与性，10项大活动、40项子活动的持续时长、规模之大创下新纪录，赢得广泛关注和好评。首倡举办"南水北调中线城市文化联动"活动，以"同饮一江清水·共建精神家园"为主题，6个省（市）的15个城市积极参与，举办了文化合作发展论坛等四项活动，得到了文化部、国务院南水北调办的支持肯定。连续四年组织"春雨工程"——文化志愿者边疆行活动，持续与豫、鄂、甘、川、渝等毗邻地区开展文化交流，安康文化"走出去"取得明显成效。

◎**文学艺术创作及成果**　以推进"十强百优"文化人才扶持培养计划为契机，重点支持文艺创作精品17部，扶持个人和集体创作项目25个。第八届省艺术节期间，新编排5台大戏参评参演，新编排4个优秀作品参加省群星奖决赛。《热闹村的热闹事》剧本入围中国文联2017年文艺创作资助项目。《汉水安康》入选全国优秀纪录片，《美丽的桑园坪》《秦巴汉水紫阳春》在央视播出。王关棣美术作品《正月里来是新年》入选"泾上丹青·全国中国画作品展"，《阳光灿烂的日子》入选第九届中国体育美术作品展。12件美术作品入围丝绸之路国际艺术节展览。对获得第七届文学艺术精品创作奖"艺术类文艺精品奖"的28个作者进行了表彰奖励。

◎**振兴汉剧工程**　继续深入开展汉调二黄资料收集及理论研究，出版《汉调二黄口述史》，汇编出版了《汉调二黄打击乐》并录制配套视频资料，为全市汉调二黄爱好者提供了规范的学习参考资料。打造了汉调二黄现代戏《风雨赵家楼》，参加陕西省第八届艺术节并获奖。对30名市级汉调二黄传承人给予补助。

◎**省、市文化艺术获奖名单**　陕西省第八届艺术节上，陕南民歌剧《街灯》、大型汉调二黄现代戏《风雨赵家楼》获"文华剧目奖"；屈秀萍、袁小龙获"文华表演奖"；邹永礼获"文华作曲奖"；蔡文辉获"文华舞美奖"；音乐类节目《汉江船夫曲》获陕西省"群星奖"。安康市共有7个县区300余名演职人员参与了陕西省第八届艺术节5大类38项评奖、演出活动。参赛项目之丰富、参演人员之多，持续时间之长创安康市参加历届艺术节之最，代表了安康市舞台艺术发展繁荣的新水平。陕南民歌大赛上，彭忠波、黄杰、袁国辉、屈秀萍4名选手获个人一等奖，入选“十大陕南民歌手”；1名选手获个人二等奖，3名选手获个人三等奖，女子组合获优秀组合奖，《汉江船夫曲》获“新作品奖”等。

◎**文化产业统计调查和监测** 采取“扩投资、育规上、推融合”等重点措施，积极培育“文化+”业态，提请市政府下发了《关于落实推进文化创意和设计服务与相关产业融合发展的实施意见调查摸底的通知》，发展重点融合项目30个。全市规上文化企业总量达99家，规上文化企业营收总额35.07亿元，规上文化企业营业性收入增长25.3%，文化产业增加值29.8亿元。

◎**文化体制改革** 统筹兼顾，立足实际，实施了以同城一支执法队伍为重点的文化市场综合执法改革。市图书馆、安康博物馆、“藏一角”博物馆和白河、石泉、紫阳、镇坪、平利等6个县图书馆组建了理事会。旬阳开展了文化馆、图书馆总分馆制试点，并列为全省试点单位，汉阴县启动了总分馆制工作。

◎**其他工作** “全民共建新民风·精神脱贫奔小康”文化扶贫演出2155场次，争取省文化厅文化惠民演出80场次；“广电扶贫·宽带乡村”工程为贫困户安装有线电视22675户，安装开通WiFi热点150个。扎实推进旬阳县金寨镇寨河社区扶贫帮扶工作，争取项目资金129余万元，单位出资12.8万余元、干部个人出资13万余元，捐赠物资价值近2万元，开展了基础设施建设、培育发展特色产业、强化村容村貌整治、结对帮扶、联校支教、送温暖献爱心等一系列帮扶工作。

安康市图书馆

◎**简述** 2017年1月12日，开展“原创年画”作品征集活动，征集作品192幅，15幅在省图书馆获奖；举办“回家过年随手拍”年俗摄影大赛，收到作品119组，评出获奖作品50组，出版获奖作品集《秦巴年俗》。4月至7月，带领全市11所公共图书馆完成全国第六次县级以上公共图书馆评估定级迎验准备工作；8月16日省专家组对安康市图书馆、汉滨区少儿图书馆、平利县图书馆、白河县图书馆评估工作进行实地复评。5月1日，夜间开放时间调整为18：00—20：30。5月18日，建成陕南首家24小时自助图书馆1个并对外开放，日均接待读者500余人次；与汉中、商洛建立陕南地方文献业务建设联盟。成立业余读书团队15个。5月以“安康阅读吧”开馆为主题，开展“寻找上世纪的老读者”活动，百名机关干部、企事业单位管理人员、政协委员到馆体验；在市区与60家企事业单位签订共建“书香机关”“书香学校”“书香企业”协议，免费办理读者证5391张。6月1日“书香之夜”亲子活动，为到场儿童和“书香母亲”分别颁发纪念品；“走进安康阅读吧”体验式诗文大赛，收到作品500余件，评出获奖作品55件。10月，开展“尚文明礼 书香三秦”书法作品大赛，向省图书馆报送作品100余件，9件作品获奖，安康市图书馆获优秀组织奖。10月，开展“书香喜迎十九大”专题书目阅读竞赛、“习近平三部曲”阅读分享竞赛、电影影评、随拍竞赛、征文竞赛活动，收到各类征文129件，评出优秀作品37件，优秀组织奖2名。12月，与汉阴县、旬阳县图书馆合办“两城同读一本书”活动。全年与安康学院、安康职业技术学院等院校建立送阅读志愿服务组织9支，发展会员120人，送阅读到乡镇敬老院20多场次，受众群体1000余人次。新增图书58748册，人均新增图书0.02册。

安康市群艺馆

◎**公共文化服务** 创新活动思路，提升品牌效应，“公益文化春风行·关爱留守儿童”走进建民镇四档小学，为孩子们送去了书法培训、舞蹈培训、健康知识讲座以及捐赠了价值5000元的图书。从农历正月初七至正月十六连续10场“戏台搭在馆门口·民间文艺闹新春”城区文艺社团展演；举办全市文化馆业务干部技能大赛暨合唱比赛等各类文艺演出58场次，服务群众4.5万人次。认真总结分析2016年中心城区公共文化服务满意度测评群众意见反馈，全面提升服务效能与服务质量，2017年群众满意度大幅提升。

◎**文艺创作** 以党的十九大召开和陕西省第八届艺术节举办为创作重点，组织一系列采风、征集活动，创作成果结集出版，优秀作品力争走向舞台呈现。《安康文学》出刊四期、《安康文学文艺专号》出刊两期。编辑、出版《群文理论研究专辑》《小戏小品曲艺专辑》。

◎**主题文化活动** 组织举办了“南水北调”中线城市14市文化联动文艺展演和论坛，策划组织了策划组织“南水北调”中线城市特色文艺节目展演。举办了《中华人民共和国公共文化服务保障法》宣传诵读美丽新安康活动。围绕新民风建设核心内涵，举办了以书写优秀家风家训，歌颂安康新民风，弘扬优秀传统美德和人文精神为主题的“抱素怀朴·安康市新民风建设”书法作品展，展出书法作品118件。十九大召开后，根据十九大报告的核心内容组织文艺工作者创作了诗歌、舞蹈、快板等一批丰富多彩的节目，并成立了10支文艺小分队进农村、进社区、进学校、进军营，把党的十九大精神宣传到群众之中，这项活动被中国文化传媒网关注并报道。制作了29块“全面学习党的十九大宣传展板”在群艺馆长期展出；承办了全市“学习贯彻十九大精神 传承优良家风 树立家国情怀”主题展览，前来参观机关、企事业单位和群众达12000多人。组织开展汉水大讲堂全国文明家庭——王玉秀家庭先进事迹四区九县巡回报告。

◎**非遗保护传承** 组织举办了文化遗产日以及其他传统节日宣传、展示活动。以“汉水清音·安康市非物质文化遗产项目巡演”为平台，开展非遗知识讲座、非遗项目宣传、《非遗图典》赠送等系列传承活动。举办陕南三市民歌大赛。

安康博物馆

◎**展览活动** 按照“全民共建、全民共享博物馆”思路，围绕文化大本营策划系列展览活动，免费开放接待观众17万人次，直接参与体验活动3万余人次。以重要节日、重大活动为节点策划推出“瓶艺飘香——酒瓶艺术精品展”“风华重现——唐代壁画名作摹本特展”“憨陋简率——刘孟洲藏猪工艺品展”“理想之路——铭记抗战中从七贤庄走出去的热血青年”、“首届‘南水北调’中线城市美术书法展览”等临时展览11个。

◎**发挥社会教育功能** 推出系列社会教育和体验活动，被省文物局授予首批优秀历史文化传承教育基地。开展“优秀历史文化进校园”，联合大中院校以及志愿者服务队、老年体协等开展各类主题体验活动50余场次，形成了“博物馆里过大年”“我和博物馆有个约定”“文庙开笔礼”“暑期夏令营”“夜营安博”等品牌活动；举办木板年画印制、小小茶艺师、小小讲解员、古法造纸、泥乐乐陶艺体验，吸引近3万中小学生参与；与陕西文物保护遗产院、省文物鉴定中心共同举办“安康民间收藏公益鉴赏”活动；邀请陕西历史博物馆副馆长程旭博士、省鉴定委员会主任尹夏青博士走进安康“文博讲堂”。志愿者服务工作成为全市九家示范单位之一。

◎**推介宣传工作** 先后接待第四届台湾历史教师中华文化研习营、美国堪萨斯市友好代表团、“南水北调中线城市文化交流论坛”嘉宾、鎏金铜蚕与安康开放发展论坛嘉宾以及中省领导调研考察等30余次，并以此为契机推介宣传安康。

◎**文物安全管理** 举办全市文物安全消防应急演练，文物安全保卫工作多次受到市公安局表彰。馆藏文物保护管理规范化，可移动文物普查工作被评为全省先进集体。在陕西文物保护研究支持下实现重点文物保护大数据监测，与陕西历史博物馆共建“安康文物修复保护中心”建成挂牌。完成了安康机场、高新飞地园区、新罗寺遗址公园等文物勘探保护工作。文创产品开发工作稳步推进，“安康记忆”鎏金蚕主题系列产品在2017年广州全国文博创意产品版权交易会获最佳人气奖。

安康市文化产业发展中心

◎**精品剧目创作** 自筹经费70余万元，以浓郁的陕南地域文化特色为元素，创作推出了大型陕南民歌剧《街灯》。该剧被选定为陕西省第八届艺术节“文化奖”参评剧目，并于2017年9月22日—25日赴榆林市进行了参评展演。荣获“文华剧目奖”“文华作曲奖”“文华表演奖”三个奖项。

◎**惠民演出** 依托“安康歌舞大舞台”，充分发挥安康剧院的文化功能，组织开展和承办了诸多丰富多彩的文艺惠民演出活动。包括：“开启新征程，绘制新蓝图”庆祝市“两会”召开及元旦、春节优秀文艺节目展演活动；“南水北调”中线城市特色文艺节目展演活动；陕南民歌大赛安康赛区复赛和决赛活动；安康市首届“金太阳杯”少儿歌唱大赛活动；学习贯彻十九大精神《新年音乐会》等大型文艺展演活动。编排创作出了小品《不走老路》、情景剧《好人就在身边》、快板《最美安康人》、舞蹈《共筑中国梦》《相逢春天》、独唱《姐儿下河洗蒜台》《家在远方》等10余个新节目，赴九县三区十五个镇村进行巡回演出。完成第十七届中国安康汉江龙舟节“一县一场”大型文艺展演活动。完成《送双创进社区暨“仲夏送爽 翔歌飞扬”文艺晚会》演出以及创建森林城市文艺宣传演出。组织完成了“文化进军营”“文化进校园”“文化进社区”文艺演出活动。完成了陕西省暨安康市文化科技卫生“三下乡”白河县启动仪式文艺演出、安康富硒产业走进河南郑州推介会的文艺演出和赴辽宁锦州参加“春雨工程”文艺演出。

◎**经营效益** 全年累计完成各类演出场次达107场，其中：完成年度省市购买惠民演出86场、进军营演出3场、进社区演出2场、进校园演出4场、创建宣传演出6场、其他演出6场；完成会议接待、剧场租赁12场、电影放映392场。全年累计完成经济收入207.3万元。其中，省市购买惠民演出收入98万元、会议接待和剧场租赁收入19万元，院线电影收入6万元、房屋出租20万元、其他补助收入64.3万元。

文　博

◎**概述** 安康市现有不可移动文物点4951处，其中古遗址1205处、古墓葬2798处、古建筑644处、石窟寺及石刻161处、近现代重要史迹125处、其他18处。国家重点文物保护单位2处、省级文物保护单位85处、县级文物保护单位934处；国家级历史文化名镇2个、国家级传统村落13个、省级文化旅游名镇（名街）4个、省级传统村落79个。全市文物系统博物馆、文物管理所馆藏文物（藏品）15418件（组），其中一级文物72件（组）、二级文物232件（组）、三级文物1612件（组）。特别汉江明清古会馆群、陕南特色古民居群、安康线性文化遗产、南北朝文物、历代名人字画在省内外具有一定影响。

◎**文物保护规划** 按照“项目建设、规划先行”的原则，先后完成了辖区2处“国保”、85处“省保”保护管理规划，以及旬阳东宝塔、旬阳孟达墓、旬阳孙氏民居、旬阳杨氏民居、平利故城城墙、汉滨区香溪洞石窟群、石泉汪氏民居、石泉鬼谷岭天台观遗址、白河黄氏民宅（桂花村）、白河商会会馆、紫阳高桥镇廊桥、安康文安楼等10余“省保”保护维修工程和安康博物馆馆藏书画修复项目技术方案的编制，其中白河黄氏民宅（桂花村）、石泉汪氏民居、旬阳东宝塔、旬阳孟达墓、旬阳杨氏民居、紫阳高桥镇廊桥保护维修工程技术方案通过省文物局审批，为依法依规保护文物、推进文物项目建设、提升文物管理水平奠定了坚实的基础。

◎**重点文物保护工程** 10月份，第六批“省保”旬阳蜀河清真寺抢险加固工程开工建设，总投资160余万元，由陕西省文物保护工程有限公司施工。11月份，宁陕太山庙老街及戏楼保护维修工程开工建设，总投资170余万元，由陕西古建园林建设有限公司施工。12月份，汉滨区“县保”西药王庙抢险固工程开工建设，总投资100余元，统一纳入中心城市西郊公园建设。

◎**考古勘探** 2月份，安康博物馆、汉滨区文物管理所联合对新罗寺核心区域进行了文物勘探。3月份，安康博物馆、汉滨区文物管理所联合对安康高新区飞地园区进行了文物勘探和清理。7月份，安康博物馆、汉滨区文物管理所联合对安康恒大御景半岛项目进行了文物勘探。8月份，安康市文化文物广电局与陕西方乐文物保护有限公司联合对国家高速铁路网包海通道西安至安康段建设范围进行了文物调查。9月份，安康市文化文物广电局与省文物勘探有限公司联合对安康至岚皋高速公路穿越吉挹城古战场遗址建设控制地带进行了文物勘探。

新闻出版

安康日报社
社　　长　张思成
总 编 辑　刘　云
纪委书记　袁朝庆
副社长兼副总编　罗先安
副 社 长　王　建
副 总 编　璩　勇
工会主席　卜一兵
安康新闻网站站长　周安平

◎**新闻宣传** 制定重点新闻报道“十个聚焦”工作方案，及时跟进民生经济、环保督察、创新改革等十个方面的焦点问题，围绕全市西北生态经济强市建设和追赶超越，先后开设了“追赶超越　绿色崛起”“追赶超越看县区”等专栏，大力宣传“飞地经济”“三园两区”等重点经济工作，以“硒博会”“西洽会”为载体全力推介“富硒产业”“全域旅游”等特色产业。聚焦创文、创森等中心工作，主动作为，开设了“环保督查在安康”“安康是我家创建靠大家”“创建曝光台”等栏目，有效促进了安康市“四城联创”工作的整体推进。2017年，宣传重点突出，反应迅速，报纸网站热点重点聚焦不断，有力地营造了安康追赶超越的新闻舆论氛围，反映了安康争先进位的精神面貌。

◎**重大新闻报道** 2017年，安康日报“一报四刊”及安康新闻网、新媒体在宣传贯彻中省重大会议精神，特别是宣传党的十九大精神上，内容全面，形式灵活，反应及时，除转载刊发新华社等中央媒体会议精神时政新闻、社论评论和重要理论文章外，结合安康发展实际，从理论和实践两个维度入手，开设理论专栏刊发县区、市级部门领导理论学习文章，全面宣传安康市学习贯彻落实十九大精神、习近平新时代中国特色社会主义思想，宣传习近平总书记对陕西发展的“五个扎实”要求和省委“五新”战略任务，从不同层面、不同角度宣传解读和宣传十九大精神。在全市新闻宣传中做出了引领，上接中央灵气，下通安康地气，在大势和全局中发出安康好声音。在市委第四次党代会宣传上，开设栏目，提前预热，组织专题，系统推出，产生了良好的宣传效果。在市“两会”宣传上，及时刊发《政府工作报告》，刊发各类动态稿件，社领导带头先学一步，先写一步，撰写“两会”《政府工作报告》社评、述评文章，向县区主要领导、专家学者约稿，使全市“两会”宣传有声有色。市党代会和“两会”后，结合“十三五”规划宣传及年度部门重点工作落实，开设专栏，共专访局长近30位；开设政府职能部门公开晒承诺专栏，全市各县区、市级各部门及中省驻安单位共83人公开承诺。2017年，在主流性舆论宣传上，重点聚焦全市党风廉政建设，对市纪委“为政不为”、专项巡察等重大工作都及时进行了报道。

◎**典型宣传** 深入基层挖掘典型模范，积极抢占典型宣传舆论高地，结合新春走基层、“走转改”“脱贫攻坚看县区”等采访活动，讲述群众身边感人故事，宣传一线典型人物。结合社会主义核心价值观宣传，面向社会各行各业，深挖向善向好内涵，积极宣传全市人民乐观向上、崇勤尚俭的生产生活、社会实践、安康精神。配合全市脱贫攻坚，推出了紫阳因公殉职的扶贫干部琚华、岚皋县扶贫干部冯开亮等奋战在脱贫一线的典型人物。

◎**融媒发展** 坚持创新求变，推进报网融合，引领新媒体做强，2017年报社新媒体得到了长足发展，成为安康新媒体的领军者。安康新闻网以“创新工作方式，提升传播能力”为目标，在扩大安康对外宣传，营造健康和谐舆论氛围方面，作了有益尝试，取得了实效。与新华社合作，签订入驻“现场云”直播平台，建立安康“一站式直播”媒体融合发展新平台，大大提升了传播力和影响力。入驻人民日报全国党媒公共信息平台，安康新闻网与人民日报在内容生产与传播、人才培养、商业运营模式等方面进行全面合作。开通推出安康新闻网手机版，方便和增加了受众。同时，还入驻凤凰、搜狐、今日头条、腾讯等全国新闻门户网站，进一步拓展安康外宣通道。安康新闻网通过扩平台、精采编、做强内容，所属平台综合阅读量超过25万人次。其中，安康新闻网全年点击量1972万次，平均每月164万次，日均5万次以上。安康日报和今日安康微信公众号关注人数达13万人，每日阅读量超过3万次，宣传安康和《安康日报》新浪微博粉丝量13多万，各项数据较往年都呈现出稳定增长的态势。

◎**报纸调价和发行** 2017年10月，市委宣传部综合考虑全省地市党报发行价和《安康日报》实情，批复报社，同意《安康日报》发行价提价50元，调价后为340元每年。《安康日报》2018年完成征订31164份，超目标任务1164份，报款首破千万。

（罗纪旬）

广播电视

安康电视台

台　　长　梁博泉
总 编 辑　王武周
副 台 长　张治理　王晓燕（女）
　　　　　　胡宏安
　　　　　　张　翼（兼总工程师）

◎**新闻宣传** 2017年各档新闻栏目共计播出890余期，发稿总计7960余条，截至12月，市电视台在省台发稿数量390条、质量分1250分、总评分820分，三项指标均在全省排名前列。新闻专题和社教文艺类节目播出共计200余期，多角度、多层次宣传报道了全市政法、旅游、文化、教育等各个行业方方面面的工作成果、先进经验和典型事迹，引领和传播好声音、正能量，推介和弘扬地方特色资源和传统文化。其中节目中心制作的社教专题《不老的紫阳民歌》获省广播影视奖一等奖，并报送参加国家级奖项评选；新闻专题部选送的《一封联名信的背后》分别获省新闻奖和省广电奖的二等奖。在新闻宣传中，紧紧围绕“追赶超越　绿色崛起　加快建设西北生态经济强市”的宣传主线，以脱贫攻坚、新民风建设等作为宣传重点，积极开展重大主题策划、改进时政报道、做优民生新闻，强化对外宣传。严格新闻节目三审制度，切实加强采编播流程管理，牢牢把握正确舆论导向。先后策划推出《追赶超越看县区》《建设新民风　引领新风尚》《扶贫攻坚一线》《砥砺奋进的五年》《喜迎十九大》《新时代　新气象　新作为》等专栏，全面宣传安康经济发展和社会各项事业新进展、新举措、新成效、新经验，有效发挥宣传引领的积极作用。围绕政府公开承诺、国卫复审、创森验收、第十七届龙舟节等阶段性重点工作，各部门通力合作，加大相关宣传报道，各项重点宣传和工作有序推进。由制作部负责将《安康新闻》注入陕西广电网络高清互动平台，开通了即时回看功能，也有效地扩大了电视台新闻的覆盖面。在巩固传统电视媒体新闻宣传的同时，加快媒体融合，发力新媒建设。以金州播报微信公众号、手机台为代表的新媒体活跃用户近7万用户。电视报社和新媒部整合资源，勇于创新，安康手机台通过发挥即时直播优势和进行推送内容和版本的格式创新，浏览点击量持续上升。金州播报微信平台开通“金州播报——企鹅号”，在腾讯新闻、天天快报同时推送相关新闻节目，并且接入腾讯直播。多渠道、多方式的传播为我台自办节目覆盖扩大作出了有益地探索和尝试。通过新老互动、屏前线上相互促推，电视台新闻宣传和舆论引导的传播力和影响力不断增强。

◎**经营创收** 2017年全台完成经营创收共900万元。为保证全台稳定运转和事业发展奠定了经济基础。作为全台创收的龙头，2017年广告中心认真分析当前经营形势，更新思维，转变广告经营方式，主动出击、加快转型，奋力冲刺经营任务。以活动促营销、以专题增创收，采用资源配送、置换合作、栏目包装、活动增效等多种形式，全方位、主题式服务客户，不断策划互动性节目来提高收视率，继而吸引客户进行合作。教育频道将活动常态化作为频道运行的战略，《中学生诗词大会》《酷宝·看你的》《美好校园百校行》《第七届阳光助学工程》等活动在取得良好社会效益的同时，有力的弥补了创收短板。各部门继续挖掘行政资源，加大栏目创收力度，广告中心与药监局合作新创办《曝光台》栏目，与福彩中心合作创办《福彩公益行》；新闻专题部，节目中心、民生部广开门路，联办节目涉及多个县区和部门，栏目创收取得明显成效。全年各栏目创收超过300万元，有效地弥补了商业广告萎缩带来的影响，成为全年创收的有力支撑。

◎**安全播出** 2017年，全台始终把安全播出放在首位。各节目部门、制作部门、播出部门进一步增强党管媒体的政治意识、责任意识，严格落实监管责任，夯实采、编、制、播各个环节的审查责任，确保不发生政治性的差错。对于安全播出工作，始终做到思想到位、落实到位，确保在任何时候、任何情况下不出问题。制作部在准点精心制作各档节目栏目的同时，把节目上载作为制作部最后一道关口，确保中间环节不出差错。总编室、技播中心在重大活动、重要节点上主动担当，紧密协作配合，一是确保重大节日、重要活动、重点时段的安全播出，严格执行安全播出的值班值守规定，建立了畅通、快速、高效的联系协调机制。二是加强安全播出管理，认真落实岗位责任制，工作人员做到熟练掌握整个播出系统的操作环节和要领，严格按照系统节目安排时间、顺序和内容准时播出，并建立健全安全播出的应急、监测制度，一旦发现问题，及时加以解决，实现了安全播出零事故目标。三是制定完善安全播出应急预案，加强电视播出节目监测监控工作。加强节目和信息反馈，为节目播放规范管理提供了可靠依据，顺利完成了十九大的安全播出保障工作。

◎**中心工作** 脱贫攻坚工作，在市局的统一领导下，积极发挥媒体行业联络优势，局台一盘棋、通力协作、紧密配合、统筹兼顾整体基础设施的改善和具体贫困个体的脱贫，综合谋划结对帮扶对象脱贫的短期实效和长远发展。强化组织保障，落实职能职责，全力帮助支持贫困群众发展生产。全年联系协调各类项目资金十五万元，涉及生活物资、农业机械、基础设施等各方面。日常看望慰问组织得力，党员干部慰问看望贫困群众近70余人次，受到了困难群众和地方政府的一致好评。脱贫攻坚工作获得2017年度考核优秀。根据创文、创卫、创森，创健康城市等各项创建工作需要，总编室在作好常规节目编排的同时，先后购买了多个系列的公益广告，共402条，并以高频次，大密度在五个频道和LED大屏播出，累计播出近75万条/次。为创建工作营造出了良好的舆论氛围，受到了创建办和有关单位的高度肯定。机关内部创建工作由办公室牵头，抓住“知识宣传”“活动引导”“档案规范”三个重点，创建工作内容丰富，形式多样。

安康人民广播电台
台　　长　赵　伟
副 台 长　魏　波　刘先强　冉小虎
总工程师　马玉安

◎**事业发展**　队伍建设。2017年，为避免在新的征程中出现“本领恐慌”，台委会大胆决策，将2017年确定为“学习培训年”，并拿出100万元作为学习培训专项资金。一年来，通过“走出去、请进来、自学”三种方式，电台先后派出34名同志前往北京、河北、湖北、湖南、贵州、青岛、西安等地参加学习培训。同时创新制定了《安康人民广播电台急需特殊专业人才招聘方案》，在市人社局、市文广局的监督指导下，圆满完成了6名急需特殊专业人才的招录。应急便民广播平台搭建。一年来，电台全面完成了8个县发射机功率由100瓦提升至1000瓦工程；完成了应急便民广播市级播控平台、宁陕县级平台搭建工作；实现了视频监控回传、音频监控回传及部分发射机数据监控回传；按期高质量完成了城堤便民应急广播升级改造工程及香溪洞便民应急广播恢复重建工程；完成了高新区三大公园、汉滨区、紫阳县、旬阳县、平利县、宁陕县等10个便民应急广播工作站及200多只应急便民广播音柱的安装；在城区陆续改建好的公交站亭重新安装了广播，确保了让更多群众听到安康广播的声音。经营创收。2017年，广播电台面对经济下行压力、市场萎缩等诸多不利因素，积极开拓市场，划分行业，划分任务，捆绑式营销，实现团队作战，经营收入稳步提升，合作客户趋于稳定；行业配比较为合理，行业依赖逐步减小；经营队伍逐步稳定，个人能力稳步提升，全年创收1000多万元。大型活动承办。2017年，市政府决定，第十七届龙舟节开幕式活动由广播电台承办，这既是党委政府对电台的信任，也是电台品牌实力的体现。电台充分发挥自身优势，在商业运作、资源整合、模式创新等方面大胆作为，首次举办了开放式的新闻发布会，首次借助应急广播统一号令、万人共跳广场舞，首次网络视频全程直播开幕式，圆满完成了市委市政府交给电台的任务。并以此为契机，全年开展大型活动10多场，让电台从幕后走向了前台，为安康广播走向市场奠定了基础。

◎**新闻宣传**　新闻宣传接地气亮点纷呈。2017年，广播电台推出了《对话脱贫攻坚》、“广播记者走基层、我在一线说脱贫”等为主题的宣传活动，全体编辑记者轮流跟随直播车，走进扶贫一线，采访扶贫干部和贫困户，并邀请他们走上直播车，讲述精准扶贫的酸甜苦辣和奉献心得，实现了脱贫攻坚宣传零距离，此项工作受到了市脱贫指挥部的高度肯定，其中《对话脱贫攻坚》直播系列访谈荣获全市精准扶贫好新闻一等奖。在喜迎党的十九大新闻宣传工作中，新闻中心推出《喜迎十九大：砥砺前行的五年》等系列主题，以深度接地气的报道，为十九大胜利召开营造了氛围，体现了主流媒体的责任担当。据统计，一年来，新闻中心自采新闻稿件2510条，连线510条，完成主题报道40多个。《897大家帮》栏目直面安康热点事件，为听众解难、替政府分忧，重点推出了近百篇深度调查报告，有力地提升了电台的美誉度和公信力。文化大本营宣传工作有声有色。一是提升现有栏目质量，89.7新闻广播开办《为你读书》栏目，重点向观众播读中外名著、热点小说、安康本土优秀文学作品。95.9交通广播开办《乐活安康》栏目，重点弘扬安康文化，传播安康好声音、好人物、好故事。继续办好《身边》栏目，全年播出304期，《中国民歌印象》栏目播出有关安康的民歌节目24期。二是积极组织开展面向群众的大型广播文艺活动。承办了第十七届龙舟节开幕式主题活动，完成了第十七届龙舟节市县联动活动“安康节拍·舞动汉江”的信号发布工作，先后开展“我们都是朗读者、百日无违章挑战赛”等主题活动40多项。三是继续办好“文化大本营”专栏，全年播出安康文化建设方面稿件120多篇。四是积极制作“文化大本营”“文化安康”一网两微公益广告，定时播。围绕“一网两微”，积极制作公益广告，全年在两套频率累计播出1200余次。

◎**特色栏目**　897新闻频率主要有《安康新闻》《897大家帮》《名医在线》《聚焦安康创建》《身边》等特色栏目。959交通频率主要有《活力上班路》《交通有话说》《下班总动员》等特色栏目。微信公众号用户量达11.3万多户。

◎**双创新闻宣传**　2017年，电台发挥优势开展多种形式宣传，全年播出综治维稳稿件260多条，依托《897大家帮》《法制汉滨》《法制之声》等法制新闻专题节目，播出专访、专题580多期（次），两套频率累计播出各类标语口号、公益广告1000多条（次）。按照市双创办的要求，新开办《聚焦安康创建》专栏，全年播出各类创建稿件300多篇。《百姓安康》播出有关创建工作投诉、曝光稿件100多篇。89.7新闻广播开办《环保小贴士》《科普897》《创建小课堂》等线性节目，共计播出一千多条（次），引进微型文明广播剧《可可小爱公益剧》，每天八个时段滚动播出，推出《关爱文明城市、共建绿色家园》、《热心公益、播撒爱心》，累计播出700多次。开设创森小课堂，在周末四个时段滚动播出，讲述创森的意义，以及生态环保理念，并通过有奖知识竞赛等环节让生态环保意识逐步深入人心。重点播出《名医在线》节目，邀请安康知名的中西医主治医生做客直播间，给听众传播健康常识。在两套频率每天整半点播出双创宣传口号，全年播出1500多次。

（陈兴荣）

档案工作

安康市档案馆（局）

馆（局）长　邱志华
副馆（局）长　谭华琴（女）

◎**发展环境**　全市档案工作得到了市委、市政府和中省档案部门的大力支持。第5次市委常委会议上，传达贯彻了全省档案工作会议精神，研究了贯彻落实意见，决定同意启动江北新档案馆建设、召开全市档案工作会议、调整市档案工作领导小组、适当解决信息化建设经费四个事项。市政府在常务会议上就市档案馆建设项目进行了安排部署。市委书记郭青、原市长徐启方先后批示了新建市档案馆报告，市长赵俊民到新建市档案馆规划点视察，市委副书记鲍永能带领市档案局负责同志到中、省档案局汇报、对接工作。国家档案局局长李明华亲自主持召开座谈会，听取安康档案工作汇报，表示将加大对安康档案工作的政策支持和业务指导。省档案局领导班子成员先后到安康调研指导、检查档案工作。全市档案工作会议顺利召开，传达贯彻了中、省档案工作会议精神，安排部署了当前和今后一个时期的档案工作，汉滨区、岚皋县、旬阳县、市城乡居民社会养老保险经办处分别作了交流发言，市委副书记鲍永能作重要讲话，市人大常委会副主任马孝芳、市政协副主席马晓旬出席会议，原市政府副市长孙矿玲主持会议，会议以“两办”名义表彰了全市档案工作先进单位21个、先进个人35名。

◎**馆库建设**　局领导班子将新建市档案馆建设项目作为重中之重，主动作为加大汇报沟通，倾心倾力加强协调力度，全力以赴推进落实，得到了高新区管委会、发改、规划、财政等主管部门的积极支持和配合，项目前期筹备工作顺利推进。市发改委批复了《安康市综合档案馆迁建项目项目建议书》。在市长赵俊民主持召开的城乡规划委员会第六次全体会议上，通过了《安康市民服务中心项目修建性详细规划及建筑方案设计》，新建市档案馆是该项目的建筑构成之一。市档案馆新建选址安康大道南侧、秦岭南路西侧、汉滨区检察院北侧区域，项目启动资金已到位2000万。石泉县档案馆正式投入使用，宁陕县档案馆建设进入建安环节，镇坪县档案馆列入2017年中央预算内投资计划并正式开工建设，汉滨区、平利县项目建议书获市发改委批复。

◎**监督检查**　一是按照省档案局关于开展档案安全“双随机一公开”执法检查的要求，市档案局组织对各县区档案馆、专业档案馆档案安全开展了一轮全面检查，并配合省档案局执法检查组到市档案馆、岚皋县、白河县开展安全检查，督促将检查整改意见落实到位。二是严格落实简政放权和行政审批制度改革要求，编制了“权责清单”目录，取消行政审批事项1项，下放至县（区）3项，保留行政审批事项7项。三是组织开展了一期综治档案、年检工作培训班，经过历时半年的归档工作和上门指导，全面完成了对54个市直、中省驻安单位和6个系统直属55个单位的档案工作年检。四是与市脱贫办联合印发了《关于进一步加强精准扶贫档案管理工作的通知》《关于创建精准扶贫档案管理工作示范镇、示范村的通知》文件，明确了精准扶贫档案管理“五个全覆盖”工作要求，统一了精准扶贫档案整理办法，联合市脱贫办在石泉县池河镇开展了抓点示范工作。五是多种形式开展法制宣传活动。举办了安康市纪念档案法颁布30周年演讲比赛，市人大常委会副主任马孝芳致辞，原副市长孙矿玲、市政协副主席孟平到场观赛。经过预赛、决赛两轮的角逐，共评选一等奖1名、二等奖3名、三等奖6名、优秀奖8名。推选的选手在全省纪念档案法颁布30周年演讲比赛中获得二等奖，市档案局获得优秀组织奖。在“6·9”国际档案日、“12·4”法制宣传日等节点，在市中心广场、朝阳社区举办档案法制宣传3场次。组织开展了“档案——我们共同的记忆”征文和档案法知识竞赛。及时更新维护“安康档案信息网”，开设“安康档案”微信公众号。市档案局获得了全省档案宣传通讯工作先进集体三等奖，2人被评为全省档案宣传通讯工作先进个人。

◎**资源建设**　全年接收各类档案2.7339万卷（件、册），主动上门接收了安康富硒茶科研成果新闻发布会、连战到安等重大活动档案资料。邀请市荣誉市民、挪威友人尤约翰到访市档案馆，征集尤约翰珍藏的安康彩色纪录片2部、老照片440张以及《安康1918—1949》《心灵的旅程——挪威尤家三代爱洒中华》等书籍。与十堰市开展了陕南区党委、行署档案资料共享共建，向十堰市档案馆移交了陕南区党委行署卷级电子目录41条、文件级电子目录239条、数字化副本691画幅，共1.65GB；接收了十堰市档案馆馆藏陕南区党委、行署案卷级电子目录212条、文件级电子目录1200条、数字化副本5020画幅，共4.25GB。向各省市档案馆去函申请开展档案志书交换活动，已征集到全国各省市《档案志》50余套。

◎**保护开发**　安康数字档案馆建设报告获市政府领导批示，并纳入了市委、市政府印发的《安康市“十三五”网络安全和信息化发展规划》，作为“服务型政府打造工程”建设内容。录入、接收了24890条电子目录，编写《全宗介绍》40个，汇编了《档案工作实用文件选编》《安康市精准扶贫档案工作资料汇编》，收集了市、县（区）档案馆馆藏珍贵照片800余幅，精选编印了《安康档案馆馆藏档案资料选编（一）》图册。为查阅利用岗位调配工作人员，采购了除湿机、空调等设备，更换了防虫药、温湿度仪，设置了微型消防站，重新布设了监控网络，新增监控摄像头18个，可实现断电自动报警、手机远程监控、下班时间库房进出警示等功能。

方志工作

安康市地方志办公室
主　　任　柯晓明
副 主 任　蔡晓林（女）

◎**安康方志馆建设**　2017年，安康市全面建成了全省第一个市级方志馆、第一个区级方志馆和第一个县级档案史志馆，成为全省地方志馆建设的示范单位。安康方志馆建设按照“一次规划，分步实施；整合资源，集中收藏；藏展并重，研用结合；合作建设，成果共享”的原则，通过与高校合作，充分发挥了挖掘开发地方志文献和地情资料的作用，扩大了地方志文化的影响力。开馆以来，接待市内外团体50余个，接待个人20000人次，得到社会各界的一致好评。对安康方志馆进行了二期建设完善，增加了安康文化源流、安康方志源流、红色记忆展板，新建了安康籍先贤画像馆、安康家谱家训馆，新增地方志藏书1800册，光盘2100张，照片12000张，为地方志信息化建设做了大量资源储备，也为全省方志馆建设现场经验交流会的顺利召开奠定了良好基础。积极协调完善汉滨区方志馆的布展和馆藏，推进石泉、岚皋方志馆机构编制落实和布展。10月30日至11月1日，全省地方志馆建设经验交流现场会在安康市隆重召开，市地方志办公室、汉滨区档案史志局、石泉县档案史志局在大会作经验介绍，与会代表参观了安康方志馆、汉滨区方志馆、石泉县档案史志馆，安康方志馆的建馆思路和模式、汉滨区党委政府大力改善地方志工作条件重视方志馆建设的做法、石泉县用“大方志馆”建设思路整合县城文化设施的“1+N”建馆模式得到与会领导和同仁的高度赞扬。安康方志馆荣获了中指组表彰的全国方志馆建设先进单位，安康市有两名同志获得了全国方志馆建设先进个人。2017年11月24至25日中指组组织的“中国梦·方志情”首届全国方志馆讲解员大赛，安康市两名同志代表陕西省参加比赛，一名同志以优异成绩获得了“全国方志馆优秀讲解员”称号，向全国展示了陕西省方志馆建设成果及讲解员风采，同时宣介了安康的生态之美和独具特质的地域文化。

◎**市县二轮修志**　《安康市志》编纂稳步推进。以贯彻落实《规划纲要》为抓手，集中精力抓好《安康市志》的编纂工作。召开多次编纂专题会议，专门研究编纂中的难点问题；制定了《〈安康市志〉分纂志稿外包制度》，继续采用“专职兼职结合、分纂总纂衔接、主编主审同步、质量进度双保”的编纂方法，对余下编章进行了外包。在编纂过程中，编辑随时与主编、主审沟通，及时解决编纂中的具体问题，有力推动了《安康市志》的编纂进度。截至12月底，《安康市志》完成了90%的初稿编纂任务。县区志编纂进度加快。《宁陕县志》《岚皋县志》《紫阳县志》完成终审后的修改完善工作，进入出版程序；《石泉县志》《汉阴县志》通过终审，修改工作有序推进；《平利县志》通过复审，《汉滨区志》完成初审，《镇坪县志》完成初稿编纂的90%，《白河县志》通过3次专门督促指导，进度有所加快，完成资料征集80%，完成总纂40%。专业志、部门志编修势头良好。《云雾山志》即将出版；《熨斗镇志》完成初审；《教育志》《卫生志》《公安志》已通过终审，即将出版；《司法志》《林业志》《科技志》启动编纂。

◎**年鉴编辑**　《陕西年鉴》供稿按期完成。年初按照省志办要求，与《安康年鉴》编纂一同安排部署，确定专人，认真编辑，及时高效为《陕西年鉴》安康部分提供了3万余字的稿件。《安康年鉴》如期出版。2017卷《安康年鉴》按期公开出版，全书30个印张，1200千字。县区年鉴编辑工作全面铺开。《汉滨区年鉴》《紫阳年鉴》《旬阳年鉴》《石泉年鉴》《岚皋年鉴》《汉阴年鉴》恢复一年一鉴，按期出版。《镇坪年鉴》《宁陕年鉴》实现创刊，白河、平利年鉴编辑工作全面启动，实现了县区年鉴编辑全覆盖。

◎**“讲好陕西故事”工作**　坚持修志唯用的原则，积极拓展读志用志途径。按照省志办“坚定文化自信·讲好陕西故事”活动要求，结合安康市新民风建设，组织开展了“坚定文化自信·促进新民风建设·安康故事调讲会”主题征文和网络宣传活动。分别向各县区档案史志局印发了《市地方志办公室关于举办首届“坚定文化自信·促进新民风建设·安康故事调讲会”的通知》《“坚定文化自信·促进新民风建设·安康故事调讲会”的实施方案》等文件。收到征文稿件40篇，经过初审、筛选、修改，确定了市、县区15份稿件、14名调讲员参与比赛。选拔2名同志参加了省志办组织的决赛，分别取得了二等奖、三等奖的好成绩，安康市的汉滨区档案史志局、宁陕县档案史志局获得了活动优秀组织单位奖。积极开展了多途径宣传推广活动，极大地发挥了志书的教化作用，传播了正能量，拓展了读志用志新途径，扩大了活动效果。

◎**地情信息开发利用**　地情丛书编辑稳中求新。继续办好《安康文化》，按期出刊4期，刊物在保持办刊特色的基础上，紧紧围绕生态建设、社会主义核心价值观、传统文化的继承与发展，引导地域文化研究者开展研究，积极为当地经济社会服务。地情资料年刊《安康文存》（丁酉卷）按期出版。进一步强化地情信息化管理。一方面认真落实省办网站建设管理和地方志信息化建设的要求，切实加强网站管理。本着资治教化、为民服务的原则，进一步增强服务功能，及时更新网页，不断丰富网站内容。另一方面，安康方志馆数字化建设工作取得了积极进展，“安康方志”微信公众号上线运行，积极运用新媒介打造地情信息宣传新平台。

（胡　阳）

旅游管理

安康市旅游局
局　　长　曹　辉
副 局 长　滕荆康　刘　璇（女）
纪检组长　李宗山

◎**国内旅游**　接待国内游客3784.6万人次，同比增长15.52%，实现综合收入228.03亿元，同比增长33.51%。

◎**国外旅游**　接待入境游客3.4万人次，同比增长15.25%，外汇收入758.8万美元，同比增长15.49%。

◎**假日旅游及“黄金周”旅游**　接待971.67万人次，与去年相比下降5.5个百分点，实现旅游综合收入54.14亿元，与去年相比增长1.63个百分点。

◎**旅游规划**　《西城洞天大凤凰山风景区项目策划》《安康旅游交通标识体系规划》《巴山之巅高山草甸旅游区项目策划》《541国道安康段旅游驿站项目策划》《安康市自驾车.房车营地规划》均已完成修编。同时编制完成《安康旅游商品规划》。首次由市政府印发了《安康市旅游产业“十三五”发展规划》《安康市全域旅游工作联席会议制度》《安康市旅游产业发展三年行动计划》等纲领性文件，描绘出发展蓝图。2017年出台策划规划计划超历史记录。

◎**旅游景区（点）建设**　完成南宫山、瀛湖等9家AAAA级旅游景区基础设施和配套服务设施等整改提升工作。汉江石泉古城成功创建为国家AAAA级旅游景区。南宫山国家AAAAA级旅游创建稳步推进，AAAAA申报资料已上报省旅发委。南宫山大雄宝殿已经竣工投用，新建标识标牌30个，自驾游营地已经开工建设，年度累计投资1亿元。在省委书记胡和平、省政府魏增军等领导关心支持下，积极协调中景信投资开发有限公司与延长集团合作开发南宫山。

◎**旅游推介活动**　先后在北京、西安等地组织大型旅游宣传促销活动7次。9月份，安康旅游走出国门，在瑞士成功举办了“秦巴明珠　美丽安康”摄影展；组织各县区先后在西安、宝鸡、天水开展“赏春色、品美食、游福地”——2017安康春来早系列推介活动；在安康高新区成功举办了2017年中国旅游日安康市系列主题活动暨安康旅游服务中心成立的启动仪式，积极配合组织好中国旅游日安康系列活动；在北京成功组织承办了“一江清水送北京　饮水思源游陕南”——陕南三市生态旅游推介会，进一步提升了安康旅游的影响力和美誉度。

◎**重大节庆活动**　依托第十七届中国安康汉江龙舟文化节，联合腾讯网、新浪网、陕西电视台、国内知名旅游摄影、微博达人、论坛编辑、网络主播等60余人，开展“旅游达人安康龙舟行”活动，体验安康精品旅游线路、参加龙舟节开幕式、观看安康特色文艺演出、品尝安康特色美食，全方位感受安康特色旅游节庆和生态旅游资源。通过微信微博、直播平台、电视网络、报刊等立体化宣传方式，深度对安康市龙舟节、生态旅游、特色美食、地域文化和“旅游+扶贫”工作进行宣传报道，共发布照片超2000张，各类文章1500余篇，观看网络直播超35万人，阅读量超1000万次，在安康市周边地区及省内外形成了一波关注安康龙舟节和安康旅游的高潮，对拉动安康市端午旅游黄金周客源市场起到了重要作用；积极组织各县区旅游局、景区、旅行社参加了2017西安丝绸之路国际旅游博览会。以“秦巴明珠　生态安康　养生福地”为整体形象，突出安康旅游线路、美食和商品展示，充分向西安市民和旅游业界推广了安康旅游产品，并获得了“最佳人气奖”，宣传工作取得了实效。

◎**旅游宣传促销**　加强网络宣传，创新安康旅游宣传亮点。与《今日头条》、腾讯大秦网、同程网、美团网、糯米网等重点网络媒体、电商和老刘说安康、可可说安康等本地微信媒体合作，投放安康旅游专题旅游宣传广告；以关中市场为核心目标，在西康高速桥梁、安康高速客运站和《西安旅游》杂志投放安康旅游宣传广告，在《华商报》刊登2017年安康旅游节庆活动汇总信息。“安康旅游”公众微信新增关注用户3万余人，推送图文共880篇，总阅读量超264万人次，与用户互动超15万人次，多次在全国、全省政务微信影响力排名中排名靠前。安康旅游官方微博发文585篇，总阅读量达128.9万人次。官方网站各类栏目达116个，累计发文1176篇，总访问量超85万人次。在“两微一网”三位一体多平台多角度全方位宣传，安康旅游品牌知名度和美誉度持续扩大。

◎**旅游产品开发**　倡导“全域旅游”全面开展，成立由陕西、湖北、重庆、四川4地区15个县区旅游部门组成的“大巴山旅游联盟”并指导协调“大巴山旅游联盟”活动开展，提升大巴山区域文化旅游的品牌形象和知名度，加强区域旅游经济一体化，促进区域旅游大合作、大交流；宣传资料不断推陈出新，首次联合全市17家主要景区制作《安康景区优惠联票册》5000册，平均优惠幅度5折，总优惠金额300万元，向周边地区市民免费发放；制作印刷《安康旅游手绘地图》，设计编印《安康印象》旅游画册，更新印刷《安康旅游指南》《第十七届中国安康汉江龙舟节旅游指南》。

◎**旅游基础设施建设**　27个市级旅游重点项目完成投资32.4亿。完成招商引资13933.8万元，占年度目标考核任务的149.34%。扎实推进“厕所革命”，全年新建旅游厕所55座、改扩建10座旅游厕所。落实2017年省级乡村旅游扶贫建设项目3个140万元。编报乡村旅游项目7个，争取省发改委和省旅发委支持。认真实施旅游扶贫项目47个，确定2017年—2020年乡村旅游项目库和2017年项目清单，建立工作督查机制，加大项目建设督查。完成项目投资14.6亿元。镇坪县曙坪镇创建为陕西省旅游特色名镇，石泉县后柳镇中坝村、曙坪镇阳安村创建为省级旅游示范村。落实省级乡村旅游扶贫建设项目3个140万元。积极编报汉江流域安康段古镇群建设项目、G541国道（安康段）沿江（线）乡村旅游建设项目、旅游扶贫项目，争取项目资金支持。开展乡村旅游品牌建设，安康市多个乡村旅游项目入选陕西省乡村旅游“十百千”品牌。创新乡村旅游宣传，首批近200户乡村旅游商户于5月19日在村游网全面上线销售。

◎**旅游公共服务体系和信息化建设** 旅游接待服务体系逐步完善，目前安康市国家A级景区29家，其中国家AAAA级景区10家，国家AAA级景区14家，国家AA级景区5家。省级旅游度假区1家。旅游信息化建设有所推进，完善全市各个旅游景区（点）标识、旅游沿线交通标识牌，为游客出游提供了方便。安康旅游“两微一端”平台建立运行，“秦巴君、安康旅游”成为两大安康旅游网络品牌。在全市AAAA级旅游景区完成游客中心、景区大门、停车场、核心景观点等重点区域建立视频信息数据系统，并与省旅游产业日常管理暨应急指挥平台数据对接，扎实推动景区智慧旅游建设步伐。

◎**旅游景区质量等级评定** 围绕创建全国综治优秀市目标，以综治平安建设为主线，以平安景区和平安旅游经营单位创建为抓手，以营造和谐稳定的旅游发展环境为目标，全面落实社会治安综合治理措施，维护社会和谐稳定。镇坪飞渡峡、宁陕筒车湾2个景区被授予“陕西省平安景区”称号。组织开展七五普法、两率两度专题学习，公众安全感问卷调查等相关工作，按时完成市综治委安排部署的各项工作任务。全年未发生一起违法违纪和安全生产事故等影响社会安全稳定的不良负面现象。

◎**市场管理** 全市先后出动联合执法检查53次、出动专项检查226次，出动检查人次1026人次，检查旅行社、分社、营业网点65家，景区点23家，宾馆饭店26家。检查旅游合同545份，没收各类违规宣传资料3700余份，约谈企业负责人2次，对违规单位下发责令整改通知书9份。积极受理游客投诉，协调处理12301游客投诉1起，旅游投诉处理率和结案率均达到100%。

◎**旅行社管理** 旅行社建档立卡，实行一社一册，动态管理。全市旅行质保金、责任险100%全覆盖。完善旅行社管理档案，开展旅行社专项检查，旅行社管理逐步规范，建立检查台账，确保检查整治全覆盖。2017年，全市新申报成立分社4家，新设立服务网点12家，全市共有旅行社17家、分社14家、网点44家，旅行社整体规模不断扩大。

◎**星级酒店管理** 积极开展星级饭店创建工作，白河正阳大酒店、高新区新天地酒店成功创建成三星级旅游饭店。强化饭店日常管理，节假日期间对饭店开展价格、安全、服务质量等方面专项检查，规范饭店经营行为。

◎**导游管理** 成立了安康市旅游协会导游分会，完成了全市300多名导游人员电子导游证换证工作，聘请国家旅游局专家库专家对导游人员进行导游礼仪、诚信经营等知识培训。

◎**安全管理** 签订2017年旅游行业安全生产目标责任书，印发了《2017年旅游行业安全生产工作要点》，建立了市、县、企业三级共管的旅游安全监督管理机制，对安全生产实行监管网格化管理。实行安全生产联席会议制度，定期研究分析安全形势，对重大旅游安全事故隐患实行挂牌跟踪督办制度，督促企业落实整改。结合春节、龙舟节、十一等节假日组织旅游市场专项检查，确保旅游市场平稳、有序。全年无重大旅游安全事故发生，旅游市场平稳有序。

◎**乡村旅游** 指导并评审旬阳县安康湖旬阳段至大黑山旅游环线旅游产品策划，指导汉阴县平梁镇太行村编制旅游规划，指导镇坪县曙坪镇阳安村编制完成旅游规划。成功组织举办了汉阴稻香、荷香季，南宫山打谷节、长街宴，石泉水乡美食节、汉水疱汤会，汉滨瀛湖批把采摘、茨沟红叶节，宁陕山货节等乡村旅游节事活动，组织策划设计了10余条乡村旅游精品线路。率先创新探索互联网+乡村旅游+脱贫模式，整合全市农家乐、客栈、旅游村镇、旅游景区、农副土特产等资源，于5月19日完成乡村旅游产品在村游网上线销售，开通安康旅游公众微信平台旅游电商功能。镇坪县曙坪镇、曙坪镇阳安村、石泉县后柳镇中坝村、饶峰镇胜利村成功创建为陕西省旅游特色名镇、陕西省乡村旅游示范村。宁陕县七里村、石泉县后柳古镇、汉阴县凤堰梯田等多个乡村旅游品牌入选陕西省乡村旅游“十百千”品牌。推进汉滨区流水镇承英富硒茶业示范园区建设帮扶工作，积极支持园区业主做好基地建设、技术培训、宣传营销和电子商务等工作，支持园区帮扶资金7万元，到位省级旅游专项资金补助15万元，园区全年实现茶叶产量达15吨、综合产值500余万元。

◎**旅游教育培训** 组织召开全市学习贯彻《陕西省旅游条例》暨旅游行业“提质增效”工作培训会，会议邀请了省旅游局领导、培训专家就旅游行业服务礼仪、外事接待活动礼仪及旅游安全进行培训，多个乡村旅游项目入选陕西省乡村旅游“十百千”品牌。创新乡村旅游宣传，首批近200户乡村旅游商户于5月19日在村游网全面上线销售。在第二十四届中国杨凌农业科技博览会上，安康市荣获优秀组织奖、优秀展示奖和优秀成交奖三大奖项。开展民宿、乡村旅游、服务技能等旅游扶贫培训，累计培训7000余人次，安康旅游扶贫培训模式得到省上肯定。

2017年安康旅行社一览表

序号	单　位	许可证号	负责人	地　址
1	蓝天旅行社	L-SNX00287	周　清	汉滨区香溪路三号（市委斜对面）
2	山水旅行社	L-SNX00169	廖红艳	汉滨区金州南路南方商城后院
3	海外商务旅行社	L-SNX00446	高　健	汉滨区安康市委对面十字
4	瀛湖旅行社	L-SNX00200	伍　敏	安康市东大街74号
5	春秋旅行社	L-SNX00220	张伟红	汉滨区金州宾馆一楼
6	新世纪旅行社	L-SNX00409	朱亚兰	汉滨区金都国贸酒店一楼
7	明珠旅行社	L-SNX00480	柯美新	石泉县城关镇西三角地
8	光大旅行社	L-SNX00527	付新玲	南环路2号东海尚府1F（长兴小区）
9	顺风旅行社	L-SNX00606	张　旭	安悦街14号（威尼斯影城斜对面）
10	春之旅旅行社	L-SNX00607	艾　丽	东正街96号（朝阳门内十字）
11	太极之约旅行社	L-SNX00605	刘宝军	旬阳县城关镇天池路
12	华夏铁道旅行社	L-SNX00637	汪　键	安康市汉滨区江北大道63号
13	海洋旅行社	L-SNX00670	朱　勇	汉滨区西内环路31号
14	金色假日旅行社	L-SNX00767	蒋典芸	汉滨区西内环路21号
15	旅游百事通国际旅行社	L-SNX00773	胡广霞	汉滨区汉城国际4号楼704室
16	旬阳县金桥旅行社	L-SNX00835	来荣安	旬阳县商贸街（二幼向东30米）
17	金月亮旅行社	L-SNX00608	王明军	旬阳县城关镇商贸街353号

2017年安康辖区旅行社分社、分公司一览表

序号	单　位	总经理	地　址	所在县区
1	西安国旅安康分公司	胡广霞	安康市汉滨区兴安门小区左侧	
2	西安铁道国际旅行社安康分公司	汪　洁	汉滨区江北大道56号	
3	陕西盛唐旅行社有限公司汉阴分社	张智超	汉阴县富强街6号	
4	陕西仟佰众有限公司石泉分公司	陈　娇	石泉县滨江大道中段	
5	陕西运通国旅石泉分公司	王义春	石泉县城关镇老城东街三组25号	
6	西安驴妈妈旅行社安康分社	张　旭	汉滨区兴科明珠02号	
7	西安春秋国际旅行社安康分社	杨　倩	汉滨区新城办高井村一组20幢	
8	西安宝中国旅石泉分社	谭可会	石泉县商业街中段	
9	西安天马国际旅行社汉阴分社	王晓钰	城关镇长乐路凤凰国际酒店	
10	西安康辉国旅安康分公司	丁礼英	汉滨区兴安中路南城国际606	
11	西安海外旅游责任有限责任公司安康分公司	高　健	安康市南环路58号市委对面	
12	陕西海外旅游有限责任公司安康分公司	赵汉生	汉滨区小北街23号1单元1楼	

2017年安康星级饭店一览表

序号	单位名称	负责人	星　级	联系地址
1	明江国际酒店	邓经理	★★★★	汉滨区滨江大道3号
2	安康宾馆	熊　波	★★★	汉滨区育才路100号
3	民航大酒店	邹　斐	★★★	汉滨区兴安西路94号
4	九华饭店	张倩茹	★★★	汉滨区江北大道中段
5	金苑大厦	杨　刚	★★★	汉滨区大桥路2号
6	邮政大酒店	郭文涛	★★★	汉滨区金州路59号
7	金扬宾馆	陈志越	★★★	汉滨区黄沟路1号
8	旬阳河源大酒店	潘怀文	★★★	旬阳县祝尔康大道北段
9	旬阳美华大酒店	曹　霞	★★★	旬阳县祝尔康大道西段
10	石泉江景酒店	张　静	★★★	石泉县火车站进站路
11	石泉柳苑大酒店	焦富静	★★★	石泉县杨柳新区
12	石泉珍珠泉大酒店	王志均	★★★	石泉县珍珠河桥头
13	岚皋大酒店	郭文涛	★★★	岚皋县老北街1号
14	紫阳源森大酒店	王自恩	★★★	紫阳县城关镇紫府路
15	紫阳汉安大酒店	唐　聪	★★★	紫阳县城关镇曹家坝
16	镇坪金兰大酒店	张　妙	★★★	镇坪县南环路
17	镇坪大酒店	陈　英	★★★	镇坪县南环路
18	平利长兴宾馆	华开良	★★★	平利县新正街139号
19	平利雅轩宾馆	戴俭兰	★★★	平利县东大桥西50米
20	宁陕皇冠大酒店	郑青蒙	★★★	宁陕县皇冠镇西汉出口
21	高新新天地酒店	王　辉	★★★	高新区学府路
22	白河正阳大酒店	李　江	★★★	白河县城关镇狮子山新区
23	旬阳金世纪酒店	陈祖红	★★	旬阳县城关镇振旬路
24	宁陕三星宾馆	张少群	★★	宁陕县三星路
25	岚皋宾馆	陈　晖	★★	岚皋县新街228号
26	汉阴宾馆	刘康艳	★★	汉阴县和平街
27	汉阴金鑫大酒店	李昌龙	★★	汉阴县北城街65号
28	税务宾馆	唐　莉	★★	汉滨区大桥南路15号
29	成鹏商务酒店	朱成安	★★	汉滨区巴山东路8号
30	天池商务酒店	罗振杰	★★	汉滨区西外环88号

卫生　体育

卫　计

安康市卫生和计划生育局
局　　长　王龙军
副 局 长　郭　珉　朱新年
纪委书记　陈金岚
副 局 长　吕康富　杨　彬
　　　　　　刘芳霞　李诗贵

◎**概况**　2017年，全市卫生计生机构2981个（包括村卫生室2364个），与上年相比减少61个。其中基层医疗卫生机构减少24个，为2863个（卫生院减少4个，为168个，村卫生室减少27个，为2364个；诊所、卫生所、医务室增加7所，为312所）；专业公共卫生机构减少37个，现为68个（疾病预防控制中心11个、采供血机构1个、妇幼保健院/站11个、卫生监督所11个、计生服务机构减少37个，为34个）。全市实有床位数15254张，较上年增加1278张。其中医院病床较上年增加523张，为10358张；卫生院病床较上年增加702张，为4388张；妇幼保健机构较上年增加53张，为468张；社区服务中心（站）床位无变化仍为40张。全市共有卫生计生人员22422人，较上年增加1169人。卫生技术人员较上年增加1379人，为17575人。其中执业（助理）医师5023人，注册护士6886人。从总人员的构成看，卫生技术人员占78.30%，其他技术人员占1.50%，管理人员占4.49%，工勤人员占4.60%，乡村医生和卫生员占10.97%。

◎**医疗服务**　2017年，全市医疗卫生机构总诊疗1301.10万人次（包括村卫生室448.80万人次）。全市医疗机构入院病人54.90万人次，总出院54.28万人次，分别较上年增加8.70万人次和8.10万人次；年平均病床使用率87.20%，医院出院者平均住院日为9.5天，较上年延长0.2天，乡镇卫生院平均住院日6.45天，较上年缩短0.45天。全市医院平均每一门诊人次医疗费用197.20元，较上年比较增加7.80元。平均每一出院者住院医疗费用5923.70元，较上年增加307.9元。当年，乡镇卫生院平均每一门诊人次医疗费用55.30元，与上年比较下降1.90元。平均每一出院者住院医疗费用400元，与上年比较下降1.30元。医疗服务能力增强。一是完成市中心医院“三甲”和白河、石泉、平利、汉阴、旬阳、汉滨（一、二院）等7个县区医院“二甲”评（复）审以及汉阴、石泉、紫阳、平利、旬阳等5家县级中医院的“二甲”复审工作，市区中医院完成紧密型医联体建设任务；市级公立医院申报3个省级临床重点专科；全市各级各类医疗机构临床用血全部来自无偿献血，全市无偿献血率巩固在100%。二是大力推进基层中医药服务能力建设。共建设177个中医馆，建成投用144个，33个正在建设；汉滨、汉阴、岚皋、平利等4县区创建全国基层中医药工作先进单位通过省级评估和国家级验收。推进中医治未病健康工程，市中医院新建“治未病中心”，市儿童脑病医院建成并投入使用；继续开展“杏林寻宝”活动，制作播放14期，申报省级科研项目16项，成功立项12项。三是在全市二级以上医院设置警务室，设置独立的保卫科28个，设立应急报警装置14家，与公安机关联网11家，各级医院公共区域视频监控系统实现全覆盖；全市共有325家医疗机构参加医疗责任保险，38家医疗机构参加医疗意外险；全市医调委受理人民调解114起，调解成功102起。四是完成61批次重要保健对象医疗保健及重大活动、重要会议医疗保障任务，实施医疗保障159天。

◎**公共卫生与疾病控制**　2017年全市重点疾病得到有效控制。全市儿童常规免疫报告接种率卡介苗（BCG）99.93%，脊髓灰质炎疫苗（OPV3）99.97%，百白破（DPT3）99.96%，含麻疫苗99.97%，乙肝疫苗99.97%；麻疹、布病、手足口病、乙肝、梅毒、流行性腮腺炎、肺结核等6种重点传染病报告发病率较上年有所下降。全市共收到传染病预警信息671条，排除670条，疑似事件1条，及时报告率和处置率均达到100%，159起学校传染病聚集疫情、5起人感染布病疫情得到及时控制。全市共发生2起较大事件、3起一般级别事件、1起未分级事件，无重大以上公共卫生事件。

◎**妇幼保健服务与健康管理**　全市住院分娩率99.99%，7岁以下儿童健康管理率96.55%，孕产妇系统管理率98.02%。完成1个市级和5个县级危重孕产妇救治中心建设任务。将免费婚检标准提高到260元/对，有效推动了免费婚检工作的落地实施。白河县、平利县通过省级“妇幼健康优质服务示范县”命名表彰。一是投资1.50亿元的市妇幼保健院江北新院建成投入使用，投资6300万元的旬阳县妇幼保健院新建项目进入二次装饰装修；投资3000万元的汉阴县妇幼保健院产儿科住院楼扩建项目开工建设。争取省级项目资金600万元、市级财政补助资金600万元，完成1个市级和5个县级危重孕产妇救治中心建设任务；另有5保县级中心正在建设；汉阴县投入260余万元一次性为16个乡镇卫生院配齐急救车辆，为母婴安全提供了有力保障。二是投入资金600余万元，为159个镇和1541个村配备孕产妇和新生儿访视包，极大提高服务质量。全市免费为13929名孕产妇进行产前筛查和超声检查；农村孕产妇住院分娩累计补助25161人，补助2020.65余万元。三是全市实施“五三二”镇村卫生服务一体化管理模式，落实村医待遇和养老政策，有效解决村医后顾之忧；完成25所乡镇卫生院和1所优秀社区评选申报工作；为重点打造的65所区域性卫生院分期分批配备救护车、B超，血细胞分析仪、生化分析仪、心电图等设施设备共计270余台件，为980所规范化村卫生室配置健康一体机，极大提升了基层医疗机构的服务能力。

◎卫生计生综合监督执法 2017年，全市10县区卫生计生综合监督执法机构改革任务基本完成，乡镇卫生计生监督协管网络健全，卫生计生行政执法全过程记录试点稳步推进，监督执法能力得到有效提升，监督检查医疗卫生机构、宾馆美容等公共场所、饮用水供水单位、餐饮具消毒企业各类监督对象7902户次，下达监督意见书2617份，责令整改单位1121户，查处违法案件232起，移交公安机关1起，申请法院强制执行4起，约谈1起，罚款49.54万元。卫生计生行政执法案卷评查、监督执法微视频评选取得良好成绩。

◎新型农村合作医疗保障 2017年，全市参加新型农村合作医疗240.07万人，参合率99.57%。全市新农合基本补助387.62万人次，补助资金12.87亿元。其中门诊统筹补助329.06万人次，补助金额1.55亿元，次均补助47.06元；住院补助44.23万人次，补助金额12.40亿元，次均补助2803.45元；门诊特殊慢性病补助14.26万人次，补助金额0.67亿元，次均补助468.55元；全口义齿等其他补助0.068万人次，补助金额1023.56万元；大病保险补偿19674人次，补偿金额8447.59万元，人均补偿4293.78元，在新农合基本补助基础上提高12.46%。极大地缓解了农民群众医疗费用压力。

◎全面两孩政策实施与计划生育工作 2017年末，全市总人口283.46万人，出生27801人，人口出生率、自增率分别为9.85‰和4.13‰；性别比为106.1，政策外多孩率0.35%，省、市考核指标全面完成。在出生的27801人中，“两孩”15199人，同比增加3376人，占出生总数54.67%。全市共审核确认上报各类计划生育奖励扶助对象212787人。其中国家奖扶对象27578人，独女户奖扶对象1358人，特别扶助对象1948人，1933年以前出生的奖扶对象636人，手术并发症对象119人，合疗补助180925人，共发放奖扶金6316.79万元，逐步形成计划生育工作新格局。

◎药物政策和基本药物制度 2017年，全市执行药物政策和推行基本药物制度。一是全市各县、镇、村公立医疗机构从4月1日起全面推行“两票制”。全市有199个医疗机构实施“两票制”，机构执行率98%，5家市级公立医院药品、耗材“两票制”品规执行率分别达到95.50%、90.80%；耗材采购联合体专家库建立，采购目录全部汇总完成，骨科耗材议价工作基本完成。全市216家公立医疗机构均实现药品网上采购，机构网采率100%，全年采购药品10.30亿元，累计网采并零差率销售药品22.50亿元，让利群众3.38亿元；市、县、镇（村）基本药物使用比例分别为12%，50.70%和71.80%。重点药品监控不断加强，将注射用头孢米诺钠、头孢硫脒等20个药品纳入重点监控药品，要求各医疗机构重点监控药品的药占比较上年同期下降5%以上。基层药品、耗材“两票制”品规执行率分别为85.90%、68.90%。二是出台《关于建立药品耗材采购最高限价工作的通知》，坚持“区域议价，量为参考，同城限价，动态调整”原则，确认全市最高限价品规1004个；大输液忆议定341个品规。三是组织专家论证确定注射用头孢米诺钠、头孢硫脒等20个重点监控药品，在全省率先公布市级重点药品监控目录（试行）。按季度发布市级《药讯》，通报监控药品使用情况，并对各医院抗菌药物临床使用主要指标、使用金额排名前十的常用药物、抗菌药物及排名前3的科室、医生，典型处方点评进行季度通报，要求各医疗机构重点监控药品的药占比较上年同期下降5%以上。全市20种监控药品总采购金额比上年同期降低838.60万元，降幅达22.30%，重点监控药品占比较上年同期下降6.40%。四是全市208家公立医疗机构均实现药品网上采购，机构网采率100%，全采购药品9.36亿元，累计网采并零差率销售药品25.70亿元，让利群众3.80亿元；县、镇（村）基本药物使用比例分别为46.30%，75.60%。全市公立医疗机构HIS系统与药采平台对接任务32家，全市有23家公立医疗机构开展平台对接工作，机构完成率100%。五是全市网采机构216家，其中城市公立医院5家，县级27家，基层178家，其他机构6家，全市公立医疗机构累计采购药品6.52亿元，机构网采率96%，市、县、镇（村）基本药物使用比例分别为8%、43%和38%。全市公立医疗机构HIS系统与药采平台对接任务32家，全市有21家公立医疗机构开展平台对接工作，机构完成率81%。六是全市城市公立医院集中推行药品耗材采购“两票制”，5家市级公立医院药品、耗材“两票制”品规执行率分别达到90.90%和82.80%。市直4家公立医院药品耗材配送企业由原来的434家压缩到68家，调整到位。

◎**中医药发展状况** 2017年，全市举办“中医中药中国行·安康站活动”暨安康市中医院第三届膏方节。汉滨、汉阴、岚皋、平利4县区创建成为全国基层中医药工作先进单位，汉阴、石泉、紫阳、平利、旬阳等5家县级中医院通过“二甲”复审，累计建成投用基层中医馆项目144个。市中医院及紫阳、旬阳、汉阴县中医院成为省级中医药特色康复服务试点单位，岚皋县中医院成为省级中医药健康养老试点单位。完成中医类别住院医师规范化培训基地和中医类别全科医师培训基地建设。举办中药煎药人员培训班等各类培训班、学术交流活动近30场次，开展中医药知识技能大练兵大比武活动并获“中医经典”组全省三等奖。

◎**健康扶贫攻坚与疾病救助** 一是“四个100%”目标基本实现。着眼健康扶贫政策进村入户、工作过程纪实和知晓率达100%的要求，将90余万份新农合报销宣传彩页、健康扶贫政策明白卡等宣传品发放到贫困户手中或张贴在贫困户家中；采取编写顺口溜、打油诗等群众喜闻乐见的方式，并通过组织全系统人员与贫困户开展交友帮扶结对及“面对面”“一对一”宣讲的方法将健康扶贫政策宣讲到位，让贫困群众做到“三有三知”。与扶贫部门和镇村干部联动，对贫困人口和参合人员信息进行比对和数据清洗，建立因病致贫人口数据库和10余类健康扶贫工作台账，确保全市所有建档立卡贫困人口100%参加新农合和大病保险。研究制定和落实“一站式”结算的工作流程和具体措施，实现县镇公立医疗机构“一站式”即时结算服务覆盖率100%；平利等县还与市级定点医院和多家省级、西安市级定点医院签订“一站式”结算协议，实现“一站式”报销向省市定点医疗机构的延伸。二是“三个一批”救治任务基本完成。对全市1115名11种大病贫困患者逐一摸底登记建档，积极牵线搭桥推动县区医院与唐都医院、交大一附院、省人民医院、省肿瘤医院等省市级大医院达成合作联动协议，对贫困人口实施大病救治，让贫困大病患者在家门口即可享受到城市大医院和大专家的诊治服务；对需转诊到省市定点医院治疗的，由县区卫计局统一组织转诊和集中救治。目前11种大病集中救治任务全面完成。督促县镇村组建完善责任医师团队，主动上门为贫困人口提供家庭医生签约式服务，全市贫困人口签约率达100%，贫困慢病群众签约率达100%；多方筹集资金和创新举措，为全市10种以上常见慢性病贫困患者免费提供门诊治疗基本药物和免费健康体检。督促协调各县区筹资9000余万元建立县级健康扶贫专项救助基金，或为贫困人口购买大病补充商业保险，并通过调整合疗、大病保险、民政救助政策和建立“四重保障”或多重保障，确保贫困群众住院实际报销比例达90%以上，对患有重特大疾病但无支付能力、家庭成员多人患病、因病因残丧失劳动能力等特殊困难人群实行兜底保障。全年兑付无支付能力的重病患者疾病应急救助基金205万元，救助患者近130人。三是公共卫生八大行动全面实施。制定出台《关于加强贫困人口疾病预防控制推进健康扶贫工作的意见》，在平利县召开健康扶贫暨公共卫生八大行动现场会，公共卫生八大行动在全市深入开展；全面实施和整合13大类46项基本公共卫生服务项目、6大类19项重大公共卫生项目和计划生育“两项工程”免费服务项目，形成覆盖全生命周期的公共卫生服务链，改革镇村（社区）医疗服务模式，在农村实施责任医师团队家庭医生签约式服务“茨沟模式”，在城区推广“医养护一体化”家庭医生签约服务，着力提高公共卫生服务能力和群众健康保障水平。广泛开展健康教育“五进”和“营养科学进万家”活动，倡导绿色健康生活方式，让群众不得病、少得病、少得大病。据统计，全年组织开展健康教育“五进”和“营养科学进万家”等活动1000多场次。四是基层医疗服务能力明显增强。对全市贫困村村卫生室建设情况进行摸底汇总，编报2017年贫困村卫生室标准化建设项目，争取各级项目资金支持，全面完成省定122个拟脱贫村的标准化村卫生室建设任务。及时为基层补充招录卫生技术人员，全年县及县以下医疗卫生机构招聘录用323名医学类本科生，带编为乡镇卫生院招录287名医学专科生，为村卫生室补充招录213名乡村医生。制定出台《加强医疗卫生帮扶体系建设提升健康扶贫工作水平实施方案》，组织县级公立医院医务人员开展“感恩故乡行、定期到基层”驻点服务活动；继续开展二、三级医院对口帮扶县镇医疗卫生机构工作，落实医生蹲点帮扶服务；与常州市卫计委签订《对口帮扶协议》，双方商定采取组团式帮扶的方式，为全市的市县医疗卫生单位提供医疗管理、人才培养、专科共建、学科发展、远程医疗协作等方面的帮扶；加快医联体建设，推进“3+2+1”一体化医疗服务、县镇一体化和“532”镇村一体化管理，促进优质医疗资源下沉；扩大远程医疗服务范围，让贫困群众在家门口就能享受到优质的医疗服务。开展远程会诊6263例，其中为乡镇卫生院会诊5372例。争取民建陕西省委及中华思源工程扶贫基金会的支持，为9个贫困县区捐赠16辆救护车，着力提升基层急诊急救能力。五是创新开展“天使健康扶贫行动”“树千名自强标兵交万名农民朋友”和健康扶贫百日大会战等活动，助推健康扶贫工作深入开展。组织全系统19014名卫生计生干部职工与贫困群众开展帮扶结对，将11个市直卫生计生单位的4366名干部职工调整到4个深度贫困县与健康扶贫对象开展“一对一”结对帮扶，共组织开展大型义诊110多场次，免费为群众进行健康体检、健康教育、医疗咨询、义诊70万余人次，免费发放药品60多万元，减免诊疗费用近400万元。积极构建“四大帮扶体系”，继续开展二、三级医院对口帮扶县镇医疗卫生机构工作，落实医生蹲点帮扶服务，实现省、市、县镇医疗卫生计生机构下沉一级对口帮扶的全覆盖，与常州市卫计委签订《对口帮扶协议》。着力解决贫困计生家庭困难，全年共完成农村贫困计生家庭帮扶任务4523户，累计投入资金1776.70万元，协助提供小额贷款1949.80万元，落实交钥匙工程62户，危房改造29户。

◎城市公立医院综合改革 医联体建设全面完成。以市中心医院和市中医院为龙头的医疗集团和医联体建设不断壮大和完善。全市5家市级公立医院、27家县级公立医院向上加入医联体32个，全市加入各级各类医联体的医疗（含养老）机构达228个，市县镇三级医疗卫生机构医联体覆盖率达100%。石泉县组建县医院、县中医院两大医疗集团，实现人、财、物统一管理；汉阴县镇村一体化不断完善提升；白河县组建的跨省市“秦楚医联体”运行情况良好。医保支付制度改革全面推进。市政府办印发《安康市新型农村合作医疗市级统筹实施方案》《安康市城乡居民基本医疗保险市级统筹运行方案》，全市新农合和城镇居民医保的筹资标准统一为630元（财政补助人均470元，全市城乡居民参保人数达到280.25万人，参保率达99.40%。医保实现数据在省级集中、省内异地就医实时结算；制定出台《异地就医结算规程》，明确结算关系，实现省内双向实时结算，跨省（与湖北十堰市）实时结算。市、县镇公立医院实行按病种付费的达到100个以上，大病保实现城乡居民大病保险全覆盖，实现贫困患者基本医保、大病保险、民政救助、政府兜底“一站式”报销服务工作全覆盖。深入推进医养结合试点工作。各县区在积极借鉴宁夏、青岛经验的基础上，大胆探索，勇于创新，积极试点，初步形成“医中有养、养中有医、医养互助、签约巡诊、民办医养”五种基本形态的安康医养结合服务模式。全市建成老年病科（康复护理院）8个，设立老年病床707张，规划在建的老年病科、中医老年病院、康复护理院7个，预设老年病床1700余张。在全市建成投用的163个敬老院中，全部与医疗机构签订医养合作协议，市中医院还与8个民办老年公寓签订医养协作协议；建成社区老年人日间照料中心35个，旬阳县红十字康锦医院医养中心投入运营，紫阳县拟投资1.20亿元的华阳老年公寓一期工程主体竣工；集医疗、康复、保健、急救、互联网于一体，总投资15个亿的安康职业技术学院医养中心进入规划阶段。全市60岁以上老人家庭医生签约服务率达到70%以上，通过团队上转病人1167人，下转接病人709人。

◎宣传教育与健康促进 2017年，全市卫计系统在市级以上主流媒体发稿4285篇。其中省级以上媒体发稿1489篇（条），较上年稳步增长。全年政务信息报送数量和综合得分名列全省第一。当年，全市举办国家健康中国行“陕西主题宣传周”启动仪式暨全省健康促进现场会，旬阳县健康促进县通过省卫计委验收命名。各县区累计发放宣传资料111万份、更换健康教育宣传栏1.49万期，开展公众健康咨询0.66万次、举办健康知识讲座0.9万次，受众达53万人次，新建成各类健康文化阵地51个。安康市代表队获得全省中学生健康素养知识竞赛三等奖。

◎重点项目和信息化建设 2017年，全市重点项目建设稳步推进。一是全市卫生计生系统共实施卫生计生建设项目23个，总概算投资4.67亿元，其中市级卫生计生建设项目5个，计划投资2.90亿元；县及县以下18个（县级6个，乡镇12个），总投资1.77万元。建成项目5个，在建项目18个，累计完成项目投资1.76亿元。二是卫生计生信息化建设步伐加快。10县区县级区域卫生信息平台全部通过省卫计委验收；计划免疫系统、远程会诊系统先后通过验收并分别移交市疾控中心和市中心医院运行管理；市级新农合结算系统建成并投入使用；县域内医疗保障“一站式”服务和异地住院报销结算全面实现。完成居民健康卡硬件设备和系统集成招标，采集240余万条居民健康卡基础信息，完成首批制卡、发放1.5万张，白河县率先实现居民健康卡应用。

◎队伍建设 2017年，全市继续实施“十百千万”医疗卫生人才培训培养工程建设。一是全市有18名市级领军人才出国（境）研修，有116名市县级学科带头人到国内知名医院进修学习，有852名市县镇业务骨干到省、市、县进修学习，共有12203名一般人才参加市级及以上短训或学术交流；选派市、县医疗卫生单位8名优秀年轻干部到少卫生计生委学习锻炼半年。二是完成2017年度卫生专业技术资格和护士执业资格考试工作，共有6387名卫生人员参加考试工作；对133人高级职称资格和98人申报基层副高级职称资格进行初审，完成了28名农村订单定向医学本科生安置工作。

◎健康城市建设 一是与各县区签订健康城市建设目标责任书，印发健康城市建设指导意见，于3月2日在平利县召开全市健康城市建设现场会，推广该县健康步道、健康文化园和健康细胞建设经验。截至年底，全市建成健康文化园、健康步道、健康长廊等多种形式健康文化阵地69个，成立健康教育专家团队11个。二是组织专家对健康医院、健康机关、健康学校、健康社区等示范点建设及健康支付持性环境建设进行检查指导，并对中心城区25个健康细胞试点建设情况进行考核评估；命名2016年度71个市级无烟单位，2017年市级无烟单位正在验收中；争取经费10万余元，从5—10月每月至少1次，对中心城区14个无物业管理小区、9个公园绿地、6个车站、8个市场集中进行消杀；完成中心城区国家卫生城市复审考核评估工作，待国家重新命名确认。7月，岚皋、紫阳、旬阳、镇坪县和石泉县池河镇被命名为国家卫生县城（乡镇），实现国家卫生县城全覆盖的创建目标。三是积极推进健康教育“五进活动，市局组织开展大型健康知识讲座6期，近3000名干部职工聆听讲座，引导市民养成良好生活方式，树立健康意识，提高健康素养。四是拟定《“健康安康2030”行动纲要》和《安康市委市政府关于加快全市卫生与健康事业改革发展，推进健康安康建设的决定》，市政府常务会议、市委常委会议均审定通过，待省相关文件出台后印发各县区实施。

（周元鸿　张国成）

安康市中心医院
院　　长　茹甫毅
党委书记　王晓春
副院长、市儿童医院院长　董根文
副 院 长　张军康
纪委书记　杜海云
副 院 长　许　真　蒋开夫

◎**概况**　安康市中心医院始建于1937年，医院占地300亩，建筑面积12万平方米，总资产近12亿元。编制床位1650张，实际开放床位1517张。医院有在职员工2378人，其中高级职称技术人员250人（正高级职称58人、副高级职称192人），在读博士18人，在读硕士119人。享受国务院特殊津贴专家2人，中组部“西部之光”访问学者2人，省“三五”人才和省卫生系统“215”人才4人，省级重点领域顶尖人才2人，市级突出贡献专家4人。现已成为全市集医疗、教学、科研、急救、防保、康复为一体的综合性国家三级甲等医院。

◎**主要工作**　2017年，全院各项指标实现“保存量、促增量”，全年门诊诊疗量72.50万余人次，同比增长11%；出院病人4.60万余人次，同比增长5%；手术工作量1.70万余台次，同比增长9%；药占比36.69%，同比下降4.02个百分点；病床使用率保持在101.60%；平均住院日缩短至10.3天；业务收入实现7.80亿元，同比增长11.42%。一是合力攻坚，通过三甲复审。完成多部门协调工作83次、整改项目300余项、整改意见1451条，制定和修订各类制度流程1216项、应急预案293项、PDCA案例172项。2017年7月，省卫计委、省物价局下发《关于评定安康市中心医院为三级甲等医院的批复》，宣告安康市中心医院三甲复审通过。二是医疗安全、质量、服务持续改进。全年审批手术1098例，完成限制类技术备案22项，新技术项目准入23项，医疗投诉及争议同比下降20%，赔偿总额下降56%，无医疗责任事故发生；以开展“医疗质量提升年活动”为抓手，加强基础知识与技能操作的培训演练，在陕西省医护综合技能竞赛中荣膺团体一等奖及多项个人奖项，在全市危重孕产妇及新生儿急救技能大比武竞赛中荣获团体一等奖和特殊贡献奖；以开展“进一步改善医疗服务行动计划”为抓手，优化导医和便民服务，创建优质服务示范窗口，完善无障碍设施，落实院长接待日制度，多项监管措施保护患者权益；以建设市级紧急医学救援基地为抓手，进一步完善应急体系建设，顺利完成多次市级应急拉练与现场医疗救援任务；以开展“四合理”检查为抓手，多措施指导合理用药，建立以大数据为主体的医疗质量统计学评价数据库，严格执行奖罚措施，检查运行病历2610份，终末病历42051份，甲案率98%；以开展“医院感染管理年”活动为抓手，组织开展感染专项知识培训22场次，用院感管理新理念、新规范、新标准进一步规范诊疗行为，在省预防医学会“第20届医院感染控制学术年会暨首届中国西部感控联盟论坛”受到先进单位、先进个人表彰。三是护理工作亮点纷呈。常态化研判改进13项“护理敏感指标”，细化护理相关风险因素预防措施，深入开展优质护理服务，不断提升服务内涵及质量；各个护理单元结合专科特色从管理、安全、质量、技术、文化等方面开展创新式服务，60余项“微创新”“微改进”彰显微光精神与人文情怀，患者对护理整体工作满意度达到95.60%；开展“寻找输液标准最佳践行与应用之星”“护士+全国网上测评”、品管圈、护士长述职演讲等系列活动，输液标准应用经验分享视频在全国评选中荣获优秀奖，多个品管圈在全国及省内比赛中斩获佳绩；组织男护成立“男丁格尔之家”，选送培养省级专科护士12名，完成6个科室147名专科护士院内认证工作；开展各项理论操作培训33次，承担市护理学会和市护理质量控制中心培训、督导及复审任务50余人次，10名护理管理人员赴台湾省考察学习，1名护理人员取得硕士学位，全院本科学历护理人员占比达到49.60%。四是学科建设和人才培养。医院心血管内科、新生儿科被省卫计委确定为第一批省级临床重点专科培育项目；市胸痛中心通过中国胸痛中心示范基地认证；产科、新生儿科通过“市高危孕产妇和新生儿急救中心”建设初验；全市戒毒治疗专科在精神病分院（市精神卫生中心）揭牌成立；积极申报创建陕西省心血管疾病研究分中心、市重症医学质量控制中心，成功创建市病理诊断中心、市高血压防治中心、市心衰治疗中心，被中华医学会和中国心血管健康联盟确定为“第一批中国心衰中心建设单位”。全年新进大学生76名，其中硕士研究生7名，本科生69名；选送19名领军人才出境交流学习，派出进修培训学科带头人80余人次、技术骨干281人次、学术培训3720人次，“十百千万”人才工程任务完成；继续开展天使人才培训工程，全年共选送护理管理人员外出培训63人次、护理骨干外出进修学习83人次。五是医教研工作扎实开展。继续深化校院合作机制，挂牌成为湖北医药学院第六临床学院、安康学院附属医院；获批成为国家第二批住院医师规范化培训基地，12个专业招录首届住培学员63名，选派8人到省级医院参加住培项目；承担安康职业技术学院带教课时2340学时，接纳湖北医药学院等高校148名实习生到岗实习，接收基层进修人员80人次；邀请知名专家来院开展各类学术讲座50余次，获得陕西省成果项目1项，省级项目立项2项，市级项目立项2项。发表核心期刊论文50篇、SCI论文5篇，3篇论文入选第103届北美放射学年会（RSNA）并受邀参会发言，2项发明获国家发明专利。六是医改工作不断深化。上下联动，成立安康市中心医院医疗集团（医联体），上联西安交大一附院等省级医疗机构优质资源，下接安康市25所县级医疗机构，19家民营医院，4家医疗协作单位及45家乡镇卫生院，分级诊疗形成合力。协同发展，打造多个优势平台完善服务载体。完善分级诊疗和双向转诊服务中心，接收和转送患者3210人次；市胸痛中心运行稳健，21家二级以上医疗机构签约成为胸痛中心联盟医院，5家县级医院胸痛中心成为“安康市胸痛中心区域协同项目救治分中心”；依托市病理质控中心成立市病理专科联盟，与10家县级医疗机构签订协议，搭建病理远程会诊诊断平台、标本物流配送系统和远程阅片诊断系统；依托医学影像科及云PACS系统成立“安康互联网+医学影像联盟”，与7家医疗机构签订服务协议，建立跨医院医疗数据共享交换标准系统；依托脑科医院建设市卒中中心和脑卒中筛查基地医院，引进脑卒中综合防治工程项目，搭建脑卒中防治筛查平台，筛查卒中患者300余人次；市高血压防治中心引进中国基层医师培训项目，为全市高血压疾病诊治与防控提供技术支撑，成为HEARTS项目中国区陕西省唯一试点单位。认真贯彻中、省、市关于药品、医用耗材采购“两票制”相关政策，建立科学合理的药品、医用耗材集中采购和监督长效机制，降低价格惠利群众，医用耗材“阳光平台”网采率位列全省前5名，联合体议价833个药品品种，网采率达95.70%；认真执行新医疗服务价格及药品“零差价”调价方案，农合、职工医保实现异地就医即时结算和一站式服务；认真落实国家相关调资政策，人事及分配制度改革稳步推进。七是综合服务能力再上台阶。积极开展平安医院建设，召开综合治理专题会议5次，安全检查17次，协助公安机关破案3起，协调处理各类矛盾纠纷13起，转办信访件22件，调解处理成功率和群众信访回复率均达到100%，无重大安全事故及群体上访事件发生。强化经济运行分析与内部管理，建立健全内控体系建设，动态调整绩效方案，加强内审工作创新，完成材料、设备议价51项审减节约资金420余万元，完成项目审计68项审减节约资金327.60万元，组织重点任务和追赶超越效能督查20余次，反馈整改问题60余条。充分发挥信息化支撑作用，信息自助查询机、云PACS系统、胶片自助打印系统成功投用，护理管理系统、护理电子病历、移动护理PDA扫描系统、护士在线考试系统陆续试点投用，HIS系统与省级药品网采平台成功对接，药品、耗材价格、品规实现实时公示，微信平台等多渠道完成患者预约挂号8900余人次、预约检查3.2万余人次，办理一卡通1.50万余张。认真落实市委市政府“十项承诺”及相关会议精神，全面优化各院区后勤服务管理，完成“煤改气”“开闭所迁建”、更新制氧机等工程，市职业病院暨市全科医生临床培养基地项目装饰装修工程按期推进，检验中心项目完工验收，完成卒中中心改造项目和内镜室一期改造工程，江南院区综合能力提升改造项目、120急救指挥中心新址项目规划设计全面完成，调整7个科室北迁或腾挪，内科楼综合改造项目按期开工，进展顺利。八是完成各项指令性任务。积极应对突发公共卫生事件，医院全年院前急救有效出诊2519次，成功派出处理紧急事件27起，承担市级医疗保障任务41次；完成指导和评审汉滨区、白河县等8所县级二甲综合医院的评审及复审工作。

（张　健　王　蕾）

安康市中医医院

院　　长　陈文乾
党委书记　郭圣杰
纪委书记　崔大军
副 院 长　杜清华　梅安存（女）
　　　　　王晓玲（女）

◎概况　安康市中医医院是由安康市人民政府领导、市卫生计划生育局主管的公立医疗机构。内设25个行政职能科室和46个临床医技科室。全院拥有职工1350人，其中高级职称142人，中级职称248人。享受国务院政府特殊津贴专家2人，国家一级主任医师2人，全国优秀中医药临床人才3人，国家师承带教指导老师1人，省“三秦人才”3名，省“三五人才”1名，省名中医2名，省师承带教指导老师2名，省优秀中医药临床人才4名，市级有突出贡献专家3名，市级名中医14名，博士、硕士研究生130名，陕西中医药大学、广州中医药大学兼职教授副教授40名，硕士研究生导师4名。设国家临床重点专科1个，国家中管局重点专科4个，省级重点学科专科11个，市级重点专科15个，市级专科医院3个，市级诊疗中心4个，建成国家胸痛中心。医院拥有磁共振、螺旋CT、全自动检验生化免疫流水线等大中型医疗设备500余（台）件。2017年医院获安康市科学技术成果奖4项，开展新业务新技术55项，其中多项技术填补了本区域内空白，形成了独具特色的技术优势和专科特点。医院系集医疗、教学、科研、急救、预防、保健、康复为一体的国家三级甲等中医医院。系陕西中医药大学第七临床医学院，广州中医药大学附属医院，湖北医药学院，安康职业技术学院教学实习医院。国家中医药管理局首批中医住院医师规范化培训基地和中医类别全科医生规范化培养基地（临床培养基地），陕西省中医药管理局继续教育培训基地，陕西省博士后创新基地，国家百强中医药传承创新重点中医院建设项目单位。全院建筑面积6万余平方米，拥有门诊综合内科住院大楼、外科住院大楼和教学综合楼。编制床位1000张，实际开放床位1064张，全年接待门诊患者51.30余万人次，住院患者3.64万人次，完成各类手术1.44万余例。

◎业务工作　一是全面启动“三甲”复审。制定“三甲”复审方案，成立办公室，召开动员会，聚焦标准，坚持问题导向，按月下达复审计划并督查落实，印发宣传海报6期、复审简报7期，发放督查督办书586份。修订各科优势病种方案、围手术期中医参与方案、常见病诊疗常规等51册，开展18项核心制度学习培训，加强住院医师、护士日常培训，十大核心技术进一步提升，开展新技术、新项目55项。国家传承创新建设重点中医院建设项目落户本院，棚户区改造尽快推进，区域中医诊疗中心一期工程全面启动。胸痛中心建设通过国家认证，填补了陕西省中医院系统无国家胸痛中心的空白。成立全科医学科和公共卫生科，组建创伤整形骨科、血液风湿科、针灸康复二科，治未病中心和皮肤诊疗中心迁址运行，安康市眼科医院、肛肠医院运行良好，眼科医院新址装修改造工程即将完成，重症医学科建设加快推进。二是医疗质量安全加强。以落实18项核心制度为突破口，修订完善16项医疗管理制度和流程，突出医疗质量持续改进，严格规范执业人员、新技术新项目准入、处方权授予、手术权限、抗生素使用权限等管理；进一步完善6大急救流程，院前急救和急诊管理进一步加强，开通空中急救通道；全方位加强医院感染管理，按照《中医医疗技术相关性感染防控指南》做好中医技术操作器具清洗消毒，全年无院感爆发事件发生，医院被评为陕西省医院感染管理先进单位；强化住院医师培训，全年共开展培训23期，完成第3期规培招生42名，在培学员77名；提升优质护理全覆盖质量，继续做好大比武、大竞赛活动，启动中医护理重点专科创建，开展中医护理技术27项，在19个护理单元开展品管圈活动，专科护理取得初步成效；推进医患沟通工作，把医疗质量安全作为医院工作生命线常抓不懈，医疗纠纷得到有效控制，全年无恶性医疗纠纷发生。积极推行临床路径管理，实行临床路径病种92个。全方位控制药占比、耗材比，落实抗菌药物和常规药品使用排名通报制度，全年停用超常使用抗菌药物2种、普通药物1种，药占比、耗材占较去年分别下降2.91%和1.25%，平均住院日较上年下降0.54天。三是医院服务进一步改善。落实改善医疗服务行动计划，开展“改善环境，提升服务”百日专项行动，13个科室制定55项改进任务，建成医院自助打印系统，开通预约挂号，门诊自助挂号和微信支付系统建设加快推进，建成医院后勤信息化平台，医院环境和服务进一步改善提升。组织开展第三方满意度测评，患者满意度达到95%以上。四是人才科研有了新进步。“十百千万”人才培养工程和1511人才引进工程加快实施，全年医院领军人才出国出境14人次、学术带头人和业务骨干赴国内知名医院进修学习125人次、专技人员培训2600人次。全年完成国家、省市继续教育项目和学术活动42场次。引进成熟人才10人、博士1人、硕士13人、本科22人、知名专家5人。承担吴阶平医学基金会项目1个、省中管局立项11项、获市科学技术成果奖4项。五是公卫服务全面落实。完成医院承担的公共卫生服务项目，落实《传染病防治法》，完成流感样病例哨点监测任务，严格做好结核病转诊工作，优化狂犬病、肠道、发热门诊管理，持续开展健康教育“六进”活动，开展居民健康知识讲座19场次，惠及群众2000余人。六是医养结合探索推进。加强老年病科建设，加快市老年病诊疗中心建设步伐。推进医养结合试点工作，与阳光护理院、市生态养老中心、岚皋县老年公寓合作开展老年人医疗保障工作。与市民政局合作，启动中医药进社区工程，1个社区国医馆即将建成。

◎**行政管理**　2017年医院制度流程不断规范。一是全年对51个管理委员会和领导小组进行调整完善，修订工作制度350个、管理流程310项，优化职能科室岗位职责，特别是院长办公会议、领导班子碰头会、行政总值班、行政业务查房、院长代表、科主任例会、行政例会、门诊例会等有效坚持，绩效管理、招投标管理、全面预算管理、节能减排等工作取得明显成效。二是干部教育和宣传力度加大。成立院内理论宣讲团，采取院领导和引进专家讲座相结合方式开展培训工作，全年开展中层干部培训13场次。把新闻宣传与健康教育与促进有机结合起来，全方位展示医院发展和员工精神风貌，多角度普及中医药和健康知识，全年在各类媒体发稿525篇，其中省级以上185篇，医院被市委宣传部表彰为全市新闻宣传先进单位。三是积极开展各类创建活动。健康医院创建启动实施，全民健康示范医院建设取得进展。爱国卫生、卫生城市复验、健康城市建设、省级文明城市创建、国家森林城市创建等扎实推进，圆满完成国家森林城市创建和国家卫生城市复验任务。

◎**健康扶贫**　2017年制定医院《健康扶贫工作实施方案》，调整充实健康扶贫领导小组，设立综合协调、医疗、护理、外联慢病管理、保障等5个工作组，每个科室设1名健康扶贫联络员，建立市中医院脱贫攻坚微信群。落实天使健康扶贫和万名交友，开展健康扶贫政策应知应会、贫困人员医疗报销政策和社会扶贫网APP三级培训，全院1300名职工“五个一活动”全面展开。建立对口支援关系，落实对口支援任务，在巩固白河县医院、平利县中医院对口支援工作的基础上，与新增的汉滨区中医院和紫阳县中医院签订帮扶计划，派出4名业务骨干担任帮扶对象副院长，各项帮扶任务逐步落实。进一步做好精准脱贫工作，召开脱贫攻坚专题会议12次，医院主要领导和分管领导先后10次深入白河县卡子镇仓房村脱贫点调研、解决实际问题，举办“传承好家风、建设新民风”，“扶贫扶志”表彰大会及大型义诊活动，为仓房村卫生室免费安装远程会诊设备、健康管理机等医疗设备，赠送办公用品以及药品等价值43万元，建成标准化卫生室，协调心医国际为卡子镇中心小学捐赠20台电脑建成“爱心电教室”。做好贫困人口大病救治，成立大病救治领导小组，建立绿色通道和就诊流程，严格控制不合规费用，确保贫困户住院报销指标达标，医院被市卫计局授予健康扶贫工作先进单位。

◎**医改工作**　全面启动公立医院改革，实行人事编制备案管理，对硕士及以上专业人员引进招聘由医院自主进行。完善绩效管理，医院绩效管理与质量考核方案在全院正式实施，员工满意度全面提高。按时实施药品零加成和药品耗材两票制，新医疗收费标准运行良好。分级医疗全面推进，市中医院医联体发展到77家，其中紧密医联体1家、省外1家，组建6个专科联盟，启动4个联盟基层提升计划。推进诊疗模式改革，落实医联体内部转诊机制，建立双向转诊绿色通道，全年接收上转病人2796人次，下转患者592人次。加强优势专病门诊建设，推行多学科诊疗模式，建成肿瘤、疼痛、眩晕等多学科诊疗中心。远程医疗平台不断完善，启动治未病健康管理网络建设，推行1+X家庭医师签约指导服务，管理慢性病人5000多人。

（李杰龙　张传斌）

安康市人民医院

院　　长　白方斌
纪委书记　张　昕
副 院 长　金兆军

◎概况　2017年，全年实现总收入2.24亿元，同比增长11.89%，为促进全市医疗卫生事业和谐健康发展做出了积极的贡献。截至2017年底，全院设置各类机构53个，其中职能科室19个，临床科室25个，医技科室9个。全院编制449人，在岗在册职工782人，其中，高级职称人员68人，中级人员136人，初级人员558人。

◎主要成绩　门急诊诊疗工作总量219648人次，同比增长2.29%；门诊次均费用为212.19元，同比下降0.08%；出院人数20359人次，同比增长17.06%；住院次均费用为7943.24元，同比上升6.02%；手术6888例，同比下降0.85%；出院者平均住院日9.45天，同比缩短了0.41天；床位使用率104.8%，同比上升了13.24%；药占比37.38%，同比下降了2.97%；治愈好转率97.69%；总收入2.24亿元，同比增长11.89%。

◎工作成效　一是纵向到底、横向到边的“网格化”目标责任体系日趋完善，行政管理综合效能凸显。全年无责任问责事件发生。二是靶心向力、箭矢施策的“全要素”改革试点工作日渐深入，“两票制”、零差价和绩效分配制度平稳过渡，效果初显，职工队伍的动能和活力进一步释放。三是动态监测、三员联动的“全覆盖”医疗质量安全屏障不断夯实，全年无重大质量安全事故和医疗责任性纠纷发生。四是合理定位、持续加力的“大专科”建设格局雏形浮面，肿瘤医院挂牌运行，妇产专科上等升级，美国瓦里安医用电子直线加速器、德国西门子128排双源光子CT如期投入使用。五是固本强基、措施激励的“大比武”学技练功氛围日趋浓厚，先后有2人次获市级比武能手，4人次获市级以上科研立项，全年承办全市学术会议3次。六是筑巢引凤、因材施教的“梯子型”人才选培工程蓄能加势，全年引进高学历和成熟型人才44人，选送国内外进修、学习27人。七是提升内涵、锻造品质的“特色化”改善服务质量专项行动务实显效，全年开展各类专项活动68场次，患者回访满意度动态保持在96%以上。八是主动担责、倾力作为的“公益性”社会职能悉数尽显，全年相继承担全市大型活动医疗保障任务20余次，开展义诊、灾区和疫区医疗救助、医疗健康宣传、心理健康咨询及宣讲58场次。九是着眼大局、重点突破的“指令性”工作任务张弛有度，落实有力，门诊综合楼建设如期完工，医疗帮扶、甘溪镇对口扶贫和创卫及创森工作多次受检，屡获好评。十是超前警示、综合施措的“护航型”综合治理和廉政建设工作双轮驱动，合盘托底，全院未发生职工及党员干部违法违纪行为。2017年，医院一大批集体和个人受到市级以上的表彰和奖励，其中医院获得“全省医学检验室间质评先进单位”，在全市危重孕产妇和新生儿急救技术大比武中获得团体二等奖，在第十六届全市运动会中获得羽毛球组混合团体第五名。个人方面，张晓媛荣获“全国卫生计生系统先进工作者”，杨继云荣获国家卫生计生委2017年世界精神卫生日主题演讲比赛二等奖和陕西省健康巡讲优秀专家称号，黄璐获得陕西省肿瘤医联体第二期放射治疗规范及靶区勾画一等奖，蒲志伟当选“陕西好人榜”见义勇为好人，兰媚获得陕西省“优质护理先进个人”称号，刘真羽、王丹获得安康市“最美护士”称号等等。此外，在陕西省护理学会专业委员会换届大会上，全院共有8名护理人员入选糖尿病护理专业等8个专委会。

◎科学管理　构筑精细化管理体系，不断提升医院管理水平。一、实行综合目标责任制，逐步完善了逐级联动管理体系。为确保年度医院各项综合目标责任和重点工作按时完成，实行了院长负总责下的分管领导督导机关职能科室、机关职能科室帮联临床医技科室和临床医技科室依责包保科室任务的逐级联动管理体系，形成了工作任务的逐级依责管理，逐层联动推进的落实格局，并按照“三定”方式（定牵头落实部门、定完成时间节点和定推进步骤措施），公开承诺责任，限时兑现落实，确保了医院年度整体工作有序推进。二、完善管理机制，持续提升了行政工作能力。一是增强针对性，提升执行力。全年共组织召开各类行政办公会议42次，编发各类行政文件总计270余个；传阅督办上级相关部门各类文件、传真、函（电）1800余份（个）。二是拓宽渠道，强化督办力。坚持院领导夜查房制度，健全完善“院长热线”“院长信箱”和医院官网及微信平台，及时收集职工及患者反映的问题，并通过现场督办、下发督办单、召开专题会议等方式予以解决，确保问题整改的及时性。全年共组织领导夜查房100余次，通过各渠道收集职工及患者反映问题200余条，下发督办单20份，绝大部分问题得到及时有效整改。三是细化措施，保障服务力。进一步规范行政及医疗用车管理，规范驾驶行为，提高司机成本意识、安全意识和责任意识；严格车辆维修、加油及使用制度，确保车辆使用的安全性和规范性。全年行政出车800余台次，安全行驶47125公里；医疗出车1300余台次，安全行驶45946公里。四是加强总值班管理。细化行政总值班工作职责及流程，严格劳动纪律与考核，提高机关职能科室为临床一线和患者的服务意识及应对突发事件的协调处理能力，确保夜间及节假日医院的正常工作秩序。三、强化保障措施，统筹推进医改工作。一是实行合同备案制管理。根据市上有关规定，坚持“总量控制、动态调整、规范管理、积极稳妥”的原则，对医院新进人员实行全员聘用及合同备案制管理。二是深化绩效分配制度改革。2017年医院取消药品加成，调整医疗服务价格，收入结构也随之发生较大变化，医院结合前期收集的科室反馈意见，对绩效工资分配方案进行修改、完善后顺利实施。医院收入结构趋向合理，药占比、耗材占比、平均住院天数明显下降。三是稳步推进分级诊疗工作。逐步健全全科医学科工作制度，充实专职医护人员，加大对县、乡、镇（村）医疗市场的宣传力度，并为全市乡镇卫生院转诊患者开辟绿色通道。年内，双向转诊先后转入本院就诊患者238人，医院上转患者87人。四是加强药械供应保障改革。医院规范开展药品和高值医用耗材网上阳光采购，严格执行设备采购程序。年初顺利完成药品配送企业的遴选工作，实行药品耗材采购“两票制”。五是实施医疗服务价格调整，同步实行药品零差率销售。根据省市统一部署，按照总量控制、结构调整的原则，取消药品加成，同步调整医疗服务价格，重点降低大型医用设备检查治疗和检验等价格，提高诊疗、手术、康复、护理、中医等体现医务人员技术劳务价值的医疗服务价格。四、注重以收定支，努力控制各项成本支出。一是继续夯实全面预算管理制度，建立并实行财务运行情况定期分析报告和内部稽查审计制度，不断加强财务运行的过程控制和监管，确保医院资产安全和经营良性运行。二是严把各类物资、设备和材料的采购审批、过程监督和事后审核审计关，进一步控制各类日常费用的支出，全方位降低医院的管理运营成本。三是在能源管理中以节约用水、用电为突破口，采取分楼层、分时和定时供暖(冷)、调配压缩无须照明、更换节能灯具、适时关闭景观照明、废水再利用以及加大科室节能考核力度等措施，有效降低能耗，全年单位人员能耗较上年下降3%以上。四是认真落实《八项规定》及省市相关要求，持续压缩“三公”经费，严格执行公务用车、公务接待和办公用房规定，减少行政支出，有效地降低运营成本。五、采取多项措施，持续加大了人才引进和培养力度。一是实施“走出去”战略。按照市卫计局“十百千万”医疗卫生人才培养计划及方案要求，选派23名骨干医师赴省三级医院进修，选派1名副主任医师出国深造。选送护士长、护士骨干160余人次到省、市级医院参加专科培训和进修。接收3名外院医师和23名护士来院进修学习。二是加强专业技术人员梯队建设。全年招聘研究生4人、本科生38人、成熟型人才2人，为医院的发展提供人才保障。三是完成职称聘任和继续教育工作。年内相继组织各类专业技术人员职称晋升、考试166人，完成各类专业技术人员职称聘任92人；组织292名专业技术人员，分3期参加继续教育学习。四是加强劳动保护管理，全年组织放射个人剂量监测204人次、参加省辐射防护培训57人次、健康体检59人。完成射线装置的年度性能和防护检测工作。六、加强技术支撑，有序推动信息化建设工作。一是提前布局新门诊综合楼网络结构。通过到常州、西安等地医院实地走访、听取反映和深入分析对比，获取较为实用的参考意见，确定门诊综合楼网络系统模型及需求，目前正开展大楼计算机网络、机房灾备和多媒体医疗导引系统三项工程的建设。二是适时完成多个系统的上线及省市医疗平台对接工作。根据省市统一安排，按时完成西安市门诊住院医保结算系统上线、开通工伤、生育保险的实时网络结算、医院HIS系统与省药采平台直连、医疗服务价格调整及医院HIS系统与省预约挂号服务平台的对接等工作。三是确保医院网络及信息系统的安全运行。对2017年爆发的“蠕虫”式勒索病毒，第一时间做出响应，及时切断与外网的链接、安装补丁和防御工具等，有效防御此波病毒的攻击。全年共解决各类计算机设备故障2000余次。七、严格任务执行，认真完成上级安排的医疗指令性任务。年初以来，医院相继有效地完成上级组织安排的包括安康市第四次人大会、第四次党大会、“龙舟节”、下乡义诊、科普宣传和全市高考、招聘等医疗保障指令性任务20余次，150余人次参加。抽调12人完成对口支医任务。接诊、处置、免疫接种犬伤患者363人，蜂蜇伤患者48人，并按要求分别完成每月网络上报工作。严格落实疾病应急救助政策，切实保障无力支付医药费患者的及时救治，全年完成疾病应急救助申请5人。

（陈　凌）

陕西省安康疗养院

院　　长　罗峥嵘

副 院 长　孙传志　曹文发

◎**机构**　主要工作职责是负责安康市麻风病社会防治、疫情调查、病人转送、院外病人治疗管理、畸残病人康复和基层麻风业务培训及技术指导，开展皮肤病诊疗及承担汉滨区锦绣、南竹社区公共卫生服务工作。核定编制35人，2017年底实际在编27人、临聘2人，其中院院领导3人、办公室8人、医务科2人、皮肤病防治科5人、社区卫生管理科11人。全院卫技人员21人、行政后勤8人，卫技人员中高级5人、中级10人、初级6人。

◎**社会防治**　1月份，围绕“创造一个没有麻风的世界”第64届“世界防治麻风病日”活动主题，开展麻风病科普知识宣传和走访慰问活动。邀请市卫生计生局、市疾控中心有关领导在汉滨区关家镇慰问部分残老愈后患者，在香溪路设立麻风义诊咨询台、在《安康日报》刊发《创造一个没有麻风的世界》科普文章、在卫计局网站刊登麻风病科普知识和麻风节活动简讯等积极宣传麻风病核心知识，提高公众麻风病知识知晓率。活动期间，共慰问麻风受累者41名，对汉滨区建民镇任家坝村1例因病致残、因残致贫患者家庭实施精准救助，确定专人对其进行康复指导和医疗服务。2月22日，市疾控中心召开春季传染病轮训会，安康疗养院应邀对市、县相关防治人员40余名进行了麻风防治技能培训。3月，利用科技之春及“结核病防治日”“安全生产宣传月”等时机，深入社区及中心广场积极宣传麻风病核心知识，提高公众对麻风病的认知，消除对麻风恐惧心理，推进消除麻风危害进程。4月17日到20日，省省地方病防治研究所所长冯清华到安康调研地方病、麻风病防治工作，深入病区、学校了解病情及健康教育开展情况。5月8日，在白河县仓上镇开展针对性麻风病科普宣传，对镇、村14名防治人员进行技能培训。9月10日，汉滨区加快未达标县区消除传染源工作启动培训会在安康市委党校举办，安康疗养院应邀对汉滨区542名县、镇、村防治业务人员进行专题培训，统一工作方法、明确调查重点。9—11月，汉滨区加快未达标县区消除传染源调查工作在全区开展，共调查社会疑似患者11人、麻风密切接触者39人、愈后患者及家属420人，未发现新病例。

◎**疫情监测** 截至12月底，全市累计登记麻风患者1245例，其中现症病人12例、愈后存活229例、死亡1004例。2017年度全市4个县区有活动性麻风病例，流行县区较上年度减少一个，活动性病人较上年度减少3个，全市以县区为单位全部达到国家基本消除麻风病指标，麻风病流行得到有效控制。2017年1—12月，对症患者症患者的密切接触者78人、愈后患者家属30余人进行监测，未发现疑似感染者；对17例愈后病人进行随访监测，发现复发患者1例；索搜集排查疑似病例9人，发现确诊麻风1例。4月5日，白河县仓上镇灯塔村3组发现确诊麻风患者1例。5月8日，疗养院联合白河县疾控中心、仓上镇镇卫生院在灯塔村开展麻风疫情调查，共调查472户、1641人，未发现疑似感染者。8月5日，旬阳县蜀河镇罗家坡村6组发现复发麻风患者1例。8月29日，疗养院联合旬阳县疾控中心、白柳镇卫生院在白柳镇唐家院子村开展麻风疫情调查，共调查42户、151人，未发现疑似感染者。

◎**病人治疗管理** 2017年，全市服药治疗麻风患者5例，应治疗患者联合化疗覆盖率、服药规则率、不良反应处理及时率均达100%。治疗麻风反应3例，治疗后无新发畸残发生。完成11例治疗监测患者的组织液细菌检查和神经监测。治愈患者4例。对畸残患者开展畸残防护健康教育40余人次，发放并指导使用防护用品43人次，患者无新发畸残发生。

◎**社区卫生工作** 免费体检65岁以上老年人和慢性病患者307人次，65岁以上老年人管理率达90%以上。进社区服务60余次，服务群众2200余人次。规范开展预防接种工作，建证、建册124人、建册率100%，共接种2501针次，一类疫苗接种率达100%，调查110人次，补种率100%。拨打预约电话1100余次，完成重点人群查漏1300余人，补种乙肝疫苗38人共114针。进行流动儿童摸底调查12次，调查流动儿童110人次，每月进行一次查漏补种，共摸底调查557人次。完成246名新入园（校）儿童接种证查验及补种工作。管理辖区户籍孕产妇124人，健康管理0—6岁儿童650人，发放叶酸152瓶，认真执行增补叶酸等重大妇幼项目和“三筛”等儿童保健项目。持续推进居民建档和传染病及卫生监督协管工作，对辖区7个酒店宾馆、8个美发美容店和1所幼儿园定期开展卫生协管，辖区内无法定传染病例，无食物中毒等突发公共卫生事件发生。全年新建居民档案198人份，死亡消档48人份，累计建档7521份，建档率达93%。社区医生签订《汉滨区家庭医生签约服务协议书》1287份，重点人群签约率达96%。65岁以上老年人和慢性病患者进行体质辨识等中医药健康管理400余人，为0—3岁儿童提供中医药保健服务820人次。管理高血压患者397人，糖尿病患者155人，规范管理重性精神病患者2例、结核病3例。

（刘　军）

安康市妇幼保健院

院　　长　钟家强
副 院 长　牟红梅（女）
　　　　　　黄治芳（女）

◎**概况** 该院现为一院两区（江南院区、高新院区），在职职工285人，专业技术人员占88%，内设妇女保健部、孕产保健部、儿童保健部、计划生育技术服务部。编制床位300张，实际开放180张。全年门（急）诊111921人次，较上年度（85435人次）增长31%；出院病人8716人次，较上年度（7507人次）增长16%；住院分娩3479人，占全市分娩量的12.15%；平均住院日5.48天；业务收入6669.88万元，较上年度（4940万元）增长35%；药占比18.59%，较上年（19.85%）降低1.26个百分点；住院病人次均费用4430元，较上年度（3379元）增长31%；门诊次均费用249元，较上年度（281元）降低11%。

◎**公共卫生妇幼项目** 2017年，组织市、县（区）两级妇幼卫生项目管理人员参加国家项目培训1次32人次，省级培训6次81人次，市级培训8次；安排30万元经费，举办全市苯丙酮尿症医疗救治保障工作启动暨培训会、全市新生儿疾病诊疗新进展学术研讨会、全市儿童早期发展学习班、全市妇幼健康项目管理和技术培训班，累计培训妇幼专业技术人员1200余人次；指导各县（区）举办各类妇幼项目和适宜技术培训班20余期。组织开展全市县（区）妇幼项目半年、全年考核检查，严格落实三级妇幼卫生工作考核制度，对镇、村依据考核结果兑现奖惩，并和相关人员绩效挂钩，充分调动基层妇幼人员的工作积极性。2017年，全市孕产妇死亡3例，死亡率10.48/10万，5岁以下儿童死亡99例，死亡率3.46‰，婴儿死亡71例，死亡率2.48‰，新生儿死亡40例，死亡率1.40‰，较上年有所降低，均控制在国、省目标要求之下。本院承担的九大全市公共卫生妇幼健康项目进展顺利，各项工作指标全面完成，部分指标位于全省前列。

0—6岁儿童和孕产妇健康管理项目。全市活产28646人。全市0—6岁儿童208322人，健康管理率96.55%；3岁以下儿童100274人，系统管理率97.04%。新生儿家庭访视率99.50%、产妇建册率99.87%、产前检查率99.16%、住院分娩率99.99%、产后访视率98.79%、系统管理率98.05%。20—64岁妇女618818人，常见妇科疾病筛查率78.83%，患病率18.18%；新增结婚登记人数30728人，其中婚前卫生咨询率87.29%、婚前医学检查率87.12%。农村孕产妇住院分娩补助项目。全年25161名农村户籍产妇享受费用补助，补助总金额达2020.65万元，人均补助803.09元。增补叶酸预防神经管缺陷项目。年初，本院投入45万元资金，招标采购12万瓶叶酸片及其相关配套服务，及时配送至各县区，全年为29181名“欲孕”妇女提供免费叶酸，叶酸服用率98.20%、服用依从率92.65%、目标人群知识知晓率97.90%。预防艾滋病、梅毒及乙肝母婴传播项目。全市28372人孕产妇进行艾滋病、梅毒、乙肝筛查，筛查率99.84%，其中确诊艾滋病孕产妇4例、梅毒产妇50例，均进行阻断或治疗，并按要求纳入定期随访，发现乙肝表抗阳性产妇1357人，所生婴儿均已免费注射了乙肝免疫球蛋白。

农村妇女“两癌”检查项目。农村妇女宫颈癌、乳腺癌检查和质控规范运行。全年为6万余人进行免费宫颈癌检查，确诊CINⅠ52例、CINⅡ及以上73例、宫颈癌8例；对3000人进行免费乳腺癌检查，确诊乳腺癌1例。

新生儿疾病筛查项目。全年送检新筛中心血片28737例，筛查率90.87%（辖区助产机构内出生31624人），其中确诊先天性甲状腺功能减低患儿24人，无新发苯丙酮尿症患儿。6月启动苯丙酮尿症医疗保障工作，召回既往苯丙酮尿症患儿8人，纳入救治并给予补助。9月将新筛检测病种由2种扩大至4种。12月与中国初级保健基金会签约启动“关爱新生命”健康公益项目，全市出生新生儿均能享受到“新生儿48种遗传代谢疾病免费筛查”。新生儿听力筛查20207人（市直医院未上报数据），筛查率63.90%，确诊听障患儿2人。

贫困地区儿童营养改善项目。全年共为6—24月龄儿童免费发放营养包183418盒，受益儿童183198人次，儿童营养包发放率97.06%，有效服用率在70%以上。孕产妇系统保健免费基本服务项目。现覆盖全市5个县区（平利、白河、汉阴、旬阳、紫阳），全年共免费服务13929人，其中产前筛查11758人，超声检查12596人。

出生医学证明管理。严格空白证件管理，落实两锁三铁存储要求，全市无虚假出生医学证明，废证174份，废症率0.58%。

◎**中心工作**　一是新的医疗收费政策成效显著。新的医疗收费标准下发后，医院利用公示栏、LED屏、《告知书》等多种形式进行宣传，对全院计费人员进行培训。4月1日0点起，准时执行新的医疗收费标准和药品零差价政策，运行正常。二是人事分配制度改革激发运行活力。实行事业单位人员备案制，经过职工代表大会审议通过，在全院实施绩效管理考核改革，《安康市妇幼保健院绩效考核方案（2017版）》试运行，实行绩效核算，重点突出岗位工作量、服务质量、行为规范、技术能力、医德医风和患者满意度等指标，进一步加大向高技术、高风险的临床一线倾斜力度，调动医务人员工作积极性。三是区域联合模式提升整体水平。大力推广医联体模式，向上与西京医院、西北妇女儿童医院、台湾高雄市立小港医院、常州市妇幼保健院建立技术协作医疗联合体关系，向下与汉滨区中医医院、汉阴县妇幼保健院、紫阳县妇幼保健院、旬阳县妇幼保健院、岚皋县妇幼保健院、安康华西妇产医院、汉阴县铁佛镇中心卫生院、汉阴县蒲溪中心卫生院等单位建立技术协作、对口帮扶医疗联合体关系。加入鄂渝陕豫妇幼保健联合体，提高医院技术水平。四是严格执行药品耗材“两票制”。通过遴选确定15家药品配送企业、15家医用耗材配送企业。加强药品、耗材的采购和使用管理，药品、耗材网采率达100%。

◎**基础建设**　一是总投资1.50亿元，占地面积28亩，建筑面积3万平方米（其中，保健业务综合楼25290平方米、行政综合楼3700平方米、附属用房1000平方米）的高新院区于5月14日投入使用，采购腹腔镜、DR等一批先进的医疗设备，实现公共卫生妇幼项目、医疗业务信息化管理，医疗条件有了较大的改善。二是合理定位江南院区，投资100余万元，对江南院区进行改造提升。三是经过积极争取，高新院区二期项目通过市发改委批复，概算投资1.0125亿元，建设规模22500平方米产后康复及医养结合、儿童医疗保健康复、妇幼计划生育培训等业务用房已经立项，为本院可持续发展打下了基础。

◎**业务工作**　医疗质量管理指标完成情况。大力开展改善医院环境提升医疗服务专项行动，严格执行人员、技术和设备准入制度，确保依法执业、规范服务行为；加强医院感染管理，定期对院内感染情况进行调查分析。出入院诊断符合率98%，出院治愈好转率96%，床位使用率92%，处方合格率98%以上，甲级病案率96%以上，医院感染率0.57%，急救药品物品完好率100%，优质护理开展率100%，危重病人抢救成功率98%。加强临床合理用药和临床路径试点病种管理。以抗菌药物专项整治和临床路径管理为抓手，加强处方点评和抗菌药物分线分类管理，重新调整了临床医师抗菌药物分级使用权限，建立药物超常使用预警制度。严格控制抗菌药物预防性使用，门诊、住院患者抗菌药物使用率分别≤20%、≤60%，抗菌药物使用强度≤40DDDs，全院药占比控制在20%以内。爱婴医院复审和产科质量达标工作通过验收。对照爱婴医院创建检查工作标准认真开展自查，抓好问题整改。通过“孕妇学校”“妈妈讲堂”、母乳喂养指导、宣传手册发放、张贴宣传标语等形式提高母乳喂养率，在全院营造爱婴医院创建氛围，不断巩固爱婴医院创建成果。加强产科质量管理和危重孕产妇急救工作，实施孕产妇五色管理，畅通急诊绿色通道，印发产科抢救流程图，编印《产科质量安全与工作规范管理手册》，开展急救专项培训和演练，急诊急救能力有了进一步的提升，确保产科服务质量和医疗安全，全年无医疗责任事故发生。2017年12月，在市卫生计生局举办的全市危重孕产妇和新生儿急救大比武中荣获团体三等奖的好成绩。科研教学培训等工作全面开展。组织申报的“安康地区妊娠妇女血清硒水平与妊娠期高血压疾病的相关性研究”被陕西省卫计委立项并获得科研基金资助；“系统超声用于胎儿结构畸形筛查及诊断的临床研究”荣获安康市科学技术二等奖；与市人民医院联合开展“超声检查联合磁共振诊断胎儿腹部畸形”科研项目被市科技局立项。“十百千万”人才培养工程超额完成，全年开展院级业务培训学习10次，培训专业技术人员800余人次。先后派出130余人次参加省市各类短期培训及学术活动（选派牟红梅副主任医师赴台湾学习，王秀荣副主任医师、张燕妮副主任医师赴美国学习，连荣丽副主任参加由省卫计委组织的援非医疗队工作队），共接收基层医疗单位30名技术人员来院进修学习。扎实开展产科、儿科急危重症急救技能大比武强化训练，分别组织羊水栓塞和新生儿室息复苏模拟演练。新开展宫腹腔镜、儿童口腔保健、有创动静脉压监测和超声引导下腹横肌平面阻滞麻醉4项新技术、新业务。新医疗保险直通车报销工作优质优良。医保直通车销病人7528人次（其中：农合病人5023人次，农免病人1869人次，居民医保561人次，大病保险18人次，民政救助36人次，职工医保4人次），共报销医保金额约1020万元。新农合住院平均费用4819.15元，较上年同期增1097.64元，增长幅度为29.5%，超市级评定标准接近25个百分点；药品使用率20%，较上年同期下降3个百分点；目录外药品使用率8%，高出市级评定标准3个百分点；新农合报销比30%，除去定额分娩2130人次，疾病实际报销比为45.40%。新农合推行按病种支付方式，全年孕产妇定额支付2130人次，单病种付费1389人次，非单病种1504人次，单病种付费占新农合报销总额的28%。

◎**行政管理**　制度规范保驾护航。制定《安康市妇幼保健院中层干部管理办法（试行）》《安康市妇幼保健院党员知识分子鼓励激励实施办法》《安康妇幼保健院党员干部容错纠错实施办法》等制度，激发全院干部工作活力。6月份，召开安康市妇幼保健院第一届职工代表大会，审议并表决通过《安康市妇幼保健院工作报告》《安康市妇幼保健院职工代表大会制度（试行）》《安康市妇幼保健院绩效考核方案（试行）》《安康市妇幼保健院误餐补助、交通补助标准》《安康市妇幼保健院财务会计内部控制实施细则（试行）》《安康市妇幼保健院导诊人员管理办法》等制度，为医院科学发展提供了制度保障。财务管理平稳运行。全年总收入7447.74万元，其中业务收入6669.88万元，财政补助731.61万元（其中：公共卫生项目补助结转450.51万元，经常性拨款281.11万元）。总支出9319.43万元，其中工资福利及个人和家庭补助支出2733.31万元，公务支出1045.29万元，药品支出1328.39万元，公共卫生项目支出240.86万元，资本性支出3971.59万元（设备购置1869.39万元，迁建项目支出2102.19万元），结余结转负了1871.69万元。卫生宣传超额完成。在市级以上媒体刊登宣传稿件104篇，邀请安康电视台、安康教育电视台、金州播报、安康日报等栏目对医院重大活动进行宣传报道。综治、平安、信访、消防、计生工作全面完成。一是按照《安康市妇幼保健院2017年安全生产、消防、综治维稳“党政同责、一岗双责”规定实施办法》，细化工作责任，加大投入，落实各项工作措施。二是坚持每天巡科，做好日常维修工作，每月开展1次安全大检查，尤其是对重点部位进行全面彻底的检查，及时和有效排除安全隐患，预防事故发生。三是选派2名干部到省上参加消防员培训班，邀请市卫计局、高新区消防大队等单位到医院进行消防检查9次，对存在问题进行扎实整改，消防设施完好率100%。四是未发生群体性、越级非正常上访等影响社会稳定的事件，对3起信访案件，18起医疗服务投诉（引起医疗纠纷5起），能及时处理，化解矛盾，无遗留问题。五是积极落实国家生育政策，开设“二孩门诊”和孕期营养门诊，加强高危孕产妇保健管理，全年开展计划生育手术4005例。

安康市疾控中心

主　　任　何　涛

党委书记　陈晓鸣（女）

副 主 任　邹　斌　周　玲（女）

◎**免疫规划**　加强常规免疫预防接种。2017年全市常规免疫冷链运转按月运转12次。报告接种率均在95%以上，乙肝疫苗首针及时接种率达90%以上。0—7岁儿童建卡、建证率达100%。及时下发新版儿童预防接种证，对0—3岁儿童进行换证。从6月1日起由市疾控中心送疫苗到各县（区）。加强免疫规划针对疾病的监测。截至12月31日，全市无脊灰、流脑、白喉、新生儿破伤风病例报告。实验室确诊麻疹9例、风疹1例、乙脑5例；报告AFP5例、甲肝30例、百日咳20例、15岁以下乙肝27例、流行性腮腺炎434例。对所报告的AFP、麻疹、风疹、乙脑等病例均开展流行病学调查、采样、送检、随访等工作。乙肝、麻疹、流行性腮腺炎发病率较上年有所下降。开展疑似预防接种异常反应、免疫效果监测。截至12月31日，全市报告疑似预防接种异常反应196例，均为一般反应，48小时内报告率100%。配合省疾控中心在岚皋县开展280例健康人群脑膜炎奈瑟菌带菌率调查工作；全市完成859份新生儿脐带血麻疹、风疹抗体水平监测工作；汉阴、镇坪县完成460份“健康扶贫”1—59岁人群乙肝血清采样及流行病学调查。做好重点人群乙肝疫苗接种工作，减少乙肝新感染病例。在全市范围内对1992、1993年出生的人群免费进行乙肝疫苗查漏补种工作。继续做好免疫规划信息化建设工作。实现医院出生儿童出生信息及时录入和传送到市免疫规划信息管理平台；将预防接种证发放渠道调整为出生医院发放，开展预防接种证、卡打印工作。规范设置预防接种门诊。在全市推行以乡镇集中接种为主、村级接种点为辅的接种服务模式，重新规范设置建设预防接种门诊。汉阴县城区公共卫生服务中心、白河县冷水镇卫生院和西营镇卫生院、汉滨区新城办建成数字化预防接种门诊。市、县（区）开展“妈妈班”免疫规划知识竞讲比赛活动。

◎**重点疾病疫情控制**　传染病疫情报告及死因监测工作。截至12月31日，全市无甲类传染病报告，共报告乙、丙类传染病13796例，发病率519.73/10万，与上年同期相比下降11.76%。各县（区）疾控中心共收到预警信号17个病种671条，排查671条，认定为传染病突发公共卫生事件的6起，及时报告率和处置率均达到100%。全市报告死亡病例16913例，死亡率6.37‰，死亡前五位疾病分别为：肿瘤、脑血管病、心脏病、意外伤害、呼吸系统疾病，计算出全市2016年人均期望寿命75.37岁。完成《安康市2016年卫生与人群健康状况报告》的撰写和发布。重点传染病专病专防工作。把结核病、乙肝、出血热、狂犬病、艾滋病、手足口病、麻疹、布鲁氏菌病、梅毒、流行性腮腺炎10种重点传染病纳入专病专防范畴，召开专病专防培训会，全面部署重点传染病防治工作。为方便患者就医、接种疫苗，对全市49个犬伤处置门诊（其中规范化犬伤门诊28个、普通犬伤门诊1个、狂犬疫苗接种门诊20个）、11个结核病定点门诊、9个艾滋病定点门诊在媒体上进行公示。性病艾滋病防治。截至12月31日，全市新报告HIV/AIDS98例，累计报告HIV/AIDS606例，存活436例；累计对362名符合免费治疗条件的病人提供抗病毒治疗。对感染者和病人进行4次CD4细胞检测。检测各类人群288380人，确证阳性90例（含重复检测）。继续开展男男同性恋、暗娼、性病门诊就诊者、羁押人员等重点人群的干预检测工作，共干预11062人次、检测3862人、发放宣传材料13877份、发放安全套44920只；全市36个自愿咨询检测点，检测4923人，确诊阳性20例。全面落实“三个全覆盖”措施，对全市942家宾馆酒店等可留宿场所的房间内均免费放置安全套；对全市173所大中专院校、高中和初中在校学生进行艾滋病知识宣传，在安康学院开展“互联网+”艾滋病微课程学习；对419名存活可随访到感染者和病人与医务人员进行“一对一”关怀结对。报告梅毒、淋病、尖锐湿疣、生殖器疱疹、生殖道沙眼衣原体感染等5种性传播疾病998例，重点加强梅毒的疫情监测、血清学室间质量评价、漏报调查等工作。结核病防治。截至12月31日，全市登记活动性肺结核病人2402例，其中涂阳473例，涂阴1792例，结核性胸膜94例，未查痰43例。登记新涂阳病人144例，治愈患者140例，新涂阳治愈率97.22%；登记涂阴患者1630例，其中完成疗程患者1578例，涂阴患者治疗成功率96.80%。全市非结防机构报告肺结核患者2810例，转诊2453例，转诊率87.30%，转诊到位1960例，转诊到位率69.75%。结核病分级诊疗工作稳步推进，新型防治管理模式试点工作有序开展。与省结防所共同对10个县（区）结核病防治工作进行督导考核。白河县通过省级结核病综合防治示范县验收。加强以霍乱为重点的肠道传染病、不明原因肺炎、手足口病等病的防控。在各肠道病哨点医院开展肠道病监测工作，上报肠道病周报26期；针对1—3月手足口病高发，及时印发《关于加强手足口病等重点传染病防控工作的通知》，加强普通病例的采样、送检工作，及时处置聚集性病例及重症病例，全面推进“84”化。积极做好呼吸道传染病防控工作，完成人感染高致病性禽流感职业暴露人群的监测工作，共采集环境标本230份；开展哨点医院流感监测工作，共检测流感样本2137例。虫媒及自然疫源性疾病防治。全市5个布病监测点（省级1个，市级4个）共采集411人血样进行监测，未检出阳性；全市报告布鲁氏菌病病例5例（其中，汉滨3例、汉阴1例、紫阳1例），均联合畜牧中心开展流行病学调查、疫情分析。全市报告狂犬病2例（紫阳县），进行有效处置。报告流行性出血热3例（宁陕县2例，汉滨区1例），进行流行病学调查，向省疾控中心申请1000支疫苗开展应急接种工作。全市消除疟疾工作通过省级考核验收。病媒生物防制。在安康中心城区选取监测点210个，开展监测10月次，鼠类、蜚蠊类、蝇类、蚊类密度分别为0.17%、0.24只/张、0.44只/笼、1.45只/灯·夜，将结果上报省疾控中心、市爱卫办和双创办；为迎接国卫复审，对城区30余家单位开展病媒生物防制知识培训，对重点场所进行督导检查。

◎**地方病及麻风病防治** 继续做好碘缺乏病监测工作。2017年，全市监测10县（区）碘盐3150份，合格3110份，合格率98.73%，未检出非碘盐。全市调查学校50所2100人，触诊法检查甲状腺肿大29人，甲肿率1.38%；B超法调查630人，其中甲状腺肿大10人，甲肿率1.59%。采集8—10岁学生和孕妇尿样3150份进行尿碘监测，学生尿碘处于适量摄入水平占31.19%，孕妇尿碘处于适量摄入水平占32.38%。麻风病防治。2017年，白河县确诊新发麻风病人1例，市、县疾控中心对患者进行疫点调查和密切接触者筛查。截至年末，全市有现症病人13例，患病率0.49/10万。市中心“十二五”期间麻风病防治工作被省麻风防治协会评为先进集体。全面完成2016年度燃煤污染型氟、砷中毒监测项目及大骨节病监测、地方病健康教育等地方病防治项目工作。市中心“十二五”期间地方病防治工作被省政府评为先进集体。

◎**慢性病及严重精神障碍疾病防治** 2017年，全市累计建档高血压患者165338人，规范管理率87.23%；累计建档Ⅱ型糖尿病患者35158人，规范管理率84.69%。汉滨区创建国家级慢性病综合防控示范区通过验收命名；协助汉滨区做好社区糖尿病移动互联网化管理适宜技术指导工作。大力推进慢性病监测工作，截至12月底，全市报告肿瘤病例4718例，报告发病率178.04/10万；共报告心脑血管事件11326例，报告发病率427.51/10万。2017年，全市严重精神障碍患者在册12259人，规范管理率71.20%。开展严重精神障碍患者线索调查及诊断复核工作，全市线索调查疑似患者2788人，诊断复核2121人，确诊1447人。实施严重精神障碍管理治疗项目，组织安康精神康复专科医院、安康市残联精神病医院、旬阳县残联博爱医院开展患者居家基本药物维持治疗、1—5级危险行为病人应急处置和专科医生提供对社区医生的随访技术指导、登记患者家属护理教育等工作。

◎**卫生监测** 2017年，全市开展个人放射剂量监测239人，均在规定的计量限值范围内；开展医用辐射防护监测工作，检测仪器52台，全部合格；对全市157家开展放射诊疗的医疗机构进行基本情况调查。开展食源性疾病监测5830例，报告食源性疾病暴发事件9起，均得到及时调查处置；食品安全工作被市食品安全委员会评为先进单位。开展学生营养监测工作，审核上报各类网报数据，建立安康市学生营养监测工作群，解决工作中存在的困难和问题。

◎**卫生检验**　2017年，全市加强卫生检验工作。一是重视实验室质量控制。完成国家碘缺乏病参照实验室、国家食品安全风险评估中心、省质量技术监督局和省疾控中心安排的各种盲样检测工作，考核结果全部合格。二是积极开展食品安全风险监测。检测食品样453份，网报检测数据2753个。三是完成各专项检验工作。检测流感样本2137例，阳性276份，分离出流感病毒94株，其中通过鸡胚分离13株，完成年度病毒分离培养任务；核酸检测手足口病426份样本，其中阳性145份；采集检测禽流感环境样240份，检出40份禽流感H9亚型阳性标本，采集检测禽流感职业暴露血清40份；完成42人份的麻疹、风疹血清抗体和其中的31例麻疹、风疹病毒核酸的检测；完成23人次乙脑血清或脑脊液标本检测；开展22份结核菌株药敏实验；检测14份布病血清标本，其中阳性3份；完成艾滋病确证实验194份，其中阳性98份。检测疑似食物中毒样45份，首次检出12份肠道诺如病毒。完成10县区生活饮用水监测、3县区农村环境卫生监测任务。完成硒水平调查3187份头发、93份食品、25份土壤的预处理。

◎**职业病防治**　2017年，全市共诊断90例职业病，其中尘肺84例（矽肺70例、煤工尘肺14例）、化学中毒3例、噪声聋2例、中暑1例。对全市13个用人单位共303名从业人员进行职业健康体检，检出疑似职业病10人，建议进一步复查确认，检出职业禁忌症6人、常见病76人。对食品、公共场所及药品从业人员10084人进行健康体检。按照重点职业病监测方案要求完成网络上报工作和各县（区）重点职业病监测数据审核工作，全市接触重点职业病危害因素企业169家，累计接触2729人，上报监测数据个案卡670张。

◎**健康教育与信息管理**　2017年，全市大力开展健康教育与促进工作。结合健康城市创建、精准扶贫、卫生日及科技之春，积极开展针对群众的卫生防病知识宣传，共举办宣传咨询活动26次，接受群众咨询1.50万人，发放健康宣传资料6.77万份。举办进机关、社区、学校、企业活动，举办健康知识培训25次，参培1.15万人。积极开展控烟工作，举办控烟知识讲座活动，在《安康日报》、“安康疾控”微信平台和中心网站发布控烟相关稿件、公益视频广告29篇（条）。开展健康细胞建设工作。积极完成健康素养促进行动项目工作，全市成立“健康巡讲”讲师团，共开展巡讲9场次，受众5100余人；旬阳县顺利通过国家健康促进县验收。开展健康中国行活动，2017年健康中国行陕西宣传周启动仪式暨健康促进工作现场会在旬阳县举行，得到国家和省卫计委肯定。2017年，全市做好信息管理工作。市中心网站及时更新疾控工作动态及卫生防病知识内容，结合群众关心的卫生热点问题发布核心信息，共上传各类稿件339篇，图片815张。在各级报刊、网站刊发稿件256篇。微信公众平台“健康安康”，围绕中心业务工作内容及卫生日及时更新相关信息和知识，更新图文消息700余条，约有1700余人关注。

（申　曦）

安康市中心血站
站　　长　胡章学
副 站 长　李　宏　詹胜萍（女）

◎**内设机构**　截至2017年末，本站设置10个科室，有全员职工107人，其中高级8人，中级16人，初级49人。

◎**基础设施建设**　2017年积极争取政府投入，不断完善采供血设施设备，全年完成硬件投入550万元，购置智能冷库1台、献血房（车）4台、全自动初筛献血分析仪5台、低温速冻机2台、超低温冰箱1台、采血椅5台、血液质量控制检测设备1台。经市财政局、市卫计局审批，北迁实验室室内装修施工单位招标完成，预计2018年1月进场施工。第一批设备采购工作完成，部分大型设备到站。

◎**无偿献血**　2017年积极推进和落实“政府主导、部门协作、社会参与、城乡联动”的无偿献血长效机制，印发《2017年无偿献血募集指标的通知》，并与各县区卫生计生局、有关单位联系协调，细化分解任务，积极组织落实。全年无偿献血28453人次，采血量9770700毫升，同比上年增长7.22%。供血量9130700毫升，同比上年增长8.88%，机采血小板1262U，同比上年增长3.36%，招募团体和应急献血单位273家，积极推动无偿献血由城市向农村延伸，除个别偏远乡镇外，基本实现无偿献血进乡镇全覆盖，有力保障全市医疗临床用血需要。加强献血队伍建设，1月和10月成功召开全市无偿献血者及团体单位代表座谈会和全市稀有血型献血者联谊会。全年创新无偿献血宣传表彰模式，由过去全市统一表彰变为各县（区）分别表彰，表彰范围也由全国无偿献血奉献奖扩大为国家级和市县级无偿献血先进集体和个人同步表彰，增强献血者荣誉感，扩大无偿献血的社会影响。加强无偿献血宣传，在全市户外LED大屏、广告牌、公交车载视频播放无偿献血公益广告，新建无偿献血户外牌三面翻巨幅广告2幅，印发无偿献血宣传资料3万余册；与安康学院联合举办无偿献血志愿者培训讲座2次；全年组织宣传活动67次，自主设计编印的全省首本青少年无偿献血科普教育绘本《血液家族的故事》，在全市部分小学投放，切实地做到“无偿献血从娃娃抓起”，培育无偿献血的后备军。全年报销血费521人次，报销金额431904元，其中省内异地报销11人次，合计金额5160元。全市达到“全国无偿献血奉献奖”金、银、铜奖申报条件的无偿献血者，分别增长442%、55%、196%。连续四届荣获“无偿献血先进市”称号。

◎**采供血质量管理**　2017年全力推进采供血全程质量管理，制定年度业务质量工作要点，每月开展业务质量抽检，定期召开质量分析会，质量目标完成率100%。不断健全临床用血管理和血液库存信息监测预警体制，下发各用血医院用血计划，签订用血协议，实时监控各储血点的血液库存数量和保存温度。血液核酸检测实现全面覆盖，全自动血液成分分离系统正式投入使用，采供血人才队伍建设、无偿献血服务能力建设等重点工作不断加强，血液安全应急保障能力不断提升，质量目标完成率100%，顺利通过国家和省卫生计生委、省卫生监督所的室间质评和督导检查。全年共检测标本27872人份，检测不合格1002人份。开展游离血红蛋白检测新技术1项。

（邓 娟）

安康市卫生监督所

所　　长 赵良述

副 所 长 胡小龙

◎**卫生监督体系建设** 汉滨区、汉阴、岚皋、白河、平利、紫阳、宁陕、镇坪县8个县区完成卫生计生综合监督机构改革，其中白河、岚皋县卫生计生监督机构级别得到升格，人员编制得到扩充，为下一步卫生计生综合执法监督工作扎实开展奠定了坚实基础。市级上报《安康市卫生计生综合监督执法设置、编制、职能三定方案》草案；接受市编委会对监督所的履职评估考核。抓好监督员培训，提升监督员素质。一是年初组织召开2017年全市卫生计生监督员春训会，各县区卫生计生监督员约150人参加培训，会上对全年卫生计生综合监督各专业重点工作进行安排，对重点业务进行强化培训。二是组织召开公共卫生工作会、卫生监督所长会、专项监督执法行动启动会，以会代训，提升全市卫生计生综合监督管理水平。抓好卫生监督信息化建设，进一步推进卫生计生综合监督业务系统应用。积极推广使用卫生计生监督业务系统——智慧化平台，邀请省所专家对紫阳、白河两县业务系统使用情况进行检查、指导、培训、验收。全市10县区监督所卫生监督业务系统全部投入使用，在全省率先实现以市为单位全覆盖，逐步达到规范工作流程，提高工作效率的目的。积极推进行政执法全过程记录工作。一是按照市局安排，本所和岚皋、汉阴作为全市首批试点单位，积极制订工作方案，成立组织机构，组织试点单位人员赴全国执法全过程记录先进省市学习、观摩；投入36万元给试点单位配发移动执法终端、便携式打印机、现场执法记录仪及采集工作站；举办执法全过程记录工作业务培训班，试点工作有序推进。二是积极落实卫生计生执法信息公示制度，及时将查处的违法信息上传至政府信用网，推进政务诚信体系建设。三是开展案卷评查，提高案件办理质量和水平。对全市27份案卷进行评查，推选出4份优秀案卷参加全省卫生计生综合监督案例评查。1份案例获陕西省十佳案例之一。积极推行“双随机”检查。认真完成中、省、市下达的“双随机”任务。召开专题会议安排部署，拟定随机抽查事项清单。对照权责，认真组织实施国家综合监督抽检“双随机”计划，全面完成国家卫计委下达安康市的“双随机”工作任务，涉及卫生监督10个专业共437家，市所直接完成的任务36户，完成率达100%，居全省前列。建立和完善卫生监督协管服务体系，认真做好公共卫生服务项目工作。抓好卫生监督协管工作，完成每年2次的全市卫生监督协管服务检查、指导，积极推进卫生监督协管服务精细化管理工作，确保项目实施取得好的成效。安康市承担省卫计委交办的《陕西省卫生监督协管工作指导手册》修订工作。印发修订工作方案，组织进行初步研讨，修订项目正式启动。

◎**卫生监督** 认真组织实施“雷霆、亮剑”两个专项行动。一是开展“雷霆”专项行动。年初在岚皋县组织召开全市卫生计生综合监督执法“雷霆”（2017）专项行动启动仪式，对专项行动工作进行安排部署，举行授旗仪式，鼓舞士气。“雷霆”专项行动检查公共场所1964户、集中供水单位106户、学校648户、餐饮具集中消毒单位18户、传染病防控及医疗废物1140户，其他137户，下达监督意见书2617份，责令整改单位1121户，立案查处单位62户、移送司法机构2户，罚款金额17.88万元，抽检各类样品2106份（件），专项行动取得显著效果。二是开展“亮剑”专项行动。制定“安康市2017亮剑专项行动方案”，组织县区监督所积极开展以打击非法行医和非法医学美容为主的“亮剑”专项行动，全市共检查各类医疗机构1241户次，共查处各类医疗案件129起，罚款39.81万元，没收违法所得2.29万元，没收药械129箱件。专项行动全市共出动车辆1173台次、执法人员5922人次，举办业务培训班22期，培训各类从业人员和管理人员1908人次，各类媒体宣传报道37篇（件）。

学校卫生监督。组织开展春季、秋季学校饮用水卫生、传染病防控、教学环境与生活设施卫生重点检查，全面落实学校卫生监督工作。全市共监督检查各级各类学校、托幼机构1180所（托幼机构296所、学校676所、非学历教育培训机构及少儿托管188家），监督覆盖率94.5%。举办学校卫生管理知识培训班11场次，培训卫生保健人员500余人次。组织开展学校卫生监督综合评价221所，综合监督结果评价优秀、合格、不合格分别为33.5%，56.1%和10.4%。

生活饮用水卫生监督。一是积极开展生活饮用水卫生监督检查。全市出动监督员516人次，检查生活饮用水单位133家，监督覆盖率100%。二是开展饮用水水质监测、公示。组织对全市14家市政供水单位抽检，检测水样154份，检测项目1288项，合格1274项，合格率98.90%。全市共抽检饮用水样品1005份，检测指标10145项，合格指标10112项，合格率99.70%。检测结果及时在网站公示。同时，加大违法案件查处力度，针对监督检查、监测中发现的问题，责令整改51户次，对白河县水厂和平利县八仙镇供水厂进行处罚，罚款2.43万元。

公共场所卫生监督与旅游市场秩序整顿。一是组织开展“元旦”“春节”“五一”“十一”、中高考期间公共场所卫生专项检查，共检查公共场所3045户，合格2362户，责令整改652户，行政处罚25户，罚款2.11万元。二是开展游泳场所和集中空调通风系统的专项检查，共检查游泳场所10家，集中空调通风系统的公共场所43家，定期公布检测抽检结果。三是组织开展公共场所量化分级管理，全市共对2455户公共场所经营单位进行量化分级管理，评定A级单位66家，

B级单位645家，C级单位1744家，公共场所量化分级管理率达98%以上。四是组织开展公共用品用具抽检。共抽查公共场所经营单位729户，合格率95.10%；抽检公共用品用具样品2475份，合格率96.30%；抽检空气质量卫生样品1033项，合格率98.80%。

消毒产品企业和餐饮具消毒单位监督。一是加强消毒产品生产企业检查，开展“关于查处不合格消毒产品”的专项行动，认真全面完成省所下达任务。二是组织开展餐饮具集中消毒单位检查，共检查40户次，抽检样品685份，合格672份，合格率98.10%，对4家不符合要求的单位给予行政警告处罚。

组织开展打击非法行医和打击非法医学美容检查。一是开展打击非法行医行动，全市出动监督员2519人次，检查各级医疗机构1241户次，共查处各类医疗案件129起，罚款39.81万元，没收违法所得2.29万元，没收药械129箱件。二是开展打击非法医学美容行动，全市共出动车辆286台次，监督员1093人次，监督检查医疗美容机构3家、综合医院409家、生活美容场所270家。针对检查中发现的2家医学美容机构不规范的问题，下达责令整改通知书，对部分生活美容场所涉嫌夸大美容宣传的现象立即责令其整改，对5起涉嫌非法医学美容投诉举报线索及时进行调查处理。

认真开展传染病执法检查。一是加强医疗废物处置管理培训，增强医疗卫生机构传染病防控法规意识，规范医疗机构医疗废物管理、处置工作。协助市局举办2期医疗废物管理培训班，全市10县区乡镇卫生院、县级医疗卫生机构和部分民营医院的管理人员和市县卫计局、卫生计生综合监督所的同志共计260余人参加培训。加大医疗废物处置执法检查力度，全面推行“村交镇、镇交县、县规范、市处理”的医疗废物暂存运转模式，建设医疗废物暂存点。全市乡镇以上医疗卫生单位均与医废中心签订集中处置合同，全市所有医疗机构全部实行集中处置。二是按照传染病防治法分类监督综合评价工作要求，积极开展传染病防治监督检查。全市共检查医疗机构854家，疾控中心11家，采供血机构2家。监督检查中发现违法数12起，立案查处12起，警告10家，罚款10家，罚款金额2.655万元。完成全市传染病防治分类监督综合评估工作，上报结果。三是组织开展全市医疗卫生机构传染病防治监督抽检。开展以预防接种、疫情报告、消毒隔离、医疗废物、病原微生物实验室安全管理为重点的传染病防治监督抽检。全市共抽检医疗机构866家，抽检率67.80%，各类别抽检率均达到或超过抽检计划要求。四是加大对食源性疾病监测。开展全市食源性疾患哨点医院的监督检查，全年各哨点医院共完成5262例食源性疾病监测任务。

组织开展职业卫生和放射卫生监督检查。一是举办放射从业人员培训2期，共培训226人。二是对全市15家职业病诊断机构和职业健康体检机构进行全面检查，下发监督意见书8份，督促整改6家。三是组织职业病鉴定工作。依法受理旬阳县某公司职业危害接触者职业病诊断鉴定申请1起，积极协调申请人、用人单位、诊断机构和相关部门完善鉴定资料，依法进行省级专家鉴定，受到当事各方认可，为社会发展和稳定做出积极贡献。四是按照省市放射卫生监督检查工作要求，对全市放射诊疗单位进行集中监督检查，出动监督人员363人次，车辆90台次，监督检查115家，监督覆盖率100%。开展建设项目预评价单位1家，对监督检查中发现的防护设施不到位问题、新增设备未及时变更增项等问题下达监督意见书65份，责令整改60家。立案处罚两起，罚款金额1.30万元。

（王秋莉）

安康市宣技中心

主　　任　王恩刚

副 主 任　郑向东

◎**宣传教育**　一是认真开展集中宣传活动。全年先后利用“综合治理宣传月”“科技三下乡”“生殖文化进校园”“生殖文化进社区”“流动人口关爱关怀”“全国科普日”“扶贫日”“宪法宣传日”“生育关怀、情系你我”等活动，开展以全面实施“两孩”政策，深化优质服务，提高出生人口素质，促进人口长期均衡发展”为重点内容的社会化宣传和生殖健康免费义诊活动8次，共发放宣传品0.90万余份，受益群众0.50万余人。二是挖掘全市卫生计生工作亮点，联系省电视台《大卫生》栏目来市就工作中的亮点工作先后拍摄制作“十证合一，简政便民”，“村医成了正规军”，“免费服务、造福妇幼”，“健康扶贫福祉百姓”等广播节目在陕西新闻广播《百姓健康》栏目安排播出，被《百姓健康》栏目评为优秀单位；三是宣传品制作发放工作进展顺利。采购具有安康特色的计生宣传用品近30万元，并按照发放计划及时分发到个县区、计生家庭、贫困户、育龄妇女和困难群众手中。受到广大育龄群众的欢迎。

◎**技术服务**　2017年、按照目标责任制要求，为确保10县区“两项工程”开展，首先加强县区“两项工程”指导工作，5月上旬，中心组织“两项工程”专家组成员深入11县区进行巡回指导，现场就发现的问题进行逐一指导。针对全市上半年“两项工程”巡查中发现的问题，提出建议意见，撰写“送阅件”送领导决策，并对县区进行通报。6月上旬陪同省“两项工程”督查组深入旬阳、平利两县携带质控品就实验室质量控制进行现场评估，同时，中心安排专人对10县区上半年实验室质量控制进行跟踪指导，配合省质控上半年考核工作圆满完成。11月下旬中心利用配合局机关对县区工作进行督察的同时，完成全市10县1区两项工程第二轮巡查指导工作。截至11月30日，全市母亲健康工程检查率达99%，孕前优生健康检查率达86.34%；根据数据统计，预计12月底可确保全市免费健康检查率、孕前筛查率分别达到90%以上要求。

◎**干部培训**　市中心于10月28日至11月3日举办全市计生系统专业技术人员继续教育培训。针对全市“两项工程”工作中存在的问题，特邀省、市卫生、计生系统多名专家教授，对全市基层从事“两项工程”的专业技术人员进行面授。共计培训专业技术人员187人，网络平台面授成绩录入112人。

（高　峰）

安康市药具管理站

站　　长　张　荣

◎**组织管理**　一是加强单位管理制度和财务制度建设，进一步完善财务管理与内控制度，保证资金使用规范和安全；二是积极组织学习十九大和中、省、市相关文件精神，干部职工政治理论水平与业务素质明显得到提高；三是充实人才，7月中旬，从县选调两名年轻同志充实到药具管理队伍当中，切实解决人员不足导致部分业务无法开展的问题，也为药具管理队伍的长期建设储备新生力量；四是积极参与节能降耗活动，全年单位人员能耗较上年下降5%；五是全面完成爱国卫生、“健康城市”建设、省级文明城市创建、国森创建等各项工作任务；六是严格按照双创工作要求，坚持每天到责任区域进行环境与卫生整治，确保无反弹现象发生；七是为保证社会治安综合治理平安稳定，定期对单位职工及退休人员进行摸底排查和走访，掌握思想动态，帮助解决困难，发现矛盾，及时化解。

◎**药具管理**　2017年，按照省药具站和市局的要求，切实加强避孕药具库房建设，完善避孕药具发放管理制度，坚持科学制定供应计划，规范药具购、调、存管理，在市、县、镇、村四级建立起完善的药具发放管理网络，确保药具品种齐全、供应及时、储存安全、免费发放渠道畅通，保质保量及时地为各县区和广大群众提供足额的药具供应。

◎**药械市场整治**　2017年，为进一步加强全市计划生育药械市场管理，规范经营，完善秩序，8月初，市站联合市食药监局、市工商局印发《关于进一步加强计划生育药械市场管理的通知》，对全市境内所有经营计划生育药械的门店和单位，重点就无证照经营避孕药械、经销假冒伪劣药械、销售国家免费提供计划生育药械的违法行为进行专项整顿。要求各县区都要把加强避孕药具市场管理工作作为关注民生的一项重要措施，与打击“两非”工作紧密结合，形成齐抓共管的工作格局。整顿工作历时半个月，三部门参加人数累计320余人次，共检查经营企业、个体诊所、药品超市、零售药店530余家，查处不合格产品16种。清理违法经营名称7家，限期要求整改。

◎**药具文化宣传**　一是积极参加“元旦”“春节”“科技之春”“三下乡”“法制宣传日”等宣传活动10余场次，发放各类药具6种4万多合（支），价值10万多元，各种宣传品0.50万多本（张），并在流动人口集聚地组织开展6次药具免费发放活动。二是为进一步提高宣传效果，丰富发放形式，市站在经费困难的情况下，投入13万余元采购10台免费避孕药具自助发放机和印制计生药具宣传资料与物品。

（明志顺）

水电三局职工医院

院　　长　尹超峰

党委书记、副院长　张宗满

副 院 长　吴孝东　许启根

◎**各项指标任务完成情况**　医疗指标。截至2017年11月底，全院门诊工作量35160人次，急诊1225人次；住院4840人次，手术2798人次；病床使用率109%，平均住院日11天；治愈好转率96%，抢救成功率89%，诊断符合率97%；门诊费用139元/人次，住院费用4865元/人次；完成各类体检约400人次。经济指标。全年局拨经费92万元，医疗收入4350万元；管理费支出1072万元，医疗支出3345万元。药品、器械指标。全年药械总入库1041.63万元，总出库1092.86万元。药库总调剂759.64万元。其中，4月1日执行“零差价”后至11月底调剂金额600万，如未执行“零差价”预计应调剂金额690万，执行“零差价”后少调剂90万元。

◎**工作开展情况**　一、完善基础设施建设，改善就医环境。一是加大科室建设，碎石科、普外科在筹建中，ICU重症医学科在积极建设中。二是粉刷办公楼外墙，为医院创造整洁的整体环境。三是按时完成药品零差价实行药品“两票制”，为广大患者谋福利。四是完成和农合数据库的对接，为广大患者创造更加宽松的医疗环境。坚持医院所做的一切受到张岭驻地职工家属、辖区居民及公司领导的赞誉和好评，也为医院创造“两个效益”奠定坚实的基础。二、强化措施，进一步调整收入结构，严格控制药品比例。医院积极进行收入结构调整，严格控制药品比例，提高收入含金量，增加医院的可持续发展能力和抗风险能力，使患者以最低的费用享受到最优质的服务。自4月1日以来，除全面落实药品零差价外，还严格坚持合理检查、合理用药、合理治疗，纠正滥开检查，开大处方的行为，制定以常用药物为主的《基本用药目录》，在用药结构和用药范围上，对临床用药进行指导控制，建立临床用药管理制度，严格控制贵重药品的使用，使药品比例逐渐下降，有效控制药品费用的不合理增长，医院经济效益和社会效益双丰收的成效基本显现。三、加大医疗服务基础的投入。根据医疗业务发展需要，不断加大对医疗器械设备的投入，医院通过自身努力为所需临床和辅助科室够买急需的小型设备并配备办公自动化必需的工具，使医院的诊疗水平上新的台阶。四、抓好质量规范管理，促进医疗业务发展。院医务科、护理部将提高医疗质量考核、“三基三严”考核作为医疗工作的重要内容来抓，对全院医生、护士进行基础理论、基本知识、基本技能的考核和测评，有效地使医务人员在临床工作中严格执行规章制度和各项技术操作规程。将科主任定为科室第一负责人，严把科内医疗质量、护理质量、病历书写质量、各种检查、检验质量、医学影像质量等质量关，发现问题及时解决及时防范，使医疗质量管理更趋科学化、专业化。同时加强对医技人员继续培训工作，全年继续采用“院内培养和院外进修”的方式不断充实人才队伍，提升专业技术人员的整体素质，全年累计开展11期业务培训、2次技术考核、1次急救演练，先后选派7名医护人员到上级医疗机构进修学习，开展岗位大练兵大比武及女职工素质提升等活动，提升医护人员综合能力和素质。五、加强社区医疗卫生工作。在区卫生局和职工医院的大力支持下，完成社区卫生服务中心的健康小屋新建工作以及设施、设备的配置，实现社区卫生服务机构用房标准化、设施齐全化，达到安康市城市社区卫生服务中心建设标准。为提高辖区内居民健康，全年在社区全体医务人员的共同努力下，开展中小学生、幼儿园健康体检工作，体检人数达400余人次。完成65岁及以上老年人体检近1000余人，完成辖区妇女宫颈癌免费筛查400人次。完成辖区内0—6岁儿童预防接种工作，全年共接种各类疫苗工6115针次，预防接种证建证率达98%。

体　育

安康市体育局

局　　长　陈元安

副 局 长　陈复勇

纪检组长　郑翔太

市体育运动服务管理中心主任　贺松林

◎**竞技体育**　组队参加了2017年全省青少年锦标赛的16个项目的比赛，共505名运动员参赛，取得金牌16枚，总分1926分，取得2018年第十六届省运会参赛资格383人。李恬瑶获得全国游泳锦标赛女子100米仰泳铜牌和200米仰泳银牌，杨柳静被国家体育总局授予运动健将称号。组建男女龙舟队代表全省参加第十三届全国运动会群众组龙舟项目比赛，获得第八名。实施高水平体育人才引进工作，市本级招聘高水平教练员7名。

◎**全民健身**　全民健身示范创建工作深入推进，旬阳县成功创建为全省首批全民健身示范县，全市创建市级全民健身示范镇5个、示范村3个、示范社区4个。以群众性、竞技性、区域性和开放性为目标，打造“秦巴明珠·生态安康”赛事品牌，策划组织了一批经典体育赛事活动。以赛事为平台，展示安康对外开放的新形象，让更多的外界朋友走进安康，“跟着赛事游安康”。先后举办“安康节拍·舞动汉江”市县联动万人健身操舞展演、陕西省2017年老年人气排球邀请赛、2017年环秦岭自行车赛汉阴站、中国·大秦岭（宁陕）第六届山地越野挑战赛、陕西“丝绸之路”中安国际男篮挑战赛、2017年全国友好城市中老年篮球邀请赛、安康市第十六届运动会、2017半程马拉松赛等大型赛事活动。同时按照小型、分散、多样的原则，支持各县区、各协会组织市内健身群众广泛参与的赛事活动，提高经常性参加锻炼的人口比例，全市共完成各类赛事活动80场次，全民健身蔚然成风。与市直机关工委、市总工会联合举办了市直机关《国家体育锻炼标准》培训班，77个单位130名职工参加了培训。加大社会体育指导员培训力度，新增各级社会体育指导员965余人。参加了全省第三届社会体育指导员技能展示大赛，荣获团体第一名。在全省首届全民健身运动会上获一等奖1个，二等奖3个，三等奖4个。以龙舟文化交流为纽带，邀请美国密苏里州堪萨斯市访问团到安康市交流访问，并签订了交流合作备忘录，确定两市龙舟队隔年互访，为安康龙舟走出国门走向国际迈出了重要一步。

◎**体育基础设施建设**　大力实施体育惠民工程。实施镇、村、社区及陕南移民搬迁安置点工程项目240个，总投资1445万元。县级公共体育场馆设施“三个一”建设进程加快，高新区全民健身中心建成投用，白河县全民健身中心、岚皋县全民健身中心和高新区青少年足球运动中心开工建设。实施公共体育普及工程5个，总投资1730万元。启动汉江全民健身长廊工程建设，争取省局资金600万元，对安康中心城区段进行提升改造，旬阳段省级示范工程完工。争取市级国民体质监测中心项目资金100万元，建成旬阳县国民体质监测站。

◎**体育产业**　争取省上体育产业扶持力度加大，4个体育产业法人实体得到省级扶持资金345万元。培育规模以上体育服务类法人2户。完成招商引资5400万元。体育彩票销售稳步提升，2017年全市体育彩票销售网点283个，销量达3.4亿元，同比增长14.8%。

◎**体育运动服务管理中心**　综合训练楼正式投用，市体育中心搬至综合训练楼办公。完成了市体育中心篮球馆和市体校网球场提升改造工程。

◎**获得奖励**　在第十三届全国运动会上，市体育局等6个单位荣获全国群众体育先进单位称号，贺松林、朱小燕等6人荣获全国群众体育先进个人称号。市公安局、平利县教育体育局、市门球协会等9个单位被省体育局表彰为2017年全省群众体育先进单位，冯舟霞、王亚君等9人被省体育局表彰为2017年全省群众体育先进个人。

◎**体育扶贫**　积极融入脱贫攻坚大潮，筹资100万元为2017年脱贫摘帽的70个村全部配备了体育健身器材。全年拨付平利县广佛镇八角庙村资金25万余元，争取项目资金300万元，有效推动了农民生产生活条件改善和收入持续性增长。紧密结合新民风建设，坚持扶贫与“扶志”“扶智”相结合，在该村组织体育活动3次。组织开展“脱贫致富好村民”等“六好”先进典型评选表彰活动。体育扶贫成效显著，社会反响良好，受到了市政府主要领导的充分肯定。市体育局扶贫工作被平利县委、县政府授予社会扶贫先进单位称号。

（柯　蓉）

社会事业

人力资源和社会保障

安康市人力资源和社会保障局（公务员局）
党组书记、局　长　汪小卫
党组成员、副局长　刘全学　周育论　徐郧顺
党组成员　肖岳权　邝贤君
党组成员、纪检组长　谢光运
安康市公务员局
副 局 长　刘宪鹏

◎**就业创业**　坚持把稳定就业作为首要政治责任，围绕省级创业型城市创建，实施就业优先战略和更加积极的就业政策，配套跟进促进就业创业的政策和服务措施，全市城镇新增就业增长率位居全省前列，“零就业”家庭实现动态清零，省级创业型城市顺利通过验收命名；全市城镇新增就业2.03万人，城镇登记失业率控制在3.2%以下，低于控制性指标3.9%；全市累计组织开展免费职业培训7.08万人，创业培训6302人；当年新增发放创业担保贷款3522笔，发放金额4.56亿元；高校毕业生登记就业率达93.93%；全市农村劳动力转移就业64万人，创劳务收入96.6亿元。2017“圆梦安康”创客大赛成功举办，赛前赴杭州、武汉、广州等地举行大赛推介活动，反响热烈，全国242家企业进行了激烈角逐，安康创业的氛围越发浓厚，影响力进一步扩大。全市已建成大学生创业孵化基地、返乡创业孵化基地等各类创业孵化基地35家。其中已被认定为省级孵化示范基地5家，市级创业孵化示范基地23家，累计吸引1621个创业实体先后入驻，直接带动就业2.23万人。全市农民工返乡创业人数共计3.61万人，创办企业或经济实体2.4万个，带动就业10.5万人。

◎**社会保险**　实施“全民参保登记计划”，稳步扩大社保覆盖范围，五大险种、七类保险已惠及全市广大城乡居民。保障体系日益健全，兜底作用充分发挥。认真落实阶段性降费、社保补贴、援企稳岗等扶持政策，稳步提高保障水平，及时足额兑付各项待遇，企业退休人员基本养老金实现“十三连增”。深入推进全民参保登记计划，以推进社保卡发放应用为抓手，努力实现应保尽保。在全省率先完成安康市各类群体的保险待遇调整工作，得到省厅肯定。调整城镇职工医疗保险相关政策，降低本地住院起付标准，提高医保最高支付限额和报销比例，扩大医疗救助范围，推进城镇居民大病保险全覆盖，参保群众就医负担进一步减轻，跨省异地就医结算顺利实现，各项社保待遇及时足额兑付。城镇企业职工养老保险创新“零”期限退休审批，被全国多家媒体关注报道。社会保障政策兜底线、救急难、保民生的“稳定器”作用切实发挥。全民参保登记任务应录入459651人，已录入459651人，录入率100%。全市城镇企业职工养老保险参保企业2730户，参保总人数达到18.6万人；城镇医疗保险42.1万人，工伤保险15.13万人、生育保险11.34万人、失业保险8.68万人。大力推行社保卡发放运用，累计发卡184.4万。城乡居民基本养老保险参保158.18万人，参保率99.77%，待遇发放率100%。

◎**人才队伍建设**　积极发挥政府人事人才综合管理部门职能，加强统筹协调，创新政策措施，积极为人才发展体制机制的“坚冰”消融，激发人才创业创新创造活力，强化人才智力支撑。人才队伍不断壮大，智力支撑作用凸显。深入实施“百千万”人才工程（百名硕博进安康、千名大学毕业生创业、培育万名能工巧匠），努力打破制度的壁垒，畅通人才引进渠道。牵头起草了《安康市柔性引才实施办法》《安康市高层次和急需紧缺人才引进实施办法》（已报市委人才办签发）；拟定了《安康市大力吸引人才人口若干政策》《安康市引进高层次和急需紧缺人才生活保障办法》市委、市政府即将印发。向县区下放事业单位岗位设置方案核准权限，建立事业单位岗位结构比例动态调整机制，着力解决基层事业单位职称晋升矛盾突出问题。稳步实施公务员考录、事业单位公开招聘、基层医疗卫生机构定向招聘等人才项目，在全省率先开展镇办卫生院招聘医学专科生工作，加大引智工作力度，实现了就业优先、人才强市、创新驱动战略互动互赢。“聚天下英才而用之”从理念逐步演化为各路英才纷至沓来的坚定脚步。深入实施百千万人才工程，全市当年引进硕士以上高层次人才129人；累计扶持高校毕业生自主创业1261人，带动就业7900人；累计培育和挖掘各类高技能人才1.1万人；规范、平稳组织各类人事考试11次，参考2.2万人次，其中考录公务员242名，公开招聘事业单位工作人员2207名。全市技能人才总数达到15万人；建成国家级技能大师工作室1个、省级技能大师工作室1个，成功申报获批省级技能大师工作室1个，新设立专家工作站6个。

◎**劳动保障监察** 积极构建和谐劳动关系，努力排除阻碍劳动者参与发展、分享发展成果的障碍，保障他们劳有所得、体面劳动。强化劳动保障法规的宣传和贯彻落实，健全劳动关系协调机制，逐级建立并落实农民工工资保证金、定期督促检查、重要时期日报告、领导轮流值班接访、行业监管负责等长效机制，积极推进全面治理拖欠农民工工资问题长效机制建设，设立欠薪保障应急基金，有效保障农民工工资按月支付，全市劳动关系总体保持和谐稳定。安康市被省人社厅确定为全省建立健全解决农民工工资问题长效机制“抓点示范”市。全市主动开展劳动监察执法3058次，巡查企业3047家，涉及6.28万人；立案处理劳动监察违法案件199起，为4817名劳动者追发拖欠工资6174.3万元，督促补签劳动合同5348份，督促13家用人单位为125人缴纳社会保险60.3万余元，市劳动监察支队连续五年获得人社部办公厅授予的清理整顿人力资源市场秩序专项行动先进单位荣誉称号。

◎**劳动人事争议调解仲裁** 强化调解仲裁维护稳定作用，全市共建成企业劳动争议调委会218个、镇劳动人事争议调解中心140个、街道（社区）劳动人事争议调解中心54个，一个多层次、多渠道的劳动人事争议调解网络逐步形成。汉阴县月河工业园区劳动争议调解中心被人社部确定为国家级镇（街道）劳动争议调解综合示范点，石泉、平利两个企业被确定为第二批省级调解示范企业。

◎**就业脱贫** 始终将脱贫攻坚列为头等大事和一号民生工程抓实抓牢。在全市人社部门掀起“打赢脱贫攻坚战、我为脱贫做贡献”的热潮。深入实施以转移就业拓展、自主创业扶持、职业培训赋能、社保能力提升、人才智力支撑、公共服务优化为内容的就业扶贫“六大工程”，实现从“输血”扶贫到“造血”扶贫，从根本上斩断“穷根”。培育发掘平利“社区工厂”、紫阳修脚师”典型经验，点上开花，面上结果，“平利社区工厂”新型就业模式及紫阳修脚师技能脱贫模式被确定为全省典型全面推广。全市累计建成社区工厂103家，平利“社区工厂”就业脱贫模式代表陕西省参展届全国创业就业服务展示交流会，受到中央及部委领导的关注和肯定，并在展会上获得“首届全国创业就业服务展示交流活动优秀项目奖”“首届全国创业就业服务展示交流活动最具人气奖”。紫阳“龙头企业+基地培训+定向输出+就业安置”的修脚师培训技能脱贫新路子，已成为转移就业实现脱贫致富的重要渠道。紫阳修脚龙头企业——陕西远元集团董事长郑远元获得“2017年全国脱贫攻坚奖奉献奖”。当年全市完成贫困劳动力转移就业14.78万人；完成贫困劳动力技能培训4.82万人；在贫困村发放创业贷款1009笔，金额1.1亿元。引导贫困劳动力自主创业3269人。全市51.35万贫困人口中应参保401516人，已参保401516人，贫困人口参保率达到100%。

◎**工资福利** 以贯彻“三项机制”为抓手，创新公务员正向激励手段，着力提高干部职工福利待遇，激发广大干部的干事热情。克服种种困难，提请市委、市政府主要领导同意制定下发《预发考核奖励的通知》，明确将公务员年度考核奖励增加为1.2万元/每人·年，新增加公务员月考核奖励1千元/人·月，每季度发放，为追赶超越注入了强大动力。

（樊光星　黄　明）

安康市社会保险经办中心
主　　任　邝贤君
副 主 任　庄正元

◎**基金征缴** 全力抓好四项社会保险征缴扩面工作：一是扩大四项保险覆盖面。积极开展“社保惠万家”“七五普法”“同舟计划”主题宣传活动，充分利用安康广播电台、安康日报专栏、工伤保险政策培训等方式，集中对缴费规定、参保标准、支付政策等方面开展政策宣传和培训，积极推进全民参保登记工作，全面落实《中华人民共和国社会保险法》《工伤保险条例》《失业保险条例》，扎实开展了建筑业参加工伤保险专项扩面行动，突出抓好四项保险扩面征缴工作，做到了应保尽保。二是加大基金征缴力度。全面落实“申报承诺制”，严格按照社保缴费基数，严把申报（工资表）审核入口关，严格实行参保欠费与住院待遇、个人账户划转挂钩制度，依照规定及时调整工伤、生育、失业保险参保费率，多方联动对拖欠参保费用进行清欠，妥善解决困难企业群众享受待遇问题，确保了基金依法应收尽收。全市参加职工医保19.71万人、居民医保22.39万人、工伤保险15.13万人、生育保险11.34万人、失业保险8.68万人（省厅核减1.2万人），分别完成年度目标任务的104.2%、95.8%、100%、106.3%、102.8%；征收职工医保基金6.31亿元、工伤保险基金4723万元、生育保险基金1504万元、失业保险基金1699万元（省厅核减300万元），分别完成年度目标任务的114.7%、117.1%、136.7%、141.6%。其中，市本级参加职工医保5.26万人、工伤保险3.78万人、生育保险3.62万人、失业保险1.86万人（省厅核减1.2万人），分别完成年度任务目标的110.5%、100.8%、115.7%、106.9%；征收职工医保基金1.79亿元、工伤保险基金1308万元、生育保险基金620万元、失业保险基金927万元，分别完成年度任务目标的111.2%、116.9%、134.2%、193.1%。

◎**基金管理**　一是优化社保业务经办。不断优化经办服务方式，转变工作作风，坚持开门办社保，改进和规范转外和异地安置人员住院巡查，坚持市内定点医院工作日走访，联合县（区）组织对转外住院患者进行月巡查，与参保职工零距离接触宣传社保政策，直接与定点医院对接发现问题、解决问题，传递人文爱心，体现社保惠民政策，有效提高了群众满意度和社会认可度。二是规范待遇审核支付管理。规范异地就医备案审查和水电三局托管人员待遇审核，及时调整医改付费项目结算，跟进走访工亡遗属，科学使用待遇审核智能系统，促进审核结算科学化、规范化、信息化。全面实行审核支付“5+3+2”制度，认真核对个人社保待遇、身份信息和银行账号，及时、准确支付各项待遇，按时结算医疗费用和定点药店刷卡费用。三是强化基金财务管理。巩固和完善社保基金市级统筹，严格执行“收支两条线”管理，规范异地就医财务管理，扎实开展社保基金专项检查，认真开展审计反馈问题整改。四是持续平稳落实政策。全面实行待遇网络审核，落实待遇初审、复审、复核分段分岗专人负责制，加强对不同群体托底政策的贯彻执行，严格稳岗补贴资金待遇审核，认真落实失业保险稳岗补贴和技能提升政策，按要求落实医疗、工伤、生育、失业保险待遇标准调整工作，积极争取公务员医疗补助政策的出台和实施，保证各项待遇的平稳落实。全市职工医保基金支付5.48亿元，比去年增长16%，累计结余5.32亿元，统筹基金可支付10个月；居民医保基金支付1.43亿元，比去年增长13%，累计结余1.4亿元、可支付12个月；工伤保险基金支付3545万元，比去年增长21%，累计结余7001万元、可支付24个月；生育保险支付3211万元，比去年增长119%，累计结余2807万元、可支付10个月；失业保险支付1866万元，比去年增长2%，累计结余2.74亿元。其中，市本级职工医保审核结算17386人次，统筹基金支付7350万元，比去年增长17%，累计结余8438万元、可支付13个月，职工住院综合报销比例达到82.35%；审核工伤保险1544人次，基金支付1158万元，比去年增长14%，累计结余895万元、可支付9个月；审核生育保险1784人次，基金支付1813万元，比去年增长155%，累计赤字282万元；发放失业保险金1690人次、稳岗补贴117家，支出478万元。

◎**稽核监管**　严格基金监督管理：一是严格稽核内审。加强对申报人数、基数和缴费额的核定，建立医疗保险诊疗评审专家库，定期抽查分析四项社会保险待遇审核情况，认真受理待遇审核移交、群众举报等线索，积极做好异地协查工作。二是严格“两定”机构管理。制定完善《医疗保险定点零售药店协议管理制度》，实行会议签订《定点药店管理协议书》，加大对“两定”机构监督管理，严格年度考核检查，强化平时稽核监督，重点对空挂床、不合理诊疗、刷医保卡销售生活用品等违规行为进行稽核，确保基金安全。共对参保的598家、13.54万人次申报缴费进行复审；明察暗访定点药店197家，通报并限期整改29家，智能审核排查可疑线索2939人次；组织开展异地就医巡查11次，走访巡查参保患者750余人次。

◎**信息化网络建设**　突出信息系统建设这个重中之重，在推动完成医保信息系统建设基础上，围绕社保卡发放管理与应用，建设全市统一的基金财务、工伤保险、居民医保信息系统，推进四项保险网上申报、缴费、查询系统开发与应用，补齐在信息系统建设，经办服务方式等方面的短板，全面提升业务经办规范化、标准化和信息化水平。首先，全力做好跨省异地就医结算。4月13日完成系统开发和社保卡用卡环境改造，5月20日成功接入全国异地就医平台，6月底正式开通跨省异地就医结算，获得市委、市政府肯定，系统备案的异地安置退休、异地长期居住、常驻异地工作和异地转诊人员均可享受到直接结算，全年成功结算3811人次。其次，全面加强信息化建设。8月份工伤保险系统开发完成并正式上线；社保基金财务管理软件9月份完成开发及测试，11月份正式上线运行；居民医保信息系统7月份完成试点建设，10月份9个县全部上线运行；四项保险申报缴费系统开发已经完成，正在测试应用；城镇职工和居民社保卡制发稳步推进，全市采集信息56.61万条，发放读卡机具389台，制发卡48.03万张，占任务的109.2%；市本级采集信息8.9万条，发放读卡机具175台，制发卡7.04万张，完成任务的148.9%。

◎**经办窗口建设**　巩固和提升“市级文明单位”和“陕西省人民群众满意公务员示范单位”创建成果，深入开展“为政不为”专项整治、“做公务员表率、打造‘四铁’队伍”和“强服务、提效能、树形象”活动，切实加强经办系统党风廉政建设和作风建设。顺利实施办公北迁，优化业务大厅岗位设置和业务经办，努力建设学习型、服务型、效能型机关。深入贯彻落实依法行政要求，认真执行法律顾问咨询制度，修订完善《政策汇编》《经办干部守则》和《业务经办流程》，制定了《居民异地就医费用结算规程》《失业保险待遇审核经办规程》《特殊药品使用管理制度》，全面深化“放、管、服”改革，依法依章经办业务。支持工会、妇委会、共青团等群团组织换届并依章开展活动，组织开展参与乒乓球、羽毛球、工间操、马拉松比赛等活动，关心职工生活，培养干部职工健康情趣、丰富业余生活，有效增强了团结合作意识。

（刘世杰）

安康市养老保险经办处

处　　长　余延江
副 处 长　宋爱华（女）
总会计师　王洪斌

◎**概况**　截至2017年末全市参保单位2829户，参保职工188474人，其中在职职工129228人，离退休人员

59246人；全年共发放基本养老金及各项待遇17.27亿元，征收养老保险基金7.5亿元。

◎**养老金发放** 2017年5月底全市共为2748名符合条件的退休（职）人员提高了最低养老金标准，人均增加146.53元，月增加养老金42.11万元；2017年7月，对全市2016年12月31日以前退休的57627名企业退休人员调整了养老金，人均月增加136元，月增加养老金支出785万元；对15户参保单位办理了“退谁补谁”手续；全年共办理新退休人员2920人。先后5次对省社保局下达5000名疑似死亡、重复领取养老金情况进行了复核。全年共为离退休人员发放各项养老保险待遇17.27亿元，征收养老保险基金7.55亿元，资金缺口近10亿元，全部从省统筹基金中协调解决。

◎**养老保险扩面** 以省社保局下达的扩面数据为目标，深入新建企业、民营企业、事业单位临聘人员宣传养老保险政策，讲解养老保险知识，帮助企业管理人员和劳动者，深刻认识参加养老保险的重要性，激发主动参保的积极性。截至12月底，参保人数与2016年底相比，共增加11078人，参保总人数达到188474人，比2016年度增长6.2%。全年共办理外省转入手续2389人，转入基金7535万元；转出外省111人，转出基金327万元。

◎**工作实绩** 一是养老保险实地稽核扎实推进。对全市民营企业开展了用工基本情况及参保情况调查，有重点地抓好实地稽核。全年共稽核单位750户、26692人，稽核率22%，完成年度任务的110%；查出少报缴费基数517万元，少缴基金103.3万元；查处冒领养老金68人，103万元，全部补缴和落实到位。二是综合柜员制改革积极推进。在紫阳、旬阳、汉阴、岚皋四个县养老保险经办中心推行了综合柜员制改革的基础上，2017年又在石泉和白河两个县经办中心开展了综合柜员制改革，提高了办事效率。三是进一步提升文明服务。市处对文明服务五项制度及三项举措开展不定期明察暗访，在上报省社保局实时视频监控的基础上，市养老保险经办处坚持每月对县区视频监控进行一次通报和多次明察暗访。四是养老保险经办管理进一步加强。在养老保险缴费申报中，按照“双基数”的要求，积极督促各参保单位按时申报缴费，按规定办理相关业务。截至12月底，全市纳入社会化管理服务的退休人员有59106人，占离退休人员总数的99.5%，其中进入社区的有52380人，占88%；2017年新退人员共计2920人，全部采集了指纹，采集率100%；继续抓好新产生数据的录入和原有数据的清校工作，积极开展养老保险个人权益记录数据管理自查工作，确保数据库数据和个人权益记录数据完整准确、安全有效，对各县区参保数据质量进行了通报，参保数据准确率为98%以上；全年开展离退休人员待遇领取资格核查（资格认证）45567人，占离退休总人数的79%，同时对外地退休居住本地的1412人开展了协查；全市参保单位网上办公注册2688户，占参保单位总数的96%；使用网上办公2479户，使用率88%。

安康市机关事业社会保险基金办公室
主　　任 闫立岗
副调研员(兼副主任) 乔兰清(女)
副 主 任 张永胜

◎**机关事业单位养老保险制度改革** 2017年，全年完成245个单位，13397人养老保险缴费基数审核、预扣预缴、系统征缴工作。全年共计发放216个单位5601名退休人员养老金2.89亿元，及时完成2017年度市本级机关事业单位退休人员730多万元的待遇调整工作任务。“互联网+”业务工作成效明显。积极协调处理各类参保单位实际困难和有关问题，把社会矛盾化解在萌芽状态，维护了社会的和谐稳定。事业单位失业保险截至2017年12月底，市本级参加失业保险统筹的单位共计108个，投保在职职工5947人；下达征缴计划53万元，共计征缴失业保险基金257万元，超额完成年度工作任务，计划财务工作严谨规范，“中人”养老保险金清算全面展开。内审稽核工作开拓进取，经办内控和养老保险稽核从无到有，逐步发展。

◎**事业单位失业保险** 2017年，全市参加事业单位失业保险统筹的单位共计1297个，投保在职职工（实际缴费）48269人，下达失业保险基金567万元，共计征缴失业保险基金812万元，超任务43.21%，连续第十四年超额完成全市失业保险基金征收任务。其中：市本级参加失业保险统筹的单位共计108个，投保在职职工5947人；下达征缴计划53万元，共计征缴失业保险基金257万元，完成年度计划的484.91%。

民政工作

安康市民政局
局　　长 许启汉
副 局 长 刘　林
老龄办主任 胡洪斌
纪检组长 陈景宏
副 局 长 胡　林

◎**社会救助** 坚持兜牢底线，民生保障力度取得新加强。扎实牵头推进兜底保障脱贫工作，先后两次召开全市兜底脱贫工作视频会议，出台了《关于在脱贫攻坚中充分发挥民政职能作用十条措施》等系列文件，十县区困难群众基本生活保障工作协调机制实现全覆盖；市上成立了正科级的救助家庭经济状况核对中心，落实了3个人员编制；认真做好农村最低生活保障制度与扶贫开发政策有效衔接，农村低保、五保进入建档立卡的比例分别达到96.1%、99.6%；及时落实城乡低保提标，全市农村最低生活保障标准由3015元/人·年提高到3470元/人·年，城市居民最低生活保障标准由465元/人·月提高到505元/人·月；扎实开展低保规范化提升工作，清理“政策保”21618人，实现了“政策保”清零；不断提升特困供养人员救助供养能力，在汉阴县召开了现场推进会，127所敬老院完成取暖设施建设，第一批10个失能半失能护理设施改造试点项目全面完成，兜底脱贫工作在省厅2017年度考核中位居全省前列。

◎**减灾救灾** 坚持防抢结合，救灾工作体制机制实现新转变。市级救灾物资储备库主体完工。修订完善了《安康市自然灾害救助应急预案》，组织开展了“5·12”防灾减灾宣传活动，培训自然灾害信息员162人，成功创建了2个全国综合减灾示范社区、6个省级综合减灾示范社区。特别是9月至10月安康市遭受20年一遇的罕见强秋淋自然灾害后，第一时间按规定启动了自然灾害救助四级、三级应急响应，紧急下拨救灾资金12975万元、冬春生活救助资金7000万元，灾民生活保障实现“五有”。牵头推进灾后房屋重建工作，全市需重建1801户，1422户已入住新房和妥善安置，221户房屋已竣工正在办理入住手续，158户房屋正在建设。救灾工作多次得到市政府领导表扬，市民政局和李俊杰同志分别荣获全市救灾工作先进集体、先进个人。

◎**社会福利事业** 坚持示范引领，养老和福利事业提升新层次。持续推进养老服务设施建设，市生态休闲养老服务中心建设正在进行主体施工，预计2018年4月底前主体完工。建成15个城市社区老年人日间照料中心和100个农村互助幸福院。开展了生态健康养老示范园区、标准化居家养老示范社区、标准化农村互助幸福院、标准化农村敬老院创建工作，启动了养老院服务质量建设专项行动。《安康市生态健康养老产业发展规划》的编制工作已完成初稿，即将进入评审阶段。继续推动医养结合，与市中医院签订战略合作协议，在城市社区设立中医养生馆。引进北京盛世天颐、西安力邦、全乐居家养老服务中心在安康市开展居家养老服务工作。深入开展生态健康养老品牌宣传推介，安康闯入2017中国养老城市排行榜50强第44名。落实残疾人“两项补贴”制度，全市48707名困难残疾人和28212名重度残疾人领取了补贴资金。加强老龄优待工作，全面落实各项惠老政策，积极开展老年协会规范化创建，抓好老龄信息宣传，市老龄办被评为老龄宣传通联工作先进单位。建立农村留守儿童关爱保护制度，扎实开展“合力监护、相伴成长”专项行动，农村留守儿童、困境儿童系统录入率达100%。建设“阳光福彩”，全年发行福利彩票3.55亿元。深入贯彻落实慈善法，在中国慈善联合会举办的“第四届中国城市公益慈善指数”编制发布活动中，安康首次进入全国百强，是陕西省唯一上榜城市。

◎**双拥优抚安置** 全面落实优抚安置政策，各项抚恤补助全部达到省定标准。加强光荣院建设，短期疗养优抚对象40期1000余人，优抚设施建设取得新进展。大力实施“扶优工程”，扶持困难优抚对象建房200户、医疗救助2000人。全年接收退役士兵1244人、免费培训981人，兑现自主就业一次性经济补助金2879万元。按照中省要求，切实做好军队退役人员保障工作，成立了领导小组和工作专班，先后6次召开专题会议，采取超常规措施，在规定时限内，全面完成了军队退役人员信息采集工作，彻底解决了汉滨区262名安置遗留问题。创新军休管理服务，大力发展军休文化，全面落实“两项待遇”。切实做好军供保障工作，全年完成接待任务46批次7941人。

◎**基层政权建设** 加强社区人才队伍建设，联合安康学院举办了5期社会工作人员培训班，对全市79个社区居委会主任和460名社区专职人员进行集中轮训。印发了《安康市城镇社区标准化建设的指导意见》，争取省上标准化社区项目11个资金1320万元，完成15个标准化社区创建。加快推进社区公共服务综合信息平台建设，10县区社区公共服务信息平台建设全面完成。着力推进安康智慧社区建设，组建了“安康市智慧社区服务中心”，智慧社区管理服务平台系统软件已通过初审，即将调试运行。按照市委关于深入推进“诚、孝、俭、勤、和”新民风建设部署，指导推动全市1704个村（农村社区）和203个城镇社区全部修订和完善了村规民约。

◎**社会事务管理** 坚持专业规范，基本公共服务拓展新空间。加强地名普查工作，完成了旬阳撤县设市和汉滨区政府搬迁资料上报，收集地名信息40051条，全面完成了第二次全国地名普查任务，着力保护特色地名文化。深化殡葬改革，印发了《安康市惠民殡葬及生态殡葬奖补办法（试行）》，加大乱埋乱葬专项治理力度，在全省率先实现城市公益性公墓和殡仪馆全覆盖，殡葬改革经验做法在全省交流推广。加强婚姻登记机关标准化建设，完善婚姻登记信息库，推进婚姻登记信息共享，培育和传承好家风，促进了社会和谐与文明进步。

老龄工作

安康市老龄工作委员会办公室
副 主 任　叶朝晖

◎**概况** 截至2017年12月，一是全市共为65岁以上老年人办理《陕西省敬老优待证》15157张；协调市交通局、市公交公司为65岁以上老年人办理免费乘车公益卡共计4万余张。二是继续做好60岁以上老年人电子信息采集和老龄工作机构信息录入工作，实现了统计数据电子化采集和科学处理分析，为高龄补贴准确发放及领导决策提供了可靠数据和依据。三是协调省、市、县配套资金按时落实到位，有效保障高龄老人生活保健补贴的发放工作。2017年安康市70岁以上高龄老人210819人，其中，70—79岁147069人，80—89岁57244人，90—99岁6376人，100岁以上130人，全年应发放高龄补贴1.7亿元。目前，省财政下拨安康市高龄补贴资金5566万元，市级配套补贴资金1227.61万元，都已下拨至各县区，用于高龄补贴发放工作。全市高龄补贴12月中下旬将完成全年的补贴发放工作。

◎**养老服务体系建设** 在全市老龄工作会上，市老龄委主任、副市长鲁琦要求全年要在养老产业上抓好“五个十”工程。即全市建成10个标准化居家养老示范性社区、10个县区养老公寓全部运营并逐步连锁运营、10个标准化农村互助幸福院示范院、10个标准化生态健康养老示范园、10个标准化农村敬老院示范院。各县区老龄办配合县区民政局确定了“五个十”示范点，对重点工作进行了细化、量化，制定了具体的落实措施。目前除部分县区养老公寓还未正式运营外，其他几项工作已完成。

◎**老年协会规范化建设** 为推进基层老年协会质量建设，市老龄办下发了《关于做好基层老年协会建设工作的通知》(安老龄办发〔2017〕9号)，全市共创建市级规范化老年协会30个。并根据省老龄办发〔2017〕55号文件精神，对2013年创建省级规范化基层老年协会进行资助，每个协会资助5000元。

◎**老年宣传和调研工作** 通过安康老龄网网站、安康老年及安康老龄微信平台，充分展示安康市老龄工作，弘扬中华民族尊老敬老助老传统美德、积极践行社会主义核心价值观、传播社会正能量。全年在各报刊及网站共发表宣传稿件400余篇，扩大了安康市老龄工作影响，也赢得了全社会对老龄工作的广泛支持。启动了第三届“敬老文明号”创建工作，各县区上报了创建单位名单，并积极开展工作。为落实省老龄办专题政策调研有关精神，下发了《关于开展2017年专题政策调研的通知》，各县区共上报调研文章28篇，经市老龄办最终评选上报省老龄办14篇。2017年全市共征订《陕西老年报》4657份，市老龄办被省老龄办评为陕西省老龄宣传通联工作先进单位。

民族宗教

安康市民族宗教事务局
局　　长 孟旭东
副 局 长 古新建
纪检组长 张行安

◎**民族工作** 加快少数民族聚居区经济发展。2017年，全市争取上级少数民族发展资金项目10个，资金370万元，是历年来争取项目资金最多的一年。据统计，全市17个少数民族聚居村累计实施项目40个，资金1.03亿元，其中8个贫困村实施项目22个，资金2220万元，制约少数民族聚居地方经济社会发展的路桥电网等基础设施得到全面加强，汉滨区恒口镇联红村被国家民委命名为“第二批中国少数民族特色村寨”。为帮扶村（宁陕县广货街镇元潭村）争取3个项目资金119万元，投入帮扶资金15万元，动员宗教界投身脱贫攻坚捐资5万元，补齐脱贫摘帽基础设施、产业发展和新民风建设短板，脱贫摘帽条件全面达标。推进民族教育文化体育稳步发展。2017年，扎实做好陕西省第七届少数民族传统体育运动会前期准备工作，与宁陕县江口中学、安康职业技术学院签订发展少数民族传统体育事业合作协议，启动建设少数民族传统项目蹴球、武术训练基地，建成少数民族传统体育运动员和教练员库。组织安康传统武术队参加“首届丝绸之路雁塔杯”传统武术精英赛，8名运动员参加了拳术、刀术等15个项目的比赛，共收获四金一银六铜的骄人成绩。开展民族团结进步创建活动。一是扎实开展民族团结进步宣传月活动。印制政策法规宣传手册5000册、制作宣传展板10余个，集中开展民族政策、民族常识宣传教育，增强群众法制意识，增进互相了解、相互尊重。二是全面提升创建活动水平。坚持标准，丰富内涵，深入开展民族团结进步创建进清真寺活动，全市符合条件的22坊清真寺全部完成创建任务，以创建活动推动清真寺规范化管理；加强民族社区创建工作，组织基层社区干部赴西安、宝鸡等地学习取经，对标先进查漏补缺，社区民族团结进步创建工作显著提升。三是促进民族交往交流交融。认真贯彻落实关于依法治理民族事务促进民族团结、加强少数民族流动人口服务管理等政策文件，坚持重在平时，举办外来少数民族流动人口联谊活动2次，举办“民族团结大家谈”座谈会1次，为增进外来少数民族流动人口和当地群众互相了解搭建共娱共乐平台，让他们更好地融入城市，促进共同团结进步，共同繁荣发展。四是及时回应群众关切。办理人大代表、政协委员建议提案5件，办结率和满意率均达到100%。五是继续实施“暖心”工程。关爱弱势群体，走访慰问少数民族困难家庭52户，救助少数民族贫困家庭大学新生26人，少数民族困难群体的各类困难都能得到有效解决。加大清真食品安全监管力度。2017年，共印制《陕西省清真食品生产经营管理条例》宣传彩页3000份，集中开展2次条例知识宣传活动，坚持“专项检查、重点抽查、日常监督”相互补充，采取联合执法方式扎实开展清真食品泛化专项治理工作，组织开展专项检查2次，纠正违规行为20余处，全面提升清真食品安全监管工作。

◎**宗教工作** 政策法规学习宣传。不断加强宗教政策法规宣传，扎实开展宗教政策法规学习月和综治平安建设宣传月活动，发放《宗教政策法规读本》《宗教事务条例》等资料共计5000余册，指导市道协定期开展《道德经》宣讲、市伊协组织新编“卧尔兹”巡讲、市基督教两会开展专题培训班、天主教推行民主办教，推动政策法规宣传教育常态化。依法管理宗教事务。一是加强宗教团体建设。制定《市级宗教团体季度学习制度》和《市级宗教团体年度考核工作制度》，完成市天主教爱国会换届工作，每季度开展宗教团体负责人培训学习会，邀请专业人士对党的政策法规、《宗教事务条例》及反恐反邪相关知识进行了专题辅导。二是依法加强宗教活动场所管理，以推进规范化管理为目标，完成全市佛道教48处寺庙宫观标识牌悬挂工作，对全市的宗教基础数据库进行了核查校正，对60处宗教活动场所进行了赋码换证。持续开展乱建庙宇专项整治工作，依法登记宗教活动场所1处，查处非法传教活动1起，全年开展宗教活动场所安全检查4次，排查安全隐患9处，宗教活动场所规范化管理水平不断提高。引导宗教工作与社会主义社会相适应。不断深化教风建设，在全市宗教界开展以“规范”为主题的和谐寺观教堂创建活动，平利县城关清真寺、安康天主教总堂荣获第三届全国创建和谐寺观教堂先进集体称号，旬阳县慈圣寺、石泉县莲花寺荣获第三届全省创建和谐寺观教堂先进集体称号，汉滨区释观绪法师、紫阳县冯兴钊道长、天主教王晓勋助理主教荣获第三届全省创建和谐寺观教堂先进个人称号。全年举办宗教诚信讲堂活动2期，把宗教优秀文化与社会主义核心价值观内容融会贯通，得到了宗教界人士的好评。维护宗教领域稳定。一是定期摸底排查，突出“重点领域、重点对象、重点时节”三个重点，完善民族宗教领域信访矛盾调研排查机制，落实属地管理责任，建立销号处置机制，层层传导压力，扎紧安全维稳网，努力将矛盾纠纷化解在萌芽状态。二是严格大型宗教活动的审批和管理，在佛道教庙会、伊斯兰教开斋节、天基教复活节等重大节日期间，组织开展专项安全检查活动，督促其落实安全责任和属地管理职责，确保各宗教活动场所在节庆期间的正常秩序和安全。三是每季度召开全市民族宗教领域维稳工作研判会，对全市民族宗教领域存在的突出问题进行分析研判，找准症结，切实解决突出问题，确保宗教领域的和谐稳定。

气　　象

安康市气象局
局　　长　王　毅
副 局 长　王　莽　邹　涛
纪检组长　李桥彦

◎**气象现代化建设**　争取地方政府财政保障取得突破。市局与市财政局联合下发《关于进一步加强气象事业公共财政保障工作的通知》，要求县政府加大气象现代化建设和人影工作投入。市局及7个县区局共落实职工津补贴166.5万元。市县政府预算资金和项目资金共计1200多万元，较去年大幅增加。市县政府大力支持气象现代化建设。5个项目进入市政府“十三五规划”，3个项目进入市政府“十三五”突发事件应急体系建设规划，4个项目进入市政府“十三五”规划纲要重点工作。市局先后与6个县政府签订了局县合作协议，地方政府大力支持气象现代化建设。“一流台站”建设稳步推进。成立基本项目建设协调领导小组及办公室，统一管理全市项目建设工作。市局防灾减灾指挥平台升级改造已完成，活动中心装修正在进行。紫阳和旬阳局完成建设任务，白河、平利、岚皋、石泉等4个县局正在加紧建设。市局与汉阴县政府共建应急减灾中心，正在推进新观测站建设。

◎**气象服务**　坚持“三进式”服务理念。以“三进式”服务理念为指导，强化决策气象服务，提前13天进入汛期工作状态。启动重大气象灾害应急响应12次。发布各类气象灾害预警信号562期。为安康龙舟节、宁陕山地越野挑战赛等重大活动提供了精细化气象服务保障。加强部门联动，推进联合研判。加强与水利、国土部门合作。主动到市防汛办开展联合会商。与市国土局联合完善了地质灾害风险预警工作机制与流程。市县两级气象、国土部门共联合发布地质灾害气象风险预警产品13期。市长肯定，服务对象送锦旗致谢。市长赵俊民及原市长徐启方，副市长鲁琦、何邦军等市政府领导批示9次。安康水力发电厂专程送来锦旗和感谢信。赵俊民市长指出：市气象局预报预警及时准确，提供建议实用有效，参与会商积极务实，为全市抗洪救灾提供了支撑，争取了主动，应该给予充分肯定与表扬。鲁琦副市长指出：全市气象系统监测预报预警及时准确、应对有力，确保了强降雨防汛安全，应予以表扬，并再接再厉、再创佳绩，确保全市防汛安全。

◎**2017年气候评价**　安康市2017年平均气温为15.2℃，较常年平均值偏高0.4℃，属正常略偏高，年最高气温为44.7℃，最低气温为-7.5℃；年平均降水量为1118.9毫米，较常年平均值偏多24%，属正常偏多。主要气候事件：2月20—22日，全市先后出现雨、雨夹雪、冰粒、雪等降水天气现象，伴有强降温天气，东部地区达到寒潮标准。3月12—13日出现大范围雨雪降温过程，此次降水过程范围广、累计雨量大，达到春季透墒雨标准，出现日期较常年明显偏早。夏季出现持续性高温天气，高温天气范围广、强度大、持续时间长、极端性强，夏季日最高气温≥35℃达312站次，≥37℃达159站次，≥40℃达43站次，均为1961年以来同期高温站次最多，7月27日4

1964年与2017年华西秋雨各项特征量比较

年份	开始日期	结束日期	天数	总降水量	暴雨日	暴雨站次	日最大降水量
1964年	8月28日	11月8日	73	535.9毫米	0	0	42.7毫米
2017年	8月29日	10月19日	52	531.2毫米	6	15	77.8毫米

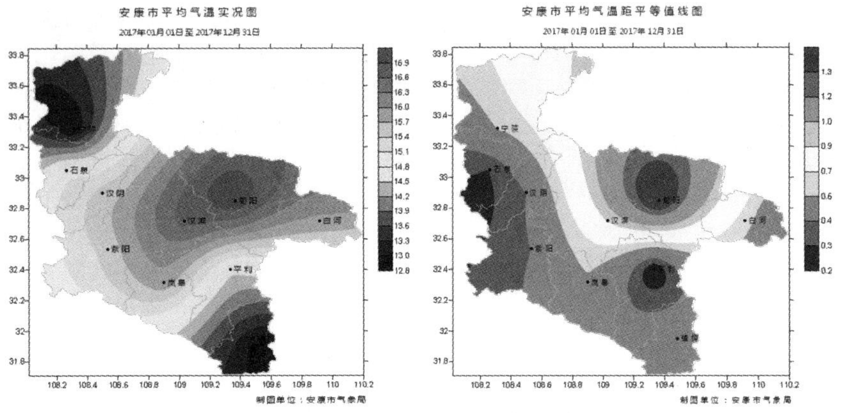

图1　安康市2017年平均气温与距平分布图（单位：℃）

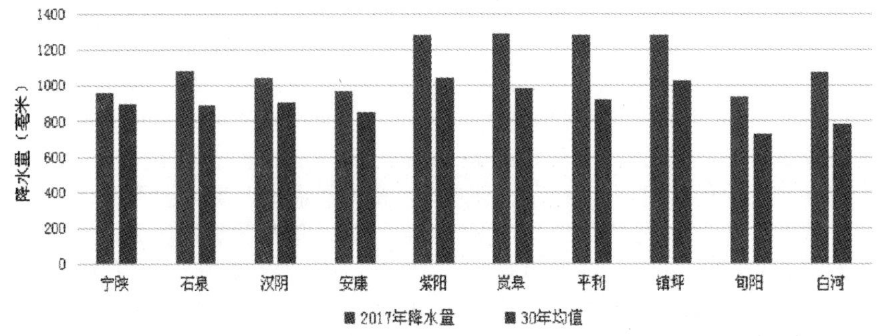

图2　安康市2017年降水量分布图（单位：毫米）

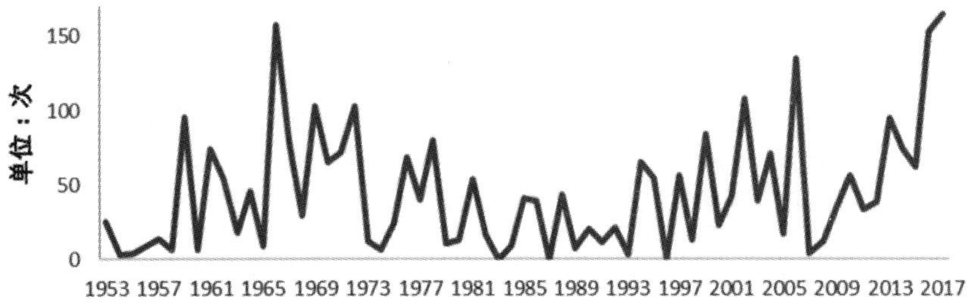

图3　安康市历年夏季≥37℃的高温站次变化曲线图

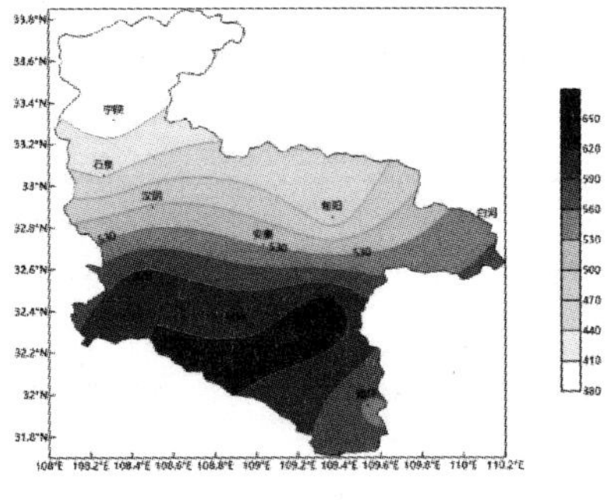

图4a　2017-08-29至2017-10-19降水量分布图（单位：毫米）

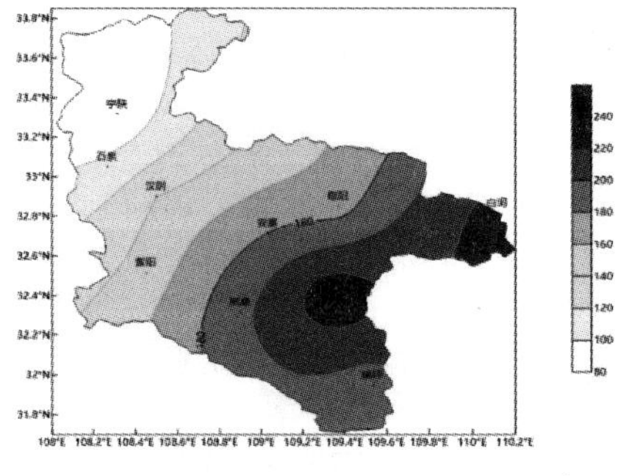

图4b　2017-08-29至2017-10-19降水量距平百率分布图（单位：%）

县区日最高气温气温超过历史极值，全市日最高气温44.7℃，出现在旬阳。7月7日—28日出现中等伏旱天气，持续22天。2017年出现10个暴雨日（26站次），最大日降水量出现在汉阴，6月4日，为89.2毫米。华西秋雨出现日期较常年偏早、强度大、持续时间长，灾情重：8月29日为2017年秋雨开始日，较常年偏早11天；华西秋雨出现时间为8月29日至10月19日，持续52天，全市平均降雨量为531.2毫米，较常年同期偏多167%，期间共出现了6个暴雨日，15站次暴雨；灾情重，截至10月10日，全市139个镇办31.77万人受灾，紧急避险转移7.38万人，因灾死亡11人、失踪1人，直接经济损失30.23亿元。

◎基本气候概况　平均气温：2017年（1—12月）平均气温为15.2℃，较常年同期偏高0.4℃（图1），属正常略偏高；其中冬季平均气温为5.5℃，较常年偏高1.1℃，春季平均气温为15.3℃，较常年偏高0.2℃，夏季平均气温为25.7℃，较常年偏高1.0℃，秋季平均气温为14.8℃，较常年偏低0.2℃。2017年最高气温为44.7℃，最低气温为-7.5℃。全市平均降水量为1118.9毫米，较常年平均值偏多24%，属正常偏多。其中，冬季较常年偏多39%，春季偏多10%，夏季偏少16%，秋季偏多111%。

◎主要天气气候事件　2月20—22日，全市先后出现雨、雨夹雪、冰粒、雪等降水天气现象，伴有强降温天气，东部地区达到寒潮标准。过程累计降水量5.6（岚皋）—21.6（镇坪）毫米。汉阴、石泉、汉滨、宁陕、白河、平利、镇坪等县积雪深度1—4厘米，平镇路、岚镇路、石鸡路等道路积雪严重。3月12—13日安康市出现大范围雨雪降温过程，此次降水过程范围广、累计雨量大，达到春季透墒雨标准，出现日期较常年明显偏早。过程降温明显，大部分地区达到强降温过程标准。夏季全市出现持续性高温天气，高温天气范围广、强度大、持续时间长、极端性强。2017年夏季共出现55个高温（≥35℃）日，最早出现日期为6月2日。夏季日最高气温≥35℃达312站次，≥37℃达159站次，≥40℃达43站次，均为1961年以来同期高温站次最多（图3）。特别是7月19—28日，全市连续10天出现区域高温日，旬阳连续8天日最高气温≥40℃。7月27日4县区日最高气温气温超过历史极值，全市日最高气温历史极值被刷新。7

月27日，全市出现日最高气温≥35℃的区域性高温，其中8县区日最高气温均超过40℃。紫阳、平利最高气温与本站历史极值持平，宁陕、汉阴、汉滨、旬阳4站最高气温突破本站历史极值，旬阳县日最高气温44.7℃，突破全市日最高气温历史极值，同时也突破了全省日最高气温极值（43.6℃，旬阳，2016年8月19日）。中等伏旱。据省气候中心监测，2017年7月7—28日陕南出现中等伏旱天气，持续22天。伏旱强度指数为1.3，为中等伏旱等级。2017年伏旱期间呈现气温高、降水少、高温天气强度大、持续时间长等特点，伏旱致使农作物受不同程度影响。暴雨。2017年出现10个暴雨日（26站次）：5月3日（1站次）、6月3日（6站次）、7月6日（3站次）、8月23日（1站次）、8月29日（1站次）、9月5日（2站次）、9月9日（1站次）、9月26日（6站次）、27日（3站次）、10月1日（2站次）。最大日降水量出现在汉阴，6月4日，为89.2毫米。强对流天气。6月4日傍晚，安康市普降大到暴雨，并伴有大风冰雹，全市大部分县区的部分镇办农作物及村民财产受到不同程度影响。7月10日下午，岚皋县南宫山镇遭受大风、暴雨、冰雹灾害，受灾农作物接近3500亩，其中玉米、红薯、土豆及其他蔬菜等农作物面积达3000多亩，烤烟绝收400亩。7月11日下午平利县正阳镇龙洞河村遭受暴雨冰雹袭击，持续时间达40分钟，造成部分农作物受损，据了解，受灾农作物主要为玉米、蔬菜，受灾共计175户。其中受灾面积800亩，成灾面积650亩，绝收面积280亩。损坏房屋两间，无人员伤亡。华西秋雨出现日期较常年偏早、强度大、持续时间长、灾情重。8月29日开始安康市50%以上站点连续5天出现降水，达到华西秋雨监测标准，确定8月29日为2017年秋雨开始日，秋雨开始日期较常年偏早11天。2017年安康华西秋雨出现时间为8月29日至10月19日，持续52天；连续降水过程分别为：8月29日—9月6日、9月8日—10日、9月15日—20日、9月23日—10月5日、10月7日—19日。8月29日至10月19日平均降雨量为531.2毫米（图4a），较常年同期偏多167%；最大降雨量出现在平利，为648.1毫米，较常年平均值偏多235%（图4b）。华西秋雨期间共出现了6个暴雨日，15站次暴雨，最强的降水过程出现在9月26—27日，全市普降暴雨；降雨总量偏大，华西秋雨期间的降雨量是全年降雨量的峰值，占2017年1—10月降水量的50%。多地山洪爆发，汉江干支流普遍涨水。汉江干流安康城区段出现4次洪峰，最大洪峰流量7200立方米/秒，安康水库最大入库流量达9240立方米/秒，最大出库流量6250立方米/秒。多轮强秋淋降雨过程，引发泥石流、山体滑塌等地质灾害946起，其中八成以上为新发生的地灾点，灾害强度超过2010年“7·18”洪灾。截至10月10日，全市139个镇办31.77万人受灾，紧急避险转移7.38万人，因灾死亡11人、失踪1人，直接经济损失30.23亿元。自1961年有气象资料以来，历史上最强的华西秋雨出现在1964年，将其与2017年的华西秋雨进行比较分析（表1）。从表中可分析出，1964年的华西秋雨呈现的特征为时间长，强度小；过程持续天数73天，较2017年华西秋雨持续天数多21天，总降水量仅多出4.7毫米；1964年华西秋雨期间日最大降水为42.7毫米，期间无暴雨天气出现。依据华西秋雨的主要指标，降雨量与降雨日数的比较，2017年的华西秋雨降水量、降雨日数均少于1964年，降雨强度强于1964年。

◎**人工影响天气**　一是积极应对旱情，提前做好准备。针对7月下旬开始的高温干旱天气，市气象局、市防汛办组织召开了旱情分析会商会，对全市抗旱工作进行了全面部署。7月27日市人影办下发《关于适时择机开展人工增雨作业的通知》，督促各县提前完成人工增雨作业的各项准备工作，抓住有利时机开展人工增雨作业。二是抓住有力时机，及时人影作业。7月29日、8月7—8日汉阴、旬阳、白河、汉滨县人影办抓住有利时机进行了13轮次人工增雨作业，共发射人影火箭弹33枚，缓解了局地旱情。针对两次人影作业情况，市人影办第一时间以《人工影响天气简报》的形式，2次向市政府报送了人影作业情况，获得市政府领导的重要批示。

安康市地震局

◎**震害防御**　一是抗震设防监管有所突破。市、县（区）原在政务服务中心科技部门窗口办理的“建设工程抗震设防要求备案”审批项目，划归规划（住建）部门窗口集中办理，凡是在规划（住建）部门报建项目，先行办理“抗震设防要求备案”审批，真正做到了“建设工程抗震设防要求备案纳入基本建设程序”。全市针对2017年内新建、改建、扩建的重要建设项目是否进行地震安全性评价工作，一般性工程是否按照国家强制性新标准《中国地震动参数区划图》（GB18306—2015）进行抗震设防备案情况集中开展执法检查185场次，检查工程项目268个，对其中72个尚未开展抗震设防要求的在建工程项目下发了《建设工程抗震设防要求备案（改正）通知书》，72个在建工程均按期进行了备案改正。根据检查的情况来看，除部分市民自建工程外，全市辖区建设工程基本都能达到抗震设防要求。2017年全市新开工的建设工程抗震设防要求备案290件，在建工程备案率达到100%。二是公共服务能力明显提高。对抗震设防备案管理中“立项文书”进行保留，利用安康市地震小区划项目成果，上报取消安康城区160平方公里范围内建设项目申报材料中地勘报告的要求，缩短办事时间，提高服务效率。积极推进安康市公共信用平台建设，仅市级对外公示建设工程抗震设防核准事项45项，推进全社会的信用监督。三是防震减灾示范创建再发力。举办全市防震减灾示范创建工作培训会，对示范创建工作负责人进行专题指导。全年组织申报省级防震减

5月12日，安康市地震局局长王根寿在社区宣讲地震知识

灾科普示范学校6所，国家级防震减灾科普示范学校2所、国家级防震减灾示范社区1处，省级防震减灾示范社区4处。其中，旬阳县甘溪初级中学等5所示范学校、宁陕县梅子镇社区被认定为省级示范。12月宁陕县梅子镇社区又被国家地震局认定为国家级防震减灾示范社区。按照对外公开承诺内容，组织创建2017年度市级防震减灾科普示范学校5个和社区1处，全年联合相关部门创建并认定市级防震减灾科普示范社区12所，防震减灾示范社区5处。四是全市中小学校（幼儿园）抗震性能普查项目圆满验收：完成全市1308所中小学（幼儿园）基本信息、建筑原始数据采集，包括建筑物数量、建筑物用途、建设年代、建筑层数、建筑面积、建筑结构，以及围墙等建筑设施进行翔实调查统计。委托专业机构对数据进行科学分析、形成了项目报告，首次全面掌握全市校舍抗震设防现状。同时形成了《安康市中小学（幼儿园）校舍分布图》单机软件，政府部门可在该软件上查阅各中小学校（幼儿园）位置坐标、学校基本信息，包括地址、班级数量、在校师生人数等。

◎应急救援 一是建立市县地震应急基础数据库。全面收集市县地震应急基础数据，对市县地况地貌、人口经济、学校医院、桥梁水库、地质灾害、避难场所、信息节点等数据进行了翔实全面的统计，建立电子化档案，为开展地震应急救援工作打好坚实的基础。二是充实地震局现场应急工作装备库。投入7万元配备应急电源、应急终端，卫星电话等现场工作设备；提高地震现场工作队实战能力，组织现场工作队员开展野外培训，以汉滨、旬阳交界处发生MS4.5级地震为假想情景，组织11名地震现场工作队员、三辆通信车参加了拉练，熟悉使用应急电源、应急终端，卫星电话等设备实现信息快速传输，积累地震现场工作队应对突发地震灾害现场工作经验。三是应急响应程序日趋完善。8月8日九寨沟7.0级地震，市区及部分县区有轻微震感，汉滨、宁陕、石泉、汉阴等地震部门迅速行动，响应地震应急反应机制，第一时间开展群众答疑，震情搜集，上情下达等工作，在最短时间内拟发震情通报向市县政府报送，灵通震情消息。坚持24小时应急值守，进行网络舆情监控，及时辟谣、普及地震科普知识，防止了较大的谣言蔓延，维护群众正常生活秩序。四是应急救援队与应急避难场所建设统筹推进。市政府印发《“十三五”突发事件应急体系建设规划目标任务分解落实方案》后，全局多次与消防支队进行沟通对接，重新制定安康市地震灾害应急救援队组建方案，明确人员与装备配备，经市政府批准，正式印发《安康市地震应急救援队组建方案》；制定安康市应急避难场所建设规划，拟在市级利用安康市体育公园建设项目建设一个一类标准化避难场所，在县区建设十个二类标准化避难场所。五是地震应急疏散演练常态化开展。全年组织指导机关、社区有重点地开展演练。全市中小学校应急疏散演练已纳入教育、地震部门的检查督导内容，全市1000余所中小学校均在5.12前后开展了应急避险和疏散演练。

◎科普宣传 制定印发全市年度防震减灾科普宣传工作方案，联合教育、科协等部门共同开展防震减灾科普宣传教育，“5·12”防震减灾周、“7·28”唐山地震纪念日，会同民政、国土、地震等各部门联合在人群聚集的广场、公园面向群众集中宣传。持续推进防震减灾宣传和科普“进机关、进学校、进企业、进社区、进农村、进家庭”常态化。在国税局开展地震灾害、科学避险专题讲座，在社区开展“减轻社区灾害风险，提升基层减灾能力”的知识竞答。同时常态化开展学校应急避险疏散演练活动，提高广大师生对地震灾害的认识和防范能力。全年累计投入16万元科普宣传经费，发放宣传资料12500余份（册），接收咨询5000余人次，参与群众达35000余人，社会反响良好。充分利用“安康防震减灾宣传”微博即时更新宣传动态、播放地震科普视频。在“5·12”防灾减灾日、8月8日九寨沟7.0级地震后，分别参与安康电视台、广播电台防灾减灾连线，普及地震知识。全年针对舆情进行辟谣2次，在安康日报刊发防震减灾信息5条，在安康政府网刊发信息3条，在中国地震信息网投稿12条，在省局信息网刊发信息38条。

◎安康中心地震台建设 配合省局完成该项目在省发改委的立项。确定安康中心地震台土地坐标及边界的划定，完成招标投资预算的复核，投标公司的资格预审。完成建设工程施工招标及监理招标、签订土方挖运合同、办理了渣土外运及道路开口、建设用水用电等手续。工程在十一月正式开工建设。

脱 贫 攻 坚

脱贫攻坚工作

安康市脱贫攻坚指挥部办公室（安康市扶贫开发局）

市脱贫办主任、市扶贫局局长 郭德林

市脱贫办常务副主任、市扶贫局副局长 刘子龙

市扶贫局副局长 朱继明

市扶贫局纪检组长 陈志勤

市脱贫办副主任、市扶贫局副局长 刘济兵

市扶贫局总经济师 胡亚斌

市脱贫办副主任 王　安　陶勇俊　赵富振　黄元琴（女）　晏筱波　陈国华　柯　勇

◎**综述**　2017年，在省委、省政府和市委、市政府的坚强领导下，全市上下坚持以习近平总书记扶贫开发战略思想为指导，深入学习贯彻党的十八大历次全会和十九大、省十三次党代会、市四次党代会精神，全面贯彻落实中、省脱贫攻坚决策部署，明确了实现“全省一流、全国上游”奋斗目标，紧紧围绕年度减贫任务，扎实开展问题整改，狠抓年度任务推进，积极探索改革创新，取得了较好的工作成效。顺利通过国务院巡查、九三学社督查、涉农资金整合绩效考评、东西部扶贫协作考核和国家脱贫攻坚年度成效考核、第三方评估、新华社暗访等多项督导考评，第二季度全省市际交叉考核位列全省第一、第三季度位列全省第四，平利县连续两个季度保持全省县区第一，实现124个贫困村和2.03万户7.35万贫困人口脱贫退出，超额完成了年度脱贫任务。全省脱贫攻坚扶贫扶志现场推进会、国家科技助力脱贫攻坚现场会等12个现场观摩推进会在安康市召开，中央电视台、《人民日报》等国家媒体先后进行了90余次深度报道，安康市被评为“全国最佳金融扶贫示范市”，新社区工厂走出脱贫攻坚新路径被评为“2017年中国改革十大案例”。陕西郑远元专业修脚保健服务集团有限公司荣获全国“万企帮万村”精准扶贫行动先进民营企业。汉滨区京康现代农业开发有限公司被授予省级就业扶贫基地，荣获陕西省“万企帮万村”精准扶贫行动先进民营企业奖章。岚皋县荣获全省“万企帮万村”精准扶贫行动先进县称号。紫阳县企业家郑远元荣获“全国脱贫攻坚奖奉献奖”。

◎**组织领导**　市委、市政府强化“四个意识”，不断提升脱贫攻坚工作站位和认识，把脱贫攻坚作为最大的政治、最大的民生、最大的党建、最大的作风建设和最大的发展机遇，统筹人力、财力、物力和工作精力集中向脱贫攻坚倾斜，在工作实践中形成了“四个凡是”和“四个必须”鲜明工作导向。即：凡是与脱贫攻坚相关的工作都作为全市的重点工作，凡是有利于脱贫攻坚的产业都是政府大力支持的产业，凡是参与脱贫攻坚的干部都是组织特别关注的干部，凡是脱贫攻坚中出现的违纪违规问题都是“零容忍”问题；在工作推进上，必须做好打持久战的准备，必须解放思想、开拓创新，必须鼓励基层创新，必须用活“三项”机制。对市脱贫攻坚工作机构进行重组整合，实行市脱贫办与市扶贫局合署办公，为市脱贫办选派8名县级领导、专设9个科级领导职数。抽调257名县（科）级后备干部到市县脱贫办工作，选派8名副县级干部挂任县区脱贫攻坚专职常委副县区长，为县区党委、政府增配40名脱贫攻坚督查专员，将各县区扶贫信息监测中心提升为副科级，为各镇（办）脱贫办增配1名副科级专职副主任。

◎**责任落实**　压实党政领导责任。全面建立“市县（区）有指挥部、镇（办）有指挥所、村有作战室”的作战体系，落实党政主要领导分片包抓机制，24名市级领导、274名县级领导分别联系一个县（镇）、包抓一个贫困村、对应负责一项以上脱贫攻坚重点工作。市、县、镇、村四级脱贫攻坚总指挥层层签订目标责任书，立下军令状，逐级分解落实年度减贫任务，夯实责任。压实“八办两组”连带责任。建立“县区报需求、市办列单子、部门领任务”的工作对接机制，完善“八办两组”工作推进机制，建立“县级主责、部门连责、捆绑考核”的考核评价体系，明确行业牵头部门与县区、镇办共同承担脱贫攻坚行业职能领域问题责任，实行“事前列单、事中跟单、事后清单”管理，建立任务台账，倒排工期，销号管理，每月在媒体公示进度、亮晒成绩、推动落实。压实驻村帮扶工作责任。制定出台全面加强驻村帮扶、“第一书记”和驻村工作队选派、管理、考核系列制度，推进“四支队伍”实质整合，把驻村率、入户率、群众政策知晓率、群众满意度、民情日志“三率一度一日志”作为驻村帮扶重点考核内容。召回第一书记85名，补充293人，有效解决了选人不优、管理不严、作风不实、作用发挥不好等问题。建立驻村脱贫干部关怀关爱制度，落实驻村工作经费和生活补助，确保驻村人员住得下、帮得实。切实提升了驻村帮扶工作成效。

◎**问题整改** 4月11日省委常委会安排部署脱贫攻坚问题整改以来，市委、市政府高度重视，强化领导，提高站位，严格按照“五个节点”“十条铁规”要求，举全市之力扎实推进整改工作。建立了条块结合的整改责任落实体系，明确各级党政和部门主要领导为整改工作第一责任人。实行有奖举报制度，对反馈和自查问题实行县区、部门、审计、纪委“四线移交制度”和问题列单、跟单、清单“三单制”销号管理，明确整改时限和目标要求，确保反馈和自查问题全面整改落实。截至12月10日，中、省反馈各类整改问题87个，已经全部整改到位。安康市整改工作得到国务院巡查组和九三学社的充分肯定，先后受到省脱贫攻坚领导小组和省脱贫攻坚指挥部三次通报表扬。

◎**数据清洗** 围绕中央反馈退出不精准的问题，扎实开展扶贫对象核实和数据清洗工作，制定了严格的数据核查工作纪律，严格落实信息采集核实调查确认“四方签字”、干部群众“四书备案”和数据信息“四册吻合”要求，严格执行“两公示、一比对、一公告”和全程纪实制度，确保扶贫对象核实和数据清洗公开公正、真实准确、接受监督。经对象核实和数据清洗，确认全市剩余贫困村979个，剩余贫困人口规模18.04万户51.35万人。严格按照“应纳尽纳、应出尽出”的总体要求，精心组织推进贫困户脱贫、贫困村退出、因灾因病等突发性事件返贫、动态调整问题整改落实、信息采集录入标注等工作，全面确保精准识别和精准退出质量。截至2017年底，全市还剩贫困村855个、剩余贫困人口16.5万户45.4万人。

◎**精准帮扶** 全市按照“人岗相适、按需选派、供需对接”原则，建立完善了帮扶部门、驻村工作队、包村领导、镇村干部、第一书记、村党支部书记“六位一体”驻村帮扶工作机制。组织做好5个中央单位、69个省级单位驻村帮扶服务管理工作。选派164个市级单位、921个县（区）级单位帮扶10个县区1346个村，采取“抽硬人、硬抽人”的办法，选派驻村干部3536人（其中第一书记991人），投入帮扶资金1.6亿元、实施帮扶项目1935个。强化驻村工作队、包村干部、第一书记、村“两委”班子“四支队伍”力量整合，采取“一帮多”和广泛动员社会力量帮扶等方式，建立脱贫攻坚工作队1153支、队员12890人，实现了贫困村部门帮扶、驻村工作队、攻坚工作队、第一书记和干部结对帮扶“五个全覆盖”。

◎**八个一批** 搬迁脱贫，严格执行易地扶贫搬迁“三条红线”政策，扎实推进新社区建设，59312户176062人安置房全部竣工，其中纳入年度减贫计划搬迁任务的1.01万户3.57万人已入住。危房改造，全年计划完成13880户全部竣工，其中当年脱贫村需改造3812户全部竣工。产业脱贫，全市培育市级以上龙头企业184个、现代农业园区580个、登记注册各类合作社3374家、家庭农场850家。共组织539家新型农业经营主体累计带动贫困户20543户63797人，开展贫困户技术培训5381场（次），覆盖贫困人口16.08万人；扶贫干部政策培训702次，覆盖人数25321人（次）。就业脱贫，完成贫困劳动力转移就业14.78万人，其中有组织转移就业1.11万人；完成贫困劳动力技能培训4.82万人，扶持3269名贫困劳动力成功创业，首批征集扶贫公益专岗955个，开发特设公益性岗位5607个。生态脱贫，选聘建档立卡贫困人口生态护林员6242人；兑付生态效益补偿资金3240万元，其中10.5万户34.06万贫困人口受益；完成退耕还林53234亩，带动贫困户13575户46813人；扶持培育涉林企业365家、林业专业合作社449个，吸纳近4万名贫困林农。健康脱贫，深入推进大病集中救治、慢性病签约服务和重病兜底保障“三个一批”行动，大病集中救治1115人、集中救治率100%，慢病签约率100%，县及县以下医疗机构“一站式”即时结算服务率100%；发放新农合报销及健康知识明白卡90万张、服务手册60多万本、连心卡60多万张，举办各类健康知识培训3000余场次。教育脱贫，资助学前到高等教育阶段各类贫困学生15.48万人次，资助资金2.5亿元；持续推进13年免费教育，落实免费资金5.03亿元；贫困村教育公共服务项目完工81个，完成投资额度2.17亿元；累计举办培训班809期，受训59441人次。兜底保障脱贫，全市共有农村低保117321人，五保供养对象38289人，纳入建档立卡范围的农村低保112770人，农村五保38138人；在县及县以下公立医疗机构开展对贫困人口住院“一站式”即时结算服务，直接救助90355人次，支出资金11115万元；临时救助40215人次，支出3774万元。

◎**五项保障** 项目保障，制定了《涉农资金整合项目管理暂时办法》，简化流程，下放权限，加快项目实施进度，省定122个计划脱贫村公共服务和基础设施建设任务全面完成，累计实施公共服务和基础设施建设项目698个，完工率100%，完成投资5.66亿元。共下达安康市各类专项建设资金25亿元，其中以工代赈资金9.39亿元，较上年增加2.6亿元，增长38%。资金保障，市政府下发了《贫困县统筹整合使用涉农资金的指导意见》，制定了《涉农资金整合项目管理办法》，实行资金、项目、招投标、管理和责任“五到县区”。落实中省专项资金8.05亿元、市县区财政配套资金2.64亿元；整合资金22.58亿元；获批国开行贷款39.6亿元，获贷11.66亿元。争取人保财险产业扶贫信贷资金15亿元。建立金融扶贫风险补偿金3亿元，全年新增小额到户贴息贷款12.66亿元，扶持贫困户2.87万户；发展扶贫互助资金协会502个，资金总量达到2.32亿元；吸纳社会扶贫资金3.59亿元。专项、行业、金融、社会扶贫

"四位一体"保障体系逐步完善。安康市获评"全国最佳金融扶贫示范市"称号。交通保障：全市完成交通建设投资76.24亿元，建成通村通组路1820公里，桥梁497延米，其中省定122个脱贫村178个项目538公里通组路交通保障任务全面完成。水利保障：省定122个脱贫村1.1万户3.48万贫困人口饮水问题全部得到解决，新建农村饮水工程147处，投资1.0亿元。电力保障：122个脱贫村新建与改造0.4千伏线路256.579千米，总投资2645.38万元，达到脱贫村户户通电、抄表到户率100%。机井通电29眼，改善了18000余户25000余亩农田的灌溉及生产生活用水问题。

◎**五大工程** 市委制定出台《关于持续系统推进脱贫攻坚五大工程的实施意见》，着力培育打造五大亮点。"支部+X+贫困户"强基工程。通过"支部破难题、能人建平台、群众立精神"，将龙头企业、创业大户、致富能人聚在党旗下，促使党员和先富起来的群众与贫困户结成利益共同体，提升抓党建带脱贫、抓脱贫促党建水平。"支部+X+贫困户"工作机制把遍布贫困村的620个现代农业园区、174个扶贫龙头企业、1860个专业合作社、26个A级景区集聚在党旗之下，通过"支部破难题、能人建平台、群众立精神"，使40多万贫困群众通过产业扶贫实现持续稳定增收。《人民日报内参》《新华社国内动态清样》《党建研究》相继进行报道，并得到了中央领导同志汪洋的批示肯定。"三变"改革赋能工程。大力推进土地治理项目建设，提高农业综合生产能力，打造优势特色产业集群，探索"三变改革"，活化农户、企业和财政资金配置。完成2.05万亩农业综合开发土地治理项目，完成农业综合开发产业化发展项目45个，投入财政资金5500万元。争取中央财政贷款贴息项目扶持31家农业龙头企业、合作社和家庭农场（种养大户）。中、省财政贴息补助资金达2019.6万元，撬动银行贷款8.3亿元。市委制定了《关于农村资源变资产、资金变股金、农民变股东改革的指导意见》，选择具备"好班子、好产业、好基础、好主体、好风气"条件的2个镇和68个村开展试点。全市已有7.6万农民变为股东，兑现财产性收益6800万元；林地确权2229万亩、流转281万亩，林权抵押贷款1.2亿元；农村土地确权434万亩、流转138万亩；开展农民住房财产权、农村承包土地经营权抵押试点，发放"两权"抵押贷款9.6亿元，让"死"资源成了"活"资产。新民风建设扶志工程。深入推进"诚孝俭勤和"新民风建设，通过开展道德评议、移风易俗、文化传播、文明创建、诚信建设、依法治理"六大活动"，建立"村规民约"和红白理事会、村民议事会、道德评议会、禁毒禁赌会"一约四会"，不断增强贫困群众摆脱贫困的勇气、勤劳致富的志气和向上向善的正气。全市共组建道德评议委员会1150个，开展道德评议4260场次，树立正面典型6290例，教育后进2528例，帮教转化2100余例。启动实施"树千名自强标兵、交万名农民朋友"活动，着力破解党员干部与群众交友不实、不真、不深和贫困户内生动力不足的难题，有效发挥了榜样标杆和正向激励作用。9月6日，省委在安康市旬阳县召开了全省脱贫攻坚扶贫扶志现场推进会。新社区工厂兴业工程。紧紧围绕解决群众"搬下山、迁上楼"后的就业增收问题，实行"移民搬迁进社区、土地流转建园区、农民就地变工人"的综合承载方式，有计划、按步骤地把搬迁群众转化为产业工人，大力培育和发展社区工厂，重点做大电子加工项目、做强纺织加工项目、做好农产品加工项目和做精手工艺品项目。通过采取降低准入门槛、加大资金扶持、做强毛绒玩具加工、强化技能培训、加强融资服务和落实税费减免等措施，走出了一条"兴办社区工厂、助推精准脱贫"的新路子。全市已建成各类"社区工厂"139家，直接带动就业12000余人。全市已认定43家市级就业扶贫基地、30家农村劳动力就地就近转移就业示范镇（办）。开展修脚师培训2.4万人，1.6万人成功实现就业。大力引进毛绒玩具社区工厂，目前已签约36家。平利县社区工厂荣获"2017年精准扶贫10佳典型经验"。帮扶干部素质提升前沿工程。按照"人岗相适、按需选派、供需对接"的办法，选齐配强驻村帮扶队伍和村"两委班子"，深度整合"四支力量"，建立脱贫攻坚工作队1153支、队员12890人，组织结对帮扶贫困户30.47万户，实现"四支队伍"和干部结对帮扶"五个全覆盖"。兑现落实村干部80%的薪酬与脱贫攻坚成效挂钩政策。实施"双招双引"，深化"双培双带"，把农村党员干部培养成为实用人才，把实用人才中的优秀分子培养成农村党员干部。加强村两委班子科技信息、实用技术、富民产业等知识技能的培训，提高基层一线干部技能水平，着力锻造一支有思想、有能力、有技能、有作为的永远不走的扶贫队伍。

◎**深度贫困攻坚** 市委印发了《支持深度贫困地区脱贫的十条意见》，集中人力、物力、财力、精力向深度贫困地区倾斜。落实市级四大班子主要领导每人联系包抓1个深度贫困县，27名市级领导分别联系一个县区、包抓一个贫困村、对应负责一项以上脱贫攻坚重点工作，179名县级领导分别包抓168个深度贫困村，168名科级干部分别担任深度贫困村驻村工作队长。将市级帮扶部门延伸扩展至下属二级单位，为汉滨区、紫阳县等深度贫困县调整增派65个市级联村包抓帮扶单位。组建市级国企"合力团"，各帮扶一个深度贫困村。省级国企"合力团"80%扶贫项目资金倾斜支持168个深度贫困村；每年市级财政预算专项扶贫资金的30%用于4个深度贫困县脱贫攻坚，2017年已将2200万元下达到县；市级5000万元产业发展基金80%以上用于支持深度贫困县、村的企业和项目。各县每年从县级财政专项扶贫资金和中、省、市下达的财政涉农整合资金中单列10%用于深度贫困村；市县相关行业部门向上申报项目，优先保障深度贫困县、村；苏陕扶贫协作和天津对口支援项目资金80%安排用于深度贫困地区。

◎**三大体系帮扶** 各级党委、政府高度重视"三大帮扶体系"扶助工作，积极主动汇报对接，各县区组建专门机构负责项目规划研究落地工作，取得实效。10个县区分别与中省8家国企、10所高校建立了对口帮扶关系，江苏和省市12家三级医院与11所县级医院建立了援建关系。国企帮扶已规划对接项目39个，投入资金约2.2亿元；高校帮扶已规划对接项目59个，投入帮扶资金150余万元；医疗卫生单位帮扶已规划对接项目49个，投入帮扶资金270余万元。

◎**东西部扶贫协作**　市委书记郭青、市长赵俊民先后带领党政代表团赴常州考察对接，常州市县党政代表团多次到安考察交流，市政府印发了《关于常州与安康两地扶贫协作和经济合作战略协议落实分工方案》，编制了《安康市苏陕扶贫协作和经济合作规划》，双方签订了《加强扶贫协作和经济合作框架协议》，已明确产业合作、劳务协作、人才支援等帮扶项目6大类180个，总投资约98亿元，已下达帮扶资金1.42亿元，规划对接项目64个。常州市选派了23名优秀干部和17名科技、教育、卫生等领域专业技术人才到安康市挂职交流，安康市选派了42名优秀干部和18名专业技术人才赴常州学习；2017年确定苏陕扶贫协作项目82个，已开工项目54个，竣工项目11个。

◎**社会扶贫**　深入推进“万企帮万村”精准扶贫行动，启动实施个体私营企业参与精准扶贫工作，全市436家民营企业帮扶贫困村436个、贫困人口66200余人，实施帮扶项目936个，投入产业帮扶资金1.9亿元，投入公益帮扶资金1700余万元，就业帮扶近万人，智力帮扶1.4万人。市脱贫办、市民政局印发了《关于“百家社会组织扶百村，助力精准脱贫”的实施意见》，引导全市100家社会组织开展“进百村扶千户”活动，助力脱贫攻坚，投入资金2275.1万元，5万贫困人口受益。深入组织开展“团聚益起、温暖安康”青年助力脱贫攻坚系列活动，43名“第一书记”为家乡代言，推介20个青年助力脱贫攻坚示范基地和15个助力脱贫攻坚公益项目，动员青年企业家向贫困青年推出就业岗位1685个，组织1万多份农产品参加义卖，市妇联扎实开展“三秦巾帼脱贫行动”，积极指导旬阳、岚皋、紫阳开展的“女能人+贫困户”“园区+贫困户”“社区工厂+贫困户”模式作为陕西“4+1”巾帼脱贫新模式的重要典型，被《中国妇女报》头版刊发并配发评论员文章，做强做实了“巾帼脱贫”品牌；市科协大力开展“十百千万科普助力精准扶贫”系列活动，推动科技助力精准扶贫取得实效；市文联组织全市文艺战线围绕“精准扶贫、文化同行”主题，积极投身脱贫攻坚第一线，深入到镇村和社区共组织开展脱贫攻坚惠民文艺演出450余场次；市侨联发挥侨务资源优势，建立侨务联动机制，通过牵线搭桥、外引内联、招商引资等形式，侨务扶贫工作取得新成效。全面启动“中国社会扶贫网”上线工作，注册34.56万人，搭建了脱贫供需平台。

◎**雨露计划**　全年下达“雨露计划”财政专项资金培训费用596万元，以农村实用技术、地方特色美食烹饪、旅游服务技能培训、汽车驾驶技术等为重点，完成培训6716人次，培训资金全部拨付到位。资助学前到高等教育阶段各类贫困学生10.49万人次，资助资金1.87亿元。

◎**旅游扶贫**　充分发挥安康旅游资源丰富的优势，扎实推进“旅游景区+贫困户”模式，全力建设“十镇十村百户”旅游扶贫示范工程，已建成A级景区26家，选定10个镇为旅游扶贫示范镇，10个村为旅游扶贫示范村，实施项目158个，总投资13.98亿元。全市形成了“一山一湖一城”为核心，汉水风情、巴山生态、秦岭度假、田园风光四大特色板块为支撑的发展格局，带动景区周边和旅游公里沿线群众通过开办农家乐、开办农家客栈、开发旅游商品、销售农副产品等实现增收，带动贫困户3万余户。

◎**电商扶贫**　实行“互联网+”电商扶贫工程，引进上海复星集团投资30亿元建设西北国际天贸物流城，打造融线上交易、线下展贸、智能物流于一体的综合电商平台，60多种富硒特色产品入驻淘宝、天猫、京东、1号店、中国网库、中国魔芋商务网等知名电商平台。阿里巴巴“村淘”项目在平利、旬阳、汉阴县建立村级服务站点110余家，新增就业岗位500余个，年交易额达到2亿元以上。紫阳县电商创业优秀人物林红梅、朱忠乾等人的先进事迹，以及平利县“电商+精准脱贫路”、汉阴县“红色党建引领电商扶贫攻坚”等一系列电商创业题材受到中省媒体高度关注和好评。组织评审推荐全国农村电商示范县4个。10月19日，全省电商精准扶贫经验交流会在安康市召开。光伏扶贫正在积极探索。

◎**残疾人扶贫**　出台了残疾人“1+N”系列帮扶政策。石泉县实施产业帮扶、就业促进、技能培训、扶贫搬迁、健康扶贫、兜底保障六个一批工程，强化组织、资金、人力、舆论四大保障。镇坪县通过着力实施残疾人心理抚慰工程、健康扶贫工程、就业创业工程、资源转化工程，帮助贫困残疾人树立脱贫信心。其他各县区制定了配套措施，形成了互为补充、上下贯通、条块结合的政策体系。10月19—20日，全省残疾人脱贫攻坚现场会在安康市石泉县召开。

◎**文化扶贫**　通过大力实施贫困村综合文化服务中心建设，组织开展文化惠民文艺演出、“广电扶贫·宽带乡村”工程等一系列工作任务，助力扶贫开发和基层文化建设互促共进。2017年贫困村综合文化服务中心建设任务150个，截至11月已完成268个，完成任务的178%。全市应建成达标镇村（社区、含100户以上社区）综合性文化服务中心404个，已经完成505个。

◎**督查考核奖惩**　建立市级脱贫攻坚督查检查暗访联动机制，规定集中督查检查由指挥部统一组织；建立督查暗访连带追责问责制度，规定凡是下级督查未发现的问题被上级督查发现的，追究下级督查人员的连带责任；建立协同考核机制，由市人大负责对“八办两组”牵头部门的考核评价，市政协负责对驻村帮扶的考核评价，确保考核公平公正。紧盯政策落实、资金管理、干部作风等重点领域，突出信访、审计、评估、检查、媒体发现问题较多的重点区域，对脱贫攻坚收集到的问题线索及时调查核查、梳理归口，实行纪委、审计、部门、县区实行“四线移交”。全年受理群众信访举报157件、已办结108件。全市脱贫攻坚问题整改期间，处置问题线索23件，采取组织措施130人，立案审查50人，为全市脱贫攻坚工作提供了强有力的纪律和监督保证。及时对脱贫攻坚领域先进典型进行了表彰奖励，11名脱贫攻坚驻村第一书记荣获“全省优秀第一书记”荣誉称号，10名镇党委书记荣获市级“脱贫攻坚优秀镇党委书记”称号，20名第一书记荣获市级“脱贫攻坚优秀第一书记”称号，20名工作队长荣获市级“脱贫攻坚优秀工作队长”称号，100名贫困群众、100名帮扶干部分别荣获市级“自强标兵”和“交友帮扶先进个人”称号。

移民搬迁工作

安康市移民（脱贫）搬迁工作办公室
主　　任　薛玉发
副 主 任　王纯凯　刘年喜

◎**综述**　安康市是移民搬迁的发源地、推进地、规范地。2017年全市移民搬迁工作在市委、市政府和上级主管部门的坚强领导和社会各界的大力支持下，坚持“遵循规律、系统谋划、统筹推进、四化同步、一举多赢”的总体思路，始终紧扣“精准搬迁、精确施策、精细管理”工作主线，全面推进安置项目建设，圆满完成各项目标任务。2017年规划建设的299个集中安置点，6.33万户17.87万人（其中易地扶贫搬迁6.03万户16.83万人）搬迁安置房全部达到省定建设进度要求，基础和公共服务设施同步跟进。当年减贫计划涉及易地搬迁任务1.01万户3.57万人，其中集中安置0.83万户2.89万人已全部交付钥匙；分散安置0.18万户0.68万人已实际入住。

◎**搬迁工作成效**　一是通过国家考核。2017年，全市易地扶贫搬迁工作先后经历了国家试考核、专项稽查、巡查、调研等。各检查组分别通过听取汇报，查阅档案资料，深入安置点查看建房进度、房屋户型和面积，入户走访等方式，围绕精准搬迁、工程进度、住房面积、安置方式、搬迁负担、资金使用、债务偿还、帮扶措施、计划分解、宅基地腾退、基础管理、政策制定等内容进行详细的核查，各检查组充分肯定安康市移民搬迁总体工作成效。二是安康移民搬迁工作经验在全国推广。2017年，国家发改委按照国务院领导同志有关易地扶贫搬迁工作批示精神，以《“十三五”时期易地扶贫搬迁工作政策指引》第17期将安康市移民搬迁工作典型经验和成功做法印发全国各地，供参考学习。《“十三五”时期易地扶贫搬迁工作政策指引》第23期将平利县易地扶贫搬迁后续脱贫工作典型经验印发全国各地，供参考学习。中央电视台、人民日报、新华社等国家级新闻媒体多次聚焦报道安康市易地扶贫搬迁工作。2017年度安康市国土资源局、安康市搬迁办分别被省国土资源厅、省移民搬迁办表彰为年度移民搬迁工作先进单位。三是“三精”管理取得实效。坚持将“三精”管理作为移民搬迁工作的线路图和操作指南，持续规范完善“三精”政策体系，2017年市政府5号文件下发了《关于扎实开展移民搬迁“三精”工作回头望的意见》，通过实施户建包、点建册、镇建档、县建库、市建平台的内业资料“五级”建档模式，规范管理，提升水平。移民搬迁“三精”管理经验在全省推广。四是搬迁与就业同步推进。大力推进先业后搬，以业促搬，以户定扶，积极帮助搬迁群众解决稳定增收难题。积极探索“搬迁户+”的运作模式，大力推广“山上建园区、山下建社区”“社区工厂”等搬迁模式，把搬迁与脱贫致富、就业兴业有效衔接，精准到户，综合施策，实现安居与乐业并重、搬迁与脱贫同步。目前全市已建成移民搬迁社区工厂156家，落实搬迁群众就业安置2万余人。

（安康市搬迁办）

镇坪县曾家镇和顺家园安置社区

创建与城市管理

双创工作

安康市双创指挥部

总 指 挥

郭　青　市委书记

赵俊民　市委副书记、市政府市长

副总指挥

陈　勇　市人大常委会主任

陈　勇　市政协主席

鲍永能　市委副书记

赵　璟　市委常委、常务副市长

高晶华　市委常委、组织部长

田沐臣　市委常委、纪委书记

陈　明　市委常委、政法委书记

罗雪剑　市委常委、宣传部长

尹清辽　市委常委、市政府副市长

黄　勇　市委常委、统战部长

鲁　琦　市政府副市长

何邦军　市政府副市长

杨尚伟　市政府副市长、市公安局局长

杨　森　市政府副市长

责任副总指挥

赵　璟　市委常委、常务副市长

安康市双创指挥部办公室

主　　任

陆隆敏　市城管局局长

副 主 任

朱新年　市卫计局副局长

韩小康　市城管局副局长

陈　康　市林技中心党支部书记

综合协调组副组长

马汉川　市城管局政办科科长

卫生创建组组长

邹香普　安康职业技术学院副县级干部

卫生创建组副组长

方　伟　市工商联科级干部

高　军　市卫计局法监科干部

创森创园组组长

陈　康　市林技中心党支部书记(兼)

创森创园组副组长

王卫东　市华龙山资源保护局科级干部

金清春　市环保局科级干部

李胜蓝　市城管局副科级干部

城建城管组组长

谢淑桢　市技工学校副校长

城建城管组副组长

高　雅　市公安局科级干部

胡　军　汉滨区经济责任审计局局长

督查考核组副组长

陈其利　市国土局科级干部

周自力　市旅发委科级干部

罗　军　市城管局科级干部

张绪凡　市城管局法规宣传科科长

◎宣传教育　坚持把宣传教育贯穿巩固国家卫生城市工作始终，围绕市民素质教育培训行动，深入开展“热爱安康、建设安康、树好形象”和“争做文明市民”十大主题活动，推进“改陋习”和“文明过马路”专项整治，通过媒体曝光、市民访谈、开设健康讲堂、开辟创建专栏、举办健康讲座、组织文艺汇演和志愿者服务等活动，激发市民支持创建、参与创建、共建美好家园热情，在全社会形成文明礼貌、诚信经营、遵守秩序、爱护环境的良好氛围。充分发挥安康电视台、安康广播电台、安康日报社等主流媒体宣传作用，全年累计刊发各类宣传信息2890余条，播出公益广告片21571次。

◎文明交通整治　以安康中心城区“113”联勤联动交通综合整治机制为抓手，集中整治行人乱穿马路、闯红灯、翻越护栏、不走斑马线和过街设施等不文明行为，严查重罚机动车闯红灯、乱调头、乱鸣笛、乱停放和酒驾、无牌套牌、污损牌照等交通违法行为，整治渣土无牌上路、超速鸣笛、沿路抛洒渣土等乱象，严厉打击“黑出租”“黑面的”和“残摩”非法营运行为。全年累计查处各类交通违法行为4万余起，拆除地锁200余个，拆除电动车、摩托车、三轮车非法加装遮阳伞6000余副，查处非法营运车辆67辆，查处不按规定使用计价器、拒载、车容不整等客运违规行为102起，处理公交、出租车经营服务质量投诉等378件。对金州路、兴安路、解放路、大桥路、育才路等8条示范街禁停区域和“三车”规范停放区域标线进行了重新施划，完成了公交车、出租车停车泊位、电子监控和交通标志标牌等配套设施建设。

◎单位社区、背街小巷整治　积极探索和推行单位社区网格化管理机制，构筑全面覆盖、分级管理、责任到人的环境卫生管理格局，实现了区域清、职责清、底数清和监管到位、服务到位、互通到位的“三清三到位”工作目标。加强周五义务清扫和门前四包监督检查，持续发动干部群众参与爱国卫生活动，积极开展卫生社区创建竞赛，采取综合治理、行业规范、业主自治、物业管理、委托托管等方式，推进环境卫生制度、公共秩序管理、绿化美化提升和基本配套设施“八进”社区，有效改善了小区人居环境。按照“严格标准、加强指导、科学创建、典型带动”原则，扎实开展卫生单位创建。截至目前，中心城区范围内通过省爱卫会命名省级卫生先进单位共67个、卫生镇8个、卫生村5个，建成市级卫生先进单位142个、卫生镇6个、卫生村14个，创建区级卫生先进单位352个、卫生镇7个、卫生村104个。持续推进背街小巷、城中村、城乡结合部、无物业管理老旧小区清扫保洁常态化，动员各级各单位围绕背街小巷、城中村、城乡结合部、无物业小区持续开展环境卫生整治，共组织志愿清扫3000余人次，清理“三堆六乱”、卫生死角600余处，实现了中心城区19个城中村城乡结合部、185条背街小巷、65个老旧无物业管理小区环境卫生清扫保洁常态化。

◎**市容环境整治** 狠抓市容环境秩序整治，以重大节假和重要活动为契机，深入组织开展环境卫生、出店占道流动经营、渣土运输、道路扬尘、禁放烟花爆竹、农贸市场等各类专项整治，组织重点区域、重点路段日常监督执法和专项整治行动，累计清理摊贩占道经营6700余人次，纠正出店占道经营8100余人次，清理违规商业宣传站点80余处、灯箱牌匾380余个，清理乱贴乱画野广告7.8万条，查处352起非法张贴行为，收缴各类非法小广告和办假证名片16700余张，实施非法广告电话追呼2865条。坚持源头治理、动态管理、路面管控、严管重罚的综合措施整治建筑工地，查处违法渣土车辆1100余车次、违法建设工地45个。

◎**创建国家森林城市** 紧紧围绕创森总体规划和“五大体系”建设，组织对全市217个迎验点、中心城区62个示范点和29个面上增绿护绿任务进行反复督查检查，确保达标。全市共新增造林64.4万亩，城镇周边、汉江沿岸、道路沿线等重点区域绿化4.21万亩，义务植树744万株。实施中心城区周边山体绿化管护和直观裸露坡面过渡性绿化，补植各类苗木4万余株。建成区累计增加绿地面积1745万平方米，绿化覆盖率超国家标准2.75个百分点，人均公共绿地面积超0.79个百分点。城区公园、公共游憩绿地新增树木标识牌、护绿提示牌、创森知识科普栏2800余处，实现香溪洞景区免费开放，群众对创森满意度达98.78%，超出标准8.7个百分点。经省林业厅初审、国家林业局验收，安康市于2017年10月10日被正式命名为“国家森林城市”。

◎**国卫巩固提升** 印发了《安康国家卫生城市存在问题整改任务责任清单》，对旱厕治理、食品安全、污水直排等“一票否决项目”和重点难点问题制定工作台账，明确责任主体和完成时限，跟踪督查，确保整改到位。争取市政府奖补资金3000万元，实施创建民生建设项目20多个，拆除和改造旱厕837个；在金州路、兴安路、解放路、育才路、大桥路、滨江大道、安康大道、高新大道等8条路段开展文明示范街创建活动，安装高清电子监控，设置物理隔离设施，施划“三车”停放线，推进城市精细化管理；强化“三小”“五小”行业整治，检查经营户2800余家，下达停业整顿80余户，下达责令整改书700余户，整改“三防”设施500余户；增设临时摊贩疏导点23个，解决了张沟桥、中渡路、金堂路等多处多年存在的马路市场问题，中心城市市容面貌得到了极大改善，受到了广大市民的好评和网民的点赞。

◎**健康城市建设** 制定印发了《安康健康城市建设三年行动计划》，有序推进食品放心、全民健身、合理膳食、全民控烟、保卫蓝天、城乡整洁6项行动。邀请中、省专家举办健康与城市、健康与环境等教育培训22场次，开展健康知识“五进”宣传28次。各部门、各单位组织健康知识讲座与宣传2000余人次。组织“三小”“五小”行业人员分批进行病媒生物防制、食品安全、文明礼仪等培训4万余人次。先后举办“万步有约”“2017安康供水杯”健步走和全民健身运动会等健身活动。完成汉水龙舟文化园健康示范一条街、亲水广场健康长廊、高新健康主题公园、城堤健康步道和公共自行车服务系统建设。建成健康机关、健康学校、健康企业、健康医院、健康社区等“健康细胞”工程各5个、健康小屋30个和健康自助网点23个，城市健康环境不断优化。

◎**督查督办** 出台了《关于加强和改进创建督查考核工作的实施意见》《三色单督办管理制度》《关于成立双创督查微信群的通知》等文件，创新实施“三色单”督办，强化微信日常督办和群众投诉交办，极大提升了工作效率，为各项城市创建任务落实和问题整改提供坚实保障。全年共发出白色任务单230份，黄色督办单11份，红色督办单1份，全市通报批评单位2个，向纪委监察部门移交不作为、乱作为案件2起。办理人大代表建议、政协委员提案共23件，满意率100%。办结各类投诉180件，解决了一批群众反映强烈的热点、难点问题。

省级文明城市创建

市创文办主　任

罗雪剑　市委常委、宣传部长

市创文办副主任

李大明　市委宣传部副部长、市文明办主任

张有明　市发展和改革委员会（市物价局）调研员

周安平　市综合新闻信息中心主任

◎**工作综述** 按照陕西省文明城市测评体系任务要求，以培育和践行社会主义核心价值观为主线，以提高市民文明素质、城市文明程度和群众生活质量为目标，坚持“创建为民、创建惠民”理念，紧紧围绕“重宣传、强基础、抓重点、攻难点”总体思路，落实工作责任，夯实工作措施，破解工作难点，各项创建工作有序推进。一是加强创建氛围营造。以社会主义核心价值观、“讲文明·树新风”和“诚、孝、俭、勤、和”新民风建设为主线，充分利用LED屏、车身广告和文化墙，刊播公益广告。编印《安康优秀传统家训解读》《最美家庭故事》丛书；陕西电视台播发多篇安康创文动态消息，《精神文明报》《华商报》刊发安康创文专题专版，西部网开设安康创文宣传专栏，安康日报及电视台开设“创建文明城市·共享美好生活”“安康好故事”等创文专刊专栏。安康文明网、市政府网、安康新闻网及各单位门户网站、公众微博、文明安康微信等新媒体宣传创文动态和公益广告。建立手机短信平台，定时发送创文宣传短信。二是提升市民文明素质。累计有35人荣登“中国好人榜”，71人荣登“陕西好人榜”，8人在中国文明网联盟“好人365”栏目宣传展示。安康市汉江志愿者救生队队长周云康荣获第六届全国道德模范提名奖。王玉秀家庭获首届全国文明家庭称号，受到习近平总书记接见。餐饮行业广泛开展“文明餐桌·节俭养德”活动，整治城市主次干道、街巷小区、公共场所、校园周边车辆乱停乱放、机动车抢道行驶、随意掉头、规范交通秩序。组织驾校学员、机关干部、大中专院校学生开展文明交通劝导志愿服务活动，宣传文明交通常识，劝阻交通违章行为，增强市民文明出行意识。推进公共信用信息共享平台建设和信用信息征集共享，市级部门和各县区全面接入公共信用信息平台，推行“诚信红黑榜”“行政许可和行政处罚信息双公示”“信用黑名单”定期发布等制度，对失信单位和个人在媒体公布。三是强力推进社区创建。新建、改建、置换等多种形式，改善社区工作条件，完善服务功能，设置社区公益广告文化墙，依托家长学校、市民学校开展文明礼仪、健康知识等主题教育活动，开展身边好人、好媳妇、好婆婆、五好文明家庭、诚信经营户等文明评选，营造和谐人际关系，倡导文明新风。四是广泛开展群众性创建。以文明单位、文明村镇、文明校园等文明创建工作助推文明城市创建。全市累计创建全国文明单位16个、省级文明单位标兵32个、省级文明单位89个。全市136个镇（办）共创建县级以上文明镇（办）59个，占总数的44%。1517个村（社区）共创建县级以上文明村（社区）222个，占总数的14%。中心城区26所中小学全部创建为文明校园，其中省级文明校园3所，市级文明校园23所，实现了中心城区文明校园创建率100%。2017年平利、岚皋、石泉三县进入省级文明县城创建周期。各类行业文明创建积极展开，律师行业诚信等级评定、纳税人信用级别动态评价和诚信文明市场、守合同重信用企业、星级经营场所等创建活动，共创建省级“文明诚信市场”3户，市级“文明诚信市场”43户。

◎宣传教育　一是不断加强社会宣传。以社会主义核心价值观、“讲文明·树新风”和“诚、孝、俭、勤、和”新民风，充分利用LED屏、车身广告和文化墙，刊播公益广告。在城区街道及背街小巷设置“中国梦”、社会主义核心价值观为主题，累计建设公益广告2万余平方米，大型公益宣传牌60余组，编印《安康优秀传统家训解读》《最美家庭故事》丛书，宣传优秀传统家规家训，培育良好家风。组织“文明安康宣讲团”，深入机关、学校、企业、社区宣讲160余场次。各单位普遍设置“善行义举榜”宣传展示本单位、本行业的凡人善举，引导广大干部群众崇德向善，见贤思齐。二是不断加强媒体宣教。加强与报纸、电视、广播、网络等媒体合作，安康日报及安康电视台开设“创建文明城市·共享美好生活”“安康好故事”等创文专刊专栏，加大公益广告刊播，落实时段、版面和频次要求，形成深厚的舆论氛围。三是不断加强网络宣传。安康文明网、市政府网、安康新闻网及各单位门户网站、公众微博、文明安康微信等新媒体宣传创文动态和公益广告。开展文明城市创建公益电影展映活动，在广场、小区和各县区播放公益电影1760余场次。四是表彰先进，树立典型。截至10月，全市累计向中国文明网推荐好人线索23万余条，33人荣登“中国好人榜”，69人荣登“陕西好人榜”，3人在中国文明网联盟“好人365”栏目宣传展示；11月2日，陕西好人榜9—10月发布仪式暨道德模范与身边好人现场交流活动在平利县举行。五是着力构建社会诚信体系。推进公共信用信息共享平台建设和信用信息征集共享，市级部门和各县区全面接入公共信用信息平台，推行“诚信红黑榜”“行政许可和行政处罚信息双公示”“信用黑名单”定期发布等制度，对失信单位和个人在媒体公布。开展律师行业诚信等级评定、纳税人信用级别动态评价和诚信文明市场、守合同重信用企业、星级经营场所等创建活动。通过“3·15”消费者权益保护日、“6·14”信用记录关爱日广泛开展诚信主题宣传活动，营造全民讲信用、守信用社会氛围。

◎志愿服务　持续加强志愿者队伍建设，截至2017年底，全市各类志愿服务团队达到1553个，注册志愿者达9万余人，落实服务项目5714个，累计服务时长超过82.2万小时。注册登记志愿者人数占建成区常住人口的比例为11.1%，注册志愿者参加志愿服务活动的人数占注册志愿者总人数的比例为27.7%，注册志愿者年人均参加志愿服务活动的时间为9小时。在城区23个社区、50个窗口单位、9个公共文化设施建立了标准化志愿服务站，并按季度采取实地检查、座谈交流等方式，对志愿服务站进行检查指导。安康志愿服务“超市”，共有10个组织1个社区的33个项目成功入驻“超市”，有2个项目被群众认购。

◎环境建设　完成金州路、兴安路、静宁市场和部分背街小巷改造升级和增加公交线路，建设公共自行车系统。创建安康大道、高新大道、滨江大道、解放路、大桥路、育才路等8条文明示范街区，市民生活便捷度不断提升。组织实施“三横两纵”精细化管理示范街建设，强化“门前四包”责任制，持续开展市容环境、马路市场、占道经营、乱停乱放专项整治行动，深入开展“野广告”打击整治工作，抓获违法人员57名，收缴铲除各类非法野广告12万余张，收缴假证件200余种3000余本，假印章2000余枚。校园周边环境不断优化。开展“护校安园”专项行动，实施联合执法，整治校园周边娱乐场所、治安乱点和交通秩序，排查校园安全隐患，化解涉校纠纷。

◎新民风建设　按照“一年初见效、两年大变样、三年成新风”的总体要求，以道德评议、移风易俗、文化传播、文明创建、诚信建设、依法治理“六大活动”为载体，推动“诚、孝、俭、勤、和”为核心内涵的新民风建设，不断增强全市人民对新民风建设的思想认同和行动遵循，引导广大群众牢固树立自强不息的精神状态和自强自立的主体意识，取得了积极成效。2017年3月安康市委制定下发《关于大力推进新民风建设的实施意见》，成立新民风建设领导小组办公室，4月制定下发《关于开展新民风道德评议活动的实施方案》《关于加强村规民约建设的实施方案》《关于开展新民风移风易俗活动的实施方案》《关于开展新民风文化传播活动的实施方案》《关于开展新民风文明创建活动的实施方案》《关于开展新民风诚信建设活动的实施方案》《关于开展新民风依法治理活动的实施方案》等7个配套方案。7月18日，在旬阳召开全市新民风建设现场会。9月6日，全省脱贫攻坚扶贫扶志现场推进会在旬阳召开，省委副书记毛万春、省委宣传部部长庄长兴出席会议并作重要讲话，强调要学好用活安康扶贫扶志经验做法，持续激发贫困群众内生动力，坚决打赢脱贫攻坚战。11月7日在紫阳县召开了全市新民风建设扶贫扶志现场推进会。安康市新民风建设扶贫扶志的创新做法，受到了国务院扶贫办的高度关注，国务院副总理汪洋、省委书记娄勤俭等中央和省委、省政府领导相继作出重要批示，《人民日报》、新华社、《光明日报》、《陕西日报》等中省媒体开展了集中宣传报道。全市1653个村（社区）修订了村规民约，明确红白事礼金限额；全市共组建道德评议委员会1150个，开展道德评议4260场次，树立正面典型6290例，培育后进2528例，帮教转化2100例，734户群众主动退出贫困户。

城市管理

安康市城市管理局
局　长　陆隆敏
副局长　韩小康

◎**机构改革**　按照中、省、市关于城市管理执法体制改革工作部署要求，会同市编委办多次开展调查研究，在广泛听取社会各方面意见建议的基础上，按照“一次设计、分步实施、顺畅过渡、彰显特色”的原则和“高位统筹、市区一体、权责一致、加强一线、高效联动”的改革思路，提出了《安康市城市管理和城市执法事权划分及职责调整意见》，进一步理清市区事权、划分部门职责、规范机构设置、合理定编定员，推进执法重心和执法力量向基层倾斜，意见已于2017年11月28日通过市编委会审定。

◎**市容环境综合整治**　采取集中整治与日常监管相结合的方式，围绕清理流动占道经营、取缔马路市场、治理车辆乱停乱放等重点整治任务，通过部门联合集中整治、重点区域专人值守、城区布控徒步巡查、夜间专项行动、拔“钉子”行动等整治措施，逐街逐巷开展整治工作，严管重罚违法违章行为，整饬市容环境秩序，确保了中心城区市容环境管理水平稳步提升。全年共开展流动占道经营整治、人行道车辆乱停乱放整治、建筑工地渣土运输整治、校园周边环境整治、户外广告宣传整治、环境整治等各类专项整治60余次，累计清理流动出店占道经营3600余人次，暂扣物品3100余件，查处违章运输车辆670车次，对45个施工建设造成周边环境污染的工地实施了整改处罚，实施非法广告电话追呼2100余条，对15名违法张贴行为人依法给予行政处罚。

◎**城市生活垃圾无害化处理**　加强羊皮沟生活垃圾垃圾场规范化运行管理，减少生活垃圾在处理过程中对周边环境的影响；进一步提高生活垃圾处理效率，全年规范化处理城区生活垃圾15.8万吨，无害化处理率达超过96%；认真落实省委环保督察反馈意见整改工作，扎实推进垃圾处理场问题整改工作，投资建设了渗滤液应急回灌工程、渗滤液处理技改工程，破损防渗材料及填埋设备更换修复工程；应急调用3台洒水车对调节库渗滤液进行抽运回灌以减少调节库溢排污染环境问题。

◎**户外广告、门头牌匾监管**　加强中心城区临时户外广告管理和沿街灯箱广告牌匾管理，牵头组织各城管大队开展了以金州路、兴安路等八条示范街及城乡结合部、城市出入口为重点区域的集中整治，全面清理辖区沿街门店乱设乱摆灯箱牌匾、竖道旗、陈旧破损条幅，治理沿街门面一店多牌的问题，严厉查处不经审批违规设置户外宣传站点及违规发放宣传单页的行为。全年共拆除违章搭建广告牌匾45个，没收销毁乱摆乱放灯箱牌匾380余个，查处违规设置户外宣传站点80余个，没收宣传单页10万余份。

◎**道路清扫保洁**　按照“全域化覆盖、全域化作业”的要求，将城区64主次干道250余万平方米和明确管理职责的185条背街小巷全部纳入常规作业范围，按照定人、定岗、定责原则，主次干道每日7:30前与14:30前进行两次普扫作业，其余时间段进行巡回保洁，185条背街小巷中50条安排79人实行专人清扫，学校周边和育才路、巴山中路、中渡路等环境卫生易反弹路段，增加清保人员，加大清保力度，保障路段环境卫生质量，通过不断总结经验、优化作业方式逐步实现了街巷道路清扫保洁、生活垃圾收运以及监督检查工作无缝隙全域化、制度化开展。采取多渠道招聘清保人员，全年共招聘环卫清扫保洁人员100名，工资由1240元提高至1480元，有效提高了城区清扫保洁和垃圾转运能力，中心城区主干道机械化清扫率保持100%。

◎**环卫设施建设**　垃圾焚烧发电项目选址论证报告已通过了市规委会的审批，城东垃圾转运站重点项目主体建设已完工目前等待竣工验收；垃圾场雨污分流与渗滤液处理扩能、羊皮沟老垃圾场存量垃圾污染治理项目，已进入施工图审查及招标准备阶段，建筑垃圾处理场已建设进入试运行阶段。争取市政府奖补资金，添置垃圾压缩车8台、城管执法车15辆、垃圾桶500余个，新建城管执法岗亭8处、垃圾收集房13处、环卫工人休息室10处。

◎**城管队伍建设**　扎实推进“两学一做”学习教育常态化制度化，组织干部集中学习41次，开展研讨4次，讲廉政党课3次，撰写心得体会74篇。开展了“城市创建党旗红，追赶超越当先锋”主题演讲比赛，分两期组织全市城管科级以下干部400余人进行集中培训，有效提高了城管执法队伍整体素质。进一步完善“三项机制”，全年表彰激励34人次，批评通报3人，有效激发了干部干事激情。

精神文明建设

安康市精神文明建设指导委员会办公室
主　　任　李大明
副 主 任　李雪艳（女）

综合情况

◎ **“厚德陕西·弘德安康”建设**　一是强化工作机制。将“厚德陕西·弘德安康”建设纳入市对县区、对部门重点考核内容，纳入创建省级文明城市各单位共性任务，深入实施立德、尚德、遵德、载德、润德、弘德“六德工程”，在全社会营造了崇德向善、见贤思齐的良好氛围。二是培育道德典型。2017年全市累计向中国文明网推荐好人线索30余万条，向省文明办推荐陕西好人63人次，11人荣登“中国好人榜”，23人荣登“陕西好人榜”，4人入选中国文明网联盟“好人365”栏目，5人入选陕西文明网《陕西好人秀》栏目。安康市汉江志愿者救生队队长周云康荣获第六届全国道德模范提名奖，汉滨区国税局干部崔义胜被国家税务总局、中央文明办评为中国好税官，安康市文明办被省文明办授予2017年6月好人线索推荐群星奖。11月2日，9—10月陕西好人榜发布仪式暨道德模范与身边好人现场交流活动在平利县举行，在全社会彰显好人风采，弘扬崇德向善、见贤思齐的社会风尚。三是扩大道德建设示范效应。积极探索落实道德模范、身边好人的关爱帮扶机制，组织对各级道德模范进行免费体检，在春节期间走访慰问各级道德模范，在端午节期间邀请20名文明家庭、道德模范代表登上第十七届汉江龙舟文化节最美舞台，参加为龙头点睛这一最荣耀的仪式，在全社会彰显对道德模范的尊崇和礼遇。各县区也积极搭建“最美”舞台，大力弘扬凡人善举，不断壮大道德先进典型的群体效应，道德榜样的正能量正如一股股暖流在金州大地缓缓流淌，如涓涓细流滋润人心。安康市文明办荣获首届中国·宝鸡英模事迹微电影节优秀组织奖，选送的微电影《大山里的女邮递员》《老婆婆的心事》双双荣获优秀影片奖，《大山里的女邮递员》编剧尹礼卫荣获最佳编剧奖。

◎**文明创建活动**　一是推进省级文明城市创建工作。在安康中心城市开展新一轮省级文明城市创建工作，按照省文明办新修订《陕西省文明城市测评体系》要求，及时调整印发《2017年创建省级文明城市工作任务清单》，明确完成时限和标准要求，夯实各部门单位职责。市委常委会三次专门听取文明城市创建工作汇报，研究推进措施。加强硬件建设，优化城市环境，扎实推进道路改造、公园建设等各项涉及民生的城市基础设施项目建设，创建安康大道、高新大道、滨江大道、金州路、兴安路、解放路、大桥路、育才路8条文明示范街区，实施“三横两纵”精细化管理示范街建设，深入开展“野广告”打击整治工作，拆卸违法违规户外广告600余幅。持续开展文明餐桌、文明旅游、文明交通等专项行动，普及文明知识，提升市民文明素质。2017年，石泉、岚皋、平利县不断理顺创建运行机制，启动新一轮省级文明县城创建工作。5月24日，汉阴县在全省创建文明城市工作推进会上作交流发言。12月13日，在全省精神文明建设表彰大会上，宁陕县被省委省政府表彰为“省级文明县城”。二是抓好文明单位、文明村镇、文明校园、文明家庭创建。2017年，全市新申创省级文明单位129个。4月，市文明办组织召开省级以上文明单位创建工作培训会，对巩固创建成果、提升创建水平提出明确要求。同时，注重日常督促指导，注重常态化巩固创建工作，4月组织对全市文明单位、文明村镇创建工作进行专项检查，11月对全市新申创及复查确认市级文明单位、文明村镇进行了考核验收。2017年，全市有159个省级精神文明建设先进集体被省文明委复查确认，25个单位被省委省政府命名表彰，20个全国文明单位、文明村镇通过中央文明委复查确认，11个单位被命名表彰为新一届全国文明单位、文明村镇、文明校园，2个家庭荣获第一届陕西省文明家庭称号。10月12日，安康市教育局在全省文明校园创建推进工作视频会上作交流发言。

◎ **“美丽乡村·文明家园”建设**　始终把“美丽乡村·文明家园”建设作为促进农村精神文明建设水平整体提升的重要抓手，紧紧围绕“十个一”建设目标，坚持示范引领、以点带面的工作思路，切实抓好省、市重点示范县建设，将“十个一”民风建设与农村环境综合整治一起抓，全面深化文明村镇创建工作和“十星级文明户”评选活动，让美丽乡村的“面子”越来越美，让文明家园的“里子”越来越实。旬阳县被确定为2017年省级重点示范县，汉滨区被确定为2017年市级重点示范县，并严格按照建设标准加强指导督查。4月，对十个县区“美丽乡村·文明家园”建设进行了全面检查，对示范县、示范镇、示范村进行考核和“回头望”，强化督促检查、指导培养，整体推进该项工作健康发展。市文明委印发了《安康市2017—2020年文明村镇创建工作实施方案》，明确要求到2020年，全市所有镇创建成县级以上文明镇，60%村创建成县级以上文明村。11月1日，全省文明村镇创建工作座谈会在平利县召开。12月6日，在汉滨区召开全市农村精神文明建设暨“美丽乡村·文明家园”建设现场会，进一步推动以“美丽乡村·文明家园”为主题的农村精神文明建设工作扎实开展。

◎**未成年人思想道德建设** 一是道德实践活动丰富多彩。以“我的中国梦”为主题，突出爱国主义教育内容，抓住重要时间节点，组织广大未成年人开展了学雷锋志愿服务、清明祭英烈、“童心向党”歌咏比赛、向国旗敬礼等一系列主题鲜明的教育实践活动，塑造美好心灵，培养高尚情操。组织开展“百年追梦、全面小康”读书教育活动，2名学生荣获全省征文一等奖，5名学生分别参加中、省表彰大会。在全市广泛开展2017年“美德少年”寻找推荐、评选表彰活动，1万多名学生参加了网络推荐，向省文明办遴选推荐9名“美德少年”候选人，1人荣获2017年度“陕西省美德少年”称号，3人荣获提名奖。5月19日，岚皋县全国孝心少年冯莫林应邀参加了中央电视台圆梦全国孝心少年主题活动，在全市广大中小学生中反响强烈。10月13日，教育部、中央电视台联合举办“2017全国最美孝心少年颁奖典礼”，紫阳县焕古镇中心学校九年级学生梁生霞荣获“2017年媒体特别关注孝心少年”称号。11月8日，对47名安康市“践行新民风”最美少年进行隆重表彰。二是加强乡村学校少年宫管理。强化对全市73所已建成乡村学校少年宫管理和考核。4月，对全市乡村学校少年宫进行全面检查，重点查看了部室建设、机制建设和活动开展情况，对发现的问题现场要求限时整改。对2017年新立项的9所乡村学校少年宫提出明确建设要求，并积极组织项目学校负责人、辅导员和网络资料员参加全省培训。三是有效净化社会文化环境。从明确治理目标、理清工作思路、实施重点突破三个环节入手进行整治，社会文化环境得到全面优化。春、秋季开学前，对校园周边环境开展综合整治，不定期对校园周边道路交通秩序及治安环境、校园周边饮食摊点、小餐馆、小商店等经营场所食品卫生安全、校园周边文化市场和娱乐场所等进行专项整治，严禁中小学周边200米内设立网吧、游戏厅等娱乐场所，对“黑网吧”坚决予以取缔，流动叫卖、无证经营现象等有效遏制。2017年累计检查校园周边场所15000余处，收缴非法出版物5万余件，化解涉校纠纷70余起。

◎**志愿服务制度化建设** 一是队伍建设。鼓励广大干部群众积极参加志愿服务，不断提升志愿服务社会认同感。印发了《安康市公共文化设施开展学雷锋志愿服务工作方案》，明确要求2020年前全市各级公共文化设施站点志愿服务全覆盖。截至2017年底，全市注册志愿者已达到9.2万人，注册志愿团体1580个，志愿服务总时长近90万小时；成立志愿服务联络总站，并在23个社区、50个窗口单位、9个公共文化设施建立志愿服务站，形成较稳定的志愿者队伍。安康义工联荣获全国最佳志愿服务组织，安康儿促会等11个志愿服务先进典型受到省委宣传部、省文明办表彰，安康市文明办、汉阴县城关镇西街社区荣获2017年全国社区网络春晚优秀组织奖，汉阴县城关镇南街社区、石泉县城关镇北街社区被评为第六批社区学雷锋志愿服务联络工作示范站。二是打造特色品牌。继续做靓“微心愿·大梦想”志愿服务品牌，不断扩大社区志愿服务覆盖面，2017年全市各社区共收集并认领生活援助、心理关怀、学业辅导等类别的“微心愿”400余个。继续深入开展“温暖安康”志愿服务活动，帮扶困难家庭352户，受助对象达1600余人。持续开展“文明春风行动”主题志愿服务活动，劝导纠正不文明交通行为，累计开展活动2000余小时。在汉江龙舟文化节和高考期间，1000余名志愿者自发开展道路指引、大会服务、秩序维护、垃圾清理、应急保障等志愿服务，“红马甲”日渐成为城市最美丽的风景。3月25日，安康儿童发展促进会“儿童灾害管理及防灾减灾体验式游戏”志愿服务项目在陕西省社区应急管理工作研讨班上交流发言；5月20日，安康义工联慈善志愿服务项目在中央电视台12频道《社区英雄》栏目播出；7月26日，安康儿童发展促进会品质公益项目“海星之家”荣获陕西省第二届公益创客大赛“公益创意金点子”奖。三是健全工作机制。进一步完善志愿者注册、培训学习、嘉许回馈、招募服务和计时评星等志愿服务体系建设，与民政、工会、团委、妇联等单位建立了联系协调机制，坚持每季度分别召开站点建设、品牌活动、组织发展等主题座谈会，不定期开展志愿服务工作检查指导，推动志愿服务良性发展。3月3日举行2017年“文明春风行动”启动仪式暨2016年“四个最佳”志愿服务表彰大会，对全市100个志愿服务先进典型进行表彰奖励；12月1日召开全市志愿服务工作培训会，对90多个志愿服务组织、社区标准志愿服务站负责人和骨干人员进行培训。

（王红波 刘献兵）

安康市2017年获国家、陕西省表彰精神文明建设先进集体名单

一、第五届全国文明单位

安康市审计局
安康市新华书店
安康高新区国家税务局
中国电信股份有限公司安康分公司
宁陕县地方税务局
陕西省地方电力(集团)有限公司汉阴县供电分公司
西安铁路局安康工务段

二、第五届全国文明村镇

旬阳县金寨镇
平利县城关镇龙头村
旬阳县棕溪镇王院村

三、第一届全国文明校园

宁陕县宁陕中学
镇坪县城关小学

四、全国最佳志愿服务组织

安康义工联合会

五、2017年全国社区网络春晚先进单位

安康市文明办
汉阴县城关镇西街社区

六、第六批全国社区学雷锋志愿服务联络工作示范站

汉阴县城关镇南街社区
石泉县城关镇北街社区

七、省级文明县城

宁陕县

八、省级文明单位标兵

安康市编制委员会办公室
安康市国家税务局
白河县委县政府（机关）
旬阳县人力资源和社会保障局
陕西省高速公路建设集团公司西汉分公司宁陕管理所
陕西省高速公路建设集团公司白泉分公司旬阳管理所

九、省级文明单位

安康市儿童福利院
安康市汉滨区地方税务局
陕西省高速公路建设集团公司白泉分公司石泉管理所
宁陕县人民法院
岚皋县地方税务局
岚皋县档案史志局
中国移动通信集团陕西有限公司白河分公司
陕西白河县农村商业银行股份有限公司
汉阴县人民政府（机关）

十、省级文明镇

石泉县城关镇
镇坪县城关镇

十一、省级文明村

汉阴县城关镇中坝村
紫阳县高桥镇兰草村
岚皋县石门镇松林村
平利县老县镇马安山村

十二、省级文明校园

汉阴县漩涡镇中心小学
石泉县池河中学
宁陕县城关初级中学

十三、省级文明社区

汉滨区老城办事处西关社区

十四、陕西省未成年人思想道德建设先进单位

汉滨区培新小学

十五、陕西省第一届文明家庭

汉阴县查振坤家庭
平利县陆彩凤家庭

十六、全省最佳志愿组织

安康市儿童发展促进会

十七、全省最美志愿服务社区

白河县城关镇清风社区

十八、全省最佳志愿服务项目

旬阳县义工家园“‘手暖手’关爱留守儿童·4+1周末营养餐”项目
汉滨区老城办事处志愿服务总队“保护母亲河”志愿服务项目
安康义工联合会“阳光助教”项目
安康市国税局志愿服务队“无偿献血”志愿服务项目

安康市2017年获国家、陕西省表彰精神文明建设先进个人名单

一、第六届全国道德模范提名奖

周云康　安康汉江志愿者救生队队长

二、2017年全国媒体特别关注孝心少年

梁生霞(女)　紫阳县焕古镇中心学校九年级学生

三、中国好税官

崔义胜　汉滨区国税局干部

四、陕西省美德少年

唐明昊　汉滨高级中学初一年级一班学生

五、陕西省美德少年提名奖

罗金枝(女)　岚皋县城关第二小学六年级一班学生
储春晓(女)　旬阳县红军镇中心学校六年级一班学生
汪元辉　紫阳县汉王镇五郎小学五年级学生

六、"中国好人榜"上的安康人

王启武　白河县宋家镇光荣村村民(助人为乐)
张开莉(女)　宁陕县太山庙镇双建村个体商户(助人为乐)
付金亮　岚皋县公安局指挥中心副主任(敬业奉献)
刘海波　旬阳县段家河镇个体工商户(诚实守信)
黎　源　汉滨区农业局畜牧中心动物检疫员(见义勇为)
商　晓　宁陕县豪迈公司出租车司机(诚实守信)
郭乾芳(女)　汉滨区法院刑庭副庭长、少年庭负责人(敬业奉献)
周昌德　岚皋县蔺河镇草垭村五组组长(见义勇为)
季德寿　浙江省温州市永嘉县岩坦镇岩龙村民(诚实守信)(在宁陕创业11年)
王远菊(女)　汉阴县城关镇南街社区党支部书记兼主任(助人为乐)
吴祥义　平利县八仙镇狮坪村主任(诚实守信)

七、"陕西好人榜"上的安康人

刘海波　旬阳县段家河镇个体工商户(诚实守信)
陈承敬　旬阳县红军镇丰积社区个体工商户(孝老爱亲)
李扬阵　旬阳县金寨镇寨河社区居民(自强励志)
刘　泼　旬阳县金寨镇寨河社区居民(自强励志)
王庭德　旬阳县铜钱关镇安然寨村村民(自强励志)
郑永庆　平利县粮食局油脂公司退休职工(诚实守信)
王远菊(女)　汉阴县城关镇南街社区党支部书记兼主任(助人为乐)
商　晓　宁陕县豪迈公司出租车司机(诚实守信)
陈英彩(女)　紫阳县双桥镇中良村村民(孝老爱亲)
张金龙　安康市平利县大贵镇嘉峪寺村村民(见义勇为)
季德寿　原宁陕县火地塘胶合板厂厂长(诚实守信)
李世斌　安康市平利县农业技术推广中心副主任、高级农艺师干部(敬业奉献)
蒲志伟　安康市人民医院口腔科医生(见义勇为)
朱忠乾　安康市紫阳县高桥镇深磨村三组村民(自强励志)
吴祥义　安康市平利县八仙镇狮坪村村主任(诚实守信)
杨　佩(女)　安康市平利县兴隆镇蒙溪街村民、深圳市亿美康实业有限公司创始人(自强励志)
邹阳阳　安康市平利县公安局广佛派出所民警(见义勇为)
黄玉滋(女)　安康市平利县城关镇东关村村民(孝老爱亲)
李　勇　安康市平利县女娲永和餐饮管理有限公司总经理(助人为乐)
熊隆宝　安康市白河隆勋农林实业发展有限责任公司总经理(诚实守信)
陈兴隆　西安铁路局安康机务段汽车司机(见义勇为)
吴　祺(女)　安康市平利籍国家残奥队游泳运动员(自强励志)
何志军　白河县中医医院院长(敬业奉献)

八、入选中国文明网"好人365"栏目宣传展示

王启武　白河县宋家镇光荣村村民(助人为乐)
张开莉(女)　宁陕县太山庙镇双建村个体商户(助人为乐)
付金亮　岚皋县公安局指挥中心副主任(敬业奉献)
郭乾芳(女)　汉滨区法院刑庭副庭长、少年庭负责人(敬业奉献)

九、入选陕西文明网"陕西好人秀"栏目宣传展示

郭乾芳(女)　汉滨区法院刑庭副庭长、少年庭负责人(敬业奉献)
王庭德　旬阳县铜钱关镇安然寨村村民(自强励志)
刘　泼　旬阳县金寨镇寨河社区居民(自强励志)
商　晓　宁陕县豪迈公司出租车司机(诚实守信)
季德寿　原宁陕县火地塘胶合板厂厂长(诚实守信)

县　区

汉 滨 区

中共安康市汉滨区委
书　记　王孝成
副书记　范传斌　王怀中
常　委　王孝成　范传斌　王怀中
　　　　罗本军　王顺利　胡小军
　　　　郭正锋　罗俊康　荆　钟
　　　　孟高峰　王　苗（女）
　　　　黎晓峰（挂职）
　　　　沈　涛（挂职）
　　　　孙自余（挂职）
安康市汉滨区人大常委会
主　任　李森文
副主任　陈兴庆　马晓正　马泽言
　　　　郭放军
安康市汉滨区人民政府
区　长　范传斌
副区长　罗本军　荆　钟
　　　　黎晓峰（挂职）
　　　　沈　涛（挂职）
　　　　孙自余（挂职）
　　　　缪红艳（女）　蒋　平
　　　　冯荣平　祖白云（女）
　　　　崔洪亮（挂职）
　　　　毕宗让（挂职）
　　　　黎　想（挂职）
政协安康市汉滨区委员会
主　席　李建飞
副主席　熊建华　周裕厚　吴双有
　　　　李　萍（女）　马安武
中共安康市汉滨区纪律检查委员会
书　记　王顺利

◎区情简介　汉滨区位于陕西省东南部、汉江上游，是安康市委、市政府所在地，处安康市中心位置，东临旬阳，南接平利、岚皋，西连汉阴、紫阳，北邻宁陕和镇安，区境东西最宽处110公里，南北最长处310公里。汉滨区为典型的“两山夹一川”地貌，北依秦岭，南接巴山，凤凰山东段坐落于汉江、月河之间，以月河为界，北属秦岭山地，南为巴山余脉。地势南北高，中间低，地貌主要为宽谷盆地、低山和中山，海拔在210米至2141米之间。全区总面积3646平方公里（中心城市规划面积160平方公里，建成面积45平方公里），辖25个镇4个办事处、395个村100个社区，2017年末总人口1012818人（常住人口880373人）。历史文化悠久。秦惠文王时始置西城县，西魏时因盛产黄金取名金州，明万历年改称兴安州，清乾隆四十八年（1783）称安康县。新中国成立后设安康县，1988年9月撤县设县级安康市，2000年12月安康地区改市，撤市设区，改称汉滨区。历史上大部分人口为明末清初湖广移民，除汉族外，还有回族、满族等18个少数民族。地方文化深受移民文化影响，在风格上融南汇北、包融东西、特色鲜明，安康地方文化的代表汉调二黄已在汉滨传承400余年，2005年被确定为国家首批非物质文化遗产代表作。交通优越便捷。汉滨区地处成渝、江汉、关中三大经济区域的几何中心，是连接西北、西南、华中的重要交通枢纽。阳安、襄渝、西康3条铁路和316、210、207等5条国、省干道穿境而过，包茂（包头—茂名）、十天（十堰—天水）、银百（银川—百色）、麻安（麻城—安康）、安来（安康—来凤）5条高速公路在城区周边交汇，西康高铁即将开工建设，迁建的安康机场将于2018年9月实现首飞。生物资源丰富。境内森林覆盖率66%，有生物资源4000多种，具有经济价值的植物资源2000余种，素有“天然生物资源基因库”“中药材摇篮”和“丝麻耳棓之乡”的盛名。同时也是全国最大的天然富硒带，全部国土均含有机硒，已建成富硒猪肉、茶叶、核桃、蔬菜、魔芋等生产基地。绿色富硒食品享誉省内外。矿产资源富集。矿产资源十分丰富，现已探明具有开采价值矿藏27种，金红石、重晶石储量居全国前列，石英、铁矿、富硒矿泉水品质国内稀有，已开发的重晶石系列产品成为国内各大油田的重要生产原料。水力资源充沛。境内河流纵横，沟溪密布，长江最大支流汉江在区境流径110公里，流经面积5平方公里以上河流210条，流经面积100平方公里以上的河流17条。水质保持在国家地面水环境质量Ⅱ类标准以上。是国家南水北调中线工程的重要水源涵养地。旅游资源独特。境内有瀛湖、香溪洞和双龙景区3个国家AAAA级景区，安康历史博物馆1个国家AAA级景区，凤凰山森林公园、龙王山2个国家AA级景区。具有较高开发价值自然景观18处、人文景观22处、古文化遗址17处。2017年，全区累计接待游客641万人次，实现旅游综合收入34.74亿元。

◎经济概况　2017年，汉滨区实现生产总值290.92亿元、增长9.0%，其中，第一产业增加值24.74亿元、增长4.9%；第二产业增加值126.58亿元、增长11.6%；工业增加值79.48亿元、增长15.4%；第三产业增加值139.60亿元、增长7.4%；三次产业占比为8.5∶43.5∶48。非公经济增加值占GDP比重52.2%。完成财政总收入23.11亿元，一般预算收入5.02亿元；一般公共预算支出52.88亿元、增长3.7%。完成全社会固定资产投资371.98亿元、增长21.2%，汉滨区固定资产投资244.84亿元、增长18.7%；完成社会消费品零售总额132.2亿元、增长13.5%，汉滨区社会消费品零售总额110.05亿元、增长13.0%；城镇居民人均可支配收入28569元、增长8.3%，农村居民人均可支配收入9311元、增长9.5%。

◎**农业经济** 2017年，全区完成农林牧渔业总产值42.15亿元、同比增长4.9%，实现农林牧渔业增加值25.23亿元、同比增长4.9%。全年完成粮食播种面积79.6万亩，粮食总产量21.28万吨；油料播种面积28.43万亩，总产量4.53万吨；蔬菜种植面积28.85万亩（其中魔芋种植8.05万亩），蔬菜总产量46.01万吨；中药材种植面积4.09万亩，产量3.99万吨；园林水果面积15.85万亩，产量6.62万吨；茶园面积14.92万亩，产量4481吨。全区生猪饲养量达到113.56万头，生猪出栏65.33万头，存栏48.23万头，肉类总产量5.78万吨。全年新发展现代农业园区51个，现代农业园区总数达到166个，申报培育市级农业园区14个；培育市级农业龙头企业10家，市级以上龙头企业达到46家；新发展农民专业合作社373个，农民专业合作社累计达到1556个，其中国家示范社4家、省级百强社5家、省级示范社17家、市级示范社48家；当年新培育认定家庭农场45个，累计培育认定145个，其中中省级4个、市级37个；培育新型职业农民530人。

◎**工业经济** 2017年，完成规模工业总产值286.88亿元、增长21%，辖区完成规模工业增加值77.44亿元、增长15.7%。工业集中区加快建设。建设标准化厂房5.5万平方米，陕建集团装配式建筑PC构件等16个项目入园建设，闽泰服饰等10个项目竣工投产；新增千万元以上入园企业15家，入园企业达到138户；完成工业总产值160.5亿元，实现工业增加值20亿元；带动群众就业1.82万人。工业企业稳步发展。2017年，全区共申报“四上”企业108户，超任务77户，位居全市第一，“四上”企业已成为经济发展的重要支撑；新增规模以上工业企业17个，区属规模以上工业企业数量达到86个；区属规模工业总产值135.67亿元、增长16.8%。支柱产业持续壮大。富硒食品、生物化工、新型材料、装备制造、清洁能源五大支柱产业实现产值254.46亿元，产值占比达88.7%、增长18.8%，其中，清洁能源产业完成总产值35.10亿元、增长11.5%，富硒食品产业完成总产值71.54亿元、增长14.9%，新型材料产业完成总产值69.52亿元、增长11.9%，装备制造产业完成总产值38.87亿元、增加79.3%，生物化工产业完成总产值39.42亿元、增长7.4%。生态旅游发展迅速。茨沟峡谷漂流、大同陕南民俗第一村等旅游项目建成运营；双龙国际生态旅游度假区二期项目加快建设，创建国家AAAAA级景区正式启动；安康汉水民俗文化生态旅游度假村（安康院子）完成项目投资6150万元；牛山—鱼姐河生态旅游景区、流水镇七里旅游示范村和旅游扶贫“十镇十村百户”等项目建设扎实推进，洞沟农业文化生态园、秦巴水街·百家姓文化园项目开工建设，实施农家乐改造提升工程11户；安康博物馆通过国家AAA级景区评定。举办了月河川道农业旅游观光、双龙“茶旅小镇”、茨沟峡谷漂流暨茨沟水街开园、秋季赏红叶等文化旅游推介活动。全年接待游客641万人次、同比增长12.18%，实现旅游收入34.74亿元、同比增长17.25%。电子商务后发赶超。建成区级电商服务中心，安康扶贫空间汉滨馆建成运营，衡一国际、塞为斯、好又多3家电商公司和48个镇村服务站点投入运营，阿里巴巴等30家电商企业进驻汉滨，完成电商培训1680余人；全国电子商务进农村综合示范县启动创建；全年完成电子商务交易额3亿元，实现网络零售额1.2亿元。

◎**固定资产投资** 2017年，完成全社会固定资产投资371.98亿元、增长21.2%，汉滨区固定资产投资244.84亿元、增长18.7%；完成区属固定资产投资209.8亿元，增长18.7%。项目投资。500万元以上项目347个，其中新开工229个。完成投资229.06亿元、同比增长22%，占全社会固定资产投资比重的93.6%。工业投资。全年完成投资34.8亿元、同比增长14.3%。产业投资。第一产业完成投资33.97亿元、增长72.3%，第二产业完成投资34.8亿元、增长14.3%，第三产业完成投资176.03亿元、增长12.8%。

◎**重点项目** 139个区级重点项目累计完成投资147.2亿元，超平均进度7个百分点。重点项目加快建设。139个区级重点项目中，续建项目68个、改扩建项目5个、新建项目66个，其中闵泰服饰、悠源魔芋等44个项目竣工试产或建成投用，豫德新型建材、恒大御景半岛等68个项目达到或超过预期进度；市级考核项目27个，累计完成投资27.2亿元，超平均进度52个百分点。前期项目有序推进。依托城东新区、五里工业集中区、现代农业园区等载体，在产业项目上“强链”，在基础设施项目上“成网”，在民生项目上“补短板”，高水平策划包装项目，104个重点前期项目中，已有11个项目完成前期手续办理，其中西北纺织服装城产业园、陕建集团装配式建筑PC构件生产线、绿色环保建筑骨料生产线等单体投资2亿元以上的产业项目开工建设。切实强化项目建设管理。坚持实行重点项目包抓领导、主管部门、责任干部、项目业主、施工单位“五位一体”责任制，着力解决项目用地、资金、环境等突出问题，保障项目顺利推进；实行重点建设项目月通报、季督查、半年和年终考核机制，及时掌握、通报、研判项目建设的困难和问题，对项目推进中的手续办理、土地征收等具体问题，由区政府分管领导牵头，逐个到现场召开办公会、联席会，一线协调解决问题，确保项目加快推进。狠抓项目建设环境保障。围绕重点项目建设，扎实开展建设环境专项整治，严厉打击村霸、沙霸、路霸等妨碍项目建设的违法行为。全年累计破获“五霸”案件20余起，查处党员干部妨碍项目建设违法行为30余起，有力地保障了重点项目顺利推进。

◎**财政金融** 2017年，全区完成财政总收入23.11亿元，较上年同期增长1.7%；完成一般公共预算收入5.02亿元，同口径增速在全省29个城区中位列第一方阵，其中税收收入占比达71.67%，税收占比居全市第一。努力扩大财政收入。积极向上汇报争取，全年新增地方政府债券资金9562万元，新增转移支付补助17508万元；不断加强经营性国有资产规范管理，全年完成资源性资产收益2963万元；完善非税收入管理，全年完成非税收入14226万元，占一般预算收入的28.33%，收入质量大幅提升。全力保障民生投入。按照民生支出优先安排、超前支出的原则，统筹财力配置，把有限的财政资源优先用于民生建设和社会事业发展。全年民生支出达到46.63亿元，占一般公共预算支出的88.18%，其中教育投入资金14.30亿元，占一般公共预算支出的27.04%。财政改革稳妥推进。成立汉滨发展投资集团有限公司，完成融资授信3亿元，杠杆“撬动”效应凸显；组建了财信融资担保公司汉滨分公司，积极培植财源，加大对中小企业扶持力度，全年为辖区企业提供贷款担保45笔，担保金额2.6亿元；积极盘活财政闲置沉淀资金，推进政府债务管理逐步规范。金融事业健康发展。金融资金支持地方经济发展力度进一步加大，金融机构各项存款余额591.31亿元，较年初增加73.26亿元，增长14.1%；金融机构各项贷款余额343.74亿元，较年初增加36.94亿元，增长12%。汉滨区农村信用合作联社正式改制安康农商银行，荣泰粮业在新三板挂牌上市，城投债券发行进展顺利。

◎**招商引资** 全年新引进招商项目42个，到位省际资金65.17亿元、超市考任务30.34%。扩大宣传推介，提升汉滨知名度。结合新趋势、新布局、新结构，策划包装50个重点招商项目；充分利用“西洽会”“旅博会”“农高会”“欧亚博览会”“港、澳、粤活动周”等会展平台，大力宣传汉滨特色、推介汉滨优势、促进项目合作，汉滨区富硒魔芋产业发展、绿色环保建筑骨料加工生产线、安康空港茶业观光示范园、军民融合等一批重大项目签约落地。灵活招商方式，扩大招商范围。综合运用驻地招商、“小分队”招商、叩门招商、推介招商、以商招商、乡情招商等形式，先后开展各类招商推介和项目对接活动30余场次，争取意向投资线索项目20余个，签订战略性框架合作协议2个，签约合同及协议项目15个。阿里巴巴、西安恩杰恩等一批国内知名企业入驻汉滨。紧紧抓住苏陕协作交流契机，积极开展赴常州推介和邀请常州党政企代表团赴汉滨考察等双向交流对接，江苏亚邦集团中药材种植、江苏田娘农业科技有限公司年产20万吨富硒生物有机肥、江苏三毛教仪成套设备有限公司教体装备产业园、江苏中洲文化传播网络文化合作等项目成功签约。强化服务保障，力促项目落地。出台了《汉滨区鼓励投资和企业发展扶持措施》《重大项目联席会议制度》等政策，从政策方面给予招商引资企业优惠和支持。同时，在项目选址、项目建设、环境保障等方面加大服务协调力度，千方百计促落地、促投产、促达效，改善营商环境，使“安商、富商”真正落到实处。加强队伍建设，提升招商软实力。通过典型示范、外出学习、交流讨论等形式，不断提升招商队伍的业务能力和水平；落实首问负责制，采取谁对接、谁负责、谁跟踪、谁协调、谁落实的全过程对接模式，着力提高招商干部宣传推介能力、衔接服务能力、协调落实能力。

◎**国企改革** 组建了汉滨区发展投资集团有限公司、安康市财信融资担保公司汉滨分公司、汉滨区五里工业园区投资公司、汉滨区扶贫开发投资有限公司、汉滨区资产收益扶贫运营管理公司，汉滨区农村信用合作联社正式改制安康农商银行。

◎**主导产业建设** 全区生猪饲养量113.56万头，其中出栏65.33万头、存栏48.23万头；猪牛羊出栏总量85.46万头（只），肉类总产量5.78万吨。新发展核桃3.1万亩、茶叶2.2万亩、拐枣4.1万亩、枇杷0.1万亩、猕猴桃0.2万亩、油茶0.55万亩、柑橘0.1万亩，全区核桃、茶叶等经济林果园面积达到120万亩。着力打造名优产品，“陕茶一号”获得“国家植物新品种权证书”、被陕西省政府作为唯一的茶叶适生优良品种在西安、兰州、杨凌等地进行推广。林禽养殖200万余只（头）。全年发展水产养殖面积1.09万亩，投放各类鱼种1200万尾，巩固发展池塘健康养殖4756亩；发展大鲵繁育企业6家，养殖大鲵苗种5万尾；培养发展小龙虾、南美对白虾等特色水产养殖2户，水产品产量3100余吨，渔业经济总产值1.21亿元。

◎**城镇建设** 围绕中心城市、副中心镇、重点镇、集镇社区等城镇建设发展重点，着力提高城镇化水平，城镇化率达到55.1%、提高1.6个百分点。城市建设取得新进展。主动担当、自加压力、积极作为，“两违”管控覆盖城区4办及周边10镇，依法管控970户、拆除违建17万平方米，有效遏制了“两违”蔓延势头；中心城区和重点项目征收土地9021亩、房屋3119户，保障东坝汉江大桥、滨江二期建成竣工，旬阳电站、安岚高速、北环线、长春路和城区棚改等20多个重大项目加快实施。主动落实“拆公还公”，完成原区交通局、工商局办公区域公产腾退，累计腾退区级公产5家、土地13.38亩、房屋1.6万平方米。“五城同创”持续深化，建成一批国卫、健康、创森等示范点，高井、中渡等4个临时便民市场建成投用，顺利通过国家卫生城市复审，国家森林城市正式命名，入选中国养老城市50强、全国低碳试点城市。安康机场、阳安二线、阳安直通线征迁安置和“两违”管控、森林城市创建受到市委、市政府表彰。城东新区建设快速启动。规划编制有序推进，首批包装项目30余个，黄洋河湿地公园等5个项目开工建设，集中供水等13个重点项目启动实施，储备土地1500亩，与绿地集团等多家大型企业达成合作意向。镇村建设取得新成效。

"五镇十村"、2个副中心镇及7个区级重点镇完成投资13.7亿元，超进度5.4个百分点，五里、流水两个副中心镇完善了镇规划体系，县河、流水和谭坝松坝、流水七里、牛蹄凤凰村美丽乡村建设顺利推进，双龙镇龙泉小镇汉水韵茶厂初具规模，流水镇星火传奇生态度假区项目建成了枇杷采摘园200亩，五指莲花生态开发区项目建成了茶园800亩，村庄规划覆盖率达到70%，石转双柏等6个村入选国家传统村落。

◎**保障房建设和移民搬迁** 加快推进瀛湖镇阳坡村仓房片区、五里镇西桥片区等棚户区改造项目建设，全年共实施1850套；完成4090套公租房分配工作，450户租赁补贴任务已全部完成。2016年实施的1.94万户7.3万人安置房全部建成，达到入住条件1.7万套，入住1.66万户；完成2017年6594户2.01万人安置房建设任务，其中避灾生态搬迁1000户3500人，现已入住3500户；打造"以业促搬"示范区7个，提供搬迁贫困户就业岗位900余个；探索创新移民搬迁社区就业体系，引进2个大型企业，建成社区工厂16家，解决搬迁群众就业1000余人；累计完成旧宅腾退3000亩。

◎**交通建设** 加快道路交通建设。顺应群众期待，加压超前实施，投资超过10亿元，建成牛蹄对外公路、沈坝枫树河桥，完成大紫路、平旬路汉滨段路基工程，开工建设付黄路、洪石路、五富路、晏洞路、中原北大桥、紫荆沙坝桥、坝河集镇桥和双龙龙泉湾桥，完成道路完善工程160公里、安全防护工程207公里；建设155个村1218公里村组道路，城乡交通条件进一步改善。加强农村道路养护。创新机制，强化管理，实现全区941条3886公里农村公路日常养护；投入资金2000余万元，对秋淋灾害造成的水毁道路进行抢修，清理塌方18万余立方米，浆砌档护4.5万余立方米，修复破损面板2.5万余平方米，安装警示标牌800余处，将灾害损失降到最低程度；投入专项资金500万元，对叶恒路、东五路、张坝路、库迁路等359处安全隐患进行了治理，有效消除了道路交通安全威胁，保障了农村公路安全通畅；投入资金270万元，修复治理叶恒路、洪牛路等安全隐患100余处，安装波形护栏8000余延米。强化运输安全管理。规范公路、水上营运市场监管，整饬运输市场秩序，完成水上客运量22.5万人次、水上客运周转量45.1万人公里。培植规模以上交通物流企业2户，打造精品线路2条，加强"两客一危"运输企业卫星定位系统日常使用和监管，开展客、货运输企业及客运站服务质量信誉考核，开展非法营运专项整治行动，全区公路运输市场秩序井然，运输能力大幅提升。

◎**脱贫攻坚** 坚持以脱贫攻坚统揽经济社会发展全局，进一步提高政治站位，加强组织领导，精细精准实施，各项工作扎实推进。全面完成扶贫对象核实和数据清洗，精准识别贫困户41094户128761人。调整充实区镇村三级帮扶干部，整合"四支队伍"239支，党员干部深入村户开展包片联镇驻村帮户，万名党员干部结对帮扶4.08万贫困户；密切联系中、省、市帮扶单位，广泛开展"百企帮百村"活动，贫困村、贫困户结对帮扶实现全覆盖。筹集各类扶贫资金20亿元，加快推进路、水、电、房等项目建设，提高城乡低保标准、贫困户住院报销比例、危房改造及村组道路补助标准，确保了攻坚质量，实现23个贫困村4110户15944人脱贫。顺应群众期待、着力弥补短板，争取政策性贷款和中省项目资金5.8亿元，两年建设村组道路1218公里，超前实施125个村。投入9400万元，实施安全饮水项目209个，覆盖70个贫困村。投资8200万元，完成92个贫困村动力电改造和33个村农网改造。投入3亿元的光伏扶贫项目加快推进，开工建设13处40兆瓦。投入8.5亿元，5399套移民搬迁安置房全部竣工，1578户危房改造验收入住。投入产业发展资金3.09亿元，加快发展特色产业，带动2.76万贫困户增收。筹资3608万元，建立了健康扶贫"多重保障"、一站式结算报销、市外住院预付费周转金和资助贫困户参保等制度，贫困人口住院合规费用报销达到省定标准。发放资金3350万元，资助贫困学生4.5万人次。培训贫困人口6604人次，贫困劳动力转移就业5.8万人；设立生态护林员、江河护河员等公益性岗位2873个，建成社区工厂16个，120户工业企业助力脱贫攻坚，一大批群众实现就近就业增收。新民风建设不断加强，评选脱贫标兵、致富带头人、道德模范等各类典型600余人。苏陕扶贫协作和七堰片区脱贫攻坚创新、金融扶贫、旅游扶贫试点等工作扎实推进。在项目实施和工作推进过程中，积极探索扶贫工作新思路，教育扶贫"345模式"、工业企业助力脱贫攻坚、新民风建设、"三变"改革被中省多家主流媒体宣传推介。

◎**社会保障** 坚持以人为本，健全完善社会保障体系，切实提高保障能力和水平。社会救助方面。实施城乡低保提标，城市低保标准由465元/人·月提高到505元/人·月，月增加40元；农村最低生活保障标准从3015元/人·年提高到3470元/人·年，年增加455元，全年发放农村低保金9340万元、城市低保金4158万元、五保供养资金4500万元、孤儿生活补助280万元、三类伤残民兵补助金980万元、大学生资助资金73.5万元、残疾人两项补贴1604万元、临时救助资金1400万元，民政大病医疗救助1.86万人次，发放民政救助资金3450余万元，为低保、五保、重点优抚对象缴纳合疗（医保）800余万元，发放贫困户患者医疗兜底救助资金1700余万元，困难群众基本生活、医疗得到有效保障。社会养老方面。以生态健康养老"五个十"标准化创建为抓手，建成鲁家村生态健康养老示范园区、县河敬老院医养结合试点和6个社区日间照料中心、30个农村互助幸福院，完成吉河区域敬老院建设，区级老年公寓主体完工，启动老城民族福利院和早阳区域敬老院建设。大力开展养老服务质量建设专项行动，24所敬老院实现集中供暖，汉滨区中心敬老院"三心"服务模式在全市得到推广。优抚安置方面。安置转业士官34名、退役安置遗留人员262名，妥善解决了多年来退伍军人安置遗留问题，受到省民政厅通报表彰。及时足额发放各类抚恤补助、家属优待金、安置补助资金9000余万元，解决了重点优抚对象“三难”问题，有培训意愿的退役士兵全部参加了免费教育培训。社会保险方面。城乡居民社会养老保险参保362079人，参保率达到99.17%，待遇发放率100%；城镇居民和城镇职工基本医疗保险参保124637人；顺利完成恒口镇被征地农民参加企业职工养老保险试点，惠及5119人；全面完成汉滨区全民参保登记工作，共参保登记223922人。稳步推进机关事业单位养老保险制度改革，全区参保单位225家共计23489人，预缴养老金及职业年金2.98亿元，发放退休人员养老金4.7亿元，基本实现了社会保障从政策全覆盖到人群全覆盖。就业创业方面。开发生态护林员、江河护河员等公益性岗位2873个，主要用于解决无业可扶、无法离乡、无力脱贫的“三无”贫困户就业问题。转移劳动就业58049人，产业技能培训11241人。扎实开展东西部劳务合作，以“两区四园一带”(恒口示范区和五里工业集中区，四家规模产业示范园和月河创业示范带）和就业孵化基地为支点，让更多的劳动者实现就地就近就业；建成诚鹏机电城、“梦想小镇”等创业就业、科技创新孵化基地，新增城镇就业6114人，免费技能培训6233人，再就业安置2522人，城镇登记失业率控制在2.8%以内；农村劳动力转移就业16.6万人，发放小额担保贷款1110户8703万元，带动就业14433人。劳动保障方面。组建汉滨区劳动人事仲裁院，探索“柔性办案”路径，为群众提供暖心、优质服务。全年受理各类劳动人事争议案件226起，审结率100%。率先在全区116家规模企业和29个镇办及相关区直部门建立劳动人事争议调解组织，将调解仲裁的触角延伸至一线，为群众提供“零距离”服务。组织开展农民工工资支付、劳动用工和社会保险、高温补贴发放、落实企业劳动合同制度等专项检查，检查各类用人单位1100余户，涉及劳动者2万余人，为农民工追回薪酬1960余万元。残疾人工作方面。规范办理二代残疾人证3613本，落实“两项补贴”对象18504人，发放补贴资金1605万元；投入资金25.2万元，对72户贫困残疾人家庭进行无障碍改造，适配残疾人辅具731件，实施残疾儿童康复训练28名，实施人工耳蜗救助3名、验配助听器27名，实施假肢装配20名；对1868名残疾人开展农村实用技术和职业技能培训；安置残疾人就业177名，落实残疾人公益性岗位就业31人，扶持残疾人创业17名，扶持150户贫困残疾人发展产业，带动残疾人就业245人；为322名重度残疾人开展托养服务，补贴资金77.6万元；对52名贫困义务教育阶段残疾学生给予资助；党员干部结对帮扶残疾人2135人。

◎**水利建设** 安全饮水工程。新建人饮工程101处，解决饮水困难人口6.27万人。在加强集中式供水工程管理的基础上，积极探索“供水协会+计量收费+管护补贴+贫困户”的贫困村供水工程管护模式，做到建管并重，确保群众饮水得到保障。重点水利建设。以汉江综合整治项目为重点，加快堤防工程建设，累计完成投资1.39亿元，安康城区西坝防洪工程完成形象进度51%，张滩集镇上段堤防工程完成形象进度45%；完成3座省级小Ⅱ型病险水库除险加固；完成农田改造600亩；新修水窖844口、渠道63公里、堰塘23口、堰闸13座、蓄水池37座、泵站39座、拦河坝64座。水利生态建设。完成坡改梯治理面积3500亩，实施清洁型小流域治理水土流失及面源污染6.45平方公里；培植打造了关庙镇龙须沟省级水土保持示范园；黄石滩水库省级水利风景区建设通过省水利厅专家现场考察评审。水资源管理。《汉滨区水资源综合规划》颁布实施，最严格水资源管理“三条红线”刚性约束作用凸显，全区用水总量控制在19803万立方米以内。河道管理。坚持日常动态巡河，发现问题及时处理，全年共现场纠违100余次，下达《责令停止违法行为通知书》60余份，查处无证采砂场5户，扣押机械零部件20余件（套），拆除分筛台2座，清除弃料堆体18余处10万立方米，回填坑潭、河槽20余处，拆除违建工棚3间，挖毁或封堵排污管道5条，有效遏制中小河流乱挖滥采行为。水行政执法。大力开展涉河违法行为专项整治和河道综合整治行动，立案37件、办结31件，有力打击了河道违法违规行为。

◎**社会事业** 民生事业投入46.63亿元，占财政一般预算支出的88.18%。教育工作。全力推进义务教育均衡发展创建，按照“高中城区化、初中区域化、小学（幼儿园）集镇化（社区化）”的原则，修订了《汉滨区教育资源布局规划方案》，将全区322所中小学整合规划为169所；完成项目投资4.47亿元，汉滨高中初中部与兴安初中顺利整合，建成汉滨初中、江南小学等104个校建工程，江北高中、枣园九年制等58个校建工程开工建设，完成城区教育资源提升项目工程1.18万平方米，实施关庙中学改扩建工程；投入1.6亿元落实13年免费教育，营养餐覆盖农村义务教育阶段4.97万学生。探索教育教学改革新思路，组建农村（片区）大学区，实行大学区帮扶机制；推进中小学招生制度改革，将重点高中招生指标向辖区薄弱初中倾斜，促进城乡初中教育均衡发展。强力推进教科研工作，实施有效课堂，打造高效课堂，积极做好新教育实验，组织开展教师“三笔一话一技能”大赛活动，推动教师“专业+个性”多元发展。着力提升教育教学质量，2017年区属高中高考一本上线789人，比2016年净增99人、增长14.3%；二本上线2157人，比2016年净增355人、增长19.7%；全区初中升高中测评人均总分363.2分，比2016年提高17.2分。构建各类教育协调发展机制，大力支持中职教育和民办教育发展，深化产教融合、校企合作，激发职业教育办学活力；民办教育发展势头良好，2017年审批设立民办幼儿园14所，认定普惠性幼儿园5所，全区普惠性幼儿园占比达48.6%。狠抓教师队伍建设，全年新招聘教师171名，面向全市为城区中小学公开选调教师107名，培训教师5785人次；评选表彰区级教学能手150名，获得市级教学能手31名、省级教学能手16名。严格落实好乡村教师生活补助、农村学校教师工作补贴政策，关爱关心教师，稳定农村教师队伍。体育工作。加强对学校体育、群众体育的指导与管理工作，保证学生每天1小时的校园阳光体育活动，成功举办了“汉滨区中小学生田径运动会”。卫生工作。区一院门诊住院大楼建成竣工，区三院住院大楼主体完工，卫生服务大厦（区妇幼保健院）开工建设，沈坝、小关、双龙、紫荆、马坪、牛蹄6所卫生院综合楼和42个村标准化卫生室建成投用。2017年全区参加新农合人数748257人，参合率为99.65%，在市、区、镇三级医疗机构及政务大厅设立了医疗保障“一站式”结算报销窗口，覆盖率及即时结算率达100%，被国家卫生计生委确定为“新农合支付方式改革国家级联系点”。公立医疗机构药品全部实行网上采购；深入推进医联体、对口支援、分级诊疗工作，所有镇办卫生院与二级医疗机构建立医联体关系；深化区级公立医院综合改革，在区二院开展建立事业单位法人治理结构和治理机制建设试点。落实了区级公立医院人事编制备案管理工作，建立了区级公立医院新聘专业技术人员信息台账。区级公立医院门诊人次、住院人数较2016年同期分别增长7.56%、2.9%，手术例数较2016年同期增长1.92%。家庭医生签约服务“茨沟模式”受到中省主流媒体高度关注，茨沟镇中心卫生院荣获“全国卫生计生系统先进集体”；医养护一体化家庭医生签约服务深入推进，成立签约服务团队53个，参与签约服务医生148人，签约重点人群43383人；成功创建国家慢性病综合防控示范区和全省基层中医药工作先进单位。依托红十字会项目，免费筛查和救治儿童先心病患儿112例、白内障贫困患者47例。计划生育工作。全区符合政策生育率99.7%，出生人口性别比107，全员人口信息数据更新95%以上。区镇村三级卫生计生资源全面整合，计划生育工作稳步推进，27个镇办“精细化管理”通过验收，10个社区被省市命名为“网格化管理示范社区”，200多个村（社区）被评为“计划生育村民自治示范村（社区）”。认真落实计划生育奖扶政策，国家奖扶确认5293人，独女户奖扶确认351人，发放各类奖扶资金351万元；争取上级计生协会项目资金100余万元，在洪山镇、晏坝镇建成油茶基地、种植茶园、农副产品加工坊等计生家庭创业示范点4个；创建流动人口基本公共卫生计生均等化服务示范镇办4个。文化事业。公共文化服务设施建设扎实推进，区文化活动中心项目启动实施，创建基层文化服务中心116个，新建村级活动场所30个、百姓大舞台50个；配送村级文化器材340套，总价值380万元，实现全区村、社区全覆盖；开展各类群众文化活动502场次。完成电信普遍服务试点工程243个行政村；建立区应急广播指挥中心，在29个镇办35个村试点完成“百县万村”应急广播建设工程。完成农村电影放映5076场次。文艺创作持续繁荣，创排汉调二黄现代戏《风雨赵家楼》参加第八届陕西省艺术节展演，获“文华剧目奖”；组织举办“秦巴秘境·茶旅双龙”“观月河花海·游民俗乡村·品陕南美食”等系列文艺创作大赛和书画摄影展览活动。非物质文化遗产保护成效显著，安康采莲船、安康道情等8个项目的16位传承人被公布为区级代表性传承人，安康火龙、王彪店黄酒被列为市级非遗生产性保护项目，完成了第六批省级非物质文化遗产项目申报工作。实施西药王殿戏楼等3处县级文物保护单位的修缮工作，完成恒口民俗博物馆、大河镇康氏家风馆、大同镇鲁家村村史博物馆、大竹园镇七堰社区村史博物馆建设。国家文化先进县建设通过省级复查。

◎**廉政建设** 压实“两个责任”，管党治党基础不断巩固。实施党风廉政建设季度点评、年度考核，强化结果运用，对工作落实不力、成效不明显的，及时约谈。实行责任清单式管理，督促镇办、区直部门全部建立“两个责任”清单。召开党（工）委书记抓党建述职点评会，对29个镇办和2个区直部门党（工）委书记抓党风廉政建设工作进行点评。严把选人用人政治关、廉洁关，及时回复党风廉政意见96人次。强力正风肃纪，党员干部作风持续好转。以开展集中查处违反中央八项规定精神问题专项工作为抓手，紧盯关键时间节点，持续明察暗访，严查违纪违规问题。全年组织开展明察暗访和专项检查8茬次，查处违反中央八项规定精神问题45件，党纪政纪处分46人，通报典型案件22起。扎实开展“为政不为”专项整治，累计督促整改问题60余项，处置问题线索50件，给予党纪政纪处分3人、组织处理6人。加强执纪审查，震慑作用切实发挥。全年处置问题线索780件，初步核实735件，立案283件，给予党纪政纪处分325人，立案数、处分人数同比增长18%、10%。执纪审查工作位列全市第一。坚持把查处侵害群众利益不正之风和腐败问题作为执纪审查的重中之重，全年立案217件，给予党纪政纪处分250人，曝光典型案例69起。科学把握“三个区分开来”，对8名在推动工作中出现失误和偏差的同志予以容错。深化“三化”建设，严格落实执纪审查“四项制度”，全区执纪审查规范化水平明显提升。践行“三个助力”，保障中心工作坚决有力。认真贯彻省市纪委“三个助力”专项部署要求，出台《汉滨区纪检监察系统落实“三个助力”加强监督执纪问责工作实施方案》，建立有奖举报、查处报告、专项巡察、明察暗访、通报曝光、联席会议等制度，层层加压抓落实。全年查处扶贫领域问题124件，党纪政纪处分151人、组织处理52人；查处环保领域问题293件，党纪政纪处分33人、组织处理163人；查处破坏市场秩序问题40件，党纪政纪处分44人、组织处理2人，对在“两违”整治中履职不力的2个部门进行约谈。开展巡察监督，利剑作用进一步彰显。全年组织开展巡察3轮，其中政治巡察2轮、专项巡察1轮，巡察12个镇办和9个区直部门，累计发现问题269个，督促整改197个；移交问题线索84件，立案11件，党纪政纪处分14人。探索建立的巡察对象“1+X”全覆盖、派驻监督与巡察监督“双结合”、述责述廉与巡察整改“双促进”三项机制，受到市委巡察工作领导小组肯定。强化宣传教育，思想防线不断筑牢。充分发挥反腐倡廉警示教育基地和基层廉政教育示范基地作用，加强党风廉政教育，接受警示教育干部群众2万余人次。深入挖掘本土优秀传统家规家训，精心打造大河康氏家风馆和老城家风馆。创新宣传教育形式，精心打造网站、微博、微信、手机短信、廉政文化公共传播平台“五位一体”的廉政宣教平台，构建起大宣教工作格局。深化机制创新，监督执纪工作水平有效提升。扎实推进镇办纪委直接监管村民监督委员会业务工作，全区495个村（居）民监督委员会全部达到“六有”标准。巩固深化“统派直管”改革成果，派驻机构“派”的权威和“驻”的优势有效发挥。创新建立述责述廉制度，开展分散述责述廉3次、集中述责述廉1次，7个镇办、2个区直部门党政主要领导进行述责述廉。建立实名信访举报办理反馈机制，实行“受理告知”“双向承诺”，群众满意度大幅提升。

◎**综合治理**　扎实开展社会治安综合治理和平安创建工作，社会治安满意率取得93.46%的历史最高成绩。信访维稳成效明显。全年受理群众来信来访3881件5984人次，总件次、总人次同比下降14.9%、1.9%。承办中省市要结果信访案件30件，按期报结率100%。自立案件9件，网信系统录入化解积案9件；听证评议完成5件；承办中央第十一巡视组“回头望”期间交办来访案件21件、来信案件28件，交办扶贫领域信访案件120件，全部按期报结。化解各类重点信访案件86件。组织社会力量参与化解信访突出问题，召开信访联席会议9次，研究重点信访案件65件次。积极引导转入司法程序58件，实行人民调解案件65件。受理群众来信（含市区长信箱、网上投诉、信访信息系统交办件）1864件，按期回复率96.5%。解决求决类信访问题2852件，现场答复及引导协调解决856件。圆满完成十九大、中省市区“两会”期间的安保维稳工作任务21次。汉滨区被省综治办、省信联办评为驻京劝返先进县区。社会治理不断强化。扎实开展“秦鹰”行动，专项整治“盗抢骗”“五霸”行为，对发生危害大、影响大的现行抢劫、入室盗窃等侵财性犯罪案件，做到闻警即动，快速反应，速战速决，及时快速打击现行犯罪，破获刑事案件1585起，打击“盗抢骗”专项行动成绩全市第一。扎实推进社会治安综合治理，成立8000名红袖章志愿巡逻队伍，在重要区域、重大节日、重要敏感时段重点巡逻，全面加强治安管控，切实降低发案率，提升破案率，不断增强群众的安全感。安全生产形势保持平稳。严格落实安全生产责任制，坚持一岗双责、党政同责、齐抓共管、失职追责，加大道路交通安全、食品药品安全、校园安全、建筑工地、非煤矿山、烟花爆竹等重点行业和领域监管，未发生较大以上安全生产事故。建成农村道路交通一级劝导站26个，建成微型消防站社区30个、重点单位81个，农村道路交通和消防事故大幅减少。区属建筑工地质量安全实现远程监控。查处食品药品违规违法行为180起，市级食品安全示范区启动创建。面对20年一遇的强秋淋天气，全力以赴开展防汛防滑和抗洪抢险救灾工作，实现了度大汛、救大灾、无伤亡的防汛救灾目标。

◎**精神文明建设**　社会主义核心价值观建设有力有效。持续强化公益宣传，在大街小巷、人员密集地段大型LED电子屏、楼宇电视播放“中国梦”公益广告；在交通护栏、透视围墙上制作安装社会主义核心价值观宣传灯箱、标语；在社区、居民小区围墙上绘制创建文明城市、厚德陕西公益广告墙体画；在公园、广场等地制作大型“讲文明，树新风”公益广告，发送创文宣传短信25次50余万条。全面加强公民思想道德建设。大力开展“道德模范”“好婆婆”“好媳妇”和“好人好事”评选表彰活动，评选表彰各级“五好文明家庭”“最美家庭”3000余户，“好婆婆”900余名、“好媳妇”1200余名。开展道德评议1500余场次，评选正面典型2685名，帮教转化后进典型852名，向“中国好人榜”发送好人线索2万余条；开展了第四届汉滨区道德模范暨第三届“最美汉滨人”评选活动，评选助人为乐类、见义勇为类、诚实守信类、敬业奉献类、孝老爱亲类、自强励志类道德模范48名、最美汉滨人12名；周云康荣获第六届全国道德模范提名奖。大力开展新民风建设。成立30余支新民风建设宣讲队伍，深入田间地头、村组院落，围绕“诚、孝、俭、勤、和”5个主题，大力开展新民风建设宣传。选拔公道正派、热心公益、经验丰富、德高望重的老党员、老教师、老干部、老军人、老贤达“五老”人员，通过组织修订“村规民约”、规范开展道德评议、领办督办红白喜事、参与矛盾排查调处、面对面谈心谈话等措施，对农村红白喜事大操大办、不尽孝道不讲信义、打牌赌博低俗娱乐等问题进行纠正规范。持续开展打击“五霸”、惩治“老赖”等一系列专项整治行动，有效遏制了社会不良风气，促进了社会文明和谐。深入开展文明创建工作。在中心城区37个社区开展了创文示范社区建设，社区环境明显改善，公共配套设施逐步健全，创文宣传氛围愈加浓烈，服务水平和群众满意度明显提高，市民素质全面提升。表彰精神文明建设先进集体112个，新推荐省级文明单位2个，9个省级文明单位标兵、省级文明单位（机关、学校、社区）和省级文明村被省文明办重新命名表彰；表彰奖励“美丽乡村·文明家园”示范社区10个、创文示范社区10个；评选表彰“十星级文明户”6.5万户。志愿服务建设进一步规范。围绕创文工作，组织文明交通引导、保护母亲河、服务体育赛事、春节优秀民间文艺展演志愿服务活动、“春风行动”优秀志愿服务、典型表彰大会志愿服务活动等大型志愿服务活动5场次，参与志愿者2000余人次。组织开展“在职党员干部进社区点亮微心愿”活动，通过微心愿墙、社区微信公众号等载体征集、整理社区居民微心愿，党员干部积极认领、圆梦微心愿。在全市四个“最美”志愿服务表彰大会上，2人入选陕西省年度最佳志愿者，2个项目入选陕西省年度最佳志愿服务项目；16名志愿者、7个志愿服务项目、4个志愿服务组织、3个社区被评为全市最美志愿者、最佳志愿服务项目、最佳志愿服务组织和最美社区；表彰区级最佳志愿服务组织5个、最佳志愿者14名。扎实推进信用汉滨建设。坚持把“建设信用汉滨、打造诚信政府、优化投资环境”作为诚信制度化建设的重要内容，将诚信宣传贯彻创文宣传全过程，广泛开展各类诚信宣传教育活动，引导群众树立“以诚信为本，以失信为耻”的信用意识，通过“3.15”消费者权益保护日等主题宣传活动，提高群众对诚信建设和产品质量的关注度和认知度，鼓励群众通过12315热线、投诉举报等各种方式维护自身的合法权益。重拳打击规避执行的“老赖”，取得了良好的社会效果，有效维护了申请执行人的合法权益，促进了全区诚信化制度体系建设。未成年人思想道德建设不断加强。通过深入挖掘优秀传统文化和地域文化，将社会主义核心价值观根植于校园的物质文化、精神文化、制度文化、行为文化、廉政文化之中，不断创新实践，积极探索育人模式，走出了一条富有特色的教育内涵发展之路，不断加强未成年人思想道德建设。成功举办安康市（汉滨区）纪念五四运动98周年暨“不忘初心跟党走，追赶超越当先锋”千名新团员规范化集中入团仪式活动和汉滨区“红领巾相约中国梦听党的话做好少年”少先队主题队日活动。积极组织开展陕西省“美德少年”评选表彰活动，推荐候选人12名，唐明昊同学被评为陕西省2017年“美德少年”，培新小学荣获“陕西省未成年人思想道德建设先进单位”。

◎**生态环境保护** 污染减排。垃圾填埋场、污水处理厂运行逐步规范，中心城区污水处理率达92%，生活垃圾集中处理率100%。全年化学需氧量、氨氮、二氧化硫、氮氧化物四项主要污染物排放量分别为4403.35吨、729.64吨、1354.28吨、264.53吨，削减2.2%、1.6%、3.4%、1.72%，分别达年度目标任务的146%、109%、172%、123%。水污染防治。始终把“一江清水供津京”的政治责任扛在肩上，围绕工业点源、农村面源治理两个重点，深入开展水污染防治。配合市水务集团加快推进中心城市水环境PPP项目包装和建设，五里污水处理厂建设、江北污水处理厂提标改造工程完成主体施工和设备安装，开始进水调试，启动镇办污水处理PPP项目，中心城市生活垃圾场雨污分流与渗透液处理改扩建工程完成招投标，积极探索垃圾焚烧发电项目。定期对城区江南、江北排污口进行检查，强化对重点企业的监管和污染整治，取缔吉河禁养区内龙泰养殖场和20家养殖户，瀛湖网箱养殖清理规范全面启动。汉江出汉滨水质保持在国家《地面水环境质量标准》Ⅱ类标准，月河、吉河、恒河、黄洋河等支流水质全部达到水域功能区划标准，中心城区马坡岭（许家台）、红土岭集中式生活饮用水源地水质达标率100%。大气污染防治。扎实开展砖厂“冒黑烟”整治，所有页岩砖厂完成“四有一达标”，投入300万元用于页岩砖厂在线监测统一第三方运营维护。拆改燃煤锅炉41台，加油站油气三次回收改造21家，汽修企业挥发性有机物污染治理2家。大力整治露天焚烧秸秆、垃圾行为，划定重点禁烧镇办和区域，制作秸秆、垃圾禁烧宣传横幅200余条，通报露天焚烧秸秆行为300余起。扎实开展中心城区餐饮油烟污染整治，城区范围内夜市烧烤店基本完成清洁能源改造。安康中心城市环境空气质量优良天数316天，比2016年增加15天，PM2.5浓度年均值为41微克/立方米，比年度目标任务下降10.86%。生态建设。加快推进瀛湖生态治理项目建设，累计投资5亿元，完成29个项目建设任务。2016年度农村环境综合整治项目顺利通过省市验收，新建A2O工艺污水处理设施6处，铺设污水收集管网10490米，购置垃圾清运车41辆、车用垃圾箱227个、电动三轮保洁车46辆、户用垃圾桶4400个，完成投资1250万元，辐射26个镇办52个贫困村。植树造林19万亩，森林覆盖率达到65%，创建市级生态村4个；辖区生态环境质量持续向好，县域生态环境质量考核排名全省前列。环境执法。先后开展了页岩砖厂“四有一达标”、危废环境安全、执法大练兵等专项检查，累计出动执法人员550余人次，检查重点排污企业110家，依法查处环境违法行为86起，立案32起，下发《行政处罚决定书》32份，移交法院4起，移送公安1起，行政拘留1人。全力配合省委环保督察和中央环保督察整改工作，280件环境信访案件全部办结，查处违法排污企业300余家。受理各类环境信访投诉案件1263件，办结1116件，办结率88%。

◎**第十七届汉江龙舟节** 汉滨区在第十七届中国安康汉江龙舟节活动中，充分挖掘地方文化元素，以“我是汉滨人，我上龙舟节”和“亮绝活、展风采、圆梦想”为主旨，组织和发动民间文艺社团、社会组织、广大群众参与、参演、参赛，形成自下而上、城乡互动、好戏连台的群众文化活动景象。组织海选活动15场次，舞蹈、表演唱、腰鼓、杂技、说唱等600余个节目参与演出，近3万余名民间艺人纷纷登场亮绝活、展风采。在县区专场展演中，汉滨区“率先发展·龙头汉滨”专场演出以秦巴大地的汉水文化和汉水艺术为主线，以响彻金州的汉调二黄、现代歌舞、小场子、安康民间舞蹈以及锣鼓等15个形式多样的节目，充分展现了近年来汉滨区在经济、文化、旅游、产业等方面所取得的显著成绩，特别是在追赶超越、脱贫攻坚以及新民风建设等方面表现出“勇立潮头不畏难，率先突破谋发展”的魄力和胸怀。通过举办“我要上龙舟节”大型群众文艺节目展演活动，充分调动了干部群众参与文化、建设文化、创造文化的积极性，展示了人民群众文艺风采和人文汉滨底蕴魅力，形成“唱起来、舞起来、动起来、乐起来”的节日氛围，进一步增强了人民群众的文化自觉和文化自信，为建设美好汉滨聚集人气、提振精神、凝聚力量。

◎**文化产业建设** 出台了《汉滨区关于推进文化创意和设计服务与相关产业融合发展的实施意见》，鼓励支持文化企业创新发展、融合示范项目提质增效，推动全区34户规上文化企业发展壮大，规模以上文化企业营业收入增长46%，全年新增规模以上文化企业4户，文化产业增加值增长15.5%，超任务3.5%，位居全市第一。香溪旅游文化广场被命名为第六批省级文化产业示范基地。

◎**农业示范园建设** 全区已建设现代农业园区166个（当年新建园区51个），其中省级园区10个，市级园区55个（含当年新认定11个），出台了《汉滨区区级现代农业园区认定管理办法》，当年认定命名区级现代农业园区20个，实现省、市、区三级园区同步认定，推动了现代农业园区快速发展。现代农业园区当年流转土地2.5万亩，完成建设投资4.5亿元，实现产值16.3亿元。重点培育了阳晨、忠诚等航母型园区4个，通过阳晨等10个园区示范引领、大运等44个功能园区的提升、安泰丰等112个园区的重点建设，全年培育产值2000万元以上的园区26个，其中阳晨、忠诚、鸿盛、双龙4个园区产值过亿元。同时，加快全区富硒产业建设，全年新培育“陕茶一号”等知名商标6个；培育悠源食品等市级龙头企业10家，累计达到46家；新培育双龙陕茗茶限额批发零售四上企业1户，培育谷雨科技等限上商贸企业6户。新发展农民专业合作社373个，全区农民专业合作社累计达到1556个，其中国家示范社4家、省级百强社5家、省级示范社17家、市级示范社48家；新培育认定家庭农场45个，累计培育认定145个，其中中省级4个、市级37个；培育新型职业农民530人。

◎**畜牧产业** 以畜禽养殖标准化示范创建和阳晨生猪产业联盟为重点，狠抓畜牧养殖强村大户（场）带动和规模化、标准化生产，提升畜牧养殖水平。全区生猪饲养量113.56万头，其中出栏65.33万头，存栏48.23万头，猪牛羊出栏总量85.46万头（只），肉类总产5.78万吨，完成任务的103.3%。完成鸿盛、昌盛等10个产业联盟规范提升工作，鸿盛养殖场、昌盛养殖场创建为农业部标准化生猪示范场。

◎**特种养殖基地建设** 积极发展特种养殖，新发展林禽养殖户5户，养殖野鸡3.7万余只；发展梅花鹿养殖基地2家，养殖梅花鹿60余只；养殖果子狸3000余只、野猪75头。大力推广高山冷水养殖、健康池塘养殖和特色水产养殖，全年发展水产养殖面积1.09万亩，投放各类鱼种1200万尾，巩固发展池塘健康养殖4756亩；发展大鲵繁育企业6家，养殖大鲵苗种5万尾；发展小龙虾、南美对白虾等特色水产养殖2户，水产品产量共计3100余吨，渔业经济总产值1.21亿元。

◎**汉江治理** 在全区范围内落实河长594名、警长33名、督查长31名、江河护河员223名，全面推行“三长+一员”（河长、警长、督查长+江河护河员）的管理机制，将全区104条流域面积在10平方公里以上的河流全部纳入监管范围。探索制定了9项管长远、有实效的工作制度，将河长制年度目标责任考核纳入不良记录管理。编制完成了104条河流“一河一策”实施方案。制定了恒河沿线环境综合整治工作方案，全力推进恒河污染整治；将黄洋河作为全区首条示范河流进行创建，县河镇、老城办列为全区第一批示范镇创建。通过广泛开展宣传，努力克服点多面广的实际困难，积极组织涉河违法行为专项整治、河道环境卫生综合整治，汉江出汉滨水质保持国家Ⅱ类标准。

◎**三变改革** 2017年8月，在汉滨区牛蹄镇、晏坝镇整镇和大河镇同心村及兴红社区、瀛湖镇天柱山村、建民办忠诚村、沈坝镇桥头村启动农村“三变”改革试点，随后范围逐步扩大至52个村。主要做法。围绕区情实际设计出“四情筑巢建载体、三股联动激活力、四大工程强保障、三个覆盖著新篇”的改革体系及路线图、时间表，发动党员干部倾真情、结乡情、建友情、连亲情，以“三变+支部+X（各类经营主体）+贫困户”模式培固产业脱贫阵地，靶向实施归雁行动、精英计划，坚持走出去、请进来，发动驻区商会牵线搭桥招商引资，带动返乡创业、大学毕业生及省内外客商投身现代农业发展，厚植产业脱贫优势，解决了当地经营主体体量小、辐射带动能力弱的问题。在完成农户土地确权登记颁证的基础上，以农村集体产权制度改革为“牛鼻子”，统筹推进“三权分置”、林权、农村宅基地使用权、镇村水权等改革工作，力促自然资源变股、政策资金转股和农民投资参股“三股联动”，把农民、村集体经济组织和市场经营主体有机联结，实现利益共享，风险可控。坚持全区“一盘棋”，深化党建引领工程，增强改革组织保障，推动党员干部倾情结对帮扶；深化新民风建设工程，强化“三变”引领，推动扶贫与扶志、扶智全面结合；深化社会治理“583”工程，优化改革环境，推动乡村治理更加有效；深化电商下乡工程，建成供销E家线下体验店和线上销售平台，打通改革惠农“最后一公里”。基本成效。通过引导5000余名返乡人士、大学毕业生、外地客商在五里工业集中区等孵化基地创办各类工商企业131家，培育农业企业36家、家庭农场130家、社区工厂16家。累计流转农民土地27.5万亩，占全区农村耕地的34%，经营权参股占流转总面积60%，实现了贫困村创业就业人员、贫困村脱贫主导产业、贫困户融入产业链“三个全覆盖”。放大金融机构政府增信效应，争取政策性金融扶贫贷款5.8亿元，以财政贴息方式撬动安康农商行发放“5321”扶贫贷5.59亿元，小额创业担保贷款3.2亿元。推进财政涉农项目资金“拨改投”“投转股”政策落实，有效整合财政涉农资金4.33亿元，推动产业引导资金1000万元，苏陕协作扶贫资金2800万元，以村集体资本形式入股经营主体，带动村集体摘掉“空壳帽”，贫困户人均增收1300余元。汉滨区农村“三变”改革的做法得到省人大常委会副主任李金柱、市委副书记鲍永能批示，市深化改革领导小组印发了《关于学习汉滨区〈“四情筑巢三股联动”一场深度贫困地区脱贫攻坚的重大突围行动〉“三变”改革做法的通知》，《新华社内部参考》《陕西农村工作要情》《调研与决策》《陕西日报》《陕西电视台》及《安康日报》《安康发展》等中、省、市主流媒体进行了集中宣传报道。

（阮　鹏　王兴朝）

汉　阴　县

中共汉阴县委
书　记　周永鑫
副书记　刘飞霞（女）　张继盈
常　委　周永鑫　刘飞霞（女）
张继盈　罗国才　黄邦平
何友军　刘爱军　刘海峰
刘定东
刘占峰（2017.1调出）
冯尚生
吴国洲（2017.2调入）
李宗山（2017.7调入）
裴　谨（2017.11调入）
汉阴县人大常委会
主　任　孙　勇
副主任　谢继来　张德军
刘晓琴（女）　庞清明
汉阴县人民政府
县　长　刘飞霞（女）
副县长　罗国才　黄邦平
李宗山（挂职）
裴　谨（挂职）
宁　斌　向诗兵
马文艳（女）
王　铁（扶贫挂职）
郑伦志（金融挂职）
任　宇（挂职）
孔德帅（挂职）
政协汉阴县委员会
主　席　史正林
副主席　王生林　符清野
廖灵君（女）
中共汉阴县纪律检查委员会
书　记　刘爱军

◎**县情概况**　汉阴县位于陕西省南部，安康市西部，北枕秦岭，南倚巴山，凤凰山横亘东西，汉江、月河分流其间，总面积1365平方公里，辖10个镇141个行政村，2017年末人口31.2万人。汉阴古称西城、安阳，是我国“五四”新文化运动先驱和享誉国际的文化大师沈仕远、沈尹默、沈兼士昆仲故里，是陕南抗日第一军的发祥地和沈启贤、何振亚、杨弃三位开国将军的故乡，是陕西省第2个“陕菜之乡”。2017年，汉阴县大力实施“生态立县、工业强县、科教兴县、农旅富民”战略，统筹推进“1533”发展布局，坚持不懈优结构、转方式、促改革、惠民生，举全县之力打好“追赶超越、脱贫攻坚、环境保护、市场监管、综治维稳、安全生产、防汛抢险”七场硬仗，经济社会呈现稳中有进、持续向好的良好发展态势。2017年汉阴县生产总值实现95.19亿元，同比增长10.8%，三次产业比为14.1∶59.2∶27.7；完成财政总收入3.811亿元，一般公共预算收入1.775亿元；社会消费品零售总额实现23.05亿元，增长15%；城乡居民人均收入分别达到28252元、9529元，同比增长8.7%、9%。

◎**农业经济**　依托富硒资源禀赋，大力发展现代农业，农业实现总产值23.10亿元，同比增长5.1%；农业实现增加值13.66亿元，同比增长5.1%。粮油生产实现13连丰，粮食、油料总产量分别达到2.95万吨、10.04万吨。特色产业快速发展，生猪出栏38.9万头，蔬菜产量19.57万吨，茶产量1209吨，药材产量1.71吨。汉阴县被命名为“苗木花卉产业省级示范县”，平梁苗木花卉观光园被命名为“苗木花卉产业省级示范园”。

◎**工业经济**　坚定不移地实施工业强县战略，全县规模以上工业实现总产值176.29亿元，同比增长18.6%；规模以上工业实现增加值47.22亿元，同比增长15.5%。工业对经济增长的贡献率达73.3%，较上年提升4个百分点。积极探索月河工业集中区管理体制改革，经济开发区总体规划初稿出案，天然气门站、污水处理厂等配套设施不断完善，新增过千万入园企业6户。清珊装配建材、红电水泥制品等项目加紧建设，佳佳乐陶瓷、真石漆保温材料等项目成功试产，幸福农业、福田饮品等企业建成投产，德润硒粮米业集团组建成立，“大唐山花牌”菜籽油荣获省级名牌产品，富硒食品和新型建材产业的骨干支撑作用更加明显。汉阴县被评为“全国食品工业强县”，蒲溪富硒农产品加工园区被认定为省级农产品加工示范园区和省级农业科技示范园区。

◎**固定资产投资及重点项目**　坚持以项目工作为核心，加大对重点战略、重点产业、重点区域的投资力度，实施一批管长远、增后劲、补短板、惠民生的重大项目，全年实施各类投资项目326个，全社会固定资产投资突破亿元大关，达到102.48亿元，同比增长22.8%。其中：地方固定资产投资97.02亿元，同比增长25%。完成工业投资21.35亿元，增长3.2%；完成民间投资48.42亿元，增长21.1%。重点项目建设扎实推进，洞河水库大坝主体完工，阳安铁路二线控制性工程基本完成，平涧一级路东西段贯通，月河综合治理试验段启动实施，通用机场、铁路物流园区、凤凰山隧道等重大项目前期进展顺利。

◎**财政金融**　进一步加强对财政金融工作的领导、研究和支持，促进财税金融稳健运行，全年财政总收入3.81亿元，一般公共预算收入1.775亿元，税收收入占比达到69%，收入质量创历史新高。金融服务体系进一步完善，建设银行、开源证券入驻运营，人寿财险挂牌成立；全县金融机构达到22家，存款余额100.5亿元，贷款余额48亿元，存贷比48.41%，当年存贷比达80.68%；与陕煤化集团合作设立富硒食品产业基金、与陕西股权交易中心合资设立挂牌企业股权质押融资增信基金，7家企业实现四板挂牌；全省首家县级挂牌企业股权质押融资增信基金在汉阴设立，企业还贷周转金管理做法得到省委全面深化改革领导小组办公室认可并在安康市推广。

◎**招商引资**　始终把招商引资作为“一号工程”，不断完善招商思路，精心策划招商项目，组织赴北京、福建、江苏等地招商推介23场次，积极对接商会和重点企业，签订合作协议42个，引进资金51.63亿元。

◎**三产发展**　以旅游业带动第三产业增长提速，“两湖两峡”水利风景区、双河口欢乐水世界启动实施，太平寨文化展示项目、老君观游客接待中心、龙寨沟休闲度假村开工建设，沈尹默书法研究院主体竣工，沈氏家训展览馆完成陈列布展，凤堰古梯田景区被评为“2017年度陕西省十大最美田园”，四季主题旅游及硒菊旅游活动月成功举办，全年旅游综合收入增长17%。富硒食品进京入沪，食材配送中心启动建设，汉阴美食街、汉阴小吃西安旗舰店开业运营。电商产业迅猛发展，建成县、镇、村电商中心66个，阿里巴巴农村淘宝项目和菜鸟物流入驻运行，电商交易额实现2.6亿元，增长150.8%。全县社会消费品零售总额实现23亿元，增长15%。

◎**城镇建设** 坚持重建设、强管理、优环境，推动城乡统筹发展，常住人口城镇化率达41.5%。强力推进建设，滨河路西段、南渠路中段、南环路东段竣工通车，明城墙公园、城南商业步行街建成投用，县城天然气门站完成设备安装，城南农贸市场启用运营，西坛、东尚棚户区积极推进，凤台公园新建、凤凰广场改造启动实施，安装城市红绿灯6处，市政配套设施更加完善。加大城乡规划管控，抓好节日氛围营造，城市品位不断提升。国家卫生县城通过复审命名，国家园林县城创建成果进一步巩固。涧池重点镇有序推进，平梁、铁佛寺等集镇加快建设，蒲溪、漩涡等特色小镇启动规划。汉阴县被省政府评为全省保障性安居工程建设工作先进县。

◎**交通建设** 加快推进重点交通项目建设，完成G316国道平梁至涧池公路改建工程投资2.2亿元，完成凤凰山隧道工可编制，硬化重点脱贫村道路145.8公里。在安康市率先推行公路桥梁“建养一体化模式”，列养农村公路1741.9公里。交通运输实现与“大数据”接轨，信息网络保障客货运输，交通运输行业完成客运周转量19880万人公里，货运周转量66000万吨/公里。

◎**社会保障** 全年城乡居民基本养老保险参保达18.59万人，机关事业单位养老保险制度改革全力推进，全民参保登记工作顺利开展，城镇职工跨省异地就医实现实时结算，城乡居民养老保险和贫困人口参保工作走在安康市前列。就业创业成效明显，新增城镇就业2021人，农村劳动力转移就业77738人，城镇登记失业率控制在2.92%以内。积极开展劳动争议预防调解工作，月河工业集中区劳动争议调解中心被人社部评为全国劳动争议调解综合示范点。

◎**水利建设** 全年完成水利建设固定资产投资4.5亿元（其中投入水利扶贫资金5100余万元），洞河水库大坝主体完工，新建中小河流治理项目城关、蒲溪镇移民安置重点段防洪河堤4.1公里，实施病险水库除险加固工程13座，建成小型农田水利和流域治理工程81处，新建农村饮水安全工程57处，解决4.27万人的饮水安全问题。积极推进智慧水务建设，在陕西省率先开通“智慧水务”平台，相关工作获得水利部肯定。

◎**社会事业** 教育事业持续发展，凤台小学、凤台幼儿园建成投用，城东体育场、汉阴中学图书科技楼等重点项目完成主体工程，13年免费教育全面实施，人均受教育年限由9.5年提高到13.4年。汉阴中学被命名为“省级示范高中”，长兴学校通过“省级标准化高中”评估验收，高考本科上线率达84.4%。中小学校挂牌督导创新县通过省级评估验收，安康市义务教育均衡发展攻坚现场会、全市高中教育工作会相继在汉阴召开。在安康市率先开展教育集团化办学改革试点，创新教师管理模式、教育扶贫经验被国家部委刊发推广。卫生事业快速推进，县妇幼保健院产科儿科大楼开工建设，县人民医院综合楼、医学检验中心、体检中心投入使用，县人民医院、县中医院通过“二甲”复审，全国中医药先进县通过国家评估。筑牢基层计生网底，落实计生奖扶政策，开展生育关怀行动，市级计划生育转型示范县通过验收。文化事业全面加强，建成42个综合文化服务中心，基层文联组织全覆盖，城关镇月河村农家书屋被评为全国示范农家书屋。群众文体活动蓬勃开展，举办文化惠民演出213场次。

◎**脱贫攻坚** 始终把脱贫攻坚作为最大政治任务和第一民生工程，严格落实“六个精准”工作要求，在深入开展扶贫对象核实和数据清洗的基础上，合理制定三年脱贫滚动计划，选派97名第一书记、147名专职队员驻村帮扶，形成了“县级领导联镇、机关单位包村、干部职工联户”的强大合力。整合财政专项资金1.89亿元，加快完善贫困村水、电、路、讯等基础设施，全力实施产业扶贫、生态扶贫、易地搬迁扶贫、创业就业扶贫、健康扶贫、教育扶贫、兜底扶贫、金融扶贫“八个一批”工程，扎实推进旅游扶贫、电商扶贫、光伏扶贫等特色扶贫项目，积极开展农村“三变”改革试点，务实推动苏陕扶贫协作和“百企帮百村”行动，建立村级互助资金协会63个，建成易地搬迁集中安置点11个、安置房2385套，完成危房改造338户，新建贫困村水泥路145公里，解决2.3万贫困人口饮水安全，实施贫困村电网改造32公里，一户一表改造1.8万户，贫困村通讯网络实现全覆盖，2017年共退出贫困村13个、脱贫2694户9402人。

◎**生态环保** 扎实开展中省环保督察反馈问题整改，县城污水处理厂完成提标改造，出水水质达到一级A标准，县城垃圾填埋场通过专家验收，着力推进节能降耗减排，单位GDP能耗下降3.5%；狠抓秸秆禁烧、建筑扬尘、砖厂烟尘治理，空气优良天数增加33天，全年优良天数达到308天；实施绿化造林4.6万亩，治理水土流失70平方公里；建立河长制监管体系，城镇污水治理项目移交省水务集团，平梁至城关污水主管网建成，漩涡、汉阳污水处理厂开工建设，汉江、月河水质持续改善。深入推进清洁乡村整治行动，扎实开展卫生和绿化示范户创建，城乡人居环境显著提升。

◎**廉政建设** 切实加强政府廉政建设，推动“两学一做”常态化制度化，带领广大干部发扬特别能战斗、特别能吃苦、特别讲奉献的工作作风。加强财政投资评审和招投标管理，全年审减节约财政资金1.4亿元，村级财务审计实现首轮全覆盖。全面落实党风廉政建设主体责任，深入开展“为政不为”专项整治，干部作风在苦干实干中得到检验和彰显。

◎**综合治理** 围绕“平安汉阴”建设

目标，瞄准问题用力，补齐短板攻坚，综治各项指标大幅提升，“两率两度”位居全省第5。全面推行“三线两化一平台”（简称“321”）社会治理模式，整合基层力量，延伸组织触角，推动管理网格化、服务精细化，探索创新了农村社会治理新路径，“321”社会治理模式在全国“乡村治理和农村社会发展”座谈会上交流推广。加强社会治安防控能力和防控体系建设，完成“天眼工程”升级改造，严厉打击违法犯罪行为，公众安全感满意率达98.71%。坚持解决合理诉求和依法治访同步推进，健全完善“三调联动”和“六调对接”机制，着力化解了一批矛盾纠纷和信访积案。扎实开展“法治汉阴大讲堂”，全面推进“七五”普法宣传，全社会学法、懂法、用法氛围浓厚。

◎**精神文明建设**　进一步巩固提升省级文明县城创建成果，大力推进全县“诚孝俭勤和”新民风建设，扎实开展文明创建、“扶志+扶智”、移风易俗、新民风文化传承、社会诚信体系建设、依法治理六项行动，社会风气向上向善。群众性精神文明创建活动取得丰硕成果，汉阴县人民政府（机关）被省委、省政府表彰为省级文明单位，城关镇中坝村被命名为省级文明村，漩涡镇中心小学被命名为省级文明校园，查振坤家庭被评为陕西省第一届文明家庭。

◎**现代农业园区建设**　全县现代农业园区数量达60个，其中建成省级园区5个、市级园区26个、县级园区29个，新启动绿丰现代农业、高誉绞股蓝、观音河金丝皇菊、晶康中药材等现代农业园区10个。园区建设面积累计达10.75万亩，省级园区面积占比达到5.8%，园区人均可支配收入达到1.76万元，现代园区已成为农业增效、农民增收的重要途径。

◎**油菜花旅游季**　3月24日至5月底，汉阴县举办中国·汉阴“农商行杯”油菜花旅游季活动，精心组织汉阴·宜君姊妹梯田互动探游、自行车拉力赛、美食品鉴大赛、文化惠民巡演、经典国学讲座、名优特色富硒产品展销等系列活动，让游客尽享极具汉阴特色的地域文化旅游盛宴，既愉悦了广大游客，也更好向外界宣传推介汉阴，有力促进汉阴县经济社会发展。

◎**科技创新**　大力实施创新驱动发展战略，成功创建为科技创新驱动县域经济发展示范县和科技创新示范县，科技部秦巴山片区扶贫现场会在汉阴县召开，世茂化工成功举办全球首届IP6应用研讨会。加大科技投入和创新，完成专利申请57件，技术交易额达1056万元。

石　泉　县

中共石泉县委
书　记　李启全
副书记　周耀宜　陈　华
常　委　李启全　周耀宜　陈　华
张世波　耿国泉　龚晓华
李　斌　周瑞玲（女）
闫自刚　王仁康　刘家斌
徐家彦（挂职）
杨　军（挂职）
石泉县人大常委会
主　任　李　平
副主任　冉龙华　刘升康
方隆菊（女）　沈少武
石泉县人民政府
县　长　周耀宜
副县长　张世波　耿国泉
徐家彦（挂职）
杨　军（挂职）
徐小丽（女）　张　鹏
乐　荣　印江鹏（挂职）
王同华（挂职）
刘成钢（挂职）
政协石泉县委员会
主　席　程达斌
副主席　赵以刚　刘合朝　付先锋
中共石泉县纪律检查委员会
书　记　王仁康

◎**经济概况**　全年实现生产总值80.96亿元，增长12.2%。全社会固定资产投资101.88亿元，增长23.9%；规模以上工业增加值44.37亿元，增长16.9%；地方财政收入1.51亿元，增长7.68%；社会消费品零售总额15.1亿元，增长15.3%；非公经济占GDP比重为61.4%，增长3.3%；城乡居民人均收入分别为28145元、9555元，分别增长8.9%、9.2%。三次产业结构比优化至9∶65∶26，单位GDP能耗下降3.1%。经济社会发展继续处于全市第一方阵，荣获全省县域经济社会发展“争先进位奖”。

◎**固定资产投资及重点项目**　全年实施190个重点项目，完成固定资产投资101.88亿元，增长23.9%，位居循环经济发展县区第二。年产30000吨魔芋制品、饶峰镇胜利旅游村、智能制造示范工厂、鬼谷子文化小镇、杨柳体育场、九星家居建材仓储物流配送中心、中坝作坊小镇、年产5万吨船舶材料加工生产线、互联网+智慧石泉大数据产业园大数据中心等一批重点骨干项目建成并投用。在市政、交通、公共服务、水利、生态环保、新型城镇化等领域策划了7大类22个PPP项目，总投资130亿元。9个PPP项目进入操作环节，其中汉江四桥（G316连接石泉县城汉江大桥）、县城公共停车场和工业园区标准化厂房已开工建设。

◎**工业经济**　坚持“工业强县”战略不动摇，围绕工业化和信息化融合发展方向，加大工业招商引资和企业培育力度，强力推进工业项目建设，千方百计破解企业发展难题，着力壮大民营经济，工业经济发展质量和效益不断提高。工业集中区升级扩容快步推进，被市政府作为全市唯一申报创建省级经济技术开发区，并通过省级初评。古堰、池河工业园拓宽面积1080亩，智能工厂一期、中兴VDC云数据中心、柏盛魔芋、利民船舶材料等10个项目建成投产；建成标准化厂房5.1万m^2，新增投资1000万元以上入园工业企业12户；培育规上企业26户，新增规上企业9户。规上工业总产值170.65亿元，增长25.2%；全县工业增加值44.37亿元，增长16.9%，增速位居全市循环经济发展县区第一名。

◎**农业经济**　全年实现农林牧渔业总产值12.69亿元，增长5%。粮食播种面积29万亩，总产量7.1万吨，增长0.7%；油料种植面积10万亩，总产量1.5万吨，增长4.8%；蔬菜及食用菌种植7.2万亩，总产量7.7万吨，增长6%；发展黄花菜种植3000亩、魔芋1.5万亩、中药材1万亩、烤烟0.6万亩，其中黄花菜取得“QS生产许可证”“生态原产地产品保护”“无公害农产品”等认证。新增市级现代农业园区7个、产业化龙头企业5户。

◎**畜牧产业** 全年生猪饲养总量45.33万头，出栏21.2万头，受环保刚性约束，比上年下降0.6%；牛出栏1.5万头，增长3%；羊出栏6.5万只，下降0.8%；家禽出栏112万只，增长1.2%；禽蛋0.28万吨，增长2.3%；畜禽肉类总产量2.1万吨，下降1.1%。

◎**财政金融** 全县财政总收入4.6074亿元，增长11.24%。一般预算收入1.51亿元，增长7.68%。争取到位专项补助及财力性补助资金13.99亿元、财政债券资金2.66亿元、棚改贷款和基金1.3亿元、易地扶贫搬迁专项贷款1.2亿元。一般预算总支出18.47亿元，其中民生支出15.31亿元，占一般预算支出总额的82.9%。在全市率先实施企业金融顾问制度，委派152名金融顾问到企业指导完善财务管理制度，制定融资计划，拓宽融资渠道。建立了企业转贷应急机制，注资2000万元设立中小企业小额贷款周转金；注资2750万元组建县财信融资担保有限公司，有效破解了企业融资难题。

◎**招商引资** 坚持“抓招商就是抓发展”理念，按照“瞄准、舍得”的思路，出台《招商引资“一事一议”工作规则》《招商引资优惠扶持办法》等政策文件，先后赴苏浙粤赣等20多个地区和城市开展招商推介，举办和参加各类贸易洽谈活动40余场次，引进项目78个，落地投资5000万元以上项目46个，其中500强企业两个，即富士康和中国网库，共到位资金66.29亿元，荣获全市招商引资考核一等奖。

◎**城镇建设** 县城“多规合一”规划修编全面完成，城区规划面积扩大至30平方公里。编制完成102个村庄规划，覆盖率达72.8%。江南新区基本建成，杨柳、红花片区开发及棚户区改造提速。城市创建稳步推进，省级文明县城、健康城市创建全面开展，成为全省首批森林县城，全县城镇化率达到43.4%，县城绿化覆盖率达到44.23%，生活垃圾无害化处理率达到99.5%，污水集中处理率达92%，县城气化率达到80.2%。

◎**交通建设** 改造提升G541石泉段、G210石泉过境汉江大桥及引线工程、G210两河至宁陕段、池河至迎丰、县城至新棉、先锋至曾溪、长阳至凤阳等骨干公路8条142公里，新建便民桥53座。县城公交总站建成投运，新增县城至曾溪公交线路，县城客运站全面建成。阳安铁路二线石泉段快速推进、石宁高速开工建设。

◎**劳务经济** 创业担保贷款、一次性创业补贴、创业孵化基地补贴和转移就业交通补贴、免费技能培训等优惠政策全面落实，发放创业担保贷款3822万元，技能培训2700人、创业培训273人。申报省级创业孵化基地1个，新建县级创业孵化基地5个、就业扶贫基地9个、社区工厂3个，扶持创业实体600户，提供就业岗位3000个。全年转移劳动力就业50018人、实现城镇新增就业1306人，城镇登记失业率3.6%。强化劳动维权，治理恶意欠薪，有效维护劳动者合法权益和社会稳定，全年为农民工追讨工资5861万元。

◎**社会保障** 社会保险参保扩面、全民参保登记、社保卡发放应用和机关事业单位养老保险制度改革稳步推进。全年城乡居民养老保险参保率达99.4%；城镇医疗保险、工伤保险、生育保险参、失业保险参保人数分别为30902人、10950人、8408人、4863人，均超额完成市下达任务；新型农村合作医疗保险参保率达100%。社会保障基本实现全覆盖。

◎**水利建设** 全年建成农村饮水工程并投入使用71处，投资900万元。深入推进城镇防洪工程和小流域治理，饶峰河口物流园区防洪工程、后柳中坝河右岸防护工程、喜河王家庄防洪工程先后建成。实施农村环境综合整治堤防工程，新建堤防3310米，新增高效节水灌溉面积4500亩，改造基本农田1600亩，恢复、改善灌溉面积1471亩。池河镇、迎丰镇、中池镇防洪工程被市水利局评为“安康市水利示范工程”。杨柳水保园被水利部评为国家级水保示范园。率先在全市完成县城污水处理厂改扩建，县城污水处理率达92%。创新落实“河长+河警+四员”管理模式，建立县、镇、村三级河长管理体系，落实230名河长，“零容忍”打击涉河违法行为，实现江河沟溪“网格化”管理，查处涉河案件17起，强有力的震慑和遏制涉水违法行为。河长制工作在全市作经验交流，被水利部简报专载，央视《新闻联播》专题播报。积极应对强秋淋天气，坚持人防、技防、物防措施相结合，实现全年安全度汛，被市委、市政府授予“2017年防汛救灾工作先进集体”称号。

◎**教育体育事业** 坚持办人民满意教育，促进教育均衡发展，完成“全面改薄”校建项目11个，杨柳体育馆建成投用。全年招聘教师89名，安置免费师范生2人，轮岗交流教师107人，培养市级以上教学能手15名。学前教育加快发展，学前三年毛入园率达98.56%；义务教育入学率100%，辍学率为0，义务教育发展更趋均衡，城乡校际间差距稳步缩小；高中教育质量稳步提升，2017年高考二本上线人数640人，上线万人比全市第二，高中教育发展水平综合评比位居全市第三。狠抓教育信息化和职成教育工作，获评教育部“第一批教育信息化试点”单位，入围国家级农村职成教育示范县。完成全民健身工程25个，健身条件不断改善，荣获安康市第十六届运动会田径项目金牌榜第一、综合团体总分第三名；组队参加第十七届中国安康汉江龙舟文化节，夺得县区组一等奖。

◎**卫生和计划生育** 深入推进医疗卫生体制改革，成立了县级公立医院管委会，组建了县医院医疗集团和县中医医院医疗集团。推行全员聘任制、绩效考核制，建立以管理、服务、利益、责任、发展五项建设为核心的县域紧密型医共体，实现医疗集团之间的资源共享、支持协作；建成村级卫生服务中心13个及远程会诊平台，招录医技人员94名。大力推进健康扶贫，推行“一体化、两兜底、三精准、四行动”的健康扶贫模式，组建270个责任医师团队深入贫困户开展结对帮扶活动，健康扶贫政策知晓率和满意度明显提高。计划生育转型发展，以提升“新国优”和创建“省级幸福家庭示范县”工作为抓手推进计生改革，被省卫计委表彰为计生幸福家庭示范县。

◎**综合治理**　以“十九大”安保为重点，深入推进“平安石泉”建设，县镇书记民情“三本账”和社区治理“五大机制”创新工作经验被新华社、陕西日报、陕西电视台等中省媒体陆续报道推广。全年破获各类刑事案件273起，调处各类矛盾1500件，公众安全感满意率达94.72%、平安建设知晓达95.82%。全年无重大刑事案件、安全责任事故发生，被省委办公厅、省政府办公厅和市委、市政府授予维稳先进集体，被省综治委和市委、市政府授予平安建设先进县。

◎**精神文明建设**　新民风建设扎实开展，文明创建“六个一批”活动深入实施，省级文明城市创建工作有序推进，池河镇西苑社区、城关镇（红岩保障房小区、竹儿湾保障房小区）、喜河镇集镇社区、池河明星村、饶峰光明村、后柳中坝村等第一批新民风建设工程示范点基本建成。投资3000万元建成革命烈士陵园区、革命纪念馆区、红军纪念碑亭区，总面积10万平方米。石泉县革命纪念园区被命名为“市级爱国主义教育基地”“市级烈士纪念设施保护单位”。

◎**脱贫攻坚**　紧密围绕省市脱贫攻坚部署，坚定不移推进“三个六”脱贫攻坚战略，顺利通过国家易地扶贫搬迁考核和扶贫专项巡察两场“国考”，完成8个贫困村脱贫退出、1134户3747名贫困人口顺利脱贫，贫困人口识别和脱贫退出准确率达到98%以上，扶贫资金使用管理成效考核A级。抽调1404名干部组成150个驻村工作队派驻各村，精准下达扶贫资金3.6亿元，水电路讯设施及“两室一场”全面提升；苏陕扶贫协作和新民风建设有序开展，能人兴村战略取得实效，“支部+X+贫困户”模式广泛运用。发展订单农业9551亩，带动88个村4000余户贫困户增收。培育现代农业园区51个、专业合作社179家，带动贫困户就业2978户7291人；开展实用技术培训87场4966人次，转移就业5060人。完成易地扶贫搬迁1929户5641人，危房改造542户。全年落实各类教育补助资金2506.96万元，惠及贫困学生2769人；发放助学金163万元，受益贫困学生236人。县内住院报销比例达90%以上，实行就医、报销“一站式”服务；投入200万元为全县贫困人口进行了健康体检；组建270个医师团队与贫困户签约式服务。累计为6000余名贫困人口减免、报销各类费用1500余万元，实施医疗救助1200余人次、兑付资金317万元。落实退耕还林、森林抚育更新、公益林补偿2万余亩，受益贫困群众2195户5322人，补偿资金326.4万元；选聘286名贫困人口为生态护林员，兑付工资138.9万元。共发放兜底保障、临时救助、残疾人护理等各类救助资金4091.52万元，实现应保尽保、应救尽救。

◎**旅游产业**　全年接待游客478万人次，综合收入30.68亿元，分别增长25%、38%。启动了全省首批国家全域旅游示范县创建工作，汉江石泉古城创建国家4A级景区已授牌，雁山瀑布、饶峰驿站、中坝作坊小镇开园运营，后柳中坝村、饶峰胜利村创建为省级乡村旅游示范村，县文化旅游街区荣获全省文化旅游名镇（街区）建设先进单位。后柳镇被授予“省级乡村旅游十大旅游名镇”，石泉县成为陕西省旅游示范县、全国休闲农业和乡村旅游示范县。成功举办石泉县第五届春节民间文化艺术节暨旅游文化周、“汉江之夏”“水乡之秋”等旅游文化活动。全国文化先进县创建工作深入推进，石泉大剧院、博物馆、革命纪念馆、档案史志馆及86个镇村文化服务中心建成投用。歌伴舞《汉江船夫曲》荣获省群英奖。

◎**生态环保**　治理水土流失70.1平方公里，造林绿化5.47万亩，退耕还林7.72万亩，县城绿化覆盖率达44.23%，荣获全省首批省级森林城市称号。深入推进“铁腕降霾·保卫蓝天”工作，划定禁煤和限煤区，开展餐饮油烟和秸秆焚烧专项整治，城市环境空气质量优良天数达到303天。在全市率先建成汉江水质监测站，全县累计建成污水处理厂（站）11个，深化“河长+警长+四员”管理模式被中央新闻联播报道，治污防污体系基本形成。县污水处理厂污水收集处理率达到92.3%，汉江水质保持稳定达标。建立生活垃圾集中收集处理一体化机制，县城生活垃圾无害化处理率达99.5%。创新建立了专项述职、督察巡查等环保工作机制。顺利通过中、省、市环保督察巡查，31件交办问题全部办结。

◎**市场监管**　大力整治和规范市场秩序，立案查处各类案件123起，被市政府授予“无传销县”。全年未发生重特大食品、药品、特种设备安全事故，被省政府命名为“食品安全示范县”。质量工作被市政府考核为A级。成功申报石泉县桑蚕地理标识。完成首批“四十双百”放心消费示范店建设。深入推进“多证合一、先照后证、一照一码”等商事制度改革，全年新增各类市场主体1865户，同比增长20%。

◎**蚕桑产业**　全年养蚕发种71000张，产茧3018吨，蚕桑产业总产值3.8亿元。实行蚕茧订单保护价收购，鲜茧收购价最高达52元/公斤，平均收购价47.8元/公斤。管护优质桑园50000亩，新建桑园9000亩；发展蚕桑强村50个、养蚕大户3000户；创建蚕桑专业合作社12个、蚕桑产业家庭农场13户；培训蚕农8050人次，为30人颁发职业蚕农证书；发展桑园养鸡5万只，桑枝食用菌10万袋，扶持桑叶食品饮品加工生产企业2户，引进桑叶黄酮提取生产企业1户。

（李标　郭邦平　陈长明　吕清爽　纪大勇　伍萌　刘钧尧　刘洋　周传模）

宁陕县

中共宁陕县委
书　记　张益民
副书记　郑红丹　马宝剑
常　委　张益民　郑红丹　马宝剑
陈泽勇　王　珣　陈述勇
孙　坤（女，回族）
魏小林　周宝恒　高劲松
朱海军（挂职，至2017.11）
李国海（挂职）
翟章章（挂职）
宁陕县人大常委会
主　任　马宝剑
副主任　马先友　刘家华　余永军
宁陕县人民政府
县　长　郑红丹
副县长　陈泽勇　魏小林
朱海军（挂职，至2017.11）
李国海（挂职）
赵　锋（挂职）
吴伟社（挂职）
史普辉（挂职）
张文忠　胡学军
闫文华（挂职，至2017.11）
刘昌志
马　倩（女，回族，非党）
朱亚群（挂职，女，民盟）
张　建（挂职）
鲁晓旭（挂职）
政协宁陕县委员会
主　席　吴大芒
副主席　郑吉友　徐志霞（女）
谢四新（非党）
中共宁陕县纪律检查委员会
书　记　孙　坤（女，回族）

◎**县情概况**　宁陕县自清设宁陕厅，取安宁陕西之意，是省会西安市南枕的绿色屏障，安康市的北大门，地域南北长130公里，东西宽110公里，总面积3678平方公里，其中城区面积4平方公里。全县辖68个村12个社区，共有汉、回、蒙、满、壮五个民族，常住人口7.4万人。境内森林覆盖率90.2%，生物资源、植被类型十分丰富，有野生动物250余种，大熊猫、朱鹮、金丝猴、羚牛、金钱豹、林麝六大国宝齐聚，有“自然生态大观园”“天然动物园”之称。林下山野特产、中药材众多，宁陕天麻、猪苓通过国家农产品地理标志产品评审，天华山牌香菇评定为全省名牌产品。境内河流纵横，年径流总量14亿立方米以上，是“南水北调”和“引汉济渭”工程的重要水源地。境内生态旅游资源富集，天华山国家森林公园、十里长峡、秦岭会客厅、古栈道遗址、十八丈瀑布、城隍庙等51处人文景观令人心旷神怡，秦岭峡谷漂流、汶水河漂流、筒车湾水上乐园、上坝河森林公园、朝阳沟、悠然山等158处自然景观吸引了众多游客。

◎**经济概况**　全年实现生产总值30.16亿元,增长10.5%，其中：第一产业增加值4.6亿元,增长4.5%；第二产业增加值16.62亿元,增长13.3%；第三产业增加值8.93亿元,增长8.3%。人均地区生产总值42356元。财政总收入22865万元，增长16.7%，地方财政支出12643万元，增长14.2%。城乡居民人居收入分别达27427元、9061元，分别增长8.2%、9.6%。

◎**农业经济**　全年完成农业生产总值85.39亿元，实现农业增加值46.99亿元，分别同比增长4.6%、4.6%。按生产总值、增加值顺序分项排列，同期比较，其中：农业51.47亿元、46.99亿元，增长3.8%、3.7%；林业12.21亿元、7.76亿元，增长12.2%、11.4%；牧业11.59亿元、6.51亿元，增长0.9%、0.7%；渔业0.85亿元、4.1亿元，增长4.7%、5%；农林牧渔服务业0.17亿元、0.96亿元，增长5.4%、5.3%。全县粮食播种76583亩，产量20117吨，其中有机稻米杂粮1.5万亩；油料播种0.67万亩，产量867吨；蔬菜种植面积3.3万亩，产量44350吨；养蜂1.68万箱，300箱以上养蜂合作社13个，总产量80吨；新发展猪苓、天麻120万窝。

◎**工业经济**　全县工业以农副产品加工业、采矿业、水电开发业为骨架形成三大支柱，农副产品加工企业有岭南矿泉水、长春保健酒、滨海科技公司、秦南食用菌4户企业，水电开发业有水电公司、浙乐水电公司、电力公司（县电力局）3户企业，采矿业有潼鑫矿业公司、乾源矿业公司、金城矿业公司、鑫裕矿业公司、宏锦达铁矿公司、皇冠建材公司、格兰德石材公司、东洋石材公司、天福石材公司9户企业。至2017年，全县非公企业新增注册160户，其中工业企业新注册19户，非公企业累计注册登记427户；个体工商户新增注册615户，其中个体加工企业新增注册42户，个体工商户累计注册登记3739户。全年工业总产值37.61亿元，同比增长24.9%，工业增加值9.94亿元，同比增长10.6%。其中：规模以上工业总产值33.78亿元，同比增长26.2%，规模以上工业增加值9.82万元，同比增长16.6%。非公经济完成增加值17.5亿元，同比增长16.51%；非公经济占CDP的比重58%，较上年提高1.6个百分点。全县20户规模以上企业销售产值32.27万元，同比增长29.29%。三大支柱工业产值32.24亿元，同比增长10.33%，农副产品加工业、水电开发业、采矿业结构占比由上年18.7：7.8：73.5变动为27.4：7.3：65.3。

◎**园区主体培育**　全县培育省级农业园区1个、市级园区12个，拟认定县级园区11个。培育市级龙头企业3个、待发文认定市级龙头企业3个。培育合作社232个，其中：国家级1个，省级2个、市级8个、拟认定县级示范社18个。培育家庭农场26个。发展产业大户490户，职业农民350人，基本实现3每个贫困村都有1个农业园区或合作社，吸收带动3219户贫困户发展产业。建成秦南食用菌、绿宝大米、纤纤魔芋加工生产线投产，推广核桃初加工机械建成核桃加工生产线，加紧建设支班卓魔芋生产线，宁陕梦阳药业饮片有限公司落户工业园区，谈判引进生态猪生产加工企业，初步实现一个加工龙头企业牵引一个产业局面。电子商务线上交易额快速增长、产品营销渠道不断拓展，宁陕天麻猪苓地标产品认证进展顺利。宁陕“飞地经济”产业园区2万平方米标准化厂房竣工使用，入住企业5户，宁陕大道、中央大道建成通车，一批配套设施建设完成。

◎**固定资产投资**　全年全社会固定资产投资总额33.73亿元，同比增长15.2%。其中：固定资产投资32.06亿元，较上年净增4.45亿元，同比增长25.2%；房地产投资0.31亿元，同比增长24%；民间固定资产投资项目27个，完成投资22.58亿元，较上年净增4.17亿元，同比增长22.6%；皇冠高钙粉加工、秦岭山泉水一期、兰花湖山泉水厂生产线、农副产品加工项目为主的工业投资完成18.05亿元，较上年净增1.48亿元，同比增长22.8%；生产性服务业完成固定资产投资6.92亿元，较上年净增1.9亿元，同比增长37.9%；实施战略新兴产业固定资产投资项目1个（30万吨超微重钙粉体新材料项目），当年完成固定资产投资0.5亿元，同比增长66.7%。一二三产业固定资产投资比为3.9：6.6：89.5。

◎**财税金融**　稳步推进财税体制改革，全年财政总收入22865万元，同比增长16.7%，地方财政收入11589万元，同比增长0.5%，地方一般预算收入8791万元，其中各项税收收入6154万元，分别同比增长2.2%。财政总支出12643万元，同比增长14.2%。改革预算管理，统筹收回结转结余资金7868万元。规范政府举债行为防范债风险，评审项目258个，评审金额11.5亿元，审减1.3亿元。进行财政涉农资金整合试点，整合涉农资金15468.36万元，为2693户贫困户发放“脱贫贷”1.13亿元，贫困村互助资金覆盖率100%，，兑付各类涉农补贴1.4亿元。组建县扶贫开发公司，争取获得国家开发银行贷款4.8亿元，支持贫困村基础设施建设、筑牢脱贫保障网络。民生支出占比财政支出80%以上，生态环境治理建设、全域旅游、县城基础设施建设及规划、15年免费教育和营养计划、公立医院改革、机关事业单位养老保险改革、兜底基本社会保障、村干部基本报酬兑付等都得到保障。农业银行、农商银行、长安银行、邮政储蓄各项存款余额35.18亿元，同比增长11.58%，其中：城乡居民储蓄20.81亿元、同比增长12.79%；各项贷款余额1083亿元，同比增长1.69%。存贷比30.78%，同期下降3%。

◎**重点项目**　加强对重点项目建设工作的组织领导，积极策划申报项目，全年争取项目资金4.3亿元。继续落实重点项目建设“五个一”工作机制，抓开工、抓进度、抓投资、抓谋划，全年开展重点项目专项督查3次，组织集中开工活动3次，召开重点项目推进会8次，2017年共安排县级重点建设项目90个，总投资129亿元，年度计划投资32.94亿元。完成投资29.7亿元。重大项目取得突破，西成客专贯通运行，引汉济渭工程进展顺利，宁石高速、庙坪至双河公路开工，G210国道改造宁陕段完工。

◎**招商引资**　把握中办定点帮扶和金坛区胶州市两地对口协作历史机遇，充分利用国家产业政策、主体功能区划分上级给予的政策资金支持，立足宁陕资源禀赋精心策划项目62个，积极参加省市组织的“西洽会”“安康特色产品走进常州、走进北京、走进佛山、走进郑州等招商项目推介会”“胶州市对口四县招商推介会”“陕南三市循环合作推介会”等主题招商活动，推介宁陕县资源优势、招商项目、名优产品；县级领导带队先后赴北京、广州、江苏、山东、湖北、胶州、西安、河南等地叩门招商，开展大型或小分队招商活动25次，对接13个意向投资项目，签订战略合作协议4个；积极推进以商招商，西安海荣房地产开发公司成功引进云南城投置业股份有限公司来宁投资104亿元开发打造皇冠健康小镇，成为第21届西洽会签约项目；整治营商环境，为外来客商投资者提供“零障碍、低成本、高效率”服务。2017年，签约重点招商项目10个，总投资126亿元，已履约9个，履约率90%。有明显进度的新建和续建招商引资项目25个，全年完成省际到位资金26.1亿元、省内到位资金5.98亿元。

◎**主导产业建设**　加强产业脱贫工作领导，成立县产业脱贫领导小组，领导小组办公室设县农水科技局，局长任办公室主任，相应7个部门分管领导任副主任，抽调5人集中办公。领导小组定期召开联席会议，研究解决产业脱贫工作，全县林果、药菌、特色养殖、有机农产品种植主导产业取得大发展。编制《宁陕县特色产业精准扶贫规划》《宁陕县2017—2020产业精准扶贫实施方案》《宁陕县2017—2020年贫困村产业园区建设规划方案》。制定出台《宁陕县产业脱贫增收行动方案》《宁陕县2018年农业产业化经济指标建议计划》，进一步明确林果、药菌、特色养殖、有机农产品种植四大主导产业，提出十大脱贫增收行动。县产业脱贫办下发《宁陕县产业布局和规划意见》，对主导产业重点镇、专业村、加工点进行布局，确定各镇新型经营主体培育和帮扶任务。按照“一村一策、一户一法”要求，40个贫困村逐村编制产业脱贫规划和农业园区实施方案，逐户制定产业发展计划。在全县4476户贫困户11146人中选择有产业发展意愿的2767户8773人建立到户产业发展台账，明确包帮责任人和包帮措施，并逐户采集贫困户产业脱贫信息，上传脱贫攻坚数据平台。修订《宁陕县产业脱贫及农业特色产业奖补办法》，激励新型经营主体发展壮大。县产业办印制奖补文件汇编5000册，发到各帮村部门、镇村和贫困户广而皆知，保障群众发展产业。新制定《宁陕县牲畜养殖业风险补偿暂行办法》《宁陕县关于做好生猪保险工作的通知》，母猪肥猪保险全覆盖、零保费，让养猪户吃上定心丸。县产权改革办制定《宁陕县农村三变改革试点工作指导意见》等政策指导性文件，激发贫困户内生动力。2017年，为奖补1490户符合产业奖补条件的贫困户兑现530.5万元，为591户当年拟退出贫困户兑现劳务和家庭综合收入奖补199.16万元。奖补食用菌产业201.5万元，奖补特色养殖184.4万元，奖补有机种植104.32万元；奖补电商和品牌10.8万元；奖补经营主体认定196.5万元，其中奖补县级园区13个、县级示范社18个、县级职业农民85个。为6个拟脱贫村非贫困户发放产业发展奖补资金60万元，为6个新成立的村级集体经济合作社注资60万元。为带动贫困户脱贫的经营主体奖补12.4万元；为江口镇、龙王镇兑现魔芋、养蚕奖补资金154.75万元；向28个带动851户贫困户的经营主体投放产业扶贫引导资金697万元；为带动贫困户的养殖场补助大沼气池建设资金100万元。县财政分别向农商银行注入500万元作为贫困户扶贫贷款风险补偿金，撬动脱贫贷1个亿，受益贫困户2332户，2017年为贫困户贴息250万元；向农行注入经营主体小额信贷风险补偿金100万元，放大10倍用于农业经营主体贷款；当年借出互助资金1167万元，有效地解决了1082户贫困户产业发展资金短缺的问题。2017年县政府注入产业发展基金500万元，投放基金490万元，安排牲畜养殖和林麝保险补助资金100万元；全年完成涉农整合扶持、奖补资金2326.6万元。严格落实贫困村必须有集体经济或合作组织、互助资金组织的硬指标，在每个贫困村至少建成1个县级农业园区，向各镇下达农业园区、龙头企业、专业合作社、家庭农场、职业农民培育任务，实现新型市场主体带动和互助资金协会到村全覆盖。2017年全县认定县级园区17个，县级示范社18个、家庭农场23个、县级职业农民85个。认定了市级农业园区4个，推荐5个园区申报市级园区，认定市级农业产业化龙头企业3个。秦南食用菌、绿宝大米、纤纤魔芋、核桃初加工4个加工生产线建成投产，艾班卓魔芋加工、梦阳药材加工、核桃油加工3家加工龙头企业落户工业园区，引进生态黑猪生产加工企业1个。建立经营主体帮带机制。发文明确各类经营主体帮带贫困户标准，将贫困户和新型市场主体紧密结合起来，把贫困户嵌在产业发展链条上。秦南菌业、黄波食用菌合作社的“五统一”保底模式，绿宝、梨子园专业合作社“合作社+基地+贫困户+订单”模式，新场镇同心村“贫困户＋互助资金+阳晨联盟”模式等利益链接模式，让贫困户十分满意。支部+X（农业园区、龙头企业、旅游景区、合作组织、党员干部）+贫困户”党建扶贫模式，被市委在全市推广，中央政治局常委、国务院副总理汪洋作出重要批示，省委书记胡和平要求全省总结推广。经营主体带动贫困户成效显著的优先安排项目和资金或推荐申报奖补，没有带动贫困户的列入黑名单，全县有77个经营主体带动贫困户3219户；建立产业脱贫领导小组联席会议机制。由组长或副组长定期召开联席会议，共谋产业脱贫大计；建立考核奖惩机制。不仅在脱贫攻坚考核占有分值，还将产业脱贫纳入镇和成员单位年度目标责任制考核，同时县脱贫攻坚指挥部也将产业脱贫纳入单项奖励，考核达标的给予重奖；建立季度督查通报机制。每季度末抽调成员单位人员组成4个督查组，开展专项督查，并通报排名，营造上下左右齐抓共管局面。全年制定产业脱贫技术服务方案4个，成立产业扶贫科技服务110指挥中心体系，聘请省市知名专家建成5个产业技术服务专家组，整合农业、林业、科技部门专业技术人员组建专技组，成立首个县级职业农民协会，协会成立了职业农民产业脱贫志愿服务队。3支技术团队全力保障产业脱贫技术服务。向40个贫困村每村指派帮扶干部1名，编印技术资料5000本，印制技术服务明白卡、致贫困户一封信各5000份，由技术帮扶干部亲手交到贫困户手中。11月整合3支技术力量组成7个综合性产业技术服务团队，开展技术服务整村推进，实现贫困户产业技术服务全覆盖。

◎林下经济　林下经济发展和产业园区建设有新突破。2017年，全县林下种植19.5万亩，经济林累计35万亩，农民人均近6亩，其中：板栗园累计21万亩，核桃园累计14万亩；林下养殖81.7万头（尾、羽），建成林下特种养殖企业2户；新建和打造县级园区11个、申报市级园区2个，1个山林经济发展示范镇、2个山林经济发展示范村、2处“千村千处”山林经济扶贫示范点获得市级命名表彰。全县从事林业产业的人数达2.15万人，林业产业总收入12.7471亿元，增加农民人均收入约6000元，占当年农民人均收入的70%左右。

◎食用菌产业　宁陕发展食用菌以香菇、黑木耳为主兼顾其他15个珍稀品种，及时出台《食用菌产业发展实施方案》《食用菌产业发展奖扶办法》《食用菌产业带动精准脱贫实施方案》《产业脱贫及农业特色产业奖补办法》等政策措施，建立“五统一”管理机制，推行“集约承包”“产业帮扶贫困户入股分红”模式，不断优化食用菌发展布局和品种结构，培育壮大秦南菌业企业、黄波食用菌专业合作社等9个新型经营主体和10个专业村、4个菌种场，推动了产业升级发展。全年生产袋料食用菌1600万袋，建成4处食用菌产业扶贫基地，全县80%农户熟练掌握食用菌栽培技术，其中从事食用菌产业的贫困户705户2344人，全县家庭户均纯收入1.59万元、人均4298元。

◎畜牧产业　2017年，全县生猪饲养量8.277万头，其中：生猪出栏4.55万头；牛、羊、禽饲养量分别为7063头、4.89万只、56.06万羽；肉类总产4621吨，禽蛋产量637吨。全年共防猪瘟4.59万头，猪W病4.57万头，防疫密度均为95%以上。挂标4.24万头，挂标率92.4%；防牛W病4997头，密度90.2%，挂标4229头，挂标率84.6%；防羊W病3.68万只，密度95.15%，挂标3.09万只，挂标率84%。小反刍兽疫3.72万只，密度95.26%；防禽流感30.58万只，防鸡新城疫30.61万只，免疫密度均达90%以上。全年未发生重大动物疫情。全年指导新建标准化圈舍16处12725平方米，兑付奖补资金103.31万元；核查养蜂合作社18处7961箱，兑付奖补资金75.98万元；调运种畜151头，兑付奖补资金5.13万元。2017年8月，江口镇竹山村佳惠生猪养殖专业合作社扩建标准化圈舍2200平方米，存栏土种母猪180头。2017年9月，创建阳晨生猪产业联盟模式，先后发展新场镇新场村宝峰种养专业合作社和同心村同心养殖专业合作社、龙王镇棋盘村田园养殖专业合作社和西沟村永明养殖专业合作社4处生猪养殖场，建设标准化圈舍3000平方米，存栏商品猪1600头；同月，江口镇江河村伊丰种养专业合作社新建标准化圈舍1500平方米，存栏肉牛100头。2017年10月，皇冠镇南京坪村共富养殖专业合作社新建标准化圈舍3000平方米，存栏生猪

1000头以上。还有其他养殖场不断壮大，如南家湾养殖厂扩建标准化圈舍900平方米，存栏母猪120头；裕民合作社新建标准化圈舍800平方米，存栏肉牛80头。另外养殖场标准化创建也在加紧提速，合兴牧业有限公司市级标准化场创建已通过市农业局组织的验收并发文公布。这些特色养殖场的发展，带动一批贫困户走上了产业脱贫之路。深入开展动物卫生监督工作，加强规模养殖场监管，强化产地和屠宰检疫，定点屠宰检疫率100%。严格履行生猪定点屠宰厂监管职能，明确专人负责，驻场监管。全年入厂检疫3043头，屠宰检疫肉品3012头，回收耳标3012个，回收率100%；病害动物及其产品无害化处理率100%；对规模养殖场、动物屠宰加工场所和动物卫生监督面均为100%；“瘦肉精”累计抽检414头，其中：监督县生猪定点屠宰厂自检295头、驻厂检疫员抽检116头，抽检率13.74%，其结果均为阴性。完成2户牛羊养殖户的结核、布病监测，其结果均为阴性。对城区河道随意抛弃的2头病死猪全部无害化处理，确保畜产品安全供给。先后选派县、镇11名畜牧技术干部到省、市、县参加业务学习、培训。采取印发技术资料、与农广校和各培训学校联合培训等形式，全年共培训畜牧兽医服务人员及产业脱贫户2000余人次，发放资料2000余份。农业技术人员围绕畜牧养殖百场提质增效、定点屠宰厂规范化创建、畜牧兽医科技人员服务能力提升三大活动，开展包场联户提前技术介入，不间断到养殖场、养殖户指导标准化养殖场创建和科学饲养管理，及时提供产业信息、规划、养殖技术、防疫等全方位技术服务，帮助或协调解决实际问题，引导养殖场、养殖户积极应对市场调整养殖规模结构、降低生产成本、预防市场风险。按照“规模养殖，合理布局，防治结合，减少污染”的总体要求，在全县划定畜禽养殖禁养区限养区和宜养区，坚持把环评列入新建养殖场首要条件，严格控制畜禽养殖污染，整合资金179万元为规模养殖场建设100立方以上沼气池8口容积约1000立方米。

◎**三变改革** 抓住产权制度改革试点县机遇，大力推进农村三变改革，助力产业脱贫。成立9个村级村集体经济组织建设工作，在完成清产核资后挂牌运行，县政府初期注资10万元启动资金，通过资金注入村集体经济组织，推动产业扶贫发展，壮大集体经济，让贫困户直接受益。中办包帮的海棠园村大胆破题，成立宁陕县海棠园村农业发展有限责任公司，成为全县首家公司化村级集体经济组织，该公司已出资250万元投资企业，获得稳定受益；罗家沟板栗合作社“集体出山、群众建园、连片经营、有利分红”产业脱贫三变模式，让该组贫困户年均增收5000元以上，8月5日被央视《新闻联播》进行单条报道，引起广泛关注；荣庚农业园区“三变”模式让贫困户变成股东、社员和产业工人。受到九三学社、中办机关认可。

◎**旅游产业** 宁陕县坚持“生态立县、文化兴县、旅游富民”，立足布局大产业、建设大环境、构建大格局、发展大旅游，加快发展全域旅游，推进旅游转型升级和融合发展。颁布实施《宁陕县全域旅游规划》（2015—2025）和《宁陕县大蒿沟景区旅游发展控制性建设提升规划》（2016—2030），评审通过《宁陕县终南山冰晶顶旅游区总体规划》《秦岭·云溪谷国家旅游度假区总体规划》和与柞水县合编的《大江河旅游控制性规划》《柞（水）—宁（陕）国家旅游休闲度假区总体规划》，通过评审并实施筒车湾镇海棠园村、七里村和城关镇汤坪村、八亩村、青龙垭村5个美丽乡村规划。以全域旅游引领县域经济发展，开展国家全域旅游示范区、省级旅游示范县创建，荣获“陕西省旅游强县”“陕西省旅游经济快速增长先进县”“陕西省旅游产业发展十大先进县”“亚洲金旅奖·最佳生态旅游名县”等称号。全县共成功引进29家企业投资开发38个旅游项目，引资总额突破340亿元。建设或建成天河现代农业生态观光园、皂矾沟生态养殖基地、胭脂坝蓝莓基地、滨海现代生态休闲农林观光示范园等20个现代农业旅游项目，启动生态健康养老产业园大蒿沟景区仙居缘森林疗养基地示范点建设；全省旅游扶贫试点县稳定推进，建设8个国家旅游扶贫重点村和4条乡村旅游示范带，旅游扶贫开发“五种模式”在全省推广，其中漫沟天成渔业合作社入选全国61个“协会+农户”旅游扶贫示范项目。新建、续建“冰晶顶”“苦竹沟生态旅游”“云溪谷”“皇冠国际自行车赛道”“河心堡林业生态体验观光博览园”“金鸡山休闲养生中心”“上若意境”“中庄道遥谷”“悠然山二期”“上坝河省级旅游度假区二期”等文化旅游项目17个，完成投资12.55亿元，超计划13.2%。开展旅游宣传营销，举行“秦岭之心·绿都宁陕”为主题的“中国·大秦岭（宁陕）第六届山地越野挑战赛”，在西安举办旅游宣传推介会开展“秦岭之心·绿都宁陕”走进古城西安、宝鸡等系列旅游营销，参加省市旅发委组织的旅游宣传推介活动，密切与省内外主流媒体、电商网宣传合作，推出网络订票、订房，开通西安至景区的旅游直通车，在重点旅游景区、旅游镇建设旅游商品销售网点。继续打造“欢乐城乡”群众文化品牌，依托景区开展“秦岭·悠然山2017新春灯会”“秦岭之夏·文化之旅”首届冰雕艺术展暨陕西省大学生文化艺术节公益巡演、新春灯会、山货节、等文化旅游系列活动，与秦岭旅游联盟、云景蓝狮自驾游联盟举办“千车万人进秦岭”自驾避暑活动，悠然山高山湿地景区举行“飞得更高 拥抱自然”直升机首航。全县建成了筒车湾休闲景区、上坝河省级旅游度假区、秦岭峡谷乐园景区、悠然山高山湿地景区以及秦岭皇冠健康集镇和朝阳沟休闲度假区五大核心产品。全县有接待游客能力的宾馆、饭店、农家乐和土特产专卖店354家，接待游客餐位数17154位，接待床位数6690张。2017年全县接待游客480万人次，实现旅游综合收入30.38亿元，分别比上年同期增长16.5%和33.3%。2018年1月15日，陕西省“感动陕西·2017旅游影响力评定委员会”在宝鸡市隆重举行“2017陕西旅游产业年度盛典”，宁陕县以秦岭之心旅游资源的核心地位和全域旅游发展的突出业绩荣膺“感动陕西·2017旅游影响力十佳县区”称号。

◎**精准扶贫** “十三五”全县有贫困村40个，其中深度贫困村5个，贫困户5113户13458人，贫困发生率22.62%，2017年数据清洗后还有贫困户4476户11146人。在中央办公厅和省委办公厅、省政府办公厅的重视和关怀下，我们严格按照“一年见效、两年攻坚、三年冲刺、四年摘帽、五年巩固”的思路，紧盯目标、合力攻坚，2016年脱贫700户2295人，2017年脱贫682户2259人、退出6个村。2017年底动态调整后，返贫31户73人，新增65户140人，自然减少43户72人，目前还有贫困村34个（深度贫困村5个），贫困人口3847户9028人。计划2018年退出29个村，脱贫4003人；2019年退出5个村，脱贫5025人，实现整县摘帽；2020年巩固提升，确保同步迈入小康社会。突出产业扶贫抓林果、药菌、特色养殖、有机农产品种植等主导产业，逐一成立领导小组，制订实施方案和奖补政策，带动贫困户发展特色产业。累计发放脱贫贷1.1亿元、互助资金5000万元、产业奖补2326万元，新建农业园区13个，培育市级龙头企业3个，累计发展农（林）业园区28个、专业合作社232家、家庭农场26个，启动5个“三变”改革试点，吸收带动贫困户3219户，扶持群众稳定增收。建成搬迁安置社区21个，450户贫困户喜迁新居，住房安全得到保障。深化“3+2+1”一体化医疗服务模式，贫困人口县内住院享受“先诊疗后结算”“零抵押住院”“一站式”报销等便民服务，建立新农合基本补助报销、大病保险、政府扶贫救助保险、民政医疗救助、贫困人口医疗救助基金“五重保障”机制，贫困人口医疗费用报销比例达到90%以上。全面实施十五年免费教育，建立控辍保学责任制，全县建档立卡贫困家庭子女教育资助全覆盖，组织797名教师与2677名贫困学生结对子，实现贫困家庭子女上学有资助、义务教育阶段学生无辍学。组织开展贫困劳动力培训65期2240人，扶持创业160人，贫困村发放创业担保贷款240万元，完成贫困劳动力转移就业2336人，安置190名贫困劳动力在公益性岗位就业。完善生态护林员选聘流程和档案信息，兑现817名生态护林员年工资570.15万元；选聘224名贫困人口和就业困难人员担任“护河员”，年人均发放工资5000元；足额兑现871户贫困户退耕还林、2722户贫困户生态补偿政策；积极开展林地“三权分置”、公益林预收益质押贷款和林权质押贷款工作。全面实施“两线合一”“两院合一”，失能老人托养中心一期建成、二期正在建设；精准落实1286名五保对象、772名农村低保对象和87名贫困残疾人口兜底保障政策。

◎**城镇建设** 启动县城总规修编，完成县城地形图测绘，评审通过县城实施评估报告和四亩地、龙王、太山庙、新场、金川等集镇规划，启动江口民族特色小镇规划。严格落实《宁陕县城乡规划委员会议事规则》，核发选址意见书62份、建设用地规划许可57份、建设工程规划审批55份、规划验收20处、建筑工程施工许可证36份，查处违法建设行为10起。以五项工程为重点推进县城建设，城区及周边亮化、污水处理厂提标改造、宁中停车场和城区3座公厕改造竣工使用；先后完成三星公租房配套设施项目共同沟和路基施工、三官路二期路基工程、宁陕中学道路改造路面铺设和河堤栏板安装、三线入地规划编制及三星街三线入地共同沟建设；建成县城工业园区和宁中、三星雨污分流管网2.4公里，开工建设筒车湾污水处理厂，县城污水集中处理率达97%，污泥无害化处理率100%，县城垃圾场通过环保验收。县城老街棚户区改造可研和入户调查，三星片区二道河拆迁面积7036.70平方米，300套棚户区开工建设。完成广货街、江口污水处理及收集管网工程设计和选址。新增天然气居民用户1022户、工商用户20户，气化率达70.9%。县域副中心皇冠镇皇冠学校改造、农村环境综合整治、秦岭科苑、秦岭金丝猴科普基地、皂矾沟冷水鱼养殖基地三期项目全面完工，皇冠200套棚户区改造完成规划设计和签订征迁协议，拆除房屋1820.59平方米。完成申请保障对象入户调查，政府投资公租房分配入住累计1453套，已经录入省市保障性住房分配系统1453套；全面实行物业服务管理，启动“幸福家园、和谐小区”创建工作。成功创建园林县城。完成商品房网签信息系统与市住建局联网和房产业务移交工作。人防短波电台安装到位强化城市管理。整治建筑工地，洒水、覆盖、硬化、冲洗、绿化、围挡六个100%，县城市容环境时刻保持干净整洁、井然有序。推进10个美丽乡村示范村建设改造房屋2086户。扎实开展国家森林城市、国家园林县城、国家卫生县城巩固工作，被住建部正式命名为“国家园林县城”。

◎**交通建设** 宁陕现有县城二级客运站1个，四亩地、筒车湾、原汤坪、龙王四镇五级客运站共4个，万达公司、宁摩公司客运公司2个。宁陕发往西安、汉中市际客运班线5条10余个班次，发往石泉、汉阴县际客运班线2条5个班次，县境内客运线路11条20余个班次。宁石高速公路完成工可技术性审查，省交通厅通过PPP项目确定省高速集团为项目业主、葛洲坝集团为投资单位，勘察设计工作已完成纸上定线，进入现场设计中。国道345改建工程宁陕段完成施工图设计技术评审，市交通局正在确定建设业主单位，计划2018年开工建设。建设重要县乡公路四条：皇冠镇庙坪至江口镇双河公路（京昆高速江口连接线）已开工建设，共分6个标段建设，其中：路基3个标段，隧道工程2个标段，路面1个标段；G210宁陕至两河二级公路改建工程累计投资3200余万元，路基完成98%，路面基层处理完成80%，汤坪桥加宽完工并使用，袁家淌一、二号隧道主体工程已完成，朱家咀隧道优化方案已完成近期开工；筒车湾镇油坊坪至梅子镇瓦房公路（筒大路四改三）开工建设，路基完成土石方开挖50%以上；龙王至梨子园（石宁界）三级公路改建工程累计投资2860万元，路基土石方、防护工程已完成，路面施工队已进场进行路基碾压整形处理和储备水稳料。建设一般县乡公路四条：月河坪至太山庙公路改建工程累计投资5210万元，一期工程路基工程和路面基层铺设完成，水泥面板铺设10公里。二期工程因月太路口至月河坪桥段与陕西镇安抽水蓄能电站对外交通道路共用3公里需拓宽，月河坪桥至古桑墩梁段17公里路基和路面均已完工；新五路建设至五龙段改建工程累计投资3391万元，主体工程已完成；筒车湾收费站至油坊坪改建工程累计投资1600余万元，主体工程已完成；皇冠镇收费站至八宝土地沟口公路改建工程完成投资2350万元，路基工程完成，路面基层铺设10公里。2016年度下达宁陕县梅子镇南昌、女王和广货街镇元潭村苦竹沟3条通村水泥路及移民搬迁集中安置点对外道路工程均已完工并投入使用。2017年度下达宁陕县的2条通村水泥路，皇冠镇兴隆村公路已完成并投入使用，龙王镇棋盘村北沟公路路基、防护及桥涵均已完工，路面铺设3公里，累计完成投资3855万元。2017年度第一批的庙沟、小沟、深沟、红岩山、筒五、生风、北昌、竹山至新铺、七丰等9条安防及完善工程均已完成，累计完成投资2300余万元。2017年第二批项目投标最高限价已报县财政局，正在评审中。太山庙镇双建花庙子、城关镇狮子坝香沟口小学、金川镇小川村龙船3座渡改桥已完工并通车试营运，完成投资298万元。七里沟1号和四汤路3号2座危桥拆除重建项目均已完工并通车，完成投资150万元；安沟口危桥项目因原桥与村民房屋太近，在拆除旧桥时将对村民房屋造成严重安全隐患，目前已通知设计单位将拆除重建方案修改为加固方案，待方案修改完成后将立即开工建设。建设扶贫联网工程，按照县委、县政府安排部署和全县脱贫摘帽上级对交通基础设施建设的检查验收标准（建制村通水泥路或通油路，100人以上的村民小组通砂石路），已完成城关镇汤坪村庙沟、栗柞；筒车湾镇海棠园村小圆、干柿垭、龙王坪村泗水沟、许家城村安沟；四亩地镇严家坪村佛爷沟、栗子沟；江口回族镇冷水沟村乔家沟、塔耳沟、小道沟；金川镇四泉沟、老庄、楼房沟；皇冠镇兴隆村土地沟；广货街镇曼沟；梅子镇安坪村上坪、安坪村方家岭8镇18条69.45公里的村组公路水泥路硬化，完成梅子镇生凤村小堰；筒车湾镇龙王潭村猫儿沟；龙王镇东沟村文家沟；江口镇冷水村沟金瓜沟、竹山村长坪；城关镇狮子坝村香沟至关帝庙、大路沟口、狮子坝六组、大寺沟村响潭沟；太山庙镇双建村花庙；广货街镇鸳鸯沟；金川镇马耳沟8镇12条61.1公里的通组公路砂石路面，全面完成年度目标任务，累计完成投资11883万元。建设共建项目，镇安抽水蓄能电站建设需对外交通公路，以满足其大宗物资及重大件设备的交通运输需求，镇安县人民政府与宁陕县人民政府多次洽商，2016年6月两县签订合作改造交通公路共建协议，2017年3月开工建设。一标（路基）土石方开挖完成95%，防护及涵洞全面完成；二标（路基）完成土石方开挖80%，防护完成70%；三标路基工程已完成，路面正在储备砂石料；隧道工程主体已完成，排水沟正在加紧施工，累计完成投资3400万元。

◎**教育**　全国义务教育均衡县创建成果全面巩固，按计划学校改扩建工程完成，高考取得优异成绩，贫困大学生得到资助，荣获全国群众体育先进县称号。“3+2+1”一体化医疗服务模式全面推进，县、镇远程会诊实现全覆盖。文化“五个一工程”加快推进，新建15个村级文化活动中心，欢乐城乡文化活动丰富多彩。全年城镇新增就业700人，转移农村劳动力16035人，开展创业培训2236人次，发放创业贷款2088万元。城乡居民基本养老保险参保率达99.9%，待遇发放率达100%。各项社会救助政策全面落实，为6230名城乡低保、五保、残疾人、高龄老人、孤儿和三无人员等足额发放各类补贴2872.85万元。皇冠小学、新场、小川、长坪、蒲河九年制学校、太山中学新改、扩建学校建设项目全部竣工验收，完成投资1388万元，校舍建筑面积6840平方米。城区高中、小学、幼儿园PPP建设项目有序推进，宁陕县第二小学开工建设，宁陕中学改扩建前期准备工作就绪。全县各级各类学校、幼儿园教育资源配置、学科功能部室建设、教学及辅助用房、图书、教玩具等基本达到教育教学需求。为406名贫困大学生办理生源地助学贷款278.4685万元，发放普通高中贫困学生国家助学金903人次112.9万元，发放中小学寄宿生生活补助5388人次278.695万元，发放贫困幼儿生活补助4205人次168.2万元；落实资助项目16个，筹集各类助学金259.3万元，共资助贫困大学新生323人次，实现从学前到大学阶段家庭经济困难学生资助全覆盖。2017年宁陕县在校学生9218人，其中：幼儿2218人，小学3981人，初中1674人，普通高中1345人。有教职工965人，其中专任教师713人。全县中小学适龄儿童、少年入学率均100%，在校生巩固率分别为100%和98.86%，学前三年入园率97.07%。高考二本以上上线人数213人，二本以上上线率51.6%，三本以上上线353人，本科上线率85.5%。2名学生高考成绩在600分以上。2017年教育系统23个基层党支部全部收归县教体局党委管理，理顺教育系统基层党组织隶属关系；创建市级平安校园2所、市级安全文化示范校2所、市级禁毒教育示范学校1所；全年教育系统无重大校园安全事故及群体性事件发生。新招聘38名特岗教师，引进研究生3名，省招教师4名；完成义务教育阶段校长、教师交流轮岗39人，非义务教育阶段校长、教师交流轮岗5人；共组织中小学、幼儿教师参加各级各类培训1961人次，培养省级教学能手2人，市级教学能手11人，市级学科带头人2人；教师节期间县委县政府表彰优秀校长5人，优秀教师20人，模范班主任10人，先进教育工作者10人，学校体育先进工作者5人。

◎**卫生**　深化县级公立医院改革，完成妇幼保健院、计生服务站整合，委托第三方机构对医院绩效评价，100%的村卫生室完成改革任务。持续深化“3+2+1”一体化医疗服务模式，建成14个镇卫生院和5个村卫生室远程会诊系统，县、镇远程会诊全覆盖，县域内医疗机构转诊登记转诊病人950人，其中上转925人、下转25人。配合推进“两保合一”，落实大病专项救治，参合群众58630人，参合率99.52%，共有79119人次获得合疗补助补偿资金2366.97万元，新农合资金上解率、到位率和“四合理”检查监管率均达100%，政策范围内住院费用报销比例达67.56%以上，职工、居民参保率100%。全面推进县镇村三级医疗机构药品网上集中采购和药品耗材“两票制”，全县医疗机构采购药品2006.38万元，县镇医疗机构网采率97%，县、镇、村基本药物配备使用率均达100%。全县居民健康档案建档率达到99.36%，家庭医生签约重点人群18582人，签约率达70.3%，65岁以上老年人体检率达到50.35%以上，高血压、糖尿病、重精神疾病患者规范管理率分别达97.58%、97.48%、93.94%，0—6岁儿童系统管理率、孕产妇系统管理率均达95%以上。全面完成区域平台和居民健康档案、电子病历数据库及全员人口共享应用、基层医疗机构管理信息系统项目建设，区域信息化覆盖率80%以上，省、市、县信息平台互联互通进入对接调试阶段。大力推进健康扶贫和天使健康扶贫行动，全面建立“五重保障机制”和“一站式”即时结算服务，全额保障建档立卡贫困人口医疗救助所需费用，县域内看病报销比例95%以上、县外住院报销比例90%以上。加强与解放军305医院、西电集团医院和森工医院对口支援深度合作，开展“二甲”医院创建、“平安医院”建设、“妇幼健康优质服务示范县”创建，“三室”建设投入使用，建成四亩地、汤坪卫生院“中医馆”，完成太山庙、金川、新场、旬阳坝、江口卫生院、广货街卫生院二层主体和县疾控中心实验室项目建设主体建设，建成14个贫困村卫生室。开展“雷霆”2017公共卫生监督管理专项行动，各类公共场所持证率100%，健康证持证率95%以上，行政处罚5起违法案件，全年无医疗责任事故发生、无甲类传染病例发生、无重大传染病暴发流行和突发公共卫生事件发生，国家卫生县城、卫生集镇创建工作通过复审，申报创建省、市级卫生镇村、单位10个。签约招聘医学本科生27人、医学大专生19人，实施“院+县”联合模式在安康职业技术学校订单定向培养乡村医生首批签约6人，选送2名学科带头人、15名技术骨干参加省市培训，轮训医务人员200人次。

◎**人口计生**　全县期末总人口71587人，已婚育龄妇女11320人，出生661人，人口出生率9.23‰，男女性别比93，死亡401人，死亡率5.6‰，人口自然增长率3.63‰，符合生育率99%；综合节育率93%，落实节育手术214例，其中：女扎46例，上环152例，取环18例，各项主要指标达标。完善院站整合，夯实基层基础，积极推行“多证合一”改革和精细化管理，兑付359名计生户长报酬12.9240万元。扎实开展“两项工程”，婚前医学健康检查449人，检查率86.34%，孕前优生健康检查403人，检查率81.6%，开展母亲健康检查7704人，检查率106%，随访和妊娠结局系统录入达标。开展流动人口网格化服务管理试点工作，为流动人口免费发放避孕药具3000余盒，流动人口接受技能培训128人次。

◎**文化建设**　2017年，县文化广场、升降式舞台、电子大屏幕建成使用；投资200余万元的影剧院提升改造维修工程验收投入使用；建设完成15个村级综合性文化中心；提升改造11个镇68个行政村文化服务中心；公共文化服务免费开放100%。县文化馆达国家二级馆标准，图书馆通过国家二级馆评估验收。全年举办各类群众文化活动68场次，城乡电影放映816场次。开展打黄扫非活动和校园周边文化市场网吧专项整治工作，出动行政执法人员384人次，检查各类经营场所26户次，查处案件2件，收缴非法音像制品1000余盘，净化文化市场和网络文化环境抽查合格率90%以上。

◎**文化文物保护**　成立县级非物质文化遗产保护中心，完善县级非物质文化遗产名录68项、市级非遗名录4项、省级非遗名录1项；培训县级传承对象60余人、省市审批省级非遗代表性传承人1人，市级1人；举办省级非遗保护项目城隍庙会暨城隍出巡展示和民间传统文化舞狮、龙灯，彩船集中展演活动2次；沙沟汉剧自乐班演出汉调二黄剧目10场次，五郎关曲艺馆演出汉剧、花鼓、皮影剧目40场次。通过第三次全国文物普查，全县有不可移动文物322处，其中省级文物保护单位9处、县级文物保护单位122处。已完成8处省级文物保护单位建档工作，省保单位城隍庙消防设施安装进入扫尾工程，省保单位太山庙戏楼及泰山庙古建抢救维修工程启动；制订9处省级文物保护单位保护管理规划，完成民俗馆、城隍庙博物馆方案设计。组织田野文物巡查24次，征集石刻文物8件，回收铁器文物2件，接收群众捐赠文物26件。

◎**广播电视**　秦家湾广播电视发射台步道工程全面竣工，面向公众安装：300W模拟电视发射机2台（套），用H32、H38两个频道开路发射中央电视台综合台和农业台；100W调频广播发射机一台（套），以90.8KHz开路发射中央人民广播电台《中国之声》广播节目一套；1000W调频广播发射机二台（套），以95.4KHz和107.4KHz开路发射陕西人民广播电台广播节目两套。升级安装500W调频广播发射机二台（套），以89.7KHz和95.9KHz开路发射安康人民广播电台节目两套。基本安装完成GT-5900-300型地面数字电视广播发射机一台（套），以数字信号发射中央电视台13套，省、市、县电视节目各1套共16套电视节目。宁陕被列为全省首批应急广播示点县，计划项目投资300万元，连通有线电视网络在全县68个村建立应急广播工作站，2017年已安装应急广播发射机10台（套），平时转发中央台和市台广播节目，当自然灾害来临时，可远程操作开机，以最快速度向当地群众做出灾害预警。在县城中心广场安装音柱6个，用以发布重大消息和为群众娱乐活动服务。成立“村村通”“户户通”维修服务站，下乡检修维护25次，全年检修维护调试村村通设备220台。开展普遍电信服务工程，电视宽带文化扶贫项目展开实施，宁陕县农村有线电视网络建设启动，主干光缆通达所有乡镇，分配网基本覆盖所有村。2017年8月启动实施宁陕县广播电视台制播能力建设项目，已完成广播电视台楼房维护维修。制定《节目审查管理制度》《广告审查播出制度》《节目播出安全应急预案》，全年共制作播出宁陕新闻140余期、

1100余条，其中：中央台发稿11条、省台发稿36条、市台发稿384条，头条、提要及重点稿件68条。中央台和省台发稿量同比增加55%，市台发稿量综合排名第六。自办电视节目一套，开办《全域旅游看宁陕》《脱贫攻坚我们一路前行》《新民风建设》等10余个栏目，制作播出各类专题片20余部、通告公告30余条、宣传标语50余条、电视剧70余部，共播出900余期。

◎**图书阅览** 全年县图书馆添加馆藏数据56733册（件），新购置图书2万册，免费开放接待读者55979人次，书刊外借32244册次，解答咨询1000人次，新办图书证195个，为馆外流通服务点送书5000册，投影播放80场，宣传报道100余篇。开展“共建书香城 助推新民风”为主题七类活动，迎新春免费写春联200余幅，举办新春文化展览4场；图书下乡发放科技资料500余份，赠送科技图书2000余册；在全县中小学开展读书征文征集作品2000余份，举办诵读活动11场，展出最新畅销图书200册、地方文献1000余册；与县武警中队开展军民联谊活动，免费赠送图书、借书证；举办每周荐读有奖问答活动2期，推荐图书300余册；征集收藏各类地方文献95种、316册。全年开展活动180场次，受益人达54139人次。县图书馆通过国家二级馆评估验收。

◎**生态环境建设** 县级环境空气自动站正常运行，城区空气质量达到国家Ⅱ级，优良天数达315天以上；县境内长安河、汶水河、洵河、蒲河、池河5条主要河流出境断面水环境质量达到国家地表水环境质量Ⅱ类标准；渔洞河饮用水源地水质达标率100%；宁陕县在国家重点生态功能区县域生态环境质量考核工作中居全省前列。全县环境质量保持稳定，没有发生重大环境污染事故和因环境引发的重大群体性事件。制定下发《宁陕县2017年度污染减排工作实施方案》，下达减排指标，积极完成重点污染减排项目，主要污染物削减指标达到市上考核要求。“十二五”期间，累计削减化学需氧量180吨、氨氮24.58吨、二氧化硫86.3吨、氮氧化物18.62吨。争取专项资金1000万元，建设皇冠镇污水处理站，购置垃圾清运设备，年度农村环境连片整治项目通过省市验收。指导城关镇、皇冠镇、江口镇、筒车湾镇4镇4村开展生态镇（村）创建活动，4个村创建为市级生态村。2017年，国家环保部命名宁陕县为国家级生态示范区、皇冠镇为国家级生态镇。省政府命名筒车湾镇、广货街镇为省级生态镇，省政府命名筒车湾镇许家城村、广货街镇蒿沟村为省级生态村，省政府命名宁陕中学为省级绿色示范学校。市政府命名城关镇、四亩地镇等9个镇为市级生态镇，市政府命名皇冠镇朝阳村、广货街镇沙沟村、城关镇龙泉村等29个村为市级生态村，市政府命名城关初级中学、宁陕小学等8所学校为市级绿色学校。全年先后组织开展各项环保专项行动16次，出动执法人员210余人次，检查企业80家次，下发《责令整改通知书》38份，下达环境违法行政处罚11件，省委环保督察交办的10件环境信访案件全部查办。结合“六·五”世界环境日宣传活动，先后在县城区和梅子镇开展两次大型环保宣传活动，向群众发送环保知识读本500册，农村环境连片整治宣传册5000册，解答群众疑难60人次。

◎**退耕还林** 全面完成新一轮退耕还林5000亩的规划设计及苗木栽植工作。2017年4月、2017年6月分别通过国家、省级对宁陕县2015年6500亩、2016年5000亩新一轮退耕还林复查验收，完成2015、2016年新一轮退耕还林第一批中央补助资金及种苗费兑付。全面完成1999—2005年全县退耕还林清算工作，接替粮食部门兑付1999—2005年退耕还林补助款1493.62万元，当年扣回粮食部门超兑付的973.20万元退耕还林补助款中的520.42万元。按时完成国家林业局开展的国家林业重点工程社会经济效益监测工作，细致查询被监测的20户退耕户退耕前后的经济收益情况，并上报调查结果。

◎**野生动物保护** 宁陕县地处陕西省南部秦岭中段南坡，安康地区北部，属长江流域汉江水系上游地区，生态环境破坏较少，气候温暖、湿润，生物资源丰富。全县林地面积498万亩，森林覆盖率90.2%。随着生态保护的深入开展，大熊猫、羚牛、金丝猴、朱鹮、金雕、林麝、金钱豹等七个保护物种在宁陕境内多次发现，物种数量呈上升态势。2017年，全县拯救珍稀濒危野生动物8起，宁陕县野生朱鹮种群繁殖朱鹮30只，可监测朱鹮种群数量达到130多只。2017年陕西省计划以宁陕、凤县、镇坪为中心，先后建成3个全国最大的标准化、规范化、科技化现代林麝繁育养殖示范基地。省林业厅等9部门联合制定《关于加快发展林麝繁育养殖产业的指导意见》，引导产业向规范化、规模化、集约化发展，促进林麝数量稳步增长，提升林麝保护和产业管理水平。2017年6月29日，全球首次人工繁育林麝野化放归仪式在秦岭中的宁陕县响潭沟举行，13头新生人工繁育仔麝佩戴GPS项圈奔入秦岭林海，这标志着我国对这一濒危物种的保护从被动转向主动。宁陕县荣庚科技有限公司、宁陕县态生源农业科技有限公司2家企业取得陕西省林业厅颁发的驯养繁殖行政许可，止2018年一季度，两家企业实际存栏量合计283头。作为秦岭生物生态系统中的旗舰性大型动物物种的林麝野外放归，是野生动物学研究方面极具挑战性的学术性攻关课题和实践中较难实施的一项工作，其对秦岭生态系统的恢复重建具有重要的探索实践意义。

◎**水利建设** 全县实施32个贫困村、4个非贫困村安置点供水工程建设，22个贫困村灌溉渠道建设，7处防洪河堤建设，完成总投资3650万元。2017年共实施供水项目38个，建设总投资2357万元。利用第一批、第二批国开行贷款项目资金1987万元，实施32个贫困村供水工程建设，建成66处集中式供水，其中：新建水厂5个、改造1个；建成233处分散式供水，供水受益人口1.38万人。县级财政整合资金170万元，实施广货街集镇供水改造、沙洛村栈房供水、张家沟安置小区供水工程3个供水项目。投资约200万元修建太山庙镇长坪安置社区水厂、江口镇沙坪村水厂、龙王镇河坪村水厂。同时，采购一批消毒精片，发给各镇用于供水消毒；协调疾控中心检测农村供水水质；推行河长制，落实224名护河员管理农村供水工程。在24个贫困村实施农田灌溉项目25个，总投资1015万元。其中：第一批、第二批国开行贷款完成24个村灌溉渠道建设，修建渠道60条26.82公里，水坝54座，完成投资838万元；整合资金177万元实施灌溉项目1个。投资278万元，修建防洪河堤4处0.78公里，其中：县级财政涉农整合资金2个250万元，修建防洪河堤3段0.66公里；利用以前年度水毁修复结余资金28万元，修建元潭村委会防洪河堤1段0.12公里。

◎**廉政建设** 2017年全县各级纪检监察机关处置问题线索362件，初核341件，立案129件，处分133人，移送司法机关2件2人。开展诫勉谈话、谈话提醒、批评教育217人。较上年度相比，线索处置数、初核数、立案数、处分数分别上升133%、140%、27.7%、33%。严肃查处侵害群众利益的不正之风和腐败问题，立案94件，结案94件，处分101人。较上年度相比，立案数、结案数、处分数分别上升72%、72%、96.2%。准确把握“三个区分开来”，坚持严格执纪与容错纠错相结合，实施容错纠错8件9人。处置“三个助力”方面问题线索271件，初核271件，立案84件，结案84件，处分90人次，移送司法机关2件2人，对84起典型案例进行通报曝光。县纪委获全市落实“三个助力”先进集体。2017年常规巡察6个部门、5个镇、27个村，“三个助力”专项巡察11个镇40个贫困村，扶贫领域专项巡察8个镇。巡察发现问题203个，向县纪委移交问题线索102件，立案27件，处分24人，移送司法机关2件2人，诫勉谈话49人。向部门移交线索27件，行政处罚35案35人。被巡察党组织扎实整改，修订完善和新建制度189项，提醒、约谈党员干部114人。三名干部被评为全市巡察工作先进个人。

◎**综合治理** 全面贯彻省市决策部署，及时分析研判社会稳定形势，搜集核查各类信息63条，完成14个开工重点项目风险评估，认真做好节假日等特殊时期安保工作，十九大期间安保维稳工作贡献突出被市信联办、市综治办通报表彰。严格落实《宁陕县社会矛盾纠纷排查化解零报告和责任追究办法》《宁陕县人民调解工作经费管理办法》，修订完善21个县级专项应急预案和35个部门应急预案，排查矛盾纠纷415起，调解成功405起。维护社会公平正义，县法院受理各类案件705件（含上年旧存10件），同比上升20.93%；结案589件，同比上升18.75%；结案率83.55%，同比下降1.53%；检察机关公诉部门受理移送起诉案56件69人；侦查监督部门共受理公安机关提请批准逮捕案件27案44人。规范执法行为，推进司法体制改革，检察院、法院率先分类定岗考核，遴选员额法官、检察官各10名；落实《居住证暂行条例》和户籍制度改革，通过“送证上门”“绿色通道”等便民措施，受理异地身份证办理290张，解决落户102人；深化农村道路交通安全“125”联合管理模式，建立农村道路管理中队5个、劝导站47个；印发《关于在全县公民中开展法制宣传教育推进依法治县进程的第七个五年规划》，开展“法律六进”、依法治理和法治系列创建，开通“法治宁陕”“微信公众号”进行法律知识竞答48期，发普法短信60968条、普法微信188条。强化执法监督，完成全年所有994件案件评查，其中：县法院345件，县公安局97件，县检察院24件，县司法局528件，其中优秀案件351件；占总案件数35.3%；合格案件632件，占总案件数63.6%；不合格及瑕疵案件11件，占总案件数1.1%。持续深入开展“平安宁陕”“法治宁陕”等基层系列平安创建活动，坚持“一票否决”制，强化基层综治维稳基础，推进“五化一保障”建设，织好群防群治网络，全力反邪教，运用6824567宁陕政务热线和6812340社情民意调查电话了解社情民意，营造“平安宁陕”的大环境，全县未发生危害国家安全和社会稳定的重大政治事件、重大暴力恐怖事件、重大群体性事件、重大恶性刑事治安案件、群死群伤事故；未出现非法进京上访和到省集体访情况。因连续五年实现无进京非正常访、无来省重复集体访、无中省交办信访积案，成功创建国家级信访工作“三无县”。

◎**精神文明建设** 宁陕县被省委、省政府命名为“省级文明县城”。县法院、城关初级中学创建成省级文明单位、文明校园，西汉高速宁陕管理所被命名为省级文明单位标兵。县地税局、宁陕中学创建成全国文明单位、文明校园，实现了该县全国文明单位、文明校园零突破。贯彻落实市委《关于大力推进新民风建设的实施意见》，广泛开展“群众说　乡贤论　榜上亮”道德评议会和“立家规、传家训、树家风”活动、寻找“最美家庭”主题活动，全面深化“十星级文明户”创建评选工作。加强诚信宣传教育和诚信文化建设，大力宣传诚信守法单位和个人的先进事迹，选树一批诚信守法建设先进典型并请上道德讲堂。制作更新一批“新民风”公益广告在电视、网站、微信、微博、交通工具、电子显示屏等媒介刊播，建立诚信“红黑榜”发布制度，协调相关部门发布失信被执行人名单、不诚信贷款户名单、不诚信企业名单、不诚信纳税户名单，突出诚信主题，组织开展“诚信活动周”“质量月”“3·15”消费者权益保护日等主题日公益活动。继续推动社会主义核心价值观“进校园、进课堂、进师生头脑”“三进”工作，深化“我的中国梦”主题教育实践活动，组织广泛开展青少年爱国主义读书教育活动，深化“书香校园”创建，组织开展中华经典诵读比赛50余场次，学生万余人次参加。全县中小学校心理健康咨询室、标准化心理咨询辅导室建成率100%，11个镇文化站、98个村建成农家书屋、18个社区配齐文化活动器材，图书馆、文化馆、镇文化站公共文化场所全面免费向未成年人开放。成立宁陕县志愿者协会、宁陕县义工联合会，组建40余只志愿服务队，登记注册志愿者2159人，建成图书馆、文化馆、科技馆志愿服务站，志愿者周杨、尤佳、张飞在全市“四个最佳”志愿表彰大会上被评为最佳志愿者，县城中心广场便民志愿服务、“同在蓝天下、爱心助成长”关爱留守儿童志愿服务项目被评为最佳志愿服务项目，城关镇城南社区被评为最美志愿服务社区。制定《宁陕县礼遇帮扶道德模范实施办法》，在各镇设立“善行义举榜”，对道德模范进行礼遇重奖，定期发布好人事迹，全县有230人上榜，张开莉入选“中国好人榜”；商晓入选“陕西好人榜”及“中国好人榜”，季德寿入选“陕西好人榜”及“中国好人榜”。

紫 阳 县

中共紫阳县委
书　记　赵立根
副书记　陈　莲（女）　周继林
常　委　赵立根　陈　莲（女）
周继林　罗云忠　陈佳斌
周富林　王　毅　周锦政
龚　颖（女）
夏志文（挂职）
殷贵军（挂职）　周　斌
紫阳县人大常委会
主　任　张教志
副主任　贾学勇　程楚安　扈正安
李龙安
紫阳县人民政府
县　长　陈　莲（女）
副县长　罗云忠　陈佳斌
夏志文（挂职）
殷贵军（挂职）
田　鑫　张宗军　蒋学军
刘军号（挂职）
何　平（挂职）
张　麟（挂职）
政协紫阳县委员会
主　席　康树民
副主席　周　静（女）　黄振宙
杨从国
中共紫阳县纪律检查委员会
书　记　周富林

◎**经济概况**　完成生产总值90.77亿元，增长11%；全社会固定资产投资102.85亿元，增长21.3%；一般公共预算收入1.2亿元，同口径增长14.3%；社会消费品零售总额26亿元，增长15%；城乡居民收入分别达到27527元和9638元，增长8.1%和9.7%。

◎**农业**　全年粮食播种总面积63.7万亩，预计全年粮食总产11.1万吨；油料种植总面积11.1万亩，总产1.27万吨；农业增加值增长5.2%；农村居民人均可支配收入达到9930元，增长13%；富硒综合产值40亿元，实现增长15%的目标。全县茶园总面积22万亩，总产量达到6282吨，综合收入实现15.6亿元，超额完成目标任务；现代农业园区总数达到38个；农产品加工业产值比1.83：1；培育规模以上农产品加工企业1家。

◎**工业**　全年预计完成规模以上工业总产值108亿元，增速15.5%，完成规模工业增加值41亿元，增速15%，非公经济占比51.5%，完成工业固定资产投资14亿元，新培育规模企业15户。全年预计完成社会消费品零售总额25.78亿元，新培育限额以上商贸流通企业11户，外贸出口预计完成9500万元。

◎**固定资产投资**　全县102个固定资产投资项目已全部开（复）工，预计完成投资105亿元以上，超出年度计划5%；17个市级重点项目预计完成投资21亿元以上，超出年度计划2.01%；50个县级重大项目前期和8个市级重大项目前期全部完成可研报告编制，1个已开工建设；8个PPP项目，其中5个项目已完成可研，2个项目“两评一案”已编制完成，1个已完成专家评审，集镇污水处理设施及垃圾资源化处理（PPP）项目前期工作已完成，可达到招标前置条件。

◎**财政金融**　2017年全县财政总收入预计完成24000万元，占调整任务24000万元的100%。地方财政一般公共预算收入预计完成12050万元，占调整预12050万元100%。其中：税收收入完成7500万元，非税收入完成4550万元，税收占比62.2%，较上年提升20.9个百分点，为历年来最高。全年累计争取到位各类补助和项目资金23亿元。全年公共财政预算支出预计完成259970万元，占调整预算259970万元100%，较上年同期增长14.4%，增支32660万元。其中民生支出215790万元，占财政总支出83%，较上年增支19150万元。

◎**招商引资**　全县共新签订重点招商项目24个，涉及特色农业产业园区、茶旅农旅融合、富硒资源开发、新能源开发、康养休闲及鞋服、玩具、电子产品加工社区工厂等诸多方面，为县域经济社会发展增添强劲动力。

◎**城镇建设**　河堤路综合改造工程2016年完成河堤路外侧房屋征迁后，于2017年9月完成滨江生态广场规划设计、施工图设计、预算及招标标工作，开工建设滨江生态广场一期道路工程，已完成三通一平、围挡等前期工作，正在进行回填，即将进入桩基础施工。老城区规划设计工作有效推进，河堤路内侧、东城门至石梁子棚户区改造房屋征迁工作于10月18日正式启动，已签订征迁协议63户，已完成年度征迁总任务77%。西门河新区建设7号楼已建成投入使用，8、9号楼主体封顶，正在进行装饰装修工程，10号楼正在进行主体6层施工。西门河新区1至6号商住楼及紫邑新城商业步行街亮化工程已建成投入使用，1000米的防洪隧道已掘进750米，国电高压铁塔迁移已完成合同签订、施工设计等前期工作。盘活尚都商业步行街2017年5月启动外围配套基础设施建设，排水、排污、化粪池、消防泵房、消防池、长廊、场地石材铺装、室内消防、水电安装及房建等工程已建成，A、C区绿化工程已完工，电梯、公共区域装饰装修正在有序施工。四川远景尚林有限公司和安康宏远建筑公司债务纠纷已移交安康中级人民法院审理，93户私人购房户已通过司法公正形式交付给业主。江南尚都商业步行街于6月20日启动运营，紫阳首届青岛啤酒音乐美食文化节运营后生意火爆，上海复兴集团计划整体托管运营。城市基础设施建设，县城建筑垃圾填埋场和新增330个停车位已建成投入使用，西关原夜市摩托车停车位已全面开工建设，《县城区规范停放摩托车方案》和《城市品牌设计方案》已报县政府审定；全面完成省级生态园林县城绿化任务，新建火车站公厕1座，实施建司巷公厕提升改造工程和会仙路综合改造工程，建设雨污管网和消防设施，预计12月底全面建成投入使用，完成建司巷、糖司巷及石梁子巷道路改造工程；投资2976万元的高速路引线桥1.74千米景观绿化工程和县城主要节点改造及串联区域的增绿添彩工程已完成规划、立项等前期准备工作，即将进入招投标程序。重点镇和美丽乡村建。蒿坪副中心镇红旗新区、河道综合治理、汽车客运站等10个重点项目已全面开工建设，累计完成投资23990万元，占总投资额度95%，12月底可超额完成市政府下达目标任务。成立紫阳县美丽乡村和改善人居工作领导机构，制定《紫阳县改善农村人居环境建设美丽乡村工作方案》和2017年试点村建设工作方案，编制完成美丽乡村建设规划10个，下达建设资金2110万元，各镇村正在按照“九大工程”建设目标组织项目实施，累计完成投资5500万元。

◎**交通** 2017年新开工项目建设分为农村公路建设、渡改桥、码头建设三大类。农村公路建设项目计划总投资14420万元。2017年全县共下达通村水泥路建设计划249.415公里，已建成142.8公里，年底建成182.8公里。2017年度拟脱贫退出12个贫困村中，下达通村水泥路建设计划59.401公里，已全部建成完工。2018年及以后出列村通村水泥路314.9公里计划全部下达，已完成施工图设计并交付各镇招标；改建安川高速紫阳连接线1.8公里，完成桥梁工程95%，路基工程100%，已完成总投资额75%；新建茶山旅游公路，桑树沟至瓦房旅游专线公路6公里，已完成总投资额35%；新建安全生命防护工程50公里，全部完成；新建通村公路完善工程217公里，完成120公里，完成总投资额52%。渡改桥项目计划总投资4602万元。新建汉王跨汉江大桥一座360延米，已完成招投标工作，12月份开工建设；新建向阳江河桥104延米，南岸引线路基已贯通。完成总投资额15%；洄水洄堰桥96延米，桩基础已完成80%，预制梁已完成75%，已完成总投资额50%；双安双河口桥35延米，桩基础已全部完成，正在进行墩柱施工，完成总投资额30%。码头建设项目计划总投资1400万元。焕古、洞河、汉王等3个汉江码头新建项目已完成全部招标工作，汉王客运码头土建工程已完工；焕古客运码头开工。2016年续建项目共6个，计划总投资15718万元。续建城关塘么子沟至向阳江河公路21公里。路基工程已完成18公里，路面工程完成1公里，完成总投资额50%；续建2016年精准扶贫村通村水泥路，已下达建设任务150.67公里，完成141.57公里；续建文笔山环线一期工程4公里已完成建设任务；续建焕古肖家沟桥52延米。已开工建设，0号、2号台挖孔完成，1号墩柱已完成施工。已完成总投资额18%；续建东木小石河桥44延米。已完成建设任务；续建权双公路安全生命防护工程65公里。完成42.25公里。已完成总投资额65%；策划包装项目共计四个，计划总投资27800万元。启动擂鼓台旅游公路建设，已完成设计招标工作，初步设计已完成；启动改建任河嘴至焕古四级公路，正在进行施工图设计工作；启动汉王至蒿坪三级公路建设，下一步进行施工图设计招标工作；启动瓦房店茶山隧道设计招标工作。

◎**电力** 2017年1—11月售电量累计完成19671.69万千瓦时，同比上升15.08%，完成年计划的98.60%。购、售价差完成133.40元/千千瓦时，同比下降37.84元/千千瓦时，与指标值下降12.95元/千千瓦时。综合线损率完成4.77%，同比下降3.76%，较计划指标下降3.23%。电网日最大供电负荷6.89万千瓦，同比5.71万千瓦增长20.67%；截止到11月25日，累计完成供电可可靠率99.68%，同比上升0.65个百分点。户均停电时间：25.28小时/户，同比平均每户下降52.71小时；综合电压合格率80.21%，同比提高0.05个百分点。1.35千伏高压配网大修工程。市公司下达紫阳2017年第一批高压配网大修项目1项，总投资12万元。第二批高压配网大修项目共4项，计划投资20万元。截止到11月20日，所有项目已竣工决算。10千伏配网大修工，第一批10kV配网大修项目共11项，总投资87.3万元。截至目前，项目工程已完成验收决算。第二批10千伏配网大修项目共12项，总投资67.56万元。工程正在有序实施中。截至2017年11月底，共开工70项，占计划70项的100%；完工40项，占计划70项的57.14%；完成投资1424.95万元，占计划2378.66万元的59.91%；改造户表11813户。其中：2017年农网改造升级工程：开工16项，占计划16项的100%；完工4项，占计划16项25%，完成投资189.92万元，占计划570.25万元33.30%。完成10千伏线路3.84千米，安装变压器1.20MVA/8台；架设0.4千伏线路8.8千米，改造户表224户。2017年预备工程：开工54项，占计划54项的100%；完工36项，占计划54项的66.67%；完成投资1235.03万元，占计划1808.41万元68.29%。完成10千伏线路32.96千米，安装变压器4.79MVA/36台，架设0.4千伏线路78.41千米，改造户表11589户。2017年贫困村通动力电工程完工10项，占计划10项的100%；完成投资173.80万元，占计划180.9万元的96.1%。完成架设0.4千伏线路39.8千米，改造户表229户。2017年脱贫村电网建设工程完工29项，占计划29项的100%；完成投资429.1万元，占计划418.6万元的103%。完成10千伏线路5.88千米，安装变压器3.79MVA/28台；架设0.4千伏线路42.2千米。2017年专项户表增补工程开工52项，占计划83项的62.65%；完工52项，占计划83项的62.65%；完成投资123.8万元，占计划348.36万元的35.54%。截至11月中旬，已更换小总表2676只。截至2017年11月30日，实现长周期安全生产786天；未发生轻伤及以上人身事故、发生四级电力安全事件2起、发生四级设备事件4起、未发生一般及以上交通事件。

◎**脱贫攻坚** 坚持以脱贫攻坚统揽全局，建立片区作战机制，夯实“八办两组五保障”职责，全面开展176个村社区脱贫攻坚工作，核实在册贫困对象31083户96812人，142个单位驻村扶贫，3080名干部结对帮扶，推动

"八个一批"措施精准落地。整合财政涉农资金2.6亿元，争取各类扶贫贷款1.67亿元，4970户贫困户获得"5321"贷款2.19亿元，7279户贫困户获得互助资金借款1.1亿元。产业扶贫带动1.4万贫困户增收，11711名贫困劳动力实现转移就业。1063个基础设施项目加快推进，完成搬迁8088户，危房改造879户。贫困患者享受健康扶贫政策保障11.1万人次，住院费用报销比例达到93.57%。落实教育扶贫资金1262万元，资助家庭困难学生1.75万人次。兜底保障政策全面落实。中、省、市定点扶贫、苏陕扶贫协作、新民风建设、技能脱贫、电商扶贫、"百企帮百村"等工作成效明显。代表全省接受脱贫攻坚"国考"和东西部扶贫协作年度考核。全年12个贫困村出列，7699名贫困群众脱贫，贫困发生率下降1.6个百分点。紫阳县推荐的郑远元同志荣获全国脱贫攻坚奉献奖，远元集团荣获全国"万企帮万村"精准扶贫行动先进民营企业。

◎**移民工作** 项目安排重点倾斜库区贫困村，24个库区贫困村共落实项目59个，资金1523万元。其中，当年出列8个贫困村落实项目29个，资金789万元。截止11月底完工项目59个，完成投资1523万元。及时核减移民直补人口，按时发放直补资金。全年共核减移民直补人口45人，已分四季度共兑付6002人直补移民直补资金360.12万元，兑现率100%，不存在多兑、漏兑、截留等现象发生。2017年省市下达水库移民项目共计104个，总投资2458.2万元；截至10月底，开工建设项目104个，竣工项目99个，报账结算项目81个。全面完成汉王镇移民重点镇建设任务。投资200万元新建1300平方米的集镇农贸市场。向阳镇贾坪村移民重点村建设，2017年安排项目4个资金73万元，截至11月底完成公路改造升级3公里、修建示范路2千米和吊桥附属工程建设任务，2017年5月贾坪村被省移民办命名为"水库移民美丽乡村"。库区现代农业园区建设，2017年移民局负责抓3个现代农业园区建设任务，其中：向阳镇月池市级茶叶产业园区巩固提高。完成配套基础设施建设任务，规范化管理茶园1200亩；添置茶叶深加工设备，新购置陕青砖茶生产线。汉王镇汉王韵市级茶叶产业园区。完成200亩茶园规范化管理，新建茶园360亩，新建茶叶加工厂房4200平方米，硬化场地800平方米，修建茶园观光道路2.4公里，茶园生产道路1公里，硬化公路1.62公里，完善茶园灌溉等设施，建成红茶、绿茶生产加工生产线各一条。汉王镇草川县级茶叶产业园区。完成厂房扩建500平方米，购置茶叶揉捻机械1台，茶叶修剪机5台，完成茶园管理800亩，新建茶园150亩。

◎**水利建设** 成立"河长制"工作领导小组和河长制办公室，落实人员和经费。印发《紫阳县全面深化河长制实施方案》，制定《紫阳县"河长制"联席会议制度》《紫阳县"河长制"监督巡查制度》等7项制度以及《紫阳县"河长制"工作考核实施细则》。对县内流域面积5平方公里以上104条河流全部落实具体责任人，层层签订管理目标责任书，建立县、镇、村（社区）三级河长领导分级负责制的网格化管理体系，共确定县、镇、村三级河长513名，聘请专职河道巡查员26名、护河员267名。全县共制作河长公示牌227块、规章制度牌224块，制作音频版《紫阳县全面深化河长制实施方案》，安装各类宣传牌130块。多措并举。加强已建成4个污水处理厂运营管理；开展专项执法行动78次，查处涉水违法案件28起，立案非法捕捞刑事案件11起，刑事拘留6人。衔接县纪委制定出台《紫阳县"河长制"工作责任追究办法（试行）》，明确13种问责情形。高效节水灌溉围绕全县主导产业园区先后在城关、高滩、蒿坪、汉王、双安等镇建成高效节水喷（管）灌工程5处，累计新增高效节水灌溉面积4210亩，完成投资1300万元。2017年全县共计划建设贫困村饮水工程122处，其中省定12个脱贫村28处，市定30个脱贫村84处，涉及40个贫困村3.93万人，122处饮水工程已全面完工，累计完成投资3900万元。完成36个村80处饮水工程设计。县城污水处理厂提标改造工程主体工程全部完工，设备安装完成，进入调试阶段，累计完成投资1200万元；蒿坪集镇污水处理厂土建工程、设备安装工程全部完成，达到通水运行条件，完成投资1800万元；任河咀污水处理厂完成管道安装完成3.1公里，完成70%，完成投资450万元。汉王镇污水处理工程土建工程全部完成，进入设备安装阶段，管网安装基本完成，完成投资600万元。江南供水工程已铺设输水管道6200米；完成浆砌石1600立方米；二级泵站土方开完8000立方米；进场道路临时抢通，正在加快水厂清水池、二级泵站等工程施工。高滩集镇供水工程。完成拦水坝、净化厂反应沉淀池、加药房、办公房、围墙等主体工程，安装输水主管道4600米。汉江综合整治工程。洞河镇防洪工程三个标段都已开工，前期完成进场道路和材料准备工作，已完成工程总量10%。任河中小河流二期项目完成项目审查，进入招标程序，12月中旬可开工建设。

◎**社会保障** 以"紫阳修脚技师"为亮点，涵盖"紫阳月嫂""紫阳味道""紫阳劳工""富硒电商"等在内的五大技能品牌。共举办123期培训班，培训10013人；技能脱贫"紫阳经验"已成为全省脱贫攻坚工作中的一大亮点。与3家市级培训机构合作，累计培训在册贫困户4403人。以创业型城市创建工作为契机，对高滩等5个镇开展基层平台标准化建设；在全县176个村（社区）开发特设扶贫公益性岗位616个，用于安置"无法离乡、无业可扶、无力脱贫"的"三无"贫困劳动力就业；城镇新增就业2210人，完成2200人任务的100.45%；贫困劳动力自主创业393人，贫困劳动力转移就业12287人，贫困劳动力技能培训3564人，此三项指标分别完成市上下达50人、3000人、1000人任务的786%、409%、440%。全县农村劳动力实现转移就业8.75万人，创劳务收入13.25亿元。发放创业贷款5515万元，完成市上下达的5500万元目标任务的101%、完成县上下达的4000万元目标任务的138%。2017年实施"全民参保”计划，对全县4.14万未参保群众落实养老、医疗保险待遇。017年各项参保任务全面完成。其中：参加企业职工基本养老保险1.21万人。参加城镇基本医疗保险人数2.08万人。城乡居民社会养老保险参保18.98万人，参保率达99.7%，贫困人口参保率到100%，发放社保卡18.04万张，待遇发放率始终保持在100%。开展劳动保障监察综合执法检查，检查用人单位85个，涉及劳动者1200余人。开展用人单位劳动年检55户，劳动用工备案53户。自6月1日起农民工工资保证金缴纳主体由总承包企业调整为建设单位，截至11月底共征收148个工程项目工资保证金2518万元，退还和支取115笔1225万元。受理举报投诉案件84起，立案28起、结案25起，时效期内结案率达100%。受理工伤认定申请37起，已做出认定23起，申报工伤劳动能力鉴定13人，职工因病丧失劳动能力鉴定8人。协调处理明华煤矿欠薪案、紫邑新城承包纠纷案、“衣世界”欠薪案等劳资纠纷案件50余起。

◎**社会事业**　“义务教育发展基本均衡县”创建工作顺利通过国家评估验收。全县投资2.06亿元，规划86所学校的94个新建和维修改造项目。维修改造项目全部完工，37个新建单体项目主体完工12个。全县投资7200万元，补充97所义务教育阶段学校的教学仪器、计算机、图书及其他设施设备，所有设施设备均已安装到位、投入使用。2017年补充新任教师212名，秋季开学前已全部分配到岗。投资870万元，用于校园文化、绿化和美化工程建设，学校“三个大力宣传”基本到位，“一训三风”基本形成，校容校貌焕然一新。2017年4月中旬和10月中旬，先后接受省教育督导团的过程督导和回访督导，11月21至23日，创建工作接受国检组的检查验收并顺利通过评估认定。全县参考1972人，二本以上达线1203人，比去年增加20人，达线率61%，提高了1个百分点，二本以上达线人数实现“十连增”；中考成绩稳中有升，378分以上合格考生达到1096人，500分以上优秀考生达到119人，比去年分别增加58人和13人；全县拟脱贫村和建档立卡贫困户家庭中无辍学学生，小学巩固率达100%，初中巩固率达99.93%以上。全县共资助贫困学生11668人，资金共计2274.265万元，其中贫困幼儿1510人，中小学生4125人，中高职267人，高中阶段2299人，大学生702人，共9086人921.2万元；发放大学生生源地贷款2082人1353.065万元。全县2000余名教师与11766名贫困学生结成对子，对学生学习、生活、心理、行为等给予全方位的关爱和帮扶。医药卫生体制改革纵深推进。分级诊疗工作有序展开，全年共上转患者896人，下转患者174人。医疗机构加入技术协作型医联体实现全覆盖。公立医院药品耗材采购执行“两票制”，网采率100%。14类基本公共卫生和9大类重大公共卫生有序实施，各项指标均达到省市标准。新农合参合29.7万人，参合率99.9%，合疗报销比例达到78%。招聘专业技术人员84名。“十百千万”完成任务111.24%。县人民医院二级甲等综合医院创建工作快速推进，中医院完成二级甲等复审。4个镇创建“人民群众满意乡镇卫生院”通过初验。成功调处医疗纠纷8起。预防接种信息化系统建成并投入使用，实现省级管理平台数据共享，单苗接种率均达95%以上。报告乙、丙类传染病17种1356例，无甲类传染病报告，无突发公共卫生事件发生。投入100万为参合犬伤患者免费接种疫苗和免疫球蛋白。全县早孕检率99.6%，孕产妇系统管理率99.6%，产后访视率99.86%，高危孕产妇管理率100%。新生儿访视率99.86%。无孕产妇死亡。开展科普宣传活动20余场次，受众3000余人。实施“十镇百村”中医药示范单位创建工作，17个镇卫生院全面启动中医馆建设。县中医医院烧伤科为市级特色专科，脾胃病、老年病、骨伤、肛肠科为市级重点培育专科。镇卫生院与全县21所养老机构签订医疗服务协议。卫生计生监督工作执行有力。完成54家“双随机”抽检工作。规范开展监督检查各类医疗机构、传染病防治单位、公共场所、供水单位共958户次，下达整改意见书166分，查处非法行医8起，罚款1.66万元，没收药品器械33箱、违法所得1.36万元。计划生育期内共出生3085人，性别比为107，违法生育多孩率为0.3%，出生率10.6‰，人口自然增长率3.3‰。完成孕前优生健康检查夫妇1575对，母亲健康检查共完成27338人。落实“三个一”领导机制，把计划生育纳入全县重大事项督查和“一票否决”范围，实行“月督查、季考核、年评估”分段量化考核，并列入单项考核。年初县财政预算计生事业经费478.5万元，实际县级投入各类事业经费692.3万元。强化村级“两室一校”阵地建设，规范“表卡册牌”档案资料管理。配齐村级计划生育专干196名和中心户长1251名，落实计生专干纳入领取补贴村干部范围。2017年投入各类奖励及帮扶资金1307.83万元，其中县级配套资金503.26万元。加强对流动人口信息服务平台管理，平台应用率100%。

◎**旅游**　2017年共接待游客303万人次，同比增长16.64%，实现旅游综合收入17.14亿元，同比增长23.51%，旅游综合收入增幅赶超考核目标。完成市级旅游重点项目4.7亿元投资任务，包括擂鼓台、文笔山、会馆小镇、任河咀综合开发等重点工程建设。圆满完成中央七套《乡约紫阳》节目现场录制工作；配合CCTV-7《乡土》栏目走进紫阳县焕古镇完成了“过大年”年俗专题片拍摄；配合中央电视台完成《中国影像方志·紫阳篇》。启动文笔山AAAA级景区建设，三期步道及修丹亭工程、特色板石阶梯路、景区绿化以及南宗大道建设完成，景区内在魅力不断提升；悟真观停车场、景区道路改造、文笔山景观码头主体工程完工，景区配套基础设施日趋完善；启动擂鼓台景观改造提升工程。焕古旅游示范镇、营梁旅游示范村、全县10家民俗客栈示范户升级改造正在稳步推进。招商引进的硒陶养生研究院已进入试运行。围绕“一城两镇四村八景”，牵头或参与策划的《紫阳老城修建性详规》《滨江文化长廊旅游详规》《青中村修建性详规》《擂鼓台名胜区风景提升旅游规划》以及营梁、权河、兰草、新田、白马村旅游规划已基本完成。

◎**文化**　“两馆”迁址升级改造全面启动，全县万人拥有公共文化设施面积达到350平方米以上，省级文化先进县复查考核已通过验收；投资812.7万元完成了镇、村级文化综合服务中心建设53个（含40个脱贫村），文化活动器材配送到位；购买公共演出服务180余场。规上文化企业培育工作超额完成，新增2家规上文化企业“紫阳县民歌文化传播有限公司”“紫阳县音悦汇歌城”经统计部门认可，10月份已入库通过。顺利通过省级文化先进县复验；筹集812万元，基本建成53个村、社区文化服务中心；文化馆、图书馆新址已通过县委、县政府审定，两馆迁址工作已进入装修设计招标；组织文化惠民演出小分队下乡演出100余场次，投资120余万元打造了大型民歌剧《一孝千金》，组织创作十首新民歌；牵头组织或策划实施2017年春节系列文化活动、中央电视台“乡约”节目录制、“五一”“十一”黄金周演出、“安康龙舟节”等活动；参与完成2017年紫阳茶艺赛、广场舞赛、歌咏赛、老年节健身舞蹈展演等大型群文活动；扩充非遗办公室人员，对全县的非物质文化遗产项目进行普查，牵头组建硒陶博物馆，“紫阳乌陶传统手工制作技艺”作为市级项目申报，编辑出版紫阳民间歌谣汇编《姐儿歌》并举行首发式和研讨会，对汉调二黄的一批老艺人进行了音视频的集中采录和分散采录；争取资金组织实施北五省会馆彩绘、江西会馆布展和高桥廊桥文物修复工程。持续办好“走基层”“民生在线”“4411111”等专题专栏，精办《玩转紫阳》《有理大家说》《法之声》《百科全说》《今天新农村》《不老的紫阳民歌》等专题，内外宣传有声有色；筹资400万元，启动17个镇、175个村以及县城四级调频广播网建设；完成10176户的有线电视入户工程。

◎**廉政建设**　“五责”并举助推党风廉政建设“两个责任”落实。县委先后召开20余次常委会、县委全会、纪委全会、追赶超越工作会等会议具体研究部署党风廉政建设。制发《中共紫阳县委落实党风廉政建设主体责任清单》，进一步厘清责任。全县各级党组织对照年度党风廉政建设目标任务，以清单形式细化责任，层层传导压力。对“两个责任”清单实行台账和纪实手册管理，做到照单履职、全程留痕，确保履责有痕、倒查有据、落实有力。县委书记带头做表率，认真履行“第一责任人”职责，坚持党风廉政建设常议常讲、常抓常严，每季度定期听取党风廉政建设工作汇报，签批党风廉政建设相关文件32余件（次）。县委常委以身作则，严格按照“一岗双责”的要求，认真抓好分管范围内的党风廉政建设工作。全县各级党组织认真履责、齐抓共管，进一步完善夯实责任链条，构建了纵向到底、横向到边、责任到岗到人的责任体系。县委下发《2017年追赶超越重点工作任务分解一览表》，将党风廉政建设工作纳入全县追赶超越季度考核点评督查事项，实行季督查点评，进一步聚焦问题整改，聚焦阶段性重点工作和亮点打造，为年度目标考核奠定坚实基础。县纪委围绕中心，服务大局，积极推进“两个责任”落实，全面履行专责机关的监督责任，准确运用监督执纪“四种形态”，对各单位党委（党组）贯彻落实党风廉政建设主体责任的情况进行监督检查，用严肃问责倒逼“两个责任”落实。并把考核结果作为对领导班子总体评价和领导干部业绩评定、奖励惩处、选拔任用的重要依据。2017年已开展三轮常规巡察和一轮专项巡察，并对2016年首轮巡察的1镇1部门进行了巡察整改督查检查。第一轮巡察安排4个巡察组，对4个镇及42个村（社区）开展了巡察，共发现问题103个、问题线索30件，已全部反馈、移交县纪委；第二轮巡察工作共抽调24人组建4个巡察组对8个镇95村（社区）开展为期3个月的巡察。已形成报告，按规定汇报审定后反馈整改，问题线索待审定后向县纪委移交；第三轮巡察工作共抽调24人组建4个巡察组对4个镇和59个村（社区）进行巡察，正在进驻阶段，实现镇村年内巡察全覆盖目标；“三个助力”专项巡察共发现问题226个，已分别反馈到17个镇和4个部门，已全部上报整改结果。制定出台《紫阳县扶贫对象核实及数据清洗工作问责办法》《紫阳县脱贫攻坚工作问责办法（试行）》，7月3日至5日，中省市纪委召开扶贫领域监督执纪问责工作电视电话会后，制定印发《关于全面落实扶贫领域监督执纪问责工作十条措施的通知》提出10项贯彻落实措施。成立7个督导组，由各常委带队对镇村两级开展督导检查，狠抓扶贫领域监督执纪工作。全县共处置扶贫领域问题线索237件，立案91件，结案91件，给予党政纪处分109人。运用谈话提醒、批评教育、诫勉谈话等组织处理措施116人次。搭建从信访台账排查筛选、从4411111台账排查、行政执法机关移送、公检法移送、审计和扶贫相关职能部门移送、村民监督委员会上报六个平台，进一步拓宽信访渠道，使监督触角更深更远，覆盖面更宽更广。实行县纪委常委领办大案要案，每名纪委常委每年必须亲自主办一件以上科级领导违纪立案案件并领衔办理大要案。由纪委常委包联镇，具体负责协调、督促、指导镇纪委纪律审查工作。镇纪委自办案件向县纪委“统报统审统管”。对所有谈话函询予以了结、初步核查予以了结问题线索，一律由县纪委常委会集体研究决定。严格要求执纪审查必须制定详细的安全方案，与被审查人谈话必须在谈话室进行、必须同步录音录像，严守纪律审查工作安全底线。全县纪检监察机关共接受信访举报211件（次），处置问题线索474件，立案196件，结案196件，给予党政纪处分231人，给予批评教育等组织措施处理195人次。容错纠错11件（1个单位、24人次）。处置侵害群众利益不正之风和腐败问题线索494件，初核494件，立案144件，结案144件，运用第一种形态处理99人，党政纪处分166人。全县立案查处违反中央八项规定精神问题案件25件25人。全年共发出各类典型案例通报19批次61起67人。

◎**精神文明建设**　2017年，以党委中心组学习为载体，推进理论武装工作常态化、制度化。制定《2017年全县党委（党组）中心组理论学习计划》，修订完善《县委中心组学习制度》，对学习考勤、集中学习和个人自学，专题调研、学习通报、旁听指导等方面作了具体规定，建立了良好的制度机制。紧密结合工作实际，围绕“脱贫攻坚”“省十三次党代会”“党风廉政建设”“党的十九大精神”等内容，开展县委中心组集中学习13次。运用理论指导实践，提升了工作水平。以提升政治理论素养为目标，增强学习的针对性。县级领导带头学、带头讲，各镇、各部门党委（党组）带头抓理论宣讲学习提升政治素养树立了标杆。通过完善《紫阳县科级领导任前政治理论考试制度》，激发了广大党员干部学习理论提升干事创业的热情。搜集整理中、省、市微信学习平台、关注“紫阳宣传”微信公众平台开辟的“学理论”专栏、聆听中、省、市县宣讲报告等成为提升干部政治水平和理论素养的有效渠道。6月21日，县委中心组邀请市委讲师团到紫做省第十三次党代会精神宣讲，就我省党代会召开背景、过程及对未来工作的整体谋划进行解读，深入学习党代会提出“五新”战略，落实“五个扎实”，助推紫阳奋力追赶超越发展；党的十九大10月18日召开以后，县委在市委宣讲团宣讲过后，成立县委宣讲队，从县级各部门抽调政治素质硬、业务水平的高的17名领导干部分组深入各级、各部门及重点行业、系统集中宣讲党的十九大精神；各镇、各部门纷纷成立宣讲小分队，深入镇村、社区、学校、企事业单位开展常态化宣讲。重视调查研究，增强学的实效性。紫阳注重在调查研究中学习，做到学以致用，善于将学习成果转化运用。县委中心组成员分别到包联片区、镇村开展调研、讲党课300余场次，先后在人民网、中国网、西部网、陕西电视台、《陕西日报》《安康日报》等中、省、市媒体刊发理论文章60余篇。其中：县委书记赵立根的调研文章《不忘初心　追赶超越》《落实“三项机制”　聚力担当作为》《聚力追赶超越　建成小康紫阳》《以“五新”战略引领全面小康紫阳建设》，在《安康日报》刊登并被各大网站转载。县委常委、宣传部长周锦政的撰写的调查报告《紫阳“全程代理”政务服务模式》被推荐到中共陕西省委党校《咨询专刊》刊发，省委书记娄勤俭批示，同意在全省推广。扎实开展社会主义核心价值观“六进六促”活动，结合“美丽乡村、文明家园”建设项目，按照“十个一”标准在全县14个村（社区）建立“百县万村综合文化服务示范点”。开展社会主义核心价值观宣传教育，制作各类广告牌、宣传栏800余块（幅）；县政府网、县文明网、广播电视台专栏刊播社会主义核心价值观内容；建成紫阳主题文化广场，设置“图说我们的价值观”“中国梦、我的梦”等6个板块。加强选树先进典型。多渠道、深挖掘、广宣传群众身边典型，向“中国好人榜”推荐好人线索12000余条，推荐入围“陕西好人”4人，2人上榜，持续开展“十星级文明户”和“好媳妇”“好婆婆”“好孝子”、脱贫致富能手、紫阳好人等先进评选工作，2017年评选先进典型3900余人。县公安局民警张敏被评为“全国优秀警察”、紫阳县高桥镇外出创业人士郑远元获得“全国脱贫攻坚奉献奖”、焕古中学梁生霞荣获“2017年媒体最关注的孝心少年”。其中：汉王镇五郎坪小学五年级学生汪元辉获得“陕西省美德少年提名奖”。召开全县文明单位现场观摩会，对全县94家文明单位（含在创单位）进行了系统培训，对在创的81家省、市、县级文明单位每季度检查指导并通报创建情况，促进文明创建工作扎实有效开展。制定《紫阳县志愿服务制度化实施方案》，组织爱心茉莉公益联盟、丽姐助学、县红十字会、青年创业协会等志愿服务组织开展志愿服务工作100余场次，落实扶贫济困专项资金300多万元。

◎**综合治理**　对全县251个基层综治组织（741人）、591个群防群治组织（2135人）实行信息化管理；升级改造城区“天眼”150个，农村高清视频监控300个。坚持问题导向，突出“重点领域、重点场所、重点人员”三个重点主攻薄弱环节，组织巡检加油站、涉爆商家等重点单位1200家次，整改治安隐患269余处，查处违反危险化学品管理规定案件24起；扎实开展“三个精准防范”，实施“物防工程”升级“C级”以上锁芯4969户，推广GPS车辆防盗系统1699套；加强寄递物流规范整治，联合市邮政管理局查处未落实“三个100%”要求案件13起；组织开展校园安全检查300余次，排查“蓝鲸游戏”参与人员11人；铁路沿线7个镇常态化开展铁路护路联防；夯实了543名严重精神障碍患者“一人三管”监管责任并落实了监护人待遇，在重点时段对其中75名易肇事肇祸者实行“一人四管”；强化115名社区矫正人员日常管理，对重点对象实行24小时全程定位监控管理，对35名矫正对象进行了技能培训。评选“平安家庭”示范户5000个，累计成功创建“市级平安建设示范镇”14个；召开“两率两度”提升工作推进会2次，发送“平安建设+新民风建设”宣传短信40余万条，广泛开展送法下乡、巡回审判、警务上门、文艺展演、新媒体推送等活动，多层次、多渠道、多模式巩固提升“两率两度”。法院系统顺利完成司改试点任务，创新团队化审判工作模式，开展“执行风暴”行动，破解执行难题。受理各类案件2034件，较去年同期增加260件，增幅14.58%，结案1579件，较去年同期增加205件，增幅14.92%，法官人均结案45件，均创历史新高。建立执行协作机制，执行结案452件，同比上升50.17%，执结标的5408.68万元。公布失信被执行人名单4期79人，实施信用惩戒67人，罚款、拘留36人。检察系统完成司改规定动作及司法体制“大部制”改革；受理提请审查批捕案件57件72人、批准逮捕54件69人，受理移送审查起诉95件127人、提起公诉77件89人；开展“清风行动”，立案查办职务犯罪9案14人；加强创新新民行检察工作，审查民事诉讼、执行监督案件16件；加强外部监督，聘请6名非公经济人士为县检察院首届特约检察员。公安系统共立刑事案件210起，破获209起（现案137起、积案72起），协外破案454起，破案绝对数为663起，抓获各类犯罪嫌疑人149名、逃犯33名；查处治安案件285起，处罚1249人，行政拘留280人。严打“盗抢骗”“黄赌毒”“五霸”“食药环”、涉枪涉爆等突出问题，打掉犯罪团伙14个，强制隔离戒毒10人，处罚涉赌人员676名，查处重点项目阻工案件10起，查处食品药品环境安全犯罪29起41人，收缴雷管1460枚、炸药216.2公斤、气枪21支。处置交通事故342起，同期事故死亡人数下降12.5%。开展消防抢险救援14次，33起火灾“0伤亡”。监所刑事在押、行政拘留人员出所就医23次，突发疾病处置5次，实现“零事故”。县司法局深化“三调联动”工作，强化公证工作效能，排查矛盾纠纷1051件，调解成功987件，引入诉讼程序31起。处理政府指派疑难信访件43件、调解重点项目矛盾纠纷47件，办理重点工程及各类公证案件320件。设立法律援助工作站点56个，办理法律援助273件，在111个贫困村开展“一村一法律顾问”工作。

◎**富硒茶产业**　全年茶叶产量达6282吨（绿茶5903吨、红茶337吨、黑茶37吨、白茶5吨），预计实现第一产值11.4384亿元，较上年分别增长7.15%和29.9%；超市下达考核指标（6200吨）增长1.32%。组建34个专业服务队完成标准化管理生产茶园1.75万亩；完成低产茶园改良15200亩；完成新建茶园9850亩，超市上下达建园任务指标1850亩。落实育苗业主12家，在红椿镇、东木镇、蒿坪镇、汉王镇完成年度育苗710亩，超县上年度计划。新建清洁化茶厂3家基本完成，其中双桥康硒天茗、麻柳鼎龙茶厂建成投产，麻柳秦硒厂房建设完成已进入生产线安装调试；增加界岭秦巴紫硒公司清洁化茶厂建设，年内完成厂房建设及生产线安装调试。秦硒、秦巴紫硒两家有望明年春季投产。完成新建茶叶初制厂7家，改扩建初制厂5家。新培育首次获SC认证6家；另到期通过SC换证3个，完成扩项认证1个。全县SC认证茶企、茶厂共计达47家。引导支持完成市级3家和省级2家龙头企业申报工作，等待认定结果；抓了已获市级龙头企业关南春茶业、紫阳春茶业、天赐茶业3家巩固提升工作。新增汉王韵富硒茶业有限公司1家市级规模企业，全县市级规模茶叶企业达15家。市直部门帮扶包抓14个市级重点现代茶叶示范园区建设培育工作成效较好，70%以上市直部门有实际的帮扶措施。从林业、移民口年度新增申报创建市级茶叶园区4个。认定第一批县级茶叶类现代农业园区11个，其中推介申报山林经济、循环农业、移民市级茶叶类现代农业园区7个。在焕古庄园茶叶公司挂牌成立安康市首个专家工作机构——“市科技创新茶叶专家工作站”，开发上市“硒香茶”；盘龙茶业公司开发上市颗粒红茶；向阳茶厂试生产出青砖茶，通过市科技成果鉴定，建成一期50吨紫生产线；秦巴山茶业公司开发上市“寻仙”系列小罐茶，产品紧俏，十分畅销，并与西安交大专家合作启动颗粒茯茶研制，正在设计包装，产品将于年内上市。有4家茶企茶样获得北京第三届亚太茶茗大赛金奖；企业家黄帝陵祭祖茶供遴选暨陕西第二届斗茶大会1家茶企茶样获陕西十大名茶第一名；第三届安康富硒茶大赛斩获特等奖6个、一等奖12个；5家茶企茶样参加第十二届“中茶杯”全国名优茶评比获特等奖1个、一等奖4个、银奖1个；以省茶协举办陕西省首届斗茶赛暨紫阳富硒茶斗茶赛，郁禧园茶业毛尖茶获金奖夺冠。加强与中茶所合作，开展紫阳茶区土样、茶样抽取检验检测工作；和平茶业获2017“陕建杯”三秦质量之光“质量标杆企业”称号。新增发展体验店、实体店20家；电商网店21家。引导10家SC茶企茶厂进入县上统一建立的电商产品网上溯源体系平台进行销售。央视七套录制、播出央视《乡约·紫阳》特别节目宣传紫阳富硒茶；省茶协在紫阳主办紫阳县首届茶艺大赛暨第四届陕西省茶艺大赛紫阳县选拔赛。设计制作《世界硒源　富硒茶乡》紫阳富硒茶宣传画册。双“十一”县长亲临央视2套直播间宣传推介紫阳富硒茶很给力。相继在安康举办焕古庄园“紫阳富硒茶——硒香茶”新品发布会，陕西安康紫阳富硒茶2017年北京推介会，“中阿国际博览会”紫阳富硒茶宁夏银川推介会。参加2017（杭州）中国国际茶叶博览会，第三届中国安康富硒产品博览会暨第四届汉江流域农业博览会，2017丝博会暨第21届西洽会，安康“一带一路”国际茶叶经贸洽谈会，北京“第五届陕南绿色循环经济项目合作交流会”，第5届（济南）中国茶叶博览会，第四届世界硒都（恩施）硒产品博览交易会、安康市名优特色产品走进宁波暨承接加工贸易产业转移招商推介会、中国（湖南·桃源）富硒农产品交易博览会暨纪念硒元素发现200周年高峰论坛、第24届中国杨凌农业高新科技成果博览会，安康市名优特产走进宝鸡暨重点合作项目推介会。“2017中国茶叶区域公用品牌价值评估”，紫阳富硒茶品牌资源力位居第七首次跻身全国前十；首届中国富硒产业扶贫高峰论坛暨中国十大富硒榜评选，紫阳富硒茶获“中国十大富硒品牌”称号；工商总局商标局举办“商标富农和运用地理标志商标精准扶贫十大典型案例”评选，紫阳富硒茶位列榜首；完成国家质检总局“全国知名品牌创建示范区”紫阳富硒茶区域公用品牌价值评估待结果；2017“陕建杯”三秦质量之光，紫阳富硒茶获“最受百姓喜爱的品牌”；紫阳县荣获“2017年度中国最美茶乡”称号，闽秦茶业基地茶园获全国“三十座最美茶园”称号。春茶前后集中开展2017年茶产业万人技能培训工作，县镇村、茶企累计完成培训8610人次。茶业局专题举办绿茶加工、茶产业技术骨干教师、茶园标准化管理专业服务队队员技术培训班各1期，共培训480人次；暑期举办机关、企事业单位职工初中级茶艺师和少儿茶文化专题培训班各1期，培训100人次；邀请安徽农大知名茶学专家举办祁门红茶加工技术、紫阳红茶审评培训班1期，培训50人次。茶业局、相关茶企派员10人次，到中茶所、中国茶叶学会、成都、西乡、省农干校参加茶产业转型升级、提质增效专题培训班。

◎**硒谷工业园区建设**　整合硒谷、恒紫两个园区统筹组建紫阳县富硒产业园区管委会，成立富硒产业投资发展有限责任公司，进一步理顺园区管理体制。2017年9月30日县委常委会议已通过《关于加快富硒生态产业园区发展的意见》。富硒产业投资发展有限责任公司现已完成公司章程（草案）的制定，拟定公司与园区管委会的工作机制及整合方案，待政府批复后实施。妥善解决紫龙科技公司遗留问题，对原10000m²厂房进行完善和标准化改造，工程投资258.8万元，工程已竣工并已与西安特瑞斯热能技术有限公司厚朴产业综合利用开发项目达成入驻意向。园区土地平整圈围工程完成投资702万元，3个标段均已竣工；投资2180万元新建标准化厂房15000平方米，11月20日开工建设，按合同工期于2018年3月竣工；引进投资500万元对暂时闲置的土地培植苗圃已完成前期工作。新引进入园企业4家，西安大唐制药集团有限公司紫阳硒谷绞股蓝深加工项目已签订入园合同，项目总投资1.2亿元，已完成主体设计和环评报告，正在进行工程招标，12月30日前开工建设。其他3户招商企业分别是：安康源硒地生态农业发展有限公司富硒大米加工项目，该项目租赁园区标准化厂房2500平方米，计划投资2500万元，前期准备工作已就绪，签订入园协议，待标准化厂房竣工后入驻；厚朴综合开发利用项目投资人已完成前市场调研和产品实验，正在编制项目建议书，厂房已具备入驻条件；苦荞酒酿造项目计划投资5000万元，已完成项目可研和设计，待政府批准后即可入园开工建设。富硒食品公司、绿安现代农业公司两户产业龙头企业扶贫成效明显，园区所有企业运营效益与上年相比有明显提升。一年来，共完成遗留征地13.12亩，完成遗留房屋拆迁1户，化解矛盾纠纷近百起，化解各种原因阻工32起，未出现因征地拆迁而上访和集体上访事件。

（李振国　陈平军）

岚　皋　县

中共岚皋县委

书　记　周康成

副书记　杨义龙　谢　荧

常　委　周康成　杨义龙　谢　荧　黄仲文　余　波　张永斌　吴世珍　卢存安　谢应梅（女）　郑　毅　王海涛（挂职）　符　冬（挂职）

岚皋县人大常委会

主　任　张益众

副主任　吴遵海　张道田　马天丽（女）　刘纯海

岚皋县人民政府

县　长　杨义龙

副县长　余　波　张永斌　王海涛（挂职）　符　冬（挂职）　韩成才　郭子平　房建设（挂职）　李新功（挂职）

政协岚皋县委员会

主　席　唐天舜

副主席　刘　华　赵雪芹

中共岚皋县纪律检查委员会

书　记　吴世珍

◎县情简介　岚皋县位于安康市南部，与安康市汉滨区、紫阳县、平利县和重庆市城口县接壤，辖12个镇125个行政村11个社区，行政区域面积1956平方公里，是国家南水北调中线工程水源涵养地、秦巴山区国家连片扶贫开发区域的国定贫困县，也是全省确定的11个深度贫困县之一，总人口17.2万人。境内有南宫山、神河源、千层河、蜡烛山、岚河漂流和全胜寨6大景区，其中国家AAAA级景区1个（南宫山）、国家AAA级景区2个（千层河和岚河漂流），全县可供开发的大小景点230余处。是国家扶贫开发重点县，也是陕西省旅游强县、首批国家“全域旅游”示范县、全国魔芋地理标志产品保护区、国家级卫生县城、全国平安建设先进县、省级生态县、省级园林县城、省级电子商务示范县、省级平安建设示范县。岚皋县被商务部列入国家电子商务进农村综合示范县创建名单。

◎经济概况　全年实现生产总值52.6亿元，增长11.2%；完成财政总收入1.99亿元、地方一般预算收入8370万元，占调整后年度目标任务的100%；完成社会消费品零售总额12.2亿元，增长14.1%；完成固定资产投资66.6亿元，增长25%；实现规上工业增加值23.8亿元，增长16.8%；实现非公经济增加值30.1亿元，占GDP比重57.4%；城乡居民可支配收入分别为28229元、9099元，增长8.6%和8.7%。

◎工业经济　新增华彩烟花、长兴商混等8户规上工业企业，规模企业基本达产达效，魔芋食品、包装饮用水等产品销售良好。硒宝富硒水、御口韵茶叶等11个工业项目建成投产，工业“两园”招商落地企业7户，飞地园区秦巴环境权交易中心获省政府批复，六口工业园区成功列入国家开发区目录。新增登记注册各类市场主体1400余户，新增限上商贸企业7户，电子商务、现代物流、纺织工业、呼叫中心等产业逐步兴起，成功创建国家电子商务进农村综合示范县。

◎重点项目　安岚高速公路加快建设，石紫岚国道岚皋段建成通车，争取西渝高铁过境、通用机场选址等重大项目前期稳步推进。柑竹坝创客园等15个产业项目竣工投运，飞地会展中心和环保产业孵化大楼、县城定点屠宰场、县域垃圾污水处理设施等3个PPP项目开工。全年实施重点项目98个，小型农田水利、重点段防洪堤、高标准基本农田等46个重点项目竣工，群众生产生活条件加快改善。争取到位中省项目资金9.1亿元，争取份额位于全市前列。

◎城镇建设　县城老城区棚户区改造全面启动，城东、城西、新街3个片区进展良好，累计征收拆迁房屋4.5万平方米，开工安置房560套。市政设施加快建设，县城二级客运站、东连接线、罗景坪生态广场、星级公厕等19个市政项目竣工。国家卫生县城、省级生态园林县城获正式命名。保障性安居工程建设获得省市表彰。民主副中心完成投资1.5亿元，集镇道路、供水供电、绿化亮化等10个项目抓紧推进。县城黄家河坝、西窑以及石门、佐龙、南宫山等镇移民安置小区加快建设，吸纳8644户群众进城入镇。美丽乡村·文明家园建设深入推进。

◎交通建设　按照“出境公路二级

化、县乡公路油路化（水泥化）、旅游公路等级化、村道文明示范化”的总体目标，强化运政、路政、航政管理，构建布局完善、结构合理、服务良好、安全畅通的道路交通运输体系，服务群众安全便捷出行。全年完成在建重点交通项目7个，全年完成固定资产投资2.5亿元。安岚高速公路开工建设，G541国道岚皋段改造、县城过境线竣工通车，石门大桥全面完工，县城二级客运站建成投运，实施农村公路510公里。交通运输管理扎实有力，严格实行道路运输企业质量信誉考核机制，定期开展安全培训，规范道路运输经营行为，扎实开展客运市场秩序综合整治和源头治超工作，不断加强海事执法力度，全县公路、水上交通平稳有序，道路运输服务水平不断提升。

◎**综合治理** 全县大气、水、土壤环境主要指标稳定达标，“三长治河”工作机制得到中省主流媒体推广，全年空气质量优良天数330天，较上年增加30天。顺利通过中省环保专项督察，拆除高污染、高耗能企业4个，关闭注销采石类采矿使用权证15宗。环保基础设施建设加码提速，县城污水处理厂提标改造工程建成投用，佐龙、民主等7个垃圾污水处理设施启动建设，5镇14村农村环境综合整治项基本完工。城乡生态环境加快改善，全县绿化造林6.5万亩，治理水土流失80平方公里；建成省市级绿色文明示范单位13个，申报市级生态村8个。社会治理务实高效，圆满完成党的十九大等重要节点安保任务，“6+N”工作模式、“132”联勤联动执法等13项社会维稳举措被省市推广，荣获2013—2016年度“全国平安建设先进县”和“全省平安建设示范县”殊荣。安全生产风险分级管控、隐患排查治理体系不断健全，防汛防滑、森林防火、重大动物疫情防治态势平稳。

◎**脱贫攻坚** 全县脱贫攻坚质量和水平大幅提升，圆满完成12个村7077人实现脱贫。通过了国家易地扶贫搬迁稽查、省市每季度交叉考核和各级暗访督查。集中投向贫困村的资金超过5亿元，全年整合中省专项资金和市县涉农资金1.87亿元，累计发放“5321”小额贴息贷款4200余户1.79亿元，承接政策性银行扶贫贷款2.1亿元。县本级安排财政专项扶贫资金1200万元，同比增长20%；筹集1705万元成立46个贫困村互助资金协会，获贷率66.75%；募集社会扶贫爱心款2700万元支持贫困户发展，岚皋县被评为全省“万企帮万村”先进县。对照村退出、户脱贫标准，实施水电路讯等基础设施项目建设439个，完善通村道路510公里，实施人饮工程182处，完成农村电网改造升级138杆公里，宽带、环卫、健身场地等设施加快建设。年度实施易地搬迁4103户，同步搬迁100户，当年脱贫的934户贫困户迁入新居，改造农村危房1386户。贫困家庭学前一年至大学全程资助8308人次，无学生因贫困辍学。健康扶贫四重保障机制建立，1.62万贫困家庭有了签约医生，贫困人口新农合累计报销8536人次2347万元。符合条件的4353户4781人全部得到政策性兜底。巾帼脱贫“4+1”、旅游扶贫、家政扶贫等工作取得良好成效。

◎**农业经济** 绿色产业发展体系加速成型，三次产业结构为13.4∶58.6∶28。粮食总产6.4万吨、魔芋9.81万吨，出栏生猪21.42万头，肉类总产2.07万吨。校地合作、科技支撑成为园区发展新引擎，岚皋县被省果业局确定为猕猴桃种植基地县，全国富硒魔芋科技创新研讨会在岚召开。魔芋、茶叶等特色产业稳步发展，蒋家关村被评为国家级一村一品示范村。新增“三品一标”认证34个，无公害农产品整县环评通过评审，省级农产品质量安全县通过现场验收。扶持壮大产业扶贫龙头企业27户，与4483户贫困户建立利益联结机制，带动户均增收480元。整合生态补偿资金1205万元，惠及建档立卡贫困户9203户，生态补偿脱贫模式全市推广。农村土地经营权确权登记颁证全面完成，四季镇天坪村等15个村农村“三变”改革试点全面完成，国有林场改革平稳推进。蔺河镇蒋家关村被评为国家级一村一品示范村，南宫山稻田入围陕西十大最美田园。

◎**山林经济** 全县绿化造林6.5万亩，建成省市级绿色文明示范单位13个。新增现代农业园区12个，园区总数达到40个（其中省级园区1个，市级园区17个），建成4个产值2000万元以上园区，培育规模以上农产品加工企业1户、市级以上农业产业化重点龙头企业4户，累计培育农村经济合作组织315个、农林场主141个。农产品加工业产值比1.7∶1。依托园区新建特色经济林2.8万亩，发展林下中药材4.11万亩、林下养蜂6.4万箱。结合林业重点工程营林造林6.26万亩。预计农业增加值增长5.2%，农村居民人均可支配收入增长11.6%。

◎**水利建设** 新增高效节水灌溉面积4900亩。“三长治河”创新工作机制先后在人民日报、人民日报内参、中国水利报、国家河长办简报、陕西日报、新华网、人民网等多家媒体刊登报道。县城污水处理厂完成提标改造。完成固定投资已入库1.9亿元。水土保持流域治理面积完成75平方公里，全年用水总量控制在5337万立方米以内。大力实施了2016年小型农田水利重点项目、硒宝公司防洪堤工程、汉江段趸船型渔政码头、方垭水厂改扩建、县城二级拦水坝等项目，15个脱贫村供水工程全面竣工并交付使用，治理水土流失80平方公里。顺利完成“9·25”抗洪抢险，完成全县2.9万受灾群众过渡安置，灾民基本生活及时得到保障；申请农发行灾后应急项目贷款1亿元，有效保障了灾后恢复重建项目全面实施、加快推进。

◎**生态旅游开发** 实施旅游“十大工程”，南宫山大雄宝殿、西部水宇水上乐园、巴山珍稀植物园、杨家院子提升改造等重大旅游项目建成投运；启动神河源景区回购，破解南宫山景区发展僵局得到省政府的大力支持；主要景区通讯信号全面覆盖，改建旅游公厕8座。以菊园、荷塘、花海为重点的一批采摘游悄然兴起。“巴人追梦”等宣传推介活动反响良好。

◎**社会事业** 全年完成民生投入15.26亿元、占财政支出的87%。以国家义务教育发展基本均衡县创建为抓手，千方百计加大教育投入、实施教育项目、充实教师队伍、提高教育质量，城乡基础教育均衡发展受到各级好评，并以全省最高分顺利通过国家验收。义务教育阶段学生入学率、巩固率和残疾儿童入学率均达100%，高考二本上线427人、上线率46.7%。加快建设公共文体设施，不断满足群众文化体育需求，室内游泳馆建成投用，柑竹坝体育馆主体竣工，建成综合文化服务中心28个、城区体育健身项目14处、镇村体育健身场5处，群众体育活动获省级表彰。以综合医改和健康扶贫为抓手推动医疗卫生事业发展，分级诊疗和医联体建设初见成效，药品和医用耗材购销推行“两票制”，妇幼保健和计划生育技术服务职能全面整合，基本公共卫生服务和疾病防控工作有序推进。建成12个镇卫生院中医馆，全国基层中医药工作先进单位通过初审评估。成功创建市级食品安全示范县。水库移民避险解困试点工作扎实开展。完成岚皋县第二次全国地名普查和第三次全国农业普查。社会保障体系健全，创建1个省级和4个市级就业基地，发放创业贴息贷款4100万元。城乡居民养老保险参保率99%，新农合及养老、工伤、生育等保险提标扩面，社会救助实现全覆盖。养老服务体系基本健全，县老年公寓被民政部、国家发改委确定为全国第二批公办养老机构改革试点单位。

◎**精神文明建设** 公民思想道德素质全面提升。不断加强对社会主义核心价值观的宣传教育，依托“南宫山大讲堂”“群众讲堂”“指尖讲堂”“192126”手机短信等平台，大力开展“核心价值观进万家”活动，全县开办社会主义核心价值观专栏150余个。持续开展评优树模活动，打造“好人岚皋”品牌，推荐中国好人线索3万余条，名列全市前两名，付金亮、周昌德等荣登“中国好人榜”，岚皋公路段柏杨道班荣获“全国学雷锋活动示范点”称号，环卫工人单林述荣获“全国五一劳动奖章”，冯开亮荣获全省优秀“第一书记”，罗金枝获“陕西省美德少年”提名奖。着力推进群众性精神文明全域创建，全县共有204个单位、镇村、校园、社区积极开展各级各类文明创建，县地税局、县档案史志局、石门镇松林村被省委、省政府命名表彰为省级文明单位和省级文明村。“美丽乡村·文明家园”建设工作全面铺开，志愿服务工作有序推进，全县在“志愿云”系统注册各类志愿者队伍110个，志愿者6000余人。牵头组织开展学雷锋集中志愿服务活动15场次，对20余名学雷锋典型进行了表彰，未成年人思想道德建设亮点纷呈。

◎**招商引资** 2017年度，岚皋县充分利用“西洽会”“北京第四届优质富硒农产品推介会”“青洽会”“龙舟节”“农高会”等贸洽活动平台，带领企业先后到北京、浙江、常州、西宁、广州等地招商推介，引进中电建、中景信、省交投集团等国企来岚考察，苏陕扶贫协作和经济合作务实推进。全年总计外出招商46批次，达成意向项目15个，签订协议项目9个，落地项目4个，完成招商引资到位资金32亿元。

◎**廉政建设** 岚皋县以建设为民务实清廉政府为根本，紧扣普遍关心关注和容易滋生腐败问题的重点领域、关键环节，加强思想教育和制度建设，扎实开展“两学一做”学习教育和政府系统十九大精神学习宣讲，持续深化“作风建设月”和“干部作风‘百日’大整治”活动，全年查处违反中央八项规定问题35件，给予党政纪处分35人。坚持巡察工作抓重点与全覆盖相统一，严查精准扶贫脱贫、生态环境保护、规范市场秩序领域的违规违纪问题，实现政府采购、工程招投标、扶贫资金、村干部监督全覆盖，全年共查处问题线索89件，立案75件，结案75件，给予党政纪处分75人，移送司法机关3案5人，政府投资建设项目拦标价审减5700余万元、审减率6.5%。坚持政务公开，不断加快“互联网+政务服务”建设步伐，围绕环境保护、食药安全、价格收费、房屋土地征收、“三公经费”等热点问题，实现政府网站全面公开，累计办理回复县长信箱、网络留言和群众来信562件，开通“美丽岚皋”政务微信，政民互动常态化。坚持重大事项定期向人大报告，自觉接受县人大及常委会监督，支持县政协参政议政，办理人大代表建议90件、政协委员提案102件，答复率和办结率100%。

◎**“9·25”秋淋强降雨自然灾害** 2017年9月份以来，岚皋县普降大到暴雨，持续时间长、影响范围广，9月25日当天，蔺河电站入库最大流量2037立方米/秒、泄洪最大流量1800立方米/秒，入库量、泄洪量和经过县城最大流量均超过“7·18”时的最大流量，为岚皋历史之最。据统计，9月初至10月中旬全县累计发生地质灾害险情45处，倒塌损坏房屋611户1559间，损毁耕地6850亩，3.3万亩农作物减产或绝收，冲毁堰渠40余公里，损毁人饮灌溉工程430处，338条县乡道路1852公里均遭到不同程度损毁，因灾造成直接经济损失达5.82亿元。面对突如其来的特大洪灾和持续强秋淋天气，所有县级领导第一时间赶赴挂联镇靠前指挥，督促各镇迅速撤离群众、妥善安置灾民、做好应急保障。各镇、各部门和全县全体党员干部、公安武警消防官兵全员投入抢险救灾，全县共出动部队官兵、地方干部、防汛抢险机动队1万余人次以上，高峰时期近1500名公安干警和武警官兵、近万名党员干部群众分赴抗洪抢险一线，有力的保证抗洪救灾工作成效。通过全县上下的共同努力，全县因灾紧急转移人口3.75万人，除南宫山镇龙安村因房屋倒塌死亡2人外，无其他人员伤亡，有力地将伤亡人数降到了最低。同时，积极开展恢复重建，争取省市救灾支持，加大救灾资金调度力度，以最快速度完成全县2.9万受灾群众过渡安置，灾民基本生活及时得到保障；申请农发行灾后应急项目贷款1亿元，有效保障了灾后恢复重建项目的全面实施。

平 利 县

中共平利县委

书 记 郑小东

副书记 陈伦富

常 委 郑小东 陈伦富 魏传利 蒋 军 吴代强 陈 俊（女） 马朝阳 邓文明 尚 磊 唐如刚 张云逸

平利县人大常委会

主 任 汪贤存

副主任 陈首松 田先聪（女） 杨 飞 柯昌富

平利县人民政府

县 长 陈伦富

副县长 魏传利 吴代强 尚 磊 张云逸 刘永恒 陈永乐 高忠权 符绳煜 黄 芳（女） 李 鹏

政协平利县委员会

主 席 王兆江

副主席 邓文成 王志大 王恩菊（女）

中共平利县纪律检查委员会

书 记 马朝阳

◎**县区名片** 平利县位于安康市东南部。行政区域面积2647平方公里，辖11镇、137个村、6个居委会，总人口23万。平利生态环境优良，森林覆盖率达75.6%，是国家主体功能示范区、“南水北调”的重要水源涵养区。平利矿产资源丰富，重晶石远景储量3.2亿吨、探明储量3500万吨，平均品位95%。初步探明萤石储量300万吨，为同类单矿全国最大。平利是中国名茶之乡。全县茶叶和绞股蓝面积达23万亩。平利绞股蓝是国家原产地域保护品种和国家地理标志产品，获得“中国驰名商标”，“平利女娲茶”为“陕西省名牌产品”。天书峡、秦楚古长城、龙头旅游新村、八仙古韵小镇、正阳大草甸、芍药谷、三里垭、马盘山等景区景点各具特色。2017年实现地区生产总值87.5亿元，增长11.4%，地方固定资产投资71.9亿元、增长24.7%，财政一般预算收入1.08亿元、同口径增长10.8%，城乡居民人均可支配收入28059元和9679元、分别增长9.1%和9.3%。围绕“五个三万”目标，新建茶园8000亩、培育生态有机茶园1.12万亩、改造低产茶园1.5万亩，培育标准化绞股蓝种植基地3万亩，发展生态猪3.5万头，建设中药材基地3.2万亩，种植富硒粮油3.8万亩。全年茶饮产品产量9100吨，实现产值10.5亿元。全年新建标准化厂房2.5万平方米，新增投资过千万元入园企业8户，培育“五上企业”31户，发展新社区工厂16家，金龙水泥、宝林萤石、平利电机、通达牙刷等规模企业达产达效，规上工业实现增加值52.5亿元，增长15.9%。长安女娲硒茶小镇夜景亮化竣工投用，10家民宿大院主体完工，5D影院、中坝茶山步道等项目进展良好。龙头入口大门、观光沥青路、生态停车场建成投用，农耕文化园完成改造提升。桃花溪景区开园运营，八仙古镇、芍药谷旅游开发项目加快实施。平利荣获全国美丽乡村建设示范县、全国优秀生态旅游县、全省县城建设先进县，长安镇成为全市首个国家级特色小镇，长安女娲茶镇被评为国家AAA级景区，龙头村被授予全国文明村，三里垭贡茶新村入选全国美丽乡村示范村。承诺为民办理“十件实事”落实有力，移民搬迁建房主体全部完工，县城污水处理厂提等升级、体育场整修、智能公共自行车系统建成投用，西大桥重建完成规划设计和项目申报，北环路东段全面贯通，新增城区停车位215个，实施双百人才培养357名。社会事业协调发展，高考二本上线率超全省10个百分点，市政府高考励志奖取得零突破；县第二人民医院、公办老年公寓加快建设，县医院二甲复审顺利达标，国家中医药服务先进县通过省级验收。

◎**经济概况** 全年完成生产总值87.5亿元，增长11.4%，地方固定资产投资71.9亿元、增长24.7%，规上工业实现增加值52.5亿元，增长15.9%，财政一般预算收入1.08亿元、同口径增长10.8%，城乡居民人均可支配收入28059元和9679元、分别增长9.1%和9.3%。社会消费品零售总额15.8亿元，增长15.2%。

◎**农业经济** 2017年，农业经济持续、健康发展，全县农业总产值实现20.51亿元，农业增加值达到11.44亿元，增长速度达到4.9%，增速居全市前列；农村居民人均可支配收入达到9679元，较上年增加820元，增长9.4%，五年间年均递增10%，增速居全市前列，农民收入更加殷实。完成粮食播种面积38.1万亩、产量8万吨；完成油料播种11.45万亩、产量1.21万吨。新发展中药材3.2万亩，其中建设建成百亩以上连片中药材种植示范点26个，全县种植总规模达到11万亩。

◎**工业经济** 全年实现工业产值144.58亿元，增长21.85%，规模工业增加值52.54亿元，增长15.9%；新增投资过千万元入园企业8户；培育“五上企业”27户；完成工业固定资产投资8.1亿元；非公经济增加值占GDP比重达59.9%；新建标准化厂房面积3.18万平方米。实现社会消费品零售总额15.84亿元，同比增长15.2%；完成外贸进出口总额3207万元。艾草保健制品、安得利新材料项目建成投产；30万吨富硒天然饮用水、绞股蓝科技产业园、平安绞股蓝提取、石代电子产业园二期、彩印包装、启鑫分布式光伏发电等一批重点工业项目开工建设。

◎**固定资产投资** 2017年，全县共安排固定资产投资项目300个，年度计划投资71亿元，其中市级重点建设项目15个，年度计划投资8.73亿元。全年开工建设项目300个，竣工190个，完成地方固定资产投资72.86亿元，增长26.35%；市级重点建设项目完成投资9.6亿元，超年度计划任务10百分点。

◎**重点项目** 全年安排建设项目300个，新建项目234个，续建66个。纳入市政府考核的15个重点建设项目，完成投资9.6亿元，超计划任务10个百分点。4个重点前期项目，龙头农耕风情小镇、石代现代物流园建设项目正加快建设，平利县美丽乡村建设完成可研编制，西河特色旅游开发项目完成规划设计方案。3个PPP项目，平利县杨家梁移民搬迁（棚改）安置楼已开工建设，第二垃圾填埋场、陈家坝工业园已完成实施方案。

◎**财政金融** 全县完成财政总收入3.28亿元，同口径增长8.1%。其中地方财政收入1.08亿元，同口径增长10.8%。完成财政预算支出20.2亿元，增长10%，实现了保民生、保重点、保运转、保稳定的目标。全县金融机构实现存款余额88.98亿元，同比增长11.2%，贷款余额50.23亿元，同比增长11%。

◎**招商引资** 全县共引进招商引资项目35个，合同引资81.46亿元；全年实际到位资金56.17亿元，完成全年计划任务的130.63%，完成投资47亿元。

◎**国企改革** 贯彻落实省市县深化企业改革有关精神，坚持把企业改革、县域经济发展有机结合，切实维护企业职工利益，以产权置换和职工身份置换为目标，稳步推进企业改制，积极稳妥地化解各种矛盾，平利县百货商场改制工作基本完成。

◎**主导产业建设** 围绕“五个三万”目标，新建茶园8000亩、培育生态有机茶园1.12万亩、改造低产茶园1.5万亩，培育标准化绞股蓝种植基地3万亩。强化宣传推介，拓展市场营销，先后参加各类茶叶博览会15场次，成功举办新疆乌鲁木齐平利女娲茶（绞股蓝）专场推介会。全年茶饮产品产量9100吨，实现产值10.5亿元。

◎**城镇建设** 围绕“八大特色”，打造精美县城。“坝河四项治理”工程完成道路沥青铺设及路灯安装；杨家梁移民搬迁（棚改）安置楼PPP项目、第二农贸市场（地下停车场）加快建设；北环路东段全面贯通、东大桥道路工程建成通车；县城第二垃圾填埋场PPP项目完成项目前期；县城体育场整修、智能公共自行车系统建成投用；新增城区泊车位215个；长安特色小镇被住建部命名，三里垭村被住建部等五部委评为“美丽乡村示范村”。

◎**交通建设** 平镇高速全线开工，冯家梁隧道贯通运行，魏新路全面完工，萧家坪大桥竣工通车，白狮路、洛南路试验段启动建设，百朝路、平镇路路面硬化完成50%。城乡公交一体化中心调度站建成投用，县内公交线路达到8条，投放公交车42辆，其中新能源公交车20辆，绿色出行局面初步形成。积极开展打击网络“黑车”专项整治工作，道路运输市场秩序进一步规范。强化公路养管，全县农村公路列养率达到100%，经常性养护率达到70%。

◎**退耕还林** 全面加强退耕还林管护及后续工程建设，积极整合项目资金，2017年完成退耕还林0.5万亩，实施绿化造林5.8万亩，义务植树55万株，全县森林覆盖率达到71.21%。平利县被列入2018年全省森林县城创建县名单。

◎**扶贫攻坚** 坚持因村因户综合施策，精准落实“八个一批”脱贫路径，实施搬迁建房9411户、危房改造575户，落实181家市场主体带动脱贫7570户，拓宽就业创业带动脱贫3232户，完成行业扶贫项目1251个，医疗救助、教育支持、生态补偿、兜底保障等扶贫政策落地见效，省市下达13个村、6400人的年度减贫任务超额完成。

◎**社会保障** 2017年全县城镇新增就业1826人，登记失业率3.42%；完成农村劳动力转移就业5.08万人，其中贫困劳动力转移就业0.83万人，创劳务经济收入8.5亿元。累计开展技能培训116期5654人，其中贫困劳动力技能培训5108人。城乡居民养老保险参保12.47万人，参保率达99.24%，其中享受待遇4.4万人，参保缴费8.07万人，缴纳保费938.45万元，累计发放养老金4593.89万元，发放率达100%。

◎**水利建设** 全面完成全县11个镇34个贫困村的饮水工程，新建拦水坝101座、净化水厂34座、过滤池、蓄水池、输配水管网720公里，新建农村饮水安全工程130处，受益总人口38139人，其中贫困人口1.3万人。建成县城4座生态低坝，县城景观水面新增1.5公里。县城污水处理厂提标改造项目完成通水调试，水质排放达标。“十二五”丹治工程顺利通过省市验收完成全县水土流失治理面积80平方公里。古仙洞一、二级水电站、八道水电站、广佛水电站、洛河水电站农村水电站增效扩容项目进展顺利。新修基本农田5000亩，发展节水灌溉面积4000亩，新建市级水利园区2个，县级园区1个。

◎**社会事业（教育、卫生、计生、广电）** 社会事业协调发展，高考二本上线率超全省10个百分点，市政府高考励志奖取得零突破；县第二人民医院、公办老年公寓加快建设，县医院二甲复审顺利达标，国家中医药服务先进县通过省级验收；全国质量强县示范县、省级文明县城创建扎实推进；药妇沟社区被认定为国家级充分就业社区，平利成为全国小微创业者激励计划试点县；县城新图书馆对外开放，省级文化先进县通过验收。扎实推进广电基础设施建设，完成11个镇应急广播安装调试，完成五峰山广播电视发射台6套广播节目和16套电视节目设备安装调试，并正式对外转播，较好满足了县城居民收听收看广播电视节目的需求。

◎**廉政建设** 坚持从严治党，落实落细两个责任，加强对各镇、各部门落实“两个责任”情况的监督检查，下发提醒、整改督办函33份，约谈党委、纪委书记26人次，实施党内问责34起29人6个党组织，领导干部问责94起92人24个单位，以强化问责倒逼责任落实，从严治党氛围日渐形成。扎实开展查处违反中央八项规定精神问题专项行动，集中开展明察暗访12次，同时，成立2个明察暗访组，围绕纠正“四风”、狠刹“五股歪风”进行长期明察暗访。共处置违反中央“八项规定”精神和“四风”问题线索51件，立案23件，给予党政纪处分23人，公开通报曝光典型案例15起。

◎**综合治理** 紧紧围绕人民群众最关

心的公共安全、权益保障、民生工程、社会公平正义等工作，以“平安平利”“法治平利”建设为主线，着力加强基层规范化建设，深入开展“八整治、八打击”专项行动，加强和创新社会管理，努力化解社会矛盾，积极推进公正廉洁执法，全县平安建设氛围日益浓厚，基层基础更加坚实，社会治安防控体系更加健全，为县域经济社会又好又快发展创造了安定有序的法治环境。

◎**精神文明建设**　启动省级文明县城创建工作，组织各行各业广泛开展培育和践行社会主义核心价值观、“我们的节日”、道德讲堂等丰富多彩的道德实践活动。成功举行“陕西好人榜”发布仪式暨道德模范与身边好人现场交流活动。10个家庭荣获市级“最美家庭”称号，3人荣获市级“好婆婆”称号，5人荣获市级“好媳妇”称号，3人荣获市级“好妯娌”称号，陆彩凤家庭获得2017年全国“最美家庭”和陕西省第一届“文明家庭”荣誉称号，营造了崇德向善，见贤思齐的浓厚氛围。扎实推进“诚孝俭勤和”新民风建设，深入开展“六大活动”，全县137个村修订完善了村规民约，建立了道德评议会、红白理事会、村民议事会、禁毒禁赌会“四会”组织，开展道德评议活动180余场次，达到了“评议一人，教育一片”的效果。

◎**新型材料**　立足全县水泥建材、钡盐化工、金属选冶等矿产加工业的基础优势，围绕重晶石、石灰石、硅石、铅锌、铌钽、萤石等优势矿产资源的深度开发，加快产业结构调整升级，推进新型工业化进程，新型材料产业不断发展壮大，成为县域经济支柱产业。2017年9月，投资3.5亿元的重晶石深度开发项目——安得利新材料一期工程历时5年建成试产。全县新型材料生产企业达到30家，实现产值73.7亿元，占全部工业的50.9%。

◎**山林经济**　2017年，全县规模以上山林经济累计面积达到95.20万亩，产量达2.1万吨，实现产值171420万元。其中茶叶19.8万亩，产量10000吨，产值128000万元，蚕桑3.4万亩，产茧1000吨，产值5600万元，核桃15.7万亩，产量6000吨，产值12000万元，苗木花卉6240万株，产值3800万元，森林旅游产值2500万元。全年新启动现代林业园区3个，使平利县林业园区总数达到39个，当年建成市级园区3个，县级园区20个，当年累计实现产值超5.5亿元。平利县被陕西省山林经济示范市建设工作领导小组命名为山林经济示范县，城关镇和高峰村、纸坊沟分别被命名为山林经济示范镇村。

◎**茶饮产业（绿茶、绞股蓝）**　新建茶园8000亩、培育生态有机茶园1.12万亩、改造低产茶园1.5万亩，培育标准化绞股蓝种植基地3万亩，金陕红二期、绞股蓝科技产业园、女娲银峰茶叶加工厂等项目主体完工。新建清洁化茶叶加工厂10家，完成欧盟认证9家、“三品一标”认证20家。强化宣传推介，拓展市场营销，先后参加各类茶叶博览会15场次，成功举办新疆乌鲁木齐平利女娲茶（绞股蓝）专场推介会。全年茶饮产品产量9100吨，实现产值10.5亿元。

◎**畜牧产业**　以生猪为重点的生态畜牧业发展迅猛，全年新建生态猪标准化圈舍53303平方米，其中小型生态猪圈舍948座33383平方米，年出栏生态猪4.3万头，千头以上标准化生态猪场10个、19920平方米；新培育生态猪良繁场6个。全县生猪饲养量达到68万头，出栏39.5万头，肉类总产达到3.36万吨，均超计划完成年度任务。市政府在平利县召开全市现代生猪产业转型升级与畜禽养殖废弃物资源化利用现场推进会。在2017年市政府五大产业督导检查中，平利县畜牧产业取得全市排名第一好成绩。

◎**乡村旅游**　聘请国内知名专家编制全域旅游规划，长安女娲硒茶小镇夜景亮化竣工投用，10家民宿大院主体完工，5D影院、中坝茶山步道等项目进展良好。龙头入口大门、观光沥青路、生态停车场建成投用，农耕文化园完成改造提升。桃花溪景区开园运营，八仙古镇、芍药谷旅游开发项目加快实施。平利荣获全国美丽乡村建设示范县、全国优秀生态旅游县、全省县城建设先进县，长安镇成为全市首个国家级特色小镇，长安女娲茶镇被评为国家AAA级景区，龙头村被授予全国文明村，三里垭贡茶新村入选全国美丽乡村示范村。

◎**其他工作**　持续深化“放管服”改革，加快推进县政务服务中心标准化建设，30个县级行政审批部门和公共服务单位“应进全进”，群众和企业办事更方便、更快捷，营商环境持续改善。“9·25”特大洪涝灾害，全县上下快速反应、沉着应对，全力以赴抗洪救灾，群众生产生活得到迅速恢复。

镇坪县

中共镇坪县委
书　记　罗万平
副书记　李　平　卫莎莎（女）
常　委　罗万平　李　平
卫莎莎（女）　贺中原
梁　鸿　丁关军　吴光荣
于延媚（女）　郭国安
蔡小安　许立新
镇坪县人大常委会
主　任　陈敬民
副主任　丁继军　张　华　韦树辉
镇坪县人民政府
县　长　李　平
副县长　贺中原　吴光荣
蔡小安（挂职）
许立新（挂职）
胡裕成　李　俊　涂世昌
张　剑（挂职）
刘美琳（女，挂职）
杨小虎（挂职）
政协镇坪县委员会
主　席　王永国
副主席　陈　琳　邹桂花（女）
中共镇坪县纪律检查委员会
书　记　郭国安

◎**县区名片**　镇坪县位于安康市最南部。行政区域面积1503平方千米，其中市区14.4平方千米。2017年末人口59335人。东与湖北省竹溪县接壤，南与重庆市巫溪县、城口县毗邻，西北与本省平利县连界。有“鸡鸣一声听三省”“一脚踏三省”之称，鸡心岭为陕、渝、鄂交界点，也是中国版图的“自然国心”，故享有“国心之县”的美誉。安全生产指标监测位列全省第一。主要旅游景区有化龙山自然保护区、鸡心岭、飞渡峡4A级景区、天生桥等。全年接待游客124万人。著名地方产品有黄连、土豆、高山茶、核桃。2017年镇坪县实现生产总值191934万元，按可比价格计算，比上年增长11.1%。其中，第一产业增加值34170万元，增长5.1%；第二产业增加值77019万元，增长18.1%；第三产业增加值80745万元，增长8.2%。三次产业结构比为17.8：40.1：42.1。人均地区生产总值37232元。2017年财政总收入13301万元，地方财政一般预算收入4700万元，全年财政总支出94084万元。2017年完成全社会固定资产投资399093万元（含跨市固定资产投资158962万元），社会消费品零售总额52191.7万元，城乡居民人均可支配收入分别达到27809元、9167元。全年实现工业增加值56918万元，比上年增长22.2%。其中规模以上工业实现增加值55503万元，增长22.9%，完成现价产值144630万元，增长58.0%。2017年底，全县规模以上工业企业达到23个，比上年增加4个。2017年全县建筑业完成增加值20101万元，比上年增长9.4%。全县资质等级以上建筑企业3个，完成建筑业总产值23482万元，比上年增长112.0%；全年共签订合同33376万元，增长163.6%；房屋施工面积12.81万平方米，增长263.7%。全年完成农林牧渔业总产值63301万元，比上年增长5.2%，其中农业产值32515万元，增长5.4%；林业产值7299万元，增长22.6%；牧业产值21598万元，增长0.9%；渔业产值1120万元，下降6.3%；农林牧渔服务业产值769万元，增长3.0%。全年粮食种植面积14.12万亩，比上年下降0.03%；粮食产量2.79万吨，增长0.3%。油料种植面积1.69万亩，增长0.4%；油料产量1845吨，下降0.1%；蔬菜种植面积3.46万亩，增长1.1%。全年全县实现社会消费品零售总额52191.7万元，比上年增长15.6%。其中限额以上零售总额38974.7万元，增长22.5%。从销售地域看：城镇消费品零售额42299.8万元，增长16.4%；乡村消费品零售额9891.9万元，增长12.1%。全年批发和零售业实现增加值9678万元，增长13.6%；住宿和餐饮业增加值8685万元，增长10.4%。2017年底，全县限额以上批发企业7个，零售企业16个，住宿企业6个，餐饮企业3个。全县有文化馆1个，阅览室1个。有线广播电视台1个，电视人口覆盖率达99.83%，广播人口覆盖率为99.16%，能接收中、省、市等83套电视节目。全县有53个村通有线电视，年末有线电视用户11762户，入户率52.65%。农村有线电视用户数8587户。全县有各类书店4个，公共图书馆图书藏量为15.9千册。建设标准化乡镇文化站7个，电子阅览室7个，村文化活动室58个。2017年末，全县共有医院、卫生院11个，拥有病床位258张。各类卫生技术人员414人，其中：执业医师96人。

◎**经济概况**　全年实现生产总值19.1934亿元，增长11.1%；税收收入占比提高22个百分点、达到51.6%；城乡居民人均可支配收入（新口径）分别增长9%、10%。全社会固定资产投资、规上工业增加值、社会消费品零售总额等主要经济指标增速在全市持续领先。培育现代农业园区10个、产业化龙头企业4个、专业合作社25个、家庭农场30个。镇坪洋芋、镇坪乌鸡获得国家地理标志保护农产品认证，镇坪国家高山茶种植标准化示范区通过验收。实现规上工业增加值5.6亿元、增长20%。滚动培育经济增长点80个，入笼“四上企业”15户，新增市场主体710户，市场活力充分激发。电商交易额突破亿元，京东体验馆建成运营。全县非公经济占GDP比重55.8%，增加2.2个百分点。完成社会消费品零售总额5.2亿元。银行存贷比提高9.4个百分点、达到48.7%。

◎**农业经济**　2017年，围绕农业增效、农民增收的工作目标，积极推进农业结构调整和农村综合体制改革，加快转变农业发展方式和农业产业化进程，有效促进了全县农业和农村经济的快速发展。全年实现农业总产值32515万元，农民可支配收入达到9167元，增长9.1%；完成粮食2.79万吨、油料0.18万吨；生猪出栏21.16万头，羊出栏2.1万只，家禽出栏49.48万羽，牛出栏0.12万头。新培育现代农业园区7个，全县农业园区总量达到41个，其中：省级1个、市级20个、县级20个。创建省级产业化龙头企业1家，市级产业化龙头企业3家；培育产值5千万以上园区1个，产值2千—5千万元园区3个；集中开展职业农民培训2期，培训100人；新认定家庭农场11个，总量达到46个，新注册农民专业合作社3个，总量达到149个；培育初级职业农民100人，培育中级职业农民7人。创建农产品质量安全示范镇2个，示范园2个；新申报无公害农产品企业5家，无公害农产品8个，通过无公害农产品现场检查7个；无公害农产品整县环评工作通过省农业厅实地核查验收。

◎**工业经济**　2017年完成规模以上工业总产值14.46亿元，同比增长58%；实现规模以上工业增加值5.55亿元，增长22.9%，增速居全市第一；新增规模以上工业企业4户，超任务3户，规模企业户数已达23户；工业产业结构不断优化。规模以上工业产值占比中矿产下降42.3个百分点、富硒食品上升了10个百分点、新型建材上升了18个百分点，煤炭工业“一业独大”的不利局面正逐步改变；工业品牌建设和工业产品开发步伐加快，富硒食品9个产品通过QS认证，5个产品获得“三品一标”认证，镇坪县美味佳食品有限责任公司、津元春食品有限责任公司获得省“专、精、特、新”中小企业认定；工业固定资产投资和招商引资力度进一步加大。全年完成工业投资5.4亿元，同比增长36.4%，企业技改投资7850万元，增长73.2%。随着普欣中药配方颗粒、芋硒王魔芋饮料、双河口水电站等一批招商工业大项目开工建设，必将推动全县工业迈入腾飞之路全县非公经济占GDP比重55.8%，增加2.2个百分点。中小企业数量和从业人数稳步增长，全县中小企业达4327户，较上年增长833户，从业人员达1.4万人，增加1558人。三次产业结构调整为17.8∶40.1∶42.1，二产比重上升4.2个百分点。

◎**固定资产投资** 2017年完成全社会固定资产投资39.9亿元，同比增长91.7%。其中，一产完成投资3.6亿元，同比增长16.0%；二产完成投资5.4亿元，同比增长36.4%；三产完成投资14.3亿元，同比增长23.3%。跨市投资15.9亿元，农户投资0.5亿元。

◎**重点项目** 2017年实施重点建设项目146个，完成投资23.5亿元。列入市级重点项目的野猪养殖及特色农产品加工、飞渡峡黄安坝开发四期、南江湖旅游扶贫示范区、镇坪县万亩高山富硒茶观光园、镇坪县魔芋加工及生产基地建设、富硒苦荞系列产品生产基地、镇坪县腊味小镇建设等7个项目完成投资5.1亿元。

◎**财政金融** 截至2017年底，一般公共预算收入预计完成4700万元。其中，税收收入完成2426万元，占一般公共预算收入比重为51.6%；非税收入完成2274万元，占一般公共预算收入比重为48.4%。全县公共财政预算支出完成90519万元，增支704万元，同比增长2.33%，完成预算的102.76%，其中民生支出占比80.07%以上，八项支出同比增长12.19%。

◎**招商引资** 2017年，围绕“生态立县、工业强县、产业富民、旅游兴县”发展思路，举全县之力，集大众智慧，先后到北京、重庆、成都、江苏、浙江、南京、汉中等地区的知名企业和商会组织开展了实地考察和“一对一”的无缝洽谈招商活动，成功引进普欣中药配方颗粒项目、双河口水电站项目等一批大项目。全年镇坪县成功招商引资项目28个，总投资44.2亿元，引进外地资金44.2亿元。项目资金到位19.4亿元，完成市计划任务的161%。特别是中药配方颗粒项目，实际完成外资7532万港币，占省对市招商引资外资考核总任务62.4%，实现了镇坪县外资企业投资零的突破，为安康市外资引进作出了重大贡献。

◎**主导经济产业** 按照“猪药芋主导、积极发展山林经济等多种经营”的产业富民举措和“园区承载、业主支撑、科技引领、打造品牌”的现代农业发展思路，初步形成了一三相融、接二连三的复合业态，科技对产业的贡献率明显提升，农业综合效益和市场竞争力稳步提升。特色农业产业初步形成。全县发展特色种养殖基地35个，生猪年饲养量达到35万头，发展草本药材6万亩，建成5000亩以上中药材基地村2个（团结村、马镇村），100亩标准化示范点10个。全县播种洋芋面积6万亩，全县发展魔芋总面积达到2.8万亩，冷水鱼产量达到700吨。

◎**城镇建设** 一是完善规划体系。实施了县城总体规划修编，完成了南江河栈道沿线风貌改造规划编制工作，完成了42个村庄的规划编制工作。实施了曾家县域副中心镇“多规合一”规划编制工作，启动了各镇控制性详细规划的编制工作。二是重点项目建设。以完善城镇功能为重点，全面加快了城镇基础设施建设。完成了镇坪县党校保障性租赁住房配套基础设施工程、镇坪县康熙坡棚户区改造工程、城乡结合部污水管网工程、镇坪县污水处理厂提标改造项目、曾家集镇排污工程、县城夜景亮化提升工程一期等市政基础设施项目。实施了镇坪县主街道和背街小巷改造项目、镇坪县文彩新区保障房小区配套基础设施（二期）工程。开工建设了一河两岸棚户区改造项目700户，基本竣工700户，完成了中学片区、文彩片区、小河口片区的部分房屋征收补偿。启动了栈道沿线风貌改造等重点工程。建成了佳华大厦、文化商业中心等房地产开发项目。全年累计完成投资2.3亿元。三是重点镇建设。全面推进了县域副中心镇建设工作，实施了移民搬迁安置区多层单元房、市政路网、集镇农贸市场、污水处理场、停车场、休闲广场、文化广场等公共服务项目，全年累计完成投资1.86亿元。

◎**交通建设** 2017年，镇坪县交通运输局坚持建、养、管、运、服并重，完善交通设施网络，提升运输服务品质，奋力追赶超越，助力脱贫攻坚，交通运输各项工作取得较好成效，先后获得县人大、县政协议案、提案办理先进单位；县委、县政府综治维稳反邪暨平安建设工作先进集体和全县反恐怖工作先进单位；县委落实党风廉政建设主体责任先进集体；市交通运输局第六届农村公路“安康好路杯”铜杯奖，奖励人民币10万元。一是交通重点工作进展顺利。7月，平镇高速路13个合同段全面开工建设，“一部一库四场”等临建工程顺利建设，四个总监办顺利进驻镇坪，平镇高速镇坪段全面推进。组织国开行贷款项目24个，开工建设项目13个，其中全县贫困村道路全面完成；组织农发行贷款项目3个，完成项目主体工程。完成贫困村交通脱贫保障项目7个。二是农村公路养护取得新突破。全县农村公路列养里程460公里。继续实施“养护公司+贫困户”的养护模式，实现贫困户在家门口就业，得到省交通运输厅领导肯定和批示。三是道路运输和安全管理平稳发展。开展了客运市场“打非治违”“隐患排查”活动，共检查车辆370辆次，查处非法营运车辆6辆，其他违法违规车辆51辆，公路运输各种不法行为得到遏制。夯实客运企业的安全生产主体责任，道路交通安全生产形势稳定。

◎**扶贫攻坚** 2017年，全年共完成6个贫困村的脱贫任务。分别是：曾家镇鱼坪村，上竹镇发龙村，钟宝镇民主村、东风村，曙坪镇阳安村，华坪镇渝龙村。2017年，全县共完成6个贫困村、632户2068名贫困人口的脱贫任务，顺利通过省市验收和第三方评估，贫困发生率由2016年底的12.8%下降到12.66%，较2016年末下降0.14个百分点。扎实推进“八个一批”工程，整合涉农资金12818.65万元、占年计划291.33%，落实县本级配套资金805.65万元、占年计划447.58%，争取到位政策性金融贷款资金33700万元、占年计划153.18%，规划实施扶贫项目350个，开工率100%。兑现建房补助995户2809人，共计资金5678万元。按照上级户均奖补1.5万、县本级配套0.5万的标准，兑现危改资金309户，预拨付资金432.6万元。通过技能培训和引导就业实现贫困劳动力转移就业2668人，扶持贫困劳动力创业147人，开发公益性专岗位354个，开展技能培训2260人。全面兑现退耕还林资金1025万元，生态补偿资金521.71万元。全面核准和落实教育资助政策，大学生救助42.3万元，助学贷款274万元，发放义务教育阶段生活补助117万元，实现了教育资助从学前一年到大学“一条龙”，惠及1707名贫困家庭学生。全面推行“两线合一”政策，全县1477户2287人纳入兜底保障对象，落实参保参合、门诊、住院、医后等医疗救助政策，全年救助725人，发放医疗救助金81.1万元。2017年度累计新建（或续建）集中安置点14个，搬迁安置455户1441人，其中易地扶贫搬迁405户1291人、同步搬迁50户150人，集中安置350户1066人、分散安置55户225人，集中安置率达82.5%。安置房项目已全面竣工，其中交钥匙未入住98户309人，已搬迁入住119户428人。夯实“六位一体”帮扶责任，全县共落实10名县委常委帮联7个镇、26名县级领导、67个部门包抓58个村，191名驻村队员、60名“第一书记”驻村开展帮扶，1645名干部结对包户实现了全覆盖。推行脱贫攻坚三联包抓机制，县级党政主要领导分片包抓，县委常委联镇包抓，县级领导联村包抓，所有县级领导均负责1项以上脱贫攻坚重点工作，每周到所联镇、村解剖麻雀，一线督促落实。因户因人施策，把帮扶措施细化到人头，明确帮扶路径和完成时限，做到真帮、真扶。“乡村守望·我在镇坪有块田”带动180户贫困户参与订单种植，达到脱贫目标，“妈妈的针线包”项目启动以来，累计参与群众达到2000余人，千名农村贫困妈妈通过该项目走上增收脱贫之路。这些扶贫项目成为省市重点推介的典型；创新推出的“一村一企一产业”“贫困户免费家庭医生全覆盖”“残疾人脱贫四大工程”等扶贫模式在省市取得良好反响。

◎**退耕还林** 2017年，全面完成17.39万亩退耕还林管护任务。完成退耕还林政策兑现890万元。

◎**社会保障** 2017年，全县以创业带动就业，实现农村劳动力转移就业10680人，城镇新增就业491人，就业困难人员再就业92人，城镇登记失业率2.61%；实现免费职业培训2227人，其中创业培训305人。城镇职工基本医疗保险参保6203人，基金支出1255.30万元；城镇居民基本医疗保险参保3915人，基金支出266.04万元；生育保险参保3661人，基金支出31.39万元；工伤保险参保4700人，基金支出80.14万元；失业保险参保2065人，基金支出7.21万元。机关事业单位养老保险，在职人员参保2290人，退休人员参保960人，全年发放待遇5397万元。全县招聘、招录各类人才120人，其中引进研究生以上高学历层次人才6人。全年签订劳动合同655份，企业劳动合同签订率达到97%；劳动年检46户，工伤认定6起；共受理投诉举报案件18起，立案2起，调解处理16起；全年共处理劳动人事争议案件6件，其中调解处理3件，裁决处理1件（非终局裁决），不予受理2件；涉案金额216965元；确认劳动关系4件，工伤赔偿争议1件，其他（施工合同争议）1件；私营企业5件，国有企业1件；涉案人数6人；结案率100%，案件调解率75%，裁决率25%。2017年，社会救助政策全面落实。兜底保障对象2300人，医疗救助6421人次，临时救助1418人次，残疾人“两项补贴”1944人，全年累计发放各类民政救助资金2500余万元。全市兜底脱贫季度点评从第二季度开始，镇坪县每次并列全市第一。系统化养老全面提升。投资30万元，与飞渡峡绿野传媒文化有限公司联营，建成镇坪县生态健康养老示范园。投资80余万元，建成镇坪县老年日间照料中心。建成竹溪河居家养老示范社区。投资70万元，完成四所区域敬老院取暖设施改造。成功创建小曙河标准化区域敬老院。结合民政职能，积极配合宣传部成功申创中国长寿文化之乡。社会事务整体推进。投资80余万元，全面完成第二次全国地名普查工作。投资100万元完成镇坪县殡仪馆的招标及开工前的准备工作。建成曙坪镇联合、和平，曾家镇琉璃村三个农村公益性公墓。制定了《社会组织助力脱贫攻坚工作实施方案》，扶持义工协会100万元发展“爷爷家的老蜂蜜”扶贫项目，获得了“团聚益起·温暖安康”二等奖，并在中央电视台进行了专题报道。防灾减灾工作获得市级好评。“9·25”洪涝灾害期间，及时向各镇下拨救灾资金52万元，救灾棉衣320件、棉被185床。积极响应市局要求，连夜押送救灾帐篷20顶、被子900床、毛毯150床赶往平利八仙，有效支援了兄弟县抗洪抢险工作，获得市局及兄弟县的好评。冬春生活救助向各镇下拨资金198.82万元，救助棉衣806件、棉被852床。牵头推进灾后房屋重建工作，下拨生活救助和房屋恢复重建资金211.5万元，全县恢复重建32户，危房改造124户。

◎**水利建设** 2017年，全县累计申报项目资金1.5亿元，完成项目总投资1.27亿元。新修和改造提高基本农田0.1万亩；新增有效灌溉面积0.15万亩；治理水土流失面积60平方公里。城乡安全饮水建设完成投资1430万元，建成农村安全饮水工程23处，解决饮水困难人口0.91万人。农业人均基本农田达到1亩以上，人均粮食稳定在499公斤以上，比治理前增长了40%，实现了山绿、水清、人富目标，为美丽富裕新镇坪建设作出了一定贡献。

◎**社会事业** 2017年，累计投资2800万元，新建校舍建筑面积4030平方米，投入800万元资金用于校舍改造、修缮排危，软化体育场地面积11000余平方米，购置教育教学设施设备200余万元；启动了镇坪县教育园区建设、钟宝小学迁建项目。组织教师参加了英特未来教育培训和中小学信息技术国培；投入350万元，新建了2间精品录播教室，13间常态录播教室。全县普惠性幼儿园实现全覆盖，学前三年毛入园率达96.51%。继续实施十五年免费教育，累计拨付教育补助资金3000余万元，发放了困难幼儿生活补助、义务教育困难住宿生生活补助、高中国家资助金、中高职一次性资助等资助金243.11万元，受惠学生2198人，发放大学生各类资助金73.4万元，受惠学生222人，累计办理大学生生源地贷款501笔，发放助学贷款354.2万元。组织域内外骨干教师培训400余人次。评选优秀教师19名，优秀班主任14名，师德标兵15名，先进教育工作者5名，高考贡献突出个人5名。新增市级学科带头人2名，省级教学能手2名，市级教学能手5名，县级教学能手9名。通过特岗计划、人才振兴计划、人才引进、公开招聘等途径，补充教师39人；选派62名教师校长交流轮岗和支教。乡村教师生活补助全面提高，人均达到427元。2017年新农合筹资标准为190元/人，参合48268人次，参合率98.03%；合疗补偿51588人次，受益率为106.88%，采购“三统一”药品1351.99万元，网采率100%，孕免项目补助512人，补助资金43.12万元。全年新出生人口633人，出生率为11.14‰，人口自然增长率为4.49‰，出生人口政策符合率为99.53%，出生人口性别比为106。第五轮母亲健康检查5321人，检查率95.02%；孕前优生检查738人，检查率93.42%，均超额完成市上下达任务指标。计划生育各项惠民政策落实到位，农村计划生育独生子女户、双女户子女上大学享受资助38人，优生孕期营养补助243个家庭，帮扶计生女孩贫困户家庭100户、贫困计生户202户，失独家庭48户，补助帮扶资金44.8万元。2017年，省卫生计生委命名表彰计划生育精细化管理镇1个、诚信计生·群众自治示范村1个、网格化管理社区1个；市卫生计生局命名计划生育精细化管理镇4个、诚信计生·群众自治示范村（社区）5个、网格化管理社区1个。市级公共卫生服务项目管理合格县通过市卫计局验收命名。消除疟疾通过市级考核评估达标。镇坪县被市卫生计生局授予“2017年度计划生育目标责任制完成奖”。

◎**教育“双高双普”** 2017年，镇坪县坚持以巩固“双高双普”和国家义务教育基本均衡县为抓手，奋力追赶超越，加大项目建设，不断优化办学条件，提升办学水平，各项工作有力有效。全县普惠性幼儿园实现全覆盖，学前三年毛入园率达96.51%。十五年免费教育、学前三年免费教育，大学生免费入学奖励资助、边远村级学校“3+2”办学模式、教育信息化全覆盖、校园软化全覆盖等各项工作稳步实施，完成校舍建设资金投入2800余万元，新建、改建校舍4030平方米，软化体育场地面积11000余平方米。启动了镇坪县教育园区建设、钟宝小学迁建项目。加快教育信息化建设，投入350万元，新建了2间精品录播教室，13间常态录播教室。

◎**廉政建设** 始终保持惩治和预防腐败的高压态势，共受理信访举报74件，处置问题线索155件，转立案105件，结案105件，给予党政纪处分111人（其中，查处副科级以上领导干部20件22人），移送司法机关1件1人，实现了执纪审查工作由“数量型”向“质量型”转变。镇坪县在安康市监督执纪质量评审工作中被评为全市第二名；在安康市举办的执纪审查业务技能竞赛活动中，镇坪县纪委代表队荣获团体竞赛二等奖。镇坪县纪委监察局被市纪委监委表彰为2017年度全市“三个助力”工作先进集体。县纪委原副书记、监察局局长丁继军受到中央纪委、监察部嘉奖。2017年，共开展了2轮县委巡察工作，累计移交问题线索20件，已初核了结8件，立案查处4件，给予党政纪处分5人；退缴各类资金44.32万元，形成了强大震慑，实现了镇、部门巡察监督全覆盖。全力推进镇纪委直管村监委会业务改革工作，全县7个镇58个村4个社区村（居）民监督委员会均配齐了班子队伍。推进县监察委员会改革工作，及时成立改革领导小组，县委书记亲自担任“施工队长”，制订改革方案，明确工作职责，顺利完成了人员转隶和县监察委员会的组建工作，是在全市第二个挂牌成立的县级监察委员会。创新推出以“主责运行、清单管理、保障落实、考评问责、奖惩激励”为核心内容的镇坪特色主责运行机制，并探索形成了“夯责、履责、督责、考责、问责”五步工作法。镇坪特色主责运行机制被列为全市“比学赶超”唯一一项党风廉政建设观摩内容。

◎**综合治理** 2017年，全县共安装GPS防盗系统358个，安装家庭互联网防入侵摄像机1502个，新建、改建高清“天眼”探头35个；打击惩处刑事和治安违法嫌疑人203人，向受害群众返还财物30余万元；调整完善镇村人民调解组织69个，专业调解组织10个，第三方调解组织4个，排查各类矛盾纠纷461件，调处454件，调处成功率达98%。以曾家镇宏伟村无忧调解室为蓝本制作选送《无忧矛盾纠纷调处组》获得陕西省首届平安陕西微电影微视频大赛微视频类三等奖和优秀剪辑奖；系列平安联创持续提升，全县平安创建实现了100%全铺开，公众安全感满意率由全省第六全市第三上升到全省第三、全市第一，连续三年被省综治委授予平安建设示范县，县委政法委被授予“全省社会治安综合治理先进集体”；全县被市委授予“2017年度全市综治平安建设创优工作”先进县区。

◎**精神文明建设** 2017年，镇坪县精神文明建设紧紧围绕全县扶贫扶志工作，以社会主义核心价值体系宣传教育为主线，整体推进新民风工作，重点开展道德评议、移风易俗、文化传播、文明创建、诚信建设、依法治理六大专项活动。先后开展“身边好人”推荐，“第二届最美镇坪人暨镇坪好人”评选、“自强之路——镇坪县脱贫攻坚自强模范”评选。全年共开展道德评议126场，树立正面典型214例，组建200支义务宣讲队伍，“树新民风精准扶贫文化同行”文化惠民工程演出64场次，受教育群众3万余人。培育自强励志脱贫典型71个，市级以上道德模范15人，中国好人1个，陕西好人3个，安康好人13个。各级各类文明创建活动、精神文明建设工作亮点突出，新民风成效明显。

◎**保障性住房建设** 2017年，开工建设了镇坪县一河两岸棚户区改造700户，基本竣工700户，建设了镇坪县党校保障性租赁住房配套基础设施工程、镇坪县康熙坡棚户区改造工程、镇坪县文彩新区保障房小区配套基础设施（二期）工程等保障房小区配套基础设施工程。公租房累计分配入住

1831套。已分配入住公租房1856套，其中：党校保障房小区552套、文彩新区保障房小区460套、镇坪县城关镇康熙沟（镇坪县竹溪河口廉租房）212套、小河口廉租房12套、柿子树坪小区廉租房62套、竹溪河口廉租房40套、曾家镇公租房60套、洪石镇公租房20套、牛头店镇公租房54套、钟宝保障房小区164套、上竹保障房30套、曙坪公租房20套、双坪社区公租房项目20套、小河保障性住房小区公租房80套、文化中心公租房50套、华坪公租房20套。

◎**县域重点项目简介** 镇坪县腊味小镇简介。镇坪县腊味小镇地处大巴山北麓，位于镇坪县西南角，距县城17公里，国土面积32.64平方公里，辖5个村民小组213户836人。该村境内森林茂密，谷地连贯，高峡平湖，山花烂漫，处处弥漫着原始古朴的自然气息。南、北、东三面山峦环绕，三大峡水库拦腰而过，山环水抱，藏风聚气，自然景色宜人，风光独特，有传奇的望夫亭、惊险刺激的水上乐园体验，独具特色的高山冷水鱼，原汁原味的泡汤宴，地道的腊味美食，是人们休闲度假的好去处，旅游开发前景广阔。近年来，县委、县政府依托大巴山自然生态氧吧和三大峡水库自然景观优势，以及原始村落、特色腊味小镇，整合库区移民、陕南移民搬迁、美丽乡村等项目，采取整体拆迁、统一规划、多户联建的方式整体推进，打造具有陕南特色乡村地域文化特色的休闲度假、生态观光、文化体验旅游景区。项目一期已完成集中安置库区移民104户，其中特色民宿42户、特困危居多户联建44户，交钥匙工程18户；三大峡山庄已完成主体工程，库区码头、停车场、社区服务中心、游客接待中心、星级厕所等配套设施建设项目相继开工建设，累计完成投资6000余万元。南江湖旅游扶贫示范区简介。南江湖旅游扶贫示范区项目立足镇坪县丰富的水能、优越的生态资源，通过招商，引进陕西桂花能源集团有限公司建设的一个项目。该项目把旅游开发与脱贫攻坚、资源利用与产业发展有机结合，采取“政府+企业+贫困户”的模式进行开发运营，最终实现“景村一体、产村融合”，社会、企业、贫困户、县域经济发展等多方共赢的格局。该项目总投资15亿元，计划利用10年时间，建成国家级水利风景区、国家5A级景区、秦巴连片特困地区旅游扶贫示范区、陕西省乡村旅游示范区。项目的建设内容主要包括：高山富硒土特产品集散交易中心、古盐道文化体验区、珍稀植物繁育区、友谊古村落民宿度假区等9大旅游功能区和相关配套基础设施，覆盖2个镇6个村。“十三五”期间，该项目重点是以南江湖为轴，建成两座跨湖大桥、两座跨湖景观铁索桥和9.5公里的环湖公路。建成月亮湾、茶店雅韵、月半湾3个康养休闲度假山庄和1个民宿度假聚集区，发展高山茶叶、富硒水稻、有机蔬菜、高山苦荞4大生态农业园区，计划投资5亿元以上。该项目是镇坪将旅游扶贫、水电扶贫、社会教育扶贫有机结合的一个示范项目，以“党支部+旅游、水电企业+贫困户”的扶贫模式，采取支部搭桥、企业奖励扶持、贫困户订单生产和订单劳务的方式，通过发展生态观光农业、带动劳务就业、发展旅游土特产品、发展特色民宿、企业实施教育扶贫等推动贫困户定向精准脱贫。目前，累计投资8000余万元，高起点完成总体规划和康养度假山庄、特色民居规划，建成跨湖大桥1座、跨湖景观铁索桥2座、环湖公路4.5公里、生态河堤1.2千米，完成核心区绿化1.5万平方米，启动3户民宿改造工程。总投资5.6亿元的南江湖旅游扶贫示范区PPP建设项目列入财政部第四批PPP示范项目库。同时，陕西桂花能源集团有限公司已全面开展主板上市筹备，2018年可望成功主板上市，成为安康第一家主板上市公司。大树花海旅游村项目简介。大树村位于县城西南方向，距离镇坪县城10公里，距离飞渡峡旅游景区20公里，是途经飞渡峡旅游景区的重要驿站。境内蜿蜒曲折大曙河流经该村，该村以村头一棵750树龄并富有神秘传说的铁尖油杉树而得名，形成独特优美的乡村景观。大树村以传承农耕文化，打造原乡慢调水村为目标。2017年成功引进香港立清智涵教育集团打造千亩玫瑰花海、花卉苗木培育科研基地、高端民宿、儿童游乐园等旅游综合开发项目。大树村“玫瑰花海”旅游扶贫项目是“旅游+精准扶贫”的生动样本，项目规划面积300亩，总投资1亿元，目前一期建设面积160亩，完成投资2000万元，二期将配套建设观景平台、步行道等设施。以打造“玫瑰花海”AAA级景区为核心，与周边的联合腊味小镇、飞渡峡AAAA景区连为一体，共同形成集观光体验、主题度假、生态游乐、郊野休闲为一体的精品旅游线路，构建“一线八景”的全域旅游发展格局。作为乡村旅游发展项目，“玫瑰花海”项目同时撬动了精准扶贫的杠杆，辐射全镇3个行政村发展。带动贫困群众跟着产业走，预计可让89户、267人贫困人口实现脱贫致富，有力推进农业增效、农民增收、农村繁荣。景区带动，让贫困户变成从业者。通过旅游景点打造，为当地贫困群众提供苗木养护、安保、保洁等就业岗位，引导贫困群众在乡村旅游经营户中务工，解决贫困人口97人就近就业问题。产业推动，让贫困户变成创业者。鼓励扶持有条件的贫困户开办农家乐、经营乡村旅馆，实施小菜园、小果园、小养殖、小作坊、小苗圃“五小经济”进村，扶持26户、78名贫困人口脱贫致富。资源撬动，让贫困户变成分红者。推行“两租、两单”模式，为贫困户提供金融政策支持，鼓励贫困户利用资金、土地等资源入股，参与旅游经营并获得分红，预计三年实现89户、267名贫困人口脱贫。

◎**中药产业** 2017年，围绕扩大“巴山药乡”品牌影响力，以龙头企业为引领，推进现代中药规范化种植、产业化经营，构建生产、加工、贸易一体化产业体系建设。围绕培育镇坪黄连核心产业，带动镇坪中药产业发展，支持振兴药业做好基地、做深加工、做大市场、做优品牌，打造中国黄连之乡。引进国内知名药企，壮大安得、逢春、草堂春和县制药厂，推进镇坪中药材初加工标准化、规模化、集约化，扩大基地建设规模。加快黄连、玄参、独活、葛根等中药材良种选育研究，推广标准化种植技术，建设大宗优质中药材生产基地。加强野生中药材种质资源保护，建成重楼、天麻、白芨等稀缺中药材种苗繁育基地，建设秦巴中药材标本馆，申报建立濒危稀缺中药材自然保护区。全县中药材留存面积14.4万亩，其中木本药材8.4万亩，草本药材6万亩。全年建成万亩药材基地1个、千亩药材基地5个、百亩药材示范点37个，培育产业龙头企业4家，安康镇坪振兴现代中药产业园开工建设。依托中国药科大学定点帮扶，搭建校县合作、校（研）企合作平台，“秦巴中药材工程技术研究中心”全面建成，“镇坪农科星创天地”获国家级星创天地认定

◎**畜牧产业**　2017年，全县畜牧业生产保持平稳发展态势，猪、牛、羊、禽出栏分别达到18.93万头、0.12万头、2.1万只和49.48万羽，肉类总产量1.5万吨，禽蛋产量0.08万吨。生猪人工授精覆盖全县7个镇58个村，全县生猪良种普及率达到85%以上。实现全县9000头能繁母猪保险全覆盖，理赔母猪379头，理赔金额379000元。动物疫病防制和免疫标识管理工作扎实推进，全年共免疫猪瘟20.6万头、猪口蹄疫20.67万头、牛口蹄疫0.38万头、羊口蹄疫3.5万只、高致病性禽流感55.24万只，应免疫密度达100%，牲畜耳标挂标率达100%，抗体检测合格率75%。

◎**人畜饮水工程**　2017年，新建农村安全饮水工程23处、解决农村不安全饮水人口0.91万人。县城应急水源和文彩水厂完成当年建设任务，当年完成投资450万元。

◎**旅游资源开发**　2017年，镇坪文化市场执法监控平台建成投用。全年新建标准化镇文化站1个，村级综合文化服务中心8个，移民安置点文化服务中心3个，市对县基层综合性文化服务中心达标率实现20%目标。启动了全域旅游示范县创建，牵头成立了大巴山旅游联盟，高标准编制了镇坪县全域旅游发展规划。新策划包装文化旅游财政投资项目20个、招商引资项目12个。完成飞渡峡主峡谷游览区、瀑布群核心景点、亲水湾露营基地、森林小木屋别墅区、拓展训练中心修复整改工程。启动麦渣坪巴山古村落生态观光园建设，开工公路等基础设施配套工程，完成投资4000万元以上。正式启动代安河景区规划建设方案、景区道路、电力、用地审批、土地流转征用等基础性工作。完成曙河旅游经济示范带标识体系建设，建成A级旅游厕所3个，完成投资500万元以上。全年旅游接待人数124万人次以上，预计全年旅游综合收入达到6.96亿元以上，同比增长30.83%，规上文化企业年营业收入增长18%以上。新培育规上文化企业1家。文化馆、图书馆、博物馆已进入装修阶段。举办文化人才专题培训班1期，创作文艺稿件800多篇，推荐文艺作品500多件，发表电影剧本、微电影剧本、长中短篇小说5部，发表文学作品达300余篇；在国家和省市播出、演出、展出获奖文艺作品10多件。镇坪县荣获“陕西省诗词之乡”荣誉称号。投资154万元建成调频102兆赫镇坪县广播电视台。投资200余万元，建成广播电视无线发射台。全县广播电视“村村通”达到4486套，农村广播电视“户户通”收看58套电视节目和44套广播电视，58个村完成应急广播网建设，有线电视接入率达到84.36%。

◎**林特产业**　2017年，新建林业现代示范园区2个；创建山林经济示范镇1个（曙坪镇）、山林经济示范村1个（曾家镇洪阳村）；完成造林绿化2.8万亩，新建特色经济林1.6万亩，其中：新建核桃基地0.8万亩、富硒茶园0.2万亩；低改经济林0.7万亩，其中：低改核桃园0.5万亩、低改富硒茶园0.2万亩；发展林下种植10.2万亩，其中：林药6.1万亩（林下黄连0.6万亩）、林下魔芋2万亩、林菜0.8万亩、其他1.3万亩；发展林下养殖180万头（只），其中：林禽133万只、林畜1.9万头；发展林蜂3.5万箱；完成育苗0.11万亩，生产各类经济林苗木和花卉150万株。

◎**落实“飞地经济”**　2017年，严格按照“县上建基地、飞地搞加工、区域拓市场”的工作思路，坚持“规划引领、基础先行、产业跟进、分步实施”的总体推进举措，全力推进飞地经济工业园区各项工作，取得了一定成效。固定资产投资超额完成任务。今年以来镇坪县飞地经济园区不断加强入园企业建设力度，截至12月底固定资产投资完成10340万元。新建标准化厂房面积已达到1.1万平方米，其中安康振兴现代中药产业园建设一期项目，仓储物流中心一期2500平方米主体工程已投产，2017年完成固定资产投资1300万元，振兴中药产业园二期项目已全面开工。陕西供销集团莲花苦荞生产基地项目，2017年已完成固定资产投资9040万元，5000平方米办公用房主体工程已完工，8000平方米生产厂房正在快速建设，2018年6月将全面投产运营。招商引资工作取得显著成效。整合各类资源，全领域、立体化开展飞地园区招商活动，招商引资有了新的突破，2017年签约入园企业5户，落地开工企业2户。其中振兴现代中药产业园二期项目，计划总投资6200万元，目前已签约并开工。2017年5月份新引进入园中药配方颗粒项目，由香港方圆药业投资有限公司（常州方圆制药有限公司）、中域投资有限公司（香港）、江阴高新科技发展有限公司共同投资，是安康唯一一家引入外资企业（港资）投资的项目，也是苏陕扶贫合作重点项目之一。项目总投资10亿元，占地176亩，其中一期总投资6.8亿元。该项目于2017年10月20日正式开工，完成了公司注册、项目备案、项目环评和规划设计评审，目前正在进行土地平整工作，到位资金6500万元。园区投资服务环境得到不断优化。成立了普欣、莲花、振兴三个企业服务工作组，根植企业、融入企业，蹲守一线，按照一企业一对策的办法，对企业发展中存在的问题和困难及时对接，实行帮办代办制，提供“保姆式”全方位、宽领域服务，积极协助入驻企业办理相关手续，力促项目落地生根，有序推进园区建设和招商工作。

（陈康　江春龙　刘伍松　刘武祥　罗先宝　屈志明）

旬 阳 县

中共旬阳县委
书 记 梁 涛
副书记 陈红星 王武臣
常 委 梁 涛 陈红星 王武臣
邹 伟 程海林 付 波
曾 炜 李 萍(女)
邹仕海 吴 勇 邱德刚
仵红兵(挂职)
旬阳县人大常委会
主 任 陈德智
副主任 邓帮财 向敏毅 王海彬
刘连文
旬阳县人民政府
县 长 陈红星
副县长 邹 伟 程海林
仵红兵(挂职)
王拥军
夏锡宝(2017年11月离任)
张成功 王 燊(女)
张松文(挂职)
刘李俊(挂职)
卜凯翔(挂职)
赵 明(挂职)
政协旬阳县委员会
主 席 田丽萍(女)
副主席 王成书 华开锋 薛进利
中共旬阳县纪律检查委员会
书 记 付 波

◎**县区名片** 旬阳县位于安康市东部。行政区域面积3541平方公里，辖21个镇305个村（居、社区），2017年末人口46万人。全县实现地区生产总值159.87亿元，增长10.5%；其中第一产业增加值13.52亿元，第二产业增加值91.62亿元，(其中工业增加值3.39亿元，增长15.1%，较上年加快0.1个百分点)，第三产业增加值54.74亿元，三次产业比8.5：57.3：34.2。财政总收入16.31亿元，其中地方财政收入4.01亿元；社会消费品零售总额45.97亿元，增长15.5%；城镇、农村居民人均可支配收入分别达到27942元、9414元，分别增长8.3%、9.4%；金融机构各项存款余额152.78亿元、贷款余额95.83亿元，分别增长5.9%、9.3%，存贷比达62.7%。自然资源富集：已探明的矿产达39种，汞、锑、铅、锌、金、镁、铁、重晶石、白云石储量尤为丰富；其中汞锑矿为全国特大型矿床，保有储量15万吨，居全国之首，被誉为“中国汞都”；铅锌矿床绵延百余里，保有储量150万吨，远景储量250万吨以上；磁铁矿储量1.6亿吨以上，镁矿储量50亿吨以上。水能资源充沛：境内主要河流196条，水电能源达到80余万千瓦，汉江、旬河规划8座水电站，装机容量60万千瓦。生物资源多样：农作物29类385个品种，中药材496种，是中国国际型优质烤烟基地、全国著名优质蚕茧之乡，名特地方产品狮头柑、樱桃、油桐、魔芋等颇具名气。旅游资源奇特：秦时设旬关，西汉置县，历史源远流长，文物遗迹众多。高山草甸、溶洞瀑布、民居古镇、革命遗迹等自然和人文景观独特，开发潜力巨大。县城地处汉江、旬河交汇处，负山抱水，形似太极，被誉为“中华太极城”。交通区位优势：地处关中、成渝、江汉三大经济区交汇地带，具有承东启西、连通南北的区位优势，襄渝铁路及复线、西康铁路及复线，以及316国道、S102省道在县城附近交汇，西康高速和十天高速公路穿境而过，电力、通讯网络覆盖城乡。发展基础优势：1998年全县工业总产值超过农业总产值，2000年工业增加值超过农业增加值，2007年规模以上工业产值超过规模以下工业产值，基本形成了可持续发展的经济社会发展体系，县域经济处在工业化初期阶段。目前，中国大唐、重庆钢铁、陕西中烟、陕西有色、陕西重汽、白银集团、紫金矿业等多家大企业集团和中国西部水泥和香港建溢等2家外资集团公司落户旬阳，全县已初步形成烟草食品、新型材料、生物制品、水泥建材、清洁能源、装备制造六大支柱工业。投资政策优惠：全县上下形成了“项目第一、企业至上、富民为本、科学发展”和“出狠招、舍大本、招巨商、求特效”的理念以及“政府主导、市场运作、依法办事、互利共赢”的工作机制，制定出台招商引资十条规定等系列配套优惠政策，对投资旬阳的客商全力提供一流环境、一流服务、一流待遇。旬阳县是革命老区县，全国文明村镇建设示范县，全国文化文物工作先进县，全国法制宣传教育工作先进县，国家卫生县城全省计划生育优质服务先进县，村务公开民主管理先进县、生态示范区和全省教育强县、双拥模范县、治安模范县、园林县城、县城建设先进县，也是省委、省政府确定的扩权试点县。

◎**主要经济指标** 2017年实现生产总值159.87亿元，增长10.5%，与全市持平，高于全省2.5个百分点。其中，第一产业增加值13.52亿元，增长4.8%，占GDP的比重为8.5%；第二产业91.62亿元，增长13.2%，占GDP的比重为57.3%；第三产业54.74亿元，增长7.4%，占GDP的比重为34.2%。实现规上工业企业实现总产值249.14亿元，同比增长28.8%；完成增加值73.39亿元，增长15.1%。实现非公经济增加值88.83亿元，占GDP比重达55.6%。财政总收入完成35.45亿元，占年度任务88%，其中：实现地方一般预算收入40097万元，其中税收收入25436万元，占比达63.44%，城镇、农村居民人均可支配收入分别达到27942元、9414元，分别增长8.3%、9.4%；金融机构各项存款余额152.78亿元、贷款余额95.83亿元，分别增长5.9%、9.3%，存贷比达62.7%。社会消费品零售总额45.97亿元，增长15.5%。

◎**农业经济** 全县完成农林牧渔业产值24.97亿元，增长4.8%；实现增加值13.75亿元，增长4.7%。农村居民人均可支配收入达到9414元，较上年增加806元，增长9.4%，位居全市5个循环经济发展县（区）第2位。

◎**工业经济** 按照“产业引领、龙头带动、项目支撑、园区聚集”的思路，全县工业经济发展实现了新跨越。2017年，全县规上工业企业实现总产值249.14亿元，同比增长28.8%；完成增加值73.39亿元，增长15.1%。全年新培育规上工业企业9户。全县现有产值过5亿元工业企业16户，其中旬阳烟厂、大地复肥公司、宝通汽车公司、尧柏水泥、鑫源矿业5家企业的产值达到10亿元以上。

◎**固定资产投资**　2017年，全县全社会固定资产投资173.14亿元，同比增长21.5%。第三产业增加值占GDP比重达到34.24%，超目标0.24个百分点；新增“五上”企业51户；PPP项目开工8个，占年度任务400%；单位GDP能耗下降率和单位GDP二氧化碳排放降低率位居全市前列。

◎**重点项目**　坚持“六个一”项目推进机制，实施32个重点项目，完成投资50.4亿元，占年度计划100.4%；25个市级重点项目完成投资34亿元，占年度任务131%。G316旬河大桥改建、火车南站片区综合开发、高新区配套基础设施建设、烟厂技改、神仙洞景区开发、太极城森林公园提升、山水太极城一期、蜀河文化旅游名镇建设、中药材深加工及医药物流园一期、新型环保一体化污水处理设备制造、第二中学、S318蜀河镇过境公路、甘双三级公路改建、油用牡丹产业园、哪吒洞文化旅游、高新区群体工业、冷水河水源地水利枢纽、汉江综合整治、新型农业主导产业培育、汉江百里水岸画卷等20个项目超额完成年度投资任务。太极城森林公园、滨河公园、新型环保一体化污水处理设备制造、旬河大桥、5万吨有机肥、3600吨纳米高分子功能分离材料及催化剂、东坛三场等7个项目竣工投运。2017年投资项目在线审批监管平台共受理项目238个，办结率100%；扎实推进PPP项目实施，策划包装PPP项目10个，总投资172.7亿元。

◎**财政金融**　2017年当年实现地方一般预算收入40097万元，其中税收收入25436万元，占比达63.44%，超额完成目标任务。全县完成一般公共预算支出32.9亿元，其中民生支出累计达28亿元，占比达85.1%，当年新增财力全部用于民生支出。2017年财政直接支持脱贫攻坚资金高达5.06亿元，占一般公共预算支出的14.96%。县上制定了《财政投资项目审批与财政预算沟通协商制度》等三项制度，修订了《财政投融资建设项目评审管理办法》等系列配套办法，制定《产业引导基金管理办法》和《实施细则》，2017年末，全县金融机构各项存款余额152.78亿元，同比增长5.9%；全县各项贷款余额95.83亿元，同比增长9.3%。县财政局综改工作被省财政厅评委先进单位，财政预算和政府采购工作受到市局通报表彰。

◎**招商引资**　围绕年度招商引资目标任务，理清思路，不断创新招商机制，出台《旬阳县招商引资奖励办法》《旬阳县招商引资五年规划》《旬阳县招商引资联席会议制度》《旬阳县招商引资服务保障办法》等制度。创新招商方式，实行“服务招商”“精准招商”“节会招商”“以商招商”等方式不断提升招商成效，全年共签约项目34个，引进合同资金97.5亿元，策划包装项目108个，超任务8个百分点。完成市下达旬阳县招商引资到位资金71.5亿元，超任务132%，实现利用外资599万美元，超额71%，开展大型招商推介活动3次，参加省市组织的招商推介活动8次，随县上主要领导小分队外出招商7次，扩大了招商层面，使全县招商引资工作迈上了新台阶，为实现“陕西强县”建设做出了应有的贡献，被安康市人民政府授予招商引资一等奖。

◎**主导产业建设**　农业产业建设。传统产业：粮油坚持“稳面积、攻单产、优结构、促丰收”的发展思路，粮食产量实现连续增收，总产量达12.64万吨，增长0.2%；油料产量2.23万吨，增长2.3%。畜牧按照畜牧园区化，园区产业化，农业生态化的思路，转方式，调结构，促进传统污染型养殖向现代生态环保型转变，传统生猪养殖为主向猪牛羊并重发展，新创建标准化养殖示范场4个，其中省级1个、市级3个；新发展标准化规模养殖场6个，规范提升阳晨生猪产业联盟场8个，全县牛出栏2.14万头，增长2.3%；羊、生猪出栏分别达到20.84万只和50.37万头；猪牛羊禽肉产量4.49万吨。魔芋按照“一村一品一园、一镇一业一园”的思路，继续抓牢病害防控，稳步扩大基地规模，建设市级龙头企业1个、建设庭院化示范村21个，新发展魔芋1.2万亩，带动全县魔芋总面积达到6.3万亩，首次进入全市第三，桐木飞跃公司完成技改，魔芋休闲食品生产线正式投产。蔬菜以现代农业园区和设施蔬菜基地镇为重点，综合配套现代化生产设施，加强新品种、新技术的引进试验和示范，新增设施蔬菜500亩，全县发展蔬菜面积10.87万亩，产量15.84万吨，增长4.0%。新型产业：油用牡丹新建成百亩连片示范点7个，培育20亩以上栽植大户215户，全县完成油用牡丹建园2.02万亩，总面积达6.8万亩。拐枣新建成万亩基地镇3个（双河、小河、铜钱关镇），5000—10000亩重点镇8个（仙河、棕溪、城关、段家河、甘溪、蜀河、金寨、吕河），建成拐枣千亩专业村30个，百亩示范园21个，全县完成拐枣建园12.15万亩，与西南大学签订了技术合作协议，与陕西农业协同创新与推广联盟建立了合作关系，各项研发工作正在有序推进，旬阳拐枣被评为2017消费者最喜爱的中国农产品区域公用品牌。特色经济林：产业建园9.1万亩，其中油用牡丹2万亩、拐枣4万亩、核桃1.8万亩、茶叶0.2万亩、其他特色林果1.1万亩；实施经济林低产园改造0.7万亩，其中改造核桃低产园0.6万亩、改造低产茶园0.1万亩；完成义务植树150万株。工业产业建设。坚持“四新”（新技术、新产业、新业态、新模式）引领，创新“绿色、低碳、循环、环保、科技”五大发展路径，以创新为带动，以园区为承载，积极运用“互联网+”新引擎，加快调整优化产业结构，以内联外引、集群配套为抓手，激活各类要素，大力发展新型材料、生物制品、烟草食品、装备制造、清洁能源五大主导产业，着力培育新兴环保产业，实现传统产业升级、落后产业转型、整体产业提升。2017年，旬阳县六大支柱产业完成产值181.99亿元，占规模以上工业产值的比重达73.0%，对规模工业产值的贡献率达67.1%，对全县工业经济的支撑作用明显。其中，医药化工业增长43.4%、烟草食品增长28.6%、矿产业增长32.8%、装备制造业增长13.5%、水电业增长29.1%、水泥建材业增长29.1%。

◎**城镇建设** 县城建设。加大项目带动作用，全力推进县城建设，其中投资1.5亿的桥沟潭廊桥项目主体竣工；投资7000万元的老城东坛“三场”竣工并投入使用；投资4000万元的太极城旅游观景区三期工程完成主体建设；投资4000万元的滨河北路完成路基施工；投资3000万元的自强广场竣工并投入使用；投资4000余万元的火车南站广场完成上段主体施工；投资3000万元完成祝尔慷大道拓宽改造；投资500万元完成鲁家坝河堤路建设；投资300万元完善城区绿化；修补城区道路及人行道5000余平方米。村镇建设。一是农村危房改造工作稳步推进。2017年完成农村危房改造任务3428户，完成投资4700余万元。二是全力推进蜀河省级文化旅游名镇建设工作。2017年蜀河文化旅游名镇建设省考核建设项目20项，计划投资1.67亿元。截至目前，共实施建设项目23个，完成投资2.247亿元。其中：省考核的20个项目全部竣工，累计完成投资1.952亿元，占年度计划的117%；新增项目3个，完成投资2950万元。三是旬阳吕河副中心镇建设进展情况。2017年吕河县域副中心镇市考核重点建设项目5个，计划投资2.38亿元。截至目前，5个项目全面竣工，完成投资3.17亿元，占年度计划任务的133%。四是集镇垃圾处理场进展情况。蜀河、吕河、甘溪三镇垃圾处理场完成建设启动试运行；小河、双河、仙河、神河开工建设，总投资9000余万元。

◎**保障性住房建设** 2017年，旬阳县棚户区改造项目2135户已全部拆迁补偿到位，政府投资公租房已累计分配入住4767套，完成新增发放租赁补贴1186户任务，提前超额完成了上级下达旬阳县保障房各项年度目标任务。同时，对汉水佳苑和瑞祥家园两个保障房小区不断加大投入，着力改善服务条件，强化基础配套设施、建设公园式小区居住环境，使两个小区顺利通过省厅“和谐社区·幸福家园”创建活动验收。

◎**交通建设** 按照“交通率先突破发展”“争当全县脱贫攻坚排头兵”的要求以及“项目供给制”“均衡发展”“服务群众最后一公里”的工作思路，继2016年完成477.4公里的水泥路建设任务后，2017年持续发力，进一步增大投资规模，扩大群众受益面，因地制宜，根据需求和受益户、人口的多少，把通村水泥路照路面宽度划分为4.5米、3.5米宽三个标准，对受益400人以上的道路按4.5米宽建设，受益30户以上、100—400人的道路按照3.5米宽建设，100人以下的道路按照3.0米宽修建，既满足了群众需求，又避免了过度投资，造成建设资金浪费和生态破坏，使有限的建设资金效益最大化。在建设过程中出新招求实效，严把工程建设各个关口，确保工程建设质量，在上级主管部门的支持和全县上下的共同努力下，勇于担当，以战克难，全年共建成193条577.4公里脱贫攻坚通村水泥路，完成建设投资4.2亿元，其中4.5米宽的110条384.7公里，3.5米宽的45条122.7公里，项目惠及全县21个镇98个行政村，受益达131411人，受益贫困村60个，贫困人口29700人，为全县脱贫攻坚工作提供了坚强的交通保障。2017年，旬阳县被省交通运输厅提名为“四好农村路”省级示范县，并分别获得陕西省农村公路“好路杯”先进县和安康市第六届“好路杯”金杯奖等称号和荣誉。

◎**扶贫攻坚** 全县2017年脱贫退出23个村，3354户12456人。全县贫困户种植拐枣5.29万亩、油用牡丹8550亩、中药材5041亩，发展特色林果12170亩，162个新型农业经营主体带动8144户贫困户产业发展。全年通过扶贫项目建设完成通村水泥路510公里，铺设饮水管道1287公里；完成电网改造566.43公里，增配变电器127台；新建移动基站9座，网络入户2501户，网络入村259.5公里；建成贫困村卫生室20个；新建文化活动中心98个，其中贫困村42个；解决建档立卡贫困户不安全住房7120户。全年投入财政资金5.35亿元，新增投放贴息贷款近3亿元，使用政策性金融贷款1.3亿元，共撬动金融贷款和产业发展金融贷款3亿元。建立贫困村互助资金协会27个。全县贫困人口享受“四重保障”补助695万元，73708人贫困人口享受了免费体检。全年贫困劳动力转移就业34350人，自主创业468人，技能培训10596人；就业扶贫特设公益岗安置贫困劳动力231人，开发就业扶贫专岗61个，兜底安置贫困劳动力555人；资助贫困大学生787名256.2万元；发放生源地信用助学贷款1308万元；实施“雨露计划”培训344人，补助资金34.4万元。全县30家企业直接投入贫困村建设资金达1000万元；与陕西环保集团、西安外国语大学、唐都医院分别签订了“联县扶贫框架协议”；落实苏陕协作项目8个，产业合作类8个，总投资3.2亿万元。

◎**退耕还林** 紧抓新一轮退耕还林工程机遇，以发展特色林业产业为突破口，坚持生态产业化，产业生态化，实现生态脱贫的预期目标。截至2017年底，全县累计实施新一轮退耕还林5.4万亩，16608户，51829人。惠及贫困户6043户，贫困人口19135人。覆盖72个贫困村。占建档立卡贫困村的43%。共获得国家新一轮退耕还林中央财政专项补助资金4640万元，其中：现金补助2820万元，种苗费1820万元。贫困户直接受益1255.447万元。

◎**社会保障** 全县城乡居民养老保险参保28.56万人，参保率达99.52%；实际缴费19.10万人，缴费率为97.12%；待遇发放7.13万人，待遇发放率达100%。稳步推进社会保险制度改革，机关事业单位养老保险参保208个单位13688人，征缴养老保险基金1.56亿元、职业年金2259.43万元，发放退休人员养老金1.5亿元。全县共制作（农保）社保卡30.1万张，新制社保卡2.4万张，已发放29.5万张，发放率为98%；（农保）社保卡成功代扣代缴6.7万人，代扣率达40%。完成职工24500人和居民28443人（医保）社保卡的信息采集、录入、比对工作，已制卡26882张。全面实施全民参保登记计划，参加职工医疗、居民医疗、工伤保险、生育保险、失业保险参保人数分别为24522人、28443人、18450人、9738人、12102人，均超额完成年度任务，全市全民参保登记计划现场会在旬阳县召开。城乡居民养老保险工作推行305个村"E终端"直接缴费，金融管控平台实时发放养老金。社保服务不断优化，医保经办创新"5+3+2"服务模式，医保报销开通"E信通"，跨省就医开通实时结算"直通车"；强化定点药店监管，对县内70余家定点药店进行集体约谈，签订了规范监管补充协议和承诺书，创新推行"退出"机制。

◎**水利建设**　积极践行新时期治水方针，以生态文明建设理念统领水利事业发展，聚焦改善城乡居民生活有干净安全的水、生产发展有可持续的水、江河水系日夜流有望得见的水，突出强基础、促脱贫、保安全三大任务，完成了一批打基础、惠民生、利长远的民生工程。固定资产投资7.8亿元，向上争取资金2亿元，治理水土流失面积120.5平方公里，新修、改造基本农田0.735万亩，新增高效节水灌溉面积0.435万亩，水产品产量2630吨。2017年60个贫困村安全饮水工程全部建成，新修截水坝126座、过滤池113座、高位蓄水池153座，铺设引水管道1287公里，解决了7470户贫困户、22820贫困人口的饮水困难和饮水不安全问题。汉江综合整治、冷水河水利枢纽工程、农田建设、高效节水灌溉、农业综合开发、小水重点县、县镇污水处理厂、小流域治理和中小河流治理、抗旱应急等项目均有序推进，滨河公园建成，县城污水处理厂完成提标改造，吕河、蜀河、关口、小河四镇污水处理工程建成运行，铜钱关、棕溪两镇污水处理厂开工建设，汉江河道监控"天眼"工程竣工投用。突出汉江干流、水库池塘、山洪灾害、城镇内涝四大防御重点，以"三到户"工作为抓手，科学应对了10多次较强降水和局地短时暴雨过程，实现安全度汛。投入抗旱资金200余万元，抗旱人力1.6万人次，开启泵站23处，解决2.25万人临时饮水困难，抗旱浇灌4.38万亩，有效减轻旱灾损失。以"六有六无"为目标，全面落实"河长制"，实行"河长+警长"三级河湖管理保护机制，设立县级河长6名、县级警长6名，镇级河长42名、镇级警长21名，村级河长524名，基层护河员408名，规范设置各级河长公示牌125块。务实推进水利体制改革，整合水利系统所属企业及相关国家水利投资形成的有形资产，挂牌成立"旬阳县水务集团有限公司"。山水太极水利风景区通过省水利厅评审命名，填补旬阳县水利风景区建设空白。全市水利工作推进现场会2017年8月18日在旬阳召开，县水利局被市委市政府授予"2017年全市防汛救灾工作先进集体"。

◎**社会事业**　教育：巩固"教育质量提升年"活动成效。高考上二本线1503人，上线率47.3%，旬阳中学吴昊展同学以总分675分的成绩夺得安康市2017年高考理科状元。中考500分以上523人，初中阶段教育质量位居全市第一名。职业教育就业率保持在95%以上，52名学生在全省中等职业学校技能大赛和"文明风采"竞赛中获奖。新增普惠性幼儿园5所，普惠园占比达84.9%，学前三年毛入园率达97.02%。校本研修案例《网络促校本，研修谱新篇》获评教育部"国培计划"优秀工作案例，工作经验在全省推广。卫生计生：紧盯"三个一批"、四重保障，一手抓疾病预防控制"八大行动"控增量，一手抓精准施治斩病根减存量，形成了健康扶贫"旬阳模式"，累计为贫困人口减负5687.5万元。工作经验在全省健康扶贫电视电话会议上交流，得到省委原副书记毛万春的批示并在全省推广，中、省多家媒体深度报道旬阳健康扶贫工作经验，做客人民网，被《健康报》写进内参，新华社通讯国内动态清样报道了旬阳健康扶贫工作。按照"请进来，派下去"的工作思路，组建县镇村紧密型医联体，带动基层发展。同时外请唐都医院、西安交大一附院等知名专家到县级医院开展疾病专项救治诊，让老百姓在"家门口"享受到三级医院的医疗服务。医联体建设实施以来，累计有1401人次县级医务人员到卫生院开展执业活动，接诊门诊（出具检查报告）病人23340人次，为辖区群众节省交通、食宿以及医疗费用等达1000余万元。全面落实两孩政策，狠抓重点目标任务落实，把"两项工程"与"两癌筛查"、健康体检等工作有机融合，深入开展"计生绿色惠民行动"，做到计生服务全面到位，奖扶政策不折不扣，计划生育保持健康稳定的发展态势。全力开展计划生育精细化管理，建成精细化管理镇5个、均等化服务管理镇2个、网格化服务管理社区3个、社会融合示范社区1个，兑现奖扶资金1100余万元，流动人口均等化服务得到全省通报表扬和全市推广借鉴。11月中旬全省健康促进现场会在旬阳县召开，旬阳做法在全国健康促进县区创新交流成都会议上予以介绍。全面落实"改善医疗服务行动计划"，严格落实核心制度，狠抓医疗质量，改善就诊环境，大力发展中医药，加强重点学科建，县医院、中医院顺利通过二甲医院复审，神河、关口、吕河、铜钱关（赤岩）4个中心卫生院荣获"全国群众满意乡镇卫生院"荣誉称号。广电：全年投入资金690万元，新接入农村有线电视10000户，实施了县镇村三级应急广播系统一期项目建设，全面建成169个贫困村村级调频网，安康两套广播在大河南差转台实现无线发射，全年3套电视、5套广播节目实现安全播出无事故，局荣获全省广播电视安全播出优秀单位；全年摄制了《筑梦旬阳》等大型专题片17部，开办了《旬阳榜样》等专题栏目10余期，全年在中、省、市台发稿1200多条，居10县区之首，外宣实现全市"十四"连冠目标。央视新闻联播以《陕西：扶贫先扶志　脱贫有动力》为题对旬阳县脱贫攻坚工作进行了报道；与央视联合摄制了《旬阳影像志》；手机台上线以来，用户遍及全国各地，点击量突破1000万，跻身全国轻快百强手机台。

◎**廉政建设**　县纪委监察局始终扛牢抓实管党治党政治责任，扎实推进纪检监察改革任务落实，不断创新完善工作机制，着力强化监督执纪问责职能，推动全面从严治党向纵深发展。始终保持惩治腐败高压态势。综合运用监督执纪“四种形态”，全县纪检监察机关共处置问题线索484件，初核426件，立案251件，运用第一种形态375人，给予党政纪处分265人，共处置侵害群众利益的不正之风和腐败问题线索380件，初核355件，立案206件，给予党政纪处分221人，移送司法机关5案5人。处置扶贫领域问题线索261件，初核242件，立案155件，处理258人，给予党政纪处分164人，移送司法机关5案5人。建立作风建设六项长效机制。完善电子考勤、考绩、政务督查“三套系统”，建立高效督办落实机制、科学绩效考评机制等工作机制，着力解决“懒、散、庸、混”等作风建设方面突出问题。打造“五微”廉政教育新模式。在党风廉政主流媒体发表稿件475篇，报送纪检监察信息30篇。创新打造以微访谈、微讲坛、微电台、微电影、微综艺为主要内容的“五微廉政加油站”宣教平台，制作微讲坛、微访谈节目12期、微电台48期、微综艺7期、微电影3部，其中微电影《盒子》在中央纪委网站“清廉中国”栏目播出，《儿子的婚事》在省市纪委网站播出。微电台节目被省纪委“陕西纪检监察”微信平台采用36期。加强廉政教育基地建设和管理，持续抓好红军廉政教育基地和旬阳廉政教育基地内涵建设，完善王院村廉政教育基地廉政家庭展区，建成王院村家风馆。深入推动巡察监督全面覆盖。组织开展了基层党风廉政建设专项整顿巡察、“三个助力”专项巡察、常规例行巡察等三个批次巡察，共发现整改问题387件，涉嫌违纪违规违法问题线索94条。成立10个专项巡察组对全县26个脱贫村的脱贫攻坚工作进行专项巡察。稳步推进深化国家监察体制改革试点工作。成立了旬阳县深化国家监察体制改革试点工作小组，印发《旬阳县深化国家监察体制改革试点工作小组办公室组成人员及职责任务清单》，确保工作顺利有序开展。

◎**综合治理**　全年共立各类刑事案件314起，破获412起，抓获犯罪嫌疑人245人，刑事拘留211人，提请逮捕68案126人，移送起诉79案133人。其中网上逃犯64人，打掉犯罪团伙16个81人，为群众挽回经济损失2450余万元。全年共受理查处治安行政案件362起，处理违法人员681人，处理单位4家。全年刑事和治安案件同比分别下降了26.1%和5%。深化推进“三力联调”乡村调解工作，各级人民调解组织共调解案件2906件，成功2859件，化解98.38%。强化源头治理，全年评估重大新开工项目和重大决策事项14个，评估率100%。积极打造“阳光信访”“责任信访”“法治信访”。全年共受理群众来信来访1450件（次），同比下降19.13%。安全生产实现零发案，零伤亡。全面实施“七五”普法，推进“谁执法谁普法”“板块式普法”，组织编排大型普法戏剧《村官巧断家务事》，在市县巡回演出，在县电视台开办“普法园地”栏目，《讲理说法》专题节目制作播出5期，收到良好的教育效果。着力构建数据化、精准化、智能化社会治安防控体系，不断做亮“五级巡防体系”、做强“五级联控平台”、做实“环旬防控圈”、做精“三个精准防范”，全县刑事治安案件同比下降，群众安全感和满意度大幅提升，实现社会治安满意率达到94.48%、平安建设知晓率达到95.44%、政法队伍满意度达到96.31%。一年来，社会治安综合治理基层基础得到强。镇、村（社区）基层综治维稳中心建设实现规范化，群防群治组织进一步健全。加强重点人员管控，落实“八类重点人员”“一人五管”管控帮扶机制。深化平安创建，组织开展“平安家庭”“平安村”等22类基层平安建设活动。社会治理成效明显。在全县农村推行“158”网格化服务管理模式，在城镇社区“12345”网格化服务管理模式。全面落实“党建引领三治融合”社会治理，以“三治融合”为载体，扎实开展“促守法、调纷争、打邪恶”依法治理、“群众说、乡贤论、榜上亮”以德教化、“学知识、兴家业、当先进”自治规范专项行动，推动基层法治、德治和村民自治三措并举，着力推动基层社会治理向善向好。开展“打歪风树新风”依法推进新民风建设专项行动，组织全体政法干警保驾护航脱贫攻坚，依法推进新民风建设。“三治融合”社会治理创新受到中、省、市广泛关注，被中央综治办评为全国社会治理创新典型案例。

◎**精神文明建设**　紧紧围绕社会主义核心价值观在基层落实落细落小，深入推进“诚孝俭勤和”新民风建设，全面开展“美丽乡村·文明家园”创建，进一步深化“三治融合”乡村治理实践创新。共设立“善行义举榜”和“曝光台”305处，帮教转化后进典型1452人（件）次；悬挂“三治融合”社会治理到户展示牌10余万户，搜集、制定家规家训13万余条。全市新民风建设现场会、全省扶贫扶志现场会相继在旬阳县召开，全年共接待全省其他市县来旬参观学习80余场次。全县精神文明建设成果丰硕，涌现出一大批“旬阳好人”“美德少年”“好婆婆、好媳妇”“最美家庭”“安康好人”“安康道德模范”，荣登“中国好人榜”2人。金寨镇、棕溪镇王院村被命名为全国文明镇村；县人社局、高速路旬阳管理所被表彰为“省级文明单位标兵”。

◎**文化建设**　以旬阳县“国学教育”基地、红军纪念馆“国防教育”基地、博物馆“爱国主义”教育基地、王院村“廉政”教育基地为平台，组织开展中华优秀文化传承活动，广泛开展形式多样的文化活动。举办“拒绝升学宴　弘扬新民风”及“全国扶贫日”文艺演出等文化活动90余场次，弘扬新民风助推脱贫攻坚。大力推进政府购买农村有线电视公共服务和“广电扶贫·宽带乡村”项目建设，落实政府为贫困户购买有线电视10000户，完成了169个贫困村应急惠民政策宣传广播系统的建设任务，发放电视667台，惠及贫困户667户1302人。深入开展“扫黄打非”专项行动，规范文化市场秩序，培育规上文化企业2户，营业收入共8056万元，较去年同期增长38%。顺利通过全省文化先进县复查验收。成功组织举办了春节系列文化旅游活动、全国扶贫日文艺演出、第六届农民文化节等大型活动20余场次，开展“文旅融合　助推脱贫”“精准扶贫　文化同行”及“一村一场”文艺惠民巡演300余场次，惠及群众30万人次。农民文化艺术节荣获2015—2017年度全省公共群众文化优秀品牌、“翰墨沁香”书画走基层惠民服务活动被评为2017年度全省公共文化服务优秀品牌；中国安康汉江第十七届龙舟节“各县区特色节目展演”中，《大美旬阳　太极城之夜》荣获优秀演出奖第一名。积极推进文化产业与其他产业融合发展，引导鸡血石产业公司、艺轩阁木器加工公司等本地企业，不断开发文化旅游特色商品，拐枣酒酿造技艺成功申报为省级非遗保护项目，蜀河八大件申报为市级生产性保护基地；新发展各类文化企业6家，新增规上文化企业5家，全年规模以上文化企业营业收入增长达31%，文化产业增加值增速达14.5%以上，净化文化市场和网络文化环境抽查合格率持续保持在98%以上。

◎**县域重点项目简介**　追赶超越：2017年，旬阳县紧紧围绕建设“一强五好”陕西强县奋斗目标，聚焦脱贫攻坚、项目建设、特色现代农业、生态环保、文化建设和民生保障等重点工作，苦干实干，奋力追赶超越。印发《旬阳县落实“五个扎实”加快追赶超越实施方案》等一系列文件，成立组织领导机构，设置季度考核框架指标，详细安排阶段工作，落实责任措施，有力推动各项工作扎实开展。其中第三季度，旬阳县在全省78个县域经济发展监测综合排名中位居27名，排全市第一。建立追赶超越项目清单制，谋划追赶超越标杆项目53个，总投资462亿元。苏陕扶贫协作：扎实推进苏陕扶贫协作，县政府与天宁区政府签订了《关于进一步加强扶贫协作和经济合作协议》，编制《旬阳县苏陕扶贫协作和经济合作规划》，规划共编制2017—2020年产业发展扶贫、引导劳务创业就业、教育扶贫、健康扶贫、生态建设、政策兜底保障、基础设施及公共服务配套等5大类81个项目，总投资399亿元。建立高层互访机制，2017年双方开展了5次互访工作，对接两地对口扶贫协作和经济合作工作，签署苏陕扶贫协作项目9个，到位资金1310万元。完善干部交流机制，做实智力帮扶，分别选派优秀干部到两地挂职锻炼，建立合作机制、搭建合作平台，促进两地企业密切合作，把巴山雪饮用水和旬阳特色农产品推向长三角地区。金融扶贫、诚信建设：探索《向贫困村及产业发展龙头企业委派金融顾问试点工作》得到了市政府的认可，向全县169个贫困村和规上农产品龙头加工企业和农村经济合作组织委派金融顾问，达到“一村一企一顾问，一行一业一方案”，强化服务保障，为金融助力脱贫攻坚注入新的力量。指导全县32个县级部门接入了陕西省公共信用信息平台，全年报送信用信息70714条，位列全市第2位。专题纪录片《诚信天下》展示了旬阳县新民风诚信建设的丰硕成果，牵头召开银政企座谈会，7家金融机构与14家企业签订3.65亿元融资协议，合作意向达到10亿元。

◎**工业强县**　始终坚持把工业强县作为促进县域经济发展和建设“一强五好”陕西强县的核心战略，按照提质增效、转型发展的总体要求，采取抓大、强中、扶小的方针及一、二、三产业融合发展的思路，实施工业强基工程，不仅实现了县域工业量的增长，而且实现了质的提升。2017年，全县规模以上工业完成总产值249.14亿元，增长28.8%；非公经济增加值88.83亿元，占GDP比重达到55.6%。旬阳烟厂技改、汉江电站、祝尔慷富硒产业园等项目建设进展顺利，全县完成工业固定资产投资52.28亿元，增长21.3%。新增千万元以上入园企业10户；新建标准化厂房50200平方米。

◎**林下经济**　以园林绿化苗木、林下种养、特色经济林、林产品经营加工和山林休闲特色旅游等五大支柱产业为重点，以现代林业示范园区建设为抓手，全力推进县域林下经济发展，林下种植面积达到16.2万亩，林下养殖量达到3.2万亩。

◎**水电项目建设**　旬阳电站项目是省、市、县重点建设项目，在参建各方共同努力下，电站工程建设及移民安置工作有序推进。截至年底枢纽工程区砂石料筛分系统和混凝土拌合系统全面建成投入使用；左岸一期全年围堰建成，基坑开挖工作任务完成，右导墙浇筑至目标高程。完成施工区及库区涉及建设征地3132.72亩的补偿资金兑付；签订移民搬迁安置协议400户，拆迁房屋360户；拆除各类房屋面积63291.4平方米；完成电信、广电网络、移动、联通、长线等专项的迁改建工作，完成吕力公路抬高复建建设任务；当年完成投资4.15亿元，为枢纽工程全面开工建设奠定了坚实的基础。

◎**现代农业园区**　按照“全面布局、梯次推进、外引内联、重点提升”的思路和“一手抓新建，一手抓规范”的要求，对全县园区进一步优化整合，全县规划建设现代农业园区总数达80个，其中新发展园区27个，园区当年完成投资28260万元，流转土地7480亩，新建面积32730亩，累计建成面积12.99万亩，实现产值16.78亿元，带动贫困户4069户，贫困人口12205人。新认定县级园区16个、市级园区4个，省、市、县各级命名园区总数达50个，建成产值2000万元以上园区10个。农业园区基本涵盖县域所有产业，辐射面广、带动作用强，已成为脱贫攻坚的中坚力量。

◎**烤烟产业**　2017年，全县种植烤烟6.5万亩，分布20个镇、202个村，共收购烟叶10.4万担，烟农收入1.04亿元，实现烟叶税收2212.86万元。在烟叶生产过程中，突出6项提质增香技术、6项降本增效技术和3项清洁生产技术的推广应用。全县无偿扶持商品有机肥2735吨、豆饼肥37.5吨，有机肥使用率达到100%。按照“1+4”工作模式，积极开展职业烟农培训，累计组织培训16场次，参训烟农2000户以上，烟叶生产职业化水平明显提升。累计投入资金150余万元，全额为烟农购买烟叶种植保险，共引导和发展461户贫困户种植烟叶8060亩。同时引导烟农加入烟农专业合作社，组建专业化服务队，全县近3000余人通过开展专业化分级、烘烤、运输等服务，获得了600余万元的经济收入，户均增收2000余元，有力推进了脱贫攻坚工作。

◎**矿业管理** 按照生态文明建设引领全县经济社会发展的思路，坚持“生态立县、工业强县、文化兴县”三大战略不动摇，牢固树立让绿水青山胜过金山银山的理念，坚持走循环经济发展道路，大力倡导资源节约，强化和改善资源管理，严格落实矿山环境恢复治理保证金制度，努力实现矿产资源的合理开发和永续利用。认真做好中省环保督察整改工作，牵头组织相关部门联合行动，关闭采石矿山企业13家，拆除粘土砖厂1家，完成“三年减一半”任务，降低了问责风险。高标准完成第三轮矿产资源规划编制工作，获得了市局通报表彰。规范矿权审批业务，完成了2013年以来矿权审批事项清理整改，进一步规范矿权审批程序，办理矿权延续24宗，新立采矿权1宗，收取矿山环境恢复治理保证金5万元，采矿权使用费4500元。强化日常监管，完成采矿权公示70家，公示率90.9%，7家列入异常名单，实地抽查率20%；探矿权公示48家，公示率为100%，实地抽查率15%。完成了77家矿业权储量动态监管和储量年报审查工作，审查率100%，抽查率30%。抓好矿山安全隐患排查整改，排查企业61家，下发责令整改通知书36份，提出整改意见45条，消除安全隐患23处。

◎**生态环境保护** 坚持以环境质量改善为目标，以问题为导向，紧扣汉江水质保护、大气污染防治、秦岭生态保护、农村环境综合整治、污染减排、中省环保督察反馈问题整改、环境风险防控等重点工作，进一步压实环保“党政同责、一岗双责”；建立了环境执法与司法衔接机制和“日巡查、周夜查、月联查”的环境执法监管工作机制，完善了“全面覆盖、层层履职、网格到底、责任到人”的“网格化”监管体系。在全市率先推行了县城污水处理厂在线监测设施第三方运维工作；对保留的9家页岩砖厂在线监测监控设施实行了第三方运营并与市环境应急处置指挥中心联网；新建环境应急物资储备库一座，储存应急物资30万元；组织上报创建市级生态文明村11个，省级绿色单位4个；4镇18个村农村环境综合整治项目通过省市评估验收；完成中央环保督察反馈问题整改12个、省委环保督察反馈整改22个；旬河口断面水质自动监测站建成投运；共实施完成减排重点项目31个，实现化学需氧量、氨氮、二氧化硫、氮氧化物、挥发性有机物五项主要污染物排放削减量分别为896吨、63.5吨、181.2吨、627.9吨、5.6吨，较上年同期下降2.25%、2.25%、3%、2.1%、0%；实现县域年度环境空气质量优良天数328天，比去年同比增加21天，大气中可吸入颗粒物PM2.5和PM10平均浓度分别为38微克/立方米和69微克/立方米；县城污水集中处理率和生活垃圾无害化处理率分别达到96%和100%；医疗垃圾收集率和集中处置率达100%；汉江出境、蜀河口、旬河入汉江口监测断面水质持续保持在国家地表水环境质量Ⅱ类及以上标准，饮用水源地水质达标率100%，全县生态环境总体安全。

◎**职业农民培育** 按照《旬阳县2015—2017年新型职业农民培育工作实施方案》的要求，进一步完善了“精准培育、严格认定、跟踪帮扶、动态管理”的培育模式，把现代农业园区和龙头企业、农民专业合作社等新型农业经营主体从业人员优先作为职业农民培育对象，并将职业农民资格作为创建家庭农场、农民专业合社等新型经营主体及项目申报的准入条件，实施“两新”互动，促进“三产”融合发展大力推进融合培育，新认定初级职业农民335人。

◎**其他工作** 旅游产业。实施了太极城森林公园、太极古城一期项目、滨河公园等项目建设；完成了神仙洞、老爷山、羊山民俗文化产业园等重点项目年度建设任务；指导蜀河镇实施了蜀河两馆装饰布展和消防系统、清真寺抢险加固、蜀河社区博物馆等项目建设；实施了红军纪念馆红军广场、3个展馆陈列布展、廉政教育基地等项目建设；实施了水泉坪村游人步道、生态停车场、景区大门、蹦云峡谷景观打造等项目；建成AA以上标准旅游厕所11个；举办了“醉美薛家湾樱花节”、西北地区百名旅行社负责人游旬阳等大型旅游促销活动，全年累计接待各类游客260万人次，同比增长14.04%，旅游综合收入15.87亿元，同比增长35.76%。

（张文胜　李　琰）

白　河　县

中共白河县委员会
书　记 陈　晖
副书记 李全成
王　黎（2017年9月离任）
常　委 陈　晖　李全成　王　黎
高福宏　张吉彩（女）
黄治俊　乔俊红　王日新
田　刚　鲁延福　余盛武
杨　平　朱志军

白河县人大常委会
主　任 何益新
副主任 周立山　李万河　张才忠
万里春

白河县人民政府
县　长 李全成
副县长 王日新　黄治俊　杨　平
朱志军　汤海邦
冯　玲（女）　冯子愜
刘文林　郭小虎

政协白河县委员会
主　席 吴德莲（女）
副主席 董焕印　查　萍（女）
汪功祥

中共白河县纪律检查委员会
书　记 田　刚

◎**县情简介** 白河县位于东经109°37′—110°13′，北纬32°32′—32°55′。地处陕西省东南部，安康市东部，南依巴山，北临汉水，东与湖北省十堰市郧阳区毗邻，南与湖北省十堰市竹山县接壤，西与旬阳县相连，北隔汉江与湖北省十堰市郧西县相望，素有“秦头楚尾”之称。属国家扶贫开发重点县。襄渝铁路、襄渝铁路复线、十天高速公路、316国道、汉江航道穿境而过，是汉江流经陕西出境口、南水北调中线工程水源地和由陕入鄂的南大门。全县总面积1453.44平方公里，最高海拔1901米，最低168.6米（属全省最低点），有765条大小河沟，25度以上的土石山区占全县总面积的95%以上。辖城关、中厂、构朳、卡子、茅坪、宋家、双丰、西营、仓上、冷水、麻虎11镇，设13个社区居民委员会，108个村民委员会，853个村民小组。2017年末，全县户籍总户数6.84万户，总人口21.52万人；乡村总户数5.11万户，乡村人口18.72万人；常住人口16.53万人，常住口径城镇化率为42.4%。境内山清水秀、植被良好、气候宜人，是全国光皮木瓜之乡、黄姜之乡和全省优质烟叶基地县，有野猪、林麝、果子狸、锦鸡等珍贵保护动物20余种，金、铁、铜、铅锌、石英、硫铁矿、大理石、绿松石等矿产资源丰富。为改变贫困落后面貌，从20世纪70年代起，县委、县政府带领全县人民，坚持20余年修田造地不间断，在陕南土石山区率先实现人均一亩基本农田，历练形成了领导苦抓、干部苦帮、群众苦干为内涵的“三苦”精神。近年来，在“三苦”精神的激励下，白河坚持走以民生为本的循环发展之路，深入实施生态立县、产业强县、文化兴县、依法治县四个战略，统筹推进稳增长、促改革、调结构、惠民生、防风险各项工作，保持了经济社会平稳较快发展。2017年，按照市委、市政府的总体部署，全县上下坚持以脱贫攻坚统揽经济社会发展全局，坚持以“追赶超越、绿色崛起”为主线，紧紧围绕建设美丽富裕新白河目标，扎实推进各项改革发展稳定措施落实，较好地完成了年度各项目标任务。

◎**经济概况**　全年完成生产总值67.51亿元，增长11.8%，增速排全市第二位，占全市总量的6.9%。其中，第一产业实现增加值7.91亿元，增长5%，增速排全市第五位，占全市一产的7.6%；第二产业实现增加值40.57亿元，增长15.1%，增速排全市第二位，占全市二产的7.7%；第三产业实现增加值19.04亿元，增长7.6%，增速排全市第五位，占全市三产的4.6%。三次产业比调整优化为11.7∶60.1∶28.2。非公经济实现增加值39.62亿元，占GDP比重达58.7%，占比排全市第四位。城镇居民人均可支配收入27768元，农民人均纯收入9154元，分别增长9%和8.8%。社会消费品零售总额15.4亿元，增长14.8%。

◎**财政金融**　全年完成财政总收入2.56亿元，其中地方一般预算收入8912万元，同口径增长7.4%；一般公共预算支出20.06亿元，增长19.8%。本着“量入为出、收支平衡、统筹兼顾、突出重点”的原则，积极落实中、省、市一系列重大决策部署，坚持财力向基层倾斜、向民生领域倾斜，通过“一折通”兑付粮食直补、退耕还林、低保五保、养老补贴等等27项惠民补贴资金2.35亿元，整合涉农资金1.82亿元，拨付财政扶贫资金8768万元，其中县级财政配套资金1494万元，争取政策性金融支持资金5亿元，在做好“保工资、保民生、保运转”基础上，保障了政府实施的各项重点民生项目资金。实现公产收益2061.25万元。办理发放财信担保贷款5200万元。“三公”经费在2016年下降10.6%的基础上再降13个百分点。全县金融机构各项存款余额62.26亿元，增长10.9%，占全市金融机构各项存款余额的4.7%。其中居民储蓄存款49.09亿元，增长14.5%；金融机构各项贷款余额32.23亿元，增长22.4%，占全市金融机构各项贷款余额的4.5%。居民人均储蓄存款达29689元（按常住人口计算），较上年同期增加9679元，增长14.5%。

◎**固定资产投资**　全年完成社会固定资产投资73.58亿元，同比增长22.5%，增速排全市第六位。其中：完成固定资产投资（不含农户）70.76亿元，增长25.6%。完成房地产开发投资2.69亿元，增长1.5%。全县商品房销售面积9.5万平方米，增长25.3%。从产业分布看，一产完成投资11.37亿元，同比增长53.2%；二产完成投资15.47亿元，同比增长18.8%；三产完成投资43.42亿元，同比增长25.4%。民间投资完成36.36亿元，增长29.3%。

◎**重点项目**　全年实施重点项目130个，开工在建126个，当年竣工65个。其中，实施市级重点项目10个，完成投资10.5亿元。汉江白河电站主体工程全面复工。河街棚户区综合改造取得有效进展，县城防洪保安、G316国道过境段改线工程基本完工。桥儿沟文化旅游街区建设加快推进，仿古建筑群初具规模。构坪路、冷川路等地方道路改造进展顺利，双闫路、双大路建设全面完成，县城副中心红石河隧道、汉江白郧跨江大桥开工建设。油用牡丹及核桃种植加工、木瓜产业深加工等产业项目快速推进。县农商行综合楼、小微企业孵化园等41个重点项目建成竣工。启动县中心粮库二期工程，建成粮食应急供应网点12个。环保、水利、教育、文化、卫生等一批新上项目扎实推进。滚动储备项目1000余个，13个PPP项目纳入国家重大项目库，争取项目资金8亿元。同时，加大项目策划和争取力度，谋划储备项目562个，启动4个PPP项目，组织申报各类项目200余个，争取到位各类项目资金9.6亿元。

◎**招商引资**　坚持“走出去”与“引进来”相结合，主动融入丝绸之路经济带和汉江生态经济带建设，积极组织参加各类商贸活动，围绕支柱产业、特色资源、园区平台，加大以企招商、以商招商、园区招商力度，突出产业和产业链招商，全年招商引进项目32个，到位资金52亿元。引进利用外资359万美元，外贸出口创汇1276万元人民币。加强与溧阳等对口支援地区的交流协作，编报苏陕协作项目40个，争取协作资金1200万元。在呼和浩特市成功承办“共建丝茶之路·畅游陕西美景·同品安康富硒茶”陕西推介会暨安康白河春燕茶专场推介活动，扩大了白河对外知名度和影响力。

◎**农业经济**　大力发展现代农业，全年实现农业总产值13.5亿元，农业增加值同比增长5%。粮食播种面积

28.28万亩，完成产量5.96万吨。完成油料播种面积6.31万亩，种植魔芋面积达1.209万亩。完成各类蔬菜种植6.7万亩，发展种植各类中药材1.105万亩。引进参试小麦试验品种4个，玉米试验品种12个，红薯新品4个。畜牧业发展态势良好。全年新发展养殖大户（场）56户，共出栏生猪16.3万头、羊9.3万只、牛0.45万头、禽77.6万羽，肉类总产量达到1.61万吨。新培育“互联网+现代农业”示范点4个，专业合作社72家、特色种养大户40户，新增“三品一标”农产品21个。规划培育现代农业园区75个，其中省级4个、市级23个、县级48个。成功创建为省级农产品质量安全县，天宝园区被评定为省级休闲农业示范点。

◎**工业经济** 新型工业持续增长，以汽车装配、新型材料、医药化工、富硒产品、服饰加工为主导的新型循环工业体系基本建立。新增规模以上工业企业13户、投资千万元以上企业5户，规模以上工业增加值增长16.7%。完善工业园区配套功能，新建标准化厂房1.8万平方米，“两河”工业集中区新增企业3户，飞地产业园签约落户企业5户，碳基营养肥一期生产线、庆华化工技改、隆勋魔芋、盛世嘉禾食用油等12个工业项目建成投产。白龙水泥、逸酒酒业、永宏化工等一批骨干企业保持较高增幅，秦大山葛业、康洁纸制品、绿源生态科技等一批小微企业逐步发展壮大。

◎**第三产业** 服务业发展步伐加快，新增限额以上批发零售和住宿餐饮业企业11户、规模以上服务业企业3户，三产增加值增长7.6%，社会消费品零售总额增长14.8%。商贸流通网点不断扩大，住宿餐饮业逐步转型升级，快递配送、家政服务、运动健身等现代服务业蓬勃兴起，移动支付、汽车销售成为市场消费新热。启动县级电子商务公共服务中心建设，发展镇级电商服务站1个、村级服务点86个，培育“互联网+现代农业”示范点4个，电商产业发展步入加速模式。

◎**生态旅游** 生态旅游产业加快发展，红石河森林公园获得省上批复，桥儿沟文化旅游街区和天宝梯彩农园景区创建为国家AAA级景区，正阳酒店被评定为三星级酒店，实现了白河县国家级旅游景区和星级旅游酒店零的突破。先后承办和举办陕西省第二届“休闲农业·大美田园”趣味运动会、“云间桃花·水色白河”赏花游园等活动。全年游客人次和旅游综合收入分别增长16%、41%。

◎**城乡建设** 修编县城控制性详规和绿地系统规划，城乡规划体系基本建立。县城新区开发和旧城改造同步推进，安达物流等房地产项目加快实施，香城苑E座等商住楼竣工开盘。城区供水管网改造全面启动，第二水源二期工程竣工投用，“气化白河”天然气管道入户率达61%。建成信合花园等标准化停车场9个、农贸市场2个，新增停车泊位1002个、农贸市场摊位378个，有效缓解停车难、买菜难。持续整治市容市貌，规范提升沿街商铺门头牌匾，改造7条背街小巷，新建公共绿地1.8万平方米，县城绿化覆盖率达44.16%。加快县城副中心建设，副中心文体广场等重点项目有序推进。编制全县公共服务和基础设施建设三年行动计划，统筹规划实施农村道路、给排水、垃圾污水处理等基础设施，新增和改设农村社区24个，城镇化率达42.4%。坚持以脱贫攻坚统筹农村创新发展，探索出“还山上生态林、建山下新社区、办社区新工厂、育时代新农民”的农村发展新模式。

◎**交通运输** 全年实施3条通村主干道路和G316国道升等改造项目，惠及5镇20村3.2万群众，其中，构坪公路全长16.6公里，完成投资3600万元；冷川公路全长24公里，完成投资1500万元；双闫公路全长10.2公里，完成投资2000万元。构机经城关至麻虎连镇路、双安村至湖北大庙界出境公路竣工。启动白郧汉江大桥建，总投资7255.7万元，已经完成投资500万元。顺利推进G316国道“三改二”项目援建工作，完成40户拆迁任务。新建或改建道路64条141.4公里，新修通车桥、便民桥8座110延米，总投资6685万元。启动2018、2019年剩余41个拟脱贫村交通脱贫工程建设，道路101条348.6公里，新建便民桥、通车桥14座294延米，计划投资1.17亿元。强化农村公路养护，实行公司化运营模式，对中断交通86处的县、乡主干道进行了抢修。加强路政和航运管理，全年共查堵和称重各种货运车辆2862台次，超限率稳定控制在3%以内，查扣各类非法营运客车9辆，查处违规经营29起；检查船舶542艘次，纠正违法行为32起，处罚违章、违法作业船舶8艘。

◎**国土资源** 不断加大土地整治和违法用地巡查清理工作力度，切实强化卫片执法，建设高标准基本农田项目7个，完成永久基本农田划定工作，耕地保有量由原来的39.4万亩核减为35.4万亩；基本农田保护面积由原来的38.5万亩核减为30.5万亩。组织供应土地91宗8.68公顷（其中出让81宗4.5公顷，划拨10宗4.18公顷），实现土地价款收益1690万元。持续开展矿山开采集中整治行动，共出动执法巡查人员500余人次，封堵遗弃矿洞25个，约谈11家矿山企业负责人，梳理79个问题，已在公示系统公示采矿权47个，探矿权14个。发布采矿权注销公告12家，关闭矿山11家。紧抓地质灾害防治高标准“十有县”建设机遇，健全和完善了群测群防体系，发生地质灾害414起（其中滑坡地质灾害413起，泥石流1起），房屋受损533间、倒塌175间，因灾撤离安置556户2139人，贷款7000万元实施行应急工程治理28个。投入5500余万元治理地质灾害隐患点57个，荣获“全国地质灾害防治高标准‘十有’县”称号。扎实推进旧宅基地腾退项目11个，涉及总面积1497亩，通过实施增减挂钩项目7个，节余土地指标463亩。颁发不动产权证书2934本（其中农村房地一体登记证书490本），证明623份。

◎**“4·17”突发山体崩塌灾害** 4月17日11时58分，茅坪镇茅坪村三组突发一起山体崩塌灾害。崩塌山体约1400立方米，致一栋7层11户的居民楼垮塌，灾害造成6人死亡，1人受伤，周边居民楼不同程度受损，紧急转移受灾人员1100人，直接经济损失499万元。垮塌居民楼系2011年村民自建房，房屋总建筑面积1293平方米。灾害发生后，省、市、县联合成立了白河县茅坪镇“4·17”山体崩塌救援指挥部，统一指挥调度现场救援处置工作，省、市、县公安、武警、消防、民兵预备役等320余人第一时间组建抢险救援队伍，连续奋战41个小时，全力搜寻搜救失踪人员。紧急动员省内相关领域专家和专业技术人员107人，指导抢险救援，实地排查安全隐患。抽调省市医疗专家30余名组建医疗小分队，负责现场救治和伤员治疗。

◎**水利建设** 全年实现中省水利投资1.8亿元。投资7430余万元，用于2017年贫困村水利基础设施建设4630万元，为21个脱贫村新建堤防工程36处，新建和改造安全饮水工程27处；用于“4·15”灾后水利恢复重建2800万元。整合中省涉农资金3335万元，全部用于贫困村产业园区灌溉、饮水等项目建设。结合深度贫困村的三年滚动建设计划，累计编报7个大项，355个工程项目，规划投资16.6亿元。扎实推进国家水土保持重点项目蔓营小流域综合治理工程。积极推动园区带动，重点解决安槐村牡丹园区、陈庄村茶叶园区、三院村核桃园区等一批重点农业园区的饮水灌溉需求。在水利基础设施建设过程中，优先使用贫困户参与施工管理和建设，带动贫困户参与施工和管理一万多工日，累计创收300余万元。在河长制建设中，积极利用公益岗位，118名建档立卡贫困户被聘为护河员。

◎**汉江综合整治** 县城防洪工程完成治理河段长度3925米，完成扶壁式挡墙950米、重力式挡墙1680米、浆砌石护坡1200米；“三位一体”式框架墙980米。主体工程完成总工程量的99%以上，完成投资近4.2亿元。县城防洪保安工程延伸段已完成投资1100万元，建设护坡170米，浆砌石基础200米。

◎**林业经济** 全年实现林业综合产值13.9091亿元。依托山林经济示范县创建，以核桃、茶叶、鲜果等为重点，全年完成造林绿化6.01万亩，义务植树60万株，“三化一片林”绿色家园建设5个村、面积350亩；新建经济林3.89万亩（其中核桃1.61万亩、茶叶0.66万亩、油茶0.18万亩、杂果0.65万亩、其他0.78万亩）。建立500亩以上科技示范点3处；完成林下种植7.4万亩（其中林下魔芋1.3万亩、林下牡丹0.3万亩、林药林菜5.8万亩）、林菌10万袋，林下养殖74.35万头（只、羽）。创建山林经济示范镇1个（冷水镇）、示范村2个（三院村、平安村），建成山林经济示范园区5个（其中市级园区2个）。油用牡丹及核桃种植加工、木瓜产业深加工等产业项目快速推进。

◎**生态环保** 严格落实中省环保督查反馈问题整改，深入开展环境突出问题排查整治，县域环境质量明显改善，汉江出陕断面和城镇集中饮用水水质稳定达标，县城空气质量优良天数达319天，多项环境指标位居全市前列。深化河长制和网格化环境监管，创新落实“三长+三员”护河制，启动市级示范河流创建，在全省率先建成河长制监管云平台，探索建立的危化品运输车辆“入境检查、重点护送、出境通报”机制在全市推广。扎实开展农村人居环境综合整治，新建三类以上标准公厕53座，改厕改圈1000余户，农村垃圾收集清运体系实现全覆盖。加大生态修复力度，完成绿化造林6万亩，治理水土流失面积80平方公里，建设高标准基本农田8000亩，旧宅基地腾退1500余亩。县城污水处理厂提标改造和5个集镇的8个“两场（厂）”建设完工，水土保持、汉江综合整治、白石河流域（里端沟）重金属污染治理、红石河流域环境综合整治等生态环保项目扎实推进，夯实了生态环境的基础保障。

◎**精准脱贫** 坚持把脱贫攻坚作为第一民生工程、重大政治责任和最大发展机遇，牢固树立以脱贫攻坚统揽经济社会发展全局的思想，认真贯彻落实中央和省市坚决打赢、打好脱贫攻坚战的各项决策部署，大力推进各项工作落实，取得了阶段性成效。一是按照精准识别、精准帮扶、精准退出、巩固成果“四步走”的步骤和方式，全面核实贫困对象，精准落实帮扶政策措施，高质量完成脱贫退出任务，做到脱真贫、真脱贫。扎实开展对象核查和数据清洗，全面完成省市反馈问题整改，最终认定未脱贫贫困对象16877户46511人，贫困发生率24.73%。强化落实“三包四扶五保障”措施，组建113个扶贫工作队，落实105个单位2727名干部结对帮扶，建立“八办两组”协同作战机制，举全县之力推进脱贫攻坚。实现8个贫困村整村退出、5754人贫困人口稳定脱贫，第三方评估白河县错评率、错退率为零，满意度为100%，先后赢得10余场省市级现场会在白河县召开。二是整合资金1.82亿元，争取政策性金融支持资金5亿元，13个省市帮扶部门投入2000万元，实施贫困村基础设施和公共服务项目300余个，易地扶贫搬迁5009户17175人，改造农村危房1151户，8个脱贫村基础设施建设工程全部竣工，发展条件显著改善。探索建立“一村一社一产业”扶贫模式，发放贴息贷款2.1亿元扶持3468户贫困户发展产业，引导420多家新型经营主体带动9600余户贫困户增收。狠抓就业扶贫，贫困户劳动力技能培训全覆盖，新创办社区工厂7家，开发公益性岗位448个，定向培训输出足部修护师1329人。全面落实健康扶贫、教育扶贫、兜底保障等帮扶措施，确保了贫困群众看得起病、上得起学、基本生活有保障。三是广泛动员各方力量参与扶贫，着力构建三级联动、合力攻坚的工作体系，制定监督问责、巡察督办、干部鼓励激励等20余项配套管理措施，充分发挥党建引领脱贫、苏陕扶贫协作、“三大”帮扶体系、社会扶贫和省市定点扶贫的作用，着力构建政府、市场、社会协同推进的大扶贫格局。四是推行抓问题整改和培育典型带工作均衡推进的“抓两头，带中间”工作落实法，落实全程纪实法，力争脱贫攻坚整个过程都有翔实的记录和印证材料；实行资金统筹运用法，整合项目资源和涉农资金向脱贫攻坚倾斜，有力保障扶贫资金投入；建立“点对点”督查指导法，成立11个督查指导工作组，对应11个镇和“八办两组五保障”部门点对点开展督查指导。

◎**社会保障** 全年完成民生投入16.6亿元，占一般公共预算支出的82.7%。其中，教育科技、公共安全等财政八项支出同比增长20.5%。各类社会保险扩面提质，城乡居民社保卡全面覆盖，最低生活保障和特困人员应保尽保，社会救助实现“一门受理、协同办理”。城乡居民养老保险参保缴费82321人，城镇职工和居民医疗保险参保21389人（其中城镇职工9973人，城镇居民11416人），工伤保险参保6742人，生育保险参保6407人，失业保险参保4451人，均超额完成年度目标任务。机关事业养老保险工作平稳推进，完成全县137个参保单位6475人（其中，在职4976人、退休1499人）的参保登记和基础数据采集工作，参保率100%。各类社会保险待遇发放率100%。开展免费技能培训66期6856人，其中贫困劳动力5145人。发放创业小额担保贷款3715万元，培育创业主体1400余户，新增城镇就业1754人，再就业安置639人，就业困难人员实现再就业327人，农村劳动力转移就业6.05万人，城镇登记失业率3.5%。12月28日全市就业扶贫技能培训工作现场会在白河召开。

◎**民政事业** 不断加大社会保障力度，全年发放低保保障金21000余户次47000余人次2919.32万元，农村五保供养金20000余人次2836.53万元，困难残疾人生活补贴3683人269.406万元，重度残疾人护理补贴1859人227.19万元。认真落实医疗救助、临时救助等救助政策，发放医疗救助17900余人次745.8万元，临时救助4000余人次546.04万元，孤儿生活费53.86万元。有序推进灾后恢复重建，受灾群众全部得到妥善安置。全年灾害共造成受灾人口13.2万人，直接经济损失24343.881万元，及时拨付自然灾害救助资金580万元，下拨棉被215床，棉衣200件，帐篷22顶，确保了受灾群众有衣穿、有饭吃、有房住，基本生活得到保证。实施养老机构服务质量提升行动，仓上等3个区域敬老院开工建设，新建县城社区日间照料中心1个、农村互助幸福院8个。扎实推进省级科技创新型试点县建设，新建企业技术开发中心1个，申报市级以上科技项目3项，专利授权20件。

◎**教体事业** 坚持教育优先发展战略，大力改善办学条件，持续优化教育资源布局，全面落实教育民生工程，不断深化教育改革，深入推进教育内涵发展，全县各类教育呈现优质均衡协调发展态势。全年实施河街小学和幼儿园等校建项目24个，新建、改扩建校舍8.03万平方米，所有建设项目全部开工，部分项目完成主体施工。创建省级示范幼儿园1所、市级3所。教师队伍得到优化，多途径补充教师107人，培养教学能手、学科带头人76人。高考质量保持稳定，二本以上上线人数952人，30名学生获市、县政府励志奖，白河高中获得市政府高中教育质量突出贡献奖。教育工作备受关注，赢得全省高中教育推进会暨2017年度基础教育工作会和全市教育脱贫现场推进会在白河召开。体育事业蓬勃发展，启动全民健身活动中心建设，“全国老年气排球之乡”授牌命名，白河运动健儿在市全运会中取得历史最好成绩。白河高中2名学生获世界教育机器人大赛一等奖。

◎**卫生计生** 省级医改试点县建设不断深化，分级诊疗制度有效落实，县疾控中心业务用房等项目建设扎实推进，县人民医院被评定为“二级甲等医院”。派出113支家庭医生服务团队，全面推进医养护一体化签约服务模式；全面落实全科医生、分级诊疗、对口支援等制度，促进医生、病人“双下沉”，县内就诊率达90.01%；改革完善药品保障制度，县、镇、村基本药物配备使用率分别达到51.2%、72.4%、81.1%；推行药品耗材“两票制”，药品、耗材执行比例分别达92%、85%。新农合参合率达到99.56%，贫困人群全部纳入医疗保障范围，共有15.77万人次患病农民享受合作医疗补偿，累计补偿11455.53万元，政策内住院费用报销比例达84.75%。全面完成县镇妇幼计生服务机构改革，县妇计中心开通产科服务，县医院新组建了孕产妇急救中心和新生儿救治中心，镇卫生院设立了“计划生育项目办”，全县妇幼计生服务能力进一步增强。稳妥实施全面两孩政策，全县共出生1856人，人口出生率11.14‰，自然增长率2.79‰，政策符合率98.98%，多孩率1.02%，性别比107，各项指标均在正常值域。深入推进“母亲健康检查”和“孕前优生健康检查”两项工程，累计开展母亲健康检查20090人次、孕前健康检查1466对夫妇，检查率分别为100%、98%。认真兑现中、省、市计生奖扶政策，累计审核确认各类奖扶对象1574人，当年发放各类计生奖补资金397万元；及时将独生子女保健费提高到30元/月/户，统一纳入财政预算，精准兑现到位。认真落实健康扶贫工作，建立新农合、大病保险、民政救济三重保障机制；筹集1500万元建立大病专项救助基金，对三重保障后，实际报销比例仍达不到90%的进行补充。全年建档立卡贫困人口住院11071人次，医疗总费用5877.4万元，四重报销补助5598.86万元，实际报销比例达95.26%。集中开展“三个一批”专项行动，累计确定省定11种大病患者集中救治对象95人；对3774名慢病管理对象进行个性化签约管理，对患高血压、冠心病等10种门诊特殊慢性病实行门诊药物免费供给。扎实推进疾病预防“八大行动”，积极开展多种形式的宣传活动，自制价值50余万元的健康知识读本免费发放给贫困人口，实现户均一本；与50463名贫困人口签订家庭医生服务协议，签约服务率达100%。创新推出了“2+1+X”结对帮扶模式、慢病患者“小药箱”、贫困患者救治“家庭病床”等措施制度，服务上的大胆创新，得到了社会各界的广泛关注，取得了良好效果。扎实开展疾病预防控制工作，创新设立预防接种智慧门诊，变村卫生室分散接种为镇卫生院集中接种，建成冷水、西营两个试点，在全市率先开设了镇级预防接种智慧门诊，大大提高了服务管理水平，各类疫苗接种率以镇为单位始终保持在95%以上；全面落实重点传染病防控措施，加强常规疫情网络监测，坚持每天4次审核制度，全年无暴发疫情发生。公共卫生服务水平不断提升，安康市居民健康卡在白河首发，成功创建为省级妇幼健康优质服务示范县、结核病综合防治示范县和市级计划生育转型发展示范县。

◎**市场监管** 持续深化“放管服”改革，不断精简办事程序，服务大众创业万众创新，全年新登记市场主体1504户，其中新登记企业198户；新核发食品生产许可证11件、食品经营许可证624件、小作坊许可证47件、小餐饮许可证109件、药品经营许可证2件、许可事项变更5家，指导医疗器械经营企业备案、许可8家。依法加强日常监管水平，组织出动执法人员6500余人次，完成“双随机”监督抽检27轮次，共抽检各类市场主体736户，涉及产（商）品3443批次；督促指导药械经营使用单位完成药品不良反应监测报告157份、医疗器械不良事件监测报告61份，化妆品不良反应监测报告2份；排查特种设备使用单位125家，下发《安全监察指令书》44份，查封存在重大安全隐患的特种设备3台。加大案件办理力度，全年立案90起，已结案84起，移送公安机关立案侦查2起。强化商标、品牌战略，助推县域经济提质增效，全年新申请注册商标109件、成功注册43件，全县注册商标保有量已达163件，“白河春燕”集体商标已由国家工商总局公告（注册号：20795188）；推荐“歌风春燕”茶叶申报安康市特色品牌产品，已通过资料审查和现场评审。“白河肉糕”（Q/BHZY0001）、“白河包谷馍”（Q/BHZY0002）、“甘蔗酒”（Q/BH-FH0001）企业标准已完成省卫计委备案。继续实施计量惠民工程，全年依法强制检定计量器具2118台件。强化消费维权工作，成立了“白河县消费维权、食品药品安全纠纷人民调解委员会”，全年受理调处消费者投诉举报81起，诉转案7起，受理及时率和调处结案率均达到100%，为消费者挽回经济损失21.09万元。

◎**文化广电** 公共文化服务体系建设加快，建成“三苦”精神纪念馆和34个镇村综合文化服务中心，县图书馆创建为国家二级馆，省级文化先进县通过复验。启动了白河石坎梯田非遗申报工作。县内外民间文化体育交流活动丰富多彩，首次承办全省科技卫生文化“三下乡”集中示范活动，组织开展社区文化节、民歌大赛、文学艺术精品评选等系列活动，组织免费送戏下乡演出132场，城乡文体活动蓬勃开展。加强文化市场管理，严查违规经营，确保文化市场网络环境合格率达标。广播电视持续发展，有线电视通乡镇户户通工程全部完成主干网、分配网建设，完成农村入户安装23441户。启动了黄家大院（桂花）维修保护工程。县城、集镇、新村公共文化服务体系逐步完善。文化引领社会发展的机制全面建立，文化产业、群众文化日益繁盛。

◎**精神文明建设** 以培育和践行社会主义核心价值为根本，以公民思想道德教育和文明素质提升为主线，以深入开展精神文明创建，抓好道德讲堂暨社会主义核心价值观巡讲、新型农民大培训暨“三下乡”集中示范活动和心灵导航活动为重点，为建设美丽富裕新白河营造了良好的社会环境。深入开展群众性精神文明创建活动，69个单位申报创建省、市、县级精神文明先进集体。大力评选各行各业中的先进典型，向“中国好人榜”推荐好人线索15000余条，共有3人入围“陕西好人”，1人荣获诚实守信类“陕西好人”荣誉称号，1名少年获陕西省“美德少年”荣誉称号，4名少年荣获安康市“践行新民风”最美少年荣誉称号。持续深化社会主义核心价值观建设，把建设“诚孝俭勤和”新民风建设作为深化核心价值观建设的重要载体，大力推进新民风建设，广泛深入开展新民风道德评议、移风易俗、文化传播、文明创建、诚信建设、依法治理“六大活动”，推动“说论亮”道德评议制度化、常态化，各村（社区）累计开展道德评议活动250余场次，评议先进典型600余人，教育转化反面典型160余人。全县25个党（工）委334个党支部8908名党员，全部签订《不参与赌博承诺书》和《不乱过事送礼、大操大办承诺书》。城关镇清风社区喜获“陕西省最美志愿服务社区”称号，并入围“全国最美志愿服务社区”。

◎**保障性住房建设** 全年无保障性安居工程新建任务，争取到位保障性住房安居工程基础设施配套资金8030万元，2013年底前开工的公租房2478套已全部分配，完成分配率达到100%，2014年底前开工的公租房250套已全部分配到位，完成分配率100%；发放租赁补贴555户，其中新增租赁补贴300户。扎实开展“和谐小区、幸福家园”创建工作，通过完善基础设施配套、强化文化氛围建设、培育社会主义核心价值观、发动引导群众自治等方式和手段，不断提升保障性住房小区居住环境。其中，广兴金座和阳光小区2个保障性住房小区通过市级验收。

◎**汽车装配制造** 坚持“工业强县”战略目标，依托白河独特的区位优势，抓住十天高速贯通后白河融入十堰“1小时”经济圈的机遇，突出汽车装配产业发展，积极营造良好的汽车装配制造业先期发展条件。同时，抢抓省政府推进“千亿陕汽”规划机遇，积极寻求与省内外大型汽车装备制造企业开展深度合作，引导县内企业开展优化重组，努力提升汽车装备产业水平，全县汽车装配产业完成产值18.92亿元，增长11.2%。

◎**“飞地”园区建设** 加快安康高新白河“飞地经济”产业园基础设施、标准化厂房等配套建设，新启动招标项目5个，园区在建项目达到6个，完成固定资产投资7500万元。正式出台《白河县飞地经济园区招商引资管理办法》，设立了承接飞地园区的建设、投资、融资、经营等工作白河县发展建设有限责任公司，新招引的陕西康特标识创意公司和陕西圆源环保公司两户落户园区，全年签约客商5家，引进资金2亿元。

◎桥儿沟省级文化旅游街区 桥儿沟位于白河县城北部，明清时期是连接河街片区和县城的重要通道，也是仅次于河街的第二大商业贸易街。核心景区北起河街红星桥，南接北岭子书院路，全长685米，平均宽度2.8米，由456步石坎面铺青石板步道沿沟顺势而上形成，因居民沿一沟两岸搭建5座小桥而取名“桥儿沟”，其建筑风格为保存较为完整的明清古建筑群，至今已有近500年的历史，2013年被省委、省政府确定为全省31个文化旅游街区之一。近年来，白河县按照“精心打造形态，积极培育业态，深入挖掘文态，深度融入生态”的思路，重点推进桥儿沟文化旅游街区建设，组建了国有控股的盛大旅游发展有限公司，向农业发展银行陕西省分行申请了全省首笔文化旅游产业扶贫贷款12000万元用于支持桥儿沟街区项目建设，2017年实施12个建设项目，完成投资12315万元，新培育36户业态，综合效益已初步显现，2017年成功创建为国家AAA级景区。

◎“网络党支部” 白河县共有基层党（工）委25个，党支部349个，党员8882名（农村党员5060人），其中外出流动党员1377名。为破解外出流动党员管理服务难问题，白河县探索利用互联网新载体，按照“互联网+党建”工作新理念，以微信群、QQ群两种形式，建立“网络党支部”，把“支部建在网上，党员连在线上”，实行“学习同步、活动同步、管理同步、服务同步”四个同步，开展网上“组织生活、议事决策、村务公开”等工作，为外出流动党员搭建集党建知识、政策宣传、科技推广、医疗保健、文化传播、法制教育、信息交流“七位一体”的资源信息共享服务平台。全县121个村（社区）全部建立“网络党支部”，1377名外出流动党员均以实名加入参加，在线党员达到3460余名，实现了线上线下同步学习教育全覆盖、经常化、有创新、重实效。被中央电视台《新闻联播》报道后，新华社、《国内动态清样》、《内部参考》、《新华每日电讯》、《人民日报》等媒体聚焦报道，得到刘云山、赵乐际等中央领导批示肯定，被省委组织部评为组织工作改革创新二等奖。

◎白郧汉江大桥PPP项目 白郧汉江大桥项目是白河县2017年PPP重点建设项目之一。由西北勘测设计研究院有限公司设计。起点位于汉江南岸316国道K1718+887处（汉江纵向特大桥桥头下游约26米），与在建的G316白河县城过境公路T型交叉，路线终点位于汉江北岸湖北省郧西县境内，与拟建的S304省道T型交叉。概算总投资7550万元，设计全长294米，计入两岸交叉口后线路总长322.6米，桥面总宽15米。主桥为单塔双跨斜拉桥，两侧引桥各为一跨35米简支小箱梁，梁高2米。主塔采用花瓶式弧形索塔结构，塔梁墩固结体系，桥面以上塔高60米，桥面以下塔高30米，13对斜拉索采用外侧双索面均匀布置。桥梁结构安全合理，满足百年防洪标准和IV级通航要求，后期维护成本低。经公开招投标，该项目由中核西北建设集团有限公司承建，由宝鸡市方达交通工程监理有限责任公司监理，由长安大学负责施工监控。于2017年11月开工建设。项目建成后，可有效缓解G316白河下卡子段交通瓶颈压力，结束白河、郧西两县隔江相望的历史。

◎廉政建设 严格落实全面从严治党主体责任，坚持把纪律挺在前面，深入开展岗位廉政教育、廉洁从政教育、党性党风党纪教育，严明政治纪律和政治规矩，推动干部作风持续好转。深化加强家规家风教育，深入开展“传家训、守家规、正家风”活动，组织策划的全省首部家风主题公益广告《家风正方可行远》在陕西电视台、省市纪委官方网站同步推出，加强家风建设的经验做法得到省市纪委肯定。强化督责问责，建立完善“两个责任”落实制度体系，2017年，对“两个责任”、脱贫攻坚、信访维稳、环境保护等实施问责追责92起，问责党组织54起、党员领导干部38起，实施通报批评54件次，党政纪处分17人，诫勉谈话、提醒谈话等组织处理24人，失责必问、问责必严成为常态。加大对重点领域的审计监督，完成计划审计项目146个，审计62个部门和单位，移送案件线索10件。依法规范项目招投标、土地出让、政府采购、资源开发等行为，重点行业领域党风廉洁建设有效加强。严格执行中央八项规定，“三公”经费持续下降，财政绩效管理切实加强。扎实推进“三个助力”，集中开展“为政不为”专项治理，严肃查处纠正不担当、不作为、慢作为、乱作为等行为，行政效能不断提升。坚持从严执纪，加大惩处力度，全年立案查处侵群问题97件，党政纪处分111人；围绕“三个助力”查处突出问题116件，党政纪处分145人次；受理“为政不为”方面投诉举报22件，转立案13件，党政纪处分18人，通报曝光典型问题9件16人。全年受理信访举报119件，处置问题线索247件，立案116件，党政纪处分136人。

◎社会综合治理 认真落实党政主要领导和分管领导执行综治维稳平安建设领导责任制“十个一”制度，创新信访工作机制，强化领导接访下访，18名县级领导参与接访82天，共接待来访群众204件次。网上信访及时受理率、按期办结率均达100%。坚持党政同责、一岗双责、齐抓共管，安全生产各项措施不断强化。扎实推进“法治白河”“平安白河”建设，持续开展严打整治斗争，破获“盗抢骗”案件70起，查处“黄、赌、毒”案件43起，打掉涉恶团伙1个，破获“五霸”案件17起，抓获涉霸违法行为人20名，共立刑事案件199起，查处治安案件318起。加强治安防控体系建设，强化基层治理法治化建设，加大平安建设宣传力度，全县公众安全感达95%，平安建设知晓率90%。

（纪昌斌　张吉山　何祥光　王忠林　何云钧　方向　阮国良　王芳　杨双鹏）

安康国家高新技术产业开发区

中共安康高新技术产业开发区工作委员会
书　记　黄　勇
副书记　王　琳
委　员　谢成彦　张志群　杨　凯　钱民强　徐信选　汪光林　彭学军
安康高新技术产业开发区管理委员会
主　任　王　琳
副主任　张志群　杨　凯　钱民强　徐信选
中共安康高新技术产业开发区纪律检查工作委员会
书　记　汪光林
安康机场建设协调办公室
主　任　谢成彦
副主任　郑家忠　卢清海
安康市公安局高新分局
局　长　彭学军
政　委　陈宏恩
陕西安康高新产业发展投资（集团）有限公司
副董事长（兼副总经理）　陈　帆

◎**经济发展**　全年生产总值增长21.1%，全社会固定资产投资增长26.5%，规上工业总产值增长27.8%、增加值增长25%，社会消费品零售总额增长15.9%，一般预算收入同比增长30%。工业固投、社零总额、战略新兴产业、R&D贡献率等8项指标增速位居全市第一，市级重点项目投资、“五上”企业净增、外贸进出口总额等9项指标超过目标任务40个百分点以上，电子制造业产品自营出口引领全市实现零突破。

◎**规划建设**　按照四化同步、产城融合的大新区理念，实行“总规+控规+城市设计+土地利用规划”高度融合，建立了生态集约、多规合一、阳光透明的法定图则制度。与重庆大学规划设计研究院、长安大学城市规划设计研究院合作，建立2个产学研实践基地，聘任2家规划咨询顾问单位、3名首席规划顾问和17名高级规划顾问，全过程领衔高新区城市规划的编制完善、跟踪研究、监督检查，并组建以城市规划专家为主体的规划委员会，对各类重大基础设施和区域重大建设项目进行规划控制审议，确保了规划方案决策的权威性、科学性。

◎**社区管理**　结合城市网格化管理，推行党员共驻联管，涵盖各安置户、机关单位、楼宇、商圈等设置党支部，健全了“社区党委+党支部+党小组+党员中心户”四级党组织体系，推行了“社区党委+市民服务中心+物业公司”模式的社区治理和便民服务体系，有效破解农民变市民融入城市、创业就业、自我管理、文明新风养成等问题。因地制宜完善社区服务中心、公共卫生服务中心、日间照料中心等配套服务设施，完成11个村活动场所提升改造，严格落实村干部轮流值班制度、村组干部加强作风建设和廉洁自律“十个严禁”、周二民事代办服务日、党员公开践诺活动，村党员干部服务水平显著提升。全面完成托管村妇代会改建妇联工作，提升了服务妇女儿童、服务全区发展的能力和水平。创新推进农村发展管理服务改革，将农村发展、征地拆迁、“两违”管控、脱贫攻坚、治安防控和村组管理等与村民密切相关的工作和力量全部进行整合、延伸，在托管村成立农村发展管理服务工作组，构建了“一站式”的社会管理新机制。

◎**土地管理**　统筹解决失地农民的养老、医疗、就业、公共服务等社会保障问题，妥善化解各类矛盾纠纷。依法从严加强土地收储和用地管理，重拳打击违法用地行为，完成全域永久基本农田划定和土地利用总体规划修改完善，签订9个村7000余亩永久基本农田保护责任书，启动高新区农村集体建设用地（宅基地）、房地一体权籍调查与农村土地承包经营权确权登记颁证试点工作，保障了城市后续发展的空间和活力。

◎**基础建设**　全力推进95个基础设施配套项目建设。安康机场罗家河涵洞竣工验收，机场干线全线动工，航站楼及安置社区开工建设；西渝高铁安康站选址高新区，北环线高新段基本完成征迁任务，安康大道提升顺利完成，同步建成3处地下人行通道。建成开学汉滨初中高新校区、第四小学和第三幼儿园，安康中学高新校区完成场平施工，市一小高新校区、青少年足球运动中心完成基础建设。开工建设文景路等13条道路，创新路等5条道路建成通车，高新十三路等8条道路进入收尾阶段，同步完成配套管涵、照明和绿化工程，飞地广场及海绵城市试验段建成投用，公交枢纽站全面投运，开通5条新能源纯电动公交线路。全面运营天一城市广场、学府新天地、九州物流等大型商业综合体，红星美凯龙、瑞斯丽酒店、威尼斯酒店加快装修。总部经济与金融科技聚集区、发投财富中心等一大批项目全速推进。建行高新支行对外营业，农发行安康分行、长安银行安康分行、平安财险安康总部迁入运营。

◎**高新区建设管理**　把创新作为解决各类矛盾和问题的根本出路，坚定不移地谋创新、抓创新，全面激发内生动力和创新活力。坚持小机构、小政府、大服务、高效率，构建了既快捷高效、依法规范的经营运行体制。实行“行政集中审批+全程代办服务”，构建了“流程最优、期限最短、成本最低、服务最好”运行机制。先后建成了7个“国字号”示范试验平台和8个重点研究机构，成立了2家院士专家工作站，搭建了创新创业的大阵地、大平台。实行“一个项目一个微信联系群、一张作战计划图、一份分工明细表”和“周计划、月督查、季点评、年奖惩”等一系列行之有效的工作推进机制。实行绩效考核、全员聘用、优胜劣汰，用企业化的管理理念激发员工争先勇为热情。

◎**招商引资**　始终把招商引资作为推动发展的“一号工程”和“第一动力”，不遗余力地破解招商引资和加快建设的新办法、新机制，相继出台差别化供地政策、多元化金融支持、全方位服务保障和“重资产”招商办法。与四川陕西商会、重庆陕西商会等60家商（协）会建立长期联系，在北京、上海、福建等地开展招商推介32场次，策划包装招商引资项目45个，完成合同引资348.3亿元，引进投资过亿元项目20个，招商到位资金89.5亿元，形成了大协作、大开放、大融合的合作新格局，成为全市重大项目落地的首选之区和主要承载地。

◎**项目建设** 牢固树立抓项目就是谋全局的理念，创新实行“责任领导+责任部门+责任人+环境保障”的“三抓一保”包抓机制和“一个项目一个微信联系群、一个项目一张作战计划图、一个项目一份分工明细表”“周计划、月督查、季点评、年奖惩”等一系列行之有效的推进机制，当年120个重点建设项目全速推进，30个市级重点项目超额完成年度任务。建成投产超美特新社区工厂、南水汽配HS精锻、普瑞达技改等10余个工业项目；开工建设西北电子、智能终端、纳米科技、富硒食品、医疗器械生产等70万平方米战略新兴产业厂房，当年建成12万平方米；新型液流电池、钒氮合金二期、华秦储能、北医大新药及生物医药工程、陕南印刷包装基地、绿色新材及装配式建筑等一大批项目按计划推进。

◎**“飞地经济”园区建设** 全面落实“四统一分”（“四统”即由高新区统一进行园区内征地拆迁、基础设施、用地报批、融资平台建设，“一分”即各县区分别开展招商引资和依照规划建设标准化厂房）原则，推行“政府架构、市场化运作、公司化经营”的发展模式，土地收储、基础设施建设、建设资金筹措及发展环境保障等工作取得阶段性成果。全力加快水、电、路、讯基础设施和公共服务建设，创新路等3条主干道建成投用，高新十路等5条道路正加快推进，同步完成配套管涵、照明和绿化工程，飞地核心区广场和海绵城市试验段建成投用。西北电子一期、纳米科技、泰远科技产业园建成投用，智能终端、小巨人、绿色新材、振兴药业、安康（国际）会展中心、莲花苦荞、普欣药业等项目加快推进。

◎**创客中心运营管理** 坚持把创新驱动发展战略摆在核心位置，推动一切资金、技术、人才等要素加快汇集。成立高新区工商联（总商会）和安康创新创业联盟，组建创新创业基金，建立安康创新创业教育基地，创业孵化基地（返乡创业园）项目通过评审硒谷动力创新创业园建成投用。建成专家导师公寓50套、大学生创业公寓150套，申报省级众创空间2家，新增省级以上科技创新平台7家，发明专利申请36件，培育认定高新技术企业4家，全年累计引进孵化企业54家、毕业22家。建立普瑞达、华银科技2家院士专家工作站，引进了以中国科学院、中国工程院院士领衔的高端科研团队。华银科技成功在新三板挂牌上市。

安康市恒口示范区

中共安康市恒口示范区工作委员会

书　　记　何邦军
副 书 记　刘全生
党工委委员　陆　俊　张修才
罗方盛　张政猷
张祖武　潘仁良
任　岩

安康市恒口示范区管理委员会

主　　任　刘全生
副 主 任　陆　俊　罗方盛

中共安康市恒口示范区纪律检查工作委员会

书　　记　张修才

◎**经济运行平稳** 全年固定资产投资完成32.5亿元，同比增长21%；财政总收入达到4亿元，同比增长34%，一般预算收入达到5000万元，同比增长25%；常住城镇、农村居民人均可支配收入分别达到32775元、18644元，同比增长15%、18%；城乡居民社会养老保险参保率达到99%以上；新型农村合作医疗参合率达到99%以上；完成4个贫困村脱贫“销号”、483户1661贫困人口脱贫“越线”任务；城镇化率达到57%。

◎**创新管理体制** 市上确定了示范区、试验区、恒口镇“一套机构、三块牌子、市区（汉滨区）共建市直管、镇区（示范区、试验区）一体运行”的管理体制。恒口由此站在了新的起点、新的舞台，距离“建市设区”的梦想更近了一步。示范区、试验区和恒口镇“三位一体市直管”的体制设计，既符合省政府和省发改委关于以镇为主体的改革精神，又结合了恒口实际，厘清了安康市、汉滨区、示范区（试验区）、镇村的权责关系，有利于推动恒口加快发展，有利于改革工作顺利推进，具有鲜明的地方特色和时代特色。

◎**项目建设** 全年实施重点项目31个，累计完成投资12.51亿元，完成既定任务的105%。其中实施市级重定项目6个，完成投资5.04亿元，完成任务112%；实施基础设施项目10个，完成投资2.56亿元；实施产业项目13个，完成投资7.47亿元；实施民生项目6个，完成投资1.94亿元；实施生态环保项目2个，完成投资0.55亿元。这些项目成为拉动示范区经济发展的主要动力。

◎**产业布局** 确立了以装备制造、富硒食品、健康颐养、休闲旅游、现代农业和商贸物流为支柱产业。以工业园区、农业园区和城市社区为承载，实现重点区域的产业聚集和率先突破。8家企业入住经济园区，新增四上企业7户、市级农业园区2户，恒力装备制造、秦巴明珠商贸城、香山小镇等20余个产业项目进展顺利，手提袋生产基地、精密设备、豆制品生产线和壁挂炉工厂等重大招商项目已经和即将落地建设。

◎**规划管理** 以提升城市品位、完善城市功能、实现产城融合为抓手，加快推进城市规划编制、基础设施建设等各环节进程。编制完成了48平方公里小城市综合改革试验区总体规划，“飞地经济园区”总体规划和控制性详细规划取得市规委会的批准。编制完成恒口之心一期、二期修建性详细规划，编制了11个美丽乡村规划。城市规划区控规覆盖率达到100%。强化规划监督、审批管理和两违管控工作，累计拆除违法建筑总面积3.65万平方米。

◎**城市建设** 以“恒口之心”为核

心，辐射带动月河、恒河两条脉络全面建设，全力打造城市建设模块，以模块化带动区域整体发展。建成月滨北大道；创业中心和技侦大楼即将投入使用；恒河综合治理工程（一期）开工建设；月河堤防绿化亮化工程完工；新建雨污水管网10千米；工业园区中心大道二期建成通车；污水处理厂正式投入运行、垃圾处理工程主体完工；启动恒口330变电站、学前教育工程、恒河水库等项目。全力配合做好富强机场、阳安二线以及月河快速干道等一批中省市重点项目建设的征迁安置、外部环境保障等工作。

◎**招商融资** 持续创新招商引资工作模式，到珠三角、长三角等地区开展领导招商和外出招商活动12次，全年新签约招商引资项目13个，招商引资到位资金28.22亿元。多元化融资成效明显，持续加强与国开行、农发行等金融机构的合作关系，全年融资到位3亿元，投资公司总资产达到17亿元，城建资金的瓶颈初步缓解。

◎**脱贫攻坚** 全年预计1281人脱贫，预计实现月河村等4个村摘帽。本级财政配套607万元，完成任务253%。做大做强“支部+企业+园区+贫困户”扶贫模式，辐射带动贫困户1000余家，解决劳动力近2000人，大力发展社区工厂，解决就业岗位1200余个。精准实施扶贫项目59个，落实信贷资金3802.7万元。

◎**社会事业** 推进三大跨县区避灾扶贫移民安置社区建设进度，三大社区入住率达到60%以上。新增就业岗位1000个，城镇登记失业率控制在3%以内。建成立体治安防控网络，新聘治安协管员和消防员50名。严格落实安全生产、环境保护等工作的“党政同责、一岗双责”，全力推进新一轮双创工作，新增绿化面积3000亩。全面加强信访维稳，化解历史积案7件。

◎**主体责任落实** 推动“两学一做”学习教育常态化，坚持党建工作与中心工作目标同向、工作合拍、措施配套。集中打造了恒口雷河社区、袁庄村、三里社区等一批党建、新民风、综治平安创建典型综合社区，全市精神文明暨新民风建设现场会在雷河社区和江沟社区召开。持续加强党风廉政建设，本级初核问题线索15件，立案12件，党政纪处分15人，初核了结3件，其中移交司法机关一件、开除党籍2人、判刑4人，查处扶贫领域问题2件，提醒谈话2人、诫勉谈话2人、集体通报25人次，给予党政纪处分8人。核查省委环保督察组交办信访问题5件，实施追责3件9人，其中给予党纪处分1人。实施信访追责3次，追究相关责任人11人，其中给予党纪处分7人，诫勉谈话4人。示范区纪工委荣获全市监督执纪工作先进集体。

安康瀛湖生态旅游区管理委员会

主　　任　张　峰
纪工委书记　徐明全
副 主 任　冯尚斌

◎**综述** 2017年，瀛湖生态旅游区按照“追赶超越”定位和“五个扎实”要求，积极践行新发展理念，认真落实市四次党代会、市四届一次人代会部署，紧扣国家5A级景区创建目标，围绕“商、养、学、闲、情、奇”旅游发展提升要素，着力在产品、品牌、标准上下功夫；紧扣“湖城一体”战略，围绕实施“123+N”重点项目布局，着力在生态建设、都市农业、文体旅游、休闲观光等方面拓展功能，以推动旅游供给侧结构性改革为突破口，以有效投资为抓手，以完善产品建设为目标，以优化环境为保障，实现生态旅游区质的提高，发挥加快建设西北生态经济强市旅游龙头作用。2017年，全年累计接待游客人数260万人次，同比增长35.42%，综合收入14.37亿元，同比增长48.76%。完成固定资产投资2.8亿元，超额完成市考核任务1.3亿元，增长2.85倍；招商引资到位资金5.93亿元。

◎**项目建设** 一是全面完成瀛湖大坝旅游服务区综合改造项目、翠屏旅游服务区综合改造工程、翠屏岛酒店改造工程、金螺岛改造提升工程。二是精心筹备了2018年重点项目集中开工仪式，做好唐家链子渔文化村项目建设、温泉度假酒店改造工程和瀛湖渔业码头等10个项目开工准备工作。三是做好项目谋划储备。完成《生态旅游区项目建设三年行动计划》，扎实开展水画小镇、流水古镇、玉兴岛等一批项目前期准备工作。一批项目的建成和陆续开工为瀛湖景区实现“追赶超越”坚定了信心，为推进“湖城一体”发展建设奠定了基础，展现了生态旅游区的新形象、新风貌，提振了全区发展的精气神和自信心。

◎**规划编制** 以“规划编制完善年”活动为抓手，狠抓规划编制完善。相继完成《安康瀛湖生态旅游区村民安置规划和建筑风貌控制规划》等规划评审，启动了《瀛湖库区生态渔业发展总体规划》《大香溪景区总体规划》《流水片区控制性详细规划》和景区航标规划设计；加快瀛湖水画小镇、富硒茶谷、唐家链子、翠屏入口服务区、流水滨湖三角地块棚户区等项目修建性详细规划编制，为项目开发建设打牢基础。

◎**环境综合整治** 以“环境综合治理提升年”活动为抓手，狠抓资源管控和环境治理。制定印发了实施方案和考核办法，明确了生态旅游区各职能部门、镇、村、组管控“两违”责任，夯实镇管村，村管组，组管户责任，对破坏环境资源的行为坚决做到早发现、早处置，累计出动执法人员300余人次，制止违法开挖山体12起，私人违法建房1起，联合汉滨公安分局和辖区镇村力量，强制拆除在国有土地搭建临时建筑1起，拆除大坝码头违法建房一栋260平方米，清理乱堆放机械及杂物4起，自去年11月23日至今，累计取缔核心区网箱1915口标箱、查处非法捕捞行为45起；妥善回购湖心街15亩国有土地，协调解除“三结合”基地经营权并移交安文旅公司，助推市烟草局与安文旅公司达成长期租赁玉兴岛协议，启动唐家链子土地收储，有力地保护了全区资源的完整性。

◎**景区宣传推介** 以“节气+活动”

为抓手，准确把握客源市场，做实景区宣传推介，充分调动两个景区和辖区三镇力量，开展了系列宣传促销活动，建立“节庆+活动”和“互联网+旅游”机制，深入开展“五个一”宣传推广活动，增强瀛湖旅游品牌效应，特别是“鼎盛中华 福佑安康——中国安康中华万福大鼎祈福大典”民俗活动；“瀛湖生态旅游区首届流水旅游文化节”，第二届“瀛湖清泉枇杷采摘季”活动成效明显。香溪洞景区于5月19日正式免费对外开放，持续做好做实免费开放后的各项服务工作，赢得了广大游客的支持和点赞，通过系列活动和对外展会，进一步提升了景区美誉度和市场影响力。

◎**脱贫攻坚** 以“脱贫攻坚巩固年”活动为抓手，精准做好帮扶工作。进一步充实了驻村帮扶工作队，将各层级后备干部全部派驻扶贫一线，落实管委会机关干部和安文旅副总以上人员连心帮扶1—2户贫困户，实现桥兴村63户贫困户帮扶工作全覆盖。指导桥兴村建立村规民约，并通过党员代表会、村民大会审议表决，进一步推进了新民风建设；如期完成唐家链子旅游道路建设任务；完成了瀛湖镇桥兴村唐家链子渔文化展览馆设计，化解了原24亩土地征收遗留问题，项目开工前各项准备工作就绪。脱贫攻坚工作多次受到省市区检查指导组表扬和肯定。

◎**安全生产** 以“安全生产落实年”活动为抓手，着力抓好安全生产工作。一是落实安全生产主体责任。制定印发了《瀛湖生态旅游区2017年安全生产工作要点》《2017年重大节假日水上交通安全工作方案》，同辖区各镇、各工作部门，各经营单位签订安全生产目标责任书，实现了安全生产责任全覆盖。二是强化安全生产监管责任。重点抓好日常巡查，突出重点督查，建立安全生产问责问效机制，组织开展了瀛湖水上救援演练和香溪洞森林防火演练。三是深入开展安全生产隐患大排查大整治活动。整合各部门执法监管力量，集中开展安全隐患排查治理工作，严格实行安全隐患治理“闭环式”管理。四是组织开展了“安全进校园”等系列活动，加强安全生产宣传教育培训，提高安全意识。确保了全区安全生产形势稳定，未发生一起安全责任事故。

◎**旅游区提质增效** 以“标准化创建收官年”活动为抓手，狠抓景区服务质量提高。一是推进了标准化贯标工作。按照创建国家级服务业标准化体系要求，以“5·19”中国旅游日活动为契机，瀛湖景区开展了向社会公开承诺活动；邀请市质监局、安康学院等专家组织开展了迎检自查；举行2场标准化公开承诺和金点子征集活动，召开标准化工作推进会4次。二是正式启动了国家5A级旅游景区创建。与深圳麟德旅游规划顾问有限公司达成合作协议，与安康学院签订了《景区质量评估委托协议》，进一步加快创建工作步伐。三是规范游船运营管理。启动了隆顺公司船舶收购工作，完成了船舶资产评估，目前已进入实质性收购阶段。同时，以安文旅交通运输公司为主体，加强从业人员培训，建立规范的现代化企业管理体系，提升游船服务质量和运营水平。

◎**基层党建** 一是将党建与脱贫攻坚紧密结合，落实了党员干部帮扶贫困户，后备干部包联贫困村，深入推进脱贫攻坚工作。二是深化“两学一做”学习教育，制定了年度工作方案，邀请市委党校教授开展专题讲座，并将“两学一做”教育纳入对各部门和干部的年度考核。三是做好基层党建工作，认真落实“三会一课”制度。四是修订完善“三项机制”。进一步细化完善了“三项机制”，将“三项机制”与项目建设、脱贫攻坚、党的建设等各项工作紧密结合，在全区传递了有为就有位的正能量，激发了干部干事创业激情。五是认真组织学习了党的十九大精神。在全区各个重要位置、机关院子设置了固定宣传栏，营造良好学习氛围，将学习党的十九大精神与全区重点工作同布置、同检查。在所帮扶的瀛湖镇桥兴等村开展十九大宣讲活动5场次，组织全区三个党支部开展专题讨论6次，专题学习6次。

◎**党风廉洁建设** 一是细化分解任务，制定了《党风廉政建设主体责任清单》《2017度党风廉政建设和反腐败工作责任分工一览表》《瀛湖生态旅游区党风廉政考核责任考核办法》，确保工作目标清、任务明、责任实。二是进一步完善了纪工委组织机构，明确了4名纪工委成员（兼职）。三是层层夯实廉政建设责任，管委会主要领导与分管领导、部门主要负责人，分管领导与分管部门副职领导，部门主要负责人与本部门成员分别签订了廉政责任书，全体干部公开了廉洁承诺。四是强化对“一岗双责”落实情况、干部选拔任用、无任用推荐后备干部等进行全程监督，严格落实干部选拔廉政考试和廉政鉴定制度。五是按照全市集中开展查处违反中央八项规定精神专项行动要求，聘请社会中介机构对机关经费和下属自收自支单位三公经费支出情况进行了审计，并对发现的问题线索从严从快做好线索排查、核查，强力推动八项规定精神落地生根。六是会同相关部门，对各部门单位、安文旅公司重点工作任务完成情况进行定期督查、定期通报。七是组织开展生态环境保护和市场秩序及违反中央八项规定精神方面的突出问题和典型事例的明察暗访，发现问题线索3件，并分别交由相关部门落实处理。八是完成市纪委交办的问题线索初核3件，对机关及下属单位干部涉及违反中央八项规定精神党员干部进行提醒谈话7人次、涉及生态环保投诉相关责任人提醒谈话1人次。通过强化党风、政风建设，为全区发展提供坚强组织保障。九是坚持反腐败无禁区、零容忍、全覆盖。强化执纪监督工作，提升实战化水平。按照市纪委案件转送函（安纪办函〔2017〕86号）要求，纪工委办理了旅游区两名科级干部涉嫌玩忽职守犯罪和涉嫌诈骗犯罪案件。在市纪委相关业务室的指导下，完成从问题线索处置、初核、立案审查、审理全过程实战化操作。经瀛湖生态旅游区纪工委会议审议并报党工委会议研究批准，给予其两人相应的党纪、政纪处分。

（邱明虎）

各县区生产总值（GDP）

	2017年（万元）	同比增长（±%）
汉滨区	2909198	9.0
汉阴县	951915	10.8
石泉县	809563	12.2
宁陕县	301596	10.5
紫阳县	907735	11.0
岚皋县	525540	11.2
平利县	875203	11.4
镇坪县	191934	11.1
旬阳县	1598716	10.5
白河县	675129	11.8
高新区	462400	21.1

注：汉滨区包含高新区

各县区非公经济增加值及占GDP比重

	2017年（万元）	占GDP比重(%)
汉滨区	1517762	52.2
汉阴县	580427	61.0
石泉县	497301	61.4
宁陕县	174983	58.0
紫阳县	486061	53.5
岚皋县	301404	57.4
平利县	524673	59.9
镇坪县	107126	55.8
旬阳县	888296	55.6
白河县	396245	58.7

各县区第三产业(服务业)增加值

	2017年(万元)	同比增长(±%)	占GDP比重(%)
汉滨区	1395963	7.4	48.0
汉阴县	263971	6.6	27.7
石泉县	210551	8.3	26.0
宁陕县	89345	8.3	29.6
紫阳县	300743	9.6	33.1
岚皋县	157555	7.6	30.0
平利县	166836	5.9	19.1
镇坪县	80745	8.2	42.1
旬阳县	547354	7.4	34.2
白河县	190351	7.6	28.2
高新区	52264	9.5	11.3

注:汉滨区包含高新区

各县区主要人口数据

	年末常住人口(人)	人口自增率(‰)	城镇化率(%)
汉滨区	880373	3.13	55.1
汉阴县	248961	3.22	41.5
石泉县	173241	2.47	43.4
宁陕县	71272	2.30	45.6
紫阳县	287213	2.33	41.4
岚皋县	155987	2.08	42.6
平利县	195274	2.14	45.5
镇坪县	51599	3.18	40.6
旬阳县	431735	3.70	45.7
白河县	165345	2.72	42.4

各县区农林牧渔业总产值

	总产值		增加值	
	2017年（万元）	同比增长（±%）	2017年（万元）	同比增长（±%）
汉滨区	421483	4.9	252314	4.9
汉阴县	230978	5.1	136569	5.1
石泉县	126860	5.0	74385	5.0
宁陕县	85387	4.6	46985	4.6
紫阳县	209496	5.2	121243	5.3
岚皋县	124159	5.2	71309	5.2
平利县	200479	4.9	111176	4.9
镇坪县	63301	5.2	34558	5.1
旬阳县	249653	4.8	137488	4.7
白河县	136801	5.0	80850	5.0

各县区农林牧渔业增加值

	2017年（吨）	同比增长（±%）
汉滨区	212784	-1.1
汉阴县	100412	-1.2
石泉县	71180	0.7
宁陕县	19667	0.3
紫阳县	112260	0.7
岚皋县	68582	1.0
平利县	78199	0.7
镇坪县	27949	0.3
旬阳县	126397	0.2
白河县	58900	0.9

各县区生猪出栏

	2017年（万头）	同比增长（±%）
汉滨区	65.33	–0.3
汉阴县	38.93	–0.5
石泉县	21.23	–0.6
宁陕县	4.55	–0.1
紫阳县	38.06	–0.4
岚皋县	21.76	0.0
平利县	34.39	0.0
镇坪县	18.93	–1.0
旬阳县	50.37	–0.1
白河县	15.88	–0.1

各县区肉类总产量

	2017年（吨）	同比增长（±%）
汉滨区	57826	–0.8
汉阴县	33003	–0.9
石泉县	20788	–0.9
宁陕县	4621	–0.9
紫阳县	33019	–0.7
岚皋县	20900	–0.7
平利县	28822	–0.2
镇坪县	15091	–0.4
旬阳县	44930	–0.4
白河县	15694	–0.6

各县区规模以上工业增加值

	2017年（万元）	同比增长（±%）
汉滨区	774434	15.7
汉阴县	472167	15.5
石泉县	443715	16.9
宁陕县	98231	16.6
紫阳县	380769	15.0
岚皋县	238378	16.8
平利县	525419	15.9
镇坪县	55503	22.9
旬阳县	733874	15.1
白河县	359981	16.7
高新区	320227	25.0

注：汉滨区包含高新区

各县区规模以上工业总产值

	2017年（万元）	同比增长（±%）
汉滨区	2868827	21.0
汉阴县	1762941	18.6
石泉县	1706485	25.2
宁陕县	337757	26.2
紫阳县	1075659	14.7
岚皋县	792749	25.1
平利县	1445786	21.7
镇坪县	144630	58.0
旬阳县	2491427	28.8
白河县	1228294	19.4
高新区	1257342	27.8

注：汉滨区包含高新区

各县区资质建筑业总产值

	2017年（万元）	同比增长（±%）
汉滨区	717324	15.5
汉阴县	41838	23.9
石泉县	93977	25.3
宁陕县	31905	30.0
紫阳县	56046	19.4
岚皋县	12877	13.2
平利县	29163	69.4
镇坪县	23482	112.0
旬阳县	131178	18.4
白河县	63406	14.9
高新区	291143	63.9

各县区规模以上服务业营业收入

	2017年（万元）	同比增长（±%）
汉滨区	324413	12.9
汉阴县	12694	34.6
石泉县	13404	36.3
宁陕县	4384	52.4
紫阳县	9913	38.8
岚皋县	8032	5.6
平利县	11105	29.9
镇坪县	5605	119.2
旬阳县	41052	38.7
白河县	5365	59.0
高新区	49001	31.2

注：汉滨区包含高新区

各县区新增“四上”企业单位数

	2017年（户）	工业	建筑业	房地产	商贸	服务业
汉滨区	100	14	7	7	48	24
汉阴县	25	6	1	2	10	6
石泉县	26	7	1		12	6
宁陕县	16	4		2	9	1
紫阳县	19	2	1	1	13	2
岚皋县	19	8	1		7	3
平利县	25	6	1		14	4
镇坪县	16	5	1		8	2
旬阳县	51	9	1		27	14
白河县	28	13	1		11	3
高新区	38	15		3	12	8
恒口示范区	5	1		2	2	
瀛湖旅游区	3	2				1

各县区全社会固定资产投资

	2017年（万元）	同比增长（±%）
汉滨区	2448446	18.7
汉阴县	1024754	22.8
石泉县	1018826	23.9
宁陕县	337358	15.2
紫阳县	1028456	21.3
岚皋县	665624	25.0
平利县	832247	31.8
镇坪县	399093	91.7
旬阳县	1731360	21.5
白河县	735767	22.5
高新区	1271310	26.5
恒口示范区	325464	21.2
瀛湖生态旅游区	29094	2.0倍

注：汉滨区不含高新区，包含恒口、瀛湖

各县区房地产投资

	2017年（万元）	同比增长（±%）
汉滨区	235821	14.4
汉阴县	54214	–10.3
石泉县	47609	–18.6
宁陕县	3099	23.0
紫阳县	32552	–47.2
岚皋县	12969	–16.8
平利县	5221	–60.9
镇坪县	0	—
旬阳县	27312	–71.0
白河县	26911	1.5
高新区	493041	21.5
恒口示范区	33597	1.3倍

各县区工业投资

	2017年（万元）	同比增长（±%）
汉滨区	348404	14.3
汉阴县	213485	3.2
石泉县	152070	19.1
宁陕县	16218	10.0
紫阳县	140689	36.6
岚皋县	64938	–14.6
平利县	80947	–7.3
镇坪县	53770	36.4
旬阳县	522782	21.3
白河县	154708	18.8
高新区	431400	57.2
恒口示范区	40360	2.2倍

各县区社会消费品零售总额

	2017年（万元）	同比增长（±%）
汉滨辖区	1321991	13.5
# 汉滨区	1100506	13.0
高新区	221485	15.9
汉阴县	230539	15.0
石泉县	150981	15.3
宁陕县	61332	14.9
紫阳县	260008	15.0
岚皋县	122194	14.1
平利县	158375	15.2
镇坪县	52192	15.6
旬阳县	459747	15.5
白河县	154071	14.8

各县区限额以上消费品零售额

	2017年（万元）	同比增长（±%）
汉滨辖区	815960	9.7
# 汉滨区	630888	7.5
高新区	185072	18.4
汉阴县	194354	19.4
石泉县	95485	19.9
宁陕县	41147	24.2
紫阳县	119547	16.1
岚皋县	55400	16.8
平利县	99715	23.4
镇坪县	38975	22.5
旬阳县	353056	21.7
白河县	80156	23.3

各县区城镇常住居民人均可支配收入

	2017年（万元）	同比增长（±%）
汉滨区	28569	8.3
汉阴县	28252	8.7
石泉县	28145	8.9
宁陕县	27427	8.2
紫阳县	27527	8.1
岚皋县	28229	8.6
平利县	28059	9.1
镇坪县	27809	8.9
旬阳县	27942	8.3
白河县	27768	9.0

各县区农村常住居民人均可支配收入

	2017年（万元）	同比增长（±%）
汉滨区	9311	9.5
汉阴县	9529	9.0
石泉县	9555	9.2
宁陕县	9061	9.6
紫阳县	9638	9.7
岚皋县	9099	8.7
平利县	9679	9.3
镇坪县	9167	9.0
旬阳县	9414	9.4
白河县	9154	8.8

人　物

五一劳动奖章获得者

单林述　男，汉族，1959年出生于岚皋县的一个农民家庭，读完初中后便回家务农。1995年，37岁的他来到县城当上了道路清扫保洁工人。

自从干起了环卫工作后，单林述便起早贪黑地忙碌在县城的大街小巷，将自己的全部热情倾注到了环卫工作上。二十多年以来，单林述从未因为逢年过节请假休息，也从未因为个人私事停止工作，他始终像一头奔走不止的老黄牛，用自己辛勤的汗水和艰辛的劳动默默无闻地“美化”着大街小巷，为居民带来了整洁和舒适，为城市带来了靓丽和美好。

2009年，单林述当上城区片区的环卫组长后研究出一套全天保洁定点收集的创新作业办法，得到了县环卫保洁公司采纳，并在县城各路段推广。

2010年7月岚皋县城遭遇特大洪灾时，山体出现了大滑坡，泥石流充满了大街小巷，单林述和自己的同事连续奋战了七天七夜，为围困在家里的居民打开了一条通道。

2011年8月25日早上8时，单林述在清扫老县委大院时捡到一只装有机动车驾驶证、身份证、银行卡和8000多元现金的皮夹，他捡到后不假思索地交到城关镇派出所，并嘱咐一定要物归原主，随后城关派出所将皮夹归还给了失主。单林述从事环卫工作20多年，先后无数次在大街小巷拾到贵重物品，每次拾到的物品都通过各种渠道交还给失主。失主每次用现金感谢他，都被他婉言谢绝。

2015年9月的一天晚上，单林述在扫完路段垃圾后准备回家时，忽然听到摩托车摔倒的声音，他连忙走过去察看，见自己的同事陈洪政被撞倒在地，满脸是血，情况十分危急，单林述便把摩托车司机拦住，一边打“120”叫救护车，一边打“110”报警，直到把陈洪政护送到县医院垫交了药费，并确定他没有大碍时才离开。

平时不善言语的单林述，虽然家庭条件艰苦，不少居民见他工作认真，经常主动送给他一些废旧物品，他每次都坚持要过秤称，按价付款，从不多拿别人“一分钱”的东西。

2017年4月，单林述被中华全国总工会授予“全国五一劳动奖章”荣誉。“从事环卫工作二十多年了，因为我的劳动让城里变得更干净了，我从心底里觉得很自豪，为了城市更美丽，我无怨无悔。”单林述就是这样一位默默无闻的“城市美容师”，一位拾金不昧的“好心人”，一位见义勇为的“好同事”。

（李　力）

中国好税官

崔义胜　男，1966年6月出生，中共党员，陕西省安康市人，现为陕西省安康市汉滨区国税局干部。

他是一名普通公职人员，却有着舍己救人的伟大精神；他性格腼腆，却在别人危难之际毫不犹豫

伸出援助之手；他为人低调，2006、2009、2012、2014年，他四次从汉江救起四条鲜活的生命，看到其安然无恙或亲人到场后便悄然离去，从不留名。他常说："咱水性好，能尽自己所能帮助别人，那是我最大的快乐！"

崔义胜用他的实际行动为众人树立见义勇为的典范，2012年4月获陕西省国税系统第二届见义勇为模范称号；2012年5月被授予汉滨区第二届道德模范；2012年10月被表彰为安康市第二届道德模范；2014年12月荣获"陕西好人"荣誉称号；2015年1月荣获"中国好人"荣誉称号；2015年5月获陕西省国税系统第二届"感动陕西国税人物"称号；2015年7月被表彰为安康市国税局优秀共产党员；2015年10月被授予陕西省第四届道德模范；2015年10月荣获全国道德模范提名奖；2017年8月荣获"中国好税官"奖。

第六届全国道德模范提名奖

周云康 男，1961年10月生，安康市天星商贸有限公司总经理。

他从2001年开始加入汉江游泳者队伍，15年来，他先后从汉江抢救过8位落水者和轻生者，其中有4个男青年、2个女青年和2个小女孩。每次遇到落水者的情况都很意外、很惊险，他每次都是条件反射般地第一时间接近落水者，奋不顾身地进行抢救，却从不向获救者说出自己的姓名，从未接受获救者及其家属的感恩之举。

2016年4月获陕西好人。2016年6月获中国好人。2016年9月获安康市见义勇为模范。2016年10月获安康市第四届道德模范。2017年9月获中国第六届道德模范提名奖。

陕西省美德少年

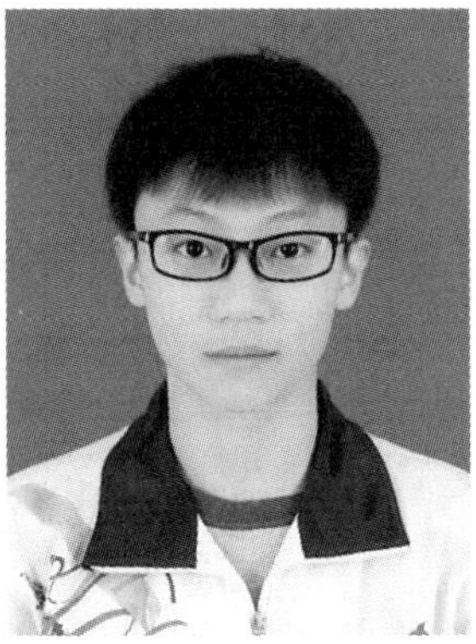

唐明昊 男，汉族，籍贯陕西安康，2004年5月11日出生，就读于汉滨高级中学。

2013年12月27日，正直严冬时节，唐明昊和随行的伙伴经过陕西省游泳跳水中心人工湖边时，小伙伴失足掉进了湖水里，眼见伙伴被湖里的暗流冲得越来越远，唐明昊一头扎进刺骨的湖水里，奋力游过去。寒冷的湖水和透支的体力让唐明昊在水中举步维艰，但是他仍然咬牙坚持着，最终把落水的伙伴救上岸。

2013年至2017年间，唐明昊曾多次获得游泳项目奖项，并于2017年5月荣获陕西省第二届"美德少年"称号。

2017年全国媒体特别关注孝心少年

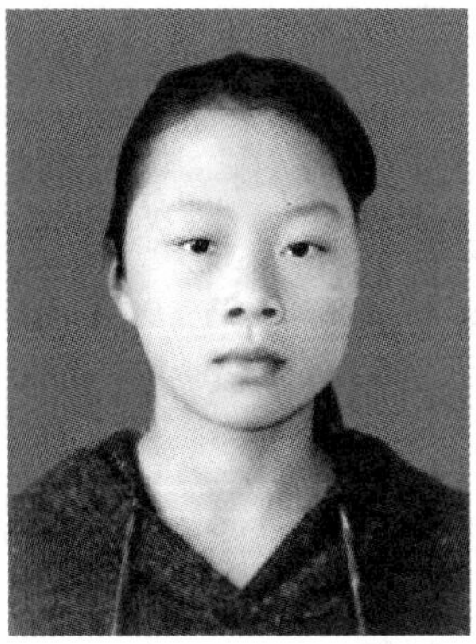

梁生霞 女，汉族，安康市紫阳县焕古镇人，2002年3月10日出生，紫阳县焕古镇中心学校高一学生。

梁生霞出生于一个困难的家庭，母亲从小就得了小儿麻痹症，失去了自理能力，父亲平日在外做短工挣钱，维持生计。奶奶去世后，年仅八岁的她就担负起了照顾妈妈生活起居的重任，洗头、翻身、帮母亲上厕所，平日还要操持家务，为一家人洗衣做饭。生活的重担丝毫没有影响她对学习的热爱和对知识的渴望，在校团结同学、成绩优异，是同学心中的好榜样，也是老师的好帮手。

曾获教育部和中央电视台主办的"寻找最美孝心少年""2017媒体特别关注孝心少年"光荣称号和陕西省"美德少年"、陕西省教育厅"我身边的好典型好学生"荣誉称号。在学校，她被老师授予了"进步之星"称号。

附　　录

郭青同志在市委四届四次全会上的讲话

（2017年8月14日）

这次市委全会的主要任务是，全面落实省第十三次党代会确定的“五新”战略任务，总结上半年成绩，部署下半年工作，动员全市上下紧盯追赶超越目标，奋力实现“四个确保”，即：确保经济增速稳居全省第一方阵，确保脱贫攻坚任务圆满完成，确保年度目标责任考核保持全省前列，确保党建工作迈上新台阶。一会儿，俊民同志还要总结安排经济工作，请大家抓好落实。下面，我代表市委常委会讲三个方面的意见。

一、关于上半年的工作

今年以来，市委常委会深入学习贯彻习近平总书记系列重要讲话精神和治国理政新理念新思想新战略，认真落实省第十三次党代会精神，以脱贫攻坚统揽经济社会发展全局，以深化供给侧结构性改革为抓手，以落实“三项机制”激发干事创业活力，统筹推进加快发展、深化改革、法治建设、从严治党各项工作，建设西北生态经济强市取得新进展。

（一）经济运行稳中向好。市委常委会切实加强和改善对经济工作的领导，着力解决突出矛盾和困难，实现了时间任务“双过半”、质量效益“双提升”。上半年，实现生产总值450.63亿元、增长11.4%，增速分别高于全省全国3.2、4.5个百分点；财政一般公共预算收入19.15亿元、增长10%；城乡居民人均可支配收入分别增长8.4%和8.7%；生产总值、农业增加值、规模以上工业增加值、社会消费品零售总额、农村居民人均可支配收入增速及非公经济增加值占GDP比重6项考核指标位居全省第一。一是产业结构不断优化。生态友好型产业持续攀高。富硒食品产值增长22.6%，农业部首个富硒产品开发与质量控制重点实验室落户安康；牵头组织川陕鄂渝4省市15个县区在镇坪成立大巴山旅游联盟，全域旅游接待总人数、总收入分别增长19%和33%；山林经济增长18%，我市被中国魔芋协会认定为“中国魔芋产业建设第一市”；包装饮用水产业产值增长39.5%。装备制造、新型材料、清洁能源等支柱产业提质增效，产值增长21.5%，对规上工业增长贡献率达82.4%。电子商务、现代物流、绿色金融、健康养老等新兴产业加速发展，社会消费品零售总额增长14.7%。二是项目建设力度加大。固定资产投资421亿元、增长19.7%，民间投资204亿元、增长30.2%。安康机场、阳安铁路复线、天贸物流城和旬阳烟厂技改等一批重大项目顺利实施，西康高铁前期工作取得实质性突破，单体投资额最大的中心城区干道江北段建设工程PPP项目成功签约。招商引资到位资金294亿元、增长20.7%，新登记市场主体11646户、增长15%。三是“三区三园”融合提升。安康国家高新区在全国147个国家高新区中综合排名晋升至80位，恒口镇级小城市综合改革试验区建设和瀛湖生态旅游示范区标准化创建工作有序推进。“飞地经济”园区完成基础设施投入4.8亿元，新增市级现代农业园区67个，县域工业集中区新增投资千万元入园企业32户。汉滨、石泉、镇坪三县区荣获全省2016年度县域经济发展“争先进位奖”。

（二）各项改革深入推进。市委常委会不折不扣落实中省改革部署，积极拓展特色改革领域，为经济社会发展注入新动力。一是重点改革进展顺利。制定9大类63条114项重点改革任务清单。深化“放管服”改革，公布首批“只跑一趟”事项48项，审查市级部门随机抽查事项86项，企业办证时间缩短到5个工作日，我市成为全省唯一实现部门权责清单制度建设全覆盖的地市。紫阳县被确定为全国基层政务公开标准化规范化试点县。宁陕县财政管理工作和紫阳县工商注册制度便利化改革受到国务院通报表彰。大力推动金融创新，组建地方性融资平台20多家。二是特色改革亮点纷呈。国家主体功能区建设试点示范向纵深推进，川陕革命老区综合改革试验区建设启动实施。完成绿化造林37.2万亩，空气环境质量继续保持全省领先；率先在全省实行“河长+警长制”。中心城区顺利通过国家森林城市省级综合评定和国家卫生城市省级复查考核，我市实现国家卫生城市、卫生县城全覆盖，成功入围国家低碳试点城市。紫阳县率先实施镇纪委直管村监委会工作，打通监督“最后一公里”。深入实施全国集体林业综合改革试验示范区建设，林地“三权分置”、公益林预收益质押贷款和林权质押贷款进展良好。宁陕皇冠健康小镇、旬阳蜀河文化旅游小镇等特色小镇加快建设，平利长安茶镇入围全国特色小镇，恒口镇入选西部大开发“十三五”特色小镇。

（三）民生保障持续改善。市委常委会认真践行以人民为中心的发展思想，着力消除贫困、改善民生，上半年全市民生支出108亿元、占财政支出80%以上。一是脱贫攻坚问题整改成效明显。我市在全省市际交叉检查中位列第一方阵，国务院巡查组充分肯定我市整改工作。教育扶贫、易地扶贫搬迁等工作经验在全国推广。对全市“第一书记”进行综合研判，召回85名、补充293人。推进“诚孝俭勤和”新民风建设，汪洋副总理和国务院扶贫办领导作出重要批示。二是社会保障和公共服务能力明显增强。扎实创建省级创业型城市，成功创办“安康创客学院”，发放创业担保贷款2.3亿元，新增城镇就业1.1万人，农村劳动力转移就业58.1万人，“零就业”家庭动态清零。提高医疗保险待遇和救助范围，建成跨省异地就医结算系统，实现城镇居民大病保险全覆盖。保障性安置房开工建设6万套，我市棚户区改造工作受到国务院通报表扬。三是社会事业协调发展。实现13年免费教育、弱势少年教育关爱、贫困儿童困难资助、义务教育营养计划“四个全覆盖”，高考一二本上线率稳居全省前列；组建医疗联合体249个，实现市县镇三级全覆盖。全市县级公立医院全部取消药品加成，推行药品耗材采购“两票制”和医疗保障“一站式”服务。汉滨区被国家卫计委确定为新农合支付方式改革国家联系点；78家敬老院（老年公寓）与医疗机构签订医养合作协议，我市推进养老服务工作受到国务院通报表扬；“中国富硒产业专利数据库”上线运行。7项科技成果获得省政府表彰奖励，获奖数量等次位居全省前列。

（四）社会大局和谐稳定。市委常委会运用法治思维和法治方式推动发展，营造公平公正的法治环境和安全有序的社会环境。一是增强群众安全感。全力创建全国综治优秀市，深入开展“2017秦鹰”“三打击一整治”专项行动，深化“破小案、暖民心”“三个精准防范”长效机制，打造立体化社会治安防控体系升级版，全市抢劫、伤害、诈骗、盗窃等刑事案件同比下降20%以上。我市阳光警务执法办案公开工作经验被公安部推广，石泉县公安局、汉阴县公安局法制大队和3名民警受到全国表彰，紫阳张敏工作室创新警务模式荣获全国公安改革创新大赛铜奖。二是从源头上化解矛盾。坚持依法双向规范信访秩序，构建信访、综治、司法、调解“四位一体”的矛盾纠纷调解模式，信访总量同比下降18%，我市被评为全国“两会”驻京信访工作先进单位。三是抓好安全生产和防汛减灾。狠抓安全生产主体责任落实，全市安全生产事故、死亡人数分别下降53%、54%，没有发生较大以上生产经营性安全生产事故。切实加强防汛工作，有效应对4次区域性降水过程，实现了人员零伤亡。

（五）民主政治建设持续加强。市委常委会坚持党的领导、人民当家作主、依法治国有机统一，不断把各方面的智慧和力量凝聚起来。一是支持人大依法行使职权。推动人大及其常委会依法履职。市人大常委会编制了《安康市四届人大常委会立法规划》，审议通过了《安康市烟花爆竹燃放管理条例》。加强监督、审议重大事项和人事任免工作，首次开展市人大代表约见有关国家机关负责人活动，听取和审议关于脱贫攻坚、电子商务发展、创建国家森林城市、汉江水质保护等工作报告、议案15项，作出决议决定4项，任免国家机关工作人员107人次。二是发挥协商民主的重要渠道作用。全力支持政协充分履行政治协商、民主监督、参政议政的职能。市政协就城市管理体制机制、新农村乡风民俗、生态养老产业示范市建设、促进义务教育均衡发展等开展调研协商活动，形成调研报告13份。认真抓好提案督办落实，交付提案办理334件。三是充分调动各方积极性。有效发挥工会、共青团、妇联、科协、工商联、残联等人民团体桥梁纽带作用，圆满完成市工商联换届工作。加强对台、侨务和外事、宗教等工作。安康公益慈善指数首次进入全国百强、全省唯一上榜。强化国防动员和后备力量建设，支持驻安部队和武警部队建设，旬阳县红军纪念馆成为陕南首个国家国防教育示范基地。

（六）全面从严治党纵深推进。市委常委会强化“党建＋”系统思维，深入推进“两学一做”学习教育常态化制度化，不断创新党建工作内容、方法、载体和体制机制。一是加强宣传思想文化工作。坚持把思想建党放在首位，全面推行责任清单、理论考试和记实手册三项制度，推动意识形态工作责任落细落实。中心组开展专题学习5次，举办“十八届六中全会精神专题研讨班”等培训班16期，开展“菜单式点题宣讲”150余场次。精心策划“中外媒体安康行”“汉江龙舟节暨富硒产品博览会”等主题宣传活动，及时妥善处置突发热点事件。深化群众性精神文明创建活动，开展核心价值观“六进六促”“厚德安康”道德建设，全市荣登“中国好人榜”2人、“陕西好人榜”9人。岚皋公路段柏杨道班被中宣部表彰为第三批全国学雷锋示范点。成功举办“南水北调”中线城市文化联动活动。我市有7个村入选中国第四批传统村落名录。《汉水安康》被国家新闻出版广电总局作为优秀国产纪录片向全国推荐播映。二是推进全面从严治党向基层延伸。大力实施“基层党建六大提升行动”，全面落实“支部+X+贫困户”工作机制，始终把党的力量挺在脱贫攻坚最前沿。全省第二季度基层组织建设现场观摩点评会、贫困村党支部书记和第一书记脱贫攻坚示范培训班在我市召开，农村党建连续两个季度在全省基层组织建设督查通报中位居第一。三是运用“三项机制”打造过硬干部队伍。印发落实“三项机制”责任清单，建立“三项机制”联系会议制度，与干部考核评价、干部选拔任用、目标责任考核以及纪检监察等工作无缝对接。鼓励激励重用干部571人，容错纠错免责干部88人，细化“下”的7种类型、18种情形，传递了“给实干者鼓励、为改革者松绑、让无为者让位”的强烈信号。四是保持正风反腐高压态势。进一步扛牢压实“两个责任”，10个县区委、3个党工委、66个市直部门党组（党委）及其460余名领导干部制定主体责任清单，建立了横向到部门、纵向到镇办的清单管理体系。围绕清单督责问责2个党组织和57名干部。制定《安康市巡察工作实施办法（试行）》，启动巡察市委工作部门12个，“三个助力”首轮专项巡察取得实效。不断强化精准扶贫脱贫、生态环境保护、规范市场秩序监督执纪问责，共查处问题210件、处分229人。全市各级纪检监察机关共处置问题线索1957件，初核1804件、立案746件，党政纪处分594人，移送司法机关8人，通报曝光典型案例80批次168件233人。

市委常委会清醒地认识到工作中的问题和差距：资源约束趋紧、高精尖人才匮乏、创新能力不足等因素制约新动能根本转换，经济保持快速增长压力加大；脱贫攻坚长效机制尚不完善，少数帮扶干部存在厌战情绪、部分贫困户“等靠要”思想严重；重点领域改革缺乏啃硬骨头的胆魄和智慧，一些点上创新经验还没有在面上开花；影响社会大局的不确定、不稳定、不安全因素增多，推进社会治理体系和治理能力现代化任务艰巨；全面从严治党压力传导层层递减，干部顶风违纪和群众身边腐败问题禁而不绝，等等。这些都必须引起我们高度重视，认真加以解决。

二、关于下半年的重点任务

省第十三次党代会提出了培育新动能、构筑新高地、激发新活力、共建新生活、彰显新形象的“五新”战略任务，是贯穿今后五年陕西工作的一条红线，我市第四次党代会提出把构建“七个新格局”作为建设西北生态经济强市的重要举措与此高度契合。7月24日召开的全省领导干部大会，省委书记娄勤俭进一步阐释了“五新”战略任务的丰富内涵、实现路径和考核方式，为我们把各项工作纳入“五新”框架提供了根本遵循。全市各级党组织和广大党员干部要跳出“城墙思维”、站在“秦岭之巅”，把追赶超越的进取精神和脚踏实地的务实作风结合起来，以实现“四个确保”推动“五新”战略任务在安康落地生根。

（一）聚焦生态经济，着力培育新动能

通过培育新动能优化产业结构，紧扣生态经济培植核心竞争力，促进产业发展向技术链和价值链的高端攀升，努力实现有质量、有效益、没水分、可持续的增长。

把生态优势转化为发展优势作为供给侧结构性改革主攻方向，坚持循环产业体系是安康绿色发展的命脉。优先发展生态友好型产业，推进富硒产业、生态旅游、山林经济、涉水产业、劳动密集型产业发展跃上新台阶；提升发展支柱产业，促进装备制造、新型材料、清洁能源、生物医药、安康丝绸等产业提质扩能；加快发展新兴产业，推动医养产业、电子商务、现代物流、绿色金融等产业规模化发展。这既是我市经济增速连续9个季度领跑全省的生动实践，也是今后产业提质升级的指导方略。这里，我重点就建成休闲养生的“秦巴明珠”和做大做强包装饮用水产业提出一些要求。

*一是积极响应省委把安康建成休闲养生的“秦巴明珠”重大决策。*省第十三次党代会提出把安康建成休闲养生的“秦巴明珠”新定位，体现了省委推动陕南发展的差异化、特色化精准思路，全市上下务必深刻理解省委决策的重大意义。清新的空气、洁净的水质、茂密的森林等生态优势，是安康发展休闲养生产业的比较优势。休闲养生产业是一二三产融合发展的“第六产业”，这不仅是催生新技术、新业态、新模式的一次产业革命，也是迎接机场通航和高铁时代到来前的一次思想洗礼。一要加快形成休闲养生产业新格局。市第四次党代会提出全域旅游要“建设西部一流、全国知名的休闲度假胜地和健康养生旅游目的地”，要以养生为引导，由过程养生转变为与定居养生相结合，让游客变过程游为目的地游，形成“过夜经济”。聚力打造硒养、水养、气养“三养”品牌，同步推进养生标准研制工作，抢占休闲养生产业制高点。加快推动医疗、养老、文化、体育与富硒食品、中药材及大数据等产业融合发展，使休闲养生产业成为最大和增长最快的产业，把安康建成覆盖全生命周期和全地域发展的休闲养生目的地。二要创新体制机制。休闲养生产业是关联性、融合性、渗透性较强的产业，涉及多类资源整合和多个部门联动、多种政策衔接，必将引发我市生态经济深刻变革，倒逼体制机制创新。政府和市场“两只手”要协同发力，更加突出市场主体地位，更好发挥政府引导作用。各级各部门要对休闲养生产业的定位、目标、布局和措施进行认真研究，策划一批休闲养生的大项目、好项目，积极引进领军企业和战略投资者。特别需要强调的是，要把安康职业技术学院打造成休闲养生产业人才摇篮，优化教育方向、内容、模式和师资队伍，为休闲养生产业发展提供充足的人力资源保障。

*二是推动包装饮用水产业步入新阶段。*以安康包装饮用水产业创新发展战略联盟成立为标志，我市包装饮用水产业迎来大发展时期。市委、市政府带队赴广东省学习考察包装饮用水产业后，安康骨干企业士气高涨。市上已出台涉水产业发展行动计划，饮用水（饮品）制造业到2020年实现产值150亿元，这样成倍数的增长，必须要有集中攻坚的策略和超常规的举措。一要做好资源普查，增强招商引资吸引力。随着消费能力的增强和人们对水健康的重视，稀有矿泉水消费市场潜力巨大。我市境内河流众多、山泉密布，却少有国际国内知名企业进入安康，重要原因之一在于家底不清，没有建立矿泉水资源的详细数据库，难以实施精准招商。我们的主攻点是富硒矿泉水，要尽快对全市水资源进行全面普查和细致勘探，建立信息数据库，增强资源对投资的吸引力。二要发挥联盟作用，共同呵护地域品牌。全力打造富硒水、生态水，做靓“安康出好水”地域品牌。安康

包装饮用水产业创新发展战略联盟应围绕创建区域公共品牌，制定约束标准，实现行业自律。尽快推出“南水北调重要水源涵养区·中国硒谷—陕西安康包装饮用水”地理标识，提升安康优质水源影响力。

（二）聚焦错位发展，着力构筑新高地

通过构筑新高地汇聚发展要素，紧扣优化生产力布局，发挥“三区三园”的聚合效应，进一步壮大县域经济，在错位发展中建立互补互动互惠的区域新高地。

一是坚持把“三区”打造成为全市加快产业发展和吸纳人口转移的新高地。月河川道作为全市唯一省级层面重点开发区域，要充分发挥动力引擎和辐射带动作用。推进安康国家高新区创新创业示范区、高新产业聚集区、现代城市新区融合共建，打造国家级产城融合示范区。发挥7个国家级创新创业平台和8个重点研究机构功能，吸引更多高新技术产业项目落户，形成特色鲜明、多元支撑的产业发展格局，引领全市乃至整个秦巴区域新型工业化、城镇化发展；把恒口示范区打造成为带动作用强、统筹水平高、体制机制活的镇级小城市综合改革试验区和城乡一体化发展示范区，突出抓好生态农业、文化旅游、商贸物流等重点产业发展，全面提升基础设施、市政配套和公共服务水平，打造月河川道新的增长极；瀛湖生态旅游区要围绕“湖城一体”战略布局，严格规划管控，加强湖泊治理，确保水质安全，建设“国家级生态涵养旅游发展示范区”和国家5A级景区，努力成为全市生态文明的窗口。

二是坚持把“三园”打造成为聚集生产要素、创新区域生态功能管理机制的新高地。加快现代农业园区提档升级，抓实抓强茶叶、魔芋、生猪、核桃、中药材等一批特色产业基地。鼓励园区与高校、科研院所合作，围绕休闲度假、农耕体验、电子商务等构建园区复合业态，突出装备提升、科技支撑、经营效益和示范带动，不断厚植产业发展基础；县域工业园区要加快全产业链引进培育，着力打造一批区域特色显著、资源配置高效、科技含量较高的产业集群，支持汉滨、汉阴、石泉和恒口示范区工业园区申报省级经济开发区，全面提升质量效益；协同推进“飞地经济”园区建设与特色小镇培育，科学规划和建设园区核心产业。进一步探索区域协作与利益共享机制，破解融资难题，加快基础建设，推动项目落地，打造全国重点生态功能区“飞地经济”发展样板。

三是坚持实行差异化县域经济发展思路，打造区域特色发展引领区。我市县域经济发展迅速，2016年10县区在全省排名位次整体前移，但县域经济依然存在整体规模偏小、两级分化严重、主导产业不优不强的问题。市上出台汉滨区引领发展、旬阳县率先发展的“一县一策”已两年整，要对《意见》落实情况进行专题督查问效，切实把汉滨区引领发展的龙头舞起来、旬阳县率先发展的优势亮出来。要加大“一县一策”覆盖面，明确县域发展定位和优势特色，避免县区同质化的无序竞争。市级财政要兑现政策，发挥好对县区重点领域撬动作用。

（三）聚焦改革开放，着力激发新活力

通过激发新活力增强内生动力，紧扣向改革要红利、抓开放拓空间，不断释放追赶超越巨大潜能。

一是全面深化改革向纵深推进。改革越是步入攻坚期和深水区，我们越要勇于任事、迎难而上。一要抓好关键点。持续深化“放管服”改革，让社会活力竞相迸发。在部门权责清单制度建设全覆盖的基础上，继续对清单进行规范和完善，重点解决标准和规范不统一，谁来监督、谁来追责执行起来不明确的问题；以进一步减证和推进“证照分离”为重点大幅放宽市场准入，启动紫阳县、汉阴县、旬阳县和高新区相对集中行政许可权改革试点；围绕让群众“少跑路、少等待”，再推出一批“只跑一次”事项，加快推进注册登记全程电子化，彻底根治烦扰群众的各种“奇葩”证明、循环证明、重复证明等问题。深入贯彻落实市委《关于推动非公有制经济追赶超越发展的实施意见》，把破解融资难、人才缺、支持少等突出问题作为当务之急，加快制定非公经济优先发展领域项目投资目录，完善金融服务、人才培育、财政支持、税费优惠等配套政策措施，推动非公经济更健康发展。二要找准突破口。近年来，我们积极主动向上级争取事关安康发展大局的改革试点工作，以特色改革之功收全局突破之效，有力地助推了安康从一个欠发达地区成为经济快速发展地区、从一个工作落后地区成为工作先进地区的华丽蜕变。下半年，重点要在三项改革试点上取得新突破：第一，要把国家主体功能区试点示范工作的实践探索上升为制度成果。我市国家主体功能区试点示范工作已开展4年多了，今年是全面推进阶段的最后一年，要对实施历程进行“回头望”。对构建循环产业、生态安全、新型城镇化、生态环境监管四大体系，探索推出的“飞地经济”、环境综合整治、“河长+警长制”等实践举措，形成可复制可推广的制度成果。同时，要在生态红线控制、资源节约集约利用、生态资源有偿使用、生态损坏责任追究和修复治理等制度建设方面取得新进展，让生态优先、绿色发展成为建设西北生态经济强市的主旋律。第二，启动实施农村“资源变资产、资金变股金、农民变股民”改革试点。要把“三变”改革作为农村改革重中之重，在资源资产确权等基础工作开展较好的县区开展试点，为全面开展“三变”改革打好基础。第三，加快推进镇办纪委直管村民监督委员会工作。强化镇办纪委直接监管和指导职责，切实提高村监委会监督效率，确保9月底前此项改革全面完成。三要强化领导力。习近平总书记在今年中央全面深化改革领导小组上多次强调，党政主要负责同志是抓改革的关键，要把改革放在更加突出位置来抓。各级各部门领导要严格落实“重要改革亲自部署、重大方案亲自把关、关键环节亲自协调、落实情况亲自督察”要求，各改革专项领导小组要扭住一个在全省有重要影响的改革事项，由领导小组组长包抓推进。各级党政领导要在分管领域领衔推进一项重大特色改革试点，市委改革办要尽快建立领导干部包抓改革事项台账，切实发挥统筹协调作用。

二是扩大对外开放赢得发展主动。要进一步解放思想，建设对外开放大通道，在发展开放型经济上有新作为。一要加快建设秦巴交通枢纽。积极构建公路、铁路、航空、水运立体式的现代交通体系。完善"米字型"高速公路网，加快建设平镇高速、安岚高速，开工建设石泉至宁陕高速公路联络线，争取西康高速公路和十天高速公路旬阳连接线项目，早日实现县县通高速。全力推动阳安铁路复线安康段建设，力促西康高铁年内开工，有效推进安康至瀛湖旅游轨道交通项目前期工作，合力争取西武高铁和西渝高铁连接线（十堰至安康高铁），扎实推进安康富强机场建设，全面复兴水运优势，不断提升各类运输服务水平。二要持续优化发展环境。各级各部门要把优化环境作为"一把手"工程。优化办要针对当前征地拆迁难、项目落地难等问题，牵头开展专项整治，着力解决发展环境不优的深层次问题。要抓住国家对贫困地区企业新三板挂牌开辟绿色通道的机遇，落实向企业派驻金融顾问制度，指导一批企业上市、挂牌。坚持招商引资与招才引智并举，努力引进一批发展生态经济的世界和中国500强、知名央企和行业领军企业落户，吸引更多优秀人才和先进技术服务安康发展。进一步深化招商成果跟踪落实机制，构建"亲""清"的新型政商关系。

（四）聚焦脱贫攻坚，着力共建新生活

通过共建新生活标定价值导向，紧扣脱贫攻坚这一头等大事和第一民生工程，倾力改善民生福祉，使全市人民更多、更公平地享受到改革发展成果。

一是保持脱贫攻坚工作定力。以国务院扶贫开发领导小组在陕西巡查中充分肯定我市整改工作为标志，全市的脱贫攻坚工作已经由整改工作转入常态化阶段。尽管我市整改工作实现了走在全省前列的目标，但这只能说明补考合格，对2017年度的交叉考核才是年终考试，到2020年全市如期整体脱贫摘帽才是真正大考。一要坚持"四个凡是"要求。践行习近平总书记扶贫开发重要战略思想和在深度贫困地区脱贫攻坚座谈会上的重要讲话精神，关键是看把脱贫攻坚工作摆在什么位置，市委提出"四个凡是"要求经受了整改工作检验，要作为今后一个时期脱贫攻坚工作指导思想：凡是与脱贫攻坚相关的工作都作为全市的重点工作、凡是有利于脱贫攻坚的产业都是政府大力支持的产业、凡是参与脱贫攻坚的干部都是组织特别关注的干部、凡是脱贫攻坚中出现的违纪违规问题都是"零容忍"问题。进一步统筹时间、统筹力量、统筹举措，精准发力、久久为功，确保如期打赢脱贫攻坚战。二要健全脱贫攻坚长效机制。脱贫攻坚工作千头万绪，我们要突出抓好产业扶贫、政策服务和国家兜底三个方面。政策服务就是通过干部进村入户，把中省的健康、教育、医疗、生态、搬迁等惠农政策推送至每个贫困户，这是基层组织的主要任务；国家兜底就是通过完善农村最低生活保障制度，对无法依靠产业扶持和就业帮助脱贫的家庭实行政策性保障兜底，这主要靠中央提供财力支撑；产业扶贫则是通过发展特色产业，增强贫困群众"造血"功能、实现可持续发展，这既是地方党委政府的重要职责，也是健全脱贫攻坚长效机制的重要构成。要进一步深化"支部+X+贫困户"工作机制，解决一些贫困户仍然游离于产业链之外的问题，真正实现对贫困户全覆盖。在全市推广石泉县"能人兴村"经验，主动搭建能人发展农村经济和带动脱贫攻坚的作用发挥平台，帮助能人把龙头做大、产业链做长、X做实。要在能人中发展党员，吸纳能人进村级班子，引导能人分担社会责任，在脱贫攻坚战役中充分展示能人价值，不断丰富"支部+X+贫困户"工作机制内涵。三要持续强化新民风建设助力脱贫攻坚。全市开展"诚、孝、俭、勤、和"新民风建设以来，扭转了部分贫困群众"等靠要"和为当贫困户"争访闹"等不良风气，有力地助推了脱贫攻坚。但在督查检查中发现，有的工作还浮在县镇层面，村级工作没有真正推开，一些党员群众虽然赞同新民风建设，却缺乏改变陈规陋习的勇气和办法。要破陋习、治顽疾，采取群众教育群众的方式，及时提醒和纠正不良习俗，采取红黑榜等办法，大力褒扬正面典型，贬斥失德失范行为。要切实发挥红白理事会、村民议事会、道德评议会等自治组织作用，下功夫破解基层治理长期存在的"法律手段用不上、行政措施难奏效、说服教育不管用"等难题。要重视发挥党员干部、乡贤骨干、富人能人，以及各类道德模范、"最美人物"等群众身边的榜样在推动新民风建设中的示范带动作用，通过深入开展村规民约和家规家训家风传承活动，让勤劳致富、家庭和睦成为广大群众的共同追求。各县区要按照"一年初见效、两年大变样、三年成新风"的总体要求，今年抓好"两个三分之一"，即县区重点抓三分之一的镇作为新民风建设示范镇、各镇抓三分之一的村作为示范村，各县区8月底前将示范镇、示范村的名单上报到市委，通过以点带面，力促整体提高。

二是高度重视民生保障。围绕办好一批民生实事，努力提高公共服务共建能力和共享水平。优先科学均衡发展教育事业，着力改善城乡办学条件；促进创业就业和社会保障，确保省级创业型城市创建顺利通过验收，全力推进职工和城乡居民全面、持续参保，加大医疗救助和临时救助力度；加快发展医疗卫生健康事业，推动城市公立医院综合改革，做大做强"医疗集团"和"医联体"；加快以安康市体育公园等项目为重点的第十四届全国运动会场馆建设，抓好汉江全民健身长廊和县区"三个一"体育场馆设施建设，办好安康市第十六届运动会，积极开展全民健身活动。

（五）聚焦城市品质，着力彰显新形象

通过彰显新形象熔铸精神内核，紧扣全方位提升城市品质，树立和展示人文荟萃、生态宜居、和谐稳定的安康新形象。

一是不断增强文化软实力。文化是一个城市的血脉和灵魂，是城市品质的重要体现。一要提升安康文化影响力。以社会主义核心价值观为引领，整合地域文化资源，继承红色文化基因，提炼当代主流价值，守护精神高地、赓续安康文脉。安康多元文化并存，要突出汉水文化主基调，彰显移民文化、巴文化风韵，加强对各类文化的发掘和研究。习近平总书记在今年5月14日“一带一路”国际合作高峰论坛开幕式上发表主旨演讲，将我市出土的千年“鎏金铜蚕”作为古丝绸之路历史见证，引发了国内外对安康在丝路文化影响力的探究，我们要抢抓这一机遇，深入研究安康在古丝绸之路繁荣中的特殊贡献，加大“丝路源点、金蚕之乡”宣介力度。二要提升公共文化服务水平。全面提高群众文化素养，展现安康人新风采和安康新风尚。以争创国家公共文化服务示范区为抓手，构建市、县、镇、村四级现代公共文化服务体系。深入实施文化人才“十强百优”扶持培养计划，围绕脱贫攻坚、新民风建设等时代主题，创作一批汉调二黄大戏、陕南民歌剧和小戏、小品等多种形式的文艺精品。

二是持续提升城市管理水平。城市综合管理水平是城市形象和品质的直接体现。一要强化规划引领。围绕“一心一带、七城多点”的城镇体系格局，加快城市总体规划修编，推进中心城市重点区域和重要节点规划设计，完成城东新区规划范围划界，不断优化城市空间功能布局。进一步加大“两违”综合治理力度，强力解决依法拆迁拆不动、违规建设管不住的问题。二要加快构建“大城管”格局。近年来，安康城市面貌发生了巨大变化，但不少市民反映中心城市交通拥堵、环境脏乱差等问题，城市管理中体制不顺、主体不实、责任不明、运行不畅等问题愈发突出，理顺城市管理体制、推动城市管理效能提升、改善城市秩序和形象迫在眉睫。9月底前要完成市、县城市管理领域机构设置，10月底前建立市县两级数字化城市管理平台，年底前开通“12319”城市管理服务热线，确保城市管理执法体制改革推进平稳有序。三要实施“多城联创”机制。我们将迎来卫生城市国家复审和森林城市国家验收，还将启动省级环保模范城市创建，省级文明城市和全国综治优秀市创建等“多城”创建工作也进入了攻坚阶段。这些创建工作相互关联，有的互为前置，指标有交叉、任务有重复，要合理配置创建资源，形成一套共建共享、互促互进的长效联创机制。四要开展房地产业和物业市场专项整治。近期房地产物业领域群众维权问题多发高发，要迅速开展一次专项治理活动，严查企业违法违规、部门失职失责、干部腐败问题。要加快建立“职能部门业务指导，县区、街道办属地管理，社区居委会具体负责”的物业管理工作机制，制定和完善相关服务标准，依法维护群众合法权益。

三是加大生态环境保护治理力度。良好的生态环境是安康最美的形象和最丰厚的发展底蕴。近年来，全市环境质量不断向好。但也造成了一些同志盲目乐观情绪滋长，环保工作抓而不紧、抓而不实，局部区域环境恶化的问题时有发生。中央环保督察组向我市反馈的问题，也暴露了我市在环境保护方面存在的短板。一要持续抓好环保督察反馈问题整改。按照《整改方案》中的任务清单及责任分工，紧盯汉江流域水污染防治、秦岭生态环境保护、自然保护区生态环境保护、尾矿库风险防控等重点问题，持续精准发力。要深刻汲取中央对甘肃祁连山国家级自然保护区生态环境问题督查处理情况进行通报的教训，对整改措施不力、敷衍应付、弄虚作假、问题反弹的地方和部门，严肃追究责任。二要完善环境监管体系。健全完善市县镇村四级环境监管体系建设，落实监管责任，加强监管执法，加快信息化建设，全面提升环境监测和应急管理水平。把加大汉江水质保护作为重要政治任务来抓，全面深化“河长制”，落实好“一河一策”行动方案，实现四级“河长+警长制”全覆盖。

四是努力维护社会大局和谐稳定。保障社会稳定、增强群众安全感，对维护城市形象有非常重要的作用。为十九大胜利召开营造安全稳定的社会环境，是当前务必打赢的硬仗。一要健全落实综治领导责任制。严格落实各级党委政府的属地责任、各个部门的属事责任、各企事业单位的主体责任以及其他组织的社会责任，做到四个严防：严防发生大规模群体性事件和规模性聚集上访事件，严防发生重大公共安全事故，严防发生持续性负面舆论炒作热点，严防发生进京非访和进京集体上访。构建党委领导、政府主导、综治协调、相关部门齐抓共管、社会力量积极参与综治平安建设工作的良好局面。突出强化公共安全监管，抓实“三个精准防范”，开展铁腕治患防事故“三个专项行动”，不断提升人民群众安全感和满意度。全国综治优秀市创建工作将迎来中省考核验收，要时间倒排、任务倒逼、责任倒追，确保顺利通过。二要扎实做好信访工作。针对近期群众到市、赴省、进京上访上升，特别是进京非访大幅上升等问题，切实做到“四个更严格”：依法双向规范信访秩序更严格、落实领导接访包案责任更严格、对重点区域重点部门重点群体重点信访老户防控更严格、强化源头治理更严格，扎实开展“化解一批、处置一批、稳控一批”的“三个一批”信访专项治理行动和信访大排查大接访大化解百日治理活动等措施，不断压实压牢信访责任，坚决扭转被动局面，确保信访总体形势持续平稳有序。三要全力做好安全生产和防汛工作。针对近期安全生产事故易发、多发的严峻形势，做好道路交通、消防、建筑施工三大行业安全隐患集中排查整治工作，加快推进工程质量和施工安全视频监控平台建设，强化食品药品安全过程监管，从细查治安全隐患，从严查处违法行为，坚决防止重大安全事故和社会事件发生；根据气象、水文部门综合分析，今年我市极端天气事件增加，突发性局地性的强降水引发中小河流洪水及地质灾害的可能性较大。各级各部门要始终保持“如履薄冰、如临深渊”的思想警觉，扎实做好“防大汛、抗大洪、抢大险、救大灾”的各项准备工作，重点防范泥石流、山体滑坡等地质灾害，加强对尾矿库多、矿山集中县镇的督促检查，切实维护人民生命财产安全。

三、扎实推进全面从严治党

坚持围绕发展抓党建、抓好党建促发展，为贯彻“五新”战略任务、奋力实现“四个确保”提供坚强保障。

（一）强化思想政治建设。以学习贯彻党的十九大精神为主线，加强理论武装、党性教育和意识形态建设，营造良好的社会舆论氛围。一是确保用党的最新理论成果武装头脑。做好党的十九大及省市党代会精神学习宣传，组建精准高效的理论宣讲队伍，构建市县镇三级宣讲网络，深化网络学习平台的应用，扩大理论宣传覆盖面。充实完善“菜单式点题宣讲”，提高运用科学理论分析和解决实际问题的能力。加强对各级党委（党组）中心组学习的督查考核，强化学习成果的宣传和运用。二是严格落实意识形态工作责任制。坚持党管宣传、党管意识形态，全面落实“五制一体化”工作机制，细化意识形态工作责任清单，实施党委（党组）书记任前理论考试制度，健全意识形态领域情况分析研判、预警和处置机制，进一步理顺市级互联网信息工作体制，牢牢掌握意识形态工作的主动权和主导权。三是营造良好舆论氛围。做好十八大以来安康发展成就的梳理总结，开展“砥砺奋进的五年”主题宣传活动，围绕基层党建、经济发展、特色改革、环境保护、脱贫攻坚等内容，以及各行业各领域涌现出的先进典型，组织推出一批影响深远的重头报道。既要加大主流媒体宣传攻势，又要推出更多有影响的融媒体产品，传播“安康好声音”。深入开展净化舆论环境专项整治工作，强化传播平台管控，加强舆论阵地管理，依法从严处理违法违规传播行为，为保持经济社会大局稳定提供思想舆论支持。

（二）推进“两学一做”学习教育常态化制度化。巩固“两学一做”学习教育中的好做法，使之成为一种政治常态和工作行为习惯。一是领导以上率下。各级领导干部要学习上深一步、实践上先一着，带领党员干部跟着学、照着做。要自觉用党章党规规范一言一行，时刻对照“四个合格”自省修身、涵养品行，要以普通党员身份参加党的组织生活，带头执行“三会一课”制度，党委（党组）书记要为基层党员精心讲好党课。要做好自上而下的精准指导，各级领导干部要下沉到底、责任到人，实行全覆盖包联支部、全过程跟踪指导、全要素狠抓落实。二是强化支部主体。牢牢扭住党支部建设这个学习教育重点，使每个支部成为教育党员的学校、团结群众的核心、攻坚克难的堡垒。支部要掌握所属党员思想动态、文化程度、能力水平，指导每一名党员找准自身存在的突出问题，确定易懂实用的学习内容，研究具体可行的整改措施，当好“小郎中”、用好“处方权”。要加强对“村霸”和宗族恶势力的整治，防止其对农村基层党支部渗透，确保基层党组织和党员队伍纯洁性。三是做好学用结合。围绕党的中心工作和全市工作大局组织开展学习教育，使学习教育与脱贫攻坚、深化改革、改善民生等工作深度融合。对于发展中的难题和工作中的问题，要从各级党组织作用发挥和党员作风上去追根溯源、弥补漏洞、建章立制，引导广大党员振奋精神、奋力争先，切实把学习教育成果转化为推动经济社会发展的成效。

（三）坚持正确的选人用人导向。坚持好干部“五条标准”，落实省委“三项机制”，按照“五个优先、两个更加注重”选人用人导向，充分调动党员干部干事创业的积极性。着眼于优化干部队伍结构，公开选拔一批学历高、能力强、有基层工作经验的年轻干部。坚持在重大事件、重要关头、关键时刻考察识别干部。要强化组织把关作用，采用“综合研判”“无任用推荐”“实名制推荐”等举措，不断提高选人用人公信力。坚持对重要岗位干部重点管理，保持贫困县党政正职稳定。全面推行干部谈心调研制度，实现市直部门班子研判全覆盖。认真贯彻市委近期出台的《安康市在市管干部选拔任用中运用“三项机制”的实施细则》（试行）等四项制度，使“三项机制”覆盖面更广、操作性更强。真正把能者上、庸者下、劣者汰融入建设西北生态经济强市的各领域、各方面、各战线。

（四）全面提升基层党建工作整体水平。在全省第二季度基层组织建设点评中，我市农村、非公、社会组织党建位列第一方阵第一名，党建工作取得了历史性突破。但城市、学校党建处在第二方阵，尤其是机关、国企党建处在第三方阵，务必迎头赶上。机关党建要解决“灯下黑”问题，对于不按时缴纳党费，一些书记不按规定讲党课问题，必须严肃纠正；“三会一课”“双重组织生活会”等制度坚持不好的，要点名通报。对于国企党建中党组织没有修订章程，党委书记、董事长“一肩挑”进展缓慢的，要约谈其负责人，迅速整改到位。要扎实推进基层党建工作“六大提升”行动，不断提升基层党建工作规范化水平，按照第一方阵保先进、第二方阵促提升、第三方阵强转化的要求，夯实责任、创新载体、精准指导，力争在下半年点评中，各领域基层党建工作全面提升、全面过硬。要关心爱护基层干部，建立长效关爱机制。针对脱贫攻坚工作任务重，村干部压力空前，有的在工作中或伤或病的实际，全市将推出购买意外伤害保险制度，以稳定村干部队伍，激发村干部活力。

（五）深入推进党风廉政建设和反腐败斗争。今年以来，包括孙政才在内的14名省部级以上领导干部已被立案审查。各级党委（党组）要深刻领会党中央坚定不移惩治腐败的决心和意志，充分认识全面从严治党、加强党风廉政建设和反腐败斗争永远在路上，真正做到真管真严、敢管敢严、长管长严。一要用严肃问责倒逼“两个责任”落实。从我省巡视“回头看”反馈意见和我市近期查办的违纪案件来看，落实全面从严治党主体责任不到位、履行第一责任人职责不到位、执纪压力传导层层递减等问题依然存在。县区和部门党委（党组）书记作为管党治党第一责任人，必须切实增强“四个意识”，坚守责任担当，真正把主体责任落实到位、把“第一责任人”职责履行到位。纪检监察机关要高扬问责利剑，坚持有责必问、问责必严，通过严肃问责追责，倒逼“两个责任”落地生根。二要用零容忍态度持续正风反腐。要坚决贯彻党中央部署和省委、市委要求，把纪律和规矩挺在前面，继续紧盯节假日和重要节点不放松，狠刹“四风”不停步，从严惩腐不手软，通报曝光不遮掩，始终保持正风反腐的强大压力，给中央和省委交上巡视“回头看”整改的合格答卷。三要用落实“三个助力”保障追赶超越。各级纪检监察机关要把落实“三个助力”作为围绕中心、服务大局的切入点、突破口和主抓手。在扶贫脱贫方面，重点整治弄虚作假、搞数字脱贫、形式主义，对象识别、资金分配、项目审批中虚报冒领、贪污挪用、克扣截留等侵害群众利益问题；在生态环保方面，重点整治落实生态建设任务不力，查处破坏生态环境行为不力，监管失职失责，执法不严、处罚随意等问题；在规范市场秩序方面，重点整治职能部门不作为、乱作为失职渎职，党员干部庸懒散、作风漂浮、推诿扯皮、吃拿卡要、官商勾结、权钱交易等问题，为全市追赶超越提供坚强纪律保障。四要用巡察全覆盖推动全面从严治党向基层延伸。全面学习贯彻新修订的巡视《条例》，把握巡察政治定位，强化巡察工作指导。要对接中省巡视工作，坚持上下联动，一体推进，完善线索移交和整改反馈机制，注重巡察成果运用，发挥好巡察威慑作用。

同志们，担当创造辉煌，拼搏铸就未来。让我们咬定目标、凝聚力量、埋头苦干，奋力实现“四个确保”，为加快建设西北生态经济强市而努力奋斗！

赵俊民同志在市委四届四次全会上的讲话

（2017年8月14日）

刚才市委书记郭青同志的重要讲话，全面部署了各项工作，我们要深入学习领会、认真贯彻落实。根据市委常委会讨论的意见，下面我就经济工作讲几点贯彻措施：

一、抓重点求实效，经济稳健增长

今年以来，我们在市委的坚强领导下，践行“五个扎实”，聚力追赶超越，推动绿色循环发展取得了新的进展，经济运行高开稳走、持续向好，圆满实现“双过半”目标。

一是经济增速保持领先。上半年全市生产总值450.63亿元，同比增长11.4%，高出全省3.2个百分点。全市生产总值、农业增加值、规上工业增加值、社会消费品零售总额、农村居民人均可支配收入增速和非公经济增加值占GDP比重等六项经济指标居全省第一；固定资产投资增长19.7%，高于全省5.5个百分点。

二是结构优化态势明显。从产业结构看，装备制造、富硒食品加快发展，分别增长30.3%和22.6%，规模以上工业增加值占GDP比重44.9%；三产服务业占比提升约1个百分点。从投资结构看，工业投资增长34.7%，同比提高2.1个百分点；基础设施投资增长51.7%，拉动作用明显；高技术产业投资增长42.5%，量虽小但增速快；民间投资增长30.2%，占全部投资的48.5%。从所有制结构看，非公有制经济占GDP比重达57.6%，高于全省平均水平3.8个百分点。

三是质量效益稳步提升。财政一般预算收入增长10%、支出增长19.2%，城乡居民人均可支配收入分别增长8.4%和8.7%，均高于全省平均水平。金融机构存贷款余额分别增长17.6%和17.4%，公路客货运周转量增长8.8%，全社会综合用电量增长18.1%，新登记各类市场主体1.2万户、增长14.8%。

上半年宏观经济环境错综复杂，脱贫攻坚进入决战关键期，改革发展面临诸多矛盾困难。在多重压力和挑战面前，全市上下凝心聚力，用苦干实干尽责担当，成绩来之不易，工作有力有效。

（一）立足产业强市，壮大特色产业。南水汽配一期等21个工业项目建成投产，奥邦智能工厂等34个工业项目落地开工，以奥邦锻造、普瑞达电梯等为代表的智能制造示范效应凸显。围绕打造富硒产业品牌，深化与中国农科院等科研机构合作，统筹推进基地、企业、标准和品牌建设，全市20个航母型现代农业园区加速构建，市级以上农业产业化龙头企业达124家，富硒茶标准获批国家行业标准，有机硒检测方法获得陕西省地方标准立项。出台“旅游业发展三年行动计划和实施意见”，狠抓旅游项目建设和服务质量提升，接待游客、旅游综合收入分别增长19%和33%。

（二）强化项目支撑，扩大有效投资。深入开展“追赶超越·项目建设年”活动，实施“千亿投资”工程，组织实施220个重点建设项目、100个前期工作项目；策划推介PPP项目86个，总投资1000亿元。组织两批次154个项目集中开工，重点项目开工率78%。安康机场、长春路、北环线等PPP项目，阳安铁路复线、安岚和平镇高速等重大基础设施项目，钒氮合金二期、旬阳烟厂技改等产业项目加快实施，西康高铁、石宁高速、安康中心城市水环境PPP项目前期工作取得突破。220个市级重点建设项目、127个重点产业项目分别完成年度投资计划的51%和59.5%。

（三）聚焦“秦巴明珠”，加速推进城镇化。围绕建设“秦巴明珠”生态旅游城市，扎实推进中心城区“湖城一体、疏解江南、重心北移”战略，规划建设城东新区，严格实行江南老城区“减容建设”和“拆公还公”。东坝汉江大桥、安康大道、兴安路综合改造二期、防洪堤堤顶路提升改造等项目建成投用，泸康大道二期等项目取得突破。以移民搬迁为契机，加快小城镇建设，县域副中心镇、省级文化旅游名镇、重点镇完成投资7.6亿元。实施128个改善农村人居环境试点示范村建设，完成投资9193万元。

（四）深化改革开放，激发创新活力。不断深化“放管服”改革，新增17个部门48项审批服务“只跑一次”，互联网+政务服务平台正式上线。园区发展、社会治理、村级财务审计、民生警务等重点领域改革取得新成效。组织项目招商和产品推介活动70余场次，签订合同项目156个，引进资金340亿元，全部落地开工。成功举办汉江龙舟节、安康硒博会暨汉江流域农博会、“一带一路”国际茶叶贸洽会、南水北调中线城市区域文化联动等系列活动。津陕对口帮扶、苏陕扶贫协作不断深化，对口常州市建立战略合作协议。建立循环经济产业科技投资基金，实施科技型企业创新能力提升行动计划，大力培育“双创”主体和孵化平台，全市首个“院士工作站”和科技专家工作站挂牌运行。

（五）统揽脱贫攻坚，增进民生福祉。把脱贫攻坚作为政治任务、民生工程和发展机遇，夯实“四级书记”责任，推动“八个一批”落地。全市300多名县级以上领导干部联县联镇、包村包户，整合驻村帮扶“四支队伍”1153支1.2万人，2.2万名党员干部结对帮扶贫困户7.2万户。全年6.22万套易地扶贫搬迁安置房全部开工。本轮数据清洗核实贫困对象18.04万户51.35万人，没有“大进大出”。扎实推进金融精准扶贫，统筹整合财政涉农资金20.8亿元，推动形成专项、行业、社会“三位一体”大扶贫工作格局。在全省脱贫攻坚市际交叉检查和国务院巡查中，我市位列全省第一方阵，平利县、石泉县获全省96个有脱贫任务县前两名，8个县进入前10名。严守生态保护红线，坚持铁腕治污防霾，全面实施“河长+警长”制，空气环境质量全省领先，汉江水质持续保持国家二类水质。围绕群众关心的上学、就医、体育、文化、休闲、社保等民生领域，加大投入力度。民生支出115亿元、占比83.5%，城镇新增就业11166人，汉滨初中高新校区已建成投用、市一小高新校区明年可建成投用。

（六）坚持真抓实干，增强发展实效。把“两学一做”常态化制度化融入经济工作，市政府班子倡行“每周六、周日有半天休息不保证”，用苦干实干、干成干好的实际行动体现学习教育成果。年初分解任务，层层传导压力。组织10个县区、73个市级部门和中省单位，公开承诺501项1605件重点工作和民生实事，实行跟踪督查、定期通报、结果公开和问责问效。建立重点工作周计划总结和公开公示制度，以实干作风和奉献精神推动追赶超越。

当前经济运行面临的困难和问题主要是：经济总量小、产业实力弱，前边标兵渐行渐远，后有追兵步步紧跟，发展第一要务在安康显得更为重要和紧迫；贫困程度深、扶贫难度大，脱贫攻坚是难中之难；市场预期不稳，经济增速放缓，年度“保优争先”压力加大；工业稳增长扩投资的基础仍不牢，高成长性企业增速虽快但总量小，尚未形成核心竞争力；项目工作徘徊不前，大项目储备严重不足，投资增长后续乏力；营商环境不优、高层次人才少、发展要素缺失问题突出，干部不作为、慢作为、乱作为现象时有发生。我们既要坚定信心，更要保持清醒，分门别类解决，逐个节点推进，确保经济持续健康快速发展。

二、补短板强优势，确保全年目标

做好下半年经济工作，实现全年发展目标，是追赶超越的基本要求。要深入贯彻省、市党代会和年初全市“两会”精神，围绕建设西北生态经济强市，保持发展定力，坚持一张蓝图，苦干实干、干成干好。以“五新”战略任务为引领，深入推进绿色循环发展，按照“发展为要、生态立市、开放兴市、产业强市”的路径，放大自身优势，补齐发展短板，提升安康经济综合实力。

第一，突出项目核心，以项目建设扩投资、促发展。

*坚持抓项目不动摇。*深入开展“追赶超越·项目建设年”活动，千方百计扩大有效投资，以大项目引领大发展、实现新跨越。落地开工要快，紧盯200个市级重点建设项目，由市发改委牵头，各县区和各部门负责，逐项目梳理研判。对尚未开工的项目要盯住不放，找准问题和症结所在，进一步压实责任主体和时间节点，强化要素和环境保障，集中力量破解难点。各级各部门都要以大局为重，全力支持项目建设。要加强与国家部委、省级部门汇报对接，争取中省更多更大支持。三季度开工宁陕至石泉高速，年内实质性启动西康高铁。推进力度要大，坚持立足当前与着眼长远相结合，围绕建设休闲养生的“秦巴明珠”生态旅游城市，加快推进中心城市文化旅游和市政设施建设，重点抓好安康机场、平镇和安岚高速、月河快速干道、汉江大剧院、体育运动公园、城东新区、西坝防洪、黄沟片区综合改造等重大项目，下好项目建设“先手棋”，夯实加快追赶超越、建设“秦巴明珠”的基础。项目谋划要精，用创新思维审视现实条件和优势资源，及时吃透弄懂国家重大战略、政策和规划，深入研究宏观经济趋势和市场动向，把握机遇，闻风而动，坚持自主谋划与专业团队策划相结合，往“深”里想，朝“大”上盯，敢于无中生有，善于有中生优，创造性谋划一批高成长性项目，支撑和引领可持续发展。

*充分激活民间投资。*加快安康经济发展，潜力在民间，活力在民营。要全面落实中省政策措施，降低市场准入门槛，创造公平竞争环境，吸引民间资本进入特色产业、基础设施、公共事业等领域。坚持抓大不放小、引外不轻内，创造条件培育民营企业，全年新增各类市场主体2万户；积极推动“个转企、小升规、规上市”，形成大中小企业梯次跟进、传统与新兴产业竞相发展格局。精准发力、持续推进PPP项目，着力在市政建设、生态环保、交通运输等低风险领域和文化体育、影视娱乐、工程建设等高回报行业实现突破；各县区今年至少谋划推介PPP项目10个以上、落地3个以上。

第二，坚持产业强市，以产业发展蓄势能、强支撑。

*工业要做大总量。*牢牢把握稳中求进总基调，突出工业稳增长扩投资，完善政策措施和推进机制，扎实推进新增产能项目。突出抓好127个市级重点产业项目，加快旬阳电站、南水汽配二期等80个重点工业项目建设，确保旬阳烟厂技改、钒氮合金二期等20个工业项目建成投产，力促30个工业项目开工建设。坚持以工业理念发展现代农业，加快打造千亿富硒产业集群。推动县域工业集中区建设，支持汉滨、汉阴、石泉申报省级经开区。统筹推进“飞地园区”基础设施配套，完成投资3亿元，力促10户企业落地开工或建成投产。支持优势骨干企业做大做强、小微企业茁壮成长，全年新增规上企业40户以上。

*农业要彰显特色。*依靠科技支撑和创新驱动，支持有诚信、有技术、有社会责任的企业发展富硒产业，让富硒产品实至名归、富硒品牌更具价值，使生产者和消费者共同获益。要坚持产业基地、市场主体、技术标准、品牌建设“四位一体”推进，力促富硒魔芋、猪肉成为国家级标准。深化与中国农科院等科研院所的合作，加快建立富硒产业标准、硒产品检测发布和质量安全追溯体系，用科学详实的数据说话，通过第三方权威发布，让消费者认可富硒、放心消费。依法依规加强富硒食品市场监管，决不允许乱贴富硒标签、更不容忍富硒产品鱼龙混杂，坚决避免正在快速崛起的安康富硒品牌受损。加快推进茶叶品牌整合，力促“安康富硒茶”商标注册，提升市场知名度和竞争力。

*三产要强化旅游带动。*围绕建设“秦巴明珠”生态旅游城市，大力发展全域旅游，融入文化、生态、康养、美食等特色元素，构建“一心两廊三区”发展格局。高标准推进南宫山、瀛湖5A和石泉古城、悠然山4A景区创建，加快神河源——千层河景区、汉水文化民俗旅游村等重点旅游项目建设。狠抓旅游服务提升，创新推介宣传模式，提升安康旅游美誉度，力促全年接待游客3600万人次以上、综合收入20亿元。培育旅游、文化、体育、健康、养老“五大幸福产业”集群，推广“安康美食”特色品牌。围绕扩大市场消费，提升金州路、汉城商业街、天一广场、天贸物流城等城市商圈和9县城商业服务区，全年培育限上商贸企业45家。大力发展新兴服务业态，高标准规划建设“智慧安康”，积极培育互联网经济、会展经济和分享经济，加快电子商务向农村拓展，力促线上线下融合发展、重点村电商全覆盖，让安康特色产品通过网络走向全国、走向世界。

*打造最具活力增长极。*一方面，要推动县域经济争先进位。坚持强县与富民统一、改革与发展结合、城镇与乡村贯通，以培育产业为关键支撑、城镇建设为重要基础、脱贫攻坚为第一任务、改革创新为根本动力，培育1—2个工业强县、2—3个富硒产业名县、3—4全域旅游示范县和3—5个产业带动型特色小镇、10个左右的生态田园式美丽乡村。要突出产城融合、产业联动，统筹抓好城镇建设、园区提升、招商引资、扶贫开发等重点工作，尤其要在产业集群化、新型城镇化、环境生态化、城乡一体化上下功夫求突破。强化汉滨龙头引领，支持旬阳撤县设市。各县区要放眼全省全国，找准位次、短板和优势，紧盯追赶超越目标，努力把短板补齐、把优势放大，形成“你追我赶、竞相发展、争先进位”发展态势。另一方面，要提升园区经济发展水平。狠抓园区基础设施配套、体制机制创新、市场主体培育等关键节点，整合优势资源，创造一流环境，促进资源集约、企业聚集、产业集群。统筹“三区三园”发展，优化产业布局，注重错位发展，避免同质化竞争。要树高标杆、追赶超越，强力推动安康高新区争创一流国家高新区，突出抓好瀛湖生态旅游区、恒口镇级小城市综合改革试验区和旬阳省级高新区建设，聚力打造20个产业航母型现代农业园区。

第三，聚焦开放发展，以招商引资补短板、赢先机。

当前，开放不足仍然是制约全市追赶超越的突出短板，只有扎实扩大以招商引资为重点的对外开放，才能赢得未来发展先机。

*以更大力度招商引资。*把招商引资作为安康对外开放的第一抓手和追赶超越的最强动力。要创新方式方法，提升“招商引资+产品推介”模式，强化专业招商、以商招商、小分队招商和产业链招商，提升精准度，不搞大呼隆，推动招商引资专业化和精细化；要对标发达地区和西安等先进地市，分行业和区域定向、定期研究招商信息，主动出击，重点突破，动用一切资源、想尽一切办法、简化一切程序，确保招得到、引得进、留得住；狠抓产业链招商，引进一户、带动一链、形成一群；切实加强与商会联系，发挥桥梁纽带作用，引导和支持安康籍在外企业家返乡创业以及安康人在本地创业。要瞄准主攻方向，密切跟踪国内外知名企业、行业领军企业的投资方向，积极促成央企、陕企和军工企业投资安康，重点在工业领域引进一批大企业；依托资源优势，加快生态产业化，在富硒食品、生态旅游、包装饮用水、中医药、大健康产业等方面引进一批好项目；积极跟进“双创”、新经济、“互联网+”发展趋势，积极培育众创、众包、众扶、众筹平台，促成一批新产品、新技术、新业态项目落户安康；坚持招商引资与招才引智有机结合，施行“双招双引”，推动更多企业和资本投向安康、更多外来人口定居安康，促成一批高新技术、创新团队和优秀人才为我所用。要完善推进机制，施行招商引资项目落实责任制，重大项目领导亲自上门、亲自接待、亲自洽谈、亲自协调、亲自督办，做到接待真心真意、交流专业专注、服务贴心用心，形成招商、亲商、安商、富商的良好氛围。建立招商引资激励机制，纳入追赶超越季度点评，促进各级各部门比学赶超；每年召开高规格的招商引资大会，大张旗鼓地表彰奖励先进、鞭策后进，让开放招商成为全民行动。

*拓展开放发展的空间。*加强与国家三大战略的有效对接，以打造、融入汉江生态经济带为契机，在丝绸之路经济带和长江经济带融合发展中找准定位、谋划发展；放大“鎏金蚕”品牌效应，提升安康在丝绸之路经济带的历史地位和现实影响；以南水北调中线工程为纽

带，加强与京津冀协同发展区的经贸合作。借助陕西自贸区的政策环境优势，用好丝博会、硒博会、龙舟节等重大综合性开放平台，精心组织开展重大经贸活动。坚持政府主导、企业主体、市场助推，落实相关协议，不断深化津（京）陕、安康与常州战略合作，在对口协作扶贫、产业基地建设、特色产品展销、劳务输出培训、旅游开发合作、生态环境保护、干部挂职交流等领域加强合作。加快建立文化、旅游、体育、贸展等各类平台，展示对外形象，助推开放合作。加强公职人员学习培训，主动走出去，提升领导干部的世界眼光和战略思维。

创造一流的营商环境。开放发展是硬道理，优化环境是硬条件，环境好坏事关安康发展前景和后劲。要把优化发展环境作为开放发展的“生命线”工程，树立“人人都是投资形象、处处都是投资环境”的意识，以优质的发展软环境弥补发展硬件不足的缺憾。加快社会诚信体系建设，在全社会树立“一处失信、处处受限”的意识，构筑诚实守信的经济社会环境，努力让安康成为资本、企业、人才聚集的“洼地”。对于成长性好、带动作用强的项目，各级各部门要在项目、资金、服务等方面加大帮扶力度，体现政府的支持态度。坚持教育引导、问责倒逼、依法严惩相结合，加大建设环境巡查暗访力度，树一批顾大局、看长远、做贡献的先进，抓一批破坏发展环境的典型。对不作为、慢作为、乱作为的公职人员，纪检监察部门要依纪依规严肃问责；对强揽工程、强买强卖、蓄意滋事、非法阻工、敲诈勒索等违法行为，要依法严惩；持续加大“打五霸”工作力度，坚持露头就打、绝不姑息，坚决防止反弹。

第四，打造“秦巴明珠”，以城镇化扩内需、挖潜力。

提升中心城市品位。加快推进城市总体规划修编，优化城市空间布局，加强一江两岸、新旧城区、城市副中心的景观风貌和特色建筑设计，实施城市“双修”，完善城市配套功能。强化规划约束力和执行力，让城市发展更守规矩、更加健康。深入推进“湖城一体、疏解江南、重心北移”战略，突出“一江两岸”休闲景观建设，实施文化旅游、体育运动、亲水体验、休闲观光等重点工程，打造环江百里风景线；严格实行江南城区“减容建设”和“拆公还公”，以市级机关事业单位北迁为带动，引导人口、产业和配套服务跨江北移，力促江北新区新增城市人口2万人。建成高井路、泸康大道二期、东坝内环路及排涝泵站、西郊公园，完成解放路、巴山路综合改造，开工建设新罗公园，启动实施金州北路、江北大道综合改造，新建一批停车泊位、公厕和天然气利用工程，开通36处公共区域免费WIFI。加快黄洋河公园等PPP项目前期工作。引入社会资本和企业主体，实施黄沟、东坝、西坝等9大片区改造。实施关庙、张滩、石梯片区开发，统筹推进城东新区建设。

构建全域城镇体系。统筹月河川道城镇带、汉江生态经济带和县城、重点镇、新型社区及美丽乡村建设，加快产业园区、移民搬迁社区建设。以基础设施、公共服务为重点，深入推进县城、重点镇、农村新型社区建设，加快棚户区、城中村和危旧小区改造，新建一批方便舒适的现代社区。坚持规划引领，创新体制机制，以特色小镇理念推进棚户区改造、片区综合开发和“飞地经济”园区建设，支持长安硒茶小镇、池河金蚕小镇等一批具有产业支撑的特色小镇建设。注重城市色彩和城乡规划设计，创造个性突出、生动美观的人居环境。加大农村人居环境改善力度，建设环境整洁、绿色生态、产业发展、设施配套的美丽宜居乡村。整合双创办和创文办资源，巩固卫生城市创建成果，加快森林城市、环保模范城市、文明城市创建。

第五，推动改革创新，以创新发展增活力、拓空间。

经济发展进入新常态，新旧动能转换是必然趋势。面对经济下行压力，与其苦熬不如苦干，向改革创新要动力，向开放发展要空间。

持续推进“放管服”改革。以方便群众办事、服务企业发展为目标，进一步简化办事程序，坚决废止不符合简政放权要求的各项规定。全面清理各类证明和盖章环节，着力打通服务群众“最后一公里”。整合各类交易资源，规范运行市公共资源交易中心，扩大“最多跑一次”事项范围。鼓励基本公共服务项目使用政府购买服务。用好创新创业科技园、秦巴众创空间等“双创”平台，整合创新资源，力促更多创新成果。推进行政许可相对集中改革试点，全面推行市县部门“双随机一公开”监管机制，提升巩固村财监管体制改革。积极推进城市管理执法体制改革、恒口管理体制改革和旬阳高新区管理体制调整。

深化金融改革创新。围绕服务实体经济、防控金融风险、深化金融改革三项任务，切实抓好国家政策性金融扶贫试验示范区、省级金融精准扶贫示范区、省级绿色金融示范市创建和安康高新金融服务聚集区建设，支持银行、保险、证券、基金等各类金融业态创新产品和服务方式。用好发投、城投、扶贫开发投资公司等投融资平台，发挥好融资担保、小额贷款和典当公司等地方性融资机构作用，撬动更多金融资本、民间资本投向实体经济和扶贫开发。加大财政涉农资金统筹整合，提高扶贫资金使用效益；积极推动华银科技等一批企业在“新三板”和“新四板”挂牌，全力推动阳晨牧业、桂花水能等在主板上市，尽早实现安康企业在主板上市“零突破”。加快推进全省农村综合改革试点，推广农村承包土地经营权、农民住房财产权“两权”抵押贷款试点。推广企业还贷周转金和实行企业金融顾问制度，解决中小微企业融资难、融资贵问题。

深入推进体制机制创新。创新是引领发展的第一动力。鉴于安康的市情实际，我们要把体制机制创新作为全面创新的重中之重，作为推动科技等领域创新的“先手棋”。坚持问题导向，强化改革意识，跳出条条框框束缚，摆脱形形色色纷扰，只要是有利于加快发展，不违纪不违法，都要大胆地试、勇敢地闯。理直气壮地支持创新、鼓励创新，为在改革创新中敢担当者担当，为敢想敢干的人“开绿灯”“兜好底”，大胆容错，弘扬在改革创新中敢想、敢干、敢担当的正能量。

第六，护好生态环境，以青山绿水显优势、树形象。

良好的生态环境是我们能够引以为荣、被外界认可的比较优势，保护好青山绿水的生态环境，既是我们的政治责任，也是我们安身立命之本。

实施生态环保“组合拳”。树牢“绿水青山就是金山银山”理念，全面落实主体功能区规划，推进经济发展与生态建设同步提升。持续推进“绿化安康”行动，加强天然林保护，巩固退耕还林成果，完成绿化造林50万亩。实施山水林田湖综合治理，加快污水、垃圾处理设施及水源地保护工程，推进中心城市水环境和垃圾焚烧PPP项目建设，完成9个县城污水处理厂提标改造，有序推进镇级垃圾、污水处理设施建设，今年建成35个、开工建设11个镇级垃圾、污水处理厂。力倡厉行绿色、循环、低碳生活方式，积极推广绿色建筑、绿色交通、绿色消费，建设全国低碳示范市。

打好污染治理歼灭战。持续推进中、省环保督察反馈问题的整改落实。全面推行“河长+警长”制和“网格化”管理。以县为单位全面推行重点监控源第三方管理运营；认真落实铁腕治霾·保卫蓝天“1+10”方案，强化治污降霾措施，加强大气污染防治；深入开展土壤污染防治，完成10县区67个镇农村环境综合整治。加强环境风险防控，不断提升南水北调环境应急指挥处置管理水平。以整治“冒黑烟”、垃圾倾倒、污水直排、机动车尾气排放、工地和道路扬尘等为重点，严格执法监管，严惩违法行为，强化督促整改。持续开展形式多样的环保宣传，让环保意识入脑入心，体现在认识上，落实到行动中。

第七，紧盯民生实事，以脱贫攻坚惠民生、赢民心。

从严从实推进脱贫攻坚。以解决突出问题为重点，以重大扶贫工程和到村到户帮扶措施为抓手，持续推进脱贫攻坚，实现303个村、15.72万人脱贫，完成易地扶贫搬迁6.22万户、17.6万人。建立脱贫长效机制和暗访问责机制，巩固提升脱贫攻坚问题整改成果，持续推进突出问题整改，变“运动式整改”为“常态化推进”，确保在年终国家脱贫攻坚考核中继续保持优异成绩。把发展作为实现脱贫攻坚的关键，切实把脱贫攻坚与“四化同步”、三产融合、城乡一体、产业培育和破解“三农”问题等统筹推进。围绕产业发展促脱贫，全面推进“支部+X+贫困户”模式。全面推广平利“社区工厂”模式，着力把搬迁群众转化为产业工人，实现就近就业。全面落实“县级主责、部门连责、捆绑考核”的精准脱贫考核工作机制，对各县区和市级“八办两组五保障”责任部门实行点评考核，坚持督查暗访连带追责问责制度，建立第一书记和驻村干部年度研判制度和正向激励机制。深化宣传倡导，大力开展“树千名自强标兵、交万名农民朋友”行动，着力培育和宣传自强自立先进典型，组织党员干部与贫困群众交朋结友，不断激发群众脱贫致富的内生动力。

全力加强民生保障。以教育、卫生、住房保障、移民搬迁、文化体育等为重点，持续加大投入，不折不扣地兑现民生承诺，让民生项目变成群众实实在在的实惠。突出抓好大众创业、万众创新，帮助更多有创业意愿和创业能力的人成功创业，吸纳和带动更多劳动力实现就业。要坚守安全发展底线，把防汛减灾、安全生产、食品药品安全等各项责任和措施落到实处，保护好群众生命财产安全。要加强和创新社会治理，切实做好信访维稳和社会治安等工作，大力推进依法行政，依法严惩各类违法犯罪行为，建设法治安康。

三、讲奉献有作为，争创全省一流

一要解放思想，敢闯敢干。习近平总书记指出，改革发展要有新突破，就必须进一步解放思想。我们要加快追赶超越，惟有真正解放思想，才能闯出一条新路，开辟一片新天地。要坚决纠正只防出错、不求出新，只求保险、不担风险的思维定势，敢于放开手脚，大胆创新。要善借“他山之石”，广泛借鉴外地先进经验，汲取精华为我所用、创新运用。要推动工作方式由被动求稳向主动创新转变，工作重心由注重“显绩”向注重“潜绩”转变，通过创造性工作打开局面、破解难题、推动发展。

二要保持定力，求真务实。美好蓝图不会一蹴而就，需要艰辛努力和顽强拼搏。特别是在当前追赶超越、脱贫攻坚、生态环保压力持续加大，改革发展任务艰巨繁重情况下，各级领导干部更要坚定信念、保持定力，重实际、办实事、求实效，说了算、定了干、干必成。不仅要出思路、做决策，更要带头抓落实，该决策时果断决策，该拍板时大胆拍板，决不能把矛盾上交、责任下推、难题后拖、避实就虚、议而不决。要敢于较真碰硬，勇于负责担当，把心思集中在想干事上、胆识体现在敢干事上、能力展现在会干事上、目标锁定在干成事上。用好“三项机制”，为担当者、改革者和创新者保驾护航，形成尊重和支持改革创新、干事创业的良好风气。

三要强化责任，狠抓落实。实现今年的目标任务，关键要强化责任抓落实，特别是事关全局的重大建设、重点项目、重要工作，必须列出清单、压实责任，明确时间节点和标准要求。要紧扣年度目标、公开承诺、考核指标等，把任务具体到项目、落实到岗位、量化到个人，一级抓一级，盯住不放，层层传导责任压力，确保每项任务落实见效。要严明纪律、加强督查、跟踪问效，重点工作算好时间账定期督着干、重点项目排出进度表现场盯着干，以钉钉子的精神和绣花的功夫，为完成全年目标、决胜全面小康而努力奋斗。

四要廉洁勤政，争创一流。牢固树立“四个意识”，提高政治站位，提升政治觉悟；加强党风廉政建设工作，发挥制度刚性约束作用，确保政府工作运行程序公开、运行规则公平、运行结果公正，确保经济社会发展和廉政建设任务同步落实；践行“忠诚、干净、担当、责任、落实、奉献”的作风标准，全力实现市政府系统“一流的干事氛围、一流的团队素质、一流的工作作风、一流的发展成效”！

最后，我再强调一下当前的安全生产和防汛防滑工作。8月10日23时34分，西汉高速宁陕秦岭一号隧道口发生一起河南洛阳籍客运车辆单方肇事的特大道路交通事故，导致36人遇难、13人受伤。事故发生在党的十九大召开前夕和四川、新疆抗震救灾之际，造成重大人员伤亡和严重社会影响，我们深感痛心。全市各级各部门均要认真汲取该事故的惨痛教训，举一反三，市安监局要会同交通、交警、消防等部门立即开展全市全领域安全生产大排查、大检查，继续把道路交通安全作为安全生产的重中之重，坚决遏制任何较大以上安全生产事故的再发生。此外，当前我市正处于主汛期，我们一定要时刻保持如履薄冰、如临深渊的高度警觉，尤其是针对7、8月份的干旱天气，坚决克服松懈情绪和麻痹思想，密切关注后期降雨量的变化，全面做好预报、预警、值守、防汛、防滑等各项准备，确保平安度汛。

中共安康市委
关于大力推进新民风建设的实施意见

安发〔2017〕1号

优良民风引领社会文明进步。传承发展具有安康特质的优良民风，并与时俱进赋予新的时代内涵，是新时期安康人民共同的价值追求和文化自信。为贯彻落实党的十八大以来关于以优良党风带政风促民风的部署要求，坚持“党建+”系统思维，弘扬优秀传统文化，创新社会治理体系，构建和谐社会关系，厚植发展软实力，市委决定在全市大力推进“诚、孝、俭、勤、和”新民风建设。现提出如下意见：

一、重要意义

在中华文明的浸润滋养下，安康人民在长期社会实践中融汇、继承、形成的优良民风，影响和引导着安康人民的道德风尚与社会进步。随着社会加快转型和深刻变革、多元思想文化和外部环境影响，一些低俗风气在抬头，迫切需要传承发展优良民风，增强新民风建设的思想自觉和行动自觉；迫切需要继承中华传统优秀文化和挖掘安康优良民风，赋予新的时代内涵和现代表达形式；迫切需要坚持问题导向、顺应群众意愿，加强移风易俗引导形成向上向善的社会风尚。大力推进“诚、孝、俭、勤、和”新民风建设，是加快经济社会发展和实现追赶超越的现实需要，是培育和践行社会主义核心价值观的内在要求，是全面加强基层党组织建设的重要内容，是坚持以人民为中心工作导向的必然作为，是加强和创新基层社会治理的重大举措，对于提升全市人民群众道德素养和文明程度、优化社会风气和发展环境、助推脱贫攻坚和实现全面小康、推进治理体系和治理能力现代化，具有重要的现实意义和深远影响。

二、核心内涵

坚定中华文化自信，坚守优秀文化立场，传承优良民风基因，广泛吸收文明成果，面向未来引领发展，赋予新民风时代内涵：

“诚”倡导的是厚道实在、诚实守信，就是要把以诚做人、坦诚待人作为立身处世之道和待人接物准则，心怀善良、光明磊落、信义立身，重实诚、讲实在、守诚信，一诺千金、言而有信。旗帜鲜明反对要弄小聪明、贪图小便宜，口是心非、投机取巧，见利忘义、欺诈无信当“老赖”等不厚道、不诚信现象。

“孝”倡导的是孝老爱亲、知恩感恩，就是要把奉先思孝、善待家人作为道德基础和精神基因，感恩父母、孝敬老人，尊师重道、敬老助老，关爱子女、严格教育、淳正家风，家庭和睦、患难与共、传承美德。旗帜鲜明反对忤逆不孝、虐待老人，重养轻教、溺爱子女，亲情淡漠、家庭暴力等不孝老、不爱亲现象。

“俭”倡导的是节俭简朴、量入为出，就是要把节俭节约、反对浪费作为行为习惯和生活时尚，让人情往来返璞归真，节俭办事、婚事新办、丧事简办，理性消费、注重积蓄、殷实家庭。旗帜鲜明反对人情风盛、大操大办得好处，恶俗陋习、奢侈浪费、摆阔气好面子等不节省、不俭朴现象。

“勤”倡导的是勤奋劳作、踏实苦干，就是要把勤恳工作、拼搏奋进作为生存之基和创业精神，传承发扬勤劳实干的优良传统，脚踏实地、诚实劳动，认真干事、不等不靠，敬业奉献、积极进取，爱护环境、清洁家园。旗帜鲜明反对好逸恶劳、游手好闲、不务正业，重说轻干、小富即安，等靠要闹、玩风盛行好享受等不勤奋、不上进现象。

“和”倡导的是以和为贵、宽容礼让，就是要把和衷共济、崇尚和合作为思想共识和行为遵循，处事包容大度、有理让三分，邻里融洽、守望相助、礼善待人，有公心、讲大局、识大体，尊崇法治、团结和谐。旗帜鲜明反对损人利己、缠闹扯皮，蛮横霸道、撒泼耍赖，寻衅滋事、逞强斗狠、行事偏激等不和气、不宽让现象。

三、总体要求

以党的十八大和十八届三中、四中、五中、六中全会精神为指导，深入贯彻习近平总书记系列重要讲话精神，以“党建+”系统思维为引领，以传承发展中华优秀传统文化为契机，以培育和践行社会主义核心价值观为根本，坚持问题导向、群众主体、典型引领、上下联动的原则，着力打造“党建+新民风”社会治理模式，着力增强全市人民对新民风建设的思想认同和行动遵循，为加快建设西北生态经济强市和全面建成小康社会提供优良民风保障。

按照“一年初见效、两年大变样、三年成新风”的要求，经过全市上下的努力，实现全市城乡社会风气显著好转、道德素养显著提升、法纪意识显著增强，民风民俗更加文明、发展环境更加优化、社会大局更加稳定，社会道德环境公众满意度、市民生活幸福感、投资环境满意度明显提升。

四、重点任务

（一）开展新民风道德评议活动

坚持以说论理、以评明德、以亮树德，深入开展新民风道德评议活动，推广旬阳县“说论亮”道德评议模式，促进群众自我教育、自我管理。

修订完善村规民约。针对村情实际，坚持群众认可，突出可行管用，做到“一村一约”。镇办党委、村党支部具体负责村规民约修订工作，按照拟定初稿、征求意见、“两委”商议和村民代表会议初审、村民会议通过、公布执行等程序，根据多数村民意愿，健全完善以维护生产秩序、社会治安、履行法律义务、规范民风民俗等为基本内容，既有特色和针对性、又实用可操作的村规民约，为村民提供普遍认同的行为规范和约束准则。

组建道德评议机构。在县区和镇办组织指导下，以村为单位，由群众推选德高望重、办事公道、热心公益、组织协调能力较强的老党员、老干部、道德模范、人大代表、政协委员等乡贤能人组成道德评议委员会。加强对评议人员的教育培训，明确评议方法，熟悉评议程序，增强评议能力。在各村设民风观察员，掌握动态，及时发声。

规范开展评议活动。推行“群众说、乡贤论、榜上亮”的做法，突出问题导向，坚持正反结合，精心组织实施。“群众说”要深入调查走访形成评议主题，慎重确定评议对象，重点围绕好人好事、善行义举和“不诚、不孝、不俭、不勤、不和”等问题，确定说事内容，听取评议对象陈述，发动群众交流看法。“乡贤论”要通过讲清道理、明辨是非，引导群众对正面典型见贤思齐、对反面典型自觉抵制，通过民主表决，形成评议决议。“榜上亮”要依据评议结果，对先进典型宣传褒奖；对后进典型落实专人帮包转化。通过大张旗鼓宣传先进模范的典型事迹和道德品质，褒扬善行义举，贬斥失德失范，抵制不良风气，弘扬清风正气。

（市文明委、市民政局牵头，各县区委、县区政府等负责实施）

（二）开展新民风移风易俗活动

坚持倡树文明新风、革除陈规陋习，深入开展新民风移风易俗活动，引导形成勤俭节约、反对浪费的社会认识和浓厚氛围。

深入整治陈陋习俗。倡导新风良俗，破除陈规陋习，用有人情味的文明礼仪占领文化阵地。提倡婚事新办，不收高价彩礼，破除低俗恶搞陋习，树立新型婚俗观；鼓励厚养薄葬、丧事从简，不搞封建迷信，杜绝丧礼恶俗，倡导文明、低碳、庄重祭奠，树立新型丧葬观和祭奠观；提倡不办或俭办满月、生日、升学、乔迁等喜庆事宜庆祝活动，引导农村群众尽量不放或少放烟花爆竹，倡导健康文明高尚的交往方式。

坚决抵制不良风气。大力弘扬勤劳致富、勤俭持家传统美德，广泛宣传勤奋进取、干事创业的先进典型，在全社会推动形成爱岗敬业、务实重干的浓厚氛围。坚持扶贫先扶志、治贫先治懒，抵制争当贫困户、等靠要的不良风气，通过思想教育、精神激励和建立奖勤罚懒机制，引导有劳动能力的贫困户勤劳致富。抵制互相攀比、大操大办、借机敛财等不良风气，引导群众在村规民约中合理约定人情往来的礼金限额、宴席档次和时间，减轻人情负担，减少铺张浪费。持续开展禁赌专项治理，有效净化社会风气。深入推进健康城市建设，树立健康文化理念，引导群众积极参加有益身心健康的文化体育活动，养成科学、健康、文明的生活方式。

健全移风易俗落实机制。把移风易俗相关约定纳入村规民约，明确违约责任和处罚办法，形成广大群众普遍接受的行为准则。建立村红白理事会，负责婚丧嫁娶事宜，规范引导群众移风易俗，实现自我管理和约束。党员干部要严格遵守纪律规定，为当地群众树立标杆。发挥村“两委”班子成员的表率作用，带头摒弃不良习俗，带头倡导清风正气。

（市文明委牵头，市公安局、市民政局、市文广局、市体育局和各县区委、县区政府等负责实施）

（三）开展新民风文化传播活动

坚持以树立健康的家庭价值观为突破，传承发扬优秀传统文化，推进家风建设，以德育人、敦德教化、淳化民风，深入开展新民风文化传播活动，着力提升群众道德修养和文明素质。

加强优良家风建设。坚持注重家庭、注重家教、注重家风，充分发挥家庭教化基础性作用。大力推广“汉阴沈氏家训”“白河黄氏家规”“岚皋杜氏家规”等优秀家规家训，建立家规家训教育基地，发挥示范引领作用。组织群众广泛参与，萃取家规家训精华，挖掘整理一批弘扬传统美德、突出时代要求、贴近生活实际的“百姓家规”。开展“家规家训进万家”“讲述家教故事”等活动，引导群众更加注重家庭教育，培育百姓好家风，用优良家规家教家风正德树人、淳化民风。

传承弘扬优秀传统文化。坚定中华文化自信，大力弘扬优秀传统文化的思想理念、传统美德和人文精神，汲取文化自信养分，发挥成风化人作用，强化公序良俗，熏陶善化民风。着力培育新乡贤文化，颂传“古贤”的思想和事迹，宣传“今贤”的精神和贡献，发挥榜样示范作用，涵育文明乡风民风。深入践行社会主义核心价值观，形成普遍认同的道德标准和价值标尺，弘扬正能量、凝聚精气神。加快推进基本公共文化服务标准化均等化，举办全民阅读推广活动，打造全民阅读新时尚，形成传承发展中华传统优秀文化的良好社会环境。

实施新民风文化传播工程。加强新民风核心内涵宣传教育，以中小学生和青年为主要对象，发挥学校在新民风教育上的主渠道作用，构建学校、家庭、社会“三位一体”的新民风宣传教育格局。组建新民风文化传播宣讲团，选聘道德模范、专家学者、党员干部、志愿人士等担任主讲人员，深入县区、乡镇和社区、院落开展经常化巡回宣讲。开展“新民风·我践行”主题活动，增强干部群众特别是青少年对新民风的文化认同和思想认同。综合运用报纸、电视、电台、网络、新媒体等传播载体，整合全媒体资源，以群众喜闻乐见、富有感染力的传播宣讲形式，深入推进新民风文化进家庭、进学校、进乡村、进社区、进机关，在潜移默化中引导群众求真向善。

（市委宣传部、市文广局牵头，市纪委、市委党校、市委讲师团、市教育局、市工商局和各县区委、县区政府等负责实施）

（四）深入开展新民风文明创建活动

坚持正面引领、典型示范、持续深化、整体提升，深入开展新民风文明创建活动，引导人民群众提升文明素质和社会文明水准。

评选新民风文明家庭。大力加强家庭文明建设，开展“新民风星级文明家庭”评选活动，对照新民风核心内涵制定“诚、孝、俭、勤、和”五个方面的评选内容和标准，按照家庭申报、评议定级、媒体公示、审定授牌等程序，发动群众踊跃参加新民风文明家庭创建活动，使全市每个家庭成为新民风建设的参与者、传播者和受益者。

开展新民风文明创建活动。扎实开展省级文明城市创建，构建市、县区联创联动格局，不断提升全市整体文明水平。积极推进文明单位、文明校园、文明社区和文明交通、文明旅游、文明市场创建活动，持续开展市容环境、校园周边环境整治。深入推进“美丽乡村·文明家园”建设，以村容村貌治理为重点，加大文明村镇标准化建设力度，引导群众养成良好卫生习惯，自觉保持室内外整洁，自觉爱护生态环境，共建美丽家园、美丽乡村。

选树表彰新民风先进模范。发挥道德典型的示范引领作用，多层次开展道德模范、勤劳致富典型和“最美家庭”“身边好人”“好婆婆”“好媳妇”等评选表彰，组织开展“中国好人”“陕西好人”推荐评议，引导形成见贤思齐、争当先进的浓厚氛围。

（市文明委牵头，各县区委、县区政府等负责实施）

（五）深入开展新民风诚信建设活动

坚持以诚信教育为先导，以制度机制为保障，深入推进新民风诚信建设活动，引导形成诚信为本、操守为重的良好社会道德风尚。

建立“诚信榜”发布制度。传承弘扬中华文化重信守约的优良传统，广泛开展“诚信为本”主题宣传教育，推行“诚信榜”发布制度，组建“诚信榜”发布联席会议，组织相关单位定期公开发布守信和失信名单，并及时推送至省公共信用信息平台，褒扬诚信、惩戒失信，推动形成以诚实守信为荣、以见利忘义为耻的社会风尚。

深入推进“信用安康”建设。加强社会诚信体系建设，开展“诚信企业”“诚信个人”评选，扎实推进政务诚信、商务诚信、社会诚信、司法公信建设。在生产企业开展“做精工产品、做诚信企业”活动，在商场和集贸市场开展创建“诚信经营示范店”活动，在食品行业开展“用道德良心做放心食品”活动，深化“百城万店无假货”活动。

完善激励惩戒机制。推进诚信基础建设，完善信用信息平台，加快建成信用信息资源共享的征信系统。建立完善守信联合激励和失信联合惩戒制度，让守信者得到激励、畅行无阻；让失信者一处失信、处处受制，付出与其失信行为相应的经济和名誉代价，靠舆论和制度促使人们重信守约。

（市发改委牵头，市法院、市检察院、市文明办和各县区委、县区政府等负责实施）

（六）开展新民风依法治理活动

坚持依法治理与以德治理相结合，开展法治宣传教育提升群众法治意识，依法维护公序良俗和社会秩序，引导形成信仰法律、崇尚法治的社会氛围。

厚植全民法治精神。突出法治意识培育，认真贯彻“七五”普法规划，深入开展“法律六进”活动，依托“互联网+普法”提高普法教育精准度。运用群众身边的案例以案说法、以法释理，着重解决部分群众法治意识淡薄、信闹不信法等问题，稳步提高群众学法、知法、用法、守法的自觉性，推动形成办事依法、遇事找法、解决问题用法、化解矛盾靠法的良好环境。

推进基层法治建设。健全基层法律服务体系，完善多元化矛盾纠纷解决机制，调动社会组织、人民群众参与社会治理的积极性，充分发挥村规民约、传统道德文化等约束激励作用，形成政府和社会各归其位、各担其责的善治局面。

严厉打击违法犯罪。坚决依法惩治“村霸”和宗族恶势力犯罪，突出打击为其充当“保护伞”的职务犯罪。持续整治社会治安突出问题，严厉打击侵害群众利益的违法犯罪行为，让违法者付出代价、乱纪者受到惩罚。提升司法公信力，让人民群众在每一起司法案件中感受到公平正义，影响和教育群众信法遵法。

（市委政法委牵头，市公安局、市司法局和各县区委、县区政府等负责实施）

五、工作步骤

坚持统一部署、统筹协调，循序渐进、稳步提升，分步推进新民风建设：

（一）宣传建制阶段（2017年3月—2017年5月）：各县区、各镇（办）层层召开大会，因地制宜、体现特色地制定《实施方案》。在各类媒体宣传造势，营造浓厚舆论氛围。市级牵头部门分别制定重点活动《实施方案》，细化任务分工。深入基层开展调查研究，摸清背景底数，找准突出问题，制定整治措施。

（二）集中整治阶段（2017年6月—2017年12月）：聚焦突出问题，重点加强对公职人员、农村党员干部的监督管理，严肃查处顶风违纪违规行为。综合运用各种治理手段整治陈规陋习，有效遏制不良风气。创建新民风建设示范点，同部门帮扶脱贫攻坚相结合，以点带面推动新民风建设见到实效。

（三）提升完善阶段（2018年1月—2020年1月）：健全完善新民风建设的制度体系和推进方式，实现制度化、规范化、常态化。坚持破立结合、疏堵并举，梯次推进、完善提升，深化不良风气整治，深入推进“六大活动”。通过典型引领、示范推动，推动尚“诚”、重“孝”、倡“俭”、践“勤”、崇“和”的新民风深入人心，社会民风向善向好。

六、保障措施

（一）加强组织领导。新民风建设是一项具有长期性、群众性、基础性、广泛性的系统工程，为加强组织领导，市委成立新民风建设领导小组，市委书记任组长，市委副书记任责任副组长，分管宣传、组织、政法的市委常委和市政府分管副市长任副组长，相关部门和单位为成员。领导小组办公室设在市委宣传部，负责全市新民风建设指导协调、督促落实及日常工作。实行分级管理、属地负责，各县区党委要成立相应领导机构，抓点示范，树立典型，全面推进。把新民风建设工作纳入年度目标责任考核，任务细化分解到各县区、各牵头部门和责任部门。

（二）强化党建引领。各级党委要把新民风建设纳入党委的重要工作，承担主体责任，按照“党建+新民风”要求，积极推进新民风建设与基层党建、精神文明建设、社会治理深度融合，确保新民风建设深入推进。要锲而不舍抓党风促政风带民风，坚决纠正损害群众利益、影响党群干群关系的突出问题，营造党风正、政风清、民风和的良好氛围。领导干部、党员干部和公职人员要以身作则、带头落实，自觉抵制不良风气和社会陋习，形成持续示范效应，为新民风建设发挥导向和促推作用。

（三）明确部门职责。市委宣传部要组织实施新闻联动、集中宣传、广泛发动；市纪委、市委组织部、市委政法委、市公安局要各司其职抓好不良民风民俗、干部大操大办红白事项、封建迷信活动、违纪违法行为的综合整治；市考核办和责任单位要研究制定新民风建设的考核内容和标准；市财政局要为新民风建设提供经费保障；市委督查室和市政府督查室要加强对新民风建设和移风易俗工作的督查；市民政局要负责指导修订村规民约、居民公约和推动建立道德评议会、红白理事会；市文广局要加强演出市场和民间乐队管理，坚决取缔婚丧活动中的低俗行为；工会、妇联、共青团等群团组织要发挥自身优势，组织动员工人、妇女、青年积极参与新民风建设；市委、市政府各相关部门要发挥职能、主动作为，形成协同发力、层层推进的工作格局和联动机制。

（四）动员社会力量。坚持党政领导、群众主体、社会参与原则，依靠群众解决民风突出问题。坚持因地制宜，尊重当地民俗传统和民族习惯，尊重大多数群众意见，细化制定新民风建设的目标、模式和办法，增强人民群众的支持度、参与率。大力培育新乡贤文化，倡导和动员“乡贤回乡”参与新民风建设和社会治理。动员各类协会、公益组织、青年组织、志愿者组织等社会力量当好新民风建设的宣传者、引导者、实践者、推动者。

（五）大力宣传推广。发挥媒体宣传的主渠道主阵地作用，组织开展群众喜闻乐见的宣传活动，创新创作具有教育意义的文艺精品，淳化教化、久久为功，提高群众知晓率、认同感。坚持正面宣传为主，大张旗鼓宣传新民风建设涌现出来的先进县区、单位、个人和典型经验，营造比学赶超浓厚氛围。深入挖掘我市新民风建设的好做法、好经验，认真总结提炼，积极宣传推介，充分展示我市新民风建设成果和对外开放新形象。

中共安康市委
2017年3月20日

中共安康市委　安康市人民政府
关于加强和改进脱贫攻坚工作的意见

安发〔2017〕9号

脱贫攻坚是当前最大的政治、最大的民生、最大的党建、最大的作风建设和最大的发展机遇。打响脱贫攻坚战以来，全市上下坚持以脱贫攻坚统揽经济社会发展全局，各级保持“战时”状态，实行脱贫攻坚指挥部领导体制，制定了《安康市打赢脱贫攻坚战实施方案》，落实了市、县区领导干部“三个一”包抓责任制，建立完善了脱贫退出、工作考核、第三方评估、督查巡查、责任制实施、驻村帮扶管理等精准扶贫、精准脱贫政策体系，2016年度脱贫攻坚工作实现了良好开局，取得了一定成效。但从中省考核、评估、审计反馈情况看，全市脱贫攻坚工作仍然存在贫困人口识别退出不精准、帮扶工作不扎实、政策落实不到位、财政专项扶贫资金管理不规范及个别地方干扰考核评估等问题。这些问题直接影响着全市脱贫攻坚工作水平和质量。各级各部门要直面问题，深刻反思，聚焦精准，靶向施策，增强化危为机的信心，进一步加强和改进脱贫攻坚工作，弥补工作短板，展现工作实绩，密切党群关系，锤炼干部作风，不断提高群众满意度，努力在全省整改工作中交出安康答卷、体现安康担当，确保在7月份中央巡查中达到全省一流，力争年度考评中达到全国一流。

一、进一步提高政治站位

脱贫攻坚是全面建成小康社会、实现第一个百年奋斗目标的重要标志，是我们党对全国人民作出的庄严承诺，是全党极其严肃、极为重大的一项政治任务。习近平总书记十八大以来亲力亲为、亲自督战，40多次调研扶贫开发工作，时刻把扶贫工作放在心上、抓在手上，是以上率下的典范。全市各级各部门必须从讲政治的高度，切实向以习近平总书记为核心的党中央看齐，认真贯彻落实党中央脱贫攻坚决策部署，坚决把脱贫攻坚作为头等大事和第一民生工程来抓。要认真落实“四个凡是”要求：凡是与脱贫攻坚相关的工作都是全市的重点工作，统筹人力、财力、物力和工作精力，集中向脱贫攻坚倾斜；凡是有利于脱贫攻坚的产业都是政府大力支持的产业，采取多种方式，推动特色产业带动贫困户致富增收；凡是参与脱贫攻坚的干部都是组织特别关注的干部，对不适应工作要求的及时撤换，表现良好的鼓励奖励，表现优秀、圆满完成脱贫攻坚任务的提拔重用；凡是脱贫攻坚中出现的违纪违规问题都是“零容忍”问题，坚决速查快办，严肃问责处理，加大点名道姓通报曝光力度。各级党政一把手更应不忘“初心”，增强“四个意识”，进一步提高政治站位，以对党、对人民、对历史高度负责的态度，以更加坚定的决心、更加精准的举措、更加超常规的力度，背水一战打好脱贫攻坚战。

二、准确把握脱贫攻坚正确方向

到2020年，全面实现贫困人口如期脱贫、贫困村脱贫销号、贫困县全部摘帽是“十三五”的底线目标。2016年，我市虽然实现了212个贫困村、13.67万贫困人口脱贫退出，但脱贫标准低、基础很脆弱，不继续巩固就会返贫。而且工作越往后，边际效应降低，脱贫难度更大。目前全市扶贫对象“两不愁”基本能够做到，但实现“三保障”还需付出更大努力。从区域分布看，剩下的贫困人口大多集中分布在深度贫困山区，自身条件较差，居住地基础设施和公共服务严重落后，生产资料严重匮乏，如期脱贫难度很大。从群体分布看，剩余人口主要是无业可扶、无力脱贫的残疾、重大病及慢性病患者和教育文化水平低、缺乏技能或自身内生发展动力不足的贫困人口，稳定脱贫困难重重。各级各部门要牢牢把握脱贫攻坚正确方向，深入分析村情户情贫情，尊重客观实际，合理确定脱贫目标，蹄疾步稳地推进脱贫攻坚工作，坚决防止层层加码，急于求成，“数字脱贫”和虚假脱贫；要对标脱贫标准，务实推进精准扶贫工作，确保脱贫结果真实，防止形式主义；要切实加强新民风建设，在贫困群众思想发动、宣传教育、感情沟通上狠下功夫，激发贫困群众主要依靠自身努力摆脱贫困的内生动力，形成自己奔、政府扶、社会帮，齐心努力脱贫困奔小康的良好格局。

三、坚持稳中求进的工作总基调

坚持稳中求进的工作总基调，紧密结合实际，把握工作节奏，纵深推进脱贫攻坚工作。一要巩固“稳”的基础。要保持脱贫攻坚的战略定力，防止急躁冒进，继续坚持现行标准和时限，锁定“两不愁、三保障”目标，分清各级扶贫责权事权，层层传导压力，压实各级各部门责任，坚定“愚公志”，狠下“绣花”功，稳步推进各项工作。二要明确“进”的方向。围绕特殊贫困群体、贫困区域和脱贫工作路径三个攻坚重点，加快解决贫中之贫、困中之困特殊人口脱贫问题，加快解决因病致贫返贫、住房安全和产业就业脱贫等工作难点问题，积极探索脱贫工作新路径，着眼于构建稳定脱贫的长效机制，夯实长久稳定脱贫的基础。三要加大“进”的力度。在确保2020年全面稳定脱贫的总目标下，保证质量，量力而行，尽力而为，合理安排各年度减贫任务。贫困户的脱贫计划，要对照“两不愁、三保障”目标，准确分析剩余贫困人口构成，厘清致贫原因，实行分类指导、因户施策，坚持持续攻坚与防止返贫并重，既综合施策减存量，又千方百计抑增量。

四、全面提升脱贫攻坚整体质量

目前，全市剩余贫困人口中因病致贫返贫人口占26.29%、初中及以下文化程度占92.38%、无劳动力占35.31%、需要解决安全住房的占54%、需要解决安全饮水的占30%。每户贫困户的致贫原因、自身能力和发展需求都各不相同，大多是多个致贫因素叠加，脱贫难度很大，需要多措并举，综合施策，聚力攻坚。

（一）*必须统筹谋划*。树立系统化思维，坚持一手抓问题整改，一手抓年度工作推进，统筹好数据清洗、问题整改和工作推进工作，统筹好民生工程、党的建设和作风建设工作，统筹好脱贫攻坚与经济发展工作，通过全力实施集中连片特困地区“十三五”区域发展规划、革命老区振兴规划和脱贫攻坚规划，统筹解决贫困村和非贫困村、贫困户与非贫困户的基础设施建设、公共服务配套和产业发展问题，确保圆满完成今年303个贫困村、15.72万贫困人口减贫任务。要高度重视新一轮脱贫攻坚中产生的信访突出问题，统筹解决历史、遗留和发展难题，全面提高群众工作质量，确保社会大局和谐稳定。

（二）*必须求真务实*。脱贫攻坚工作要始终做到对象准、底数清、过程实、措施硬、结果真，确保脱贫成效群众认可、社会公认、上级肯定，实现“摘帽真实，退出硬气”。一是识别要实。认真做好对象核实和数据清洗工作，确保贫困户识别精准率达到100%、信息录入精准率达到98%以上，所有贫困户识别的结果“经得起看，经得起问，经得起查”，整个数据质量走在全省前列。要全面落实“四册制”，县、镇、村三级纸质贫困总册和贫困户分册信息一致，一一对应。按照过程必须纪实的要求，同步建立对象核实、政策宣传、入户解读、公示公告、精准施策、驻村帮扶、精准退出等纸质、电子、影像、系统等档案资料，分类分年分项归档规范管理。二是帮扶要实。各级各部门要选派过硬的工作队员驻村帮扶，主要负责人严格落实“三个一”工作机制；各驻村帮扶人员要当好规划员、督促员、帮扶员、宣传员、民风改善员、民情员“六员”角色，切实做好驻村帮扶工作。各级各部门要强化驻村管理和考核工作，把驻村率、入户率、政策知晓率和群众满意度作为重要考核指标，确保驻村工作落到实处，取得实效。三是宣讲要实。统一印制贫困户脱贫优惠政策明白卡，通过户户发放、媒介宣传、有奖问答等方式宣传脱贫政策。充分发挥镇村干部、驻村工作队和第一书记作用，全面进村入户进行政策宣讲、解读，督促政策落实，确保脱贫优惠政策家喻户晓、入脑入心、到户到人。四是督考要实。严格执行季度点评、年度考核、交叉验收、第三方评估等制度措施，改进工作方式，完善工作机制，以全过程的严和实保证脱贫结果的准和真。要精简一般性会议和文件，整合或减少填表调查，多一些时间干实活，少一些时间务虚功。各级督导检查要以暗访为主，直接入村入户，直接到部门掌握第一手资料，一律轻车简从，给基层同志留下更多的抓落实、抓工作的时间。五是脱贫要实。综合评估脱贫指标，在贫困户收入、住房、教育、健康等指标全部达标后，在贫困村、贫困县贫困发生率、收入水平、基础设施、公共服务等方面综合衡量后，严格按照规定步骤启动退出程序，脱贫结果要群众广泛认可。

（三）必须协同推进。脱贫攻坚是一项庞大的系统工程，需要凝聚社会各界的智慧和力量。一要建立信息共享机制。下级对上级报送的数据信息必须真实可靠，横向各部门之间互联互通的数据信息必须及时全面，做到决策依据共享、工作过程共享、工作成果共享。二要建立工作协调机制。市、县区成立“八办两组五保障”脱贫攻坚办公室，相关部门主要领导任办公室主任，明确一名班子成员分管脱贫攻坚工作，确定专门科室和人员具体负责本部门工作任务落实和联络协调。围绕今年脱贫的303个贫困村，加快编制“N”方案，明确工作任务，作为脱贫攻坚行业职能工作指导、督查、考评依据。各部门要统筹资源、协同发力、同步推进，发挥政策综合扶持的叠加效应。三要建立社会参与机制。广泛发动社会帮扶力量，全面做好社会帮扶平台搭建、联络对接和服务保障，特别是要做好中、省、市、县各级党政机关、企事业单位定点扶贫工作，推进江苏省常州市扶贫协作项目落地，建立与对口帮扶单位经常性的联系机制，充分利用帮扶单位的优势，解决脱贫攻坚难题，形成全社会齐抓共管的大扶贫格局。

（四）必须重点突破。脱贫攻坚工作要突出重点，务实推进，各级各部门要重点抓好产业扶贫、易地搬迁扶贫和健康扶贫工作。在产业扶贫上，要大力推广“支部+X+贫困户”模式，注重发挥比较优势，因村培育区域主导产业和市场经营主体，确保每个贫困村选准一个产业、打造一个龙头、建立一套利益联结机制，多途径辐射带动贫困户稳定增收。在易地搬迁扶贫上，必须坚持群众自愿原则，因地因户制宜确定搬迁安置方式，全覆盖解决贫困群众安全住房，合理控制建设规模和成本，更加注重搬迁后就业和产业扶持，确保有事干、稳得住。在坚持进城入镇集中安置的同时，结合实际，尊重难以离土离乡群众的意愿，充分利用好20%分散安置指标。对确实不愿意搬又搬不走的群众运用农村危房改造政策就近就地改造修缮，解决其安全住房问题。在健康扶贫上，要认真落实新农合、大病保险、大病医疗救助、大病补充医疗保险“四重保障”政策，卫计、人社和民政部门要建立对接机制，简化报销手续，确保贫困户看病就医少跑路、少出钱。

（五）必须严管资金。各级各部门要深化扶贫资金是“高压线、救命钱”的底线思维，严管快拨扶贫资金，杜绝资金无故滞留延压。要坚持对贫困识别退出信息、政策落实信息、项目资金安排使用信息进行公开公示，主动接受社会各界和群众监督。市、县区、镇办都要设立有奖举报，保密举报人信息，鼓励群众积极主动参与监督，对举报属实的给予一定奖励。各级人大、政协要强化对脱贫攻坚工作的视察调研和监督检查。要进一步加强纪检监察和审计监督力度，对挤占、挪用、截留、贪污扶贫资金等行为坚决“零容忍”，严查重处。

（六）必须依靠基层。脱贫攻坚战，是一场干部与群众并肩作战、向贫困宣战的大决战，必须充分发挥镇村干部、驻村扶贫工作队、第一书记在脱贫攻坚中的领头人、示范者、组织者和宣传员作用，切实增强精准帮扶的责任意识和工作能力。要聚焦扶贫规划实施、产业项目和市场经营主体培育等工作，注重扶智扶技，说打动农民心坎的话，用农民接受的方式，讲好鲜活生动的脱贫故事，以新民风建设为载体，开展道德评议、移风易俗、文化传播、文明创建、诚信建设、依法治理“新民风建设六大活动”，营造“崇尚劳动、脱贫光荣”的社会氛围，不断激发贫困群众脱贫致富的内生动力。

五、强化脱贫攻坚工作保障

打赢脱贫攻坚战，加强领导是根本、把握精准是要义、增加投入是保障、各方参与是合力、群众参与是基础。各级各部门必须切实强化领导责任、强化工作保障、强化资金投入、强化部门协同、强化东西协作、强化社会合力、强化基层活力、强化任务落实，铁腕实施省委“十条铁规”，集中力量攻坚克难。

（一）强化组织领导。全面落实“四级书记抓脱贫”和“党政同责”工作机制，市、县区、镇办成立脱贫攻坚指挥部，夯实市、县区、镇办领导包抓责任制，市、县区主要领导分片包抓县区、镇办，每人包抓好中差三个不同类型贫困村，联系6户贫困户，每周至少一天到村解剖麻雀，每月交流一次情况，年底专门汇报包抓和联系情况；每个市、县区委常委和市、县区人大、政协主要领导牵头联系一个县区、镇办，其他各同级领导配合包抓一个县区、镇办脱贫攻坚工作，帮扶1个贫困村、负责一项以上脱贫攻坚重点工作。市、县区脱贫攻坚指挥部每个月召开一次指挥部会议研究脱贫攻坚工作，市脱贫办通报一次各县区、“八办两组”和重点部门扶贫工作排名，协调解决工作推进中存在问题；每季度召开一次脱贫攻坚季度点评会，通报各县区和各部门脱贫攻坚工作排名情况，排名最后的县区和有关部门主要领导在指挥部会议上作表态发言。

（二）强化队伍建设。打赢脱贫攻坚战必须要有一支能战斗、能吃苦、懂业务的脱贫攻坚干部队伍。市、县区、镇办、村四级主要领导要分别至少把30%、50%、70%、80%以上的精力集中用于脱贫攻坚。市、县区要进一步加强领导力量，选择熟悉农村工作、组织协调和执行力强的领导分管脱贫攻坚工作，并减少脱贫攻坚分管领导其它分工。扶贫任务重的镇办要成立扶贫办，明确一名副书记或副镇长兼任扶贫办主任，落实5名干部专职从事脱贫攻坚工作；配齐配强市、县区扶贫部门领导班子，凡符合干部选拔任用条件的县区扶贫局长进政府领导班子任党组成员，不适应新的工作要求的，及时予以调整。增加扶贫部门编制，充实干部力量，建立一支与脱贫攻坚工作需求相匹配的脱贫攻坚骨干队伍。加强贫困村“两委”班子建设，建强基层战斗堡垒，培养农村致富带头人，促进乡村本土人才回流，打造一支“不走的扶贫工作队”。

（三）强化资金投入。市、县区严格按照每年不低于地方财政收入2%的比例并保持比上年增长20%安排专项扶贫资金，以县区为主体，坚决将财政涉农资金整合集中用于脱贫攻坚，各市级项目主管部门要将整合范围内财政涉农资金项目审批权限完整、全面下放到县区，财政部门将相应资金切块下达到县区。要用活用足金融扶贫政策，加快国开行39.6亿元政策性金融扶贫贷款使用进度，推进农发行首批40.59亿元贷款尽快落地实施，全面推进“两权抵押”贷款，足额建立金融扶贫风险补偿金，不断提高“5321”扶贫小额贴息贷款投放量。

（四）强化考核奖惩。要把脱贫攻坚作为贯彻落实“三项机制”的突破口、切入点、大考场，树立“有为有位”的鲜明导向，坚持在脱贫攻坚战场上识人、选人、用人。对脱贫攻坚中的先进典型，要在政治上、经济上大力鼓励、激励，每年要评选表彰一批优秀县区、优秀部门、先进镇办，并给予荣誉和物质奖励；每年要落实专门指标对在镇村脱贫攻坚一线、脱贫系统前沿阵地艰苦奋斗、表现优秀、成绩突出的干部进行提拔重用，激励和鞭策各级干部把政治自觉变为行动自觉；对问题突出，甚至弄虚作假的，轻者约谈、诫勉谈话，重则给予纪律处分，玩忽职守者追究法律责任。对考核排名靠后的县区进行约谈，连续两年排名靠后的对党政主要负责人进行组织处理。同时，要正确引导和发挥媒体监督作用，采用报送情况、公开曝光、电视问政等形式，倒逼脱贫攻坚工作扎扎实实开展。

中共安康市委　安康市人民政府

2017年5月31日

中共安康市委　安康市人民政府
关于开展农村资源变资产、资金变股金、
农民变股东改革的指导意见

安发〔2017〕18号

根据中省深入推进农业供给侧结构性改革和脱贫攻坚工作部署，按照市四次党代会和市委四届四次全会要求，立足集中连片贫困地区“三农”发展特征，借鉴学习外地农村改革实践经验，市委、市政府决定开展农村资源变资产、资金变股金、农民变股东改革（以下称“三变”改革）。提出如下指导意见。

一、总体要求

（一）指导思想。坚持以党的十八届三中、四中、五中、六中全会精神为指导，深入贯彻习近平总书记系列重要讲话精神和精准扶贫精准脱贫基本方略，认真落实省十三次党代会和市四次党代会战略部署，以打赢脱贫攻坚战为统揽，聚焦农民增收，聚焦集体经济，聚焦优势产业，聚焦资源整合，聚焦主体培育，聚焦市场运作，先行开展资源变资产、资金变股金、农民变股东改革试点，积极探索“三变”实现形式、运行机制、监管举措和保障体系，形成可复制、可推广的改革成果，为全市深化“三变”改革奠定坚实基础，以改革理念推动农业强、农村美、农民富。

（二）基本原则

——坚持尊重农民意愿。从实际出发，加强分类指导，根据试点村的优势条件，科学民主确定“三变”改革内容和实施重点，充分尊重农民、集体和参与试点经营主体的合作意愿，接受群众监督，赢得群众支持，不搞“一刀切”，不搞行政命令，真正让改革成果惠及农民。

——坚持保证农民权益。用法治思维和法治方式推进改革，促进农村多种所有制经济共同发展。加强风险防控和过程监管，切实消除农民项目经营风险，确保农村土地集体所有制性质不改变、农村基本经营制度不改变、耕地红线不突破、农民利益不受损，让农民吃上持续稳定增收的“定心丸”。

——坚持遵循经济规律。加强政府政策扶持和路径引导，充分发挥市场在资源配置中的决定性作用，让产业发展有市场、生产经营有效益、农民集体有分红，实现农民、集体、经营主体合作共赢发展。探索集体经济新的有效实现形式，保证集体经济健康成长，不走大集体、吃大锅饭的老路。

——坚持积极稳妥推进。坚持先行先试、先易后难、循序渐进、分步实施，注重改革的系统性、整体性、协同性，结合实际积极探索、大胆创新，允许采取差异性、过渡性的制度和政策安排。坚持“党建+”系统思维，切实增强基层党组织的凝聚力和战斗力。

（三）主要目标。由各县区自行确定具备一定基础条件的1—2个村先行开展“三变”改革试点。在改革过程

中探索一套实现方式、健全一套运行机制、完善一套监管措施、构建一套支持体系。逐步实现农村资源使用效率、村级集体经济实力、特色产业效益质量、农民持续增收能力、基本公共服务水平、基层党组织战斗堡垒作用“六个明显提升”目标，为打赢脱贫攻坚战和全面建成小康社会提供改革动力支撑。

二、主要内容

（四）资源变资产。在清产核资、确权登记、评估认定的基础上，村集体以集体土地、林地、荒山、滩涂、水域等自然资源性资产，以及房屋、建设用地、机械设备、基础设施等可经营性资产的使用权，政府投资形成交由村集体管护和使用的可收益物化资产，通过股份合作形式投资入股农业专业合作社、农业园区、农业产业化龙头企业、家庭农场等经营主体，或组建股份经济合作社，由合作社统一运营管理，享有股份权利，获得收益分红。①参股经营。以村集体资产资金入股企业、合作社、家庭农场等经营主体，参与经营主体管理经营。②控股经营。村集体出资注册成立经营主体，吸收村集体组织成员资本和社会资本投资入股，由村集体经济组织控股经营。③独资经营。村集体出资成立经营主体，只吸收本集体经济组织成员入股经营。

（五）资金变股金。允许将各级财政投入到农村的发展类、扶持类等资金（直补农民、社会保障、优待抚恤、救灾救济、应急处置类等资金除外）形成的可经营性资产，在符合资金使用要求的前提下，在一定范围内整合，原则上可以量化为村集体或农民持有的资金资产收益权，通过契约合同入股方式，投资入股经营主体，享有股份权利，获得收益分红。①财政涉农项目资金转变为村集体股金。将投入到试点村的产业项目资金和村集体申请到的财政专项扶持资金，折股量化为村集体股金。②财政扶贫到户资金转变为贫困户股金。试点村建档立卡的贫困户，在尊重贫困户意愿的前提下，将扶贫到户资金投资入股，确定贫困户持有的股份比例。

（六）农民变股东。引导和组织农民自愿以土地林地经营权、集体资产股权、宅基地使用权、住房财产权等，以及自有生产设施、资金、技术等生产要素，贫困户小额贴息贷款资金投资必须尊重贫困户意愿自主确定，通过契约合同入股方式，投资入股经营主体，享有股份权利，获得收益分红。①农民自行单独入股；②委托村集体经济组织集中托管入股；③成立合作组织统一入股。

三、重点工作

（七）集体资产清产核资。按照农村集体产权制度改革进度安排，对村组集体耕地、林地、荒山、荒沟、荒丘、荒滩、水域等自然性资源资产，房屋、建设用地（物）和基础设施等经营性资产以及资金进行核查清理，摸清村集体“三资”的存量、结构、分布和运用情况，界定明晰资产产权关系，建立健全村集体“三资”管理台账。认真做好农村集体经济组织成员身份确认工作，探索群众在民主协商基础上确认农村集体经济组织成员的具体程序、标准和管理办法，建立健全登记备案机制。2017年底之前，25个集体产权制度改革试点村和承担“三变”改革试点村全面完成村集体资产清产核资工作。2019年，全市全面完成村集体“三资”清产核资。

（八）资源资产确权颁证。2017年全面完成农村土地承包经营权确权颁证扫尾工作，2019年完成行政村和村民小组的农村集体土地所有权确权颁证工作，加快推进农村土地“三权”分置。根据各地发展需要，坚持全面确权与优先确权相结合，积极推进房屋产权、小型水利工程产权等农村资源资产产权的确权登记颁证工作，优先对开展“三变”改革的试点村和群众改革积极性较高的镇办、村（社区）进行确权登记颁证。

（九）建立产权交易平台。依托市县区镇“互联网+政务服务”平台和全市统一的公共资源资产交易平台，建立健全农村产权交易服务平台，提供信息发布、价值评估、产权交易、法律咨询、抵押融资等综合性服务，引导农村各类综合产权流转、租赁、入股等规范交易。2017年平利县健全完善农村产权交易县镇平台，2018年各县区建成县级平台，2019年实现市县镇三级平台全覆盖。

（十）培育承接经营主体。围绕农业主导产业发展重点，引导市级以上现代农业园区、农业产业化龙头企业、规范化的专业合作社主动承接试点村“三变”改革。村集体资产入股经营主体，由村民会议或村民代表大会讨论决定；财政资金入股经营主体，由镇办政府审核报项目主管部门批复同意；农民以自有资产入股经营主体，由农民自行确定。相关支农项目资金重点向“三变”承接主体投放；通过贴息、担保、授信和风险补偿等方式，重点解决“三变”承接主体融资；政策性保险、特色农产品保险等优先向“三变”承接主体倾斜；保障“三变”承接主体设施农业用地需求，优先安排所需建设用地；加大对“三变”承接主体的人才和技术支持力度。

（十一）协商确定合作方式。对拟投资入股的村集体资源资产和农民资产要素的价值，由合作各方民主协商确定。村集体资源资产的价值评估确定，须经村民会议或村民代表大会讨论通过；农民自有资产价值评估需经农民认可；对确定入股的财政支农资金，由镇办政府提出量化到集体和农户的入股方案，报项目主管部门同意。坚持“平等自愿、协商一致、利益共享、控制风险、积累共有”原则，协商确定合作项目、股权比例、利益分配方式和违约责任，推广“保底收益+按股分红”模式，适时开展受益对象的动态调整。允许农民和村集体持有的股权在成员内部依法转让。

（十二）严格把关严控风险。坚持问题导向，强化风险意识，及时发现和纠正改革中出现的苗头性、趋势性问题。严防借“三变”改革之机，出现集体经济组织内部少数人侵占、支配、私分集体资产，外部资本侵吞、控制集体资产等问题。实行最严格的土地用途管制和生态红线制度。财政资金投入收益要优先分配给贫困村和贫困户，鼓励向丧失劳动力或弱劳动力的贫困户、贫困残疾人户倾斜。通过契约合同明确承接经营主体的权利和义务，经营主体享有依法经营的自主权，承担项目经营风险，依法按约支付收益，贫困户不承担项目经营风险。建立财政支持开发、扩大特色农产品保险品种的机制，增强农业和农户的抗风险能力。

（十三）加强股权监督管理。通过股份合作形成的村集体和农民股权由镇办、村集体和农民代表组成股权管理小组或委托有资质的会计事务机构对财务和经营情况进行监管。及时公开公示“三变”入股资金数额、承接经营主体、股比及入股收益分配办法、股权收益内部分配方案。建立健全资金核算管理制度，接受各级资金项目主管部门和纪检、财政、扶贫、审计等部门的监督检查，以及群众和社会监督。建立股金股权退出机制，在承接经营主体出现违反国家相关法律法规行为，投资进度缓慢或经营策略发生重大变动不能按约完成预定目标，连续出现经营亏损无法确保项目农户、贫困户和村集体利益等情形时，村集体和入股农户有权收回入股资金和实物。

四、支持政策

（十四）创新财政支农资金投入方式。按照市级统筹、县区为主原则，整合各级财政投入试点村的生产发展、农业生态修复和治理、扶贫开发、农村基础设施建设、支持村集体发展等资金，明确资金变股金范围、主体、方式、程序等具体操作办法。落实财政支农资金支持资产收益扶贫政策，在脱贫攻坚期内，在不改变用途的情况下，利用中央财政专项扶贫资金和其他涉农资金投入设施农业、养殖、光伏、乡村旅游等项目形成的资产，地方财政安排的财政专项扶贫资金和涉农资金投入相关项目所形成的资产，具备条件的用于资产收益扶贫。从市、县区财政安排的专项扶贫资金预算中设立“三变”奖补专项资金，对“三变”改革实施效果好、带动贫困户增收成效明显的镇村和经营主体予以奖补。

（十五）强化“三变”改革金融服务。搭建政银企合作平台，推广平利“两权”抵押贷款经验，全面开展农村产权抵押融资。人行安康中心支行要加大扶贫再贷款投放，专项用于“三变”改革。鼓励各银行业金融机构单列支持“三变”改革专项信贷计划，开发“三变贷”等信贷产品，积极推进新型抵质押贷款方式，最大限度减低融资成本。鼓励保险业金融机构开发特色产品保险，对脱贫带动能力强、就业容量大经营主体参保的农业保险产品，保险费率在全国普惠水平上下调10%。市财信融资担保公司等担保机构要通过联合担保、再担保等方式为新型农业经营主体提供融资担保，原则上实行“零”收费。对创新金融产品、服务“三变”改革成效显著的金融机构，市委、市政府予以奖励并通报表彰。

（十六）认真落实税收支持政策。不折不扣落实财政部和税务总局相关税收支持农村金融和集体产权制度改革政策。2017年1月1日至2019年12月31日，税务部门对金融机构农户小额贷款〔指单笔且该农户贷款余额总额在10万元（含本数）以下的贷款〕利息收入免征增值税；对金融机构农户小额贷款的利息收入，在计算应纳税所得额时按90%计入收入总额；对保险公司为种植业、养殖业提供保险业务取得的保费收入，在计算应纳税所得额时按90%计入收入总额。对进行股份合作制改革后的农村集体经济组织承受原集体经济组织的土地、房屋权属免征契税；对农村集体经济组织以及代行集体经济组织职能的村民委员会、村民小组进行清产核资收回集体资产，承受的土地、房屋权属免征契税，签订的产权转移书据免征印花税；对农村集体土地所有权、宅基地和集体建设用地使用权及地上房屋确权登记不征收契税。

五、组织保障

（十七）加强组织领导。实行市上指导、县区主体、镇村实施工作推进机制。各级党委、政府要把“三变”改革作为创新产业精准扶贫、完善农村基本经营制度、巩固党在农村执政基础的重要举措，与脱贫攻坚工作同步推进同步落实。市上成立由市委副书记任组长，市政府分管副市长任副组长，相关部门主要负责同志为成员的安康市农村“三变”改革工作领导小组，领导小组办公室设在市农业局，统筹抓好政策指导、综合协调、组织实施等工作。各县区要成立相应的“三变”改革工作领导机构。

（十八）形成推进合力。各级各相关部门要按照“三变”改革的统一安排，明确职责，密切协作，充分发挥职能作用，形成“三变”改革工作合力。市脱贫办负责把改革任务与脱贫攻坚任务相结合，负责产业扶贫和扶贫到户项目资金的整合协调与指导；市财政局负责财政支农项目资金的整合协调与指导；市林业局负责集体林权制度和国有林场改革，推动林业经济经营主体主动承接“三变”改革；市水利局负责水利工程产权的确权登记颁证和相关改革指导工作；市政务中心负责落实和指导产权交易平台建设；市国土资源局负责集体土地所有权、宅基地等的确权发证和相关改革指导工作；市住建局负责农民住房所有权的确权和相关改革指导工作；市供销社负责把扶持农业龙头企业与“三变”改革相结合，推动相关经营主体主动承接改革；市商务局负责推动电商经营主体主动承接改革。工商、税务、民政、银行等部门要按照职责分工抓好各自任务落实。各有关部门要及时制定相应实施方案。

（十九）加强引导指导。“三变”改革工作事关“三农”发展稳定大局，政策性强、涉及面宽。各级各有关部门要根据我市农村发展实际，深入调查研究，分析农村动态，加强统筹谋划，科学制定方案，完善相关政策，按程序分步骤地推进“三变”改革试点，及时总结推广典型经验，确保“三变”改革始终沿着正确轨道运行。要充分运用容错纠错等三项机制，鼓励和引导干部尊重群众首创精神，大胆实践探索，大胆改革创新，解除干部改革创业后顾之忧。要加大“三变”改革宣传力度，报道“三变”改革先进典型和人物事迹，营造良好改革氛围。

各县区、各有关部门在推进“三变”改革过程中，发现的普遍性突出问题要及时向市委、市政府报告。

中共安康市委　安康市人民政府

2017年10月10日

中共安康市委　安康市人民政府
关于创新体制机制加快推进富硒产业发展的
实施意见

安发〔2017〕24号

安康是全国最大的天然富硒区，被誉为“中国硒谷”。富硒资源是我市最具特色和排他性的优势资源，富硒产业是我市最具竞争力和成长性的朝阳产业。近年来，我市富硒产业发展势头强劲，连年保持30%以上超高速增长，已成为全市区域经济发展和产业精准扶贫的支柱产业。为进一步推进全市富硒产业健康快速发展，助推产业精准扶贫和建设西北生态经济强市，依照《安康市富硒产业发展总体规划》以及《安康市富硒产业发展2017—2020年行动计划》，提出如下意见。

一、发展目标

立足天然富硒资源优势，坚持以市场为导向，以园区、企业为核心，以科技创新和机制体制创新为动力，按照“一产奠基、二产支撑、三产引领”策略，以富硒茶、富硒魔芋、富硒水、富硒畜禽、富硒林果、富硒水产为重点，大力培育和发展富硒功能农业、富硒现代食品工业、富硒特色现代服务业等产业集群，深度融合富硒一、二、三产业，在品牌打造、龙头带动、技术创新、基础研究、标准设立等方面取得突破，提高市场竞争力和占有率，力争到2020年全市富硒产业链产值达到2000亿元。将安康建成全国最大、最优、最强的富硒食品加工基地，让“中国硒谷”成为安康“金名片”，打造“国际健康城”。

二、重点工作

（一）*提升富硒产业发展战略*。明确任务，夯实措施，认真实施《安康市富硒产业发展总体规划》和《安康市富硒产业发展2017—2020年行动计划》，落实市委市政府把富硒产业作为全市环境友好型产业的首位产业建设战略部署。积极争取省委、省政府重视和支持，努力把富硒产业发展上升为省级发展战略，纳入陕南循环经济产业发展规划，在政策、规划、项目、指导机构、行业协会等方面给予重点支持。（市发改委牵头，市工信局、市农业局、市科技局、市富硒产品研发中心、各县区政府负责）

（二）*做优富硒功能农业*。依托富硒资源、优良生态，以富硒茶、富硒魔芋、富硒水、富硒畜禽、富硒林果、富硒水产为重点，结合现代农业园区，建设集富硒技术与现代农业新技术于一体的现代功能农业示范园，延长产业链条，推进一二三产融合。积极巩固提升富硒粮油、富硒药材、富硒蚕桑、富硒食用菌等富硒特色农业；支持富硒肥料、富硒饲料研发、生产。（市农业局牵头，市林业局、市水利局、市财政局、市富硒产品研发中心、各县区政府负责）

（三）*做大现代富硒食品工业*。做好富硒现代食品工业规划布局，加大招商引资，依托高新区、飞地经济园区和县区工业园区，培育和壮大富硒食品加工、富硒生物提取、富硒保健品开发等龙头企业，建设中国硒谷富硒现代食品产业园、中国硒谷富硒产品交易中心，大力发展富硒产品仓储、物流业，组建中国硒谷产业联盟平台，提高富硒食品工业集群规模效应。（市工信局牵头，市发改委、市商务局、市招商局、市富硒产品研发中心、各县区政府负责）

（四）*发展富硒特色现代服务业*。依托硒泉水源、富硒食品、优良生态，把“补硒”作为我市生态旅游、养生养老和休闲娱乐新“卖点”，开发中国硒谷养生旅游、富硒健康养老、中国硒谷休闲娱乐产品，建设“硒养”旅游示范基地、“硒康”养老示范基地以及集富硒美食体验、硒康体疗养、硒文化娱乐、养生养老于一体的硒疗养生综合体，打造全国硒疗养生基地，建设国际健康城。充分发挥三产的龙头带动作用，推动富硒产品经营方式由单一的“卖出去”变为“请人来、卖出去”两条腿走路。（市发改委牵头，市旅发委、市卫计局、市商务局、市招商局、市供销社、市富硒产品研发中心、各县区政府负责）

（五）*发展富硒特色文化产业*。开展富硒特色文化研究，凝练安康富硒特色文化。结合“生态、汉水”元素以及地域文化、人文精神、科研成果等，突出硒文化主题，建设中国硒谷博物馆、中国硒谷文化主题公园等富硒特色文化展示基地，举办富硒美食文化节等活动，通过新媒体、影视、文学作品等手段，有步骤、全方位广泛传播安康富硒文化。同时，加强富硒知识科普宣传，引导消费者认知认购富硒产品，以富硒文化产业带动我市“中国硒谷”品牌以及富硒企业、富硒产品品牌提升。（市委宣传部牵头，市文广局、市教育局、市旅发委、市富硒产品研发中心、各县区政府负责）

三、创新体制机制

（一）*建设富硒国家级科研平台*。以市富硒产品研发中心为主体，整合全市富硒科研、检验检测资源，统筹富硒产业相关项目实施，落实科研人员以及科研平台运行经费保障，高标准建设部、省、市共建的“中国富硒产业研究院”以及“富硒食品开发国家地方联合工程实验室”“农业部富硒产品开发与质量控制重点实验室”。创新高层次人才引进、科研成果转化、科技研发奖励、重大科研课题对外招标等机制，努力把我市建成全国富硒科研中心。（市富

硒产品研发中心牵头，市人社局、市编委办、市财政局、市农业局、市科技局、市质监局负责）

（二）加强富硒产业科技支撑。创新人才工作机制，落实院地合作经费，不断深化与中国农业科学院等科研院所、高校的院（校）地合作，积极寻求国际合作，建设富硒产业科研创新团队，开展富硒资源详查与基础应用研究，加强富硒标准制定，加快富硒产品研发和成果转化，建立富硒产品质量安全可追溯体系，开展富硒食品营养功能评价以及硒与健康研究，建设国家级硒产品综合质检中心，不断提升富硒产品科技含量和附加值，促进我市富硒产业转型升级。（市富硒产品研发中心牵头，市农业局、市科技局、市质监局、市国土局、市林业局、市水利局、市工信局、市卫计局、市财政局、市人社局、各县区政府负责）

（三）大力实施富硒品牌战略。树立“品牌立市”和“抓富硒品牌建设就是抓发展”的工作理念，强化品牌规划、品牌推广，分工协作，县区联动，政府、协会、企业“三方合力”，地域品牌、企业品牌、商品品牌“三位一体”，传统宣传手段与新媒体、互联网推广结合，尽快形成品牌效应。优先支持富硒食品企业申报名牌产品、自主知识产权，优先支持农产品“三品一标”认证。加大我市富硒资源、富硒产品、富硒项目对外宣传推介，继续办好每年一届的安康生态富硒产品博览会和以富硒食品为主的创新挑战赛，不断提升安康“中国硒谷”品牌和生态富硒产品的市场知名度和影响力。（市发改委牵头，市质监局、市工商局、市农业局、市科技局、市委宣传部、各县区政府负责）

四、保障措施

（一）强化组织领导。成立由市政府主要领导任组长的安康富硒产业领导小组，设立市富硒产业发展机构，加强市富硒产品研发中心建设，负责做好全市富硒产业发展工作的组织协调、规划指导、检查考核等工作。各有关县区和部门要组建相应机构和工作班子，一把手亲自牵头，分管领导具体组织实施，细化工作任务和完成时限，夯实工作责任。（市编委办牵头，市富硒产品研发中心、各县区政府负责）

（二）加大政策扶持。制定和完善富硒产业相关配套政策，激活土地、人才、资本、技术等生产要素向富硒产业聚集。市、县（区）财政要围绕加快富硒产业发展，设立专项资金，对院地合作、科研开发、科普宣传、人才引进、品牌建设以及富硒科研平台建设等方面给予支持。积极推进贴息贷款、融资担保等财政扶持政策向富硒企业倾斜，落实好国家有关减税降费政策，扶持一批具有一定基础和规模、技术含量高、市场前景好、竞争力强的富硒产业龙头企业尽快做大做强。整合专项资金，聚焦富硒产业，支持富硒产业项目建设。创新商业保险产品，分担各类市场主体的生产经营风险。（市富硒产品研发中心牵头，市财政局、市工商局、市国税局、市地税局、人行安康市中心支行、市保险行业协会、各县区政府负责）

（三）加强人才培育。完善人才引进、培养、激励和服务保障体系，引进一批国际、国内知名硒研究专家到农业部富硒产品开发与质量控制重点实验室开展研究工作。加强与中国农科院等科研院所、高校合作，联合培养富硒产业学科和技术带头人，为全市富硒产业发展提供技术支撑。加大科研投入，以项目课题为依托，推进中国富硒产业研究院领军人才和科研创新团队培养。实施企业经营管理人才素质提升工程，培训一批优秀企业经营管理人才。开展实用技术培训，培养一批富硒产业职业农民。（市人社局牵头，市委组织部、市编委办、市农业局、市科技局、市工信局、市富硒产品研发中心负责）

（四）强化督导考核。加强目标管理，把富硒产业发展纳入市委、市政府对市直相关部门和县区的年度目标责任考核，加强工作督查，每半年进行一次督查通报，严格兑现奖惩。（市考核办牵头，市委督查室、市政府督查室、市富硒产品研发中心负责）

中共安康市委　安康市人民政府

2017年12月14日

中共安康市委
关于全面强化基层党组织建设的意见

安字〔2017〕19号

为认真贯彻落实市四次党代会精神，按照“抓党建、聚人心、强队伍、严管理、促发展”主题，以红色党旗引领绿色发展，深入开展“秦巴明珠党旗红、追赶超越当先锋”主题实践活动，大力实施“基层党建六大提升行动”，充分发挥基层党组织在建设西北生态经济强市和全面建成小康社会中的战斗堡垒作用，结合我市实际，提出如下意见。

一、大力实施基层党员干部素质提升行动，推动党员干部队伍全面加强

（一）推进“两学一做”学习教育常态化制度化。坚持以尊崇党章、遵守党规为基本要求，以“两学一做”为基本内容，以“三会一课”为基本制度，以党支部为基本单位，以解决问题、发挥作用为基本目标，融入日常、抓在经常，组织党员深入学习党章党规，深入学习习近平总书记系列重要讲话精神和治国理政新理念新思想新战略，学习贯彻《新形势下党内生活若干准则》和《党内监督条例》，切实增强“四个意识”、坚定“四个自信”。充分发挥党支部主体作用，注重把思想政治工作落到支部、把从严教育管理党员落到支部、把做好群众工作落到支部，使党支部成为教育党员的学校、团结群众的核心、攻坚克难的堡垒。深化“戴党徽、亮身份、比业绩、树形象”活动，做群众心目中合格党员。坚持党员公开承诺制，教育引导广大党员按照“四讲四有”标准，做到政治合格、执行纪律合格、品德合格、发挥作用合格，不断增强追赶超越的思想自觉和行动自觉。

（二）深入开展基层党员干部大培训行动。大力推行“干部教、教干部”，市、县两级统筹培训计划、培训资源和培训实施，建立千名师资库、千个专题库，实行菜单式点学。夯实各级党委（党组）对本系统、本单位党员干部教育培训责任，广泛开展部门互学、送教上门，巡回宣讲、送教下乡，确保每年把全体党员干部至少轮训一遍。充分发挥市、县党校主阵地、主渠道作用，分层分级加强对党支部书记的全员集中培训，确保中省精神、市县部署、工作思路“三个清楚”的要求落实到基层。鼓励基层党员干部参加在职自学或在职学历教育，强力推进学风浓、制度实、纪律严、执行力强的学习型党组织建设，让重视学习、热爱学习、主动学习成为各级党员干部的政治自觉。

（三）建设担当有为的镇（办）干部队伍。充分发挥县（区）、镇（办）党委的领导和把关作用，选优配强镇（办）领导班子。保持脱贫攻坚时期镇（办）党政正职相对稳定，表现优秀的优先提拔，但仍要继续兼任现职，并把主要精力放在脱贫攻坚工作上。脱贫攻坚期间，原则上每个县（区）就地提拔的镇（办）党政正职不少于1名，特别优秀的可破格提拔。认真落实县以下机关公务员职务与职级并行、乡镇工作补贴制度，镇干部年度考核优秀等次比例提高到20%。优化镇（办）干部队伍年龄、性别、专业结构，注重多渠道培养和选拔本土干部，注重发挥“老乡镇”作用，建立跨区域跨部门多形式的交流轮岗机制。加大培养选拔镇（办）优秀年轻干部力度，坚持和完善市、县机关部门与镇（办）“上挂下派”锻炼制度。强化干部日常管理监督，严格执行镇（办）干部任期调整、最低服务年限、工作借调等规定，优先保证镇办干部满编满岗。全面落实全天候值班制度，改进实绩考核评价办法，评选表彰“敢担当、善作为”优秀干部，着力打造一支讲政治、守纪律，懂规矩、有激情，有办法、敢担当的过硬队伍。

（四）建设群众满意的村（社区）干部队伍。按照干事创业有思路、服务群众有感情、廉洁公道有威信的要求，注重从带头致富能人、返乡创业人才、合作经济组织负责人、优秀高校毕业生、大学生村官、退伍军人、退休干部、乡村医生和其他乡贤中选用政治素质好、愿为老百姓服务的党支部书记。建立健全村干部教育培训、工作考勤、谈心谈话、重大事项报告、工作档案等日常管理制度，实行任职承诺，加强村务监督，严格述职评议考核，实施底线管理，严管村干部“不在岗、不作为、不同心、不守规矩”等不良行为。加大从优秀村（社区）党组织书记中选拔镇办领导干部、从优秀村（社区）两委正职中定向考录镇公务员和招聘事业编制人员力度。换届时，每个镇至少有1名事业编制人员、优秀村干部、大学生村官进镇领导班子，做到一个县（区）范围内“三类人员”不出现类型空缺。严格规范村“两委”选举，明确村级组织换届选举候选人（自荐人）资格条件，从源头上把好素质关。实施村级后备干部培养储备“青苗工程”，每个村至少培养3名以上村级后备干部。积极推荐表现突出、符合条件的优秀村干部作为各级党代会代表、人大代表和政协委员人选，大力培树表彰宣传村（社区）干部的先进典型，营造重视、关心、支持村干部的良好氛围。

（五）建设充满生机活力的党员队伍。全面推行党员“定期活动日”制度，按照“日子好记、时间集中、活动方便”原则，每月固定一天开展党内组织生活、进行民主议事决策、总结和安排部署工作等，增强吸引力、感召力和仪式感，切实使每次党组织生活都有实质性内容，真正起到锤炼党性的作用。严格党员组织关系和党员档案管理，完善党员管理台账，探索建立党员电子身份信息，健全防止党员失联的长效机制，确保把每名党员都纳入党的一个基层组织的管理之中。全面推行党员积分制，坚持和完善无职党员设岗定责等办法，切实抓好国有企业劳务派遣工、流动人才、农民工党员的日常教育管理。健全完善党代表和党员违纪违法通报和处理机制，严格依法依规及时处理涉法涉罪党员和党代表、人大代表、政协委员。探索推行从公推优秀村民（员工）中发展党员，加大在农民工、非公企业员工、高知识群体中发展党员力度。市财政安排300万元专项资金，建立困难党员救助长效机制。

二、大力实施基层党组织规范化建设提升行动，推动基层组织全面过硬

（六）实施基层党组织标准化规范化建设。以标准化引领规范化，对各领域基层党组织建设中的组织体系、队伍建设、活动阵地、投入保障、工作运行、考核管理、台账资料、作用发挥等基础性党务工作，制定统一的工作标准，规范工作流程，细化量化工作内容，使全市各领域基层党组织管理规范、活动正常、机制完善、作用凸显，不断提升基层党建工作科学化、规范化、制度化水平。按照“点线建精、整片建强、整镇推进、整县提升”的思路，开展基层党组织规范化示范点建设，打造亮点、培树品牌，建设一批高速公路沿线、精品旅游线路、星级景区、各类园区等党建示范长廊、党建示范带。

（七）创新和完善基层党组织设置。按照便于党员参加活动、有利于党组织发挥作用的要求，着力加强农村移民搬迁社区党组织建设，全面推行“原籍管理地和林、社区服务房和人”做法，做到“党员群众住到哪里、党组织活动就在哪里参加”。加大在农民专业合作社、农业社会化服务组织和农民工聚集地建立党组织的力度，探索实行"产业型、功能型、外出务工型、结对帮扶型"设置方式，理顺党组织隶属关系，不断健全新型农村党组织体系。加强城市基层党建，强化街道"大工委"、社区"大党委"建设和党建网格化管理，推动传统社区党建与驻区单位、新兴领域党建融合，城区、街道、社区三级党组织联动，共享共建资源平台，共同开展日常活动，以党的建设引领社会治理创新。按照"分级负责、条块结合、区域兜底"的原则，推行"系统抓、抓系统"的归口管理模式，建立健全点线面结合的覆盖体系，推进非公企业和社会组织党建工作，实现并动态巩固党的组织和党的工作在各领域全覆盖。

（八）健全基层党组织晋位升级制度。各级党委（党组）每年要对基层组织进行分析研判、分类定级和分类推进，坚持以评促建、评建结合、重在建设，巩固先进、推动一般、整顿后进。在农村，持续深化"升级晋档、科学发展"活动，推动不同类型村党组织争先进位。在社区，巩固"三有一化"工作成果，深化"文明社区、和谐家园"创建活动，推进城镇社区党组织"评星定级、晋位提档"工作。在非公和社会组织党组织中开展"评星晋级、争创双强"活动，在机关党组织深化"五型"机关建设，在事业单位开展"三亮三比三评"活动，在国有企业党组织开展"四强四优"创建活动，推动各领域基层组织晋位升级。建立健全基层党组织建设情况反馈、定期分析、备案预警以及按期换届提醒督促和责任追究等工作制度，实行动态管理，对应建未建、软弱涣散、规范化建设不达标的，发现一个、整建一个，转化一个、销号一个，形成及时发现、及时整建的常态化组织建设机制。

三、大力实施基层党组织整体功能提升行动，推动基层组织战斗力全面增强

（九）强化基层党组织的政治功能。突出基层党组织的政治责任和政治属性，切实强化政治引领功能，提升服务能力和水平，团结带领广大群众坚定不移听党话、跟党走，引领推动"四个全面"战略布局在基层落实。不断强化农村基层党组织的领导核心地位，确保农村基层党组织成为贯彻党的路线方针政策、领导各类基层组织和基层各项工作、团结带领农民群众建设美好生活的领导核心。加强镇（办）党委建设，完善议事规则和决策程序，增强统筹协调能力。制定村（社区）组织工作规则，发挥村（社区）党组织的战斗堡垒作用，加强村（社区）党组织对村级组织和村级事务的领导。加大对"村霸"和宗族邪恶势力的整治力度，严肃查处"微腐败""蝇贪"，不断增强群众的安全感、幸福感、获得感和对党组织的信任感。加强县、镇党委（工委）对非公企业和社会组织党组织的领导，充分发挥非公企业和社会组织党组织在职工群众中的政治核心作用和在改革发展中的政治引领作用。加强党对国有企业的领导，把党的领导融入公司治理，推进企业改革与党的建设"四同步"，实现"四对接"。强化基层党组织对基层意识形态工作的领导权，打好基层意识形态主动仗，巩固基层思想文化阵地。加强和改善党对基层群团组织的领导，健全落实各领域党群共建工作机制，推进党群工作一体化。

（十）深化连心为民服务群众工作机制。认真落实领导联点和帮扶包抓工作制度，加强驻村选派工作。采取领导逐级示范、部门结对共建、干部入户连心等方式，推广党员干部与群众"多联系常见面"和"五个一"等做法，组织市县两级单位与以建档立卡贫困村为重点的行政村结对帮扶，市县镇三级党员干部和机关事业单位工作人员与贫困户结对连心，做到包村包户全覆盖，不脱贫不脱钩。实行领导干部带头走村入户制度，届期内县（区）委书记走遍所有村，镇（办）党委书记走遍所有自然村（社区）和困难户，县级领导班子成员每年走遍所联镇的村（社区），镇（办）干部每年走遍分片包村的户，真正做到急事难事见干部、政策宣传见干部、化解矛盾见干部、项目推进见干部，建立"走村不漏户、户户见干部"长效机制，不断提升基层党组织战斗力、执行力，提升突出问题解决率、群众满意率。

（十一）建立健全县镇村三级便民服务体系。加大各类服务平台整合力度，将村（社区）便民服务站点与县镇两级行政服务平台上下衔接，推动行政管理、审批、服务向基层延伸，实行网上申报代办和线下代办联动，真正实现"常住村民办事不出村、外出村民办事不回村"。在镇（办）全面推行"挂牌上岗、去向公示、民情日记、民事代办、当日接访"制度，在村（社区）全面推行"集中办公、轮流值班、服务承诺、小微权力清单、全程代办、结果评议"等制度，在城镇社区全面推行"组团式服务、网格化管理"制度，实现村（居）便民服务全覆盖。将电子商务作为基层党组织服务群众的有效载体，鼓励支持大学生村官、村干部、党员能人开办网店，推动实现县县建有电商城、镇镇建有电商平台、村村建有电商网店。

四、大力实施抓党建促脱贫攻坚提升行动，推动党建引领作用全面发挥

（十二）全面推行"支部+X+贫困户"抓党建促脱贫工作模式。充分发挥农村党支部带领群众脱贫攻坚的领导核心作用，培育壮大和组织引导农村专业合作社、龙头企业、现代农业园区、旅游景区、社区工厂等市场主体带动贫困户脱贫，推动每个村都建立1个以上经济合作社（或行业协会）等市场主体，让"支部+X+贫困户"模式在所有村全覆盖。在产业链上全面建立党组织，党员在产业链上与贫困群众结对子，实现党组织全覆盖。以村（社区）党支部为核心和纽带，以特色产业实体、专业合作社为龙头，把党员和先富起来的群众与贫困户结成利益共同体，形成农村基层党建推动精准扶贫、精准脱贫的长效机制。深入开展"双建双培"活动，着力建强党支部，建好"X"，把市场主体带头人培养成党员和村干部，把党员和村干部培养成市场主体带头人，使每个村都有党员致富带头人，党支部始终成为脱贫攻坚的领导者和引领者。大力开展农村集体经济"破零"行动，通过加大政策倾斜、盘活集体资产、发展合作社等形式，壮大村级集体经济，增强村支部办事能力。大力实施创业人才工程，制定完善创业人才引进、培养、扶持、奖励、服务、保障等措施，构建县镇村三级创业人才服务网络，着力吸引外出务工能人返乡创业，鼓励支持在外创业成功人士回归领办创办企业，推动工商企业下乡创业、村干部带头创业、乡土人才就地创业，让更多的创业人才成为发展致富产业的领头人。

（十三）建立健全“党建+”工作机制。围绕落实“五个扎实”要求，将党建工作与中心工作、重点工作、日常工作有机融合、互促共进，强化党建对各项工作的主导引领地位和推动作用，构建以红色党旗引领绿色发展的工作机制。推行“党建+经济发展”，把党建工作融入经济发展各方面、全过程，将党建优势转化为发展优势，着力推动绿色发展；推行“党建+现代农业”，把发展现代农业作为检验农村基层党建成效的重要标准，以基层党建引领推动现代农业发展，促进脱贫攻坚；推行“党建+文化建设”，以党建弘扬革命传统文化、引领社会主义先进文化，推动社会主义核心价值观在基层落地生根；推行“党建+民生保障”，在教育、就业、社会保障、社会稳定和安全生产等方面发挥党的领导作用，落实基层组织的政治责任，实现党建与民生互促共赢。充分发挥基层党组织在全面从严治党中的重要作用，推动基层党员干部大力弘扬延安精神，持续改进作风，巩固风清气正的政治生态，以党风带政风促民风。

（十四）大力实施党建工作“追赶超越行动计划”。各级党组织都要把全面从严治党体现在追赶超越的成效上，从自身实际和职能特点出发，确定党建工作追赶超越目标对象，明确追赶超越任务，制定追赶超越行动方案和年度计划，按类别、逐项目列出清单，明确任务目标完成时限和责任。党委（党组）对推动追赶超越负全面责任，党委（党组）书记负第一责任，班子成员负责抓好分管领域党建工作。将追赶超越纳入党组织书记年度述职评议内容，设置考核指标，严格考核，兑现奖惩。组织动员基层党组织和广大党员干部在决战脱贫攻坚、全面建成小康社会主战场上当先锋、创佳绩，在密切党群干群关系、促进和谐稳定中当先锋、创佳绩，在转变工作作风、提升服务水平中当先锋、创佳绩，在追赶超越的火热实践中让党的旗帜在每个基层阵地高高飘扬。

五、大力实施“互联网+党建”运用提升行动，推动传统党建全面升级

（十五）全面建设“网络党支部”。以村（社区）党支部为重点，利用互联网新载体，以微信群、QQ群等形式，把全市农村所有党支部建在网上、所有农村党员连在线上。按照“学习同步、活动同步、管理同步、服务同步”方式，开展网上组织生活、议事决策、村务公开等工作，实行线下线上同步运行，充分发挥联系党员、教育党员、管理党员、服务党员作用。每一个基层党支部都要建立一个党员群众乐于参与、充满正能量的网络互动平台，用群众爱听、能听懂的语言或动漫图像，生动鲜活地讲真理、道理，讲现实、事实，把单向教育培训与双向互动结合起来，把线下教育动员与线上线下交流结合起来，把“键对键”与“面对面”结合起来，增强党建工作的感染力和凝聚力。

（十六）完善“手机+党支部”精准指导平台。切实用好“手机+党支部”精准指导平台，充分发挥精准指导作用。明确支部所在上级党组织的管理和指导职责，建立健全管理使用和考核评价机制，及时将上级政策精神传达到支部、安排部署工作到支部、督促检查指导到支部，加强互动交流，回应基层支部的呼声，帮助解决困难问题，不断提升精准指导平台的实效性。积极探索将传统党建与互联网、大数据、智能手机相结合，把“互联网+”引入基层党建工作各个领域，构建多功能、广覆盖的党建服务云平台，开辟“指尖上的党建阵地”。

（十七）加强远程教育资源整合利用。以满足农村基层党员干部多元化需求为导向，把各级各部门投入的人力、设备、信息等资源持续整合起来，改造升级远程教育网络终端设备，推进村级站点全部实现宽带化。探索推行远程教育+电子商务、便民服务、户外LED、新兴媒体等模式，建设“远教广场”，打造集党务、商务、便民服务与文化娱乐于一体的综合信息化服务平台，建立健全网络化、全覆盖、多功能的农村党员干部现代远程教育体系。办好管好用好各级党建网站和手机信息平台，建立健全市、县（区）、镇（办）党建微信公众号，及时推送微党课、志愿服务、惠民政策、先进典型等，不断创新党员教育培训方式。

六、大力实施基层基础保障提升行动，推动大抓基层全面到位

（十八）加强基层党建工作力量。坚持和完善组织员制度，县区委要建立健全组织员工作机构，配齐配强组织员，保证专职专用。市、县各部门党委（党组）要明确主抓党建的党委（党组）成员和专兼职组织员。明确镇（办）党委专职副书记分管党建工作，组织委员专职抓党建，根据需要配备党建专干，保证镇（办）抓基层党建工作专门力量普遍达到3人以上。县级组织部门确保有1/3以上人员从事基层党建工作。选好管好用好驻村党组织第一书记，选派不担任现职党政领导干部到村（社区）、非公企业、社会组织担任驻村“第一书记”，党组织书记、党建工作指导专员、党建工作督导专员，切实解决党建一线力量薄弱的问题。

（十九）加大经费投入保障力度。按照不低于陕西省规定标准落实基层组织办公经费、服务群众专项经费和村（社区）干部待遇，同步提高正常离任村干部生活补贴标准；市、县财政按比例分担，为农村、社区、非公经济组织、社会组织每个党支部每年安排5000元党建工作经费，为农村、社区、非公经济组织、社会组织党组织中的党员按每人每年100元的标准，预算教育经费；县（区）财政保障，保证基层党组织的活动场所提升和建设所需资金。

（二十）落实基层党建工作责任。把严格党内政治生活、强化党内监督作为履行全面从严治党责任的重要内容，制定落实全面从严治党责任的实施意见，构建主体明晰、责任明确、权责对等的责任体系。全面推行基层党建责任清单制度，分层次分领域制定各级党组织书记及班子成员抓党建责任清单。健全下级党组织向上级党组织报告党建工作和书记述职评议制度，完善基层党建工作目标管理和考核评价体系，坚持“明察暗访、巡回督导、现场观摩、汇报点评、定期通报”等措施，加大党建工作在目标责任考核中的权重，强化考核结果运用和责任追究，大力褒奖、优先使用敢于担当、守土有责、党的建设成绩突出的干部，严肃问责轻视疏忽、守土失责的干部，及时调整履行党建责任不认真、任务落实不到位、引发重大事件、造成恶劣影响、受到中、省、市通报批评的县（区）、市级部门党委（党组）书记和有关领导干部，形成大抓基层的工作导向和用人导向，用“三项机制”保障基层党建工作落实。

中共安康市委

2017年2月17日

中共安康市委　安康市人民政府关于印发安康市全面深化河长制实施方案的通知

安字〔2017〕30号

各县区委、县区人民政府，市委和市级国家机关各部门，各人民团体：

《安康市全面深化河长制实施方案》已经市委、市政府同意，现印发给你们，请结合实际认真贯彻执行。

中共安康市委　安康市人民政府

2017年4月6日

安康市全面深化河长制实施方案

为落实绿色发展理念、推进生态文明建设，认真贯彻落实中共中央办公厅、国务院办公厅《关于全面推行河长制的意见》（厅字〔2016〕42号）和省委办公厅、省政府办公厅关于《陕西省全面推行河长制实施方案》（陕办字〔2017〕8号）精神，继续巩固河长制成果，全面深入推进我市河湖管理保护工作，确保南水北调中线工程核心水源地和水源涵养区水质安全达标，夯实属地责任，健全长效机制，结合我市实际，制定本实施方案。

一、总体要求

深入贯彻党的十八大、十八届三中、四中、五中、六中全会精神，深入贯彻习近平总书记系列重要讲话特别是来陕视察重要讲话精神，全面落实节水优先、空间均衡、系统治理、两手发力新时期水利工作方针。紧紧围绕加快建设西北生态经济强市的发展目标，以加强水管理、保护水资源、治理水环境、防治水污染、修复水生态为主要任务，在全市江河湖泊全面深化河长制，2017年6月底前，根据流域面积和区域分布，全面建立以党委、政府主要领导负责制为核心的市、县区、镇办、村（社区）四级河长制，构建责任明确、协调有序、监管严格、保护有力的河湖管理保护责任机制。到2020年，全市河流实现“六无六有”目标（即：无垃圾、无直排、无碍洪、无违建、无违采、无损毁和有堤防、有绿化、有景观、有制度、有队伍、有管护），从根本上维护和改善水环境质量，实现“水清、河畅、岸净、景美”，河湖经济社会功能与自然生态系统协调、人水和谐共处。

二、主要任务

（一）*加强水资源保护*。落实最严格水资源管理制度，严守“水资源开发利用控制、用水效率控制和水功能区限制纳污”三条红线，扎实落实“用水总量控制、用水效率控制、水功能区限制纳污、水资源管理责任与考核”四项制度。严格落实取水许可和水资源有偿使用制度。加强江河库渠跨界断面、主要交汇处、重点水域的水量水质监测，建立体系统一、布局合理、功能完善的监管网络，完善市、县水资源监测中心建设，按照统一标准开展水质水量监测和评价，按规定发布有关监测成果。加快水资源管理系统和监测系统建设，探索建立区域水资源承载能力监测评价体系。全面推进节水型社会建设，加强工业、城镇、农业节水。

（二）*加强水环境治理*。加强江河源头、重要水源涵养地水环境保护，划定生态保护红线和禁止开发范围，实现江河源头保护区污水“零排放”。加快水源涵养林建设，全面保护天然林，提高森林蓄积量，开展江河库渠沿岸绿化造林，创建国家森林城市。依法划定饮用水水源保护区，切实保障饮用水水源安全，依法清理饮用水水源保护区内违法建筑和排污口，强化饮用水水源应急管理，建立完善饮用水水源地突发事件应急预案，确保用水安全。加强河湖水环境综合整治，推进水环境治理网格化和信息化建设，建立健全水环境风险评估排查、预警预报与响应机制。结合城镇总体规划，因地制宜建设亲水生态岸线，加大黑臭水体治理力度，实现河湖环境整洁优美、水清岸绿。

（三）加强水污染防治。明确河湖水污染防治目标和任务，始终将汉江水质保护放在突出位置抓紧抓实。加强工矿企业污染、城镇生活污染、农业面源污染、畜禽水产养殖污染及船舶港口污染和河道漂浮物污染防治，落实部门和单位责任，扎实推进防治措施。加强工农业废弃物、建筑垃圾、生活垃圾等资源化利用，构建"排污者付费、治污者受益"的生态补偿机制。严格入河湖排污口监督管理，核定水功能区的纳污能力和允许纳污总量，优化入河湖排污口布局，实施入河湖排污口整治。强化突发水污染处置应急监测和处置。建立水质恶化倒查机制，追溯污染来源，严格落实整治责任和限期整改措施。

（四）加强水生态修复。加快城乡水环境整治，实施农村清洁工程，大力推进绿色生态城镇和美丽乡村创建活动。加大水土流失综合治理和生态修复力度，大力推进坡耕地、生态清洁型小流域和库塘水生态治理。加强南水北调水源区等重要生态保护区水环境自然修复保护，严格落实禁渔期、禁渔区制度，开展水生生物增殖放流，加强水生生物多样性养护，增强水体净化调节功能。抓好湿地自然保护区建设，加强河湖湿地修复，维护湿地生态系统。完善水库、水电站调度方案，保证防洪安全和基本生态流量。

（五）加强水域岸线及采砂管理。开展河湖水域岸线登记，依法划定河湖及其水利工程管理范围和保护范围，科学划定岸线保护区、保留区、限制开发区、开发利用区。加强涉河建设项目监管、河道采砂监管和依法行政许可，严格执行《安康市江河湖泊采砂管理办法》（安政办发〔2016〕20号），实行保护优先、总量控制和有序开采，实行最严格的禁采区、禁采期规定，全面落实城镇、库区、自然保护区和基础设施保护范围内禁采砂石和汛期禁采制度，加强采砂日常巡查执法，禁止超时超量超范围采砂，采砂作业完成后及时复平采砂场点，禁止在河道内堆放采砂尾料或弃料。

（六）加强执法监管。坚持依法治水，坚持源头严防、过程严管、后果严惩。建立健全河湖监管制度，强化行政监管与执法，建立健全由水利、环保、公安等部门联合执法、相关部门共同负责的河湖管理保护机制，加大执法力度，对水环境违法行为实行"零容忍"。全面深化河长制，分级设立河道警长，加大对破坏水安全犯罪行为打击力度。落实河湖管理保护执法监管责任主体、人员、设备和经费。严厉打击涉河湖违法行为，坚决清理整治非法排污、设障、取水、捕捞、养殖、采砂、采矿、围垦、倾倒废弃物、侵占水域岸线及电、毒、炸鱼等破坏河湖生态环境的违法行为。

三、组织保障

（一）加强组织领导。各级各部门要把全面深化河长制作为推进生态文明建设的重要举措，切实加强组织领导，狠抓责任落实，完善实施方案，制定工作措施，明确进度安排，全面推进深化河长制的各项工作。

总河长、副总河长负责领导全市河长制工作。总河长由市委、市政府主要领导担任，副总河长由市委和市政府分管领导担任，市委、市政府领导分别兼任汉江安康段和11条主要支流市级河长。同时设立全市河道总警长，由市公安局局长兼任。

河长职责：各级河长负责组织领导相应河湖的管理和保护工作，包括水资源保护、水环境治理、水污染防治、水生态修复、水域岸线管理等，牵头组织对侵占河道、围垦湖泊、超标排污、非法采砂、破坏航道、电毒炸鱼等突出问题依法进行清理整治，协调解决重大问题；对跨行政区域的河湖明晰管理责任，协调上下游、左右岸实行联防联控；对相关部门和下一级河长履职情况进行督导，对目标任务完成情况进行考核，强化激励问责。

河道警长职责：协助河长履行指导、协调和监督职能，落实水域治安管理责任，依法打击各类破坏河湖资源环境的违法犯罪行为；强化与水利、环保等部门的执法联动、办案协调等工作机制；检查督导下级河道警长履行职责。

市河长制办公室设在市水利局，具体负责组织实施河长制。主要职责为组织协调、调度督导、检查考核。市河长制办公室主任由市水利局主要负责同志担任，副主任由市水利局、市环保局、市公安局及有关部门的分管负责同志担任。县区相应设立河长制办公室，明确机构职责，负责此项工作。

成员单位及其职责是：市发改委负责协调推进河湖保护重点项目，研究制订河湖保护产业布局和重大政策，市南水北调办负责做好涉及汉江水质保护各类项目的衔接协调争取和督办落实工作；市教育局负责指导协调各地组织开展中小学生河湖管理保护教育工作；市科技局负责组织开展水资源保护、河湖环境治理、水生态修复和节约用水等科学研究和技术示范；市公安局负责依法打击各类破坏河湖资源环境，影响社会公共安全的违法犯罪行为，负责确定市级领导担任河长的12条主要河流的警长，督促各县区公安局建立分级河道警长；市财政局负责协调落实河湖管理保护所需资金，并监督资金使用；市国土局负责开展矿产资源开发利用过程中矿山地质环境保护工作，协调河湖治理项目用地保障、河湖及水利工程管理范围和保护范围确权登记；市环保局负责水污染防治的统一监督管理，组织实施《安康市水污染防治工作方案》，制定更加严格的河湖排污标准，开展入河污染源的调查执法和达标排放监管，定期开展全市地表水及水源地水质监测，向社会公布监测数据，继续推进网格化环境监管工作，完善预警机制和应急机制，分析预判重点河流水质变化情况并向沿线政府通报情况，实现信息共享；市住建局负责牵头开展城市建成区水域黑臭水体整治，对城镇污水、弃土弃渣、垃圾处理设施运行进行监管，负责安康中心城市排水、污水管网工程的建设管理并指导城镇做好相关工作；市交通局负责监管和推进航道整治与疏浚、涉河湖陆路交通项目建设期间的污染防治，加强对通航河流岸线保护，严格船舶管理、危险品管理；市水利局负责开展水资源管理保护，组织水域岸线登记及管理、河湖划界确权、河道采砂管理、水土流失保持、堤防及附属工程管理与养护，河湖水工程建设等，依法查处水事违法违规行为；市农业局负责监管农业面源、畜禽养殖污染防治工作，推进农业废弃物综合利用；市林业局负责推进生态公益林和水源涵养林建设，推进河湖沿岸绿化和湿地修复工作；市卫计局负责对医疗废物收集、运送、贮存、处置活动中的疾病防治工作实施统一监督管理，查处医疗卫生机构、医疗废弃物集中处置单位违法行为，严格防范和控制因医疗废弃物和医源性污水管理不当导致传染病传播事故；市旅游局负责指导和监督景区内河湖管理保护及保洁工作，防止库区旅游娱乐休闲造成环境污染；安康水文水资源局负责依据水利普查资料编制全市河流名录，做好水功能区跨界断面流量监测和水文水资源管理等工作。

县（区）、镇（办）、村（社区）各级依照市级建立河长制工作体系和责任体系，分级分段深化落实河长制工作。各级河长是所辖河湖库渠管理保护的直接责任人，负责组织领导相应河湖的管理保护工作。同时各分级河道设立河道警长。

（二）健全工作机制。各级要建立河长会议制度，由河长负责牵头召集河长制办公室和责任单位，协调解决河湖库渠管理保护重点难点问题。建立问题督办制度，加强河湖库渠管理保护重要事项督办工作。建立信息共享通报制度，加强日常工作沟通与协调，定期发布河长制工作信息。建立健全各级各单位涉及河湖库渠日常管理的专业机构，落实管理保护责任、管理人员和管理经费。各级河长制办公室要加强组织协调，督促相关部门和单位按照职责分工，落实责任，密切配合，协同推进河湖管理保护工作。

（三）强化考核问责。建立考核制度，以水质水量监测、水域岸线管理、江河库渠生态环境保护等为主要考核指标，建立健全考核评价制度和体系，考核内容纳入各级政府目标责任考核评价体系，结合河湖库渠实际，实行差异化绩效评价考核，对因失职、渎职导致河湖库渠环境遭到严重破坏的，依法依规追究责任单位及责任人的责任。

（四）落实工作经费。重点保障水质水量监测、规划编制、信息平台建设、河湖划界确权、突出问题整治及监管服务等工作费用。在争取中央和省上支持的同时，统筹安排项目资金，足额保障河湖巡查、堤防维修、保洁等日常管养经费，纳入各级财政预算。加大城乡水环境整治、水污染治理、生态保护修复、防汛抗旱工程建设等项目资金投入，积极探索引导社会资金参与水环境治理和保护。

（五）加强监督检查。建立河湖管理保护信息发布平台，在河湖显要位置设立统一格式河长公示牌，公布河长姓名职务、河段范围、职责和联系方式，接受社会监督。有效发挥媒体舆论的引导和监督作用，着力引导企业履行社会责任，自觉防污治污。进一步增强城镇、乡村、企事业单位以及社会各界河湖管理和保护的责任意识，大力营造社会各界和人民群众共同关心、支持、参与和监督河湖管理保护的良好氛围。

附件：安康市总河长、市级河长名单

安康市总河长、市级河长名单

一、总河长、副总河长

总 河 长：郭　青　市委书记

总 河 长：徐启方　市委副书记、市长

副总河长：鲍永能　市委副书记

副总河长：赵俊民　市委常委、常务副市长

副总河长：鲁　琦　副市长

副总河长兼河道总警长：杨尚伟　副市长、市公安局局长

二、市级河长

汉江安康段市级河长：郭　青　市委书记

徐启方　市委副书记、市长

月河市级河长：鲍永能　市委副书记

白石河市级河长：周玉峰　市委常委、组织部部长

岚河市级河长：陈俊哲　市委常委、纪委书记

任河安康段市级河长：赵俊民　市委常委、常务副市长

坝河市级河长：陈　明　市委常委、政法委书记

子午河安康段市级河长：罗雪剑　市委常委、秘书长、宣传部部长

池河市级河长：李启全　市委常委、石泉县委书记

恒河市级河长：黄　勇　市委常委、统战部长、高新区党工委书记、管委会主任

南江河市级河长：鲁　琦　副市长

黄洋河市级河长：孙矿玲　副市长

旬河安康段市级河长：何邦军　副市长

中共安康市委　安康市人民政府关于表彰2016年度目标责任考核优秀单位和单项考核奖、重大改革创新奖、目标责任考核创优贡献奖单位的决定

安字〔2017〕47号

各县区委、县区人民政府，市委和市级国家机关各部门，各人民团体，中省驻安各单位：

2016年，在省委、省政府的坚强领导下，全市各级各部门认真学习贯彻习近平总书记系列重要讲话特别是来陕视察重要讲话精神，以五大发展理念为统揽，以“两学一做”学习教育为牵引，以年度目标责任考核为抓手，以“三项机制”为保障，解放思想、苦干实干，主动作为、奋勇争先，全市稳增长、促改革、调结构、惠民生、防风险各项工作取得显著成效，实现了“十三五”良好开局，助推我市在全省年度目标责任考核中再次荣获优秀等次且位居各市区前列，涌现出了一批成绩优异、表现突出的先进集体。

为表彰先进、激励干劲、树立导向，进一步激发全市广大干部干事创业的积极性、主动性和创造性，推动年度发展任务特别是追赶超越目标的全面完成，市委、市政府决定，对获得2016年度目标责任考核优秀等次的汉滨区、镇坪县、安康高新技术产业开发区、市委办公室、市政府办公室、市发展和改革委员会（物价局）、市国家税务局、安康水力发电厂等56个单位，获得2016年度目标责任单项考核奖的旬阳县等7个单位，获得2016年度目标责任考核重大改革创新奖的白河县等17个单位，获得2016年度“目标责任考核创优贡献奖”的市卫生和计划生育局等8个单位，予以通报表彰。

希望受表彰单位珍惜荣誉、再接再厉，振奋精神、开拓创新，瞄准更高目标、取得更大成绩。各县区各部门要向受表彰的单位学习，紧扣追赶超越定位和“五个扎实”要求，紧盯市委、市政府确定的重点任务，坚持稳中求进工作总基调，牢固树立和贯彻落实五大发展理念，以提高发展质量和效益为中心，持续深化供给侧结构性改革，坚决打赢脱贫攻坚战，凝神聚力建设西北生态经济强市，以优异成绩迎接党的十九大和省第十三次党代会胜利召开！

附件：

1. 安康市2016年度目标责任考核优秀单位名单
2. 安康市2016年度目标责任单项考核奖名单
3. 安康市2016年度目标责任考核重大改革创新奖名单
4. 安康市2016年度“目标责任考核创优贡献奖”名单

中共安康市委　安康市人民政府

2017年5月2日

安康市2016年度目标责任考核优秀单位名单

一、循环经济发展区域（3个）：

汉滨区、旬阳县、石泉县

二、重点生态保护区域（4个）：

镇坪县、岚皋县、白河县、宁陕县

三、聚集发展区域（1个）：

安康高新技术产业开发区

四、市直党群部门（11个）：

市委办公室、市委政法委、市纪委机关（监察局）、市人大常委会机关、市委宣传部、市委组织部、市政协机关、市机构编制委员会办公室、市妇女联合会、市人民检察院、市委党校

五、市政府非经济部门（13个）：

市政府办公室、市审计局、市卫生和计划生育局、市环境保护局、市人力资源和社会保障局（公务员局）、市民政局、市统计局、市公安局、市文化文物广电局、市安全生产监督管理局、市司法局、市科学技术局、市信访局

六、市政府经济部门（12个）：

市发展和改革委员会（物价局）、市工业和信息化局（中小企业局）、市财政局、安康公路管理局、市交通运输局、市扶贫开发局、市招商局、市林业局、市质量技术监督局、市国土资源局、市盐务管理局、市住房和城乡建设局

七、中省驻安行政管理单位（5个）：

市国家税务局、市地方税务局、人行安康市中心支行、地电安康分公司、市养老保险经办处

八、中省驻安事企业单位（7个）：

安康水力发电厂、信合安康办事处、工行安康分行、农发行安康分行、移动安康分公司、寿险安康分公司、邮政储蓄银行安康市分行

安康市2016年度目标责任单项考核奖名单（共11个）

一、“重大项目建设”单项考核奖：旬阳县
二、“招商引资”单项考核奖：高新区
三、“‘四上’企业培育”单项考核奖：汉滨区
四、“工业发展”单项考核奖：旬阳县
五、“飞地经济发展”单项考核奖：紫阳县
六、“服务业发展”单项考核奖：汉滨区
七、“农业园区发展”单项考核奖：白河县
八、“移民（脱贫）搬迁工作”单项考核奖：汉滨区
九、“主体功能区建设试点示范工作”单项考核奖：宁陕县
十、“党建工作”单项考核奖：白河县
十一、“党风廉政建设”单项考核奖：镇坪县

安康市2016年度目标责任考核重大改革创新奖名单（共14个）

一、特等奖（2个）：

1. 汉滨区、宁陕县、市委组织部“支部+X+贫困户”党建扶贫模式
2. 白河县“互联网+党建”工作模式

二、二等奖（6个）：

1. 平利县、市质监局美丽乡村建设标准
2. 旬阳县“群众说　乡贤论　榜上亮”道德评议工作
3. 紫阳县“线上+线下”政务服务一体化模式
4. 岚皋县实施教育优先发展“五个五”工程
5. 镇坪县镇人大工作规范化建设
6. 市人大常委会机关人大工作“微创新”

三、三等奖（6个）：

1. 汉阴县镇村卫生服务“五三二”一体化管理模式
2. 汉阴县村级财务审计“34511”工作法
3. 石泉县村党支部书记职业化管理
4. 宁陕县机要密码基础设施提升工程
5. 市政府办、市扶贫开发局、农发行安康市分行国家政策性金融扶贫实验示范区建设工作
6. 市农业局魔芋产业建设“安康模式”

安康市2016年度“目标责任考核创优贡献奖”名单（共8个）

一、获得省考表彰加分单位（2个）：

1. 市卫生和计划生育局
2. 市民政局

二、获得省考超额完成任务加分单位（6个）：

1. 市发展和改革委员会（物价局）
2. 市环境保护局
3. 市委政法委
4. 市工业和信息化局（中小企业局）
5. 市科学技术局
6. 市公安局

中共安康市委
关于表彰全市脱贫攻坚优秀镇党委书记、
第一书记和工作队长的决定

安字〔2017〕62号

各县区委，市委各部门，市级国家机关各部门、各人民团体、中省驻安各单位党组（党委）：

党的十八大以来，全市上下深入贯彻落实习近平总书记扶贫开发战略思想，坚持把脱贫攻坚作为头等大事和第一民生工程来抓，始终把党的力量挺在脱贫攻坚的前沿阵地，制定发展规划、壮大主导产业、落实优惠政策，走出了一条“融入党建带脱贫、抓好脱贫促党建”的实践之路。特别是我市将党建精准指导与就业式精准脱贫深度融合，探索推行的“支部+X+贫困户”模式得到中央领导同志重要批示。“十二五”期间，全市共减少贫

困人口42.33万人。2016年又带动212个贫困村出列、13.67万贫困人口脱贫，为今后几年打赢脱贫攻坚战积累了宝贵经验、奠定了坚实基础。在全力推进精准扶贫精准脱贫工作中，全市各级党组织和广大党员干部不忘初心、砥砺奋进，把解决贫困群众的生存和发展问题作为首要之责、分内之事，用聪明才智、实干精神不断改善贫困群众生活，取得了脱贫攻坚阶段性成效，涌现出了一大批脱贫攻坚优秀党员干部，让党的旗帜更加鲜艳、群众基础更加牢固。

为表彰先进、树立典型，进一步激发全市各级党组织和广大党员干部积极投身脱贫攻坚主战场的动力和热情，市委决定授予席鸿冰等10名同志“脱贫攻坚优秀镇党委书记”称号，授予唐志贤等20名同志“脱贫攻坚优秀第一书记”称号，授予刘敬红等20名同志“脱贫攻坚优秀工作队长”称号。

希望受表彰的先进党员干部珍惜荣誉，再接再厉，再立新功，更好地发挥模范带头作用。全市各级党组织和广大党员干部要深入学习贯彻习近平总书记系列重要讲话特别是来陕视察重要讲话精神，认真落实党中央、国务院和省委、省政府关于打赢脱贫攻坚战的决策部署，以受表彰的脱贫攻坚先进典型为榜样，结合推进“两学一做”学习教育常态化制度化，继续锁定“两不愁、三保障”和“四率一度”的目标，以更加昂扬的斗志、更加饱满的热情、更加精准的举措，为打赢脱贫攻坚战、加快建设西北生态经济强市作出新的更大贡献。

附件：全市脱贫攻坚优秀镇党委书记、第一书记、工作队长名单

中共安康市委
2017年6月29日

全市脱贫攻坚优秀镇党委书记、第一书记、工作队长名单

一、脱贫攻坚优秀镇党委书记（10名）

席鸿冰　汉滨区早阳镇党委书记
刘　勇　汉阴县平梁镇党委书记
胡先武　石泉县池河镇党委书记
贺海宁　宁陕县筒车湾镇党委书记
蔡英宏　紫阳县焕古镇党委书记
陈　勇　岚皋县四季镇党委书记
魏传伟　平利县长安镇党委书记
陈德钧　镇坪县曾家镇党委书记
文永明　旬阳县蜀河镇党委书记
李锦旻（女）　白河县仓上镇党委书记

二、脱贫攻坚优秀第一书记（20名）

唐志贤　汉滨区江北办水田沟村第一书记
胡纪军　汉滨区沈坝镇富田村第一书记
涂　军　汉滨区大竹园镇粮茶村第一书记
姚顺金　汉滨区石梯镇冯山村第一书记
孔玉玺　汉阴县平梁镇酒店村第一书记
刘定茂　汉阴县涧池镇麻柳村第一书记
陈　涛　石泉县中池镇军民村第一书记
车　迪　石泉县饶峰镇牛羊河村第一书记
赵耀民　宁陕县新场镇花石村第一书记
贾仕安　紫阳县高桥镇板厂村第一书记
姜言论　紫阳县红椿镇白兔村第一书记
冯开亮　岚皋县堰门镇青春村第一书记
徐　节（女）　岚皋县孟石岭镇易坪村第一书记
胡　珂　平利县大贵镇柳林坝村第一书记
赵　勇　平利县兴隆镇熊儿沟村第一书记
赵晓勇　镇坪县曙坪镇马镇村第一书记
刘宝军　旬阳县甘溪镇刘家院村第一书记
杨才伟　旬阳县构元镇林相村第一书记
宗新峰　旬阳县棕溪镇华峡村第一书记
金　锁　白河县中厂镇新营村第一书记

三、脱贫攻坚优秀工作队长（20名）

刘敬红（女）　汉滨区大河镇大河社区工作队长
来波峰　汉滨区茨沟镇西沟村工作队长
郭晓梦（女）　汉滨区洪山镇大湾村工作队长
张洪斌　汉滨区谭坝镇松坝社区工作队长
罗剑波　汉阴县观音河镇药王村工作队长
喻　斌　汉阴县漩涡镇塔岭村工作队长
曹　莉（女）　石泉县后柳镇前峰村工作队长
姚程杰　石泉县城关镇太平村工作队长
李碧峰　宁陕县四亩地镇太山坝村工作队长
邱　红　紫阳县蒿坪镇森林村工作队长
袁　超　紫阳县城关镇富家村工作队长
陈敬鸿　岚皋县城关镇春光村工作队长
耿延兵　岚皋县官元镇龙板营村工作队长
缑文恩　平利县西河镇磨沟村工作队长
万　勇　平利县长安镇双杨村工作队长
丁继军　镇坪县钟宝镇东风村工作队长
李万志　旬阳县赵湾镇华山村工作队长
张义海　旬阳县麻坪镇寨湾村工作队长
刘世文　旬阳县石门镇青蛇沟村工作队长
汤　波　白河县构朳镇东坡村工作队长

2017年安康市十大新闻

一、安康全面启动新民风建设。年初，市委出台一号文件《新民风建设实施方案》，做出了在全市大力推进“诚、孝、俭、勤、和”新民风建设的重大决策，拉开了新民风建设的大幕。11月17日，旬阳县金寨镇党委书记任景海参加全国精神文明建设表彰大会，并受到习总书记亲切接见，这是安康新民风建设结出的硕果，更是党中央对安康新民风建设的一大肯定。

二、“党建+”系统思维构筑安康“追赶超越”根基。4月6日，郭青同志在全市县处级以上领导干部学习贯彻十八届六中全会精神专题研讨班上，作了题为《用“党建+”系统思维推动中心工作》的讲话，这次讲话，对为什么提出“党建+”系统思维、什么是“党建+”、“党建怎么+”都一一进行了深度阐释。

三、安康绿色循环发展大跨越。4月20日，第十二次陕南绿色循环发展工作座谈会在安康市召开。省长胡和平出席并讲话，省委常委、常务副省长梁桂主持会议，副省长张道宏安排有关工作，并召开陕南三市119个重点项目集中动员会。

四、东坝汉江大桥（四桥）正式通车。5月28日，安康东坝汉江大桥通车。该桥全长1907.21米，大桥南接高井路、南环干道，上跨巴山东路、东坝防洪堤及汉江主河槽，北与滨江大道、G316国道平交，延伸可与北环线相接和机场空港新区相接。

五、安康城东新区开发建设全面启动。8月份，汉滨区正式启动安康城东新区土地房屋征收安置工作，安康中心城区城东新区开发建设迈入实质推进阶段，一批项目将陆续落地建设。

六、安康市“河长制”工作得到水利部肯定。8月2日的水利部第87期“河长制工作简报”刊发《陕西省安康市推进河长制工作有力有序有效》介绍安康市推进“河长制”工作亮点，并将安康市推进“河长制”工作的好做法、好经验、好举措与其他省市共享，供各地学习、交流、借鉴。

七、“平利社区工厂就业扶贫项目”获全国关注。2017年，平利社区工厂被国家发改委作为搬迁后续脱贫经典案例向全国推广，中央电视台、人民日报、光明日报、新华社等主流媒体相继报道平利“社区工厂就业扶贫”经验。9月19日，平利社区工厂就业扶贫项目在首届全国创业就业服务展示交流活动中荣获“优秀项目奖”和“最具人气奖”。

八、安康遭遇20年一遇的强秋淋降雨。9月下旬，安康遭遇20年一遇的强秋淋降雨过程，降雨总天数达25天，并伴有5轮暴雨过程，是1961年有气象资料记载以来第四大强秋淋天气，全市多点爆发洪涝、泥石流、山体滑塌等严重自然灾害，直接经济损失达30.23亿元。

九、安康创建成为“国家森林城市”。10月10日，2017年森林城市建设座谈会在河北省承德市召开。会上，国家林业局授予安康市为“国家森林城市”。

十、前三季度安康6项主要经济指标位居全省第一。2017年三季度，安康经济发展保持较快增长，GDP、规模以上工业增加值、固定资产投资、社会消费品零售总额、农村居民人均可支配收入增速、非公经济占比等6项主要省考指标位居全省第一，生产总值增速连续10个季度领跑全省。

索　引

说　明

一、本索引采用主题分析法，按照主题词首字汉语拼音（同音字按声调）顺序排列；首字相同，按照第二字音序排列，依次类推。

二、书中的篇目题、类目题、分目题用黑体字标明。

三、索引的主题词后面的阿拉伯数字表示内容所在的页码，数字后的拉丁字母（a、b、c）表示该页码从左至右的栏别。

四、“特载”“大事记”“统计资料”“法规文件·文摘”“附表”内容不作索引。

数 字 首

2017年安康旅行社一览表　242
2017年安康市国民经济和社会发展统计公报　123a
2017年安康市十大新闻　389
2017年安康辖区旅行社分社、分公司一览表　243
2017年安康星级饭店一览表　244
2017年编制增减变更情况　58c
2017年度安康市科学技术成果获奖情况表　229
2017年度安康市重点科技创新项目立项情况汇总表　230
2017年落户安康的大型企业及项目　90c
2017年气候评价　269c
2017年全国媒体特别关注孝心少年　356b
2017年市直24个部门招商引资目标任务完成情况汇总表　92
2017年水文特征　161b
2017年消费品市场　189a
2017年重点项目建设情况　128c
“4·17”突发山体崩塌灾害　336c
“9·25”秋淋强降雨自然灾害　318c
“飞地”园区建设　339c
“飞地经济”园区建设　342a
“飞地园区”建设　82b
“厚德陕西·弘德安康”建设　282a
“互联网+政务服务”　80b
“讲好陕西故事”工作　239c
“两学一做”学习教育　47b
“美丽乡村·文明家园”建设　282c
“七五”普法　121b
“三农”工作　53a
“四上”企业申报纳统　207a
“万企帮万村”　10b
“网络党支部”　340a
“新民风建设”　50a

A

安康博物馆　234a
安康电视台　236a
安康方志馆建设　239a
安康富硒茶产业　158b
安康概况　1
安康供电局　168a
安康国家高新技术产业开发区　341a
安康人民广播电台　237a
安康市2017年国民经济和社会发展情况　127b
安康市2017年获国家、陕西省表彰精神文明建设先进个人名单　285
安康市2017年获国家、陕西省表彰精神文明建设先进集体名单　284
安康市残疾人联合会　107a
安康市出席省十二届人民代表大会代表　66c
安康市初级中学　224a
安康市地方税务局　137a
安康市地方税务局直属税务分局　138a
安康市地震局　271c
安康市第二小学　225b
安康市第二幼儿园　226a
安康市第二中学　223b
安康市第四届人民代表大会常务委员会　63a
安康市第一小学　224b
安康市妇女联合会　102b
安康市妇幼保健院　254b
安康市工商联（总商会）　104b
安康市恒口示范区　342b
安康市红十字会　108a

安康市机关事业社会保险基金办公室 266b
安康市疾控中心 256a
安康市科学技术协会 103b
安康市气象局 269b
安康市群艺馆 233b
安康市人力资源和社会保障局（公务员局） 263a
安康市人民代表大会 63
安康市人民医院 252a
安康市人民政府 67
安康市人民政府2017年度工作综述 67a
安康市人民政府领导班子成员 67a
安康市社会保险经办中心 264c
安康市图书馆 233a
安康市卫生监督所 259a
安康市文化产业发展中心 234b
安康市文学艺术界联合会 105c
安康市无线电管理处 196a
安康市宣技中心 260b
安康市养老保险经办处 265c
安康市药具管理站 261a
安康市邮政管理局 196a
安康市幼儿园 225c
安康市中心血站 258b
安康市中心医院 249a
安康市中医医院 250b
安康市总工会 99a
安康水电联合实业有限责任公司 170b
安康水力发电厂 166a
安康学院 219b
安康瀛湖生态旅游区管理委员会 343b
安康职业技术学院 221a
安康中心地震台建设 272c
安康中学 222c
安全保卫
　中国工商银行股份有限公司安康分行 141a
　中国农业银行股份有限公司安康分行 143a
安全播出 236c
安全度汛 166c
安全工作 225b
安全管理
　安康中学 223b
　安康市幼儿园 226a
　旅游管理 241b
安全环保 195b
安全机制调研创新 208c
安全生产
　安康水力发电厂 166b
　安康供电局 168a
　陕西省地方电力（集团）有限公司安康供电分公司 169c
　安康水电联合实业有限责任公司 170b
　干线公路养建 178a
　陕西省交通建设集团公司安川分公司 182a
　安康瀛湖生态旅游区管理委员会 344a
安全生产工作 183a
安全生产监督管理 208a
安全生产监管监察 208a
安全生产指标落实 208b
安全事故调查处理 209a
安全稳定工作 110b
安全宣传教育 208b
安全隐患排查 209a

B

八个一批 274b
白河红石河工业集中区 166a
白河县 334c
白郧汉江大桥PPP项目 340b
搬迁工作成效 277b
办刊和调研工作 84a
包快业务 198a
保护开发 238c
保健品监督管理 211a
保教结合 225c
保教质量 226a
保密工作 56a
保密管理 56a
保密技术 56b
保密教育 56a
保险 147c
保险服务 149b
保障房建设和移民搬迁 289a
保障服务 183c
保障性住房建设
　住房和城乡建设 188a
　镇坪县 325c
　旬阳县 330a
　白河县 339c
标准化建设 209c
表彰 104a
兵员征集 109c
病人治疗管理 254a
不动产统一登记 203a

C

财税金融 301a
财务管控 198a
财源建设 130a
财政 130a
财政　税收 130
财政改革 131b
财政管理 132a
财政监督检查 134c
财政金融
　经济发展 6a
　汉滨区 288a
　汉阴县 295c
　石泉县 298a
　紫阳县 309b
　平利县 320a
　镇坪县 323a
　旬阳县 329a
　白河县 335b
财政审计 205c
财政收入 130a
财政投资评审和绩效评价 135a
财政征收管理 133c
财政支出 130a
采供血质量管理 258c
参谋协调 45c
参政议政
　政协工作 94c
　中国民主建国会安康市汉滨区委员会 96a
　中国农工民主党安康市汉滨区委员会 96c
　中国民主促进会安康市汉滨区委员会 97b
　中国民主同盟安康市委员会 97c
　中国民主同盟安康市汉滨区委员会 98b
残疾人扶贫 276c
蚕桑产业 299c
茶饮产业（绿茶、绞股蓝） 321b
产品质量监管 210a
产业布局 342c
产业发展 164c
产业规划 163c
产业化经营 191c
长安银行安康分行 147a
常规管理 226b
常委会议 94a
畅通为民服务渠道 80c
车管所工作 181b
成本监审 83b

城东大桥　187a
城管队伍建设　281c
城市公共交通　176c
城市公立医院综合改革　248a
城市管理　281a
城市建设　342c
城市客运管理　178c
城市路灯管理　186c
城市生活垃圾无害化处理　281b
城乡发展投入　130c
城乡供水　159a
城乡规划编制　185a
城乡规划与建设　185
城乡建设
　安康市人民政府2017年度工作综述　67c
　白河县　336b
城乡建设规划管理　185a
城镇基础设施建设　188b
城镇建设
　汉滨区　288c
　汉阴县　296a
　石泉县　298a
　宁陕县　304b
　紫阳县　309c
　岚皋县　316c
　平利县　320a
　镇坪县　323b
　旬阳县　330a
惩治、预防刑事犯罪　117b
惩治毒品犯罪　115b
惩治刑事犯罪　115a
惩治预防职务犯罪　117a
出入境管理　116b
出台惠农政策　152b
船舶、船员管理　184b
创客中心运营管理　342a
创建国家森林城市　279a
创建与城市管理　278
创新发展邮务类业务　198a
创新管理　183b
创新管理体制　342b
创新社会治理　113b
创业就业　6c
从严治警　112a
村财监管体制改革　58b
村镇规划及管理　185b
存款
　中国工商银行股份有限公司安康分行 140c
　中国建设银行股份有限公司安康分行　144b
存款业务　143c

D

打击经济犯罪　115b
打假治劣专项执法行动　204c
打造过硬队伍　114c
大气污染防治　88a
大型活动安保　116c
代表工作　64c
代理金融发展　197c
贷款　144b
贷款业务　143c
待遇落实　55a
单位社区、背街小巷整治　278c
党的建设
　陕西省农村信用社联合社安康审计中心　146a
　安康水力发电厂　167c
　烟草专卖管理　194c
　国土资源管理　203c
党风党建　136a
党风廉洁建设　344c
党风廉政建设
　中国农业银行股份有限公司安康分行　143b
　陕西省交通建设集团公司安川公司　182b
　工商行政管理　205b
党风廉政建设工作座谈会　61c
党风廉政宣传教育　61a
党管武装和双拥共建　110a
党建工作
　党校工作　57a
　中国银行业监督管理委员会安康监管分局　139a
　安康供电局　168c
　中国联合网络通信有限公司安康市分公司　201c
　安康学院　219b
　安康市初级中学　224a
　安康市第一小学　224c
党建及精神文明建设　182a
党建精神文明建设　183b
党史基本著作编研　59a
党史宣传教育　59b
党史征编　59a
党外人士工作　51c
党校工作　56b
档案工作　238a
导游管理　241b
道路交通管理　180a
道路交通事故预防工作及重大事故情况　180a
道路交通综合整治　208b
道路绿化　187c
道路清扫保洁　281c
道路运输管理　178c
道路运输节能减排　179c
德育工作
　安康市初级中学　224a
　安康市第一小学　224c
地方病及麻风病防治　257b
地方立法　79b
地方税收　137a
地方文化　4b
地籍规划管理与国土信息化　203b
地理位置　2a
地情信息开发利用　239c
地形地貌　2b
地质灾害防治　202c
第六届全国道德模范提名奖　356a
第三产业　336a
第三次全国农业普查　207a
第十七届汉江龙舟节　293c
电化教育　217c
电力　310b
电商扶贫　276b
电网建设　169b
典型宣传　235c
电子商务发展　190a
调查研究　52c
定点屠宰　154b
东西部扶贫协作　276a
督查督办　279b
督查工作　46a
督查考核奖惩　276c
督导队伍建设　213a
对公业务　145c
对台工作　52a
对外贸易　189c
对外培训　56c
对外宣传　49b
队伍建设
　公安　116c
　检察　118b
　法院　120a
　国家税收　136b
　安康市地方税务局　137c
　中国邮政储蓄银行股份有限公司安康市分行　145c
　安康中学　223a
　安康市第一小学　224b
　安康市第二幼儿园　226b

卫计　248b
多种经营　167a

F

发挥老干部作用　55b
发挥社会教育功能　234a
发挥职能　206c
发展和改革　80c
发展环境　238a
法律服务　121c
法律援助　121c
法院　119a
法制建设　78c
法治　113
法治工商建设　205b
法治科技建设　210b
法治企业建设　169a
方言　4b
方志工作　239a
防汛抗旱　160a
防汛抗洪　160b
房地产管理　187c
非公经济领域统战工作　51c
非遗保护传承　233c
非油品业务　195b
风险防范
　中国银行安康分行　144a
　陕西省农村信用社联合社安康审计中心　146c
　长安银行安康分行　147b
　中国人寿保险股份有限公司安康分公司　148b
风险防范和内控管理　145c
扶贫工作　195a
扶贫攻坚
　干线公路养建　178a
　工商行政管理　205a
　平利县　320b
　镇坪县　323c
　旬阳县　330b
扶贫执行典型案例　120c
服务范围及概况　79c
服务经济工作　104c
服务绿色发展　87c
服务能力　198c
服务能力建设　198a
服务区管理　182a
服务区经营管理　183a
服务三农
　中国农业发展银行安康市分行　141c
　中国农业银行股份有限公司安康分行　142c
服务社会
　中国民主建国会安康市汉滨区委员会　96b
　中国农工民主党安康市汉滨区委员会　97a
　中国民主同盟安康市委员会　98a
服务提升　196c
服务职工工作　100a
服务质量
　政务服务　79c
　中国移动通信集团陕西有限公司安康分公司　201a
妇女宣传教育　102b
妇幼保健服务与健康管理　245c
附录　357
富硒茶产业　315a
富硒食品产业发展　228c
富硒食品研发和推广　156a
富硒食品展销　192a
富硒农产品研发　151c
富硒资源　2b

G

改善办学条件　224a
概况
　中国建设银行股份有限公司安康分行　144a
　长安银行安康分行　147a
　干线公路养建　177a
　住房和城乡建设　186b
　综合管理　212a
　基础教育　214b
　职业技术教育　216c
　安康市第一小学　224b
　安康市第二幼儿园　226a
　卫计　245a
　安康市中心医院　249a
　安康市中医医院　250b
　安康市人民医院　252a
　安康市妇幼保健院　254b
　安康市养老保险经办处　265c
　老龄工作　267c
概述
　信访工作　86c
　安康市地方税务局直属税务分局　138a
　水库移民工作　162a
　中小企业和非公经济　164c
　安康供电局　168a
　道路交通管理　180a
　陕西省高速公路建设集团公司白泉分公司　182b
　石油销售　195a
　安康市邮政管理局　196a
　中国移动通信集团陕西有限公司安康分公司　200a
　国土资源管理　202a
　安康市第二中学　223b
　文博　234c
干部队伍建设
　组织工作　47b
　宣传思想文化工作　50c
　安康供电局　168c
干部培训　260c
干部培训、轮训　56b
干线公路养建　177a
高速公路　181c
高新区建设管理　341c
高中教育　215a
革命老区工作　59c
各县区农业园区建设、生产情况　152c
各项指标任务完成情况　261b
耕地保护与土地整治　202a
工程建设　195c
工程养护管理　182c
工程质量管理　176b
工商行政管理　204b
工业　163
　经济发展　6a
　紫阳县　309b
工业集中区　165c
工业经济
　汉滨区　287a
　汉阴县　295b
　石泉县　297c
　宁陕县　300b
　岚皋县　316c
　平利县　319c
　镇坪县　322c
　旬阳县　328c
　白河县　336a
工业企业　166a
工业强县　333b
工资福利　264b
工作部门及领导成员　63a
工作成效
　安康市第二幼儿园　227b
　安康市人民医院　252a
工作机构及负责人　93a
工作开展情况　261c
工作实绩　266a
工作业绩　169a

工作综述　279c
公安　115a
公共卫生妇幼项目　254b
公共卫生与疾病控制　245c
公共文化服务　233b
公共文化基础建设　232b
公共资产管理　133a
公积金归集扩面　188c
公积金使用管理　188c
公积金贷款发放、回收　188c
公路建设　177b
公路抢险修复　177c
公路养护
　交通运输管理　176a
　干线公路养建　177a
　陕西省交通建设集团公司安川分公司　181c
公路治超　177c
公诉工作　117c
公文信息工作　77a
公益活动　148c
共青团安康市委员会　101a
供电服务　169b
供销经济　191b
供销社改革　191b
股份制商业银行建设　140b
骨干体系建设　218c
固定资产投资
　汉滨区　287c
　宁陕县　301a
　紫阳县　309b
　平利县　319c
　镇坪县　323a
　旬阳县　329a
　白河县　335b
固定资产投资及重点项目
　汉阴县　295b
　石泉县　297c
固定资产投资审计　206a
固废危废、核与辐射环境监管　88b
馆库建设　238a
管理与服务　165a
广播电视　236a
　宁陕县　306c
广告规划　185c
规范储备粮油管理　190c
规范公共资产管理　133a
规范交易　80b
规范性文件审核清理　79b
规划编制　343c
规划编制和经济运行　80c
规划编制和年度投资　159a
规划管理　342c
规划管理实施　185a
规划监察　185b
规划建设　341a
郭青同志在市委四届四次全会上的讲话　357
国家监察体制改革试点工作　60a
国家税收　135b
国家重大政策措施落实情况跟踪审计　205c
国库支付管理　134b
国内旅游　240a
国企改革
　汉滨区　288b
　平利县　320a
国土资源　336c
国土资源管理　202a
国土资源执法监察　203b
国外旅游　240a
国卫巩固提升　279b
国资改革　164b
国资监管　164b

H

汉滨区　286a
汉滨区五里工业集中区　165c
汉江水质保护　87c
汉江治理　294b
汉江综合整治　337a
汉阴县　295a
汉阴县月河工业集中区　165c
夯实责任　113a
行风及队伍建设　179b
行业安全及维稳　179b
行业党建　178a
行业管理　178b
航空运输　183c
航务管理　184a
合规经营　142b
合作交流　220c
核心能力建设　111a
后勤保障
　市委办公室工作　46b
　中国人民武装警察部队安康市消防支队　112c
后勤建设　111b
户籍管理　116a
户外广告、门头牌匾监管　281b
化妆品安全管理　211b
环境　2c
环境保护　87b
环境风险防范　88c
环境监测监控　88c
环境监察执法　88c
环境建设　280c
环境宣传　89a
环境质量　87b
环境综合整治　343c
环卫设施建设　281c
惠民演出　234b
惠农服务　155a
货运管理　179a
获得奖励　262c
获奖情况　100c

J

机场迁建　184a
机动车维修市场管理　179a
机构
　陕西省农村信用社联合社安康审计中心　146a
　陕西省安康疗养院　253b
机构编制　57c
机构编制管理　58b
机构改革　281a
机构和队伍建设　209a
机关党的工作　54a
机关事务管理　77c
机关事业单位养老保险制度改革　266b
机关文体活动　54c
机制改革　146b
积案化解　87a
基本气候概况　270c
基本情况　1c
基本数据　163b
基层党的建设　110b
基层党建
　组织工作　47c
　中国人寿保险股份有限公司安康分公司　148b
　安康瀛湖生态旅游区管理委员会　344b
基层基础　107b
基层建设　111a
基层金融服务能力建设　140a
基层信访　87a
基层政权建设　267b
基础建设
　安康职业技术学院　221a
　安康市妇幼保健院　255b
　安康国家高新技术产业开发区　341b

基础教育　214b
基础能力建设　216c
基础设施　5a
基础设施建设
　水文水资源监管　161c
　航务管理　184b
　安康市中心血站　258b
基金管理　265a
基金征缴　264c
稽核监管　265b
计量及认证认可监管　209c
纪检监察工作　60a
纪检监察机构改革　58b
纪检监察重要会议　61c
纪律检查　行政监察　60
纪律建设　54b
技能竞赛　217a
技术服务　260c
技术推广　154b
寄递渠道安全　197b
加强票证管理　134a
家庭文明建设　103a
家园共育
　安康市幼儿园　226a
　安康市第二幼儿园　227a
价格管理　83b
驾驶员培训市场管理　179a
驾驶员与机动车管理　181b
假日旅游及“黄金周”旅游　240a
监测保障　196a
监测预警　206b
监督工作　64a
监督管理　79c
监督检查
　机构编制　58c
　档案工作　238b
监管安全　122a
检察　117a
减税降费　163c
减灾救灾　267a
简况　97c
简述　108a
建筑业概况　185c
健康城市建设
　卫计　248c
　双创工作　279b
健康扶贫　251b
健康扶贫攻坚与疾病救助　247a
健康教育与信息管理　258a
践行社会主义核心价值观　49c
交通　310a
交通安全宣传　180c
交通规划　175a
交通建设
　交通运输管理　175a
　汉滨区　289a
　汉阴县　296a
　石泉县　298b
　宁陕县　304c
　岚皋县　316c
　平利县　320b
　镇坪县　323b
　旬阳县　330b
交通信息化建设　176a
交通应急管理　175b
交通运输　175
　基础设施　5a
　白河县　336b
交通运输管理　175a
交通运输行业管理　175c
交通执法　180b
教科研工作　224c
教师队伍建设　218a
教师轮岗　219a
教师培训　218c
教师招募　219a
教体事业　338b
教学改革　223c
教学工作
　安康学院　219b
　安康市初级中学　224a
教学管理
　党校工作　56c
　安康中学　222c
教学与改革　221c
教学质量　222c
教研工作　222a
教研教改　218a
教育　212a
　社会发展　6b
　宁陕县　305b
教育　科技　212
教育“双高双普”　325a
教育督导　212c
教育扶贫
　教师队伍建设　219a
　安康中学　222c
教育改造　122c
教育公平　213b
教育难点热点问题专项督导　213a
教育培训　107b
教育体育事业　298c
教育投入　212b
教育信息化
　电化教育　217c
　安康市第一小学　225a
教育质量提升　223c
教育资源整合　212b
节能降耗　164a
节庆活动　6b
节约集约利用土地　202b
巾帼脱贫行动　102c
金蚕之乡建设
　林业　158b
　工业　164a
金融　139a
金融　保险　139
金融服务　164a
金融改革　77c
经办窗口建设　265c
经济发展　5c
　安康市人民政府2017年度工作综述
　　67a
经济概况
　汉滨区　286c
　石泉县　297b
　宁陕县　300b
　紫阳县　309a
　岚皋县　316b
　平利县　319b
　镇坪县　322b
　白河县　335a
经济发展　341a
经济管理与监督　202
经济体制和生态文明体制改革83a
经济效益　164c
经济运行　67a
经济运行平稳　342b
经济责任审计　205c
经营创收　236b
经营管理
　中国建设银行股份有限公司安康
　　分行　144b
　中国人民财产保险股份有限公司
　　安康分公司　149b
　安康水力发电厂　167a
　陕西省地方电力（集团）有限公司
　　安康供电分公司　169b
　供销经济　191b
经营管理考核指标　141b
经营效益　234c
经营业绩
　中国工商银行股份有限公司安康
　　分行　140c
　中国农业银行股份有限公司安康
　　分行　142b

中国银行分行　143c
中国建设银行股份有限公司安康分行　144a
陕西省农村信用社联合社安康审计中心　146b
长安银行安康分行　147a
中国人寿保险股份有限公司安康分公司　148a
中国人民财产保险股份有限公司安康市分公司　149a
安康水电联合实业有限责任公司　170b
中国电信股份有限公司安康分公司　198b
中国移动通信访华团陕西有限公司安康分公司　200a
经营转型　140c
经营状况　148a
精品剧目创作　234b
精神文明　169c
精神文明建设　282
中国农业银行股份有限公司安康分行　143b
教育督导　214a
安康中学　223b
安康市初级中学　224b
汉滨区　292b
汉阴县　297a
石泉县　299a
宁陕县　308c
紫阳县　313c
岚皋县　318a
平利县　321a
镇坪县　325c
旬阳县　332c
白河县　339b
精准帮扶　274b
精准扶贫
中国农业银行股份有限公司安康分行　143a
宁陕县　304a
精准脱贫　337b
景区宣传推介　343c
竞技体育　262a
九年义务教育　214c
就业创业
安康市残疾人联合会　107b
安康市人力资源和社会保障局（公务员局）　263a
卷烟销售　193c
军事　109

K

开放创新　68a
康复服务　107a
抗旱减灾　161a
考古勘探　235a
考核激励　48b
烤烟产业　333c
科技　227c
社会发展　6b
科技成果管理　227c
科技成果转化　228b
科技创新
工业　164a
汉阴县　297b
科技计划　227c
科技交流协作　228a
科技教育　103c
科技项目管理　227c
科技宣传　228b
科普示范创建　103c
科普宣传
安康市科学技术协会　103b
安康市地震局　272c
科学管理　252b
科学用盐宣传　193b
科研成果　155c
科研队伍建设　155b
客户服务
中国工商银行股份有限公司安康分行　141a
中国银行安康分行　144a
长安银行安康分行　147c
客运管理　178c
控告申诉检察　118a
库站管理　195b
矿产资源　3c
矿产资源开发与管理　202c
矿业管理　334a

L

岚皋县　316a
劳动保障监察　264a
劳务经济　298b
劳动人事争议调解仲裁　264a
老干部工作　54c
老干部思想政治建设　55a
老干部学习活动阵地建设（活动中心和老年大学）　55c
老龄工作　267c
老年协会规范化建设　268a
老年宣传和调研工作　268a
离退休干部党组织建设　54c
理论宣传教育　48c
理论宣讲　56c
理论研究　95c
理赔服务　148c
理赔工作　149b
立法工作　64a
利用外资　89c
联合接访　87a
廉政建设
汉滨区　291b
汉阴县　296c
宁陕县　308a
紫阳县　313a
岚皋县　318b
平利县　320c
镇坪县　325a
旬阳县　331c
白河县　340b
良种繁育体系　154a
粮食　153a
粮食流通　190c
两厂（场）建设　188c
林权制度改革　157a
林特产品　2b
林特产业　327b
林下经济
宁陕县　302b
旬阳县　333b
林业　157a
林业科技　157b
林业经济
安康市林业局　158a
白河县　337b
林业投入　158a
林政资源管理　157c
临时勤务　111b
零售业务　145c
领导接访　86c
路政·治超　181c
路政管理　177b
路政治超管理　183a
旅行社管理　241b
旅游
社会发展　6c
紫阳县　312c
旅游产品开发　240c
旅游产业
石泉县　299b
宁陕县　303b
旅游扶贫　276b

旅游公共服务体系和信息化建设　241a
旅游管理　240a
旅游规划　240a
旅游基础设施建设　240c
旅游教育培训　241c
旅游景区（点）建设　240a
旅游景区质量等级评定　241a
旅游区提质增效　344b
旅游推介活动　240b
旅游宣传促销　240b
旅游资源开发　327a
履行企业社会责任　199b
绿化管理和街景布置　187c
落实“飞地经济”　327b
落实“两个责任”和问责工作　60a
落实改革任务　109c

M

慢性病及严重精神障碍病症防治　257c
贸易促进和地方产品宣传推介　190b
煤炭行业管理　164b
免疫规划　256a
民办教育　216b
民生保障　68b
民生资金（项目）审计　206a
民事审判　119b
民事行政检察　117c
民俗　4c
民营科技企业管理　227c
民政工作　266c
民政事业　338a
民主党派　96
民主党派工作　51b
民主监督
　政协工作　94c
　中国民主同盟安康市委员会　98a
民族工作
　统战　51b
　民族宗教　268b
民族宗教　268b
魔芋　153b

N

纳税服务
　国家税收　135c
　安康市地方税务局　137b
　安康市地方税务局直属税务分局　138c
内部管理
　中国银行业监督管理委员会安康监管分局　140b
　长安银行安康分行　147b
　安康水电联合实业有限责任公司　170c
　安康学院　220c
内部控制　143a
内部审计　206b
内控管理　141a
内设机构　258b
能源　5c
年度目标责任　148c
年鉴编辑　239b
宁陕县　300a
农产品检验检测　151b
农村环境保护　88a
农村能源环保　151a
农村市场流通　191c
农村土地承包和流转　151b
农村信息服务站　151c
农村综合改革　133b
农机监管　154c
农机推广　154c
农机维修管理培训　155b
农机置补　155a
农民负担监管　151a
农田水利建设　159a
农药管理　153b
农业　150a
　经济发展　5c
　紫阳县　309b
农业　林业　水利　150
农业标准化及农产品质量安全　153c
农业产业化建设　151b
农业科技产业示范园区建设　228c
农业科研　155b
农业机械　154c
农业机械化　150c
农业基本指标数据　150a
农业技术推广　150c
农业教育培训　151a
农业结构调整　150b
农业经济
　汉滨区　287a
　汉阴县　295b
　石泉县　297c
　宁陕县　300b
　岚皋县　317b
　平利县　319c
　镇坪县　322b
　旬阳县　328c
　白河县　335c
农业农村投入　130c
农业示范园建设　294a
农业与资源环保审计　206a
农资监管　151a

P

棚户区和城乡危房改造　187a
频谱评估工作　196a
平安创建　121b
平利县　319a

Q

其他工作
　统战　52b
　政策研究　53c
　党史征编　59c
　政协工作　95c
　安康市红十字会　108c
　法院　120c
　农业　152a
　农业科研　156b
　林业　158c
　水文水资源监管　162a
　道路运输管理　179c
　城乡建设规划管理　186a
　安康职业技术学院　222b
　文化艺术　233a
　平利县　321c
　旬阳县　334b
企业安全标准化建设　208a
企业党建　195c
企业管理
　烟草专卖管理　194c
　中国电信股份有限公司安康分公司　199a
　中国移动通信集团陕西有限公司安康分公司　201a
企业人才培训　165b
企业审计　206a
企业文化
　长安银行安康分行　147c
　安康水力发电厂　167b
企业文化建设
　中国邮政集团公司安康市分公司　198b
　中国电信股份有限公司安康分公司　199c
气候　2b
气象　269b

气象服务　269b
气象现代化建设　269b
汽车装配制造　339c
墙改节能　188b
侨联工作　85c
侨务工作　85b
桥儿沟省级文化旅游街区　340a
秦巴药材　3c
勤务联动机制和亮点品牌创建　180c
青年就业创业　101b
青年志愿服务　101c
青少年思想教育　101c
青少年维权　101c
区情简介 286a
渠道建设
　中国银行安康分行　144a
　中国邮政集团公司安康分公司　198a
全面两孩政策实施与计划生育工作　246b
全民健身　262b
全市2017年度县级党政主要领导干部向市纪委全委会述责述廉大会　62c
全市第五次廉政工作电话会　62a
全市纪检监察系统落实“三个助力”工作　62b
全市纪检监察系统青年干部座谈会　62c
全市领导干部大会　42b
全市人大宣传工作会议　66c
全市县区人大常委会主任座谈会　66b
全市镇办纪委直接监管村监委会业务工作改革暨重点工作现场推进会　62b
全市执纪审查工作推进会　62b
全委会议　93c

R

人才队伍建设
　安康学院　220a
　安康市人力资源和社会保障局（公务员局）　263c
人才工作　48a
人畜饮水工程　327a
人大常委会工作　63b
人工影响天气　271b
人口　面积　2a
人口计生　306b
人力资源和社会保障　263a
人人技能工程　217b
人文形态　4a
人物　355
融媒发展　235c

S

三变改革
　汉滨区　294b
　宁陕县　303b
三产发展　295c
三大体系帮扶　275c
森林资源保护　158a
山林经济
　岚皋县　317c
　平利县　321a
陕西省安康监狱　122a
陕西省安康疗养院　253b
陕西省地方电力（集团）有限公司安康供电分公司　169a
陕西省高速公路建设集团公司白泉分公司　182b
陕西省交通建设集团公司安川分公司　181c
陕西省美德少年　356b
陕西省农村信用社联合社安康审计中心　146a
商贸　189a
商贸流通　189
商事制度改革　204b
商业外贸　6a
少先队工作　101b
设备检修　166b
设施设备更新　200b
社会保险　263b
社会保障
　汉滨区　289c
　汉阴县　296a
　石泉县　298b
　紫阳县　311c
　平利县　320b
　镇坪县　324b
　旬阳县　330c
　白河县　338a
社会发展　6b
社会防治　253c
社会扶贫　276a
社会服务
　中国民主促进会安康市汉滨区委员会　97b
　中国民主同盟安康市汉滨区委员会　98c
社会福利事业　267a
社会救助　266c
社会事务管理　267c
社会事业　263
　汉滨区　290c
　汉阴县　296b
　紫阳县　312a
　岚皋县　318a
　镇坪县　324c
　旬阳县　331b
　安康市恒口示范区　343a
社会事业(教育、卫生、计生、广电）　320c
社会事业投入　130c
社会团体　99
社会责任
　中国建设银行股份有限公司安康分行　145b
　中国邮政储蓄银行股份有限公司安康市分行　146a
　中国人民财产保险股份有限公司安康市分公司　149c
　陕西省地方电力（集团）有限公司安康供电分公司　170a
　安康水电联合实业有限责任公司　170c
　中国移动通信集团陕西有限公司安康分公司　201a
社会治安防控体系建设　115c
社会治安管理　115b
社会综合治理　340c
社情民意调查　207b
社区管理　341b
社区教育　217b
社区卫生工作　254a
深度贫困攻坚　275c
深化改革　53a
深化司法改革　114a
深化制度创新　61a
审计　205b
审计成果　205b
审计科研　206b
审判管理　120a
审判监督　119c
生产经营
　安康水力发电厂　166a
　航空运输　183c
生产资金管理　134a
生态环保
　汉阴县　296c
　石泉县　299c
　白河县　337b
生态环境保护
　汉滨区　293a

旬阳县　334a
生态环境建设　307a
生态旅游　336b
生态旅游开发　317c
生态循环农业　152a
生物资源　2b
省、市文化艺术获奖名单　232c
省级文明城市创建　279c
工商行政管理　205a
师德师风建设　218c
石泉县　297b
石泉县池河工业集中区　165c
石油销售　195a
实施陪伴教育　223c
实施商标战略　204c
实验教学　218a
实战能力提升　112b
食品安全综合监督管理　210b
食品监管体系建设　210c
食品药品监督管理　210b
食盐管理　192a
食用菌产业　302b
示范引领　227b
市场发展　148a
市场管理　241a
市场监管
安康市邮政管理局　197a
石泉县　299c
白河县　339a
市场体系建设　189b
市场营销　183c
市场运行监测监管　189a
市场主体　149b
市情简介　1a
市容环境整治　279a
市容环境综合整治　281b
市委2017年工作综述　40b
市委办公室工作　45c
市委常委会议（1—34次）　42b
市委工作机构及领导成员名单　40a
市委全委扩大会议　42b
市委四届三次全体会议　42b
市委四届四次全体会议　42b
市委中心组学习（1—9次）　44c
市委重要会议　42b
市委组成人员　40a
市县党校办学质量评估　57a
市县二轮修志　239b
市长办公会议纪要（共十九次）　70b
市政府办公室　77a
市政府常务会议纪要（共十三次）　68b
市政设施维护　186c
市政重点项目建设　186b
事业单位分类改革　58a
事业单位失业保险　266c
事业发展　237a
视察调研　95a
收费管理
陕西省交通建设集团公司安川分公司　181c
陕西省高速公路建设集团公司白泉分公司　182c
收入管理　133c
书香校园建设　223c
蔬菜　153b
数据管税
安康市地方税务局　137a
安康市地方税务局直属税务分局　138a
数据清洗　274a
双创工作　278a
双创新闻宣传　237c
双高双普·教育强县·中小学责任督学挂牌督导创新县创建　213b
双拥扶贫　111c
双拥优抚安置　267b
水产养殖　159c
水电建设　159b
水电三局职工医院　261b
水电项目建设　333c
水库移民搬迁安置工作　162b
水库移民工作　162a
水力资源　3a
水利　159a
水利工程管理　159b
水利建设
汉滨区　290b
汉阴县　296b
石泉县　298b
宁陕县　307c
紫阳县　311b
岚皋县　317c
平利县　320b
镇坪县　324c
旬阳县　331a
白河县　337a
水路运输　184b
水上安全监管　184b
水生野生动物保护　159c
水土保持　159b
水文情报预报　161b
水文水资源监管　161a
水系　3a
水政管理　159c
水资源保护　159a
水资源管理及水文监测　161a
税收　135b
税收征管
国家税收　135c
安康市地方税务局直属税务分局　138b
司法改革
法院　120b
司法行政　122a
司法行政　121a
思想理论建设　96c
思想政治建设
中国民主同盟安康市委员会　97c
中国人民解放军安康军分区　109a
中国人民武装警察部队安康支队　110c
思想政治工作　104b
四届人大常委会第六次会议　66b
四届人大常委会第七次会议　66b
四届人大常委会第二次会议　66a
四届人大常委会第三次会议　66a
四届人大常委会第四次会议　66a
四届人大常委会第五次会议　66a
四届人大常委会第一会议　65c
四届人大二次会议　65c
四届人大一次会议　65b
苏陕扶贫协作与经济合作　81b
苏陕教育协作　217b
素质教育
基础教育　215b
安康中学　223a
隧道管理　182a

T

特色栏目　237c
特殊教育　215b
特殊药品监管　211c
特种设备安全监察　210a
特种养殖基地建设　294a
提案工作　95b
提升服务　83c
提升资产管理水平　133b
体卫艺工作　225a
体育　262a
社会发展　6c
体育产业　262c
体育扶贫　262c
体育基础设施建设　262b
体育运动服务管理中心　262c

体制改革　200c
体制机制调整　58a
天然林保护　157b
天然气利用　187a
调解工作　120a
统筹谋划　63c
统计　206b
统计服务　206c
统计改革　207b
统战　51a
统战工作　51a
投资环境建设　90a
图书阅览　307a
土地管理　341b
土地利用和资源保障　202a
土地收入监管　134a
土地统征与储备　203c
土肥管理　153b
团建工作　101a
推广电能替代　168c
推介宣传工作　234a
推进“两学一做”学习教育常态化制度化　45b
推进“三项工程”　190c
推进公共资源整合　133a
推进价格改革　83b
退耕还林
　宁陕县　307b
　平利县　320b
　镇坪县　324a
　旬阳县　330c
脱贫攻坚　273
　安康市人民政府2017年度工作综述　67b
　安康市残疾人联合会　107c
　公安　117a
　安康市地方税务局　138a
　水库移民工作　162c
　交通运输管理　177a
　城乡建设规划管理　186a
　食盐管理　193b
　统计　207b
　汉滨区　289b
　汉阴县　296b
　石泉县　299a
　紫阳县　310c
　岚皋县　317a
　安康市恒口示范区　343a
　安康瀛湖生态旅游区管理委员会　344a
脱贫攻坚工作　273a
脱贫攻坚和民生保障　82b
脱贫攻坚投入　130b
脱贫攻坚宣传　50c

W

外事工作　85a
外事侨务（侨联）工作　85a
完善“四大体系”　191a
网点建设　142c
网络建设
　中国电信股份有限公司安康分公司　198c
　中国移动通信集团陕西有限公司安康分公司　200b
　中国联合网络通信有限公司安康市分公司　201c
网上信访　87a
维护妇女儿童合法权益　103a
维护价格秩序　83c
维护群众权益和安全　203b
维护稳定　113b
维权信访　108a
卫计　245a
卫生　305c
卫生　体育　245
卫生和计划生育　298c
卫生计生　338b
卫生计生综合监督执法　246a
卫生监督　259b
卫生监督体系建设　259a
未成年人思想道德建设　283a
文博　234c
文化　313a
文化　旅游　232
文化产业建设　293c
文化产业统计调查和监测　233a
文化扶贫　276c
文化广电　339b
文化活动　232a
文化建设
　宁陕县　306b
　旬阳县　332c
文化交流　106c
文化交流和对外宣传　232b
文化市场管理　232a
文化事业发展　50a
文化体制改革　233a
文化文物保护　306b
文化宣传　107b
文化艺术　232a
　社会发展　6b
文明创建活动　282b
文明建设　178c
文明交通整治　278b
卫生监测　257c
卫生检验　258a
文物安全管理　234a
文物保护规划　234c
文学艺术创作及成果　232b
文艺成果　106c
文艺创作　233c
文艺队伍和阵地建设　107a
文艺活动　106b
稳控价格指数　83b
问题整改　274a
污染物总量减排　88a
无偿献血　258b
无线电台站管理　196a
五大工程　275a
五项保障　274c
五一劳动奖章获得者　355a
五一劳动奖状获奖情况　100c
物业管理　188a

X

希望工程　102a
现代农业园区　333c
硒谷工业园区建设　315c
现代农业园区建设
　农业　152a
　汉阴县　297a
县情概况
　汉阴县　295
　宁陕县　300a
县情简介
　岚皋县　316b
　白河县　334c
县区　286
县区党政领导干部教育履职督导考核　212c
县区工作　86b
县区名片
　平利县　319a
　镇坪县　321c
　旬阳县　328a
县域重点项目简介
　镇坪县　326a
　旬阳县　333a
乡村旅游
　旅游管理　241bc
　平利县　321b
相关工作　206b
项目工作　108c

项目建设
工业 163c
安康供电局 168b
安康国家高新技术产业开发区 342a
安康市恒口示范区 342c
安康瀛湖生态旅游区管理委员会 343b
项目资金争取 81b
消防安全环境优化 112a
消防宣传 112b
消费维权 204c
小微企业发展 165b
校园建设 223a
校园文化建设 225c
新媒体信息平台建设 102a
新民风建设 280c
新闻出版 235a
新闻宣传
新闻出版 235a
安康电视台 236a
安康人民广播电台 237b
新校区建设 222b
新型材料 321a
新型农村合作医疗保障 246a
信贷 140c
信贷管理 142c
信贷业务 145b
信访工作 86c
信访维稳 116c
信息工作 46a
信息公开 79a
信息化建设
公安 116a
工业 164a
道路交通管理 181a
审计 206a
信息化培训 218a
信息化网络建设 265b
信用监管 204b
星级酒店管理 241b
刑罚执行 122b
刑事审判 119b
刑事执行检察 118a
行政复议和应诉 79a
行政管理
国家税收 136c
安康市地方税务局 137c
安康市中医医院 251b
安康市妇幼保健院 256a
行政审判 119b
行政审批制度改革
机构编制 57c
法制建设 79b
行政执法监督指导 79a
畜牧产业
汉滨区 294a
汉阴县 298a
宁陕县 302c
平利县 321b
镇坪县 327a
畜牧产业化 154b
畜牧业 154a
宣传工作
统战 51b
安康市红十字会 108c
宣传教育
安康市宣技中心 260b
双创工作 278b
省级文明城市创建 280b
宣传教育与健康促进 248b
宣传思想文化工作 48c
选举和任免工作 64c
学科建设与科研 220a
学历教育 56c
学生工作 220b
学术交流 103b
学术科研 56c
学习贯彻党的十九大精神
组织工作 47a
纪检监察工作 61b
学校安全管理 212c
学校管理 221b
学校简介 219b
学校素质教育督导评估 213a
旬阳县 328a
旬阳县生态工业集中区 166a
巡察工作 61a
汛情灾情概况 160a

Y

严控风险 142a
烟草专卖管理 193c
烟叶生产 193c
盐业体制改革 192b
盐政管理与质检工作 193a
养老保险扩面 266a
养老服务体系建设 268a
养老金发放 266a
养殖基地建设 154b
药具管理 261a
药具文化宣传 261b
药品、药械稽查 211b
药品“三统一”工作 211c
药品抽检和检验 211b
药品认证与监管 211b
药物政策和基本药物制度 246b
药械市场整治 261a
野生动物保护 307b
野生动植物保护 157c
业务发展 142a
业务工作
安康市中医医院 250c
安康市妇幼保健院 255b
业务培训 56b
业务拓展 200b
依法决定重大事项 64a
依法行政
法制建设 79a
航务管理 184c
依法治访 87b
依法治理 207c
依法治税
国家税收 135b
安康市地方税务局 137b
医改工作 251c
医疗服务 245b
医疗卫生 6c
移民（脱贫）搬迁 203a
移民搬迁工作 277a
移民工作 311a
移民后期扶持工作 162b
移民重点工作 162b
疫病防治 154a
疫情监测 254a
意识形态工作 49a
银行业风险管控 140a
银行业改革 140a
引领发展 196b
饮食 5a
营养改善计划 219b
营业服务 201c
应急救护培训 108b
应急救援 272a
优化环境 226a
邮运能力建设 198b
邮政 通信 196
邮政电信 5c
油菜花旅游季 297a
油料 153b
友协工作 86a
有害生物防治 158a
幼儿教育 214b
舆论引导 49b
雨露计划 276b

预防青少年违法犯罪　101c
园本教研　225c
园本研修　226c
园林绿化　187b
园区建设　164b
园区主体培育　300c
源头预防治理　114b
运行监测　163b
运行特点　163b
运营管理　143a

Z

造林绿化　157a
责任落实　273c
展览活动　234a
战备训练　109b
招商成果　89b
招商工作　89b
招商融资　343a
招商推介　163c
招商引资
　中小企业和非公经济　165a
　城乡建设规划管理　185c
　汉滨区　288a
　汉阴县　295c
　石泉县　298a
　宁陕县　301b
　紫阳县　309c
　岚皋县　318b
　平利县　320a
　镇坪县　323a
　旬阳县　329b
　白河县　335c
　安康国家高新技术产业开发区　341c
招生就业　216c
招生与就业　221b
招生与考试　213b
赵俊民同志在市委四届四次全会上的讲话　364
侦查监督　117c
振兴汉剧工程　232c
赈灾救助及捐赠款物管理　108a
震害防御　271c
镇坪县　321c
整治群众身边腐败问题　60c
正风肃纪　60b
正规化建设　111a
政策研究　52c
政法及综合治理　113a
政府采购管理　134b
政府信息化工作　84a
政府信息化和发展研究工作　84a
政区划分　2b
政区沿革　1c
政务督查　77b
政务服务　79c
政务服务中心建设　80a
政务公开　80a
政务运转　45c
政协第四届安康市委员会常务委员会组成人员　93a
政协工作　93c
政治思想建设　54a
支持经济发展　139b
支农支实　146b
支柱产业　163b
知识产权管理　228b
执法规范化　116b
执纪审查　60c
执行工作　119c
植保工作　153c
职教师资　217a
职业病防治　258a
职业技术教育　216c
职业农民培育　334b
职业农民培育工作　151c
志愿服务
　安康市红十字会　108b
　省级文明城市创建　280c
志愿服务制度化建设　283b
质量安全管理监督　185c
质量管理和品牌建设　209b
质量技术监督管理　209b
治超行动　179a
智能电网建设　168b
中共安康市委　安康市人民政府关于表彰2016年度目标责任考核优秀单位和单项考核奖、重大改革创新奖、目标责任考核创优贡献奖单位的决定　386
中共安康市委　安康市人民政府关于创新体制机制加快推进富硒产业发展的实施意见　378
中共安康市委　安康市人民政府关于开展农村资源变资产、资金变股金、农民变股东改革的指导意见　375
中共安康市委　安康市人民政府关于加强和改进脱贫攻坚工作的意见　372
中共安康市委　安康市人民政府关于印发安康市全面深化河长制实施方案的通知　383
中共安康市委关于表彰全市脱贫攻坚优秀镇党委书记、第一书记和工作队长的决定　387
中共安康市委关于大力推进新民风建设的实施意见　369
中共安康市委关于全面强化基层党组织建设的意见　379
中国电信股份有限公司安康分公司　198b
中国工商银行股份有限公司安康分行　140b
中国共产党安康市第四届纪律检查委员会第二次全体会议　62a
中国共产党安康市委员会　40
中国好税官　355a
中国建设银行股份有限公司安康分行　144a
中国联合网络通信有限公司安康市分公司　201b
中国民主促进会安康市汉滨区委员会　97a
中国民主建国会安康市汉滨区委员会　96a
中国民主同盟安康市汉滨区委员会　98b
中国民主同盟安康市委员会　97c
中国农工民主党安康市汉滨区委员会　96c
中国农业发展银行安康市分行　141b
中国农业银行股份有限公司安康分行　142b
中国人民财产保险股份有限公司安康市分公司　149a
中国人民解放军安康军分区　109a
中国人民武装警察部队安康市消防支队　112a
中国人民武装警察部队安康支队　110c
中国人民政治协商会议安康市委员会　93
中国人寿保险股份有限公司安康分公司　147c
中国移动通信集团陕西有限公司安康分公司　200a
中国银行安康分行　143b
中国银行业监督管理委员会安康监管分局　139a
中国邮政储蓄银行股份有限公司安康市分行　145b
中国邮政集团公司安康市分公司　197c
中间业务　140c
中省环保督察反馈问题整改　88b
中小河流及病险水库治理　159b
中小企业和非公经济　164c

中小学教师资格考试认定　219a
中心工作
　市委办公室工作　46b
　党校工作　57b
　国土资源管理　204a
　安康电视台　236c
　安康市妇幼保健院　255a
中药产业　326c
中医药发展状况　247a
种植业　153a
重大安全事故　209a
重大和敏感时期信访工作　87a
重大节庆活动　240b
重大任务　111c
重大新闻报道　235b
重点疾病疫情控制　256c
重点绿化工程　187b
重点水利工程　159c
重点文物保护工程　235a
重点项目
　汉滨区　287c
　宁陕县　301b
　岚皋县　316c
　平利县　319c
　镇坪县　323a
　旬阳县　329a
　白河县　335c
重点项目和信息化建设　248b
重点医药企业　211c
重要视察活动　64c
重要文件起草　53b
重要招商活动　89b
主导产业建设　288b
主导产业建设
　宁陕县　301b
　平利县　320a
　旬阳县　329b
主导经济产业　323b
主题教育活动　102a
主题文化活动　233c
主体功能区建设试点示范　82c
主体责任落实　343a
主席会议　94b
主要成绩　252a
主要工作　249a
主要经济指标　328c
主要生产经营指标　195a
主要天气气候事件　270c
主营业务　201b
助力“放管服”　80a
助力脱贫　168c
住房公积金管理　188c
住房和城乡建设　186b
驻安省政协委员　93c
专卖管理　194b
专题资料征集　59a
专项活动　118c
专项问题办公会议（共七十三次）　71c
专项整治　180b
专项资金审计　206a
专业合作社建设　191c
追赶超越　67b
追赶超越季度考核点评　81a
资产质量
　中国工商银行股份有限公司安康分行　140c
　中国建设银行股份有限公司安康分行　144b
资源建设　238c
资政工作　59a
紫阳县　309a
自然条件　2b
自身建设
　市委办公室工作　46c
　纪检监察工作　61c
　人大常委会工作　65a
　市政府办公室　78a
　安康市总工会　100b
　安康市科学技术协会　104a
　陕西省农村信用社联合社安康审计中心　146c
宗教　4a
宗教工作
　统战　51b
　民族宗教　268c
综合管理　212a
综合经济　123
综合情况　282a
综合治理
　汉滨区　292a
　汉阴县　296c
　石泉县　299a
　宁陕县　308a
　紫阳县　314b
　岚皋县　317a
　平利县　320c
　镇坪县　325c
　旬阳县　332b
综述
　人大常委会工作　63b
　政法及综合治理　113a
　法院　119a
　公共资产管理　133a
　财政征收管理　133c
　现代农业园区建设　152a
　畜牧业　154a
　农业机械　154c
　供销经济　191b
　食盐管理　192a
　烟草专卖管理　193c
　中国邮政集团公司安康市分公司　197c
　脱贫攻坚工作　273a
　移民搬迁工作　277a
　安康瀛湖生态旅游区管理委员会　343b
组织工作　47a
组织管理　261a
组织机构
　法制建设　78c
　政务服务　79c
　中国工商银行股份有限公司安康分行　140b
　中国银行安康分行　143b
　工业　163a
组织建设
　机关党的工作　54a
　中国民主建国会安康市汉滨区委员会　96a
　中国农工民主党安康市汉滨区委员会　97a
　中国民主促进会安康市汉滨区委员会　97a
　中国民主同盟安康市委员会　98a
　中国民主同盟安康市汉滨区委员会　98b
　安康市妇女联合会　102b
　安康市工商联（总商会）　105a
　中国人民武装警察部队安康支队　111b
组织领导　273b
组织收入
　国家税收　135b
　安康市地方税务局　137a
组织宣传工作　99a
作风和队伍建设　132c
作风建设　54b